Industrielle Welt

Schriftenreihe des Arbeitskreises für moderne Sozialgeschichte
Herausgegeben von Werner Conze
Band 7   Preußen zwischen Reform und Revolution

Ernst Klett Verlag Stuttgart

Reinhart Koselleck

Preußen zwischen Reform und Revolution

Allgemeines Landrecht, Verwaltung und soziale Bewegung von 1791 bis 1848

Ernst Klett Verlag Stuttgart

CIP-Kurztitelaufnahme der Deutschen Bibliothek
Koselleck, Reinhart
Preußen zwischen Reform und Revolution: allg. Landrecht, Verwaltung und soziale Bewegung von 1791 bis 1848.
   (Industrielle Welt; Bd. 7)
   ISBN 3-12-904950-9 brosch.
   ISBN 3-12-905050-7 Ln.

Als Habilitationsschrift auf Empfehlung der Philosophischen Fakultät der Ruprecht-Karl-Universität Heidelberg gedruckt mit Unterstützung der Deutschen Forschungsgemeinschaft.

Alle Rechte vorbehalten
Fotomechanische Wiedergabe nur mit Genehmigung des Verlages
© Ernst Klett Verlag, Stuttgart 1967 · Printed in Germany
2. berichtigte Auflage 1975
Satz: Feindruck Franz Pistotnik, 7016 Gerlingen, Dieselstraße 20
Druck: Omnitypie-Gesellschaft, 7000 Stuttgart, Urbanstraße 25

Johannes Kühn
24.1.1887 — 24.2.1973
in Memoriam

Vorwort zur zweiten Auflage

Auf vielseitigen Wunsch hin lege ich das seit langem vergriffene Buch erneut vor. Sieht man von den zustimmenden Urteilen der Rezensenten ab, so bezeugen ihre oft gegenläufigen Folgerungen, daß mannigfach gebrochene Aspekte der Vergangenheit in der Darstellung enthalten sind. Bei einem Vorhaben von so breitem Spektrum ist das nicht verwunderlich. Selbst von mir aufgestellte Thesen werden zustimmend zitiert, um als Einwand zu dienen. Ohne Zweifel steht mehr im Text, als bei der Niederschrift beabsichtigt sein konnte.
Die schillernde Geschichte des preußischen Staates bleibt auch nach seiner Auflösung ein drängendes Problem der gegenwärtigen Generationen. Wie lange noch, läßt sich infolge der Zweiteilung Deutschlands schwer voraussagen. Im dargestellten Zeitraum lag die preußische Frage für die Liberalen und für die Opposition in der Alternative 'Einheit oder Freiheit' beschlossen. Wen überrascht es, daß solche Antithesen wieder aufgetaucht sind, nachdem sie einmal von den geschichtlichen Ereignissen überrollt worden waren? Es gibt Strukturen, die einzelne Ereignisse überdauern.
Fehler, auf die mich Kritiker hingewiesen haben, sind durch Zeilentausch oder, soweit Platz war, in Nachträgen berichtigt worden. Für die Monita sei vielmals gedankt. — Inwieweit die zahlreichen Arbeiten über Preußen im letzten Jahrzehnt meine Ergebnisse überholt oder neue Fragen hervorgerufen haben, will ich in einem gesonderten Beitrag untersuchen. Schon hier sei auf die umsichtige Studie von Jürgen Kocka in der Festschrift für Hans Rosenberg (Göttingen 1974, 211 ff.) verwiesen.
Vorerst seien einige Rezensionen genannt, die über Sachfragen hinaus die Abhängigkeit der Ergebnisse von den theoretischen Prämissen und den verwendeten Methoden diskutiert haben: Karl-Georg Faber (NPL 1968/3), Mack Walker (Journ. of Soc. Hist. 1969/70, vol. 3,2) Jürgen Kocka (VSWG 1970/1), Herbert Obenaus (Göttingische Gelehrte Anzeigen 1970, 1/2), Pierre Ayçoberry (Annales 1970/6), Helmut Bleiber (Zeitschr. f. Gesch. wiss. 1971/1), Monika Senskowska-Gluck (Kwartalnik Historyczny 1972/1).
Ein häufig auftauchender Einwand ist, daß die Beamtenschaft zu sehr im Sinne ihrer Selbststilisierung als geschlossene Körperschaft, die Bürokratie als eigenständige Größe betrachtet worden sei. Dieser Einwand ist in vieler Hinsicht berechtigt. Meine Unterscheidungen zwischen Provinzial- und Ministerialbürokratie (wobei letztere mir quellenmäßig am wenigsten greifbar blieb), zwischen Regionalisten und Zentralisten, zwischen Vertretern des Kollegial- oder des bürokratischen Systems, schließlich zwischen den wechselnden Anteilen von Adel und Bürgern und den sich wandelnden Funktionen der Beamten im Lauf der Jahrzehnte lassen in

der Tat zahlreiche Fragen offen bzw. lösen sie aus. Wie für die Beamtenschaft gilt für die anderen der hier untersuchten Gruppen und Schichten, daß sie noch einer quantifizierenden Analyse harren, die etwa Rohr fordert (Central Europ. Hist. 1968/3. Folglich bedarf es auch personengeschichtlicher Differenzierung und institutionsgeschichtlicher Erläuterung. Obenaus weist auf die Immediatkommission für ständische Angelegenheiten hin, die als verlängerter Arm höfischer Machtgruppen die Verfassungspolitik hemmend gesteuert habe. Die schon von Müsebeck dargestellte Verlagerung der letzten Instanzen aus der Verwaltungshierarchie heraus gewinnt damit für die kritischen zwanziger Jahre neues Gewicht, um den von mir beschriebenen langfristigen Autoritätsverlust der Beamtenschaft zu begründen.

Dennoch möchte ich an dem Entwurf einer sich selbst stabilisierenden Handlungseinheit festhalten, wie ich die preußische Bürokratie gedeutet habe. Sie war im staatsrechtlichen Sinne nie souverän, aber innerhalb der sich auflösenden Ständegesellschaft soweit und solange autonom, als sie diesen Vorgang vorantreiben konnte. Diese Relation zur übrigen Gesellschaft verschiebt sich, wie ich gezeigt habe, zuungusten der Beamtenschaft, änderte sich aber unumkehrbar erst mit der konstitutionellen Verfassung. Jedenfalls sind Begriffe wie 'Verwaltungsorganisation' und 'Beamtenschaft' als Hinweis für institutionell gesicherte Handlungseinheiten empirisch vergleichsweise gesättigt. Ihre Allgemeinheit ist konkreter als Deutungskategorien oder Schlagworte sein können wie 'Bourgoisie', 'Junkerklasse', 'Liberalismus' oder 'Kapitalismus'. Um ein funktionales Äquivalent aus unserer Zeit zu nennen: die scheinbar homogenen Parteien der Einparteienstaaten in sozialistischen oder Entwicklungsländern spielen für die Umwandlung traditionaler in industrielle Gesellschaften oft eine ähnliche Rolle wie die ebenfalls heterogenen, aber vergleichsweise unabhängigen, Bürokratien in der vorkonstitutionellen Phase. Beide, monolithische Parteien und unnahbare Bürokratien, lassen sich nicht rundum auf jeweils zeitgenössische Klassenlagen reduzieren.

Hinter diesem Befund steht auch eine geschichtstheoretische Frage, die Kocka angeschnitten hat. Er hält mir vor, daß ich die Bürokratie als Promotor der Industrialisierung zwar kausal einbringe, grundsätzlich aber auf kausale Erklärungsmodelle verzichte. Daher könne bei mir kein ökonomischer oder sozialer Faktor ursächlich gewichtet und darauf fußend auch keine Ideologiekritik nachgeliefert werden. In der Tat habe ich, soweit möglich, auf kausale Hypothesen und daraus folgende Bewußtseinsanalysen verzichtet. Auf der Ebene historischer Erzählung läßt sich dieser Vorsatz nicht durchhalten, denn jede Erzählung impliziert, allein von der Sprache her, Begründungszusammenhänge. Deshalb kommen zwischen den von mir untersuchten drei Bereichen, der Rechtsverfassung, der Verwaltung und den sozialen Schichten, Wechselwirkungen oder einseitige Abhängigkeiten zu Wort, die nicht anders als 'kausal' bezeichnet werden können. Gleichwohl konstituiert der theoretische Vorgriff einen 'Gegenstandsbereich' meiner Untersuchungen, der sich zunächst kausalen Auslegungen entzieht. Die theoretische Leitfrage zielt immer wieder auf zeitliche Verlaufsweisen und auf zeitliche Differenzen, die sich aus den wechselseitigen Beziehungen der verschiedenen Handlungseinheiten und Sachverhalte ergeben.

Deshalb steht im 1. Kapitel das Verhältnis zwischen überkommenem und neuem Recht im Vordergrund. Zuerst sollen deren Relationen bestimmt werden, bevor sie kausal bestimmten Interessentengruppen zugeordnet werden können. Zwischen beiden Rechtsschichten wurde eine Spannung legalisiert, die geschichtliche Bewegung freisetzt, oder besser gesagt, die selber schon geschichtliche Bewegung ist, weil sie über sich hinausdrängt.

Im 2. Kapitel wird — temporal gesprochen — nach dem Wettlauf gefragt, wer welche Prioritäten setzt. Die sachlichen Prioritäten gewinnen dann zeitlichen Vorsprung. Sie stiften Ablaufzwänge, die unumkehrbar, Folgelasten, die unaufhebbar werden. So engt sich der Handlungsspielraum mit dem Zeitablauf immer mehr ein. Provisorien gewinnen Dauer. Nur im Medium solcher zeitlichen Strukturen erhalten die empirischen Daten geschichtliche Qualität.

Im 3. Kapitel werden Recht, Administration und gesellschaftliche Schichten daraufhin befragt, wie sie auf verschiedene Weise zusammenhängen und sich gegenseitig bedingen. Erst im Wechsel dieser Relationen gewinnen sie Geschichte, die sie als einzelne Größen gar nicht haben können. Das Thema der Geschichte wird also konstituiert, indem alle Faktoren im Hinblick auf ihre Wechselwirkung als variabel angesprochen werden. Der theoretische Vorgriff zielt also auf zeitliche Indikatoren als Bedingungen möglicher Geschichte. Synchron betrachtete Konfliktlagen verweisen diachron auf irreversible Verläufe, die sie aus sich hervortreiben. Schließlich entstehen beschleunigte Prozesse, die neue Lagen stiften, empirisch gesprochen, einen Verfassungswandel forderten.

Die Suche nach hypothetisch zu setzenden Begründungsgrößen hat mich also im Rahmen dieser Fragen nicht geleitet. Temporal gesprochen führt die Historie Preußens in der ersten Hälfte des vergangenen Jahrhunderts in eine Aporie. Es wird ex post deutlich, daß der rechte Zeitpunkt für eine Verfassungsstiftung, nachdem er im Jahrzehnt aktiver Reform gar nicht auftauchte, immer schon verpaßt war. Vielleicht liegt darin ein langfristiges Merkmal der preußischen Geschichte. Das wäre eine Antwort auf die aufregende Frage Mack Walkers, ob nicht meine Darstellung auch in Problemkreise einführe, die vielleicht vor 1789 oder nach 1848 vordringlicher waren als gerade im Zeitraum meiner Untersuchung. Es gibt eben Ereignisse, in denen sich durchhaltende Strukturen deutlicher werden als in anderen.

Wenn die allgemeinen theoretischen Überlegungen dazu beigetragen haben, etwas von der Eigentümlichkeit der preußischen Geschichte zu zeigen, die noch heute auf uns wirkt, so mag sich die Arbeit nicht nur für den Autor gelohnt haben.
Ein häufig eingemahntes Sach- und Ortsregister ist der Neuauflage hinzugefügt worden. Dafür und für seine weiteren Hilfen danke ich herzlich Herrn Dohrn van Rossum.
Bielefeld, im August 1975   R. K.

Vorwort zur ersten Auflage

Für die Anregung und die anhaltende Förderung, die er der vorliegenden Untersuchung zukommen ließ, weiß ich mich Herrn Professor Dr. Werner Conze in tiefem Dank verbunden.
Die Arbeit wurde 1965 von der Philosophischen Fakultät der Universität Heidelberg als Habilitationsschrift angenommen. Für zahlreiche Hinweise und Kritik danke ich meinen Heidelberger Kollegen im Historischen und im Juristischen Seminar, besonders Dr. Wolfgang Schieder und Professor Dr. Ernst-Wolfgang Böckenförde, mit dem zusammen ich eine Übung zum Landrecht halten konnte, deren Ergebnisse in der Druckfassung noch verwendet wurden. Die Korrekturen lasen liebenswürdigerweise Frau Dorothea Mussgnug und Fräulein Gisela Rahlenbeck.
Die Schrift kam nur zustande dank den Hilfen, die mir der Arbeitskreis für moderne Sozialgeschichte geleistet hat. Er hat die Archivreisen finanziert und mir für die Niederschrift ein großzügiges Stipendium gewährt. Mein besonderer Dank gilt allen Leitern und Mitarbeitern folgender Archive, die ich zwischen 1958 und 1960 aufgesucht habe: der ehemals Preußischen, jetzt Polnischen Staatsarchive in Posen, Breslau und Kattowitz; der Abteilung Merseburg des Deutschen Zentralarchivs; der Staatsarchive in Münster, Düsseldorf und Koblenz sowie des staatlichen Archivlagers zu Göttingen, das die Bestände des früheren Königsberger Archivs beherbergt.
Die Eigentümlichkeit des preußischen Erbes, zerstört und aufgesplittert zu sein, aber noch tief in unsere Gegenwart hineinzureichen, kennzeichnet auch den Gang durch die verbliebenen Archive. Die folgende Arbeit wendet sich jenem Zeitabschnitt der preußischen Geschichte zu, in dem die sozialen, wirtschaftlichen und politischen Weichen gestellt wurden für einen Aufstieg, der schließlich den Staat zum Verschwinden brachte.
Heidelberg, im Herbst 1966   R. K.

Inhalt

Einleitung Fragestellungen, Methoden, Quellen 13

Erstes Kapitel
Das Allgemeine Landrecht und seine politische Auswirkung bis in den Vormärz

I Die einheitstiftende Kraft des Landrechts und ihre Grenzen . 23
Der naturrechtliche Entwurf eines gesamten Staatsrechts und ständisches Herkommen (23). Subsidiäres, aber allgemeines Recht, die Spannung zwischen besonderen Rechten und potentiellem Recht, Provinzrecht gegen Staatsrecht (35). Die Herausforderung der Verwaltung (48).

II Ständische Gesellschaft und Staatsbürgerschaft 52
Einwohner – Untertan – Bürger – Wirtschaftsbürger – Staatsbürger, die Angleichung und Ausweitung ihrer Bestimmungen (52). Familie, Hausvater und Hausbesitzer (62). Verstaatlichung der Stände und Klassenschichtung (70).

III Adel und eximiertes Bürgertum bis 1848 78
Wirtschaftliche, soziale und politische Stellung des Adels und seine Öffnung zum oberen Bürgertum (78). Abstufung des Bürgerstandes und eximierte Gerichtsstände (87). Militär- und Ehrenschutzgesetze (94). Steuerprivilegien und Konnubium (103). Zweiteilung des Bürgertums durch den Beamtenstand (114).

IV Die abgestufte Staatsunmittelbarkeit innerhalb der unteren Stände um 1800 116
Wirtschaftsverwaltung und landrechtliches Herkommen, Fabrikanten und Zünfte, Exemtionen und Rechtsprechung, Staatsunmittelbarkeit der wachsenden Armut (116). Bewahrung der ländlichen Sozial- und Herrschaftsordnung, ihre Reformbedürftigkeit und Grenzen der Verwaltungsmacht auf dem Lande (134).

V Das Landrecht und die Umrisse der künftigen Gesellschaftsordnung 143

Zweites Kapitel
Der Verwaltungsstaat

I Die Wende zur Zukunft 153
Verfassungsplanung gegen landrechtliche Ordnung und die Trennung von Verwaltung und Justiz, die Spannung zwischen Planung und Gesetz, Verheißung und Erfüllung.

II Der Vorrang der Verwaltungsreform und ihre Auswirkung auf die Verfassungsplanung 1807—1815 163
Priorität und Gesetzmäßigkeit der neuen Regierungsverfassung, die Herausforderung der Finanznot und Dringlichkeitsstufen der Reformgesetze (163). Ständische Hilfe, kollegiale Behördenverfassung, aber Scheitern ständischer Teilhabe, Stand als Partei (170). Der Neuansatz Hardenbergs, Trennung von Repräsentation und Administration, erzwungene Liberalisierung und ständischer Widerstand (185). Das Gendarmerieedikt als Kernstück der Verwaltungsreform und Verfassungsplanung, dagegen Organisation des Adels, der Bürger und der Bauern (195). Wettlauf um die Priorität der Verfassungsplanung, Lähmung der Nationalrepräsentation und Hardenbergs Verfassungsversprechen zur Absicherung der liberalen Reformen (204).

III Der Behördenausbau von 1815 bis 1825 als verfassungspolitische Vorleistung 217
Verwaltungsfreiheit und Übergangszeit (217). Der verfassungspolitische Rang der Oberpräsidenten, Staat und provinzielle Gesellschaft (220). Die Regierungskollegien als Bindeglied zwischen Staat und Gesellschaft, generelle Verwaltung und regionale Traditionsbestände, Rösselsprungverfahren (237). Zusammensetzung und Verantwortlichkeit der Regierungskollegien, ihre bürokratische Straffung 1825 (245). Die Regierungen als Exekutive, als Konsultative, als Gericht und als Repräsentanten der Verwalteten (254). Behördenordnung und Übergangsverfassung (259). Die verfassungspolitische Stellung des Staatsrates während seiner Entstehung und im Vormärz (264). Die Bedeutung des Kanzleramtes und seines Entfalls (276). Die Behörden als Steuerungsorgan des sozialen Verfassungswandels, die Beamtenschaft als erster Stand des Staates (279).

IV Ständische Hindernisse einer Gesamtverfassung 284
Vollendete Behördenorganisation und unfertige Konstitution, Dialektik des Verfassungsversprechens (284). Verschiedene Verfassungswünsche in Ost und West verhindern ihre gemeinsame Erfüllung, Ministerrundreise von 1817 und Aufschlüsselung der Fragebögen, berufsständische Gliederung und ambivalente Öffentlichkeit (289). Provinzielle Organisation der alten Stände (305). Die liberale Wirtschaftsreform als Hindernis einer liberalen Konstitution, stadtbürgerliche Vorbehalte und Ohnmacht der Bauern (318). Stellung der Gläubiger, Staatsschuld und deren Einfluß auf die Verfassungsplanung, dauerhaftes Provisorium, aber Entfremdung von Staat und bürgerlicher Gesellschaft (325).

Drittes Kapitel

Verwaltung und soziale Bewegung

I Der Beamtenstand und die Entfaltung der Provinzstände . . 337
Die Neubildung politischer Stände und Dosierung ihrer Rechte zur Absicherung der Beamtenherrschaft, wachsender Widerspruch zwischen Wirtschaftsentwicklung und Standespolitik (337). Ansteigende Forderungen der unteren Stände, schließlich nach einer Konstitution (360). Der Aufstand der Flügelprovinzen und Parteibildung auf regionaler Basis, neue Fronten auf dem Vereinigten Landtag (366). Institutionalisiertes Mißtrauen zwischen Behörden und Ständen, Lähmung der Legislative (379). Anteil der Beamten in den Landtagen, Wahlsteuerungen (385). Schleichender Wandel der verfassungspolitischen Funktion des Beamtenstandes, Marx' Kritik an Hegels Standesbegriffen (388). Parteipolitische Neuorientierung der Beamtenschaft und die Wahlergebnisse von 1848 als Sieg der landrechtlich eximierten Bürger (392).

II Gesinnungskontrolle, Autoritätsschwund und soziale Gewichtsverschiebung der Bürokratie 398
Geist der Technizität der Verwaltung (398). Die Zurückdrängung der gebildeten Staatsstände in administrative Abhängigkeit (404). Der Prozeß der Zensur und die erfolglose Wende von der Gesinnungskontrolle zu einem ständisch gestaffelten Gesinnungszwang (415). Die Verschiebung der sozialen Gewichte zwischen Adel, Beamtenschaft und aufsteigendem Wirtschaftsbürgertum, Ergebnisse der Bildungspolitik (433).

III Die Kreisverfassung als ritterschaftliche Schotte zwischen Regierung und Bevölkerung 448
Das Scheitern der Kreisreform vor 1820 (448). Die Verringerung der Gendarmerie, deren Unzulänglichkeit und der Rekurs auf altständische Gewalten (460). Die den unteren Ständen aufgezwungene Kreisverfassung von 1825—1828, ihre steigende Diskrepanz zur sozialen Entwicklung verhindert die Ansätze zur Selbstverwaltung (463). Das Landratsamt als Monopol des Adels, Wahlpraktiken und Verschärfung ständischer Unterschiede gegenläufig zur Liberalisierung des Bodenmarktes, die Reaktion nach 1849 als Sieg des Ritterstandes (476).

IV Der Wandel der ländlichen Sozialverfassung und seine politische Wirkung 487
Die Einführung eines freien Boden- und Arbeitsmarktes und der Vorsprung der Ritterschaft durch die Entschädigungsordnung (487). Die Generalkommissionen als Schöpfer neuen sozialen Rechts (493). Die neue Besitzverteilung und Entstehung des Landproletariates (498). Mittelbarer und unmittelbarer Adelsschutz innerhalb des Ritterstandes und dessen wirtschaftliche Absicherung (507). Die Steuerlasten und ihre gesellschaftlichen Folgen (525). Die regionalen Gerichts- und Polizeiverfassungen und ihre zunehmende Unangemessenheit zur sozialen Bewegung (540). Der Überhang altständischer Rechte und die Entstehung einer außerständischen Gesellschaft im Schutz und auf Kosten der Beamtenherrschaft (555).

V Der Weg von der Städte- und Gewerbereform zur bürgerlichen Revolution 560
Vereinheitlichung und Verstaatlichung des Stadtbürgerstandes (560). Erziehung zur Selbstverwaltung (564). Die legalisierte Spannung zwischen Beamten- und Städteordnung (568). Das Kompromißgesetz von 1831 und die regionalen Sonderregelungen städtischer Selbstverwaltung (574). Die Städteordnungen als Plattform der Verfassungsbewegung (582). Schwund überparteilicher Wirtschaftspolitik (586). Erzwungene Gewerbefreiheit und stadtbürgerliche Widerstände, Entschädigungslasten (588). Die allgemeine Gewerbeordnung von 1845, Mittelstandsschutz und Arbeiterkontrolle (597). Unternehmerfreundliche Gewerbesteuer (600). Generelle Entschädigungsordnung und wirtschaftsrechtlicher Ausgleich zwischen Ost, Mitte und West (602). Die Wirkungen der Gewerbepolitik auf das Handwerk (605) und die anwachsende Fabrik-

arbeiterschaft (608). Die staatliche Steuerung im Bergbau, Verkehr und technischen Erziehungswesen und durch Musterbetriebe der Seehandlung (609). Die Wende zur bürgerlichen Selbstentfaltung und der Eisenbahnbau im Schnittpunkt der politischen, wirtschaftlichen und sozialen Fragen (615). Die soziale Kehrseite der liberalen Wirtschaftspolitik, immer schärfer hervortretend, fördert die Revolution, aber hemmt ihren Erfolg (620).

Exkurse, Anhänge, Quellen und Literatur, Register

Exkurs I
über die langsame Einschränkung körperlicher Züchtigung . . 641

Exkurs II
zu den Begriffen des Einwohners, Mitglieds, Untertans und Staatsbürgers im ALR 660

Exkurs III
über die Verwaltungsberichte zwischen 1807 und 1848 . . . 663

Anhang I
Rittergüter und adlige Besitzeinheiten vor der Reform . . . 672

Anhang II
Patrimonialjustiz und Rittergutsbesitz 674

Anhang III
Standeserhöhungen zwischen 1790 und 1848 676

Anhang IV
Anteil des Adels und der Bürger an der Provinzverwaltung . 680

Anhang V
Anteil der Beamten in den Landtagen 691

Anhang VI
Anteil der Beamten und bürgerlichen Rittergutsbesitzer im Vereinigten Landtag, sowie die regionalen Abstimmungsergebnisse der Vinckeschen Verfassungspetition 694

Anhang VII
Aufschlüsselung von Dietericis Statistik der Fabrikarbeiter und Fabrikherren 1848 697

Abkürzungen, Quellen und Literatur 702

Personenregister 726
Sach- und Ortsregister 733

Einleitung

Ranke hat Preußen als den Staat beschrieben, der sich vor den Augen der Geschichte Schritt für Schritt gebildet habe. Das Eigentümliche dieses Vorgangs liegt darin, daß sich der preußische Staat als europäische Großmacht erst unter den Bedingungen der modernen Geschichte, d. h. zusammen mit ihr entfaltet hat. Sein Heer, die Technizität seiner Verwaltung und die Industrie sind die drei Elemente, aus denen der preußische Staat zusammengefügt wurde, die seine vergangene Modernität ausmachten. Wie immer die Rolle der preußischen Armee dabei beurteilt wird, Preußen war der einzige europäische Staat, dessen Machtentfaltung im neunzehnten Jahrhundert mit seiner Industrialisierung zusammenfiel. Der Grund dessen wurde im Zeitraum zwischen Reform und Revolution gelegt.
Unsere Fragestellung ist zeitlich begrenzt auf die Jahrzehnte zwischen 1791 und 1848. Die Stiftung des allgemeinen Gesetzbuches für die preußischen Staaten, als Beginn der Reform, setzt den Anfang der Untersuchung, der Ausbruch der bürgerlichen Revolution im preußischen Staat ihr Ende. In der zeitlichen Begrenzung zwischen „Reform und Revolution" liegt zugleich deren sachliche Verschränkung. Die Stein-Hardenbergschen Reformen haben — als Antwort auf die Französische Revolution — in vieler Hinsicht revolutionärer gewirkt als die Revolution von 1848. Beide Begriffe umgrenzen nicht nur, sondern erfassen unseren Zeitraum. Sie wurden damals zu gegenseitig sich herausfordernden Bewegungsbegriffen, die beide auf eine Zukunft zielten, die erst zu schaffen sei. Unter dem Zwang zur Industrialisierung, d. h. im Horizont der neuzeitlich bewegten Geschichte, gehören Reformen zum Minimum an Beweglichkeit, um einer Revolution zuvorzukommen. Auch über die stillen Jahre der Restauration hinweg wurden die Reformen weitergetrieben, sie hielten die allgemeine Erfahrung der Übergangszeit wach, die sich schließlich beschleunigte in den vierziger Jahren, als an Reformen nachgeholt werden sollte, was zuvor hängen geblieben oder noch nicht möglich war. Das Thema unserer Untersuchung ist der Beginn dieser Bewegung, der Übergang aus einer ständisch gerade noch eingebundenen in eine wirtschaftlich sich frei entfaltende Gesellschaft.
Unsere Fragestellung ist sachlich begrenzt auf das Landrecht, die Verwaltung und die soziale Bewegung. Sie bilden, gemäß der zeitlichen Abfolge, die Schwerpunkte dreier aufeinander folgender Etappen. Zugleich aber bieten alle drei Faktoren eine komplexe Erscheinung, nur ihre jeweilige

Einleitung

Zuordnung wechselt. Das Landrecht reagiert bereits auf soziale Unruhen, die Reformverwaltung reagiert auf beides, die einmal entfesselte soziale Bewegung schließlich reagiert auf die Reformen der Verwaltung und das Landrecht zumal.

Die Darstellung hat sich dem angepaßt. Nicht also, daß die drei Sachgebiete gesondert behandelt würden. Die Darstellung entspricht vielmehr den verschiedenen Ebenen, auf denen sich die geschichtliche Bewegung vollzog. Sie berichtet, wie es zum doppelten Sinn von Reform und Revolution gehört, chronologisch-ereignishaft und macht dauerhafte Strukturen sichtbar. Die Darstellung geht also nicht entlang einem Leitfaden linear gedachter Zeit vor. Theoretisch handelt es sich um verschiedene Schichten geschichtlicher Zeit, deren differierende Dauer, Geschwindigkeit oder Beschleunigung die Differenzen der damaligen Epoche auslösten und so ihre Einheit charakterisieren.

Diesem Ansatz gemäß werden die Überhänge, Naht- und Bruchstellen der rechtlichen, der politischen und der Sozialverfassung, die sich mit unterschiedlicher Intensität wandelten, besonders herausgearbeitet. Mit zeitlich je neuen Einsätzen wechseln Querschnitts- und Längsschnittanalysen einander ab. So wird — im ersten Kapitel — das Landrecht an der sozialen Wirklichkeit gemessen, die es einzufassen suchte. Zugleich werden Rechtsbestände, deren Geltung und soziale Wirkung anhielten, bis zur Revolution von 1848 durchgezogen. So wird später — im zweiten Kapitel — der Neuansatz der Verwaltungsreform untersucht, und die ständischen Widerstände werden aufgewiesen, an denen die Reformen aufliefen. Zugleich aber wird der Verwaltungsausbau verfolgt und seine verfassungsmäßige Funktion bis zur Revolution nachvollzogen. Schließlich wird — im dritten Kapitel — die soziale Bewegung zum Hauptthema. Sektorenweise wird sie aufgeschlüsselt, wie sie auf die Administration reagierte, diese selbst erfaßte, wo sie an landrechtlichen Traditionsbeständen zehrte oder von ihnen abgeleitet wurde, endlich und immer, wie sie von dem Verwaltungsstaat ausgelöst, befördert oder gehemmt wurde.

Die preußische Beamtenschaft hatte bewußt für Adam Smith gegen Napoleon optiert, um den einen durch den anderen zu vertreiben. Sie nahm die Herausforderung zur industriellen Revolution an, um eine „Französische Revolution" zu vermeiden, deren Ziele gleichwohl zu erreichen. Sie entfesselte eine gesellschaftliche Bewegung, die sich langsam ihrer Steuerung entzog, und die ihr schließlich entglitt, sobald die soziale Frage zur Verfassungsfrage aufrückte. Es ist ein und dieselbe Bewegung, die anfangs vom Reformstaat geleitet, dann von der neuen Gesellschaft übernommen, sich endlich gegen den alten Staat des Landrechts richtete. Die Revolution erfüllte, grob formuliert, die Reform von 1807 bis 1820 zur Gänze, darüber hinaus ist sie gescheitert.

Einleitung

stand, und innerhalb dessen der Adel, als herrschende Klasse halten? Wie verwandelte sich die ländliche Sozialverfassung durch Eigentumsverleihung, Besitzverteilung und durch die Entstehung einer breiten besitzlosen Unterschicht im Schatten anhaltender landrechtlicher Privilegien? Welchen Einfluß hatten die verschiedenen Städteverfassungen, welchen die staatliche Gewerbepolitik auf die Entfaltung eines politisch bewußten gewerblichen Bürgertums? Wo stießen die staatliche Erziehungs- und Entwicklungstätigkeit an ihre Grenzen? Wie reagierten Gesetzgebung und Verwaltung auf die neu gestellte soziale Frage? Schließlich wird nach den wirtschaftlichen und sozialen Bedingungen gefragt, die eine revolutionäre Lage 1848 herbeiführten, aber auch den Grund legten für das Scheitern des Bürgertums.

Es ergibt sich von selbst, daß die Fülle der so formulierten Fragen nur berechtigt ist, soweit ihre Beantwortung einen Beitrag leisten soll zu dem durchgängig gestellten Thema, wie sich der Verwaltungsstaat zu der neuzeitlich ausgelösten sozialen Bewegung verhielt. Die Literatur zu den damit angeschnittenen Problemen ist unübersehbar. Die zwangsläufigen Lücken bei ihrer Heranziehung lassen sich nur methodisch entschuldigen: durch die Präzision der Fragestellung. Dadurch wird freilich manche der hier nicht berücksichtigten Publikationen eine einschränkende oder bekräftigende Bedeutung gewinnen; das aber darf der Kritik und weiteren Forschung überlassen bleiben. — Die preußische Historiographie ist streckenweise national stark überlastet, vor allem seit sich das Selbstbewußtsein des kleindeutschen Kaiserreiches an ihr emporrankte. Aber die Leistungen der preußischen Geschichtsschreibung bleiben — gerade im kritischen Rückblick — unumstritten. Die vorliegende Arbeit weiß sich einer Tradition verpflichtet, die es zeitgemäß wieder aufzunehmen gilt, der Tradition, die sich an die sozialgeschichtlich unerschöpfliche Edition der Acta Borussica anschließt und die — besonders durch Hintze — dem heutigen Problembewußtsein vorgearbeitet hat. Davon zeugen die Forschungen in Ost und West, so verschieden ihre politischen Akzente gesetzt werden, vor allem wenn sie sich mit dem Erbe des preußischen Staates auseinandersetzen.

Die nachfolgende Arbeit nimmt in vieler Hinsicht die Thematik auf, die Hans Rosenberg in seiner Schrift über „Bureaucracy, Aristocracy and Autocracy" bis an die Schwelle des Vormärz heran durchgeführt hat. Freilich wird bei uns durch den speziellen Hinblick auf sozialrechtliche und verwaltungspolitische Fragen Preußen als Militärstaat nur am Rande behandelt. Jede Verkürzung birgt in sich die Gefahr einer Verzeichnung, aber diese Gefahr läßt sich methodisch niemals ausräumen. Insofern bedürften Untersuchungen, wie sie etwa Otto Büsch oder Horst Krüger in jüngster Zeit für das achtzehnte Jahrhundert angestellt haben, für unseren

Fragestellung

Der Ansatz unserer Arbeit überschreitet also bewußt den sich am ehesten anbietenden Umkreis der preußischen Reformpolitik; auf diese konzentrierte sich, aus naheliegenden Gründen, die Forschung besonders intensiv. Der Versuch, auf das Landrecht zurückzugreifen und die staatliche Verwaltung bis in ihre gesellschaftlichen Auswirkungen hinein zu verfolgen, dient vor allem, die Dauerstrukturen in der schleichenden Wende zur Industrialisierung herauszufinden. Damit verschieben sich manche Akzente von selbst.

Im einzelnen wurde der Gang der Untersuchung durch folgende Fragen bestimmt: Wie verhielt sich der theoretische Entwurf der Friderizianischen Justizreform zur durchgeführten Kodifikation? Wie die Kodifikation und ihr soziales Modell zur damals herrschenden Wirklichkeit? Wo behinderte, wie förderte das Landrecht die Integration der Stände und Provinzen in einen gemeinsamen Staat? Schließlich, welche Rechtsbestände kamen erst durch die Reform zur vollen Geltung, welche wirkten über die Reform hinaus, so daß Rechts- und Sozialverfassung in zunehmende Widersprüche gerieten?

Im zweiten Kapitel wird zunächst der Unterschied zwischen den Justizreformern und den administrativen Reformern erfragt. Wie differierten ihre sozialen Modelle, die beide in ihre Planung eingegangen waren? Welche Reformen hatten einen sachlich — und damit zeitlich — zwingenden Vorrang vor anderen Reformen? Wie wirkten sich die Dringlichkeitsstufen, die mit der Finanz- und mit der Verwaltungsgesetzgebung festgelegt wurden, auf die weitere Sozialplanung aus? Welche altständischen Widerstände wurden hervorgelockt? Wie stark behinderten die Wirtschaftsreformen die politische Verfassungsplanung? Warum konnte und inwiefern mußte sich die Bürokratie als Kern der neuen Verfassung etablieren? Wie lange erwies sich das Provisorium des neuen Verwaltungsstaates als dauerhaft? Wo lagen seine ihm selbst innewohnenden Grenzen?

Im dritten Kapitel wird nach den Auswirkungen gefragt, die die Reform gesetzgebung, ihre bürokratische Handhabung und ihre ministeriellen Umformungen auf die gesellschaftlichen Bewegungen gehabt haben. Wieweit reichte die Macht der immer noch landrechtlich umgrenzten alten Stände auf den Provinziallandtagen; seit wann und wie stark meldete sich die neubürgerliche Opposition zu Wort; und wie verhielt sich die Bürokratie dazu? Auf welche Weise fächerte sich die regionale und ständische Lebensordnung in eine parteilich gruppierte Gesellschaft auf? Welche landrechtlichen Standesschichtungen überdauerten gleichwohl Reform und Revolution? Worauf ist der Autoritätsschwund der Bürokratie zurückzuführen, inwieweit schrumpfte die soziale Basis der Beamtenschaft, gemessen an der übrigen sozialen Bewegung? Kraft wessen konnte sich der neue Ritt

Zeitraum ergänzender Forschungen. Die Arbeit von Ernst Klein über Hardenberg konnte leider erst nach Abschluß unserer Darstellung durch gelegentliche Hinweise berücksichtigt werden. — Für eine ausgewogene Sozialgeschichte Preußens in der ersten Hälfte des neunzehnten Jahrhunderts müßten weiterhin die kirchlichen und Bildungsprobleme stärker behandelt werden. Auch sie wurden nur beiläufig, an symptomatischen Stellen, in die Darstellung einbezogen.

Die angewandte Methode ist, entsprechend den Fragestellungen, sozialgeschichtlich. Sie bedient sich — herkömmlich — der überlieferten Texte, transzendiert sie aber, mehr als die biographische oder politische Geschichtsschreibung, auf überindividuelle Zusammenhänge, die von den Texten nicht immer, jedenfalls nie unmittelbar zur Sprache gebracht werden. Die notwendige Absicherung gleichsam konkreter Allgemeinheiten wird aus statistischen Daten gewonnen, die teils ermittelt werden mußten, zumeist aber von einer zahlenfreudigen Generation überliefert wurden. So verblüffend es klingt, besonders die mit statistischen Daten hantierende Sozialhistorie ist zu Abstraktionen gezwungen, und muß mit Graden mangelhafter Schärfe rechnen, wie sie die Biographie oder selbst die politische Geschichtsschreibung nicht kennt. Keine Zahlenreihe, sosehr sie „für sich" spricht oder einen Text beleuchtet, ersetzt diesen selbst. Im Maß also, wie wir Texte zu überschreiten genötigt sind, werden wir wieder auf sie zurückverwiesen. Die historisch-philologische Methode kann durch keine Frage nach soziologischen Größen allgemeinerer Art überholt — wohl aber ergänzt — werden. Daher werden alle Aussagen immer wieder auf Textinterpretationen zurückgeführt, aus ihnen abgeleitet, durch sie erhärtet.

Aussagen über Strukturen, über „Zustände" — ein Schlagwort der **damaligen** Zeit — werden präzisiert durch Wort-, gelegentlich durch Begriffsanalysen. Verzichtet wird auf Geistesgeschichte. Die Bescheidung in die Begriffsgeschichte — zur Erläuterung begriffsstummer Daten — hat den Vorzug, der sozialen Geschichte nahe zu bleiben, vollzieht sie doch die sprachliche Eigenbewegung nach, in der sich geschichtliche Erfahrungen sammeln oder Hoffnungen formuliert sein wollen. Die den handelnden Menschen übersteigende Begriffsgeschichte ist insofern eine Variante der Sozialgeschichte. Freilich ist die Geschichte eines Begriffs so einmalig wie vieldeutig zugleich. Die schillernden Ausdrücke wie etwa Verwaltung und Verfassung, Stand oder Klasse verweisen auf harte Auseinandersetzungen im sozialen und politischen Bereich, schließlich auf die Differenzierung dieser Bereiche im 19. Jahrhundert. Die bewußten Anstrengungen, eine neue politische Terminologie zu finden und auch durchzusetzen, gehören zur modernen sozialen Bewegung. So führen die Begriffe in unsere Sachthematik, diese aber bleibt, in ihrer Darstellung, auf die ehemals aktuel-

Einleitung

len Sinngehalte angewiesen. Mit anderen Worten: je mehr sich die reine Geistesgeschichte überholt hat, desto schwieriger ist es, Sozialgeschichte zu schreiben.
Als Quellen wurden vorzüglich Verwaltungsakten verwandt, deren Umfang infolge der Belehrungssucht der damaligen Beamten gewaltig ist. Über die Ergiebigkeit dieser Quellen unterrichtet, am Beispiel der Jahresabschlußberichte, ein Exkurs. Gedruckte Reskripte, Kabinettsorders und Rechtskommentare wurden zur Ergänzung ständig herangezogen, ebenso zeitgenössische Literatur. Als eine unerschöpfliche Fundgrube für abgelegene Ministerentscheide, einander widersprechende Gerichtsurteile, Gesetzeslücken und füllende Kabinettsorders erwies sich das große Kommentarwerk, das die „Fünf Männer" seit 1840 in mehreren Auflagen und Ergänzungsbänden der preußischen Beamtenschaft geschaffen hatten. Herkunft und Verbindung der fünf Juristen zeugen von der Liberalität und Staatlichkeit, die damals noch einen gemeinsamen Boden schufen für den preußischen Juristen- und Beamtenstand, der aber — wie die Kommentare zeigen — zunehmend strapaziert wurde. Justizrat Gräff war der erfolgreiche Verteidiger Schlöffels vor dem Breslauer Gericht; Koch war Tagelöhnersohn, der 1848 unter Bornemann in das Justizministerium aufrückte und später zur Fortschrittspartei stieß; Rönne blieb bis in sein hohes Alter der politisch aktive Praktiker und dem Altliberalismus verpflichtete Kommentator des deutschen Staats- und Verfassungsrechts; Heinrich Simon, aus jüdischer Familie, Neffe des Landrechtsreferenten im Justizministerium, quittierte schon 1844 den Staatsdienst und starb nach 1848 in der Emigration; Wentzel schließlich war der kritische Kenner der Provinzialrechte, die er nicht „zu Ehren des konservativen Prinzips" wiederbeleben wollte (vgl. sein Provinzialrecht, VIII). So erwuchs im Rahmen der Reformverwaltung dem Staat Friedrich Wilhelms IV. eine Fronde, die sich später in neuen Parteirichtungen artikulierte. Dieser Übergang gehört mit zur Thematik der vorliegenden Arbeit; das Fünf-Männer-Werk ist also Quelle und Hilfsmittel zugleich.
Die Auswahl der ungedruckten Quellen war teilweise an die erreichbaren Archive gebunden, d. h. vornehmlich an Provinzarchive des ehemaligen preußischen Staates. Der Nachteil, häufig auf interne Aktenvorgänge der zentralen Instanzen verzichten zu müssen, wird bei weitem durch den Vorteil aufgewogen, die Details der Sonderfälle, aus denen sich die Wirklichkeit zusammensetzt, ins Exemplarische überhöhen zu können. Dieser von den Quellen her gebotene Weg führt unmittelbar in die Problematik des Vormärz. Preußen war ein Staat, besaß aber keine politisch oder sozial homogene Gesellschaft. Die Leistung und die Schwierigkeiten einer zunehmend generellen Gesetzgebung, die den Rahmen schuf für eine neue Gesellschaft, werden, von unten her gesehen, besonders deutlich.

Bevor eine Konstitution gestiftet werden konnte, war eine Verwaltungsarbeit nötig, die mit wachsendem Erfolg den politischen Rang der preußischen Beamten verringern mußte. Die bürgerliche Gesellschaft breitete sich aus, wuchs zusammen und drängte hoch. Daß ihr ein nachhaltiger politischer Erfolg 1848 versagt blieb, lag letztlich — wie nur das Detail zu zeigen vermag — an der ständischen Heterogenität, die völlig zu beseitigen den preußischen Staatsdienern nie gelingen konnte. Hier stieß nicht nur das neue Bürgertum, sondern zuvor schon das rationale Beamtentum an eine Grenze, die zu überschreiten ihnen nicht gelang.
Wie Goethe 1786 aus Erfahrung schrieb: „Wer sich mit der Administration abgibt, ohne regierender Herr zu sein, der muß entweder ein Philister oder ein Schelm oder ein Narr sein."[1]

---

1 An Charlotte von Stein, 9./10. 7. 1786 (Artemis Ausgabe Bd. 18, 937).

Erstes Kapitel
Das Allgemeine Landrecht und seine politische Auswirkung bis in den Vormärz

I. Die einheitstiftende Kraft des Landrechts und ihre Grenzen

Das Erbe Friedrichs des Großen an die preußische Zukunft reichte so weit, wie es umstritten blieb. Die in den schlesischen Kriegen errungene Großmachtstellung war so eng an den Ruhm des Königs gebunden, daß sie seit seinem Tode eher eine Herausforderung war als politische Wirklichkeit; eine Herausforderung freilich, durch deren Erfüllung sich Preußen tatsächlich zur europäischen Großmacht heraufarbeitete. Friedrich hinterließ seinen Staaten noch eine weitere Erbschaft, deren Bedeutung nicht so augenfällig war, deren Wirkung aber nicht weniger weit reichte als das Postulat zur Großmachtbildung: die Erbschaft des Allgemeinen Landrechts. Das preußische Landrecht, das kaum erlassen, überholt zu sein schien, das die weitgehende Verachtung der folgenden Generation auf sich zog, das in der Rechtslehre nur ein Schattendasein führte[1], — dieses Recht währte als Grundlage der preußischen Sozialverfassung mindestens bis zum Jahre 1900 und überdauerte in einigen staats- und landesrechtlichen Teilen sogar die Abdankung des Hauses Hohenzollern[2].

Das Vermächtnis des achtzehnten Jahrhunderts in der ihm eigentümlichen Mischung von trockener Rationalität und ständischem Herkommen blieb

---

1 Das Landrecht geriet in Mißkredit durch die historische Schule, vorzüglich des Römischen Rechts, das es eigentlich ersetzen sollte. Und selber ließ sich das ALR historisch nur unzureichend bearbeiten, weil die Materialien nie gedruckt wurden. Dazu *M. J. Euler:* Geschichtliche Einleitung in das Studium des ALR's (*Kamptz:* Jb. 32, 1828, 55 ff.); *Eduard Gans:* Beiträge 15; *K. F. Eichhorn:* Deutsche Staats- und Rechtsgeschichte, 4. Teil (1836, 4. Aufl.), 766 ff.; *W. Bornemann:* Civilrecht 1, 23; *Wieacker:* Privatrecht, 206. 1810 berufen, nahm Savigny 1819 die Vorlesungen über das ALR auf (*Thieme:* Kodifikation Anm. 411) und wiederholte sie noch dreimal. Erst 1826 wurde das Landrecht Prüfungsfach. „Vorher waren die Kandidaten ohne alle Kenntnis" des Landrechts und der Gerichtsordnung, weil keine Vorlesungen darüber gehalten wurden (*Kamptz:* Jb. 27, 287). Erst 1845 wurde ein Lehrstuhl für Preußisches Recht begründet. Die eigentlich wirksame Gegenbewegung gegen die selbstgerechte Kritik der historischen Rechtsschule am Landrecht erfolgte von Seiten der Praxis. In einer Fülle von Zeitschriften und Kommentaren und durch die Publikationen der Entscheidungen des Obertribunals seit 1825 wurde das ALR zunehmend der wissenschaftlichen Bearbeitung erschlossen. Vgl. dazu die von „S" (Simon jun.?) signierten Aufsätze in den Hallischen Jahrbüchern, Jg. 1 (1838), über „Das Werden des ALR's, sein Kampf und Sieg" (1777 ff.), über „Das ALR und die philologisch-antiquarische Rechtsschule zu Berlin" mit bitterem Spott über Savigny (2017 ff.) und über „Schule und Wissenschaft des preußischen Rechts" (2217 ff.). Vor allem in Bornemann entstand Savigny ein Schüler, der sich seinem Lehrer praktisch überlegen und auf dem Gebiet des preußischen Rechts wissenschaftlich gewachsen zeigte.

2 AGBGB vom 20. 9. 1899 (GS 177) zur Durchführung der landesgesetzlichen Vorbehalte des BGB: das gesamte öffentliche Recht, soweit im ALR enthalten, galt fort (Art 89, 1). Dazu *Bitter:* Handbuch 1, 43; *Wieacker:* Privatrecht, 204.

Die einheitstiftende Kraft des Landrechts

allen Behörden und Gerichten in den vier umfangreichen Bänden des Landrechts präsent[3]. Die innere Geschichte Preußens im neunzehnten Jahrhundert ist eine Geschichte der Durchsetzung dieses Landrechts gegen die altständischen, regionalen und lokalen Gesetze und Rechtsgepflogenheiten und zugleich eine Geschichte der sukzessiven Verwandlung des Landrechts durch neue generelle Gesetzesbestimmungen, die zunehmend den ganzen Staat erfaßten. Die Einheit dieses Staates selber wurde erstmals durch das Landrecht gesetzlich umrissen. Der beschleunigte Aufstieg Preußens zum modernen Industriestaat war zwar eine mühsame Abwendung von den ständischen Relikten, die auf dem Boden des ALR's ihr zähes Leben führten und die weit bis in unser Jahrhundert hineinreichten. Die Umwandlung wurde aber ermöglicht und planbar, weil das Landrecht einen allgemeingesetzlichen Horizont auszog, innerhalb dessen der Staat seine rechtstiftende Befugnis absteckte, die seitdem gezielter in das soziale Leben einzugreifen erlaubte als zuvor. Deshalb konnten 1838 die Hallischen Jahrbücher, das Organ der Links-Hegelianer, in der fortwirkenden Kraft des Landrechts einen posthumen Sieg Friedrichs des Großen über die historische Rechtsschule feiern[4].

Das Landrecht vereint – deutlich unterscheidbar – beides: die Bestimmungen aufgeklärter Staatsplanung und ständisches Herkommen. Es trägt ein Janusgesicht.[5] Im theoretischen Entwurf zielt es auf einen Rechtszustand, der der bestehenden Wirklichkeit weit vorauseilte, während in der Durchführung diese Wirklichkeit durch eine Fülle von Bestimmungen kodifiziert wurde, die dem geplanten Rechtszustand hinderlich waren, ja ihm widersprachen. Die soziale Rechtsverfassung, die 1791/94 die aufgeklärte Staatsleitung den preußischen Staaten gegeben hatte, unterstellte theoretisch den Gesellschaftsvertrag aller mit allen. Diese hypothetische Voraussetzung – eine Staatsbürgergesellschaft – war in Wirklichkeit das Fernziel der Gesetzgeber. Der Staatsbürger war im Landrecht eher ein antiständisches Ferment zwischen den Paragraphen als deren gesetzlicher Bezugspunkt.

Die Vorträge, die Svarez, der Schöpfer des Allgemeinen Gesetzbuches, vor dem Kronprinzen gehalten hatte, lassen die politische Pointe erkennen, die mit dem Konzept des Gesellschaftsvertrages beabsichtigt war. Es ging den Justizaufklärern darum, einmal die unumschränkte Macht des Monarchen einzubinden in das System der vernünftigen Zwecke, wie es etwa „Friedrich der Einzige"[6] im Sinne der aufgeklärten Philosophie angestrebt hatte, und zum anderen, die Eigenständigkeit der Stände soweit in staat-

---

3 Bis 1830 wurden 29 500 Exemplare ausgeliefert (*Thieme:* Kodifikation 205).
4 Hallische Jahrbücher Jg. 1, 2037.
5 *Treitschke:* Deutsche Geschichte 1, 81.
6 *Svarez:* Vorträge 463, 468, 599, 610 passim.

lichen Auftragsdienst zu verwandeln, daß alle Untertanen in ein staatsunmittelbares Verhältnis eintreten konnten. In beiden Richtungen ist das Landrecht auf halbem Wege stecken geblieben. Das Landrecht stellt einen Kompromiß dar zwischen überkommenem Zustand und zukunftgerichteter Absicht.

Wie weit reichte *das theoretische Konzept,* das mit der Hypothese des Gesellschaftsvertrages in das preußische Gesetzbuch eingehen sollte? Glückseligkeit, sagt Svarez, sei der letzte Zweck des menschlichen Daseins, und um dieses zu erreichen, bringen die Vertragspartner eine Reihe von natürlichen Rechten in die Gesellschaft mit ein, die unveräußerlich sind. Der Zweck des Staates sei, alle die natürlichen Rechte zu garantieren, die sich im Zustand der Natur als einem Zustand des Kampfes aller gegen alle nicht verwirklichen lassen.[7] Damit wird der Zweck des Staates so individualistisch bestimmt, daß seine einzige Aufgabe, die zwangsläufig darüber hinausführt, darin besteht, die Summe der individuellen Glückseligkeiten so aufeinander abzustimmen, daß sie sich gegenseitig nicht im Wege sind. Ein Regent „muß die Freiheit seiner einzelnen Untertanen nur soweit einschränken als es unumgänglich notwendig ist, um die Sicherheit und Freiheit aller zu schützen und aufrechtzuerhalten"[8]. Die Liste der Grundrechte, die Svarez in immer neuen Wendungen wiederholt, gleicht weitgehend dem Katalog der Menschen- und Bürgerrechte aus der französischen Verfassung von 1791 — soweit er sich auf die Individuen im Staat, nicht aber auf die staatliche Organisation, wie etwa die Gewaltentrennung oder Steuerbewilligung, bezieht.

Aus dem Grundrecht auf „Privatglückseligkeit" folgen alle weiteren Rechte: auf Schutz von Person und Leben, auf gleiche Ausgangschancen, auf freie Verfügung über seine Kräfte, das Recht auf moralische Freiheit und geistige Selbstbestimmung nach den je eigenen Vernunfteinsichten, die Freiheit von Gewissen und Religionsausübung, das Recht der freien Meinungsäußerung, ferner das Recht auf Gleichheit vor dem Gesetz als dem Ausdruck des allgemeinen Willens, daraus folgend die Unabhängigkeit der Justiz und schließlich — Voraussetzung jeden privaten Wohls — das Recht auf Eigentumsschutz, woraus zugleich bei gesetzlichen Eingriffen die Entschädigungspflicht des Staates und die Einklagbarkeit von Forderungen an den Fiskus folgen. Die Summe dieser Rechte[9], die aus dem Gesellschaftsvertrag abgeleitet werden, bestimmen zugleich den Zweck des Staates. Die bürgerliche Gesellschaft geht so weit im Staate auf, als das Naturrecht — von sich aus im Naturzustand nicht erfüllbar — im Staatsrecht aufgeht.

---

7 *Svarez:* Vorträge 65, 460.
8 *Svarez:* Vorträge 467.
9 *Svarez:* Vorträge 3 ff., 215 ff., 453 ff. passim.

Die einheitstiftende Kraft des Landrechts

Zwischen Naturrecht und Staatsrecht besteht bei Svarez eine wechselseitige Bedingung, die den aufgeklärten Absolutismus kennzeichnet. Die natürlichen Rechte des Menschen bleiben auch nach dem Übergang in den Staat unveräußerlich, sie setzen die „Schranken der gesetzgebenden Macht"[10]. Der moralische Vorbehalt gegen die staatliche Zwangsanstalt ist bei Svarez hoch entwickelt, aber der naturrechtliche Grund dieses Vorbehalts ist zugleich der Grund des Staates, und nicht etwa einer staatsfreien Gesellschaft. Demzufolge kann der Staat im Notfall die Naturrechte sogar suspendieren.[11] Im Namen des Naturrechts kann aber der Staat das Naturrecht nur verschlucken, solange seine praktische Zielsetzung am Naturrecht orientiert bleibt. Diltheys paradoxe Formel vom preußischen Naturrecht kann insofern auch für Svarez' Theorie voll in Anspruch genommen werden[12], obwohl der individualistische Akzent deutlicher gesetzt ist, als die Kodifikation vermuten läßt. Svarez zieht eine Grenze, die vom Staat nie überschritten werden kann: es ist die Grenze, die den Menschen als moralisch freie Person beschirmt. Das Recht des Menschen als Menschen: auf

---

10 *Svarez:* Vorträge 218 passim.
11 *Svarez:* Vorträge 219.
12 Vgl. auch *Wilhelm Ebel:* Das Preußische im Preußischen ALR, 36 – der Albertus-Univ. Königsberg, XII, 149 ff. 1962.
Wie sehr die Redaktoren überzeugt waren, daß das Naturrecht in den positiven Bestimmungen aufgegangen und so zum „konkreten oder ‚historischen' Naturrecht geworden" war (*Wieacker:* Privatrecht 197), davon zeugt ihre Preisaufgabe vom 15. Juni 1788 (Bd. 6 des Entwurfs zum AGB und Schlözer's Stats-Anzeigen Bd. 12, 87 f. 1788). Die Preisaufgabe forderte ein Lehrbuch in zwei Teilen: das Naturrecht sollte in lateinischer Sprache und eine Theorie des preußischen positiven Rechts in deutscher Sprache geliefert werden. Das Naturrecht wurde dabei definiert als „Wissenschaft von den Rechten und Pflichten der Menschen", die aus der Natur und „den Begriffen der Dinge" abzuleiten seien. Es beschäftige sich also nicht nur mit dem Naturzustand, sondern „setzt zugleich die mancherlei Zustände, Lagen und Verhältnisse voraus, in welchen der Mensch sich in der bürgerlichen Gesellschaft befindet; es bestimmt aus der Natur und dem allgemeinen Zwecke dieser bürgerlichen Gesellschaft ... wie weit sich daraus allein, ohne Hinzutretung des positiven Willens eines Gesetzgebers, Rechte und Pflichten für den Menschen, als Menschen überhaupt und als Mitglied der bürgerlichen Gesellschaft insonderheit herleiten lassen. Da das Lehrbuch eines solchen Naturrechts zur Einleitung in die Theorie des positiven Rechts dienen soll, so folgt von selbst, daß die darin aufgestellten Begriffe und Grundsätze hauptsächlich aus dem Gesetzbuch selbst abstrahiert werden müssen" (zit. bei *Bornemann:* Civilrecht I, 22). — Die Gesetzgeber setzten also voraus, daß ihre Begriffe, die sie aus der konkreten Situation der bürgerlichen Gesellschaft rational abgeleitet hatten, gleichsam naturgemäß waren und insofern den positiven Setzungen im einzelnen naturrechtlich vorausgingen. Die Aufklärung des Absolutismus, die Hinwendung zur Empirie und die gleichzeitige Historisierung des Naturrechts gingen Hand in Hand. Praktisch wirkte sich dies dahin aus, daß durch Reskript vom 1. Januar 1797 den Rechtskandidaten auferlegt wurde, das Lateinische, das seinen Rang „noch immer mit Recht behaupte", mündlich zu beherrschen und zweitens, daß sie das ALR nicht bloß auswendig lernen dürften. Vielmehr müßten sie „durch das Studium der Philosophie zum gründlichen Nachdenken gewöhnt werden und besonders durch ein wahres philosophisches Naturrecht" sich die Voraussetzungen zum Verständnis des ALR's erarbeiten. Das Naturrecht wurde deshalb lange vor dem Landrecht selber zum Examensfach erklärt (NCC X, 905, eingegangen in AGO Anh., § 450; *Kamptz:* Jb. 27, 287).

seine Existenz, das Recht des Menschen als eines vernüftigen Wesens: auf die moralische Freiheit, und schließlich, – darin ist Svarez der Wolffschen Schule verpflichtet – das Recht des Menschen als ein der Vervollkommnung fähigen Wesens[13]: auf die Entfaltung seiner Fähigkeiten und Kräfte – auf diese drei Grundrechte Verzicht zu leisten, sei moralisch unmöglich; ein erzwungener Verzicht unverbindlich. „Überschreitet der Regent diese Grenzen, so bricht er den bürgerlichen Vertrag und untergräbt den Grund, auf welchem sein Recht zu gebieten und die Pflicht seiner Untertanen, ihm zu gehorchen, wesentlich beruht"[14]. Svarez, der die aufgeklärten Philosophen von jeder „Schuld" an der Französischen Revolution freispricht[15], kennt also ganz in deren Sinne ein verkapptes Widerstandsrecht. Aber er bleibt ein aufgeklärter Absolutist.

Die Schuld an den Folgen einer ungerechten Regierung eines absoluten Herrschers mißt er, politisch völlig konsequent, dem unumschränkten Monarchen zu. Dementsprechend ist die moralisch freie Persönlichkeit, an deren Grenze jede Staatsgewalt haltzumachen habe, eine unpolitische, außerstaatliche Figur. Der Mensch kann denken was er will, aber er hat zu gehorchen.[16] Svarez bedient sich dieser Wendung Kants, nicht nur, um mit diesem geistige Freiheit zu fordern, sondern auch, weil er – mehr als Kant – davon ausging, daß der bestehende Staat die Chance höherer Rationalität habe, als die Summe seiner selbstdenkenden Untertanen. Denn deren „Einsichten können unrichtig sein, und dann will der Mensch etwas, das er nicht wollen sollte"[17]. Der Staat kann daher jeden zu einer „Handlung gegen seine Überzeugung zwingen, aber er kann ihn nicht zwingen, etwas anderes zu wollen, als was er für gut und vernunftmäßig erkennt"[18]. Sosehr dieser Staat die geistige Freiheit seiner Untertanen respektiert, sowenig duldet er einen Übergriff der Untertanen in die Gesetzgebung. Die Toleranzzone ist außerstaatlich. Der persönliche Binnenraum wird vor den Religionsparteien, aber auch vor dem Staat durch den Staat geschützt.

Das Vertrauen von Svarez in die unumschränkte Monarchie scheint ungebrochen, weil er deren aufgeklärte Selbstbeschränkung als selbstverständlich voraussetzt, – jedenfalls dem Kronprinzen gegenüber. Der Mensch ist weltbürgerlich frei, als Untertan ist ihm politische Mitbestimmung vorenthalten. Denn je weiter diese reicht, desto höher steigen die Chancen der Irrationalität: Kampf der Parteien und Unterdrückung niederer

---

13 Vgl. *Dilthey:* Ges. Schr. XII, 156 ff., 179.
14 *Svarez:* Vorträge 468, 217.
15 *Svarez:* Vorträge 497.
16 *Svarez:* Vorträge 587. Dazu *Kant:* Beantwortung der Frage: Was ist Aufklärung? aus der Berlinischen Monatsschrift, Dezember 1784.
17 *Svarez:* Vorträge 218.
18 *Svarez:* Vorträge 586; vgl. *Klein:* Ann. Bd. 4, 368 (1789).

Die einheitstiftende Kraft des Landrechts

Volksklassen seien die Folge. Je mehr sich eine Staatsform von der aufgeklärten Monarchie entferne, desto leichter entwickele sich eine Herrschaft der Leidenschaften, „andere bloß als Werkzeuge und Instrumente zur Befriedigung (der) Begierden anzusehen", d. h. eine Herrschaft von Menschen über Menschen.[19] Der souveräne Monarch dagegen garantiere die Herrschaft der Gesetze, ohne in der Politik und Verwaltung auf Gleichförmigkeit des Planes, auf Geheimhaltung und Schnelligkeit der Ausführung verzichten zu müssen.[20]

Während Svarez als preußischer Justizbeamter der staatlichen Zwangsgewalt eine höhere Chance an Rationalität zumißt als Kant, folgt er diesem völlig in seinem Postulat auf geistige Öffentlichkeit. Svarez trat entschieden für das allgemeine Recht der freien Meinungsäußerung ein — Hardenberg sollte später diese Passagen in gleicher Absicht anfordern[21] — und er scheute sich im privaten Kreis der Mittwochgesellschaft nicht, Wielands Formulierungen über die außerstaatliche Freiheit des Kosmopolitenordens zustimmend zu verwenden: nur wenn „wirklich unmittelbar und geradezu" die staatliche Ordnung bedroht werde, dürfe das Recht zur offenen Urteilsbildung und Kritik beschränkt werden.[22]

Svarez hatte in der Theorie den patriarchalischen Anspruch des aufgeklärten Staates bewußt zurückgedrängt, er schaute mit Geringschätzung auf das „große Gefängnis"[23], das Joseph II. in Österreich errichtet habe und sprach damit einen Vorwurf aus, der bald auf sein Gesetzbuch zurückfallen sollte. In der Tat mutet die Apostrophierung der individuellen moralischen Freiheit der preußischen Untertanen befremdlich an, wenn man sie mit dem organisierten System der Pflichten und Rechte vergleicht, das vom ALR sanktioniert wurde.[24] Aber hinter dem innerlich freien Bürger, der als Partner des Gesellschaftsvertrages von Svarez eingeführt wurde, steht eine Einsicht, die über den reglementierenden Obrigkeitsstaat hinausführen sollte: die Einsicht nämlich, daß jede Erziehung der Untertanen zu Bürgern nur möglich ist, wenn die Freiheit der Untertanen, zumindest die moralische Freiheit, bereits vorausgesetzt wird. Denn

---

19 *Svarez:* Vorträge 495, 473.
20 *Svarez:* Vorträge 475.
21 *Stölzel:* Rechtsverwaltung II 456; *Kleinheyer:* Staat und Bürger 132 ff.
22 „Das Wörtchen direkt oder geradezu ist hier nichts weniger als müßig: es ist so wesentlich, daß die ganze Strafwürdigkeit einer angeklagten Schrift darauf beruht", so heißt es in dem Aufsatz von Wieland über „das Geheimnis des Kosmopolitenordens" (Ges. Schr. I, 227). Wielands Aufsatz erschien 1788, ein Jahr bevor Svarez seinen Vortrag hielt, in dem er die korrespondierende These entwickelte, daß es ein Widerspruch in sich sei, wenn Gesetzgebung direkt in die Aufklärung hineinwirken wolle (Vorträge 635).
23 *Svarez:* Vorträge 247.
24 Vgl. *K. v. Raumer:* Absoluter Staat, korporative Libertät, persönliche Freiheit, HZ 183, 1957, 79.

„Tugenden, durch Gesetze geboten, hören auf, Tugenden zu sein"[25]. Ganz im Gegensatz zu der im Landrecht gesetzlich postulierten Schulpflicht (§ 43, II, 12) reicht daher für Svarez die Pflicht des Staates nur so weit, jedem Untertan die Möglichkeit freier Selbstbildung zu bieten. Oder, wie Garve es einmal formulierte, die Erziehung der unteren Klassen müsse auf Freiwilligkeit gründen, „daß sie moralisch regiert zu werden fähig sind"[26].
Sowenig Svarez von der vorgegebenen unbeschränkten Souveränität des preußischen Monarchen abging, die Qualifikation zur Herrschaft beruhte auf der Anerkennung der moralischen Freiheit aller Untertanen. Die absolutistische Staatsform selber war ihm eine Frage der Zweckmäßigkeit, nicht etwa göttlicher Notwendigkeit oder dynastischer Erblichkeit. Der Monarch wurde, wie die zwiespältige Formel von Svarez lautet, zum „Vater seiner Bürger"[27]. Die Interessengleichheit des Souveräns und der für mündig erachteten Bürger wurde so sehr als selbstverständlich vorausgesetzt, daß sie auch öffentlich diskutiert werden mochte. So könnte Meinungsfreiheit geduldet werden, denn mehr als ein Optimum an vernunftmäßiger Einsicht, die der Monarch schon aus amtlicher Pflicht anstrebe, würde sowieso nicht erreicht werden.

Der absolute Monarch bezieht seine Legitimation nur aus der Wahrung der Rechte, die vom Naturzustand in die Gesellschaft eingebracht werden. Damit verwandelt sich der Souverän, mag er auch in der Praxis unbeschränkt walten können, in ein „Oberhaupt", in einen „Vorsteher der bürgerlichen Gesellschaft"[28], oder, wie es bezeichnenderweise im Landrecht heißt: er wird zum „Oberhaupt *im* Staate" (§ 2, II, 13). Die Rechte und Pflichten des Staates leiten sich daraus ab, daß der Staat eine Anstalt der bürgerlichen Gesellschaft ist. Der Vorsteher der bürgerlichen Gesellschaft ist Oberhaupt im Staat, Verwahrer des „allgemeinen Willens und der gemeinschaftlichen Kräfte der ganzen Gesellschaft", wie es in Anlehnung an Rousseau heißt.[29] Trotz der vorbehaltenen inneren Freiheitszone aller einzelnen geht die bürgerliche Gesellschaft für Svarez im Staat auf. Die Legitimität des Herren bleibt an die „inneren Einschränkungen"[30] gebunden, denen sich der Monarch kraft freier Einsicht zu unterwerfen hat. So ließ sich theoretisch das Konzept einer freien Bürgergesellschaft mit dem absoluten Staat verbinden. Staat und Gesellschaft blieben trotz des moralischen Vorbehalts in Deckung. Der einzige Unsicherheitsfaktor in diesem System lag im Verhalten des Souveräns. Herrschte er durch rationale Ge-

---

25 *Svarez:* Vorträge 642.
26 *Svarez:* 488; *Garve:* Versuche V, 333.
27 *Svarez:* Vorträge 609.
28 *Svarez:* Vorträge 256 passim.
29 *Svarez:* Vorträge 467; vgl. *Kleinheyer:* Staat und Bürger 42.
30 *Svarez:* Vorträge 609; vgl. *Conrad:* Grundlagen 39.

setze oder wurde er ein Despot? Klein, der Mitarbeiter von Svarez, wehrte sich dagegen, die Gesetze der Vernunft nur als Supplement der positiven Gesetze zu betrachten: die einen müßten in den anderen aufgehen. „Gott behüte uns vor den Supplementen, womit uns die Vernunft der Despoten heimsuchen würde ..."[31].

Svarez hatte versucht, gegen diese Gefahr dem Monarchen auch „äußere Einschränkungen" aufzuerlegen. Entsprechende institutionelle Bindungen waren in die Einleitung zum Allgemeinen Gesetzbuch von 1791 eingegangen: das Verbot der Machtsprüche in Streitsachen des Zivilrechts (§ 6); die Durchgangsschleuse der bürgerlichen Gesetzgebung durch die Gesetzkommission (§ 12); das Verbot, Privilegien auf Kosten Dritter auszuweiten (§ 9); die, wenn auch sehr elastische Bestimmung, daß „die Gesetze und Verordnungen des Staates die natürliche Freiheit und Rechte der Bürger nicht weiter einschränken (dürfen), als es der gemeinschaftliche Endzweck erfordert" (§ 79); schließlich das Gebot, daß Gesetze nur äußere Handlungen — also nie die Gesinnungen — binden dürfen (§ 78). War schon der Gesetzeswortlaut im AGB sehr viel vorsichtiger dosiert, als sich Svarez vor dem Kronprinzen mündlich auszudrücken pflegte, so fielen schließlich auch diese Hürden, innerhalb derer sich der Monarch zu bewegen hatte, der Korrektur 1794 zum Opfer.

Die befürchteten Auswirkungen der Französischen Revolution versteiften den Widerstand der Kreise um Friedrich Wilhelm II.: der Monarch wollte sich nicht kraft des Gesetzbuches an die Reihe der von ihm selber erlassenen Grundgesetze binden. Damit scheiterte die Hoffnung von Svarez, durch das Gesetzbuch die „eigentliche Grundverfassung" gewissermaßen zu „ersetzen", den Souverän an Regeln zu binden, „denen er auch in bloßen Zeitgesetzen nicht zuwiderhandeln darf"[32]. Wenn Svarez im privaten Kreise sein Gesetzbuch als eine Art Ersatzverfassung apostrophierte, formulierte er bereits das Ungenügen, das er über die Differenz zwischen Planung und Ausführung empfand. Infolge der Streichung staatsrechtlicher Garantien blieb das revidierte Landrecht noch weiter hinter dem theoretischen Konzept von Carmer und Svarez zurück als das Allgemeine Gesetzbuch. Wie J. G. Schlosser schon vorher moniert hatte: „Wo die Gesetze alles dem gemeinen Besten unterordnen, ohne zu sagen, was es ist, kann der Untertan nur auf die Gerechtigkeit des Regenten, aber nicht auf den Schutz der Gesetze bauen"[33]. Es mißlang, die rechtliche Fiktion des Gesellschaftsvertrages so weit in die Wirklichkeit zu überführen, als die Grundgesetze der naturrechtlich deduzierten Gesellschaft den Staats-

---

31 *Klein:* Ann. 4, 385 (1789).
32 *Svarez:* Vorträge 635.
33 *Schlosser:* Briefe über die Gesetzgebung 213.

zweck hätten festlegen sollen. Der staatsfreie Vorbehalt der Bürger gegenüber dem Souverän wurde durch keine zwingenden Verpflichtungen des Souveräns politisch eingebunden. Bezeichnend dafür ist, daß der Rechtsanspruch der Bürger auf ihre natürliche Freiheit und Wahrung der Rechte gestrichen (Einl. § 79), die korrespondierende Verpflichtung zur Beförderung des Gemeinwohls aber beibehalten wurde (Einl. § 80). Trotz der grundrechtlichen Ansätze ging die Kodifikation kaum über die Praxis des Alten Fritz hinaus. Der Souverän blieb absolut, der Bürger nur innerlich frei. Der wirkliche Staat des Landrechts entsprach insofern nicht dem Entwurf einer bürgerlichen Gesellschaft, wie sie Svarez und seinen aufgeklärten Mitstreitern vorgeschwebt hatte.

Allen Streichungen zum Trotz darf aber nicht verkannt werden, daß die rechtsstaatlichen Absichten des Gesetzbuches nicht eliminiert werden konnten.[34] Die aus der Einleitung ausgemerzten Grundsätze über das Verhältnis zwischen Staat und Bürger lebten im staatsrechtlichen Titel (§§ 1 bis 4, II, 13) fort oder konnten jederzeit daraus abgeleitet werden. Durch den Entfall institutioneller Sicherungen trat zwar die Steigerung staatlicher Allmacht im Titel II, 13 nackt in Erscheinung, aber das Vehikel der Machtsteigerung, die naturrechtliche Zweckbestimmung blieb erhalten und wurde dem Monarchen vorgeordnet. Die Umwandlung der monarchischen in eine staatliche Souveränität wurde damit besiegelt[35] und ihre staatsrechtliche Formulierung ebnete der rechtsstaatlichen Tendenz die Bahn. Das eine war auf das andere bezogen. Auch weitere Bestimmungen zeugen davon.

So blieben etwa hinter dem Schleier der Umformulierungen die rechtlichen Folgen von Machtsprüchen weiterhin anfechtbar (§§ 528, 529, I, 9)[36], die Gewissensfreiheit und Freiheit der Religionsausübung taucht in dem kirchenrechtlichen Kapitel wieder auf (§§ 1–8, II, 11).[37] Schließlich wurden in der Einleitung eine Reihe von grundgesetzartigen Bestimmungen bewahrt, die der Zukunft den Weg weisen sollten. Auch sie entsprangen den Gepflogenheiten, die sich unter Friedrich dem Großen gebildet hatten. So blieb die rückwirkende Kraft neuer Gesetze unterbunden. Unbeschadet des souveränen Gesetzgebungsrechts waren Kontinuität und Rechtssicherheit des bürgerlichen Lebens damit von der Vergangenheit her abgeschirmt.

---

34 Vgl. *Conrad:* Grundlagen 41.
35 Dazu *Böckenförde:* Gesetz und gesetzgebende Gewalt 54.
36 *Eb. Schmidt:* Rechtsentwicklung 27.
37 1847 wurde eine „Zusammenstellung der in dem ALR enthaltenen Bestimmungen über Glaubens- und Religionsfreiheit" in der Art eines Grundrechtskatalogs publiziert, um die Bildung neuer Religionsgesellschaften zu regeln, was unter anderem zur Stiftung von Standesämtern an den staatlichen Gerichten führte (Patent und VO vom 30. März 1847, GS. 121 ff. und 125 ff.; *Gräff-Rönne-Simon,* Suppl. Bd. 2, 425 ff.).

Dem korrespondierte der Rechtsschutz für die Zukunft. Weit bedeutsamer nämlich war die Konsequenz, die der Staat für die kommende Zeit aus seiner Verpflichtung des Vermögensschutzes zog. Im Kollisionsfall stehen zwar die Eigentumsrechte einzelner dem Gemeinwohl nach, aber der Staat ist bei Einschränkungen zur Entschädigung verpflichtet, über die Höhe der Entschädigung kann im Einzelfall rechtliches Gehör nicht versagt werden.

Außer dem gerichtlichen Schutz, dem die Eigentumsrechte unterstellt blieben, wurde versucht, möglicher Verwaltungswillkür einen Riegel vorzuschieben, indem alle Eingriffe in das Privateigentum nur auf dem Wege der Gesetzgebung, d. h. durch monarchische Autorisation, zulässig waren.[38] Aus dem gleichen Grundsatz entsprang die Einbindung des Fiskus und des Fürsten als Privatmannes in die Zivilgerichtsbarkeit.[39] Mit diesen Gesetzen wurde der Horizont abgesteckt für eine liberale Eigentümergesellschaft, unbeschadet ihrer mangelnden politischen Einflußmöglichkeit. Das Eigentum als Basis und Unterpfand jener moralisch freien Persönlichkeit, auf die auch die gestrichenen grundgesetzgleichen Bestimmungen zugeschnitten waren, blieb geschützt. Und Svarez versäumte nicht, den Kronprinzen zu warnen, daß „wenn die Rechte des Eigentums ... durch den Gesetzgeber selbst gekränkt und verletzt werden", der „Zeitpunkt der Revolution" gekommen sei.

So modern das Landrecht in dieser Hinsicht war, so frustrierend mußte die Modernität wirken, weil sie zunächst der altständischen Gesellschaftsordnung zugute kam. Es war für die Zukunft schlechthin entscheidend, daß die Hürde, die der preußische Staat um das Eigentum errichtet hatte, auch den Privilegien zugute kam. Gerade über die Entschädigungsklausel (AGB, Einl. §§ 74, 75; ALR § 70, 71) wurden die herrschaftlichen Standesrechte, die der Adel kraft Observanz, tatsächlichem oder unterstelltem Vertrag, sei es mit dem Landesherrn, sei es mit dem Untertan, herkömmlich besaß, als Eigentum verstanden. Alle Privilegien gewannen den vom Staat garantierten privatrechtlichen Eigentumsschutz[40], wie — rückwärtsgewandt — manche bürgerliche Eigentumsrechte den Rang eines ständischen Privilegiums besaßen. Die gesetzliche Weiche zugunsten einer staatsbürgerlichen Eigentümergesellschaft wurde somit in Preußen gestellt, bevor eine freie Boden-, Arbeits- und Marktwirtschaft durchgeführt war.

---

38 Die Entschädigungsordnung festgelegt im AGB, Einl. §§ 74, 75, 79, 81, 82, in das ALR übergegangen als §§ 70, 71, 74, 75; ferner: §§ 29 ff., I, 8; §§ 2 ff., I, 11; § 239, II, 11. Die Gesetzesrevisoren des Kamptzschen Ministeriums sahen es später — entgegen der Reformpraxis — als „Regel" an, „daß der Richter das Entschädigungsquantum bestimme". Vgl. *Gräff-Rönne-Simon* 6, 19 und *Forsthoff:* Verwaltungsrecht § 17.
39 ALR, Einl. § 80 und II, 14. Gegen die trotzdem weiterbestehenden Privilegien des Fiskus siehe *Gans:* Beiträge 293—307.
40 *Svarez:* Vorträge 242; vgl. *Forsthoff:* Verwaltungsrecht 275 ff.

Die Möglichkeit der kommenden Reform war zwar gesetzlich fundiert worden — Eingriffe in das Eigentum behielt sich der Staat auch dann vor, wenn sie nur zugunsten anderer Staatsbürger stattfinden sollten (§§ 29 ff., I, 8) —, zugleich aber verhinderte die Entschädigungspflicht einen sozialen Erdrutsch. Die Ausweitung der Staatsallmacht und die Eigentumsgarantien korrespondierten einander: ob sie mehr den bestehenden ständischen Rechten oder mehr einer freizusetzenden Untertanenschaft zugutekommen sollten, war eine Frage zukünftiger Politik. Rechtlich waren die Schranken bereits festgelegt.

Die Rechtssicherheit aller Untertanen stand über dem sozialen Beruf des Staates. Darin war Svarez so modern und so traditionell wie die Parlamente, die mit Ludwig XVI. in Streit gerieten.[41] „Man beschuldigt jetzt ohnehin unsere Justiz, daß sie sich gegen die Monarchie auflehne, und ein französisches Parlament agieren wolle"[42]. Die legale Umhegung der Privilegienträger blieb nicht unangefochten. Christian Daniel Erhard, der Verehrer Kants, hat in seiner scharfen bürgerlichen Kritik 1792 immer wieder darauf hingewiesen, wie sehr das Gesetzbuch die Interessen der „produzierenden Classen" zugunsten altständischer Privilegien verkürze. Entweder seien die Ausnahmen oder die allgemeinen Gesetze ungerecht. Beide zugleich könnten nicht bestehen. Aber Erhard zeigte auch die Kehrseite, die dem Gesetzbuch innewohnte, wenn es die Enteignungs- und Entschädigungsordnung aus dem staatlichen Gemeinwohl ableite. Es ermögliche, wie er sagte, auch „Machtsprüche der Gesetze"[43], die sich dann freilich gegen die bestehenden Privilegien richten konnten. So fand die kommende Auseinandersetzung der Verwaltung mit dem Adel in den Bestimmungen des Landrechts ihren forensischen Boden. Beide, sowohl die alten Stände wie die Administration, konnten sich darauf berufen: die einen auf den Eigentumsschutz oder die Entschädigungsklauseln, die Reformer auf das absolute jus eminens, die Enteignungsbefugnis des Staates. Damit hatte der Staat einen Vorsprung vor den Ständen abgesichert. Es kennzeichnet die preußische Reformproblematik, daß die sozialen Mißstände, die durch die Eigentumsgarantie indirekt erhärtet wurden, von der Verwaltung nur bekämpft werden konnten, weil sie einen Rückhalt in der unbeschränkten Monarchie fand, die legal zu beschränken sie sich vergeblich bemüht hatte.

In Anbetracht des ständischen und provinziellen Rechtspluralismus, der auf Friedrichs II. ausdrücklichen Befehl nicht angetastet wurde, war es daher von großer Tragweite, daß Carmer und Svarez sich zu den genannten Konzessionen bequemten, die vom Gesetzbuch zum Landrecht führten.

---

41 *Stölzel:* Svarez 335.
42 Svarez 1792 nach *Stölzel;* vgl. Vorträge 16, 485.
43 *Erhard:* Versuch einer Critik 75 ff., 100 ff., 245.

Auf diese Weise retteten sie das innere *Staatsrecht,* soweit es darin aufgenommen worden war, in die Kodifikation hinüber. Hier zeigte sich, daß die Abwandlung vom unbeschränkten Monarchen zum unbeschränkten Staat in erster Linie die alten Stände bedrohte. Sobald das Recht des Fürsten über seine Untertanen, wie Klein formulierte[44], „nicht mehr als Eigentum, sondern als ein Amt betrachtet" wurde, das dem Gemeinwohl zu dienen habe, verschoben sich nämlich auch die ständischen Eigentumsansprüche. Privilegien, die privatrechtlich geschützt wurden, verloren zugleich ihren öffentlich-rechtlichen Rückhalt. Die Verlagerung der als Eigentum zugebilligten ständischen Herrschaftsrechte in staatliche Auftragsdienste erheischte dringend, auch das innere Staatsrecht zu kodifizieren. Nur dann entbehrten die legalisierten Eingriffsbefugnisse des Staates den Charakter monarchischer Willkür; nur so war es möglich, die jura quaesita, die wohlerworbenen Rechte der oberen Stände wirksam umzudeuten, aus der gesamtstaatlichen Souveränität abzuleiten, dem natürlichen „Endzweck" unterzuordnen und vor Gericht entsprechend darüber befinden zu können.[45] Den Einwand, daß durch die Einführung staatsrechtlicher Bestimmungen „wirklich Pflichten des Oberhaupts im Staat gegen die bürgerliche Gesellschaft überhaupt bestimmt werden sollen", nennt Svarez dagegen „offenbar unerheblich". Der staatsrechtliche Teil enthalte „keine Gesetze für den Landesherren, sondern bloß eine Herleitung seiner Rechte aus seinen Pflichten; daß auch der letzteren erwähnt werde, kann wohl heut zu Tage von Niemandem mehr anstößig gefunden werden"[46].

Naturrechtlich gesehen wie in der Praxis war der Staat mehr als das Bündel persönlich ausgeübter Majestätsrechte. Er war längst zur Anstalt geworden, in der die Rechte der einzelnen Bürger so gut wie die ihres „Oberhauptes" mit den jeweiligen Pflichten verknüpft waren. Auch damit stand Svarez am Ende der friderizianischen Epoche.[47] Der Zurechnungspunkt

---

44 *Klein* Ann. 4, 329 (1789).
45 Drei Gründe führt Svarez im Entwurf zur Rechtfertigung des staatsrechtlichen Teils an: Es gebe staatsrechtliche Verhältnisse, die in den Privatstand einzelner Bürger eingreifen und andere, „bei denen sich der Staat nur der Rechte von Privatpersonen bedient"; in beiden Fällen können Handlungen der Privatpersonen und staatliche Befugnisse richterlichen Entscheidungen unterworfen werden. Schließlich übertrage der Staat einigen Bürgern Rechte, die wiederum in die Rechte und Pflichten anderer eingreifen. In jedem Fall greife das Staatsrecht in das Feld der bürgerlichen Gesetzgebung über (Entwurf I, Abt. 3, Tit. 1, S. 5; vgl. *Gräff-Rönne-Simon* 6, 15).
46 80. Band der Materialien 3, 999 (zit. bei *Gräff-Rönne-Simon* 6, 16).
47 *Lancizolle* wies 1846 mit Entrüstung darauf hin, daß das Landrecht ein „übermenschliches Maß der Einsicht und Tatkraft" (55) dem Monarchen abfordere. Es sei unmöglich, daß ein Mensch die ihm naturrechtlich zugewiesenen Rechte und Pflichten selber zu erfüllen imstande sei. Damit nahm er ein Argument von Haller und *Klewitz* auf (Staatsrechtliche Grundsätze 17). Jede persönliche Beziehung zum Herrscher, jede Bitte und alle Gnadenerweise würden von Pflichten und Rechtsansprüchen verschluckt. Die „Mystische

aller Rechte und Pflichten wies über den Monarchen hinaus, so wie das ALR die Majestätsverbrechen konsequenterweise unter dem Titel „Von Verletzungen der Ehrfurcht gegen den Staat" (II, 20, 5. Abschnitt) rubriziert — und das in einem Gesetzbuch, das der König für die Summe seiner „Staaten" gegeben hat. Neu aber war, und für eine absolute Monarchie scheinbar paradox, die schriftliche Kodifikation des inneren Staatsrechts: sie bot den Hebel, ansetzend beim unbegrenzten Steuerrecht im Namen der Wohlfahrt (§§ 3, 15, II, 13) gegen die verbliebenen ständischen Rechte vorzugehen.
Stolz nannte Svarez das einleitende Kapitel, das „von den Rechten und Pflichten des Staates überhaupt" (II, 13) handelte, eine „Seragraphie"[48] des folgenden Staatsrechts. Darin wurden die addierten herkömmlichen Majestätsrechte und Regalien systematisiert (II, 14—16), denen sich die staatlichen Pflichten — zur Rechtspflege, Vormundschaft und sozialen Fürsorge — und endlich das Kriminalrecht anschlossen (II, 17—20). Die staatsrechtlichen Titel, sagt Svarez, „enthalten eine Zusammenstellung der Resultate, welche aus der wirklich bestehenden inneren Staats- und Landesverfassung, aus den wenigen, über manche Gegenstände emanierten Edikten, und aus den Provincialordnungen, insoweit dieselben entweder insgesamt, oder doch die meisten unter ihnen übereinstimmend, gezogen worden". Svarez mußte also gar nicht die Tradition der Staatsverwaltung verlassen, allein die Tatsache, daß er „*allgemeine* Landesgesetze" formulierte[49], wo bisher nirgends „ein jus commune scriptum existirt habe", wirkte in der Zukunft. Und das galt in erster Linie für das Staatsrecht. Die Angriffe, die gegen diese Teile während des ganzen Vormärz nicht verstummten, beweisen noch rückwirkend die Modernität der Svarezschen Leistung.[50] Svarez war theoretisch davon ausgegangen, das Staatsrecht nur

---

Person des Staates" trete an die Stelle des Monarchen; und Lancizolle sah — nach der Erfahrung der großen Revolution — bereits die Konsequenz, daß ein solcher abstrakter Staat leicht das Oberhaupt verleite, seine Machtmöglichkeiten „weit über die Grenzen des bloßen Notrechts hinaus zu verwirklichen" (Königtum 64).
48 *Gräff-Rönne-Simon* 6, 15.
49 Svarez' amtliche Vorträge bei der Schlußrevision des Allgemeinen Landrechts, in *Kamptz:* Jahrbücher 41, 179. Das Wort „allgemeine" von Svarez betont.
50 Vgl. die Schriftenliste bei *Gräff-Rönne-Simon* 6, 17. Gegen die staatsrechtlichen Titel des ALR's: *C. L. v. Haller:* Restauration der Staatswissenschaft I, 188 ff.; W. v. Klewitz; Haxthausen; Berliner pol. Wochenblatt Jg. 1832, 136, 144. Deren Gegner Simon, Eichhorn, Buchholz, Gärtner. Zustimmende Formulierung der Gesetzesrevisoren zit. *Gräff-Rönne-Simon* 6, 16. Lancizolle glaubte z. Zt. Friedrich Wilhelm IV. sagen zu können, daß die staatsrechtlichen Bestimmungen des Landrechts die Stellung des Monarchen kaum beeinflußt hätten, indes erscheine eine „mittelbare Einwirkung" des Landrechts, auf die „politische Vorstellungs- und Empfindungsweise" nämlich, von nicht geringer Bedeutung. „Für sehr viele Beamte, zunächst für viele Juristen, ward bei der großen... Vernachlässigung des Studiums des gesamten deutschen Staatsrechts... das allgemeine Landrecht unverkennbar eine Hauptquelle für eine sehr kümmerliche politische Bildung" (61). Vorzugsweise bei

Die einheitstiftende Kraft des Landrechts

so weit festzulegen, als es „auf den Privatzustand einzelner Bürger unmittelbare Beziehung" habe. In Anbetracht der Verfilzung standesherrschaftlicher Rechte und privatrechtlicher Zustände lag bereits in diesem Ansatz jene antiständische Pointe, wie sie Klewitz, ein nachgeborener Kritiker, formulierte: „Statt indessen die alte Verfassung zum Grunde zu legen, ward im Preußischen Landrecht ein neues Staatsrecht aufgestellt." Je weniger die alten Rechtsinstitute einfach hätten beseitigt werden können, desto größere Mühe habe man auf die Ausbildung des öffentlichen Rechts verwandt. „Man glaubte die Bahn der Geschichte verlassen zu müssen" und habe, um den naturrechtlichen Allgemeinheiten Geltung zu verschaffen, den vagen und unbestimmten Begriff des Staates eingeführt. Das war der zentrale Vorwurf, der seit Haller von der Restauration immer wieder aufgegriffen wurde. Der Staat aber habe, gleich ob „monarchischer oder republikanischer Art" vom Landrecht jene Freiheit erhalten und jenen Geist eingeimpft bekommen, „durch welchen die neueren Revolutionen von allen früheren Staatsumwälzungen sich unterscheiden"[51]. Es ginge nicht mehr um Wiederherstellung zerfallener Ordnung, sondern um Neuschöpfung. In der Tat: während der Reformgesetzgebung konnten der neue Verwaltungsbau, die Verfassungsteile, die allgemeinen Steuer- und Zollgesetze juristisch zwanglos den einmal gesetzten generellen Rahmen des landrechtlichen inneren Staatsrechts ausfüllen.

Die Verwaltung als Institution war 1791/94 noch außerhalb der staatsrechtlichen Bestimmungen geblieben, nur die Rechte und Pflichten der Staatsdiener (II, 10) — also personengebunden — gingen in das Landrecht ein. Die innere Organisation der Verwaltung war im 18. Jahrhundert weitgehend geheim.[52] In dieser Organisation — wie in der Armee — samt ihrer monarchischen Spitze bestand die faktische Einheit der preußischen Staaten: durch die generelle Fixierung staatsrechtlicher Bestimmungen im Hinblick auf die einzelnen Untertanen erhielt nun auch die Menge der

---

den oberen Ständen, besonders bei den höheren Beamten habe sich der „so überaus unbestimmte abstrakte Ausdruck Staat" eingebürgert, wo man früher Landesherr, König, Regent oder auch Land, Obrigkeit, gemeines Wesen, bürgerliche Gesellschaft gesagt habe. Das Landrecht erst habe den Begriff des Staates in die Geschäftssprache gebracht: längst also bevor die moderne Bedeutung der bürgerlichen Gesellschaft sich durchgesetzt hatte, war der Staat, diese „fingierte Einheit", ein Leitbild, dem der aufgeklärte Bürgerstand nachgestrebt sei.

51 *Klewitz:* Staatsrechtliche Grundsätze 4 ff. Von dem mehrfachen Protest gegen den Gebrauch des Ausdrucks „Staat" schon während der Kodifikation berichtet *Kamptz:* Jb. 31, 123, Anm. 4 (1828). Der Oberappellationssenat des Kammergerichts monierte z. B. im Kirchenrecht (§§ 112 f, 117, II, 11) den Staatsbegriff, wo es sich um den Landesherren handele.
52 *Hintze:* Ges. Abh. III, 113, 149, 154. Nur die Kollegialverfassung der Behörden nahm Svarez in Fortsetzung dessen, was er für öffentliche Gesellschaften und Korporationen festgelegt hatte, in das Gesetzbuch auf (§§ 114 ff., II, 10). Vgl. dazu 2. Kapitel S. 165 f.

landschaftlichen Herrschaftseinheiten und lokalen Herrschaftsabstufungen eine Art einheitsrechtlicher Basis. Das Staatsrecht griff durch die Ständeordnung hindurch. Insofern war der Schritt von Svarez, das innere Staatsrecht zu formulieren, ein größerer Schritt auf die staatsbürgerliche Gesellschaft hin, als es durch die Kodifikation der ständisch-gesellschaftlichen Rechte (II, 4—9) möglich war. Die ständischen Rechte wurden während der Reform in wesentlichen Partien aufgehoben, die staatsrechtlichen Teile nur ausgebaut. Unbeschadet der Tatsache, daß die Justizreformer ihre rechtsstaatlichen Garantien nicht erhalten konnten, haben sie also die naturrechtlich abgeleitete Zweckbestimmung und die darauf zielende Machtsteigerung des Staates in die Kodifikation eingebracht. Die staatsrechtlichen Titel enthielten, wie Klein exakt definierte[53], „das allgemeine Bürgerrecht", in ihm vorzüglich lag die einheitstiftende Kraft des Gesetzbuches beschlossen. Eine auf den Staatsbürger bezogene, überständische Rechtseinheit ließ sich daraus ableiten, und die Reform hat sich dementsprechend dieser Titel bedient. Formale Regeln, wie die Eigentumsgarantien und Enteignungsbefugnisse, haben die Bahnen der Reformen bereits abgesteckt. Aber auch das Tempo der Reform, wollte sie rechtsstaatlich verfahren, war durch die Entschädigungsverpflichtungen begrenzt. Denn das Landrecht war nicht nur ein Recht des Staates, sondern ebenso eines der altständischen bürgerlichen Gesellschaft. Diese Kehrseite soll nun in den Blick gerückt werden.

Inwieweit die Rechte der alten Ständeordnungen vereinheitlicht wurden und inwiefern sie sich der Unifikation entzogen, das läßt sich bereits am *Geltungsbereich* und an der *Geltungskraft* des Gesetzbuches ablesen. Der zwingende Anlaß für die Stiftung eines allgemeinen Gesetzbuches war die in den preußischen Landen herrschende Rechtsunsicherheit gewesen. Die Fülle der verschiedenen Provinzialrechte sollte möglichst vereinheitlicht, die Menge der aus den verschiedensten Anlässen ergangenen Landesgesetze sollte zusammengefaßt werden, und schließlich sollte das überall subsidiär geltende römische Recht — gelegentlich auch das Sachsenrecht — modernisiert und mit den Naturgesetzen und der „heutigen Verfassung" in Übereinstimmung gebracht werden. Mit der Publikation sollte alles in deutscher Sprache allgemeinverständlich jedermann zugänglich werden[54], und Friedrich hatte nicht verfehlt, in seiner Order von 1780 zu erwarten, daß dann das „ganze Corps der bisherigen Advocaten unnütze" werde und man an ihrer Stelle „desto mehr geschickte Kaufleute, Fabricanten und Künstler gewärtigen" könne, von denen sich „der Staat mehr Nutzen zu versprechen hat".

---

53 *Klein:* Civilrecht 15.
54 KO, die Verbesserung des Justizwesens betr., 14. April 1780 (NCC 6, 1935 ff).

Soweit die rationalisierende und utilitäre Tendenz auch reichte: der Gedanke, daß alles Recht setzbar sei, lag jenseits der Justizreform. Die im einzelnen rechtstiftenden Verwaltungs-, Wirtschafts- und Finanzgesetze blieben unkodifiziert. Alle herkömmlichen Rechte schonend schob sich das ALR – an die Stelle des gemeinen und des Römischen Rechts tretend – unter die provinziellen und lokalen Rechtsordnungen. Wie das Recht, das es ablöste, blieb auch das Landrecht subsidiär (Publ. Pat. 1791 und 1794, Abs. I). Generell galt, daß die allgemeinen Gesetze hinter den Provinzialgesetzen, diese hinter besonderen Statuten, und diese schließlich „den auf andere Art erworbenen Rechten" nachstanden (Einl. § 21). Die Landrechtsordnung ging von der Bestätigung aller herkömmlichen besonderen Rechte aus, um den allgemeineren Gesetzen eine gestufte Subsidiarität zuzuweisen.[55] Allein die zum inneren Staatsrecht gebündelten Hoheitsrechte besaßen von vornherein primäre und für alle Provinzen verbindliche Geltung. Die darin angelegte dualistische Rechtsstruktur, in der sich staatliches und herkömmlich gesellschaftlich-ständisches Recht gegenüberstanden, wurde formal überbrückt, indem sämtliche Rechte nur kraft souveräner Bestätigung ihre Gültigkeit gewannen. Aber der latente Gegensatz von Staat und ständisch eingebundener Gesellschaft in seiner preußischen Eigentümlichkeit wird hier manifest.

Es lag in der Natur der Sache, daß dem Staatsrecht keine nur supplementäre Geltungskraft, die sonst dem Landrecht zukam, innewohnte. Daran wurde von Seiten der Justiz immer festgehalten. So stellte 1821 eine Kabinettsorder die Reichweite des Staatsrechts besonders im Hinblick auf das Rheinland fest, nämlich daß für die Strafgesetze zum Schutze des „Staates ... nur ein inneres Staatsrecht gelten könne ... in allen meinen Staaten"[56]. Noch 1840 mußte das Obertribunal aussprechen, daß sich die subsidiäre Natur des ALR nur auf privat- und vermögensrechtliche Sätze erstrecke, nicht auf Rechtssätze, die den Staat und seine öffentliche Ordnung beträfen.[57]

Seit der Emanation des Landrechts stand der Staat unter der Herausforderung, sein ganzes Gesetzbuch zu dem einzigen von ausschließlicher Rechtsgeltung zu erheben. Erst dann konnte es jene Einheit absichern, die zunächst nur im Staatsrecht enthalten war. Die Erhebung zum singularen, zum „absoluten Recht"[58], wie einer der Juristen sagte, konnte nun auf verschiedene Weise vorangetrieben werden: standweise, territorial oder

---

55 „Quod lex posterior generalis non deroget legi anterio speciali" wurde durch Reskript v. 12. Oktober 1795 ausdrücklich bestätigt (NCC 10. 1873).
56 KO 6. März 1821 (GS 30). Dazu KO 25. Oktober 1835 (GS 227).
57 *Rehbein:* Entscheidungen 1, 4; und *Gräff-Rönne-Simon* 1, 24. Entsch. v. 11. April 1840.
58 *Krause:* Geschichte der Provincialgesetzgebung 5 (auch *Kamptz:* Jb. 18, 101 Anm.).

für einzelne Titel. Alles ist versucht worden, aber das vorgegebene Ziel wurde nie erreicht.

Primäre Kraft erhielt das Landrecht, und zwar in seiner Gesamtheit, nur für einen Stand, dem es am wenigsten wichtig war, für den Militärstand (Patent 14. 3. 1797). Die Armee war die einzige Schicht in Preußen, deren bereits bestehende Staatsunmittelbarkeit — bis 1809 noch mit eigenem Zivilgerichtsstand — eine singulare Geltung des Landrechts zuließ. Für alle übrigen Stände galten die Provinzrechte und Statuten weiterhin primär. Auch territorial wurde das Landrecht — als Mittel der Unifikation — zu alleiniger Geltung erhoben: in den neu gewonnenen Ostgebieten. Hier wurde das Gesetzbuch, um die bestehenden polnischen Rechte zu verdrängen, nach kurzer Anlaufzeit als prinzipales Recht eingeführt[59]; einer der Gründe, die überhaupt zur Publikation gedrängt hatten, nachdem das Gesetzbuch 1791 suspendiert worden war.[60] Aber schon die territoriale Ausdehnung nach 1815, wovon gleich die Rede sein wird, führte nicht mehr zur unbeschränkten Anwendung des Landrechts. Schließlich erhielt noch ein einzelner Titel primäre Rechtskraft: der zwanzigste des zweiten Teils. Das Strafrecht brach, soweit es strafmildernde Bestimmungen enthielt, die provinziellen Strafgesetzordnungen; nach 1815 wurde es fast überall mit ausschließlicher Geltung in Kraft gesetzt.[61]

Die nur titelweise, standweise oder territorial begrenzte Erhebung zum Prinzipalrecht[62] zeigt, daß die Kodifikation ihre Voraussetzung, auf den überkommenen Rechten aufzubauen, nur schwer verlassen konnte. Generelle Gesetze trugen, überspitzt formuliert, gleichsam Ausnahmecharakter, besondere Rechte bildeten die Regel. Erst im Gefolge der Reformgesetzgebung vollzieht sich langsam, oft retardiert, die Umkehr und Hinwendung zu allgemeiner Gesetzgebung von ebenso allgemeiner Rechtskraft. Nun hat freilich das Landrecht in dieser Richtung enorme Vorarbeit geleistet. Das Eigentumsrecht, das Kernstück des ersten Teils, war allgemeinverbindlich formuliert und wurde nur von den ständischen Sonderrechten, zumeist des zweiten Teils, modifiziert. Aber auch diese Sonderrechte waren

---

59 Publ. Pat. für Südpreußen, Ed. v. 28. März 1794 und Dekl. v. 30. April 1797, das die primäre Geltung befahl, ebenso wie das Patent für Neu-Ostpreußen vom gleichen Tag (*Mannkopf:* Ergänzungen I, 1—25; NCC IX, 1794 und X, 1127: Aufhebung aller „älteren Gesetze, Statuten und Constitutionen").
60 *Heuer:* ALR und Klassenkampf 216 ff.
61 Publ. Pat. 5. Februar 1794, § XVIII und die Einführungspatente für die 1814 wiedervereinigten Gebiete: 9. September 1814 (GS 89), 9. September 1816 (GS 61, 225, für Westpreußen und Posen) und 15. November 1816 (GS 233, für Sachsen): immer erhielt das Strafrecht alleinige Rechtskraft. — Durch KO 14. September 1820 wurde es auch noch als Singularrecht des ganzen „Militärstandes" zusätzlich bestätigt; der Anlaß war eine daraus folgende Strafmilderung von fünf auf zwei Jahre Haft in einem Einzelfall (GS 168).
62 Vgl. noch die Liste einschlägiger Bestimmungen bei *Gräff-Rönne-Simon:* I, 64 ff.

Die einheitstiftende Kraft des Landrechts

generell genormt worden, so daß nur gegenüber den faktisch weitergeltenden Einzelrechten das Landrecht in die Subsidiarität zurücktreten mußte. Subsidiär galt demnach das Landrecht nur dort, wo die Provinzrechte, Statuten und Gewohnheiten von dem kodifizierten Recht, sei es von ständischer, sei es von allgemeiner Regelhaftigkeit, abwichen.

Die *Subsidiarität*, die dem ALR zukam, hatte somit auf den verschiedenen sozialen Ebenen verschiedene Wirkkraft. Auf dem Lande, wo die Masse der Bevölkerung wohnte, blieb das Herkommen festgefügt erhalten. Alle lokalen Observanzen, Rechtsgepflogenheiten und Gewohnheiten blieben in Kraft, und selbst wegen der Gewohnheitsrechte, da sie nicht mehr kodifiziert wurden, erhob sich während des Vormärz eine heftige Streitfrage, ob ihre Weiterbildung rechtens sei oder nicht.[63] Für viele der tief in das Leben eingreifenden Bestimmungen verwies der Gesetzestext sogar ausdrücklich, ohne sie selbst zu normieren, auf die herrschenden Provinzrechte. So wurden das Verhältnis der Gutsherrschaften zu ihren Untertanen generell (§ 87, II, 7), deren verschiedenen Dienstleistungen[64] und die herrschaftlichen Rechtsansprüche[65] speziell den territorialen Regelungen überlassen. Wie weit der Überhang solcher, Jahrhunderte alter Rechtsgewohnheiten reichte, davon zeugt ein Gesetz vom 31. August 1800, das erst hundert Jahre nach Einführung des gregorianischen Kalenders die Hütungs- und Hebungstermine auf den neuen Kalender umstellte[66] und damit eine schleichende Rechtsverschiebung abstoppte. Bildlich gesprochen lebte man auf dem Lande noch hundert Jahre hinter der offiziellen Zeit her.

In den Städten, und hier wiederum eher in den königlichen als in den Mediatstädten (§ 172, II, 8), kamen die geltenden Rechte und Statuten mit den Bestimmungen des Landrechts bereits mehr zur Deckung. Hier hatten die Tätigkeit der Steuerkommissare und die absolutistische Gesetzgebung, vor allem für die Zünfte, die regionalen Unterschiede soweit eingeebnet, daß sich die Bestimmungen des Gesetzbuches zwangloser an die schon erlassenen Verordnungen anschließen konnten.[67] Gleichwohl wurden auch hier die Bedingungen des Bürgerrechts, der Magistratswahlen oder das Verhältnis des Landhandwerks zu den städtischen Zünften und einiges anderes den regionalen oder lokalen Statuten überlassen (§§ 12, 94, 120, 187, II, 8).

---

63 *Bornemann:* Civilrecht I, 30 ff.; *Gräff-R.-S.* I, 24, 71 f.
64 §§ 39, 90, 323, 398, 404, 419, 464, 513, II, 7. Für die entsprechenden Titel in Österreich siehe O. *Brunner:* Land und Herrschaft 250.
65 § 342, I, 21; §§ 110 ff., 146 ff., I, 22; §§ 13, 48, 63 f., I, 23; § 28, II, 7 passim.
66 Deklaration zum § 110, I, 22, der bis dahin die Gewohnheitsrechte hatte bestehen lassen (*Mannkopf:* Ergänzungen I, 386).
67 *Schmoller:* Umrisse 314 ff.

Und wenn den Bestimmungen des Staatsrechts eo ipso eine primäre Geltung zukommen mochte, so herrschten selbst hier weiterhin regionale Unterschiede. Auf Gebieten, wo dem Staat kraft der alten Regalien seit langem die alleinige Bestimmung zukam, wie dem des Bergrechts, verblieb es trotz der generellen Regelung (II, 16, 4. Abschn.) bei differierenden Provinzialordnungen. Selbst eine so zentrale Frage, wie die der Abgrenzung von bürgerlicher, Polizei- und Kriminal-Gerichtsbarkeit, konnte der Staat in Anbetracht der unterschiedlichen Sozialstruktur noch nicht umhin, wie bisher provinziellen Gesetzen und Verordnungen zu überlassen (§ 132, II, 8; §§ 7, 16, II, 17). Alles, was also in der naturrechtlichen Theorie und in den staatsrechtlichen Partien auf den idealen Zurechnungspunkt eines freien Bürgers bezogen war, das blieb in der konkreten Situation vermittelt durch die regionalen und lokalen Rechtsbildungen. Besondere Rechte standen über allgemeinem Recht.

Trotz aller Formalisierung und Systematisierung enthielt das Landrecht inhaltlich keine reine Satzung. Es war dem absoluten König noch nicht möglich — und er war auch nicht willens —, über Rechte zu disponieren, die an Grundstücken, an Stand oder Person hafteten.[68] Schon in der Ausdehnung des privatrechtlichen Eigentumsbegriffs auch auf Rechtsforderungen und Rechtsansprüche lag ein Schutz altständischer Gerechtigkeiten beschlossen. Niedere Gerichtsbarkeit, Jagdgerechtigkeit, Erbpachtrecht und dergleichen wurden zu Sachen verdinglicht.[69] Kraft dessen genossen sie einen doppelten Besitzschutz: privatrechtlich und standesrechtlich. Einmal als Standesrechte anerkannt verwiesen die bestehenden Gerechtigkeiten das Gesetzbuch in die Subsidiarität. Diese also half die Stände zu konservieren. Insofern blieb auch das Landrecht, um mit Wieacker zu reden, eine „Reformatio"[70]. Aber das Landrecht lieferte nicht nur Ergänzungsgesetze für alle Einzelrechte, es galt ebenso generell.

In der Ausarbeitung *allgemeiner*, für alle Provinzen konzipierter Rechtsnormen lag ein Impuls, der über den subsidiären Charakter des geltenden Landrechts hinauswies. In mühseliger Anstrengung hatten Svarez und

---

68 Wie Svarez sagte: „Jede Neuerung in der Gesetzgebung ist gefährlich. Sie kann nie erfolgen, ohne daß der Staat oder gewisse Klassen seiner Mitbürger eine Art von Erschütterung erleiden. Es ist dabei fast unvermeidlich, daß nicht irgend einige jura quaesita sollten verletzt oder doch dieser oder jener privatus in seinen Umständen derangiert oder wenigstens in Verwirrung oder Verlegenheit gesetzt werden sollte. Dies gilt besonders von den Gesetzen, welche den Stand oder die persönlichen Rechte des Menschen bestimmen. Das Gute muß also sehr überwiegen und sehr zuverlässig sein, welches den Gesetzgeber soll bewegen können, alte Gesetze abzuschaffen und neue an ihre Stelle einzuführen, ohne sich durch jene widrigen Folgen darin abhalten zu lassen" (zit. bei *Stölzel: Svarez* 224).
69 §§ 4 ff., 78, I, 7; § 1, I, 8. *Bornemann:* Civilrecht I, 100, 225; II, 2 f.; *Gräff-R.-S.* I, 320, 336; *Wieacker:* Privatrechtsgeschichte 169, 205.
70 *Wieacker:* Privatrechtsgeschichte 200.

seine Mitarbeiter für die ständisch, regional und lokal je verschiedenen Rechtsbestände allgemeine Formeln herausdestilliert, die, wenn auch nicht in den einzelnen Bestimmungen, so doch in ihrer rechtspolitischen Funktion einem neuen Recht gleichkamen. So begründend und belehrend, bevormundend und erläuternd, so unterschiedlich gebietend und verbietend die Fülle der Paragraphen auch war — daß Gans spotten konnte, selbst die Allgemeinheiten des Landrechts seien nichts als eine Kette von Besonderheiten[71] —, die Gesamtleistung der Rechtsschöpfung blieb die einer enormen Abstraktion.

Ebenso wie das Einleitungskapitel zum Staatsrecht birgt auch das Kapitel, das die ständische Gesellschaftsgliederung eröffnet: „Von Gesellschaften überhaupt . . ." (II, 6), eine Generalisierung, die einen neuen Horizont setzte. „Auch dieser Titel hat ganz neu bearbeitet werden müssen, da die bisherigen gemeinen Rechte, und selbst die gewöhnlichen Compendia und Kommentarien nirgends ein vollständiges und zusammenhängendes System darüber, sondern nur einzelne zerstreute Sätze liefern"[72]. Es kennzeichnet die hohe Formalisierungskunst des Gesetzgebers, daß in diesem Titel die gesellschaftlichen Rechte und Pflichten der Universitäten, Stadt- und Landgemeinden und Zünfte, der Kirchen und Sekten, wie auch der freien Gesellschaftsbildungen zusammengefaßt werden konnten; nicht die der wirtschaftlichen Erwerbsgesellschaften, die im Teil I (17, 3. Abs.) behandelt wurden. Der naturrechtliche Ansatz ermöglichte eine gemeinsame Begründung der historisch verschiedensten Gesellschaftsformen. Er ermöglichte — ganz im Sinne der damaligen Kirchenlehrer[73] — die Kirchen als zwischenmenschliche Vereinigungen diesem Gesellschaftsrecht zu unterwerfen; mehr noch, auch die Säkularisierungsbedingungen mitzusetzen (§§ 189 ff., II, 6; vgl. Kamptz: Jb. 41, 149). Schließlich stellte das Gesetz allen Mitgliedern des Staates frei, solange sie mit dem Gemeinwohl harmonierten, sich zu assoziieren (§ 2, II, 6).[74] Die Übergänge von altständischen Korporationen zu neuen Vereinsbildungen wurden damit gesetzlich geebnet. Svarez systematisierte ein Gesellschaftsrecht, das unabhängig von den Standesrechten den neuen und kommenden Vereinigungsformen einen staatlich lizenzierten Raum ausmaß: so für die Freimaurerlogen, die unter dem Protektorat der Hohenzollern standen, für die gelehrten Sozietäten, später für die Bürgervereine, Ressourcen und die Fülle der anderen außerkirchlichen und außerständischen Gemeinschafts-

---

71 *Gans:* Beiträge, Einleitung.
72 *Kamptz:* Jahrbücher 41, 149.
73 Zum damals gängigen Begriff der Kirchengesellschaft vgl. *Karl Völker:* Die Kirchengeschichtsschreibung der Aufklärung, Tübingen 1921, 22; *Dilthey:* Ges. Schr. 12, 167.
74 Diese Erlaubnis-Bestimmung fehlte noch im Entwurf (I, 2. Abt. 1).

bildungen, die das folgende Jahrhundert kennzeichnen. Ein ähnliches gilt für die Normierungen anderer Rechtsgebiete.

Das Handelsrecht etwa war, wenn auch von der Entwicklung bald überholt, eine völlig neue Schöpfung (II, 8, Abs. 8—10).[75] Im Stadtrecht wurden erste Ansätze zur Stärkung der Bürgergemeinde formuliert, deren Repräsentanten — freilich nur subsidiär und praktisch nicht verwirklicht — Rechte erhielten, die auf die Steinsche Städteordnung vorauswiesen (II, 8, 2. Abschn.). Das Lehnsrecht, das Svarez zusammenstellte, nannte er selber „eigentlich ein jus feudale universale im philosophischen Sinne, dem nur soviel Positives beigemischt worden, als irgend aus den verschiedenen Spezial-Lehnrechten und Lehns-Constitutionen als eine Regel, die wenigstens bei den meisten Lehnen und in den meisten Provinzen gilt, hat abstrahiert werden können"[76]. Selbst hier, wo Svarez seine Rationalität in den Dienst ständischer Institute stellte, leitete ihn die staatsgemäße Absicht, möglichst vollständig alle nur möglichen Rechtsregeln so zusammenzufassen, daß die geplanten Provinzgesetzbücher keine Lücken mehr offenlassen konnten.[77] Ein Gleiches gilt für alle Fälle der Rechtsordnungen, die die Sozialverfassung auf dem Lande betrafen: die Abschnitte von den Erbzins- und Erbpachtgütern, den Laßgütern, der Zwangs- und Bannrechte wie der Grundgerechtigkeiten, der Laudemien und Abzugsgelder, die Bestimmungen über Zehnt- und Schoßgelder, die Jagdordnungen, das Gesinderecht und was sonst alles in diese Reihe gehört.

Sosehr die zuletzt genannten Regelungen, weil sie ständisches Herkommen normierten, die theoretisch zugrundegelegten Menschenrechte modifizierten oder verschluckten, auch hier kam dem subsidiären Recht eine richtungweisende Bedeutung zu: weil es generell war. Indem der Staat überhaupt Sonderrechte normierte, griff er in Bereiche ein, die bisher teils von den Herrschaftsständen selber, teils von den ständisch durchsetzten (Justiz-) Regierungen bewacht wurden.[78] Über seinen allgemein formulierten Anspruch drängte das Landrecht aus seiner Subsidiarität zu primärer Geltung. Dazu kommt ein weiteres.

Nicht nur, daß die Provinzregelungen verallgemeinert wurden: das Gesetzbuch wich auch schon inhaltlich von manchen der üblichen Rechte ab. Es enthielt einen Vorgriff in die Zukunft. Es brachte nicht nur subsidiäres und generelles, sondern auch *potentielles* Recht. So erregte es z. B. schnell

---

75 *Kamptz:* Jahrbücher 41, 155.
76 *Kamptz:* Jahrbücher 41, 87 f.
77 Nur 16 §§ des Lehnsrechts, das insgesamt 679 §§ umfaßte, verwiesen noch expressiv verbis auf die Provinzialgesetze.
78 Dabei konnte es vorkommen, daß z. B. das altmärkische Obergericht nicht einmal die heimischen Gesindeordnungen kannte, deren Übereinstimmung mit dem Landrecht es beurteilen sollte *(Krause:* Provinzialgesetzgebung 30).

den Ärger der kurmärkischen Adelsstände, daß bei den Servituten überhaupt Frühstücks- und Vesperpausen vorgesehen waren.[79] Svarez selbst verstand manche Paragraphen als einen „Wink für die Zukunft[80]", etwa die Bestimmung, daß die bürgerlichen Besitzer adliger Güter mit dem Adel gleiche Rechte erhalten können (§ 59, II, 9). Es tauchen immer wieder Soll- und Kann-Bestimmungen auf, die eine Zukunftsanweisung enthalten, wie etwa zur Abmessung aller bäuerlichen Dienste (§ 314, II, 7), oder die Regel, nach denen „so viel als möglich" die Gemeinheiten zum Besten der Landeskultur aufgeteilt werden sollten (§§ 311 ff., I, 17), oder die gesetzliche Vermutung, daß angesessene Untertanen als Eigentümer zu beurteilen seien (§ 246, II, 7). Selbst Ist-Feststellungen, wie die, daß die Bauern freie Bürger des Staates sind (§ 147, II, 7), die von der Gutsuntertänigkeit eingeschränkt würden, suchten eine Richtung festzulegen, die einzuschlagen sei. So brachte das Landrecht nicht nur durch seinen generellen Charakter, sondern ebenso durch Einzelbestimmungen — wenn auch nur zaghaft — potentielles Recht zum Durchscheinen. Insgesamt bestand also nicht nur ein tiefer Kontrast zwischen dem individualistischen Akzent der naturrechtlichen Theorie und dem Gesetzestext[81], sondern der Kontrast prägte auch das Gesetzbuch selbst.

Nicht ganz zu unrecht nannte von der Marwitz rückblickend die Tendenz des Großkanzlers „liberal und ideologisch", ja er beschuldigte ihn der Demagogie, weil er viel versprochen, aber nichts wirklich verändert habe. Daher zeige das Landrecht „den Zustand des Rechtswesens der Revolution"[82]. Die kodifizierte soziale Wirklichkeit war durchsetzt von generellen Gesetzen, Staatsmaximen und zukunftsweisenden Formeln, die einen künftigen Rechtszustand avisierten, ohne schon neue Ansprüche sicherzustellen. Die aus der Vergangenheit übernommene soziale Rechtswirklichkeit und potentielles Recht sind in den Paragraphen vereint. Indes reichen die Anweisungen in die Zukunft kaum so weit, daß sie die späteren Reformgesetze vorweggenommen hätten.

Die Reform, soweit gegen die altständische Ordnung gerichtet, richtete sich auch gegen das Landrecht. Aber ebenso erfüllte sie — und das wird im folgenden immer deutlicher werden — Ziele, die vom Landrecht mitgesetzt worden waren. Die dem Landrecht innewohnende Ambivalenz, im gesellschaftlichen Detail das Herkommen zu schützen, durch generelle Bestimmungen aber eine neue Staatsgesellschaft zu intendieren, verhinderte es, daß die einheitstiftende Kraft, die dem Landrecht innewohnte, voll zur Entfaltung kam. Das zeigt besonders das Verhältnis des Landrechts

---

79 § 363, II, 7; dazu *Krause:* Provinzialgesetzgebung 46.
80 *Kamptz:* Jb. 41, 176.
81 Dazu *Kleinheyer:* Staat und Bürger 39 f.; und *Thieme:* Kodifikation.
82 *Marwitz* I/1, 129 ff.

zu den *Provinzialgesetzen* und regionalen Gewohnheitsrechten, und wie ihre Beziehungen in der Folgezeit schwankten.

Um die Sonderrechte dem allgemeinen Recht anzugleichen, bedurfte es einer zielstrebigen Rechtspolitik. Vom Gesetzbuch selber her waren die Spannungen nicht aufzulösen. Schon 1780 hatte Friedrich II. angeordnet, alle Provinzrechte und -gesetze parallel zur Kodifikation des ALR's zu sammeln.[83] Und nach der Publikation des Gesetzbuches sollten, um alle Rechtslücken zu vermeiden, die Provinzgesetzbücher in Drei-Jahresfrist fertiggestellt sein. Der Befehl wurde nach der Revision 1794 wiederholt.[84] Der Sinn dieses Auftrags war gewesen, das ALR zum Regelrecht zu erheben, die provinziellen Rechte dagegen als Ausnahmerecht zu fixieren.[85] „Vor der Hand", hieß es 1794, sollten die besonderen Provinzialgesetze noch in Kraft bleiben, aber im Zuge ihrer Sichtung sollten sie die Schleuse der Gesetzkommission durchlaufen, nur ein Minimum an Besonderheiten sollte geduldet, im ganzen auf größte „Gleichförmigkeit" gedrängt werden.[86] Einmal kodifiziert, sollten die Provinzrechte einfrieren, während das Landrecht entwicklungsfähig blieb. Mit anderen Worten: die Subsidiarität des ALR's war nicht nur territorial, standweise und titelweise begrenzt, sie war dem Plan nach auch zeitlich befristet.[87]

Dieser Plan ist nie erfüllt worden, nicht zuletzt deswegen, weil sich die sozialen Voraussetzungen schneller wandelten, als daß das ALR selber ihnen gewachsen geblieben wäre. So zeigt sich auch hier ein zwieschlächtiges Bild zwischen den Zielen der Justizreform und dem, was tatsächlich erreicht wurde. Auf ausdrückliches Geheiß Friedrich Wilhelms II. wurden die regionalen Stände zur Beratung ihrer Gesetzbücher herangezogen.[88] Die Geschichte ihrer Beratungen, von den späteren Provinzständen wieder aufgenommen, war wechselvoll und fast ergebnislos. Zunächst suchten sie zu halten, was irgend möglich schien. Der westpreußische Adel etwa entwarf allein 2521 Paragraphen zum Lehnsrecht (das ALR zählte 667); aber die Justizkollegien stutzten die Vorlagen. Goldbeck wies die schlesischen Stände 1803 an, die geplante Befreiung aus der Erbuntertänigkeit zu berücksichtigen, was 1798 die westpreußischen Stände, um die Bauern schneller legen zu können, schon von sich aus beantragten. In Oberschle-

---

83   KO 14. April 1780 (NCC VI, 1935 ff.). Zur schwankenden Begriffsbestimmung von Provinzialrecht, Provinzialgesetz, Gewohnheit usw. und ihrer Gegenbegriffe siehe den gründlichen Aufsatz von A. v. Haxthausen in *Kamptz:* Jb. 34, 1—94 (1834).
84   Publ. Patente Abs. IV.
85   Insgesamt verwiesen nur 129 §§ ausdrücklich auf provinzielle Sonderregelungen *(Krause:* Provinzialgesetzgebung 100 ff.).
86   Publ. Patent Abs. III und VI.
87   Vgl. Publicandum v. 22. August 1798 *(Kamptz:* Jb. 18, 112). Dank frdl. Hinweis von Herrn Assessor Knauth.
88   KO v. 27. August 1786, zitiert bei *Krause:* Provinzialgesetzgebung 8.

sien wollten die Stände überhaupt auf ein Provinzrecht verzichten, was jedenfalls beweist, wie sehr das Landrecht den geltenden Rechten entgegenkam.[89] Die Justizbehörden strichen die ständischen Entwürfe immer mehr zusammen, und nur in Ostpreußen (1802) und in Westpreußen (1844) kam es zur Emanation von Provinzgesetzbüchern.[90] Nur hier hatte sich das Verhältnis von Regel und Ausnahme zugunsten des Landrechts verkehrt, die Zahl der Sonderrechte schwand zusehends.

Dieser Richtung öffnete nun die Reform ganz entschieden die Bahn. Wo nämlich die Reformer generelle Gesetze von ausschließlicher Rechtsgeltung an die Stelle des Landrechts setzten, erübrigte sich von selbst die provinzielle Sonderregelung. Das galt für die Fülle der ständischen Bestimmungen: die Einschränkung von Gerechtigkeiten, das Gesinderecht, die Aufhebung der Untertätigkeit und die Freigabe adliger Besitzungen für jeden Käufer, das Gewerberecht, die Städteordnung, die Säkularisation, die Judenemanzipation und die Auswanderungsgesetze[91]; alle diese Bestimmungen hoben mit den landrechtlichen Partien deren subsidiäre Geltung und damit die Provinzrechte auf. Auf weite Strecken also wurde das regionale Recht von der Reform verzehrt. Das Provinzrecht rückte zur supplementären Bedeutungslosigkeit herab, sobald die neuen Gesetze das Landrecht weiterentwickelten oder überholten. Anders gewendet: der rechtspolitischen Zielsetzung der Justizreform kam man erst näher, seitdem das Landrecht in den Sog vorausplanender Gesetzgebung geriet.

In dieser Hinsicht profitierte der preußische Staat nun auch von der napoleonischen Aufräumarbeit. In allen Gebieten, die nach 1814 mit dem alten Preußen *wiedervereinigt* wurden, trat (Kleve ausgenommen) das ALR von vornherein mit primärer Geltung in Kraft; die heimischen Provinzgesetze, soweit sie erhalten waren, wurden in die Subsidiarität verwiesen (in Münster und Paderborn, in den übrigen 1803 gewonnenen und zuvor schon preußischen Besitzungen westlich der Elbe, in Posen und den seit 1807 zu Warschau gehörenden Teilen Westpreußens).[92] Grob gesprochen war seitdem das ALR in den wiedervereinigten Gebieten rechtswirksamer als in den Stammprovinzen.

---

89 Vgl. *Krause*, der aaO. jede Provinz einzeln behandelt. Der Initiator des oberschlesischen Antrags, von Strachwitz leistete später als Landschaftsdirektor erbitterten Widerstand gegen die Bauernbefreiung. — Die agrarischen Bestimmungen des ALR's entstammten vorzüglich dem schlesischen Gewohnheitsrecht (vgl. *Kamptz*: Jb. 34, S. 31).

90 Pat. v. 4. August 1801 (NCC 11, 407) und 6. März 1802 (NCC 11, 871) für Ostpreußen mit 241 Zusätzen zum ALR; Pat. v. 19. April 1844 für Westpreußen (das damals verwaltungstechnisch zur selben Provinz zählte) mit nur mehr 87 Zusatzparagraphen (GS 103).

91 Dazu *Krause* aaO. Die Einzelheiten werden im Laufe der Untersuchungen noch behandelt.

92 Patent v. 9. September 1814, § 2 (GS 89); Patente v. 9. November 1816 für Posen (GS 225) und Westpreußische Kreise (GS 217), §§ 2.

Nicht aber traute sich der Staat in den *neu gewonnenen* Gebieten so zu verfahren. In Sachsen, im Herzogtum Westfalen, wie in Siegen, Burbach, Neuenkirchen und Wittgenstein verblieb es bei der führenden Geltung aller bestehenden Provinzialgesetze und Gewohnheiten: „nur erst in deren Ermangelung" sollte nach den Vorschriften des ALR „beurteilt und entschieden" werden.[93] In Neupommern und im Rheinland schließlich blieb es bei dem vorhandenen gemeinen bzw. dem französischen Recht. Selbst als Ergänzungskodex trat hier das Landrecht nicht in Kraft.

So schonend der preußische Staat mit seinen neuen Gebieten verfuhr, die rechtspolitisch konservativen Entscheidungen nach 1815 sollten sich später, wie noch gezeigt wird, als schwere Hindernisse der Verwaltungstätigkeit erweisen. Innerhalb derselben administrativen Einheiten wurden verschiedene Rechtsschichten legalisiert, an denen entlang sich die Verfassungsreformen auf dem Lande, in den Städten und in allen Gewerben verschieden brachen.[94] Gerade durch das Ausbleiben der Provinzgesetzbücher entstand im Laufe des Vormärz eine Rechtsunsicherheit, die auch von den Reformgesetzen und von der Flut der ihnen folgenden Verordnungen nicht beseitigt wurde. Die fortgeltenden Sonderrechte blieben unkodifiziert und das kodifizierte generelle Recht galt weithin nur subsidiär. Nachdem die Reformgesetze von primärer und allgemeiner Kraft erlassen worden waren, dauerte es lange, bis die erratischen Blöcke der landrechtlich geschützten Sonderrechte — keineswegs alle — langsam abgetragen waren. Die Entschädigungsansprüche, die sich formal auf das Landrecht und die darauf aufbauenden Gesetze stützten, griffen inhaltlich über das Landrecht hinweg: sie rekurrierten auf die speziellen Gewohnheiten, Privilegien, Gerechtigkeiten oder Statuten, deren Geltungskraft oft erst durch langwierige Prozesse ausgemittelt werden mußte. Der Kampf um die Entschädigungshöhen, der die Agrarreform, aber auch die Gewerbefreiheit frustrierte, entsprang nicht zuletzt der Tatsache, daß die Provinzialgesetze und Gewohnheiten unbestimmt blieben. Vor allem die Besitzumschichtung auf dem Lande vollzog sich nur in Auseinandersetzung mit vor-landrechtlichen, jahrhundertweit zurückreichenden Rechtsansprüchen, strittigen Verjährungen und mit all den Observanzen, die erst abgelöst werden mußten.

In der Praxis freilich diente das Landrecht den Behörden und Gerichten als Leitfaden, der durch das Gestrüpp divergierender Rechtsordnungen hindurchhelfen mochte.[95] Das führte später nicht selten zu Friktionen mit

---

93 Pat. v. 15. 11. 1816 für Sachsen, §§ 2, 3 (GS 233) und Pat. v. 21. 6. 1825, §§ 2 ff. mit verschiedenen Ausnahmen für die übrigen westlichen Neuerwerbungen (GS 153).
94 Vgl. dazu Kap. 3, Abs. IV und V.
95 *Gans:* Beiträge 357 ff. und *Bornemann:* Civilrecht I, 16.

konservativen Ministern, die — wie Rochow — als Anwalt der alten Stände zu retten suchten, was sie konnten. Es kennzeichnet die ganze Ambivalenz des Landrechts, daß es dann dazu diente, die Durchführung jener Agrarreformen zu bremsen, die unter ausdrücklicher Bezugnahme auf die Pflichten des Staates, wie sie das Landrecht formuliert hatte, erlassen worden waren. Im Maß, wie die ländlichen Herrschaftsverbände sich auflösten, die Gemeinheiten und Besitzungen umverteilt und so zum Privateigentum verwandelt wurden, wie der Bodenmarkt in Bewegung geriet und die Besitzgrößen sich laufend wandelten, wie ganz neue Gemeinden entstanden, wurden zwangsläufig die alten Observanzen — etwa zu Kommunaldiensten und -steuern — überholt oder zerstört. Die ebenso notwendige Folge davon war, daß die Behörden die Kommunalverhältnisse nach den subsidiären generellen Bestimmungen des Landrechts neu zu regeln suchten, ja in Ermangelung einer allgemeinen Landgemeindeordnung dies geradezu mußten. Die landrechtlichen Gemeindebestimmungen (II 7, 2. Abs.) rückten, weil die Reformgesetze im Laufe der Zeit die wirtschaftlichen Voraussetzungen alter Gewohnheiten verzehrten, nolens volens zu primärer Geltung auf.[96] Dafür zu sorgen war Sache der Bürokratie.

In dem ihm eigenen trocken-scharfen Ton belehrte Rochow 1839 alle Regierungen, daß es „den wahren Prinzipien der Rechte und der darauf gegründeten Freiheit gleich zuwider" sei, wenn man „den Bestand oder Nichtbestand herkömmlicher Verhältnisse ohne Einschränkung dem Ermessen der Behörden übergebe, welchen Schein dergleichen Absicht auch annehmen möge". Es diene nicht dem „Wohl der Verwalteten", wenn die Regierungen alle Befugnisse bis in die unterste Stufe bei sich „konzentrieren" würden. Sie sollten sich, wo irgend möglich, jedes Eingriffs enthalten, denn „wie schwer neue, wenn auch leichtere, Lasten getragen werden, das lehrt die Erfahrung". Die Legitimation zu seiner Anweisung, die die Aktivität der Beamten hemmen sollte, bezog nun Rochow aus dem Landrecht. Danach stehe fest, so deduzierte er, daß „die Observanzen in den Landgemeinden ... als lokales öffentliches Recht einen Teil der Landesverfassung ausmachen und als Quelle des Verfassungsrechts auf ganz gleiche Achtung Anspruch haben, als die geschriebenen Gesetze"[97]. Dieses Argument, das die altständischen Herrschaftsbeziehungen öffentlich-rechtlich abstützte, war nur möglich, weil die Provinzgesetze nicht mehr kodifiziert wurden und deshalb — in aller „Vorläufigkeit" — unverändert weitergelten durften. So konnte das Landrecht, solange es subsidiär blieb, gegen

---

96 *Bergius:* Staatsrecht 457.
97 *Kamptz:* Ann. 23, 128 und *Gräff-Rönne-Simon* 4, 378 ff.

die Absicht seiner Redaktoren gekehrt und verwendet werden.[98] Sie nämlich waren voller Skepsis gegen jedes Gewohnheitsrecht gewesen, und nur solche Observanzen sollten weitergelten, die in die geplanten Provinzialgesetzbücher aufgenommen würden, also die kritische Schleuse der Gesetzgebungskommission erst passiert hätten. Da es nicht dazu kam, hat gerade das Ausbleiben der Provinzgesetzbücher — scheinbar paradox — dem Fortbestand lokaler Rechtsgewohnten Vorschub geleistet. Die einheitstiftende Kraft des Landrechts und die in ihm selbst enthaltene Beschränkung sind damit umrissen.

Die Macht des Herkommens lag darin beschlossen, daß die provinziellen Rechtsregeln nicht modernisiert wurden, also unverändert weitergalten; sei es tatsächlich, sei es, um Entschädigungsansprüche daraus abzuleiten. Die Chance der neuen Gesetzgebung und der Verwaltung lag aber in dem gleichen Tatbestand: sie mußten die Entwicklung weitertreiben, wenn sie nicht in dem Spannungsfeld lokaler und staatlicher Rechtsordnung von gegenseitig sich beschränkender Gültigkeit ersticken wollten. Die Spannung zwischen dem primär geltenden lokalen und ständischen Rechten und dem generellen subsidiären Landrecht hatte die Zukunft gleichsam in Bewegung gesetzt.

Die Reformgesetzgebung und die ihr folgende Verwaltungsarbeit hat viele der regionalen, die Sozialordnung formenden Gewohnheiten beseitigt und damit in Richtung auf eine einheitliche Gesellschaft hin überholt. So hinderlich dabei die Subsidiarität des Landrechts sein konnte, so förderlich wirkte es durch seine generalisierende Tendenz. Als der Oberlandesgerichtsrat Wentzel 1839 das Schlesische Provinzialrecht im Auftrag von Kamptz endlich zusammengefaßt hatte, erklärte er, warum früher gar keine Veranlassung bestanden habe, allgemeinere Gesetze zu geben.[99] „Denn es ist ja der selten genug beachtete Unterschied der älteren und der neueren Zeit, daß in jener die Menschen ohne vielen Verkehr, ohne große Beweglichkeit, innerhalb enger geographischer Grenzen sich bewegten, sich also bei ihren Lokalrechten wohl befanden, während jetzt in jeglicher Beziehung ein so verbreiteter Verkehr, eine solche Beweglichkeit herrscht, daß Lokalrechte in einer Provinz ungefähr dasselbe herbeiführen, was in

---

98 Entgegen *Schlosser*, der entschieden für Gewohnheitsrechte eintrat, bemerkten die Redaktoren, daß sie nicht selten „ein Deckmantel der Ungerechtigkeit" seien. Cajus etwa will seine dienstpflichtigen Untertanen nicht mehr speisen, also nimmt er seine Zuflucht zur Observanz: „er bringt ein Attest des Landrats, der sich auch gern von der Speisung freimachen will" und läßt sich bestätigen, daß sie bei den Nachbarn nicht üblich sei. Titus, Sempronius usw., die Nachbarn, berufen sich alsbald auf Cajus, um aus dessen „Gewohnheit" dasselbe abzuleiten: „genug, die Untertanen werden nicht gespeist, und nun ist observantia specialis oder specialissima erwiesen" (Zitat nach *Bornemann*: Civilrecht I, 31; vgl. auch *Klein*: Ann. 4, 379; 1789).
99 *Wentzel*: Provinzialrecht 78.

älterer Zeit die Folge davon gewesen wäre, wenn jede Straße einer Stadt ihr eigenes Recht gehabt hätte."

Es lag im Wesen von Gewohnheiten und Lokalrechten, daß sie sich gar nicht verallgemeinern ließen. „Die Schwierigkeit, sich eine genaue Kenntnis des wirklich bestehenden Schlesischen Provinzialrechts zu verschaffen", schildert Wentzel im einzelnen, denn es gab ein solches kaum. Die doppelte Folge war, daß erstens die „hölzernen Gliederpuppen", wie die Liberalen die Provinzgesetzbücher nannten[100], mit dem Schein einer mittleren Allgemeinheit gar nicht ins Leben treten konnten, daß zweitens aber die bloße Existenz des subsidiär geltenden Allgemeinen Landrechts – selbst in den Stammprovinzen – dessen primäre Anwendung geradezu herausforderte. Die Richter an Obergerichten, häufig ortsfremd und in Unkenntnis regionaler Rechtsgegebenheiten, waren die ersten, die – im Gegensatz zu den alten Ständen – dem Landrecht den Vorzug gaben.[101] Schon 1809 forderte das Oberlandesgericht Brieg, 1819 das von Westpreußen, man solle sofort die Reihenfolge der Subsidiarität umkehren, das ALR zum „Prinzipalgesetz" erheben, den Provinzrechten nur lückenfüllende Funktion zubilligen; die Statutarrechte sollten gänzlich entfallen. Sie sprachen damit aus, in welcher Richtung sich die Praxis bewegte.[102]

Die Rolle des Landrechts als Hintergrund der Reformpolitik blieb also zweideutig. Beide, die älteren Privilegienträger wie die fortschrittsfreudige Administration, konnten sich darauf berufen; und je nachdem betonten sie die bloße Subsidiarität oder die größere Allgemeinheit, der der Vorrang einzuräumen sei. Diese Zwischenlage blieb erhalten, weil sich der Staat der Restaurationszeit scheute, vor der allgemeinen Gesetzesrevision – sowenig wie im Westen die Französische Gesetzgebung – die

---

100 Brockhaus der Gegenwart 7, 414.
101 Brockhaus der Gegenwart 7, 415; *Bornemann:* Civilrecht I, 15 ff.; *Gans:* Beiträge 362: „Durch die vermehrte politische Bedeutung und den vergrößerten politischen Umfang des Staates, durch ein erweitertes freieres Gewerbe, und dadurch erhöhte Industrie, durch Handelsfreiheit, durch den größeren Wohlstand der mittleren Volksklassen, endlich durch die Leichtigkeit, sich von einem Orte zum anderen zu versetzen, ist ein Wechsel der Wohnsitze und ein Verkehr der Provinzen untereinander entstanden, welchen die ältere Zeit nicht kannte. Die einzelnen Teile des Staates sind in innigere Verbindung miteinander getreten: die Militärverfassung, die Zusammensetzung der Landeskollegien hat das Provinzielle ausgelöscht, und das fernere Bestehen von Provinzialrechten kann nur hemmend und störend dieser Vereinigung entgegenwirken." In der Praxis sei das Landrecht „aus einem subsidiären zu dem eigentlichen Gesetzbuch geworden" (373). — Das Provinzialrecht, schrieb *Marwitz* 1834 (II/1, 131), sei nur noch wenigen Personen bekannt: das ALR habe es verdrängt.
102 *Krause:* Provinzialgesetzgebung 95. — Am 8. April 1839 entschied das Geh. Obertribunal, daß selbst die gemeinrechtlichen und römisch-rechtlichen Bestimmungen der Provinzgesetze gegenüber dem ALR primäre Kraft besäßen, — solange die Provinzgesetzbücher nicht emaniert seien: mit dieser formalrechtlich unanfechtbaren Entscheidung stellten sie einen konservativen Grundsatz auf, den, wie *Bornemann* berichtet, alle Gerichte bis dahin ignoriert hatten (Civilrecht I, 16 ff.).

Landesrechte in den übrigen Provinzen zu beseitigen. Das ALR hat daher nie die verbindende Aufgabe erfüllen können, die ihm anfangs innewohnte. Eine weitere Folge war, daß sich die liberale Fronde in der Justizverwaltung ausbreitete, weil die Einheit des Staates nirgends im Recht gründete. Zudem stand das preußische Recht unter der wachsenden Herausforderung der rheinischen Codes; nach 1848 wurde das Landrecht in keiner der neu gewonnenen Provinzen mehr eingeführt.

Die zukunftsträchtige und einheitstiftende Kraft der großen Kodifikation hatte sich erschöpft. Diesem Schrumpfungsvorgang entsprach nun eine nicht minder wichtige Gegenbewegung. Im gleichen Maß, wie das Landrecht ein Gesetzbuch teils primärer, teils subsidiärer, teils partieller, teils gar keiner Geltung blieb, in den meisten Titeln aber — seit 1815 — regionales Recht war, rückte die Administration in den Vordergrund. Wie Werner von Haxthausen seine Erfahrungen mit dem pluralistischen Recht in Westfalen beschrieb: die Häufung der „entgegengesetzten Entscheidungen" drängte dazu, daß „das Recht der Beamten allein zu sprechen und zu entscheiden hat"[103]. Gestützt auf das innere Staatsrecht gewann die Verwaltung das Monopol, generelle Gesetze zu schaffen, zu wahren und zu vollstrecken: die Städteordnung, die Gewerberegelung, die Agrarreform, die Steuerverfassung; sie alle ressortierten von der zentralen Verwaltung, daß Gans 1832 beißend fragen konnte: „Was in der Verwaltung das Vernünftige ist, sollte es in der [Justiz-] Gesetzgebung das Unvernünftige sein?"[104] Die einheitstiftende Kraft war vom Landrecht und der Justiz auf die Administration übergegangen.

---

103 *Haxthausen:* Grundlagen unserer Verfassung 53.
104 *Gans:* Beiträge 37.

II. Ständische Gesellschaft und Staatsbürgertum

Wenn es dem rückblickenden Betrachter — wie schon den Zeitgenossen — schwer fällt, dem Landrecht eine eindeutige Rolle in dem Prozeß zwischen Revolution und Restauration zuzuschreiben, so lag das an der eigentümlichen Verschmelzung moderner Allgemeinheit und überkommener Mannigfaltigkeit, die in die Rechtsfiguren des Gesetzestextes eingegangen waren. Das Gleiche zeigt sich nun auch in der landrechtlichen Gesellschaftsordnung. Die Kodifikatoren entwarfen ein Modell der Ständegesellschaft, das sich erst in der Reformzeit annähernd verwirklichte. Aber die Verwirklichung gelang nur, weil die Reform zugleich rigoros altständische Relikte ausmerzte. Die jeweilige Zuordnung von Staatsbürgerschaft und ständischer Rechtsabstufung blieb seitdem eine durchgehende Aufgabe, die, vom Landrecht einmal gestellt, erst in der Revolution von 1848 einer Lösung zugeführt wurde.

„Bei aller durchgehenden Liebe für schulgerechte Definitionen", meinte Lancizolle 1846, habe das Landrecht eine Definition des Staates nicht geliefert.[1] Selbst die Umschreibung der bürgerlichen Gesellschaft, die das Gesetzbuch bringe, könne als Definition nicht gelten, „nicht einmal für eine der von dem Staat etwa noch zu unterscheidenden bürgerlichen Gesellschaft". Lancizolle hat mit seiner, aus dem Erfahrungshorizont der vierziger Jahre entspringenden Polemik völlig richtig gesehen. Das Landrecht kennt keine vom Staat getrennte bürgerliche Gesellschaft[2], aber es trifft auch keine präzisen Bestimmungen dieser Begriffe, weil sie nicht mehr identisch waren, ohne schon unterscheidbar zu sein. Einen der Gründe hat Lancizolle deutlich formuliert. Er sagt nämlich, daß sich die Redaktoren von den Vorstellungen der Aufklärungsliteratur und der Gebildeten haben leiten lassen, indem sie das Wesen des Staates aus dem Begriff der Republik abstrahierten. Diesen Begriff hätten sie der Monarchie dann einfach unterstellt „als einer durch die Gesamtheit aller unter einer und derselben höchsten Obrigkeit lebenden Menschen gebildeten Corporation oder Gemeinde".

---

[1] *Lancizolle:* Königtum und Landstände 51; vgl. oben S. 35 Anm. 50.
[2] *Riedel, Manfred:* Tradition und Revolution in Hegels „Philosophie des Rechts" in: Z. f. phil. Forsch. XVI, 2; *ders.:* Hegels „Bürgerliche Gesellschaft" und das Problem ihres Ursprungs in: Arch. f. Rechts- und Soz.-phil. 1962/4; *ders.:* Aristoteles — Tradition am Ausgang des 18. Jhs. in Alteuropa und die moderne Gesellschaft, Festschrift für Otto Brunner, Göttingen 1963, 278—315. Alle genannten Aufsätze sind zu der hier entwickelten Fragestellung für die politisch-philosophischen Voraussetzungen heranzuziehen.

Indes zeigt der Aufbau des Landrechts, daß sich ein solches Konzept, das Staat und Gesellschaft noch als „republikanische" Einheit begreifen mochte, nicht durchhalten ließ. Die einzigen generellen Bestimmungen des Landrechts, die dem idealen Zurechnungspunkt des individuellen Vertragspartners zuzuordnen waren, befanden sich in der Einleitung, auf weiten Strecken im Privatrecht und natürlich in den staatsrechtlichen Titeln des zweiten Teils. Es sind die Teile, die auch auf die moderne bürgerliche Gesellschaft vorweisen. Die Gliederung dieser Gesellschaft selber ging dagegen in ständischen Ordnungen auf, die aber in ihrer Gesamtheit keineswegs den „Staat" ausmachten. Staat und Gesellschaft traten auseinander soweit, wie die societas civilis nicht mehr in der ständischen Gliederung aufging.

Das soll uns eine terminologische Erläuterung der Titel zeigen, die die soziale Gliederung bestimmen. Dabei wird gelegentlich auf den Ausdruckswandel vom Entwurf zum Gesetzbuch hingewiesen; er zeugt von der strengen begrifflichen Arbeit, der sich die Kodifikatoren unterzogen haben. Ausdrücke, die den Staatseinwohner bezeichnen, die von Familie, Stand und Gesellschaft handeln, wurden nicht unbedacht einem Bedeutungswandel unterworfen. Registriertes Herkommen, Infragestellung des Überkommenen und Entwurf neuer Sinngehalte prägen die Definitionen. Der schleichende Begriffswandel erweist sich als juristische Sprachplanung; sie wirft ein neues Licht auf die Doppelseitigkeit des Landrechts, ebenso die Rechts- und Sozialwirklichkeit zu erfassen wie ein Modell zu setzen. Schließlich verfolgen wir einige dieser Titel in das neunzehnte Jahrhundert hinein, um die im Landrecht noch eingebundene, dann sich steigernde Spannung zwischen der Ständegesellschaft und einer Staatsbürgergesellschaft aufzuweisen.

Die bürgerliche Gesellschaft taucht im gesamten Verfassungswerk, dem sie stillschweigend zugrundegelegt wurde, nur an einer bedeutsamen Stelle auf, und zwar am Anfang des ersten Titels. „Die bürgerliche Gesellschaft besteht aus mehreren kleineren, durch Natur oder Gesetz, oder durch beide zugleich, verbundenen Gesellschaften und Ständen" (§ 2, I, 1). Nach dem Entwurf sollte die Definition der bürgerlichen Gesellschaft noch die ständische Sozialverfassung eröffnen, die später den zweiten Teil des Landrechts bildete. Als man in der Ausführung den privatrechtlichen Teil der Sozial- und Staatsverfassung voranstellte, wurde aber das Kapitel über die Personenrechte und damit auch die Formel über die bürgerliche Gesellschaft an den Beginn des Privatrechts gerückt. Ein scheinbar technischer, doch bezeichnender Vorgang.[3] Die Definition der bürgerlichen Gesellschaft steht damit systematisch am Anfang

---

3 *Gräff-Rönne-Simon* 1, 6.

der zivilrechtlichen Titel, die nach der Ausdrucksweise von Svarez im Volkslehrbuch allen „Einwohnern", nicht den ständisch verschiedenen „Bürgern" gegeben wurden. Sie rückte in einen Zusammenhang, der später — als Privatsphäre — vom Staat abgesetzt wurde. Bedeutsamer als dieses Symptom ist der Wandel im Ausdruck.

Der Entwurf betonte noch vereinfachend und in der Wolffschen Schultradition stehend, den naturrechtlich-naturhaften Aspekt der bürgerlichen Gesellschaft: sie bestehe „aus der Verbindung der Familien zum Zwecke des gemeinen Wohls"[4]. Oder, wie es später Ernst Ferdinand Klein formulierte, um den natürlichen Anspruch vorstaatlicher Gesellschaftsbildung genetisch zu erhärten: „Die häusliche Gesellschaft legt den Grund zu den übrigen; aus Familien erwuchsen Nationen; Mann und Weib verbanden sich, ehe ein Bürgerverein entstand; Hausväter geboten, ehe Könige herrschten"[5]. Der Entwurf gliederte dementsprechend streng und lehrbuchartig[6] die societas civilis in den Dreistufenbau „von den Rechten und Pflichten des Hausstandes, — der Stände des Staates, — des Staates", die je in eigenen Abteilungen behandelt wurden.

Das Landrecht verzichtete terminologisch auf diese klare Gliederung. Der „Hausstand" wurde als Oberbegriff gestrichen, so daß mit dem Ehe- und Familienrecht der Anfang gesetzt wurde. Andererseits wurde auch die Familie aus der Definition der bürgerlichen Gesellschaft entfernt, um Stände und Gesellschaften – die societates minores von Wolff – formal gleichzuordnen. In diesem terminologischen Verzicht liegt eine weitere Akzentverschiebung der herkömmlichen societas civilis beschlossen, die auf Hegels Formel vorweist, daß die bürgerliche Gesellschaft die Differenz sei, „welche zwischen die Familie und den Staat tritt"[7].

Die Verschränkung von Natur- und Staatsrecht reicht soweit, daß aus dem Gesetzbuch selber nicht hervorgeht, wo und wie natürliche und staatlich gesetzte Vereinigungsformen gegeneinander abzugrenzen seien. Durch die formale Angleichung von Stand und Gesellschaft werden beide als partielle Einheiten aus der staatlichen Souveränität abgeleitet und die Einteilung der Gesellschaften in „unerlaubte, erlaubte und privilegierte" (II, 6) steht damit potentiell auch hinter den legalisierten, aus dem Herkommen übernommenen Standesrechten. Dem entspricht ebenfalls eine terminologische Pointierung. Der Entwurf begriff einen Stand noch aus seiner originären Beziehung zum gemeinen Wohl, die Durchführung definierte ihn nur mehr durch die Rechte, die dem Stand „beigelegt sind".[8]

---

4 Entwurf I, 2. Abt. 4 (Grundsatz-Erklärungen).
5 *Klein:* Civilrecht 335.
6 *Gräff-Rönne-Simon* 1, 6 und *Wieacker:* Privatrecht 205.
7 Formel aus Gans' Nachschrift, zitiert bei *Riedel* im ARSP 543.
8 Entwurf I, 2. Abt. p. 4: „Personen, welche vermöge ihrer Geburt, oder Hauptbeschäftigung, in einer ähnlichen Beziehung auf das gemeine Wohl stehen, machen zusammen

Schließlich wurde die Bezugnahme auf das gemeine Wohl aus der Definition der bürgerlichen Gesellschaft selbst gestrichen. Der Staat trat an deren Stelle: „Das Wohl des Staates überhaupt, und seiner Einwohner insbesondere, ist der Zweck der bürgerlichen Vereinigung, und das allgemeine Ziel der Gesetze" (§ 77, Einl. AGB). Wenn dieser Paragraph als ein staatsrechtlicher 1794 auch gestrichen werden mußte: die Tendenz, die im Zuge der Redaktionsarbeiten hervorkam, blieb erhalten. Die neue Definition der bürgerlichen Gesellschaft verzichtete auf die überkommene Zweckbestimmung und ließ es bei einer lapidaren Beschreibung bewenden. Nicht daß der Staat und die Gesellschaft als etwas Verschiedenes, oder gar Entgegengesetzes, begriffen worden wären: aber der Zweck der bürgerlichen Vereinigung ist nicht mehr das Gemeinwohl ihrer selbst, sondern er zielt auf das Wohl des Staates im Allgemeinen und der Individuen speziell. Mit dem neuen Begriff zeigt sich ein neuer Sachverhalt. Der aus Individuen zusammengesetzte Staat läßt die herkömmliche Gesellschaft im Maße hinter sich, als deren Ständegliederung nicht mehr zur Gänze das Gemeinwesen erfaßt. Diese terminologische Spitze schließt freilich nicht aus, daß die bestehende Ständeordnung den Grundriß für das Sozialgefüge des ALR's liefert.

Die Einbindung der Individuen in Lebens- und Berufsgemeinschaften nach ständischem Recht und Herkommen geht den Personenrechten voran und ermöglicht sie erst. Der Mensch wird, nicht insofern er gleiche, sondern „in so fern er gewisse Rechte in der bürgerlichen Gesellschaft genießt, eine Person genannt "[9] (§ 1, I, 1). Die allgemeinen Rechte der Menschen, die das Landrecht anführt, bleiben staatsbürgerlich und politisch belanglos.[10] Andererseits werden die Bürgerrechte, die sich aus den „Pflichten des Staates" ergeben (§ 1, II, 13 und folgende Titel), von vornherein ständisch differenziert: sie verteilen sich auf Bürger und Schutzverwandte.

---

einen Stand des Staates aus." ALR § 6, I, 1: „Personen, welchen vermöge ihrer Geburt Bestimmung, oder Hauptbeschäftigung, gleiche Rechte in der bürgerlichen Gesellschaft beigelegt sind, machen zusammen einen Stand des Staates aus." — Das Vordringen des staatlichen Souveränitätsanspruches über eigenständige Vereinigungsformen macht sich auch auf dem Weg vom Entwurf, der noch „geduldete" Gesellschaften kennt, zur Kodifikation bemerkbar, die sie in „erlaubte" verwandelt. Der Schritt zur freien Vereinsbildung führte über den Staat.

9 Vgl. *Conrad:* Grundlagen 28 und *ders.:* Individuum und Gemeinschaft.
10 Einl. § 83: „Die allgemeinen Rechte der Menschen gründen sich auf die natürliche Freiheit, sein eigenes Wohl, ohne Kränkung der Rechte eines Anderen, suchen und befördern zu können"; diese individualistische Formulierung blieb im ALR stehen; der alte § 79 der Einleitung, der den Staat hindern sollte, seinerseits weiter in diese Rechte einzugreifen, als der gemeinschaftliche Endzweck erfordere, wurde gestrichen. Die Menschenrechte tauchen dann nur noch im § 10, I, 1 auf, wo sie als Rechte der „Menschheit" schon dem Ungeborenen zukommen. Die Materialien sagen nicht, was darunter zu verstehen sei: der Gesetzesrevisor im Vormärz glaubte den Paragraphen so verstehen zu müssen, „daß nichts geschehen dürfe, was die Geburt gefährde" (G-R-S. 1, 134).

Dem Oberhaupt im Staate gegenüber gleich, bleiben sie unter sich ungleich. Auch dort, wo das Landrecht generell von Untertanen spricht, wie im Titel über die Gerichtsbarkeit (II, 17) oder im Strafrecht (II, 20), bleibt die ständische Vorgegebenheit rechtswirksam.

Um die sozialrechtliche Ungleichheit mit der staatsrechtlichen Gleichheit terminologisch zu vereinen, rekurriert das Landrecht auf allgemeine Ausdrücke wie „Einwohner" oder „Mitglieder" des Staates, die in bezug auf den ständischen Rechtsstatus neutral sind und die größere Allgemeinheit eines Staatsbügertums intendieren.[11] Erreicht wurde ein Staatsbürgertum nur im Sinne allgemein gleicher Untertänigkeit unter das Staatsoberhaupt. Denn die generell formulierten Gesetze sparten entweder die besonderen Rechte aus — oder legalisierten sie. Als Mitglied des Staates war man Untertan des Monarchen, zugleich aber je nach Stand Inhaber besonderer Rechte und Pflichten. Formal aus dem einen und selben Staatszweck abgeleitet, waren die allgemeinen Bestimmungen des Landrechts mehr dem modernen Staat, die weitergeltenden Privilegien mehr der alten Gesellschaft zugeordnet. Die verschiedenen Rechtsschichten, die in das Landrecht eingegangen waren, setzten also politisch verschiedene Akzente.[12] Die Untertanen des preußischen Monarchen bzw. die Bürgerschaft der preußischen Staaten gingen noch so sehr in der ständischen Gliederung auf, daß ein allgemeines Staatsbürgertum entweder eine soziale Umwälzung vorausgesetzt hätte oder eine legale Fiktion geblieben wäre. Das alte Recht war nicht nur „alt", sondern ebenso unmittelbare Gegenwart. Der Weg zu einer allgemeinen gleichen Staatsbürgerschaft wurde erst seit der Reform und auch dann nur zögernd zurückgelegt. Er soll nun soweit nachgegangen werden, als er zeigt, wie mit den Begriffen des Landrechts die Ständeordnung des Landrechts unterhöhlt wurde. Nur schicht- und sektorenweise dehnt sich im Laufe des Vormärz die staatsbürgerliche Rechtsordnung aus: sie bietet gleichsam ein Negativrelief der faktisch überdauernden Stände.

Das Landrecht, das weder ein einheitliches Staatsgebiet noch eine Staatsgrenze kennt, definiert ebensowenig, wer Einwohner, Mitglied, Untertan oder gar *Bürger des Staates* sei. Alle diese Begriffe tragen privatrechtlich teilweise, staatsrechtlich immer, primären Rechtscharakter; im Hinblick auf die ständische Rechtsstruktur haben sie nur subsidiäre Bedeutung. Erst im Zuge der Reformgesetzgebung gewinnen sie auch auf solchen Gebieten unmittelbare Rechtsbedeutung, auf denen bisher die Einwohner standes-

---

11 Siehe den Exkurs II

12 Das ganze Landrecht ließe sich unter diesem Gesichtspunkt aufschlüsseln: die zeitliche Tiefe der bisherigen Geltungsdauer aller in die verschiedenen Paragraphen eingegangenen Bestimmungen müßte analysiert werden. Dabei wäre natürlich nicht ausgeschlossen, daß „moderne" Bestimmungen des Staatrechts oder Privatrechts, soweit aus dem Römischen Recht abgeleitet, „älter" sein können, als traditionelle standesrechtliche Bestimmungen des gemeindeutschen oder regionalen Rechts jüngeren Datums.

rechtlich zum Staat vermittelt wurden. Nur streckenweise erlangen die preußischen Einwohner gleiche bürgerliche Rechte; ein Vorgang, der sie nicht nur dem Oberhaupt im Staat gegenüber gleichstellt, sondern auch alle untereinander. Der Staat besteht seitdem nicht mehr allein im Monarchen, seiner Befehlshierarchie und in den ihm unmittelbar unterstehenden Institutionen: der Staat emanzipiert sich gleichsam von der monarchischen Spitze auf all den Sektoren, auf denen seine Mitglieder gleiche Pflichten und Rechte gewinnen, d. h. praktisch, wenn auch nicht nominell, Staatsbürger werden. Erst die am 5. Dezember 1848 oktroyierte Verfassung, die erstmals für den preußischen Staat, nicht mehr für die Summe der Staaten erlassen wurde, brachte, wenn auch nur vorübergehend, eine allgemeine politische Gleichberechtigung aller Preußen.[13]

Welches waren nun die staatsbürgerlichen Schneisen, die seit der Reform durch die Gehege der ständischen und regionalen Rechte geschlagen wurden? Ihr Verlauf zeigt, wieweit sie einen theoretischen Ansatz von Svarez im Gegenzug zur landrechtlichen Wirklichkeit ausweiteten. Der Durchbruch erfolgte besonders auf drei Sektoren: auf dem des Militärs, auf dem der Verwaltung und auf dem der Wirtschaft.

Das Kantonreglement von 1792 gründete – genau wie das von 1733 – noch auf ständischen Unterschieden, aber Svarez nahm es als bloßes „Zeitgesetz", wie er es im Entwurf erläuterte[14], von der Kodifikation aus. Die Kriegsartikel von 1808 hoben alle ständischen Unterschiede auf. Die allgemeine Wehrpflicht erfaßte nicht mehr die Untertanen des Königs, sondern ausnahmslos „jeden Untertan des Staates"[15]; eine Formel, die in der Konsequenz von Svarez' Staatsbegriff lag. Wenn die „Grundgesetze der Krigesverfassung des Staates" von 1814 wieder auf alle „Eingeborenen" rekurrieren, so liegt darin eine terminologische Abflachung, die in den Kriegsartikeln von 1844 wieder beseitigt wurde. Diese erfassen zu einer Zeit, da sich der Begriff Preußen als einheitlicher Staatsname bereits allgemein durchgesetzt hatte[16], alle „preußischen Untertanen". Der Sachverhalt bleibt rechtlich derselbe: die Wehrpflicht war eine allgemeine Pflicht, auch wenn der Begriff des Staatsbürgers hinter anderen Ausdrücken ver-

---

13 Verfassungsurkunde für den Preußischen Staat, 5. 12. 1848, Titel II: Von den Rechten der Preußen (GS 375).
14 Entwurf I, 2. Abt. S. 372.
15 Kriegsartikel... 3. 8. 1808 (GS 371). Die Untertanen des Staates werden später auch als Untertanen der Majestät angesprochen, zugleich aber als „Söhne des Vaterlandes", die „ihren Mitbürgern überall ein Muster ordentlichen, rechtschaffenden und tugendhaften Lebenswandel" geben sollten (Art. 1).
16 G. v. 3. 9. 1814 (GS 79), Art. 1. Die Aushebungsbestimmungen vom 30. 6. 1817 sprechen wieder vom „Staatsuntertan" (§ 2), appellieren aber an die „Vaterlandspflicht" jedes „Staatsbürgers", daß er nämlich keine ländlichen Grundstücke erwerben dürfe, um auf diese Weise vom Heeresdienst freigestellt zu werden (§ 67, 6): *Gräff-Rönne-Simon* 5, 261, 275; Kriegsartikel 1844: KO 27. 6. 1844 (GS 275, Art. 1).

Ständische Gesellschaft und Staatsbürgertum

steckt wurde, weil er der sonstigen Rechtswirklichkeit nicht entsprach. Einzig die Landsturmordnung vom 21. April 1813, nicht die der Landwehr, verpflichtete jeden „Staatsbürger" zum Kampf mit den Waffen gegen den andringenden Feind.[17] Der Titel eines Staatsbürgers tauchte in offiziellen Gesetzestexten nur sporadisch auf, so in dem bekannten Verfassungsversprechen vom 22. Mai 1815. Es war nur eine symbolische Gleichheit, die zu Beginn des Freiheitskampfes hergestellt wurde und es war ein französisches Vorbild, das dieses Symbol provozierte. Allen Männern wurde die schwarz-weiße Nationalkokarde verliehen, die sie am Hut zu tragen hätten. Das Motiv lautete, „daß die herzerhebende allgemeine Äußerung treuer Vaterlandsliebe ein äußeres Kennzeichen derselben für alle Staatsbürger fordert".[18] Nur bei Vergehen, die „einen Mangel patriotischer oder ehrliebender Gesinnungen" anzeigten, ging der Mann seines Ehrenrechts verlustig: es war eine staatsbürgerliche Gesinnungsetikette, die patriotische Gefühle, aber keine Rechte indizierte.

Weiter reichten die wirtschaftlichen Rechte, die durch den Abbau der ständischen Schranken allgemein zugänglich wurden; genauer, jene Rechte, die durch die Lösung der persönlichen Standesbindungen erst ein genuin wirtschaftliches Feld freilegten. Das Oktoberedikt hob die ständischen Berufsschranken auf, so wie es die persönliche Untertänigkeit beseitigte; nicht aber beseitigte es die ständischen Vorrechte. Mit anderen Worten, es führte eine wirtschaftliche Gleichberechtigung aller ein, ohne ein Staatsbürgerrecht zu schaffen, da die politischen und sozialen Privilegien weitgehend bestehen blieben. Sie wurden nur jedermann zugänglich gemacht. Zur Ungleichheit der Rechte gesellte sich die rechtliche Gleichheit der Chancen: wiederum ein Ziel, das Svarez theoretisch vorgeschwebt hatte.

Staatsbürgerliche Konsequenzen aus den allgemein gehaltenen Bestimmungen des Oktoberedikts wurden freilich nur sukzessive gezogen. Die preußische Untertänigkeit hatte Carmer seinerzeit bloß negativ bestimmt: ihre Beendigung wurde als „Entziehung aus der staatlichen Gerichtsbarkeit" verstanden.[19] Der Untertan blieb weithin an die Vermittlung der unteren, ständischen Gerichtsbarkeiten gebunden, die zur Einziehung der Abschoß- und Abfahrtsgelder berechtigt waren. Diese Schranke der Bewegungsfreiheit fiel erst neun Jahre nach dem Oktoberedikt. Aus den Ländern wurde ein Land. Entschädigungslos wurden 1816 die einschlägigen Berechtigungen den Gerichtsherren entzogen, wogegen die Proteste während des ganzen Vormärz nicht verstummten.[20] Erst seitdem war die

---

17 § 1 (GS 25).
18 V. 22. 2. 1813, GS 22; Dekl. 30. 9. 1813; *Mannkopf* 4, 537. In der V. v. 6. 1. 1816 taucht der Staatsbürger als lobenswertes Gegenbild eines Geheimbündlers auf (GS 5).
19 Vgl. Exkurs II.
20 V. 21. 6. 1816, (GS 199.) Die Proteste der Stände: *Rumpf* I, 40; 7, 27/63; vgl. *Lancizolle:* Königtum ... 473, Anm.

inländische Freizügigkeit sichergestellt, und eine allgemein-preußische Staatsangehörigkeit ermöglicht. Das wirkte auch auf die Auswanderungsbestimmungen ein.

Die Freizügigkeit nach außen hatte das Landrecht subsidiär und mit Erlaubnisvorbehalt erstmals ausgesprochen (§§ 127 ff., II, 17).[21] Mit dem Entfall bodengebundener und provinzieller Schranken drängten die Auswanderungsbestimmungen auf eine generelle Regelung und provozierten ebenfalls den Begriff eines Preußen, ohne daß es deshalb vorerst zu einem Staatsangehörigkeitsgesetz kam. Auch die wirtschaftliche Reform drängte in diese Richtung. 1818 erfolgte die 1805 geplante Aufhebung der Binnenzölle, indem die „Zollinien überall auf die gegenwärtigen Grenzen der Monarchie vorrücken"[22]. Mit der Schaffung eines einheitlichen Wirtschaftsgebietes war jene sachliche Voraussetzung geschaffen, nunmehr auch ein einziges Indigenat aller preußischen Untertanen zu formulieren. Die entsprechende Folgerung wurde am 15. September 1818 gezogen. Die Auswanderungsbestimmungen des Landrechts rückten zu primärer Geltung auf, wodurch das Prinzip der Freizügigkeit auch nach außen jedermann in gleicher Weise zugutekommen sollte.[23] Mit dem Schritt aus der regional differenzierten Untertänigkeit und ihren Abzugsbeschränkungen zu einem allgemeinen Auswanderungsrecht wurde stillschweigend der Preuße staatsbürgerlich qualifiziert. Von „Staatsbürgern" war freilich auch in dieser speziellen Verordnung keine Rede. Den Regierungen war, wie Savigny damals bemerkte, „der überall gleichförmige und passive Begriff des Untertans viel bequemer und angenehmer als der des Bürgers"[24]. Mochten sie militärisch oder wirtschaftlich aktiv sein, politisch blieben die Untertanen passive Staatsbürger. Das zeigt schließlich auch das einzige Gesetz, das expressis verbis von einem „preußischen Staatsbürgerrecht" sprach: das Emanzipationsedikt für die Juden vom 11. März 1812.[25]

Die Juden waren die ersten in Preußen, denen der Titel eines Staatsbürgers gesetzlich zugesprochen wurde; alle bisher in den preußischen Staaten privilegierten Schutzjuden wurden zu „Einländern und preußischen Staatsbürgern" erklärt. Aber gerade deren Staatsbürgerrecht erstreckte

---

21 Vgl. dazu *Stein:* Verwaltungslehre 2, 199.
22 G. 26. 5. 1818 (GS 65).
23 Die Militärpflichtigen und die Kriegsreserve bedurften natürlich der Genehmigung ihrer vorgesetzten Dienstbehörden. Im übrigen erteilten die Regierungen die Genehmigung, „wenn sie sonsten kein Bedenken dabei haben" (Die generelle Auswanderungsfreiheit hing damit weitgehend von der — meist geübten — Liberalität der Regierungen ab). V. 15. 9. 1818 (GS 175). Die Bewegungsfreiheit innerhalb des Deutschen Bundes (Bundesakte, 8. 6. 1815, Art. 18, 2) galt bis dahin nicht für die drei östlichen Provinzen.
24 Zitiert bei *Schneider:* Staatsrat 193.
25 (GS 17—22) und V. 30. 8. 1816 (GS 207). Noch 1835 sprach das Innenministerium von diesem sonst nie definierten „Staatsbürgerrecht" als Voraussetzung für einen Juden, Stadtbürger zu werden (*Kamptz:* Ann. 19, 1031). Vgl. unten S. 662.

sich weder auf den Staatsdienst noch auf die Ausübung ständischer Rechte. Das den Juden zugestandene Staatsbürgerrecht war de facto ein erweitertes und generell ausgesprochenes Privileg, das sie nur privatrechtlich den preußischen „Einwohnern" anglich. Bei der Ausdehnung des Staates, die 1815 nach Ost und West erfolgte, blieb dies Privileg des Indigenates auf die fünf alten Provinzen beschränkt: die einzigen Staatsbürger, die nominell dazu erklärt worden waren, waren also weder Vollbürger noch Bürger des ganzen Staates. Erst 1847 wurden die Juden aller preußischen Provinzen, mit Ausnahme Posens, rechtlich einander gleich gestellt, aber immer noch nicht den christlichen Untertanen, was deren aktive politische Standesrechte betraf.[26] Die staatsbürgerliche Gleichheit war nur auf einem Sektor annähernd verwirklicht worden: auf dem der Wirtschaft. Das sprach programmatisch bereits das Judenedikt 1812 aus. Dort nämlich befindet sich eine der wenigen positiven Bestimmungen des Staatsbürgerrechts: aus ihm fließe die Gewerbefreiheit und der freie Handel (§ 12). Mit sinkendem Pegelstand ständischer Rechte entstand eine Fläche gleicher wirtschaftlicher Rechte, das eigentliche Gebiet des „Staatsbürgers", während die weiterhin herausragenden politischen Rechte ständischer Natur blieben. Staatsbürger war man nicht als politisches Mitglied des Staates, sondern als Teilhaber der freien Wirtschaft, — der modernen Gesellschaft. Staatsbürger im eigentlichen Sinne war der homo oeconomicus; Bürger des Staates nur, soweit dieser wirtschaftlich liberal war. Nun beschränkten sich aber die Rechte der Handels- und Gewerbefreiheit gerade nicht auf die preußischen Staatsbürger, auch jeder Ausländer trat in deren Genuß, sobald er die Gewerbesteuer entrichtete.[27] Der einzige Sektor, auf dem also die staatsbürgerlichen Rechte positiv bestimmt wurden, bezog sich zwar auf das Staatsgebiet, er war aber jedermann zugänglich. Das preußische Staatsbürgerrecht, wie es von Hardenberg initiiert wurde, erfaßte eine vom Staat zwar gesicherte, aber freigesetzte Sphäre: die der bürgerlichen Gesellschaft, an der alle Einwohner, alle Menschen teilhatten. So nimmt es nicht Wunder, wenn Gans 1832 feststellte: „Preuße ist jeder, den die Lust anwandelt, es zu sein."[28]

Erst als im Laufe des Vormärz die wachsende Mobilität der Bevölkerung die herkömmlichen Lebens- und Rechtseinheiten zerstört hatte, als Armenhilfe und Heimatrecht nicht mehr koordinierbar waren, als die wandernden und emigrierenden Gesellen eine Klärung einheimischer Bürgerrechtsfragen erheischten, da erst — ein halbes Jahrhundert nach dem Erlaß des

---

26 G 23. 7. 1847 (GS 263).
27 Edikt v. 2. 11. 1810, §§ 16, 19, 22 (GS 79) und G. 7. 9. 1811, §§ 164, 170 (GS 218): auf diesen Widerspruch machte der Sachbearbeiter im Revisionsministerium aufmerksam; vgl. *Gräff-Rönne-Simon* 6, 721 und *Bornemann:* Civilrecht I, 75.
28 *Gans:* Beiträge 289. Vgl. Reskr. des Innenmin. v. 5. 7. 1826: Wer im Preußischen sein Domizil aufschlägt, wird aus einem Fremden zum Einländer *(Kamptz: Ann.* 10, 769).

Landrechts — wurde ein allgemeines Einwohnergesetz erlassen.[29] Es formulierte endlich die Bedingungen, unter denen man preußischer Untertan sei und, wie es gelegentlich im Gesetzestext (§ 9) heißt, „alle Rechte und Pflichten eines Preußen" übernehme. Der status personalis in staatsbürgerlicher Hinsicht wurde also 1842 erstmalig umschrieben. Der Titel des „Preußen", der auch in dem gleichzeitigen Militärgesetz auftaucht, verbirgt hinter der nationalen Bezeichnung die Zwischenlage, in der sich ein Preuße zwischen allgemeiner Untertänigkeit und nur mangelhaft qualifizierter Staatsbürgerlichkeit befand.

Das Einwohnergesetz war eines der vielen Nachholgesetze, das einen Rechtszustand legalisierte, der vom Landrecht intendiert und seit der Reformzeit stillschweigend vorausgesetzt wurde. Andererseits zeigt der Zeitpunkt seines Erlasses, wie spät sich tatsächlich das Bedürfnis nach einer generellen Regelung meldete, wie langsam sich in der Wirklichkeit des Alltages die ständischen Ordnungen auflösten. 1844 konnte Bergius in seinem Staatsrecht feststellen, daß alle Ausdrücke des Landrechts — Staatsbürger, Mitglieder, Einwohner und Untertanen — von gleicher Bedeutung seien.[30] Svarez hatte diese Begriffe teils aus dem Herkommen, teils aus dem damals modernen Sprachgebrauch übernommen, um innerhalb der Standesrechte allgemeinrechtliche Zwischenzonen abzustecken. Die Begriffe, denen anfangs eine jeweils verschiedene Relation zu den ständischen Rechten innewohnte, hatten sich im Laufe des Vormärz abgeschliffen: nicht weil eine Rechtseinheit entstanden wäre, sondern weil im Heer, in der Verwaltung und dank der Verwaltung auch in der Wirtschaft — aber auch nur hier — eine annähernde Rechtsgleichheit hergestellt worden war. Auf diesen Gebieten waren die Unterschiede nur mehr gesellschaftlicher, sozialer Art: staatsrechtlich war der Boden eingeebnet, die Voraussetzung auch für ein aktives Staatsbürgerrecht geschaffen worden.

Das Landrecht steht nicht am Ende einer Entfaltung des allgemeinen Staatsbürgerrechts, es steht an deren Anfang. Der Weg zum Staatsbürger führte in Preußen weniger über den Bürgerstand, der sich als allgemeiner Stand zu begreifen oder durchzusetzen vermochte, er führte über die außerständischen Zwischenzonen, die das Landrecht gegen die herkömmlichen Stände vorsichtig umrissen hatte und die die Verwaltung seit der Reform entschieden ausweitete. Der Weg gabelte sich seit der Reform in zwei Richtungen, auf dem wirtschaftlichen Sektor führte er zum Staatsbürgertum der „Gesellschaft", die Militärpflicht band diese Gesellschaft an den Staat.

---

29 G. v. 31. 12. 1842 über die Erwerbung und den Verlust der Eigenschaft als Preußischer Untertan... (GS 1843, 15).
30 *Bergius:* Staatsrecht 97. Die ungeklärte Staatsbürgerfrage vor 1842 behandelt gerade noch — und zwar kritisch — *Bornemann:* Civilrecht 1, 73 ff.; als Staatssekretär des Staatsrats konnte er im gleichen Jahr das Einwohnergesetz mit vorbereiten.

Was bisher im Bereich der Staatsbürgerbestimmungen verfolgt wurde, zeigt sich ebenso auf dem Weg, der vom alten *Hausstand* zur modernen *Familie* führte.

Mochte der Staat des achtzehnten Jahrhunderts, wie es Friedrich II. einmal ausdrückte, aus lauter Privatpersonen bestehend gedacht werden[31], in der sozialrechtlichen Wirklichkeit begann die Gliederung der Gesellschaft mit den Familien: so jedenfalls formulierte es der Entwurf zum Allgemeinen Gesetzbuch. Während sie das Gesetzbuch bearbeiteten, sahen sich aber die Redaktoren gezwungen, den gebräuchlichen Familienbegriff zu präzisieren. Denn, wie von Grolman meinte, „das Wort Familie ist von sehr vielfacher Bedeutung. Es kann den Hausvater und seine Hausgenossen, oder Verwandte, die einerlei Namen führen, oder Verwandte von mütterlicher Seite, oder gar verschwiegerte Verwandte bedeuten".[32] Svarez pflichtete dem Einwand bei und darauf wurde der Familienbegriff auf die Blutsfreundschaft und die Rechte der Mannesfamilie eingeschränkt, an denen die Frau durch die Heirat nur für ihre Person teilhabe (§§ 1, 2, II, 3). Die Verbindung zwischen den Ehegatten und zwischen den Eltern und Kindern mache, wie es bezeichnenderweise heißt, „eigentlich die häusliche Gesellschaft aus; doch" — mit Vorbehalt — werde auch das Gesinde dazu gerechnet (§§ 3 f., I, 1).

Parallel zu dieser Einengung des Familienbegriffs, die zugleich die Unterstützungspflichten festlegte (§§ 14 ff., II, 3), lief die Tendenz des Staates, die hausväterliche Gewalt zu reduzieren. Angesichts des vermögensrechtlichen Schutzes, dessen die Ehefrauen zuteil wurden, übte Schlosser die bitterste Kritik. Der Hausherr verliere alle Verantwortung, und das gute römische Gesetz, in jedem Haus einen status in statu zu sehen, werde aus falscher Angst beseitigt.[33] Das Preußische Landrecht, spottete ein halbes Jahrhundert später der Bonner Staatsrechtler Perthes, „verfüge über die Verhältnisse der Familie und des Hauses, als ob dieses sich zum Staate ebenso wie die Kaserne oder das Zuchthaus verhielt"[34], und er berief sich auf oft belachte Paragraphen, wie den, der Mütter ihre Kinder selbst zu säugen verpflichtete (§ 67, II, 2). Indes stand auch hier, wie im ganzen Landrecht, hinter der vormundschaftlichen Aufsicht die weitergerichtete Absicht, die Selbständigkeit der Einzelnen zu entbinden.

Das Vormundschaftsgericht konnte in Erziehungsfragen eingreifen (§ 72, II, 2), Kinder über vierzehn Jahre sollten ihre Konfession frei wählen

---

31 *Friedrich der Große:* Testamente 137.
32 *Gräff-Rönne-Simon* 3, 421.
33 *Schlosser:* Briefe über die Gesetzgebung 284. Auch bei *Hermann* (Fragmente 99) scharfe Polemik gegen die „zu vielen Vorteile", die dem weiblichen Geschlecht eingeräumt worden seien.
34 *Perthes:* Staatsleben, 273.

dürfen (§ 84, II, 2), bei der Berufswahl konnten die Kinder gegen den väterlichen Willen eine gerichtliche Entscheidung herbeiführen (§ 112, II, 2), Eltern durften den Kindern keine Ehe aufzwingen (§ 119, II, 2). Der legalisierte Eingriff des Staates in die Familien diente praktisch dem Schutz der Kinder, um sie als Individuen freizusetzen. Aus den gleichen Motiven reichte auch der Schutz unehelicher Kinder und ihrer Mütter bedeutend weiter als etwa im späteren Code Napoléon.[35] Schließlich förderte das kühle und generöse Scheidungsrecht (II, 1, 8. Abs.), mochte auch populationistisches Interesse mitgespielt haben, eine Individualisierung des Ehebegriffs, der jener unpolitischen Privatfamilie entgegenkam, die das neue Bürgertum kennzeichnet.

Als bald nach dem Erlaß des Landrechts Friedrich Wilhelm III. und seine Louise den Thron bestiegen, schlug ihnen, weil deren Frugalität mit Bürgerlichkeit verwechselt wurde, eine Welle von Sympathie entgegen, die Novalis inspirierte, im strengen Familienleben des Herrscherpaares eine Garantie gegen die permanente Krise zu sehen, die seit 1789 angehoben habe. Novalis erhoffte sich in jenem Aufsatz, den er 1798 den Preußischen Jahrbüchern anvertraute, von dem „klassischen Menschenpaar" eine Reform von Gesinnung und Sitte; der Hof solle „das klassische Privatleben im Großen" und ein „Ethometer" sein für die Allgemeinheit. Schließlich sagte er voraus, daß die glücklichen Ehen so immer häufiger würden und die „Häuslichkeit mehr als Mode" sein werde.[36] Zwei preußische Juristen, Perthes und Immermann, haben später diese Entwicklung beschrieben und analysiert. „Während einerseits das Haus als ein, wenn auch kleiner, Verwaltungsbezirk der Regierung gelten mußte, entbehrte es andererseits des lebendigen Zusammenhanges mit dem Staate, für den es keine Wirksamkeit äußern durfte ... Die Hausväter waren nur Hausväter und deshalb keine wahren Hausväter"[37] mehr. Entfiel auch in den Jahrzehnten nach der Reformgesetzgebung die staatliche Kontrolle der bürgerlichen Intimsphäre: die Familie blieb privatisiert, und wie Perthes bemerkte Immermann in der Mitte des Vormärz „eine gewisse Halbheit, ein Gespaltenes und Doppeltes im Bewußtsein von den öffentlichen Dingen, in den Begriffen von Recht, Eigentum und Besitz. In diesen Regionen sind die Stifter der neueren deutschen Familie sämtlich entwickeltere oder unentwickeltere Hamlets".[38]

---

35 Vgl. *Gräff-R.-S.* I, 106 ff. Da das französische Gesetz die Vaterschaftsuntersuchung versagte, von der die Rechtsansprüche unehelicher Kinder abhingen, kam es nach 1815 immer wieder zu heftigen Friktionen zwischen beiden Rechtsbereichen, besonders, wenn die Elternteile rechts und links des Rheins wohnten. — Daß nach dem ALR sogar die Eltern des Erzeugers für ein uneheliches Kind aufkommen sollten (§ 628, II, 2), wurde 1854 vom Herrenhaus als frivoles Gesetz zu Fall gebracht.
36 *Novalis:* Schriften Bd. 2, 148 ff.
37 *Perthes:* Staatsleben 274 ff.
38 *Immermann:* Werke 5, 290.

Ständische Gesellschaft und Staatsbürgertum

Das Landrecht steht mit seiner sozialen Einengung des politischen Familienbegriffs an der Wende vom herkömmlichen Hausstand zur bürgerlichen Familie, wie sie in der Zeit von Sentimentalität, Romantik und Biedermeier ihre Konturen erhielt.[39] Wie schon bemerkt, fiel der Begriff des Hausstandes bei der Redaktion durch die Maschen einer auf Allgemeinheit angelegten Gesetzgebung, da er sich innerhalb der verschiedenen Stände und Regionen nicht auf einen gemeinsamen Nenner bringen ließ. Selbst im Familien- und Eherecht mußten einzelne Partien regional suspendiert werden — in der Kurmark auf adelsständischen Protest hin am längsten —, weil es unmöglich war, das Herkommen ohne Eingriff in bestehende Privatrechte, besonders der Erbfolgeordnungen, aufzuheben.[40]

Bei aller Einschränkung der hausväterlichen Gewalt[41] blieb diese aber ein integrierendes Moment nicht nur der sozialen, sondern auch der politischen Verfassung im Sinne des Ständestaates. Das Züchtigungsrecht — im Entwurf noch Strafrecht genannt —, das den Hausherren, Gutsherren und Meistern ebenso wie den Eltern zustand, galt zwar nicht als Ausfluß der Gerichtsbarkeit, ging aber auf dem Lande gleitend in die polizeiliche und richterliche Gewalt über, die die Gutsherren innehatten.[42] Das gesamte Strafrecht schuf mit seinem programmatischen Appell an die erhöhte Verantwortlichkeit aller „Vorgesetzten" ein sozialpolitisches Kontinuum, in dem das Staatsrecht über die Stände zum Familienrecht überleitete und zurück.[43]

Auch als der Abschnitt über die Emanzipation aus der väterlichen Gewalt bearbeitete wurde, fanden die Redaktoren bezeichnenderweise keine klare Linie. Jedenfalls konnte die väterliche Gewalt auch die mit 24 Jahren erreichte Großjährigkeit der Söhne überschatten (§§ 164, 189, 210 ff., II, 2). Unverheiratete Töchter blieben ihr sowieso unterworfen; Eheschlüsse

---

39 Vgl. *Brunner:* Neue Wege 42.
40 Publ. Pat. VII. Fortgeltung und Beendigung der Suspension; bei: *Gräff-Rönne-Simon* 1, 26—35.
41 Das Hausrecht: §§ 525 ff., II, 20. Innerhalb des Hauses konnte der Hausvater über den abzuhaltenden Gottesdienst befinden, aber niemanden „einer anderen Religionspartei" dazu zwingen: §§ 7, 8, II, 11. Kleine Hausdiebstähle war der Richter von Amts wegen zu verfolgen nicht verpflichtet, aber dem Hausvater stand deshalb keine eigene Strafgewalt mehr zu. Statt dessen wurden derartige Diebstähle, wenn sie angezeigt wurden, entgegen dem herkömmlichen gemeinen Recht mit verschärften Strafen (körperlicher Züchtigung) belegt; ein Vorgang, der die Art kennzeichnet, wie der Staat hausherrliche Gewalt an sich zog, indem er seine mangelnde Reichweite durch erhöhte Strafdrohung zu kompensieren suchte (§§ 1137 ff., 1350, II, 20; dazu *Ersch-Gruber*, Art: Hausdiebstahl und folgende, 1828). Eine weitere Einschränkung der hausherrlichen Gewalt lag in der Bestimmung, daß das einheimische Gesinde an der den Hausvätern zustehenden Auswanderungsfreiheit nicht Teil hatte (§ 137, II, 17). Die Bindung an den Boden brach die persönliche Untertänigkeit, einer der „Umwege" zur Staatsbürgerschaft aller einzelnen.
42 Vgl. den Exkurs über den Abbau der körperlichen Züchtigung.
43 Vgl. *Gans:* Beiträge 107 ff.

hingen von der Zustimmung des Vaters bzw. des Gutsherren ab (§ 45, II, 1; § 161, II, 7). Svarez ging noch von dem Brauch aus, nur die als selbständig zu erachten, die durch „separata oeconomia, Amt (oder) eigenes Gewerbe" ihren Unterhalt verdienen könnten; aber er ebnete deren Weg in die rechtliche Selbständigkeit, um im „Interesse des Staates" Eheschlüsse und den „gewerbsamen Fleiß" zu befördern.[44] Dieser landrechtliche Grundsatz hatte bald die kuriose Folge, daß ein großjähriger Leutnant oder Referendar im Staatsdienst weiterhin von väterlicher Gewalt abhängig blieb, weil sie der Staat nicht hinreichend entlohnte[45], während nach Aufhebung der Untertänigkeit Diener und Gesinde, die nur auf ihrer „eigenen Hände Arbeit verwiesen" blieben[46], als selbständig erachtet werden mußten.

Die Auflösung der häuslichen Herrschaftsordnung begann bei der Unterschicht und in den Städten früher als auf dem Lande. Das ALR band die Unterschicht noch in hausherrliche Ordnungen ein, in den Städten nur mehr teilweise, durch das Gesinde- und das Zunftrecht; auf dem Lande durch die Unterwerfung unter die Gutsherrschaften. Das minderjährige Gesinde trat in dieselbe gutsherrliche Gewalt ein, in der sich schon die untertänigen Eltern befanden (II, 7). Selbst persönlich freie Schutzuntertanen waren — besonders gravierend für die Betroffenen — zu Dienstleistungen für die Herrschaft am Orte verpflichtet (§§ 113 ff., II, 7).

Als mit den Reformgesetzen die persönliche Abhängigkeit der Untertanen beseitigt wurde, entstand im Sinne des Landrechts eine Lücke, die sich in den Städten schon früher bemerkbar gemacht hatte. Die Umwandlung der Gesellen zu Arbeitern, der Gutsuntertanen zu Tagelöhnern befreite diese zu Menschen — sie durften heiraten oder sich verdingen, wann und wo sie wollten —, aber nicht zu Bürgern. Die ehemaligen Untertanen, ohne zu selbständigen Bürgern zu avancieren, entrieten einer hausväterlichen Gewalt, ohne daß sich der Staat an deren Stelle gesetzt hätte. Teils konnte er es nicht, teils wollte er es nicht. Die von Svarez formulierte Gesindeordnung (II, 5), die 1810 mit einigen Modifikationen zu primärem Recht aufrückte, perpetuierte für die innerständische Unterschicht die Zwischenlage. Zwar auf freiem Vertragsrecht beruhend, unterwarf sie gleichwohl den einen Partner einer hausständischen Gewalt, die von der Polizei teils

---

44 Die Kontroversen der Kodifikatoren bei *Gräff-Rönne-Simon* 3, 312 ff.; vgl. *Kamptz:* Jb. 41, 136 ff.
45 § 90, Anhang ALR und Reskript 20. 9. 1806 (NCC XII, 755); bestätigt d. Reskr. v. 29. 4. 1831 *(Kamptz:* Jb. 37, 339).
46 Formulierung des Referenten im Ministerium für Gesetzesrevision: selbst gemeines Gesinde gründe sich vom Lohn einen eigenen Hausstand, müsse daher für sui juris gehalten werden. Denn „wenn ein Vater seinen großjährigen Sohn zum gemeinen Gesindedienst hergibt, so muß man diejenige Ausbildung, die er ihm zugedacht hat, als vollendet ansehen". Analoges gelte für großjährige Handwerksgesellen (*Gräff-Rönne-Simon* 3, 316).

kontrolliert, teils verstärkt wurde, aber kaum einen Rechtsweg offenließ. Verwaltung und Rechtssprechung waren daher im Laufe des Vormärz nie eindeutig. Mal rekurrierten sie auf Rechte und Pflichten der Hausväter, um die aufklaffende Lücke zwischen Stand und Staat zu überbrücken, mal beschnitten sie hausherrliche Rechte, sobald sich alt- oder neuständische Ansprüche dahinter vordrängten.

1798, als die sozialen Unruhen um sich griffen, erging eine Deklaration zum Landrecht, die der Verhütung von Tumulten dienen sollte. Wie Eltern, Schullehrer und Herrschaften für ihre Untergebenen wurden die Hauswirte für ihre Hausbewohner, die „Entrepreneurs von Fabriken" und Gewerksmeister für „ihre Arbeiter, Gesellen, Lehrlinge und Tagelöhner" verantwortlich gemacht, daß Werkstatt oder Wohnung nicht zu verlassen seien.[47] Für Notlagen bediente sich also die Polizei einer hausherrlichen Gewalt, die im Landrecht zwar nicht ausdrücklich aufgehoben, aber in diesem Umfange auch nicht bestätigt worden war. Während der ganzen folgenden Jahrzehnte wurde die Verordnung je nach Ort und Situation in Erinnerung gerufen, 1835 sogar noch einmal generell für den ganzen Staat bestätigt. Gleichwohl erwies sich bereits 1830, daß ihrer Durchführung Schwierigkeiten entgegenstanden, die aus der veränderten Sozialordnung entsprangen. Im September des genannten Jahres kam es in Breslau zu einem Tumult von etwa 200 arbeitslosen, meist verheirateten Gesellen, „deren Notstand angeblich durch die Kleidermagazine jüdischer Händler vermehrt" worden sei, wie der Magistrat berichtete. Als die Regierung die allseitige Publikation der besagten Kabinettsorder von 1798 befahl, erklärten sich die Meister des Schuhmachermittels für unzuständig: ihre Gesellen seien ein „freier Verein", bildeten eine „besondere Gesellschaft, ... das Polizeipräsidium müsse also die Publikation schon selber vollziehen". Der Magistrat pflichtete dem bei, denn das „Mißverhältnis der bezünfteten Meister zu den unzünftigen" verhalte sich wie 1 : 7 bis 1 : 10, viele der Gesellenverbände hätten keinen beisitzenden Meister, manche Nahrungen gar keine Gesellen mehr. Die Polizei rekurrierte also auf hausständische Gewalten des Landrechts, die es infolge der Gewerbefreiheit gar nicht mehr gab.[48] Diese Zweideutigkeit, die vor allem die Vierziger Jahre kennzeichnet, wird uns noch beschäftigen.[49]

---

47 KO 30. 12. 1798 (NNC X 1851). Alle Anordnungen der Hauswirte, Meister, Herrschaften und Fabrikanten erhielten gleichsam obrigkeitliche Kraft (§ 4). Erneuerungen der Verordnung z. B. in Breslau: 1810, 1817, 1830 (vgl. Anm. 43); generell: VO 17. 8. 1835 (GS 170). Daß diese Anordnungen über das Landrecht hinausgehen, zeigt schon Svarez im Unterricht...15: Eltern, Vormünder, Lehrherren oder Dienstherrschaften werden für alle unerlaubten Handlungen ihrer „Kinder, Mündel, Lehrlinge oder Dienstboten" verantwortlich gemacht, die sie wissentlich geschehen ließen. Von Tagelöhnern, Arbeitern oder Gesellen war keine Rede.
48 Arch. panstw. Wrocl. Mag. Breslau III, 1052; vgl. unten S. 607.
49 Vgl. unten S. 629 f.

Soweit es sich nicht um Notlagen handelte, verhinderte aber die preußische Regierung konsequent jede Ausdehnung der Gesindeordnung, innerhalb derer die hausväterliche Gewalt ihr letztes Refugium hatte. Anträge von Fabrikanten und Gutsherrschaften, alle Arbeiter oder Tagelöhner der Gesindeordnung zu unterwerfen, wurden laufend abgewiesen.[50] Demgemäß verlief die Rechtssprechung. Die Hausoffizianten, derer die Gesindeordnung von 1810 nicht mehr gedachte, wurden noch herkömmlich zur häuslichen Gesellschaft gerechnet, „dergestalt, daß sie alle mit dem Hausvater, der Hausmutter und den Kindern in ihrer Gesamtheit als eine Einheit gedacht werden", wie das Oberlandesgericht Magdeburg einmal formulierte. Aber daraus wurde gefolgert, daß Gesellen, Gewerbegehilfen, Handlungsdiener — so wie die Instleute — gerade nicht mehr zum Hause gehörten. „Mit der Häuslichkeit, mit der Familie des Prinzipals, hat der Handlungsdiener nichts gemein; das Feld seiner Wirksamkeit ist vielmehr das Gewerbe des Prinzipals; hierauf beziehen sich seine Verpflichtungen, und über dies hinaus ist der Handlungsdiener als solcher für den Prinzipal und dessen Hausstand eine durchaus fremde Person."[51] Die rechtliche Freisetzung der Individuen lief über die „Entfremdung" von Haus und Gewerbe, von Haus und Fabrik, von Gutshof und landwirtschaftlichem Betrieb. Das Innenministerium stellte den Grundsatz auf, daß überall, wo ein schriftlicher Arbeitsvertrag vorgeschrieben, der Status des Gesindes eo ipso ausgeschlossen sei.[52] Vertragsrecht, Schulbildung, Gewerbefreiheit, Arbeitsteilung, Verwaltung und Justiz[53]; alle wirkten zusammen, um die hausherrliche Gewalt weiter zu reduzieren: aber nicht geradlinig und nicht überall.

---

50 Gutsarbeiter gehören nicht zum Gesinde: KO 8. 8. 1837 *(Kamptz:* Ann. 21, 710); vgl. den Exkurs über die körperliche Züchtigung. Zu Anträgen von Fabrikanten: *Kuczynski* Bd. 1, 224 f. Für die formalrechtliche Gleichstellung von Fabrikant und Fabrikarbeiter sorgte schon das Fabrikgericht, das 1815 für Berlin seine Tätigkeit trat. Wie erfolgreich, zeigt *Ilja Mieck:* Das Berliner Fabrikgericht. Das Reglement vom 4. 4. 15 (in *Kamptz* Jb. 5, 16) wurde 1829 auf Westfalen ausgedehnt, die Einrichtung setzte sich aber erst in den vierziger Jahren soweit durch, daß eine Annäherung an die rheinischen Verhältnisse erreicht wurde (Kamptz Jb. 38, 360; die Einzelheiten in: Ob. Pr. Münster B 2776).
51 Erkenntnis vom 21. 8. 35; *Gräff-Rönne-Simon* 3, 474. Wie schwer es freilich war, Arbeitsverhältnisse innerhalb und außerhalb des Hauses zu trennen, davon zeugen die Landtagsverhandlungen über die Gewerbeordnung: Vgl. *Rumpf* 12, 89 passim.; ferner *Kant:* Met. d. Sitten, ed. Vorländer S. 193.
52 Reskr. 27. 3. 38; *Kamptz:* Ann. 22, 160.
53 In den vierziger Jahren fällte das Geheime Obertribunal die wichtigen Entscheidungen, ohne das Landrecht verlassen zu müssen: 1. daß die Erwerbung des (Stadt-) Bürgerrechts die Emanzipation aus väterlicher Gewalt zur Folge habe; 2. daß auch auf väterliche Unterstützung angewiesene großjährige Gewerbetreibende — wozu auch die Ackerbauern nunmehr gerechnet wurden — rechtlich als selbständig zu erachten seien; 3. daß eine vorzeitige Großjährigkeitserklärung von Kindern zwischen 20 und 24 ohne vormundschaftliche Bestätigung rechtens sei (*Gräff-Rönne-Simon* Suppl. 1, 299).

Wo es auf die Beförderung der Erziehung ankam, scheute sich der Staat nicht, die Gutsherrschaften auch nach Aufhebung der Erbuntertänigkeit in ihre landrechtlichen Pflichten zurückzubinden (§ 33, II, 12; §§ 122 ff., II, 7). Die von den Gutsbesitzern oft heftig geleugnete Verpflichtung, „für den Schulunterricht und für die Erziehung der Kinder ihrer Arbeiter zu sorgen", wurde vom Justizministerium 1837 ausdrücklich bestätigt. Denn wo die ehemaligen Untertanen „keinen Grund und Boden besitzen, sondern in gutsherrlichen Wohnungen als Einlieger, Dienstleute und Handarbeiter ihr Unterkommen finden, ist der Gutsherr noch überdies im eigentlichen Sinne als oberster Hausvater anzusehen.[54]" Unfähig, die gesamte Volksschulbildung selber zu tragen, rekurrierte der Staat hier auf alte hausherrliche Gewalt, um — so wie er Fabrikenschulen begünstigte — auf dem Lande die Erziehung sicherzustellen. Es waren also weniger Rechte der Hausväter, die in die Öffentlichkeit wirkten, als deren landrechtlichen Pflichten, an die sich der Staat hielt, da die Menge seiner Einwohner faktisch keine selbständigen Staatsbürger bildete.

Die öffentlichen Rechte der Hausväter, soweit es deren noch gab, gingen vielmehr über an die Hausbesitzer. Die Tendenz zeigt sich terminologisch bereits auf dem Weg vom Entwurf zur Kodifikation des Gesetzbuches. Machten anfänglich „die Häupter der Bauernfamilien, die in einem Dorf wohnen, ... zusammen die Dorfgemeinde aus"[55], so waren es im ALR selber nur mehr „die Besitzer der in einem Dorfe oder in dessen Feldmark gelegenen bäuerlichen Grundstücke" (§ 18, II, 7). In den Städten schützte das Landrecht zwar noch den Bestand aller Bürgerhäuser, an denen die verschiedensten gewerblichen und städtischen Rechte hafteten (§ 78, II, 8), aber mit den Reformen gingen die politischen Rechte vorzüglich an die Hausbesitzer als Privatpersonen über. Mindestens zwei Drittel aller zu wählenden Stadtverordneten mußten nach der Städteverfassung von 1808 Hausbesitzer sein (§ 85); eine Anordnung, die geradezu demokratischen Charakter trug, solange in der Überzahl der Kleinstädte Haushalt und Hausbesitz noch zusammenfielen. Deshalb protestierten die reichen Stände, voran die der Rheinlande, gegen eine derartige Bevorzugung aller „Besitzer" und der Staat kam in der revidierten Städteordnung von 1831 diesen Forderungen entgegen. Nurmehr die Hälfte aller Abgeordneten mußte der Hausbesitzerschicht entstammen (§ 49), aber solange die Bevölkerungszusammenballung in den wachsenden Städten auch die Mietsverhältnisse anwachsen ließ, bedeutete diese Lösung immer noch eine entschiedene Begünstigung der Hausbesitzer über die Nichtbesitzer, die schließlich durch das Dreiklassenwahlrecht zu einer lokalpolitischen Vorherrschaft von durchschnittlich fast 80 % Hausbesitzern in den preußi-

---

[54] Schreiben des Justizministers v. 18. 8. 1837 bei *Gräff-Rönne-Simon* 5, 871.
[55] Entwurf I. Teil, 2. Abt., Tit. 2, § 15.

schen Städteverwaltungen führte.[56] Im Maß also, als die Hausväter zu neutralen „Familienhäuptern"[57] reduziert wurden, gingen die stadtbürgerlichen Vorrechte an die Hausbesitzer über, die mit den Hausgenossen in keiner sozialen Gemeinschaft mehr standen.

Diese skizzierte Bewegung führte freilich schon weit über den Horizont des Landrechts hinaus, mochte sie auch mit der Entpolitisierung des Hausstandes ihren Anfang genommen haben. Ihr Impuls kam eher aus der Städtereform, der Wirtschaftsliberalisierung und der darauf folgenden politischen Bevorrechtung aller grundbesitzenden Schichten. Es war eine Bewegung, die schließlich auch jene hausständischen Gewalten überholte, die noch ihr landrechtliches Fortleben führten. So hatte es nur noch verwaltungstechnische Bedeutung, wenn die Stammrollen der Wehrpflichtigen, die früher alle „Feuerstellen" erfaßte, seit 1817 grundstückweise angelegt wurden: die Eigentümer, ihre Dienstboten, ihre Mieter oder Einlieger und schließlich deren Dienstboten wurden der Reihe nach registriert.[58]

Der tiefste Einbruch in den alten Hausstand erfolgte auf steuerrechtlichem Weg 1820. Als die gesamte Landbevölkerung Preußens in Steuerklassen eingeteilt wurde, lag die Besteuerung zwar auf Haushaltungen, aber die Haushaltung wurde auf den Familienbegriff im engsten Sinne eingeschränkt.[59] Nur mehr der Hausherr — bzw. die Hausfrau, wenn sie selbständig war — und die Angehörigen, denen sie Wohnung und Unterhalt gaben, rechneten dazu. „Kostgänger oder Personen, die mit Gehalt oder Lohn zu Dienstleistungen angenommen sind", wurden aus der Haushaltung ausgenommen. Also selbst das Gesinde, das standesrechtlich immer noch dem Hausvater unterworfen war, rückte steuerrechtlich in ein unmittelbares Verhältnis zum Staat. Die gesamte unterste Steuerklasse wurde nicht mehr haushaltsweise aufgeteilt, für sie verwandelte sich die Klassensteuer in eine Personensteuer. Wer also nicht einen eigenen Hausstand im alten Sinne zu gründen vermochte, wurde als Person besteuert, und zwar, wie Hoffmann, der Schöpfer dieser Steuer, schrieb, ausdrücklich, um den „Wahn" zu beseitigen, als ob „der Handarbeiterstand auch noch jetzt dem Staate nur mittelbar angehöre"[60]. Gleichwohl wurden alle

---

56 Das einzelne bei *A. Baron*: Der Haus- und Grundbesitzer, Jena 1911; vgl. *Gneist*: Nationale Rechtsidee, 205.
57 Ausdruck in der V. v. 30. 3. 1847, § 4 (GS 125) und im G. 23. 7. 1847, § 11 (GS 263).
58 Reglement, nach welchem ... bei Ergänzung der Regimenter mit Einländern ... verfahren werden soll vom 12. 2. 1792, NCC 9, 777 ff., § 3. Alle Feuerstellen sind cantonpflichtig, wenn nicht solche selbst oder deren Bewohner eximiert sind, § 5. Die Cantonpflichtigkeit ist die Folge der Geburt auf einer Cantonpflichtigen Feuerstelle. — Instr. für das Geschäft der Ersatz-Aushebung zur jährlichen Ergänzung des stehenden Heeres vom 30. 6. 1817, §§ 12 ff. (*Gräff-Rönne-Simon* 5, 261 ff.).
59 G. wegen Einführung einer Klassensteuer vom 30. 5. 1820 (GS 140), §§ 4—6.
60 *Hoffmann*: Steuerlehre 151.

Eigentümer bewohnter Grundstücke für die Steuerlisten ihrer Haushaltungen und Mieter, die Familienhäupter für die Steuerlisten nicht nur ihres „Hausstandes", sondern auch der übrigen steuerpflichtigen Hausgenossen verantwortlich gemacht: ein letztes Relikt der hausständischen Gewalt, derer sich der Staat weiterhin bediente, um seine steuerliche Effektivität zu steigern.

Die im Landrecht angelegte Tendenz, die Staatseinwohner als Individuen freizusetzen und im gleichen Maß die hausständische Ordnung auf das Familienleben zu reduzieren, verstärkte sich also in den folgenden Dezennien in beiden Richtungen, ohne ein allgemeines gleiches Staatsbürgerrecht zu erreichen. Es gab eine Fülle allgemeinrechtlicher Zwischenzonen zum Schutz des Individuums, die die Personen davor bewahrten, zur Gänze in einer ständischen Rechtsordnung aufzugehen. Aber die Gleichheit vor dem Gesetz (Einl. § 22) hinderte nicht, daß auch über die Reformzeit hinweg Standesunterschiede rechtswirksam blieben. Weder die verschiedenen Gerichtsstände wurden beseitigt, von denen die gesetzliche Bestimmung einer Person abhing (Einl. §§ 23 ff.)[61], noch wurden alle politischen und wirtschaftlichen Privilegien ausgeräumt, die an den landrechtlich definierten Ständen hafteten. Das führt uns zur Gegenfrage nach den *Standesbegriffen* im Landrecht. Auch hier haben sich die Gesetzgeber keineswegs an die rechtlichen Vorgegebenheiten allein gehalten, sondern sie folgten einem Entwurf, der mindestens so zukunftswirksam war wie die bisher aufgezeigten staatsbürgerlichen Ansätze.

Die Standesbegriffe waren zur Zeit der Französischen Revolution gleitend und in ihrer Mannigfaltigkeit rechtlich nirgends eindeutig. „Ich weiß wohl", schrieb Ernst Ferdinand Klein 1789, „daß das Wort Stand unter diejenigen Wörter gehört, die man am besten versteht, wenn man sie nicht erklären läßt".[62] Dieses Eingeständnis richtete sich gegen einen fundamentalen Vorwurf, den Johann Georg Schlosser den Gesetzesstiftern gemacht hatte. Schlosser, tief in der südwestdeutschen ständischen Tradition verhaftet, hielt es für einen Widerspruch in sich, ein Gesetzbuch zu formulieren, das die bestehenden Standes- und Lehensrechte ergänzen sollte, ohne zunächst diese selbst zu kodifizieren. Rechte und Verbindlichkeiten habe ein Bürger „vermöge seines Standes... und gewiß nicht unmittelbar in Rücksicht auf den Staat". Der Stand stifte die Ungleichheit der Subjekte. Wenn überhaupt, müsse das Gesetzbuch also mit den Standesdefinitionen beginnen, um danach das Zivilrecht zu gliedern.[63] Das Landrecht setze dagegen systematisch — so schon im Entwurf — ein allgemeines Zivilrecht

---

61 Dazu Allgem. Gerichtsordnung, 1. Teil, Tit. 2 (hsg. *Mannkopf* 1, 144 ff.).
62 *Klein:* Ann. 4, 370.
63 *Schlosser:* Briefe über die Gesetzgebung 129, 132, 154, 258.

voraus, das von den ständischen Sonderrechten nur modifiziert werde. Diese Umkehr wirkte auf einen landständisch argumentierenden Juristen als gesetzgeberische Anmaßung, „die Dinge und deren Verhältnisse zu machen", statt sie gewähren zu lassen.[64] Schlossers Kritik verweist auf die relative Modernität, mit der die Kodifikatoren an die Standesbestimmungen herangegangen waren.

Es kennzeichnet das Landrecht als „preußisch", wie es in den Provinzialverfassungen von 1823 schon mißdeutet und von Dilthey später verklärt wurde, daß der Weg zum Staatsbürger auch in den ständischen Rechtssphären als solchen gesucht wurde. Gewiß, das Personenrecht war ständisch abgestuft.[65] Die Personenrechte hingen zunächst vom Gerichtsstand ab, ferner von der Stellung, die man in der „häuslichen Gesellschaft" einnahm, sodann von dem Schnittpunkt, der eine Person innerhalb der übrigen korporativen, gesellschaftlichen, ständischen und klasseweise differenzierten Rechtsschichten bestimmte.[66] Man wurde zum Quasi-Staatsbürger durch die Teilnahme an einem sorgfältig abgestuften System von Rechten und Pflichten. Dieses Gefüge beschränkte sich keineswegs auf die drei Hauptstände des Adels, der Bürger und der Bauern; vielmehr drängten sich neben die Hauptstände und durch diese hindurch Klassenschichtungen und „Nebenstände" vor, die die dreigliedrige Standesschichtung aufweichten. Die Wertschätzung und Privilegierung neuer Klassen und bestimmter Berufsgruppen forcierte also eine Pluralisierung der Ständewelt, die indirekt dem Durchbruch zum Staatsbürger vorarbeitete. Deshalb sollten, als die Provinzrechte beraten wurden, die Regierungen auch die Interessen der Bauern schützen: deren potentielle Staatsbürgerschaft wurde wahrgenommen. So zeichnete sich eine Tendenz ab, die auf die staatsbürgerliche Gleichberechtigung zumindest aller Stände zielte. Dafür hat nun das Landrecht die entscheidende Voraussetzung geschaffen: die Stände wurden als „Stände des Staates" konzipiert, sie wurden — im Entwurf — verstaatlicht.

Die schleichende Umwandlung der altständischen zu einer neuständischen bürgerlichen Gesellschaft wurde nun — ganz bewußt — schon in der Gliederung des Gesetzbuches vorangetrieben. Der Stufenbau des Gemeinwesens von der Familie bis zur „großen Kommune" des Staates (E. F. Klein) wurde zweimal durchbrochen. Der Gesetzgeber schickte den ständischen Rechten und Pflichten auf der einen Seite, und den staatlichen Rechten und Pflichten auf der anderen, jeweils ein Kapitel voran, die das Gesellschaftliche und das Staatliche im allgemeinen abhandelten (II, 6 und 13). Schlosser hatte noch moniert, daß man keinen „Titel von den Rechten der

---

64 aaO. 120.
65 *Conrad:* Individuum und Gemeinschaft 16 f.
66 *Svarez:* Vorträge 260 ff., 312 ff.

Stände im allgemeinen" kenne.[67] Die ständische Gliederung wurde aber nicht durch ein solches Kapitel „von der Standschaft überhaupt" eröffnet, was dem jeweils besonderen Rechtsstatus eines Standes widersprochen hätte, sondern von „Gesellschaften überhaupt". Wie bereits erwähnt[68] erstreckte sich dieses Gesellschaftsrecht auf die Gemeinden als Lebens- oder Glaubensgemeinschaften, auf alle Arten von Korporationen wie auch auf Zusammenschlüsse privaten Ursprungs: dieses Gesellschaftsrecht war ständisch neutral. Trotz der Verschränkung, in der das Landrecht die Ständegesellschaft und den Staat entworfen hat, liegt hier ein bezeichnendes Indiz für eine vom Staat her geduldete, aber auch freigesetzte Gesellschaftsbildung.

Freilich färbte noch die ständische Herkunft das Gesellschaftsrecht ein. Aber es waren nirgends ständische Ansprüche mehr, sondern allein die Relation zum Gemeinwohl, die die Gesellschaften hierarchisch stuften. Grundsätzlich freigegeben gewannen die Gesellschaften zunehmend Privilegien bis hin zu korporativen Rechten, je enger sie in Beziehung zum Gemeinwohl traten. Das aber zog wiederum strengere Kontrollrechte des Staates nach sich. Insofern sind die Gesellschaften Abbilder des Staates, dem sie sich – von der natürlichen Familienbildung angefangen über die geschichtlich gewordenen Zustände und Gemeinschaften bis hin zur optimalen Staatsgesellschaft – annähern.[69] Ohne Zweifel, in diesem theoretischen Konzept haben die alten Herrschaftsstände ihre Stellung gegenüber dem Monarchen verloren, eine weitere Konsequenz aus dem friderizianischen System, die bereits in die Zukunft weist. Durch ihre staatliche Zuordnung wurden die Stände innerhalb der Gesellschaft relativiert.

Über den Familien erstreckten sich also, je nach Rechten und Pflichten horizontal oder vertikal gestreift, Stände und Gesellschaften. Jeder Stand konnte Gesellschaften oder Korporationen umgreifen, die nur ihm eigentümlich waren: etwa Zünfte oder ritterliche Landschaften, wie es andererseits Gesellschaften gab, die Mitglieder aller Stände zugleich umfaßten: etwa die häusliche Gesellschaft mit adliger Herrschaft, bürgerlichen Offizianten und bäuerlich-untertäniger Dienerschaft, oder die „Religionsgesellschaften", die sich nach Bekenntnis unabhängig von der Standschaft zusammensetzten, oder die korporativen Erziehungsanstalten. Das generelle Gesellschaftsrecht überstieg also alle Standesgrenzen, die gleichwohl rechtswirksam blieben.

---

67 *Schlosser:* Brief über die Gesetzgebung 258.
68 Vgl. oben S. 42.
69 *Löher:* Das System des preußischen Landrechts 285. Generell wurden Korporationsrechte verliehen an Gemeinden (§ 19, II, 7), Städte (§ 108, II, 8), Zünfte (161, II, 8) und Universitäten (§ 67, II, 12); nur speziell an Kirchengesellschaften (§ 17, II, 11).

Jeder der Einwohner des Staates gehörte primär einem der drei Hauptstände an, die horizontal gegeneinander schottendicht abgeschlossen bleiben sollten: dem Adels-, Bürger- oder Bauernstand. Eine lange Reihe von Eigentums- und Berufsbeschränkungen sollte den Übergang aus einem dieser Stände in den anderen erschweren, wenn nicht unmöglich machen.[70] Auf diesem System ruhte – getrennt nach Akzise und Kontribution – die preußische Steuerverfassung, darauf die Militärverfassung. Daran wurde vom Landrecht in keiner Weise gerüttelt. Aber schon die drei herkömmlichen Standesbegriffe stellten in Anbetracht der tatsächlich noch bestehenden regionalen Kreis- und Provinzstände eine enorme Abstraktion dar, eine Abstraktion freilich, deren Verwirklichung der Fürstenstaat des gerade vergangenen Jahrhunderts energisch vorgearbeitet hatte. Die Stände des Landrechts waren überregional konzipiert worden — darin lag die eigentliche Leistung der Kodifikation –, es waren Staatsstände, deren jeweilige Allgemeinheit, so paradox es klingen mag, erst durch die Reformgesetze voll in Erscheinung trat.

Der generelle und überregionale Entwurf der drei Stände für alle preußischen Staaten hatte eine doppelte Folge. Erstens wurden durch die gesamtstaatliche Einordnung die eigentlichen *Herrschaftsstände* in Provinz und Kreis, die Ritterschaften und auch die Landschaften, ungeachtet der Tatsache, daß sie Friedrich Wilhelm II. noch zur Begutachtung des Gesetzentwurfs heranzog[71], kurzerhand übergangen. Als provinzielle Einrichtungen konnten sie aus dem allgemeinen Gesetzbuch ausgespart werden. Die kreisständischen Herrschaftsrechte, von denen her später die Ritterschaft ihren Widerstand gegen die Verfassungspläne 1808 bis 1823 so erfolgreich entfalten sollte, kamen im Landrecht praktisch nicht vor. „Worauf die Verschiedenheit dieser Stände beruht, wem sie gehorchen müssen und wo befehlen dürfen, wo die Autorität steckt, wo ihr Zusammenhang als Korporation, mit welchen Rechten und Pflichten? Das ist nirgends zu finden." Die tiefe Entrüstung eines Herren, der sich noch als Herrschaftsstand

---

70 Ständische Beschränkungen im Eigentumserwerb und Erbrecht: §§ 83 f., II, 6 (Dorfgemeinden); §§ 247 f., 259 f., 273 f., II, 7 (im Bauernstand); §§ 78—85, II, 8 (im Bürgerstand); §§ 211, II, 8 (für Zünfte); §§ 37, 64, 68 f., 73, II, 9 und §§ 13 f., II, 7 (für den Adel); § 354, I, 9 (Fideikomiss); §§ 27 ff., II, 10 (Soldaten); §§ 161, 193 ff., 219, 948 ff., 1199 ff., II, 11 (für Kirchengesellschaften und ihre Mitglieder); §§ 138 ff. II, 16 (Bergbeamte).
71 KO an Carmer vom 27. 8. 1786 (NCC 8, 143), „bei diesen Deliberationen muß aller Eigensinn, Parteilichkeit oder hartnäckiges Bestehen auf gewissen vorgefaßten Meinungen gänzlich beiseite gesetzt, und das Gutachten über die das Privatrecht der Einwohner betreffenden Gegenstände so viel als möglich dergestalt abgefaßt werden, wie solches den Wünschen des größeren Teils der Stände und der Nation überhaupt am gemäßesten ist." Die Federführung aus der Redaktionsstube des Landrechts ist unübersehbar und ebenso, wie die Redakteure sich das Prüfungsrecht vorstellten: ein vorrevolutionärer Fall, wie die Nation gegen ständische Sonderwünsche vorbeugungsweise angerufen wird.

wußte, klingt aus solchen Feststellungen. Das Schuld- und Wechselrecht, das Zunft- und Kaufmannsrecht, das Seerecht und derlei veränderliche Dinge seien bis ins Detail für den Bürgerstand geregelt; von Herrschaftsrechten kein Wort.[72] Mochten der Adel (§§ 22, 46, 80, II, 9), einige Städte und gelegentlich kirchliche Korporationen auf den Kreis- und Landtagen noch geringe politische Rechte wahren, auf der Staatsebene wurden sie solcher Rechte entkleidet bzw. gar nicht teilhaftig.[73] Die adligen Herrschaftsrechte blieben regional (§§ 87 ff., II, 7), sie betrafen nicht den Staat. Als spezifischer Staatsstand rückte der Adel vielmehr ein in die Dienerschaft des Staates, wie schon seine Herausnahme aus dem standespolitischen, „nur" gesellschaftlichen, dritten Buch des Landrechts und seine Zuordnung in das vierte Buch erweist, in dem der Staat und seine Wirksamkeit unmittelbar behandelt werden.

Damit verschob sich — zweitens — der Sinn des Ständischen: jeder Stand wurde, auch der Adel, soweit er als überregionaler Stand aller Herrschaftsfunktionen entblößt war, zum *staatlichen Berufsstand*[74]. Allen Gliedern des Staates kam sozial eine Aufgabe zu, die nur aus dem Gemeinwohl deduziert wurde, sich aber nicht aus den „Sonderinteressen" eigener, ständisch legitimierter, politischer Willensträger ableiten ließ. Somit entzog das Landrecht im gleichen Augenblick, als es die alten Stände provinzweise zuließ, denselben Ständen jeden Rechtsgrund, gegen gesamtstaatliche Gesetze, wie sie in der Reformzeit folgten, Widerstand zu leisten. So rettete aber auch das Landrecht den Standesbegriff, weil es mit ihm die alten Stände überholte, als einen gesamtstaatlichen Rechtsbegriff in die Reformära und deren Folgezeit.

Ein Stand wurde zwar noch durch Geburt, aber ebenso durch Bestimmung und Hauptbeschäftigung begründet (§ 6, I, 1). Alle Pflichten und Rechte, auch die der Geburt, wurden aus der positiven Gesetzgebung **ab**geleitet.[75] Wirtschaftliche Funktion und staatliche Dienstleistung, ineinander übergehend, waren die vorzüglichen Bestimmungsgründe der ständischen Gliederung. Geburtsstand zu sein, war praktisch eine staatliche Verfügung, um die arbeitsteilige Gesellschaft standweise mit den erforderlichen Menschen zu versehen. Die Abgrenzungen wurden, wie Svarez sich ausdrückte, „nach Verschiedenheit der Geschäfte" vollzogen, „zu welchen

---

72 *Von der Marwitz* II, 1, 127. Die im Bauerntitel II, 7, 3. Abs. genannten, von der Reform aufgehobenen Herrschaftsverhältnisse hat v. d. Marwitz geflissentlich übergehen können: in der Reform sah er die logische Konsequenz des ALR's.
73 Die dem Adel ausdrücklich zugestandenen Privilegien (§§ 41 ff., II, 9) werden in den entsprechenden staatsrechtlichen Titeln nur bestimmten „Privatpersonen" zugebilligt: §§ 21 ff., II, 14 [die niederen Regalien]; § 39, II, 16 [Jagdregal]; §§ 19 ff., II, 17 [die niedere Gerichtsbarkeit].
74 Der Ausdruck selber wird nicht verwendet.
75 *Svarez:* Vorträge 263.

ein jeder nach den in der bürgerlichen Gesellschaft bestehenden Einrichtungen hauptsächlich bestimmt ist".[76] Derartige Geschäfte gab es nun weit mehr, als daß sie den jeweiligen Standesbegriff eindeutig bestimmt hätten.

So drängte sich — im Sprachgebrauch von Svarez wie im Gesetzestext — der Ausdruck der *Klasse* auf, der die Mehrdeutigkeit des Standesbegriffs präzisierte oder streckenweise in ihm aufging.[77] Es konnten neue Gesichtspunkte, etwa der gesamten Staatswirtschaft im Sinne der Physiokraten, deren Freihandelsideal Svarez teilte[78], in die alten Standesvorstellungen eingeblendet werden, wie es der Statistiker Krug denn auch mühelos tat.[79] Im Gesetzbuch selber hatte der Klassenbegriff einen rein technischen, eben klassifikatorischen, Sinn. Sowohl altständische Rechtsschichten wie staatliche Satzungen wurden damit bezeichnet. Besonders die auf dem Verordnungswege fixierten Gliederungen, innerhalb der Stände oder oft quer durch sie hindurch, hatten für die davon Erfaßten nicht selten größere Konsequenzen als die allgemeinen Standesbestimmungen. Im Folgenden werden wir ihnen immer wieder begegnen. So stellten die Kantonisten innerhalb der beiden unteren Stände eine eigene Klasse (§ 52, II, 10) dar. Dem entsprechend bildeten die von der generellen Auswanderungsfreiheit Ausgenommenen besondere Klassen von Staatsbewohnern (§ 130, II, 17). Steuerprivilegien genossen nie Gesamtstände als solche, immer nur provinzweise festgelegte Klassen von Landeseinwohnern oder Einzelne; umgekehrt waren auch die Steuerpflichtigen klassengebunden (§§ 3 ff., 78, II, 14). Ebenso bildeten die — aus Bürgern und Adel sich rekrutierenden — Eximierten, mit eigenem Gerichtsstand, Steuervorrechten usf., eine besondere Klasse (z. B. § 50, II, 8), wie sich überhaupt der sogenannte Bürgerstand mannigfaltig differenzierte. Stadtbürger im engen Sinn bildeten einen eigenen Stand, der sich mit dem Titel „Vom Bürgerstand" (II 8) in keiner Weise deckte. Staatlich gesehen waren sie eher eine Klasse mit Vorrechten besonders gewerblicher Art, wie sie in anderer Weise Bauern gegen die restlichen „Klassen" der Dorfeinwohner genossen (§ 23, II, 7), ohne freilich über sie verfügen zu dürfen. Die Auflösung der genuin-ständischen Ordnungen vollzog sich besonders entlang solcher Klassifikationsgrenzen,

---

[76] *Svarez:* Vorträge 262; auf S. 313 spricht Svarez im gleichen Zusammenhang von „Staatseinrichtungen"; aufschlußreich für die Bedeutungsgleichheit von Staat und bürgerlicher Gesellschaft, solange Svarez von den Ständen spricht.
[77] Die Geschäfte führen zur Einteilung in „verschiedene Klassen, die Mitglieder einer solchen Klasse (!) zusammengenommen machen einen Stand aus (262)."
[78] *Svarez:* Vorträge 501.
[79] *Krug:* Betrachtungen 27, 219 ff. mit physiokratischem Schnitt zwischen der produktiven Natur, die die produzierenden Klassen (aus allen drei Ständen zusammengesetzt) bearbeiten, und den unproduktiven Tätigkeiten der „industriösen" und der „besoldeten" Klassen; — eine sterile nennt Krug nicht. Bürger- und Beamtenstand verteilen sich auf die beiden letztgenannten.

Ständische Gesellschaft und Staatsbürgertum

die der Staat auf dem Verordnungswege festgestellt und teilweise als „Zeitgesetz" gar nicht in das Landrecht aufgenommen hatte.
Verfolgt man die Standesgliederung entlang den Klassenschichtungen, die das Landrecht erwähnt, so erweist sich selbst das Gebäude der „drei" Stände mehrfach als traditionelle Fassade. Schließlich traten neben sie zwei Stände, deren Mitglieder sich aus allen drei „Hauptständen" rekrutierten, der Stand der Geistlichen und Lehrer, und der Stand der militärischen wie zivilen Staatsdiener. Man konnte also durchaus Mitglied zweier Stände sein, als Beamter etwa des Bürgerstandes von Geburt und privatrechtlich, und des Beamtenstandes von Amts wegen. Zufällig von Geburt, wurde die Standschaft als Geschäft und Bestimmung zur staatlichen Funktion. Wie stark dabei das Herkommen auch noch die souveräne Konstruktion der staatlichen Berufsstände prägt, zeigt der Ausdruck der „Nebenklassen"[80]: so nämlich nennt Svarez ausgerechnet die beiden Stände, deren Charakteristikum die größere Staatsunmittelbarkeit war, den „alten" geistlichen Stand und die Lehrerschaft, die für den Unterricht und die Bildung des Volkes verpflichtet wurden – als „Beamte der bürgerlichen Gesellschaft"[81]– und den Stand der Staatsdiener – die Soldaten, Offiziere und „alle Beamte des Staates" (§ 68, II, 10).
Das Konzept der allgemeinen Staatsstände enthielt also auch einen Vorgriff in die Zukunft. Denn in der Allgemeinheit eines Standes lag noch nicht dessen Staatsunmittelbarkeit beschlossen. Nur das Militär und die Beamtenschaft bildeten reine Stände des Staates. Die eingangs aufgezeigte Spannung zwischen Subsidiarität und primärer Geltungskraft des Landrechts differenzierte auch die Stände untereinander und in sich selbst. Je größer die landrechtliche Geltung für einen Stand, desto staatsunmittelbarer war er. Je mehr regionale Rechte in Kraft blieben, desto geringer die Staatsunmittelbarkeit des betroffenen Standes. Staatsunmittelbarkeit und Allgemeinheit eines Standes unterschieden sich so weit, wie die alten Herrschaftsstände noch legalisiert blieben. Damit ist auch deutlich geworden, wogegen sich das Konzept allgemeiner Staatsstände rechtspolitisch auswirken mußte: wie gegen die Regionalrechte so gegen die alten Stände als die Träger dieser Rechte.
Die traditionelle Einheit von „Staat" und „Gesellschaft" brach also auf: einmal indem sich der Staat begrifflich – wie im letzten Kapitel gezeigt – und sachlich als eigene Größe erwies; zum anderen, indem die Gesellschaft sich auf dem Weg von den alten Ständen zu den „Staatsständen" umformierte. Beides verweist auf die Reform, die über die Verstaatlichung der Stände bereits dem allgemeinen Staatsbürgertum vorarbeitet.

---

80 *Svarez:* Vorträge 262.
81 *Svarez:* Vorträge 122.

Gesellschaft und Staat, als Einheit begriffen, bildeten im ALR gleichwohl schon eigene Schwerpunkte auf der gleitenden Skala, die vom Bauern- über den Bürger- zum Adelsstand führte und von diesem zum Stand der Geistlichen und der Lehrer hin zum Beamtenstand. Zwar wurden alle Geburtsstände in staatliche Verpflichtung genommen, aber das Titelblatt, das den dritten vom vierten Band trennt, ist symptomatisch. Im kommenden Jahrhundert wird sich zeigen, daß die Identität von Staat und Gesellschaft nur mehr im Heer, im Beamtentum und mit Vorbehalten auch im Adel besteht, daß aber die altständische societas civilis sich langsam verwandeln wird in eine moderne Gesellschaft, wie es am Leitfaden des Staatsbürgerrechts und des Hausrechts bereits umrissen wurde. Vom Landrecht her gesehen war dies — streckenweise — ein Sieg seiner Tendenz zur Allgemeinheit und individualistischer naturrechtlicher Elemente über die ebenfalls kodifizierte sozialständische Wirklichkeit.

Wurde bisher nur das Sozialmodell des Landrechts nachgezeichnet, wie es in die Kodifikation einging und der Wirklichkeit durch seine Abstraktion vorgriff, so soll nun die Fragestellung umgewendet werden. Jetzt wird die kodifizierte Wirklichkeit der einzelnen sozialen Schichten selber in den Blick gerückt und dabei wird sich erweisen, inwieweit sie mit dem Landrecht übereinstimmte.

III. Adel und eximiertes Bürgertum bis 1848

Wie verhielt sich die ständische Gliederung des Landrechts zur damaligen sozialen Wirklichkeit? Eine Klärung dieser Frage soll uns zeigen, wie sehr die kommende bürgerliche Gesellschaft, die sich zum Staat in einem zunehmenden Gegensatz wissen sollte, bereits in der berufsständischen Formierung des Landrechts enthalten war: freilich weniger in dem jeweiligen Kern der Stände, als in den Randzonen, die das Landrecht übergangen hat oder entgegen seiner Gliederung zu berücksichtigen gezwungen war. Die soziale Wirklichkeit um 1790 kam keineswegs zur Deckung mit den ständischen Schichtungen, die das ALR fixiert hatte.

Wie bisher werden dabei einzelne Rechtsbestände in den Vormärz hinein durchgezogen, gerade um den zunehmenden Überhang landrechtlicher Regelung über die sich wandelnde Wirklichkeit aufzuzeigen: nicht wenige davon trugen zur Entstehung der revolutionären Situation von 1848 bei. Während aber zuletzt — am Staatsbürger- und am Hausvaterrecht — gezeigt werden konnte, daß dem Landrecht eine revolutionierende Schubkraft in die Zukunft innewohnte, und daß es vor allem die staatlichen Pflichten des Landrechts und sein Zwang zur größerer Allgemeinheit waren, die dem Beamtentum, wie Brüggemann 1843 sagte[1], einen „Zauberstab" in die Hand gaben, um „immerfort still und allmählich alles", was die alten Stände erhalten mochte, weiter abzutragen und fortzuebnen, so wird jetzt das Landrecht mehr in seiner retardierenden Kraft deutlich werden.

Die geschlossenste Gruppe in der preußischen Sozialordnung war die des *Adels*. „Die Scheidewand, welche die Gesetze und die Gewohnheiten zwischen dem Adelstande und dem unadligen gemacht haben, ist unter den Absonderungen, die sich jetzt unter den Menschen in der bürgerlichen Gesellschaft finden, die größte und wesentlichste."[2] In der scharfen Abgrenzung des Adels von den übrigen Ständen entsprechen Gesetz und Gewohnheit einander. Diese Feststellung traf 1792 Christian Garve, der selber als Gutachter zur Vorarbeit am ALR herangezogen worden war[3], und er schildert in vorsichtig abwägenden Worten das unveränderte Sozialprestige, das der Adel bei allen anderen Ständen genoß und das er wahrte durch seine exklusive Lebensweise, in der er sich als Adel selbst bestätige.

---

1 *Brüggemann:* Preußens Beruf 33.
2 *Garve:* Versuche I 347.
3 *Thieme:* Kodifikation 374.

Gerade sein Entgegenkommen gegenüber den unteren Ständen mache die Distanz sichtbar, die zwischen ihnen herrschte. Wenn man auch in Rechnung stellt, daß Garve vorzüglich die traditionsgeladenen schlesischen Verhältnisse vor Augen hatte, so traf er doch ein gesamtpreußisches Phänomen. Bei aller Besitzabstufung von dem anwachsenden landlosen Adel über die Inhaber adliger Anteilstellen, wie etwa in Ostpreußen, bis zu den Magnaten, deren Landbesitz – in Talerwert – die Millionengrenze, wie in Schlesien, überschritt – immer fand Adel bei Adel Zutritt, eine gesellschaftliche Gepflogenheit, die sich bei Hofe als Vorrecht auswirkte.[4] Amtspflichten und Geselligkeit in der „großen Welt" gingen ineinander über, eine Trennung zwischen Arbeit und „Gesellschaft", wie sie bei den Bürgern walte, sei unbekannt[5], im Gegenteil: aus gemeinsamen Vergnügen erwüchsen dem Adligen Anrechte im Dienst. Es sei die gesellschaftliche Pflicht des reichen Adels, „Haus zu machen", wie der aus Frankreich übernommene Ausdruck heiße, während die Haushaltung des Bürgers auf den engsten Kreis und im geselligen Verkehr nur auf seinesgleichen beschränkt bleibe.[6] Und Garve fügt ein Rezept hinzu, mit dessen Hilfe der Bürger seine inneren Vorzüge, Charakter und Bildung, auch nach oben hin geltend machen könne: man solle jedem Stand entsprechend „verschiedene Rollen, höhere und niedrigere, auf gleich anständige, edle und natürliche Art zu spielen" wissen. Dann könne man sich dem Adel annähern, ohne seine Anmaßungen zu teilen.[7]

Bei aller Achtung, die Garve dem Adel und seinem gesellschaftlichen Schliff zollt, meldet er doch Vorbehalte an, aus denen er zwar nicht im Augenblick, aber für die Zukunft, der Aufklärung von oben nach unten folgend, fortschreitende Änderungen ableitet. Erstens nimmt er die vom König nobilitierten Adligen – und deren gab es damals zunehmend viele – von seiner Charakteristik aus. Nur die Geburtsschranke setze eine „unvertilgbare Unterscheidung: alles übrige ist unbestimmt und vermischt"[8].

---

4 Vgl. *Bennecke:* Stand und Stände 22, 30.
5 „Der Mittelmann (d. h. der Mann des bürgerlichen Mittelstandes) muß zwischen Arbeit und Gesellschaft seine Zeit teilen, oder er muß es sich gefallen lassen, auch mit schlechten und sittenlosen Menschen umzugehen. Seine Klasse bietet nicht genug wohlhabende und wohlerzogene Müßiggänger dar, um einen großen Kreis von eleganter Gesellschaft auszumachen." (*Garve:* Versuche I, 243). — „Der Handwerker und Künstler wird von vielen Leuten gebraucht, die ihn gar nicht kennen. Man verlangt nicht ihn, man verlangt nur das Produkt seiner Arbeit zu sehen" (I, 365, 399). Erst bei den Großkaufleuten und den Räten der Kollegien beginne sich die Grenze zwischen Arbeit und Gesellschaft im Umgang zu verflüchtigen, und nur der Adel, würde man heute aus diesem Ansatz folgern, kennt keine Entfremdung.
6 So erinnerte sich später Caroline von Rochow, daß vor 1806 die bürgerlichen Minister nur „ein Haus machten", wenn sie wollten; sie mußten es nicht. „Nach dem Kriege wurde die geringe Zahl so gestellt, daß sie ein Haus machen mußten, sie mochten sich darin gefallen oder nicht" (Vom Leben am preußischen Hof 88).
7 *Garve:* Versuche I, 339, 275.
8 *Garve:* Versuche I, 306.

Zweitens wechselt er als aufgeklärter Mensch und urteilender Philosoph gelegentlich seinen Blickpunkt. Läßt er auch innerhalb der Gesellschaft die Standesgrenze gelten, so erscheint ihm — weltbürgerlich gesehen — der Adelsstand als sektenähnliche „Partei" im Staat.[9] Weniger aggressiv als Kant[10], der im Adel nur eine Zunft erblickte, deren Privilegien widerrufbar seien, registrierte Garve doch eine Abwehrhaltung, die der Adel bereits einnimmt. Er errichte „allerhand Gehege", um seine Rechte gegen die große Zahl der übrigen „Mitbürger" zu verteidigen. Garve bemerkt — in vorsichtigen Formulierungen — die Tendenz, die sich einstellen mußte, wenn die staatsbürgerliche Gleichheit als erstrebenswertes Ziel gesetzt wird — und auch Garve tat dies —: die Verwandlung des Adelsstandes in eine Partei, die um ihre Vorrechte kämpft. Was in der herkömmlichen Gesellschaft noch als Stand erscheint, wird für den „Menschen" zur Partei.[11] Damit ging er in seinen Betrachtungen weit über das hinaus, was er für die Stellung des Adels als Identität von Gesetz und Gewohnheit beschrieb.

Das Landrecht definiert den Adel als den ersten Stand des Staates, und weist ihm eine Bestimmung zu, die er erst unter Friedrich dem Großen tatsächlich erhalten hatte: „die Verteidigung des Staates, so wie die Unterstützung der äußeren Würde und inneren Verfassung desselben" (§ 1, II, 9). Der Adelsstand erfüllte den Begriff eines Staatsstandes am meisten, und zwar in dem vollen Doppelsinn des Wortes. Er behielt mehr genuine Standesrechte als alle anderen, war aber zugleich mehr verstaatlicht als die beiden anderen. Er war in gleicher Weise Dienst- und Geburtsadel. Seine Macht beruhte ebenso auf den hohen Staatsämtern wie auf dem Bodenbesitz samt allen daran haftenden Herrschaftsrechten, die ihm das Landrecht vorbehielt oder bestätigte. Staatsamt und Landbesitz ergänzten einander. Der Besitz stellte ihn frei für die Übernahme von Ämtern, die ihm häufig noch die Verwaltung seiner Güter erlaubten.[12] Konnte er beides — Amt und Besitz — nicht verbinden, mochte er vom einen auf das andere rekurrieren. Diese gegenseitige Ergänzung staatlicher und ständischer Lebensform war freilich nur das Optimum dessen, was die Bestimmungen des Landrechts zu erreichen suchten.

In der Wirklichkeit reichte weder der Landbesitz des Adels aus, um seine Unabhängigkeit als Stand zu sichern — die Zahl der rund 20 000 adligen Familien überstieg etwa um das Dreifache die Zahl der ritterlichen Besitz-

---

9 *Garve:* Versuche I, 349 f.
10 *Kant:* Met. d. Sitten (ed. Vorländer 204. Ak. Ausg. 6. 370).
11 *Erhard,* der bürgerliche Kritiker am Landrecht, sprach unverhohlen aus, daß der Adelsstand als die „mächtigere, reichere und vornehmere Partei" weit mehr Interessen hätte in das Gesetzbuch einbringen können, als die „nicht gehörten und unverteidigten Classen". (Versuch einer Critik... 100 ff.).
12 *Martiny:* Adelsfrage 64 f.

einheiten —, noch reichte die Ämterhierarchie aus, den landlosen Adel in Dienst zu nehmen.¹³ Es hatte sich eine ungebundene, teilweise völlig verarmte Adelsschicht gebildet, die nicht in dem ersten Staatsstand aufging. Auf beiden Gebieten, im Staatsdienst und im ländlichen Besitz, drückten bürgerliche Kräfte auf die Positionen des Adels, weniger zunächst auf die Zahl, als durch die Probleme, die damit auftauchten. Lag der Akzent des Adels auf dem Staatsamt, so war nicht klar, wo die Grenze zwischen seinem Dienstadel und der zahlreichen bürgerlichen Beamtenschicht zu ziehen sei, lag er auf dem Besitz ländlich-ständischer Herrschaften, blieb der Überschuß des landlosen Adels, der durch die bürgerlichen Beamten wiederum vom Staatsdienst abgehalten wurde. Soweit der landlose Adel nicht durch die sich auflösende Lehnsordnung oder durch Fideikommiß an den Einkünften aus dem Grundbesitz teilhatte, verlor er seine ständische Position und fristete häufig sein Dasein in subalternen Stellungen. Es gab Fideikomisse, deren Senior 20 000 Taler bezog, während sein Vetter mit 300 Talern vorlieb nehmen mußte. Stand er nicht im Genuß einer solchen Rente, blieb er auf den Staatsdienst verwiesen, da ihm andere Berufe versagt waren (§§ 72 ff., II, 9). Der erste Stand war also innerhalb des ihm vom Staat zugemessenen Aufgabenkreises bereits überfüllt und zudem stand er speziell im Beamtendienst unter der Konkurrenz hochdrängender Bürger.¹⁴

Ebenso bedeutend aber für die sich verändernde Stellung des Adels, und zwar als Herrschaftsstand auf dem Lande, war der schleichende Wandel der wirtschaftlichen Bedingungen. Nicht daß der Adel irgendwie an seinen direkten Herrschaftsrechten geschmälert worden wäre, sondern die Besitzverhältnisse und die Wirtschaftsform änderten sich im letzten Jahrhundertdrittel in einer Weise, daß die Adelsherrschaft in ihrer wirtschaftlichen und sozialen Funktion in Frage gestellt wurde.

In den ostelbischen Gebieten — einschließlich Westpreußens, aber ohne die neuerworbenen Gebiete der letzten polnischen Teilungen — gab es rund 5300 adlige Herrschaftseinheiten in jeweils einer Hand, während die Nennzahlen der Rittergüter selber höher lagen.¹⁵ An diese waren die Herrschaftsrechte geknüpft: niedere Gerichtsbarkeit, Polizeigewalt, Patronat, Kreisstandschaft und Landratswahl, denen sich die Bann- und Zwangsgerechtigkeiten und das Jagdrecht anschlossen, die zusammen mit den Dienstpflichten der Untertanen die wirtschaftliche Macht begründeten. Kraft dieser Rechte herrschte der besitzende Kern des Adelsstandes über die ländliche Untertanenschaft, die in Ostpreußen ein Drittel der Provinz

---

13 *Martiny:* Adelsfrage 84 passim; *Zedlitz-Neukirch:* Adelslexikon 1, 15 ff.
14 *Martiny:* Adelsfrage 15 ff.; *Ziekursch:* Agrargeschichte 45 f.; *Brunschwig:* La crise 152 ff.; *Zedlitz-Neukirch:* Adelslexikon 1, 15 ff.
15 Siehe Anhang I.

bewohnten, in Pommern und Schlesien zwischen 60 und 70 % der Bevölkerung und in der Kurmark etwa die Hälfte ausmachten. Die rund 5300 adligen Besitzeinheiten im Taxwert von 5000 bis über eine Million Taler bildeten mit den daran haftenden Steuerprivilegien und Herrschaftsrechten den wirtschaftlichen und politischen Rückhalt der Oberschicht, die die Angehörigen des Offizierkorps und oberen Beamtentums stellte. Dabei lag nun die Zahl der Adligen, die selber auf den Rittergütern wohnten und diese auch bewirtschafteten, weit unter der Zahl ihrer Güter. Etwa 4000 Adlige übten ihre Herrschaftsrechte unmittelbar aus und mochten zumeist auch ihren Gütern wirtschaftlich vorstehen. In der Kurmark hatte die Residenznähe etwa ein Drittel des Adels dauernd von seinem Landsitz abgezogen, ein zweites Drittel fluktuierte zwischen Staatsdienst und Landwirtschaft, und nur ein Drittel saß auf seinen Gütern dauernd. In Schlesien wohnten von den 1244 Besitzern nur 931, etwa drei Viertel, auf dem Lande.[17] Es war also nur eine sehr dünne Schicht „der regierenden Familien", wie Krug sich ausdrückte, wirklich landgebunden und deren Vorrechte das Landrecht bestätigt hatte, um „die Ordnung und Ruhe des Staates von innen und dessen Sicherheit von außen zu begründen"[18]. Die Mehrzahl war weniger für den Staat abkömmlich, als auf dessen Dienst angewiesen.

Die Bestimmungen des Landrechts sollten, im Gefolge der friderizianischen Politik, die adligen Güter dem Adel erhalten, um dem ersten Stand des Staates seine wirtschaftliche Grundlage zu sichern (§§ 7 ff., II, 8; §§ 51 ff., II, 9). Indes stehen auch die Verbote für Bürgerliche, sich in den adligen Gutsbesitz einzukaufen, am Ende der retardierenden Gesetzgebung.[19] Sie waren der letzte Versuch, eine Bewegung aufzuhalten, die

---

16 Genaue Zahlen bei *Koser:* Friedrich der Große II, 90; *R. Stein:* Ostpreußen I, 291; *Ziekursch:* Agrargeschichte 65. *Schmoller* (Jahrb., 14. Jg., 1890, 48) berechnet für die Kurmark im Durchschnitt auf ein Rittergut: 2 Dörfer mit 20 Bauern, 10 Kossäten, 40—50 Häuslingen, Büdnern, Instleuten, also insgesamt 100 bis 160 Arbeitskräfte, die im Sommer dem Ritter zur Verfügung standen; *Martiny:* Adelsfrage 9.

17 Zur Zahl der auf ihren Gütern wohnenden Herren vgl. *Krug:* Betrachtungen I, 455. Die Liste trennt nicht zwischen Wohnsitz und eigener Bewirtschaftung, zeigt aber, gemessen an den Zahlen der Rittergüter, wer nicht auf dem Lande gewohnt hat und demnach auch nicht sein Gut selbst bewirtschaftet hat: insgesamt etwa ein Viertel aller Rittergutsbesitzer. Die runde Angabe von 4000 ergibt sich durch den Abzug der neupreußischen Provinzen und durch Hinzufügung der Zahlen für Schlesien, die bei Krug fehlen, aber von Ziekursch (Agrargeschichte 46) ermittelt wurden. Viele katholische Adlige Schlesiens waren noch in österreichischen Diensten, sie stellten einen großen Teil der dort abwesenden Gutsherren. Die genaue Zahl der auf ihren Gütern lebenden Adligen beträgt für alle preußischen Provinzen (Besitzstand 1772) um 1800: 3103 (nach Krug) plus 931 (nach Ziekursch) = 4034, wovon sich 107 in den westlichen Provinzen befanden (Mark, Minden, Ravensburg, Kleve, Tecklenburg, Lingen, Ostfriesland). Die Berechnungen einzelner Provinzen (*Stein:* Agrarverfassung Ostpreußens I, 302, III, 405 und *Martiny:* Adelsfrage 110) kommen den Krugschen Zahle so nahe, daß sich das Gesamtbild nicht ändert.

18 *Krug:* Gesetzgebung 31.

19 *Krug:* Gesetzgebung 3—51.

schon bei dessen Erlaß das Landrecht überholt hatte, und von der Thaer 1801 sagte, daß sie zu einer Explosion führe, wenn sie nicht bald legalisiert werde.[20] Um 1800 waren nachweislich 745 adlige Güter in bürgerlichem Besitz[21], ungerechnet die Herrschaften geadelter Bürger und die Güter, die durch Scheinkäufe praktisch in bürgerlicher Hand sich befanden.[22] Etwa 10 % der adligen Güter waren um die Jahrhundertwende dem Adel entfremdet, und die Zahl stieg dauernd an. Waren auch dem bürgerlichen bzw. bäuerlichen Besitzer — vorbehaltlich königlicher Genehmigung — die adligen Standesrechte entzogen: in jedem Fall gehörten zu dieser Schicht die aktiven Agronomen, die den Übergang zu rationalen Wirtschaftsformen vorantrieben.

Der Übergang zur Fruchtwechselwirtschaft und die Verbesserung der Viehzucht erhöhte allgemein den Kapitalbedarf und diese Entwicklung verwies auch auf andere Weise den Adel auf bürgerlichen Sukkurs. Die Verschuldung der Rittergüter stieg im letzten Jahrhundertdrittel laufend an und die Kapitalgeber befanden sich weitgehend im Lager des Bürgertums. Finkenstein berichtete 1799 in der kurmärkischen Landschaft, daß die Verschuldung des märkischen Adels an das Bürgertum die Hälfte des Güterwerts erreicht habe.[23] In Anbetracht dieser Verschuldung des ersten Staatsstandes an den zweiten wurde auch das Motiv hinfällig, das Svarez für das Verbot anführte, adlige Güter in bürgerliche Hand geraten zu lassen: nämlich vorzubeugen, „daß Bürgerliche, denen durch ihren Stand andere Bestimmungen angewiesen sind, durch übermäßigen Ankauf adliger Güter, ihr Vermögen und Kapitalien, der Handlung und anderen Arten der Industrie nicht entziehen"[24]. Allein die bürgerlichen Investitionen in der Landwirtschaft untergruben langsam die Standesvorrechte des Geburtsadels und der rapide wachsende Einkauf adliger Güter nach der Aufhebung der Standesschranken 1807 war nur die legalisierte Konsequenz einer wirtschaftlichen Entwicklung, die schon 1794 das ALR überspielt hatte.

Die Standesgrenze zwischen Adel und der kapitalkräftigen bürgerlichen Oberschicht war wirtschaftlich sozusagen osmotisch geworden. Noch mehr

---

20 *Rosenberg:* Demokratisierung 463.
21 Nachweis bei *Krug:* Gesetzgebung 33; für Schlesien zu ergänzen durch *Ziekursch:* Agrargeschichte 48. In den einzelnen Provinzen gab es bürgerliche Besitzer adliger Güter: Ostpreußen 218 (1800, vgl. *Stein* I, 209), Pommern 1790 61, 1800 83, 1804 106 (die Zahlen ergänzt durch *Hintze:* Abhandlungen III, 545), Kurmark 76 (nach *Martiny:* Adelsfrage 114, 79), Neumark 62, Westpreußen fehlt bei Krug, Schlesien 304 (nach *Ziekursch:* Agrargeschichte 48, dort und bei Martiny weitere Beispiele der schnellen Ausdehnung bürgerlicher Gutsbesitzer). Seit dem Tode Friedrich des Großen wurde den Bürgern nur selten noch die Kauferlaubnis verweigert. Die Gesetze des ALR widersprachen der Praxis. Vgl. auch *Krüger:* Manufakturen 243.
22 Vgl. *Martiny:* Adelsfrage 34 f.; *Bassewitz:* Kurmark Brandenburg I, 161.
23 Vgl. *Martiny:* Adelsfrage 30, 38, 45.
24 Entwurf T. I, 2. Abt., 365.

zugunsten des Bürgertums verschiebt sich das Bild, wenn man die Agrarverfassung des ganzen Staates ins Auge faßt. Bedeutend zahlreicher als die Schicht derer, die sich in den adligen Gutsbesitz eingekauft hatten, war die Zahl der Generalpächter und Domänenbeamten. Domänen, die etwa 11% des gesamten Grund und Bodens erfaßten, durften seit 1732 nur noch an Leute bürgerlichen Standes verpachtet werden[25] und ebenso waren die Pächter korporativer und adliger Güter in der Regel bürgerlicher Herkunft. Um 1800 zählte diese Schicht – innerhalb der Grenzen von 1772 – rund 2000 Personen[26]. In der Ausübung ständischer Herrschaftsrechte beschränkt — den Domänenpächtern wurde seit 1770 die Justiz ganz entzogen —, steigerten sie ihre wirtschaftliche Aktivität, nicht selten auf Kosten der Bauern[27]. Krug urteilte über sie 1805: „Der Wohlstand bürgerlicher und nichtadliger Gutsbesitzer und vorzüglich der Pächter der Domänen oder anderer großer Güter, ist in den preußischen Provinzen fast durchgängig anerkannt, und ist in vielen Gegenden, vorzüglich da, wo fruchtbarer Boden ist, wirklich zum Sprichwort geworden."[28] Vergleicht man die Gruppe der weit über zweieinhalbtausend Köpfe zählenden bürgerlichen Generalpächter und Gutsbesitzer mit den rund viertausend Adligen, die ihre Güter selbst bewirtschafteten, so ergibt sich rein berufsständisch gesehen ein Bild, das im Landrecht nicht zum Ausdruck kommt. Etwa ein Drittel des preußischen Großgrundbesitzes, einschließlich der Domänen, wurde von Bürgern bewirtschaftet, zuwenig, um sich politisch unmittelbar auszuwirken, aber genug, um die geburtsrechtliche Ständegliederung in Frage zu stellen. Als erster Stand des Staates wahrte der Adel unbestritten seine Stellung, gerade weil und soweit er vom Lande abkömmlich war, wirtschaftlich aber wurde die geburtsständische Sozial-

---

25 KO 23. 3. 1732; *Martiny* 81; *Krug:* Betrachtungen 1, 342.
26 Die Zahl der Domänenpächter und Beamten nach *Krug:* Betrachtungen I, 458: ohne die neupreußischen Provinzen 1750 (um 1800), dazu die Angaben von *Ziekursch:* Agrargeschichte 49, für Schlesien 315 (1785), zusammen 2065, von denen 193 in den westlichen Provinzen wirkten. Die Zahlenangabe ist ungenau, da die Stichjahre differieren. In Schlesien wuchs die Zahl der Generalpächter von 1777 bis 1785 von 242 auf 315 an, läßt also für 1800 eine höhere Zahl vermuten. Anderseits übertrifft Krugs Angabe für Westpreußen die tatsächliche Zahl der Generalpächter bei weitem: der Durchschnitt von 2000 bleibt sicher.
27 *Meier:* Reform 97 ff., die Quellen in der 1. Aufl. 113 ff.; vgl. dazu den kenntnisreichen Bericht in *Fischbachs* Beytägen I, 61. Die Justizpflege wurde den Domänenpächtern wegen anhaltenden Mißbrauchs entzogen und eigenen Domänen-Justizbeamten übertragen, die „das Gleichgewicht zwischen den Untertanen und den zeitigen Pachtbeamten zu halten" suchen sollten (63). Wie bei den Ablösungen der Dienste ging der Staat auf seinen eigenen Besitzungen in der Trennung der wirtschaftlichen und der herrschaftlichen Rechte voran. Erst seit 1781 (NCC VII, 675) mußten die Rittergutsbesitzer, wie es in Westpreußen gleich 1772 angeordnet worden war, wenigstens Justitiare zur Rechtsprechung einsetzen. Sie unterstanden damit der staatlichen Kontrolle (§§ 73 ff., II, 17).
28 *Krug:* Betrachtungen I, 457. Das gleiche Urteil bei *Bassewitz:* Kurmark Brandenburg I, 498.

verfassung auf dem Lande von den Bürgern unterwandert, denen die ständischen Vorrechte vorenthalten blieben und deren Bestreben daher eine möglichst große Anpassung nach oben war. Um seine Vorrechte zu sichern, lag es daher sogar im wohlverstandenen Interesse des Adels, die Schranke zum Bürgertum hin zu öffnen. Marwitz und Finckenstein traten für die Nobilitierung aller bürgerlichen Gutsherren ein und forderten für die Nobilitierten Grundbesitzverleihung.[29]
Die Beseitigung der Standesgrenzen 1807 öffnete rechtzeitig das Ventil, um dem Adel wirtschaftliche Kräfte zufließen zu lassen, bevor seine Macht als Geburtsstand auf dem Lande untergraben war. Die Überschreitung der Adelsgrenze durch das Bürgertum tangierte nur mittelbar das ritterständische Herschaftsverhältnis zur bäuerlichen Unterschicht. Gerade durch seine wirtschaftliche Gleichstellung mit dem Bürgertum konnte der Adel mehr Vorrechte in das neunzehnte Jahrhundert hineinretten, als es ihm sonst möglich gewesen wäre. Die Anpassung erfolgte also von beiden Seiten, wodurch der Adel auf die Dauer der Gewinner blieb. Die Reformen setzten mit anderen Worten so rechtzeitig ein, daß der Adel als Stand sich erhalten und kräftigen konnte. Welcher Art dies war, wird uns später beschäftigen.
Aber auch ganz unabhängig von dem Verhältnis zum Bürgertum änderte sich rein betriebswirtschaftlich die ländliche Sozialverfassung, und damit ebenfalls die Stellung des Adels, im letzten Drittel des achtzehnten Jahrhunderts. Das Verhältnis von Schutz und Hilfe, von Vormundschaft und Folgsamkeit, das nach dem ALR (§§ 122 ff., II, 7) die Beziehung zwischen Herr und Untertan prägen sollte, geriet — auch dort, wo es vorausgesetzt wurde — zunehmend ins Wanken.[30] Die Modernisierung der Ackerbautechnik, der Übergang zur Fruchtwechselwirtschaft, oft erst zur Dreifelderwirtschaft, die Rationalisierung der Vieh- und der Forstwirtschaft, die wachsende Zahl adliger Unternehmungen, wie Brauereien, Brennereien, Ziegeleien: all dies führte zu einer steigenden Belastung der Untertanen mit Frondiensten, die nicht selten bis zu sieben Tagen in der Woche reichten, und löste damit die soziale Wirtschaftsverfassung der Gutsherrschaft von innen her auf. Die Bauernrevolten der neunziger Jahre zeugen davon, daß die Bedrückung, nicht nur gemessen an den bäuerlichen Rechten, tatsächlich unerträglich geworden war, und auch für viele Gutsherren stellte sich heraus, daß die Dienste und Lasten, gemessen an den Zielen einer rationalen Betriebsplanung, zu einer unwirtschaftlichen Verwendung menschlicher Arbeitskraft führten. Diese Gutsherren griffen daher lieber

---

29 *Martiny:* Adelsfrage 79.
30 Vgl. die zahlreichen Beispiele bei *Stein:* Ostpreußen I, 266 ff., 359 ff. passim, *Ziekursch:* Agrargeschichte 170 ff., 227 ff. Für die agrarischen Strukturveränderungen und ihre Folgen jetzt *Abel:* Gesch. d. dt. Landwirtsch. 271 ff., 283 ff., 298 f.

auf die Arbeit von Tagelöhnern zurück, steigerten ihre Viehhaltung und schufen sich durch Ablösung der Spanndienste in Renten eine dauernde Geldquelle. Selbst Dismembrationen der Gutseinheiten, also der Übergang zur bloßen Grundherrschaft, im Landrecht weder vorgesehen, noch von der Verwaltung gefördert, erwies sich für manche Herrschaft als der vorteilhafteste Weg.[31] Beide — sich gegenseitig ausschließende — Wege: die steigende Ausnutzung der Herrschaftsrechte, um die Arbeitskräfte der Untertanen restlos zu verwenden, und die Auseinandersetzung von Herr und Untertan, durch Erbpacht, Ablösung oder Dismembration, führten zu einer Auflösung der patrimonialen Verfassung auf dem Lande.

In die gleiche Richtung wirkte schließlich der zunehmende Güterhandel, den vor allem der Adel selbst, ungehemmt durch die gesetzlich verbotene bürgerliche Konkurrenz, auf Kosten seiner ärmeren und weniger beweglichen Mitglieder aus spekulativen Motiven trieb. Der Güterhandel war möglich einmal durch die seit 1717 zulässige Allodifikation der Lehnsgüter, die dem jeweiligen Besitzer ein freies Verfügungsrecht über seinen Besitz erleichterte, vor allem aber durch die seit 1770 sukzessive eingeführten landschaftlichen Kreditsysteme: eine der frühen Leistungen von Svarez. Der Adel haftete gemeinsam für die ausgegebenen Pfandbriefe, aber der einzelne jeweils mit dem gesamten Gut, so daß bei Überschuldung ein Totalverkauf zwangsläufig wurde. Die Kreditaufnahme begünstigte ebenso die Rationalisierung der Güter wie den Güterhandel mit Hilfe geborgter Gelder.[32] Im adligen Pfandbriefinstitut waren ständische Ausschließlichkeitsrechte und kapitalistische Interessen miteinander verquickt, sie ebneten die Wege, auf denen, wie Baczko einmal sagte, das „Grundeigentum zur Ware herabgewürdigt" wurde.[33] So entwickelte sich auch innerhalb des Landadels ein wirtschaftlich findiger Unternehmertyp[34], der dem des bürgerlichen Gutsbesitzers, wie den 1786 geadelten Farenheids in Ostpreußen, entgegenkam.

Die langsame Bewegung in Richtung auf den Gutsunternehmer war gesetzlich nicht einzubinden, jedenfalls nahm das Landrecht keine Notiz davon. Nur in einem Paragraphen öffnete der Staat selber dem Adelsstand diese Richtung. Während ein bürgerliches Geschäft dem Adel in der Regel untersagt blieb, konnte er eine außerzünftige „Handlung im Großen" betreiben (§ 77, II, 9). Dies war ein Zugeständnis, das der Staat machte, nachdem er führende Unternehmer wie Wolff, Splitgerber oder Eckardstein geadelt hatte und nachdem — wie im Magdeburgischen seit 1770 —

---

31 Vgl. *Ziekursch:* Agrargeschichte 221 ff. und *Martiny:* Adelsfrage 39 ff.
32 *Ziekursch:* Agrargeschichte 53 ff.; *Stein:* Ostpreußen I, 523 ff.
33 *Stein:* Ostpreußen I, 531.
34 *Schmoller:* Die geschichtliche Entwicklung der Unternehmung, Jahrbuch, 14. Jg., 1890, 48.

Getreidehandelskompanien entstanden, deren Aktien in gleicher Weise von Rittern, Amtsleuten und Kaufleuten besessen wurden.[35] Damit war nicht nur schleichend und de facto, sondern auch rechtlich eine Lücke in den ersten Stand des Staates gerissen worden, von der prinzipiell nicht gesagt werden konnte, wie sie gegen das obere Bürgertum zu schließen sei.
Dem Adel wurde eine betriebswirtschaftliche Funktion zugestanden, die sich nicht an die Grenze zwischen Stadt und Land hielt, bar aller herrschaftlichen Rechte war und die eine Anpassung an das obere Bürgertum legalisierte, wie sie von der anderen Seite her im Beamtenstand stattfand. Die Möglichkeit, mehreren Ständen zugleich angehören zu können, relativierte die Spitzenstellung des Adels. Zu wessen Gunsten und wieweit, zeigt die Abschichtung innerhalb des Bürgerstandes.
„Seine Ansprüche ankündigen, ehe man die Macht hat, dieselben durchzusetzen, heißt ihnen auf immer ein Hindernis in den Weg legen."[36] Diese Feststellung Garves, im Horizont der fortschrittlich bewegten Geschichte eine Halbwahrheit, besaß für das Bürgertum in Preußen zur Zeit der Französischen Revolution volle Gültigkeit. Die Autorität des Adels war noch nicht erschüttert. So sehr seine ständischen Rechte kritisiert werden mochten: im Besitz der staatlichen und militärischen Spitzenstellungen, partizipierte der Adel an der Macht der Institutionen, die ihrer Funktion nach nicht ständisch gebunden waren. Das preußische Bürgertum als Berufsstand war in seiner Menge eindeutig dem ersten Stand nachgeordnet und tangierte diesen in keiner Weise. Für das gewöhnliche Bürgertum hörte die Welt auf, wo die „große Welt", die „gute Gesellschaft" anfing, wo „Wohlstand" und „Anstand" noch dasselbe meinten.[37] In seinen Spitzen dagegen rückte es in staatliche Positionen ein, wodurch es sich dem Adel anglich, ohne ihn als Stand direkt in Frage zu stellen. Svarez soll die Nobilitierung abgelehnt haben, nicht weil er gegen den Adel war, sondern weil ihm seine staatliche Dienststellung genug Ehre einbrachte.[38] Die Anpassung der oberen Bürgerschicht an den Adel vollzog sich gleitend im Medium der staatlichen Dienste. Unterhalb dieser blieb der ständische Abstand gültig. So war der preußische Bürgerstand weit weniger homogen, als der Ausdruck nahelegen möchte.
Der *Begriff des Bürgers* wird im Landrecht auf drei verschiedenen Ebenen gebraucht. Im engsten Sinn meint er nur den Inhaber stadtbürgerlicher Rechte, in einem weiteren Sinn alle Einwohner des Staates, die nicht zum Adel oder Bauernstand gehören, schließlich meint er das Mitglied der

---

35 *Schmoller:* Jahrbuch, 11. Jg., 17.
36 *Garve:* Versuche I, 273.
37 *Garve:* Versuche I, 202.
38 *Stölzel:* Svarez 189.

societas civilis, der herkömmlichen bürgerlichen Gesellschaft gleich welchen Standes. Garve sagt deshalb, das deutsche Wort „Bürger" habe mehr Würde als das französische „bourgeois", weil es ebenso den citoyen umgreife.[39] Aber gerade die staatsbürgerliche Bedeutung blieb im Landrecht, wie schon gezeigt, unbestimmt. Der Bürger im allgemeinen Sinn umgreift zwar alle Stände, aber er schillert zwischen dem selbständigen Hausvater, der sich über die Schutzgenossen minderen Rechts erhebt, und dem Bürger als Untertan des Königs, dem künftigen Staatsbürger, hin und her.[40] Es ist dabei bezeichnend, daß der allgemein staatsbürgerliche Sinn bereits durch die Definition des Bürgerstandes hindurchschimmert, indem er zunächst negativ bestimmt wird — als nicht zum Adel oder Bauernstand gehörig — und insofern schon den Anspruch auf größere Allgemeinheit für sich hat (§ 1, II, 8). Selbst bei der Definition des Stadtbürgers „im eigentlichen Verstande", sahen sich die Redaktoren gezwungen, auf eine beschränkende berufsständische Definition zu verzichten. War im Entwurf nur derjenige ein Bürger, „welcher als Mitglied einer Stadtgemeinde, eine Kunst, ein Handwerk oder die Kaufmannschaft betreibt"[41], so wurde im Gesetzbuch die Bürgerschaft nur mehr an städtischen Wohnsitz und städtisches Bürgerrecht gebunden (§ 2, II, 8). Die zunehmende Arbeitsteilung ließ es nicht mehr zu, durch eine Aufzählung beruflicher Merkmale den Bürgerstand zu definieren. Der Titel über das bürgerliche Standesrecht ist mit seinen 2464 Paragraphen dementsprechend auch weit über das übliche Maß angeschwollen. Er umfaßt außer dem Gemeinderecht das Recht der Zünfte und unzünftiger Berufe, das Handels-, Wechsel-, Versicherungs- und das Seerecht. Es ist der Titel, in den, wie das Publikationspatent feststellte, „die mancherlei in neueren Zeiten erst entstandenen Arten der Gewerbe und Geschäfte" ihren Eingang gefunden hatten.

Im Gegensatz zum Adel, den das ALR unabhängig von Rang und Besitz, vom Nobilitierten bis zum Fürsten als einen einzigen Stand behandelt,

---

39 *Garve:* Versuche I, 302.
40 Stadtbürger: ALR, § 2, II, 8. Der Bürgerstand im weiteren Sinn: § 1, II, 8. Der Bürger im allgemeinen Sinn: a) auf die societas civilis in dem Sinn bezogen, daß er nur kraft besonderer, ständisch differenzierter Rechte und Pflichten „Bürger" ist: § 10, Einl., § 96, II, 11 (gemeine Bürger), § 1, II, 13 (staatsrechtlich im Gegensatz zu den Schutzverwandten); b) Bürger im Sinn der allgemeinen Staatsbürgerlichkeit: § 12, Einl., AGB (Schutz des „Staatsbürgers" vor allen Gesetzen, die nicht die Gesetzeskommission passiert hätten); im ALR ebenso gestrichen wie § 79, Einl., der die natürliche Rechts- und Freiheitszone des Bürgers schützen sollte. Es blieben aber §§ 75, 104, II, 10, das Verhältnis der Beamten zu den Bürgern des Staates betreffend; § 147, II, 7, die Bauern freie Bürger des Staates trotz ihrer Untertänigkeit; § 1, II, 19, die gleichsam außerständischen Armen als Bürger; § 512, II, 20, die Polizeigesetze des Staates zum Schutz seiner Bürger; § 544, II, 20, Mitbürger im Gegensatz zur ständischen Einordnung. Es war sicher nicht nur eine Notlösung, sondern gezielt, gerade die staatlich am wenigsten geschützten Schichten als „Bürger" anzusprechen.
41 Entwurf I, Abt. II, Tit. III, § 2, p. 74.

wird der Bürgerstand aufgefächert in drei Kategorien mit je verschiedenen Rechten. Er gliedert sich in die Eximierten, die eigentlichen Stadtbürger und in die Schutzverwandten, die persönlich frei — oder auch „unfrei", nämlich als entlaufene Gutsuntertanen[42] — in der Stadt ihren Wohnsitz aufgeschlagen haben. Die untere, mittlere und höhere Bürgerschicht, die im folgenden Jahrhundert die freie Gesellschaft charakterisiert, zeichnet sich in diesen rechtlichen Kategorien des Landrechts bereits ab. Das Vorrecht der Eximierten bestand darin, daß für sie die staatlichen Obergerichte zuständig waren (§ 3, II, 8; § 32, II, 17). „Eigentliche" Bürger und Schutzverwandte blieben den Untergerichten, in Mediatstädten der adligen Privatgerichtsbarkeit unterworfen. Die Zuordnung der verschiedenen Berufsgruppen zu ihrem jeweilig persönlichen *Gerichtsstand* zeigt die vom Staat von oben nach unten durchgeführte Abstufung entschiedener an als die aus der herkömmlichen Gesellschaftsordnung übernommene Ständegliederung. Die allgemeine Gerichtsordnung von 1793 bestätigte jenen Schnitt durch die gesamte Gesellschaft, der die obere Bürgerschicht heraushob und dem Adel gleichstellte, indem er sie den Patrimonialgerichten und allen lokalen Untergerichten entzog. Durch „Stand, Ämter und Würden" erlangte diese Schicht denselben privilegierten Gerichtsstand, der dem Adel „von Geburt" aus zustand (AGO § 43, I, 2). Damit entschied der Staat von sich aus die strittige Frage, die Garve formulierte[43], inwieweit die oberen „Classen" des Bürgertums den Handwerkern, Krämern und kleinen Kaufleuten gleich zu achten seien „und um wieviel sie sich dem Adel nähern". Der absolutistische Staat hatte aus der traditionellen societas eine ganze Gruppe von Bürgern herausgehoben, die im kommenden Jahrhundert die Spitzen der „bürgerlichen Gesellschaft" stellte. Durch ihre direkte Unterordnung unter die königlichen Gerichte entfiel für sie der rechtliche Gegensatz zwischen Stadt und Land, wo weiterhin ständische und lokale Rechtsordnungen galten.[44] Die Oberschicht trat als erste in den unmittelbaren Bereich der allgemeineren staatlichen Gesetze (§ 6, II, 8). Sie gewann — und das kennzeichnet die preußische Situation —, indem sie dem Adel gleichgestellt wurde, eine größere Staatsunmittelbarkeit. Diente die Festlegung persönlicher Gerichtsstände grundsätzlich dazu, jedermanns Rechtssicherheit, wie Svarez sich ausdrückte, gegen Eingriffe des „Ministerialdespotismus" zu schützen[45], so war an-

---

42 *Krüger:* Manufakturen 33.
43 *Garve:* Versuche I, 304.
44 Vgl. dazu *Stein:* Verwaltungslehre 2, 323: „Die Lehre vom Forum ... ist die erste, auf dem Prinzip der bürgerlichen Gleichheit beruhende Ordnung der Bevölkerung zunächst für die Rechtspflege; sie ist das juristische System für die Competenz des amtlichen Gerichts im Gegensatz zum ständischen."
45 *Gräff-Rönne-Simon* 8, 88.

dererseits das privilegierte Forum eine Auszeichnung, die eine Reihe von Vorteilen mit sich brachte.

Aus welchen Kreisen setzte sich diese privilegierte Schicht zusammen? Eine Aufzählung ist erforderlich, weil sie die Reformgesetzgebung überdauerte und das innenpolitische Klima des preußischen Vormärz prägen sollte. Denn das nachrückende Wirtschaftsbürgertum, das später als Stimmführer der liberalen Opposition fungierte, trat nicht mehr in den Genuß dieses Privilegs, das außerdem die Rechtspflege zunehmend hemmte und störte, wie der Sachbearbeiter im Justizministerium offen – aber vergeblich – zugab.[46] Ein exemtes Forum hatten[47]: die Geistlichen und – 1801 ausdrücklich bestätigt – die Gymnasiallehrer, alle Militärpersonen, die den Militärgerichten unterworfen waren, aber 1809 in zivilrechtlicher Hinsicht der bürgerlichen Gerichtsbarkeit überwiesen wurden. Die Offiziere genossen seitdem dasselbe exemte Forum wie das privilegierte Bürgertum; ferner alle Bürger, die mit Offiziersrang entlassen wurden (ALR § 66, II, 10). Es folgen alle Zivilbedienten, d. h. die Beamten und Titularräte. Der Kreis der Justiz- und Verwaltungsbeamten war weit gezogen. Rechtsanwälte und Notare an den Landesjustizkollegien – nicht bei Untergerichten – gehörten dazu, 1802 wurden die Justitiare der adligen Gerichte den Staatsbeamten gleichgestellt – ein weiterer Schritt, die Patrimonialgewalt unter Kontrolle zu bringen –, auch die ständischen Landschaftsbeamten zählten dazu, sowie die höheren Forst- und Steuerbeamten. Die Gruppe der sogenannten technischen Räte erhielt das forum exemtum ausdrücklich bestätigt: 1821 die Kreischirurgen, 1831 die Tierärzte, 1832 die Regierungsbauräte. Das persönliche Vorrecht der Kommerzienräte erlosch allerdings in den Sachen ihres Geschäftes:[48] hierin blieben sie den lokalen Gerichten unterworfen, sowenig die Pächter königlicher Fabriken einen Anspruch auf das exemte forum hatten, soweit nicht das Fabrikengericht für sie zuständig war. Bevorrechtet waren dagegen die Generalpächter königlicher Domänen, denen – seit 1800 – auch die Pächter adliger Güter angeglichen wurden, indem sie der Gerichtsbarkeit ihrer Verpächter entzogen wurden. Es folgen schließlich – in einem Paragraphen vereint – die Mitglieder der Akademie der Wissenschaft, Stallmeister der Ritterakademien, Mitglieder des königlichen Theater und Kapelle und endlich alle Akademiker, die einen ihrem Grad entsprechenden Beruf ausübten, soweit sie nicht als Professoren und Studenten der Universitätsgerichtsbarkeit unterworfen blieben.

---

46 *Gräff-Rönne-Simon* 8, 92.
47 Alle folgenden Bestimmungen: AGO I, 2, „Vom Gerichtsstand", ed. Mannkopf 1, 144—274
48 AGO §§ 78, 80, I, 2.

Alle übrigen Kategorien, die in diese Berufskreise hineinreichten, die Subalternbeamten, die Dienerschaft, wurden den Untergerichten zugewiesen. Ohne die regionale ständische Gesellschaftsordnung selber anzutasten, hatte auf diese Weise der Staat eine Oberschicht ausgegrenzt, die zu ihm in ein unmittelbares Verhältnis trat. Fast alle der genannten Berufe haben im Landrecht als ein besonderer Stand einen eigenen Titel erhalten: die militärischen und zivilen Staatsdiener, die Geistlichen und die Lehrer (II, 10—12). Sie waren dem Adel darin gleichgestellt, in einem strengeren Sinn „Staatsstände" als die übrigen. Jenseits der Schranken von Stadt und Land bildete diese Oberschicht des Bürgertums eine staatlich privilegierte Gesellschaft. Ihre Qualifikation lag in der Bildung — Beamte und Akademiker stellen den weitaus größten Teil — und im Amt, das durch Bildung erlangt werden konnte. Der Besitz war vor dem privilegierten forum nur dosiert zugelassen: in den Städten die Kommerzienräte für ihre Person, nicht für ihre Berufsbelange, auf dem Lande die beamtengleichen Domänenpächter und die bürgerlichen Gutsbesitzer, die als Inhaber von Rittergütern — auch Gerichte genannt[49] — sowieso und als Pächter ganz speziell der adligen Gerichtsbarkeit entzogen wurden. Das also, was die bürgerliche Oberschicht auszeichnete, war ihre Angleichung an den Adel, sei es durch Landbesitz, sei es im Staatsdienst oder sei es durch Bildungstitel. Es entstand, durch ihre Befreiung aus ständischer und regionaler Gerichtbarkeit eine Schicht, auf die der damals geprägte Begriff eines Staatsbürgertums wörtlich zutraf. Wie sehr er infolge der andauernden Privilegien auf diese Schicht beschränkt blieb, das übrige Bürgertum also geradezu ausschloß, davon zeugt die Bewegung des Vormärz.

Die privilegierten Gerichtsstände überdauerten die Reform, die die wirtschaftliche Gleichberechtigung aller Stände verfügt hatte. Die nachteiligen Folgen dieser Einrichtung zählten die westfälschen Provinzialstände 1831 auf, als sie sich mit nur einer Gegenstimme bitter beklagten, daß „die Ungleichheit der Personen vor dem Richter" nach der Fremdherrschaft wieder eingeführt worden sei. Selbst die Eximierten, Adel, Beamtenschaft und Geistlichkeit, könnten sich sinnvoll auf ihr Vorrecht nicht berufen, denn die Prozesse bei den Oberlandesgerichten seien wegen der großen Entfernung und der höheren Gebühren „weitläufiger, langweiliger und kostbarer." Die Lehre von den persönlichen Foren unterstelle der Gegenwart eine „der Kindheit der Völker eigentümliche Idee, daß Jeder durch seines Gleichen, durch Standesgenossen gerichtet werden müsse", obwohl die „schroffe Absonderung und Überordnung der Stände" längst beseitigt sei. Die königliche Antwort vertröstete die Westfalen auf die im Gang befindliche Gesetzesrevision, und fügte mahnend hinzu, als der Antrag zwei

---

49 *Meier:* Reform 101.

Jahre später wiederholt wurde, daß Singularrechte nicht ohne Zustimmung der Berechtigten aufgehoben werden dürften.[50] Kein Wunder, daß die Kritik aus den Rheinlanden[51], die sich der französischen Gerichtsverfassung erfreuten, bei den Bürgern und Bauern im Osten auf offene Ohren traf. 1843 forderten die beiden unteren Stände Sachsens geschlossen gegen den ebenso geschlossenen Widerstand des Adels die Beseitigung der privilegierten Gerichtsstände. Im gleichen Jahr forderten die Ostpreußen dasselbe, und zwar, bezeichnend für deren liberale Haltung, alle Stände einstimmig.[52]

Innerhalb der Ministerialbürokratie fanden die Eingaben volles Verständnis. Der Referent im Kamptzschen Gesetzgebungsministerium untersuchte den Überhang ungleicher Gerichtsstände über die wirtschaftliche Gleichberechtigung unter rechtshistorischem, politischem und rechtstechnischem Aspekt.[53] Aus allen Gesichtspunkten plädierte er für deren Beseitigung. Selbst wenn man zugeben wolle, daß es Stände und Klassen geben müsse: das Recht sei dann um so eher als das verbindende Element zu betrachten. Der augenblickliche Zutand sei durch nichts gerechtfertigt, zudem widersprüchlich. Für Klagen eines Privilegierten gegen einen Nichteximierten sei z. B. das Untergericht zuständig, auf dem Lande also der Patrimonialrichter, in der Stadt der Unterrichter. Hier gelinge es den Eximierten leicht, „durch den höheren Rang, welchen sie in der Gesellschaft einnehmen, den Unterrichter ein(zu)schüchtern". Wollte aber ein Nichteximierter einen Eximierten belangen, müsse er sich an das doppelt so teure Obergericht wenden und damit „ist ihnen in allen Fällen, wo es einer schleunigen Rechtshilfe bedarf, diese fast versagt und in den übrigen Fällen sehr erschwert, da sie dieselbe 20 und mehrere Meilen weit suchen müssen". In geringfügigen Streitsachen übersteige für sie der Zeit- und Kostenaufwand den Wert des Streitobjekts. Die größere Staatsnähe der Privilegierten wurde durch die größere Entfernung der Oberlandesgerichte auf Kosten der Unterschicht erkauft.

Der staatliche Rechtsschutz, der dem Adel und der beamteten Oberschicht unmittelbar zugutekam, und zwar immer von qualifizierten Richtern, reichte während des Vormärz nicht gleichmäßig nach unten. Praktisch war der Fortbestand der exemten Foren an die Existenz der Patrimonialgerichte gebunden, deren Inhaber zwangsläufig einer anderen Instanz unterworfen sein mußten als ihre eigenen Untertanen. Wenn auch jeder, unbesehen von Stand und Person, gleichen Anspruch auf das gleiche Recht

---

50 *Rumpf* 10, 111/160; 11, 151/210; dazu *Steffens:* Hüffer 134, 420.
51 *Venedey:* Preußentum 94 ff.; (G. de Failly): De la Prusse 184, aufgrund der Kritik von Hansemann; (*J. Scherr*): Das enthüllte Preußen 248.
52 *Bergius:* Staatsrecht 167, Anm.; *Bülow-Cummerow:* Abh. 1, 50.
53 Das Gutachten, aus den dreißiger Jahren, abgedruckt bei *Gräff-Rönne-Simon* 8, 90 ff.

hatte, so blieb dennoch die Rechtssprechung durch die verschiedenen Gerichtsforen ungleich in gleichen Sachen. Obendrein mußten die Foren verdoppelt werden, um auf gleicher Ebene als Rekursinstanz fungieren zu können. Um solchen Mißständen abzuhelfen, sandte der Staat reisende Richter — die Kreisjustizräte — als Vertreter des Obergerichts über das Land und in die Kleinstädte. Diese Einrichtung, 1750 schon für Schlesien getroffen, wurde 1833 auf die Gerichtsbezirke in Preußen, Pommern und Sachsen ausgedehnt.[54] Die mit großen Vollmachten ausgestatteten Sonderrichter sollten an Ort und Stelle über Streitfälle zwischen Eximierten und Nichteximierten teils befinden, teils sie protokollieren, die königliche Gerechtigkeit also auch dorthin tragen, wohin die staatliche Justizorganisation nicht reichte. Es kennzeichnet die Zwiespältigkeit der preußischen Verwaltungspolitik im Vormärz, daß sie für die alten Provinzen Notlösungen und Überbrückungshilfen entwickelte, um die alten Stände zu schonen, während sie aus nationalpolitischen Gründen in Posen seit 1816 eine staatliche Justizorganisation aufzubauen sich nicht scheute.[55]

Die Exemtion, im 18. Jahrhundert noch ein Vehikel, die bürgerliche Oberschicht aus den Banden der Ständegesellschaft zu befreien, wirkte sich im Lauf des Vormärz als eine Fessel der freien Wirtschaftsgesellschaft aus. Industrie, Handel, Künste und Gewerbe seien bereits soweit vorgeschritten, stellte der Referent im Kamptzschen Revisionsministerium fest, daß eine gleichförmige und schnelle Rechtspflege nur durch die Aufhebung der persönlichen Gerichtsstände zu erreichen sei.[56] Aber unter Berufung auf herkömmliche Rechte — soweit wurden staatliche Privilegien in geschichtliches Recht umgedeutet — und aus rechtspolitischen Gründen drängte Kamptz auf deren Beibehaltung. Die persönlichen Gerichtsstände fielen in der Revolution.[57]

Nicht nur kraft seiner Gerichtsoberhoheit, sondern auch auf dem Verordnungs- und Gesetzgebungsweg hatte der Staat wie mit einem Magnet die bürgerliche Amts- und Bildungsschicht aus den herkömmlichen Lebenseinheiten herausgezogen, sozusagen verstaatlicht. Zu dem persönlichen Gerichtsstand gesellten sich andere Vorrechte, die im Landrecht teilweise keinen Niederschlag gefunden haben. Es handelte sich um die Kantonfreiheit, die später in den Einjährig-Freiwilligen-Dienst verwandelt wurde; um Steuerbefreiungen, die — auch nach Einführung genereller Steuergesetze — der Beamtenschaft, der Geistlichkeit und der Lehrerschaft im Vormärz

---

54 VO 30. 11. 1833 (GS 279). Kreisjustizräte wirkten im Bereich der Oberlandesgerichte Königsberg, Insterburg, Stettin, Cöslin, Frankfurt/Oder, Halberstadt, Naumburg und in Schlesien (*Kamptz:* Jahrbücher 43, 140; 44, 111).
55 VO über die Justizverwaltung im Großherzogtum Posen, 9. 2. 1816 (GS 37) und VO 16. 6. 1834 (GS 75).
56 *Gräff-Rönne-Simon* 8, 90.
57 VO 2. 1. 1849 (GS 3—5).

Adel und eximiertes Bürgertum

immer wieder zugestanden wurden; um die ständisch abgestuften Strafmaße, die erst 1851 dem neuen Strafgesetzbuch wichen; und schließlich um das im Landrecht gesetzlich zugelassene Konnubium, das die Schwelle zum Adelsstand etwas senkte, durch Bestimmungen, die erst unter Bismarck 1869 aufgehoben wurden.[58]

Das Fortwirken der genannten Rechte in das neunzehnte Jahrhundert hinein, in dem sie angefeindet und wenig abgewandelt die Lage kennzeichnen, macht ihre nähere Berücksichtigung nötig.

Sosehr die preußische *Armee* mit ihrem adligen Offizierskorps die Ständeschichtung erhärtete, so entschieden war der Staat durch sein Rekrutierungssystem in die regionalen Lebenskreise und Herrschaftsordnungen eingebrochen. So wie der König den Adel zum Offiziersdienst aufforderte, steigerte er, um Rekruten zu erhalten, den Bauernschutz. Das Kantonreglement von 1733 war ein erster Schritt zur allgemeinen Wehrpflicht, der vor allem die konskribierten Gutsuntertanen für die zwanzigjährige Dauer ihrer Dienstzeit in ein Immediatverhältnis zur Staatsgewalt setzte.[59] Die Ausnahmen aus der Wehrpflicht zeugen nun davon, welche Berufe der Staat in einen ähnlichen staatsunmittelbaren Rang erheben wollte, die das Militär in Preußen schon besaß. Im Reglement von 1792[60], also kurz vor dem ALR erlassen, werden diese Ausnahmen erneut festgesetzt. Sie dienen der „Beförderung des Wohlstandes und des Nahrungsstandes des Landes", soweit nämlich diese Aufgaben dem äußeren Schutz des Staates gleichrangig erachtet wurden. In diesen Ausnahmen spiegelt sich bereits das Bild der kommenden bürgerlichen Gesellschaft wider, sowohl in den Ausnahmen, die die arbeitende Unterschicht betreffen — auf sie wird später zurückgekommen —, wie in den Ausnahmen für die Oberschicht. Der Adel, dessen Söhne zahlreicher waren als Offiziersstellen für sie vorhanden, war von Geburt der Dienstpflicht nicht unterworfen. Ihm gleichgeordnet wurden alle bürgerlichen Besitzer solcher adliger Güter, die über 12 000 Taler wert waren, ferner alle staatlichen Beamten für ihre Person, sowie die Söhne der Beamten in höheren Rängen: der Räte, der expedierenden Sekretäre, auch der „Professoren und lesenden Doctoren auf Universitäten" und der wirklichen Consistorialräte. Dieser kleinen Spitzengruppe unbedingt Freigestellter folgte eine lange Liste von Bürgern, deren

---

58 Auch die spezielle Auswanderungsgenehmigung für Künstler und Wissenschaftler (§ 133, II, 17) gehörte zunächst in diese Reihe.
59 *Schmoller:* Umrisse 278 ff.; *Büsch:* Militärsystem.
60 NCC IX, 777—837, § 8; „. . . der Verbindlichkeit den Staat zu vertheidigen, niemand, der dessen Schutz genießt, sich entziehen kann; so finden, von dieser Verbindlichkeit keine andere Ausnahmen statt, als die, in diesem Reglement, zu Beförderung des Wohlstandes des Staates ausdrücklich bestimmt sind." Die Ausnahmen stellten eine Summe aller Exemtionen dar, die im Laufe des 18. Jahrhunderts jeweils einzeln zugestanden wurden.

Söhne nur unter der Bedingung eximiert wurden, daß sie sich „entweder den studiis oder der Ökonomie oder der Handlung widmen" (§ 11). Die Liste erfaßt alle Berufe im gehobenen Staatsdienst oder höheren kommunalen Dienst, im Erziehungswesen, in der Gesundheitspflege und die Vertreter der „Religionsgemeinschaften". Ferner all die wirtschaftlichen Berufe, die eine obere Besitz-, Wert- oder Umsatzgrenze überschreiten: d. h. die Söhne der Generalpächter, deren Güter mehr als 3000 Taler wert waren, der „Oberkaufleute", die jährlich mehr als 5000 Taler umsetzten, die Unternehmer, die mehr als 12 Stühle verlegten oder ebensoviele „Ouvriers" beschäftigten. Die Befreiung wird vom Erfolg der Studien oder der Ausbildung abhängig gemacht; bei „Herumtreiben", „unstetem Leben" oder wenn sie den „gewählten Stand verlassen", treten sie in die Cantonspflicht zurück. Nur wenn der Vater ein Vermögen von mehr als 10 000 Taler angesammelt hat, rückt der Sohn in die Schicht der bedingungslos Freigestellten auf. Es handelt sich um jene Söhne, die häufig, wie Garve beobachtete, entweder im Trubel der Gesellschaft untergehen oder zum Adel übertreten.[61]

Durch diese Ausnahmebestimmungen hatte der Staat ein Amts-, Bildungs- und wirtschaftliches Leistungsprivileg geschaffen, das den Anreiz zu akademischer, landwirtschaftlicher und kaufmännischer Ausbildung erhöhte. Die Befreiung vom Militärdienst bestätigte und verstärkte die Berufstraditionen des oberen Bürgertums. Während die Befreiung innerhalb der Unterschicht immer an die Ausübung des väterlichen Berufs gekoppelt blieb, stellten die Exemtionen für die Oberschicht die Berufswahl frei für einen Bereich, in dem die Absichten des Staates mit den Privatinteressen der staatlich bevorzugten Bürger zusammenfielen. Die Entbindung aus der ständischen Berufsordnung begann in der Oberschicht. Dabei traf der Staat Vorsorge, begabte Söhne der Unterschicht hochsteigen zu lassen. Rother, ein schlesischer Bauernsohn, hat diesen Weg beschritten und als Minister im Vormärz eine wegweisende Stellung gewonnen. Der Staat errichtete für untertänige Bauernsöhne, die „ihr vorzügliches Genie" nachweisen wollten, ein Schleusensystem von Prüfungen. Um den Gutsherren zu bewegen, seinen Untertan auf den Bildungsweg zu entlassen, mußte der Junge sich prüfen lassen: durch drei der „obersten Lehrer", durch das Konsistorium, durch den Land- oder Steuerrat, der zugleich die Vermögensverhältnisse der Eltern zu klären hatte. Schließlich stand gegen das Urteil der Militärersatzkommission der rechtliche Rekurs offen. In einem derartig gefilterten System gelangte man in die staatlich privilegierte höhere Bürgergesellschaft, deren moralische Selbstentfaltung und freie Urteilsbildung Svarez angesprochen hat. Darunter befanden sich — in Abstufun-

---

61 *Garve:* Versuche I, 338.

gen — das gemeine Volk und schließlich der „Pöbel", Schichten, die zunehmend illiterat waren.

Wenn später die Wehrpflicht den Soldatenstand insofern aufhob, als sie ihn zum allgemeinen Stand ausweitete, in den die ganze Nation einging, so prolongierte sie gleichwohl den Schnitt, den die kantonalen Exemtionen durch die Gesellschaft gezogen hatten. Es lag im Wesen der allgemeinen Wehrpflicht, daß sie antiliberal war, und als solche wurde sie bekämpft, aber so illiberal war sie wiederum nicht, daß sie nicht dem gebildeten Besitzbürgertum eine erhöhte Chance gegeben hätte, sich dem Adel anzugleichen, der sich für die Offizierslaufbahn seinerseits den Bildungskriterien zu unterwerfen hatte. Es entstand innerhalb des Heeres „eine neue Hierarchie der bürgerlichen Gesellschaft"[62]. Im Institut der Einjährig-Freiwilligen, in der Reserveoffizierslaufbahn, in den Bedingungen der Wahl zum Landwehroffizier finden sich die Kriterien für die ehemals Eximierten wieder. Landwehroffizier konnte nur werden, wer als Freiwilliger mit Gymnasialbildung die Offiziersreife erreicht hatte, ferner ein ausgedienter Unteroffizier, der freier Grundeigentümer geworden war, schließlich jeder, der ein Vermögen von 10 000 Talern besaß.[63] Hinzu traten die „militärischen und staatsbürgerlichen Eigenschaften", die erforderlich waren.[64] Die spezifisch staatsbürgerliche Oberschicht des ausgehenden achtzehnten Jahrhunderts wuchs seit der Reform in die Pflichten und Rechte eines ersten Staatsstandes hinüber. Und sie zog sogar ehemals eximierte Fabrikarbeiter nach. „Kunstgerechte und mechanische Arbeiter", die in ihren Fabriken unabkömmlich seien, gewannen — wie übrigens auch die Zöglinge des Gewerbeinstituts — das gleiche Vorrecht, nur ein Jahr dienen zu müssen: aber „diese Individuen werden nicht ihrer Persönlichkeit wegen, sondern lediglich zum Besten der Fabriken, in denen sie beschäftigt sind, ... begünstigt"[65]. Die Persönlichkeit wird uns auch später noch als Lückenbüßer fraglich gewordener Standesrechte begegnen, über sie aber führte in der Tat der Weg zu jenem zunehmend apostrophierten Gegensatz zwischen Kopf- und Handarbeit, der manchem Unternehmer ein gutes Gewissen verschaffen sollte, als die Bildung nur mehr eine Fassade des Besitzes war.

Im Landrecht war jener Gegensatz noch nicht in seiner kahlen Flachheit sichtbar, er trat hinter der ständischen Abschichtung zurück, die auch in das materielle *Strafrecht* einging. Nach oben steigende Verantwortung brachte das Risiko höherer Strafen mit sich, für die unteren Schichten waren härtere Strafvollzüge vorgesehen. Vorgesetzte Beamte, die ihre

---

62 *Huber:* Verfassungsgeschichte 1, 238. Dort eine exakte Analyse des Zusammenhangs.
63 Landwehrordnung v. 21. 11. 1815, § 33 (GS 77).
64 KO 22. 5. 1818; *Kamptz:* Ann. 2, 548.
65 Instruktion für die Prüfungskommission v. 22. 1. 1822, § 14; *Kamptz* Ann. 9, 1107 ff.

Untergebenen zu gesetzwidrigen Handlungen verleiteten, konnten doppelt so hohe Strafen erhalten, wie die, die den Befehl ausführten (§ 342, II, 20). Und „bei Bestimmung der Art der Strafe muß doch allemal darauf Rücksicht genommen werden, zu welcher Klasse oder welchem Stand der Verbrecher gehört. Dieser Unterschied ist keineswegs Parteilichkeit, sondern er liegt in der Natur der Sache und der Strafe selbst". Festungsarbeit für Bauern und Tagelöhner sei nicht härter als Festungsarrest für Edelleute. Diese von Kamptz mit hohem Lob versehene Maxime des Svarez[66] wurde im ganzen Vormärz durch wiederholte Reskripte den Richtern eingeschärft. Bei Wahl der Strafart mußte der Richter Geburt, Herkunft, Erziehung, Stand, Vermögen und Fähigkeit zu körperlicher Arbeit berücksichtigen.[67] Nun entsprach aber die zwischen den Ständen ausgleichende Gerechtigkeit immer weniger der ständischen Wirklichkeit. Denn diese wandelte sich. 1837 z. B. werden der Adels-, Offiziers- und höhere Bürgerstand, inzwischen ganz selbstverständlich, als „Personen höheren oder gebildeteren Standes" zusammengefaßt: sie sollten wie bisher von Strafarbeit befreit bleiben. Umgekehrt sei zu verfahren bei Personen geringen Standes, „namentlich der arbeitenden Klasse"[68]. Dieser apostrophierte Gegensatz höheren Bildungsstandes und niederer arbeitender Klasse, der den Strafvollzug unterscheiden sollte, war nun zweifellos im Landrecht angelegt, aber keineswegs ausschließlich. Das Landrecht hatte noch schärfer differenziert, da es sich an die überkommenen Standesbegriffe anzulehnen suchte.

Vor allem legalisierte es eine gleitende Strafskala, wo es darum ging, die ständische Abstufung selber abzusichern. Ehrenkränkungen wurden je nach Stand des Beleidigers und des Beleidigten verschieden geahndet.[69] Verbal- und Realinjurien innerhalb des Bauern- und gemeinen Bürgerstandes wurden gelinder bestraft als im „höheren Bürgerstand", innerhalb dessen wiederum gelinder als unter dem Adel, zwischen Offizieren und königlichen Räten. Andererseits wurden Ehrenkränkungen von oben nach unten weniger verfolgt, als wenn sie von unten nach oben vorkamen. Diese Differenzierung dauerte im ganzen Vormärz. So wurde z. B. der Berliner Oberbürgermeister von Bärensprung 1838 vom Kammergericht, weil er adlig und höheren Standes war, zu 10 Talern Geldstrafe verurteilt wegen Beleidigung eines Stadtrates, der, weil niederen Standes, für den gleichen Tatbestand acht Wochen Gefängnis erhielt.[70] Man sah also

---

66 *Svarez:* Vorträge 380; *Kamptz:* Jb. 41, 56a.
67 R. 31. 5. 1802, NCC XI, 953; R. 15. 9. 1804; *Gräff-Rönne-Simon* 7, 329; dort auch die folgenden Anweisungen 1809, 1819, 1821 (KO 8. 9. 21 [GS 158]), 1836.
68 KO 28. 11. 1837; *Kamptz:* Jb. 50, 608.
69 ALR II, 20, 10. Abschnitt.
70 *Clauswitz:* Berlin 158.

den unteren Ständen Beleidigungen mehr nach, wenn sie unter sich blieben, ahndete sie aber um so härter, wenn sie sich gegen Höhergestellte richteten. Beleidigtes Gesinde hatte die geringste Chance, ihm zugefügte Kränkungen gesühnt zu sehen.[71]

Kant setzte sich in seiner Rechtslehre mit diesen ständischen Strafstufungen auseinander. Er hieß sie grundsätzlich gut: aber aus dem entgegengesetzten Grund wie das Landrecht. Kant wollte Eitelkeit und Hochmut der oberen Stände öffentlich demütigen, um der Menschheit in jedem Menschen die rechtliche Chance auf gleiche Ehre zu sichern.[72] Das Landrecht dagegen erhob den Staat zum Ehrenwächter der Standesgrenzen, innerhalb derer jedem das seine zustehe. Dabei sollte die Rechtssprechung davon ausgehen, daß nicht nur die allgemeinen, sondern auch die im jeweiligen Einzelfall obwaltenden Standesunterschiede zu berücksichtigen seien, „um die zur Aufrechterhaltung der Ruhe und Ordnung im Staate und im Betriebe der Geschäfte eingeführten, notwendigen Abstufungen des Staates in ihren kleinsten Teilen zu sanktionieren"[73].

Der höhere Bürgerstand, also die Kantonfreien und Eximierten, Adel und Offiziere genossen dabei den besonderen Schutz des Staates. Tätliche Beleidigungen solcher Personen war der Richter auf Staatskosten zu verfolgen verpflichtet (§§ 653 f., II, 20), während die niederen Stände nur zu Privatklagen schreiten konnten. Mit derartigen Verpflichtungen hatte sich allerdings der Staat übernommen, bald wurde der Kreis der vom Staat unmittelbar zu schützenden Oberschicht auf die eingeengt, die „durch Geburt oder Rang eine vorzügliche Achtung zu fordern berechtigt sind"[74], also auf den Geburts- und „Amtsadel". Bei diesen fiel die private Ehre und das staatliche Interesse zusammen, und ihr Kreis konnte gelegentlich auch auf andere Personen ausgedehnt werden, wie 1812 auf die städtischen Bezirksvorsteher, „die der Staat besonders geehrt wissen will"[75]. 1836 wies der Staat die Gerichte erneut an, Injurienprozesse des oberen Bürgerstandes, des Adels und der Offiziere auf deren Antrag von Amts wegen zu führen, und zwar blieb — nach Rückfrage — der „mittlere Bürgerstand" und was darunter sei, ausdrücklich ausgenommen.[76]

Aber was in den dreißiger Jahren ein geeignetes Mittel schien, das Ansehen der staatlichen Oberschicht zu festigen, das hatte zur Zeit der Ema-

---

71 Vgl. den Exkurs I.
72 *Kant:* Met. d. Sitten, hrsg. Vorländer 160 (Ak. Ausg. 332).
73 *Gräff-Rönne-Simon* 7, 501.
74 Vereinfachung der Verfahrensweise durch die bekannte VO v. 30. 12. 1798 (NCC X 1854), IV. Abschnitt: Beleidigungen unter niederen Ständen wurden als Bagatellsachen, oberer Stände fiskalisch behandelt. Eingegangen in die AGO als Anhang § 216.
75 R. 20. 6. 1812; *Kamptz:* Jb. 1, 248; AGO ed. *Mannkopf* 2, 719.
76 KO 9. 2. 1836 (GS 164); die Ausnahme des mittleren Bürgerstandes — ein mittlerer Beamter fühlte sich zuwenig geschützt — wurde nicht in der Gesetzsammlung publiziert: KO 7. 7. 1837, AGO 2, 720.

nation des Landrechts noch einen anderen, kriminalpolitischen, Sinn. Der strenge Ehrenschutz der oberen Stände zielte anfangs darauf, die Selbsthilfe, zu der besonders das Militär zu greifen pflegte, unter staatliche Kontrolle zu bringen. In einer Zeit, da die „Selbstrache", wie eine Verordnung 1788 zugab, „unter gewissen Umständen weniger strafbar sein kann", diente die Verstaatlichung des Ehrenschutzes nicht nur die Ständeordnung zu sichern, sondern ebenso sie zu zähmen. Im genannten Jahre wurden die Militär- und Zivilgerichte angewiesen[77], die sich häufenden Auseinandersetzungen zwischen dem Militär- und dem „Civilstand" besonders hart zu ahnden, was zu der Bestimmung im Landrecht führte, gegen den jeweils Schuldigen, ob Militär oder Bürger, die Strafen zu verdoppeln (§ 642, II, 20). Es war nur eine weitere Konsequenz dieser Politik, wenn 1811 das Rechtsinstrument der Privatgenugtuung abgeschafft wurde, so daß — von den Konzessionen für Duellanten abgesehen — beleidigte Ehre nur mehr durch staatliche Strafe gesühnt werden konnte.[78]
Dabei freilich stellte sich heraus, daß im Maß, als er den ständischen Ehrenschutz bei sich monopolisierte, der Staat der Auflösung solcher Ehrbegriffe Vorschub leistete. Der Versuch des Landrechts, durch erhöhte Ehrenstrafen die Ständeschranken zu festigen, kam zu spät. Die Rechtssprechung geriet bald in große Schwierigkeiten, die staatlich sanktionierten Klassifikationen zu berücksichtigen. Das Berliner Stadtgericht verurteilte biedere Handwerksmeister wegen Schimpfereien und Keilereien so, als seien sie höheren und nicht — wie das Gesetz vorschrieb — niederen Bürgerstandes. Das hatte die kuriose Folge, daß sie wegen leichter Beleidigungen für vierzehn statt für drei Tage ins Gefängnis wanderten. Das Kammergericht sah sich gezwungen, dauernd die Strafen zu ermäßigen, was wiederum den Protest der in ihrer bürgerlichen Ehre angegriffenen Berliner Stadtrichter hervorrief: in der Residenz seien die Handwerksmeister durch „Kultur" und „Vermögen" so ausgezeichnet, daß sie nicht mit „Dienstboten, Tagelöhnern, Arbeitsleuten, gemeinen Bauern und Handwerksgesellen, im gleichen gemeinen Soldaten" gleichgesetzt werden dürften. Das Kammergericht stimmte dem Einwand zu und berichtete 1799 an den König[79]: „Jedem, der sich nur etwas mit diesen Teilen der gerichtlichen Praxis beschäftigt, werden die Inkonvenienzen einleuchten, die uns bei den engbestimmten Schranken der Bürgerklassen in dieser Hinsicht täglich aufstoßen". Die Gliederung der Bürger in niedere, höhere und solche, die den Ratscharakter besitzen, reiche nicht aus. Nach dem Gesetzbuch gehöre „der reiche Kaufmann, der durch seinen über halb Europa ausgebreiteten Handel den Staat bereichert und hundert Hände ernährt,

---

77 VO 17. 7. 1788 (NCC VIII, 2187, 2187) und VO 31. 7. 1788 (NCC VIII, 2197).
78 G. 1. 2. 1811 (GS 149) = AGO Anh. § 229.
79 Reskr. 10. 6. 1799 (NCC X 2543); *Gräff-Rönne-Simon* 7, 498.

mit dem armseligen Krämer, dessen ganzer Wirkungskreis darin besteht, eine kleine Stadt mit Häringen oder Schwefelhölzern zu versehen", zum gleichen Stand. Der „kultivierte Handwerker" stünde unter dem „armen Trödeljuden", der „civilisierte" und der „uncivilisierte Handwerker" müßten mit dem gleichen Maß gemessen werden und so fort. Aber es sei überhaupt schwer, einen gerechten Maßstab zu finden. Soweit es sich nicht um staatlich verliehene Ränge handele, gebe es kein sicheres Kennzeichen, den niederen vom höheren Bürgerstand zu scheiden. Das Stadtgericht berechne Kultur und Vermögen, aber das erstere sei bei dem schriftlichen Verfahren unmöglich und zweitens „würde dadurch auch von Seiten der Gerichte ein Aristokratismus des Geldes autorisiert, welcher ohnedies schon genug herrscht, und der Verdacht der Parteilichkeit würde bei dem gemeinen Haufen gegen die Richter vermehrt".

In einer Zeit, in der man, wie Garve sagte[80], anfing „das Geld als das vornehmste Mittel zur Glückseligkeit, und als die solideste Basis der Ehre anzusehen", war die kritische Reaktion des Kammergerichts bezeichnend nicht nur für die Berliner Justiz, sondern auch für die preußische Verwaltung in den folgenden Jahrzehnten. Aber unlösbar war die Schwierigkeit, in die man geriet, wenn man das flüssige Element des Geldes ständisch einzuordnen gezwungen war. „Die Geisteskultur", schließt das Kammergericht, „wäre freilich das edelste, aber auch das um so schwieriger zu bestimmende Kennzeichen", um oberen und unteren Bürgerstand zu scheiden. Im Allgemeinen ließe sich nicht bestimmen, ob dieser oder jener ein kultivierter Mensch sei, außerdem könne kein Gericht aus dem ganzen Umfang seines Gerichtssprengels „die mehr oder weniger Kultivierten herauskennen". So kapitulierte das Kammergericht vor der Schwierigkeit, das sich aufdrängende Bildungskriterium in die bestehende Ständeschichtung auf eindeutige Weise einzuführen. Bildung war nicht justiziabel. Der vorgeschlagene Ausweg ging dann über die Verordnung vom 19. Dezember 1799 in die allgemeine Gerichtsordnung ein: man fügte vorsichtshalber noch den mittleren Bürgerstand hinzu, ansonsten blieb es in jedem einzelnen Fall dem Richter persönlich überlassen, nach eigener Kenntnis und nach der „allgemeinen Meinung" den Stand der Kläger und der Beklagten zu bestimmen (AGO Anh., § 222). Der Rekurs auf die allgemeine Meinung bestätigt zwar, daß die Ordnung des Landrechts noch ein Echo in der bestehenden Gliederung hatte, aber die richterliche Einzelentscheidung zeugt davon, daß Stand und Ehre von sich aus keiner eindeutigen Zuordnung mehr fähig waren.

Es war dem Staat nicht möglich, eine Standesehre, die letztlich vom stillschweigenden Konsens aller abhing, durch überhöhte Strafmaße in eigene

---

80 *Garve:* Versuche 1, 244. Ähnliche Belege bei *Krüger:* Manufakturen 241 ff.

Regie zu nehmen. Nach vier Jahren, 1798, mußte er eingestehen, daß die landrechtlichen Ehrenstrafen „den beabsichtigten Endzweck nicht erfüllt" hätten, sie wurden pauschal auf ein Zwölftel gesenkt, nur bei Geldstrafen sollten die Vermögensumstände berücksichtigt werden, damit der Zweck der Strafe „nie verfehlt" werde.[81] 1808 schließlich erhielt Beyme bei seiner Ernennung zum Großkanzler die Anweisung, alle ständisch differenzierenden Strafmaße einzuebnen, da sie „dem Geiste der Nation" zuwider seien.[82] Die Durchführung blieb ebenso aus, wie die Patrimonialgerichte und die persönlichen Gerichtsstände bestehen blieben. Nun war es allerdings so, daß der staatliche Ehrenschutz der Stände nicht mit dem Geist der Nation harmonierte; aber nicht nur, weil die Begriffe der Standesehre entschwunden gewesen wären, sondern ebenso, weil diese sich nicht verstaatlichen ließen. Gerade die Injurienstrafen, die ja dem Schutz der Ehre dienen sollten, galten selber nicht als ehrenrührig.

Als 1822 die schlesische Kommission die provinzialständische Verfassung beriet, kam sie zum Schluß, daß Festungsstrafen wegen Ehrenhändeln „oder wegen aus Übereilung begangener Injurien" die Unbescholtenheit der Standesvertreter nicht tangierten. Denn es sei möglich, „daß die Pflicht, die Achtung seiner Standesgenossen zu bewahren, sich nicht mit den Vorschriften positiver Gesetze vertrage, die als allgemeine Normen einzelne notwendige Ausnahmen nicht berücksichtigen könnten."[83] So verzichtete denn auch der Staat nolens volens, das im Landrecht ausgesprochene Duellverbot durchzusetzen[84]; vielmehr dehnten die Kriminalgerichte dessen lässige Handhabung auch auf den höheren Bürgerstand aus.[85] Dieser wurde satisfaktionsfähig und somit unter Umgehung der Gesetze dem ersten Stand des Staates angeglichen: ein weiterer Schritt zur Integration der neuen Oberschicht, die im Landrecht angelegt, aber nicht auf diese Weise

---

81   VO 30. 12. 1798, 4. Abschnitt §§ 16 ff. (NCC X, 1851).
82   KO 25. 11. 1808, abgedruckt bei *Gräff-Rönne-Simon* 5, 89.
83   *Röpell:* Provinzialstände 283. Zur Begründung der Standesehre siehe *Radowitz:* Ausg. Schr. 2, 168.
84   1816 weigerte sich ein bürgerlicher Reg.-Rat in Köln, Satisfaktion zu leisten. Darauf schloß die Regierungsbehörde den Kollegen eigenmächtig aus und die Innenminister Schuckmann und Finanzminister Bülow wagten nicht, diesen quasiständischen Beschluß zu widerrufen, obwohl sie beide davon ausgingen, daß „Duelle bei uns Criminalverbrechen sind" (*Klein:* Solms-Laubach 68 f., 150).
85   *Gräff-Rönne-Simon* 7, 513 ff.; 1837 begann allerdings der Kriminalsenat des Kammergerichts, streng legalistisch, de facto den Adel und die Offiziere einseitig bevorzugend, die Ausnahmemöglichkeiten in Duellverfahren nicht mehr auf Bürger anzuwenden: „obgleich die Ansichten von Ehre und Satisfaktionsfähigkeit sich geändert hätten". Simon, einer der Verfasser des berühmten Kommentars zum ALR, überstand als Zivilbeamter in zweijähriger Festungshaft die Folgen eines tödlich ausgetragenen Duells. „Er beklagte das Vorurteil, welches zu einem Duell nötige, das aber, solange es herrscht, Pflichten gegen sich selbst auflege": so kommentierte wiederum *Jacoby* (Simon 62) die Haltung seines Freundes.

gedacht war. Es ist eine Ironie, daß den Injurienbestimmungen zum Trotz die soziale Fusion der neuen Oberschicht gerade auf dem außergesetzlichen Weg spezifisch adelsständischer Ehrbegriffe zustande kam. So wurden die landrechtlichen Bestimmungen zum Schutz ständischer Ehre doppelt obsolet: sowohl für die, die eine hatten, wie für die, die keine mehr kannten. In beiden Fällen, sowohl für die alten Stände, wie für die Vertreter einer vor dem Recht gleichen Gesellschaft, war das Landrecht unzureichend. Die Fortgeltung der ständischen Differenzierung innerhalb der Injurienstrafen hatte nurmehr die mißliche Folge, die Ehre der gebildeten und höheren Stände gegen die satisfaktionsunfähige Unterschicht drastischer zu verteidigen als umgekehrt. Die Berufung auf innere Würde und Selbstachtung, die sich der aufsteigende Bürger schuldig war, deckte sich um so weniger mit den Ehren, die den staatlichen Ständen äußerlich anhafteten. Und die Juristen stritten sich, ob zum Begriff der bürgerlichen Ehre auch der innere, moralische Wert einer Person gehöre, oder nur die vom Staat ausgesprochene Rangordnung: so waren die Begriffe der bürgerlichen Ehre und der Standesehre auseinandergetreten und ließen sich auch durch Strafgesetze nicht mehr zusammenfügen.[86]

Wie bei den differierenden Gerichtsständen zeigt sich im strafrechtlichen Ehrenschutz, daß Bestimmungen, die im Landrecht der bürgerlichen Oberschicht den Eintritt in die hoffähige Gesellschaft ebneten, gerade weil sie beibehalten wurden, den nachdrängenden Kräften ein kränkendes Obstakel boten. Das zeigt sich am offensten im Rheinland, wo Napoleon die Gleichheit vor dem Gesetz legalisiert hatte. Als zehn Jahre nach der Wiedereinführung des Adels auch die Strafe des Adelsverlustes auf den Bereich des rheinischen Strafgesetzbuches ausgedehnt wurde, wehrte sich das Bürgertum erbittert dagegen, ein Stand minderer Ehre zu sein, in den überzuwechseln man verurteilt werden dürfe.[87] Und als 1843 dem rheinischen Landtag der Entwurf eines neuen, allgemeinen Strafgesetzbuches vorgelegt wurde, in dem „die größte Ungleichförmigkeit in Zufügung des Strafübels" nach persönlichen und bürgerlichen Verhältnissen wieder auftauchte, lehnte der Landtag den Entwurf geschlossen ab. Moralischer Wert und Gesinnung seien vom Glück äußerer Umstände völlig unabhängig, wie der Ausschuß referierte, die Ehre sei nicht an Klassen gebunden. Wenn im Rheinland die Rechtsgleichheit ein halbes Jahrhundert lang „ohne Inkonvenienzen bestanden hat", so habe sie „Anspruch darauf, der Geschichte anzugehören", und das hieß, fortzubestehen.[88] Am 18. Dezem-

---

86 Die Diskussion der Juristen bei *Gräff-Rönne-Simon* 7, 480 f.
87 KO 18. 1. 1837 (GS 30). Auch im Posener Landtag von 1841 wurde die ausdrückliche Aufhebung der adligen Standesvorrechte gefordert: die Petition wurde aber mit 23:22 Stimmen abgelehnt. *Bergius* verfehlt nicht darauf hinzuweisen (Staatsrecht 164).
88 *Wenckstern:* Verhandlungen 1844, 341, ff.; vgl. *Mevissen* 1, 461 und *Hansen:* Rhein. Briefe II, 411, 423 ff.; für 1847: Der erste Vereinigte Landtag I, 20 ff. 493.

ber 1848 wurde für den ganzen Staat verordnet: „Auf Standesunterschied, welcher in den bestehenden Gesetzen bei Bestrafung der Injurien gemacht wird, soll es ferner nicht ankommen."[89] So endete ein Privileg, auf dessen Rücken die Spitzen des Bürgerstandes in staatliche Ränge hochgetragen und dem Adel gleichgestellt worden waren, indem es zugleich die Schotten schloß gegen die nachdrängende Bürgergesellschaft, die sich nur im Vorhof staatlich garantierter Ehre befand. Kein Wunder, daß diese ihre Ehre daran setzte, einen ständischen Überhang zu beseitigen, in dessen Schatten ihre revolutionären Gefühle gezüchtet wurden.

Daß die Beamtenschaft als Stand privilegiert worden war, gehörte zu den notwendigen Kampfmitteln des absolutistischen Staates, seine überprovinzielle Macht und Autorität im scharfen Gegensatz zu den Landständen abzustützen.[90] Daß sich derartige Privilegien, zu denen auch die *Steuerfreiheit* gehörte (§§ 104 ff., II, 10), zugunsten der Beamten als Individuen auswirkten, war die ebenso selbstverständliche Folge davon. Eine ganze Reihe wirkte im Vormärz weiter: etwa die Freiheit von Schuldhaft, gewisse Vorbehaltsrechte der Behörden bei gerichtlichen Verfahren gegen Beamte[91] und ähnliches, was die Kritiker der Bürokratie zu notieren nicht aufhörten. In dem Maße, als sich die Beamtenherrschaft an die Stelle der Stände zu setzen wußte, entfielen natürlich die alten Motive der Privilegien, staatsbildend zu wirken, da der Staat selbst in die breite Wirklichkeit trat. So war es nur konsequent, daß 1820 bei der Einführung der generellen Steuer auch die Beamten, als die speziellen Staatsbürger, diesen Steuern unterworfen wurden. Sie verloren ihr Privileg (§ 112, II, 10) bis auf eines: in den Städten mußte ein Staatsbeamter nur die Hälfte seines Gehaltes zu Kommunallasten veranlagen, und auch dann durfte die Summe, je nach Höhe der Bezüge, nie 1—2 %/o übersteigen.[92] Privatbesitz dagegen wurde voll besteuert. Diese Bestimmung entbehrte nicht der Gerechtigkeit, daß nämlich ein Beamter des Staates — überallhin versetzbar — nicht die Nachteile der regional höchst verschiedenen Kommunalschulden mitzutragen hatte. Aber an Ort und Stelle verschärfte jene Bestimmung den Schnitt zwischen dem beamteten Staatsbürger mit höherer Verantwortung und dem Stadtbürgertum in lokaler Eigenverwaltung, der sich im Laufe des Vormärz als Moment der Entfremdung zwischen Staat und Gesellschaft erweisen sollte.[93]

---

89 VO 18. 12. 1848, § 2 (GS 423).
90 *Hintze:* Beamtenstand 30 f.
91 Liste bei *Bergius:* Staatsrecht 285 ff.
92 G. 11. 6. 1822 (GS 184); die Motive bei *Kamptz:* Ann. 8, 853.
93 Mit 59:12 Stimmen setzte sich 1843 der rheinische Prov.-Landtag dafür ein, die Beamten unterschiedslos den Kommunalsteuern zu unterwerfen: „eine allgemeine Gleichmäßigkeit sei jetzt der allgemeine Wunsch", der natürlich abgelehnt wurde (*Wenckstern:* Verh. 95).

Adel und eximiertes Bürgertum

Sehr viel länger hielten die Exemtionen an, die der Geistlichkeit zugesprochen worden waren (§§ 96, 775, II, 11). Selbst zur Zeit, da die Kirchengüter eingezogen wurden, nicht selten um den Verkaufserlös für Kranken- und Erziehungsanstalten zu verwenden[94], blieben die Geistlichen und Pfarrer persönlich, samt den verbleibenden Kirchengrundstücken, von jeder Steuerpflicht ausgenommen. Mit der Ausweitung des Staates nach West und Ost wurden auch die alten Immunitäten wiederhergestellt, die in Warschau, Westfalen und im Rheinland beseitigt worden waren[95], ja 1837 ging man so weit, für alle weitergeleisteten Steuern der vor 1806 befreiten Grundstücke rückwirkend Entschädigungen zu zahlen.[96] Hardenberg fügte nun dieser Schicht, die für die moralische und geistige Erziehung des Volkes eingespannt werden sollte, 1815 auch noch die der Schullehrer hinzu.[97] Sie allesamt traten in den gleichen Genuß der absoluten Steuerexemtion — indirekte Steuern natürlich ausgenommen —, und 1820 wurde die Freiheit sogar auf die allgemeine Klassensteuer ausgedehnt.[98] Die Befreiung von der Klassensteuer, die ja in den Städten nicht

---

94 Daß die Verkäufe im Gefolge des Säkularisationsedikts vom 30. 10. 1810 für den Staat ein einziges Verlustgeschäft waren, gibt Bülow, der Finanzminister offen zu: der Gewinn floß in die Kassen privater Bürger (DZA Merseburg, R 74, J VII, Gen. 1). In den neupreußischen Provinzen ging man seit 1796 mit der Beseitigung der Kirchengüter voran, da diese „als ein wahres Staatseigentum . . . nach richtigem Begriff unstreitig zu achten sind": denn sie leisten bisher nichts Produktives in der Landwirtschaft. Nach 1815 verfuhr man in Posen vorsichtiger, die Gelder wurden an den Zweck gebunden, die katholische Lehrer- und Priesterausbildung zu fördern (Ob.Pr. Posen, XXIV, D III, d 3a).
95 KO 13. 9. 1815, Reskr. 30. 1. 1817 (*Kamptz:* Ann. 1, 138; *Gräff-Rönne-Simon* 5, 654). Im Bereich der Konsumtionssteuer vom 28. 10. 1810 wurden die mutmaßlichen Sätze sogar von Zeit zu Zeit rückvergütet. Als die Altmark 1813 an Preußen zurückfiel, versicherten die Superintendenten dem König ihrer Gefühle. Es sei unmöglich, „von irgendeinem Stande in dieser Freude, in dieser Gesinnung übertroffen zu werden . . . Welche Leiden mußten wir erdulden! Welche Schmach über uns ergehen lassen!" Sittenlosigkeit und Irreligion habe die Fremdherrschaft verbreitet, Kirchen und Schulen verloren alle Freiheiten und mußten alle Lasten und Abgaben mittragen, sogar Grundsteuer mußten die Landprediger und Schullehrer entrichten, Maires und Kommunen wetteiferten, Kirche und Schule zu drangsalieren. Es folgt die Bitte um Schutz von Kirche und Schule und um Erhöhung des Lehrerstandes: „Heil uns nun!" (R 74, H II, 2, vol. 2). Für den verzweifelten Kampf um ihre Immunitäten und besonders den privilegierten Gerichtsstand der Geistlichkeit siehe das Gutachten der geistlichen Kommission vom 4. 6. 1815: sie kämpften gegen die allseitige „Gefahr, mit jedem niedrigen Bürger und Bauer gleichmäßig behandelt zu werden" (*Foerster:* Landeskirche 1, 386, 392 passim).
96 KO 10. 1. 1837 (GS 3 ff.): praktisch kam diese Rente einer Gehaltserhöhung gleich, die die niedrigen „napoleonischen Gehälter" weiterhin aufbesserte.
97 KO 13. 9. 1815 (*Kamptz:* Ann. 1, 138). Allerdings bestritt Altenstein durch Reskr. v. 26. 4. 1819 den Universitätslehrern ihre Steuerfreiheit (*Kamptz:* Ann. 3, 426).
98 G 30. 5. 1820 § 2 GS 140. 1837 interpretierten das Kultus- und Innenministerium die Steuerfreiheit dahin, daß Geistliche und Schullehrer auch von allen Beiträgen zur Ortsarmenpflege entbunden seien (*Kamptz:* Ann. 21 249): wohl um den Brauch der Almosen nicht in Verfall geraten zu lassen. 1841 wurde durch Zirkular erklärt, daß auch jedes bewegliche und unbewegliche Privatvermögen der Pfarrer und Lehrer von der Klassensteuerveranlagung auszunehmen sei: nur Gewerbe, das sie betreiben, sei steuerpflichtig (abgedruckt bei *Gräff-Rönne-Simon* 5, 654).

erhoben wurde, war praktisch eine Prämie für die armen Volksschullehrer auf dem Lande, ihre staatliche Erziehungsarbeit am Volk zu leisten. So gesellte sich ein weiterer Kreis zur staatlichen und adligen Oberschicht, der vom Landrecht her fortwirkend dem gewöhnlichen, besonders dem wirtschaftenden Bürgerstand enthoben war. Stellte man die Dienstleistung der „gebildeten Stände" nicht in Rechnung, so zerfiel das Bürgertum in die, die vom Staat profitierten: Beamte, Lehrer, Geistliche, die Schicht der Gebildeten insgesamt; und in solche, die dafür bezahlten. Der rechtliche Unterschied bestand, und daher war es den radikalen Gegnern jeder Herrschaft der „Mandarine" ein Leichtes, die Sachlage so zu sehen und auch zu propagieren.[99] Die Exemtion fiel als eine der letzten in der Revolution, am 7. Dezember 1849.[100]

Privilegien, die im achtzehnten Jahrhundert — und so noch im Landrecht — bestimmte Schichten aus dem Bürgertum an den Staat herangezogen hatten, um die regionalen Unterschiede anzugleichen oder zu überbrücken, verloren ihren Sinn, sobald alle Stände staatsunmittelbar wurden und sich dann in eine wirtschaftlich freie Gesellschaft verwandelten. Gleichwohl gab es persönliche Privilegien, die selbst die Revolution überdauerten.

Weit über die 48er Revolution hinaus währte die ständische *Ehegesetzgebung* des Landrechts[101], die für das Privatleben Rechtsunterschiede festlegte, die im wirtschaftlichen Bereich bald beseitigt werden sollten. Während es in der Rechtsprechung schwer hielt, die landrechtlichen Abschichtungen des Bürgerstandes nach unten eindeutig zu bestimmen, trug das Gesetzbuch der Verwischung der oberen Grenze des Bürgerstandes in dieser einen Hinsicht Rechnung. Dem männlichen Adel wurde die standesungleiche Ehe verboten, aber Heiraten mit Töchtern aus höherem Bürgerstande waren erlaubt (§§ 30, 33, II, 1). Die Bestimmung ging auf die Magdeburger Polizeiordnung von 1688 zurück, sie war 1739 auf ganz Preußen ausgedehnt und schließlich in das Landrecht übernommen worden. Diese Gesetze, dem gemeinen Recht im Reich unbekannt, waren für Preußen einzigartig. Sie behandelten den gesamten preußischen Adel, so wie im Reich sich nur der Hochadel verstand, als eine dem Volk unerreichbare Klasse. Das Landrecht ging aus rechtslogischer Konsequenz über die vorausgegangenen Verordnungen sogar noch hinaus. Während früher bei Ehen mit „anrüchigen Personen" der Adel verloren ging, bei standesungleichen Ehen aber erhalten blieb — nur die Kinder dem Stand der

---

99 Vgl. unten 3. Kap. I u. II.
100 GS 436.
101 Aufgehoben 22. 2. 1869 (DZA Merseburg Rep. 89, C XLIVb, Gen. Nr. 22: Betr. die Ehe von Personen des Adelsstandes mit Personen niederen Standes).

Mutter folgten —, erklärte das ALR solche Ehen für nichtig.[102] „Die Fortsetzung nichtiger Ehen ist der Richter zu dulden nicht befugt," sie mußten von Amts wegen aufgelöst werden (§§ 962 f. II, 1).

Der staatliche Versuch, die Standesbegriffe bis in das Privatleben hinein zu diktieren, war so überspannt, daß er das Ausweichen in die illegalen Verhältnisse, die das fin de siècle kennzeichnen, eher provozierte. Die folgenden Verordnungen zeugen davon, daß die Zahl der Adligen, die eine Mésalliance im staatlichen Sinn einzugehen trachteten, nicht gering war. Sie führten entweder eine wilde Ehe — gezwungenermaßen — und erhöhten damit dank des Gesetzes die Einwände gegen eben dieses Gesetz. Oder das Gesetz wurde von den Angehörigen, die ein Einwilligungsrecht hatten, zu finanziellen Erpressungen benutzt, ohne die kein Dispens erteilt werden mochte.[103] Schließlich erwies sich das Gesetz auch dem Wortlaut nach nur schwer anwendbar: denn wie weit reichten die „niederen Stände"? Bereits Svarez hatte Schwierigkeiten, sie zu definieren und er gestand, eigentlich sei es gar nicht möglich. 1739 zählte man noch die Berufe der niederen Stände positiv auf: „darunter die Töchter und Wittwen der Bauern, Pächter aller und jeder Krämer, Künstler, Handwerker, Wein-Bier-Kaffee-Schänken, Gastwirthe, Bierbrauer in großen und kleinen Städten, Kommödianten, und überhaupt aller derjenigen, welche mit diesen benannten Personen gleich konditioniert seynd, nicht weniger Dienstmägde, begriffen sein sollten". Aber diese Liste, die auch im Entwurf noch auftauchte, zog dauernd Prozesse nach sich und so verfiel Svarez auf den Ausweg, statt der niederen einfach die oberen Stände zu definieren, mit denen das Konnubium erlaubt sei, „zumal man solchergestalt überhoben war, verschiedene sehr achtungswürdige Klassen des niederen Bürgerstandes dadurch, daß man sie im Gesetzbuch in dieser Verbindung nennt, zu kränken und gleichsam verächtlich zu machen". Die Entschuldigung zeigt, wie fragwürdig die Bestimmungen des Landrechts, die an Schärfe alle vorangegangenen übertrafen, in der Öffentlichkeit bereits waren. Die Liste der heiratsfähigen Bürgertöchter, die genügend Geld oder Bildung in die Adelsfamilien einzubringen versprachen, deckte sich mit den Exemtionen der Kantonpflicht: die Schwestern der Söhne, die in der Regel nicht zu dienen brauchten, konnten in den Adel einheiraten. So rückte andererseits der Handwerkerstand, als zum niederen Bürgerstand gehörig, in dieselbe Klasse ein wie Dienstboten, Gesinde und der „Pöbel". Letztlich sei es die gute „Erziehung", wie Svarez zu verstehen gab, die den Bürgerstand derartig gliedere.[104]

---

102 *Gräff-Rönne-Simon* 3, 21; *Kamptz:* Jb. 41, 106; zeitgenössische Kritik bei *Hermann:* Fragmente 30 ff.
103 Feststellung im Ministerium für Gesetzesrevision, zit. bei *Gräff-Rönne-Simon* 3, 24.
104 *Svarez:* Vorträge 321; für altständische Proteste gegen die Ebenbürtigkeitsbestimmungen siehe *Lehmann:* Stein 2, 49. Daß auch die Töchter „eines Kapellmeisters, eines

Nach dem Oktoberedikt tauchte schnell die Frage auf, ob mit dem Fortfall der Wirtschafts- und Berufsschranken auch die Ehehindernisse beseitigt seien.[105] Denn die Ehehindernisse waren ja nicht nur an die Geburt, sondern — vom Bürger her — ebenso an Rang, Bildung und Besitz gebunden. Sack bejahte die Frage bedingungslos und hielt sie keiner weiteren Diskussion wert. Aber die Gutachter, die sich mit der Adelsreform zu beschäftigen hatten, waren unterschiedlicher Ansicht. Graf Dohna erblickte im bestehenden Adelswesen zwar ein „inkonsequentes leeres Titelunwesen", aber er plädierte dafür, die Eheschranken beizubehalten. „Offenbar kann es keiner rechtlichen Familie aus den gebildeten Ständen, in welchen ein feineres Ehrgefühl stattfindet, gleichgültig sein, wie ein sittenloses Familienmitglied eine Person aus dem rohesten Pöbelhaufen, welche vielleicht noch obendrein einen schlechten Ruf hat, heiratet." Der Staat müsse den Familiengeist heilig halten und ihm, ohne sich zu sehr einzumischen, eine edle Richtung geben. „Es versteht sich ganz von selbst, daß zwischen dem bisherigen Adel und dem höheren Bürgerstand in der weitesten Ausdehnung, wohin ich auch alle selbständigen Eigentümer auf dem platten Lande rechnen möchte, vorzüglich in diesem Punkt kein Unterschied gemacht werden darf." Besonders die alten Grundbesitzer hätten jene „ächt liberale Gesinnung", die sie „mit allen gebildeten Klassen" verbinde. Die Verbindung von Bildung und Besitz ist stillschweigend zum gemeinsamen Kriterium der Oberschicht, des Adels sowohl wie des höheren Bürgertums geworden. Was fünfzehn Jahre zuvor noch eine Konzession war, bei der beide Stände zu gewinnen hofften, wird von dieser Stimme aus Ostpreußen 1810 bereits als eine Fusion der Oberschicht angesprochen.

Noch schärfer formuliert Raumer diesen Standpunkt. Das Landrecht sei in den einschlägigen Paragraphen des „aufgeklärten Zeitalters würdig und einer Verbesserung nicht bedürfend". Weder ein Gebildeter noch ein Edelmann möchte seinen Sohn mit einer „rohen Bauerndirne" verheiratet sehen. Denn „im sittlichen Sinn ist eine Mißheirat da vorhanden, wo der Gatte eine freie sittliche Bildung hat, und der andere ungebildet, roh, unsittlich ist". Traue ein Geistlicher ein solches Paar, so mache er ein Spiel aus der heiligen Handlung. Raumer nimmt überhaupt nicht mehr Kenntnis von der ursprünglichen Absicht des Gesetzgebers, aus „bloß politischem" Grund den Korpsgeist des Adels zu pflegen, ohne ihn finanzieller Hilfen entbrechen zu lassen[106]: er verteidigt vielmehr die von der bürgerlichen

---

großen akademischen Mahlers, Kupferstechers usw." heiratsfähig seien, weil die Opinion mit dem Zeitalter sich gewandelt habe, mußte die Justizkommission den märkischen Ständen erst klarmachen (*Krause:* Provinzgesetzgebung 45).
105 DZA Merseburg, Rep. 74, H VI, Nr. 4: die Umwandlung der ALR's und der Gerichtsordnung überhaupt, bes. die Vorschriften des Adels betr.
106 *Svarez:* Vorträge 321.

Adel und eximiertes Bürgertum

Oberschicht erlangte Position, indem er die Kriterien der Mißheirat aus dem Ständischen in das Innere, in das Sittliche verlegt. Es sei „hier nicht etwa von Standesunterschieden die Rede, sondern von Sittlichkeit, Familie, Wohl und bürgerlicher Ordnung, gewiß würdige heilige Gegenstände". Dagegen glaubte Raumer auf dem Umweg über diese Verinnerlichung — die Ehe sei „desto inniger, je mehr der sittliche Mensch sich bestrebt, sich über den physischen zu erheben" — einen neuen Zugang zu der Standesschichtung zu finden. Je sittlicher der Mensch, desto höher sein Stand. „Sehr weise stellt demnach das schon vorhandene preußische Gesetz in Beziehung auf die Ehe den Adel dem höheren Bürgerstand gleich, nicht aber dem gemeinen Bürgerstand und dem Bauernstand," was in doppelter Hinsicht dem ALR widersprach, indem dieses weder den Adel dem höheren Bürgerstand gleichstellte — sondern umgekehrt —, noch aber dem oberen Bürger verbot, sich mit einem unteren zu liieren. Indes die Tendenz ist folgerichtig. Die sittliche Bildung des oberen Bürgertums wird von Raumer zum eigentlichen Kriterium der gesellschaftlichen Gliederung gemacht und er sucht sie dem Landrecht zu unterstellen. Er verhalf nur einem Ansatz des Landrechts zum Durchbruch: aus dem Adelsschutz wird ein Bildungsprivileg. Dabei hätte er sich auf Fichte berufen können, der nur zwei Stände von Natur aus kannte: „einen solchen, der nur seinen Körper für mechanische Arbeit, und einen solchen, der seinen Geist vorzüglich ausbildet. Zwischen diesen beiden Ständen gibt es eine wahre Mésalliance und außer dieser gibt es keine".[107] Ganz in solchem Sinn meint Raumer, sei das Gesetz angemessen — und damit nimmt er auch Svarez' Argument wieder auf —, da landesherrlicher Dispens erteilt werden könne, sobald sich eine Heiratskandidatin der Unterschicht durch „Adel der Gesinnungen, Erziehung, Bildung" ausweise. So erfülle das Gesetz „alles, was Sittlichkeit und Aufklärung in einem gebildeten Zeitalter fordern können."
Indes nicht dieser Versuch, das Bildungsgefälle der Ständeschichtung des vergangenen Jahrhunderts legal zu unterstellen, rettete die Verbotsgesetze. Die Mehrheit der Gutachter, Hardenberg, Sack, Friese und Kircheisen war sogar für ihre Beseitigung. Sack glossierte die bildungsbeflissenen Feststellungen Raumers mit bitteren Worten; Sittlichkeit und Bildung seien völlig unabhängig von Stand und Geburt, und der Adel selber sei es, der dies täglich unter Beweis stelle. Friese entrüstete sich vollends: „Izt, im *Neunzehnten* Jahrhundert", sei es in der Tat verwunderlich, „daß wir noch eine solche Bestimmung in unseren Gesetzen haben". Sie widersprächen völlig „den aufgeklärten und loyalen Grundsätzen" der Reform, die — im Sinne Kants — von der Auflösung ständischer Ehrbegriffe in allgemein menschliche ausgingen.

---

107 *Fichte:* Grundlage des Naturrechts, Hamburg 1960, 329.

Die ganze Diskussion war ausgelöst worden durch eines der zahlreichen Dispensgesuche. Ein adliger Leutnant hatte ein Bauernmädchen geheiratet, nachdem er ein Kind von ihr erwartete und bat um die Legalisierung dieser nichtigen Ehe. Friese meinte, hier spiele der Adel eine untergeordnete Rolle. Man dürfe ein Mädchen nicht dafür büßen lassen, daß ihr Verführer vom Adel sei, man könne eine kirchliche Trauung nicht zum Schattenspiel machen und schließlich könne man die Schuld nicht auf das Kind abschieben, das des Vaters Namen verlustig gehe. Hätten die bisherigen Handlungen des Leutnants dem Adel nicht geschadet: wieso dann die Wiedergutmachung jener Handlungen? Der König entschied aber im Sinne Raumers. Der Leutnant solle Adel oder Frau aufgeben. Als sich indessen die Fälle häuften und den Gerichten, wie Hardenberg meinte, unnötige Arbeit bereiteten, forderte dieser mit Sack die Beseitigung der Artikel überhaupt. Die Entscheidung fiel aber durch das Gutachten des Justizministers von Kircheisen. Kircheisen, selber erst durch Nobilitierung in den Ministerrang eingerückt und ein alter Mitarbeiter von Svarez, hatte — wie dieser — Vorbehalte gegen die Eheschranke, aber er votierte — wie dieser — für ihre Beibehaltung. So vernünftig ihre Beseitigung sei: hinter den Ehebeschränkungen des Landrechts stünden die Lehenskonstitutionen, er zählt sie im einzelnen auf, und diese enthielten vom König sanktionierte Privatregelungen der adligen Erbschaftsbeschränkungen bei Mißheiraten. Gewiß frönten die Adligen schädlichen Vorurteilen, besonders in Schlesien, aber es sei höchst gefährlich, richtige Grundsätze mit rückwirkender Kraft zu Gesetzen zu erheben: das staue den Strom der Vorurteile, statt Zeit und Aufklärung sanfter aber desto sicherer wirken zu lassen. Der Geist des Landrechts ist völlig präsent: eine allgemeine Gesetzgebung mit primärer Kraft ist erst möglich, wenn die provinziellen Rechtsbestände von innen her sich überholt haben. Kircheisen verschob die Detailfrage, bis eine generelle Adelsreform spruchreif sei. Darauf erhielt er — auch nach entsprechenden Voten von Bülow, Gruner, Beguelin und Hippel — am 21. März 1812 die Anweisung Hardenbergs, die Adelsreform sofort für die Gesetzeskommission vorzubereiten. Sie ist bekanntlich nie erfolgt.
So überdauerten die Ehebeschränkungen des Adelsstandes die Reform, teils weil die Bildungsschichten — im Sinne Dohnas und Raumers — dadurch nicht ausgeschlossen wurden, aber mehr noch, weil die Privat- und Provinzialrechte des Adels zäher waren als die rationalen oder prinzipiellen Erwägungen eines Hardenberg, Sack oder Friese. Wie der Staat scheiterte, die ständischen Ehrbegriffe in seine Obhut zu nehmen, so in einem der wichtigsten Anwendungsfälle: im adligen Eherecht.
Die landrechtlichen Bestimmungen ragten mit zunehmender Antiquiertheit in eine gesellschaftliche Entwicklung hinein, die ebenso den Adel erfaßte. Selbstsicher verweisen die liberalen Juristen 1844 auf den Berliner

Adreßkalender, der zeigte, wie sehr der Adel seit dem Oktoberedikt als Stand zu existieren aufgehört habe. „Eine sehr große Zahl von Gewerbetreibenden und Handwerkern, wie Tapezierer, Stubenmaler, Fuhrleute, Weber, Destillateure, Knochenhändler, Schneider, Tischler und Handschuhmacher" gehörten zum Adel, ja sogar aus „alten Familien des Landes".[108] Lancizolle bestätigt es mit Entrüstung, denn „auch Behörden lassen den Adel von Komödianten, Fabrikarbeitern, Arbeitsleuten ohne alles Bedenken gelten!"[109] Die Kehrseite dieser wirtschaftsliberalen Tendenzen war nur, daß dieselben Behörden nicht umhin konnten, Ehen solcher aus ihrem Stand ausgescherter Adliger „mit unadligen Frauenzimmern gleicher Kategorie" laufend verbieten zu müssen. Nicht minder betroffen waren die zahlreichen Schlachtizen, die als bäuerliche Adlige der Provinz Preußen allemal eines königlichen Dispenses bedurften, um ihresgleichen aus dem Nichtadel heiraten zu dürfen. Vergeblich forderten sie über ihren Landtag 1843 die Aufhebung der Verbotsbestimmungen.[110]

Schon in den dreißiger Jahren drängte der Sachbearbeiter im Revisionsministerium erneut auf deren Beseitigung: „Seit der Publikation des Landrechts sei die Kluft, die zwischen den Ständen existierte, bedeutend ausgefüllt, und der Thron erblicke seine Hauptstütze nicht mehr im Glanze eines auf Kosten der übrigen Untertanen privilegierten Standes, sondern in der freien Entwicklung aller Anlagen und der dadurch erzeugten moralischen Kraft des ganzen Volkes"[111] — Töne, die aus der Reformzeit weiterklangen, aber nur sechs der zwanzig Oberlandesgerichte plädierten ebenfalls für die gänzliche Beseitigung des Verbots. Indes, formulierte der Gesetzesrevisor, es gehe darum, „eine Verfassung einzurichten", an der auch die Rheinlande, wo jene Ausnahmegesetze nicht gelten, mit Freuden teilnehmen könnten. Zudem müsse man „im Interesse des Lebens" und der höchsten Menschenrechte jedermann über seine Ehe selber befinden lassen. Wenn die „Reinheit des Blutes" als einzig denkbarer politischer Grund ins Spiel gebracht werde, wieso sei es den adligen Frauen erlaubt, aus ihrem Stand herauszuheiraten? Der Revisor spart nicht an Ironie, um schließlich auch das Bildungskriterium in Frage zu stellen: ob man vielleicht Prüfungen einführen wolle, um jene Grenze zu ermitteln, „wieviel der eine Ehekandidat leisten müsse, um zu dem anderen zu passen?". Mit einem Satz: die Ehegesetzgebung solle endlich dem sozialen und wirtschaftlichen Gegebenheiten einer liberalisierten Gesellschaft angepaßt werden.

Just in diesem Stadium — 1841 — trat Friedrich Wilhelm IV. in die Ver-

---

108 *Gräff-Rönne-Simon* 5, 2.
109 *Lancizolle:* Königtum 478 ff.
110 *Bergius:* Staatsrecht 165 Anm.
111 *Gräff-Rönne-Simon* 3, 22 ff.

handlung ein. Der neue König bemühte sich, das ganze Eherecht zu reformieren; er suchte die liberalen, überkonfessionellen Scheidungsgründe des Landrechts zu beschränken, geriet aber in Schwierigkeit. Einerseits konnte er nicht umhin, seinen Referenten Gerlach aus dem Justizministerium zu entfernen, weil dieser in seiner pommerschen Heimat eine Petitionsbewegung angestiftet hatte, um auf die widerstrebende Ministerialbürokratie Druck auszuüben; andererseits verschärfte der König eben deshalb wieder die Zensur, weil er sich ebensowenig der Indiskretion seiner Beamtenschaft an die liberale Presse erwehren konnte.[112] Sehr viel schneller scheiterte der Versuch des Königs, das Konnubium zwischen Adel und Bürgerstand auf neuartige Weise zu regeln.

Überflutet von Dispensanträgen suchte der Monarch neben der Ehe zur rechten und der zur linken Hand eine solche dritten Typs zu stiften, deren Vollgültigkeit durch eine Diskriminierung der Kinder erkauft werden sollte. Nur dann dürfe eine ständische Mischehe zwischen Adel und niederem Bürger zugelassen werden, wenn die Kinder der Adelsrechte des Vaters verlustig gingen. Sollten sie aber später in angemessene Stellungen aufrücken, wäre er gerne bereit, „ihnen dessen Adel wieder zu verleihen". Der wahrlich phantastische Vorschlag lag ganz auf der Linie des Königs, einen persönlichen Dienstadel zu schaffen, der als elastisches Ventil das Bürgertum von den aufzustufenden höheren Adelsständen abhalten sollte. Kamptz setzte sich lebhaft für des Monarchen Wünsche ein, denn bei ungleichen Ehen sei es völlig „ungewiß, ob (die Kinder) in den Gesinnungen des väterlichen oder mütterlichen Standes reifen würden", und Rochow pflichtete dem bei. Aber alle drei, der König und seine beiden Minister, liefen im Staatsministerium wie im Staatsrat auf dem harten Widerstand der Majorität auf. Deren Motive waren so zahlreich wie einleuchtend, aber durchschlagend war eines: die Majorität verwies auf den Entrüstungssturm in der Öffentlichkeit, wenn der Gesetzesentwurf, was verfassungsmäßig nicht zu umgehen sei, in den Landständen diskutiert werde. So scheiterte der Versuch des Königs, die ständischen Auflösungserscheinungen eherechtlich zu unterbinden, am Widerstand seiner höchsten Behörden, die sich alternativ auf Verfassung und Öffentlichkeit beriefen, so wenig auch die letztere in der ersteren aufging. Die Folge davon war eine Lähmung der Legislative.

Die Eheschranken wurden weder beseitigt noch verändert, die Bestimmungen gerieten über die Revolution in Vergessenheit, und 1853 begann das Obertribunal in Königsberg wieder damit, Ehen wegen Standesungleichheit für nichtig zu erklären.[113] Denn, so lautete die Begründung, die

---

112 *Stölzel:* Rechtsverwaltung II, 541 ff.
113 Entscheidungen Bd. 26, 347 = *Gräff-Rönne-Simon* Suppl. 5, 170; vgl. *Rehbein:* Entscheidungen 4, 19.

Adel und eximiertes Bürgertum

Standesvorrechte seien noch rechtens, weil sie von den „Verhältnissen der Erziehung, Bildung, Lebensart, Hauptbeschäftigung und des Vermögens" abhingen. Koch machte in seinem Landrechtskommentar den Senat auf den Irrtum aufmerksam; er beruhe „auf einer puren Identifizierung der faktischen bürgerlichen Lebensstellung mit dem alten Rechtsbegriffe der politischen Stände": mit deren Auflösung — zumindest seit 1848 — seien alle persönlichen Vorrechte entfallen. Die Konsequenz wurde erst 1869 vom Ministerium unter Bismarck gezogen[114], dessen bürgerliche Existenz, wenn man so will, einst dem Legalitätstitel des § 31, II, 1 des Landrechts entsprungen war. Die „Rechtsanomalie" eines zwischenständischen Eheverbots wurde beseitigt, weil, wie das Motiv stilisiert wurde, „die Grenze zwischen dem höheren und niederen Bürgerstande" längst nicht mehr genau bestimmbar sei, „und in Folge der inzwischen eingetretenen Veränderung der sozialen Verhältnisse eine noch schwankendere geworden ist".
Was das Landrecht legalisiert hatte: die Ehe zwischen Adel und höherem Bürgerstand, war für den gehobenen Bürger ein Privileg gewesen, hinter dem das übrige Bürgertum zurücktrat; für den Adel aber wirkte es zunehmend als Fessel des Privatlebens, aus der er endlich entlassen wurde. Das Konnubium war seitdem nicht mehr Sache des Staates, sondern Prestigefrage in der freien bürgerlichen Gesellschaft.[115]
Konzedierte der überspannte Adelsschutz des Landrechts zwar eine Fusion des oberen Bürgertums mit dem Adel, so sollte ein zweites Institut, die Ehe zur linken Hand[116], eine Schleuse bilden, die die privaten Beziehungen zu den unteren Ständen zwar regelt, deren öffentlichen Folgen aber unterbindet. Die Ehe zur linken Hand, die Svarez gegen den lebhaften Protest der meisten Monenten unerschütterlich verteidigte[117], ist der absurde Versuch, eine Situation, die sich aus der Auflösung der Ständeordnung ergeben hatte, standesgerecht zu regeln. Die Einrichtung war die gesetzliche Legitimation illegaler Verhältnisse; sie legalisierte sozusagen auch für die Oberschicht im Staatsdienst die Gepflogenheiten des damaligen Herrschers. Frau und Kinder blieben mit Namen und Rechten an die Herkunft ihres niederen Standes gebunden, während der höhere Staatsdiener bürgerlicher oder adliger Herkunft sein kärgliches Einkommen zur Repräsentation seiner selbst verwenden konnte, ohne seine Familie standesgleich halten zu müssen.[118] Kant nannte das Institut schlicht ein Konkubinat, „um die Ungleichheit des Standes beider Teile zur größeren Herrschaft des einen Teils über den anderen zu benutzen".[119] Das freilich war

---

114 G 22. 2. 1869 (GS 365).
115 *Dungern:* Ebenbürtigkeit 85 ff.
116 ALR II, 1, 9. Abschnitt.
117 *Gräff-Rönne-Simon* 3, 206 ff.
118 *Svarez:* Vorträge 324.
119 *Kant:* Met. d. Sitten, ed. Vorländer 93 (Ak. Ausg. 279).

nicht die Absicht von Svarez. Er suchte ein häusliches Privatglück zu stiften und zugleich dem finanzschwachen Vertreter des Staates eine Position zu verschaffen, an der die öffentliche Moral keinen Anstoß finden konnte. Die Ehe zur linken Hand diente ebenso dem armen Bürger, der schließlich eine Ratsstelle erklommen hatte wie dem verarmten Adel, der nur im Staatsdienst sein Unterkommen finden konnte, da ihm der Zugang zu anderen Berufen versperrt blieb. Gesellschafts- und hoffähig wie sie war, fiel es dieser Schicht gleicherweise schwer, bei anhaltender Geldentwertung[120], gleichbleibender Besoldung, aber steigendem Luxus[121] einen der damaligen Zeit angemessenen Lebensstandard aufrechtzuerhalten. Durch die Ehe zur linken Hand sollten Finanzen und Moral geschont werden, obwohl sie sich meist umgekehrt proportional zueinander verhielten. In den folgenden drei Jahrzehnten suchten ganze drei Personen von den komplizierten Bestimmungen der 109 Paragraphen über die linke Ehe Gebrauch zu machen.[122] Die Revision des Gesetzbuches 1794 hatte aus der legalen Einrichtung ein königliches Gnadeninstitut gemacht. Friedrich Wilhelm III., der sich selbst nur unter größten Skrupeln zu einer morganatischen Ehe entschließen konnte, beschied den letzten Bewerber 1826 abschlägig. Das Institut schlief ein, ohne je abgeschafft zu werden[123], und so ging auch die rationale Rechnung von Svarez nicht auf, den sich wandelnden Besitzverhältnissen zum Trotz die staatliche Rangordnung auch als Standesordnung zu retten.

Einen weiteren Versuch den Adelsstand nach unten hin abzuschließen, um wenigstens seiner Vermehrung Einhalt zu gebieten, machte der König 1798. Er erließ eine Kabinettsorder[124], die dem Landrecht angehängt wurde (§ 65). Verschuldung und Dürftigkeit, heißt es da, kennzeichne die Lage sehr vieler Offiziere; zu arm für den Militärdienst suchten sie allerhand Mittel und Wege, sich „in einen Civildienst einzuschleichen", ohne dafür qualifiziert zu sein. Blieben sie beim Heer, so seien sie unfähig, den Stand eines Hausvaters zu versehen. Ihre Kinder erhielten keine gehörige Erziehung, „wodurch dem Staate eine Klasse von Menschen zur Last fällt, die vermöge ihrer Geburt auf Vorzüge und Beförderung Anspruch machen, wegen ihrer vernachlässigten Ausbildung aber ganz davon ausgeschlossen werden müssen, weil die Erfahrung gelehrt hat, daß sie sich darin nicht zu behaupten wissen. Die Kräfte des Staates sind nicht hinreichend, den armen Offizieren die Erziehung ihrer Kinder abzunehmen". Die Kadettenhäuser seien überfüllt, andere Berufe standen dem Adel nicht offen.

---

120 Geldentwertung besonders nachteilig für die Staatsdiener siehe *Krug:* Betrachtungen II, 382 ff.
121 *Krüger:* Manufakturen 241 f.
122 *Gräff-Rönne-Simon* 3, 206.
123 Vgl. *Bitter* 1, 430.

Der König setzte daher eine unterste Vermögensgrenze für den Ehekonsens fest. Jungen Offizieren sollte die Erlaubnis gar nicht, „nur in den seltenen Fällen, wo ein gebildeter Subaltern-Offizier wirklich sein Glück dadurch mache", erteilt werden. Die finanziellen Bedingungen des Glücks wurden auf 600 Taler eingeschätzt. Diese Summe mußte die Verwandtschaft der Ehefrau jährlich zu zahlen sich vertraglich verpflichten. Die folgende Kabinettsorder[124] gegen die Maitressenwirtschaft und die gehäuften Bitten um Ehekonsens zeugen davon, daß diese Finanzgrenze offenbar zu hoch angesetzt war, um die vom König erwartete Moral einhalten zu können. Der Ausweg in die Ehe zur linken Hand wurde nicht beschritten. So zeigt sich auch hier, daß die verarmten Adelsschichten auf den Sukkurs des Besitzbürgertums verwiesen wurden, das ihm aber auf Grund seiner Bildungsprivilegien im Staatsdienst die Stellen streitig machte.[126] Der Adelsstand lief gleichsam nach unten hin aus, während das Bürgertum mit seinen Spitzen, vom Staate privilegiert, in den Adelsstand hineinragte. „Nichts desto weniger", stellte Garve 1792 fest, „bleibt das verächtliche Beywort *bürgerlich* auch an den Sitten dieser höheren Bürgerclassen haften."[127]

Und das war im Horizont des Landrechts nicht verwunderlich. Das, was das Bürgertum auszeichnete, war seine Anpassung an den Adel. „In der großen Welt sehen die meisten Personen, die dazu gehören, sich der Geburt nach ungefähr für gleich an: und die welche es nicht sind, werden, indem sie in dieselbe Zutritt erhalten, über ihren bürgerlichen Stand erhoben."[128] Durch eine Reihe von Privilegien im Gerichtsstand und im Strafrecht, durch Steuerbefreiungen und Erleichterung im Militärdienst, schließlich durch die Ehegesetzgebung teilte der Staat das Bürgertum in zwei Schichten. Je staatsnäher die Stellung, desto größer die persönlichen Freiheiten. An der Spitze standen die Beamten, ihnen folgten die Vertreter der Bildung, schließlich auch die des Besitzes, vor allem die, die auf dem Land Verwaltungsaufgaben wahrzunehmen hatten. Die Menge des Bürgertums blieb eingelassen in die ständisch-regionalen Rechtskreise: im Hinblick auf ihre arrivierten Standesgenossen unterprivilegiert.[129] Diese

---

124 KO 1. 9. 1798 und 4. 9. 1798, NCC X 1701, 1715.
125 *Gräff-Rönne-Simon* 3, 29; KO 29. 11. 1802.
126 Im einzelnen *Brunschwig:* La crise 152 ff.
127 *Garve:* Versuche I, 306.
128 *Garve:* Versuche I, 166.
129 Das rheinisch-westfälische Adreßbuch spiegelt noch 1833 diese Hierarchie wider, die keineswegs nur ständische Tradition, sondern eher die Wirklichkeit der Privilegien darstellte. Nach der Majestät, nach Hoheit, Durchlaucht, Erlaucht, Hochgeborener und Höchstgebietender und nach der Exzellenz, also der höfischen, militärischen und staatlichen Oberschicht kommt der „Hochwohlgeborene": dieser Titel erfaßt alle Adligen „sowie alle Bürgerlichen, welche ihrem Rang nach den Adligen gleichgeachtet werden," höhere Beamte der Staatsministerien und in Provinzialkollegien, aktive Offiziere vom Leutnant,

Zweiteilung, und das wurde in den ganzen Vormärz hinein verfolgt, blieb weiterhin erhalten, auch nachdem die wirtschaftliche Gleichstellung aller Stände verfügt worden war.[130] Wie sich im einzelnen das Verhältnis der Bürger zum Adel auch gestaltete — mochten sie sich im Staatsdienst einander angleichen, mochte der gebildete Bürger mit Achtung oder verächtlich auf den Junker schauen, mochte diesen der stolze Stadtbürger oder moderne Unternehmer sogar hassen lernen — immer blieb das kommende Bürgertum nach dem Landrecht geteilt. Es war geschieden in eine privilegierte, staatsnahe und staatsbewußte Führungsschicht und in die Vielzahl der Klassen, die sich in der zerfallenden ständischen Hierarchie emporschaffen — oder absinken sollten. Oder, wie ein Engländer 1842 dieses Phänomen interpretierte: die Mittelklasse habe sich beinah zur mächtigsten im Staat erhoben, „doch die Regierungen, dies erkennend, trennten durch Teilung deren Macht, und sogen durch die Beamtenklasse ihre beste Kraft in sich ein, indem sie die andere Hälfte zu beständiger Abhängigkeit verurteilten".[131]

Reserveoffiziere vom Hauptmann an aufwärts. Dieser Schicht folgen die „Wohlgeborenen". Dieser Titel ist der allgemeinste und wird jeder Person von einigem Rang, wenn ihr nicht „Hochwohlgeborener" zukommt, erteilt: Räte, Assessoren, Bürgermeister, Richter, Doktoren, Professoren, Gutsbesitzer, Banquiers, Kaufleute, Künstler usw. zählen dazu. Die Exemtionslisten des Landrechts sind noch maßgebend, wenn auch mit einer Tendenz aufgefüllt zu werden. Schließlich folgen die „Hochedelgeborenen", geringere Personen bürgerlichen Standes, ebenso die Hochedlen und Wohledlen: aber diese Anrede sei außer Gebrauch gekommen, „da man sich in neuerer Zeit in den geringeren Ständen der Kurialien ganz überhebt und es bei einem Geehrten Herr oder dgl. bewenden läßt". Eingeordnet in diese Stufen sind die jeweiligen Ordensklassen und parallel dazu laufen die Anreden an die Behörden. Nur „die Justizbehörden unseres Staates haben sich bereits alle und jede Titulatur öffentlich verbeten", bezeichnend für die liberale Tendenz gerade dieser, im Vormärz besonders bürgerlicher Behörden. Schließlich beruhigt der Herausgeber der Liste seine Leser, auch die Gebildeten wüßten oft nicht genau Bescheid in dem Geflecht der Titel, die aber schon zusehends vereinfacht worden seien und noch werden würden (Offizielles Adreßbuch für Rheinland-Westfalen, Elberfeld 1833, bearbeitet von G. Krackrügge, der im Gegensatz zu den östlichen Gegenstücken das Militär am Ende rangieren läßt).
130 Über die gesellschaftlichen Folgen dieser Gliederung liefert *Delbrück* (Lebenserinn. 1, 194) ein anschauliches Bild: „So geschah es, daß die Beamtenkreise zwischen der fest geschlossenen Hofgesellschaft auf der einen und der bürgerlichen Gesellschaft auf der anderen Seite ein Leben unter sich führten."
131 *Laing:* Betrachtungen 61. Vgl. *Rosenberg:* Bureaucracy 227.

IV. Die abgestufte Staatsunmittelbarkeit innerhalb der unteren Stände um 1800

Das Bildungs- und Besitzbürgertum hatte durch die Aufhebung der Standesschranken, die bis 1808 den Adel von Geburt aus begünstigten, Zugang zu weiteren Vorrechten erhalten, die ebenfalls die Reformen überdauerten: zum Rittergutsbesitz samt den daran haftenden Rechten. Dem entsprach, daß es auch zu Spitzenstellungen im Heer, in der Justiz und in der Verwaltung aufrücken konnte. Geburt, Bildung und Besitz boten zwar nicht die gleichen Ausgangschancen, weil alle drei zusammen stärker wogen als die Kriterien einzeln, aber der verlorene Krieg von 1806/1807 hatte eine Gewichtsverschiebung von der Geburt zur Bildung erzwungen, die das bürgerliche – und damit auch das erziehungsstaatliche – Element verstärkte. Die bürgerliche Oberschicht hat durch die Reform an faktischem Einfluß hinzugewonnen – vor allem in der Administration –, aber nichts an Vorrechten verloren, die ihr nicht das Landrecht schon bestätigt hätte. Indem der Beamtenstand von einer Nebenklasse, wie ihn Svarez noch stilisierte, zum eigentlichen Stand des Staates aufrückte, wurde der sozialständische Abstand vom gehobenen Bürger zum Adel gleichsam dienstlich mediatisiert. All das war im achtzehnten Jahrhundert angelegt, durch das Landrecht bekräftigt und wirkte, wie gezeigt wurde, dank des Landrechts weiter bis zur Revolution von 1848.
Aus ihrer durch die Reform gewonnenen Führungsposition konnte die Beamtenschicht einwirken auf die übrige ständische Gesellschaft, die das Landrecht noch einmal fixiert hatte. Während im Beamtenstand die Kontinuität des Staates gewahrt blieb, wurde die Kontinuität der ständischen Gesellschaft, die gerade bis zum Landrecht reichte, erschüttert und streckenweise abgebrochen. Genau die Kräfte, die das Landrecht noch im Stand der Stadtbürger und der Bauern eingebunden hatte, wurden von der Verwaltung entfesselt und formierten sich langsam zu einer vor allem wirtschaftlich selbsttätigen Gesellschaft, die sich schließlich gegen den Beamtenstand auflehnen sollte. Wenn im Folgenden die beiden unteren Stände im Rahmen des Landrechts skizziert werden, dann nur soweit, als sich in der vom Landrecht kodifizierten sozialen Wirklichkeit bereits Risse zeigen, die den Umriß der kommenden bürgerlichen Gesellschaft erkennen lassen. Dabei wird sich herausstellen, daß auf diesem Gebiet die Kodifikation am engsten einem Herkommen verhaftet blieb, das bereits revisionsbedürftig war.
Während das Bürgertum in seinen oberen Rängen wie mit einem Magnet an den Staat herangezogen wurde, war auch die Berufsordnung des her-

kömmlichen Bürgerstandes in Bewegung geraten. Nicht nur, daß die zunehmende Arbeitsteilung neue Berufe hervorrief[1], es bildeten sich neue Schichten, die in der Ordnung der Zünfte, Gilden und Innungen kein Unterkommen mehr fanden. Die staatlich geförderten, geschützten und kontrollierten Verlage und Manufakturen besaßen Privilegien, die sich über mehrere oder alle Provinzen erstreckten. Sie produzierten für einen überregionalen Markt und zugleich schufen sie sich einen Einzugsbereich an Arbeitskräften, der ebenso die Grenze zwischen Stadt und Land, zwischen Bürgerstand und Bauernstand verwischte[2]. Besaßen schon die Fabrikanten und Inhaber von Monopolen eine größere Staatsunmittelbarkeit als die durchschnittlichen Stadtbürger, so entstand in der Manufakturarbeiterschicht im weitesten Sinn eine Gruppe von Leuten, die sich ebenfalls durch eine größere Staatsunmittelbarkeit kennzeichnen läßt. Ein Kriterium dafür liegt in ihrer geringfügigen Berücksichtigung durch das Landrecht. In der herkömmlichen Standesordnung fanden sie keinen Platz. Für sie war die Verwaltung zuständig, das V. Departement im Generaldirektorium, das als erstes keine provinziellen Sonderbereiche versah, sondern seit 1740 den gesamten Staat nach seinem Sachprinzip erfaßte.[3] Dessen Reglements und Konzessionssysteme, für die entstehende Staatswirtschaft von großer Bedeutung und leicht veränderlich, fanden im Landrecht keinen Eingang. Was hier der tätigen Verwaltung vorbehalten blieb, eignete sich noch nicht zu generellen Normierungen.

Dem komplett wiedergegebenen Zunftrecht mit detaillierten Vorschriften und Kontrollen sind nur wenige Paragraphen über „Künstler und Fabrikanten" angefügt. Ohne einer Gilde mehr angehören zu müssen, was ihrer Herkunft nach oft der Fall war, werden die Fabrikherren rechtlich noch als Kaufleute behandelt (§§ 413 f., II, 8). Wie unbestimmt eine ständische Einordnung der neuen Schichten war, erweist die Tatsache, daß der Titel über die Fabrikanten in der Öffentlichkeit und während der Redaktionsarbeiten heftig umstritten war und schon bedeutend erweitert werden mußte. Auch die Terminologie blieb auffallend unsicher. Während der Entwurf[4] die Unternehmer „Fabrikanten" nennt und ihre Arbeiter „Arbeiter", sucht das Landrecht den sich wandelnden Sprachgebrauch zu präzisieren. Es nennt nur die in Fabriken beschäftigten Arbeiter „Fabrikanten", und jene werden zu „Fabrikunternehmern". Aber das Gesetzbuch muß

---

1 *Krüger:* Manufakturen 185. Nicht zuletzt aufgrund der zahllosen Monita (vgl. *Roehl:* Handwerkerpolitik § 5) schwoll der Titel über den Bürgerstand von 1979 §§ im Entwurf auf 2464 §§ in der Endfassung an.
2 *Schmoller:* Umrisse 544 passim.
3 Acta Bor. (Seidenindustrie) III, ff. Zusammenfassung jetzt bei *Facius:* Wirtschaft und Staat 184 ff.
4 T. I, Abt. II, Tit. III, Abschn. IV. Die Geschichte der Definition referiert *Roehl* a.a.O. vom ersten Entwurf bis zur Superrevision durch Svarez.

Abgestufte Staatsunmittelbarkeit der unteren Stände

selber hinzufügen, daß Leute, die eine Profession „für eigne Rechnung im einzeln betreiben", nach dem Zunftrecht und dessen Ausnahmen zu beurteilen seien, „wenn sie auch im gemeinen Leben Fabrikanten heißen" (§§ 408 ff., II, 8). Der Ausdruck „Fabrikant" konnte also in der Praxis für alle gebraucht werden[5] – für Arbeiter und Unternehmer –, aber er erfaßte auch schon Gesellen und Zunftmeister, ganz wie deren rechtliche Zuordnung je nach Arbeitsplatz und Arbeitsfunktion in Fabriken, Manufakturen und im Verlagswesen dauernd auf Schwierigkeiten stieß, die vom Landrecht in keiner Weise bewältigt werden konnten.
In der Fülle der einzelnen Zunftbestimmungen schlug sich dagegen die gesamte legislatorische Arbeit des vergangenen halben Jahrhunderts nieder.[6] Svarez, der bereits stark von der Richtigkeit freihändlerischer Grundsätze durchdrungen war[7], hieß die Zunftordnung nur gut, weil der Staat über seine strengen Kontrollrechte hinaus seinen Vorbehalt bekräftigte, geschlossene Zünfte in offene zu verwandeln, jederzeit Freimeister anzusetzen und allen Schäden nach „Erfordernis von Zeit und Umständen" durch Reform vorzubeugen. Das wichtigste Motiv, das für eine Beibehaltung der Innungen sprach, nannte Carmer im Entwurf des Gesetzbuches: „die engere Verknüpfung solcher Bürger an ihr Vaterland und ihren Wohnsitz, nebst der Unterhaltung jener schätzbaren, beynahe nur noch in der Zunftverbindung anzutreffenden Überbleibsel der bürgerlichen Ehre."[8] Ein Motiv also, das den Zerfall der alten societas civilis bereits voraussetzt, deren Zunfteinrichtung zu erhalten es rechtfertigen soll. In der Tat hatten die staatlichen Eingriffe die Zunftordnung bereits stark durchlöchert. Die Geschlossenheit der Zünfte war meistens gesprengt, die Beschränkung der Gesellenzahl 1783 beseitigt worden (§ 348, II, 8). Vor allem zehrten die staatlich privilegierten Manufakturen und Fabriken an der wirtschaftlichen Unabhängigkeit vieler Zünfte, die ihnen nach der Fortnahme aller politischen Rechte geblieben war. Von Fall zu Fall befand die Verwaltung über die Zunftfreiheiten der Fabriken.[9] In vielen Betrieben überlappten sich Tätigkeiten von Arbeitern, die Mitglied einer Zunft sein mußten mit solchen, die ohne es sein zu müssen noch waren, und solchen, die es weder waren noch zu sein brauchten;[10] Leute, die, wie ein Beamter sagte, „ohne Vorschrift leben"[11]. Das Ineinander von Zunft und Fabrik machte es in der Praxis schwer, die rechtliche Grenze eindeutig zu bestimmen. Das Landrecht selber legte fest, daß die Fabrikarbeiter keine Zunftvor-

---

5 Zum Wortgebrauch siehe auch *Rachel:* Berliner Wirtschaftsleben 229.
6 *Schmoller:* Umrisse 400.
7 *Svarez:* Vorträge 499 ff.
8 Entwurf I, II. Abt. S. 90; dazu *Roehl:* Handwerkerpolitik 18.
9 *Hinze:* Arbeiterfrage 137; *Krüger:* Manufakturen 75.
10 *Rachel:* Berliner Wirtschaftsleben 165 ff.
11 Zit. bei *Krüger* 474 ff.

rechte genießen, dagegen Handwerker unbeschadet ihrer Zunftzugehörigkeit als Fabrikarbeiter sich verdingen lassen könnten. Die Richtung war eindeutig: sie lag im Abbau der Privilegien.

In Berlin, dem Zentrum der preußischen Manufakturen, befanden sich 1782 bereits 18 000 Lohnarbeiter, das waren 17 Prozent der Zivilbevölkerung, von denen nur ein Drittel zünftig war. Bis 1802 stieg diese Zahl auf 35 000, auf 23 Prozent der Bevölkerung, an, während der Anteil der zünftigen Arbeiter auf ein Viertel fiel.[12] In Magdeburg standen sich um die gleiche Zeit – nach Schmoller – 14 000 Zunftgenossen und 8000 Manufakturarbeiter gegenüber.[13] So schwierig eine eindeutige Zuordnung zu treffen ist, die Tendenz zur Entstehung einer freien Lohnarbeiterschicht nahm seit den achtziger Jahren rapide zu. Für diese Schicht kannte das Landrecht nur die kurze Reihe von sieben negativen Bestimmungen, die ihnen die Zunftrechte vorenthielten, vor allem aber jeden eigenen Handel untersagten: „sie sollen bloß für den Unternehmer der Fabrik, und nach dessen Bestellung arbeiten" (§ 421, II, 8). Es war eine Bestimmung, die noch das Verlagssystem vor Augen hatte, aber innerhalb dessen die Unternehmer schützte; ein Versuch, den Arbeiter ständisch einzuordnen, als eine vom Unternehmer abhängige Person, insofern ihr die Verselbständigung rechtlich erschwert wurde. Ein gleiches gilt, wenigstens der staatlichen Absicht nach, für den Paragraphen, der die Abwerbung unterbinden sollte, wenn er auch in der Praxis schwer durchzusetzen war. Und ebenso dienten die hohen Strafen, die in merkantiler Tradition jede Auswanderung der Fabrikarbeiter bedrohten, in gleicher Weise dem Staat wie dem Unternehmer (§ 148, II, 20). Im übrigen wurde die Fabrikarbeiterschaft in steigendem Maß auf den freien Lohnvertrag[14] verwiesen, über dessen Erfüllung, nicht aber über dessen Inhalt die Gerichte wachten (§ 423, II, 8). Der Inhalt stand unter Verwaltungskontrolle.

Die Lohnarbeiter und die ihnen gleichgestellten zünftigen Gesellen und Meister in den Manufakturen profitierten, soweit sie nicht als Spezialisten persönlich begünstigt waren, nur indirekt an den staatlichen Privilegien der Fabrikanten. Diese wurden gegen die üblichen Geldbeihilfen an Bedingungen geknüpft, für deren Einhaltung die Verwaltung sorgte: etwa an die Verpflichtung, die Arbeiterzahl nicht zu verringern oder bei Arbeitsausfall „Feyerungsgelder" zu zahlen.[15] Die strenge Kontrolle der Fabrik- und Manufakturkommissionen reichte gelegentlich so weit, daß sie als Lohnschiedsgericht eingriff[16], aber das Eindringen unzünftiger Arbeiter in

---

12 Berechnungen *Krügers:* Manufakturen 299 ff.; vgl. auch *Rachel:* Berliner Wirtschaftsleben 169.
13 *Schmoller:* Jahrbücher, Jg. 11 (1887), 882.
14 ALR § 895 ff., I, 11; dazu *Gellbach:* Arbeitsvertragsrecht.
15 Acta Bor. III (Seidenindustrie), 172 ff.; *Hinze:* Arbeiterfrage 197.
16 Acta Bor. III 186; *Krüger:* Manufakturen 413 ff.

Abgestufte Staatsunmittelbarkeit der unteren Stände

die Manufakturen und die staatlich mehr und mehr zugelassene Frauen- und Kinderarbeit[17] führte in der wichtigsten, nämlich der Textilindustrie, zu einer fast unbeschränkten „Freiheit" der Fabrikarbeit.[18] Sie wurde besonders seit 1791 von Struensee gefördert und damit entstanden offene Fragen, die ganz im Gegensatz zu der sonst üblichen Akribie, mit der die soziale Wirklichkeit eingefangen wurde, im Landrecht keinen Niederschlag fanden. Das Herkommen war dem Landrecht anvertraut, die Zukunft blieb der Verwaltung vorbehalten.

Je größer der Einfluß der Verwaltung, desto staatsunmittelbarer waren die ihr Unterworfenen. Das betrifft zunächst alle, die von der staatlichen Manufakturpolitik erfaßt wurden. Sie beförderte die Enstehung jener außerständischen Schicht, die im Landrecht kaum berücksichtigt wurde. Standesrechtlich rangierten die Lohnarbeiter, soweit sie nicht selber dem Meisterstand entstammten, als Schutzgenossen unter den stadtbürgerlichen Meistern. Ihrer wirtschaftlichen Funktion nach aber waren die städtischen Schutzgenossen einer gesamtstaatlichen Merkantilpolitik eingeordnet. Dem minderen Stadtrecht und fehlenden Zunftrecht entsprach eine größere Unmittelbarkeit in staatlicher Hinsicht. „Diese Leute sind gewöhnlich gute verheirathe Menschen, und wir haben nichts dawider, daß es unter gewissen Modalitäten verlangt werde, daß sie auch Bürger werden müssen", stellte um 1800 das Fabrikendepartement fest.[19] Besonders wertvolle Spezialarbeiter wurden dem König durch persönlichen Eid verpflichtet, soweit sie in staatlichen oder vom Staat verpachteten Manufakturen als „königliche ouvriers" beschäftigt waren. Der Staat vermietete die Arbeitsleistungen der von ihm besiedelten Spinnerkolonien[20] und dementsprechend griffen die Unternehmer auf das Land aus, um sich Arbeitskräfte zu verschaffen. Es gab um 1780 einzelne Verleger in der Textilindustrie, die bereits – ländliche Spinner eingeschlossen – über mehr als 3000 Arbeitskräfte verfügten.[21] Die Grenze zwischen Stadt und Land wurde von den Manufakturen und Verlagen überschritten. Dafür ist bezeichnend, daß die Zuständigkeit des Berliner Fabrikengerichts 1798 auf die umliegenden Landkreise ausgedehnt werden mußte.[22] Ebenso bezeichnend für diese Tendenz ist der Wandel, der zwischen Entwurf und Gesetzbuch innerhalb von sechs Jahren in der Definition einer Fabrik gemacht wurde. Anfangs erklärte man die Fabrik vage als „ein städtisches Gewerbe", das auf dem Land nur mit besonderer Billigung des Staates eingerichtet werden dürfe. Später

---

17 Seit den achtziger Jahren: Acta Bor. III 256; *Roehl:* Handwerkerpolitik 57; *Hinze:* Arbeiterfrage 138; *Krüger:* Manufakturen 284, 649.
18 *Rachel:* Berliner Wirtschaftsleben 169; für den Westen vgl. *Schmoller:* Umrisse 194.
19 Zit. bei *Hinze* 138.
20 *Hinze:* Arbeiterfrage 153.
21 Acta Bor. III, 269; *Krüger:* Manufakturen 186.
22 NCC X, 1713.

ließ Svarez die rechtliche Bindung an die Stadt ausdrücklich fallen und beschrieb sie verallgemeinernd als „Anstalten, in welchen die Verarbeitung und Verfeinerung gewisser Naturerzeugnisse im Großen getrieben wird" (§ 407, II, 8). Aus einer ständischen Rechtsbestimmung[23] wurde – der Lage angemessen – eine wirtschaftliche Definition, die elastisch blieb, ohne daß freilich auf die staatliche Konzessionspflicht verzichtet wurde (§ 410, II, 8). Von den schleichenden Veränderungen, die die staatlich geförderte merkantile Industrie im Ständegefüge hervorrief, berichtet Garve 1792, also im Jahr nach der Publikation des Allgemeinen Gesetzbuches. Garve machte in seinem Essay über die Moden[24] fast beiläufig Beobachtungen, die in ihrer Klarsichtigkeit auf die berühmte Analyse der bürgerlichen Gesellschaft in Hegels Rechtsphilosophie vorausweisen. Garves Essay ist eine Art Abgesang auf die Ständegesellschaft, die er noch alltäglich vor Augen hat, die er aber durch Industrie und Aufklärung zersetzt sieht. Die Überbrückung der Standesgrenzen durch Berufung auf „das Innere", auf Gewissen, Charakter und Arbeitsleistung seiner Standesgenossen ist dabei Garves eigene Intention, aber den Zerfall, den die Industrie provoziert, registriert der Gelehrte ohne eigene Absicht. Garve kontrastiert den ständegebundenen, stationären Reichtum mit dem Luxus, der die Standesgrenzen auflöst. Der Luxus vereinige Stände, die der Reichtum früher getrennt habe. Seine Quelle aber sei die zunehmende Arbeitsteilung und der internationale Wettstreit der Industrie, unter die er noch Handwerke, Manufakturen und Künste zusammenrechnet. „Für das bloße Bedürfnis arbeiten nur wenige Hände", aber das „Bestreben der arbeitenden Classen" richte sich, um verdienen zu können, auf eine Vermehrung der Bedürfnisse, und die „Neigung der genießenden" Klassen komme dem, um durch Moden glänzen zu können, entgegen. Die Magazine der Manufakturisten oder Kaufleute beherbergten Schätze, die nicht mehr auf den Bedarf hin produziert würden, sondern neue Bedürfnisse weckten. Seitdem bestimmen Verän-

---

23 Die Verarbeitung „im Großen" hat allerdings rechtliche Folgen gegenüber allen Zunftwerkstätten. — *Krünitz* definiert 1786 in seiner Encyklopädie „Fabrik": 1. als „ein jedes hervorgebrachte Werk und die Werkstätte, in welcher es hervorgebracht wird", aber das sei recht ungebräuchlich; 2. „in engerer Bedeutung eine jede Werkstätte, wo Waren von mehreren unzünftigen Arbeitern im Großen verfertigt werden"; 3. nur diejenigen Werkstätten, „in welchen die Waren durch Hilfe des Feuers und Hammers hervorgebracht werden, um sie von den Manufakturen zu unterscheiden", doch werde dieser Unterschied im gemeinen Leben nicht beachtet. Ein Fabrikant sei ein jeder Arbeiter in einer solchen Fabrik der zweiten und dritten Bedeutung; besonders „der erste und vornehmste unter denselben, der die Stelle des Meisters bei zünftigen Handwerken vertritt" (12. Teil). Noch *Eiselen* hält in seinem Artikel „Fabrik" *(Ersch-Gruber* 1845) die Trennung von Fabrikation und Manufaktur für unzulässig, das Handwerk sei dagegen von der Verarbeitung und dem Betrieb im Großen zu trennen, wenn auch hier die Grenze fließend sei. Die Kriterien der Fabrikation im Großen seien Arbeitsteilung und Maschinenverwendung, dazu gehörten die Fabrikanlagen sowie Kapital.
24 *Garve:* Versuche 1, 117—294.

derlichkeit und Beschleunigung die Lebensführung, was auch Niebuhr zum Charakteristikum des achtzehnten Jahrhunderts erklärte[25] und was Garve besonders auf die Luxusindustrie zurückführt.

Tatsächlich drückten die staatlich geförderte Seidenindustrie, die Baumwollfabrikation und die meist von Refugieés initiierten, außerzünftigen Luxusindustrien auf den Markt der Handwerker und der älteren Leinen- und Wollmanufakturen. Die Moden der Kleider, bemerkte Garve, wechseln schneller als ihr Verschleiß dauert, das gleiche gelte für viele Dinge des Alltags und jeder Stand suche sich so schnell und so sichtbar wie möglich dem nächst höheren anzupassen. So komme es, daß „alle sich einander ähnlich sein wollen, indem sie sich zugleich nach Veränderung sehnen". Wenn die Moden trotzdem noch ständische Abstufung akzentuieren, so liege das weniger an den wachsenden Wünschen, als an der noch geltenden „Verfassung der bürgerlichen Gesellschaft". Die industriöse Klasse jedenfalls nehme rapide zu, aber ihr Dasein, und das sei eine politische Frage, hänge von Bedürfnissen ab, die selber erst geschaffen werden müssen. Die Steigerung der Bedürfnisse, durch Arbeitsteilung ermöglicht, beschleunige die Veränderlichkeit der Wünsche und so lebe die arbeitende Unterschicht vom Luxus der Oberklasse, die zu erreichen viele sich erfolglos abmühten. Genuß und Arbeit, einander unerreichbar, bleiben, sich gegenseitig steigernd, aufeinander angewiesen. Der Strom der Veränderungen reiße nicht mehr ab „da alle diese mannichfaltigen Gegenstände der Begierden unseren Bestrebungen, sie zu erreichen, stets zuvorlaufen, indem die industriösen Menschen vieler Länder schon immer wieder arbeiten, neue Wünsche in uns zu erregen, indess wir noch beschäftigt sind und Geld aufwenden, um die alten zu befriedigen". Der industrielle Wettstreit der europäischen Nationen greift durch die merkantilistischen Systeme hindurch; die Symptome der kommenden Industriegesellschaft werden von Garve nicht nur literarisch aufgezählt, er registriert sie bereits. „Da ist die Anzahl der Dinge, welche die Begierden der Menschen reizen, unendlich und jeder Tag bietet ihnen etwas neues dar, wonach sie entweder mit Heftigkeit streben, oder dessen sie mit Unzufriedenheit entbehren."[26] Andere Tugenden und andere Laster, als sie die Alten hatten, tauchten seitdem auf, denn, wie Krug zwölf Jahre später bei der Analyse der gleichen Phänomene feststellte: die Bedürfnisse vermehren sich schneller als die Einkommen.[27]

Auch dem Landrecht teilte sich diese Bewegung mit, die Industrie und Bedürfnissteigerung nach sich zogen. Die Randzonen der Ständegliederung werden unscharf, sie geraten ins Gleiten. Gemessen an den Beobachtungen Garves war der Versuch des Landrechts, die herkömmliche Drei-Stände-

---

25 *Niebuhr:* Revolution 54 ff.
26 *Garve:* Versuche 1, 229 ff.
27 *Krug:* Betrachtungen 2, 158.

Gliederung als arbeitsteiliges Prinzip auf den ganzen Staat auszudehnen und anzuwenden, bereits zur Zeit der Publikation überholt. Weder in der Oberschicht, wie früher gezeigt, noch in der untersten Schicht kamen die wirtschaftlichen Funktionen, die ausgeübt wurden, mit der ständischen Gliederung zur Deckung. Der traditionelle Bestand war freilich noch zu zäh, als daß die soziale Problematik der gerade in den achtziger und neunziger Jahren sich schnell entfaltenden unterständischen Arbeiterschicht mit generellen Gesetzen hätte eingefangen werden können.

Die Gegenrechnung wird uns auch hier von staatlichen Verwaltungsanordnungen präsentiert, den „Zeitgesetzen", wie Svarez sie nennt. Die Militärpflicht stellte in Preußen das unmittelbarste Verhältnis zum Staat her, sie suspendierte alle anderen Rechtsverhältnisse für die Dauer der zwanzigjährigen Dienstzeit.[28] Die Ausnahmebestimmungen des Kantonreglements stellten nun einige Gruppen der Bevölkerung frei, die damit eine den Soldaten analoge Staatsunmittelbarkeit gewannen, sosehr sich auch die Aushebungskommissionen und Kammern um die einzelnen Männer, je größer sie waren, streiten mochten. Alle Exemtionen wurden staatswirtschaftlich motiviert, sie erfaßten erstens – regional – die Zentren der Gewerbetätigkeit. Von der Dienstpflicht ausgenommen waren Berlin, Potsdam, Brandenburg, Magdeburg, Breslau, Thorn, Danzig, die schlesischen Weberdistrikte und im Westen das Herzogtum Cleve sowie die wichtigsten Gewerbeorte der Grafschaft Mark. Zweitens wurden bestimmte Berufskategorien ausgenommen. Außer der bürgerlichen Oberschicht waren exemt: die Berg- und Hüttenleute, Schmiede und Arbeiter der eisenverarbeitenden Industrie. Es folgt die lange Liste der „kleinen Fabrikanten", besonders der Textilindustrie, das heißt all der noch zünftigen oder schon nicht mehr zünftigen Berufe, deren Grenzbestimmung im Gleiten war. Schließlich werden „diejenigen Fabrikarbeiter" eximiert, „die auf großen Handelsverkehr und Nationalindustrie Bezug haben" (§ 21). Während die Zunftgenossen nicht als Zunftgenossen, sondern höchstens regional eximiert wurden, gab es eine Reihe von Arbeitern, die als Arbeiter befreit waren. Sie gewannen insofern eine den Soldaten analoge Staatsunmittelbarkeit, als ihre Bestimmung gesamtstaatlich und nicht mehr ständisch war.

Innerhalb der Eximierten genossen die Berg- und Hüttenleute, durchaus traditionell, besondere Privilegien. 1766, 1769 und 1772 wurden für die westlichen, östlichen und mittleren Provinzen die Bergordnungen soweit revidiert, daß der gesamte Bergbau unter die Führung der staatlichen Bürokratie kam: durch Bestimmungen, die später in das ALR eingingen.[29] Die Berg- und Hüttenleute waren am ehesten ein fester, den oberen Be-

---

28 NCC IX, 777—837 (12. 11. 1792).
29 *Gräff-Rönne-Simon* 6, 537 ff.

rufsständen ähnlicher, staatlicher Berufsstand. In Schlesien beispielsweise entzog sie Friedrich II. jeglicher Untertänigkeit, befreite sie wie vom Militär auch von persönlichen oder kommunalen Lasten und Diensten, stellte sie vor ein privilegiertes Forum und unter den sozialen Schutz der Knappschaft.[30]

Im Zuge der staatlichen Industrieförderung stieg diese Schicht sprunghaft an, in Schlesien von 247 im Jahre 1770 auf 3083 im Jahre 1805[31], und sie geriet nicht selten mit der umwohnenden untertänigen Bevölkerung in Streit. „Das nachteilige Urteil über uns ist mit einem Wort die Stimme des niedersten Pöbels und gründet sich auf die niedrigsten Motive", stellte das Schweidnitzer Bergamt einmal dazu fest.[32] Wer aus der ständischen Untertänigkeit in die staatliche Befehlshierarchie überwechseln konnte, wurde privilegiert. Als „Untergebene" genossen sie erhöhten Schutz, aber unterstanden auch strengerer Kontrolle, die die Bergbehörden mit der höheren Einsicht und dem guten Willen aufgeklärter Beamter durchzuführen suchten, „weil der Weg der Überzeugung immer der sicherste ist, welchen Vorgesetzte zu gehen haben, wenn sie ihre Untergebenen gehörig leiten wollen"[33]. Die Berg- und Hüttenleute „als der bessere und gebildetere Teil der niederen Volksklasse" standen unter dem unmittelbaren Erziehungsanspruch des Staates und wurden entsprechend mit höheren Strafen bedroht. Jedes Vergehen in Gruben oder Hütten, „alle Schmähung, Schändung, Schlagen, Fluchen, Gotteslästern und Diebstahl" wurden so geahndet, als seien sie „an einer Gerichtsstelle oder anderen öffentlichen und religiösen Orten" begangen worden. Solch feierliche Verpflichtung aller in der Urproduktion Beschäftigten entfiel freilich bei der Menge der sonst Eximierten, die sich bei der Textilindustrie in der Zwischenzone zur Zunftfreiheit befanden.

Nicht nur durch das Befreiungssystem, auch durch das Heer selber entwickelte sich ein Druck, der das ständische Wirtschaftsgefüge lockerte. Einmal drängten die großen Militäraufträge viele Meister in die Ab-

---

30 NCC IV, 6300 (3. 12. 1769).
31 *Hinze:* Arbeiterfrage 239.
32 Arch. panstw. Katowice, Oberbergamt Brieg: Betr. die polizeilichen Verfügungen wegen der nötigen Ordnung unter den Berg- und Hüttenleuten, vol. II, 1798—1811 (OBB 446).
33 Ebda. Formulierung in einem Bericht des Schweidnitzer Bergamts nach Breslau, in dem ein Publikandum an die Knappschaft vom 30. 3. 1798 begründet wurde. Anlaß war der „Hang zum Spiel, welcher von den höheren Ständen zum begüterten Bürger und von diesem auf die niedere arbeitende Volksclasse mit einer furchtbaren Schnelligkeit übergeht und in einem Sittengemälde unserer Zeit gewiß einen traurigen Hauptzug abgeben wird". Die Bergleute wurden ermahnt, sich rechtschaffen an Arbeit und Ordnung zu halten. „Wir bitten jedes Mitglied der Knappschaft, über folgende Wahrheiten ernstlich nachzudenbessern", nicht zu viel zu trinken usw. „Jeder Mann von Ehre muß es für schändlich halten, durch etwas anderes als durch Arbeit Geld zu erwerben, gewonnenes Geld ist geraubtes Gut." Das Publ. schließt mit den Strafandrohungen und der Aufforderung, sich ebenso gegenseitig, durch „Cameraden", zu kontrollieren, wie es auch von oben geschehe.

hängigkeit von Verlegern, mit denen die Armee ihre Verträge abschloß.[34] Aber wichtiger noch war das Beurlaubungs- und Freiwächtersystem[35], das anfänglich der heimischen Landwirtschaft zugute kam, aber mehr und mehr Soldaten in städtische Gewerbe überführte. Unfähig, mit ihrer kärglichen Entlöhnung Frau und Kinder zu ernähren, wurden die Soldaten auf Beschäftigungen in Handwerkern, Heimindustrien, Manufakturen und Fabriken verwiesen. Ohne militärischer Dienstaufsicht und Gerichtsbarkeit entzogen zu werden, stellten die Soldaten einen staatsunmittelbaren Arbeiterstamm, der außerzünftig blieb. Berlin zählte zum Beispiel unter seinen 147 388 Einwohnern 1786 60 677 Soldaten und deren Angehörige; und von den Soldaten waren im Durchschnitt rund die Hälfte zur Arbeit beurlaubt[36], manche Fabrik konnte wörtlich als Kaserne und umgekehrt angesprochen werden, Frauen und Kinder waren zumindest mit Spinnen beschäftigt.

Für Soldatenkinder, die dabei einen Beruf erlernten, wurde die Arbeit zum Weg, aus der Erbuntertänigkeit herauszukommen. Sie waren nicht mehr gehalten, wenn sie sich selber ernähren konnten, mit ihren Vätern in die ländliche Untertänigkeit zurückzutreten (§ 544, II, 7).[37] Dazu gesellten sich die ehemaligen Soldaten, die als Freimeister keiner Zunft beitraten und der bürgerlichen Lasten enthoben blieben. So stellte der Militärdienst eine Schleuse dar, durch die man aus der Ständeordnung heraustrat, um nolens volens die – meist sehr arme – staatsunmittelbare Unterschicht aufzufüllen. Das Enrollierungssystem, das Leute vom Lande in die Stadt und hier in bürgerliche, vorwiegend außerzünftige Berufe brachte, war eine Verwaltungseinrichtung, die die ständische Berufsordnung aushöhlte. Sie ebnete mittelbar den Weg, der vom Soldatenstand zu einem allgemeinen Staatsbürgertum führte.

Die gleiche Tendenz zu staatsbürgerlicher Gleichheit konnte das Berliner Kammergericht verfolgen, solange es möglich war, die im Landrecht fehlende ständische Einordnung der freien Lohnarbeiter zu interpretieren. Als die spanischen Tuchweber 1794 sechs Wochen lang, gestützt durch spontane Geldsammlungen, gegen die Unternehmer des Lagerhauses gestreikt hatten, wurden sie auffallend gelinde bestraft. Zweimonatliche

---

34 *Fischer:* Handwerksrecht 36.
35 *Rachel:* Berliner Wirtschaftsleben 36; *Hinze:* Arbeiterfrage 171 ff.; *Krüger:* Manufakturen 278 ff.; *Büsch:* Militärsystem 113 ff.
36 *Hinze:* Arbeiterfrage 176; die Statistiken differieren: *Bassewitz* (Kurmark I 3. Beilage) nennt für 1804 nur noch 25 496 männliche und weibliche Militärpersonen in Berlin; *Hertzberg* für 1785 rund 60 000; *Bratring* für 1780 etwa 31 000 (vgl. *Krüger:* Manufakturen 280).
37 Beruhend auf der VO wegen Milderung der herrschaftlichen Rechte über die Kinder der Soldaten v. 7. 4. 1777 (NCC VI, 445 f.). Anfangs nur auf Kinder beschränkt, die ein Handwerk erlernt hatten, dehnte das ALR die Befreiung auf die Fähigkeit, sich „das Brot selbst zu verdienen", aus.

Festungshaft war die Höchststrafe, die wegen unerlaubter Selbsthilfe gefällt wurde. In seinem Gutachten plädierte das Kammergericht[38] unter Kircheisen, dem Verehrer von Svarez und späteren Justizminister Hardenbergs, gegen die Forderung des Generaldirektoriums sogar für eine geringere Strafe. Der Gedankengang Kircheisens, konsequent auf dem Landrecht beruhend, das kurz zuvor in Kraft getreten war, kennzeichnet dessen liberale Möglichkeit, solange eine aufgeklärte Justiz sie nutzen konnte. Die spanischen Tuchweber hatten gegen die Aufnahme unzünftiger Arbeiter gestreikt, die im Lagerhaus unter der Bedingung eingestellt werden sollten, auf eventuelle Feierungsgelder zu verzichten. Kircheisen ging nun davon aus, daß die spanische Weberei seit Aufhebung ihres Monopols 1784 bzw. 1789 ein „freies Gewerbe" sei und daß die Weber demzufolge „blos als einzelne Fabrikarbeiter angesehen werden können", deren Verhältnis zum Unternehmer nur durch „besondere Verträge" begründet werde. Die Aufkündigung des Arbeitsverhältnisses stehe demnach dem Entrepreneur ebenso zu, wie ein Meister, der ein freies Gewerbe treibe, deshalb nicht bestraft werden dürfe, weil er die Arbeit niederlege. Die Strafgesetze des Landrechts „wegen Austretens aus der Arbeit" beträfen ausdrücklich nur die zünftigen Gesellen, die als junge Leute „unter strenger Aufsicht und Zucht gehalten werden müssen". Die Weber, die sich noch als „Zunft geriren", könnten deshalb nicht als Zunftgenossen bestraft werden. Es sei ein rechtlicher Widerspruch, auf dem das Generaldirektorium beharre, „die Inculpaten als Zunftgenossen zu bestrafen und zu gleicher Zeit ihnen gewisse Vorteile, deshalb, weil sie nicht Zunftgenossen sind, abzusprechen". Selbst, daß die Weber auf obrigkeitlichen Befehl hin ihre Arbeit nicht wieder aufgenommen hätten, ziehe keine Strafen nach sich. Denn nach dem ALR könne nur bestraft werden, wer ein Strafgesetz übertrete (§ 20, II, 20): „Wir finden aber kein solches in Ansehung der bloßen Nicht-Befolgung obrigkeitlicher Befehle." Der Ablösung direkter Polizeiherrschaft durch die Herrschaft der Gesetze wird hier das Wort geredet. Erst wer sich „rechtlichen Zwangsmitteln" widersetze, könne deshalb bestraft werden, aber die Weber hätten sich, als sie vom Militär nach Spandau abgeführt wurden, keineswegs widersetzt. „Nicht von der Obrigkeit wollten sie etwas erzwingen, sondern nur von dem Schmitz" (dem Unternehmer), und nur weil sie dies unter Umgehung des Klageweges getan hätten, „mithin um sich selbst Recht zu verschaffen", seien sie strafbar.

Gerade weil die Zone zwischen zunftmäßiger und nicht mehr zünftiger Arbeit nur durch Absprachen und Reglements geregelt war, konnte das Kammergericht auf einen Gesetzesstaat hindrängen, innerhalb dessen sich die Menschen in möglichster Freiheit bewegen sollten. Unternehmer und

---

38 Abgedruckt bei *Krüger:* Manufakturen 697—708.

Arbeiter sollten sich als freie Vertragspartner gegenüberstehen und der Staat kein Recht mehr haben, durch polizeiliche Befehle in die Wirtschaft, soweit sie bereits eine freie Wirtschaft war, gehorsamfordernd einzugreifen. Das Bild des freien Bürgers, dessen Selbständigkeit mit seiner wirtschaftlichen Freiheit beginne und dessen Aktionsgrenzen nur durch generelle Gesetze bestimmt werden können, steht hinter dem Gutachten des Kammergerichts.

Aber im gleichen Augenblick, da die spanischen Weber gegen die Benachteiligung streikten, die sich aus dem Verlust ihres Monopols ergab, und die deshalb von der Justiz schonend behandelt wurden, da drängte das Generaldirektorium, die Verwaltung, auf verschärfte Strafbestimmungen. Der Streik löste jenes Patent vom 29. Juli 1794 aus, das zur „Abstellung tumultuarischen, eigenmächtigen Verfahrens bei Beschwerdeführung, besonders supplicierender Gewerke und Korporationen" erlassen wurde.[39] Wer durch „Einstellungen der Arbeiten ... sich selbst Recht zu schaffen" suche, der solle zwar seine Rechte erhalten, „dennoch aber zugleich als Übertreter der Gesetze und Störer der öffentlichen Ruhe betrachtet und bestraft werden". Gegen den Protest des Justizministeriums[40] sollte sogar auf Strafen erkannt werden können, „von welchen man nach den Zeitumständen den wirksamsten Eindruck erwarten kann, namentlich auf das Gassenlaufen": eine militärische Strafe für Zivilisten, die, vom ALR gerade abgeschafft, bald darauf wieder verhängt wurde.[41] Daß sie nicht auch die spanischen Weber traf, konnte das Kammergericht nur unter Berufung auf das Landrecht verhindern, das die rückwirkende Kraft der Gesetze unterband.

Hinter dieser Strafverordnung, die ähnlich gegen die aufrührerischen Bauern in Schlesien – ebenfalls gegen den Einspruch des Justizdepartements – erlassen wurde[42], stand nicht nur die Furcht vor der Französischen Revolution: sie ist ein Indikator der neuen, sich abzeichnenden Spannung zwischen den außerständischen, rein wirtschaftlich verbundenen Gegnern der Unternehmer und Arbeiter. Die Unternehmerschaft, bisher von der Verwaltung mißtrauisch kontrolliert, erhielt damit entschiedenen Sukkurs vom Staat und seiner Polizeigewalt. Das Streik- und Koalitionsverbot währte an, auch wenn die Strafe des Gassenlaufens 1808 endgültig beseitigt wurde.[43] 1798 folgte jene das Landrecht überschreitende Kabinettsorder „zur Verhütung der Tumulte und Bestrafung der Urheber und Teilnehmer", eine Verordnung[44], die ebenfalls verschärfte Strafen in abgekürztem Verfahren androhte und die die Fabrikunternehmer in die tra-

---

39 NCC IX, 2381; vgl. *Ritscher:* Koalition 333 ff.
40 *Krüger:* Manufakturen 442.
41 *Rachel:* Berliner Wirtschaftsleben 228.
42 *Ziekursch:* Agrargeschichte 233.
43 Kriegsartikel vom 3. 8. 1808, GS 253, Art. 3.
44 NCC X, 1851.

ditionelle Reihe der Hausväter, der Eltern, Lehrer, Meister und Herrschaften einreihte, die alle für ihre jeweiligen Untergebenen mit verantwortlich gemacht wurden. Indem die Verwaltung auf die häusliche Ordnung als den Grundpfeiler staatlicher Ordnung rekurrierte, richtete sie sich gegen Leute, die sich aufgrund der veränderten Wirtschaftsverfassung der häuslichen Gewalt mit wachsender Vehemenz zu entziehen suchten. Dem Unternehmer wurde auf dem Verordnungsweg eine größere Verantwortung und Macht zugebilligt, als sie sich aus dem landrechtlich unterstellbaren freien Arbeitsvertrag hätte ableiten lassen. Das ständische Herrschaftsgefälle wurde – mit staatlicher Nachhilfe – auf die Beziehung von Unternehmer und Arbeiter übertragen, gerade als der Staat anfing, sich von innerbetrieblichen Interventionen zurückzuziehen.

Die Auflösungsmomente, die die folgenden Dezennien charakterisieren, zeichnen sich schon im letzten Drittel des achtzehnten Jahrhunderts ab. 1784 z. B. berichtete ein Kontorist[45], wie sich die Arbeiter „ohne durch eine besondere innere Hausautorität ihrer Vorgesetzten" daran gehindert zu sein, völlig unökonomischen Luxus leisteten. „Im Augenblick hat man sich gesehen, im Augenblick wird geheiratet und dann erst aufgeboten und copuliert. Da versteht die Frau nichts vom Kochen, Waschen, Nähen, Spinnen oder anderer Wirthlichkeit, der Mann, welcher arbeiten muß, ist hungrig, frißt das Fleisch (sic!) noch ehe es Mittag wird, ungar aus dem Topf ... Der Mann bekauffet die Frau, und die Frau das Kind mit allerley närrischen unnützen Putz und Flitterwerk", man gerate erst in Schulden, dann an Wucherer „und so werden diese gleichsam unmündigen Fabrikanten vollends ausgezogen". Es kennzeichnet den drastischen Wandel der ständischen Wirtschaftsordnung, wenn Krug zwanzig Jahre später, 1805, seine Betrachtungen über den preußischen Nationalwohlstand mit einer scharfen Polemik gegen das Fabrikensystem beendet.[46] Er richtet sich dabei nicht nur – damals üblich – gegen das Konzessions-, Privilegierungs- und Bonifikationssystem, also gegen die merkantilistische Wirtschaftspolitik, sondern er macht den Staat verantwortlich für die sozialen Folgen, die die Fabriken überhaupt zeitigten.

Krug liefert die langen Tabellen staatlicher Fabrikenhilfe und zieht aus ihnen den Schluß, daß sich die Fabrikarbeiter selber nicht hinreichend ernähren könnten. Mittelbare Geldunterstützungen – über die Fabriken – und unmittelbare Immunitäten – für die Arbeiter – hätten künstlich eine Klasse von Menschen in die soziale Wirklichkeit gerufen, deren Tätigkeit Bedürfnisse befriedigen sollte, die ebenfalls nur künstlich seien. „Wer kann sich wundern, wenn sie sich für sehr wichtige Mitglieder des Staates ansehen, und wenn sie bei den ihnen zugeteilten Wohltaten, die sie nicht als

---

45 Zit. bei *Krüger:* Manufakturen 591.
46 *Krug:* Betrachtungen II, 661 ff.

Wohltaten, sondern als Pflichten des Staates gegen sich betrachten, oft noch trotzig sind?" Krug registriert den Zusammenhang, der zwischen den staatlich geförderten Manufakturen bestand, die ein „künstliches" Bedürfnisnetz über die „natürliche" standesgebundene Wirtschaft legten, und der größeren Staatsunmittelbarkeit, auf die sich die Promotoren der Bedürfnissteigerung, die Fabrikarbeiter, berufen konnten. Die vom ausländischen Markt abhängigen Fabrikarbeiter erklärt er vollends für „lästige Miethsbürger, welche Pflichten der Kommune gegen sich fordern, ohne selbst dergleichen Pflichten gegen die Kommune zu leisten". Nur einige Unternehmer und Kaufleute seien die Gewinner der staatlichen Exportförderung, während „Tausende in Armuth und Dürftigkeit leben": die Arbeiter, die sich aber aufgrund ihrer Exemtionen und Privilegien „für die wichtigsten und unentbehrlichsten Menschen im Staate halten"[47]. Richtet sich auch die Polemik von Krug gegen die merkantilistische Wirtschaftspolitik, um für die Zukunft „Kultur- und Handelsfreiheit" zu fordern, von der er eine im physiokratischen Sinn natürliche Wirtschaft erwartet: seine Beobachtungen enthalten eine allgemeine zeitgenössische Erfahrung. Der Staat habe durch seine Industrieförderung die „natürliche Ordnung" auf den Kopf gestellt. „Statt einer beträchtlichen Zahl nützlicher und wohlhabender Haus- und Familienväter, die ihre Bürgerpflicht, ohne in Armut zu sinken, erfüllen konnten, hat die Nation eine Menge für den Tag lebender Handarbeiter erhalten, die auf alle mögliche Art von ihren Mitbürgern, denen sie am wenigsten nutzen, unterstützt ... werden müssen, um nicht ganz zu verarmen."[48]

Ein zentrales Thema des Vormärz ist angeschlagen: die Massenarmut, genauer die Staatsunmittelbarkeit der Armut, die sich aus dem Zerfall der Ständeordnung ergab. Eine der wenigen Stellen des Landrechts, wo der Ausdruck „Bürger" in einem allgemeinen und zwar außerständischen Sinn gebraucht wird, sichert den Rechtsanspruch auf Versorgung, den der Arme hat. Er hat ihn als „Bürger" (§ 1, II, 19). Die Staatsunmittelbarkeit der Armut ist damit im Landrecht ausgesprochen worden. Aber die Selbstverpflichtung des Staates, jedem Unselbständigen und Armen entweder Arbeit zu verschaffen oder Unterstützung zu gewähren, war nur eine Verwaltungsmaxime. Das Bürgerrecht auf Arbeit war kein sozial gesichertes Recht, es stand auch keine dem entsprechende Armenorganisation dahinter. Je-

---

[47] Dürftigkeit und Privileg schlossen sich natürlich nicht aus. 1793 wurden die Gefängnisstrafen, die auf Diebstahl standen, herabgesetzt, wenn er in Fabriken verübt wurde, die Vollstreckung aber auf die Sonn- und Feiertage verlegt. Auf Geldstrafen wurde ganz verzichtet — das Motiv des Diebstahls lag ja oft am Geldmangel — und die Präambel erklärte, daß auch die Strafe der öffentlichen Ausstellung nicht mehr angebracht sei, „da sie den Charakter der Volksclasse, zu welcher die Fabrikarbeiter gehören, zu sehr herabsetzt" (NCC IX 1431).
[48] *Krug:* Betrachtungen II, 708.

der, der keine Arbeit finde, heißt es in einer Durchführungsverordnung 1804[49], solle „Anweisung von anderen verlangen", und sei dann gehalten, alle ihm angewiesenen Arbeiten auch zu verrichten. Die Gesetzgebung ging von einer Voraussetzung aus, die der Staat im früheren achtzehnten Jahrhundert noch machte und machen konnte, daß nämlich die Ansprüche an die Arbeitsmoral und die Gelegenheit zur Arbeit harmonieren, notfalls durch polizeiliche oder gerichtliche Nachhilfe zur Deckung gebracht werden könnten. Wie Friedrich der Große es formulierte[50]: „Es gibt kein Land, wo jeder, der nicht faul oder nichtsnutzig ist, durch seine Arbeit nicht genügenden Lebensunterhalt fände." Tatsächlich lieferten die staatlich kontrollierten Insassen der Besserungsanstalten, der Zucht- und Arbeitshäuser, der Waisenhäuser und anderer karitativer Anstalten einen nicht entbehrlich erscheinenden Arbeiterstamm, um die Verlage und Manufakturen in Gang zu halten.[51] Die staatliche Industrieförderung und die Zwangsarbeit der Armen und der ihnen beigesellten Verbrecher gingen auf diesem Sektor Hand in Hand. Insoweit konnte der Staat sich selbst unter den Anspruch stellen, die von ihm direkt erfaßten Armen auch mit Arbeit zu versorgen, wie er analog die Gutsherren in ihrem Herrschaftsbereich zu sorgen verpflichtete.

Aber bereits in den achtziger Jahren sah sich der Staat gezwungen, auch Beschäftigungslose zu unterstützen, die arbeitswillig und arbeitsfähig waren.[52] Industrielle Konjunkturschwankungen führten zu Entlassung von Arbeitern, unter ihnen bezeichnenderweise „beweibte Gesellen", die dem Staat unmittelbar zur Last fielen. Es ist die Zeit, da Süßmilch „die vielen Spinner, Weber und ihre Gesellen" den „Sauerteig der bürgerlichen Gesellschaft" nennen konnte.[53] Für das Bewußtsein ihrer Staatsunmittelbarkeit sprach, daß die unterstützten Seidenwirker – also auch königliche ouvriers – sich „alle zu dieser Wohltat berechtigt hielten", wie der Fabrikenkommissar ärgerlich feststellte, als die Auszahlungen zu Tumulten führten. Auch unter Struensees liberalerer Verwaltung wurden weiterhin Gelder „zur Erhaltung der ohne ihr Verschulden brodlos gewordenen hiesigen Fabrikarbeiter"[54] ausgeschüttet. Hierbei handelt es sich um Verwaltungshilfen, die auf die Arbeiter in der Residenz beschränkt waren, wo die Armenversorgung – bis zur Städteordnung von 1808 – staatlich geleitet und finanziert wurde. In allen Städten der Kurmark schnellte die Zahl der unterstützten Armen in der zweiten Jahrhunderthälfte empor[55]; von

---

49 VO v. 8. 9. 1804 betr. die Verpflegung der Ortsarmen in der Kurmark, Neumark und in Pommern (NCC XI, Nr. 43), 1842 aufgehoben.
50 zit. bei *Koser*: Friedrich der Große 3, 432.
51 *Hinze*: Arbeiterfrage 155 ff.; *Krüger*: Manufakturen 139 ff.
52 *Krüger*: Manufakturen 385, 642.
53 zit. bei *Krüger* 399.
54 KO 2. 1. 1800, Acta Bor. II (Seidenindustrie), 539.
55 *Krug*: Betrachtungen II, 162; *Bassewitz*: Kurmark I, 176 ff.; 276 ff.; II, 425, IV, 520.

Arbeitszwang und Armenhilfe

1384 (1750) auf 12 257 (1801), ungerechnet die zahllosen Bettler, die offiziell nicht geduldet, dennoch die Straßen bevölkerten. Die Zahl der Insassen des Berliner Arbeitshauses stieg von 370 (1752) auf 1250 (1785)[56] an, womit eine Höchstgrenze erreicht war, die auch nicht im Vormärz überschritten wurde. Die Hauptstadt zog freilich besonders viele Menschen, darunter Bettler und Vagabunden ebenso wie Arbeitsuchende an, so daß die Kurmark später – 1811 – das Vorrecht erhielt, sich die Verpflegungskosten für landfremde Arme von den Herkunftsprovinzen bezahlen zu lassen.[57] Aber die steigende Armut war eine Erscheinung, die sich auf Stadt und Land in allen preußischen Provinzen verteilte.[58] Hier Abhilfe zu schaffen, war eine Aufgabe grundlegender Reform.
Im Hinblick auf den Gesamtstaat blieb die staatliche Verwaltungsmaxime der Armenfürsorge ebenso subsidiär wie das Landrecht selber. Die Organisation der Armenversorgung blieb damit dem ständischen Gefüge eingeordnet, das gerade aufhörte, die Armen versorgen zu können. „Unsere Armen- und Arbeitshäuser", meinte Krug 1805, „werden in der Regel nur von solchen Menschen bevölkert, welche zu keiner Korporation und zu keiner Kommune gehören, denn wenn sie Mitglied einer Korporation oder Innung sind, so muß auch diese für die Erhaltung ihrer Armen sorgen."[59]
Die Hilfsverpflichtung begann mit der Familie und stufte sich subsidiär ab: über Korporationen, Zünfte und Versorgungsinstitute zu den Gutsherrschaften und Gemeinden, die allerdings über ihre Mitglieder hinaus schon für alle Einwohner aufzukommen hatten (§ 10, II, 19). Selbst in die verbleibenden Lücken trat nicht der Staat direkt ein, sondern er rekurrierte zunächst auf regionale, provinzielle und damit auch ständische Landarmenverbände, die er parallel zum Landrecht 1791 bis 1804 in allen Provinzen einführte.[60] Der staatliche Anspruch, für die Armen zu sorgen, stützte sich praktisch auf die ständische Selbsthilfe, nur daß er diese in staatliche Verpflichtung nahm und ihre Einrichtungen unter Schutz und Kontrolle der Verwaltung stellte (§§ 32 ff., II, 19). Auch hier währte der Überhang des Landrechts weit in den Vormärz hinein.
Die Zahl der wirtschaftlich Unselbständigen und Hilflosen, der Arbeiter und Arbeitslosen nahm im gleichen Maße zu, als die herkömmlichen Armenhilfen – durch Familien, durch Zünfte, durch Gemeinden – versiegten oder versagten. Durch seine liberale Wirtschaftsgesetzgebung leistete der Staat dieser Bewegung Vorschub und so blieb der Arme als „Bürger", den der Staat zu schützen sich verpflichtet hatte, zwischen Staat und Stand

---

56 *Brunschwig:* La crise 136; *Krüger:* Manufakturen 381; Verwaltung Berlin (1842), 150 ff.
57 *Gräff-Rönne-Simon* 6, 883.
58 *Brunschwig:* La crise 126 ff.
59 *Krug:* Betrachtungen II, 166.
60 *Gräff-Rönne-Simon* 6, 875 ff. Damit einher lief die Zurückdrängung der kirchlichen Aufsichtsbefugnisse *(Bassewitz:* Kurmark I, 279 ff.).

heimatlos. Er wurde zum Glied der neuen bürgerlichen Gesellschaft. Noch ein halbes Jahrhundert sollte vergehen, bis – 1842 – der Staat zum ersten Mal eine generelle Regelung der Armenversorgung versuchte, zur gleichen Zeit, als auch ein allgemeines Einwohnergesetz unumgänglich geworden war. Darauf wird zurückgekommen.[61] Die Staatsunmittelbarkeit der Armut blieb eine Herausforderung, die vom Landrecht aufgenommen, in der Folgezeit vom Staat nicht mehr direkt beantwortet wurde.

Militär, Manufaktur und Armut: alle zehrten zur Zeit, da das Landrecht erlassen wurde, bereits an der ständischen Ordnung und überschritten die Grenzen von Stadt und Land. Zu den überregionalen Problemen, die sich damit der Verwaltung stellten, gesellten sich weitere, die speziell vom Lande her die ständische Ordnung in Frage stellten. Sie seien zum Schluß skizziert. Mit seiner ländlichen Verfassung steht das Landrecht mehr als in allen seinen anderen Teilen am Ende einer Epoche, auch wenn es durch seine Fixierung der Rechtsansprüche den unendlich komplizierten Ablösungsverfahren des kommenden Jahrhunderts die Legalitätstitel bereitet hat.

Die absolutistische Maxime, daß die Zahl der Bevölkerung auch einen Index für Macht und Reichtum liefern könne, verlor an Evidenz im Maße, als die wachsende Menschenmenge die allgemeine Armut steigerte. Diese Phase, die erst ihr Ende fand, als die Industrie den ländlichen Menschenüberschuß abzusaugen vermochte, begann in Preußen im letzten Drittel des achtzehnten Jahrhunderts. Eine wesentliche Bedingung der Armut, deren Zunahme gegen 1800 immer wieder bezeugt wird – und sei es nur in Relation zum steigenden Luxus –, liegt in der anwährenden Bevölkerungszunahme. Allein in den letzten fünfzig Jahren vor 1806 vermehrte sich die Volkszahl der ostelbischen Provinzen im Durchschnitt um 50 Prozent[62], eine Bewegung, die von einer schleichenden Verteuerung bei gleichbleibenden Löhnen und gesteigerten Dienstleistungen begleitet war. Die zunehmende Volksmenge lief zunächst auf die ständischen Wirtschaftsschranken auf und erreichte nach deren Beseitigung im Vormärz einen erneuten Höhepunkt ihrer Massennot, weil die damalige ländliche Lebensbasis überlastet wurde, ohne daß die Industrie schon Abhilfe geschaffen hätte. Die Bevölkerungsvermehrung schuf Probleme, die auf eine überregionale Lösung drängten. Schon im achtzehnten Jahrhundert drückte sie auf die ständische Lebensordnung, denn den relativ größten Anteil an der Zunahme hatte die landlose Klasse.

Krug beziffert um 1800 „die Landbewohner des dritten Standes, welche in der Regel keine Grundstücke besitzen, kein zünftiges Gewerbe treiben und nicht zum Gesinde gehören", auf 230 980 Personen (innerhalb der

---

61 Vgl. unten S. 631.
62 *Braun:* Ostdeutsche Wirtschaft 625; *Köllmann:* Bevölkerungsploetz II, 157.

Grenzen von 1772).[63] Es handelt sich um die spezifisch unter- oder außerständische Schicht, deren Zahl schon erstaunlich hoch war, gemessen an den rund 260 000 spannfähigen Bauern jeglichen Besitzrechts und an den rund 310 000 nicht spannfähigen Bauern, Kätnern und Büdnern, die Krug für die gleiche Zeit berechnet.[64] Allein in Schlesien stieg die Schicht der besitzlosen Inleute, Kammerleute usw. von 1778 bis 1786 um jährlich 1000 Personen von 34 000 auf 42 000 an[65], der Prozentsatz der städtischen Bevölkerung fiel zwischen 1756 und 1807 entsprechend von 22 auf 17 Prozent ab. In Ostpreußen vollzog sich eine ähnliche Bewegung. Die Zahl der Instleute, Einlieger und Losgänger verdoppelte sich in der zweiten Jahrhunderthälfte auf rund 50 000.[66] Auf dem kurmärkischen platten Land vermehrt sich die Zahl der Tagelöhner und Instleute von 13 303 (1746) auf 20 533 (1804); Spinner und Handwerker dazugerechnet erhöhen sich die Zahlen um ein Drittel. Auch die kleinen Ackerleute vermehrten sich – wie in den anderen Provinzen – von 12 709 auf 21 045, während die Zahl der Bauern geringfügig von rund 16 500 auf rund 18 000 stieg.[67] In der Regel galt für die Bevölkerungsvermehrung: je tiefer der soziale Stand, je geringer die Erwartung auf eigenen Besitz, desto größer der Zuwachs. Diese Zunahme übertrug sich auch auf das männliche und weibliche Gesinde, das um 1800 etwa 1 Million Köpfe zählte, also etwa ein Siebtel der Gesamtbevölkerung ausmachte.[68] Wenn auch ein Teil des jugendlichen Gesindes auf dem Land in später freiwerdende Bauern- oder Häuslerstellen einrückte, so vermehrte sich gerade die Zahl der bei Hofe bleibenden Knechte und Mägde besonders stark. Diese wuchsen hinein in die Schicht der landlosen Tagelöhner, die – frei oder unfrei – bereits vor der Agrarreform auf den Gütern und Bauernstellen ihr Unterkommen auf Lebenszeit suchen mußte.[69]

Krug bezeichnet 1805 mit seiner rein wirtschaftlichen Begriffsbildung die Taglöhner und Dienstboten in Stadt und Land als den „der Zahl nach beträchtlichsten Stand", den es in Preußen gebe und der mit dem Armenwesen in „der genauesten Verbindung" stehe: die Armenhäuser und Versorgungsanstalten würden von ihm überfüllt.[70] Das Anwachsen der land-

---

63 *Krug:* Betrachtungen II, 207; für die neuen Ostprovinzen berechnet er 51 549, für Ostpreußen decken sich die Zahlen mit *Stein:* Agrarverfassung I 300; seine Zahlen für Schlesien liegen dagegen weit unter den genauen Berechnungen *Ziekurschs,* der statt rund 30 000 Auszüglern (1797) schon 1786 42 000 männliche und etwa ebensoviele weibliche Auszügler und Einlieger nachweist (Agrargeschichte 71).
64 *Krug:* Betrachtungen I, 472 ff.; die hier genannten Zahlen beziehen sich auf den Besitzstand von 1772.
65 *Ziekursch:* Agrargeschichte 71; *Wendt:* Breslau 81.
66 *Stein:* Agrarverfassung I, 378.
67 *Schmoller:* Umrisse 623; nach *Bassewitz:* Kurmark I, 29.
68 *Krug:* Betrachtungen II, 208 ff.
69 Vgl. besonders *Ziekursch:* Agrargeschichte 73—76.
70 *Krug:* Betrachtungen II, 212.

losen Unterschicht auf dem Lande, die den für die Ständeordnung „natürlichen" Nahrungsspielraum zunehmend einengte, die Zunahme der ländlichen Spinner und Weber und ihre Erfassung durch die städtischen Verlage, schließlich die Zunahme der Lohnarbeiter in den Städten: dies war eine langsam wirkende soziale Bewegung, die in den achtziger und neunziger Jahren durch die Schubkraft ihrer Masse bereits sichtbare Risse in die ständische Berufsordnung hineingetrieben hatte. Die Kodifikation des Landrechts hat davon kaum Notiz genommen und noch 1839 konnte der Verfasser des schlesischen Provinzialrechts vom Standpunkt des Landrechts in dessen überholter Perspektive feststellen: „einen vierten Stand gibt es nicht."[71]

Die Vermehrung der Unterschicht drängte diese in Bewegung, um besseres Unterkommen zu finden. In Ostpreußen war die Schicht der persönlich freien Tagelöhner schon besonders zahlreich[72]; in Schlesien kauften sich viele Weber, in das Gebirge hochziehend, aus der Untertänigkeit frei, oder die Untertanen suchten bei einer anderen Herrschaft als „Schutzuntertanen" bessere Arbeitsbedingungen. Sie verloren aber auf diesem Weg in die persönliche Freiheit – ohne daß ihre Pflichten sich verringerten – ihre Versorgungsansprüche und versanken umso schneller in Armut.[73] Die außerständische Freiheit begann also auf zwei Ebenen: in der staatlichen Oberschicht und in der ärmsten Unterschicht.

Das Landrecht scheint der Tendenz zu größerer Beweglichkeit in gewissem Sinn Rechnung getragen zu haben. Während der Entwurf die Schutzuntertanen, also die persönlich freien Leute, als potentielle „Landstreicher" betrachtet[74], die zur Niederlassung angehalten werden müßten, kennzeichnet das Landrecht sie als „freie Personen" (§§ 88 f., 113, II, 7) und verzichtet auf den Niederlassungszwang, um sie bestimmten Gutsherren nicht aufzudrängen, unterwirft sie aber im übrigen denselben Pflichten, nämlich „vorzüglich" für die Herrschaft ihres jeweiligen Wohnortes arbeiten zu müssen, allerdings unter vertraglich auszumachenden Bedingungen. In Wirklichkeit hat sich mit dieser Nuancenverschiebung nichts geändert, aber sie kennzeichnet die Tendenz, die zum Oktoberedikt führt. Die persönliche Befreiung der Untertanen erfolgte später entschädigungslos, weil die Reformer davon ausgingen, daß Freiheit und Beweglichkeit der „arbeitenden Klasse"[75] auf dem Lande sowohl dieser wie den Gutsherren zum Vorteil gereiche.

Das Landrecht deckte sich am meisten dort mit den herkömmlichen Verhältnissen, wohin die Verwaltung am wenigsten hinreichte. Die ländliche

71 *Wentzel:* Provinzialrecht 83.
72 *Stein:* Agrarverfassung I, 272.
73 *Ziekursch:* Agrargeschichte 106 ff.
74 Entwurf T. I, Abt. II, Tit. II, § 75, p. 32.
75 Reskript v. 5. 3. 1809; *Gräff-Rönne-Simon* 4, 420.

Sozialordnung wurde nicht angetastet. „In der ganzen Gesetzgebung ist vielleicht keine Materie, wo Festsetzung allgemeiner Regeln schwerer und bedenklicher wäre, als bei der Bestimmung des Verhältnisses zwischen Herrschaft und Untertanen", schrieben die Redaktoren, als sie den Entwurf der damaligen Öffentlichkeit der Beamten, Gelehrten und der Stände vorlegten.[76] „Die auffallendsten Abweichungen" bestünden nicht nur von Provinz zu Provinz, sondern von Distrikt zu Distrikt. Geschichtliche Herkunft, wirtschaftliche Methoden und Geist der Bevölkerung hätten nicht überall die „gleiche Stufe der Cultur" zur Folge gehabt, daß „nothwendig eine große Verschiedenheit in dem Verhältnis dieser beyden Classen von Staatsbürgern" herrsche. „Es kann und darf die Absicht der neuen Gesetzgebung nicht seyn, diesen Unterschied ganz aufzuheben; den Unterthan in Westpreußen mit dem Magdeburgischen oder Clevischen durchaus auf gleichen Fuß setzen; und so den gordischen Knoten mit einemmale zu zerhauen. Dies könnte nicht geschehen, ohne wohl erworbene Rechte, die dem Staat heilig seyn müssen, zu kränken, die Landesverfassungen zu zerrütten, und in dem Wohlstand beyder Classen, der weit genauer, als man oft denkt, gegenseitig verbunden ist, die schädlichsten Stöhrungen zu veranlassen." Sklaverei und Leibeigenschaft seien längst in Preußen beseitigt, da „der Unterthan, gleich jedem anderen Staatsbürger, Eigenthum und persönliche Rechte erwerben und besitzen kann". Das subsidiarische Gesetzbuch müsse sich damit begnügen, einen „sicheren Leitfaden" durch das „Labyrinth" der bestehenden Ordnungen zu liefern und dabei die „rechtlichen Präsumtionen" der Untertanen festzusetzen, „daß die Lasten des Bauernstandes, der ohnehin fast bey keiner Provinzialgesetzgebung repräsentirt wird, unter ihrem Schutze, nirgend drückender gemacht werden können".

Dieses Programm, das aus der Fußnote in die einleitenden Paragraphen über die Untertänigkeit eingegangen ist (§§ 87 ff., II, 7), lag völlig in der Tradition der friderizianischen Agrargesetzgebung. Diese bestand in einer Reihe immer wieder erneuerter, also schlecht beachteter Bestimmungen, die wenig geändert, aber vieles verhindert hatten.[77] Die Bodenverteilung sollte, von der inneren Kolonisation abgesehen[78], sowenig wie möglich verschoben werden, weder auf Kosten des Adels noch auf Kosten der Bauern. So hatte auch der Gesetzeskodex die Tendenz, die bestehende Besitzordnung samt ihren rechtlichen Verflechtungen, den bodengebundenen Rechten und Pflichten, einfrieren zu lassen. Die durch den Adel vermittelte Herrschaftsordnung, die den Untertan in seinem indirekten Verhältnis zur Staatsgewalt beließ, wurde nicht angetastet. Nur einer Verschlechterung der

---

76 Entwurf T. I, Abt. II, 30 f.
77 *Krug:* Gesetzgebung.
78 *Schmoller:* Umrisse IX.

Abgestufte Staatsunmittelbarkeit der unteren Stände

Unterschicht sollte vorgebeugt werden (§§ 14, 88, 302 passim, II, 7). „Der Bauernstand hat sich nicht weniger, als alle anderen Stände, des Schutzes und der gemeinen Rechte des Staats zu erfreuen", lautete eine Bestimmung des Entwurfs[79], die freilich wegen ihres postulatorischen Wortlautes, der das Gegenteil durchklingen ließ, geändert wurde. „In allen nicht besonders ausgenommenen Fällen wird der Bauernstand nach den im Staate geltenden Gemeinen Rechten beurteilt," lautet die Endfassung (§ 17, II, 7).

In der Praxis hieß das für die Agrarverfassung mehr als irgendsonst, daß die Ausnahme die Regel, generelle Gesetze die Ausnahme darstellten. Dennoch lag auch hier in der Formulierung allgemeiner Rechtssätze eine Tendenz zu verstärktem Bauernschutz. Erstens meldeten die subsidiären Gesetze an sich schon einen staatlichen Vorbehalt an gegen alle geltenden Einzelbestimmungen, die den Untertan schärfer beschränkten als die allgemeinen Gesetze es taten. Daraus sollten später die Reformer die entschädigungslose Beseitigung mancher Vorrechte des Adels ableiten können.[80] Zweitens flossen auch hier Bestimmungen ein, die der künftigen Verwaltung den Weg weisen sollten. Da wurden die Untertanen, und zwar als einzige im ganzen Gesetzbuch, „freie Bürger des Staates" genannt (§ 147, II, 7). Die Untertanen hegten denn auch überhöhte Erwartungen und meldeten, mit dem Gesetzbuch in der Hand, Forderungen an, die nicht im Sinne der Gesetzgeber gelegen hatten. Sowohl in der Kurmark wie in Ostpreußen wurden Bauernunruhen durch die Lektüre des Landrechts angestachelt, vor allem aber in Schlesien, wo die Aufstände seit den siebziger Jahren nicht mehr abrissen und oft nur durch schärfsten Militäreinsatz niedergeschlagen werden konnten.[81] Dabei waren die Ansätze zu einer Reform im Landrecht mager, magerer als manche der bisher gescheiterten Einzelverordnungen.[82] Über die lange Reihe der Präventivgesetze, die den Bauernstand vor den Zugriffen des Adels schützen sollten, führten nur wenige Soll-Bestimmungen hinaus, die die wirtschaftliche Lage zu verbessern suchten. Gemeinheitsteilungen sollten „so viel wie möglich" vorgenommen werden (§ 311, I, 17). „Alle Arten von Hofedienste sollen künftig, so viel als möglich, nach Zeit, Ort, Maaß oder Gewicht bestimmt werden" (§ 314, II 7). Grundzinsen und Abgaben sollten ebenfalls künftig in den anzulegenden Urbarien „möglichst genau bestimmt werden" (§ 472, II, 7). Für die adlige Herrschaft tauchen derartig vage Verwaltungsanweisungen in Gesetzesform freilich nur mehr als Kann-Bestimmungen auf

---

79 Entwurf T. I Abt. II. Tit., II, § 14.
80 Reskript 5. 3. 1809; *Gräff-Rönne-Simon* 4, 420.
81 *Thieme:* Kodifikation 426 f.; *Stein:* Agrarverfassung I, 270; *Ziekursch:* Agrargeschichte 88, 192, 203, 278 passim.
82 Vgl. die gescheiterten Versuche, die Bauernstellen erblich zu machen bei *Krug:* Gesetzgebung 132; dazu § 305, II, 7, der für strittige Fälle die Vermutung zugunsten einer Erbpacht ausspricht.

(§ 421, II, 7). Ohne Durchführungsbestimmungen wirkten solche Wunschgesetze umsomehr als Herausforderung an die herkömmliche Herrschaft, als keine Macht dahinter stand, die sie hätte verwirklichen können. Sie waren mehr ein irritierendes Moment des guten Willens als ordnende Gesetze. Die Versuche in Schlesien, die Urbare einzurichten, zeigen, wie kläglich die Verwaltung, soweit sie überhaupt selber daran interessiert war, am geschlossenen Widerstand des Adels scheiterte.[83]

Eine Umwandlung der Zehnten in Geldleistungen war gar nicht vorgesehen (II, 11, 11. Abschnitt), und die Bestimmungen, die eine Verwandlung der Naturaldienste in Dienstgelder regelten, erschwerten eher die Verwandlung, statt sie zu erleichtern (§§ 421 ff., II, 7). Der legale Weg zu Freiheit und Eigentum, die Dienstablösungen, schon vielfach gefordert und gelegentlich durchgeführt, waren gar nicht eingeplant.[84] Im Hinblick auf die ansteigende landlose Unterschicht war das Landrecht unzulänglich und im Hinblick auf die angestiegenen Lasten der ländlichen Untertanen war es zwar – in genereller Formulierung – vollständig, aber von den Forderungen aufgeklärter Zeitgenossen bereits überholt.

Die Kodifikation der herrschaftlichen und der bäuerlichen Rechte und Pflichten war also gerade in dem Augenblick beendet, als die wirtschaftliche Gesamtlage auf eine Änderung drängte. Es ist ein Zeugnis für die Stärke der ländlichen Herrschaftsordnung, daß dort, wo eine Reform am dringendsten und durch Unruhen herausgefordert wurde, das Landrecht in die Vorgegebenheiten resignierte. Der Adel konnte sich in der Reformzeit auf Rechte berufen, die ihm ein Dutzend Jahre zuvor vom Staat ausdrücklich bestätigt worden waren. Die wenigen Kann- und Soll-Bestimmungen, die über die rechtliche Bestandsaufnahme hinausführten, blieben bis dahin unbefolgt oder wurden hintertrieben. In Schlesien, der konservativsten Agrarprovinz, regierte Hoym nach 1794 wissentlich gegen die Bestimmungen des Landrechts und die darauf bezogenen Anweisungen aus Berlin.[85] So schürte das Landrecht Erwartungen, die, weil vom König erweckt, um so schwerer enttäuscht wurden. Der König war für die Bauern noch so fern, daß alle Hoffnungen, die sich an ihn hefteten, in Anbetracht der drückenden Wirklichkeit glaubwürdig blieben. Es kam vor, daß sogar Domänenbauern eine Umwandlung von Naturaldiensten in Geldleistungen für eine Verwaltungsschikane hielten, weil sie vom König gänzliche Befreiung von allen Lasten erwarteten.[86] So hat das Landrecht im Ergebnis mehr zu den Unruhen auf dem Lande beigetragen als deren Ursachen beseitigt. Kein Wunder, daß sich der Adel gegen dessen Publikation

---

83 *Ziekursch:* Agrargeschichte 259 ff.
84 Vgl. *Krug:* Gesetzgebung 105.
85 *Ziekursch:* Agrargeschichte 263 ff., 269 passim.
86 *Krug:* Gesetzgebung 371.

Abgestufte Staatsunmittelbarkeit der unteren Stände

sträubte oder daß ein schlesischer Landrat vorschlug, es nur in lateinischer Sprache zu veröffentlichen.[87]
Die Wege, aus der Untertänigkeit herauszutreten, d. h. zum unmittelbaren Untertan des Königs aufzusteigen, waren nur schmal und voller Hindernisse (§§ 495, II, 7). Der Untertan hatte zunächst nachzuweisen, wie er sich künftig nähren wolle: eine Möglichkeit, die meist an den Grenzen seines bodengebundenen Lebenskreises endete. Die Einheirat in einen bürgerlichen Beruf oder auf eine freie Stelle bot noch die günstigste Chance. Aber Kinder über vierzehn Jahre war die Herrschaft zum Gesindedienst zurückzuhalten berechtigt, ganz abgesehen von den Loslassungs- und Abzugsgeldern, die sie einforderte. Dagegen hatte der Staat zwei Wege geebnet, die direkt in die bisher geschilderten Zonen der Staatsunmittelbarkeit führten. Für die Hilf- und Schutzlosen: staatlich erzogene Waisenkinder werden frei, mißhandelte Untertanen sollten es werden können (§§ 129, 520, II, 7); und für die Soldaten: entlassene Kantonisten hatten das Recht, sich freikaufen zu können, zu Unter- und Oberoffizieren Avancierte wurden in jedem Fall frei; vom Vorrecht der Offiziere abgesehen neue Bestimmungen, die im Gesetzentwurf noch nicht standen. Ein weiterer Weg war schließlich die Übernahme einer Kirchen-, Schul- oder Zivilstelle, in die üblicherweise entlassene Soldaten und Invaliden eingeschleust wurden, so daß als Regel galt: Zivildienst macht frei (§§ 505, 542, II, 7). Berufe, deren obere Ränge mit dem privilegierten Gerichtsstand ausgezeichnet wurden, führten auf den unteren Rängen zur Staatsunmittelbarkeit, – ein Vorrecht, das auf dem Lande freilich geringfügig blieb, wo die Herrschaft auch Polizei- und Gerichtshoheit ausübte.
Die Menge seiner entlassenen Soldaten in eine dauernde Staatsbürgerschaft zu überführen, war der Staat finanziell zu schwach, konnte er sie doch nicht einmal während der Dienstzeit hinreichend entlöhnen.[88] Selbst ein unverdächtiger Zeuge wie der Justizrat Klein, der reformfreudige Mitarbeiter von Svarez, mußte gestehen: „Wenn die Kriegsdienste die Unterthanen-Pflicht für immer aufhöben, so würde der entlassene Soldat oft ohne Hülfe seyn und dem gemeinen Wesen zur Last fallen."[89] Die Staatsunmittelbarkeit der Armut, die zu bekämpfen eine entwickelte Geldwirtschaft vorausgesetzt hätte, wurde soweit wie möglich mediatisiert und den herkömmlichen Herrschaftskreisen des Adels überwiesen. Die ländliche Sozialordnung blieb somit auch die Basis der staatsunmittelbaren Macht der Armee. Hier ebnete erst der Zusammenbruch der Armee den Weg zur Reform. Wandel der Heeresverfassung und der Agrarverfassung gehen später Hand in Hand.

---

87 *Ziekursch:* Agrargeschichte 259.
88 *Hintze:* Ges. Abh. III, 546 f.
89 *Klein:* Civilrecht 479.

Einer Agrarreform, die von den bestehenden Rechtssätzen nicht abweichen wollte, es sei denn gegen Entschädigung, stellten sich freilich noch andere – unendliche – Schwierigkeiten entgegen. Was das Landrecht hier nicht leisten wollte, nämlich der herkömmlichen Rechtsordnung subsidiär eine wirklich neue zu unterschieben, die sukzessive zu unmittelbar geltendem Recht hätte aufrücken sollen, das suchte Friedrich Wilhelm III. auf dem traditionellen Weg der Provinzialgesetzgebung regional und direkt zu erreichen.[90] Was generell bis 1794 nicht gelingen konnte, das sollte in den einzelnen Provinzialgesetzbüchern nachgeholt werden. Aber selbst dringende Aufgaben wurden nicht gelöst, etwa die Erbuntertänigkeit zu beseitigen oder das Gesinderecht zu verbessern. Auf der Provinzebene, auf der die Stände ein Mitspracherecht erheben konnten, war der Widerstand weit geschlossener und mit institutionellem Rückhalt, den es gesamtstaatlich nicht gab: sowohl auf Seiten des Adels wie auch der Justiz, aber auch in der Verwaltung, die mit den gewählten Landräten ihre zuständigen Gutachter aus den Kreisständen des Adels bezog.

Auch einmal gegebene Gesetze boten keine Garantie ihrer Erfüllung. Die Gesetzesgeschichte des achtzehnten Jahrhunderts zeigt, daß die Adelsschicht, die sich zwischen den königlichen Willen und die ländliche Bevölkerung schob, nur schwer zu durchstoßen war. Hier galt mehr als sonstwo im Staat die Bemerkung aus Fischbachs historischen Beyträgen von 1781: „Das Gesetz des Landesherrn ist hier immer noch der Critic und dem Eigensinn seiner Unterthanen unterworfen, welche durch einen allgemeinen Widerwillen dasselbe ungültig und unkräfftig zu machen imstande sind."[91]

Weitere Hindernisse einer Agrarreform ergaben sich von selbst aus der Verflochtenheit der Rechte und Dienste innerhalb der Agrarverfassung. Der Rechtsstatus des Bodens und der an ihn gebundenen Untertanen war oft wesentlicher für den Ertrag als die Beschaffenheit des Bodens oder die Arbeitsfähigkeit der Dienstleistenden.[92] Das von Ort zu Ort und von Herrschaft zu Herrschaft differierende System der Berechtigungen und Verpflichtungen, auf das sich auch die Hypothekenverfassung bezog, war so aufeinander eingespielt, daß die Herauslösung auch nur eines Sektors Folgen zeitigen mochte, die nicht vorhersehbar waren. Die technische Ausrüstung der Güter war auf die Gespanne und Geräte der Untertanen eingestellt, die Lohnsätze waren auf die Zwangsdienste eingependelt und forcierten das Interesse der Herren an der Dienstpflicht. Diese verwies die Untertanen wiederum auf Lethargie, Duckmäuserei und Betrug, um über-

---

90 *Stein:* Agrarverfassung II, 6—84; *Ziekursch:* Agrargeschichte 243—277; *Hintze:* Ges. Abh. III, 537 ff.; *M. Rumler:* Bestrebungen zur Befreiung der Privatbauern in Preußen 1797—1806 (FbpG. 33, 34, 37; 1921—1925).
91 *Fischbach:* Beyträge 281.
92 *Krug:* Gesetzgebung 3 passim.

haupt existieren zu können.[93] Zu den Diensten, die der Herrschaft geleistet werden mußten, trat die Fülle der staatlichen Anforderungen für Fourage, Wegebau, Vorspann usw., die ebenfalls die Ertragfähigkeit minderte. Andererseits beruhte nicht nur die Heeres-, sondern auch die Steuerverfassung auf den herrschaftlichen und genossenschaftlichen Verbänden. Solange der gesamte Betrieb der Landwirtschaft auf die Naturaldienste eingestellt war, fehlte somit die Voraussetzung, ihn auf legalem Wege zu ändern: das Geld nämlich, die Dienste und Abgaben abzulösen.

So war ein circulus vitiosus entstanden, aus dem auszubrechen eine Veränderung der Gesamtsituation voraussetzte, die auf einmal nicht zu erreichen war: jede Teilreform drohte das ganze Gebäude zum Einsturz zu bringen und die ländlichen Unruhen, die die Reformen herausforderten, lieferten um so mehr Vorwände, jeweils gerade jetzt die Reform zu stunden.

Die Befreiung der Untertanen zu Eigentum und persönlicher Unabhängigkeit, die der liberale Flügel der Verwaltung anstrebte[94], setzte etwas voraus, was erst erreicht werden sollte: den freien Menschen. „Ich gestehe, daß ich mich in den Ausdruck... nicht wohl finden kann: ein gewisses Volk ... ist zur Freiheit nicht reif; die Leibeigenen eines Gutseigentümers sind zur Freiheit noch nicht reif... Nach einer solchen Voraussetzung aber wird die Freiheit nie eintreten; denn man kann zu dieser nicht reifen, wenn man nicht zuvor in Freiheit gesetzt worden ist."[95] Diese Formel Kants enthielt in der Tat auch das politische Problem, das sich hinter der Notwendigkeit einer Agrarreform verbarg. Die Fähigkeit zur Freiheit und Selbstbestimmung der Untertanen konnte aus der Empirie der herkömmlichen Herrschaftsordnung täglich widerlegt werden. Und das Geld, das die Freiheit kostete, schien nicht zahlbar, weil die Summen für die Freisetzung nicht aufzubringen waren. Die Situation schien einen Kompromiß auszuschließen. Der Ausweg war nur zu finden, wenn der Schritt in eine unbekannte Zukunft überhaupt gewagt wurde. Dies nun versuchte der Staat.

Was er aus Achtung vor den herkömmlichen Rechten 1794 generell nicht versucht hatte, was ihm in den folgenden Jahren regional nicht gelang, das suchte er dort zu erreichen, wohin seine Verwaltung ungehindert hinlangte: auf den Domänenämtern und Intendanturen. Hier, wo „der Regierung eine freiere Disposition zustand"[96], auf den Domänen in Preußen, wo sie sehr zahlreich waren, in Pommern und in der Neumark, gelang es langsam von 1799 bis 1806 die Frondienstleistungen in Geldzins und Naturalabgaben zu verwandeln. Für diesen Schritt zur Auseinandersetzung von

---

93 Vgl. *Garve:* Über den Charakter der Bauern und ihr Verhältnis gegen den Gutsherren und gegen die Regierung, 1786, im Auszug bei *Conze:* Quellen 46 ff.
94 *Stein:* Agrarverfassung II, 25 ff.
95 *Kant;* zit. bei *Conze:* Quellen 43.
96 *Krug:* Gesetzgebung 391. Vgl. jetzt die kritische Zusammenfassung bei *Lütge:* Gesch. d. dt. Agrarverf., 169 ff., 190 ff.

Guts- und Bauernwirtschaft zahlten die Domänenbauern nach Krug jährlich 123 474 Taler, die dem Staat einen Überschuß von rund 55 000 Talern einbrachten.[97] Diese Summe verwendete der Staat wiederum zur Erleichterung weiterer Ablösungen, oder zu gemeinnützigen Zwecken, wie den Bau von Schullehrerseminaren oder zur Gehaltsaufbesserung von 200 auf 600 Taler jährlich für Professor Kraus, dem geistigen Stimulator der Aktion.[98] Es handelte sich um Verwaltungsakte, denen sich in Ostpreußen, aber auch in den anderen Provinzen einige Adlige anschlossen, die aber zunächst an den Grenzen der adligen Herrschaften endeten.

Parallel zur Dienstablösung lief die Vererbpachtung der Stellen, die bereits vor 1806 rund 50 000 Bauern – also etwa ein Siebtel –, nämlich staatsunmittelbare[99] Bauern, zu selbständig wirtschaftenden Eigentümern machte. Ferner wurde auch die Trennung der Domänengüter und Gemeindeländereien eingeleitet, die außer den herrschaftlichen auch den genossenschaftlichen Verband zerstörte und damit der freien Eigentümergesellschaft die Bahn brach. Schließlich wurde noch 1804 ein legal schon bestehender Zustand, die persönliche Freiheit und damit die Freizügigkeit aller Domänenuntertanen erneut bestätigt. Diese Verordnung, die die königlichen Untertanen vor ihren adligen Mituntertanen privilegierte, wagte der Staat freilich nicht öffentlich zu publizieren. Konnte man doch selbst dem ALR entnehmen, daß verweigerte Entlassung aus persönlicher Untertänigkeit einer Strafe gleichkomme (§ 528, II, 7). Die Verordnung wurde nur den Domänenämtern und Gerichten zugeleitet. Während Kraus in den Hörsälen der Königsberger Universität jahraus jahrein seine scharfen Attacken gegen adlige Gutsherrschaft und Untertänigkeit richten durfte, blieb die Durchführung der Befreiung ein Geheimnis der Verwaltung und der von ihr unmittelbar Betroffenen. Die Öffentlichkeit war auf die Oberschicht beschränkt. Die Nachricht von der persönlichen Befreiung in das Land zu senden, riskierte der Staat, um Aufruhr zu vermeiden, nicht.[100]

Die Umwandlung der naturalwirtschaftlichen Herrschaftsverbände in die getrennten Einheiten von Domänengütern und Höfen und die Abzweigung der in freien Arbeitsverträgen sich verdingenden Tagelöhner beruhte auf einer diffizilen Verwaltungsarbeit, die in Ostpreußen von Auerswald geleitet wurde. Alle Rechtsansprüche und Verpflichtungen wurden in komplizierten Verfahren zu ökonomischen Werten rationalisiert, teils finanzieller Art, teils in Ertragsabschätzungen, die dann auf die Privatbesitzer und freien Lohnarbeiter bezogen werden konnten. Wie hoch die Leistungssteigerung eingeschätzt wurde, zeigt die Umrechnung, daß die Arbeit von bisher drei frondienstenden Bauern von zwei freien Tagelöhnern geleistet

---

97 *Krug:* Gesetzgebung 515; *Knapp:* Bauernbefreiung 1, 98 ff.
98 *Stein:* Agrarverfassung II, 64.
99 *Knapp* I, 96; *Hintze:* Ges. Abh. III, 541.   100 *Stein:* Agrarverfassung II, 63 f.

Abgestufte Staatsunmittelbarkeit der unteren Stände

werden sollte – was übrigens der herkömmlichen Lohndifferenz von 33 Prozent zwischen Zwangsgesinde und Tagelöhnern entsprach.[101]
Die Rationalisierung der Wirtschaft auf dem Lande, die auf den freien Menschen rechnete, sei es als Besitzer von Grund und Boden, sei es als freien Arbeiter, wurde überall dort vorangetrieben, wo der Staat unmittelbare Untertanen hatte. Die freie Staatsbürgergesellschaft wurde so weit verwirklicht, wie der Zugriff der Verwaltung reichte. Dieser Verwaltungsstaat stand insofern nicht im Gegensatz zu einer neuen Gesellschaft, die er initiierte, als vielmehr zur korporativen Adelsgesellschaft, die ihm auf seinem Weg zu folgen kaum gewillt war. Krug spricht davon, um den Adel zu einer Entlassung seiner Untertanen zu provozieren, daß hier die Regierung als „Privateigentümer" gehandelt habe; aber auch er muß hinzufügen, „ohne sich an diese oder jene Einschränkung durch ältere Gesetze und Statuten zu binden."[102] Eben dies tat der König aber nicht als Grundherr, sondern als Staatsoberhaupt (§ 11, II, 14). Der Staat konnte Rechtsansprüche in Geldforderungen verwandeln, der Staat hat größere Druckmittel, um die Domänenpächter zur Freigabe ihrer Untertanen zu zwingen, aber auch größere Geldmittel, um ihnen dabei behilflich zu sein. Die Pachtverträge wurden im Fall der Ablösung von sechs auf achtzehn Jahre verlängert und der Staat stellte die Mittel zur Anschaffung der erforderlichen Geräte, der Arbeiterwohnungen, Wirtschaftshäuser und des Zugviehs zur Verfügung.[103]
Wie wenig indes der Staat als „große Kommune" auf seine naturalwirtschaftlichen Stützen verzichten konnte, zeigt, daß viele Dienste nur in Naturalabgaben verwandelt werden konnten, vor allem aber, daß alle Dienste, die der Bauer dem Staat selber – nicht der Domäne – zu leisten hatte: Vorspann, Fourage und Straßenbau in aller Last bestehen blieben. Auch auf den genossenschaftlichen Charakter der Dorfgemeinde konnte der Staat nicht verzichten, machte er doch die neuen Eigentümer insgesamt haftbar für das Steueraufkommen aller Dorfbewohner.[104] Eine Aufhebung all dieser Verflechtungen und Verpflichtungen hätte die allgemeine Freizügigkeit, auch auf den adligen Gutsbezirken, vorausgesetzt: daran aber scheiterten die Reformen vor 1806 auf der ganzen Linie.
Die landrechtlich dem Adel zugesicherte Position war auf dem Verwaltungsweg noch nicht zu erschüttern. Das Bürgertum, voran das obere, ließ sich landrechtlich bereits durch generelle Gesetze und Privilegien erfassen, das Bauerntum nur regional und auch dort nur effektiv, wo die Verwaltung direkt hinreichte. Es blieb den Reformen nach der Katastrophe vorbehalten, auch auf dem Lande durch generelle Gesetze eine allgemeine freie Wirtschaftsgesellschaft anzubahnen.

---

101 *Krug:* Gesetzgebung 323.
102 *Krug:* Gesetzgebung 391.
103 *Stein:* Agrarverfassung II, 46 ff.
104 *Krug:* Gesetzgebung 553.

V. Das Landrecht und die Umrisse der künftigen Gesellschaftsordnung

Differenzen zwischen Gesetzesplanung und Gesetz, zwischen bewegter sozialer Wirklichkeit und ihrer rechtlichen Verfassung, wie sie vom Gang der bisherigen Untersuchungen herausgearbeitet wurden, sind im Horizont einer modernen Staatsgeschichte selbstverständlich. Was die Unterschiede in unserem Fall einmalig macht, kennzeichnet die preußische Situation und wie sie sich vom Landrecht bis 1848 gewandelt hat. Sie zeugen von dem langwierigen Versuch des Staates, über die provinziellen und ständischen Unterschiede hinweg alle „Staatsbürger" in ein gleich unmittelbares Verhältnis zu seiner Gesetzgebung und Verwaltung zu bringen. Ein erster großer Anlauf war das Landrecht, aber es hielt sich noch vornehmlich an die Vermittlung der Stände. Das Landrecht war, wie es Tocqueville einmal genannt hat[1], ein erstaunliches Relikt der alten europäischen Sozial- und Rechtsverfassung. Doch gingen naturrechtliche Theoreme und rechtsstaatliche Sicherungen in die Kodifikation ein, die bereits den Horizont absteckten für eine freie Staatsbürgergesellschaft. Der ländliche Untertan adliger Herrschaft war zugleich „freier Bürger des Staates". So wohnten dem Landrecht verschiedene Rechtsebenen inne[2], die zu begleichen oder deren Widerspruch zu bewältigen eine Herausforderung an den damaligen Staat und seine Verwaltung darstellte.

Der rechtliche Kontrast war dem Landrecht inhärent. Es war der Widerspruch zwischen dem theoretischen Entwurf, der in die Zukunft wies, und der Hinnahme unendlich mannigfaltiger, aus der Vergangenheit überkommener Rechtsbestände. Diese Spannung, an der das Gesetzbuch schon bei seinem Erlaß beinah gescheitert wäre, kam durch die Reform voll zur Entfaltung. Was im Landrecht noch zusammengebunden war, der altständischgesellschaftliche und der staatliche, auf eine moderne Gesellschaft vorausweisende Teil, das zerspaltete sich seit der Reform in Parteiungen, die die preußische Geschichte in Bewegung versetzten. Sie artikulierte sich in dem Gegensatz zwischen der historischen Rechtsschule, deren Argumente den alten Ständen zugute kamen, und den praktisch tätigen Juristen, die aus der Hegelschule Sukkurs erhielten. So stellten etwa die Hallischen Jahrbücher 1838 rückblickend die Aufhebung der Suspension von 1794 in ihren geschichtsphilosophischen Zusammenhang: „Der Geist des großen Königs

---
1 *Tocqueville:* L'Ancien Régime 268.
2 Vgl. *Böckenförde:* Gesetz und gesetzgebende Gewalt 53 ff., 81, zu den ähnlichen Erscheinungen im damaligen gemeinen deutschen Staatsrecht.

hatte also die feudalistische Partei noch einmal zurückgetrieben, damit die von Luther begonnene Reformation vollendet und das preußische Volk auch in rechtlicher Beziehung von der römischen Knechtschaft frei werde."[3]
Der unmittelbare Zweck des Gesetzbuches war gewesen, Rechtssicherheit zu gewähren, den Untertan sowohl vor Verwaltungswillkür zu schützen wie vor königlichen Machtsprüchen oder autonomen Herrschaftsansprüchen ständischer Eigengewalt. Zu diesem Rechtsschutz gehörte, daß den herkömmlichen und auch den verliehenen Rechten und Privilegien ein Prioritätsanspruch innewohnte gegenüber allen generellen Gesetzen, die nur subsidiäre Kraft besaßen. Insofern wurde die ständische Ordnung erneut bestätigt. Aber andererseits meldete das Landrecht durch seine bloße Existenz einen Anspruch auf allgemeine und primäre Geltung an, wie bereits die politische Eigenständigkeit der regionalen Stände umgangen wurde, um sie nur auf der gesamtstaatlichen Ebene vorzüglich als Berufs- und Geschäftsstände auftauchen zu lassen. Der Adel, regionaler Herrschaftsstand, wurde staatlich zum Dienstadel. Insofern wurde auch er als Stand „entpolitisiert", wie es der Bürgerstand durch die absolutistische Praxis längst war. Eine derartige Ständeordnung besaß keinen genuinen Rechtsgrund mehr, sie wurde zu einer Frage bloßer Zweckmäßigkeit. Zwar aus der alten bürgerlichen Gesellschaft hervorgegangen, wurden die Stände doch erst durch ihre staatliche Zuordnung rechtswirksam. Der absolutistische Staat und die ständische Gesellschaft sind im ALR auf eine Weise ineinander verschränkt, daß der Staat wohl auf der ständischen Ordnung basiert, sie aber zugleich in seine Verpflichtung nimmt. Demgemäß durfte der Staat Wandel erzwingen, wenn ein Notstand ihn erheischt. Der Weg in die Zukunft blieb kraft der Souveränität offen, wenn auch die Richtung begrenzt wurde. Aller Anspruch auf Wahrung alter Rechte oder verliehener Privilegien wurde durch die Entschädigungsgarantie zugleich anerkannt wie potentiell aufgehoben, weil sie die staatliche Enteignungsbefugnis voraussetzte. Damit war aber auch, wollte sie rechtsstaatlich verfahren, das Tempo der kommenden Reform beschränkt.
Die unveräußerlichen Rechte der Menschheit, sagte Svarez, könnten nur der Erhaltung des Staates, nie der bloßen Beförderung seines Wohlstandes aufgeopfert werden. Was aber geschehen müsse, wenn die Wohlstandsförderung mit der Erhaltung des Staates zusammenfielen, wie es nach 1807 die Not verlangte, das sagte Svarez ebenfalls: „Güter von minderem Wert, besonders solche, die sich nur auf Eigentum und Vermögen beziehen (wie etwa die Privatzölle), kann der Untertan auch schon dann aufzuopfern gezwungen werden, wenn es nur darauf ankommt, den Flor und Wohlstand des Staates und der bürgerlichen Gesellschaft zu einem erheb-

---

3 Hall. Jahrb. 1838, Jg. 1, S. 1800.

lichen Grade zu befördern."⁴ Auf diese Weise war der Weg der kommenden Verwaltungsplanung zugleich geebnet und umgrenzt.
Die Beamtenschaft konnte die großen Reformgesetze im Namen der latenten Staatsbürgerlichkeit und kraft der staatsrechtlichen Pflichten erlassen, die das Landrecht ebenfalls formuliert hatte. Faktisch in Anlehnung an die Majestätsrechte waren die Pflichten theoretisch aus dem Gesellschaftsvertrag der Individuen abgeleitet worden. Mit Stolz wiesen später die liberalen Juristen darauf hin, daß sich Friedrich der Große „Rex Borussorum" genannt habe, „lange vorher, ehe an den König der Franzosen und der Belgier gedacht wurde"; und die staatsrechtlichen Titel des Landrechts seien aus seinen Schriften entlehnt.⁵ So wirkten die aufgeklärten Maximen jenes Monarchen weiter, sowenig er als absoluter Herr persönlich das Vorbild der Reformer gewesen sein mag. Denn die Reformen richteten sich auch gegen dessen Landrecht, und zwar gegen die ständischen Satzungen, die von Friedrich noch sanktioniert, von der sozialen Bewegung so schnell überholt wurden. Damit berühren wir den zweiten Kontrast, der das Landrecht kennzeichnet, genauer, der durch den Erlaß des Landrechts zwischen diesem und der sozialen Wirklichkeit zunehmend sichtbar, ja geradezu provoziert wurde.
Dieser Gegensatz ergab sich für uns aus dem Vergleich des kodifizierten Rechts mit der sozialen Bewegung, die die ständischen Grenzen zunehmend überstieg. Dieser Vorgang wurde aber schon damals bewußt, nicht zuletzt weil das Landrecht selber durch seine verschiedenen Rechtsebenen verschiedene Folgerungen zuließ. Es herrschte schon in den neunziger Jahren eine Spannung zwischen der Kodifikation – samt ihren Verheißungen – und der neuen bürgerlichen Gesellschaft, die, von den Setzungen gerade noch eingefaßt, sich ihnen schon zu entziehen begann. So modern das Landrecht war, so alt war es auch.
Über diese zeitliche Spannung, in die das Landrecht teils wegen seiner vorauseilenden, teils wegen seiner schon überholten Bestimmungen geriet, waren sich die Justizreformer bereits klar. Der radikalste von ihnen, Klein, hatte 1789 darauf hingewiesen, daß „ein Gesetzbuch nie so beschaffen sein kann, daß es auch nur ein Menschenalter hindurch unverändert bleiben könnte". Deshalb habe man, Fehler bewußt riskierend, nach „Gründen der Wahrscheinlichkeit" vorausgeplant, „wo man notwendig weiterrücken muß". Und er sagte vorher, daß besonders das Handels-, das Gewerbe- und das Bauernrecht, vor allem aber die ständischen Personenrechte auf baldige Änderung drängten, mögen auch die privatrechtlichen Titel von längerer Dauer sein. Deshalb habe man die staats- und finanzrechtlichen Teile so dosiert, daß sie eine kommende Entwicklung freisetzten. Ver-

---

4 *Svarez:* Vorträge 255 ff.
5 *Gräff-Rönne-Simon* 6, 16.

ständige würden überall im Landrecht den „Keim" des Kommenden herauszufinden wissen.[6] So tasteten sich die Gesetzgeber vorsichtig, aber schon bewußt, an die soziale Bewegung heran, die auf die alten Rechte drückte.
Die geburtsrechtliche Bindung des Adels an Staatsdienst und Grundherrschaft wurde aus zwei Richtungen, die zusammenwirkten, bereits in Frage gestellt. Innerhalb des Standes drückte sein zahlenmäßiger Überschuß auf die ihm vorbehaltenen Positionen und ebenso von außen her das obere Bürgertum. Nobilitiert oder nicht machten Bürger sowohl als Beamte wie als Kapitalgeber und Aufkäufer des mobil gewordenen Grundbesitzes dem Adel Stellungen streitig, auf die er von Geburt aus Anspruch erheben durfte. Nur sehr spärlich – wie im Eherecht – öffnete das Landrecht Schleusen, die die Verflüssigung der Standesgrenzen regulieren sollten, – zu wenig, um sofort wirksam zu werden.
Der Bürgerstand stellte weder sozial noch gar politisch eine Einheit dar. Hinter seiner Formation verbergen sich die meisten Differenzen, die mit dem Begriff eines „Standes" kaum mehr faßbar waren. Nach oben scherte die Gruppe der Eximierten aus. Die geistige Oberschicht der kommenden bürgerlichen Gesellschaft wurde durch ihre erhöhte Staatsunmittelbarkeit als eine Art eigener Stand ausgezeichnet: in dieser Hinsicht wirkte das Landrecht ungebrochen in die Zukunft weiter. Durch das übrige Bürgertum zogen die von der Verwaltung verliehenen Monopole und Privilegien wirtschaftliche Sonderklassen, denen – ohne altständische Qualität – sowohl in der Unternehmer- wie in der Arbeiterschicht spezifisch staatsbezogene Aufgaben zukamen; sie rückten in die Nähe des Militärstandes. Die Exponenten der kommenden Wirtschaftsgesellschaft waren bereits getragen von Sonderrechten, die das herkömmliche Gefüge aufgesprengt hatten, ohne daß das Landrecht solchen Verwaltungsakten besonders Rechnung tragen mußte.
Wirtschafts-, Gewerbe-, Finanz- und Polizeigesetze überhaupt entzogen sich der Justizgesetzgebung[7], und demgemäß waren manche Allgemeinformeln ständischer Einordnung, etwa der „Fabrikanten", für die auftauchenden Ereignisse und sozialen Probleme verwaltungsblind. Vor allem die anschwellenden unterbürgerlichen Schichten der Städte – Soldaten und Arme – drückten auf die angeschlagene Zunftordnung, so wie die unterbäuerlichen Schichten die ländlichen Lebenseinheiten aufzusprengen begannen.
Am wenigsten ging das Landrecht auf die Schwierigkeiten ein, deren Lösung die sich wandelnde Agrarverfassung dringend forderte. So sehr also die Stände nach ihren einzelnen Berufsgruppen differenziert wurden,

---

6 *Klein:* Ann. 4., 335, 340 ff. (1789).
7 Vgl. das Patent zur Stiftung der „Gesetz-Commission", 29. 5. 1781, § 14 (NCC 7, 337 ff., im Auszug bei *Conrad:* Grundlagen 22).

die dabei vorgenommenen Verallgemeinerungen alter Rechtsbestände reichten nie aus, die fehlende Rechtsschöpfung wettzumachen. Schließlich hatte das Gesetzbuch mit den Geburtsrechten innerhalb der Wirtschafts- und Berufsordnung ein Moment des Zufälligen sanktioniert, das um so zufälliger wurde, als sich die Bevölkerung vermehrte. Überall, wo die Ränder der juristisch eindeutigen Standesbestimmungen unscharf wurden: bei den Fabrikanten, den arbeitenden Soldaten, den Armen, den freien Schutzuntertanen, auf dem Gütermarkt und bei den Gewerbekonzessionen, hatte die Verwaltung bereits umwälzend gewirkt oder fand die Verwaltung ihren anwachsenden, kommenden Aufgabenkreis.

Das Landrecht stand freilich noch kaum im Horizont einer sich industrialisierenden Gesellschaft, deren zunehmendem Tempo es sich vergeblich angepaßt hätte. Der Versuch, gesamtstaatliche Stände zu umgrenzen, war so unmodern nicht, wie ein Vergleich mit den westlichen Ereignissen nahelegen möchte. Immerhin hat die berufs- und geschäftsständische Formation die Reformgesetzgebung in vieler Hinsicht überdauert. Die Reform hat die Stände nicht beseitigt, was sie weder konnte noch wollte, sondern sie hat zunächst einmal deren geburtsrechtliche Schranken geöffnet. Erst damit kamen die Dienst-, Berufs- und Geschäftsbestimmungen, auf die das Landrecht den staatlichen Standesbegriff bezogen hatte, voll zur Geltung. Was das Landrecht sozusagen nur subsidiär programmiert hatte, alle Stände – Adel, Bürger und Bauern – ebenso staatsunmittelbar zu machen, wie es bis dahin nur Beamte und Militär waren, das zu erreichen war unmittelbares Ziel der Reform. Wo die Reform, vor allem unter Hardenberg, darüber hinausplante, wurde sie schließlich durch die provinzialständische Verfassung zurückgebunden in die landrechtliche Tradition.

Völlig ungeschmälert in seinen Rechten erhielt sich nach 1807 der Stand der Staatsdiener, der Beamten, die zum Vollstrecker der Reform wurden, die die übrigen Stände erfaßte. Der Beamtenstand blieb im Schnittpunkt relativer Vorteile, während der obere Stand des Adels eine Rechtsminderung erdulden mußte so wie die beiden unteren Stände aufgewertet wurden. Der Adel verlor seine geburtsrechtlichen Privilegien – von Ausnahmen im Erb- und Eherecht wie vom Anspruch auf Hof- und Stiftsstellen und dergleichen abgesehen – und wurde demgemäß stärker auf den Begriff eines staatlichen Dienstadels verwiesen als zuvor. Umgekehrt gewannen alle ländlichen Untertanen ihre persönliche Freiheit und der Stand der bäuerlichen Besitzer etablierte sich im Maß, als die Agrargesetze durchgeführt wurden; schließlich wurde er auch als politischer Stand, freilich mit geringen Befugnissen, staatlich anerkannt. Und gerade die vielleicht erfolgreichste aller Reformen, die neue Städteordnung, war eine spezifische Standesreform und erfolgreich deshalb, weil sie sich darauf beschränkte. Der Stand der Stadtbürger gelangte im Laufe des Vormärz politisch voll zur Geltung und provozierte, mehr als die anderen beiden, eine wirkliche Staatsbürgergesellschaft.

Auch hier hatte das Landrecht vorgearbeitet, weniger im Einzelnen, etwa mit der nie durchgeführten Städteverfassung, die im achten Titel des zweiten Teils formuliert war, als durch den Entwurf staatlicher Stände überhaupt. Alle Gesellschaften und Stände wurden jeglicher rechtlicher Autonomie beraubt, ihre herkömmlichen oder neu definierten Rechte und Pflichten wurden als staatlicher Auftrag aus dem Gesamtzweck des Staates abgeleitet, und dieser Gesamtzweck wurde individualistisch definiert. So ergab sich das Paradox, daß ständische Rechtsregeln im Namen eines liberalen Endzwecks in staatliche Dekrete verwandelt wurden, die das gesamte soziale Leben bis in die privaten Winkel hinein regulieren sollten. Die Ambivalenz zukünftiger Möglichkeit war dabei Svarez völlig präsent. Er suchte nach einem Mittelweg, der weder dem Staat die Hände zu sehr binde – schon im Hinblick auf die hinderlichen Privilegien –, noch die natürlichen Rechte der Individuen zu sehr einschränke, wozu er auch den Schutz überkommener oder wohl erworbener Rechte zählte.

Die Grenzfrage, die sich Svarez daher stellte, lautete: wieweit darf der staatliche Zwang zu sozialem Verhalten reichen, ohne sich in das Eigenleben seiner Bürger zu sehr einzumischen? „Wenn es möglich ist, die Kräfte und Fähigkeiten eines Menschen zur Beförderung der Glückseligkeit eines anderen so zu verwenden, daß jener dadurch in dem freien Gebrauch dieser seiner Fähigkeiten und Kräfte zur Beförderung seiner eigenen Glückseligkeit gar nicht gehindert werde, so ist der Staat dergleichen Verwendungen zu gebieten berechtigt."[8] Svarez gesteht, daß ihm der Satz etwas spekulativ klinge, und daß er nicht wisse, ob ein solcher Fall wirklich eintreten könne. Aber die Frage war gestellt. Es war die Frage, inwieweit das alle Lebensbereiche erfassende soziale Verpflichtungssystem des Landrechts mit dem ebenfalls daraus abgeleiteten Rechtsanspruch der Individuen, ihre Kräfte frei zu entfalten, harmonieren könne. Oder: inwieweit ist der Staat mit seiner unbeschränkten Gesetzgebungsgewalt Hüter, Wahrer – oder Erzieher – einer bürgerlichen Gesellschaft, die sich aus freien – und einmal freigesetzten – Bürgern zusammensetzt?

Die künftige Antinomie zwischen Rechtsstaat und Sozialstaat war im Gesetzbuch schon angelegt. Gerade die altständischen Liberalen haben später darauf hingewiesen, daß aus moralischen Pflichten soziale Rechtsansprüche geworden seien, die den König so sehr seiner Freiheit beraubten wie sie den Staat zur Ausdehnung seiner Macht zwängen. „Jeder Ungebildete hat nun das Recht -Unterricht; jeder Kranke -Heilung; jeder Arme -Unterstützung; jeder Bedürftige -Hilfe vom König zu fordern."[9] Seit dem ALR werde

---

[8] *Svarez:* Vorträge 643 f.
[9] *Klewitz:* Staatsrechtliche Grundsätze 17.

jede Dankbarkeit von sozialer Anmaßung und politischer Herausforderung verzehrt.

Für Svarez war es noch selbstverständlich, daß beide, Staat und bürgerliche Gesellschaft, ineinander verflochten blieben, deren größte Identität ja gerade im gebildeten Beamtentum vorhanden war. Die Hoffnung, daß der Staat, der ständische Sonderrechte und Einzelpflichten abbaut, die freiwerdenden Energien gesetzlich einzubinden versteht, bezeichnet die Richtung, die auch die Reformer einzuschlagen gedachten. Wieweit der Beamtenstaat dabei gekommen ist, wird uns im Folgenden beschäftigen.

Zweites Kapitel
Der Verwaltungsstaat

I. Die Wende zur Zukunft

Als im Jahr 1808 der persische Gesandte in Paris die napoleonischen Siegestrophäen betrachtete, sagte er: „Die Franzosen haben alles erobert — bis auf die Zukunft." Im Jahr zuvor hätte er bei seiner Aufwartung Napoleons im Schloß Finckenstein mit gleichem Recht behaupten können: die Preußen haben alles verloren, bis auf die Zukunft. Die beispiellose Katastrophe von 1806/7 stellte die Kreise um den preußischen König in eine zwingende Herausforderung: eine Ordnung zu schaffen, die der wachsenden Not standhielt und somit überwinden konnte. Die Reformpartei, die sich innerhalb der preußischen Verwaltung seit langem schon in lockerer Weise zusammengefunden hatte, wurde von der Flut des Zusammenbruchs nach oben getragen. Die Katastrophe hatte sie weniger überrascht, als ihre Entschlossenheit zu sofortigem Handeln verstärkt. Die Reformer erließen jeweils ganze Bündel von Gesetzen, die sektorenweise den Staat erneuern sollten, die aber — alle aufeinander bezogen — nur in ihrer grob umrissenen Gesamtplanung eine neue Ordnung sichern konnten. Die Gesamtreform ist gescheitert, spätestens mit dem Tod des Fürst-Staatskanzlers Hardenberg 1822. Alle Teilreformen blieben in die Verfassung des ALR's eingelassen, aus dem sie nur Stücke, wenn auch wesentliche, herausgebrochen haben. Die Reformgesetzgebung vollzog eine sukzessive Verfassungsänderung, die von oben nach unten durchgeführt überall dort steckenblieb, wo sich die traditionelle ständische Gesellschaft kraft ihrer Beziehung zum Hofe als stärker erwies. Die Reform erstreckte sich — hier mit vollem Erfolg durchgeführt — auf die Heeresverfassung und die innere Verwaltung des Staatsapparates, und von da aus – mit weniger Erfolg — nach außen auf das landrechtliche Gesellschaftsgefüge. Durch Befreiung aller Individuen aus den Fesseln der Kasten, wie die alten Stände von den Reformern genannt wurden, sollte eine wirtschaftlich freie, aber politisch in den Staat eingebundene Gesellschaft entstehen, deren neuständische Rechte, auch der Repräsentation, nach Abschluß des Reformwerks in einer Verfassungsurkunde niederzulegen waren.
Im Gegensatz zum Landrecht, dessen Schöpfer ihren Entwurf in die sozialen Vorgegebenheiten eingeordnet hatten, planten die Reformbeamten von vornherein, eine neue Gesellschaft nach ihrem Entwurf zu schaffen; jedenfalls die Bedingungen zu schaffen, die eine solche Gesellschaft ermöglichten. Daß eine Gesellschaft „machbar" sei, dieser im Horizont des Landrechts unvorstellbare Gedanke, wurde 1797 von Kant öffentlich ausgesprochen. Kant entwarf in seiner Metaphysik der Sitten jene staats-

bürgerliche Verfassung, „nach der zu streben uns die Vernunft durch einen kategorischen Imperativ verbindlich macht". Dieses Ziel suchte er, um den blinden Zufall auszuschalten, auf dem Weg der Reform zu erreichen.[1]
Kant bestritt nun in seiner Rechtslehre, die voller Vorbehalte gegen das Landrecht ist, daß ein bürgerlicher Verein, die unio civilis, Gesellschaft genannt werden könne, solange noch ein Abhängigkeitsverhältnis zwischen Befehlshaber und Untertan darin herrsche. Erst wenn die Gleichordnung aller „Gesellen" unter gemeinsame Gesetze erreicht sei, lautet der wortgetreue Schluß, könne von einer Gesellschaft die Rede sein.[2] Der bürgerliche Verein als solcher ist also noch keine Gesellschaft, wenn ihm Kant auch die Aufgabe vindiziert, sich dahin zu entfalten: „Jener Verein — die unio civilis — *ist* also nicht sowohl als *macht* vielmehr eine Gesellschaft" (§ 41). Diesen Schritt vom Untertan zum Staatsbürger, von der absolutistisch regierten Ständegesellschaft zur monarchisch nach Gesetzen regierten Staatsbürgergesellschaft suchten die Reformer zu machen. Wenn auch die staatsrechtliche Gewaltenteilung, die Kant forderte, nicht unmittelbares Ziel der Reform war, so stimmten die Reformer — durch ihn beeinflußt — im Motiv und in der Richtung, die einzuschlagen sei, mit ihm überein. Kant nannte die am meisten despotische Regierung jene patriarchalische, in der die Bürger als Kinder behandelt würden. Ziel der Reform sei, definiert Altenstein, die alte Verfassung zu beseitigen, in der „der Mensch nicht als solcher geachtet, sondern als Sache anderer Menschen im Staat betrachtet... werde."[3] Die Beseitigung der Herrschaft von Menschen über Menschen, die Ablösung jeder Art von Vormundschaft durch eine sachgerechte und gesetzmäßige Verwaltung war das ideale Ziel der Reformer.
Sosehr sich die einzelnen Organisationspläne unterschieden, die unter Stein und später unter Hardenberg verfolgt wurden: alle Reformer waren sich — mit Hardenberg — darin einig „daß nur eine Radikalkur unserer Verfassung dem Staat wieder neues Leben geben und ihm solches erhalten könne."[4] Und ebenso einig waren sich die Planer, daß um keine

[1] *Kant:* Met. d. Sitten, Teil 1, § 49, Beschluß (ed. Vorländer 141, 207, Ak. Ausg. 6. 318, 372).
[2] Die Pointe des Gedankens liegt schon in der Wortwahl: Kant spricht hier nicht — herkömmlich — von einer societas civilis, die er ja auch im Landrecht vorfand, sondern von einer unio civilis, um dieser den neuen, wahren Gesellschaftsbegriff gegenüberzustellen. Das hat ihn nicht gehindert, den Staatsbegriff enger zu fassen als das Landrecht. Staatsbürger und „aktives Glied" des Staates ist für Kant nur die ökonomisch selbständige Person, alle anderen sind als „Staatsgenossen" passive Teile des Staates (§ 46). Gerade diese auf den Liberalismus vorweisende Entgegensetzung hat das Landrecht konsequent vermieden: jedermann war als Untertan potentieller Staatsbürger, sosehr die von Kant apostrophierte Selbständigkeit der einzelnen die ständische Rechtsordnung insgesamt prägte.
[3] *Winter:* Reorganisation 391. Ähnlich kantische Wendung sogar bei Stein zitiert *Ritter:* Stein 227.
[4] *Winter:* Reorganisation 135, 320.

Zeit zu verlieren, nur „wenige einsichtsvolle Männer die Ausführung leiten müßten", oder wie Stein es in seiner letzten Verordnung vor dem Sturz zum Gesetz erheben ließ: „Eine möglichst kleine Zahl oberster Staatsdiener stehet an der Spitze einfach organisierter nach Hauptverwaltungszweigen abgegrenzter Behörden"[5]. Ihr Nahziel, das königliche Kabinett zu stürzen, aus dem heraus ohne Verantwortung der Minister regiert wurde, hatte die entschlossene Gruppe der Reformer schnell erreicht. Erst Hardenberg, dann Stein setzten ihre unmittelbare Verantwortung als Minister durch und schufen sich damit die administrative Plattform für die Reform. Das Reformwerk richtete sich dann weithin gegen das System des Landrechts und zwar im doppelten Sinn: einmal gegen den landrechtlich legalisierten Pluralismus der Stände und Provinzen. „Der ganze Staat heiße künftig Preußen" — hinter dieser semantischen Forderung Hardenbergs steht das Programm des zu schaffenden Einheitsstaates. Zum anderen zielten die Reformer darauf, die Macht jener Institution zu brechen, die das Landrecht geschaffen hatte: das Justizdepartement mit dem Großkanzler an seiner Spitze. Letzteres war eine der Voraussetzungen, um das erste Ziel zu erreichen. Der Großkanzler Goldbeck hatte es dabei seinen Gegnern leicht gemacht; er schaltete sich, Napoleon den Eid leistend, selbst aus der Politik aus.[6] Und der hartnäckige Eifer, mit dem Stein den letzten geheimen Kabinettsrat, den lauteren Beyme, verfolgte, gewinnt auch von dieser Seite her seinen Sinn. Mochte er ein guter Jurist sein: längst hatte ihm Stein seine staatswissenschaftliche Unkenntnis bescheinigt, und Cölln vertraute der Öffentlichkeit an, daß er gehen müsse, weil er „alle Sachen durch die Brille des Landrechts ansehen" werde.[7]

Altenstein entwickelte in seiner Rigaer Denkschrift vom September 1807 die Gesichtspunkte, nach denen sich die neue Planung vom System des Landrechts absetzen sollte. Es gelte vor allem, das Gesetzgebungsmonopol der Juristen zu brechen. Das Justizwesen, so führte er aus, habe in den letzten Dezennien ein „schädliches Übergewicht über das Ganze" erhalten.[8] Ohne die Wirkungen „gehörig im voraus (zu) berechnen", habe man das ALR erlassen. Einerseits seien die Gesetze zu wirklichkeitsfern konzipiert worden, andererseits habe der ängstliche Blick auf die vorgegebenen Rechte

---

[5] Publ. 16. 12. 1808 bei *Altmann:* Ausgew. Urkunden 65; *Stein:* II/2, 1001; die Formel übernommen aus Altensteins Organisationsplan vom November 1807 (Stein II/2, 515); ferner *Winter:* Reorganisation 357 (Hardenberg) und 521 (Altenstein) zum System eines Premierministers.
[6] *Bassewitz:* Kurmark II, 447; *R. Hübner:* Die Entwicklung der Obergerichte und der obersten Justizverwaltung in Preußen; dazu die Besprechung Stölzels in *Schmollers* Jb., 14. Jg. H. 1, 1890.
[7] *Stein:* Auswahl 74; *Cölln:* Vertraute Briefe 113.
[8] *Winter:* Reorganisation 507.

„manches Gute" verhindert, wie die Beseitigung von Erbuntertänigkeit und Patrimonialgerichtsbarkeit. Den Schöpfern des Landrechts habe jeder „größere Plan" gefehlt, der Staat sei ohne „energische Vereinigung aller Kräfte der einzelnen zu einem gemeinschaftlichen Zweck" regiert worden. Durch die von den Schöpfern des Landrechts gesetzlich erhärteten Standesordnungen sei es dahin gekommen, daß „nicht übler Wille, sondern die Verfassung schadete"[9]. „Es gab keine Nation im Staate, nicht einmal eigentliche Provinzen sondern einzelne Stände in den verschiedenen Provinzen, jeder mit besonderem Interesse, ohne Vereinigungspunkt..." Die Stände, auf sich selbst bezogen, hätten der Regierung alle Sorge für das Ganze überlassen, aber überall und immer, wenn die Verwaltungsbehörden im Gesamtinteresse hätten durchgreifen wollen, legten ihnen „die Rechte der Privilegierten Schwierigkeiten in den Weg. Die Administration, bloß in den Händen besoldeter Diener, konnte bei offenem oder heimlichem Widerstand nicht durchdringen, und jeder Versuch war bloß schädliche Kraftverschwendung." Dieses verwaltungsfeindliche System sei vom Landrecht aufs neue legalisiert worden. Der ganze Unwille der retardierten Verwaltungsbeamten, der Fachleute der Ökonomie und der Finanzen — Altenstein kam selber aus dem Generaldirektorium — spricht aus solchen Passagen, und Vincke fand das bittere Wort vom „Justizmord des allgemeinen Besten", um den sich niemand schere.[10] Die jetzt fällige Revision der ganzen Verfassung sei nur möglich, wenn „die neuen, höheren Gesichtspunkte der Staatsverwaltung" allgemein leitend würden.[11]

Altenstein leugnete schlechterdings den Beruf der Juristen zur Gesetzgebung, aber nicht, um einer geschichtlichen Selbstbewegung das Wort zu reden, sondern um die geschichtliche Zukunft, was die Juristen nicht verstünden, gesetzlich einplanen zu können. Gesetze seien keine „willkürlichen positiven Bestimmungen", wie die Juristen meinten, sondern seien „das Resultat eines gewissen Zustandes des Staates nach allen seinen Beziehungen". Entweder gehe es bei einer Gesetzgebung darum, diesen Zustand „allgemein" zu machen und zu befestigen, oder aber den Weg zu einem beabsichtigten höheren Zustand zu eröffnen und zu erleichtern.[12] Solche Gesetze zu finden und zu prägen, sei Aufgabe nicht von Juristen, sondern von Staatsmännern, und das hieß konkret von philosophisch und ökonomisch gebildeten Verwaltungsbeamten. „Wehe dem Lande, ... wo ein Jurist, weil von Rechten der einzelnen die Sprache ist", zum „Hohenpriester der Verfassung gesetzt werde"[13]. Möge den Juristen die Rechts-

---

9 *Winter:* Reorganisation 507.
10 zit. von *Meier:* Reform 339 (4. 6. 1808).
11 *Winter:* Reorganisation 509.
12 *Winter:* Reorganisation 503.
13 *Winter:* Reorganisation 390.

pflege anvertraut werden, die Gesetzgebung gehört in die Hand der Verwaltungsbeamten; statt Wahrung herkömmlicher Rechtsordnungen als Selbstzweck: kluge Planung in die Zukunft — dies war die Losung, die hinter Altensteins Kritik stand, und die dem ganzen kommenden Verfassungsbau das Gepräge gab.
Bereits im Dezember 1806 forderten Stein und Hardenberg gemeinsam, daß „alles, wo es auf Grundsätze ankommt, nach denen verfahren werden soll, also eigentlich die Gesetzgebung und die allgemeinen wichtigen Vorschriften", in ein zu bildendes „Kabinettsministerium" von drei Männern gehöre — wozu der Großkanzler der Justiz nach Bedarf hinzugezogen werden solle.[14] Und schon während der interimistischen Regierung Ende 1807 wurden alle — im neuen Sinn der Ressorttrennung sachfremden — Verwaltungsaufgaben dem Justizministerium entzogen: Kirchen-, Schul- und Armensachen. Stein unterstellte das mehrköpfige Justizministerium einem einzigen Minister, beschränkte diesen auf die Verwaltungsangelegenheiten der Rechtspflege, entzog ihm die — oft mißbrauchte — Verfügung über die Einkünfte aus der Justiz und beseitigte endgültig dessen Leitung der Gesetzgebung.[15] Die Gesetzkommission selber sollte der Leitung des Innen- und Finanzministers — das hieß praktisch dem Premierminister — unterstellt werden, der ein eigenes Departement für allgemeine Gesetzgebung bilden sollte. Auf diese Weise schlief die Gesetzkommission ein, ihre Aufgaben wurden, wenn auch unregelmäßig, später vom Staatsrat übernommen, und erst unter Savigny lebte sie — 1842 — wieder auf.[16] Mochte Beyme als letzter Großkanzler 1809 noch wichtige Reformen innerhalb der Justiz durchgeführt haben,[17] mit dem Beginn von Hardenbergs Staatskanzlerschaft entfiel in aller Öffentlichkeit die Prärogative der Juristen. Auf den Großkanzler folgte der Staatskanzler, Exponent der Verwaltungshierarchie. Der ihm untergeordnete Justizminister Kircheisen wurde von Hardenberg geradezu in ein Schattendasein gedrängt.[18] Vergeblich mußte er etwa 1812 protestieren, bei einem so grundlegenden Gesetz wie dem Gendarmerieedikt überhaupt nicht befragt worden zu sein.[19]

---

14 Immediatvorstellung Hardenberg, Rüchel, Stein vom 14. 12. 1806. *Winter:* Reorganisation 91 ff., ferner: 531 (Altenstein). Schon in seiner Denkschrift vom 26./27. 4. 1806 sah Stein für den Großkanzler eine Beteiligung an den Ministerkonferenzen nur dann vor, wenn Rechtsfragen auftauchten (Auswahl, 76 und *Winter*, 11).
15 *Stölzel:* Rechtsverwaltung II 394, 400 ff.
16 geplant im Nov. 1807 (*Stein* II/2, 531, 544), verordnet am 16. 12. 1808 (*Stein* II/2, 1001 ff.; *Altmann* 69), ging die „allgemeine" Gesetzgebung später in Hardenbergs Staatskanzlei und die ihm unterstellten Departements über. Zum Staatsrat siehe unten 264 ff. Neuerrichtung der Gesetzkommission zwischen Staatsministerium und Staatsrat, wodurch Savigny eine Sonderstellung erhielt, die er nicht auszufüllen vermochte, durch KO vom 8. 4. 1842 (*Gräff — Rönne — Simon* 1, 85).
17 *Stölzel:* Rechtsverwaltung 404 ff.
18 *Stölzel:* Rechtsverwaltung 439 ff.
19 DZA Merseburg, R 74, J V, Gen. Nr. 3.

Der Schwerpunkt der legislativen Arbeit verlagerte sich von den Spitzen der Justiz auf die der Verwaltung. Legislative und Exekutive rückten in den ministeriellen Behörden zusammen und damit war die Voraussetzung geschaffen, auf den Gebieten der Staatswirtschaft, der Steuern und der ständischen Rechtsverhältnisse generelle, den ganzen Staat erfassende Gesetze zu stiften, die bis dahin nur subsidiär die Verwaltungsordnungen und ständischen Rechtsbestände umrankt hatten. Um den neuen Gesetzen Wirksamkeit zu verschaffen, wurden auch die mittleren Behörden und Gerichte neu gegliedert.

Das von Friese entworfene und am 26. Dezember 1808 vollzogene Gesetz trennte bekanntlich die Aufgaben von Verwaltung und Rechtspflege und legte sie gesondert auf die neu gebildeten Regierungen und Oberlandesgerichte um. Diese Trennung verselbständigte nicht nur die Justiz, verschaffte ihr eine größere Unabhängigkeit, indem sie von Verwaltungsarbeit entlastet wurde: im gleichen Maß gewannen die Behörden an Aufgaben und Einfluß, ihre Energien wurden für alle Tätigkeiten der Polizei im alten Sinne freigesetzt. Armenwesen, Kirchen- und Schulaufsicht sowie Steuerverwaltung gingen völlig an die ehemaligen Kammern über.[20] Der Zuwachs an legislatorischer Arbeit, den die ihnen vorgeordneten Ministerien erhalten hatten, wirkte sich, wie später gezeigt wird, gerade auf der Regierungsebene aus.

Ein Ziel der Reform war, die Standesschranken niederzureißen, um eine „vernünftige Rangordnung" herzustellen, die — mit Hardenbergs Worten — „nicht einen Stand vor dem anderen begünstigte, sondern den Staatsbürgern aller Stände ihre Stellen nach gewissen Klassen nebeneinander anwiese."[21] Dabei brauchten sich die Reformer nur wenig von den Absichten des Svarez zu entfernen. Im Gegenteil, was für Svarez im theoretischen Entwurf des Landrechts ein Fernziel blieb, wurde ihnen zum unmittelbaren Planziel. Was sie auszeichnete, war die Wende zur Tat, ihr Versuch, an die Stelle des absolutistisch-ständischen Ausgleichs einen modernen Gesetzesstaat zu setzen, dessen aktives Zentrum die Verwaltungsbehörden darstellten. „Aus dem Hauptgrundsatze, daß die natürliche Freiheit nicht weiter beschränkt werden müsse, als es die Notwendigkeit erfordert", sagte Hardenberg 1807, „folgt schon die möglichste Herstellung des freien Gebrauchs der Kräfte der Staatsbürger aller Klassen."[22] Die Reformer zogen nur entschiedener eine Konsequenz aus derselben Prämisse, die auch Svarez gesetzt hatte. Aus der politischen und aus der — wie man mit Smith glaubte — wirtschaftlichen Notwendigkeit größtmög-

---

20 Dazu im einzelnen *Hintze:* Ges. Abh. I, 246; III, 135, 149, 152 ff., 555 ff.; *Meier:* Reform 194 ff.; *Foerster:* Landeskirche I, 137 ff.
21 *Winter:* Reorganisation 316.
22 *Winter:* Reorganisation 319.

Dilemma des Erziehungsstaates

licher Freiheit aller Klassen, – der akute Anlaß war der Zwang Napoleons, für die Kontributionen Geld zu beschaffen, – folgte der Auftrag, diese Freiheit herzustellen.
Hinter der kühnen These, den freien Gebrauch der Kräfte aller Staatsbürger herstellen zu wollen, verbarg sich eine schwierige Aufgabe, die sich zum Dilemma des Vormärz auswachsen sollte. Es war das Dilemma, wieviel Freiheit der Menschen vorausgesetzt werden könne, wenn man sie zur Freiheit erziehen will. Die Reformbeamten dachten zunächst keineswegs daran, im Gefolge des Landrechts durch eine Flut von Reglementierungen und Satzungen eine neue Sozialordnung herbeizuzwingen — Hardenberg nannte jenes Gesetzbuch „für eine Nation von Betrügern und Verbrechern verordnet"[23] —, vielmehr war es ihr ausgesprochenes Ziel, durch konsequente Beseitigung aller ständischen Schranken nur die Bedingungen für die Entfaltung einer freien Staatsbürgergesellschaft zu setzen, deren wichtigste Gliederung die des Verdienstes nach Leistung, Bildung und Besitz darstellen sollte. Oder, wie es in der Regierungsinstruktion von 1808 hieß, die von Friese unter Stein erarbeitet, 1817 von Hardenberg erneuert wurde und die für das kommende Jahrhundert in Kraft blieb: Aufgabe der Regierungen solle es sein, „einen jeden innerhalb der gesetzlichen Schranken die möglichst freie Entwicklung und Anwendung seiner Anlagen, Fähigkeiten und Kräfte in moralischer sowohl als physischer Hinsicht zu gestatten und alle" — von hier ab geht die Instruktion über Svarez' Ziel hinaus — „und alle dagegen noch obwaltenden Hindernisse baldmöglichst auf eine legale Weise hinwegzuräumen."[24]
Hinter der Formel, alle Hindernisse auf legale Weise hinwegzuschaffen, verbarg sich das andere nicht minder schwierige Problem, dem sich die kommende Verwaltung ausgesetzt sah: das Problem nämlich, wie die Ständeordnung rechtsstaatlich, d. h. auf legalem Entschädigungswege, in eine freie Bürgergesellschaft zu verwandeln sei. Beide Aufgaben, die Erziehung zur staatsbürgerlichen Freiheit, und die Entschädigung, mit der die Befreiung bezahlt werden mußte, stehen in einem sich teilweise gegenseitig ausschließenden Verhältnis. Die daraus entspringende Problematik wird uns im Folgenden immer wieder begegnen.
Die Reform sollte die Revolution in ein legales Gleis, ihre teils gewollte, teils erwartete Bewegung in eine geplante Richtung weisen.[25] Der Reformpolitiker nimmt — mit den Worten Altensteins — das Innere des Staates „nicht wie es ist, sondern wie es sein kann, und schafft es hiernach für seinen Zweck, der mit dem höchsten Zweck für das Ganze zusammentrifft,

---

23 *Winter:* Reorganisation 356.
24 § 34 der Regierungsinstruktion vom 26. 12. 1808; zit. bei *Meier* 202 = § 7 der Instruktion vom 23. 10. 1817 (GS 248).
25 *Winter:* Reorganisation 396.

Die Wende zur Zukunft

um."²⁶ Alle Gesetze des Reformwerks waren auf Bewegung angelegt, deren Ziel in idealistischer Geschichtserfahrung als Erfüllung des Weltplanes in allgemein menschlicher Freiheit und Sittlichkeit begriffen wurde. „Das höchste Ideal der Verfassung ist, daß in jeder Bestimmung derselben die Möglichkeit nicht nur, sondern sogar eine Veranlassung zum Fortschreiten liege."²⁷ Die Reformer bauten bewußt die zeitliche Dimension der Zukunft in ihren Verfassungsbegriff ein. Sie erstrebten eine Verfassung, deren künftiger Wandel als gesetzmäßiger Bestandteil der Verfassung mitkonzipiert wurde. Als Regulator einer solchen Verfassung wußte sich die Verwaltung, die die Reform durchzuführen trachtete. In einen fortschrittlichen Weltplan eingelassen, ihn am besten erkennend und seine Erfüllung vorantreibend, so verstanden sich die Neuschöpfer des preußischen Staates, nicht selten in der Hoffnung, einen Musterstaat schaffen zu können, der sich an die Spitze der geschichtlichen Bewegung setzen werde. Wie Hardenberg am Ende der Reformära bei Eröffnung des Staatsrates erklärte: „Vollkommenheit ist nicht ein irdisches Loos, aber die Gesetzgeber sind das Rüstzeug, welches die Weltregierung zur Erziehung des Menschengeschlechtes auserwählt. Dieser Gedanke muß uns beherrschen ... ein solches Bestreben allein (ist) das Beispiel, mit welchem Preußen würdig vorangehen muß."²⁸

Nicht die Zeit gebe einem Staat die Reife, so polemisierte er schon 1806 gegen jedes Abwarten dessen, was von selber komme, nur weise Anordnung, Einheit und Kraft verbürge den Fortschritt.²⁹ Viele Gesetze der Reformzeit haben, wie vor allem an den Präambeln deutlich wird, Plancharakter. „Das Aussprechen selbst zwingt, vorerst eine klare Idee darüber zu fassen", nämlich über die Notwendigkeit des Verfassungswandels: die Idee habe dann, wie Altenstein sagte, eine unwiderstehliche Kraft, alles mit sich fortzureißen.³⁰ Der Übergang von richtungweisenden Erklärungen in den Präambeln zu ebenfalls nur programmatischen Artikeln im Gesetzestext bis hin zu realisierbaren Setzungen ist in der Reformzeit gleitend. Das Oktoberedikt etwa wurde als „allgemeiner Verfassungsgrundsatz" verstanden,³¹ dessen Durchführung im einzelnen — die Freiheit des Güterverkehrs und die Aufhebung der Gutsuntertänigkeit — erst besonderen Gesetzen und Bestimmungen überlassen werden mußte. Denn viele generelle Gesetze waren noch zu weitmaschig, um die regionalen Sonder-

---

26 *Winter:* Reorganisation 462.
27 *Winter:* Reorganisation 389 ff.
28 Arch. Pozn. Ob. Pr. Posen V, A 2; dort die gedruckte Rede Hardenbergs, die nach *Schneider*, Staatsrat 43, nicht gehalten wurde.
29 *Altmann:* Ausgew. Urkunden 9.
30 *Winter:* Reorganisation 369 ff., 547 ff.
31 *Winter:* Reorganisation 407; Schön sprach bekanntlich von der „Magna Charta".

rechte überhaupt zu erfassen. Selbst das Gendarmerieedikt, das die Staatsverwaltung bis auf die Kreis- und Kommunalebene vortreiben sollte, wurde von vornherein nur „provisorisch" verordnet, es traf Einrichtungen, zu denen man „nur allmählich übergehen" könne.[32] Schließlich stellten die diversen Verfassungsversprechen in Gesetzesform eine Selbstbindung des Königs an ein Ziel dar, das einmal verheißen, später zu erreichen sei. Die Spanne zwischen Plan, Verheißung und Erfüllung — samt ihrer idealistisch-religiösen Erwartung — kennzeichnet das gesamte Reformwerk.

Die Gesetze enthalten teils Planziel, teils unmittelbar anwendbare Bestimmung, und nicht selten mußten auch diese Bestimmungen modifiziert werden. Also nicht nur, daß manche Gesetze im Stadium der Planung hängen blieben, wie die Gemeinde- oder die gesamte Staatsverfassung, viele bereits erlassene Gesetze blieben Programm, weil dessen Durchsetzung scheiterte, gehemmt oder umgebogen wurde. Eine einigermaßen allgemeine Steuerverfassung einzuführen, gelang erst nach vielen vergeblichen Anläufen; was Hardenberg 1810 noch als „unerläßlich" bezeichnete: die Gleichheit aller unter generellen Steuergesetzen, das tauchte 1820 im endgültigen Gesetz für die Grundsteuer nur mehr im Optativ auf.[33] Das Landeskulturedikt von 1811, selber gegeben um die Verheißung des Oktoberedikts „zu verwirklichen", bestand auch nur zur Hälfte aus ausführbaren Anordnungen, der Rest verwies auf spätere Gesetze, die dann 1821 — teilweise — ergingen.[34] Die Verleihung bäuerlichen Eigentums und die Ablösung der Dienste, 1811 für eine Zwei- bzw. Vierjahresfrist geplant und festgesetzt, kam erst nach erheblichen Modifikationen in Gang und wurde — regional unterschiedlich geregelt — erst nach vielen Jahrzehnten beendet.[35] So schlich sich zwischen Verheißung und Erfüllung ein Moment der Verzögerung ein, das schließlich überhand gewann und die Geschichte des Vormärz prägen sollte. Am Ende der Reformzeit hing über dem ganzen Land eine Wolke unerfüllter Erwartungen, die als gesetzliche Verheißung bereits Gestalt gewonnen hatten.

32 G. 30. 6. 1812 (GS 141 ff.; auch *Altmann:* Ausg. Urkunden 131 ff.) VIII.
33 Finanzedikt 27. 10. 1810: alle Exemtionen sollen wegfallen, als weder mit der natürlichen Gerechtigkeit, noch mit dem Geist der Verwaltung in benachbarten Staaten vereinbar. Fernerweites Finanzedikt 7. 9. 1811: die Gleichheit solle nicht ohne Entschädigung, „lieber auf einem langsameren, aber sicheren Weg" erreicht werden. Abgabengesetz 30. 5. 1820 (GS 134): die Verheißung von 1810 sei auf Schwierigkeiten gestoßen, die eine Beratung mit den Ständen ratsam erscheinen ließen. Damit war die Grundsteuerfreiheit der Rittergüter gerettet.
34 Landeskulturedikt 14. 11. 1811 (GS 281) und Gemeinheitsteilungsgesetz 7. 6. 1821 (GS 53); das 1811 vorgesehene Landes-Ökonomie-Kollegium trat 1842 ins Leben (KO 16. 1. 1842).
35 Regulierungsedikt 14. 9. 1811 (GS 281), §§ 5, 23, 57. Nach Ablauf der ersten Frist wurde — am 31. 12. 1815 (GS 1816,3) — eine drohende Kabinettsorder erlassen, „daß sich Niemand unterfangen soll, sich eigenmächtig seinen Verpflichtungen zu entziehen", bloß weil die festgesetzten Termine abgelaufen seien: so wurde das Gesetz gestundet, bis die verschlechternde Deklaration von 1816 erging (29. 5. 1816, GS 154).

Die Wende zur Zukunft

„Von der Ausführung oder Beseitigung eines Planes hängt das Wohl und Wehe unseres Staates ab", rief Schön im Steinschen Testament herausfordernd aus,[36] und daran gemessen überließen die Reformer den folgenden Jahrzehnten eine Fülle von Aufgaben: aber sie blieben gestellt und drängten auf Lösung. „Überschätzen wir die Arbeit jener Jahre nicht", meinte Droysen in den vierziger Jahren,[37] „ihr Wert liegt bei weitem nicht in dem, was sie erreichte, sondern in dem, was sie erreichbar glaubte."
Die Reformgesetze von 1807 bis 1821 lassen sich — nach ihrem Verhältnis zwischen Plan und Durchführung betrachtet — in vier Gruppen gliedern. Die erste besteht aus jenen Gesetzen, deren Bestimmung unmittelbar in die Wirklichkeit umgesetzt wurde: sie betreffen die Heeresverfassung, die Verwaltung und die bürgerliche Städteordnung. Eine zweite Gruppe besteht aus solchen Gesetzen, die die ständischen Schranken durch gleichsam negative Bestimmungen niederreißen sollten: soweit dies entschädigungslos möglich war, gewann sie schnell ihre Wirksamkeit, wenn sich auch die Ergebnisse nicht sofort und nicht wie erhofft einstellten: Gütermarktfreiheit, Freizügigkeit, gleiche Berufschancen. Eine dritte Gruppe besteht aus solchen Gesetzen, die die Neuordnung auf den Entschädigungsweg verwiesen und in die Hände der Verwaltung legten: deren Durchführung gelang, was die Gewerbefreiheit betraf, in den Städten schneller, zog sich aber auf dem Lande jahrzehntelang hin. Schwere Widerstände und indirekt erzwungene Abänderungen mußten hingenommen werden. Die vierte Gruppe besteht schließlich aus der Menge mehr oder weniger gescheiterter Gesetze: es sind vor allem die kommunalen und gesamtstaatlichen Verfassungsentwürfe. Die Abschichtung dieser Gruppen verweist auf die sozialen Kräfte, die sich mit der Reform und im Kampf gegen sie durchsetzen konnten.
Nur auf zwei Gebieten gelang es den Reformern, ihre Gesetze im Sinne der Planung auch zu verwirklichen. Es sind die Gebiete, die sich bereits unter dem absolutistischen Herrscher durch ihre größte Staatsunmittelbarkeit auszeichneten: Heerwesen und Administration. Und gerade hier, wo keine direkten Einflüsse von außen hineinreichten, war die Reform in erster Linie eine Selbsterneuerung. Der Erfolg der Reorganisation von Armee und Administration prägte die Zukunft Preußens. Auf fast allen anderen Gebieten blieb der Verfassungswandel hinter den Zielen der Verwaltungsplanung zurück. Dieser Kontrast soll zunächst untersucht werden. Genauer, inwieweit hat die erfolgreiche Selbsterneuerung der Verwaltung die geplante Verfassung bereits festgelegt? Welches waren die Kräfte, die die staatlichen Behörden – auch innerhalb ihrer selbst – gehindert haben, die Gesamtverfassung in die geplante Wirklichkeit zu überführen?

---

36 *Altmann:* Ausg. Urkunden 63.   37 *Droysen:* Freiheitskriege 248.

II. Der Vorrang der Verwaltungsreform und ihre Auswirkung auf die Verfassungsplanung 1807-1815

Ranke hat darauf aufmerksam gemacht, daß es 1807 weniger auf die Bildung einer Verfassung als auf die Umbildung der Verwaltung angekommen sei.[1] Im folgenden soll gezeigt werden, wieso der Vorrang der Verwaltungsreform zu Vorentscheidungen in der Verfassungsfrage führte, die nicht mehr rückgängig zu machen waren, ohne das gesamte Reformwerk zu gefährden. Und darüber hinaus wird klar werden, warum die von der Verwaltung angestrengte Wirtschaftsreform der Ausbildung einer repräsentativen Verfassung hinderlich war, ja daß die Liberalisierung der Wirtschaft, sollte sie erfolgreich sein, eine „liberale" Verfassung zu Anfang des neuen Jahrhunderts eher ausschloß als voraussetzte.

Verwaltung und Verfassung waren zur Reformzeit keine Begriffe, deren erster dem zweiten strikt untergeordnet gedacht wurde. Der Begriff der Verfassung war damals elastisch genug, die Gesamtheit der landrechtlichen und altständischen Sozial- und Herrschaftsordnung so gut zu umschließen wie provinzielles oder lokales Herkommen, durch die insgesamt die monarchisch gesteuerte Verwaltung – als Polizei sich dem Begriff der Politik nähernd – gesetzgebend, anordnend, befehlend und verbietend hindurchgriff.[2] Für den Plan einer gewaltenteiligen Verfassung, welcher Art auch immer, drängte sich zusätzlich der Begriff einer Konstitution auf. Der erste Schritt der Reform war nun, die landrechtlich nicht eingebundene, durch das Kabinettssystem korrumpierte Verwaltung in gesetzlich festzulegende Formen zu zwingen. Die absolutistische Verwaltung sollte die rechtliche Dignität einer „Verfassung" erhalten, wie denn auch die innere Organisation der Administration — sogar Verwaltungsnormen selber — zunehmend mit dem Ausdruck einer Verfassung belegt wurden.

Bereits vor dem verlorenen Krieg von 1806/7 stellte Stein fest, daß Preußen „keine Staatsverfassung" habe, solange die oberste Gewalt nicht

---

1 *Ranke:* Hardenberg 4, 124.
2 „Das in der preußischen Gesetzes- und Geschäftssprache zuweilen vorkommende Wort Verfassung ist häufig mit Herkommen als gleichbedeutend anzusehen. So spricht man von einer allgemeinen Verfassung, der Verfassung einer Provinz oder einer bestimmten Gegend. Auch ist Verfassung oft mit Verwaltungsnorm gleichbedeutend" (*Bergius:* Staatsrecht 40, vgl. *Raumer:* Steins Autobiographie 15). Daß das preußische Volk „aus Liebe und Anhänglichkeit an seinen König und an die Verfassung zu allen Opfern vorbereitet und willig sei", das versicherte Hardenberg am 11. 11. 1808 seinem König, um ihn vor jeder revolutionären Ausartung „der Teilnahme der Nation an den Angelegenheiten des Staates" zu warnen (*Haake:* Verfassungskampf 36). Zur Begriffsgeschichte vgl. *H. O. Meisner:* Verfassung, Verwaltung, Regierung in neuerer Zeit. Berlin 1962.

zwischen dem Oberhaupt und den „Stellvertretern der Nation" geteilt sei. Preußen sei ein Aggregat von Provinzen und Korporationen. Der Schluß, den Stein aus diesem Zustand zog, war der, daß es zunächst, wenn Preußen schon keine Staatsverfassung habe, „um so wichtiger (ist), daß seine Regierungsverfassung nach richtigen Grundsätzen gebildet sei."[3] Stein postulierte die Priorität der Verwaltungsreform vor jeder Reform, die sich, wenn dort auch ebenso nötig, auf die landrechtliche Sozialverfassung zu erstrecken habe. Die Einführung einer *„Regierungsverfassung"* war mit anderen Worten die Voraussetzung einer neuen, der zu stiftenden „Staatsverfassung".

Gerade Stein, der eine ständische Vertretung gemäß seiner Herkunft am entschiedensten forderte und der die beamteten Schreiberseelen abgründig haßte, hat die Behördenreorganisation zum Kernstück seiner Nassauer Denkschrift gemacht; Reichsstände tauchen darin gar nicht auf.[4] Hardenberg und Altenstein, profilierte Vertreter rationaler Administration, haben dagegen in ihren Rigaer Denkschriften einen vollständigen Entwurf der zu planenden sozialen Ordnung mitgeliefert, bis hin zu einer Nationalrepräsentation.[5] Gleich welche Motive hinter den verschiedenen Verfassungskonzepten standen: allen Reformern gemeinsam war der Wille, zunächst die Verwaltung zu reorganisieren. Vincke hat die Notwendigkeit dessen in seinem Gutachten, das er im August 1808 für den Freiherrn vom Stein anfertigte, besonders klar zum Ausdruck gebracht. Er stellte seine Schrift unter das bekannte Motto der Reform, daß die Verwaltung im Innern wiedererobern solle, was dem Staat an äußerem Umfang genommen worden war.[6] „Der dazu entworfene allgemeine Plan will die Regierung zur Angelegenheit aller Staatsbürger machen ..." Indes Vincke zweifelt am Erfolg, solange man davon ausgehe, daß der Charakter der Nation den Charakter der bürgerlichen Einrichtungen bestimme. Man müsse daher von dieser vermeintlichen historischen Erfahrung absehen. Zunächst gehe es darum, die Verwaltung zu reformieren, urteilsfähige Einwohner daran zu beteiligen, um dann auf die Nation zurückwirken zu können: er sehe keinen Grund, „warum nicht auch umgekehrt der

---

3 *Winter:* Reorganisation 4 ff. (Mai 1806). Der Ausdruck der „Regierungsverfassung" als Gegenbegriff zur Privatrechtsordnung und Ständeverfassung bei *Klein:* Ann. 4, 351; — nachgewiesen seit 1666 (*Meisner:* a. a. O. 38).
4 Vgl. *Hartung:* Staatsbildende Kräfte 227.
5 *Ranke:* (Hardenberg 4, 124) macht darauf aufmerksam, daß Altenstein und über diesen auch Hardenberg die Anregung zum Gedanken einer Nationalrepräsentation von Stein erhalten habe. Zweifellos sind derartige Prioritätsfragen nach 1789 relativ belanglos.
6 *Bodelschwingh:* Vincke 376. Von der Königin Luise stammt das Wort, daß man hoffen dürfe, „den Verlust an Macht durch Gewinn an Tugend reichlich zu ersetzen" (*Droysen:* Freiheitskriege 222). Vgl. Humboldts Formel in der Universitätsdenkschrift 1809, zit. bei *Kaehler:* Studien 87 und unten S. 398 Anm. 4.

Charakter durch die Verwaltung gebildet werden könnte"[7]. Sei dieser erste, unmittelbar mögliche Schritt einmal getan, „dann bleibt in dieser Hinsicht nichts weiter zu wünschen übrig, als die dereinstige Sicherung dieser beglückenden Verwaltung durch eine constitutionelle Verfassung und darin begründete Unwandelbarkeit derselben." Die Verwaltungsreform hat den Vorrang; sie zu „sichern" dient schließlich die Verfassung. Die „constitutionelle Verfassung" – hier taucht der verdoppelnde Ausdruck, um sich von der herkömmlichen Verfassung zu distanzieren, an früher Stelle bei den Reformern auf — galt als das Endziel der Verwaltungsreform; sie gleich einzuführen war unter den gegebenen Bedingungen der landrechtlich gegliederten Gesellschaft unmöglich.[8]
Die Neuordnung der Verwaltung, die von oben nach unten durchgeführt wurde, bewegte sich im Rahmen fester Prinzipien: Ressorttrennung[9] — aber kollegiale Beratung; Gesetzmäßigkeit der Verfahren — aber persönliche Verantwortung der Beamten für Rat und Durchführung der Gesetze. Diese Gesichtspunkte kehren in jeweils verschiedener Zuordnung immer wieder. Alle Gesetze und Instruktionen, nach denen zwischen 1808 und 1825 die Behörden neu organisiert wurden, dienten dazu, der „Regierungsverwaltung" eine feste „Regierungsverfassung" zu geben. „Die neue Verfassung bezweckt", wie es im Publikandum vom 16. Dezember 1808 hieß,[10] „der Geschäftsverwaltung größtmöglichste (!) Einheit, Kraft und Regsamkeit zu geben", eine damals gern und häufig benutzte Formel. Wissend, „daß alles Verwalten ein Befehlen voraussetzt",[11] suchte man, um die Verantwortlichkeit zu wahren, den Bereich aller Behörden genau abzugrenzen. Instruktionen, die die Regeln des Geschäftsganges festlegten, sicherten den Behörden einen freien Entscheidungsbereich im Rahmen allgemeiner Gesetze. Die Tatsache, daß die Organisationsgesetze für die Verwaltung seit 1810 veröffentlicht wurden — selbst die vorausgegangenen wurden später publiziert — erhob sie im Sinne des Landrechts auf die Ebene von „Verfassungsgesetzen".
Das Landrecht hatte nur die innere Kollegialverfassung und die Stellung der Beamten als Personen geregelt, etwa das Entlassungsverfahren an die

---

7 *Bodelschwingh:* Vincke 379.
8 In gleicher Weise äußert sich Vincke in seiner September-Denkschrift „über die Organisation der ständischen Repräsentation" (1808): „Ich glaube zwar allerdings, daß . . . die Berufung unabhängiger, unbediensteter Einwohner zur wirksam tätigen Teilnahme an der Verwaltung, wenn die Schwierigkeiten der Ausführung solche gestatten, sehr viel wichtiger und bedeutender als . . . die Konkurrenz einer Versammlung erwählter Stellvertreter" ist — obwohl „eine über allgemeine Verwaltungsgegenstände beratende, die Verwaltung selbst beaufsichtigende, die Beamten kontrollierende Behörde gar nicht überflüssig" sei (*Pertz:* Denkschriften 3).
9 Dazu *Haussherr:* Verwaltungseinheit und Ressorttrennung.
10 GS 1806—1810, 1822, 361; auch *Altmann:* Ausgew. Urkunden 65 und *Stein* II/2, 1001.
11 Formulierung Humboldts vom 1. 2. 1825 (an Schön, Beiträge 192).
12 *Meier:* Reform 191 ff.

Zustimmung des Staatsrates gebunden (§§ 98 ff., II, 10), die Verwaltungsorganisation selber war nicht kodifiziert worden. Sie blieb vielmehr vom Schleier des Staatsgeheimnisses umgeben. 1782 z. B. wurde das Regulativ zur Abgrenzung von Verwaltung und Justiz nur an die betroffenen Behörden und jeweils nur auszugsweise weitergeleitet. Die Justizkollegien kannten nicht das Verwaltungsrecht und umgekehrt. In der offiziösen Sammlung von Mylius erschien auch nur ein Extrakt, und als Fischbach in seinen „Historischen Beyträgen" den vollen Wortlaut abdruckte, wurde ihm die Lizenz entzogen.[13] Der Ausdruck einer veränderten Verfassung der Behörden, der in den Publikanden 1808 und 1810 gebraucht wurde, indizierte also nicht nur eine Änderung, sondern insofern auch eine Verfassungsstiftung, als die führende und verantwortliche Stellung der Beamtenorganisation staatsrechtlich festgelegt und abgesichert wurde. Im Rahmen des Landrechts hieß das, daß die Behördenorganisation in den primär und generell geltenden Teil des inneren Staatsrechts aufrückte. Die Staatsdiener gaben sich mit königlicher Autorisation eine eigene Verfassung, eine Art institutioneller Selbstbindung, die öffentlich den gesetzlichen Horizont umschrieb, innerhalb dessen die Verwaltung in die gesamte Gesellschaft hineinwirken sollte.

Die Durchführung der Verwaltungsreform — und das ist ein Zeichen ihrer Eigenmacht — war eine Aufgabe der Administration für sich selbst. Sie bestand zunächst, wie üblich, in der Überwindung personalpolitischer Hindernisse, in der Entfernung der — wie Altenstein sagte[14] — „schädlichen Menschen" und in der Kunst, den König „unvermerkt" zum Nachgeben zu zwingen. Denn „eine Veränderung der Grundsätze erfordert", wie Stein bemerkte, „eine Veränderung mit den verwaltenden Personen."[15] Der Fluchtweg nach Ostpreußen und der Rekurs auf die dortige Gruppe von Kant und Kraus geschulter reformfreudiger Beamter, schließlich die Rückkehr Steins im September 1807 führte die Männer zusammen, die zunächst das willkürliche Kabinettssystem beseitigten. Die Ministerialregierung, die eine einheitliche, nur nach Sachgebieten gegliederte Verwaltung unter persönlicher Verantwortung der Minister ermöglichte, wurde Ende 1808 legalisiert. Die Stiftung einer Gesamtverfassung des Staatsministeriums 1814,[16] häufige Revisionen der Ressortgrenzen, die vor allem die Handels- und Gewerbeverhältnisse betrafen, Verdoppelungen von Ministerien, die oft mehr nach persönlichen als nach sachlichen Gesichtspunkten erfolgten, die Errichtung neuer Ministerien, besonders des

---

13 *Hintze:* Ges. Abh. III, 149; ferner I, 245 passim.
14 *Winter:* Reorganisation 66.
15 *Winter:* Reorganisation 12.
16 KO 3. 6. 1814 (GS 40). Dazu *Frauendienst:* Staatsministerium und *Klein:* Staatsministerium.

Kultusministeriums 1817 — all dies sind Ergebnisse der Grundsatzentscheidung, die noch unter dem Freiherrn vom Stein erfolgte. Exekutive Gewalt und Verantwortung in der Person des Ministers fielen seitdem zusammen.[17] Die Institution der Staatskanzlerschaft, die Stein de facto ausübte und die Hardenberg legalisierte, führte gleichwohl zu einer kollegialen Ministerverfassung: erst nach Hardenbergs Tod 1822 und mit dem Fortfall des Kanzleramtes rückte das Ministerkollegium zur alleinigen exekutiven Instanz unter dem König auf. Seitdem war das Ministerkollegium dem König zugeordnet und ohne Premier an seiner Spitze der Möglichkeit beraubt, einer wie auch immer gearteten Repräsentativversammlung gegenüberzutreten. Der Tod Hardenbergs stand nicht nur personell, sondern auch institutionell am Ende der konstitutionellen Bemühungen. Darauf wird zurückgekommen.

Parallel zu ihrer Selbstreform gingen die Verwaltungsspitzen sofort an die sehr viel schwierigere und größere Aufgabe heran, die landrechtlich gegliederte Gesellschaft umzuwandeln. Durch die Einführung der Immediatkommission, unmittelbarer Ministerverantwortlichkeit und die Errichtung der Generalkonferenz[18] war nicht nur der Einfluß des alten Kabinetts, sondern ebenso die stille Osmose zwischen den unkontrollierbaren Außeneinflüssen und den oberen Behörden so weit unterbunden, daß die liberalen Beamten freie Hand gewannen. Die Schrötter, Schön, Klewitz, Altenstein, Niebuhr, Staegemann, Friese, Wilckens und ihre Gesinnungsgenossen konnten jetzt alte, immer wieder verhinderte Gesetzespläne — wie für das Oktoberedikt — oder neue — wie für die Städteordnung — ausarbeiten. Der unmittelbare Anlaß zur Reform lag in dem Zwang Napoleons beschlossen, die 1808 auf schließlich 120 Millionen Francs festgelegten Kontributionen zu entrichten, wozu die hohe Verschuldung des Staates durch die Kriegs- und Besatzungskosten kam.[19] Die Reformen waren der Versuch, auf eine ebenso schwierige wie neue Situation eine ebenso kühne Antwort zu finden. Die Antwort lautete, eine wirtschaftlich freie Gesellschaft zu entfalten, die fähig sein sollte, für das erforderliche Geld aufzukommen. Der Druck des finanziellen Notstandes sollte umgeleitet werden in eine soziale Verfassungsreform, die die Verwaltung zu steuern hoffte.

Zwei Ziele waren hier, wie bei allen folgenden Reformgesetzen, leitend.

---

17 dazu *Huber:* Verfassungsgeschichte I, 150.
18 *Lehmann:* Stein 2, 429 ff.
19 *Mamroth:* Staatsbesteuerung 31 ff. Die 120 Mill. Francs kamen ungefähr dem höchsten Jahreseinkommen des Staates in den Grenzen von 1806 — rund 35 Mill. Taler — gleich: sie überstiegen um etwa ein Drittel den Jahresetat von 1813 (p. 40). Die außerordentlichen Ausgaben des Staates betrugen von 1806—1812 nach Rothers Berechnungen 145 Mill. Taler. Zum Ganzen vgl. *Grabower:* Steuern 132 ff., 139.

Erstens ging es den im Geist von Smith[20] geschulten Beamten darum, alle Bewohner des Staates wirtschaftlich in eine größtmögliche Selbständigkeit zu überführen — mit oder ohne Besitz —, um die freie Konkurrenz zu entfesseln. Zweitens sollten die Schichten mit Eigentum oder Besitz zur Teilnahme an der Verwaltung herangezogen werden. Auf der Beteiligung der besitzenden Schichten beruhte in erster Linie die Kreditfähigkeit des Staates. Denn dazu reiche, wie Hardenberg sagte, „der allgemeine Staatsverein ... nicht hin. Ein engerer Verein muß stattfinden unter denen, die eigentlich den Staat konstituieren und die an dessen Erhalten das nächste und innigste Interesse haben; die Eigentümer aller Art müssen zusammentreten und gemeinschaftlich ein Gebäude stützen, das sonst unfehlbar zusammenstürzt."[21]

Aus beiden Richtungen zielt die Reform mit diesem Programm gegen die Stände im landrechtlichen Sinn. Wirtschaftlich galt es ihre Schranken aufzuheben, politisch sie umzugestalten. Die Gesetze richteten sich natürlich zugleich gegen die wirtschaftlichen und die politischen Rechtsordnungen, da diese — vor allem auf dem Lande — in den Ständen verflochten waren. Indes waren es gerade die Reformgesetze, die — indem sie eine freie Wirtschaftsgesellschaft avisierten — eine Scheidung beider Bereiche vollzogen. Dagegen wandte sich nun der erbitterte Widerstand der alten regionalen Stände, voran der des gutsherrlichen Adels, aber ebenso der der Zünfte in den Städten.

Jede wirtschaftspolitische Entscheidung der Reformzeit war eine verfassungspolitische Vorentscheidung, gegen die sich die Abwehr der alten Stände versteifte. Das hatte für den Gesamtablauf der Reform zur Folge, daß alle liberalen Wirtschaftsmaßnahmen – die eine Seite der Gesetzgebung – die Beteiligung der bestehenden Stände an der Verwaltung – das andere Postulat – gerade ausschlossen. Wie Vincke es einmal 1808 formulierte: der Staat beruhe auf beidem, auf der physischen wie der intellektuellen Kultur. Die intellektuelle Kultur des Staates sei dabei um so viel wichtiger als sie auch schwerer zu befördern sei. „Es läßt sich viel tun für beides, zumal für die physische Kultur, bloß durch Hinwegräumung aller Hindernisse, aber der vorhandene geringe Grad der intellektuellen Kultur, welcher die Menschen von eigener Einsicht ihres wahren Besten häufig abkehrt, erfordert gegenwärtig noch kräftige positive Einwirkung der Regierung, auch manche Bei- und Nachhilfe derselben."[22] Mit anderen

---

20 *Roscher:* Smithsches System; *Treue:* Smith in Deutschland.
21 zit. von *Mamroth:* Staatsbesteuerung 138 (9. 3. 1809).
22 *Bodelschwingh:* Vincke 378. Oder wie *Eichendorff* etwa zwanzig Jahre später, vom Boden der einmal gewonnenen Verwaltungsposition aus, das Phänomen schildert: „Wenn nun durch diese, man möchte sagen, bloß negativen Anordnungen, durch die Entfesselung des Grundbesitzes und des Gewerbes, die erste Bedingung, gleichsam der nationale Boden der Freiheit gewonnen, so nahm jetzt die Gesetzgebung darauf Bedacht, diese realen

Dringlichkeitsstufen der Reformen

Worten: die Startchancen für eine freie Wirtschaftsgesellschaft ließen sich vergleichsweise leicht herstellen. Die Bildung und damit die Möglichkeit politischer Beteiligung der Staatsbürger sah Vincke als eine Aufgabe, die ohne „positive Einwirkung der Regierung" nicht zu erfüllen sei. Der theoretisch so vorgezeichnete Rhythmus kennzeichnet das folgende Jahrzehnt.

Die Abstufung der Dringlichkeit ging von der Verwaltungsreform über die Wirtschaftsreform zur Verfassungsreform, oder wie Hardenberg nach seinem Regierungsantritt durch Raumers Feder in den Berliner Zeitungen und allen preußischen Intelligenzblättern verkünden ließ: man solle mit Einreden warten, „bis die Administration ausgeredet hat"[23]. Die Finanz- und Wirtschaftsgesetze gewannen unter dem Druck der Kriegskosten und Kontributionen eine zeitliche Priorität vor den verfassungspolitischen Gesetzen. In dieser zeitlichen Priorität lag ihre politische Wirkung beschlossen. Das Oktoberedikt, das den freien Güter- und Arbeitsmarkt herstellte, Hardenbergs Gesetze zur Herbeiführung der Gewerbefreiheit von 1810/11 und 1820, seine Agrargesetze von 1811, 1816 und 1821, die die Bauernbefreiung einleiteten, die generellen Steuergesetze und die staatliche Finanzordnung, die ebenfalls 1820 abgeschlossen wurden: alle diese Gesetze gewannen Dauer und ihre Wirkung steigerte sich mit der Dauer ihrer Geltung.

Nur in einem Fall gelang es, ein verfassungspolitisches Ziel zu erreichen, nämlich die Bürger an der Städteverwaltung zu beteiligen. Es war auch die einzige Reform, in der die verfassungspolitische Entscheidung der Wirtschaftsreform voranging. Die Städteordnung regelte, bevor Hardenberg die Gewerbefreiheit durchsetzte, die bürgerliche Selbstverwaltung. Sie verließ nicht den Horizont des zweiten Standes, der städtischen Bürger im Sinne des Landrechts, und das war im Sinne Steins. Die Städtereform war eine Standesreform und weil sie das nur war, hatte sie Erfolg. Bruchlos fügte sie sich später in die provinzialständische Verfassung von 1823 ein.

Wo die Stände zur Beratung der Reformgesetze herangezogen wurden, behielten sie immer nur vorläufigen Charakter. Stein verzichtete überhaupt darauf, zum Oktoberedikt und über die Städteordnung die davon betroffenen Stände zu befragen. Hardenberg, der zuerst Notabeln berief, dann Deputierte wählen ließ, verkündete seine Gesetze ohne, oder –

Umrisse auch zu beseelen und ein inneres tüchtiges Leben zu wecken, das den errungenen Boden zu behaupten imstande wäre. Nicht von oben herab durch verwegen experimentierende allgemeine Formeln, die dem Volke fremd blieben, konnte dies geschehen, sondern von unten herauf mußte das Volk allmählich zur wahren Freiheit e r z o g e n werden" (Neue Gesamtausgabe 4, 1280 f.).
23   DZA Merseburg, R 74, HI, Nr. 8.

soweit er sie befragte – meist gegen deren Gutachten. Die Versammlungen blieben interimistisch, eine Gesamtverfassung wurde von Mal zu Mal versprochen, schließlich blieb sie ganz aus. Die Entbindung einer freien Wirtschaftsgesellschaft hielt durch die ganze Reformzeit an: die Versuche, die „Bürger" zur Teilnahme an der Staatsverwaltung heranzuziehen, wurden dosiert, verzögert, gehemmt, unterbrochen und endlich in Versprechen aufgelöst. Dieser Sachverhalt hatte einen ihm innewohnenden Grund: die geplante Beteiligung der Bürger am Staat setzte gerade das voraus, was durch die wirtschaftlichen Maßnahmen erst geschaffen werden sollte: eine selbstbewußte, unabhängige Schicht freier Besitzer jenseits der noch bestehenden alten Stände.[24]

Gleichwohl war der Staat — und hier zeigt sich die ganze Schwierigkeit der Reform — unmittelbar auf die Hilfe der alten Stände angewiesen: denn er brauchte Geld und zwar sofort. Geld für die Kriegskosten, für die Besatzungskosten und vor allem für die schließlich ausgehandelten Kontributionen. Die Beteiligung der bestehenden Stände ergab sich schon aus anderen Gründen zwingend. Zunächst hatte der völlige Zusammenbruch von Heer und Verwaltung dazu geführt, daß die regionalen und lokalen Stände eine erhöhte Tätigkeit entfalten mußten. Sie traten, um Versorgung und Ordnung aufrechtzuerhalten, gleichsam in alte Rechte ein, auf dem Land so gut wie in den Städten. „Es hat sich in Pommern ereignet", so erinnert sich Bülow-Cummerow, „daß während des Krieges zu Zeiten alle hohen Behörden fehlten, selbst die Gerichtshöfe, und dennoch ging alles seinen ruhigen Gang wie im tiefsten Frieden"[25]. Bei solcher regionalen Autonomie blieb es freilich nicht. Napoleon ließ die ersten Kriegskosten provinz- und kammerbezirksweise umlegen, und um sie beizubringen traten die ständischen Ausschüsse und die Landtage selbst in Wirksamkeit oder mußten, wo sie wie in Schlesien nicht mehr bestanden, erst konstituiert und berufen werden. In den Städten bildeten sich Bürgerdeputationen, die — in Berlin von Napoleon eigens dazu beordert — für Umlage und Eintreibung der Kontributionen zu sorgen hatten.[26] In dieses Durcheinander ständisch-regionaler Eigentätigkeit und einer halb vom Feind, halb vom König gesteuerten Administration einzugreifen, und zwar rechtzeitig genug, um eine neue, gesamtstaatliche Verfassungsord-

---

24 Wie *Ranke* es formulierte: „Die neue Gesetzgebung sollte die Autorität der Landstände beseitigen, die den Bedürfnissen des Moments nicht mehr entsprach, um eine nationale Verfassung vorzubereiten" (Hardenberg 4, 249).
25 *Bülow-Cummerow:* Preußen 121.
26 *Bassewitz:* Kurmark 2. 278. Der spätere Oberbürgermeister von Berlin *v. Bärensprung* nannte 1841 im Conversationslexikon der Gegenwart (Nachtrag Bd. 9, 703, Sigle 151) Napoleon ironisch den Wohltäter Preußens, der die Städteordnung provoziert habe. Vgl. ferner *Clauswitz:* Berlin 43; *Winkler:* Frey 92 ff.; *Wendt:* Breslau 52.

nung daraus hervorgehen zu lassen, war die schwierige Aufgabe der Reform.
Die Kreditlosigkeit des Staates erzwang nun dabei den Rekurs auf die alten Stände. Nicht nur um die neuen Steuern umzulegen, vor allem um die von den Steuererträgen nicht eingedeckten Feindforderungen zu begleichen, bedurfte der Staat ständischer Hilfe. Er war auf die Wechsel seiner Kaufherren und die Landschaftssysteme seiner Ritter in gleicher Weise angewiesen. Ohne deren Beistand konnte er die auf seine Rechnung übernommenen gesamten Schulden nicht tilgen. Napoleon ließ sich von seinem Zugriff auf die königlichen Domänen nur abhalten, indem diese mit Pfandbriefen belegt und – zur Deckung – insgesamt in die adligen Kreditsysteme aufgenommen wurden, die also für die Staatsschuld ebenfalls haftbar gemacht wurden. Über die Hälfte der Leistungen an Napoleon basierten auf dieser erzwungenen Notgemeinschaft von Staat und adligen Ständen,[27] — derselben Stände, die der Staat durch seine Wirtschaftsgesetze aufzulösen begann. Der Staat war also auf die Hilfe der gleichen adligen Stände angewiesen, die er, um noch andere Kräfte zu mobilisieren, ihrer herrschaftlichen Vorrechte beraubte. Das erzwungene Nahziel der Kreditgewinnung und das weitere Ziel der wirtschaftlichen Freizügigkeit standen sich gleichsam im Wege, und unter Dohna-Altenstein drohten sich beide Tendenzen gegenseitig aufzuheben. Es ist Hardenbergs Verdienst, hier dem weiteren, wenn auch nicht sofort erreichbaren Ziel wieder die Priorität verschafft zu haben. Daß es nur auf Kosten der Stände erreichbar war, die auf ihren Steuerfreiheiten und Herrschaftsrechten pochten, schloß deren Mitarbeit am politischen Verfassungsbau aus. Mit anderen Worten, die Zusammenarbeit zwischen den Behörden und der Ritterschaft beruhte auf gegenseitigem Vorbehalt, und dieser Vorbehalt erstreckte sich vorzüglich auf die Planung einer gesamtstaatlichen Repräsentation.
Ein früher Testfall war die Einkommensteuer. Diese vielleicht modernste aller Steuern, die am ehesten einer liberalen Repräsentation den Weg ebnen konnte, wurde von Stein in Ostpreußen eingeführt; ihre Ausdehnung auf die übrigen Provinzen scheiterte. Zur Einschätzung waren die Behörden auf ständische Mitarbeit angewiesen, aber in den Deputationen schuf sich der Staat ein Hemmnis, das nicht zuletzt die gerechte Steuerreform unmöglich machte. Voran der Adel verweigerte seine Mitarbeit — einer der Gründe, warum Hardenberg später von dieser Steuer absah.[28]

---

27 *Krug:* Staatsschulden 133 ff.; *Mamroth:* Staatsbesteuerung 33 ff.; 70 der 120 Mill. Francs wurden durch Domänenpfandbriefe in den adligen Kreditinstituten gedeckt, der Rest durch kaufmännische Wechsel und Anleihen.
28 *Grabower:* Steuern 251, 283 ff.; *Bassewitz:* Kurmark 3, 159 ff. Den Adel schonen, aber dadurch von der Mitsprache ausschließen, das gehörte — was von der Hardenberg-Kritik gern übersehen wird — zusammen.

Verwaltungsreform und Verfassungsplanung 1807—1815

In Anbetracht des ständischen Regionalismus gab es im Rumpfpreußen von 1807 keine geschlossene soziale Formation, die das neue Gebäude einer Gesamtverfassung hätte aufführen können. „Eine Veränderung der Staats-Organisation in unserm Vaterlande wird nicht von vielen gewünscht werden", stellte Hippel in seinem Verfassungsgutachten 1808 fest, „überhaupt nur von dem sogenannten Mittelstande, den politischen Neologen unter den Gelehrten, den Offizianten, dem mittleren Kaufmanne und dem bürgerlichen Gutsbesitzer. Diese allein wünschen Gleichheit der Rechte, oder — wie ein politischer ganz neuer Neolog sich ausdrückte — Gleichheit der Ansprüche bei Ungleichheit der Rechte."[29] Der Kreis derer, bei denen eine Verfassungsreform mit dem Ziel einer mitbestimmenden Nationalrepräsentation auf ein positives Echo hätte stoßen können, war eng umschrieben. Es handelte sich um privilegierte Akademiker und Schriftsteller, soweit sie sich nicht, auf Grund ihres republikanischen Räsonnements in das Lager des Rheinbundes abgewandert, dem alten Staat versagten;[30] um die spezifisch zwischenständische Schicht der bürgerlichen Gutsbesitzer und um die städtischen Kaufleute; nicht aber — auffallenderweise — um die Großkaufleute, die — nach Hippel — im Reichtum saturiert, zwar „aus Gewohnheit krochen", aber sowenig wie die anderen Privilegierten gewillt seien, irgend ein Opfer zu bringen. Gar nicht genannt werden die Bauern, sie traten bei allen Unruhen, die sie auslösten, als politischer Stand nicht in Erscheinung. Noch an Boden und Herrschaft gebunden, blieben sie beschränkt auf ihren Kreis. Deshalb sei von ihnen auch keine wirkliche Revolution zu erwarten, wie ein schlesischer Landrat einmal meldete, „die preußischen Staaten bestehen nicht aus einem einzigen Körper, sondern aus vielen isolierten Teilen."[31] Die Kreise verschluckten die bäuerlichen Forderungen regional.

Die einzige der von Hippel angeführten Gruppen, die auf eine Konstitution drängte und die zugleich organisiert war, war die staatlich homogenisierte Schicht der Offizianten, der Beamten. Innerhalb ihrer allein war es möglich, überhaupt eine überregionale Staatsverfassung ernsthaft vorzubereiten. Und das geschah. Inmitten der Verwaltungsspitzen wurde, wie Schön sich notierte, „das Herrenrecht, die Idee der Nationalrepräsentation lebendig." Und der erste Versuch, eine Nationalversammlung zu berufen, rührte von jener kleinen Gruppe hoher Militärs und Beamter her, die im Herbst 1808 die Erhebung plante, deren Vorbereitung wegen Stein gestürzt wurde.[32] Es kennzeichnet das Monopol der Verwaltung, daß

---

29 *Bach:* Hippel 117. Die Ironie des Nachsatzes war in Anbetracht der Rechtslage, die das Oktoberedikt geschaffen hatte, nicht ganz angebracht.
30 Vgl. dazu *Tschirch:* Öffentliche Meinung 2, 368 ff., 436 ff.
31 zit. von *Ziekursch:* Agrargeschichte 258.
32 *Schön:* Aus den Papieren 2, 48; *Stein:* II/2, 891 passim; *Stern:* Abhandlungen 154; *Ritter:* Stein 332 ff.

solche Männer, die sich durch kluge Verfassungsvorschläge bemerkbar machten, in die Administration berufen wurden. So Hippel selber, den Hardenberg heranzog und der später Regierungspräsident wurde, so Rehdiger, den Stein zum Staatsrat berief. Auch die im Westen stellenlos gewordenen Staatsdiener gehören in diese Reihe, die wie Vincke zeitweilig nur als Gutachter tätig waren.

Noch 1816, in einer bereits sehr veränderten Situation, stellte Regierungsrat Grävell die sonst vorwaltende Apathie fest: „Der bei weitem größere Teil der Staatsbürger insbesondere aller derjenigen Klassen, welche auf der Ruhe und der Sicherheit des Landes und im Lande, den Flor ihres Gewerbes oder den Genuß ihres behaglichen Zustandes beruhen sehen, will gar nichts von einer Verfassung wissen, glaubt wie bisher in der Weisheit und Macht der Regierung alle Sicherheit zu finden und sieht in jeder Konstitution nur eine Quelle von Hader, Unruhen und Leiden."[33] So sehr Grävell mit dieser Formulierung als Liberaler die Öffentlichkeit provozieren wollte, so sehr spricht die Erfahrung des Beamten aus ihr, dessen Verfassungswunsch auf Kreise seinesgleichen beschränkt blieb.

Hatte die Behördenreform, die mit der Neuordnung an der Spitze einsetzte, eine zeitliche Priorität vor allen weiteren Reformen, so gewann sie in Anbetracht des ständischen Rechtspluralismus auch eine sachliche Priorität in der Verfassungsfrage. Die Verfassungspläne der Reformer sahen — grob umrissen — zwei Etappen vor. Die erste Etappe sollte geeignet sein, die besitzenden Schichten unmittelbar an der Verantwortung der Verwaltung partizipieren zu lassen, sie durch Steuer-, Finanz- und Polizeitätigkeit mehr oder weniger zu verpflichten. Auf diese Weise hoffte man, die ständischen Sonderinteressen im freiwilligen Staatsdienst einander abzuschleifen. Erst für die zweite Etappe war vorgesehen, auch außerhalb der Verwaltung die Stände neu zu formieren, um ihnen zunehmend eigene Tätigkeit zu delegieren und auf gesamtstaatlicher Ebene legislative und konsultative Befugnisse einzuräumen. „Diese beiden — sonst auseinander führenden — Richtungen zu vereinigen ist also die schwere Aufgabe der neuen Organisation."[34] Voraussetzung in jedem Fall war, die bestehenden Provinzialstände zu erweitern und umzuschmelzen. So ging der Verfassungsimpuls von den Behörden aus und deren Nahziel war keine Teilung der Gewalten, sondern die Beteiligung von Besitz und Bildung an ihrer eigenen Gewalt. Bereits damit sind sie gescheitert.

---

33 *Grävell:* Constitution 1.
34 Theodor von Hippel hat den Widerspruch zwischen diesen beiden Konzeptionen, weil er modern dachte und nicht mehr die alten Stände vor Augen hatte — er wohnte in Westpreußen — am schärfsten erkannt (*Bach:* Hippel 118; einbehaltenes Gutachten für Stein aus dem Jahre 1808).

Die „*Teilnahme an der Verwaltung*" ist ein Schlüsselwort der Nassauer Denkschrift und es taucht analog in den Denkschriften von Hardenberg und Altenstein auf. Die Teilnahme an der Verwaltung setzte immer eines schon voraus: die Organisation der schon bestehenden, wenn auch – eben im Hinblick auf die geplante Teilnahme – zu reorganisierenden Verwaltung. Waren sich die Reformer auch über die Grenzziehung, wieweit die Teilnahme zu reichen habe, nicht einig oder besser noch im unklaren: die Grundfigur ihrer Planung blieb dieselbe. Es galt, Kräfte zu mobilisieren, staatliches Interesse zu wecken, politische Verantwortung zu fördern, die Bürger zur Mitarbeit zu führen, mit einem Wort: eine „Nation" zu bilden, die in die Stelle der bestehenden Provinzen und Stände zu treten habe.

„Der Hauptgewinn bleibt", wie Altenstein sagt, „die Nation an die Administration zu fesseln und sich dadurch ihrer ganzen Kraft zu versichern."[35] Unter die entsprechende Formel, die im ersten Organisationsentwurf für die Behörden auftauchte – das Volk inniger an die Administration zu ketten –, setzte auch Stein unbedenklich seine Unterschrift.[36] So sehr Steins eigenes Fernziel eine an die Herkunft angelehnte politische Organisation der Stände blieb: sein optimales Nahziel war die Beteiligung erfahrener und vermögender Männer an der Verwaltung. Deren Apparat blieb vorgegeben; was den besitzenden Schichten zugedacht war, war abgestufte Teilhabe. Die politische Spitze — das verantwortliche Ministergremium, das vor dem Monarchen stand — blieb untangiert. Im übrigen sollte die Beteiligung von unten nach oben dosiert werden. Auf der Ebene lokaler Behörden erhoffte er sich möglichst freie Mitwirkung und Eigenverantwortung gewählter Grundbesitzer; auf der mittleren Ebene suchte er ständische Repräsentanten in die Regierungen einzubeziehen; auf der Ministerialebene erwartete er von der Organisation technischer und wissenschaftlicher Deputationen enge Zusammenarbeit erfahrener Praktiker und Gelehrter mit den Beamten; für die Legislative sah er zunächst nur eine Eingliederung von Repräsentanten in die Gesetzkommission vor.[37] Die ganze Staatsverwaltung sollte also von Honoratioren durchdrungen werden, von deren Mitarbeit er sich zugleich eine Kostenersparnis versprach. Ausgehend von der Verwaltungspraxis hatte Stein ungefähr das Gegenteil einer Gewaltenteilung vor Augen. „Den Ausdruck Repräsentanten", so schrieb er über die Stellung solcher Laien in den Behörden, „halte ich für ganz unpassend. Es sind ständische Mitglieder der Kollegien", sie handeln daher „wirklich als Offizianten, nicht als Volksrepräsen-

---

35 *Winter:* Reorganisation 406.
36 *Stein* II/2, 505 (Immediatbericht 23. 11. 1807).
37 *Stein* II/2, 514 ff.

tanten".³⁸ Sein Plan für die unmittelbare Gegenwart glich eher einem staatlichen Rätesystem der ständischen Oberschicht, wie es in der Städteordnung mit deren Verflechtung von „Exekutive" und „Legislative" in den gemischten Deputationen zur Wirksamkeit gelangte. Alle Behörden, einmal von tatkräftigen Nichtbeamten durchsetzt und aufgelockert, sollten gesteigerte Eigentätigkeit entfalten; der Staat sich mehr und mehr auf Gesetzgebung, Anweisung und Kontrolle zurückziehen.

Vincke, sein Freund, zog die fortschrittliche Konsequenz, sich von der zunehmenden Beteiligung vermögender Bürger eine Art Selbstaufhebung der Behörden zu versprechen. Er meinte, daß ein verständiges Regierungskollegium, welches den neuen Geist erfaßt und den alten der Regierungssucht abgelegt habe, „dahin strebt, seine eigene Existenz größtenteils überflüssig zu machen."³⁹ Das freilich waren ideale Hoffnungen. Vincke war der erste, der im nächsten Jahr als Regierungspräsident von Potsdam die Mitarbeit ständischer Repräsentanten der Kurmark entschieden zurückwies.⁴⁰ „Die Amalgamierung der Repräsentanten mit den einzelnen Verwaltungsbehörden", wie Hardenberg diesen Plan nannte,⁴¹ setzte eben voraus, daß die Stände von den gleichen Zielen und Interessen geleitet würden wie die fortschrittsgesinnten Beamten selber.

Dementsprechend blieb die Frage zunächst völlig offen, wieweit die Befugnisse der avisierten Nationalrepräsentanten reichen sollten: nur bis zum Beratungsrecht oder sollten sie dezisive Stimmen erhalten? Sollte sich dies Recht nur auf Besteuerung oder auf die Gesetzgebung überhaupt erstrekken? Hippel, dem Ideal einer französischen Konstitution besonders nahestehend, glaubte der geplanten Nationalrepräsentation 1808 unbesorgt das letzte Wort in der Legislative zubilligen zu können, denn „in einem Staat wie bei uns, wo Regent und Volk es miteinander ehrlich meinen", werde „nie der Fall" eintreten, daß sich König und Nationalvertretung uneins würden.⁴² Stein meinte, die Befugnisse nur sukzessive ausweiten zu können; zuerst gelte es „eher Reizmittel als Opiate" anzuwenden.⁴³ Die Frage war — mit anderen Worten — noch theoretisch: wieviel Macht diejenige Verwaltung abzutreten gesonnen sei, die gerade die Initiative entwickelte, eine neue Verfassung zu stiften.

Als Stein im Sommer 1808 die Anweisung gab, nunmehr – nach den oberen – auch die mittleren Behörden, die Kammern zu reorganisieren, da fügte er ausdrücklich hinzu, man könne den Verwaltungsneubau nicht stunden, bis „die Grundsätze über die Nationalrepräsentation fest-

---

38 *Stein* II/2, 835 (25. 8. 1808).
39 *Bodelschwingh:* Vincke 399.
40 *Steffens:* Hardenberg 21; *Zeeden:* Volksvertretung 60.
41 *Winter:* Reorganisation 318.
42 *Bach:* Hippel 119; vgl. *Huber:* Verfassungsgeschichte 1, 291 ff.
43 *Stein* II/2, 856 ff., 920 ff. (zu Rehdigers Entwürfen).

stehen."[44] Die Verwaltungsreform von oben nach unten behielt den Vorrang vor der Nationalrepräsentation, die von unten nach oben aufzuführen sei und später den Verfassungsbau abschließen sollte. So nimmt es nicht Wunder, daß Gneisenau, einer der rührigsten Verfechter einer konstitutionellen Monarchie, zu Ende der kurzen Regierungszeit von Stein das Resümee zog: „Die Organisation der Staatsverwaltung ist sehr einfach, und ich tadle nichts daran, als daß man sowenig dabei an Staatsverfassung gedacht hat."[45] Für die Verwaltungsbeamten lag darin freilich kein Widerspruch.

Die „Regierungsverfassung" war eben selber als der Kern der künftigen Staatsverfassung konzipiert worden. Das erste legale Versprechen einer Reichsständeverfassung mit bloßem Beratungsrecht der Repräsentanten, das Stein an seine letzte Verordnung über die Neuordnung der obersten Behörden anschloß, wurde nach seinem Sturz gestrichen und nicht publiziert.[46] Aber seine Behördenorganisation wurde verwirklicht und mit ihr wurden verfassungspolitische Entscheidungen getroffen, die zukunftweisend blieben. So wurde bei der Umgliederung der alten Kammern in die neuen Regierungen der Zentralgedanke der kommenden Wirtschaftsreform — zwei Jahre vor ihrer Durchführung — von Friese in die Instruktionen eingearbeitet. Den Beamten wurde ein kleines Kollegexzerpt geliefert über die Vorzüge der freien Wirtschaft mit der Belehrung, wie sie sich zu verhalten hätten, um sie durchzuführen.[47] Nach dem Erlaß der Gesetze selber konnten die Anweisungen bei der Neufassung der Instruktion 1817[48] entsprechend gekürzt werden; ein bezeichnender Fall der „Geschäftspolitik", die, mit Altensteins Worten, zunächst „in das Geistige eingreifen und solches bis auf die unterste Stufe, wo es in das bloß Körperliche übergeht, fortwirken machen" solle.[49] Die Behörden wußten sich als der geistige Kern des Staates und der Gesellschaft, als solcher wollten sie nach außen wirken, um freie selbsttätige Staatsbürger zu erziehen. Als Bedingungen dessen wurde die freie Konkurrenz entfesselt, eine Maßnahme freilich, die mit den Wünschen jener Stände wenig harmonieren konnte, die zur Mitarbeit an der Regierung herangezogen werden sollten.

Mit der Entscheidung Steins, Ständevertreter in die Behörden einzubeziehen, fiel nun eine weitere Entscheidung, ohne die die erste nicht zu

---

44 *Stein* II/2, 765.
45 *Griewank:* Gneisenau (97) an Graf von Götzen, 12. 10. 1808.
46 Publ. 16. 12. 1808; *Altmann:* Ausgew. Urkunden 65; das ganze Verfassungsversprechen abgedruckt bei *Pertz:* Stein 2, 689 f. und *Zeeden:* Volksvertretung 50.
47 Instruktion 26. 12. 1808, §§ 34 und 50 (GS 481 ff., abgedruckt bei *Meier:* Reform 202 ff.); vgl. *Ritter:* Stein 250.
48 Instruktion 23. 10. 1817, § 7.
49 *Winter:* Reorganisation 516.

verwirklichen schien: es war der Entschluß, die *kollegiale Behördenverfassung* allen Bedenken zum Trotz beizubehalten. Der Einbau verantwortlicher Laien in die Administration erforderte zumindest eine kollegiale Handhabung der laufenden Geschäfte, um sie — bei dem rotierenden Wechsel der Ständevertreter — nicht stocken zu lassen. Aber was von Stein gedacht war, eine Identität von Staat und Gesellschaft herzustellen, nämlich durch gegenseitige Erziehung der Laien und Fachleute in den Behörden, das schien dem König ein geeignetes Auskunftsmittel, die Stände unschädlich zu machen, eben durch ihre Beteiligung am Staat. Er lobte „die den Unterbehörden auf eine besonders meisterhafte Art verwebte ständische Repräsentation, um die Nation einen bestimmten regeren Anteil an der Wohlfahrt des ganzen Staatskörpers nehmen zu lassen, ohne daß hieraus andere Inconvenienzen entstehen könnten."[50] Damit nahm er ein Argument Hardenbergs auf, dem Stein freilich in der Ausgangslage der Verfassungsplanung nicht widersprechen konnte. Ob Ausweg oder Ideal, für die erste Etappe war man sich einig, durch Beteiligung der Stände ihre eigene Initiative einzubinden oder aufzufangen. Was aber blieb, war nur die kollegiale Regierungsverfassung. Die Mitarbeit der Laien scheiterte.

Es sprachen freilich noch andere, ebenso gewichtige Gründe für die kollegiale Behördenordnung. Nachdem für die Oberbehörden die Entscheidung zugunsten der Ressorttrennung gefallen war, schien sich die entsprechende Gliederung auf der mittleren Ebene der Exekutive anzubieten, dienten doch die Regierungen als Vollzugsorgan ministerieller Anweisungen. Vincke hat die Frage in seinem Gutachten, das für die kommende Regierungsgliederung maßgebend wurde, scharf gestellt.[51] Welche Vorteile biete das westliche bürokratische System mit strenger Subordination der Offizianten, welche Vorzüge habe das traditionelle preußische System der Kollegialität? Vincke entschied sich für das kollegiale System mit bürokratischem Einschlag, d. h. für gesteigerte Verantwortung der einzelnen Beamten in ihren Sachgebieten, ohne daß man auf die Beratung aller übergreifenden und wichtigen Fragen verzichten dürfe. Dieses gemischte System trat denn auch in Wirksamkeit und wurde 1815, 1817 und 1825 nur bürokratisch gestrafft, nicht umgewandelt.[52] Die Regierungen glichen seitdem einem Ministerium auf regionaler Ebene, in dem — ausschließlich des Justizressorts — alle Sachfragen einzeln bearbeitet, Entscheidungen gemeinsam beraten wurden. Vinckes Argument gegen das reine Präfektursystem war — nicht nur für Stein, sondern ebenso für viele Beamte der

---

50 *Stein* II/2, 598 (27. 12. 1807); Hardenbergs Urteil bei *Winter:* Reorganisation 318.
51 *Bodelschwingh:* Vincke 404 ff.; *Meier:* Reform 207 ff.; *Ritter:* Stein 250.
52 GS 1815, 85; 1817, 248; 1826, 5; vgl. dazu unten S. 250 f.

preußischen Aufklärung — durchschlagend. Er meinte nämlich: auch das bürokratische System sei anwendbar, ohne daß man den Menschen als ein Mittel für den Zweck der Regierenden betrachte, aber gerade dann setze das System etwas voraus, was es nie gebe: nämlich einen vollendeten Menschen, der bürokratische Machtvollkommenheit mit Gerechtigkeit zu verbinden wisse. In Anbetracht der menschlichen Unvollkommenheit sei es vorzuziehen, die Mängel der einzelnen durch beständige Kontrolle in gemeinsamer Beratung auszugleichen. Dann könnten die Leidenschaften der Vernunft nicht davonrennen. Die Kollegialverfassung als institutionelle Sicherung gegen menschliche Gebrechen, um die Herrschaft von Menschen über Menschen zu verhindern, — diese Denkfigur steht hinter der Bedächtigkeit, mit der in Preußen an dem altmodischen System, dem französischen Vorbild zum Trotz, festgehalten wurde.

Stein freilich insistierte auf der Kollegialität, vor allem um den Regierungen einen „ständischen" Charakter einzuprägen, der durch die Zusammenarbeit von Besitz, Bildung und Beamtentum in den Behörden gefördert werden sollte. Gegen den Protest seiner Mitarbeiter, besonders Schrötters, aber auch Vinckes, Kunths und anderer,[53] setzte er die rotierende „Teilnahme landständischer Repräsentanten" bei den Regierungen durch, und zwar unter voller Verantwortung und Gleichberechtigung mit den Beamten.[54]

Das Experiment scheiterte kläglich. Die sozialen und politischen Interessengegensätze waren zu groß. Stein hatte schon Mühe, etwa in Schlesien die Kammern mit den von den Franzosen eingesetzten ritterschaftlichen Ständekomitees zu einer einigermaßen erträglichen Zusammenarbeit zu bewegen.[55] Die Regierungen weigerten sich, eine „lebendige Opposition" (Vincke) in ihr Gremium aufzunehmen von Leuten, deren Steuerprivilegien und deren Herrschaftsverfassung abzubauen sie sich gerade anschickten; wie denn ja auch einer der praktischen Anlässe der Bestimmung die Übertragung der kreisständischen Steuerverwaltung an die Regierungen war.[56] Gerade deshalb weigerten sich wiederum die Stände — wie in der Kurmark und in Schlesien —, nicht an Weisungen gebundene Ver-

---

53 Die Diskussion referiert *Lehmann*: Stein 2, 434 ff.; *Meier*: Reform 215 ff.
54 Die entsprechenden §§ der VO v. 26. 12. 1808 bei *Meier*: Reform 225 ff. und bei *Gräff - Rönne - Simon* 6, 130. Schon Hardenberg wandte sich gegen Altensteins Vorschlag, den ständischen Repräsentanten nur eine beratende Stimme mit Vetorecht zukommen zu lassen; das hätte die Aktionsfähigkeit der Regierung noch mehr gestört als es sich später ohnehin herausstellte (*Winter*: Reorganisation 360), 541). *Hintze* (Ges. Abh. I, 357) vermutet das Vorbild ständischer Teilnahme an der Regierung in Josephs II. Anordnung, in die neu gebildeten Gubernien je zwei Vertreter der aufgelösten landwirtschaftlichen Kollegien aufzunehmen.
55 *Stein* II/2, 695, 708, 789 passim.
56 *Wagener*: Staatslexikon 11, 558 (Art. Kreis); vgl. *Bassewitz*: Kurmark 4, 276.

treter zu entsenden. Sie wollten Delegierte, keine Offizianten stellen. Die pommerschen Landstände nutzten den Anlaß, ihre Forderungen noch höher zu schrauben. Da die Landeshoheitssachen gemäß der neuen Verwaltungsordnung vom 26. Dezember 1808 von den Gerichten auf die Regierungen übergegangen seien, forderten sie „wie früher den Präsidenten des Landesjustizkollegiums: jetzt den Regierungspräsidenten aus der Mitte der eingeborenen Gutsbesitzer präsentieren" zu dürfen. Ferner wollten sie alle Rats- und Direktorenstellen mit einheimischem Adel besetzen. An ständischer Initiative also fehlte es nicht. Der Adel wurde von Graf Dohna und Sack darüber belehrt, daß es eine Vermessenheit sei, solchen Antrag überhaupt zu formulieren; obendrein sei es eine Anmaßung, die in grellem Kontrast stünde zu der Tatsache, daß der pommersche Adel nicht einmal hinreichend qualifizierte Landräte stellen könne.[57]

Nur unter den Augen des Königs, bei der Königsberger Regierung, wurde das Experiment versucht. War der adlige Landtag Ostpreußens bereits durch Deputierte der freien Bauern und Städter erweitert worden, so versuchte jetzt konsequenterweise jeder Stand, seine Interessenvertreter in die Regierung zu bringen. Sie wurden durch Kabinettsorder darüber aufgeklärt, daß „nicht Repräsentanten der einzelnen Stände, sondern Repräsentanten des Landes" zu stellen seien, Männer, „die sich über das einzelne Interesse des Standes, dem ihr Individuum angehört, hinwegzusetzen wissen, wenn von dem Wohl des Ganzen die Rede ist."[58] Die Regierung suchte Sachbearbeiter für Handel, Polizei, Schule, Kriegslieferungen, Militär und Gericht und wählte demgemäß unter den Vorgeschlagenen vier Adlige, drei Bürger und zwei Bauern aus. Das freilich lag sowenig im Sinn der Wähler, daß sie die Diäten einbehielten, für die sie aufzukommen hatten.[59] Die ständische Beteiligung an der Regierung schlief ein, und nur nach Jahren brachte noch einmal der Berliner Magistrat — vergeblich — die Forderung auf, an der kurmärkischen Regierung beteiligt zu werden. Es erwies sich als unmöglich, Regierungsbeamte und ständische Interessenvertreter zu einer gemeinsamen beschlußfähigen Körperschaft zu verschmelzen. Was Hegel als deren Bestimmung definierte,[60] „eine lebendige, sich gegenseitig unterrichtende und über-

---

57 DZA Merseburg R 74, J IV, Pommern 2 (12. 11. 1809). Vgl. jetzt die gründliche Darstellung *Eggerts* über die Stände Pommerns (1964).
58 KO 10. 6. 1809 (*Gräff* — *Rönne* — *Simon* 6, 130).
59 Für jeden Repräsentanten sollten 1000 Taler aufgebracht werden — eine Bedingung, die sich Stein abhandeln lassen mußte, damit sich überhaupt freiwillige Mitarbeiter stellten. Statt der vorgesehenen 9000 kamen 2310 Taler ein (St. Arch. L. Göttingen, Ob. Pr. Königsberg 2, Tit. 3, Nr. 34). „Was die Repräsentation bei der Regierung betrifft", so instruierten die ostpreußischen Stände noch am 11. 5. 1811 ihren Vertreter Sydow in der Berliner Notabelnversammlung, da wollten sie ihr Urteil lieber bis zur fertiggestellten Verfassung zurückhalten (DZA Merseburg R 74, H IX, Stände, Nr. 9). Vgl. auch *Stein:* Ostpreußen 2, 101; *Stern:* Abh. 155; *Zeeden:* Volksvertretung 61 ff.
60 *Hegel:* Rechtsphilosophie § 309.

zeugende gemeinsam beratende Versammlung zu sein", das war nur möglich innerhalb der relativ homogenen Beamtenschaft selber. Geplant im Hinblick auf ständische Beteiligung, blieb somit das kollegiale Prinzip für die Regierungsverfassung erhalten. Ein quasiständisches Moment war in dieser aufgehoben, nämlich nicht nur Exekutive zu sein, sondern ebenso beratendes Organ mit nicht geringen jurisdiktionellen Befugnissen. So konnte ein zeitgenössischer Beobachter[61] davon sprechen, daß Stein „ein Föderativsystem von Republiken" in die Verwaltung eingeführt habe, und noch Droysen versagte rückblickend 1843 den Behörden im Sinne Steins nicht das Prädikat, „statt einer Verfassung" zu fungieren.[62] Es war nun im weiteren Verlauf der Reform gerade dieses von Stein so betonte quasiständische Moment der Behördenverfassung, das den Spielraum der zu stiftenden Stände zwangsläufig einengte. Raumer wies 1812 den Staatskanzler auf den Widerspruch hin, die Regierungen bürokratisch zu sondern und zu straffen, solange die „versuchte" Nationalrepräsentation in Berlin noch nicht die losen Teile des Staates zu einer gemeinsamen Verfassung vereine. „Die Landesbehörden ersetzten seither bis auf einen gewissen Punkt die Repräsentation, sie ersetzten die Verfassung selbst."[63] Raumer, der sich als erster den Zopf abschnitt und unter Hardenberg den zermürbenden Kampf gegen die adligen Privilegien ausfechten half, hatte 1810 selbst die strikte Unterwerfung der geplanten Nationalrepräsentanten unter die Leitung des Staatskanzlers gefordert.[64] So nahm er sich als Professor in Breslau auch die Freiheit — die „Stimme des Publikums, der Geschichte" für sich beanspruchend —, Hardenberg an die konstitutionelle Funktion der kollegialen Regierungsverfassung zu erinnern. Wolle man das schöne Ziel, das der Kanzler sich gesetzt habe, „die Monarchie mit republikanischen Formen" erreichen,[65] so müsse man sich — in Anbetracht der ständischen Vielfalt — auf die großen Korporationen der Regierungsbehörden stützen. Und er scheut sich nicht, sie mit dem

---

61 *Woltmann:* Staatsorganisation 101.
62 *Droysen:* Freiheitskrieg 242.
63 *Raumer:* Lebenserinnerungen 1, 262; Formulierung in einem Brief an den Kanzler, nachdem dieser ihm in Breslau über die Scharnweberschen Reorganisationspläne berichtet hatte (25. 8. 1812).
64 Sein Plan für Hardenberg abgedruckt bei *Pertz:* Stein 2, 518 f. (September 1810); vgl. *Haake:* Verfassungskampf 47 und *Zeeden:* Volksvertretung 98.
65 Das von Hardenberg überlieferte Wort weicht freilich von Raumers Formel um eine bezeichnende absolutistische Nuance ab: „Demokratische Grundsätze in einer monarchischen Regierung: dies scheint mir die angemessene Form für den gegenwärtigen Zeitgeist" (*Winter:* Reorganisation, 306). Die gemeinsame Quelle dieser oft genannten Wendungen ist offenbar Kant, der im Streit der Fakultäten (Abschn. 2, 6. Abs.., Anm.) mit dem Blick auf die Französische Revolution sagte: „Autokratisch herrschen und dabei doch republikanisch, d. h. im Geiste des Republikanismus und nach einer Analogie mit demselben, *regieren,* ist das, was ein Volk mit seiner Verfassung zufrieden macht."

englischen Parlament in Beziehung zu setzen. Sie seien zwar zeitraubend, aber ein Hort der Gerechtigkeit. Mit dieser Deutung der Kollegialität geht Raumer den Schritt der Reform über Svarez hinaus, der noch in der Dauerhaftigkeit des Landrechts eine Art Ersatzverfassung erblicken zu können glaubte. Aber mit dem Blick in die Zukunft sieht Raumer in der kollegialen Behördenverfassung auch schon eine Übergangslösung. Die Regierungen waren ihm der Motor sozialer und wirtschaftlicher Emanzipation der zu bildenden Staatsbürgerschaft, die, einmal verwirklicht, die Verwaltung auf die Exekutive beschränken könne, weil die Bürger dann selber einer freien Repräsentation fähig seien. Rebus sic stantibus sei die staatliche Freiheit vorzüglich in den Regierungen verwirklicht, die Beratung führe zur Einsicht und diese zum freiwilligen Gesetz, nach dem man handle. Das war die Basis, nach außen wirken zu können, und darin lag nun allerdings ein „republikanisches" Moment der preußischen Verwaltung beschlossen.

Gegenseitige Kontrolle, Beratung und mittlere Polizeigerichtsbarkeit blieben auf der Regierungsebene in einer Institution zusammengefaßt und damit den sich gegenseitig aufhebenden ständischen Einzelinteressen entzogen. Für die Durchführung der wirtschaftlichen Reformgesetze erwies sich diese Kombination auf Kosten der alten Stände sogar als Voraussetzung — ohne daß der Staat nur mit blanker Exekutivgewalt in Erscheinung getreten wäre. Das zeigte sich nun schnell und in zunehmendem Maße, sobald nämlich der Staat auf die alten Stände auch außerhalb der Administration rekurrieren mußte.

Provinzielle Steuerausschreibungen und gesamtstaatliche Kreditgewinnung verwiesen beide auf ständische Hilfen. Für die allgemeine Verfassungsentwicklung war dies ein letztes Intermezzo, das noch einmal — von 1808 bis 1810 — den ständisch-staatlichen Dualismus vergangener Zeiten aufleben ließ, ohne daß er aus seiner regionalen Vielfalt heraus zu einer konstitutionellen Form hätte umgeprägt werden können. Der Zusammenbruch des Staates führte vorerst das Ende der strikten Finanzpolitik herbei, sich mehr auf den Staatsschatz als auf Kredit zu verlassen.[66] Um Geld im eigenen Lande flüssig zu machen, entschloß sich nun der Staat zu einer Vorleistung, die zugleich die Bildung einer freien Eigentümergesellschaft

---

66 Vgl. *Hintze:* Ges. Abh. III, 515 ff.; *Buchholz:* Arithmetische Staatskunst 133 ff.; *Cölln:* Vertraute Briefe, 34. „Die Regierung (als Schuldner) ist stets von dem Creditor (der Nation) dependent; und die Nation berechnet ihre Untertänigkeitspflicht nach dem niedrigen Maßstab des Geldes. Der Wuchergeist, das Judentum, verdirbt die besten aktivsten Staatsbürger, und die Immoralität wächst alle Jahre mit den Staatsschulden in gleichem Verhältnis." Schließlich falle alles Vermögen und Privateigentum in die Hände des Pöbels. Diesem Zustand, den die meisten zivilisierten Nationen Europas fast erreicht hätten, nähere sich nun auch Preußen.

forcieren sollte: er verpfändete seinen gesamten *Domänenbesitz* oder gab ihn zur Veräußerung frei. Während die Jahreseinnahmen aus den Domänen im Rumpfpreußen von 1807 nur 3,4 Millionen Taler betrugen, sollte durch diese beiden Maßnahmen sofort eine Schuldensumme von 45 Millionen Talern teils gedeckt, teils getilgt werden.[67] Bereits Svarez hatte bei der Abfassung des Landrechts sorgfältig vermieden, die 1713 festgelegte Unveräußerlichkeit der Domänen bedingungslos in das Gesetzbuch aufzunehmen.[68] Jetzt traf die staatliche Geldnot mit der Kritik des Smithschen Reformflügels zusammen, der jede staatliche Bewirtschaftung der Domänen aus Prinzip ablehnte. Stein machte sich zum eifrigen Befürworter der Liberalen, der Vincke, Schön und Staegemann, und so entstand jenes Hausgesetz vom 26. Dezember 1808,[69] das die Verpfändung wie auch die Veräußerung der Domänen soweit zuließ, als es „die Bedürfnisse des Staates und die Anwendbarkeit einer verständigen Staatswirtschaft" (§ 2) erheischten.

„Die Idee einer solchen Mobilisierung des National-Grundvermögens"[70] markiert das Ende ständisch-staatlichen Nebeneinanders, denn die alten Stände mußten einen Akt gegenzeichnen, der nichts anderes bezweckte, als den staatlichen Eigenbesitz zugunsten einer freien Eigentümergesellschaft aufzulösen — und damit auch die Stände selbst. Die Wirklichkeit sah freilich komplizierter aus. Verschiedene Wege mußten beschritten werden, um die staatliche Schuldenlast von den Eigentümern mittragen zu lassen. Unter dem Druck Napoleons drängte Stein auf die Eingliederung der Domänen in die ritterschaftlichen Kreditinstitute. Diese wirtschaftliche Verflechtung hatte bedeutende Folgen. Der Staat, der seinen Besitz verpfändete und zum Verkauf anbot, um Kapital flüssig zu machen, wurde im gleichen Akt an den Adel und dessen Besitz gefesselt. Freilich nutzte Stein den Anlaß — die Einberufung der ostpreußischen Landschaft — schnell, um einen Landtag aus ihr zu bilden, der erst durch Kölmer, dann durch Bürger erweitert wurde.[71] Zugleich hob er die Weisungsbindung der Repräsentanten an ihre Wähler auf, da die adligen Landschaften sich weigerten, die Domänen in ihr Kreditinstitut aufzu-

---

67 Zahlenangabe bei *Lehmann:* Stein 2, 173. Der Schuldenetat von 45 Mill. Taler, der auf die Domänen umgelegt wurde, ist am 12. 4. 1809 festgesetzt worden (*Gräff* — *Rönne* — *Simon* 6, 366). *Mauer* hat nachgewiesen, daß bis 1820 nur Domänen im Wert von 4,69 Mill. Talern wirklich verkauft worden sind (FbpG 32, 205 ff., 1920).
68 Nachweis bei *Gräff* — *Rönne* — *Simon* 6, 359, auf Grund der revisio monitorum; zum § 16, II, 14; vgl. *Grabower:* Steuern 389.
69 GS 1806—1810, 883: Hausgesetz vom 17. 12. 1808, verkündet durch das Edikt vom 6. 9. 1809. Steins Vorarbeiten: *Stein* II/2, 479, 554, 600 f., 603, 619, 642, 654, 714. Zum Ganzen vgl. *Lehmann:* Stein 2, 173 ff.
70 Formulierung bei *Buchholz:* Arithmetische Staatskunst 209 passim.
71 *Lehmann:* Stein 2, 196 ff.; *Stein:* Ostpreußen 2, 130.

nehmen. Erst einmal auf ihr Gewissen verwiesen, stimmten dann die Gewählten unter dem moralischen Druck der Regierung für die Aufnahme. Die Staatsschulden erzwangen gleichsam konstitutionelle Formen, weil die alten Stände als solche zu keiner Konzession bereit waren. In den anderen Provinzen — unter französischer Besatzung — gelang dies freilich nicht. Nur in persönlichen Verhandlungen vermochte Stein die übrigen Kreditsysteme zum Nachgeben zu bringen. Vor allem die märkischen Institute erzwangen, gedeckt durch ihren Landtag, die Übernahme der verpfändeten Domänen in ihre eigene Verwaltung, ohne welche sie keine Pfandgarantie zu leisten bereit waren.[72]

Der Vorgang indiziert eine schleichende Verschiebung der Machtverhältnisse von der politischen Standschaft des Adels in ihre wirtschaftliche Interessenorganisation, die freilich noch als ein ständisches Institut angesprochen wurde. Die Landschaften bildeten Ausgangspunkt und Interessenkern des neuen ostpreußischen Landtags; in Schlesien waren es die Landschaften, also die Kreditinstitute, die die Formation eines Landtages verhinderten; in Pommern und in den Marken rangierten Landtag und Landschaft — bei personaler Überlappung — nebeneinander.

Während also der Staat dabei war, durch Agrar- und Steuergesetze die Sonderstellung der adligen Stände zu drosseln, konnte er auf ihre wirtschaftliche Hilfe nicht verzichten. Kein Wunder, daß der Adel diese erzwungene Interessengemeinschaft zu nutzen suchte.

In Ostpreußen verwandte der engere Ausschuß des Kreditsystems seine Stellung, „neben seinen landschaftlichen Geschäften auch über verschiedene ständische Angelegenheiten Beschlüsse" zu fassen und Anträge zu formulieren. Auerswald sah sich genötigt, „dies form- und verfassungswidrige Verfahren" abzustellen.[73] In Pommern verbat sich Graf Dohna, daß sich die landschaftlichen Kollegien „als öffentliche Staatsbehörden" konstituieren wollten. Sie seien, wenn auch vom Staat dazu autorisiert, „bloße Privatsozietäten von Schuldnern"[74]. Es sollte nicht mehr lange dauern, bis Dohna — vom Innenministerium zum Generallandschaftsdirektor Ostpreußens überwechselnd — gegenüber Hardenberg in die gleiche Position geriet wie seine pommerschen Mitstände ihm gegenüber. Die gleichen Gutsherren, deren Landschaftskredit der Staat in Anspruch nahm, verloren

---

72 *Lehmann:* Stein 2, 234; *Krug:* Staatsschulden 134; *Schönbeck:* Der Kurmärkische Landtag 21 ff.; *Bassewitz:* Kurmark 2, 602 f.; 3, 122 ff.
73 Staatl. Arch. L. Göttingen, Rep. 2, Ob. Pr., Tit. 3, Nr. 36 (Auerswald an Dohna und Altenstein im Verwaltungsbericht für 1809). In Westpreußen hätten sich die Stände in landschaftliche und eigentlich ständische Beratungen geteilt, zu ersteren auch bürgerliche Gutsbesitzer, zu letzteren auch städtische Bürger hinzugezogen. In Ostpreußen waren Landtag und Landschaft durch Steins Einberufung fusioniert worden.
74 DZA Merseburg R 74, J IV, Pommern 2: Belehrung 21. 6. 1810.

ihre persönlichen Untertanen, mußten sich auf die freie Konkurrenz einstellen, fanden — durch die Einkommens- und Luxussteuer — ihre Steuerfreiheiten beschnitten: es lag nahe, daß sie sich gegen die Auflösung ihrer Herrschaft kraft der Institute wehrten, die der Staat heranzog, um sich Kredit zu verschaffen. Hier spielte sich der Zirkel ein, der die Verwaltung immer wieder auf die regionalen Herrrschaften verwies, deren Befugnisse sie zugleich einschränkte.

Umgekehrt verzehrten die alten Stände den politischen Kredit, den ihnen die Verwaltung zur politischen Mitarbeit einräumte. Unter Dohna und Altenstein traten die märkischen und pommerschen Stände in ihrer alten Formation wieder ins Leben, aber sie weigerten sich beharrlich, die Zahl der beteiligten Bürger zu erweitern oder den Bauernstand überhaupt nur heranzuziehen. Sie sträubten sich anhaltend gegen die Einführung der staatsbürgerlich einebnenden Einkommensteuer, um ihre Provinzialschulden zu begleichen: sie mußten dazu gezwungen werden. Und wo wie in Schlesien ein Landtag erst gebildet werden sollte, verweigerte der organisierte Kern des Adels — eben die landschaftlich zusammengefaßten Kreditinstitute — ihre Mitarbeit: ohne Weisungsbindung waren sie nicht gewillt, Delegierte zu entsenden.[75]

Der Staat forderte von den alten Ständen in dem Augenblick auf ihre Interessenwahrung zu verzichten, als sie zum ersten Mal ihre Interessen wieder politisch vertreten durften. Sie sollten ihre Delegierten als unabhängige, nur der Nation verpflichtete Repräsentanten in die Landtage wählen oder in Behörden senden, die sich gerade anschickten, ihre Privilegien abzubauen, das Oktoberedikt zu verwirklichen, eine Einkommensteuer auf alle umzulegen. Der Versuch, die bestehenden Stände am Staat zu beteiligen, war nur zu erkaufen gegen einen Verzicht auf alle liberalisierenden Reformen, die sich gegen eben diese Stände richteten. Die Erfahrung Dohnas in den Jahren 1809 und 1810 hatte ihn gelehrt, daß vor allem die Neuordnung des Repräsentativsystems nur ohne und gegen die Stände zu erreichen sei, da sonst „dieselben eben in ihrer Eigenschaft als Stände als Partei auftreten würden"[76].

Demgmäß behandelten die beiden Minister die Beteiligung der alten Stände am Hausgesetz über die Domänenfreigabe nur dilatorisch. Der Monarch betonte, kraft seiner Souveränität über die Domänen befinden zu können wie er wolle; erst das fertig formulierte Hausgesetz wurde an die verschiedensten Standesorganisationen zur Unterzeichnung übersandt, an Deputierte einzelner Städte; an solche der Domkapitel wie im Havel-

---

75 *Zeeden:* Volksvertretung 63—79; *Otto Schönbeck:* Kurmärkischer Landtag; *Stein:* Breslau 69; *Bassewitz:* Kurmark 3, 163.
76 zit. bei *Stern:* Abh. 159 (Direktive an Sack als Kommissar des kurmärkischen Landtags vom 19. 9. 1809). Vgl. unten S. 317.

Fiktion gesamtständischer Hilfe

land; an die Landtagsausschüsse oder an die Direktionen der ritterlichen Kreditinstitute, wo gerade keine Landtage tagten oder gar nicht existierten, wie in Schlesien; schließlich an die Deputierten alter Kreisstände, wie in den Marken.[77] Die „Stände" waren keine verfassungspolitisch irgendwie geschlossene Formation, weder institutionell noch räumlich. Vertreter der neuen Städteverfassung rangierten neben altem Stiftsadel, ritterliche Kreditinstitute neben alten Kreistagen. Ob die Unterzeichner jeweils beauftragt waren oder nicht, wurde von Altenstein nicht beanstandet,[78] denn niemand hafte für die einmal veräußerten Domänen, nur der Staat und das königliche Haus garantierten dafür, daß sie nicht wieder eingezogen würden. Gleichwohl ist die symbolische Handlung eine Wendemarke. Der Staat nahm zwar eine Tradition wieder auf, die seit dem 17. Jahrhundert abgerissen war, in dem zuletzt die Unveräußerlichkeit der Domänen den klevischen und den märkischen Ständen versprochen worden war, um ihnen Sicherheit gegen Steuererhöhungen zu bieten und die Rückzahlung von Darlehen zu gewährleisten.[79] Jetzt aber wandte sich der Staat an alle erreichbaren Stände bzw. an deren Ersatzformationen, die Kreditinstitute, um in verfassungspolitisch alter Form die wirtschaftspolitische Wendung sanktionieren zu lassen. Das Domänenveräußerungsgesetz war der erste Fall und der letzte zugleich, in dem alle Provinzen einzeln ein gesamtstaatliches Gesetz gegenzeichneten. Im Effekt richtete sich dieser Akt, der den staatlichen Grundbesitz einer freien Wirtschaftsgesellschaft zedieren sollte, gegen die Stände selber. In dem Maße, als der Staat auf den unantastbaren Rückhalt seiner eigenen Finanzgebarung zu verzichten bereit war, provozierte er eine Interessengemeinschaft aller Eigentümer, die für die gemeinsame Staatsschuld mit haftbar gemacht wurden.

Hier nun liegt der Einsatzpunkt der Politik *Hardenbergs*. Er suchte durch die Übernahme der provinziell völlig verschieden umgelegten und unterschiedlich abgezahlten Schulden auf den Staat ein gemeinsames Nationalinteresse zu stiften, in dem finanzielles Engagement und politische Beteiligung aller Eigentümer zusammen wachsen sollten. Als technische Voraussetzung dessen sollte die Repräsentation von der Administration streng geschieden, ja ihr entgegengesetzt werden:[80] mit diesem Neuansatz unter-

---

77 Liste bei *Bergius*: Staatsrecht 193 Anm.; dazu *Meusel*: Marwitz II/1, 135 ff. Als die Generalkonferenz 1808 die Domänenveräußerung beriet, schlug sie, um diese Unstimmigkeiten beiseite zu räumen, bereits Reichsstände vor *(Richter:* Verfassungsversprechen 5), was zwangsläufig die alten Stände gesamtstaatlich zusammengeführt hätte.
78 Staatl. Arch. L. Göttingen: Rep. 2, Ob. Pr. Tit. 6, Nr. 10, vol. 1 und 2.
79 Die entsprechenden Klauseln der Verträge mit den Landständen bei *Gräff - Rönne - Simon* 6, 357 ff. (1549, 1550, 1602, 1652, 1653, der letzte Rezeß nur mehr mit den klevischen Ständen). Weit wichtiger waren die Hausgesetze über die Unteilbarkeit des kurfürstlichen Gutes, ebenda aufgeführt.
80 *Pertz*: Stein 2, 519. Die Formulierung stammt von Raumer, als dem damals engsten Mitarbeiter des Staatskanzlers. Wie sehr, zeigt der Folgesatz: „damit der verschiedene

schied sich der Staatskanzler von seinen Vorgängern, er verzichtete von vornherein darauf, die Stände in die Verwaltung zu integrieren oder die verbliebenen Provinziallandtage zu berücksichtigen. Vielmehr sollten die Herausbildung gesamtstaatlicher Repräsentation und die bürokratische Straffung der Behörden bis in die Kreise hinunter einander korrespondieren. Verwaltung und Verfassung sollten beide parallel von der Spitze nach unten geordnet werden. Mit beiden Versuchen ist der Staatskanzler ebenfalls gescheitert. Aber Hardenberg hat zweierlei innerhalb dieses Programms erreicht. Erstens hat er dem oberen und dem mittleren Verwaltungsbau eine dauerhafte Gestalt verliehen: Regierungen, Oberpräsidien, Ministerium und Staatsrat sind unter Hardenberg auf die Weise ihrer Zusammenarbeit eingespielt worden: eine Voraussetzung seiner erfolgreichen Finanz- und Wirtschaftsreformen. Und da die bürokratische Aufgliederung der Regierungen nicht gelang, hat er wenigstens den Teil der Administration abgezweigt, der für die Durchführung der gesamten Agrarreform verantwortlich gemacht wurde: die Generalkommissionen.[81] Indem Hardenberg sie mit fast diktatorischen Vollmachten ausstattete, sie dem Justizministerium vorenthielt und dem Innenministerium unterstellte, verschaffte er der wirtschaftspolitischen Planung einen anhaltenden Vorrang vor den ständischen Rechtsansprüchen, die in die alte Agrarverfassung eingeflochten waren.

Zweitens hat Hardenberg den Gedanken einer gesamtstaatlichen, wenn auch ständisch zu gliedernden Nationalrepräsentation nicht nur politisch wieder aufgegriffen, sondern auch staatsrechtlich unterbaut:[82] seit den von

---

Standpunkt auf verschiedenen Wegen zur Wahrheit leite", ein Gedanke, der den Ratscharakter der Kollegialbehörden gegenüber den repräsentierenden Ständen zum Vorschein bringt.

81 Regulierungsedikt v. 14. 9. 1811, § 59; Landeskulturedikt v. 14. 9. 1811, §§ 41 f.; dazu *Steffens:* Hardenberg 132 ff.; *Meier:* Reform 228 ff.; VO wegen Organisation der Generalkommissionen... vom 20. 6. 1817; *Gräff — Rönne — Simon* 4, 185—283.

82 *Huber:* Verfassungsgeschichte 1, 297. Das letzte Wort über die Reichweite von Hardenbergs Plänen für eine Nationalrepräsentation scheint noch nicht gesprochen, zumal Haussherrs Biographie die entscheidende letzte Phase nicht mehr erfaßt hat. *Klein* referiert in seinem neuen quellenreichen Buch „Von der Reform zur Restauration", das mir leider erst nach Abschluß meiner Arbeit zugänglich wurde, den Stand der Kontroverse (166 ff.). Kleins Angriffe gegen den vermeintlichen Liberalismus Hardenbergs zeigen deutlich, wie stark der Kanzler noch im 18. Jahrhundert verhaftet war. Aber die Schärfe seiner Urteile scheint mir zu oft von einem Maßstab ex post beeinflußt, denn an eine parlamentarische Verfassung (S. 167) war im damaligen Preußen keinesfalls zu denken. Auch die Gegenüberstellung einer „Regeneration" des Staates, die Stein angestrebt habe, mit der „Reorganisation" als dem Ziel Hardenbergs scheint mir die gemeinsamen Schwierigkeiten, denen sich beide Staatsmänner gegenübersahen, herunterzuspielen. In Anbetracht der schmalen Möglichkeiten, die sie ergreifen konnten, tritt die innere Motivation — ob mehr Zweckmäßigkeitserwägungen oder eher idealer Wille leitend waren — an Bedeutung zurück. Die spätere Antithese von Gemeinschaft und Gesellschaft hat die Reformzeit jedenfalls noch nicht bestimmt. Die richtige These von Klein, daß Hardenbergs Verfassungspläne der Finanznot entsprangen, schließt nicht aus, daß Hardenberg gerade deshalb in ihrer Durch-

Hardenberg formulierten Verfassungsversprechen gab es kein Zurück mehr, ohne daß sich der König des Wortbruchs hätte zeihen lassen müssen. Beide Ergebnisse: die vollendete Behördenverfassung und die ausgebliebene Nationalvertretung werden in ihrer Korrespondenz die kommenden Jahrzehnte prägen. Die Reformbehörden stehen unter dem Zeichen des Abbruchs: so die Generalkommissionen, die mit der Durchführung der Land- und Lastenverteilung ihren eigenen Aufgabenkreis abbauten, und unter dem Zeichen der Vorläufigkeit: sie sahen sich, solange die „Konstitution" ausstand, auf die Erziehung eines Staatsbürgertums verpflichtet, das — einmal entfaltet — die Prärogative der Beamtenschaft erübrigen könne. Würden erst Kontrolle und Verwaltung „mehr von dem Bürger selbst geübt", so werde, wie Humboldt sagte, „das Geschäft der Regierung entbehrlicher werden."[83] Daß dieser Impuls verebbte in dem Maße, als die Staatsbürger auf die Einlösung des Verfassungsversprechens drängten, verändert dann den Horizont der Reform und führt zu einer neuen politischen Konstellation. Wie sehr freilich die Konstellation der vierziger Jahre in der ungelösten Reformproblematik angelegt war, wird sich im Folgenden zeigen.

Hatte Hardenberg 1809 noch gehofft, „eine wohlgeordnete neue ständische Repräsentation vor der Ausführung"[84] seiner geplanten Finanz- und Steuergesetze zusammentreten zu lassen, so verzichtete er bei seinem Regierungsantritt im Juni 1810 auf diesen verfassungspolitischen Vorgriff. Hardenberg versuchte erstmalig und energisch, die regionalen Steuern und bisherigen schubweisen Einzelversuche mit einer systematisch durchdachten Abgabenreform zu überholen und so den ganzen Staat von der neuen Besteuerungsebene her wiederaufzurichten. Eine Beratung der dringend erforderlichen Finanzgesetze mit den bestehenden Ständen, so schätzte er, mache dabei „den Zeitverlust unersetzlich"[86]. Und in dieser Hinsicht gab ihm der Erfolg jedenfalls recht. Die Staatseinnahmen aus den neuen, generell eingeführten, Steuern haben sich trotz aller Planfehler laufend erhöht, und die Klassen- sowie die Gewerbesteuer haben Kriegswirren und Reformzeit lange überdauert.[87] Der Staat wollte die regionalen

---

führung äußerst vorsichtig vorgehen mußte. Simons Urteil (The failure... 122), daß der Staatskanzler immer an dem Endziel einer „Konstitution" festgehalten habe, und das sich auf die zahlreichen Belege von Haake stützt, scheint mir umsoweniger zu widerlegen zu sein, wenn man einmal zugibt, daß die Finanzreform Hardenbergs vordringlichste und schwierigste Aufgabe gewesen war. Nur diesen Zusammenhang — nämlich die von der Sozialstruktur her gebotenen Prioritätsgrade — versucht die folgende Untersuchung zu deuten.

83 *Humboldt:* Landständische Verfassung 26 (§ 53).
84 *Ranke:* Hardenberg 4, 221.
85 *Grabower:* Steuern 351 ff.
86 *Pertz:* Stein 2, 520.
87 *Mamroth:* Staatsbesteuerung 55: Vergleich der Einkünfte aus den weiterlaufenden

Kriegsschulden übernehmen und von der Gesamtheit tragen lassen in dem Ausmaß, wie er überprovinzielle und zwischenständische Steuern umzulegen und einzuziehen verstand. Demgemäß umging Hardenberg von vornherein und soweit wie möglich die regionalen oder halbautonomen Körperschaften und zielte sofort auf ein gesamtstaatliches Beratungsgremium. Das aber sollte zunächst keinen Einfluß auf die Grundsatzplanung haben, sondern nur deren Durchführung erleichtern. „Die neue Repräsentation muß unmittelbar von der Regierung allein ausgehen", wie es Raumer drastisch formulierte, „sie muß wie eine gute Gabe von oben herab kommen."[88] Gar die Mitglieder der bestehenden Provinzstände über die Errichtung der Repräsentation zu befragen, hieße „das Verkehrte verewigen wollen". Daß die Exekutive, nach westfälischem Vorbild,[89] den Kern der Notverfassung ausmachen müsse, in der man sich damals befand, daran ließ Hardenberg keinen Zweifel, als er 1811 Notabeln berief und im folgenden Jahr Repräsentanten wählen und aussieben ließ. Gleichwohl blieb die Nationalrepräsentation integrales Moment von Hardenbergs Verfassungskonzept, denn er hoffte sie gegen die Provinzen in die Wagschale des Staates zu werfen, um, wie er sich ausdrückte, den „Provinzialismus" durch den „Nationalismus" aufzehren zu lassen.[90]

Die Provinzstände, voran die Ostpreußens und die der Kurmark, haben sehr schnell erkannt, worum es ging. „Was die Repräsentation anbetrifft, so sind wir nach wiederholter reifer Überlegung derselben Meinung geblieben, daß uns nämlich keine andere wünschenswert scheint, als eine solche, die in extenso der Reorganisation des Staates vorhergeht." Diese Anweisungen gaben schon am 13. Mai 1811 die ostpreußischen Ständebevollmächtigten ihrem Vertreter in der Notabelnversammlung, und sie fügten hinzu, die ehemals preußisch-polnischen Provinzen hätten die unglücklichen Folgen einer „aufgezwungenen Verfassung" deutlich genug bewiesen: „wie nachteilig es für eine Regierung ist, die allgemeine Stimmung gegen sich zu vereinigen."[91] Von der Beantwortung der Frage, ob die Beteiligung der alten Stände an der Staatsreform dieser vorangehen sollte oder umgekehrt, hing tatsächlich die Bahn — und das Gelingen — der Reform ab. Die Liberalisierung der Gesellschaft und die Modernisierung der Verwaltung – unter sich aufeinander angewiesen – waren nur

---

alten indirekten Steuern mit den neu erlassenen Steuereinkünften 1809—1816. Die indirekten und die neuen Steuern zusammen erhöhten die Einkünfte von unter 40 Mill. Taler auf über 86 Mill. Taler in dem genannten Zeitraum. Dazu *Haussherr:* Die Stunde Hardenbergs 255 ff., *Grabower:* Steuern, 253; *Klein:* Von der Reform ... 47.
88 *Pertz:* Stein 2, 519; *Klein:* Von der Reform ... 174 ff.
89 *Haussherr:* Die Stunde Hardenbergs 250 ff. passim.
90 Hardenbergs Finanzplan nach den neueren Erwägungen (1810), abgedruckt bei *Stein* III, 285.
91 DZA Merseburg R 74, H IX, Stände 9.

gegen die „allgemeine Stimmung" durchzuführen, d. h. gegen die Stimmung derer, die ihr ein öffentliches Echo zu verleihen wußten.
Gerade die Stände, die das Allgemeine Landrecht als provinzielle Institution ausgespart hatte, nämlich die adligen Landstände, beriefen sich am ehesten auf die gegebenen Verfassungsversprechen, um rechtzeitig Einfluß auf die Reformgesetze zu gewinnen, oder sie zurückzuschrauben, soweit diese bereits erlassen waren. Daß sie dabei in erster Linie auf ihre alten provinzialständischen Verfassungen zurückgriffen, war selbstverständlich. In diesen hatten sie den besten Rechtsgrund zur Verteidigung ihrer Stellung. Die Ostpreußen beriefen sich auf alte Lehensverträge mit der polnischen Krone, die Kurmärker immer wieder auf Rezesse wie von 1653, die „eine in rechtlicher Hinsicht noch unversehrte Grundlage unserer Verfassung" und durch eine einseitige Verletzung seitens der Krone nicht aufzuheben seien. Und sie verfehlten nicht darauf hinzuweisen, daß sie „noch in der letzten zum Besten des Staates bei der Bepfandbriefung der Domänen übernommenen Garantie eine Bestätigung dieser Verhältnisse finden dürfen"[92].
Das Bündel der Hardenbergschen Reformgesetze von 1810 griff tief in die wirtschaftlichen Freiheiten und Herrschaftsrechte des Adels ein: sie sollten die Bauern aus dem grundherrlichen Wirtschaftsverband entlassen — samt einem Teil des Grund und Bodens —, der Adel sollte gleicherweise an der Grundsteuer, an der Konsumtionssteuer, am Vorspanndienst für den Staat beteiligt werden. Andererseits verlor er die letzten Reste der Eigenverwaltung, etwa der Biergeldsteuer in der Kurmark, des Hypothekenwesens, der Landarmeninstitute samt der Kassen. Zugleich verlor er manche Zwangs- und Bannrechte zugunsten der Gewerbefreiheit. Dieser frontale Angriff auf herkömmliche Privilegien,[93] den der Adel von Hardenberg zu allerletzt erwartet hatte, löste einen ungeheuren Entrüstungssturm aus. Der Adel, in die Verteidigung gedrängt, entfaltete eine enorme politische Aktivität, und die kurmärkischen Stände etablierten sich — ungerufen, aber doch geduldet — neben den gerade tagenden Notabeln in Berlin als eine Art von Pressure Group, die den Widerstand des Adels versteifte.
Dabei gehört es zur sozialen Situation, daß gerade der Adel sich einer noch flüssigen liberalen Terminologie zu bedienen wußte, in der er sich als geistig rege Führungsschicht weitgehend zuhause wußte, um sie gegen republikanisch-demokratische Inhalte zu kehren. So beruft sich die Ruppinsche Ritterschaft darauf, daß die größte Gefahr für die Verfassung drohe, „wenn die Repräsentation nicht mehr auf die gebildeten Stände

---

92 DZA Merseburg R 74, J IV, Br. 4, auch bei *Meusel:* Marwitz II/1, 229.
93 *Bassewitz:* Kurmark 4, 257 ff. und *Bornhak:* „Die preußische Finanzreform von 1810" (FbpG. 3, 555 ff., 1890).

sich beschränkt";[94] die Oberbarnimschen Stände fordern den alten Landtag, aber „Publizität" seiner Verhandlungen; das sei für die Contribuenden wie für die Verwaltung gleich heilsam. Sie seien schließlich die vom König selbst anerkannten „Mittelspersonen zwischen Thron und Volk". Damit beriefen sie sich auf eine Stellung, die die Beamtenschaft gerade dabei war, für sich zu beanspruchen, aber im Namen staatsrechtlicher Gleichheit aller Bürger.[95] Sie seien nicht „die verschrieenen Feudalisten, die nur allein ihren egoistischen Zwecken folgen", wie die Galle und Begierden leidenschaftlicher Schriftsteller ihnen nachsagten, versichern die Stände der Kur- und Neumark alle zusammen.[96] Durch einseitige Verordnungen werde beseitigt, was nur durch Verträge und Vergleiche zu regeln sei. Jede Verfassungsänderung, schreiben die kurmärkischen Deputierten,[97] auch die Bildung einer Nationalrepräsentation sollte weiterhin wie bisher, nur auf „dem konstitutionellen Wege", dem Wege des Vertrages zwischen den Ständen und dem Herrscher ausgehandelt werden. Andere Kreisstände gingen freilich so weit, die bestehende Verfassung nicht nur als heilig, unwiderruflich und unverletzlich zu erachten, sondern auch für ein „unbedingtes Eigentum ihrer Besitzer" zu erklären.

So scharf auch Hardenberg dem Adel zu antworten wußte — Versicherungen des Patriotismus rechtfertigten keine anmaßenden Behauptungen —, die adlige Führungsschicht auf dem Lande wußte sich durchaus im Recht, wenn sie das Bündel liberaler Postulate in ihrem Sinne interpretierte, soweit es darum ging, die Vorhand in der Verfassungsbildung zu gewinnen. Nachdem einmal die persönliche Befreiung der Untertanen nicht mehr rückgängig zu machen war, blieben Forderungen wie Repräsentation der Bildungsschicht, Öffentlichkeit aller Verhandlungen, Eigentumsschutz, Entschädigung, Gesellschaftsvertrag, Steuerbewilligungs- und Gesetzgebungsrecht Gewichte, die zunächst der Adel in seine Waagschalen zu legen wußte. Über die Wirtschaftsgesetze ließ sich dann handeln.

---

94 DZA Merseburg R 74, J IV, Br. 4, Eingabe der Ruppinschen Ritterschaft vom 4. 1. 1811 und da ohne Antwort, am 7. 5. 1811 wiederholt.
95 Diese Eingabe wurde von Hardenberg besonders scharf zurückgewiesen (24. 6. 1811); abgefaßt am 5. 1. 1811 konnte den Ständen die Handschrift Marwitzens „Über die Notwendigkeit eines Mittelstandes in der Monarchie", nämlich des Adels und gerade nicht der Beamten, die sich seit 20—30 Jahren so zu nennen suchten, schon zugrundegelegen haben. Diese Schrift war im Dezember 1810 verfaßt worden (*Meusel:* Marwitz II/1, 194 ff).
96 *Meusel* I/1, 152 ff. Die nicht abgesandte Antwort Hardenbergs auch in: R 74, J IV, Br. 4. „Es ist hierbei nicht vom Umsturz des Feudalsystems die Rede, wobei wenige sich etwas Bestimmtes denken, überhaupt nicht von Revolutionen der Art, wie sie Europa in der letzten Zeit gesehen hat, sondern von einem Reformieren, einem Anbilden an das, was die Umgebung und die Zeit überhaupt verlangen." Untätigkeit werde nur durch größere Umwälzungen hart bestraft (3. 10. 1810).
97 *Meusel:* Marwitz II/1 229, DZA Merseburg R 74, J IV, Br. 4.

Hardenberg freilich legte großen Wert auf Unterscheidung. Er sprach die adligen Gutsherren unter den Notabeln wie im Schriftverkehr als „Gutsbesitzer" an, während er sich nicht scheute, Vertreter der regionalen Kreisstände — ganz korrekt — als „ständische Deputierte" zu empfangen. „So sollten", wie Marwitz sich entrüstete, „durch die Verwechslung der Namen auch die Begriffe verwirrt und die alte Brandenburgische Verfassung zu Grabe getragen werden."[98] In seiner Schlußfolgerung korrekt übersah Marwitz bewußt, daß sich Hardenberg tatsächlich neuer Begriffe bediente und damit einen Kampf um Benennungen der neuen gesellschaftlichen Gliederung eröffnete, der sich in den folgenden Jahren durch den gesamten Schriftverkehr zwischen den alten „Ständen" und der Regierung zieht. Marwitz erkannte freilich sehr scharf, daß an der Benennung ihrer ständischen Organisation der Rechtstitel haftete, den es zu verteidigen galt. So desavouierte er eine Mission seiner Mitstände an den Kanzler, weil sie sich als „Einwohner" der Mark Brandenburg angemeldet hatten; das könnten sie, solange „vom Ökonomischen die Rede" sei. „War aber von unseren Rechten die Rede, so zerstörte dies eine Wort – Miteinwohner – den Zweck der Sendung."[99] Damit ging Marwitz freilich den Schritt nicht mehr mit, den seine Mitstände, eben aus ökonomischen Erwägungen, zu tun schon geneigt waren.

So suchte sich später — 1821 — der rührige Bülow-Cummerow — sehr zum Ärger Marwitzens[100] — den Attacken Benzenbergs anzupassen: dieser führe bloß einen „unglücklichen Namen-Krieg, während die Parteien unter sich gar nicht oder wenig verschieden sind. Wenn Liberale so viel heißen soll, als Männer, die nicht mit Vorurteil an das Alte, als solches, kleben, die einsehen, daß alle Einrichtungen in der Zeit fortgehen müssen, wenn sie nicht veralten sollen, die eingestehen, daß das, was im 14. und 15. Jahrhundert gut war, jetzt veraltet sein kann, die wünschen, daß eine Verfassung bestehe, die alle Bürger, soviel es der Natur der Gesellschaft nach möglich ist, gleich macht vor dem Gesetz, die der Person und dem Eigentum Schutz gewährt, die den Ständen des Reichs, das heißt den Repräsentanten des Grund und Bodens, das Recht einräumt, die Steuern zu bewilligen und die Gesetze zu beraten, übrigens aber den Thron in Würden und Macht ungeschwächt erhält, so glaube ich, daß die Zahl der Liberalen sehr groß ist, und daß der König selbst, der Kanzler und der große Adel zu den Liberalen gehören."[101] Eine derartige Verallgemeinerung, so sehr sie den wirtschaftsliberalen Flügel des Adels charakterisierte,

---

98 *Meusel:* Marwitz II/2, 43, vgl. auch II/1, 235 ff.
99 *Meusel:* Marwitz II/1, 335.
100 *Meusel:* Marwitz II/2, 266 ff.
101 *Bülow-Cummerow:* I-Punkt, 14.

war nun freilich eine Verwischung der Fronten, wie sie die Wirtschaftsgesetzgebung zunächst provoziert hatte. Bismarck wußte später wohl zu unterscheiden zwischen seiner Liberalität als eines ständischen Gutsherren und jener der Beamten.[102]

1810 und 1811 ging es zunächst darum, ob die Steuergleichheit, die Bauernbefreiung und die Gewerbefreiheit überhaupt durchgeführt würden, und das hieß, daß die entsprechenden Gesetze für alle Provinzen gleiche Rechtskraft erhielten. Derartige Gesetze gingen zwangsläufig über die Köpfe der Landstände hinweg, gleich wie berechtigt ihre Beschwerden im konkreten Einzelfall — auch für die ihnen Untergebenen — waren.

Mit der Frage also, wem die Priorität in der Verfassungsstiftung zukomme, war in der Tat das große Thema angeschlagen worden, das die Problematik des kommenden Jahrzehnts beherrschte. Nicht daß irgend jemand entschieden gegen jede „Verfassung" gewesen wäre — dies war nur ein umgrenzter Kreis alter Bürokraten und Anhänger des Absolutismus, der erst auf dem Rücken der ständischen Fronde wieder hochkam —, die Hauptfrage war die, ob die großen Wirtschafts-, Finanz- und auch noch Verwaltungsreformen vor der allgemeinen Repräsentation oder erst nach und auf Grund einer solchen zustande kommen sollten. Oder anders gewendet: sollte die Verwaltung ihr Fernziel einer Nationalrepräsentation vordringlich behandeln und damit den ständischen Willensbildungen Vorschub leisten oder nicht? Die Frage stellen hieß für Hardenberg sie verneinen, nicht weil er gegen, sondern weil er für eine Nationalrepräsentation war. Deshalb entschloß er sich zu interimistischen Repräsentanten, um eine Abschlagzahlung an die Zukunft zu leisten, ohne sie sich entgleiten zu lassen. Als endgültig dagegen bezeichnete Hardenberg die von ihm und seinem Stab ausgearbeiteten Grundlagen der inneren und der Finanzverwaltung sowie das generelle Steuersystem, das die Unterschiede zwischen Stadt und Land, zwischen Bürger, Bauer und Adel aufheben sollte. Nur über Modifikationen, deren Wünschbarkeit die Zentrale nicht erkennen könne, sollten die Notabeln befragt werden. So instruierte er die Regierungen, die die Notabeln im Winter 1810/11 einzuberufen hatten[103]; so verfuhr er. Er legte eine Liste von zehn Fragen vor, über die in vier Sektionen beraten wurde, und Hardenberg bequemte sich zu manchen Konzessionen. Aber der im Verwaltungsplan umrissene Aufbau einer freien Wirtschaftsgesellschaft behielt den Vorrang vor den stän-

---

102 „Ich wurde zur Kritik geneigt, also liberal in dem Sinne, in welchem man das Wort damals in Kreisen von Gutsbesitzern anwandte zur Bezeichnung der Unzufriedenheit mit der Bürokratie, die ihrerseits in der Mehrzahl ihrer Glieder liberaler als ich war, aber in anderem Sinne", zitiert bei *Marcks:* Bismarck 179.
103 27. 12. 1810, zit. bei *Steffens:* Hardenberg 18; dazu *Simon:* The failure... 57 ff. mit dem treffenden Titel einer „Verfassungskrise 1811".

dischen Einspruchsrechten, galt es doch gerade diese Stände umzuwandeln.
Die Vorläufigkeit der Hardenbergschen *Notabelnversammlung* diente ihm, die Verfassungsentwicklung in der Hand zu behalten und vorantreiben zu können, sobald die revolutionären Verwaltungsmaßnahmen es zuließen. Oder, wie Schleiermacher sich vergeblich beim Freiherrn vom Stein beschwerte, bei der augenblicklichen Administration diene „alles, was scheinbar zur Veredlung führen soll" nur einer „finanziellen Tendenz".[104] Die von Hardenberg 1810 berufene Nationalvertretung hatte von vornherein einen anderen Zweck als etwa die 1808 von Stein vergeblich beabsichtigte Versammlung, die einen Nationalkrieg entfachen sollte. Hardenberg erhoffte sich von seinen Notabeln das, was Vincke schlicht die „Organisation der Publizität" genannt hatte und was ihm Stein soeben in Hermsdorf als „Leitungsanstalt der öffentlichen Meinung" selber empfohlen hatte.[105] Er wollte durch die Zustimmung der Notabeln seinen neuen Einrichtungen „mehr Eingang" bei der Nation verschaffen,[106] und zwar, wie Hardenberg sich mit diplomatischem Kalkül ausrechnete, gerade mit Hilfe jener ständischen Kräfte, die er selber in ihren Standesrechten schmälerte und finanziell einspannte.[107] Nicht zuletzt deshalb machte er dem Adel Konzessionen, um ihn grundsätzlich auf seiner Seite zu sehen. Wie er den Konvozierten 1811 eröffnete, wollte er durch ihre Vermittlung „die willige Annahme" der neuen Lasten und umwälzenden Gesetze „abseiten eines gebildeten, folgsamen und über sein wahres Beste aufgeklärten, gutgesinnten Volkes" befördern.[108] Die Notabeln, aber auch noch die gewählten Repräsentanten, sollten weniger Sprecher nach oben, als ein Sprachrohr nach unten sein. In diesem Sinne ist das Experiment mißlungen.
Die ständische Interessenvertretung erwies sich stärker als das einigende Band, das der Staatskanzler um sie zu schlingen trachtete. Hardenberg baute verfahrenstechnische Sicherungen ein, die sich, zwar modern gedacht, zugleich als zu schwach und zu stark erwiesen. Sie grenzten die Befugnisse der Versammlungen auf das engste ein, verhinderten aber nicht ihre ständisch unlösbaren Widersprüche. So war es bereits eine vorbeugende Maßnahme, daß Hardenberg — anders als Stein in Ostpreußen 1807/8 — die Adligen von vornherein in der Minderzahl berief bzw. wählen ließ: 1811 standen den 30 Gutsbesitzern 34 Vertreter der Re-

---

104 *Pertz:* Stein 2, 575.
105 *Bodelschwingh:* Vincke 391; *Stein* III, 404.
106 Äußerungen gegenüber Fürst Hatzfeld (R 74, H 3, IX).
107 Vgl. *Haussherr:* Hardenberg 272 ff; *Klein:* Von der Reform... 179.
108 *Ranke:* Hardenberg 247. Die Reden des Staatskanzlers vor den Konvozierten im Auszug bei *Meusel:* Marwitz III, 135 ff.

gierungen und der beiden unteren Stände gegenüber; 1812 waren es 18 Adlige gegen 24 Bürger und Bauern.[109] Mit diesen Zahlenverhältnissen, die Hardenberg freilich nicht allzuernst nahm, war er immerhin „fortschrittlicher" als die Provinzialverfassungen, die 1823 in den östlichen Provinzen — mit Ausnahme Ostpreußens — den Rittergutsbesitzern ein gelindes, aber entschiedenes Übergewicht verliehen.

Indem der Kanzler die Provinzstände umging, mußte der Adel — in Marwitzens Worten[110] — seine Stellung als „der einzige verfassungsmäßig anerkannte Stand im Staat" aufgeben. Wie es im Landrecht angelegt war, erhielten auf gesamtstaatlicher Ebene die Vertreter der unteren Stände von vornherein mit denen des Adels gleiche Rechte, die sie freilich erst langsam zu nutzen wußten. Insofern hat Marwitz später ganz richtig erkannt, daß die Reform eine Konsequenz des Landrechts sei, denn „worauf die Verschiedenheit dieser Stände" beruhe, diese Frage habe das Landrecht standespolitisch nirgends beantwortet.[111] Auch Hardenberg umging diese Frage ganz bewußt. Er ließ die Vertreter der „Nation" zwar ständisch aussuchen oder wählen, aber nur, um ihre Berufsinteressen vertreten zu sehen, ohne ihnen politisch-korporative Funktionen zuzubilligen. Das war die weitere Sicherung, die Hardenberg in die Versammlungen der interimistischen Repräsentanten einbaute.

„Sie werden sich als Bürger des ganzen Staates betrachten", belehrte er die berufenen Notabeln in seiner bekannten Eröffnungsrede am 23. Februar 1811, „eine Beratung mit den jetzt bestehenden Provinzialständen würde ... weder dazu geführt haben, die Meinung der Nation zu erfahren, noch hätte sie einen den Zweck erfüllendes Resultat liefern können."[112] Jede ständische Weisungsbindung wurde untersagt, und um ein weiteres zu tun, durchsetzte Hardenberg die Notabeln 1811 mit je einem Vertreter der zehn Regierungen, mit Staatsdienern, auf deren Sachkenntnis und Loyalität er nicht verzichten wollte. Im Rahmen eines berufenen Beratungsgremiums war dieser Übergriff der Verwaltung in die Konsultative — gleichsam die Umkehrung von Steins Plänen — noch völlig konsequent, weil sachdienlich; wie sich überhaupt das Lager der Reformer spaltete in der Frage, inwieweit Beamte in die Repräsentation einzubeziehen seien.[113] Andererseits verzichtete Hardenberg 1812 — bei der

---

109 *Steffens:* Hardenberg 53 und für die Interimistische Nationalrepräsentation siehe *Stern:* Abhandlungen 174.
110 *Meusel:* Marwitz II/1, 162.
111 *Meusel:* Marwitz II/1, 123 ff. (1834); vgl. oben S. 73.
112 Mit Genuß zitiert von *Gräff* — *Rönne* — *Simon* 6, 131; *Ranke:* Hardenberg 4, 246 f.
113 Stein wollte die Stände in die Verwaltung einbeziehen, nie aber Beamte in die Standesvertretungen. Darin war er sich mit Schön einig, nicht aber mit Vincke, der Beamte bis zu einem Drittel in der vorgesehenen Nationalrepräsentation für angebracht hielt (*Kochendörffer:* Vincke 71) und damit ähnlich dachte wie *Rehdiger* (Stein II/2, 856 ff., 920 ff.); vgl. dazu *Huber:* Verfassungsgeschichte I, 292 ff.

ersten Wahl — darauf, Beamte in die intermistische Nationalversammlung aufzunehmen, entzog aber den Gewählten, in dem Maße als er theoretisch die Gewaltenteilung vorantrieb, jede Initiative. Die schlechten Erfahrungen, die er bereits mit den Konvozierten gemacht hatte, diktierten ihm eine Geschäftsinstruktion, die den Übergang von weisungsgebundenen Ständen zu freien, nur ihrem Gewissen und dem Gesamtstaat verantwortlichen Repräsentanten erzwingen sollte — obwohl der Wahlschlüssel ein rein ständischer war.[114]

„Die von den Provinzen und Kommunen gewählten Kommissionsmitglieder sind zwar zunächst als Stellvertreter und Wortführer ihrer Kommittenten zu betrachten, sie handeln aber in ihrer kommissarischen Eigenschaft keineswegs nach Instruktionen, die ihnen von denjenigen, welche sie gewählt haben, erteilt werden möchten, sondern in Gemäßheit Unserer gegenwärtigen Instruktion, nach ihrer eigenen pflichtmäßigen Überzeugung, und sie sind nicht der Provinz und der Kommune, welche sie wählte, sondern Mir und dem ganzen Staate verantwortlich."[115] Daß pflichtgemäße Überzeugung und das „eine Nationalinteresse", wie die Instruktion ebenfalls forderte, einen Konvergenzpunkt haben würden, das freilich war eine Vorstellung, die eher dem Horizont eines Beamten als dem der Ständevertreter entsprach. Diese fühlten sich im Korsett jener Instruktion, wie es Bock, ein städtischer Abgeordneter, einmal formulierte, „als eine Gesellschaft von Privatmännern, die von der Willkür ihrer Lenker abhängt."[116] Im engen Sinne nur zur Beratung des Schuldenausgleichs zwischen Kommunen, Provinzen und Staat berufen, legte ihnen der Kanzler gleichwohl Fragen zur Steuer- und Agrargesetzgebung vor.[117] Dabei den verfassungstheoretischen Unterschied zwischen Überzeugungstreue und Weisungsbindung zu vollziehen, war Männern schwer zumutbar, die um ihre Privilegien oder Interessen in einem Forum kämpfen konnten, das ihnen der Staat zugebilligt hatte. Deshalb vermied es Hardenberg, ihnen Verwaltungsgesetze von größter verfassungsmäßiger Konsequenz vorzulegen, wie das Gendarmerieedikt, das die Axt an die Wurzeln der altständischen Rechte legen sollte. Und wie ständisch die Nationalrepräsentanten tatsächlich dachten — und sich zunehmend organisierten —, das lehrt die Geschichte ihres Protestes gegen das Gendarmerieedikt, das über ihre Köpfe hinweg erlassen wurde.

Das *Gendarmerieedikt* steht im Schnittpunkt der Verfassungs- und der

---

114 Jeder Stand wählte seine eigenen Wahlmänner: Arch. panstw. Wrocl. Reg. Oppeln I/6657; *Klein:* Von der Reform... 180 f.
115 9. Juli 1812, GS 130; vgl. *Schön:* Ausgew. Papiere 6, 553 und bereits Steins Anweisung über das Abstimmungsverfahren im ostpreußischen Landtag: II/2, 639.
116 Zit. von *Stern:* Abh. 188.
117 Vgl. *Knapp:* Bauernbefreiung II, 358 ff; *Stern:* Abh. 203.

Verwaltungsreform, die Hardenberg durch die Feder Scharnwebers, seines ehemaligen Gutsverwalters, ausarbeiten ließ. Auf der einen Seite sollten die Regierungen bürokratisch gestrafft werden, um die Exekutive zu beschleunigen.[118] Die dabei freiwerdenden Regierungsräte sollten auf die Kreisebene vorgeschoben werden, dort an die Stelle der ständisch gewählten Landräte treten, um die staatliche Verwaltung bis auf die Gemeindeebene vortreiben zu können. Höchstens ein Drittel der amtierenden Landräte erachtete Scharnweber für hinreichend befähigt und für loyal genug, die neuen Gesetze in die Wirklichkeit zu überführen. Schon deshalb wurden seit 1811 die neuen Landräte keiner Prüfung mehr unterworfen.[119] Sie sollten höher qualifizierten, jedenfalls beamteten Kräften weichen und das Innenministerium ging schon dazu über, mehr und mehr Staatsdiener an die Stelle der gewählten Landräte zu setzen, wogegen die Kreisstände vergeblich protestierten. Die vertikale Kanalisierung der ministeriellen Ressorts auf der Regierungsebene sollte also sowohl die Kollegialität einschränken wie auch die Kreisdirektoren freistellen, die dann auf der Kreisebene selber die ganze Regierungsgewalt in sich zu versammeln hatten.

Regierungs- und Kreisreform waren also aufeinander angewiesen. Solange nicht die von Scharnweber vorgesehene Vereinfachung der Regierungsverwaltung eintrat, fehlten die abkömmlichen Regierungsräte, die man zunächst in die Kreisdirektorenstellen einsetzen wollte. Umgekehrt blieb das zahlreiche Regierungskollegium mit Spezialbearbeitern für einzelne Kreisfragen so lange nötig, als die Landräte nicht hinreichend geeignet waren, die Reformen voranzutreiben. Diesen Zirkel wollte Hardenberg durchbrechen. Aber mit dem Scheitern der einen Reform fiel auch die andere, teils der anhebenden Kriegswirren wegen, teils — und mehr noch — lief die Verwaltung an dem wachsenden Widerstand der adligen Kreisstände auf. Denn gegen diese, und das war der verfassungsmäßige Aspekt der Verwaltungsreform, richtete sich das Gendarmerieedikt in erster Linie. Dabei hatte Scharnweber keineswegs geplant, staatsbürgerliche Mitarbeit zu verhindern: sie sollte nur allen drei Ständen in gleicher Weise zukommen und auf der Regierungsebene vorzüglich „die Elite des höheren Gewerbestandes" erfassen, die in den — schon von Stein vorgesehenen — Deputationen eine „Pflanzschule für die künftige Repräsentation" bilden mochten. Perfektion der Verwaltung, Heranbildung neuer

---

118 Dazu *Meier:* Reform 228 ff., 388 ff.
119 DZA Merseburg, R 74, J V, Gen. Nr. 3 (Organisation des ländlichen Polizeipersonals und die Bestimmungen wegen Prüfung der Landräte). Die Regierung Breslau erklärte (10. 2. 1813, R 74, J V, Gen. Nr. 11, vol. 2) daß die Leistungen der alten Landräte für die neuen Aufgaben nicht ausreichten, es handele sich meist um „abgelebte Männer"; aus Pommern meldete Ingersleben, daß er lieber mit der neuen Kreisverwaltung warten wolle, als die alten Landräte, deren Entlassung obendrein Pension koste, zu demütigen.

Kräfte und Schwächung der altständischen Gewalt waren verschiedene Aspekte derselben Reform.

Die Kreisverwaltung dem Adel entwinden zielte darauf, den Widerstand gegen die Agrar- und Steuergesetze dort zu treffen, wo er sich am stärksten formierte. Die regionalen Stände gewannen durch die Herausforderung, die in den gesamtstaatlichen Gesetzen beschlossen lag, politisch großen Auftrieb, zugleich aber eine neue, vorzüglich wirtschaftspolitische Funktion. Das wird besonders deutlich in Schlesien, wo seit Friedrich dem Großen die Kreisstände über die Landratswahl hinaus keine politische Aufgabe mehr zu erfüllen hatten.

Gleich nach dem Erlaß des ersten — in der Praxis sehr anfechtbaren — Finanzedikts vom Oktober 1810 fand sich die schlesische Ritterschaft zusammen, um in Berlin ihre Beschwerden vorzutragen. Kluge Verbesserungsvorschläge, wie den, der dann verwirklicht wurde, die gehässige Verbrauchersteuer auf das Mehl in eine Klassensteuer zu verwandeln, gingen einher mit solchen Forderungen, die nur dem Adel zugute kommen konnten, der auf der „Heiligkeit der Eigentumsrechte" insistierend auch fragliche Vorrechte wie seine Handwerks- und Weberzinsen zu erhalten trachtete. Die Eingabe gipfelte, wie bei den Ständen der anderen Provinzen, in der Bitte, vor allen weiteren Maßnahmen „eine konstitutionsmäßige National-Repräsentation" zu errichten. Die Ritter suchten also auch hier, früher als die anderen Stände, rechtzeitig an der Verwaltungsplanung beteiligt zu werden und die oberschlesischen Stände baten noch gesondert, eine eigene Vertretung in der zu stiftenden Nationalrepräsentation zu erhalten.[120] So entfaltete der schlesische Adel eine Aktivität, die sich gerade in der interimistischen Repräsentation auswirken sollte,[121] und deren Anfänge in den Komitees lagen, die die Franzosen zur Umlage der Kontributionen errichtet hatten. Diese Komitees schlossen sich zu einer, wenn auch lockeren, politischen Organisation des schlesischen Adels zusammen.

Angeregt zunächst vom Grafen von Sandreczki, dem Grundherrn von Langenbielau, bildeten sich in den einzelnen Kreisen die sogenannten Kränzchen, die bald die Aufmerksamkeit der Behörden auf sich zogen. Ziel dieser Kränzchen, berichtete Merckel am 14. Dezember 1811[122] auf

---

120 Die Eingabe vom 3. 1. 1811 abgedruckt von *Röpell:* Preußen 1811—1812, 340 ff; Oberschlesische Ständeeingabe vom 8. 7. 1811: R 74, H IX, Stände 3.
121 Graf Henckel von Donnersmark, wie Hardenberg Freimaurer und sich mehrfach auf seine Bruderschaft berufend, war der Sprecher der Notabeln — sehr zum Ärger von der Marwitzens „ein Schlesier!" (*Meusel:* Marwitz II/1, 328) — und gehörte zu den eleganten Diplomaten, die oft mehr zu erreichen wußten als die Märker oder Preußen (*Steffens:* Hardenberg 36 f.).
122 Das Folgende: DZA Merseburg R 74, J IV, Schlesien Nr. 2; vgl. auch *Ziekursch:* Agrargeschichte 293.

Anfragen Hardenbergs, sei ein „allgemeiner Verein des gesamten in Schlesien ansässigen Adels zur einmütigen Verteidigung seiner Gerechtsame gegen etwaige Beeinträchtigungen, und zur Beobachtung eines überall gleichmäßigen Verfahrens gegen die Landbewohner in Einforderung der Dienste und Abgaben, und gegen das Hofgesinde in Bewilligung des Lohnes und der Kost." Ferner wolle man sich über alle zu erwartenden oder bereits erlassenen Verordnungen und Gesetze absprechen, um durch „eine Vervielfältigung der Klagen und Bitten" die Gewichtigkeit der Einwände zu erhöhen. Der in Schlesien besonders hartnäckige Widerstand der Ritterschaft gegen das Oktoberedikt, dessen arbeitsrechtliche Bestimmungen für das Gesinde ja gerade mit Hardenbergs Finanzgesetzen zusammen in Kraft traten, wurde also tatkräftig organisiert. Die Kränzchen betätigten sich in doppelter Richtung: zur Wahrung aller ihnen verbliebenen Rechte und zugleich als ein wirtschaftlicher Interessenverband zur Absprache von Lohnhöhe und der Beköstigung für das Gesinde. In dem noch von den Franzosen errichteten Generalkomitee der schlesischen Gutsbesitzer zu Breslau besaßen sie ihre Zentrale.

Der Breslauer Regierungspräsident fürchtete, daß die Versammlungen an „innerer Konsistenz" zunehmen und der rapide wachsende „Kastengeist" sich „auf Kosten der übrigen, nicht repräsentierten Staatsbürger" entfalte, die „auf keine ähnliche Art untereinander verbündet, kein Mittel haben, dem wichtigen Einflusse des vereinten Adels die Wage zu halten". Es ist nun bezeichnend für die Übergangssituation der Reformzeit, daß der Adel für seine freien Vereinigungen einen Titel der Legalität beanspruchen zu können glaubte. Mit der Verwandlung der Guts- und Gemeindeverbände in eine allgemeine Gesellschaft freier Eigentümer, die die beiden Agrargesetze von 1811 einleiteten, hatten Thaer und Scharnweber konsequenterweise auch eine Organisation dieser Gesellschaft vorgesehen, wie es dem Ideal einer freien Staatsbürgergesellschaft entsprach. Sie planten in dem § 39 des Landeskuluredikts[123] die Stiftung von „praktischen landwirtschaftlichen Gesellschaften", die einen Zusammenhalt aller Landbesitzer, gleich welch alten Standes schaffen sollten. Jeder Landwirt erhalte zwar „ein freies Feld zur Tätigkeit und Anwendung seiner Industrie", aber zum Zwecke der Erziehung und gegenseitigen Hilfe, zur Beschaffung von neuen Ackergeräten, Sämereien und Viehrassen, kurz zur Modernisierung der Agrikultur sollten sich „Associationen" bilden, die — aus Gründen der Kontrolle — von einem Zentralbüro in Berlin zugleich genehmigt, unterstützt und gesteuert werden sollten. Darüber hinaus sollte das Berliner Büro ein Sprachrohr bei den obersten Staatsbehörden sein für die

---

123 Edikt wegen Beförderung der Landeskultur v. 14. 9. 1811 (*Gräff — Rönne — Simon* 4, 15); vgl. auch *Steffens:* Hardenberg 137.

"gerechten und zweckmäßigen Wünsche des ländlichen Publikums, die ihm durch die Associationen zukommen". Ein Plan also, der die einmal freigesetzte ländliche Gesellschaft an den Staat zurückbinden sollte. Erziehung, Hilfe und Kontrolle sollten die ersten Schritte einer liberalisierten Gesellschaft geleiten, deren assoziierten Sprecher zugleich einen legalen Zutritt zur Verwaltung erhalten.

Was Friedrich der Große mehrfach verboten hatte[124], Zirkulare und Konvocationen der adligen Stände, das glaubten diese nun aus jenem Paragraphen ableiten zu können. Er bot die Lücke, durch die hindurch die adligen Stände sich als wirtschaftspolitischer Interessenverband etablierten. Das freilich lag weder in der Absicht Scharnwebers noch Hardenbergs: die Assoziationen sollten, gerade um die Adelsinitiative im Zaum zu halten, erst nach der Stiftung des Zentralbüros gegründet werden, denn zweitens sollten „alle erfahrenen und praktischen Landwirte ohne Unterschied der Geburt" darin Aufnahme finden. Beide Pläne blieben in den Kriegswirren liegen und wurden später nicht wieder aufgegriffen. Der Zentralverein wurde erst 1842[125] gegründet, und die tatsächlich ins Leben gerufenen landwirtschaftlichen Vereine blieben ein Reservat der Großgrundbesitzer, ihr organisatorischer Rückhalt in der Revolution von 1848.[126]

Hardenberg begleitete seine Belehrung[127] mit der strikten Aufforderung, die Kränzchen durch die Landräte überwachen zu lassen. Das freilich war eine ambivalente Anweisung. Die Kontrolle setzte die Anerkennung der nicht zu duldenden Verbindungen voraus und legte die Aufsicht in die Hand solcher Männer, die — wie die Landräte Debschütz in Neumarkt oder Woikowsky in Schweidnitz — selber zu den Initiatoren der Kränzchen gehörten. Wo die Landräte eine den Gutsherren unfreundliche Haltung an den Tag legten, wurden sie von den Zirkeln kurzerhand ausgeschlossen, und das Landeskulturedikt bot den Regierungspräsidenten, wie Erdmannsdorff aus Liegnitz meldete, keine gesetzliche Handhabe, den Vereinen der „Gutsbesitzer oder sogenannten Stände" eine Beteiligung der Landräte aufzudrängen. Hier zeigen sich die Grenzen der staatlichen Verwaltung, die eine freie Tätigkeit der besitzenden Schichten entbinden und — weil sie noch ständisch gegliedert waren — zugleich kontrollieren wollte. Zudem konnte der Landrat aus Schweidnitz melden, daß das

---

124 1740, 1749, 1778.
125 KO 16. 1. 1842, dazu die Zirkularverfügung an die Oberpräsidenten vom 2. 3. 1842; Gräff — Rönne — Simon 5, 73.
126 Jordan: Konservative Partei 200.
127 23. 11. 1811 und 22. 1. 1812, auch von Gruner, Beguelin, Bülow und Hippel gegengezeichnet. Den Appell des Grafen Henckel an Hardenbergs „liberale Gesinnungen" wies dieser zurück: ein allgemeines, auf Gesetze gegründetes Verbot könne für den einzelnen nie kränkend sein (7. 6. 1812).

dortige Kränzchen über 1000 Scheffel Brotgetreide an die Gebirgsarmen verteilt habe. So blieben die Vereine in Tätigkeit und traten mit den gewählten Nationalrepräsentanten, die seit dem 10. April 1812 in Berlin tagten, in eine lebhafte Korrespondenz ein.

Nur ein arrivierter Bauernsohn, der Landrat Gebel[128], verbot in seinem Kreise jeden Schriftwechsel mit den interimistischen Repräsentanten, der nicht zuletzt das am 30. Juni erlassene Gendarmerieedikt besprochen hat. Es kennzeichnet die Lage der liberalen Beamten, daß gerade Gebel, ein Protégé von Hardenberg und entschiedener Verfechter einer liberalen Konstitution, den Vorschlag machte, gegen diese freien Assoziationen mit Verordnungen vorzugehen. Alle Teilnehmer und Leiter wollte er haftbar machen, sowie sie durch öffentliche Reden oder Schriften Unruhe oder Unzufriedenheit mit der Regierung erregten. Darauf konnte und wollte Hardenberg freilich nicht eingehen: ihn trennten bei seiner Antwort nur noch wenige Wochen von dem 17. März 1813, an welchem Tage die Organisation der Landwehr den Kreisständen übertragen wurde[129], in deren Ausschuß zwei Gutsbesitzer mit je einem Städter und Bauern zusammen arbeiten sollten. Es war unmöglich, am Vorabend der Erhebung auf die Kräfte zu verzichten, die an der Spitze der sozialen Pyramide standen. Freilich sollte dann gerade die erfolgreiche Aufstellung der Landwehr den adligen Kreisständen das Argument liefern — über die 1848er Revolution hinaus — jede Kreisreform zu verhindern.[130]

So wenig man 1813 im Ernstfall auf die herkömmlichen regionalen Stände und Kreiseinheiten verzichten konnte, so selbstverständlich waren die politischen Kraftäußerungen der sich auflösenden societas noch an ihre sozialen und regionalen Grenzen gebunden. Zur gleichen Zeit, da die Gutsherren sich organisierten, sprangen die Bauernunruhen von Kreis zu Kreis über weite Strecken Ober- und Mittelschlesiens und der Gebirgsgegenden.[131] Richteten sich anfangs die Aufstände gegen die Herren, weil die Untertanen überhöhte Hoffnungen an das Oktoberedikt geknüpft hatten — sie erwarteten nicht nur ihre persönliche Befreiung, sondern ebenso eine solche von den Diensten —, so trat nach den Finanzgesetzen Hardenbergs noch ein neues Motiv hinzu. Im Winter 1810/11 kam es in Oberschlesien zu Aufständen in vier Kreisen, weil, wie die Stände berichteten, „der uncultivierte oberschlesische Landmann schwindlig gemacht und zu dem Wahne gebracht, er sei Bürger und völlig frei; er gebe Accise wie der

---

128 Über Gebel: *Ziekursch* in den Pr. Jb., Bd. 127 (1907) und *Petersdorff:* Motz, 143 f., 178 ff. passim.
129 GS 1813, 36.
130 Das Argument taucht in fast allen Eingaben des folgenden Jahrzehnts auf; vgl. dazu unten 448 ff. und *Wagener:* Staatslexikon, Bd. 11, Art. Kreis.
131 *Ziekursch:* Agrargeschichte 296 f. Vgl. *Boyen:* Erinn. 2, 67.

Bürger, sei folglich ebenso frei wie dieser."[132] Die Ausweitung der Konsumtionssteuer auf das Land war in der Tat für die Untertanen der naturalwirtschaftlich organisierten Güter untragbar, hatten sie doch oft nicht einmal Geld, sich Mehl zu besorgen, geschweige denn Geld für die Mahlsteuer.[133] Die Folgerung der ländlichen Unterschicht schien klar. Sollten sie schon — wie bisher nur die Städter — „Akzise" zahlen, dann wollten sie auch wie freie Bürger von den Robotdiensten befreit sein. 81 Gemeinden schlossen einen förmlichen Vertrag zu gemeinsamem Handeln[134] und unter den „Wahrzeichen der Gleichheit und Freiheit" begann der Aufstand, der wie alle vorangegangenen mit Militärgewalt niedergeschlagen wurde.

Die Stände beschwerten sich, man könne Reformen nur in „Klein-Landschaften" beginnen, nicht im ganzen Staat auf einmal. Die Gewerbefreiheit habe in Oberschlesien nicht den mindesten Einfluß auf die Zahlungsfähigkeit der ehemaligen Untertanen. Und Hardenberg mußte im folgenden Finanzedikt vom November 1811 auch die steuerliche Gleichstellung von Stadt und Land aufheben. Sie erwies sich als undurchführbar, solange die Sozialstruktur nicht selber verändert war. Aber die Voraussetzung dafür schien eben wiederum die staatliche Erfassung der Kreisverwaltung. Der Aufstand, berichtete ein Landrat dem König immediat[135] habe wieder einmal bewiesen, „wie vorsichtig und nötig es wird, den gemeinen Mann so zu nehmen, wie er gegenwärtig ist und nicht wie er sein kann und was die Zukunft erst bilden muß". Hardenberg freilich schob die Schuld an den Unruhen allein auf die Unfähigkeit der Landräte zurück — „so etwas ist nur möglich, wo die Kreisbehörden und Landräte kein Zutrauen besitzen und verdienen" —, und damit geriet er in den Zirkel, daß die Bedingungen, die seine neue Kreisordnung herausforderten, eben deren Einführung bedrohten. Die ständische Schichtung war sowenig unmittelbar zu durchbrechen, wie sie zugleich den Rahmen setzte für alle organisatorischen Versuche politischer Willensbildung.

Der Adel trat in Verbindung, um sich gegen die staatlichen Gesetze zu schützen – sie wurde widerstrebend geduldet; die Bauern traten in Verbindung, um sich gegen ihre Herrschaft mehr Rechte zu verschaffen, als ihnen der Staat zubilligte — sie wurde niedergetreten; und schließlich versuchten in Schlesien auch einige Städte Verbindung aufzunehmen, um sich

---

132 DZA Merseburg, R 74, H IX, Stände 3, an Hardenberg 7. 3. 1811.
133 Vgl. auch die Eingabe der schlesischen Ritterschaft bei *Röpell:* Preußen 1810—1812, 341. Analog berichteten alle Stände und Regierungen Preußens; die schikanöse Mahlsteuer, die zugleich alle Handmühlen untersagte, war sowohl unerträglich wie undurchführbar: sie wurde durch die Personensteuer 1811 ersetzt, womit der Gegensatz zwischen Stadt und Land wieder anerkannt wurde. Siehe *Klein:* Von der Reform... 38 ff.
134 *Ziekursch:* Agrargeschichte 316; *Klein:* Von der Reform... 142.
135 Landrat von Gilgenheim am 22. 3. 1811.

eine gemeinsame Interessenvertretung zu schaffen — sie wurde verboten. Von Züllichau ging die Anregung aus, einen „Verein zwischen den Repräsentanten sämtlicher Städte" zu gründen, um dem Einfluß der Kränzchen entgegenzutreten — auf den man die höhere Steuerveranlagung der Städte zugunsten des Landes zurückführte — und um die Nachteile der allgemeinen Gewerbefreiheit zu verhüten. Aber schon die Grünberger Stadtverordneten meldeten den Plan gehorsam ihrem Glogauer Steuerrat, dieser der Liegnitzer Regierung, worauf ein scharfes Verbot erlassen wurde. Städteverbindungen, um Gegenstände der öffentlichen Verwaltung zu beraten, seien unartig, strafbar, überflüssig, unnötig und unerlaubt. Das wurde im einzelnen aus dem Landrecht belegt; künftige Repräsentanten seien zwar versprochen, aber aus der Städteordnung als solcher fließe kein Recht zu zwischenstädtischer Verbindung.[136]

Die Liegnitzer Regierung stellte Hardenberg, der ihr Vorgehen billigte, die suggestive Frage, „ob den Untertanen zusteht, die anscheinende Parteilichkeit oder Ungerechtigkeit der Gesetze durch selbst gewählte Deputierte zu untersuchen ...?" Die Antwort gab sie sich selbst. Schon die Comitien der Patrizier und Plebejer hätten weder „reine Vernunft noch praktischen Verstand" bewiesen. „Nur Männer, die sich durch ein mühsames Studium zu denkenden und dann in der Schule der Welt zu praktischen Weisen gebildet und von aller Selbstsucht gereinigt haben, müssen ins Mittel treten." Das aber könnten die Stadtverordneten, wie die Erfahrung mit der neuen Städteverordnung zeigte, keineswegs: nur in den Behörden „sind die zur Prüfung und weiteren Veranlassung geeigneten Männer vereinigt, die mit Freimütigkeit ungebührliche Bedrückungen bei der Gesetzgebung zur Sprache bringen und eine zweckmäßige Remedur bewirken werden". Diese gefällige Selbstinterpretation der Regierungsbehörde führt uns zurück auf die Rolle, die das Verwaltungsbeamtentum zwischen den ständisch gebundenen Assoziationsversuchen zu spielen trachtete: die Rolle einer überparteilichen Instanz. Eine solche jedenfalls sollte mit Hilfe des Gendarmerieedikts auch in den Kreisen errichtet werden.

Der Kreis war die unterste Verwaltungseinheit, in der die Interessen aller drei Stände unmittelbar zusammenstießen, und zwar durch die neuen Gesetze mit vermehrter Schroffheit. Die Städte, bisher vom staatlichen Steuerrat abhängig, sahen sich plötzlich einem Landrat untergeordnet, der „wie bisher nur ein vom Adel gewählter Grundbesitzer ist", nur das Interesse seiner Wähler vertrete und gleichwohl „mit der Autorität des ersten Staatsbeamten im Kreise" wirkte, wie der Stolper Magistrat sich beschwerte.[137] Ebenso steigerte sich die Spannung zwischen Bauer und

---
136 26. 2. 1811.
137 Eingabe des Stolper Magistrats, die Sack veranlaßte, Hardenberg auf Beschleunigung der Kreisreform zu drängen (6. 4. 1811/24. 4. 1811) R 74, J V, Gen. Nr. 3.

Herrschaft. Die Freisetzung der Untertanen, die hintanzuhalten immer wieder die Kreisstände Eingaben machten, trat mit dem Martinitag 1810 gerade in Wirksamkeit, als auch die neuen Steuern erhoben wurden. Gehässige Kontrollen reizten die Stimmung, und die Steuereinnehmer erheischten sogar Zutritt bei ihren Gutsherren, die darin nur „eine unselige Störung der gehörigen Verhältnisse" erblicken konnten.[138] Die Auflösung der gutsherrlich-bäuerlichen Verhältnisse sollte in Vier-Jahresfrist vollzogen werden, und die Gewerbefreiheit drohte die geregelten Beziehungen zwischen den Städten und dem platten Land empfindlich zu stören. In dieser Lage, die Hardenbergs schnelles Handeln heraufbeschworen hatte, sollte die geplante Kreisordnung samt Gendarmerie der Verwaltung als Hebel dienen, allen ständischen Widerstand gegen die neuen Edikte zu brechen.

Die Stände ihrerseits, voran der Adel, drängten begreiflicherweise ihre Vertreter in Berlin, sich dem zu widersetzen. Schon 1811 hatten Bevollmächtigte der ostpreußischen Stände, kaum daß die Nachricht von der geplanten Neuverfassung der Kreise ruchbar wurde, Sydow, ihren Vertreter in Berlin, gebeten, sie auf dem Laufenden zu halten, daß sie rechtzeitig eingreifen könnten. „Auf jeden Fall würde es nötig sein, daß diese Kreishauptleute 1. durch die Gutsbesitzer selbst ohne weitere Einmischung der oberen Behörden, 2. aus der Zahl der Gutsbesitzer gewählt werden und daß sie 3. um ihrem Posten zweckmäßig und mit Nutzen für die Kreise vorstehen zu können, nicht so dependent von den Regierungen angestellt werden als die jetzigen Landräte es sind." Je unabhängiger von der Regierung, desto mehr entsprächen die Landräte den berechtigten Erwartungen der Kreise. Sydow möge nicht säumen, dies alles umgehend dem Staatskanzler vorzutragen.[139]

Hardenberg, statt die Repräsentanten zu befragen, ließ durch sein Büro im Alleingang die neue Kreisordnung ausarbeiten.[140] Und die Stellung des staatlichen Kreisdirektors zu den Ständen geriet nicht unähnlich der Stellung, die der Kanzler seinen Repräsentanten gegenüber einnahm. Zwar sollten alle drei Stände gleichberechtigt an der Verwaltung beteiligt, aber dennoch der strengen Kontrolle und Weisungsbefugnis des Kreisdirektors unterworfen sein, die Finanzverwaltung sollte völlig verstaatlicht werden.[141] Dementsprechend befriedigte die Kreisordnung niemanden. Bürokraten wie Bülow oder Schuckmann war die ständische Beteiligung zu stark, Reformidealisten wie Hippel zu schwach. Daß sich die alten Kreis-

---

138 Statt vieler: Eingabe der 30 Gutsbesitzer, die die Stolpschen Stände ausmachten, vom November 1810 (R 74, J IV, Pommern 2).
139 12. 6. 1811 (R 74, H IX, Stände Nr. 9).
140 *Meier:* Reform 388 ff.
141 Gendarmerieedikt 30. 6. 1812 (GS 141—160), §§ 98,5.

stände sträubten, war selbstverständlich, aber auch die mittleren und kleinen Kreisstädte konnten befürchten, von ihrer gerade gewonnenen Selbstverwaltung mehr zu verlieren, als ihnen durch gesteigerten Einfluß auf die Kreisverwaltung zugute gekommen wäre. Die Menge der Bauern, theoretisch die größten Gewinner, wird den verfassungspolitischen Horizont kaum wahrgenommen haben. Diese regionalen Reaktionen fanden nun ihren Niederschlag in den interimistischen Nationalversammlungen.

1812 und 1814 formulierten die Repräsentanten scharfe Eingaben erst gegen den Erlaß, dann gegen die Bestimmungen und schließlich zweimal gegen die versuchte Einführung der Kreisverfassung.[142] Als Repräsentanten „können wir uns", wie sie dem Staatskanzler im Februar 1814 schrieben, „doch den sehr dringenden Aufforderungen unserer Kommittenten nicht länger entziehen", und sie hofften, wie sie mit deutlicher Spitze gegen das Verbot jeder Weisungsbindung hinzufügten, „durch dieses von Ew. Exzellenz zuverlässig gebilligte Pflichtgefühl unsere Entschuldigung zu begründen." Nie hatten sie während der beiden Sitzungsperioden den Kontakt mit ihren Wählern aufgegeben, im Gegenteil, sich zu ihren Sprechern gemacht, und so konnten sie sich auch hier auf die „allgemeine Meinung in den Provinzen" berufen. Die von Dohna gewünschte „unabhängige und lebhafte Korrespondenz" sollte zwar nicht geduldet werden, war aber darum nicht minder lebhaft. „In beinah allen Klassen der Einwohner" wurden die Berliner Verhandlungen, wie Hatzfeld bemerkte[143], „alle ohne Ausnahme bekannt." Dementsprechend glaubten die Repräsentanten als Sprecher der Nation zu wirken, wenn sie als das auftraten, was sie waren, wenn auch nicht sein sollten: nämlich Interessenvertreter der drei Stände ihrer jeweiligen Heimat, wo sie gewählt worden waren.

Die ständisch bedingten Gegensätze platzten demzufolge in den Versammlungen heftig aufeinander[144] und machten sich auch in den Protesten gegen die Kreisverfassung bemerkbar. Der erste Einwand richtete sich 1812 sofort gegen den angekündigten Grund des Gesetzes, nämlich das „Übergewicht" abzubauen, „welches einzelne Klassen von Staatsbürgern durch ihren vorherrschenden Einfluß auf die öffentlichen Verwaltungen aller Art haben". Dergleichen Bemerkungen könnten unter den Ständen nur „eine nachteilige Stimmung erregen", und man bat, sie künftig zu unter-

---

142 Eingaben vom 19. 8. 1812, 26. 9. 1812 (abgedruckt bei *Röpell:* Preußen 1810—1812, 349 ff., besprochen von *Meier:* Reform: 405/6 [statt § 80 ist zu lesen § 50]); 16. 2. 1814, 29. 12. 1814 (R 74, J V, Gen. Nr. 3); ferner *Bezzenberger:* Aktenstücke 9 ff.; *Klein:* Von der Reform... 183 f.
143 *Schön:* Aus den Papieren 6, 259 ff. passim; *Hatzfeld:* 29. 4. 1815 an Hardenberg R 74, H 3, IX, 1815—1822 (betr. die Bildung einer Volksrepräsentation und Ausarbeitung einer Verfassungsurkunde für den Preußischen Staat).
144 *Stern:* Abh. 205 passim.

lassen. Von der nächsten Bitte, nämlich Zivilgerichtsbarkeit der Gutsherren und Patronat nicht anzutasten, schlossen sich allerdings sieben der neun Bauernvertreter, und zwar aller Provinzen, durch Gegenstimmen aus.[145] Im Ganzen war die erste Kritik sehr sachgerecht, sie wollte manche Unebenheiten des schnellen Entwurfs ausbügeln, etwa die Trennung von Justiz und Verwaltung scharf vollzogen wissen, und bei ihrer Forderung, den Kreisdirektor wählen zu dürfen, hielt die Versammlung die Beteiligung aller Stände für „ebenso billig als notwendig".
Das freilich war sehr maßvoll und vieles hätte sich auch mit der Zielsetzung Hardenbergs vereinbaren lassen, wenn nicht die Kreisstände ihrerseits viel weiter gegangen wären. Sie versteiften ihren Unwillen und beschickten im Frühjahr 1814 den König und den Kanzler mit einer Flut von Beschwerden, die offenbar mit einem Teil der Berliner Repräsentanten abgesprochen war. Der äußere Anlaß war, daß im gleichen Wahlakt, als die zweite Versammlung der Nationalrepräsentanten gewählt wurde — im Januar 1814 — auch die Kreisdeputierten hatten gewählt werden sollen, „indem dieser Teil des Gesetzes, wenn auch der andere, wegen Mangel an Fonds suspendiert bleiben muß, ebenso ausführbar als auszuführen notwendig ist"[146]. Jetzt drohte die Kreisordnung — mit ihrer Gleichberechtigung aller Stände, wobei die Zahl der Städter den Schlüssel zur Deputiertenzahl abgab — Grundlage der versprochenen endgültigen Nationalversammlung zu werden. Nun setzte eine Petitionsbewegung ein mit Graf Dohna und dem ostpreußischen Ständekomitee an der Spitze, sie erfaßte zahlreiche Kreisstände, deren Eingaben den König schließlich — in dem Maße, als der Feldzug in Frankreich seinem Ende zuneigte — erweichten. Er suspendierte die Durchführung des Edikts und diese Suspension war eine Entscheidung für den Adel. Dabei wurde der

---

145 Graf Dohna-Wundlaken als Sprecher der ostpreußischen Kölmer und Bauern stimmte gegen seine „bäuerlichen" Standesgenossen Rosemann (Mittelschl.), Dehling (Pommern), Jacob (Niederschl.), Schmidt (Oberschl.), Leist (Mark), Rump (Westpr.) und Müller (Neumark).
146 Arch. Panstw. Wrocl. Reg. Oppeln I/6657: Hardenberg an alle Oberpräsidien und Regierungen 11. 12. 1813. Für das Wahlverfahren stellte Schuckmann — aufgrund des Gendarmerieedikts (§§ 12 ff.) — drei Möglichkeiten vor: entweder wähle jeder Stand seine Deputierten selber, oder die Gesamtheit der Wahlmänner wählt für jeden Stand einzeln dessen Deputierte, oder schließlich wählen alle Wahlmänner alle Deputierten, nur daß die Männer, die aus den drei Ständen jeweils die meisten Stimmen auf sich vereinen, als deren Vertreter gelten. So bezeichnend diese theoretische Überlegung für den Übergang zu allgemeinen Wahlen und für die Auflösung des Ständebegriffs war, Schuckmann entschied sich für den ersten Typ des Wahlgangs, der schon für die Wahl zu „den Nationalrepräsentanten" angenommen worden sei. Die Kreisdeputiertenwahlen wurden erst sukzessive durchgeführt. Dohna bat Schön noch am 16. 3. 14 persönlich, die Wahl auszusetzen, bis der König über die zahlreichen Proteste, die gerade aus allen Provinzen abgingen, entschieden habe. Dohna war also in Königsberg gut instruiert. (Aus den Papieren 6, 289). Die Wahlen für Berlin kamen nur teilweise zustande (*Stern:* Abh. 204; *Klein:* Von der Reform... 186.).

Monarch — aus dem entgegengesetzten Motiv — von Bülow unterstützt, der die Stände überhaupt von der Administration ausgeschlossen sehen wollte.[147]

Der Tenor der adelständischen Eingaben war der gleiche. Ein ziviler Stolz gegen jede militärische Bevormundung seitens der verhaßten Gendarmen — oft der Ausschuß des Militärs —, der Eifer, die Verwaltung selber besser und billiger meistern zu können, solange nur Polizei und Gerichtsbarkeit ihnen verblieben, schließlich der durchgängige Ärger, daß die „neugebildeten bäuerlichen Einsassen ... zu gleichen Rechten mit ihnen erhoben werden sollen" — all dies kehrt unter vielen Umschreibungen wieder, mit Hinweisen auf den erfochtenen glorreichen Sieg, der nur aus dem Geist der alten Verfassung zu erklären sei.[148] Am meisten fanden die Ruppinschen Stände Eingang in des Königs Ohr, sie waren es auch, die die Frage erneut den Nationalrepräsentanten vorzulegen baten, worauf sich dann diese in ihrer letzten Eingabe beziehen konnten. Aber schon vorher waren die Repräsentanten nicht untätig. Sie forderten gleich im Februar 1814 die Kreisverfassung vor ihr Gremium; bevor sie — im Namen der „Nation" — beraten, dürfte nichts entschieden werden. 28 Repräsentanten, diesmal auch Bauern, unterzeichneten die Beschwerde, aber sieben Männer sprachen sich in Sondervoten für die eingeleitete Reform aus, „darunter fünf Justizcommissarien und ein verbrecherischer Herr B[ock] aus Litauen", wie Dohna sich bei Schön empörte.[149] Offenbar waren es jetzt mehr Deputierte der Städte, die eine Kreisordnung schätzen lernten, in der sie unter einem staatlichen Beamten dem Adel gleichberechtigt gegenübertreten sollten. Kein Wunder, daß sich der Adel entrüstete, wenn die Justizkommissare für sich das gleiche beanspruchten wie der erste Stand, nämlich als Sprecher ihres Standes aufzutreten. Dohna nannte die

---

147 DZA Merseburg R 74, J V, Gen. Nr. 11, vol. II., Friedrich Wilhelm an die Herren Landesrepräsentanten in Berlin, aus Dijon 27. 3. 1814: Modifikationen in der Besetzung der landrätlichen oder Kreisdirektorenstellen gemäß den Wünschen aller Stände versprochen. Entwurf von Hippel. Dazu Bülow an Hardenberg: dessen, nämlich des Kanzlers, Absicht gehe doch dahin, „die Stände bei der Gesetzgebung zuzuziehen, sie aber von der Administration ganz auszuschließen und dieses ist auch die einzige Art, wie Stände bei uns bestehen können"; alles andere sei fremdländisch, wie er das übliche Argument den alten Ständen zurückgibt.
148 Eingaben der Goldberg-Hainauschen Stände: 6. 2. 1814; der Nationalrepräsentanten: 16. 2. 1814; des Komitees der ostpreußisch-litauischen Stände: 3. 3. 1814 (vgl. auch: Aus den Papieren 6, 322 f); der Trebnitzer Stände 10. 3. 1814 (R 74, H IX, Stände 3); der Gutsbesitzer des Kreises Tapiau: 27. 3. 1814; der Ruppinschen Ritterschaft: 7. 5. 1814. Kluge Zusammenfassung aller Argumente des „Volkes" sowie seiner eigenen Einwände von Auerswald, auf Anforderung des Königs: 7. 11. 1814. Hardenberg erteilte dem Oberpräsidenten deshalb einen Tadel: er habe den Dienstweg umgangen, alle Berichte über Verfassungsfragen müßten erst an ihn selber gelangen (aus Wien, 28. 11. 1814).
149 Aus den Papieren 6, 290. Für die vehemente Opposition der Provinz Ostpreußen gegen das Gendarmerieedikt siehe *Bezzenberger*: Aktenstücke Nr. 1—82.

Justizkommissare „Schächer" ohne Liberalität und Charakter, deren Tätigkeit die Berliner Versammlung zum Popanz degradiere.[150] Ebenso schrieb Fürst Hatzfeld dem Staatskanzler, daß die städtischen Vertreter, voran jene Justizkommissare „eigentlich nur als Lohnleute, ohne Besitz irgend einer Schollen Erde zu dieser Versammlung berufen wurden, und folglich keinen anderen Beruf zu haben glauben, als für das Privatinteresse derjenigen, von denen sie gewählt und bezahlt sind, auf Tod und Leben zu kämpfen."[151] Sie seien es, die die Versammlung zum „Tummelplatz ihrer Privatleidenschaften" machten, und damit brachte der schlesische Fürst, der von Dohna als Franzosenfreund und „feigster Landesverräter" apostrophiert wurde, das gleiche zum Ausdruck wie Dohna auch.[152] Als im Dezember 1814 die Berliner Versammlung wieder nachzog — sich nunmehr in der Stilisierung des Königs „interimistische Landesrepräsentanten" nennend[153] — und unter Berufung auf die kreisständischen Eingaben eine erneute Beratung forderte, da rückte das Problem zusehends in den Horizont der versprochenen Gesamtverfassung. Der Adel hatte sich mehrfach schon auf die königlichen Verfassungsversprechen berufen, um jede Verwaltungsreform auf der Kreisebene zu verhindern. Die von Hardenberg mehr konstitutionell gemeinten Versprechen wurden von den adligen Ständen aufgefangen, um sie im Sinne ihrer Libertäten gegen seine Verwaltungsreform zu kehren. Schrötter, Kircheisen und Schuckmann rieten als die für die Berliner Versammlung zuständigen Minister dem Staatskanzler in Wien, all diese Forderungen kurzerhand abzuschneiden als „präjudizierlich, schädlich und unnütz". Hardenbergs Antwort zeichnet den schmalen Grat, den er zwischen ständischer — interimistischer — Mitarbeit, königlichem Mißmut und antiständischer Verwaltungsplanung zu beschreiten suchte. Während er die ritterschaftlichen Eingaben — im Gegensatz zum König — immer kühl zurückgewiesen hatte, erwartete er jetzt „gern das Gutachten sachverständiger und wohlgesinnter Männer" aus der Nationalversammlung. Nur in einem Punkt kannte er keinen Kompromiß, in der Priorität seiner Verwaltungsorganisation vor den Verfassungsplänen, die die Stände zuvor in ihrem Sinn erfüllt sehen wollten. „Ich ersuche jedoch die Versammlung im voraus, von dem Gesichtspunkt auszugehen, daß die Landesverwaltungsbehörden bis in die untersten Zweige von aller Einwirkung der Kommunen selbst, in welchen Verband die organische Gesetzgebung sie auch bringen und welche ver-

---

150 Aus den Papieren 6, 290; 331 passim.
151 Hatzfeld an Hardenberg 29. 4. 1815 (R 74, H 3, IX).
152 Aus den Papieren 6, 284.
153 Der König verbot am 9. 3. 1814 den zunächst gebrauchten Ausdruck der National-Repräsentanten-Versammlung; „keineswegs" dürfe sie sich „Nationalversammlung" nennen (*Stern:* Abh. 204/5).

fassungsmäßige Rechte sie ihnen auch einräumen möge, ganz unabhängig bleiben müssen." Die später folgenden „organischen Gesetze", das hieß die Verfassungsgesetze, würden ihr Gutachten von vornherein zu einem „vorläufigen" machen.[154] Seinen drei Ministern gab der Kanzler zu verstehen, daß es immer noch günstiger sei, mit Vertretern aller Provinzen auf der isolierten Ebene in Berlin zu beraten, als sich dem massiven Widerstand der regionalen Stände auszusetzen.

So taktisch, auch um Zeit zu gewinnen, dies gedacht war, eine Erfahrung mußte dem Kanzler in Wien gewiß sein. Es war ihm nicht gelungen, der Nationalversammlung jene Rückbindung an ihre Wähler abzuschneiden, daß er sie als Sprachrohr öffentlicher Meinungsbildung hätte verwenden können. Nicht zu Unrecht sprach Dohna den Verdacht aus, die Repräsentanten sollten „immer mehr die Natur geheimer Nationalrepräsentanten annehmen"[155]. Hardenberg war nichts daran gelegen, ihre Verhandlungen publik zu machen, denn ohne darauf zu verzichten, Repräsentanten der Nation zu sein, handelte die Majorität als ständische Opposition. Der Widerstand, den sie gegen die Kreisordnung entfachte, pflanzte sich fort auf das Gebiet der Agrarreform. Dohna hatte, nicht ungeschickt, den König schon darauf hingewiesen, daß das Gendarmerieedikt im Wesentlichen auf dem Regulierungsedikt von 1811 beruhe, das die Dienstablösung und Eigentumsbildung der Bauern einleitete. Zu eben diesem Edikt handelte die Majorität der Versammlung jene Deklaration aus, die — 1816 erlassen — auf Kosten der Bauern ging, die mit ihrem Gutachten in der Minderheit geblieben waren.[156]

Hardenberg, vom Kampf gegen Napoleon okkupiert, hat nie die Chance wahrgenommen, innerhalb der Versammlung die ständischen Gegensätze in seinem Sinne auszuspielen: gerade das wollte er vermeiden, und je mehr ihm das mißlang, hielt er die Versammlung kurz, verhinderte er den Druck ihrer Verhandlungen und zog einen deputierten Gutsherren zur Rechenschaft, weil er mit seinen Kreisständen darüber debattiert hatte.[157] Was auf eine liberale Öffentlichkeit angelegt war, sah sich Hardenberg 1815 genötigt geheimzuhalten, weil die Öffentlichkeit nicht liberal war — jedenfalls nicht liberal genug, um den altständischen Gewichten die Waage zu halten. Die Zwischenlage, in der sich die Gewählten in Berlin befanden: machtlose, beratende Repräsentanten einer erst zu bildenden Nation zu sein, ohne die Stände vertreten zu dürfen, denen sie entstammten, war ein verfassungspolitisches Paradox.

Dohna erkannte richtig, was zu unabhängigen, nur ihrem Gewissen ver-

---

154 18. 1. 1815 aus Wien.
155 Aus den Papieren 6, 331 (14. 5. 1814); vgl. dazu *Stern:* Abh. 207.
156 Das einzelne bei *Knapp:* Bauernbefreiung 1, 176 ff; 2, 352 ff.
157 *Stern:* Abh. 206 ff.

Paradoxien der Nationalrepräsentation

pflichteten Repräsentanten hinzutreten müsse, wenn sie die Aufgabe erfüllen wollten, Sprecher der Nation zu sein. In zwei Memoranden legte er 1812[158] seine Gedanken nieder, die er 1815 — modifiziert — im Namen des ostpreußischen Ständekomitees dem König vortrug.[159] Entfiele die Weisungsbindung durch Stände, so müsse an deren Stelle die Öffentlichkeit der Verhandlungen, Freiheit der Diskussion und der Presse, schließlich die Möglichkeit der Neuwahl treten. In diesen Bedingungen erblickte er hinreichende Druckmittel, die Repräsentanten den Wünschen der Wähler anzupassen. Zweitens müßten diese auch wirkliche Macht ausüben können: Gesetze genehmigen, Steuern bewilligen, Petitionen anbringen. Solange die sozialen Voraussetzungen dafür nicht — wie in England — vorhanden seien, könne man nur auf Provinzialstände rekurrieren, deren „Generalbevollmächtigten" ihre Instruktionen — wie Stein 1807 geplant hatte — der Gesetzkommission vorzutragen hätten. Für die administrativ bevormundeten Repräsentanten Hardenbergs zog er den Schluß, daß sie „höchstens ständische Deputierte sein könnten, aber auch solches nicht sind"[160]. Dohna bezeichnete genau die Grenze der Berliner Versammlung, die diese nicht überschritten hatte. Denn auf der anderen Seite versuchte Hardenberg nie den Schritt, den seine westlichen Nachbarn wie Jérome machten: die Versammlung bonapartistisch zu steuern. Er hätte den Widerstand der alten Stände provoziert, was er vermeiden wollte, und selbst wenn Hardenberg ihn brechen zu können glaubte — die Festsetzung von Marwitz wies in diese Richtung —, der Kredit des Staates blieb in den des Großgrundbesitzes eingebunden. Es wäre der Schritt von der Reform zur Revolution gewesen, den zu verhindern die ganze Anstrengung aller Reformpolitiker war.

Das Scheitern Hardenbergs, die Nationalversammlung als Druckmittel seiner Innenpolitik zu verwenden, und deren Zusammenarbeit mit den regionalen Kreisständen gegen das Gendarmerieedikt sind ein zusammenhängendes Ereignis. In ihm ist vorweggenommen das Ende der weiteren Verfassungsplanung, die zuletzt an Frieses großer Kommunal- und Kreisreform hängen blieb. Es gelang nicht, die regionalen Herrschaftsverbände der Kreisstände, so gering ihre Befugnisse waren, aus den Angeln zu heben. Dieses verwaltungspolitische Versickern der Staatsmacht auf dem Lande verwässerte zugleich die Agrarreform.

Wenn die interimistischen Versammlungen zugleich eine Schule organisierter politischer Willensbildung waren, die den theoretischen Erfahrungshorizont der Französischen Revolution in die eigene Praxis hereinholte, dann war es wohl der Adel, der hier am schnellsten gelernt hatte. Der

---

158 Aus den Papieren 6, 553—575.
159 *Müsebeck:* Märkische Ritterschaft 162.
160 Aus den Papieren 6, 270.

später von Gentz herausgearbeitete Unterschied zwischen einer ständischen und einer Repräsentativverfassung wurde den betroffenen Adelsständen durch den Verlauf der Berliner Verhandlungen klar. Die bekannten Worte von Scharnweber an die Berliner Versammlung machten schnell die Runde: „Durch die Repräsentation verschwindet der Provinzialismus, verschmelzen die verschiedenen Stände zu einer kräftigen Gesamtheit, es wird eine Nationalität gegründet", auf die man so lange vergeblich gehofft habe. Graf Dönhoff griff diese Worte im März 1815 wieder auf, um eine Eingabe an den Kanzler zu begründen: gerade das gelte es zu verhindern, für eine derartige Verschmelzung bedürfe es der „Erfahrung von Jahrhunderten", die man nicht herbeizerren könne. Dönhoffs Eingabe richtete sich zugleich gegen das Agrargesetz von 1811, das die interimitische Versammlung mehr oder minder akzeptiert habe, wie gegen jede „fremde Repräsentativverfassung", die solche Gesetze ermöglichten. Man habe in Berlin gelernt, „wie nachteilig es auf eine oder die andere Provinz wirken müsse, wenn der Grundsatz wirklich angenommen würde, daß die Mehrheit der Stimmen in einer allgemeinen repräsentativen Nationalversammlung als der Ausdruck des allgemeinen Nationalwunsches aller Provinzen angesehen werden müsse." Was für andere Provinzen recht sei, sei es noch lange nicht für Ostpreußen, und er bat dringend den „heilsamen Provinzialismus" als Voraussetzung „wahrer Nationalität" zu retten. Die „Verschiedenheit der Verfassungen, der bestehenden Rechte, ja der Sitten und Gebräuche" sollten mit „heiliger, schonender Umsicht" geschützt werden[161], und das hieße konkret, daß die Eigentumsverleihung an die Bauern rückgängig zu machen sei, denn „die Erlaubnis der freien Disposition über die Hälfte dieses Eigentums kann nicht Entschädigung für die Verschenkung der anderen Hälfte sein", wie Dönhoff das übliche Argument aufgriff.

Während aber Dönhoff die Provinzen noch selbstverständlich mit ihrer vorzüglich adelsständischen Vertretung identifizierte, befürchtete Graf Dohna nicht nur eine numerische Übereinstimmung der Provinzen, sondern der oberen Stände, der Eximierten, insgesamt. „Das größte Unglück droht uns von Seiten der Reichsconstitution und National-Repräsentation", schrieb er an Schön im gleichen Monat März, „man hat die sublime Idee, durch die vermeintliche Repräsentation des Bauernstandes alle unabhängigen, gebildeten Menschen total zu überstimmen, für immer zu zerschmettern und sich eine unüberwindliche Cohorte zur blinden Beförderung jeder Absicht des Despotismus zu bilden, ein Grab für jede Hoffnung auf edlere bürgerliche Freiheit."[162] Dohna, der später mutig wie

---

161 Eingabe vom 21. 3. 1815, DZA Merseburg R 74, H 3, IX.
162 Aus den Papieren 6, 361.

wenige als Vorsitzender des Ständekomitees gegen die Karlsbader Beschlüsse protestieren sollte, sah in korporativen Provinzialverfassungen mit Vertretungen alten Familienbesitzes, der Universitäten und kaufmännischer Gilden sowie in kollegialen Regierungsbehörden die Garanten bürgerlicher Freiheit: vorzüglich also aller Eximierten, unter Ausschluß jener Bauern, deren Beteiligung „die erbärmliche Leerheit und Schlechtigkeit der krassen demokratischen Formen" zu Tage bringe, und Dohna gab derartiges auch dem König zu verstehen; die interimistische Nationalrepräsentation entspreche doch nicht den Absichten der Majestät? — was selbst Schön für eine starke Sprache hielt.[163]

Unter solchen Umständen war es schwierig, einen hinreichend gemeinsamen Nenner zu ermitteln, der alle Provinzen von der Mosel bis zur Memel zu einer für den „Staat" repräsentativen Verfassung hätte zusammenführen können. Je weniger Hardenberg die in Berlin noch tagenden Repräsentanten berücksichtigte, desto mehr drängten diese auf eine Erweiterung ihrer Befugnisse. Schließlich formulierten sie am 10. April 1815 ein „Beschleunigungsgesuch", die mehrfach gegebenen Verfassungsversprechen einzulösen. Auf den Antrag des oberschlesischen Städteabgeordneten Elsner hin fand sich eine Mehrheit von 22:13 Stimmen, die eine Verfassung forderte, „welche eine wahre bürgerliche Freiheit und alle Zwecke des gesellschaftlichen Verbandes sichernd, die ehemaligen Formen des Herkommens ersetzte", in der aber auch „die Ansprüche des Menschen und des Bürgers an den Staat" gesichert sein sollten.[164] Die Eingabe sprach zwar im Namen von Nation und Volk, aber die Diskussion zeugte von den verschiedensten, ständisch diametral entgegengesetzten Motiven, die hinter dem Verfassungspostulat standen. Ein Drittel wehrte sich gegen eine Nationalrepräsentation überhaupt, ein knappes Drittel von zehn Stimmen lehnte strikt jede Provinzialverfassung ab, etwa zwei Drittel stimmten für eine Gesamtverfassung mit Erwähnung auch von Provinzialrepräsentationen, wobei offen blieb, worauf sie das Schwergewicht legen wollten.[165] Die Repräsentanten erwarteten die preußische Verfassung vom König und daß sie der kommenden Neuordnung Deutschlands als „Muster" dienen sollte, wie aber „die Verfassung als ein Lebens- und Bildungsprinzip" im einzelnen zu gestalten sei, darüber haben sie sich nicht geäußert.

---

163 Aus den Papieren 6, 269, 322 ff., 327, 346; Eingabe an den König im Namen der Stände vom 7. 4. 1814: 615 ff.
164 *Stern:* Abh. 209 ff.
165 Die Stimmen sind von Stern leider nicht aufgeschlüsselt worden. Immerhin unterzeichneten schließlich — trotz anderer Abstimmungszahlen während der Diskussion, die sich besonders gegen Elsners konstitutionelle Diktion zu richten schien — 32 der 35 Anwesenden die Petition (a. a. O. 222; vgl. auch *Simon:* The failure ... 107 f.).

Verwaltungsreform und Verfassungsplanung 1807—1815

In der Situation von 1815 schienen alle Möglichkeiten, von einer provinziell-ständischen bis hin zu einer repräsentativen Volksvertretung aller, jedenfalls der besitzenden Klassen, enthalten zu sein. Aber so groß die sozialen Differenzen zwischen Ost und West und innerhalb der Provinzen waren, so wenig war das politische Leben begrifflich gegliedert. Die Feindschaft, dem Tyrannen geschworen, vereinte das „Volk" gegen Napoleon, aber in die Befreiungswünsche selbst flossen die ständisch gebundenen Interessen ein. Mit dem Sieg traten sie offen zutage. Die altständische Opposition war inzwischen zusammengerückt, teilweise organisiert, und der Adel verstand es vorzüglich, aus dem siegreichen Ablauf der Kriegsereignisse Argumente für die altherkömmliche Verfassung zu ziehen. Dabei diente die ständische Organisation der Landwehr, nicht ganz zu Unrecht, als Beleg dieser These. Im Westen fand diese Gruppe bald Verbündete an allen Geschädigten, voran dem niederrheinischen, westfälischen und altmärkischen Adel[166], der Wiedergutmachung für die durch die französischen Gesetze erlittenen Verluste forderte.

Neben dieser rührigen Gruppe waren aber ebenso die Erwartungen eines großen Teils der übrigen Bevölkerung hochgeschossen. Die enorme Zahl der gestellten Soldaten, der hohe Anteil an Freiwilligen[167], das Ausmaß der tatsächlich geleisteten Opfer forderten politisch honoriert zu werden. „Beinah alle Klassen der Einwohner" berichtete Fürst Hatzfeld in einem angeforderten Gutachten dem Kanzler, glauben „durch ihre Aufopferungen eine Konstitution erkämpft zu haben." Sie hätten durch den Sieg über Napoleon „das überzeugendste Gefühl ihrer eigenen Kraft erhalten". Man erlaube sich eine in Monarchien bisher nicht übliche Sprache — was damals häufig registriert wurde —, und die vorläufigen Repräsentanten hätten alles getan, auch durch geheime Verbindungen, die Wünsche hoch-

---

166 Eingabe der „Direktion der Provinzialstände der Herzogtümer Jülich-Cleve-Berg und der Grafschaft Mark" vom 31. 10. 1816 — worauf ihnen der Gebrauch dieses Titels verboten wurde — und weiterer Schriftwechsel mit Hardenberg in: R 74, H 3, IX; auch der ostfriesischen Ritterschaft und Landstände mit der Bitte „uns unsere vorige ständische Verfassung und Nationalrepräsentation wiederzugeben", vom 25. 6. 1814 in: R 74, H II, Gen. Nr. 2, vol. II; dort und in vol. I die Forderungen aus den altpreußischen Besitzungen im Westen bei der Wiedereroberung. Für den westlichen Adel siehe *Steinschulte:* Verfassungsbewegung und *Gembruch:* Stein.

167 Die Aufstellung der 250 000 Soldaten in den alten Provinzen bei einer Bevölkerung von etwa 4,5 Millionen war eine Leistung, die ohne den großen Kern von 45 372 Freiwilligen — also etwa 18 Prozent — (nach *Schmoller:* Umrisse 191) nicht zu begreifen wäre. Die Zahl der Freiwilligen nahm nach Westen hin ab: als im November 1813 Blüchers Korps — um einen Ausfall von 28 000 Mann zu begleichen — linkselbisch mit 15 250 Mann aufgefrischt wurde, meldeten sich 1600 freiwillig, also etwa 10 Prozent (Klewitz an den König 1. 11. 1813). Vom Bergischen Kontingent, das Gruner zusammenstellte, waren 950 Mann der 11 500 freiwillig, und Gruner schätzte, mehr als sonstwo im Westen. Die Zahl unterschritt die 10-Prozent-Grenze, und fiel linksrheinisch 1815 noch stärker ab (R 74, H II, Gen. Nr. 2, vol. I und R 74, H II, Niederrhein Nr. 1).

zuschrauben. Besonders in der zweiten Session, seit dem Frühjahr 1814, hätten sie auf eine „förmliche Konstitution" gedrängt, dabei den „allerdings sehr großen Unterschied" zwischen einer „zweckmäßigen Repräsentation" und einer Konstitution bewußt verwischend. Die Übertreibung gehörte gewiß zu Hatzfelds Taktik, denn er selbst hatte in Berlin gegen den Verfassungsantrag gestimmt und machte privatim dem Kanzler einen Vorschlag, wie man die Versprechen einlösen könne — denn das müsse man —, ohne dem König eine Konstitution aufzudrängen, „wie diese Benennung verstanden werden muß"[168]. Gleichviel, das Bürger- und zum Teil auch das Bauerntum waren in Bewegung geraten und fanden nun auch ein Echo in den Kreisen der westlichen Provinzen, die — wie die Bergische Deputation im Juni 1815 — den König an die versprochene „gesetzmäßige Repräsentation und ... liberale Verwaltung" erinnerten, indem sie zugleich um Schutzzölle gegen England baten.[169]

Preußen also erbte auf dem Wiener Kongreß mit der Menge der akquirierten „Seelen" ein Konglomerat von Erwartungen: sie reichten vom altständischen Adel bis zu den westlichen Fabrikanten. Alle meldeten einen Anspruch auf Verfassung an, und zwar mit denselben Begriffen. Opfer für König und Vaterland und patriotische Gesinnung galten als Ausweis der Ansprüche. „Viele wähnen", notierte Hatzfeld sarkastisch, „durch ihren Beifall zum Kampfe für die allgemeine Rettung eine Stimme in der Administration der Länder erfochten zu haben." Wer etwas wollte, schrieb an den Kanzler, an den König und in der Presse. Die Gesinnung, an die der König 1813 appelliert hatte und auf die man sich nun berief, ersetzte häufig das Vorstellungsvermögen, wie die Verfassung nun praktisch zu organisieren sei. Die Stellung der Beamtenschaft, als der sozial relativ homogenen Führungsschicht, war zwiespältig in Anbetracht dieser Forderungen, zwiespältig weniger, weil sie gegen eine „liberale" Verfassung gewesen wäre, als wegen des Ausgangs, der aus einem derartigen Pluralismus diffuser Forderungen hervorgehen möge. Sack definierte einmal in einem seiner Entwürfe, wann eine ständische Vertretung sinnvoll

---

168 Verfassungsentwurf von Hatzfeld vom 20. 3. 1815 mit französischem Begleitschreiben an Hardenberg vom 29. 4. 1815 aus Berlin (R 74, H 3, IX). Hatzfeld gibt zu, daß Preußen sicher auf eine Konstitution am besten vorbereitet sei. Für diesen Fall schlägt er ein Zweikammersystem vor, befürchtet aber, daß die Vertreter der „Nation", einmal im Besitz der Hälfte der Gewalt, diese bald ausweiten würden, ohne daß man je genau eine Grenze setzen könne. Auch deshalb schlägt er vor, die augenblicklich tagende Versammlung aufzulösen und durch eine auf Lebenszeit zu wählende, dreizehnköpfige Vertretung aller Provinzen zu ersetzen, die zur Hälfte aus dem Adel stammen müsse. Dieses Gremium solle zugleich eine Kontroll- und Gutachterbehörde für alle Berliner Ministerien sein, mit Gehältern von 12 000 Talern, also doppelt so hoch wie die der Minister.
169 Huldigungsadresse, in Hanau dem König übergeben von 8 Fabrikanten, Bürgermeistern und Gutsbesitzern (R 74, H II, Niederrhein Nr. 1); vgl. *Steinschulte:* Verfassungsbewegung, 70.

sei: „wenn man nämlich die vernünftige Wahrscheinlichkeit für sich hat, in den Ständen entweder die in der Nation vorhandene Intelligenz zu vereinigen, oder aber durch die Stände die allgemeine Stimmung und Meinung der Nation aussprechen zu sehen"[170]. Und Scharnweber engte die Formel noch dahin ein, daß letzteres aus ersterem folge, daß also die allgemeine Meinung nur die der Intelligenz sei. Die Intelligenz aber glaubte die Verwaltung selber am ehesten zu repräsentieren, wozu also, so schlossen manche, bedürfe es weiterer Repräsentation? Das hatte zur Folge, daß entschiedene Konstitutionalisten unter den Beamten mit ihren Verfassungswünschen in die Publizistik einstiegen. Regierungsräte wie Koppe, Gebel oder Grävell[171], vertrauten ihre Forderungen nicht mehr dem Verwaltungsweg allein an, sondern betraten eine Öffentlichkeit, die sie selbst mit schaffen geholfen hatten, um auf diesem Wege einen zusätzlichen Druck auf die Regierung auszuüben.

In dieser prekären Lage, in der jeder seine Forderungen auf Grund des Sieges hochschraubte, formulierte Hardenberg jenes Verfassungsversprechen vom 22. Mai 1815, das in seiner Mehrdeutigkeit alle Möglichkeiten offenließ, nur eindeutig war in dem Versprechen selber, daß Preußen eine schriftliche Verfassungsurkunde erhalten werde.[172]

Hardenberg, unter dem mannigfachen Druck diplomatischer Intrigen, eines mißgelaunten Königs, des neu ausgebrochenen Krieges und vielfältiger Aufgaben, hat das von Staegemann entworfene Gesetz sorgfältig überarbeitet.[173] Er hat es stilistisch gestrafft, die Berufung auf die große Ge-

---

170 R 74, H II, Gen. Nr. 1; 14. 8. 1811.
171 *Koppes* „Stimme eines preußischen Staatsbürgers" zeichnet sich durch Selbstbeschränkung des Beamten aus. Ganz im Sinne seines Herren wollte dieser Unglücksbote Steins aus dem Jahre 1808 die Beamten von der Wahl zur einzigen Kammer der zu stiftenden Verfassung ausschließen. Seine Schrift war eine einzige Warnung, den Zeitpunkt zu verpassen, denn Preußen habe sich die Konstitution verdient, der König müsse als Erzieher abtreten und sich der Verfassung unterordnen. *Grävells* Frage „Bedarf Preußen einer Constitution?" wird suggestiv bejaht. „Was aber keine Zeit hat, ist die Zeit" (29). Im übrigen stößt er zur Kernfrage vor, wer die Armee befehle, und er hofft sie durch das Milizsystem zu lösen. Zu Gebel vgl. Anm. 128.
172 DZA Merseburg, R 74, H IX, Nr. 19; vgl. dazu *Pertz:* Stein 4, 428 ff.; *Ranke:* Briefwechsel Friedrich Wilhelm IV. mit Bunsen 111; *Rühl:* Briefe und Aktenstücke II; *Richter:* Staegemann und das Verfassungsversprechen; *Haake:* Verfassungskampf 51 ff.; *Huber:* Verfassungsgeschichte 1, 302.
173 Hardenberg hat sowohl den von Staegemann verbesserten Entwurf wie auch die Reinschrift noch einmal überarbeitet. Die Verwandlung der „Reichsstände" in „Landesrepräsentanten" kam dem König entgegen, der sich, nach Varnhagens Zeugnis, ungern an die ehemaligen Reichsstände des Heiligen Römischen Reiches erinnert sah (*Richter* a. a. O. 92; vgl. aber Anm. 153 zu S. 207 oben). Daß Hardenberg einen relativ moderneren Ausdruck einsetzte, zeigt die Reaktion des Königs, als er nach Rothers Erinnerung (*Rühl:* II, XXV) 1820 wieder auf den deutschen Ausdruck der Reichsstände zurückgriff, um an keine „Repräsentation" anzuknüpfen. Die polemischen Distinktionen von Gentz scheinen inzwischen wirksam geworden zu sein. — Über die tatsächliche Ausgestaltung der versprochenen Verfassung war am 22. Mai 1815 im Grunde nichts gesagt worden, da Hardenberg die Kommission zu ernennen und in ihr den Vorsitz zu führen hatte.

schichte des peußischen Volkes in eine solche auf die Geschichte des Staates verwandelt. Schon Staegemann hatte des Königs Tugenden gestrichen, die eine Bürgschaft der Ordnung seien, um sie durch seine „Eigenschaften" zu ersetzen, die in ihrer „Eintracht mit dem Volke" wirken; Hardenberg entfernte schließlich die „landschaftlichen Stände" und die „Reichsstände", die berufen werden sollten, um dafür — neutraler und moderner — Provinzialstände und „Landesrepräsentanten" einzusetzen. Die Tendenz war, die Verfassungsplanung aus altständischen Formen möglichst herauszuführen, aber zugleich, ihm entgegenkommend, den König festzulegen: auch die Formel, der preußischen Nation ein Pfand seines Vertrauens zu geben, indem die Verfassung beschlossene Sache sei, stammte von Hardenberg selber. Welche Verfassung auch in Zukunft schriftlich fixiert werden sollte, über ihren Zweck hat die Präambel keinen Zweifel gelassen: der Zweck der Verfassung war die Sicherung der Verwaltung. Daß „der wohltätige Zustand bürgerlicher Freiheit und die Dauer einer gerechten, auf Ordnung gegründeten Verwaltung" wie bisher, daß die Grundsätze der Regierung auch in der Zukunft wie schon in der Vergangenheit „vermittelst einer schriftlichen Urkunde, als Verfassung des preußischen Reiches dauerhaft bewahrt werden" — das war der proklamierte Zweck. Die Verfassung zur festeren Begründung der Verwaltung, die Verwaltung als Garant von Freiheit und Ordnung, dieses Gefälle zunehmender Bestimmtheit steht hinter dem Verfassungsversprechen. Zwischen ständischen Forderungen und Vorbehalten des Königs sollte die Verfassung einen zusätzlichen Schutz und öffentlichen Rückhalt bieten, um die liberalen Pläne der Beamtenschaft verwirklichen zu können.

Das Verfassungsversprechen setzte einen Zielpunkt der Neuordnung und der weiteren Reformen. Es diente nicht, die Kampfbegeisterung gegen Napoleon erneut anzufachen, denn die Publikation erfolgte erst nach dem Sieg von Waterloo.[174] Aber unausgereift wie die Verfassungspläne selber noch waren, sollte wenigstens die Bahn freigehalten werden, auf der der König gegen den wachsenden Widerstand des Adels und der strikten Bürokraten weitergeleitet werden konnte. Die vordringlichste Aufgabe war freilich, wie es gerade am 30. April 1815 verordnet worden war[175], den um das Doppelte vergrößerten Staat verwaltungsmäßig zu erfassen. Dieser Arbeit galt die unmittelbare Aufmerksamkeit der Behörden. Eichhorn schrieb im März an Staegemann in Wien, als dieser gerade mit dem Entwurf beschäftigt war, es fehle noch ganz an einer „öffentlichen Meinung" über die zu bildende Verfassung. In Berlin mißtraue man allen Plänen, bis erst einmal eine „tüchtige und eingreifende Regierung" — wie

---

174 *Haake:* Verfassungskampf 65, die Publikation erfolgte am 8. 7. 1815, siehe auch *Simon:* The failure... 111.
175 GS 1815, 85—98.

Staegemann selber sage — errichtet sei, eine Regierung, die überhaupt fähig sei, einer Repräsentation gegenüberzutreten.[176] Gewiß dachte auch Hardenberg so. Er griff gern den Ratschlag Zerbonis auf, das Versprechen einer Verfassung ihrer Durchführung voranzuschicken, um zuvor die „regelmäßige Verwaltung" einzurichten.

Wiederum, wie in den vergangenen acht Jahren, gewann die Neugliederung der Verwaltung, die sich den neuen Gegebenheiten anzupassen hatte, den Vorrang vor der „Verfassungsfrage". Jetzt erst wurden die Weichen gestellt, die für die kommenden Jahrzehnte der Administration die Bahnen wiesen, während das Versprechen einer Repräsentation zunächst nur von Fall zu Fall prolongiert wurde.

---

176 *Rühl:* Briefe und Aktenstücke II, 49.

III. Der Behördenausbau von 1815 bis 1825 als verfassungspolitische Vorleistung

Niebuhr hat 1815 jene so gern zitierte „Erkenntnis" formuliert, „daß die Freiheit ungleich mehr auf der Verwaltung als auf der Verfassung beruhe"[1]. Das Wort machte schon damals seine Runde und hat das Selbstbewußtsein aller Beamten stilisiert, ob sie nun auf eine Repräsentativverfassung drängten oder darauf verzichteten, weil sie bereits innerhalb ihrer Institution die Gesellschaft hinreichend repräsentiert glaubten. Niebuhr freilich zielte mit seiner Formulierung gerade nicht auf die preußische Administration; er meinte nicht die Behörden, die von Hardenberg damals auf den ganzen Staat ausgeweitet wurden, sondern bezog seine Maxime auf die Steinsche Städteordnung. In dieser sah er das Ideal des englischen Selfgovernment am ehesten verwirklicht, wie es Vincke in seiner „Darstellung der inneren Verwaltung Großbritanniens" beschrieben hatte und die Niebuhr mit seinem Lobpreis der „Verwaltungsfreiheit" eingeleitet hatte. Er meinte die Selbstverwaltung, für die es damals noch keinen Begriff gab, weil der vorauszusetzende Sachverhalt, der Gegensatz von Staat und Gesellschaft, noch nicht offenkundig war.[2] Aber Niebuhr befürchtete ihn, weshalb er vor dem „französisch-westfälischen Verwaltungssystem" warnte, und er fügte ganz offen hinzu, daß außer jener Städteordnung in Preußen keine gleichartige Einrichtung mehr geschaffen worden sei, in der sich die Freiheit, auf der Verwaltung gründend, verwirkliche. Niebuhrs Formel der Freiheit durch Verwaltung war eine Variante des Verses von Pope: „For forms of government let fools contest/whatever is best administer'd is best", den Niebuhr durch die Vermittlung Mallet du Pans und von Gentz kennengelernt haben wird. Der scharfsichtige Emigrant und sein nicht minder scharfsichtiger Übersetzer haben das Wort in den politischen Bildungsschatz der Revolutionsgeneration eingeschleust.[3]

---

1 *Vincke:* Darstellung der inneren Verwaltung Großbritanniens, hrsg. von B. G. Niebuhr, Berlin 1815, Vorrede.
2 Vgl. unten S. 233, Anm. 57.
3 *Mallet du Pan* über die französische Revolution und die Ursachen ihrer Dauer, übersetzt mit einer Vorrede und Anmerkungen von Friedrich Gentz, Berlin 1794. Das Zitat und seine Übersetzung schließen das Werk: „Über Regierungsformen laßt Toren mit einander streiten; / Die beste ist die, welche am besten verwaltet wird" (206). Niebuhr hatte sich 1798 in London mit Mallet du Pan angefreundet (Briefe 1. 207, 219). Popes Wort wurde auch zuvor schon weitergereicht, so von Sonnenfels (Über die Liebe zum Vaterland, 1771 in Ges. Schr. 7, 91; siehe *Haussherr:* Hardenberg, 70) oder von Hume in seinem Essay „That politics may be reduced to a science" (Polit. Essays, ed. Hendel, New York 1953, 12). Hume wandte sich gegen den Ausspruch Popes, weil er hinter der Adminis-

Und der Sinn, den Mallet du Pan damit verbunden hatte, war nun allerdings geeignet, über die Zuspitzung von Niebuhr hinaus allen preußischen Beamten eine Legitimation ihres Selbstbewußtseins zu liefern. Mallet du Pan berief sich nämlich 1793 auf den Vorzug der Verwaltung deshalb, weil Frankreich „ohne eine vorbereitende Erziehung von dreißig Jahren durchaus unfähig sein würde", die Freiheit zu ertragen, die es sich in seiner revolutionären Verfassung erkämpft zu haben glaube. Darin eingeschlossen war die Warnung vor der Gegenrevolution, die die europäischen Großmächte sich gerade angeschickt hatten, nach Frankreich hineinzutragen. In diesem Sinne freilich war die Maxime geeignet, der preußischen Reformverwaltung einzuleuchten: Statthalter zu sein für eine zu schaffende Freiheit. Niebuhrs Pointe, die sich gegen Hardenberg, seinen persönlichen Feind, richtete, besaß also, auf ihre Quelle zurückgeführt, eine größere Berechtigung als Niebuhr wahrhaben wollte.

Der Vorrang der Verwaltung vor der Verfassung schien ein Gebot der Stunde, gerade wenn sich der Staat dem Beruf verpflichtet wußte, durch Erziehung einen Ausgleich zwischen Adel und Bürger, zwischen Ost und West herbeizuführen, der in eine gemeinsame Verfassung münden sollte. „Auf diese Weise behält auch die Regierung in ihrer Gewalt, diesen Übergang, für den sich doch kein Augenblick als der einzig richtige nachweisen läßt, allmählich zu veranstalten und eben dadurch aller Verwirrung vorzubeugen" (Schleiermacher).[4] Es kennzeichnet nun die Verwaltungsreformen der Jahre nach 1815, die 1817 mit der Stiftung des Staatsrates ihren ersten Abschluß fanden, daß sie Institutionen ausbauten, die ohne Schmälerung wenig geeignet waren, eine wirklich bedeutende Volksrepräsentation neben sich zu dulden. Nicht aber lag in der Organisation enthalten ein zwangsläufiger Verzicht auf eine Konstitution, die nicht der Entwicklung hätte fähig sein können. Nur ihr anfänglicher Spielraum wurde zunehmend eingeengt und zwar nicht zuletzt deshalb, weil Hardenberg die Verwaltungsbehörden nicht hinreichend bürokratisieren konnte, damit den Ständen legislative oder wenigstens konsultative Aufgaben hätten delegiert werden können.

---

tration persönliche Willkür witterte, die nur durch verfassungsmäßige Gesetze und Einrichtungen aufgefangen werden könne. Es ist klar, daß Niebuhr mit „Verwaltung" etwas anderes, nämlich einen Verfassungsbegriff von ständischer Liberalität meinte. *Kant* distanzierte sich in seiner Schrift „Zum ewigen Frieden" (Königsberg 1795, 28) scharf von Mallet du Pan und Popes Vers, weil sie die republikanische Gewaltenteilung als Voraussetzung der Freiheit ignorierten. Ebenso *Wieland* 1798 (Werke 32. 126).

4 Der Satz Schleiermachers befindet sich in seinem Akademievortrag „Über den Beruf des Staates zur Erziehung" aus dem Jahre 1814 (Pädag. Schriften 2, 167). Unmittelbar nur auf die Frage bezogen, wann der Staat an die Grenze seines Berufes gelange, die Erziehung „in die Hände des Volkes zurückzugeben", besaß die für die Reform geradezu klassische Sentenz einen verfassungspolitischen Aspekt, „den auszuführen hier aber nicht der Ort ist", wie Schleiermacher vorausschickte.

Der erste Schritt der Neuordnung begann wieder an der Spitze. Noch in Frankreich, im Juni 1814, gab Hardenberg einen Teil seiner fast diktatorischen Vollmachten an neu ernannte Minister zurück, ohne freilich auf sein alleiniges Vortragsrecht beim König zu verzichten.[5] Die Abteilungen des Inneren und der Finanzen erhielten strikte Bürokraten — Schuckmann und Bülow — zu Ministern, der Staatskanzler übernahm — im Hinblick auf die bevorstehenden Wiener Konferenzen — das Auswärtige, behielt sich aber weiterhin alle Angelegenheiten vor, die „die innere Verfassung und Verwaltung des Staates" betreffen. Dem Ministerkollegium wurde eine wöchentliche Beratung zur Pflicht gemacht, aber der Kanzler erließ die Direktiven zur Organisation des Staates. Der immer noch nicht errichtete Staatsrat erhielt einen zeitlichen Vorrang vor der zu stiftenden „ständischen Verfassung und Repräsentation" und zugleich Funktionen zugewiesen, die gerade einer solchen hätten zukommen können. Der Staatsrat sollte nicht mehr, wie früher von Stein vorgesehen, ein Gremium bilden, in dem Exekutive und Legislative in kollegialer Beratung aufeinander abgestimmt würden, er sollte nurmehr ein Beratungsorgan für allgemeine Gesetze werden, ohne irgend an der Verwaltung teilzuhaben.[6] Indem Hardenberg Exekutive, Legislative und Konsultative auf zwei Organe innerhalb der Verwaltungsspitzen auseinanderlegte — bei personaler und sachlicher Überlappung —, engte er die später einer ständischen Versammlung einzuräumende Befugnisse im voraus ein. Aber die zweite Richtlinie derselben Kabinettsorder ging immer noch dahin, um rasche Ausführung beschlossener Gesetze zu sichern, die gesamte Administration von den einzelnen Ministerien bis hinunter zur Lokalebene durch je eigene Instanzenzüge zu sondern. Das zielte weiterhin auf die bisher blockierte Kreisordnung. Aber bereits der nächste Schritt, die Neugliederung der Provinzialbehörden, am 30. April 1815 verordnet, führte zu wichtigen Abweichungen von einer strikten Hierarchie.

Den bürokratischen Plänen wurde, wie sich Hippel erinnerte[7], „durch eine einfache mündliche Äußerung des Königs gegen den Staatskanzler ein Ziel gesetzt". Die mittlere Verwaltung erhielt eine Organisation, die strukturell, wie der geplante Staatsrat, die zu bildenden Vertretungskörperschaften in ihren möglichen Funktionen von vornherein begrenzten. Kontrolle, Beratung, Polizei- und Verwaltungsgerichtsbarkeit wurden völlig in die Exekutive verwoben. Das bürokratische Kettensystem, wie es Humboldt nannte, wurde dabei zweifach durchbrochen, durch die Oberpräsi-

---

5 KO 3. 6. 1814, GS 1814, 40; dazu *Hintze:* Ges. Abh. 3, 588 ff. und *Klein:* Von der Reform ... 278; ferner *Frauendienst* und *Klein* in ihren Aufsätzen über das Staatsministerium.
6 Dazu *Schneider:* Staatsrat 22 ff.
7 *Hippel:* Friedrich Wilhelm III. 128 f.

denten, indem sie nicht zu Vorgesetzten der Regierungen wurden, und durch die Regierungen, indem sie ihre kollegiale Verfassung beibehielten. Im Grunde war der Befehl des Monarchen eine Entscheidung zugunsten der Steinschen Ansätze und des Herkommens, und damit eine solche gegen die „konstitutionellen" Pläne Hardenbergs. Aber Hardenberg bequemte sich den königlichen Wünschen nicht ohne verwaltungstechnische Berechtigung an. Er hatte zwar 1810 die drei Oberpräsidien beseitigt, die Stein in Anlehnung an die Provinzminister eingeführt hatte, aber 1815 stand der Staat vor dem völlig neuen Problem, sich zahlreiche heterogene Territorien anzugliedern. Der Rückgriff auf eine verwaltungstechnische Zusammenfassung, wie sie die alten Provinzen anboten, sowie auf die kollegiale Regierungsverfassung der Bezirke bot eine Handhabe, auch die Neuerwerbung elastisch in den Gesamtstaat zu überführen. Die fünf neu errichteten Provinzen, so verschieden sie unter sich waren — Posen, Sachsen, Westfalen und die beiden Rheinlande —, waren homogen genug, um als relativ selbständige Regionen organisiert zu werden. Die Neuschöpfung der Provinzen war eine Konzession an den Regionalismus derart, daß die historischen, sozialen, konfessionellen und nationalen Unterschiede gerade innerhalb der Verwaltung selbst zu Worte kommen konnten. Der Oberpräsident stehe, wie Schön seine Aufgabe einmal definierte[8], „vor einem Volksteil ... als der Bevollmächtigte des Königs da, der zur Masse zu sprechen und ihre Sprache zu vernehmen hat." Desgleichen diente die Kollegialverfassung der Regierungen, einen Ausgleich zwischen dem Gesamtstaat und den zahllosen überkommenen Gesellschafts- und Verwaltungsformen zu ermöglichen. Mit vollem Bewußtsein verzichtete man etwa im Westen auf die „Schnelligkeit" des französischen Systems, um in der Bedächtigkeit der Kollegien eine größere Gerechtigkeit zu finden.[9]

Der Entschluß freilich, die mittlere Verwaltung durch Oberpräsidien und Regierungskollegien zu organisieren, war innerhalb der Beamtenschaft stark umstritten und er blieb es im ganzen folgenden Jahrzehnt. Er fand seine Befürworter wie Veräthter, und die dabei aufreißenden Fronten zwischen Bürokraten und Regionalisten, zwischen Vertretern einer Hierarchie oder der Kollegialität bezeichneten nun verfassungspolitisch keineswegs eindeutige Gruppierungen, die sich etwa mit liberal oder reaktionär umschreiben ließen. Männer, die ein bürokratisches System bevorzugten

---

8 Zit. von *Hartung:* Staatsbildende Kräfte 288; dort auch sein Aufsatz über den Oberpräsidenten 275 ff.
9 Reg. Vizepräs. Gärtner an Hardenberg 8. 9. 1821 aus Trier (DZA Merseburg R 74, J II, Nr. 6). Klewitz, entschiedener Regionalist, hielt allerdings das kollegiale System in der Rheinprovinz noch für verfrüht (*Bär:* Behördenverfassung 137). Er hätte die Neuorganisation lieber in den Händen energischer Männer, wie Lezay-Marnésia es gewesen sei, gesehen (auch R 74, H, Gen. II, 13, Klewitz an Hardenberg 20. 2. 1817).

wie Sack oder Motz, waren für eine Gesamtrepräsentation, während strikte Bürokraten wie Schuckmann oder Heydebreck eine derartige Ergänzung ablehnten. Andererseits befanden sich unter den Regionalisten wie Vincke, Schön, Klewitz, Ingersleben oder Solms-Laubach ebenso geteilte Meinungen über die geplante ständische Gesamtverfassung oder über das Ausmaß, das kollegialen Behörden zugebilligt werden sollte. Mit anderen Worten, wie verwaltungstechnisch die Beziehung zwischen dem Staat und seinen Regionen, zwischen den Ministerien und den Provinzbehörden zu regeln sei, war die vordringliche Streitfrage, die im Jahrzehnt zwischen 1815 und 1825 ausgetragen wurde. Wie weit diese inneradministrative Diskussion und Neuordnung von verfassungspolitischer Konsequenz war, soll im Folgenden nachgegangen werden.
Gleich wie sich die einzelnen Beamten zur Frage der Oberpräsidial- und der Kollegialverfassung verhielten, allen gemeinsam war die scharfe Kritik an der unzureichenden Abgrenzung der Befugnisse. Den Oberpräsidenten war die ihnen zugemessene Macht und Verantwortung zu gering, den Regierungen zu groß. So entspann sich eine lebhafte Gutachtertätigkeit aller Betroffenen, und der Staatskanzler hat sie immer wieder ermuntert, ihre Einwände gegen die administrative Selbstorganisation „mit Freimütigkeit" vorzutragen.[10] Dieser Impuls fand ein reges Echo, das von der großen inneren Selbständigkeit der verantwortlichen Beamten zeugt. 1817 und 1825 wurden noch einmal Korrekturen in das Verwaltungsgefüge, wie es 1815 geplant war, eingezogen, aber im Ganzen ist dieses den zehnjährigen Diskussionen zum Trotz, aber auch auf Grund dieser, erhalten geblieben. Die mancherlei Unstimmigkeiten der Verwaltungsordnung, die logische Konsequenz und exekutive Folgerichtigkeit vermissen lassen, waren dabei nicht nur im Herkommen begründet, sondern ergaben sich als ein dauerhafter Kompromiß aus staatlichen Forderungen und regionalen Wünschen, die innerhalb der Verwaltung ihren Ausgleich gefunden hatten.
Die *Oberpräsidenten* gewannen eine Stellung, deren verwaltungstechnische Unbestimmtheit in umgekehrtem Verhältnis zu ihrer politischen Aufgabe stand. Ohne Mittelinstanz zwischen Ministerium und Regierungen zu sein, entwickelten sie sich schnell zu Sachwaltern der Provinzinteressen, die, wie ein Regierungspräsident schrieb, „zugleich das Personalinteresse der Oberpräsidenten" seien.[11] Bereits 1815 wurde ihnen ein Aufgabenkreis zugewiesen, der zwar klein zu sein schien, aber von vornherein über die

---

10 St. Arch. Düsseldorf, CB I, Fach 1, Nr. 1. Antwort des Reg. Präs. Pestel auf die von Hardenberg am 27. 6. 1818 erneut — wie schon im Herbst 1817 — eingeforderte Kritik an der Regierungsinstruktion. Hardenberg bat vor und nach dem Erlaß der Instruktion vom 23. 10. 1817 um Einwände der Präsidenten.
11 R 74, H II, Nr. 21. Zum Folgenden *Hartung:* Staatsbildende Kräfte 284 ff.

reine Verwaltung hinausführte. Als erster Gegenstand wurden „alle ständischen Angelegenheiten, soweit der Staat verfassungsmäßig darauf einwirkt", ihrer „Wirksamkeit" zugewiesen[12], eine Bestimmung, die 1823 mit der Schaffung der neuen Provinzialstände ihren vollen Inhalt bekam. Der Staat schuf sich somit bereits auf regionaler Ebene eine eigene Instanz, die gleicherweise Stände und Verwaltung zu beaufsichtigen und in lockerer Weise zu leiten hatte. Obwohl die angekündigten besonderen Instruktionen, „welche die Lokalität jeder Provinz berücksichtigen" sollten[13], nie erlassen wurden, kulminierten in einem vom Staat selber bestellten Beamten ständische und administrative Belange. Es zeigte sich schnell, daß der Oberpräsident nicht nur „beständiger Kommissar des Ministeriums" in der Provinz war, sondern ebenso deren Repräsentant vor dem König und dessen Ministerium. Dem kam entgegen, daß der Oberpräsident fast gar keine Befehlsgewalt über die Regierungen hatte, die dem Ministerium direkt unterstellt wurden. Die Oberpräsidenten wurden geradezu in die Zwischenzone hineingedrängt, die sie selbstbewußt auszufüllen trachteten.

Es gelang den Oberpräsidenten trotz anhaltenden Protestes weder beim Erlaß ihrer Dienstinstruktion von 1817 noch bei deren Revision 1825 ihre Position gegenüber den Regierungen wirksam zu verstärken. Und ebensowenig gelang es ihnen, was etwa Solms-Laubach oder Vincke gern gesehen hätten und was vor allem Schön mit zäher Energie anstrebte, über das Ministerium hinweg eine Immediatstellung zum König zu gewinnen.[14] Sie besaßen kein eigenes Büro und waren für ihre schriftliche Tätigkeit am Amtssitz auf die Hilfe der Regierung angewiesen, der sie formal seit 1825 wieder in Personalunion als Präsident vorstanden. Die eigentliche Last der Verwaltung blieb völlig bei den Regierungen, bei den Generalkommissionen und bei den Provinzialsteuerdirektionen, die von 1823 bis 1827 abgezweigt wurden. Deren Tätigkeiten zu kontrollieren, auf die Gesetzmäßigkeit ihrer Arbeit zu achten und — soweit sie über die Bezirksgrenzen hinausreichten — zu koordinieren, war die vorzüglichste Aufgabe der Oberpräsidenten. Insofern ersetzten sie weiterhin, auch wenn sie des Titels eines beständigen Kommissars entkleidet wurden, die fehlende Präsenz der in Berlin bis zu über 100 Meilen abgelegenen Ministerien. Von Berlin bis Königsberg brauchte die fahrende Post damals noch eine Woche[15], und um solchen verkehrstechnischen Hindernissen abzuhelfen,

---

12 VO 30. 4. 1815, § 3 (GS 85).
13 a. a. O. § 4.
14 R 74, H II, Nr. 21; Ingersleben an Hardenberg 20. 2. 1821: St. Arch. Koblenz 402/80, auch *Bär*: Behördenverfassung 142 f.; Solms-Laubach: siehe die Arbeit von *A. Klein* 74; Schön: vgl. Staatl. Arch. Lager Göttingen, Rep. 2, Tit. 3/88, Bd. 1 und weitere Beiträge 159 ff. Jetzt W. *Gerschler:* Das preuss. Ob.präs. Jülich—Kleve—Berg ..., Köln 1967.
15 Hist. geneal. Kalender, Berlin 1804, hrsg. *F. Buchholz* (Verzeichnis der Postcourse).

erhielten die Oberpräsidenten gerade den Bau der Kunststraßen als ihr unmittelbares Ressort zugewiesen, eine Aufgabe, die sie in ganz hervorragendem Maße erfüllten.[16] Innerhalb ihrer Provinz sollten sie das Übel der „Schreiberei" in den Amtsstuben möglichst beseitigen, durch regelmäßige Reisen persönlich wirksam werden, um Entscheidungen zu beschleunigen, um, wie Hardenberg sich einmal ausdrückte, „Einheit, Leben und Tätigkeit" in die Verwaltung zu bringen.[17] Gerade weil dem Oberpräsidenten vorzüglich Oberaufsicht, Kontrolle und Schlichtungsbefugnisse zugemessen wurden, war die Provinz eine Verwaltungseinheit, die nur auf seine Person zugeschnitten war. Der Oberpräsident herrschte, aber administrierte nicht. Die moralische Autorität konnte durch diese Organisation nur herausgefordert und erhöht werden. „Der Oberpräsident muß wenigstens mehr auf seine moralische Kraft selbst halten", wie Humboldt bemerkte, „als auf seine amtliche Wirksamkeit, weil jene sich weiter erstreckt."[18] Er stehe nicht in der Verwaltung, sondern ihr zur Seite. Freilich trat in der ersten Generation der bedeutenden Persönlichkeiten schnell ein, was Vincke vorausgesagt hatte, daß „unvermeidlich oft die Kontrolle selbst Verwaltung werde und dazu verführe"[19].

Schließlich hatten die Oberpräsidenten weite Bereiche unmittelbar zu verwalten, die von nicht geringerer Bedeutung waren als etwa der Straßenbau für die allgemeine Entwicklung der Wirtschaft. Da hatten sie die landesherrlichen Rechte circa sacra der katholischen Kirche persönlich zu wahren, jene delikate Materie, die unmittelbar in das Leben etwa eines Drittels der preußischen Bevölkerung eingriff. Ferner unterstanden ihnen persönlich die drei Kollegien, die für die geistige, geistliche und körperliche Bildung der „Nation"[20] zuständig waren: das Medizinalkollegium und das Konsistorium, aus dem 1825 das Provinzialschulkollegium als eigene Behörde abgetrennt wurde.[21] Das höhere Schulwesen und die Lehrerbildung hingen auf diese Weise vom Oberpräsidenten ab, während die direkte Aufsicht über die Volksschulen den Regierungen übertragen blieb. Das geistige Klima einer Provinz konnte durch diese Verwaltungskombination nicht wenig vom Oberpräsidenten beeinflußt werden. Die Bildungsarbeit, der sich der preußische Staat verschrieben hatte, empfing auch von den Oberpräsidenten ihre Impulse und dementsprechend wurde ihnen die

---

16 Mit den Geldern der Seehandlung; vgl. *Henderson:* The state 130.
17 Vgl. Anm. 10
18 *Schön:* Weitere Beiträge 187 ff., 217 (Humboldt an Schön 1. 2. 1825).
19 13. 11. 1821 (R 74, H II, Nr. 21).
20 Dienstinstruktion für die Provinzial-Konsistorien vom 23. 10. 1817; vgl. § 7 (GS 237).
21 KO 31. 12. 1825 (GS 1826, 5); vgl. dazu *Bär:* Behördenverfassung 135 ff.

Zensur mit überantwortet. So konnten sie, was in Berlin ungern gesehen wurde, manches verhüten.[22]

Als die Dienstinstruktionen für die Konsistorien 1817 in Berlin von Friese, Rother und Klewitz bearbeitet wurden, hätten sie es vorgezogen, den ganzen Bereich an die Regierungen selber zu verweisen. Die gegenläufige Entscheidung, äußerlich eine Konzession Hardenbergs an die Oberpräsidenten[23], war gleichwohl tief in der preußischen Sozialverfassung verankert. Im Rahmen der ständischen Ordnung wurden nämlich alle eximierten Bürger der Bildungsschicht – Geistliche, Ärzte und Lehrer – dem obersten Vertreter des Staates in den Provinzen unmittelbar anvertraut, ihre kollegialen Behörden den Regierungen gleichgestellt.[24] Der Oberpräsident erhielt eine persönliche Verantwortung für die geistigen Berufe, die als solche in den 1823 errichteten Provinzialständen nicht vertreten waren. Damit versammelte der Oberpräsident drei Sektoren, wenn auch auf verschiedene Weise, in seinem Amt: die gesamte Verwaltung, Kirche und Schule, sowie die ständische Regionalverfassung. In dieser Kombination hatte der preußische Staat ein Amt geschaffen, das ganz auf die persönliche Autorität seines Inhabers zugeschnitten war, der, wie Schön es verstand, „seine politische Existenz" notfalls auch gegen Ministerialanordnungen einzusetzen hatte.[25]

Was verwaltungstechnisch als Nothilfe gedacht war, die neuerworbenen Gebiete durch beständige Kommissare des Ministeriums einzugliedern, stellte sich verfassungspolitisch als eine wichtige Entscheidung heraus. Die Interessen der regionalen Verwaltung gewiß in erster Linie, aber auch der Eximierten wie der Stände, insgesamt der „Provinzen", fanden in den Oberpräsidenten ebenso ihre Beschützer wie der Staat in ihnen seine Bevollmächtigten erblickte. Der gerade damals auftauchende Gegensatz zwischen Staat und Gesellschaft — noch in seiner ganzen Vieldeutigkeit — fand also innerhalb der Administration selber im Amt des Oberpräsidenten einen institutionalisierten Schnittpunkt.

Wenn die Oberpräsidenten gegen Anweisungen der Berliner Ministerien Stellung bezogen, und das taten sie schnell und gründlich, dann konnten sie das nur tun, weil sie in ihren Behörden wie in der öffentlichen Meinung ihrer Provinzen gleicherweise Rückhalt fanden. Als etwa der Oberpräsident Merckel zur ersten Staatsratsitzung im März 1817 nach Berlin fuhr,

---

22   VO 18. 10. 1819, Abs. III (GS 224); Dienstinstruktion für die Oberpräsidenten vom 31. 12. 1825, § 2, 7 (GS 1826, 1). Zum Widerstand des Oberpr. v. Schaper gegen Graf Arnim in der rheinischen Zensurpolitik 1844 vgl. *Hansen:* Mevissen 1, 363.
23   *Bär:* Behördenverfassung 138.
24   Obwohl das Konsistorium in eigenen Sachen den Regierungsschulräten übergeordnet war, verkehrten Regierung und Konsistorium im gleichgeordneten Ersuchungsstil (Dienstinstr. § 11).
25   *Schön:* Aus den Papieren 3, 79 ff.

erhielt er ein regelrechtes, von allen Mitgliedern unterzeichnetes Vertrauensvotum der Breslauer Regierung mit auf den Weg.[26] Zerboni verstand sich als aufgeklärter „Hausvater" seiner Provinz[27]; Auerswald konnte es als sein Recht ansehen, im Namen der „ostpreußischen Nation" Gutachten dem König immediat zuzusenden[28]; und wenn Schön dies später auch versagt war, er hat mehr noch als sein Vorgänger und mehr als alle seine Kollegen die Opposition auf provinzieller Basis gepflegt. Die Provinzstände deckten ihren ersten „Beamten"[29]. Im Westen etwa holte sich Graf Solms, als er — gegen ausbedungene Wünsche — sein Amt antrat, begabte Außenseiter wie Schenckendorf oder Haxthausen in die Verwaltung, „weil von der Wahl der Personen, nicht sowohl der Erfolg des Geschäfts, als vielmehr der Grad des öffentlichen Vertrauens abhängig ist"[30]. Und Graf Solms scheute sich nicht, den Ministern sein Amt zur Verfügung zu stellen, als er seine Personalpolitik von ihnen kritisiert sah.[31] Sack, sein Rivale, schreckte nicht davor zurück, als er gegen seinen Wunsch aus seiner Heimat 1816 nach Pommern versetzt wurde, Hardenberg und dem König mit der öffentlichen Meinung zu drohen, die er am Niederrhein gewonnen hatte. „Mögen die Folgen davon sein, welche sie wollen, ich kann nicht anders: wir alle stehen unter der öffentlichen Meinung, sie billigt meine Schritte völlig ..." schrieb er dem Kanzler[32], der den Brief aus Freundschaft sekretierte, sich aber gezwungen sah, seine Konzilianz in Strenge zu verwandeln, um Sack zum Gehorsam zu zwingen. Noch aus Pommern ließ Sack seine Beziehungen im Rheinland spielen, um, wie er Staegemann, dem Gehilfen Hardenbergs offen zugab, „das Volk recht methodisch gegen unsere Regierung aufzubringen"[33].

Der Widerstand der Oberpräsidenten gegen die Berliner Ministerialbürokratie blieb nicht ohne Erfolg. Sie waren mächtig, aber auch mutig genug, in der Verwaltung eine Art von politischer Parteiung zu bilden; als zur „Partei" der Konstitutionalisten gehörig, so denunzierte schon 1815 Ancillon die meisten Oberpräsidenten beim Kronprinzen, um sich selbst in die Verfassungskommission zu drängen, was er schließlich auch erreichte.[34] 1817 gelang es den Oberpräsidenten, gestützt auf den Staatsrat, ein Mi-

---

26 Arch. panstw. Wrocl. Obr. Pr. Rep. 200 Zg. 54/16, Nr. 2813, vol. 1.
27 Staatl. Arch. Lager Göttingen, Rep. 2, Tit. 3, Nr. 88, Bd. 1 (12. 6. 1823).
28 R 74, JV, Gen. Nr. 11, vol. II (7. 11. 1814).
29 Vgl. die Ständeeingabe gegen eine drohende Versetzung Schöns nach Berlin 1815 bei *Rühl:* Briefe ... 1, 398; ferner siehe unten S. 369.
30 *A. Klein:* Solms-Laubach 42.
31 A. a. O., Anlage V; vgl. auch Vinckes Entlassungsgesuch 1836 (*Schulte:* Volk und Staat 429).
32 DZA Merseburg, R 74, J III, Nr. 48, 6. 3. 1816; vgl. dazu *Bär:* Behördenverfassung 121.
33 *Rühl:* Briefe und Aktenstücke 2, 127, 13. 12. 1816
34 *Haake:* Ancillon 115.

nisterreviment in die Wege zu leiten, das wohl den Höhepunkt ihrer gesamtstaatlichen Aktivität darstellte und von den quasikonstitutionellen Formen zeugt, die sich in der Reformverwaltung eingespielt hatten.
Nach der ersten Staatsratsitzung, zu der sie berufen waren, fanden sich sieben der zehn Oberpräsidenten zusammen, um unter der Anführung ihres eigenwilligsten Vertreters, nämlich Schöns, das Reformwerk wieder voranzutreiben. Am 30. Juni 1817 überreichten sie ein Memorandum[35], das von Treitschke ein sonderbares, an drastischen Wendungen überreiches Schriftstück genannt und von Meinecke als „denkwürdiges Zeugnis eines tief empfindenden, aber haltlosen und unklaren, weil unpolitischen Liberalismus" interpretiert wurde.[36] Tatsächlich war in dem Dokument der Konfliktstoff der kommenden Jahre und Jahrzehnte fast vollständig enthalten. Aber, und das kennzeichnet die Ausgangslage, die Sprecher der bürgerlichen Forderungen waren die Spitzen der Provinzialbehörden. Sie wußten sich weitgehend identisch mit den Wünschen des höheren Bürgertums, und als Vertreter der regional verschiedenen Lebenskreise konnten sie sich auf Forderungen einigen, die allen gemeinsam waren. Das allgemeine Mißtrauen in den Provinzen habe Ursachen, die sie in Berlin gefunden zu haben glaubten. Preußen werde, ein vielgestaltiges Gebilde, nur durch den Geist zusammengehalten. Darin sehen sie das Gesetz des Aufstiegs des Staates: nur durch den Geist werde die Zukunft gesichert.

„Überall beweist das Volk die regste Teilnahme an öffentlichen Dingen in der Gemeinde und für die Provinz und den ganzen Staat; und hat auch seine Würdigkeit durch unzählige Opfer und Anstrengungen in der letzten Zeit dargetan. Wo wären alle die großen Erfolge ohne die Macht des öffentlichen Geistes? Und diesen Geist sucht man über einzelne Voreiligkeiten, ohne deren Geleite auch keine andere lebendige Kraft in der physischen und geistigen Natur sich aufzeigen läßt, verdächtig zu machen; statt ihn zu leiten, wird er bekämpft und unterdrückt; statt mit seiner Kraft die Kraft der Regierung zu vermehren für die gemeinsame Wohlfahrt, zerarbeiten sich die Staatsbehörden gegen ihn in nutzlosem Kampfe, der nur Mißtrauen und Feindschaft zwischen Regierung und Volk stiftet, die durch innigste Liebe und Vertrauen verbunden sein sollen. Publicität wünscht die Mehrzahl im Volk; aber die Strenge der Censurbehörden nimmt täglich zu, so daß unsere öffentlichen Blätter zu völliger Geistlosigkeit herabgesunken sind und nicht einmal ungerechte Angriffe des

---

35 DZA Merseburg R 74, H II, Gen. 14; St. Arch. Koblenz 402/86; Schöns zusätzliche eigene Eingaben vom 18. 6. 1817 und 13. 7. 1817. Aus den Papieren 4, 369 ff.; vgl. *Hintze:* Ges. Abh. 3, 591; ferner Sack an Stein am 16. 7. 1817 in *Steffens:* Briefwechsel Sacks Nr. 63.
36 *Treitschke:* Deutsche Geschichte 2, 199 f.; *Meinecke:* Boyen 2, 319; vgl. auch *Klein:* Von der Reform ... 190, 217, 284.

Auslandes abzuwehren vermögen." Es folgen eine Reihe dringlicher Vorschläge, teils allgemeiner, teils ganz spezieller Art. So werden gefordert: eine strenge Abgrenzung von Polizei und Justiz, die Einführung einer Kommunalverfassung, die Förderung einer Synodalverfassung der Kirche, bessere Schulsorge, Pflege des Turnwesens, gerechteres Einziehungssystem der Armee, Sicherung der Landwehr; wo es die öffentliche Meinung zu beruhigen gelte, handele man, „als wollte man das große Ereignis des öffentlichen Geistes aus der letzten Zeit wieder untergehen lassen".
Unverhüllt werden die Angriffe gegen die Ministerien selber vorgetragen. Ihre strenge Bindung an einmal gegebene Gesetze wird gefordert, um Verwirrung und Willkür zu verhüten. In französischer Manier zögen sie alle Geschäfte aus der Provinzialverwaltung an sich, ohne der Übersicht über das Ganze mächtig zu sein. Hardenberg notierte gerade an diese Passagen „dieser Vorwurf ist richtig ... wahr ... gegründet", und er zog die Konsequenz. Schuckmann und Bülow, als hartgesottene Bürokraten die schärfsten Gegner der Oberpräsidien überhaupt, mußten wichtige Teile ihres Ministeriums abgeben[37]: Schuckmann die Kultusverwaltung an Altenstein und vor allem Bülow das Finanzressort, indem er auf die Gewerbeverwaltung beschränkt wurde. Die sogenannte höhere und geheime Polizei wurde aufgehoben — bekanntlich für kurze Dauer; und Kircheisen, als alter Mitarbeiter am Landrecht entschiedener Gegner der rheinischen Gerichtsverfassung und napoleonischer Gesetze, mußte die Justizordnung der westlichen Provinzen Beyme überlassen, der der französischen Gesetzgebung freundlich gegenüberstand.[38] Außerdem sollte, wie das Mißtrauensvotum forderte, die kollegiale Beratung im Staatsministerium verstärkt werden, um widersprechende Verfügungen zu unterbinden. Hardenberg ging, auch aus Rücksicht auf seine nachlassenden Kräfte[39], gerne darauf ein, ohne freilich seine Sonderstellung als Kanzler aufzugeben; im Gegenteil, die wichtigste der noch ausstehenden Verwaltungsreformen, die der Finanzen, zog er bei dieser Gelegenheit stärker an sich.
So verärgert Hardenberg über seine eigenmächtigen Oberpräsidenten gewesen sein mochte, es war auch ein Ergebnis seiner Verwaltungspolitik, daß sie sich zusammenfinden konnten, um aus ihrem Beratungsrecht politische Konsequenzen zu ziehen, nämlich Forderungen im Namen der Öffentlichkeit zu stellen. Der Kanzler legte schließlich das Mißtrauensvotum, um eine Regierungsbildung in die Wege zu leiten, seinem König vor. Der König gab in seinem gedämpften Antwortschreiben dem Oberpräsidenten zu bedenken, „daß die öffentliche Meinung zwar sehr beachtet zu werden verdient, daß sie indessen bei richtigen Grundsätzen und

---

37 VO 3. 11. 1817 (GS 289).
38 Vgl. *Stölzel:* Rechtsverwaltung 2, 450 ff.
39 *Hintze:* Ges. Abh. 3, 592; *Klein:* Von der Reform ... 286.

Maßregeln nicht als Leitstern gelten dürfe"[40] — wie Hegel sagte, daß sie ebenso geachtet wie verachtet zu werden verdiene.[41] Aber die Tatsache, daß des Königs Dankschreiben an seine Oberpräsidenten erst am 3. November 1817 abgefaßt wurde, am Tage des Ministerrevirements, zeugt davon, daß der Monarch die öffentliche Meinung aus dem Munde seiner Staatsbeamten zu beachten nicht umhin konnte.

Die Lage hatte sich seit den Befreiungskriegen geändert. Erst die Reformgesetze, dann der Sieg über Napoleon hatten das politische Bewußtsein vieler Kreise soweit geschärft, daß deren Äußerungen nicht mehr zu überhören waren. Bisher hatten sich die Stifter der Reformgesetze auf die lebhafte Gutachtertätigkeit innerhalb der Behörden beschränken können, wenn sie überhaupt so etwas wie eine allgemeine Meinung berücksichtigen wollten. Jetzt war es der Verwaltung nicht mehr möglich, ihre interne Beratung als eine Art Selbstgespräch der Intelligenz mit der öffentlichen Meinung schlechthin zu identifizieren. Die noch offenen Reformfragen erheischten nicht nur von der Beamtenschaft eine Antwort, auch die davon Betroffenen drängten auf eine Lösung. Die Kommunalverfassung, die Kreis- und Ständeordnung – in Ost und West völlig verschieden, aber beidemal ungeklärt –, die Kriegsschulden und Kriegsfolgen, die Veranlagung und Bewilligung der Steuern, die allgemeine Wehrpflicht und die Zollforderungen zum Schutz gegen die Nachbarn und in all dies verflochten die Verfassungsfrage wurden besprochen und fanden Eingang in Zeitungen, Adressen, Petitionen und Beschwerden. Das Schlagwort, Preußen sei mannbar geworden und reif für eine Repräsentation, aus der der Zeitgeist spreche, machte seine Runde. „Constitution, Verfassungsurkunde, das sind Worte, welche gegenwärtig überall erklingen und welche die Schriftsetzer als Stereotypen stehen lassen könnten."[42] So schrieb 1816 einer jener Regierungsräte, die sich meinungsbildend an die Öffentlichkeit wandten, um von ihr aus auf die politischen Entscheidungen zurückzuwirken[43]; und er fügte hinzu, die Leidenschaften eilten den Erwartungen voraus und äußerten sich laut. Die Menge der Pläne, die bisher die Beamtenschaft zu verwirklichen getrachtet hatte, hatte eine ebenso große Fülle an Hoffnungen geweckt, die unbefriedigt geblieben waren. Seit dem Wiener Kongreß, der wenig geneigt war, Gesinnungen zu belohnen, brei-

---

40 Brief an Schön, gedruckt: Aus den Papieren 4, 369. Die Antwort an alle Oberpräsidenten gemeinsam, die das Mißtrauensvotum vorgetragen hatten, zeigt eine Variante, in der die öffentliche Meinung von der des Volkes abgehoben wird: „Die öffentliche Meinung ist sehr zu beachten, aber die *des Volkes* darf darum auch nicht irre machen, wenn man nach richtigen Grundsätzen Maßregeln nimmt." Die Briefe gingen am 4. 11. 1817 ab; vgl. Anm. 35.
41 *Hegel:* Rechtsphilosophie § 318.
42 *Grävell:* Konstitution 1.
43 Vgl. *Treitschke:* Deutsche Geschichte 2, 484.

tete sich das Gefühl der Unzufriedenheit, das Bewußtsein des Ungenügens in der Beamtenschaft selber aus. Der herkömmliche Schnitt, der die eximierte Bürokratie, den Staat, von den alten Ständen und von der Bevölkerung in den erworbenen Gebieten trennte, weitete sich zu einem Riß, der in vielfacher Brechung die Verwaltung selbst durchzog.

Die drei Parteien, die es nach einem Wort des Oberpräsidenten Ingersleben in der Administration gab[44]; die Ministerien, die Regierungen und die Oberpräsidenten selbst, sie gruppierten sich nicht allein an der Streitfrage, wieweit eines jeden Verantwortung und Befugnis und Freiheit zu reichen habe. Die inneradministrative Auseinandersetzung wurde vielmehr aufgeladen von den zahllosen stummen und von den lauten Wünschen, die alle Regionen und Gesellschaftsschichten an den Staat und seine Organisation stellten. Sie reichten von der herausfordernden Indifferenz der Rheinländer bis zu den ergeben-anmaßenden Bitten östlicher Gutsherren. Seitdem die Verwaltung die altständische Gesellschaft in Bewegung gesetzt hatte und seit sie im Westen auf eine traf, die bereits in Bewegung gebracht war, verlor die früher evozierte öffentliche Meinung jene Homogenität, die sie innerhalb der Verwaltung und während der Notzeit einmal besessen hatte. Die von den Reformen und durch die Erwerbungen aufgeworfenen Probleme, die in sich eines Kompromisses unfähig waren, wirkten in die Verwaltung zurück und spalteten sie selbst. Die Regierungen und vor allem die Oberpräsidenten hatten in diesem Konflikt den Vorzug, wirklich im Namen ihrer „Verwalteten" sprechen zu können. Ingersleben etwa hielt die Oberpräsidenten für unumgänglich, „weil sie dem Lande als eine Schutzwehr gegen die fiscalischen Maßregeln des Ministeriums gelten"[45]. Es gab wohl kaum einen dringenden Wunsch in dieser Zeit, zu dessen Sprecher, zu dessen Referent wenigstens, sie sich nicht gemacht hätten. Und die Vielzahl der Wünsche fand in zahlreichen Separatvoten der Regierungsmitglieder wenigstens ein meßbares Echo. Aber dieser Vorzug der mittleren Behörden wog ihren Nachteil nicht auf, von der staatlichen Willensbildung in Berlin zu weit entfernt zu sein.

Der Sieg, den die Partei der Oberpräsidenten über das Staatsministerium im Herbst 1817 errungen hatte, blieb Episode, und es war auch nur ein halber Sieg. Der König und Hardenberg griffen bewußt zu dem mildesten Auskunftsmittel; sie beseitigten nicht die Minister, denen das Mißtrauen ausgesprochen worden war, sondern beschnitten nur die Grenzen ihrer Ressorts.[46] So sehr Hardenberg geneigt war, den Forderungen der

---

44 Ingersleben an Hardenberg 20. 11. 1821, St. Arch. Koblenz 402/80; dazu *Bär:* Behördenverfassung 142 ff.
45 Siehe Anm. 43.
46 Sehr im Unterschied zu Stein 1807, der erkannte, daß jeder Wechsel in der Politik einen Wechsel der Personen voraussetzte, schrieb jetzt der König: „Bei Veränderungen in

Oberpräsidenten fallweise nachzugeben — er bat um Präzision der einzelnen Beschwerden —, als politische Willensgruppe innerhalb der Beamtenschaft war er sie zu fördern nicht geneigt.[47] Gewiß spielten sie das verwaltungstechnische Problem des Provinzialismus zu sehr in den Vordergrund, das zu umgehen ihm aus verfassungspolitischen Gründen notwendig schien. Das von Humboldt angeregte und in der Instruktion von 1817 vorgesehene jährliche Treffen aller Oberpräsidenten in Berlin, um die Verwaltungspläne aufeinander abzustimmen, hat Hardenberg nie einberufen; zum begreiflichen Ärger derer, die sich als die Präsidenten ihrer Provinzen wußten.[48] Wie sehr diese verwaltungstechnische Bestimmung potentiell einen hoch politischen Inhalt hatte, zeigte sich noch einmal auf dem Höhepunkt des Kampfes zwischen Humboldt — dem Initiator jener Anweisung — und dem Staatskanzler.

Die Haltung und Stimmung der meisten Oberpräsidenten richtig einschätzend suchten Humboldt und Beyme zur Jahreswende 1819/20 deren Unterstützung. Sie forderten vom König immediat, gemäß der Instruktion, die Oberpräsidenten nach Berlin zu berufen. Der Zweck war, durch provinzielle Gutachten generelle Gesetze zu ermitteln für die auf ganz Preußen auszudehnende Öffentlichkeit in der Gerichtsverfassung, für die Gemeinheitsteilungen, für das Schuldenwesen und für die Gemeindeordnung. Die Minister hatten den Wortlaut des Gesetzes, den § 10 der Instruktion von 1817 für sich, aber sachlich und formal, durch Umgehung ihres Dienstweges, richtete sich die Eingabe gegen den Kanzler. Die drei letzten der genannten, noch ausstehenden großen Reformgesetze ließ Hardenberg gerade in seiner Kanzlei und durch besondere Kommissionen bearbeiten. Ihre Beratung in das Staatsministerium einzuholen, dabei den Rat aller Oberpräsidenten zu verwenden, das war ein weiterer Schritt zur inneradministrativen Konstitutionalisierung, wie sie Humboldt und Beyme anstrebten. Er ging auf Kosten der immer noch halb diktatorischen Sonderstellung des Kanzlers. Hardenberg lehnte ab.[49] Nur einzeln solle

---

den Personen ist große Vorsicht nötig. Man läuft Gefahr, ungerecht gegen sie zu sein und mit andern dem vorgesteckten Ideal nicht näher zu kommen. So lange also mildere Mittel möglich sind, müssen diese gewählt werden" (R 74, H II, Gen. 14). Es bleibt immerhin erstaunlich, daß der schweigsame Monarch seinen rebellierenden Oberpräsidenten Rechenschaft schuldig zu sein glaubte.

47 Als sich im Oktober 1817 alle westlichen Chefpräsidenten eigenmächtig in Godesberg zusammengefunden und dem Staatskanzler einen Lagebericht gesandt hatten (25. 10. 1817), genehmigte dieser rückwirkend die Konferenz, verlangte aber für das nächste Mal vorherige Anfrage (R 74, J II, Nr. 6). Vgl. *Klein: Von der Reform* ... 288.

48 Gutachten Zerbonis vom 12. 7. 1823 (Staatl. Arch. Lager Göttingen. Rep. 2, Tit. 3, Nr. 88, Bd. 1). Humboldts Anregung bei *Gebhardt:* Humboldt 2, 279; seine Schreiben an die Oberpräsidenten 1819, um ihnen für die kommende Krise Mut zu machen bei *Humboldt:* Briefe 6, 599 und R 74, J II, Nr. 6; zu Hardenbergs Haltung *Haake* (FbpG. 1920, 32, 139).

man sie in das Staatsministerium zitieren, alle zusammen, das ließen wohl die Dienstgeschäfte nicht zu. Hardenberg befürchtete zu Recht, daß Humboldt mit dem ganzen Nachdruck der regionalen Verwaltung seine Position gegenüber dem Kanzler entschieden verbessert hätte. Eine Regierungsumbildung wäre nötig geworden, denn die genannten Reformgesetze hätten innerhalb des Staatsministeriums, wie es damals zusammengesetzt war, kaum zum Abschluß gebracht werden können. Noch bevor Hardenberg seinen Bescheid dem Staatsministerium zusandte, waren Humboldt und Beyme entlassen.[50]

Die Oberpräsidenten waren noch einmal nahe daran, was durchaus nicht in Humboldts Absicht gelegen hatte[51], die Schwelle zur gesamtstaatlichen Planung zu überschreiten, auch unmittelbar an der Legislative beteiligt zu werden. Und nach dem Sturz von Humboldt machte 1821 und 1824 eine Reihe von Oberpräsidenten — Vincke, Ingersleben und Schön — noch einen letzten Versuch, ihre Stellung zu der von gleichberechtigten Provinzministern zu erhöhen. Dieser Versuch, auf Kosten der Sachministerien die alte Ministerialverfassung mehr oder minder wieder herzustellen, scheiterte, aber er wurde ernsthaft erwogen, und das ungelöste Problem, wie der Pluralismus der preußischen Landschaften mit der staatlichen Einheit zu verbinden sei, führte noch einmal zu zwei Kommissionsbildungen in Berlin.[52] Deren Aufgabe war zugleich, eine erhebliche Kostensenkung der Verwaltung in die Wege zu leiten, die dann — ein seltenes Beispiel in der Geschichte — auch durchgeführt wurde.

Die Argumente, die in den Kommissionen ausgetauscht wurden, zeigen ein hohes staatspolitisches Niveau und es gab kaum einen Einwand, der bis zur 48er Revolution gegen die Verwaltung erhoben wurde, der nicht in diesen Ausschüssen selbstkritisch zur Sprache gebracht worden wäre. Die Kostenersparnis und Personalsenkung wurden gutgeheißen, zwei Oberpräsidien und zwei Regierungen wurden völlig aufgelöst und die gesamte Beamtenschaft der mittleren Verwaltung um ein Sechstel redu-

---

49 Boyens Rücktrittsgesuch vom 8. 12. 1819, am 10. 12. 1819 wiederholt, weil er die Landwehrreform des Königs nicht verantworten zu können glaubte, wurde am 25. 12. 1812 genehmigt (*Meinecke:* Boyen 2, 387). Die Eingabe des Staatsministeriums ging auf Humboldt und Beyme zurück, sie richtete sich am 17. 12. 1819 an den König und wurde am 6. 1. 1820 von Hardenberg negativ beschieden, nachdem er die beiden Minister bereits entlassen hatte (DZA Merseburg R 74, J II, Nr. 6). Vgl. auch Hardenbergs Tagebuchnotiz über ein Oberpräsidenten-Revirement als letztes Hilfsmittel bei *Treitschke:* Deutsche Gesch. 2, 627 und dazu 594; ferner *Klein:* Von der Reform ... 289.
50 *Kaehler:* Humboldt 427; KO 31. 12. 1819.
51 Vgl. die verschiedenen Gutachten Humboldts aus den Jahren 1817, 1821 und 1825 zur Stellung der Oberpräsidenten, die er strikt hierarchisch einordnen wollte, in Ges. Schriften 12, 477 ff., 492 ff.; auch *Schön:* Weitere Beiträge 187 ff.
52 Vgl. dazu *Hartung:* Staatsbildende Kräfte 294 ff. und DZA Merseburg R 74, H II, Gen. Nr. 21.

ziert.[53] Sehr viel schwieriger war die Abgrenzung der Befugnisse zwischen den Behörden, die noch einmal heiß umstritten wurde. Das vordringliche Problem war das Verhältnis von Provinz zum Staat, aber damit zugleich war allen Gutachtern deutlich, daß sie wieder eine Vorentscheidung in der Verfassungsfrage einleiteten. Es kennzeichnet die Problematik dieses letzten Reformaktes, daß die Fragestellung nach einer Gesamtrepräsentation oder nicht keineswegs identisch war mit den Lösungsvorschlägen zur Abgrenzung der Befugnisse. Das Ausmaß der „Verwaltungsfreiheit", das jede Instanz für sich beanspruchte — Regierung, Oberpräsidium und Ministerium — war selbst eine genuine Verfassungsfrage, die sich aus der Lage nach 1815 ergab.

Gerade infolge seiner Ausweitung nach Osten und Westen bestand der Staat wiederum nur mehr in der Krone, dem Militär und der Beamtenschaft. Verfassungspläne, die in den alten Provinzen auf eine hinreichende Homogenität der Sozialstruktur hätten aufbauen können, waren keinesfalls geeignet, ohne drückenden Zwang auf die Rheinlande oder selbst Posen ausgedehnt zu werden. Weder rechtlich, noch konfesionell, noch sprachlich, in keinem Fall nach ihrer historisch-politischen Herkunft besaßen die zehn Provinzen, die selbst innerhalb ihrer eigenen Grenzen noch stark differierten, eine Gemeinsamkeit, an die eine Verfassung hätte anknüpfen können. Sogar die Verwaltungsformen der Städte und Kommunen waren unterhalb der Regierungsebene im Westen, in Sachsen und in den östlichen Provinzen völlig verschieden. Ihnen entsprach die Mannigfaltigkeit der geduldeten Provinzrechte. Man hegte in der Kommission keinen Zweifel, daß in einem „aus so verschiedenartigen Bestandteilen zusammengesetzten Staat als dem preußischen, dessen Bewohner teils slawischen, teils sächsischen, teils fränkischen Ursprungs sind, bei derem größeren Teile noch gar kein Nationalinteresse vorhanden ist"[54]. Unter dieser Voraussetzung besaß der Plan eigener Provinzialministerien sehr viel für sich, gerade wenn man an die Beteiligung der Bevölkerung appellieren wollte. „Die Verschiedenheiten und Ungleichheiten der ursprünglichen Grundverfassungen und Sitten", machten es nach Ansicht Baumanns, des Regierungspräsidenten von Königsberg, unmöglich, „nach einerlei Grundsätzen und Verwaltungsnormen zu regieren."

Vincke, der Zustimmung seiner westlichen Kollegen und Schöns gewiß, nahm diese Argumente auf. Die Neigung, mit theoretisch erarbeiteten ge-

---

53 Zusammengelegt wurden die beiden Rheinprovinzen — auf Vorschlag der rheinischen Oberpräsidenten selbst — und Ost- mit Westpreußen. Aufgelöst wurden die Regierungen Kleve und Reichenbach. Die Senkung der Regierungsbeamten erfolgte, indem der entbehrlich scheinende Teil auf einen Aussterbeetat gesetzt wurde. Dabei wurden elfmal mehr bürgerliche als adlige Beamte entlassen. Vgl. die statistische Anlage IV. S. 689 f.
54 R 74, H II, Gen. Nr. 21, Votum Baumanns.

nerellen Gesetzen regieren zu wollen, beruhte nach ihm auf einer „Verwechslung der notwendigen Einheit des Verfahrens mit gar nicht wünschenswerter und im preußischen Staat unerreichbarer Einförmigkeit". Und er verwies auf die Grunderfahrung aller mittleren Behörden, daß nämlich „die allgemeinen Verordnungen und Bestimmungen ... nur unter mannigfaltigen Modifikationen und Deklarationen nach großem Aufwand von Zeit und Schreiberei anwendbar zu machen seien"[55]. Damit sprach er in der Tat eine Erfahrung aus, die sich in den kommenden Jahrzehnten immer wieder bestätigen sollte. Jede Provinz gewöhne sich daran, wie Vincke hinzufügte, „die ungekannten oberen Staatsbehörden als (ihren) provinziellen Interessen feindsele Gewalten zu betrachten". Die Frage war nur, welche Konsequenzen sich für die Verwaltung daraus ergäben. Vincke plädierte für die Beseitigung des Innenministeriums, es sei nur eine Notlösung, und wollte — ähnlich Baumann — alles einem Provinzminister überweisen, was nicht Heer, Justiz, Finanzen und Auswärtiges betreffe. Schule und Kirche, Gewerbe und Innenhandel, Agrarreform und Domänen: alles dies, was bisher keine Gleichförmigkeit habe, sollte weiterhin regional verwaltet werden.

Selbst Staegemann, Konzipient des Verfassungsversprechens, kam 1819 auf einer Reise durch Schlesien zu der Überzeugung, daß Provinzminister dem Berliner Staatsministerium vorzuziehen seien.[56] Dies Eingeständnis zeugt von der äußersten Schwierigkeit, die einer Zentralverwaltung entgegenstand, wenn sie zahllose Schichten lokaler und ständischer Tradition durchstoßen wollte, ohne dabei gesamtstaatliche Zwecke und provinzielle Möglichkeiten auseinanderklaffen zu lassen. Um solche Diskrepanzen zu umschreiben, wurde der damals auftauchende Ausdruck der „Selbstverwaltung" verwendet. Schön benutzte diese Neubildung, auch der „Selbstadministration", um die sachferne Tätigkeit der Berliner Ministerialbürokratie zu charakterisieren. Unvermerkt lasse sie „Aufsicht in Selbstverwaltung übergehen"[57]. Papier und Schrift ersetze die eigene Anschauung, dies ist es, was Schön mit Selbstverwaltung apostrophierte. Und es gab keinen Präsidenten der mittleren Behörden, der dem nicht beipflichtete.[58] Baumann, sonst ein Gegner der kollegialen Regierungs-

---

55 A. a. O.; zum Ganzen siehe *Hartung:* Staatsbildende Kräfte 293 ff.
56 *Rühl:* Briefe Staegemann 57 ff.
57 *Schön:* Weitere Beiträge 220 ff. (22. 2. 1825, Gutachten zur Stellung der Oberpräsidenten). Erster Nachweis des Terminus „Selbstverwaltung" 1814; vgl. Z. f. dt. Wortforschung 15, 309.
58 Statt vieler *Zerboni/Posen:* „Die Neigung, von oben herab zu belehren und zu bewilligen, ohne Erwägung, ob man das erste in der Entfernung vermag, und ob das zweite nicht die Gesetze selbst tun, ist zu einer unwiderstehlichen Neigung geworden, und die eingeschüchterte Unterbehörde wählt den empfehlenden, den sicheren zu keiner Vertretung führenden Weg der Anfrage. So geht der Moment des Handelns verloren und das beab-

verfassung, stimmte hierin mit Schön überein. Er verwies auf den eigentümlichen Widerspruch, der zwischen der „Methode des wechselseitigen Unterrichts" in den Behörden und ihrem tatsächlichen „Mangel an Information" herrsche. „Jeder will belehren und belehrt sein", aber über das Schreiben vergesse man das praktische Handeln, alle weitergereichte Information bleibe blind. „Überall steht die Lokalität mit dem Grundsatz, die Theorie mit der Praxis im Widerspruch."

Die Frontlinie der Polemik verlief für solche Beamte nicht zwischen einer Eigenverwaltung herkömmlicher Stände und der staatlichen Administration, sondern zwischen den Behörden, die regionale Interessen zu wahren suchten gegen die Ministerien, die die Vielfalt durch generelle Normen einzuebenen trachteten. Die Verwaltungsorganisation war somit eine verfassungspolitische Grundsatzfrage — kein Wunder, daß damals im Sprachgebrauch der Behörden die Verwaltungsstruktur und die Verwaltungsnormen mit dem Begriff einer Verfassung umschrieben wurden. Die Entscheidung gegen Provinzialministerien, für Reichs- und Realminister war 1821 und 1824 keine Entscheidung für die Gegenwart, sondern für die Zukunft. Um eine einheitliche Nation oder eine Gesellschaft mit wachsendem gleichen Recht zu bilden, bedurfte es — ungeachtet momentaner Härten — genereller Instanzen. Die betroffenen Minister plädierten selbstverständlich für die Erhaltung ihrer Ressorts, und sie erhielten starke Unterstützung durch zwei der drei Regierungspräsidenten. Diese von Hardenberg berufenen Männer brachten freilich Gesichtspunkte vor, die der Innenminister Schuckmann wenig geneigt war, zu akzeptieren.

Die Regierungspräsidenten Delius-Trier und Hippel-Marienwerder begründeten nämlich ihre Gutachten zugunsten der Sachministerien mit den Erfordernissen einer Nationalrepräsentation. Und das ist es, was der Kanzler, der Schuckmann beseitigen wollte,[59] nicht ungern gehört haben

---

sichtigte Gute findet so oft nur sein Denkmal in den Akten." Zerboni schildert im einzelnen, wie im Ministerium Dinge entschieden werden, von denen weder der Referent noch gar der Minister selber etwas verstünden. „Ein einzelner (Ministerialrat), oft mit sehr mittelmäßigen Fähigkeiten ausgerüsteter Mann, ohne alle Lokalkenntnis, steht dann mit seiner Meinung einem ganzen Kollegio gegenüber, das mit Kenntnis der Sach- und Ortsverhältnisse, mit warmen Interesse an dem unter seinen Augen ins Dasein tretenden Gegenstande, denselben reiflich erwogen hat. Wer ein Zeuge solcher Beratungen gewesen ist, und dann in der Notwendigkeit ist, die auf diesfällige Berichte ergehenden Bescheide weiterbefördern zu müssen, ist zuweilen in dem Falle, gegen seine Entmutigung zu kämpfen." Auch Zerboni erblickt die Hilfe in einer Aufwertung der Oberpräsidenten und ihrer unmittelbaren Befugnisse (Gutachten vom 12. 6. 1823, abschriftlich an Schön, im Staatl. Arch. L. Gött. Rep. 2, T 3, Nr. 88, Bd. 1).
59 Schuckmann hatte am 19. 3. 1821 in der vierten Verfassungskommission gerade die Kreis- und Kommunalordnung zu Fall gebracht, die Friese für Hardenberg ausgearbeitet hatte (*Haake:* Verfassungskampf 102). Hardenberg wollte seinen Innenminister im Zuge der abschließenden Verwaltungsreform auf ein Oberpräsidentenamt abschieben (*Hartung:* Staatsbildende Kräfte, 300).

wird. Ihre verwaltungstechnischen Argumente waren von vornherein auf die „Grundidee unserer Verfassung" abgestellt, „die wir seit länger als einem Jahrzehnt festgehalten haben". Die Berufung auf die Vergangenheit sei unangemessen, schrieb Delius, denn früher waren „Staat und Volk ... in der Person des Monarchen identifiziert, Nationalität und öffentliche Meinung in der Kraftberechnung und Bewegung untergeordnete Größen". Diese Faktoren zu berücksichtigen, seien Provinzialminister völlig ungeeignet. „Eine allgemeine Repräsentativverfassung kann nur auf Bildung eines Mittelpunktes für die öffentliche Meinung, auf Vereinigung aller Interessen und Ausschließung alles desjenigen, was der Kommunal- und Provinzalgeist geltend zu machen sucht, berechnet sein." Konsequenterweise müsse eine „kraftvolle, in sich vollkommen einige Ministerialregierung" gebildet werden, die einer „Reichsrepräsentation, wenn sie gefahrlos wirken soll", gegenübertreten könne.

Hippel pflichtete dem bei, vor allem das Innenministerium dürfe nicht angetastet werden, es sei die „oberste leitende Behörde der sittlichen Entwicklung, die oberste leitende Behörde der bürgerlichen Entwicklung des Volkes". Ihm gebühre deshalb die bedeutendste Stimme bei der Vorbereitung aller Gesetze. Das Innenministerium, seit 1808 für staatsrechtliche und für Verfassungsfragen vorgesehen, sei unentbehrlich, wenn Reichsstände, „am unentbehrlichsten, wenn nur Provinzialstände zusammentreten". Das war das entscheidende Argument gegen Vincke, der einräumen mußte, daß die Provinzialstände gegen „Sachminister und ohne allgemeine Stände wohl schwerlich dürften bestehen können." Eine klare Voraussicht dessen, was später kommen sollte und wogegen Vincke Schutz suchte durch die Kombination von Provinzministern mit Provinzständen. Er meinte, gegenüber den versprochenen und zu erwartenden Reichsständen könne auch ein Provinzminister Rede und Antwort stehen. Das freilich hieß, wie Delius bemerkte, die auseinandertreibenden Kräfte in ihrer Feindseligkeit gegeneinander verstärken und dem Kampf zwischen Provinzen und Staat „den Charakter der Öffentlichkeit und Legalität" verleihen.[60]

Die erste Kommission kam im Winter 1821/22 zu keinem einhelligen Ergebnis und der Kanzler konzedierte Schuckmann, daß es auch schwer zu finden sei, solange „die Verfassung des Staates noch nicht als feststehend zu betrachten sei" und noch keine Kreis- und Kommunalverfassung bestehe — die Schuckmann gerade verhindert hatte.[61] Auf beide Fragen Einfluß zu nehmen, hatte der König seit einem Jahr dem Kanzler

---

60 Alle Voten vom Herbst 1821 in R 74, H II, Gen. Nr. 21. Baumann zeigte sich in dieser Frage zurückhaltender als die beiden anderen Regierungspräsidenten.
61 Hardenberg an Altenstein und Schuckmann, die Leiter der Verwaltungs-Reformkommission, Konzept von Rother; 16. 4. 1822.

verwehrt.⁶² Gerade jetzt, wo es darum ging, Verwaltung und Verfassung abschließend zusammenzufügen, war Hardenberg aus den speziellen Verfassungskommissionen ausgeschaltet worden.

So bleibt es ein Verdienst Hardenbergs, wenigstens die einmal erreichte Organisation der Verwaltung über das Ende der Reformgesetzgebung in die Zukunft hinübergerettet zu haben. Als er 1821/22 bereits auf der ganzen Linie zum Einlenken gezwungen war, verhinderte er im Zuge der Einsparungsmaßnahmen, die nach Abschluß der Staatsschulden auch die Behörden erfaßten, wenigstens ihre erneute Umorganisation. Denn, wie er sich ausdrückte, „eine Änderung der jetzigen Verfassung, wenn solche angeordnet würde, (dürfte) unberechenbare Folgen und nicht nur auf die innere Verwaltung, sondern auch auf die Stellung des ganzen Staates zum Auslande den entschiedensten Einfluß äußern."⁶³ Hardenberg verhinderte die Rückbildung der Fach- in Provinzialministerien und so vereitelte er mittelbar den von starken Argumenten gestützten Versuch, auch die Verwaltung den provinzialständischen Verfassungsforderungen mehr oder minder anzupassen. Indem er sein Verwaltungswerk gegen eine derartige Regionalisierung verteidigte, rettete er wenigstens – nach dem Scheitern seines Verfassungsplanes im ganzen – die Gliederung der Administration als das Optimum dessen, was aus der Reformgesetzgebung in die beginnende Restauration hinübergelangt war. Was Hardenberg immer als vorrangig behandelt hatte, die Verwaltungsorganisation, was er im Hinblick auf die Gesamtverfassung aber nur als Teilstück und insofern als vorläufig betrachtet hatte, das erhielt nunmehr endgültigen Charakter. Mit dem Institut der Fachministerien und der Oberpräsidien blieb ein den ganzen Staat erfassendes generelles Verwaltungssystem erhalten, das elastisch genug war, die regionalen Sonderwünsche zu berücksichtigen.

Das schließliche Ergebnis der weiteren Beratungen — erreicht in der Instruktion vom 31. Dezember 1825⁶⁴ — hielt sich an die vorgegebene Organisation. Aber verwaltungspolitisch war es, nachdem das Kanzleramt entfallen war, ein Sieg des Staatministeriums und der Ministerialbürokratie. Die Oberpräsidenten behielten ihre vage, auf Region und moralische Autorität abgemessene Zwischenstellung; die Realministerien blieben erhalten und ihnen unterstellt die Regierungen. Die Spannung des vorherrschenden Regionalismus zu dem ausgreifenden Staat fand so-

---

62 Am 11. Juni 1821 entschied sich der König, die Frage der Gesamtverfassung zu stunden, und überwies die Beratung der Provinzialstände an die letzte Kommission unter dem Vorsitz des Kronprinzen (*Haake:* Verfassungskampf 103).
63 20. 2. 1822, R 74, H II, Gen. Nr. 21 und das weitere bei *Hartung:* Staatsbildende Kräfte 229 ff.
64 GS 1826, 1.

mit innerhalb der Verwaltung eine künstlich anmutende, aber empirisch zweckmäßige Lösung.

Nachdem 1823 den Oberpräsidenten die Provinzialstände zugeordnet wurden, kam die verwaltungstechnische Entscheidung von 1815 zu voller Auswirkung. Den Oberpräsidenten fiel die Leitung der Provinz nun auch in ständischer Hinsicht zu, denn sie waren die Kommissare auf den Landtagen, sie überwachten die Wahlen und wurden zur Abfassung der Landtagsabschiede hinzugezogen. So verstärkte sich ihre Funktion, Gelenk zu sein zwischen Staat und Gesellschaft, und zwar einer Gesellschaft, die in ihren lokalen Vorgegebenheiten eingebunden blieb. Rein administrativ war es dem Staat gelungen, den Regionalismus elastisch und wirksam aufzufangen. Aber da der Verfassungsbau nicht über die Provinzebene hinaus aufgezogen wurde, war die Einheit des Staates nur in der Verwaltung und in deren Verfassung zu finden, nicht aber in einer Verfassung der „Nation" oder der Stände. Wie Humboldt die damals allgemein verbreitete Ansicht formulierte: kein Staat benötige mehr als der preußische, „die ihm geographisch fehlende Einheit durch Einheit des Geistes und der Verwaltung zu ersetzen"[65]. Und nach dem Ausbleiben einer Gesamtrepräsentation darf man hinzufügen, daß sich die Einheit des Geistes vorzüglich auf die der Verwaltung beschränkte. In ihr versammelte sich die „Intelligenz" des Staates[66], als welche sich die Beamtenschaft verstand, und die in einem besonderen Ausmaß zu vertreten den Ruf der preußischen Verwaltung ausmachte. Die Regierungsbehörden waren es nun, in denen sich der „Geist" der preußischen Verwaltung für die Gesamtheit der preußischen Bevölkerung alltäglich und unmittelbar manifestierte. Dienten die Oberpräsidien dazu, den Regionalismus und seine ständische Herkunft innerhalb der Administration zu berücksichtigen, so legte die Regierungsverfassung auf ganz andere Weise die weitere Verfassungsplanung fest.

Die *Regierungen* vereinten eine Fülle von Befugnissen in sich, die aus der absolutistischen Zeit herrührend durch die Reformen noch verstärkt worden waren, und die das Ausmaß ständischer Eigenverwaltung oder Kon-

---

65 *Humboldt:* Ges. Schr. 12., 492 ff. (1. 2. 1825).
66 Die aus den damals beschränkten Aufstiegschancen der akademischen Schichten sich ergebende Identität der Intelligenz mit der Beamtenschaft war natürlich nicht auf Preußen beschränkt. *Klüber* spricht geradezu von den „intellectuellen Staatsämtern", zu denen der Staat niemand zwingen könne (Öffentliches Recht § 404). Der Brockhaus der Gegenwart spricht vom gelehrten Stand, „welcher nicht bloß die Pflanzschule des Beamtenstandes ist, sondern diesen geradezu mit umfaßt ... Der Beamtenstand im Ganzen ist Eins mit der Staatsregierung; in ihm ruht die Intelligenz des Staates, welche nicht bloß von den höheren Regionen ausgeht, sondern durch die ganze Stufenfolge der Behörden auf- und niedersteigen soll" (I, 55). Die später sich verschärfende Kritik an den „Schriftgelehrten", an der „Priesterkaste" der Beamten, die alle Argumente aufnimmt, die der Freiherr vom Stein täglich kundgetan hatte, ist die Kehrseite dieses Tatbestandes.

trolle und das Gewicht möglicher repräsentativer Beratungsorgane von vornherein auf das schärfte umgrenzten. Die Regierungen waren mehr als bloße Vollzugsorgane staatlicher Gesetze, wenn auch die weitere Entwicklung sie zunehmend auf diese ihre Aufgabe hindrängte. Unmittelbar dem Staatsministerium unterstehend bündelte sich noch einmal die gesamte Exekutive in den Regierungsbehörden. Auf ihnen beruhte die Präsenz und Wirksamkeit des Staates, hier liefen alle Fäden zusammen, die den Staat mit der Gesellschaft in ihrer ganzen Mannigfaltigkeit verknüpften. Die Befugnisse der Regierungen waren weit genug bemessen, daß immer ein Moment unmittelbarer Herrschaft in ihre Tätigkeit einfloß. Denn die Allgemeinheit der Gesetze reichte nie hin, ohne Modifikationen den örtlichen Sonderheiten angepaßt zu werden. Proportional zur Mannigfaltigkeit ständischer und rechtlicher Herkunft, die in den einzelnen Bezirken obwaltete, war die Regierungsbehörde immer gezwungen, mehr zu sein als bloßes Verwaltungsinstitut. Zu vollem Recht trugen sie den Namen einer „Regierung", wenn man die von Ancillon damals benutzte Unterscheidung übernimmt, daß Verwaltung sich auf Sachen richte, Regierung aber auf Menschen.[67]

Die den Regierungen innewohnende Herrschaftsgewalt war nun nicht an die einzelnen Beamten delegiert, sondern wohnte dem Kollegium inne. In der kollegialen Verfassung dieser Behörden lag beschlossen, daß ihre Aufgaben weit über die Administration hinausreichten. Was unter Stein noch auf ständische Mitarbeit hin angelegt war, wirkte sich jetzt umgekehrt aus. Die „kraftvolle Stellung", die den Regierungen eingeräumt wurde, sollte sie entlasten, „die minder wichtigen Gegenstände ohne zeitraubende Formen zu betreiben, dagegen aber für alle wichtigen Landesgeschäfte eine desto reifere und gründlichere Beratung eintreten zu lassen"[68].

In den Plenarversammlungen kam der Ratscharakter der Kollegien voll zur Geltung. Hier mußten alle Gesetzentwürfe beraten werden, die an die Regierung gelangten oder von ihr selbst ausgingen, im Plenum wurde die Steuerveranlagung durchgesprochen und – im Rahmen der Gesetze – festgelegt. So war die Behördenverfassung geeignet, eine ständische Betätigung neben den Regierungen einzuschränken, jedenfalls auf ein Nebengleis abzudrängen. Ferner diente die Kollegialität der gegenseitigen Kontrolle, die einmal in die Behörde selber hineingenommen, auch nach Errichtung der Provinzialstände an diese in keiner Weise mehr delegiert wurde.[69] Im Plenum wurde die ganze Verwaltung der einzelnen Abteilun-

---

67 Ancillon: Vermittlung 1, 381.
68 V. 30. 4. 1815 (GS 85) Präambel.
69 Als 1821 im Zuge der Einsparungspläne die Vereinfachung der Behördenverfassung beraten wurde, die 1825 durchgeführt wurde, erteilte das Staatsministerium jedem Mini-

gen aufeinander abgestimmt, dabei gingen Kontrolle und Verwaltung ineinander über und hier wurden auch die Beschwerden in erster Instanz beschieden. Das führt zur weiteren Funktion, die der Kollegialität und besonders der Plenarversammlunug innewohnte: für alle erheblichen Sachen der „Administrativ-Justiz"[70] etablierte sich die Regierung als Gerichtshof. In dessen alleinige Zuständigkeit fiel eine lange Reihe wichtiger, tief in den Alltag eingreifender Angelegenheiten, für die der Rechtsweg ausgeschlossen war, wie etwa die Gewerbepolizei, Bestimmungen der Bedürfnisgrenze bei Mühlenkonzessionen, ja sogar die Festlegung staatlicher Entschädigungssummen für aufgehobene Zwangs- und Bannrechte.[71] Dazu kam die Polizeigerichtsbarkeit im strengen Sinne bei geringen Vergehen und für eine erkleckliche Reihe von Fällen, wo die Regierungen vorbehaltlich des Rechtsweges Strafen aussprechen durften: voran in der delikaten Materie der Steuereinziehung, die Monat für Monat erfolgte und beim geringsten Verzug die Zwangsgewalt, beim geringsten Vergehen die Strafgewalt auslösen konnte (AGO Anh. § 243).

Das Kollegium der Räte versammelte also eine Fülle von Befugnissen, die von allen der drei klassischen Gewalten herrührten, und an denen in der einen oder anderen Weise teilzuhaben die alten Stände so gut wie die liberalen Bürger forderten. Es gab kaum einen Bereich des gesellschaftlichen Lebens, der nicht in die Regierung einmündete oder von ihr erfaßt wurde: Kommunal- und Kreisverwaltung, Polizei, Verkehr, Wirtschaft, Handel und Gewerbe, Schule, Kirche, Gesundheitswesen, Forsten und Domänen, und nicht zuletzt das Steuerwesen, um nur das Wichtigste zu nennen. Die gegenseitige Abhängigkeit und Verschränkung aller genannten Bereiche, in denen sich die Bevölkerung bewegte, kam im Gremium der Regierung zur Sprache. So nimmt es nicht wunder, daß die Regierungen — zwar die Basis der staatlichen Behördenverfassung — sich zugleich als die verantwortliche Spitze der gesamten Gesellschaft in ihrem Bezirk wissen durften, als deren „Repräsentant". Und im Ausmaß, als die Regierungen nicht nur reine Exekutivorgane waren, sondern teilhatten an der Gesetzesinitiative- und beratung – die Regierungen pflegten deshalb oft eine lebhafte Korrespondenz untereinander –, als sie Sprecher für die Sorgen ihres Bezirkes waren, lag es in der Verfassung selbst, daß sie sich ebenso als Behörden des Staates, wie auch als Behörden der

---

sterium den Auftrag, zu überlegen „inwieweit hierbei a) die Kontrolle der Provinzialstände gegen Willkür und Bedrückung, sowie b) deren eigene Verwaltung ihrer Kreis- und Provinzial-Kommunalangelegenheiten in Anschlag zu bringen" seien. Auf das magere Ergebnis wird unten zurückgekommen (R 74, H II, Nr. 71).
70 *Gräff — Rönne — Simon* 8, 33 ff. Gneist weist darauf hin, daß die Bedeutung des Kollegialsystems „für die Zwecke der Verwaltungsjurisdiktion ... in jener Zeit noch wenig gewürdigt worden" sei (Rechtsstaat 156).
71 Ed. 28. 10. 1810, § 3, GS 95.

Behördenausbau als verfassungspolitische Vorleistung

„Gesellschaft" verstehen konnten. Marwitz kam daher mit der ihm eigenen Konsequenz zu der Forderung, daß die Regierungen alle aufzulösen seien, um ihre Aufgaben an Provinzstände und Kreisstände, an Provinzminister und Landräte zu übertragen.[72] Obwohl aus den Kriegs- und Domänenkammern hervorgegangen, nahmen die Regierungen einen Platz ein, aus dem sich die alten Stände verdrängt glauben konnten, und das um so mehr, als die neuen Verwaltungsgrenzen sich wenig an die überkommenen ständischen Verbände hielten.[73]

„Unstreitig hat unsere bisherige Landeseinteilung nichts weiter für sich als das Altertum." Dies schrieb Sack, als er 1811 den ersten Plan einer neuen Verwaltungseinteilung des Staates entwarf.[74] Es gelte, durch neue Grenzen der Regierungsbezirke „den so tief eingewurzelten Provinzialgeist allmählich auszurotten", den Einfluß der „Zwischenstände" zu beseitigen, und die Neuordnung „dem Kultur- und Gewerbezustand" der Bewohner sowie den „inneren Bedürfnissen der Verwaltung" anzupassen. Der Plan blieb zunächst liegen, aber Hardenberg griff ausdrücklich auf ihn zurück, als er Hoffmann 1815 den Auftrag erteilte, die Verwaltungsgrenzen als Voraussetzung der kommenden Verfassungsschöpfung neu abzustecken. Viele der Sackschen Vorschläge wurden von Hoffmann erfüllt. Um rückständige Gebiete besser erfassen zu können, wurden in Oppeln für Oberschlesien und in Köslin für Hinterpommern eigene Regierungssitze errichtet, in den beiden Provinzen Preußen wurden wirtschaftlich enger zusammengehörende Zonen zusammengelegt und erhielten ebenso wie die beiden Oderufer unter der neuen Frankfurter Regierung eine gemeinsame Verwaltung. Derartige Grenzziehungen aus Gesichtspunkten höherer Rationalität und der Statistik gingen immer auf Kosten der alten Stände. Der König ließ zwar noch — auf ständische Eingaben hin — einige Korrekturen anbringen, aber im Ganzen blieb es dabei, daß alte landständische Einheiten recht unbedenklich durch die neuen Bezirksgrenzen zerschnitten wurden. Die Neumark wurde auf Pommern und Brandenburg aufgeteilt, die erworbene Lausitz halbiert, die Altmark wurde mit den übrigen sächsischen Gebieten zusammengeworfen und im Westen verlor selbst das altpreußische Kleve seinen Regierungssitz.[75] Die im Verfassungsversprechen angekündigte Berücksich-

---

72 *Meusel:* Marwitz II/2, 285 ff.
73 Vgl. den drastischen Bericht von der Marwitz' (II/2, 354 ff.) über die Pluralisierung der Zuständigkeiten infolge der neuen Verwaltungsgrenzen.
74 DZA Merseburg R 74, H II, Gen. Nr. 1, 14. 8. 1811; teilweiser Abdruck bei *Schulze:* Die Reform der Verwaltungsbezirke 104 ff.
75 Die mehrfache Revision der Verwaltungsgrenzen im Westen referiert *Bär:* Behördenverfassung 128 ff. Das Staatsministerium hatte vergeblich versucht, die Verwaltungsgliederung Hoffmann, dem statistischen Sachbearbeiter Hardenbergs, zu entziehen (R 74, H II, Gen. 1 und *Hippel:* Friedrich Wilhelm III. 136 f.). Den Kreisen Mohrungen und Neiden-

tigung altständischer Gegebenheiten hinkte hinter der Verwaltungseinteilung her. Aber dieser Schritt zu einer administrativen Neubegrenzung der alten Lande blieb nur ein halber Schritt.
1823, als eine ständische Verfassung künstlich hergestellt wurde, rekurrierte man auf die alten Grenzen von 1806, so daß sich die Grenzen der — kümmerlichen — ständischen Selbstverwaltung fast nirgends mit denen der staatlichen Administration deckten. Marienwerder, westpreußischer Regierungssitz, gehörte ständisch zu Ostpreußen; die Stände der Provinz Brandenburg wurden auch aus Kreisen beschickt, die verwaltungstechnisch zu Pommern, Schlesien oder, wie die gesamte Altmark, zu Sachsen gehörten.[76] Die ständischen Wahlverbände überlappten sich — von den Kreisen angefangen — fast überall mit den Verwaltungsgrenzen und ebenso die wenigen Bereiche, für die die Stände zuständig waren, wie die Kreditsysteme, die Feuersozietäten, die Armenorganisation und die Einzugsbereiche der alten provinziellen Kriegsschulden. Nicht zuletzt, um diese zu verwalten, wurden sogar die alten „Kommunalstände" — etwas modifiziert — wieder ins Leben gerufen, die gesondert von den Provinzständen in den Marken, den Lausitzen und in Pommern tagten. Noch 1842 waren die Stände allein der Kurmark mit einer Kriegsschuld von 4 Millionen Talern belastet, die der Niederlausitz mit einer halben Million.[77]
Durch den verschiedenen Hinblick, der die Gesetzgebung 1815 und 1823 geleitet hatte, einmal auf administrative Zweckmäßigkeit, das andere Mal auf geschichtliche Vorgegebenheit, spannte sich schließlich ein doppeltes Netz politischer Organisation über die Lande. Was der Kronprinz vermeiden wollte, Staat und Stände auseinander treten zu lassen, hat er durch seinen Rückgriff auf die Hülsen altständischer Formationen gerade beschleunigt. Denn die Vorhand behielt bei dieser doppelten Schichtung immer das Kollegium der Regierungsbehörden vor den ständischen Versammlungen. Und in dem Maße, als die Stände beziehungslos zu den Regierungen waren und blieben, steigerte sich das Mißtrauen, dem vorzubeugen die Stände ins Leben gerufen worden waren.

---

burg gelang es, bei Ost- statt bei Westpreußen, den Kreisen Flatow und Deutsch-Krone dagegen bei Westpreußen zu verbleiben, statt Posen zugeteilt zu werden, da es, wie das Staatsministerium berichtete, „dieser ganz deutschen Gegend schmerzlich falle, sich polnischer Verfassung und der damals noch fremdartigen Gesetzgebung des Großherzogtums Posen zu unterwerfen" (R 74, H II, Nr. 21). Der König entschied diese Fälle selber und blieb dabei, auch als der Posener Landtag die Rückgliederung der beiden „abgetretenen" Kreise forderte (*Kamptz:* Ann. 16, 298).
76 *Rauer:* Stände 2, 16 ff.; vgl. die §§ 1 der entsprechenden provinzialständischen Gesetze vom 1. 7. 1823 (GS 130 ff.) und 27. 3. 1824 (GS 62 ff.) und die VO vom 17. 8. 1825 (GS 193), die das Stichjahr 1806 für die Abgrenzung festsetzt.
77 *Rauer:* Stände 2, 578 und 586.

Behördenausbau als verfassungspolitische Vorleistung

Hardenbergs und Sacks Absicht, über die Verwaltungsgrenzen den alten Ständen ihren Traditionsbereich zu zerstören, wurde also nur zur Hälfte erfüllt — genug, um die Verwaltung an Macht ungeschmälert aufzubauen, zu wenig, um die ständische Verfassung an den Verwaltungskern anzugliedern. Das führt uns zurück zur korporativen Gliederung der Regierungen, kraft derer sie ebenfalls zu den altständischen Formationen in Konkurrenz traten. Nicht nur daß sich die Regierungsbezirke durch ihre Abgrenzung von den alten Ständen abhoben, die Regierungskollegien bewahrten in ihrer sozialen und politischen Homogenität einen quasiständischen Charakter, in dem gesellschaftliche und staatliche Funktionen zur Deckung kamen: hier wurden die alten Stände sozusagen in ihrem eigenen Element überholt. Das lag bekanntlich nicht in Hardenbergs ursprünglicher Absicht.

Sack war 1811 in seinem Entwurf zur Neuordnung noch von dem Grundsatz ausgegangen, die einzelnen Verwaltungszweige von oben bis unten zu sondern, um die jeweils verantwortlichen Beamten „mit voller Autorität" zu versehen. In der kollegialen Regierungsverfassung erblickte er nur einen „unzureichenden Behelf, ... die öffentliche Stimme auf eine gesetzlich autorisierte Weise zu verlautbaren". Diese Aufgabe könne auf die Dauer nur „eine wohl geordnete Repräsentation der Nation" erfüllen[78], die als Korrelat der bürokratisch gegliederten Verwaltung gedacht war. Mit der königlichen Entscheidung zugunsten der Kollegialverfassung 1815 wurde also die spätere Repräsentation in gleicher Weise eingeengt, wie durch die neuen Verwaltungsgrenzen. Es war ebenfalls Hoffmann, der die berühmte Formel in den Text der Verordnung zur Errichtung der Provinzialbehörden eintrug, die das Beamtenethos der Reform an das folgende Jahrhundert weiterreichte[79]: man verbinde nämlich „in dem Geschäftsbetriebe selbst, mit der kollegialischen Form, welche Achtung für die Verfassung, Gleichförmigkeit des Verfahrens, Liberalität und Unparteilichkeit sichert, alle Vorteile der freien Benutzung des persönlichen Talents und eines wirksamen Vertrauens". Die Kollegialität als Garantie der Verfassung, der Verfahrenseinheit, von Liberalität und Unparteilichkeit: das allerdings hieß der herkömmlichen Behördenverfassung „konstitutionelle" Züge einprägen, die sich gegen die alten Stände richteten.

---

78 Vgl. Anm. 74.
79 V. 30. 4. 1815 (GS 85). Entrüstet hatte Hoffmann den Entwurf zusammengestrichen, der die erhöhte Verantwortlichkeit der Beamten auf die westlichen Staatsverfassungen zurückführte; auch Friedrich habe seinen Schlabrendorff gehabt, wie sich der Schlesier erinnerte. Der Entwurf sprach davon, in dem „Geschäftsbetriebe selbst mit der Beibehaltung der die Verfassung und die Grundsätze sichernden collegialischen Form, diejenigen Vorteile zu verbinden, welche sich in den neuen Staatsverfassungen durch freiere Benutzung des persönlichen Talents, ausgedehnter Vollmachten und größerer Verantwortlichkeit der höheren Staatsbeamten erfahrungsmäßig bewährt habe" (R 74, H II, Gen. Nr. 1).

Die Kollegialverfassung war ein Erbe der absolutistischen Administration und des monarchischen Mißtrauens in sie. Auch die Behördenreform bewegte sich mit ihren langen, detaillierten Instruktionen durchaus noch im Rahmen des Landrechts, dessen Bestimmungen durch die Anweisungen hindurchscheinen.[80] Alle Regierungen hatten etwas vom Charakter staatlich privilegierter Korporationen, die nach außen nur unter dem „Kollektivnamen: Königlich Preußische Regierung" in Wirksamkeit traten.[81] Die Haftung aller für einen und eines jeden für alle blieb in der Instruktion von 1817 gewahrt, wenn auch die persönliche Verantwortlichkeit der Sachbearbeiter, ihrer Korreferenten, schließlich der Abteilungsdirektoren und des Präsidenten abschichtig der Verantwortlichkeit der Plenarversammlung vorangingen. Im Plenum selbst war jeder, unabhängig vom Rang, mit gleichem Stimmrecht ausgestattet. Auch dem Landrecht entstammt die Anordnung, daß jeder nicht nur für seine Tat, sondern ebenso für seinen Rat, für sein Votum haftbar gemacht wird. Nur ausdrücklich angemeldeter Widerspruch konnte von der Mithaftung entbinden. Ferner rührt vom Landrecht die Regel her, daß die Ausführung eines widergesetzlichen Befehls strafbar ist.[82] „Niemals können sie etwas verfügen, was einem ausdrücklichen Gesetze entgegenläuft"[83], und es wurde den Regierungsbeamten zur Pflicht gemacht, gegen ungesetzliche Verfügungen eines Ministers im Plenum Beschluß zu fassen und diesen notfalls sofort durchzuführen.

Um die Selbständigkeit der Regierungen zu fördern, wurde ihnen, wo die vorhandenen Gesetze das Erforderliche klar bestimmt hatten, jede Rückfrage ausdrücklich untersagt. Im Rahmen der Gesetze sollte jede Regierung „aus eigener Macht das Nötige verfügen und ausführen". Das Gesetz brach also — in der Theorie wenigstens — jede zuwiderlaufende ministerielle Verfügung; Ministerium und Regierung waren dem Gesetz gleicherweise unterworfen. Da aber die Minister „auf allerhöchsten Spezialbefehl" bindende Deklarationen erlassen konnten, und da die Regierungen zunehmend mit abändernden und auch sich widersprechenden Verfügungen überschwemmt wurden, führte die Praxis zu dauernden Rückfragen. Gerade wo die gesetzliche Grundlage fraglich war, und das war sie wegen der verschiedenen Rechtsschichten in fast allen Provinzen auf andere Weise, massierten sich die Deklarationen und Anweisungen. Die Regierung Düsseldorf mußte zwischen 1816 und 1818 sechstausendeinhundertneunundzwanzig Verfügungen in die Verwaltungspraxis um-

---

80 ALR §§ 114 ff., II 10; §§ 51 ff., II 6; §§ 29 ff., 45 ff. I, 6; vgl. dazu *Bergius*: Staatsrecht 284 ff. und oben S. 72.
81 Geschäftsinstruktion 23. 10. 1817 (GS 248), § 31.
82 A.a. O. Abschnitt IV; vgl. ALR §§ 85 ff., II 10.
83 Gesch. Instr. a. a. O. § 8.

setzen und das hieß, pro Tag im Schnitt fünf bis sechs.[84] So bürgerte sich bei verschiedenen Behörden der Brauch ein, im Verwaltungsbericht den Grad der geleisteten Arbeit an der Zahl der bewältigten Schriftstücke hervorzukehren. Es war dies die Kehrseite der stillen Tätigkeit, die die Verwaltung vollzog, um die ständischen und regionalen Unterschiede allmählich einzuebnen.

In der Praxis waren es die Regierungen, und nicht die später schüchtern und künstlich eingeschobenen Provinzstände, in denen der Staat und die Gesellschaft in ihrer ganzen Vielfalt vermittelt wurden. Alle 25 Regierungen versammelten fast alle Verwaltungszweige des Staates noch einmal in ihrem Kollegium. Zwar unter Aufsicht und Kontrolle des Oberpräsidenten, blieben sie — vom Justizressort abgesehen — allen Ministern unterstellt. So wiederholte sich die kollegiale Verfassung des Staatsministeriums noch einmal abgewandelt auf der Ebene der Regierungen. Der Dienstweg von und nach Berlin glich dabei einem Rösselsprung: teils führte er — mit Benachrichtigungen des Oberpräsidenten — nach Berlin direkt, teils führte er über den Oberpräsidenten selber. Versuche einzelner Minister, ihre Sachbearbeiter innerhalb der Regierungen unvermittelt anzugehen, wurden bald unterbunden.[85] Ohne Zweifel war es ein kompliziertes System und nicht ohne Schwierigkeit, die bürokratischen und kollegialen Formen zu vereinen. Schön und Flottwell haben in ihrer gemeinschaftlich verfaßten Kritik 1824 die Widersprüche bis ins Groteske gesteigert[86]: was sie aber nicht sagten, war die bedeutende Rolle, die Leute wie sie selber im Rahmen ihrer Kollegien entfalten konnten. Die Kollegialität provozierte den moralischen Führungsanspruch selbstbewußter Beamter, ohne daß sie widerstandslos ihre Befehle hätten erteilen können. Die Regierungen waren die letzte rein staatliche Instanz, unterhalb derer die halbständische Kreisverwaltung und die städtische Selbstverwaltung begann, abgesehen vom Rheinland, wo die Bürokratie bis in die Kommunalverbände französischer Observanz hinunterreichte. Die Entscheidung für die Kollegialverfassung war daher verfassungspolitisch von ungeheurer Tragweite. Die Mitwirkung der übrigen Stände ausschließend, konzentrierte sich die Herrschaft in den Händen eines einzigen Standes, nämlich des Beamtenstandes mit seiner eigenen inneren korporativen Gliederung. Zutritt zu den Regierungskollegien zu finden, hing von Bil-

---

84 St. Arch. Düsseldorf CB I, Fach 1, Nr. 1; vgl. dagegen die schriftlichen Arbeitsvorgänge im Staatskanzleramt (rund 16 000 im Jahr) nach *Klein:* a. a. O. 268.
85 St. Arch. Koblenz 402/170, auch die Oberpräsidenten konnten sich nur schwer daran gewöhnen, von direkten Weisungen an einzelne Regierungsräte abzusehen; vgl. *Klein:* Solms-Laubach 73.
86 Promemoria vom 25./26. 12. 1824 nach den drei Fragen gegliedert: wer administriert? wer ist verantwortlich? wer controlliert? (Staatl. Arch. Lager Göttingen, OB. Pr. Rep. 2, Tit. 3, Nr. 88, Bd. 1).

dung und Besitz ab; deren Mitglied zu sein, zog weitere Privilegien nach sich.[87]
Fast die gesamte preußische Verwaltung, soweit sie aus den Ministerien herausreichte, beruhte auf der Arbeit von rund sechshundert Regierungsbeamten, und ihre Zahl wurde im Zuge der Einsparungsaktion der zwanziger Jahre — auf Kosten der Bürger — unter fünfhundert gesenkt. Trotz der enormen Bevölkerungsvermehrung wurde diese Zahl bis 1848 nicht mehr überschritten.[88] Das steigende Mißverhältnis zwischen den wachsenden Ansprüchen einer sich industrialisierenden Gesellschaft, den ebenso wachsenden Forderungen ihrer bürgerlichen Führungsschicht und der beschränkten Zahl einer regierenden Beamtenschicht, die ohne Entlastung ihren Aufgaben unmöglich mehr nachkommen konnte, liegt in dieser Ziffer beschlossen. Darauf wird zurückgekommen.[89]
Die Beamtenschaft der Regierungen war zunächst eine Domäne des oberen Bürgertums. Dieses besetzte um 1820 herum drei Viertel aller Stellen und selbst 1835 war noch die Hälfte aller Präsidenten bürgerlicher Herkunft.[90] Im Laufe des Vormärz vermehrte sich der Anteil des Adels — im Gegensatz zur Justizverwaltung — an den administrierenden Behörden von einem Viertel auf ein Drittel, was die zunehmende Konsolidierung der alten adligen Herrschaftsschicht nach dem Auslauf der Reformen anzeigt. Aber weniger diese Prozentsätze entschieden über die Art der preußischen Regierungen. Es war die Fusion der beiden Schichten überhaupt, die jene Mischung aufgeklärter Beamtenliberalität mit einem staatlichen Standesethos hervorrief, der sich an die Adelsformen hielt. So konnte das Kölner Regierungskollegium ministeriellen Befehlen zum Trotz die weitere Mitarbeit eines Rates verhindern, weil er sich geweigert hatte, in einem — legal strafbaren — Duell Satisfaktion zu leisten.[91] Auf der anderen Seite sorgten die Examensschwellen dafür, daß nur akademisch Gebildete Zutritt in die Kollegien fanden. Die Aufnahme war nicht an ein juristisches Studium allein geknüpft. Vielmehr wirkte noch die kameralistische Schulung auf die Zulassungsbedingungen ein. Im einzelnen mußte, wer sich beim Regierungspräsidenten um Aufnahme als Referendar bewarb, nachweisen: die humanistischen Schulkenntnisse in den alten und neuen Sprachen, in Geschichte und Mathematik, ferner die Studien in den Staats- und deren Hilfswissenschaften, namentlich in Ökonomie und Technologie, dazu kam die gründliche Kenntnis des Rechts und wo möglich, eine praktische Kenntnis der Landwirtschaft oder in einem „anderen Hauptgewer-

---

87 *Bergius:* Staatsrecht 285 ff.; vgl. oben S. 91 ff.
88 Siehe den statistischen Anhang IV.
89 Vgl. 3. Kapitel II.
90 *Zedlitz-Neukirch:* Der Preußische Staat I, Beilage 6.
91 *Klein:* Solms-Laubach 67 f., 149 f.; vgl. oben S. 101.

be". Nur juristische Bewerber mußten einige Zeit als Auskultator am Gericht tätig gewesen sein.[92]

Die humanistische Bildung also und ein breit angelegtes kameralistisch-juristisches Studium waren die Voraussetzung, um die erste Stufe in den Behörden zu betreten. Um auf ihr zu bleiben, bedurfte es freilich einer weiteren Voraussetzung: des Vermögensnachweises. Nur wer sich bis zur definitiven und damit erst bezahlten Anstellung nach der zweiten Prüfung „anständig zu erhalten" wußte, konnte sich bewerben. Die Kriterien des eximierten Bürgerstandes, der die Schwelle zum Konnubium mit dem Adel überschritten hatte, wirkten also fort, um den Beamtenstand zu umgrenzen. Aber Bildung und Leistung gewannen an Gewicht, weil auch der Adel sich diesen Kriterien zu unterwerfen hatte. Im Gegensatz zur ständischen Vertretung auf den Provinziallandtagen hatten die Regierungen nicht nur den staatlichen Anspruch auf größere Allgemeinheit für sich, auch sozial vollzog sich in ihren Kollegien eine Angleichung von Adel und höherem Bürgertum, die den Verwaltungsbehörden einen sozialpolitischen Vorrang zuwies. Innerhalb ihrer waren Staat und „Gesellschaft" identisch, wenn sich auch bald herausstellen sollte, daß diese Identität nur noch innerhalb der Behörden zu finden war.

Die Einwände gegen die Kollegialität unter den preußischen Reformern waren immer schon erheblich. Langsamkeit und Zeitverlust, gegenseitige Rücksichtnahme, eben die „Kollegialität" und Lähmung persönlicher Verantwortung gehörten zu den Erfahrungen, die die Reform mit herausgefordert hatten, und energische Männer wie Sack, Vincke, Pestel oder Motz haben diese Kritik immer wieder formuliert. Aber alle Einwände verschlugen nichts gegen die integrierende Kraft der Kollegialverfassung, die nicht nur die Spitzen der Gesellschaft zusammenführte, sondern ebenso eine Plattform schuf, auf der bei relativer Homogenität der Räte ein Interessenausgleich anstehender Konflikte der „Verwalteten" stattfinden mochte. Nun drohte freilich der Kollegialverfassung aus inneren, der Verwaltung selber eigenen Gründen ein erheblicher Einwand. Die zunehmenden Anforderungen der technischen Ressorts erheischten eine größere Spezialisierung.

Das Problem wurde innerhalb der Verwaltung — auf dem üblichen Wege der Gutachten — heftig diskutiert. Zwei Fragen waren dabei zu beantworten: in wieviel Abteilungen, die auch unter sich zu beraten hatten, sollte eine Regierung gegliedert werden; und welchen Anteil an der Verantwortung sollten dann die Spezialisten tragen, die lange Reihe der so genannten „technischen Beamten", die Forstmeister, Justitiare, Kassenräte, die Geistlichen Räte und die Schulräte, die Medizinal- und die Bau-

---

92 Geschäftsinstruktion vom 23. 10. 1817, § 49 (GS 248).

räte, schließlich gelegentlich auch die Gewerberäte? Von dem Einfluß, der den Spezialisten im Regierungsgremium zugemessen werden sollte, hing auch die Grenze ab, die zwischen bürokratischer und kollegialer Verwaltung zu ziehen war. Pestel, Regierungspräsident in Düsseldorf, meinte, alle im Plenum sitzenden Techniker seien „für die Beratung verloren". Sprächen sie von ihrem Fach, schwiegen die anderen, werde von etwas anderem gesprochen, „so ist der Techniker stumm, wenn er nicht ohne Überzeugung eine geborgte Meinung annehmen will". Trage nicht jeder Beamte seine eigene Verantwortung, sei es möglich, daß „die Majorität der Nichtkundigen" über die Sachkundigen siege.[93]
Dem gegenüber stand die Auffassung, die Flottwell und Schön so formulierten, daß „die Meinungen der Sachverständigen ... in der Regel nur belehren, nicht entscheiden (sollen)"[94]. Die letzte Revision der Regierungsverfassung im Jahre 1825 brachte eine Zwischenlösung, die in den folgenden Jahrzehnten immer wieder bestätigt wurde.[95] Die technischen Räte blieben zwar — wie 1817 angeordnet — Mitglieder der Plenarversammlungen, aber ihr Stimmrecht wurde auf solche Fragen beschränkt, die ihren eigenen Geschäftsbereich berührten. So blieben die Techniker in ihren eigenen Abteilungen den übrigen Räten gleichgestellt, ohne des Einflusses auf alle Grundsatzfragen, die im Plenum beschlossen wurden, ganz verlustig zu gehen. Diese Regelung hat sich bewährt. Als 1847 das Staatsministerium um Gutachten bat, ob das Stimmrecht der Techniker weiter zu beschränken sei, erhielten sie von fast allen Regierungspräsidenten eine abschlägige Antwort. Diese wußten vielmehr den Rat der Nichtjuristen besonders zu schätzen. So oft die Regierung „als administrativ-richterliche Behörde" entscheide — und das komme alle vierzehn Tage vor — hätten die Techniker sowieso kein Stimmrecht, berichtete etwa Witzleben-Liegnitz, aber ihren Rat möchte er nicht missen. Erfahrungsgemäß, so bekräftigte Graf Pückler-Oppeln dieses Urteil, hätten die technischen Räte „oft ein praktischeres und anwendbareres Urteil als die zunftmäßigen Regierungsräte", deren Kenntnisse der „Gesetzeskunde und sogenannten politischen Wissenschaften" sie oft nur verleiten würden, sich „in abstrakte Regierungskünsteleien zu versteigen"[96]. So behielten die „Techniker" ihr vol-

---

93 Staatsarchiv Düsseldorf CB I, F 1, Nr. 1. Der gleichen Ansicht neigte der Reg.-Präs. Baumann (Königsberg) zu: „daß ein Techniker in einem Collegio von Nichttechnikern entweder ein schlechter Rat ist, oder aufhört, ein guter Techniker zu sein", indem er in den kollegialen Schlendrian verfalle (R 74, H II, Gen. Nr. 21).
94 Staatl. Arch. L. Göttingen Rep. 2, Tit. 3, Nr. 88, Bd. 1.
95 KO 31. 12. 1825, DV, (GS 1826, 5), bestätigt durch Reskripte der Innen- und Finanzminister 1832 und 1841 (*Gräff — Rönne — Simon* 5, 158).
96 Arch. Panstw. Wrocl., Rep. 200, 54/16 3061, vol. III. Schriftwechsel aufgrund einer Anfrage der Innen- und Finanzminister, ob den Technikern nicht auch das Stimmrecht innerhalb ihrer eigenen Abteilungen entzogen werden solle, „weil ihre Kenntnisse, Erfah-

Behördenausbau als verfassungspolitische Vorleistung

les Stimmrecht innerhalb ihrer Abteilungen und konnten gleichwohl im Plenum vermittelnde Gesichtspunkte eines Nicht-Juristen zum Vortrag bringen. Sachverständnis, Gesetzeskenntnis und allgemeine Bildung kamen in den Plenarversammlungen gleicherweise zur Geltung. Zusammenhängende, aber von verschiedenen Bearbeitern zu lösende Fragen konnten so aufeinander abgestimmt werden, etwa die Exekutionen zur Beitreibung der Schulgelder und die Schulaufsicht, Steuereintreibungen und die Armenhilfe, Gewerbesteuern und die Zulassungen zum Gewerbebetrieb — und wie die Stränge der verschiedenen Abteilungen der Regierungsverwaltung auch zusammenlaufen mochten. „Das übereinstimmende Urteil mehrerer schützt vor Willkür", wie es Solms-Laubach einmal formuliert hatte[97]: das Kollegium diente als institutionelle Garantie einer Gerechtigkeit, soweit sie im Rahmen der Gesetze zu erreichen war, und als Aushilfsinstanz, wenn dies nicht möglich war.

Das Leben des Alltags war um 1820 noch überschaubar genug, daß sich die Behörden eines Regierungsbezirkes mit Recht dagegen wehren konnten, „eine zu spezielle fabrikartige Sonderung der Arbeiten" eintreten zu lassen.[98] Der gemeinsame Ratschluß wurde im gleichen Maß den bloß juristischen oder technischen Kenntnissen übergeordnet, als die Regierungsbehörden mehr waren als bloße Exekutivorgane. Was Hardenberg von seiner Instruktion 1817 erwartete, „daß die Verwaltung selbst in die Hände der Provinzialbehörden gelegt werde, und diese innerhalb schon bestehender Gesetze und Vorschriften eine möglichst freie und selbständige Wirksamkeit erhalten"[99], intendierte eine optimale Autonomie innerhalb der Bezirke. Um die relative Geschlossenheit der damaligen Lebenskreise im Regierungsgremium noch einmal zusammenzufügen, wurde nun auch die übermäßige Aufsplitterung in einzelne Sachabteilungen verhindert. Da jede Abteilung in sich kollegial Beschluß fassen mußte, kam es hierbei wieder auf eine sinnvolle Zuordnung an.

Bülow hatte die Zweiteilung in eine Abteilung des Inneren und der Finanzen durchgesetzt, wobei in alter fiskalischer Tradition die Gewerbepolizei zur Finanz- und Steuerabteilung geschlagen worden war.[100] Gegen diese

---

rungen und Beurteilungsfähigkeit sich auf ein bestimmtes Fach beschränken" (24. 3. 1847). Am 27. 7. 1847 mußte Duesberg die allgemeine Abneigung der Regierungspräsidenten gegen eine derartige Deklassierung ihrer Techniker bestätigen. Von Unruh erinnert sich (Erinn. 61), daß er sich in Gumbinnen das ihm als Baurat zustehende volle Stimmrecht in seiner Abteilung erst wieder erringen mußte.

97 *Klein:* Solms-Laubach 72.
98 *Hippel:* Friedrich Wilhelm III. 129; der alte Regierungspräsident machte rückblickend gerade der Steinschen Regierungsverfassung vom 26. 12. 1808 den Vorwurf, die Geschäftsführung zu sehr spezialisiert zu haben — ein Fehler, der erst von Hardenberg und Bülow beseitigt worden sei.
99 Staatsarchiv Düsseldorf CB 1, Fach 1, Nr. 1; Hardenberg an alle Ober- und Regierungspräsidenten 27. 6. 1818.
100 *Treitschke:* Deutsche Geschichte 2, 191.

Kombination erhob der Regierungspräsident Pestel-Düsseldorf erfolgreich Protest. Nicht der Vorteil der herrschaftlichen Kasse, sondern die Bedürfnisse der Provinz hätten in Gewerbefragen zu entscheiden. „Die Polizei der Gewerbe, der Fabriken, der Schiffahrt pp. betrifft weniger ein Interesse des Landesherren, als das allgemeine Wohl der Provinz. Die Freiheit des Gewerbes wird nicht nach fiskalischen Grundsätzen... sondern nach allgemeinen, auf die Lokalität berechneten Grundsätzen reguliert." Die Gewerbesachen gehörten in die innere Abteilung, wo sich auch die Statistik befinde, Voraussetzung jeder vernünftigen Gewerbepolitik. Pestel setzte sich durch. Bei der letzten Neugliederung der Regierungen rückte die Gewerbesektion in die Abteilung der allgemeinen inneren Verwaltung über.[101]

Dieser Entscheidung hatten Rother, Hoffmann und Beuth als Gutachter für die Aufgaben der technischen Gewerbedeputation in Berlin schon vorgearbeitet. Sie hatten 1818 dafür plädiert, daß die Gewerberäte auf der Regierungsebene keine vom Gewerbedepartement abhängige Sonderstellung einnehmen dürften. Es sei ein Mißgriff, das Gewerbe technischen Spezialisten zu unterstellen — hier wurde der Ausdruck „Techniker" im engeren, heute geläufigen Sinn gebraucht —, und wollten „die Minister unmittelbar auf die einzelnen Regierungsräte wirken, so gehen sie ganz aus ihrem Geschäftskreis heraus und lähmen die Verwaltung" (Hoffmann). Die Gewerbefragen müßten zwar von besonders gebildeten Kennern vertreten, aber in den Regierungsgremien allgemein beraten und entschieden werden. Ein Rat, der sich ausschließlich mit Handel und Gewerbe beschäftige, sei zudem, wie Hoffmann betonte, unterbeschäftigt. Die Berliner Fachleute enthielten sich – entsprechend ihrer liberalen Wirtschaftsvorstellung – jeder direkten Einmischung und dehnten dieses indirekte Verhältnis zu Gewerbeproblemen auch auf die untere Verwaltung aus. Bewußt auf Eingriffe verzichtend sollten sich die Gewerbefachleute der Verwaltung auf Ratschläge beschränken. In den vierziger Jahren, als die Gewerbeprobleme immer zentraler wurden, stellte sich die soziale Kehrseite dieses Rückzuges zugunsten einer unbürokratischen kollegialen Verwaltung heraus.[102]

Indes zielten die Abänderungen, die am 1. Dezember 1825 für die innere Regierungsverfassung befohlen wurden, bereits auf eine bürokratische Straffung. Diese äußerte sich in dreifacher Weise. Erstens wurde das 1817 errichtete kollegiale Präsidium aufgelöst. Die Befugnisse, die bis

---

101 Zwei Gutachten Pestels 1817 o. D. und 18. 1. 1819 vgl. Anm. 99; Schuckmanns Einwilligung: Ob. Pr. Königsberg, Rep. 2, Tit. 3, 88, Bd. 1; Neuverteilung KO 31. 12. 1825, II, 1 (GS 1826, 5).
102 Vgl. unten S. 623. Die Gutachten von Beuth (24. 1. 1818), Hoffmann (10. 5. 1818) und Rother (2. 3. 1819): R 74, J I, Nr. 13.

dahin der Präsident nur in Verbindung mit den beiden Abteilungsdirektoren ausübte, gingen auf ihn allein über. Das bedeutete eine gewaltige Machtsteigerung für den Präsidenten, denn er war nunmehr allein für Personalvorschläge zuständig, er allein verfaßte jetzt die Konduitenlisten, er gewann für sich das aufschiebende Vetorecht gegen Plenarbeschlüsse, er konnte zusammen mit einem Abteilungsleiter den Mehrheitsbeschluß einer Abteilung aufheben, der Präsident durfte Urlaub bis zu sechs Wochen bewilligen und er persönlich erhielt die Disziplinargewalt, die gegen Unterbeamte von der Befugnis dreißig Taler Geldstrafe, auf das Recht, acht Tage Arrest zu verhängen, ausgedehnt wurde.[103] Das alles bedeutete mehr als zuvor, den Charakter eines Regierungskollegiums auf die Person des Präsidenten abstimmen.

Mit der Beseitigung der Abteilungsdirektoren ging zweitens einher die Vervielfältigung der Sachabteilungen, an deren Spitze jeweils ein Oberregierungsrat treten sollte. Die Abteilungen wurden, mit den ministeriellen Ressorts korrespondierend, bis auf sechs erhöht. Auch dies war ein weiterer Schritt zur Bürokratisierung. — Schließlich wurde drittens seit 1823 sukzessiv die Verwaltung der indirekten Steuern und Zölle ganz aus der Regierungsbehörde herausgenommen. Motz, der letzte große Reformbeamte, baute diesen Teil der Steuerverwaltung streng hierarchisch auf und er erzielte in kurzer Zeit, weil die ihm unterstellten Beamten exakter arbeiteten, zunächst große Einsparungen, bald bedeutende Überschüsse.[104] Es war vermutlich mehr als nur ein äußerer Zusammenhang, daß eine derartige Straffung der Verwaltung kurz nach Errichtung der Provinzialstände durchgeführt wurde. Die persönliche Verantwortung des Präsidenten wurde gesteigert, die Behörde spezialisiert, ein wichtiger Zweig daraus abgetrennt, so daß der kollegiale und konsultative Charakter der Regierungen um einiges gemindert wurde, nachdem die beratenden Stände ins Dasein getreten waren.

Die Kabinettsorder von 1825 hatte ganz unscheinbar dem Präfektursystem vorgearbeitet, das zur Geltung kam, sobald sich die entsprechenden Minister oder Präsidenten der Bestimmungen zu bedienen wußten. Von Unruh erzählt eindrucksvoll, wie sich die alten Reformbeamten, etwa in der Regierung Breslau unter Merckel oder die Oberregierungsräte in Gumbinnen, strikt an die Kollegialbeschlüsse banden, besonders wenn es sich um Eigentumsfragen handelte. Und er berichtet ebenso von erfolgreichem Widerstand, den die Kollegien gegen ungesetzliche Anweisungen aus Ber-

---

103 Geschäftsanweisung für die Regierungen vom 31. 12. 1825, die trotz ihrer eingreifenden Abwandlungen der Instruktion von 1817, was die innere Regierungsverfassung betraf, nicht in die Gesetzessammlung aufgenommen wurde — eines der Kriterien für die Abwendung von Hardenbergs Prinzip, daß die Gesetzlichkeit an Öffentlichkeit gebunden sei *(Kamptz:* Ann. 9, 821; *Gräff — Rönne — Simon* 5, 163 ff.).
104 *Petersdorff:* Motz 1, 231 ff.; 2, 42 ff.

liner Ministerien leisteten. Aber bei seiner Versetzung nach Potsdam 1843 mußte er feststellen, daß hier der Oberpräsident von Meding ein willkürliches Regiment übte, dem sich die Beamten fügten. „Hier zeigte sich, wie bedenklich es ist, die Form des Kollegiums bestehen zu lassen, wo in Wirklichkeit nur der Chef entscheidet, der sich aber unter der Firma ‚Königliche Regierung' der persönlichen Verantwortung gegenüber dem Publikum entzieht." Es war eine Erfahrung, über die von Unruh zum liberalen Konstitutionalisten wurde, und die es ihm als Baurat erleichterte, seinem Förderer Beuth untreu zu werden, um in die Privatwirtschaft überzuwechseln.[105] Von Unruhs Schritt war symptomatisch sowohl für den schleichenden Wandel, der sich in der preußischen Bürokratie vollzog, wie für dessen Folgen. Wenn er in Schlesien oder Ostpreußen noch andere Erfahrungen hatte sammeln können, so lag das nicht zuletzt an den Personen der Oberpräsidenten, die die Reformbewegung am längsten weiterleiteten.

Schön entfaltete in Ostpreußen einen wortgewaltigen Kampf gegen die bürokratische Aufsplitterung seiner Regierungsbehörden, in der er nur eine neue Machtsteigerung der Berliner Ministerien sehen konnte, die seit 1825 über je eigene Abteilungen zu verfügen schienen. Schon die Generalkommissionen waren ihm ein ständiger Dorn im Auge. Diese Behörden, ein Werk Scharnwebers, waren 1811 errichtet und 1817 mit fast diktatorischen Vollmachten ausgestattet worden. Zwischen den Justiz- und Verwaltungsbehörden stehend, befanden sie als außerordentliche Gerichte und Exekutivorgane in einem über die Neuverteilung des Bodens, über Umsiedlungen, Grenzziehungen und Entschädigungen, die im Gefolge der Dienstablösungen, Gemeinheitsteilungen und der Eigentumsverleihung nötig wurden. Zäh und umstritten führten sie jahraus, jahrein die Liberalisierung der preußischen Agrarverfassung durch. Schön setzte seine ganze Ehre daran, und er wurde von seinen Ständen dabei unterstützt, die Sonderkommissionen in die Kontrolle seiner Regierungskollegien zurückzuholen, was ihm 1834 schließlich gelang.[106]

Keinen Erfolg hatte er dagegen mit seiner Kritik an Motz, auf dessen Posten er auch reflektiert haben mochte. Schön wehrte sich vergeblich dagegen, daß ausgerechnet die indirekte Steuerverwaltung abgesondert werde, die „in das Leben und Treiben des Volkes am mehrsten eingreift". Er befürchtete „finanziell wie politisch" die schlimmsten Folgen, wenn diese heikle Aufgabe einzelnen Beamten anvertraut würde, denen — wie den Generalkommissaren — ihrer „Abgeschiedenheit wegen immer die Autorität eines Landeskollegii beim Volke wie bei den anderen Lokalbeamten abgehe"[107]. Gerade Steuerfragen dürften nie der Gleichgültigkeit

---

105 *Von Unruh:* Erinnerungen 35, 52, 63, 66.
106 VO 30. 6. 1834 (GS 93).
107 Schön an Altenstein, Motz und Schuckmann 9. 11. 1825 (Staatl. Arch. Lag. Gött., Rep. 2, Tit. 3, Nr. 88, Bd. 2 und wiederholt Bd. 3).

von Steuerbeamten überlassen werden, das ganze Kollegium müsse sein Interesse dem zuwenden. Nun erhielten allerdings die Steuerdirektoren Sitz und Stimme in den Regierungskollegien und mit der Veranlagung der direkten Steuer verblieb den Regierungen zweifellos die schwierigere Materie überlassen, in der sie zugleich als Verwaltungsgericht plenar zu entscheiden hatten. Schöns Kampf um die Kollegialverfassung seiner Behörden bezeugt jedenfalls, wie sehr deren Macht und Ansehen auf der Verschmelzung von Rat und Tat, von Herrschaft und Gericht beruhten. Im Grunde waren ihm selbst zwei Abteilungen zu viel, wobei er sich auf das Gutachten seines Präsidenten Meding berufen konnte: „Je mehr Abteilungen, desto weniger Erwägung aller ineinander greifenden Verhältnisse, und desto mehr Einseitigkeit und Uneinigkeit."[108] Schön reichte seinen neuen Etatplan — der die Kürzungen zu berücksichtigen hatte — ruhig nur für die zwei alten Abteilungen ein, und Berlin zeigte sich nachgiebig. Die Vervielfältigung der Abteilungen wurde nicht schematisch im ganzen Staat durchgeführt; je nach den regionalen Bedürfnissen besaßen die preußischen Regierungen eine — wie im kleinen Bezirk Stralsunds — bis zu den sechs Abteilungen, die seit 1825 vorgesehen waren.[109]
Das System elastischer Anpassung an die sozialen Vorgegebenheiten, wofür die Oberpräsidenten speziell verantwortlich waren, wirkte sich also dank dieser Institution auf die Regierungsgliederung aus. Aber der Wirksamkeit der Regierungen war auf die Dauer eine Grenze gesetzt, die sich aus einer Behördenverfassung ergab, die auf einer halbständischen Eigentätigkeit der Kreise und Kommunen aufbauen mußte. Das Verhältnis zwischen dem Regierungskollegium und der Größe eines Regierungsbezirks war daher nicht nur von verwaltungstechnischer, sondern ebenso von verfassungspolitischer Relevanz.
Größe und Bevölkerungsdichte der Regierungsbezirke differierten je nach der Sozialstruktur stark untereinander. Im Schnitt unterstand einer Regierung etwa eine halbe Million Einwohner, wobei freilich starke Unterschiede geduldet wurden: Neu-Vorpommern zählte weniger als 200 000, die Breslauer Regierung war dagegen — infolge der Bevölkerungszunahme — mit ihren 26 bis 27 Räten schließlich für mehr als eine Million Bewohner zuständig.[110] Die Schicht der regierenden Räte, die die letzte rein staatliche Instanz bildeten, war also sehr dünn über das ganze Land ausgespannt. Das Postulat aller Reformer, daß „mit Zweckmäßig-

---

108 A. a. O. Bd. 3; vgl. auch Dohnas Loblied auf die einheitliche Regierungsverfassung, in der von „gründlich wissenschaftlich gebildeten, selbständigen würdigen Staatsdienern, wirklichen Räten" die Landesinteressen am besten gewahrt würden (an Schön 22. 6. 1814: Aus den Papieren 6, 346).
109 *Bergius:* Staatsrecht 376.
110 *Hoffmann:* Bevölkerung 17.

keit nur dort administriert werde, wo der Schauplatz ist, auf dem gehandelt wird"[111], konnte daher auf die Dauer immer weniger erfüllt werden. Als Aushilfsmittel wurden die Regierungsräte, voran die für die Domänen zuständigen Beamten, zu steten Reisen verpflichtet. Vincke legte ganz besonderen Wert auf eine derartige regionale Aufteilung der Zuständigkeiten, denn die einzelnen Räte hatten an Ort und Stelle kommissarische Weisungsbefugnis und sie mußten die vorgetragenen Beschwerden im Plenum zur Sprache bringen. So blieb schließlich das Kollegium die Stätte, wo — wenn überhaupt — ein überparteilicher und überständischer Ausgleich widerstrebender Interessen noch auf Grund eigener Anschauung möglich war. Die Regierungen waren die Drehscheiben, auf denen die generellen Gesetze oder Anweisungen den regionalen Bedingungen angepaßt wurden, bzw. wo die regionalen Wünsche in administrativ stilgerechte Anträge nach oben gekleidet wurden.

Es kennzeichnet nun die Geschichte der Jahrzehnte vor 1848, daß die Regierungen als vergleichsweise lebensnahe Behörden zunehmend überfordert wurden, denn die Probleme, die mit der sozialen Bewegung auftauchten, waren von größerer Allgemeinheit, als daß sie auf der Regierungsebene zulänglich hätten bewältigt werden können. Die steigenden Anforderungen an die staatliche Legislative, gerade weil ihnen in Berlin nicht mehr frist- und zeitgemäß nachgekommen wurde, brachten daher eine wachsende Unsicherheit in die Regierungskollegien, deren eigenen Impulse entsprechend verebbten.

„Ausschließlich allgemein verwalten", sagte Humboldt, „heißt wirklich gar nicht verwalten."[112] Das konnte dazu führen, daß selbst innerhalb einer Provinz Berliner Anordnungen völlig gegenteilig ausgelegt wurden. So hat etwa die Arnsberger Regierung 1844 zweideutige Bestimmungen Berlins zugunsten reisender Händler interpretiert, weil sie den Absatz neuer Industriezweige förderten, während die Regierung Minden aus dem entgegengesetzten Interesse ihrer ansässigen Kaufleute Handel und Gewerbe im Umherziehen strenger beschränkte.[113] Sind derartige Widersprüche auch auf die mangelhafte Redaktion im Staatsministerium zurückzuführen, so lag die eigentliche Schwierigkeit in der Mannigfaltigkeit der sozialen Vorgegebenheiten. Es konnte daher ebenso vorkommen, daß das Innenministerium einen Antrag an eine Regierung zurückschickte mit der Aufforderung, sie möge doch einmal das vorgeschlagene Gesetz selber formulieren; dann erkenne sie schnell, wie unmöglich es sei, den Vorschlag

---

111 Formel Zerbonis in einem Memorandum vom 12. 6. 1823, Staatl. Arch. Lag. Göttingen, Rep. 2, Tit. 3, Nr. 88, Bd. 1.
112 Humboldt an Schön in den Weiteren Beiträgen 197.
113 Staatsarchiv Münster B 2442, die Gewerbesteuer betr.

Behördenausbau als verfassungspolitische Vorleistung

in ein für ganz Preußen gültiges generelles Gesetz zu verwandeln.[114] Die Resignation in die „Zustände", die die Innenpolitik während des Vormärz weithin kennzeichnet, weil konservative Minister an deren Erhaltung ein großes Interesse zeigten, brachte die Regierungen in die ausweglose Situation, legalerweise sich weder vorwärts noch rückwärts bewegen zu können. Darin lag zu Beginn der Epoche nach 1820 noch ein gewisser Spielraum beschlossen, im Namen des jeweiligen Bezirks elastisch zu verfahren — in den vierziger Jahren erwies sich dieser Spielraum als zu eng, weil die Legislative sich nicht mehr den sozialen Bewegungen anzupassen vermochte, die die Reformgesetze ausgelöst hatten. Gerade weil die eigenen Gesetzesvorschläge der Regierungen, wie die einer Gemeindeverfassung oder einer generellen Gewerberegelung oder einer allgemeinen Polizeiverordnung immer wieder verzögert wurden, verlagerte sich der Schwerpunkt ihrer Tätigkeit zunehmend auf die exekutiven Aufgaben[115], die auf der anderen Seite die Regierungsbehörden von vornherein in einem großen Ausmaß zu wahren hatten. Diese Seite soll jetzt näher betrachtet werden.

Der Sieg der auf Veränderungen drängenden Verwaltungsbeamten über die landrechtliche Führungsstellung der Juristen hatte die Grenze zwischen Verwaltung und Justiz 1808 auf Kosten der letzteren verschoben.[116] Die Regierungen hatten unter dem Freiherrn vom Stein eine lange Reihe exekutiver Vollmachten zugewiesen bekommen, gegen die ein Rechtsweg nicht, allenfalls bedingt, zulässig war. Die entsprechenden Bestimmungen wurden von Hardenberg en bloc in die neue Regierungsverfassung übernommen.[117] Daß weder gegen Majestäts- und Hoheitsrechte, „noch gegen allgemeine in Gegenständen der Regierungsverwaltung ergangene Verordnungen", noch gegen generelle Anlagen und Abgaben eine Zivilklage erhoben werden konnte, stand im Herkommen des Landrechts. Ausdrücklich untersagt wurde den Gerichten 1808, solche Klagen eines Untertanen gegen die Verwaltung zu verfolgen, die sich auf „die allgemeine bürgerliche Freiheit" oder „die Prinzipien vom freien Genuß seines Eigentums" gründeten. Den Gerichten stand es nicht zu, darüber zu befinden, ob polizeiliche Anordnungen zweckmäßig oder für das allgemeine Beste notwendig

---

114 Reskript des Innenministeriums an die Regierung zu Gumbinnen, die eine verschärfte Einwandererkontrolle gefordert hatte und gegen „vagierende Ausländer", vor allem polnische Juden, die körperliche Züchtigung als Polizeistrafe gern legalisiert hätte (14. 9. 1835; *Gräff — Rönne — Simon* 7, 403 und *Kamptz:* Ann. 19, 803).
115 Vgl. *Delbrück:* Erinnerungen 1, 106 ff.
116 Dazu *Hintze:* Ges. Abh. 3, 151 ff.
117 Auszug aus der VO (von Friese) wegen verbesserter Einrichtung der Provinzial-Polizei- und Finanzbehörden vom 26. 12. 1808, als Beilage zur Instruktion für die Regierungen vom 23. 10. 1817 (GS 1817, 248); dazu KO 31. 12. 1825, XII (GS 1826, 5); *Foerstemann:* Polizeirecht 165 ff.

seien; nur über die Widergesetzlichkeit einer Polizeiverordnung konnten sie angegangen werden. Immer aber waren die Gerichte zuständig, über Entschädigungsansprüche zu urteilen. Das freilich setzte voraus, daß der Verwaltungsakt, wenn er sich im Rahmen der Gesetze bewegte, nicht mehr rückgängig zu machen war. Spezielle Rechtstitel, die einen Entschädigungsanspruch auslösen mochten, besaßen nicht mehr die Kraft, legale Verwaltungsakte zu hemmen. In dieser Bestimmung lag das ganze Gewicht der Reformpolitik, die sich gegen die justizstaatlichen Tendenzen des Landrechts wandte. „Der Staat begiebt sich sehr viel", schrieb Vincke, „wenn er über die Verpflichtung an sich Polizeiverfügungen zu gehorchen, den Weg Rechtens offen läßt; wohl nirgends ist das der Fall; dem preußischen Staat steht solche Liberalität, so preiswürdig an sich, im gegenwärtigen Moment nicht wohl an; man muß von den meisten Reformen abstrahieren, wenn man erst untersuchen muß, was sie kosten."[118] So rigoros, wie Vincke forderte, ist nun allerdings die preußische Reform nicht in die Hände der Exekutive gelegt worden, denn vor allem die einzelnen Agrarreformen erfolgten immer erst nach Ermittlung der Entschädigungssätze. Auch innerhalb des weiten, nie generell abgegrenzten Spielraums der Polizeijustiz, die den Verwaltungsanordnungen Nachdruck verleihen konnte, stand den Untertanen weithin der Rekurs an die Gerichte offen. Dies war von besonderer Bedeutung, denn gerade in dieser Hinsicht verfügten die Regierungen über einen breiten Aktionsraum. Im Rahmen der Gesetze konnten die Regierungen — wie im Landrecht vorgesehen — Polizeistrafen bis zu sechs Wochen Gefängnis oder 50 Talern Geldstrafe verhängen und vollstrecken.[119] Überschritt aber das Strafmaß vierzehn Tage Gefängnis bzw. Strafarbeit oder 5 Taler Geldbuße, dann stand dem Verurteilten nicht nur der Rekurs auf dem Verwaltungswege, sondern alternativ auch an die Gerichte offen.[120] Das gleiche galt für administrative Strafbefehle, die eine Regierung bis zu 100 Talern Buße oder vier Wochen Gefängnis aussprechen konnte, um Steuern, Schulgelder, Schulden an den Staat und Pachtsummen beizutreiben oder um Abgaben und Dienste zu erzwingen.[121] Bei Ausdehnung der exekutiven Mittel bis zur per-

---

118 *Meier:* Reform 378.
119 ALR §§ 33, 35. 240, II 20; Instrukt. v. 23. 10. 1817, § 11 (GS 248); dazu *Bergius:* Staatsrecht 72 ff. und 370 ff.
120 AGO, Anhang § 247, auf Grund des Reskriptes vom 25. 2. 1812; *Kamptz:* Jb. 1, 13, 37; kritische Darstellung bei *Foerstemann:* Polizeirecht 212 ff.
121 „Damit indessen durch frivole Klagen keine Verwirrung und Stockung in die Finanzverwaltung gebracht werden kann", wurde 1808 (vgl. Anm. 117, § 42) festgesetzt, daß eingeleitete Gerichtsverfahren die Verwaltungsmaßnahmen nicht bremsen konnten, wenn Steuern und Abgaben eingetrieben wurden, wenn die Regierungen die Erfüllung mit ihr abgeschlossener Verträge erzwingen wollten, wenn sie schlecht bewirtschaftete Staatsgüter sequestrieren und vorläufig weiterverpachten wollten. Militärische Exekution konnte nur im Notfall erbeten werden, die normale Erstinstanz dafür waren der Oberpräsident und das

sönlichen Haft, wurde allerdings 1825 „größte Vorsicht" befohlen.[122] Es durfte nurmehr verhaftet werden, wessen Zahlungsfähigkeit nicht durch „zweckwidrige Härte" gestört werde, und das Urteil mußte vom Plenum gefällt werden. Steuerrückstände, die sich bei der äußerst beschwerlich einlaufenden Klassensteuer häufig ergaben, sollten in der Regel keine Schuldhaft herbeiführen, wie auch Gefängnisstrafen wegen reiner Steuerdelikte seit 1820 ausschließlich von Gerichten gefällt werden durften.[123]

Generalkommando (vgl. *Bergius:* Staatsrecht 373). Das Zensuredikt vom 18. 10. 1819 erhöhte in Art. XVI das Strafrecht der Regierungen gegenüber Verlegern sogar auf 200 Taler bei Wiederholung eines „Vergehens" (GS 224).
122 Geschäftsanweisung 31. 12. 1825, Abschnitt II, A (*Gräff — Rönne — Simon* 5, 163).
123 Deklaration vom 20. 1. 1820 zum Gesetz vom 8. 2. 1819, § 93 (GS 1820, 33; *Gräff — Rönne — Simon* 6, 262; 9, 22). 1843 stellten Gräff, Rönne und Simon (9, 38) resigniert fest, daß es „im Allgemeinen unübersichtlich geblieben ist, inwieweit die Befugnis der Angeschuldigten reicht, auf richterliches Gehör zu provozieren". So wurde z. B. am 23. 1. 1838 (GS 78) durch Gesetz festgestellt, daß Zollvergehen, auf denen Freiheitsstrafen standen, nicht vom Justitiarius der Steuerämter, sondern nur von ordentlichen Gerichten untersucht werden dürften. Die Praxis war bis dahin anders gelaufen (vgl. *Gräff — Rönne — Simon* Suppl. I/3, 121). Nachdem einmal die Gerichte an Zuständigkeiten gewonnen hatten, mußten wiederum die sozialen Befugnisse der Regierungen und Provinzialsteuerdirektionen bekräftigt werden: sie nämlich durften Haft- und Geldstrafen wegen Steuerdelikten eigenmächtig senken oder aufheben, wogegen sich die Gerichte zunächst sträubten, worein sie sich aber durch Verfügung vom 7. 2. 1845 zu finden hatten (Justizmin. Bl. 1845, 32, zit. a. a. O. 123). Es war klar, daß die Verwaltungsbehörden die sozialen Auswirkungen der Steuerstrafen weit besser abschätzen konnten als die Gerichte. In diesem Sinne war schon durch KO vom 10. 4. 1826 (GS 106) bestimmt worden, daß zur Deckung von Geldstrafen bei Steuerdelikten nie Grundstücke subhastiert werden dürften (*Gräff — Rönne — Simon* 9, 28).
Die Verwaltungsberichte bieten gelegentlich Einblick in die Strafpraxis der Regierungen, um die direkten Steuern und Domänengefälle einzutreiben. So berichtet Rother (Danzig), der also für rund 350 000 „Verwaltete" die Regierung innehatte, daß 1832 noch 5186 Steuerkontraventionen zu verfolgen waren und 1939 neu hinzugekommen seien. Im Laufe des Jahres seien 5430 Fälle abgeurteilt worden mit folgenden Strafen:

Geldstrafen	6 721 T.	Strafarbeit	10 180	1/4 Tage	Gefängnisstrafen	597 Tage
in bar	1017 T.	abgearbeitet	1 601	1/5 „	abgebüßt	22 „
umgewandelt	2421 T.	in Gefängnis			schwebend geblieben	575 „
unerledigt	3282 T.	verwandelt	1 045	1/2 „		
		unerledigt	7 533	5/12 „		

Die Resultate seien nicht so nachteilig wie früher ausgefallen, bemerkt der Regierungspräsident dazu, aber man bemühe sich, dem Ziel so nahe wie möglich zu kommen, „wie es nur immer seitens der Administration in dem sehr komplizierten und schwierigen Einziehungsverfahren geschehen kann". Die genannten Strafen wurden ausgesprochen, um den Eingang von insgesamt 575 000 Talern an direkten Steuern (Klassen-, Gewerbe- und Grundsteuer) und Domänengefällen im Reg.-Bezirk zu sichern. Die Statistik ist insofern nicht typisch, als ein großer Nachholbedarf an Steuerprozessen — nach den Cholera- und Revolutionsjahren — von der Regierung zu erledigen war. Aber die geringe Zahl der wirklich durchgeführten Strafen zeugt von dem offenbar mehr präventiv gedachten Strafverfahren, denn die Steuereinnahme ließ sich bei der untersten Schicht gewöhnlich durch keine Maßnahme steigern: sie lebte am Rande des Existenzminimums dahin, wie in den anderen Partien des Verwaltungsberichts bestätigt wird. Das schreiende Mißverhältnis zwischen Gesetz und sozialer Not konnte auf der Regierungsebene nicht behoben werden. (Staatl. Arch. Lager Göttingen, Rep. 2, Tit. 40, Nr. 10, vol. VII). Die Einzieher der direkten Steuern saßen den Untertanen buchstäblich auf den Fersen. Zu Beginn jeden Monats

Die Administrativjustiz

In allen Sachen der Polizeigerichtsbarkeit und der administrativen Steuerjustiz stand also dem Untertan, wenn die auf dem Delikt stehende Strafe ein bestimmtes Maß überschritt, der Rekurs an die Gerichte offen. Diese Möglichkeit entsprang der im Landrecht versuchten Abgrenzung zwischen Polizeivergehen und Verbrechen (§§ 11, 61 f., II, 17). Steuerexekutionen hatten, solange sie sich an die Gesetze hielten, immer die Vorhand; sie konnten ungeachtet des eingeschlagenen Klagewegs durchgeführt werden. Das galt in gleicher Weise für alle polizeilichen Verordnungen selber. Diese zu verhindern hatten die Gerichte kaum eine Möglichkeit. Nur bei Widergesetzlichkeit der Polizeiverfügung, oder wenn die vorgesetzte Behörde das Vorgehen mißbilligte, konnten die Gerichte Aufschub bewirken. Legale Verwaltungsakte nahmen ihren Lauf und den Gerichten war es nur möglich, eventuelle Entschädigungssätze festzusetzen, falls diese nicht schon generell, d. h. durch Gesetz oder Verordnung, geregelt waren. Die Gerichte dienten weniger dem Schutz des Eigentums als der Eigentumsrechte. Die Verwaltung engte nun in den folgenden Jahrzehnten bis hin zum Gesetz vom 11. Mai 1842 den Rechtsschutz immer mehr ein. Die Rekurswege an die Gerichte wurden für alle nicht privatrechtlichen Fälle durch Gesetze und Ministerialreskripte beschnitten, und die Gerichte konnten sich dagegen nicht wehren, weil die Verfahrenswege von den Anordnungen des Justizministers bestimmt werden konnten.[124]

Die Verwaltung steigerte sukzessive ihre Unabhängigkeit, und die ganze Machtfülle der Behörden kommt deshalb vor allem dort zum Ausdruck, wohin die Justizsicherung seit der Reform in keinem Falle reichte. Da besaßen zunächst die Generalkommissionen für die Reform der Agrarverfassung ihren eigenen Instanzenzug mit gemischten Gremien von Technikern und Juristen.[125] Völlig ausgeschlossen vom Rechtsweg hatte Harden-

---

mußte z. B. die Klassensteuer im voraus entrichtet werden; nur die Reicheren waren fähig, größere, etwa jährliche Vorauszahlungen zu machen. Die Zahlung mußte „binnen drei Tagen" geleistet werden, „nach deren fruchtlosem Ablauf durch die kompetente Exekutionsbehörde mit der Beitreibung verfahren wird" (§ 8, Klassensteuergesetz v. 30. 5. 1820, GS 140). Zur Strafstatistik der direkten Steuerverwaltung, die in den Händen der Regierung lag, kam noch die der unabhängigen indirekten Steuerverwaltung: sie hatte im gleichen Raum, um das Aufkommen von 1,8 Mill. Talern sicherzustellen, 1832 insgesamt 2446 fiskalische Prozesse anhängig gemacht, von denen 1826 erledigt wurden; ein „Resultat, was teils genügt, teils verdrießt", wie der Geh. Finanzrat Mauve berichtete. Und er fügte — Niebuhrs Formel aufnehmend — hinzu: „So wie gesagt ist, die beste geschriebene Staatsverfassung sei wenig, der Sinn und gute Geist der Verwaltung aber Alles; ebenso mit und mehrerem Rechte muß es in der indirekten Steuerverwaltung heißen: die besten Instruktionen sind wenig, wenn für den Posten nicht ein tüchtiger Mann ausgesucht wird." Er bäte daher um den größtmöglichen Einfluß auf die Stellenbesetzung. Nur dann könne er für die rund vierhundert Steuer- und Zollbeamten bürgen, die ihm in Westpreußen untergeben seien (a. a. O.).
124 Siehe dazu die exakte Analyse von *Rüfner:* Verwaltungsrechtsschutz 146 ff.
125 VO vom 20. 6. 1817 wegen Organisation der Generalkommissionen und Revisionskollegien zur Regulierung der gutsherrlichen und bäuerlichen Verhältnisse (GS 161).

berg sämtliche Fragen der Steuerveranlagung und der Kriegsschuldenverwaltung, für die in erster Linie die Regierungen verantwortlich waren.[126] Das gleiche gilt für alle Sachen der Gewerbepolizei: Fabrikkonzessionen, Gewerbegenehmigungen, Streitigkeiten zwischen Meistern, Lehrlingen oder Gehilfen[127], Mühlen- und Vorflutfragen, Bestätigungen der Ablösungstaxen für die aufgehobenen Gewerbeberechtigungen[128] und dergleichen mehr. Dazu kam die Gesindeordnung, die in erster Instanz die örtlichen Polizeibehörden zu wahren beauftragt waren.[129] Schließlich fiel die gesamte Kirchen- und Schulverwaltung unter Ausschluß der Rechtsmittelwege in die Zuständigkeit der Provinzbehörden.[130]
In dem Maße als der Kollegialverfassung der Behörden ein hoher Grad von Selbstkontrolle und pflichtgemäßem Streben nach Gerechtigkeit und Liberalität zugemutet wurde, war auch deren Machtbefugnissen ein breiter Spielraum zugebilligt worden. Die Schwerpunkte der Entwicklungspolitik, der sich die preußische Reform verschrieben hatte, die Steuerveranlagung, die Aufsicht über die Gewerbefreiheit und die Volkserziehung fielen vorzüglich in die Zuständigkeit der Regierungen. Ohne ständische oder gerichtliche Kontrolle wirkten hier die Behörden, und sie waren stolz darauf, „jedes ausgezeichnete Talent in die Verwaltung und alles Gute der Zeit in sich aufgenommen" zu haben, wie Hippel sagte, „um es dem Volk durch Gesetze, Verwaltung und Jugendbildung unverkürzt, doch verdaulicher wiederzugeben"[131].
Hinter dieser Formel, die der alte Hippel nur mit Vorbehalt verwendet, steht der geschichtliche Erziehungsauftrag, dem sich die preußische Beamtenschaft verpflichtet wußte. Die Kombination von Exekutive, Bera-

---

126 *Gräff — Rönne — Simon* 8, 42 ff.; Ed. 28. 10. 1810, § 24 (GS 85); G 30. 5. 1820 zur Klassensteuer § 6 (GS 140); KO 18. 11. 1828 (GS 1829, 16). Kriegsschuldenfragen wurden in erster Instanz von den Regierungen entschieden, in zweiter von einer Ministerialkommission: KO 27. 10. 1821 (GS 153). Auch die rheinisch-westfälische Katasterabschätzung konnte nur auf dem Verwaltungsweg angefochten werden (*Kamptz:* Anm. 6, 292; 12, 337).
127 Soweit nicht ausreichende Vertragsbestimmungen vorlagen, wurde von der Ortspolizei nach Gewohnheitsrecht entschieden (Ed. 7. 9. 1811, §§ 8—10, GS 263): wie überhaupt viele gewerbepolizeiliche Fragen, etwa die Konzession von Dampfmaschinen in erster Instanz den Lokal- oder Kreispolizeibehörden zukamen; die Regierungen als erste rein staatliche Instanz (von den Polizeidirektoren größerer Städte abgesehen) trugen aber als Aufsichtsbehörde und Beschwerdeinstanz die Verantwortung. Zum ganzen *Foerstemann:* Polizeirecht 305 ff.
128 Deren Höhe wurde zunächst von dem Magistrat festgelegt (Ed. 7. 9. 1811, §§ 34 ff., GS 266), was freilich oft zu Beschwerden bei den Regierungen führte, die schließlich in schwierigen Fällen, wie in Breslau, einen staatlichen Kommissar anforderten.
129 Das Reskript des Innenministeriums und des Justizministeriums vom 17. 4. 1812 legte die Kompetenzen in Gesindestreitigkeiten fest (*Gräff — Rönne — Simon* 8, 40); dazu *Foerstemann:* Polizeirecht 297 ff.
130 *Gräff — Rönne — Simon* 8, 48 zum § 1 der Einleitung in die AGO.
131 *Hippel:* Friedrich Wilhelm III. 131.

tung und Administrativ-Justiz erhält erst auf diesem Hintergrund ihr politisches Profil. Die Regierungsorganisation, innerhalb derer Hardenberg der beamteten Bildungsschicht einen breiten Aktionsraum öffnete, um sie als Vormund des Volkes wirken zu lassen, hatte institutionell die Möglichkeiten einer später zu errichtenden Repräsentation beschränkt. Den Beamten, die sich selbst als den intelligenten Kern der bürgerlichen Gesellschaft betrachteten, war es nun ein leichtes, sich auch als deren Repräsentant zu wissen. Nachdem die Verwaltungsorganisation als Gerüst der Gesamtverfassung 1817 einmal aufgeführt war, verlor die letztere an Dringlichkeit, obwohl das Problem der „Konstitution" gerade seitdem auf eine Lösung drängte. Aber die Möglichkeiten waren eingeengt worden. Jetzt die Frage stellen, wieweit die Befugnisse einer „Repräsentation" neben der Verwaltung reichen sollten, umschloß mehr als zuvor die andere Frage, wieviel Selbständigkeit man der zu erziehenden Gesellschaft bereits zutrauen und einräumen wolle. In dieser Frage aber war bereits die Antwort enthalten, daß die „Konstitution" nur mehr eine Ergänzung der Verwaltung, wenn auch eine politisch notwendige, sein könne. Die Lage hatte sich für die idealistischen Reformer verfestigt. Betrachtete man anfangs — im Hinblick auf die Zukunft — die Verwaltungsorganisation als eine Art von Ersatzverfassung, so stellte sich nun heraus, daß sie tatsächlich der Kern der Verfassung geblieben war. Man richtete sich ein, wenn auch der Impuls der Reform das Bewußtsein der Übergangszeit wachhielt. Gerade wer den Erziehungsauftrag ernst nahm, mußte der kommenden Entwicklung auch institutionell vorarbeiten.

Motz hat das als Regierungspräsident von Erfurt in einem der von Hardenberg eingeforderten Gutachten 1817 zum Ausdruck gebracht:[132] „In einem rein monarchischen Staate, wie der preußische, sind die Verwaltungsbehörden in kollegialischer Form wirkend, dagegen sieht man die Verwaltung in konstitutionellen Staaten unter bürokratischen Formen. Preußen will aus dem ersten Zustand in den anderen übergehen; es scheint daher angemessen, schon jetzt in der Verwaltung die dereinstige Umbildung zu erleichtern, und es kann solches geschehen, indem die Vorteile der Kollegialität mit den Vorteilen der Bürokratie vereinigt werden." Motz verlangte in seinem Gutachten jene Straffung der Behörden, an der ihm 1825 als Finanzminister mitzuarbeiten selber vergönnt war. Zugleich richtete er sich aber gegen das Memorandum seines Kollegen, des Regierungsdirektors Gebel, der aus Schlesien an die Erfurter Regierung versetzt worden war.[133] Gebel forderte, was er damals jahraus, jahrein in der Erfurter

---

132 Zit. von *Petersdorff*: Motz 1, 161. Auch der Freiherr vom Stein äußerte sich zustimmend zu diesem Gedankengang (Denkschrift vom 24. 3. 1819 Stein, hrsg. *Botzenhart* 5, 543; Auswahl 393).
133 Vgl. oben S. 200 und *Petersdorff*: Motz 1, 161, 178.

Akademie öffentlich vortrug und schließlich publizierte, eine „Konstitution", ohne aber, wie Motz bemerkte, die verwaltungstechnischen Konsequenzen durchdacht zu haben. Motz, der grundsätzlich ein Verfechter des gleichen Gedankens war, hielt sich an die tägliche Erfahrung; die besonders drastische Gemengelage ständischer Rechte und Interessen, die er in der sächsischen Provinz zu bewältigen hatte — hier lernte er Schwierigkeiten seiner späteren Zollpolitik meistern —, ließen ihn füglich daran zweifeln, ob eine generelle Gesetzgebung vorerst anders als innerhalb der Behörden zu erreichen sei.

Daher trat gerade für die liberalen Beamten die Funktion der Regierung, „Repräsentant" der Gesellschaft zu sein, in den Vordergrund. So berichtete etwa der Regierungsvizepräsident Gärtner aus Trier, als er wegen der Eingliederung des Saarlandes mit Hardenberg in direkten Schriftwechsel eintrat, über die Erfahrungen, die man seit der Beseitigung des Präfektursystems gesammelt habe. Die Bevölkerung sei der persönlichen Laune eines einzelnen entronnen, sie müsse sich nicht mehr mit Bestechungen von Büro zu Büro hochkaufen, der Arme fände jetzt ebenso Gehör wie der Reiche, und auf diesen allein gehe daher die Kritik an der Kollegialverfassung zurück. Die große Mehrheit habe erkannt, daß die kollegialische Verfassung Schutz gegen Willkür biete, und finde „darin einstweilige Vertretung des Landes, bis zur Gewährung einer ständischen Verfassung"[134]. Im gleichen Jahr, 1821, schrieb sein Vorgesetzter Delius, die Aufgabe jeder Regierung sei zweifach: sich sowohl das Vertrauen der Bevölkerung wie der Berliner Regierung zu verdienen.[135] Diese Ansicht fand sogar Eingang in staatliche Instruktionen, die gelegentlich Mitglieder der Regierungsbehörden als „Repräsentanten der Verwaltung und der Verwalteten" bezeichnen konnten, was für die Selbstverständlichkeit spricht, mit der die Beamten Staat und Gesellschaft in sich zu identifizieren vermochten.[136]

Hippel, damals Regierungspräsident in Marienwerder, zog vielleicht am schärfsten solche verfassungspolitischen Konsequenzen aus der Verwaltungsorganisation. Noch 1819 hatte er eine letzte große Denkschrift ausgearbeitet, die „über Nutzen und Notwendigkeit einer repräsentativen Verfassung keinen Zweifel mehr" duldete. Hippel ging davon aus, daß „die Kenntnis und Erfahrungen der Behörden nicht mehr hinreicht, das Leben des Volkes im Innersten zu kennen und für alle Zustände desselben die besten Gesetze zu erfinden und vorzuschlagen"[137]. Die öffentliche Mei-

---

134 DZA Merseburg R 74, J II, Nr. 6.
135 R 74, H II, Gen. Nr. 21, Gutachten für die oben behandelte Kommission zur Verwaltungsneugliederung.
136 Instruktion für die Kommissionen, die die Einjährig-Freiwilligen zu prüfen hatten, vom 21. 1. 1822; *Gräff* — *Rönne* — *Simon* 5, 255 und *Kamptz:* Ann. 9, 1107 ff.
137 Zit. bei *Bach:* Hippel 247.

nung bedürfe eines eigenen „gesetzlichen Organs" außerhalb der Verwaltung. Die republikanischen Träume, von denen die Demagogengesetze ausgelöst worden waren, seien nur deshalb aufgekommen, weil die versprochene Verfassung ausgeblieben sei. In der Tat hatte sich die öffentliche Meinung in diesen Jahren von der beamteten Schicht der Intelligenz abgelöst und war über sie hinaus wirksam geworden; ja sie richtete sich gegen diese selbst im Maß als der Neuaufbau auf die Verwaltung beschränkt blieb. Gerade diese Kritik versteifte wieder die Abneigung des Königs gegen jede Art von Konstitution. Hippel wollte — wie Hardenberg — diesen Zirkel durchbrechen. Aber solange eine Vertretung „der Weisesten und Besten", denen das Volk sein Vertrauen schenke, nicht zustande kam, sah Hippel in den Behörden den geeigneten Ersatz dafür.

Hippel wollte die innerkonstitutionelle Basis der Verwaltung ausbauen, von der her die Oberpräsidenten 1817 im Namen der Öffentlichkeit ein Ministerrevirement erzwungen hatten. Als er 1821 in die Revisionskommission berufen wurde, attackierte er heftig die Berliner Ministerialbürokratie, die das „System des Mißtrauens und Kontrollierens" pflege, „durch welches jede obere Behörde berechtigt wird, die untergeordnete für unredlich und unverständig zu halten und sie nach dieser Präsumtion zu behandeln". Es sei aber die Pflicht der Provinzialbehörden, auf die wesentlichen Interessen der Provinz aufmerksam zu sein und sie zu wahren: „Pflicht der Minister ist es, die Provinzialbehörden zu hören und ihnen zu vertrauen... Nur Mißtrauen erzeugt Mißtrauen bis zum gegenseitigen Kampfe." Der allgemeine Unwille, den die Bevölkerung zur Zeit der Demagogenverfolgung gegen die Verwaltung überhaupt hegte, wird von Hippel im Namen der Regierten weitergeleitet. Er warnt die Minister, die stark angewachsene „Opposition" im Lande weiterhin gröblich zu unterschätzen, aber er nennt als die erste Quelle der Opposition „das Mißtrauen der Ministerien gegen die Behörden". Diese seien allerdings nicht gewillt, sich „unter Machtsprüche zu beugen, wenn sie von dem Rechte des Gegenteils überzeugt sind". „Die Minister – wohl zu unterscheiden von Ministerien – können nur das *eine* Interesse haben, die öffentliche Meinung für sich zu gewinnen... Gunst und Ungunst sind aber – solange es keine Stände gibt – abhängig von der Meinung der Behörden, die dem Volke am nächsten stehen, und denen es zunächst vertraut."[138]

Hippel hat besonders deutlich jene quasiparlamentarischen Züge herausgearbeitet, die sich in der von Stein und Hardenberg reformierten Verwaltung eingespielt hatten und deren Voraussetzung die kollegiale Behördenverfassung war. Selbstbewußte Beamte, die sich als die wahren Staatsbürger erachteten, gewannen dieser Kollegialverfassung einen poli-

---

138 DZA Merseburg R 74, H II, Gen. Nr. 21; vgl. dazu oben S. 234 f.

tischen Sinn ab, der ihr im verflossenen Jahrhundert nicht innegewohnt hatte. Aber diese halb ständischen, halb parlamentarischen Momente, die sich in der Verwaltungshierarchie vordrängten und die auch weiterhin die Unabhängigkeit der preußischen Beamten charakterisierten, waren nun keineswegs geeignet, den bürokratischen Ansprüchen der Berliner Minister gerecht zu werden. Im Augenblick, da die Provinzbehörden nicht mehr im Staatskanzler eine den Ministerien übergeordnete Instanz zum Ausgleich anrufen konnten, versteifte sich die bürokratische Apparatur; die Provinzbehörden verloren jenen Spielraum, den sie – so paradox es klingt – nur im Schutz der halb diktatorischen Stellung eines Hardenberg innegehabt hatten. So nimmt es nicht Wunder, daß es die beiden Vertreter der Provinzbehörden waren – Vincke und Schönberg –, die als einzige in der letzten Verfassungskommission noch 1823 für eine allgemeine Reichsvertretung plädierten.[139] Selber stärker in die bürokratische Abhängigkeit gedrängt, suchten sie die Minister wenigstens vor einer reichsständischen Versammlung verantwortlich zu machen. Was sie als Sprecher ihrer Provinzen nicht mehr durchsetzen konnten, sollte mit reichsständischer Hilfe in der Legislative und Kontrolle besser erreicht werden. Es war zu spät. Der Impuls der Reform blieb in den folgenden Jahrzehnten weit stärker in den Provinzbehörden erhalten, die Generation der großen Oberpräsidenten überdauerte den Kurswechsel im Berliner Staatsministerium, aber die mittlere Behördenorganisation selber bot kaum mehr eine Chance, die innenpolitischen Entscheidungen in Berlin aktiv zu beeinflussen.

Der verfassungsmäßige Rang der Regierungskollegien, zwischen Staat und Region, zwischen Staat und Gesellschaft zu vermitteln, blieb freilich erhalten, da die allgemeine Reichsvertretung von Ständen oder Berufsklassen gescheitert war. Wie Humboldt sagte: „Es muß in einem gut verwalteten Staate eine Tradition der Verwaltungsintelligenz vorhanden sein oder geschaffen werden, und diese kann bei uns, wo die Verwaltungsangelegenheiten nicht, wie in England, öffentlich werden, nur auf den Kollegien der Räte beruhen."[140] In diesen Sätzen, die er 1824 an Schön richtete, kam gleichzeitig zum Ausdruck, was die kommenden Jahrzehnte bestimmen sollte. Mochte die Beamtenschaft in ihrer Beratung auch die Verantwortung gegenüber König und Staat mit der gegenüber den Verwalteten aufeinander abzustimmen suchen, mochte sie eine interne Öffentlichkeit der kursierenden Gutachten pflegen, die zu berücksichtigen das Berliner Staatsministerium nicht umhin konnte: diese Art von Öffentlichkeit blieb geheim, sie war auf die vier Wände der Diensträume beschränkt, in denen die Räte und Geheimen Räte tagten. Und mochten hier noch so gescheite Gesetzesvorschläge ausgearbeitet werden, mochten die Beamten gegen stän-

---

139 *Stephan:* Provinzialstände 43.
140 *Schön:* Weitere Beiträge 215.

dische Interessen und schwankende Tagesmeinungen noch so immun sein, im Grad, als die bürgerlichen Kräfte auf Mitverantwortung drängten, rückten die liberalsten Räte in das Zwielicht geheimer, unkontrollierter Tätigkeit.

Um 1820 freilich traf völlig zu, was Hegel in seiner Rechtsphilosophie über das Beamtentum gesagt hatte. Wenn Hegel die Behörden mit dem Kampfplatz verglich, auf dem besondere gesellschaftliche Interessen und allgemeine staatliche Gesetze sich miteinander messen, wenn er den Beamtenstand als den allgemeinen Stand bezeichnete, dessen jeweils persönliches Engagement mit den Interessen der Allgemeinheit zusammenfalle, wenn er ihn – mehr soziologisch – als den „Hauptteil des Mittelstandes" bezeichnete, in dem die gebildete Intelligenz und das rechtliche Bewußtsein der Masse eines Volkes zusammenfielen, wenn er als die schwierige Aufgabe der Behördenorganisation die Kombination konkreter Regierung und abstrakter Spezialisierung der Verwaltungszweige erblickte, wenn er schließlich der Beamtenschaft eine von unten und oben kontrollierte Stellung zwischen Volk und Herrscher einräumte, die gleichwohl das „beratende Moment" der Gesetzgebung darstelle, so hat Hegel mit allen diesen Feststellungen nicht nur das Bild gezeichnet, das die preußischen Beamten von sich hatten, sondern die wirkliche Lage selber. Die damals diskutierte Frage aufwerfend, inwieweit eine Ständevertretung als „Garantie" der Verfassung zu betrachten sei, beantwortete er damit, daß jede andere der Staatsinstitutionen dies mit den Ständen teile, „eine Garantie des öffentlichen Wohls und der vernünftigen Freiheit zu sein"[141]. Die Schärfe und Unmittelbarkeit der Hegelschen Beobachtung erfaßte die damalige Behördenorganisation und ihre verfassungsmäßige Stellung ohne Zugabe und ohne Abstrich, als habe er persönlich Einblick in den inneren Dienstverkehr erhalten.

Hardenbergs Behördenaufbau, 1817 in seinen Grundzügen festgelegt, war also eine inneradministrative Verfassungsstiftung, die nach Schaffung der Provinziallandtage nur mehr geringfügig verändert wurde. Das Wechselspiel von Kollegialität und Bürokratie, von regionaler Interessenvertretung und gesamtstaatlicher Befehlshierarchie, das Ineinander von Legislative, Exekutive und polizeilicher Jurisdiktion: all dies war, um ein Wort von Humboldt zu modifizieren, theoretisch – im Sinne rationaler Verwaltungsgliederung – nicht erforderlich. Praktisch zwang diese Organisation die Verwaltung dazu, immer mehr zu sein als bloße Administration. Als organisierte Intelligenz, wie sich die Beamtenschaft damals verstand, bildete sie den Kern einer Verfassung, deren soziale Entfaltung sie zu steuern hatte. Und solange sie ihrem der Reform entstammenden

---

141 *Hegel:* Rechtsphilosophie §§ 287 ff.

Behördenausbau als verfassungspolitische Vorleistung

Auftrag nachkommen wollte, mußte sie sich – im Rahmen der monarchischen Staatsform – als verantwortlichen Träger der politischen Willensbildung und Zielsetzung begreifen. Ausmaß und Möglichkeit einer solchen Verantwortung lag in der Behördenorganisation beschlossen.

Außer den Oberpräsidenten und den kollegialen Regierungen wurde nun 1817 noch eine weitere Institution geschaffen, deren Tätigkeit auf ganz besondere Weise in die Geschichte des Vormärz verflochten bleiben sollte: der *Staatsrat*.[142] Mehr als alle anderen Behörden hat der Staatsrat die inneradministrative Konstitutionalisierung Preußens abgeschlossen; von der Administration selber wurde er bestimmungsgemäß völlig herausgehalten, ihm oblag in erster Linie, alle Gesetze und die Grundsatzplanung der gesamten Verwaltung zu beraten – von seinen Gutachten wurden bereits die Instruktionen für die Oberpräsidenten und Regierungen vom Herbst 1817 beeinflußt[143] –, und dementsprechend war er auch mehr als andere Behörden geeignet, den Spielraum aller außeradministrativen Verfassungsinstanzen einzuengen. Wieweit der Staatsrat tatsächlich eine Nationalrepräsentation zu „ersetzen" gezwungen war, zeigte sich schnell 1847. Mit der Vereinigung der provinziellen Landtage zu einer Gesamtvertretung ging eine Reduktion der staatsratlichen Befugnisse einher, die den Staatsrat verfassungspolitisch aushöhlte.[144]

Vorgesehen war ein Staatsrat schon unter der Regierung des Freiherrn vom Stein, aber die Einrichtung wurde immer wieder hinausgeschoben und je mehr sie hinausgezögert wurde, desto mehr veränderte sie ihren verfassungspolitischen Ort. Während Stein den Staatsrat noch als die oberste leitende Behörde der ganzen Staatsverwaltung geplant hatte, in der Exekutive und Legislative zusammenfielen und in der alle Grundsatzfragen beraten und entschieden werden sollten, hatte Beyme im Ministerium Dohna-Altenstein bereits eine Gewichtsverlagerung durchgesetzt. Der geplante Staatsrat sollte, wie eine Kabinettsorder vom 31. März 1810 verfügte, nur mehr „als beratendes Conseil für Gegenstände der Gesetzgebung und für neue allgemeine Einrichtungen oder für Abschaffung und Abänderung alter dergleichen Anordnungen errichtet werden"[145]. Er sollte also von der Verwaltung selber ausgeschlossen werden und dem entsprach der zweite Teil der Anweisung. Sie nämlich bestimmte, daß der Staatsrat erst nach der Reform und Organisation der neuen Provinzialstände errichtet werde. Er war also als eine Art staatliches Dachorgan der ständischen Vertretung gedacht, wobei es zunächst offen blieb, wie sich eine überprovinzielle Repräsentation aller Stände dazu verhalten könne.

---

142 V. 20. 3. 1817 (GS 67).
143 *Gebhardt:* Humboldt 2, 278 ff.
144 *Schneider:* Staatsrat 100 ff.
145 *Schneider:* Staatsrat 19 f., hier auch die Darstellung der Vorgeschichte von 1806–1817.

Die Aufgaben des geplanten Staatsrates

Unter Hardenbergs Leitung verlagerte sich der geplante und dem Staatsrat schließlich zugewiesene Aufgabenkreis noch mehr. Die Tendenz war die, den Staatsrat aus seiner anfangs vorgesehenen Spitzenstellung innerhalb der Verwaltungshierarchie noch mehr herauszudrehen, um ihn einem Staatsministerium als beratendes Organ gegenüberzustellen. Zunächst sollte der Staatsrat – auf Grund der Verordnung vom 27. Oktober 1810[146] – unter dem Vorsitz des Staatskanzlers noch an der Spitze aller Behörden rangieren. Dem Staatsrat wurden zwar geringere Befugnisse zugemessen als unter Stein, denn er war als reines Beratungsgremium gedacht, aber immerhin sollten ihm die einzelnen Minister noch Rechenschaft schuldig sein. Das war zur Zeit, als es noch kein gemeinsames Staatsministerium gab. Trotz der detaillierten Ankündigung – der Entwurf stammte zum guten Teil aus der Feder Schöns[147] – unterließ es der Staatskanzler, ein solches Gremium einzuberufen, dessen Mehrheitsbeschlüssen er sich satzungsgemäß hätte unterwerfen müssen. Statt dessen führte er sein fast diktatorisches Regiment aus der Kanzlei heraus und wandte sich um Rat zuerst an jene interimistische Nationalrepräsentation, die er statt der Provinzialstände einberief und zugleich als Sprachrohr öffentlicher Meinungsbildung betrachtete. Es werden nicht zuletzt die schlechten Erfahrungen des Kanzlers mit dieser Berliner Versammlung gewesen sein, die ihn im Sommer 1814 zu einem erneuten Wechsel in der Prioritätsfrage der Planung veranlaßten. Jetzt nämlich kündigte er den umgekehrten Weg an, zunächst innerhalb der Verwaltung einen Staatsrat zu bilden, um dann erst eine allgemeine Repräsentation folgen zu lassen: daß er dabei die Unterstützung des Königs fand, der immer geneigt war, dem Behördenaufbau den Vorrang zu geben, war selbstverständlich.[148]

Als 1817 der Staatsrat als „die höchste beratende Behörde" des Monarchen schließlich berufen wurde, waren zwei Vorentscheidungen gefallen, die der Zukunft die Richtung wiesen, und die – wie sich später herausstellen sollte – wieder einmal als Vorentscheidung für die Gesamtverfassung endgültig blieben. Erstens wurde der oberste Rat nicht nur zeitlich, sondern auch institutionell den Ständen vorgeordnet; er sollte den Verfassungsplan beraten und „wird erst mit den Ständen verhandelt, so ge-

---

146 GS 1810, 3 ff.
147 *Schneider:* Staatsrat 27; der andere Konzipient war Klewitz.
148 Die Priorität der Staatsratbildung vor „der ständischen Verfassung und Repräsentation" ergibt sich aus dem Wortlaut der KO vom 3. 6. 1814, die das kollegiale Staatsministerium errichtete (GS 1814, 40). Es war später auf Ancillons Einfluß zurückzuführen, daß der Monarch mehr an dieser Priorität festhielt, als es Hardenberg lieb war (vgl. *Haake:* Ancillon 114, 121). Hardenberg wollte, um die Verfassungsplanung unabhängig von der Bürokratie in seiner Hand zu behalten, die Repräsentation in einer eigenen Kommission vorbereiten, die ihm unterstellt bliebe (siehe das Verfassungsversprechen vom 22. 5. 1815). Aber 1817 wurde der Staatsrat, nachdem er einmal konstituiert war, in diese Planung eingeschaltet.

schieht dies durch den Staatsrat, welcher eins oder mehrere seiner Mitglieder dazu nach der Auswahl des Präsidenten deputiert"[149]. Die Gesetzesberatung, gleich welchen Umfanges, sollte auf diese Weise in den Instanzenzug der Behörden eingebunden bleiben und Hardenberg mußte sich sogar den bürokratischen Einwänden seiner Minister so weit fügen, die angekündigte „Teilnahme der künftigen Landesrepräsentanten an der Gesetzgebung" in deren „Einwirkung... bei der Gesetzgebung" abzuschwächen.[150] Zweitens wurden die Befugnisse sowohl des Kanzlers im Staatsrat beschränkt – sie standen nur mehr dem Präsidenten zu, der schließlich nicht mehr mit dem Kanzler identisch sein mußte –, wie die des Staatsrats selber. Beide Beschränkungen kamen der Exekutive zugute. Der Staatsrat verlor jedes Initiativrecht und nur noch, soweit er „Streitigkeiten über den Wirkungskreis der Ministerien" zu schlichten hatte, war er dem Staatsministerium übergeordnet.[151] Daß der Staatsrat in Ermangelung strikter Kontrollbefugnisse ein bloßes Gegengewicht gegen das Staatsministerium bilden würde, lag in der Natur der Sache so gut wie in Hardenbergs Absicht. Aber je mehr die Befugnisse des schließlich errichteten Staatsrats beschnitten worden waren – er sollte „durchaus keinen Anteil an der Verwaltung" haben –, desto mehr wurde sein beratender Anteil an der Legislative betont, jene Aufgabe also, bei deren Lösung er später seine hohe Autorität gewinnen sollte. Gesetzesberatung und Exekutive, staatsrechtlich im König vereint, hatten somit innerhalb der Verwaltung selber, bei teilweiser Überlappung ihrer Mitglieder, ihre eigenen Behörden. Was also der Staatsrat an Bedeutung gegenüber der zu stiftenden Ständevertretung gewann, das verlor er an Macht gegenüber dem Ministerium.[152] Mit anderen Worten: die Tendenz zu einer inneradministrativen Konstitutionalisierung wurde durch die Lösung von 1817 entschieden vorangetrieben, und zwar auf Kosten der zu berufenden Nationalrepräsentation.

---

149 § 29 der V v. 20. 3. 1817 (GS 67 ff.). Dehio verweist auf das Vorbild der westfälischen Verfassung, die diese eigentümliche Verbindung in ihrem § 24 hergestellt hatte (FbpG Bd. 35, 217 [1923]). Später ging Hardenberg von dem Gedanken ab, Gesetzesvorlagen durch den Staatsrat an die Stände gelangen zu lassen: der betreffende Minister sollte dafür zuständig sein. Vgl. seinen Verfassungsentwurf vom 22. 10. 1819 (Rep. 74, H 3, IX, Nr. 19; auch bei *Treitschke:* Deutsche Geschichte 2, 627 und *Altmann:* Ausgew. Urkunden 218).
150 *Schneider:* Staatsrat 42.
151 V 20. 3. 1817, 2 b (GS 1817, 67 f.).
152 Im gleichen Jahr, als der nur mehr beratende Staatsrat in Tätigkeit trat, war auch die Neuordnung im Staatsministerium — unter Anleitung Bülows und Schuckmanns — so weit vollendet, daß die dortigen „Staatsräte" — aus der Steinschen Zeit stammend — den bürokratisch untergeordneten Direktoren, Regierungsräten, Finanzräten usw. den Platz einräumen und damit den Staatsrattitel abgeben konnten (vgl. *Hintze:* Ges. Abh. III, 613 und *Schneider:* Staatsrat 126).

Hardenberg, elastisch wie er immer verfuhr, wollte durch die Errichtung des Staatsrats freilich die kommende Gesamtverfassung, die auch Stände und Bürger heranziehen sollte, ebenso absichern wie vorbereiten. Daß er schließlich damit scheiterte, lag nicht an der Institution des Staatsrats, aber daß das Ausbleiben einer Nationalrepräsentation die Funktionsfähigkeit der preußischen Verfassung zunächst nur beiläufig berührte, das allerdings lag an dem bereits vollendeten Behördenaufbau mit dem Staatsrat als „Beamtenparlament" an seiner Spitze.

Formal nur als die „oberste beratende Behörde" des Königs konstituiert[153], war der Staatsrat praktisch der Repräsentant der preußischen Beamtenschaft, gegen dessen Gutachten die Monarchen kein Gesetz durchzudrücken sich trauten.[154] Der Staatsrat setzte sich zusammen aus den Prinzen, hohen Militärs, den leitenden Beamten und obersten Richtern – letztere in zunehmender Zahl –, und die Ernennung der zahlreichen übrigen Beamten, die aus besonderem königlichen Vertrauen erfolgte, war weithin eine Kooptation durch den Staatsrat selber.[155] So glich diese intelligenteste Körperschaft Europas, wie sie der Verleger Perthes einmal genannt hat[156], einem inneradministrativen Parlament. Seine Arbeitsweise war so geregelt, daß die verschiedenen ressortgebundenen Interessen der Ministerien sich in den Ausschüssen gegenseitig kreuzen mußten, bei völliger Gleichberechtigung aller Mitglieder unabhängig von ihrer dienstlichen Rangordnung.

Durch diese Konstruktion sollte sichergestellt werden, daß in dem obersten Forum der Intelligenz unabhängig von allen Weisungsbindungen ein rationaler Ausgleich aller Interessen der Gesellschaft gefunden werde. Es lag im Zuge des bisherigen Behördenaufbaus, daß die Beamtenschaft über die Funktion „königlicher Bedienter", aber auch bloßer „Staatsdiener" hinausdrängte.[157] Und Hardenberg verfehlte nicht, bei der Eröffnung des Staatsrats auf die doppelte Verantwortlichkeit hinzuweisen, die dies Gremium gegenüber dem König wie auch gegenüber dem Volk innehabe. Hardenberg berief sich auf die Erwartung der Nation, die Ansprüche der Zeit und das Gedächtnis der Nachwelt, die es alle zu befriedigen gelte, und er appellierte an die Mitglieder des Staatsrats, in ihrer Arbeit nicht müde zu werden, „damit wir in Seiner (Majestät) Zufriedenheit unsere Belohnung, in den Segnungen seines Volkes unsere Bürgerkronen emp-

---

153 V 20. 3. 1817, Nr. 2 (GS 67).
154 *Schneider:* Staatsrat 153.
155 Ebda. 110 ff. *Klein* (Von der Reform ... 308 ff.) betont den anfangs überragenden Einfluß des Kanzlers bei der ersten Auswahl.
156 *Perthes:* Leben 3, 290. Das englische Parlament nahm er selbstverständlich aus seinem Urteil aus.
157 Vgl. *Hintze:* Beamtenstand 33.

Behördenausbau als verfassungspolitische Vorleistung

fangen"[158]. Eine solche Wortwahl weist weit über das notwendige Maß hinaus, das bei derartig feierlichen Anlässen von seiten des Monarchen geboten schien. Der Staatsrat wurde als ein Organ avisiert, in dem staatliche Pflichten und gesellschaftliche Interessen koinzidieren sollten und auch konnten, weil die beamteten Mitglieder hinreichend homogen waren, um die Parteiungen von Fall zu Fall wechseln und nicht aus Prinzip gerinnen zu lassen.[159]

Wie wenig Hardenberg freilich daran dachte, im Staatsrat einen Ersatz für die zu stiftende Nationalrepräsentation zu sehen, zeigen alle seine Schritte vor und nach der Konstituierung jener Behörde. Als Klewitz im September 1816 suggestiv meinte, die Nation presse keineswegs auf eine sofortige Einlösung des Verfassungsversprechens, wenn nur drei Bedingungen erfüllt würden, um das Publikum vor dem „Ministerialdespotismus" zu schützen: ein Staatsrat, die Gesetzkommission und Provinzialstände, da hielt Hardenberg mit seiner offenen Antwort zurück.[160] Wohl erkennend, daß Klewitz durch den Staatsrat eine Nationalrepräsentation auf unbestimmte Zeit verschieben wollte, vermied es Hardenberg, ihm vorzeitig Argumente gegen seine eigenen Pläne an die Hand zu reichen. Mit der Stiftung des Staatsrats 1817 gelang es Hardenberg zwar nicht, zugleich dessen erste Aufgabe öffentlich bekannt zu machen, nämlich die ständische Verfassung auszuarbeiten. Aber in der Sache setzte er sich gegen den furchtsamen König durch. Interne Kabinettsorders trugen dem Staatsrat sofort auf, die beiden wichtigsten, noch ausstehenden Reformen zu beraten, die Verfassung nämlich und die damit in engstem Zusammenhang stehende Steuer- und Finanzreform.[161]

Als Hardenberg 1819 daran ging, die offene Verfassungsfrage endlich ihrer Lösung entgegenzuführen, ließ er sich zugleich mit der Berufung Humboldts zum Verfassungsminister eine Kabinettsorder ausfertigen, die die Befugnisse des Staatsrats schärfer eingrenzte.[162] Der Staatsrat sei „weder eine repräsentierende noch eine entscheidende Stimme führende Behörde, sondern bloß zu Meiner Beratung, besonders in Absicht auf (die)

---

158 Hardenbergs Eröffnungsrede wurde gedruckt an die Behörden versandt; hier benutzt Arch. panstw. Pozn.: Ob. Pr. Posen V, A 2.
159 Das einzelne bei *Schneider:* Staatsrat 117 ff. passim.
160 R 74, H II, Nr. 13. Rother konzipierte eine Antwort, die in den gewünschten Provinzialständen nur ein zweifelhaftes „Interimistikum" erblickte, eine gesamtstaatliche Vertretung also als Zielpunkt ansprach. Hardenberg wartete bis zum Abschluß der Staatsratsplanung, um erst am 26. 2. 1817 eines seiner höflich unverbindlichen Antwortschreiben abzusenden. Siehe auch *Treitschke* 2, 283 und *Schneider:* Staatsrat 31.
161 *Schneider:* Staatsrat 38; *Gebhardt:* Humboldt 2, 235, 243; *Simon:* The failure . . 124.
162 Die Berufung Humboldts zum Verfassungsminister: KO vom 11. 1. 1819, siehe *Humboldt:* Briefe 6, 439; die gleichzeitige KO an den Staatsrat siehe *Schneider:* Staatsrat 58; die KO über die Neuordnung des Staatsministeriums, ebenfalls vom 11. 1. 1819, in der GS 2.

Gesetzgebung konstituiert". Der weitere Inhalt der Kabinettsorder – nichts dürfe Parteisache werden, keine persönlichen Angriffe dürften die Abstimmungsfreiheit beeinflussen, der stellvertretende Präsident, Altenstein, habe strengstens darüber zu wachen – sollte zweifellos dem verkappten Ehrgeiz Humboldts rechtzeitig einen Riegel vorschieben. Hardenberg ging in seiner Vorsicht noch weiter. Er setzte Schuckmann und Humboldt in den korrespondierenden Abteilungen des Staatsrats zur gegenseitigen Überwachung ihrer Ressorts an, überging aber mit Schweigen die Befugnis des Staatsrats, zwischenministerielle Streitigkeiten zu schlichten.[163] Die taktischen Schachzüge gegen Humboldt und die ausdrückliche Feststellung, daß der Staatsrat kein repräsentatives Organ sei, mochten sowohl der einzuführenden Nationalrepräsentation dienen wie dem Willen Hardenbergs, gerade dieses Projekt nicht aus der Hand zu geben.

Die Verflechtung der Verfassungsplanung in den stillen Kampf zwischen Hardenberg und Humboldt wirkte also schon am ersten Tag der gemeinsamen Wegstrecke auf die verfassungsmäßige Stellung des Staatsrats ein. Kein Wunder, hoffte doch Humboldt immer und immer wieder, von der Plattform eines Staatsrats aus seine Macht gegen den Kanzler aufzubauen[164], um parallel dazu seine eigenen Verfassungsideale zu verwirklichen. Die Verfassungsentscheidungen blieben – mit anderen Worten – von Macht- und Positionsfragen innerhalb der Behördenorganisation abhängig.

Der Behördenaufbau war aber selber so weit abgeschlossen, daß bis zur Einführung „der künftigen reichsständischen Versammlung ... der Staatsrat an deren Stelle" treten konnte. So formulierte es Hardenberg in dem Gesetz vom 17. Januar 1820[165], das die gesamte Staatsschuld festlegte und einer Hauptverwaltung unterstellte. Der Präsident der Schuldenverwaltung – Rother – war selber ein Mitglied des Staatsrates, der auch die Beisitzer vorzuschlagen hatte. Ebenso oblag dem Staatsrat – „vorläufig" – die jährliche Entlastung gutachtlich auszusprechen.[166] Der Staatsrat, eine vom König ernannte Behörde, übernahm also eine Funktion – so gering sie war – der später zu wählenden Reichsstände. Der Staat als Schuldner kontrollierte selber die Schuldentilgung; nur zur Aufbewahrung der gelöschten Schuldscheine trat eine Deputation des Berliner Magistrats als halbstaatliche Behörde hinzu. Bis zur Berufung des vereinigten Landtages ist der Staatsrat seinen Kontrollaufgaben nachgekommen.[167] Es kenn-

---

163 Dies wird der Sinn der Auslassung des § 2 b sein, die *Schneider* a. a. O. 58, Anm. 3 vermerkt.
164 Vgl. dazu *Kaehler:* Humboldt 239 ff., 345, 388 passim.
165 GS 9, XIII.
166 Ebda. VIII, XIII, XIV.
167 *Schneider:* Staatsrat 160.

Behördenausbau als verfassungspolitische Vorleistung

zeichnet den Vormärz in Preußen, daß eine auf Unparteilichkeit verpflichtete Behörde, in der sich die beamteten Spitzen der führenden Schichten versammelten, als Pflicht erfüllen mußte, was als Recht der König den besitzenden Schichten offen zu konzedieren nicht geneigt war. Was also von Hardenberg im Horizont der versprochenen Nationalrepräsentation als deren Ersatz gedacht war, das stellte sich mehr und mehr als dauerhaft heraus. Der konstitutionelle Rang des Staatsrats wuchs im Maß, als die Gesamtvertretung hinausgeschoben wurde, und als es Hardenberg – nach Humboldts Sturz – nicht mehr gelang, die Verfassungsplanung aus dem Binnenraum der Verwaltung heraus zu steuern.

Es mißlang Hardenberg, einmal dem Staatsrat überwiesene Befugnisse an die neu zu errichtenden Reichsstände zu übertragen. Die zeitliche Priorität des Verwaltungsaufbaus verlieh den Behörden eine sachliche Überlegenheit gegenüber den weiterreichenden Verfassungsplänen, und was von der gescheiterten Nationalrepräsentation her gesehen als zuwenig gelten mußte, das erschien innerhalb der Administration als hinreichend. Hardenberg freilich suchte zu retten, was er konnte. So war es der Kanzler selber, der kurz vor seiner Abreise nach Verona, nachdem er den Kulissenkampf gegen die Kronprinzenpartei bereits verloren hatte, eine allgemeine Repräsentation wenigstens mit dem Staatsrat zu koppeln suchte. Er drängte den Kronprinzen in einer langen Unterredung auf allgemeine Stände und hatte, wie dieser berichtete, „ein Surrogat bei der Hand, welches mir schlimmer als Zichorien und Runkelrüben erscheint, – nämlich aus dem Staatsrate die allgemeinen Stände zu bilden teils durch Deputationen der Provinzen, teils durch Erhebung der gewählten Staatsräte zum Oberhaus"[168]. So abwegig wie der Kronprinz meinte, war freilich Hardenbergs Plan nicht. Der Gedanke, eine ständische Repräsentation mit dem Staatsrat zu verflechten, war schon mehrfach geäußert worden[169], und Metternich hatte erst auf dem Aachener Kongreß in dieser Lösung eine Rettung vor zu weitgehenden revolutionären Gefahren erblickt, die ihm von preußischen Reichsständen zu drohen schienen – eine Lösung, auf die er Preußen in Teplitz 1819 festzulegen suchte.[170] Hardenberg, der anfangs nur um Zeit zu gewinnen, darauf eingegangen war, sah sich schließlich auf diesen Minimalplan reduziert. So steht am Ende der Bemühungen Hardenbergs ein Kompromißvorschlag, der sich zwanglos den ersten Reformversuchen anzugliedern scheint.

Die Grundfigur der Reformer, ein preußisches Staatsbürgertum durch

---

168 *Haake:* Ancillon 145.
169 Vgl. unten S. 293; *Stern:* Geschichte Europas 1, 479; *Haake:* Ancillon 114; auch von der Marwitz vertrat den Plan 1823 gegenüber dem Kronprinzen (II/2, 292).
170 *Treitschke:* Deutsche Geschichte 2, 543 und 623; *Stern:* Geschichte Europas 1, 570 ff.; *Srbik:* Metternich 1, 582 ff.

Teilnahme an der Verwaltung zu erwecken und zu bilden, stand immer schon im Widerspruch zu einer strikten Trennung rein staatlicher und bloß ständischer Behörden. Was Hardenberg in der Theorie anstrebte, die Verwaltung von der Repräsentation streng zu scheiden[171], das war zunächst auch nur ein Mittel, die Reformpolitik ungehindert von altständischem Einspruch durchführen zu können. Die konsequente Erfüllung seiner Verfassungspläne hätte eine hinreichend selbständige Gesellschaft vorausgesetzt, die dem Staat hätte „gegenüber" auftreten können, eine Gesellschaft also, die die Reformpolitik erst verwirklichen wollte. Daher geriet auch Humboldt mit seinem sorgsam durchdachten Verfassungskonzept in Schwierigkeiten. „Behörden des Staates und Behörden des Volkes", wie er sich ausdrückte[172], so zu formieren, daß sie sich „zusammenwirkend begegnen" und nicht als Gegengewichte paralysieren, das war zwar eine optimale Möglichkeit der Zukunft, aber unmittelbar schwer zu vollziehen. Hardenbergs Minimalplan, wenigstens dort noch eine reichsständische Beteiligung zu erzielen, wo der Verwaltungsaufbau selber ein rein konsultatives Organ bereitstellte, nämlich im Staatsrat, hätte wenigstens ein Notdach über die halbfertige Konstitution gezogen. Und ein Staatsrat, durch Vereinigung ständisch-gesellschaftlicher Interessenvertreter mit staatlichen Amtsträgern zum „Oberhaus" erweitert, mußte schließlich eine zweite Kammer herausfordern. Das mag auch Hardenbergs Hintergedanke gewesen sein, um deren Wahl zu gegebener Zeit herbeizuführen.[173]

Daß selbst auf dieser Schwundstufe Hardenbergs Pläne der kommenden Entwicklung vorauseilten, zeigt die Wiederaufnahme seiner Gedanken in den dreißiger Jahren. Müffling, der in den zwanziger Jahren vergeblich auf Reichsstände gedrängt hatte, suchte sie nach der Julirevolution wenigstens dadurch zu retten, daß er auf den alten Gedanken zurückgriff; und er fand dabei die Unterstützung von Lottum, Rother und Boyen.[174] General Müffling, später als Präsident des Staatsrats ein rühriger Verfechter von dessen staatsrechtlichen Kompetenzen[175], wollte die Reichsstände zu gleichen Teilen aus je 35 Mitgliedern der Provinzialstände und des Staatsrates zusammensetzen. Schließlich gelang es Wittgenstein, 1838 die gleiche Bestimmung in jenes zwielichtige Testament des alten Friedrich Wilhelm III. einzufügen: wenn, wie versprochen, überhaupt Reichsstände zu berufen seien, um eine Anleihe zu beschließen, dann sollten sie nach

---

171 Vgl. oben S. 185 ff.
172 Humboldts Februar-Denkschrift von 1819, § 16, hrsg. *Schreiber* 13.
173 Damit hätte Hardenberg den Zwei-Kammer-Gedanken seiner Denkschrift vom 3. 5. 1819, die er in Teplitz zurückhielt, wieder ins Spiel gebracht. Vgl. *Stern* a. a. O. 571.
174 *Dehio:* FbpG 35, 216 ff.; *Stern:* Geschichte Europas 4, 292. *Meinecke:* Boyen: 2, 476; *Treitschke:* Deutsche Geschichte 3, 357.
175 *Schneider:* Staatsrat 92 ff.

dem genannten Schlüssel zusammengesetzt werden.[176] Was 1822 für Hardenberg die Mindestlösung der Verfassungsfrage darstellte, die Nationalrepräsentation wenigstens an die oberste Behörde des Staates anzugliedern, das war nach der Julirevolution als hoffnungsvoller Ausweg, schließlich von höfischer Seite als maximale Konzession erdacht worden. Aber nicht nur, daß der Plan von schwindender Elastizität zeugt, der gleiche Plan veränderte mit der veränderten Lage auch seinen politischen Sinn. Während Hardenberg noch einen Vereinigungspunkt staatlicher und gesellschaftlicher Kräfte im Staatsrat als Oberhaus anvisieren konnte, hatte der alte König 1838 mit dem gleichen Plan eine Entwicklung einzuholen versucht, die – wie sich bald herausstellen sollte – den Plan selber schon überholt hatte. Was in der Reformzeit nicht gelungen war, nämlich die Verfassungsorgane an die Behörden anzukristallisieren, das mußte sich zunehmend erschweren, sobald die gesellschaftlichen Kräfte selbstbewußter auftraten. Daher konnte Schön 1844 auf die umgekehrte Forderung verfallen, alle Beamten aus dem Staatsrat zu entfernen, um nur „Repräsentanten des Volkes" in ihm zu versammeln.[177]

Welche Hoffnungen sich auch an den Staatsrat knüpften – ohne durch Reichsstände ergänzt zu sein, nahm er im ganzen Vormärz eine Zwischenstellung ein: Rat des Königs, war er gleichwohl mehr, nämlich ein Beamtenparlament (Bornhak), in dem sich konservative und liberale Parteigruppierungen bildeten, was infolge Humboldts Aktivität 1831 sogar zu seiner zeitweiligen Suspension führte.[178] Diese verfassungspolitische Zwischenstellung spiegelte sich ebenso wider in einer legalisierten Zweideutigkeit, die der Einführungsverordnung anhaftete. Einerseits sollten dem Staatsrat „alle Gesetze, Verfassungs- und Verwaltungsnormen" vorgelegt werden; ferner hatte er die Grundsatz-Pläne der Verwaltung zu beraten, wozu die Ministerialbehörden „verfassungsmäßig nicht autorisiert sind", so daß schließlich „sämtliche Vorschläge zu neuen oder zur Aufhebung, Abänderung und authentischer Deklaration von bestehenden Gesetzen und Einrichtungen" nur durch den Staatsrat zu königlicher Sanktion gelangen konnten. Dem Präsidenten oblag die Gegenzeichnung.[179] Diese eindeutig festgelegte Kompetenz entsprach durchaus der landrechtlichen Bestimmung (Einl. § 7), die die 1781 errichtete Gesetzkommission als verfassungsgemäße Durchgangsschleuse für alle Justizgesetze und darauf bezogene Reskripte bestätigt hatte. Da die Gesetzkommission trotz mehrfacher Versprechen in der alten Form seit 1807 nicht wieder auflebte,

---

176 *Treitschke:* Deutsche Geschichte 4, 710 und 738; 5, 33; *Srbik:* Metternich 2, 86 ff.; *Dehio:* FbpG 35, 231 ff.; *Schneider:* Staatsrat 204.
177 *Schön:* Aus den Papieren 3, 48 ff.
178 *Schneider:* Staatsrat 117.
179 VO 20. 3. 1817, § 2 a (GS 67 ff.) und § 28.

Legale Zweideutigkeit des Staatsrats

nahm der Staatsrat deren Funktionen und noch mehr wahr, da er auch über administrative Grundsatzfragen zu beraten hatte. Andererseits sollte aber im Staatsrat nur beraten werden, was ihm der König ausdrücklich zuwies.[180] So schwankte die Kompetenz des Staatsrats zwischen einer verfassungsmäßig eindeutig bestimmbaren Funktion – alle Gesetze beraten zu müssen – und einem vom Monarchen fallweise festzulegenden Aufgabenkreis hin und her. Diese Zweideutigkeit blieb vergleichsweise belanglos, solange die erwarteten Reichsstände eine eindeutige Regelung der Kompetenzen mit sich bringen mußten. Aber daran zu rühren, vermied Hardenberg, um sein Ziel nicht zu gefährden, sorgfältig.[181]

So war auf der Bahn zu einer Gesamtverfassung die interne Konstitutionalisierung der Verwaltungsbehörden auf halbem Wege stehen geblieben. Was im Hinblick auf die Nationalrepräsentation offen bleiben durfte, nämlich die exakte Kompetenzenklärung, das ebnete nach deren Ausbleiben die Wege in scheinbare Illegalität. Die Staatsminister hatten natürlich ein großes Interesse daran, über ihr Monopol der Gesetzesinitiative hinaus die Ausarbeitung der Gesetzestexte möglichst wenig zu delegieren. Infolgedessen versteckten sie sich nicht nur hinter gesetzesgleiche Kabinettsorders, um ein Gutachten des Staatsrates zu umgehen, sondern verhinderten – mit unterschiedlichem Erfolg – sogar die Beratung wichtiger Gesetzesentwürfe, die nach dem § 2 a dem Staatsrat hätten vorgelegt werden müssen.[182] Es war wieder General Müffling, der als Präsident des Staatsrats den Beratungszwang für alle Gesetze im Sinne des § 2 durchzusetzen suchte. Damit handelte er im Sinne der liberalen Juristen. Auch Gräff, Klüber, Rönne oder Simon plädierten für diesen inneradministrativen Schritt auf dem Wege zu einer konstitutionellen Monarchie.[183] Aber Müffling drang nicht durch.[184]

---

180 Ebda. § 20.
181 *Stern:* Geschichte Europas 1, 572: „Ich glaube, die Sache gehört zu den Dingen, die es besser ist, gar nicht zur Sprache zu bringen."
182 *Schneider:* Staatsrat 61, 73, 94, 143, 153.
183 Es ließe sich „bei dem Geist, der die preußische Gesetzgebung unter dem Staatskanzler Fürsten Hardenberg beseelte, nicht annehmen, daß man im Jahre 1817, bei Gründung des Staatsrates, eines in durchaus organischer Weise vorwärtsschreitenden Gesetzes, etwa der Preußischen Gesetzgebungspolitik durchaus Neues, dem Bestehenden Entgegengesetztes, direkt rückwärtsschreitend, produzieren wollte" (*Gräff — Rönne — Simon* 5, 65). Konsequenterweise forderten sie — mit Klüber — auch ein richterliches Prüfungsrecht, um über die Legalität der Gesetzesentstehung befinden zu dürfen. Vgl. auch *Stölzel:* Rechtsverwaltung 2, 524). Heinrich Simon protestierte 1840 bei dem Justizminister gegen ein KO, die aus Finanzinteresse die Anlage von Mündelgeldern in Staatsschuldscheinen befahl. S. notierte in seinem Tagebuch: „Es gehört im Jahre 1840 einiger Mut dazu, sein Votum im Pleno eines Oberlandesgerichts, und zwar als Assessor, dahin abzugeben, daß eine derartige Kabinetts-Ordre ohne alle Gültigkeit sei, weil sie nicht auf gesetzmäßigem Wege, d. h. durch den Staatsrat, beraten und auf gesetzmäßigem Wege, d. h. durch die Gesetzsammlung, publiziert sei. Einige halten einen für wahnsinnig, die Andern für den ärgsten Demagogen, und höchstens die Hälfte meint: das sei wahr, aber es sei doch zu gefährlich,

Behördenausbau als verfassungspolitische Vorleistung

Der Staatsrat geriet zwangsläufig an die Grenzen seiner Macht, wenn er etwas durchsetzen wollte, wogegen sich die Ministerialbürokratie in seinen eigenen Reihen sträubte. Um so mehr kam ihm von seiten der Stände der Wunsch entgegen, er möge seine quasikonstitutionellen Befugnisse wahren. Es spricht zugleich für die überparteiliche Autorität, die der Staatsrat zu entwickeln fähig war, daß dieser Wunsch aus den verschiedensten Lagern herrührte. Schon Görres sah den Staatsrat auf der „Linie des Fortschritts" und fügte in seiner blumigen Adresse 1818 hinzu: „viel böse Wässer waren durch die Institution gedämmt und abgeleitet, und mancher Kraft ist in ihr der Spielraum zu ihrer Entwicklung geöffnet worden"[185]. Bald darauf beriefen sich die kurmärkischen Stände, als ihnen Hardenberg die Reste ihrer steuerlichen Selbstverwaltung entzog, auf die Illegalität jener Maßnahme, weil der Staatsrat nicht befragt worden sei.[186] Und noch 1831 und 1837 konnten zwei so verschiedene Landtage wie der Pommersche und der Rheinische, den Antrag formulieren, daß der im § 2 vorgesehene Beratungszwang für alle Gesetze wirklich eingehalten werde. Die Pommern erhofften Schutz gegen die Verwaltungswillkür in Gestalt nicht authentischer Ministerialreskripte zu finden und hatten sich deshalb „erdreistet, im tiefempfundenen Gefühl ehrerbietiger Bescheidenheit" auf die Einhaltung des § 2 zu drängen; wie es in der Petition weiter hieß, „um der so hohen Institution des Staatsrates, welche Preußens Staatsverwaltung so ehrend auszeichnet und so hochstellt, die verheißene segensreiche Wirksamkeit zum Wohle der Staatsbewohner ungeteilt erhalten zu sehen". Zielte dieser Antrag auf eine erhöhte Rechtssicherheit, so suchte der Rheinische Landtag 1837 mehr politisch Schutz vor ausgesprochen reaktionären Gesetzen. Er protestierte in seiner Majorität gegen die Wiedereinführung ritterschaftlicher Erbrechte in seiner Provinz und erinnerte in seinem Protest, wie es im Abschied hieß, „ganz ungehörig daran", daß die Verordnung nicht gesetzmäßig zustandegekommen sei, weil der Staatsrat darüber kein Gutachten abgegeben habe.[187] Es war nicht nur ein Zeichen königlicher Machterhaltung, daß beide Petitionen abgewiesen wurden, sondern mehr noch ein Symptom für die Ungebundenheit der exekutiven Verwaltungsspitzen, daß sie im Namen des Königs jeden wei-

---

es zu äußern." Erst auf dem Hintergrund der zweideutigen Verwaltungslegalität konnte sich Simons Ansicht in den vierziger Jahren ausbreiten, daß in Preußen „der Richter die Constitution vertritt" (*Jacoby:* Simon 148). Simon drang immerhin mit seinem Protest durch. So zeichnen sich drei Etappen der sogenannten „Ersatzverfassungen" ab: sie führten vom Landrecht über die Behördenorganisation zur Justiz, die vor der 48er Revolution den Rückhalt der legalen Opposition stellte.
184 *Schneider:* Staatsrat 94.
185 *Görres:* Adresse 56.
186 *Haake:* FbpG 32, 145; dazu *Müsebeck:* Märkische Ritterschaft 371.
187 *Rumpf* 9, 204/226 und 15, 285/435.

teren Schritt einer Konstitutionalisierung der legislativen Formen verhindern konnten. Noch auf dem vereinigten Landtag begründete Mevissen seinen Antrag, die Spezialgerichtshöfe zum Verfassungsschutz abzuschaffen, mit dem Hinweis auf deren Illegalität, weil sie ohne Beratung im Staatsrat eingeführt worden seien.[188]

Dem Staatsrat wurde, wie es von Hardenberg formuliert, aber auf die Dauer nicht beabsichtigt worden war, eine ständische Kontrollfunktion unterstellt, die er keineswegs voll auszufüllen vermochte. So war es der vereinigte Landtag selber, der – indirekt – die Stellung des Staatsrats untergrub. Savigny, sein letzter Präsident vor der Revolution, drängte in Anbetracht der berufenen Stände auf eine Vereinfachung der Gesetzgebungsverfahren: „Bisher vertrat gewissermaßen der Staatsrat die Beratung von Zentralständen", wie er schrieb, „das Plenum des Staatsrats war die einzige Behörde, durch welche verfassungsmäßig die öffentliche Meinung über ein Gesetz vernommen werden konnte. Dieser Zustand hat sich mit der Einführung der zentralständigen Versammlungen geändert"[189]. In diesen Worten spiegelt sich wider, wie sehr sich die provisorische Lösung von 1817 eingespielt hatte. Und Bodelschwingh nutzte als Innenminister die Lage schnell, um den umstrittenen Beratungszwang des Staatsrats, also den § 2 a, in aller Förmlichkeit aufheben zu lassen; freilich zugunsten des Staatsministeriums und nicht der Ständeversammlung. So steht am Ende der hier skizzierten Entwicklung ein letzter Sieg der Exekutive über die inneradministrativen Verfassungsformen, die Hardenbergs Behördenaufbau eingeleitet hatte.

Die Vorentscheidung Hardenbergs, auf dem Weg zu einer reichsständischen Vertretung zunächst innerhalb der Verwaltung eine oberste beratende Behörde zu errichten, blieb also genau dreißig Jahre als endgültig in Kraft. Dies war nur möglich, weil die inneradministrative Entscheidung dem Staatsrat Befugnisse zugemessen hatte, die, ohne daß Reichsstände zusammentraten, deren Funktionen teilweise wahrnehmen konnten. Die Spitzen der Gesellschaft kamen innerhalb der staatlichen Verwaltung selber zu Wort und insofern auch die „öffentliche Meinung", wie Savigny rückblickend behauptete. Aber das Eigentümliche dieser öffentlichen Meinung war, daß sie auf die Verwaltung beschränkt blieb und allein durch die Verwaltung vermittelt wurde: nur beamtete Staatsbürger konnten in den Staatsrat berufen werden.[190] Schließlich wurde deren Mei-

---

188 *Hansen:* Mevissen 2, 264 f. Der Antrag richtete sich gegen die KO's vom 6. 3. 1821 und vom 25. 4. 1835 sowie gegen die nicht einmal gesetzlich publizierte KO vom 21. 8. 1819.
189 Zu diesem ganzen Vorgang *Schneider:* Staatsrat 102 ff.
190 V 20. 3. 1817, 4 III: nur „Staatsdiener" konnten aus besonderem Vertrauen in den Staatsrat berufen werden. Praktisch handelte es sich auch um Geistliche und Professoren, also um Eximierte, nie aber um Fabrikanten.

nung nicht zu allen Gesetzen gehört. Der Staatsrat versuchte gelegentlich, den Wünschen der Stände und den Forderungen der Liberalen entsprechend, seine verfassungsmäßige Stellung zu verstärken. Aber weder Krone noch das Staatsministerium waren fähig oder willens, dem Rechnung zu tragen. Die Tendenz zu einer inneradministrativen Konstitutionalisierung, die dem Staatsrat als Alternative zu Reichsständen innewohnte, wurde nicht verfolgt. Mit anderen Worten: Die Verwaltung wurde insgesamt unfähig, alle Aufgaben der sich wandelnden Verfassung im sozialen Sinne so in sich zu vereinen, daß sie innerhalb der Verwaltung allein hätten erfüllt werden können. Hardenberg behielt damit im doppelten Sinne recht: nämlich nicht nur einer Staatsbürgergesellschaft wegen, sondern auch um der Administration selbst willen zu fordern, daß außerhalb ihrer ein eigenes repräsentatives Beratungs- und Kontrollorgan geschaffen werde.

Hardenbergs Behördenaufbau, so eng er die einzelnen Teile aufeinander verwies, war immer auf Ergänzung hin angelegt. Bei aller Geschlossenheit und auch nach Abschluß der Verwaltungsreform zielte Hardenberg immer noch auf eine politische Organisation der Stände, und zwar der Stände in einer durch die Wirtschaftsreformen zu liberalisierenden Rolle. Die Regierungskollegien, so sehr sie auf Beratung verwiesen wurden und in ihrer Wirkung sich als Repräsentanten der Gesellschaft verstehen durften — rein legal wurden sie nicht so verstanden; die Oberpräsidenten, so sehr sie als Sachwalter ihrer Provinz tätig sein konnten — die regionale Selbständigkeit der alten Provinzminister erlangten sie nicht; der Staatsrat, so sehr ihm Verwaltungsplanung und Gesetzesberatung zugedacht waren, die von Hardenberg geplanten Befugnisse einer Nationalrepräsentation erhielt er eben nicht. In der Durchführung eingleisig, blieb Hardenbergs Verfassungsplan zweispurig angelegt. Wieweit nun dem Verfassungsplan über die Verwaltungsorganisation hinaus ein Erfolg beschieden sein sollte, hing schließlich von Hardenberg persönlich ab, und zwar in einem doppelten Sinne: von seiner — umstrittenen — Person wie von der Stellung, die er als *Staatskanzler* einnahm. Der gesamte Verfassungsbau war auf die überragende Stellung eines Kanzlers hin zugeschnitten.

Nahezu zwölf Jahre lang hatte Hardenberg mit fast diktatorischer Gewalt die wichtigsten innenpolitischen Entscheidungen aus seinem Büro heraus fällen können; ihm stand vom Ministerium, den Kriegsminister ausgeschlossen, das alleinige Vortragsrecht zu; in die laufende Verwaltung seiner Minister konnte der Kanzler jederzeit eingreifen.[191] Die geplanten Reichsstände hatten in diesem System ihren verfassungsgemäßen

---

191 Im einzelnen *Hintze:* Ges. Abh. 3, 587 ff. und *Klein:* Von der Reform ... 274 ff.

Die zentrale Bedeutung des Kanzleramtes

Ort nur, wenn ein Staatskanzler – wie bisher – die Verantwortung für die Politik zu übernehmen fähig war.

Die Stellung eines Kanzlers war in zweifacher Hinsicht unentbehrlich für die preußische Verfassung, wie sie sich bisher entfaltet hatte. Erstens war sie nötig, um die mannigfaltigen Stränge der Verantwortung innerhalb der Behörden zu koordinieren, um die mangelhafte Einheit des Staatsministeriums zu wahren und auf den Staatsrat abzustimmen, ebenso um die Sonderstellung der Oberpräsidenten wie die Eigenständigkeit der Regierungskollegien zu Wort kommen zu lassen. Mochte es dem alternden Kanzler auch schwer fallen, die divergierenden Kräfte seiner Beamtenschaft zusammenzufassen: daß sich solche Kräfte überhaupt innerhalb des bürokratischen Apparates aktiv entfalten konnten, verlangte nach einem politischen Organisationszentrum, das mehr war als nur eine Befehlszentrale. Entfiel einmal das Kanzleramt, dann gewann die Kollegialität des Staatsministeriums zwar ihr volles Gewicht, wurde aber desto mehr umstritten; sie trat sowohl zum Staatsrat in Konkurrenz wie sie auch eines verantwortlichen Leiters entbehrte. Der Entfall des Staatskanzleramtes bürokratisierte die Verwaltung mehr, nicht nur als es in Steins, sondern auch als es in Hardenbergs Konzept gelegen hatte.

Zweitens war das Kanzleramt nötig, um einer Repräsentativversammlung gegenüber die Einheit der Innenpolitik und Finanzgebarung zu vertreten. Heer oder Außenpolitik standen sowieso noch außerhalb der vorgesehenen ständischen Mitspracherechte. Nur ein Kanzler konnte, indem er sich schützend vor den König stellte, die Staatsverwaltung gegenüber den Reichsständen verantworten. Der Fortfall des Kanzleramtes und das Ausbleiben der Reichsstände 1823 korrespondierten einander, nicht nur tatsächlich durch den Tod Hardenbergs, sondern im Sinne der Verfassungsplanung, die der Staatskanzler verfolgt hatte. Insofern hatte der Kampf Humboldts gegen Hardenbergs persönliche Machtstellung, über den die Reformpartei bekanntlich zerfiel, nicht nur die Note ministerieller Ranküne und persönlicher Intrige, sondern eine verfassungspolitische Konsequenz gehabt, die den ganzen bisherigen Aufbau in Frage stellte.

Durch das Ausbleiben der Reichsstände rückte die preußische Administration mehr als ursprünglich vorgesehen in das Zentrum der gesamten Staatsverfassung; durch den Entfall des Kanzleramtes aber wurde dieselbe Administration ihrer repräsentativen politischen Leitung beraubt. Die Streitfrage, ob der Kanzler über den Ministerien oder nur als primus inter pares rangieren solle, war demgegenüber von untergeordneter Bedeutung. Ohne Premier rückte der Monarch in eine exponierte Lage, war doch seitdem die Einheit des Ministeriums und seiner politischen Entscheidungen nur noch durch eine Leitung des Monarchen selber sichergestellt. Der Weg zu dem alten Kabinettssystem war potentiell wieder begehbar und Friedrich Wilhelm IV. sollte ihn auch beschreiten.[192] Kein Wunder, daß der vereinigte Landtag wieder einen Premierminister forderte und auf eine Zentralisation des Ministeriums drängte, die seit dem Tode Hardenbergs verlorengegangen sei.[193]

In der Praxis der drei Jahrzehnte zwischen Hardenberg und dem Ausbruch der Revolution konnte freilich der Monarch nicht mehr auf die politische Verantwortlichkeit seiner Minister verzichten. An der Spitze ihrer Behörden waren sie mehr als nur Befehlsempfänger. Nicht staatsrechtlich, aber durch die legalisierte Kraft der Institution war seit der Einführung des Ministerialsystems der monarchische Absolutismus gebrochen. Hegel nannte den Monarchen den „abstrakten Mittelpunkt innerhalb für sich bereits ausgebildeter und durch Gesetz und Verfassung feststehender Einrichtungen"[194]. Und als man den Philosophen beim König verdächtigte, er billige ihm nur die Aufgabe zu, das Tippelchen auf das „i" zu setzen, da bemerkte der König trocken: „Und wenn er es nun nicht macht?" Damit fiel der Einwurf, berichtet Varnhagen[195], und die Anekdote charakterisiert in der Tat die Stellung des Monarchen. Er konnte Handlungen unterlassen, ohne daß die Behörden ihn hätten zwingen können. Aber er konnte nicht handeln, ohne der ministeriellen Zustimmung sicher zu sein. Obwohl an deren Spitze, blieb der Monarch eingebunden in die Verwaltung. Treffend bezeichnet Bülow-Cummerow 1842 die Verwaltung daher als den eigentlichen Souverän, der Herrscher sei nur noch „Souveränitäts-Repräsentant", nämlich als „Chef der Verwaltung".[196]

Hardenberg hinterließ bei seinem Tode ein Verfassungstorso, das sich auf die innere Arbeitsfähigkeit der Verwaltung nur geringfügig auswirkte. Der zeitliche Vorrang der Verwaltungsreform lag zunächst in der Herausforderung der Situation beschlossen. Reformgesetze, die sich von allen Seiten gegen die altständische Herrschafts- und Wirtschaftsordnung richteten, waren nur zu fassen und durchzuführen, soweit der Verwaltungsapparat von altständischem Einfluß freigehalten werden konnte. Durch die Ausweitung in den Westen stand der preußische Staat 1814 unter einer neuen Herausforderung, die wiederum dem Verwaltungsaufbau einen Vorrang zuwies. Es galt, zunächst einmal den administrativen Zusammenhang der diffusen Teile herzustellen, bevor an die „ganze politische Organisation des Volkes selbst" (Humboldt) herangegangen werden konnte.[197] Am Ende der Verwaltungsorganisation waren die Behörden

---

192 *Hintze:* Ges. Abh. 3, 602 ff.
193 *Hansen:* Mevissen 2, 291.
194 *Hegel:* Ästhetik 215.
195 *Varnhagen:* Tagebücher 1, 161; 9. 1. 1840.
196 *Bülow-Cummerow:* Preußen 187 f.
197 *Humboldt:* Landständische Verfassung 13 (§ 16).

schließlich so gegliedert, daß der politische Spielraum der nicht beamteten Gesellschaft streng begrenzt blieb. Unterhalb der Regierungsebene waren – von der Städteordnung abgesehen – noch keine politischen Konsequenzen aus der sozialen und Wirtschafts-Gesetzgebung gezogen worden. Oberhalb der Regierungsebene aber war die noch offene Frage einer schriftlich niedergelegten Reichsständeverfassung durch die bereits existierenden Institutionen auf nur wenig mögliche Antworten eingeengt worden. Bevor wir diese untersuchen, soll die Summe aus der bisherigen Verwaltungsreform gezogen werden.

Die Priorität der Justizverwaltung, die auf dem Landrecht fußte, war zugunsten der exekutiven Verwaltung gebrochen worden.[198] Oberhalb der Gutsbezirke waren beide Stränge, die Administration und die Justiz, getrennt worden. 1813 hatte Hardenberg den Brauch unterbunden, daß der Justizminister interpretierende, also oft die Gesetze abändernde Deklarationen erließ. Das sei, wie er feststellte, „einer wohl geordneten Staatsverfassung und den deutlichsten Vorschriften der Landesgesetze geradenwegs zuwider"[199]. Die Unabhängigkeit der Gerichte von der Verwaltung auf dem Gebiet der Rechtspflege war seither gesichert, ohne daß sie freilich die Polizei unter ihre Kontrolle bekommen hätten, was sich bei der Demagogenverfolgung zeigen sollte.

Die Verwaltungsbehörden versammelten jene Befugnisse in sich, die der sozialen Verfassungsentwicklung die Richtung weisen konnten. Weniger daß sie das vage Feld der Polizeigerichtsbarkeit beherrschten, als daß sie einen entscheidenden Sektor der Justiz, die sogenannte Administrativjustiz zu üben hatten, verlieh ihnen zukunftweisende Kraft. Ohne Konkurrenz wachten die Behörden über die Agrarreform, das Gewerberecht, das Erziehungswesen und die Steuerveranlagung. Damit akkumulierten sie eine Macht, von deren Ausübung Erfolg und Mißerfolg der beiden großen Reformaufgaben abhing, der Bildungsprozeß und die wirtschaftliche Liberalisierung.

Demgemäß besaß die Verwaltung das Monopol der Gesetzesinitiative. Der Minimalweg für die Gesetzesberatung führte aus dem Büro des Staatskanzlers direkt zum König, zunehmend aber durch das Staatsministerium und die Ministerialbürokratie, schließlich auch über den Staatsrat. Von besonderer Bedeutung erwies sich die Beteiligung der Behörden auf der mittleren Ebene; Oberpräsidenten und Regierungskollegien wurden im Vormärz zu allen größeren Gesetzwerken gutachtlich herangezogen, ein Brauch, der sich durch die Rundfragen, Verwaltungsberichte und Verwaltungspläne schon unter Hardenberg eingespielt hatte. Es herrschte

---

198 Vgl. *Hintze:* Ges. Abh. 3, 151 und 168.
199 KO 6. 9. 1815; *Bornemann:* Civilrecht 1, 37; *Stölzel:* Rechtsverwaltung 2, 431.

während der Reformzeit eine interne „Öffentlichkeit" der Gutachten[200], die sich auch in den folgenden Jahrzehnten hielt. Die Entscheidungsgrundlage der preußischen Gesetzabfassung war die inneradministrative Diskussion. Insofern entwickelte die preußische Verwaltung – vor den später hinzutretenden Provinzialständen – quasiparlamentarische Züge. Im Maß als die mittleren Behörden Gesetzesvorschläge und Gutachten nach oben reichten, forderten sie auch – gegenläufig zum Befehlsgefälle – eine Verantwortlichkeit der Ministerien gegenüber sich selbst, die sie sich als Repräsentanten ihrer Verwalteten wußten. Seit dem Tod Hardenbergs versandete freilich langsam jene politische Initiative, die zu haben die preußische Verwaltung nun einmal bestimmt war. Institutionell verloren die aktiven mittleren Behörden mit dem Amt eines Kanzlers jenen Zuordnungspunkt, der ihnen eine gewisse Freiheit gegenüber den Ministerien ermöglichte. Schließlich sollte es so weit kommen, daß aus der Regierungsebene mehr Gesetzesforderungen nach Berlin gelangten, als dort erfüllt wurden. Mit zunehmendem Widerwillen sahen sich die Beamten der Regierungen in ministerielle Abhängigkeit gedrängt und auf exekutive Aufgaben beschränkt.[201] Nach dem Auslaufen der Reform wurden die gesetzgeberischen Aufgaben der Verwaltung mehr und mehr verschleppt, die vollziehende Gewalt drängte sich vor und die bürokratische Unterordnung wurde betont. Schließlich verlor die Verwaltung an öffentlicher Evidenz, als es ihr nicht mehr gelang, die neu auftauchenden Probleme legislativ zu meistern. Davon wird später die Rede sein.

Die einzelnen Minister gewannen an Macht, soweit sie an dem Erbe der aufgelösten Kanzlerposition partizipieren konnten. Aber die Kollegialität wirkte als Dämpfer einer zu weit reichenden Unabhängigkeit. Selbst wenn der Staatsrat nicht befragt wurde, bot die Beratung innerhalb des Staatsministeriums eine gewisse Sicherheit gegen eine zu extensive Auslegung einmal gegebener Gesetze. Es lag in der Natur der Sache, daß Verwaltungsgesetze oder -normen leichter eine abändernde Auslegung erfahren konnten als Justizgesetze, die der Justizminister verbindlich zu interpretieren nicht befugt war.[202] Der Schriftwechsel der Minister mit den unteren Behörden stand unter dem Zwang zur Gegenzeichnung seitens der anderen, ebenfalls betroffenen Ressortchefs. So wirkte die Kollegialität gleichsam als personengebundener Lückenbüßer fraglicher Legalität. Auch Kompetenzkonflikte wurden bis zu ihrer ersten institutionellen Regelung 1842 zunächst durch Absprache und Klärung der Sach- und Rechtslage innerhalb des Staatsministeriums entschieden.[203] Ebenso führte die Kollegialität

---

200 Dazu *Kaehler:* Studien 53 f.
201 *Delbrück:* Lebenserinnerungen 106 f., 117.
202 Vgl. *Bergius:* Staatsrecht 292 ff.
203 Ebda. 82.

zu einer den Behörden innewohnenden Kontrolle. Diese war nicht nur hierarchisch abgestuft, sondern ergab sich schon aus dem Zwang zur Beratung, bei der Sachkenntnis, Einsicht und Gesetzmäßigkeit aufeinander abgestimmt werden sollten.

Schließlich bot die Kollegialität – im Staatsrat, im Staatsministerium und in den Regierungsbehörden – die institutionelle Basis für den Modus, auf den sich die Legislative eingespielt hatte. Savigny hat – in einem anderen Zusammenhang[204] – den Charakter dieser Einrichtung geschildert: „Geht man nämlich auf den Geist aller kollegialischen Verhandlungen und Beschlüsse zurück, so sind diese dazu berufen, durch Beratung und Mitteilung eine Einsicht und Überzeugung höherer Art hervorzubringen, als in den einzelnen vorhanden war. Darum ist Einstimmigkeit der Zweck aller Beratung, und wenn man auch Stimmenmehrheit zuläßt, so geschieht dieses nur aus Not und weil jedes Geschäft einen Ausgang haben muß; der eigentliche Zweck aber ist dann immer nicht vollständig, sondern nur approximativ erreicht. Allein jedes Streben nach solchem Zweck ist nur möglich unter Voraussetzung einer gewissen Gleichartigkeit der Mitglieder, die eine geistige Mitteilung möglich macht; wo diese Voraussetzung fehlt, da ist ein Aggregat einzelner Meinungen möglich, aber nicht die organische Einheit, die allein als Zweck gedacht werden kann."[205] Durch sachkundige Beratung eine Einsicht und Überzeugung „höherer Art" zustandezubringen, die Vernunft des Staates, die mit dem Gemeinwohl aller zusammenfiele, das war der vorgegebene Zweck der obersten Behörden. Daran mitzuarbeiten war Aufgabe aller anderen Kollegien, die lebhaft – auch untereinander – korrespondierten und deren Mitglieder selten vor Separatvoten zurückschreckten, wenn sie einen anderen Standpunkt auf der obersten Ebene zur Geltung bringen wollten.

Die soziale Voraussetzung jener potentiellen Einstimmigkeit, die Savigny apostrophierte, war in der preußischen Beamtenschaft tatsächlich gegeben. Der Zutritt der Referendare über die Examensschwellen in die Behörden, das vorausgesetzte Minimum eines Besitzpolsters während der Ausbildung, die auf ihrer Bildung fußenden Privilegien der Beamten, gleich ob adliger oder bürgerlicher Herkunft, schließlich die kollegiale Gleichberech-

---

204 *Savigny:* Die Preußische Städteordnung, in *Ranke:* Hist.-Polit. Zeitschrift 1, 396.
205 Als Friedrich Wilhelm IV. 1842 die Gesetzkommission wieder ins Leben rief, formulierte Savigny die Kabinettsorder an sich selbst wesentlich elastischer, weil das Ideal einer „organischen Einheit" bereits fragwürdig geworden war: in die Gesetzkommission sollten solche Personen berufen werden, „von denen der Beitrag eigentümlicher und verschiedenartiger Ansichten und Kenntnisse und somit auch die möglichst vollständige Vertretung der überhaupt in der Gegenwart vorkommenden entgegengesetzten Meinungen zu erwarten ist". Ein bezeichnender Fall, wie die Verwaltung sich — zu spät — der wandelnden Verfassungswirklichkeit anzupassen suchte. (KO v. 8. 4. 1842; *Gräff — Rönne — Simon* 1, 85; dazu *Stölzel:* Rechtsverwaltung 2, 539).

tigung, all dies schuf jene Homogenität, die – innerhalb der Verwaltung – ständische und parteiliche Gesichtspunkte relativieren konnte. Die preußische Verwaltung versammelte die berufsmäßige Intelligenz in ihren Behörden – die wirtschaftliche Führungsschicht war noch nicht in akademische Ränge eingerückt –, und diese Behörden waren so organisiert worden, daß außeradministrativen Beratungs- und Kontrollorganen von vornherein nur ein enger Spielraum bleiben konnte.

Beyme meinte 1818, daß der preußische Staat „schon lange im Geiste einer repräsentativen Verfassung" lebe und „die mangelnde Form nicht vermissen lasse"[206]. Die Form beruhte, wenn auch mangelhaft, in der Verwaltungsorganisation. „In der verfassungsmäßigen Ordnung der Verwaltung liegt die Kraft des Staates", sagte Gans 1832 in seiner Vorlesung[207] und das gleiche publizierte er damals: die bürgerliche Freiheit Preußens liege „in der gesetzlichen Organisation der Verwaltung, in dem, was die Franzosen seit einigen Jahren mit dem Namen ordre légal bezeichnen und noch vergebens zu erhalten bemüht sind"[208]. In Preußen, so meinte er, seien die Beamten „nicht den Verwalteten gegenüber eine Macht und somit ein Anderes, sondern, da sie nur die Organe des Gesetzes sind, und sich als solche bewegen, so stellen sie ebenogut die Verwalteten dar, und sind als Repräsentanten derselben zu betrachten". Das Verfassungsmäßige liege in der Natur des Beamtenstandes, in Preußen mache daher der Staatsdienst „fast" die Verfassung selbst aus, während sie in Frankreich nur in der Gesetzgebung ruhe. Dort bilde deshalb die Administration eher eine Art „Gegenverfassung". „Wir dürfen sagen, daß wir die legale Ordnung besitzen, um die jene kämpfen."

Was Gans – kurz nach der Julirevolution – in geschliffenen Formeln und und auf Hegels Rechtsphilosophie rekurrierend[209] verteidigte, das gründete in der Behördenorganisation, die Hardenberg 1817 im wesentlichen abgeschlossen hatte. Gans lobte das „demokratische Element" der preußischen Beamtenschaft, jeder könne sich durch eigene Tüchtigkeit selbst zum Rat befördern und arbeite dann im Bewußtsein, „für das Volk zu sein". Der Beamte sei „sowohl Diener des Fürsten als auch der Repräsentant des Volkes". Die Beamtenschaft stellte – mit anderen Worten – den einzigen wirklichen Staatsstand, den es im damaligen Preußen gab. Staat und Gesellschaft waren in ihm identisch – aber auch nur in ihm. Und hier setzte bei Gans schon jene indirekte Kritik ein, die ihn über Hegels Fest-

---

206 Zitiert von *Stern:* Verfassungsfrage 97.
207 „Vorlesungen über europäisches und insbesondere deutsches Staatsrecht", SS 1832, p. 137, deren Einsicht ich Dr. Manfred Riedel verdanke, der das Manuskript entdeckt hat.
208 *Gans:* Beiträge 284 ff.
209 Vgl. oben S. 263.

stellungen hinausführte.²¹⁰ Nur die Beamten waren Staatsbürger, sie übten über die nicht beamtete Bevölkerung eine Vormundschaft aus, was deren Beteiligung am Staat sosehr ausschloß wie herausforderte. Damit hatte Gans die von der Reform ungelöste Verfassungsfrage erneut gestellt. Wurde bisher die determinierende Kraft gezeigt, die der Behördenaufbau für die Gesamtverfassung gehabt hat, so soll jetzt den ständischen und sozialen Kräften so weit nachgegangen werden, als sie dazu beigetragen haben, eine politische Organisation des ganzen Volkes eher zu verhindern als voranzutreiben.

---

210 Gans suchte durch seine „Beiträge zur Revision der preußischen Gesetzgebung" 1830 Einfluß auf die Legislative zu gewinnen, die institutionell zu verselbständigen sein erklärtes Ziel war. Aber „was eine Rednertribüne werden sollte für allerlei Stimmen, sah sich bald genötigt, nur eine Sammlung einzelner Abhandlungen, und noch dazu von wenigen, auszumachen." Der „Sinn für öffentliches Leben" sei in Preußen noch im Stadium der Kindheit. Insofern erging es Gans ähnlich wie Ranke. Aber das größere Hindernis seiner Zeitschrift lag in der Zensur, die ihn 1832 zur Aufgabe des Unternehmens zwang. Gans weigerte sich allerdings — und das kennzeichnet noch das Vertrauen der Liberalen in den Verwaltungsstaat um 1830 — seine Kritik außer Landes zu publizieren und fortzusetzen: es sei „unpatriotisch . . . , wenn ein preußischer Jurist das Preußische Recht unter dem Schutze einer anderen Regierung beurteilen, und damit an den Tag legen wollte, daß es ihm in seinem Lande nicht möglich ist" (Vorrede). Kritik und Loyalität ließen sich gerade noch, wenn auch ironisch provokativ, vereinen. Nach 1840 sollte das nicht mehr möglich sein. Vgl. dazu das letzte Kapitel, II.

IV. Ständische Hindernisse einer Gesamtverfassung

Gleich nach seiner Ernennung zum Minister für alle ständischen Angelegenheiten entwarf Humboldt – Anfang Februar 1819 – seinen großen Verfassungsplan. Humboldt wollte zwei Übel beseitigen, die der Verwaltungsstaat zu einer „immer anschaulicher werdenden Gewißheit" gemacht habe: einmal das „bloße Regieren durch den Staat". Da es nur Geschäfte aus Geschäften erzeuge, führe es zu einer schleichenden Selbstzerstörung. Zweitens wollte Humboldt die mangelnde Teilnahme der Staatsbürger am Staat aufheben und sie ihrem „eigentlichen Geschäft" zuführen, sich als „tätiges Mitglied der Staatsgemeinschaft" zu erweisen. Bisher beschränke sich das Interesse der Staatsbürger nur auf eine Teilnahme „an den höchsten und allgemeinsten Regierungsmaßregeln", ohne daß ihr Engagement stufenweise von kleinen Bürgergemeinden bis zum ganzen Staat aufsteige. Es komme also „auf die ganze politische Organisation des Volkes selbst an".[1] Humboldt erkannte deutlich, daß die allgemeine Verfassungsfreudigkeit „mit Überspringung aller Mittelglieder", das heißt ohne gemeinsame Ordnung der unmittelbaren, aber heterogenen Lebenskreise in der Luft hinge. Er entwickelte daher einen Plan, die Stände von den Gemeinden über die Provinzen bis zum Gesamtstaat aufzubauen. Ihre Befugnisse sollten von der reinen Verwaltung auf der untersten Stufe bis zur Gesetzesberatung, und zwar mit entscheidender Stimme, auf der obersten Stufe abgefächert werden. Immer aber sollten sie direkt gewählt werden.

Dieses System kam bekanntlich den Plänen Hardenbergs sehr nahe.[2] Hardenberg war zwar – vorsichtiger – für ein indirektes Wahlverfahren, tendierte aber, gegen den König, auch dahin, den Reichsständen für Gesetzgebung und Steuerbewilligung eine entscheidende Stimme einzuräumen. Die verwaltungstechnische Gewichtigkeit der „vom Volke bestellten Behörden" hat Humboldt freilich sehr anders eingeschätzt als es Hardenberg hätte tun können. Humboldt leitete seinen Verfassungsentwurf aus einer inneren, sittlichen „Notwendigkeit" ab, „die überhaupt ein weit sicherer Leiter bei Staatsoperationen ist, als das bloß nützlich Erachtete". Aus solcher Sicht verfehlte Humboldt die „Notwendigkeit" an der tatsächlichen Konstellation zu messen, die im damaligen Preußen herrschte,

---

1 *Humboldt:* Landständische Verfassung §§ 12–15 (hrsg. *Schreiber* 10 ff.).
2 Vgl. *Treitschke:* Deutsche Geschichte 2, 490; *Haake:* Verfassungskampf 94.

aber er erkannte scharfsinnig die sich daraus ergebende Diskrepanz. Er verschwieg nicht die Folgen, die seine Verfassung zeitigen würde: sie müsse „eine fast gänzliche Umänderung der jetzt bestehenden Verwaltung der Monarchie" hervorbringen.³ Mit dieser Konsequenz war freilich 1819 kein Verfassungsplan mehr geeignet, die Zustimmung des Königs zu finden.

Der bisherige Behördenaufbau hatte auch für Hardenberg den Spielraum eingeengt, welcher Art ein ständischer Einfluß auf Verwaltung und Gesetzgebung sein könnte. Gleichwohl hielt dieser unbeirrt, wenn auch in taktischen Windungen, bis zu seinem Tode an dem Endziel einer Nationalrepräsentation fest. Er war auch elastisch genug, von Fall zu Fall seine Reformgesetze zu revidieren; wie er sofort die Befugnisse des Staatsrats 1819 im Endstadium der Verfassungsplanung einschränkend deklarierte. Solange Hardenberg im Amt war, dürfen die verwaltungspolitischen Vorentscheidungen für die geplante Verfassung nicht als endgültig verstanden werden. Abstriche zu machen, wenn es die Situation erforderte, zumal wenn der erwartete Gewinn durch eine Beteiligung der Nation den Verlust an direkter Verwaltungsmacht wettgemacht hätte, war Hardenberg immer fähig – vor allem solange seine Macht als Staatskanzler dadurch keine Einschränkung, eher eine Steigerung erfahren hätte.

Es sollen im Folgenden nicht alle Gründe abgewogen werden, die zum Scheitern einer preußischen Reichsstände-Verfassung beigetragen hatten. Sie sind im einzelnen bekannt.⁴ Für eine solche Fragestellung bedeutete bereits die bisherige Betrachtung, wieweit die Verwaltung von sich aus den Spielraum einer möglichen „Konstitution" eingeengt hatte, eine methodische Verkürzung. Vor allem außenpolitisch betrachtet war es von zunehmender Schwierigkeit, eine Repräsentativverfassung einzuführen, nachdem sie 1815, eben aus verwaltungstechnischen Gründen, verschoben worden war. Es gab nach Abschluß der Behördenreform 1817 kein einziges Kabinett der europäischen Großmächte, das eine „Konstitution" in Preußen befürwortet hätte.⁵ Sie einzuführen, hätte Preußen isoliert, hätte es gezwungen, eine „revolutionäre" Bewegung anzuleiten, deren Tendenz den Bestand des gerade gegründeten deutschen Bundes gefährdet hätte. Inwieweit Preußen, die schwächste aller damaligen Großmächte, zu einer solchen Politik überhaupt nur fähig gewesen wäre, läßt sich füg-

---

3 *Humboldt:* a. a. O. § 15, vgl. *Kaehler:* Humboldt 431.
4 *Treitschke:* Der erste Verfassungskampf in Preußen, Pr. Jb. 29, 313 ff., 1872; *Haake:* König Friedrich Wilhelm III., Hardenberg und die preußische Verfassungsfrage, FbpG. Bde. 26, 28, 29, 30, 32 und *ders.:* Verfassungskampf; *Simon:* The faiture . . . 197 ff.; *Klein:* Von der Reform . . . 191 ff.
5 Die Warnungen Wellingtons und Richelieus bei *Treitschke:* Deutsche Geschichte 2, 466; erst 1820 die des Zaren, siehe *Haake:* FbpG 32, 167; zum ganzen *Srbik:* Metternich 1, 568 ff.

Ständische Hindernisse

lich bezweifeln. Der Druck der außenpreußischen Kräfte, die Wirkung der süddeutschen Erfahrungen mit konstitutionellen Systemen, die der südeuropäischen Revolutionen, die politischen Manifestationen in Deutschland, der hemmende Einfluß erst Metternichs, dann auch des Zaren – all dies engte die Entscheidungsfreiheit Hardenbergs, die Entscheidungswilligkeit des Monarchen zunehmend ein. In Anbetracht der sich auftürmenden Widerstände nach 1817 entbehrte die inneradministrative Konstitutionalisierung gerade aus verfassungspolitischen Gründen nicht einer gewissen Voraussicht – auch wenn sie sich selber hemmend ausgewirkt hat.

Dem zunehmenden außenpolitischen Druck auf Preußen korrespondierten nun innenpolitische Interessenlagen und Kraftäußerungen, die – teils bewußt und willentlich, teils gegen Wunsch – dazu beigetragen haben, eine Nationalrepräsentation zu verhindern, wie sie Hardenberg und die Reformer geplant hatten. Die damals so häufig zitierte „Reife" des preußischen Volkes zu einer „Konstitution" entbehrt nie eines beschwörenden Tones, der die mangelhafte politische Willensbildung nicht verheimlichen konnte; die Spannung zwischen der angeschlagenen Verfassungswirklichkeit und einer gesuchten neuen Verfassungsform kommt in jener Versicherung zum Ausdruck. Genau diese Zwischenlage war auch gesetzlich fixiert worden, und zwar durch das Verfassungsversprechen vom 22. Mai 1815.[6]

Das Verfassungsversprechen lag auf der Linie der Reformgesetze, die immer zwischen unmittelbarer Anwendbarkeit und Verheißungen für die Zukunft ausgespannt waren. Aber es unterscheidet sich von diesen insofern, als es nur eine Anweisung auf die Zukunft enthielt. Das Versprechen selber wurde zum Inhalt einer königlichen Verordung gemacht. In einer Atmosphäre allgemeiner Gesinnungstüchtigkeit verpfändete der König sein Wort. Damit war der König doppelt festgelegt; sich selbst gegenüber wie seinen Untertanen. Ihn in diese Bindung zu zwingen war Hardenbergs politische Absicht gewesen, der davon ausging, daß man „dem wahren Zeitgeist entgegenkommen" müsse, gleich ob die neuen Ideen und Meinungen „gut oder böse" seien.[7] Je mehr der König zögerte, sein Wort einzulösen, desto länger wurden die Schatten, die das einmal gegebene Versprechen auf sein Land warf. Der Monarch, der in den Präambeln seiner Reformgesetze an die Gesinnungen und das Vertrauen seiner Untertanen zu appellieren nie müde wurde, geriet in das Zwielicht der Wortbrüchigkeit, soviel politische oder staatsrechtliche Gründe auch bemüht wurden, den Aufschub zu rechtfertigen.[8] Das einmal gegebene, aber nie

---

6 Vgl. oben S. 214 f.
7 Formulierung des Kanzlers an die Adresse des Königs aus dem Sommer 1819 (*Haake:* FbpG 32, 178).
8 Vgl. dazu *Huber:* Verfassungsgeschichte 1, 304 und die Liste *Humboldts,* aus welchen

Das sanktionierte Provisorium

eingehaltene Versprechen einer Landesrepräsentation war von unmittelbarer Nah-, aber noch größerer Fernwirkung. Das Gefühl der Vorläufigkeit, das durch die Reformgesetze bereits zur wirtschaftlichen und sozialen Alltagserfahrung gehörte, wurde durch die Verordnung auch auf die politische Verfassung ausgedehnt. Und die Liberalen haben begreiflicherweise das Ihre getan, dieses Gefühl in den folgenden Jahrzehnten wachzuhalten. Der König, an sich schon skrupulös, lebte seitdem in dem schlechten Gewissen eines Menschen, das er auch durch die Berufung auf seine Pflichten als Monarch nicht eliminieren konnte.[9] Und das Volk geriet in einen utopischen Sog hoffender oder fürchtender Unruhe, die vom König persönlich sanktioniert worden war, da die Spannung auf den Zeitpunkt bevorstehender, aber stets hinausgeschobener Erfüllung durch das öffentliche Versprechen wachgehalten blieb.

Die politische Verantwortung des nicht eingehaltenen Verfassungsversprechens fiel nolens volens auf die Beamtenschaft zurück, denn sie war es schließlich, die eine „Beteiligung" des Volkes an der Verwaltung nicht erreicht hatte. So wurde im ersten preußischen Verfassungskampf, der 1815 anhob und 1823 sein sprödes Ende fand, eine Saat des Mißtrauens gesetzt, die durch das korrekteste Verhalten der Beamtenschaft nicht mehr auszurotten war. Die Kräfte der altständischen, der liberalen und der deutschtümlich-republikanisierenden Gruppierungen innerhalb Preußens waren viel zu zerstreut, als daß sie von sich aus eine Verfassungsentscheidung hätten herbeiführen können. Ihre politischen Konturen waren fliessend und unpräzise, die Organisation mangelhaft. Die ganze Verfassungsplanung blieb institutionell an die Verwaltungsbehörden gebunden. Bei ihnen fiel die Entscheidung, welche schriftliche Verfassungsurkunde der preußische Staat erhalten, schließlich, daß er keine erhalten sollte. In fünf aufeinander folgenden Ausschüssen wurde beraten, welche gesetzliche Form das innenpolitische Leben Preußens gewinnen solle. Es zeugt von dem Gewicht der Verwaltung, daß ihre Beamten das Ausmaß umreißen konnten, wieviel Rechte sie an Stände und Einwohner abtreten würden. Aber es zeugt ebenso von der Grenze ihrer Macht, daß über die Zusammensetzung dieser Kommission die Entscheidung zuletzt im höfischen Machtkampf gefällt wurde. Genauer: der außeradministrative Einfluß altständischer Interessen, die sich mit dem bürokratischen Flügel der

---

Gründen eine Verfassung *nicht* gegeben werden dürfe (Landständische Verfassung § 15): dazu rechnet Humboldt Zwang, Zeitgeist, Belohnung, Mündigkeitserklärung und sogar das Versprechen selber; nur die Erweckung der sittlichen Kraft zählt für ihn.
9 Während des Troppauer Kongresses, im November 1820, trug sich Friedrich Wilhelm III. sogar mit dem Plan, abzudanken: er schaffte es ebensowenig wie Hardenberg den Rücktritt, nachdem dieser — eben seit dem Herbst 1820 — vom König umgangen wurde (*Haake:* FbpG 32, 165).

Beamtenschaft zu verbinden wußten, kam erst zur Geltung, als die verfassungsgemäße Führungsstellung des Staatskanzlers unterwandert wurde. Und der König ließ dies zu. Das Scheitern der Verfassung war zunächst ein Bruch der konstitutionellen Formen, auf die die preußische Verwaltung gesetzlich festgelegt war. Friedrich Wilhelm III. bewährte dabei aufs neue seinen Charakter, den Marwitz durchschaut hatte: „... sich bis zum entscheidenden Augenblick leiten zu lassen, und dann auszuweichen".[10]
Die Nichteinlösung des Verfassungsversprechens kehrte die quasi-absolutistische Stellung des Monarchen wieder hervor: er besaß die Freiheit zum Nichthandeln, zum Handeln bedurfte er des Rückhaltes seiner Minister. Dem entsprach, daß am Ende der Kommissionsgeschichte zur Verfassungsstiftung das Staatsministerium den größten Erfolg davontrug. Die neu gebildeten politischen Stände wurden nur auf der Kreis- und Provinzebene zugelassen; der Gesamtstaat blieb die Domäne der Administration. Der Weg dahin soll nun verfolgt werden. Dabei werden die Sozialstrukturen sichtbar, die sich auf Grund der Reform und im Gegenzug dazu verfestigt hatten.
Die erste Verfassungskommission hatte auf dem Wiener Kongreß – ganz im Sinne Hardenbergs – grobe Entwürfe zusammengestellt, an deren Stelle jenes Versprechen trat.[11] Es war unmöglich, für das pluralistische Agglomerat, zu dem Preußen gerade wurde, in Kürze eine Einheitsverfassung zu entwerfen, in der die verschiedenen Rechtsbestände, Gemeinde- und Bürgerverfassungen, Standes- und Steuerrechte auch nur annähernd sinnvoll hätten aufeinander abgestimmt werden können. So ließ Hardenberg Männer aus allen Provinzen auswählen, wobei er darauf drängte, daß „die Bauern aus dem Bauernstand sein (müssen), nicht Vertreter derselben"[12], also Männer, die in seinem Sinne an der Planung hätten beteiligt werden können. Aber der Termin ihres Zusammentritts – der 1. September 1815 – verstrich. Stattdessen erschien – symptomatisch – am gleichen Tage jene Kabinettsorder, die in den Schmalzschen Streit eingreifend den aufkommenden „Parteigeist" verbieten wollte.[13] Der Staatskanzler, diplomatisch gebunden, weilte noch in Frankreich und konnte nicht unmittelbar eingreifen. Im folgenden Jahr erfolgte der geschilderte Verwaltungsaufbau, während dessen Hardenberg nie müde wurde, das Verfassungsversprechen öffentlich und privat zu wiederholen[14] und als dessen

---

10 *Meusel:* Marwitz 1, 536.
11 *Rühl:* Briefe und Aktenstücke Bd. 1.
12 Hardenberg an alle Oberpräsidenten 3. 7. 1815 (Rep. 74, H 3, IX Stände, Nr. 19).
13 *Haake:* Verfassungskampf 71.
14 Aus Ost und West meldeten die Behörden regelmäßig von den auftauchenden Fragen und Zweifeln — wie Zerboni im März 1816 — „... ob auch wirklich noch die Idee einer der Monarchie zu gebenden Verfassung in Ausführung kommen dürfe?" „Es kann in solchen Fällen unbedenklich zu erkennen gegeben werden", versicherte Hardenberg in seiner

"Schlußstein", wie er an Zerboni schrieb, der Staatsrat errichtet wurde. Sofort berief Hardenberg aus seinem Kreis eine neue Kommission, deren Mehrheit so ausgesucht war, daß sie – von 22 Mitgliedern 13 – für eine Nationalrepräsentation optieren würde.[15]
Der Staatsrat entsandte – um eine Notabelnversammlung zu umgehen – jene bekannte Gruppe von drei Ministern in die Provinzen, die durch eine *Rundfrage* bei den Notabeln die Quersumme aus allen Verfassungswünschen ziehen sollten. Wieder war es die Spitze der Verwaltung, die die Fragen formulierte und es waren die mittleren Behörden, die den Ministern die Männer zuführten, die die Antworten zu liefern hatten.[16] Die Fragen bezogen sich auf die Vergangenheit – welche Überreste altständischer Verfassung noch vorhanden seien; und auf die Zukunft – welche Wünsche und Hoffnungen geäußert würden. Hardenberg entließ die drei Minister auf ihre Rundreise mit dem ausdrücklichen Hinweis, daß die alten Landstände als "wahre Hemmräder in der Staatsmaschine" zu betrachten seien. Es solle vielmehr eine "allen Klassen der Einwohner zugute kommende und den Bedürfnissen der Zeit angemessene Repräsentation der preußischen Nation" begründet werden.[17] Seine Absicht rich-

---

Antwort, "daß die in dem Edikt vom 22. Mai v. J. ausgesprochene Absicht Seiner Majestät unabänderlich feststehe, und daß nur die neue Organisation der Landesbehörden und der Justizverwaltung, auch andere das Wohl des Ganzen betreffende dringliche Angelegenheiten, die Zusammenberufung der Volksrepräsentanten bis jetzt verhindert hätten, daß aber baldmöglichst zur Errichtung der Provinzialstände und einer Repräsentation der Nation geschritten würde." (Konzept von Rother, 19. 6. 1816: Rep. 74, H 3, IX, Stände Nr. 19 und Arch. panstw. Poznan. Ob. Präs. Posen V A 2). Im Februar 1817 wiederholte Hardenberg eigenhändig seine Zusicherung an Zerboni, der um einen "ostensiblen Bescheid" gebeten hatte: diesmal tauchte die Variante einer "der Nationalität angemessenen Repräsentation" auf. Im gleichen Ton sandte Hardenberg am 4. 4. 1816 ein beruhigendes Schreiben an Vincke, der nicht anstand, es der westfälischen Bevölkerung in seinem Amtsblatt mitzuteilen *(Steinschulte:* Verfassungsbewegung 137 f.). Am 8. 12. 1817, als die Frist der von den bisherigen sächsischen Ständen bewilligten Steuern ablief, erließ der König selbst eine KO mit der Weisung, die Steuern zunächst wie bisher einzuziehen. Dann folgte die erneute Zusicherung, daß "die zu bildende Repräsentation" eingerichtet, das Versprechen "in Erfüllung" gehen werde. Die noch ausstehende Steuer- und Finanzreform sollte das letzte Hindernis sein, das der Erfüllung im Wege stand. Die liberalen Beamten und Juristen lieferten später in ihren Handbüchern den Bürgern möglichst vollständige Listen aller Verfassungsversprechen und aller Wiederholungen, die im Laufe der Jahre bis 1820 ausgesprochen wurden; siehe *Bergius:* Staatsrecht 191 ff.; *Gräff — Rönne — Simon* 6, 130 ff., letztere trocken-sarkastisch, worauf sich die gebildeten frustrierten Beamten besonders gut verstanden.
15 *Müsebeck:* Märkische Ritterschaft 167; KO 30. 3. 1817: *Gräff — Rönne — Simon* 6, 135.
16 Vgl. *Treitschke:* Deutsche Geschichte 2, 284 ff.; *Stern:* Verfassungsfrage und Geschichte Europas 1, 431 ff.; *Müsebeck:* Märkische Ritterschaft 167 ff.; *Petersdorff:* Motz 1, 150 ff.; *Hansen:* Preußen und Rheinland 39; *Boberach:* Wahlrechtsfragen 35 f.; *Gembruch:* Stein 101 ff. Die folgende Auswertung des Klewitzschen Fragebogens und die Äußerungen Zerbonis fußt auf der Verfassungsakte im Arch. panstw. Pozn.: Ob. Pr. Posen V, A 1 (1815 bis 1822). Neuerdings auch *Eggert:* Stände Pommerns 388 ff. mit den Ergebnissen von Beymes Befragung.
17 Zit. von *Hansen* und *Treitschke* a. a. O.

tete sich also dahin, aus den bisherigen liberalisierenden Wirtschaftsgesetzen und aus der halb hängen gebliebenen Kreisordnung, die alle Stände als gleichberechtigt anerkannte, eine politische Konsequenz zu ziehen. Wieweit reichte nun das Echo solcher Forderungen im Umkreis der Befragten?

Die Auswahl der Befragten umgriff, dem Sozialprestige entsprechend, in erster Linie den Adel und die Beamten, schichtete sich zahlenmäßig ab auf Bürgermeister, Kaufleute, Gelehrte, und erfaßte nur zum geringen Teil Dorfschulzen, unabhängige Bauern, wie sie etwa in der interimistischen Nationalversammlung gesessen hatten. Außerdem variierte das Angebot der zu Befragenden nach der Einstellung der Minister – Altenstein, Klewitz, Beyme – und der Präsidenten. Motz suchte vorzüglich Verfassungsfreundliche aus, ebenso Schön. Merckel verhinderte die Befragung von Gegnern der Verwaltung – was zum Teil auf das Gleiche herauskam. Beyme bevorzugte Leute aus dem Bürgerstand – für den Nordosten, den er bereiste, besonders einschneidend. In der Altmark wurden dagegen nur Adlige, in der Neumark nur Beamte befragt. Im Rheinland schließlich rekurrierte Altenstein vor allem auf einheimische Beamte, die gegebenen Vermittler zwischen der westlichen Gesellschaft und dem neuen Staat. Im ganzen aber kam ein getreues Spiegelbild des obwaltenden Pluralismus und der verbliebenen Ständeschichtung in die Fragebögen ein.

Wenn auch der „Entwicklungsgang", wie Beyme nach seiner Rundreise sich ausdrückte[18], die „Veränderung der Landstände in Volksvertretung" mit sich bringe, so äußerten sich die Befragten, zumindest im Osten, am entschiedensten in einem berufsständischen Sinn. Sieht man von Ausnahmen ab, wie dem Grafen Itzenplitz, dem Prinzen Biron von Kurland oder Motz und anderen Beamten, die für eine numerisch zu wählende Volksrepräsentation eintraten, so herrschte im Osten nirgends ein Zweifel, daß eine wie auch immer zu bestimmende Standschaft als Basis der Provinzial- und Reichsvertretung dienen solle. Wo landständische Adelsvertretungen im Herkommen lagen, wie in den altpreußischen Besitzungen am Rhein, in Sachsen, Neuvorpommern oder in den Marken, rekurrierte der Adel auch auf diese. Im Ganzen aber hatte sich das dreigliedrige, berufsständische Bild des Allgemeinen Landrechts durchgesetzt. Nur im Westen wurde es weithin im Namen allgemeiner Staatsbürgerschaft mit oder ohne Zensus abgelehnt. Im Osten dagegen hatten die drei Stände unabhängig von den Regionen generelle Bedeutung gewonnen, und zwar liegt das Eigentümliche darin, daß die liberale Reformgesetzgebung samt der Städteordnung ein allgemein staatliches Standesbewußtsein eher hervorgerufen als überwunden hatte.

---

18 Zit. von *Stern:* Verfassungsfrage 97.

Freilich flossen die entsprechenden Standesinteressen in die jeweiligen Verfassungsforderungen ein. Gerade wo die Hardenbergsche Wirtschaftsgesetzgebung die Standesrechte insgesamt in Frage zu stellen drohte, versteifte sich der Widerstand der Betroffenen. Der Adel, mehrfach um seine Grundsteuerfreiheiten fürchtend, betonte am meisten den Vorrang der Provinzialstände vor einer Reichsrepräsentation. Umgekehrt war die aktuelle Position der Bauern schwach, nicht nur weil wenige der ihren befragt wurden, sondern auch, weil sie erst nach vollzogener Ablösung in den vollen Genuß ihrer Freiheit und des ihnen zukommenden Eigentums eintreten konnten. Schuckmann, als strikter Bürokrat ein Gegner zu weit reichender ständischer Mitspracherechte, erkannte den schwachen Punkt, wenn er später frohlockte, daß die Rundfrage offenbar zu keinem festen Ergebnis geführt habe: das beste Fundament einer künftigen Verfassung erblickte er, wo der Bauer noch kein Eigentum habe, in den Eigentumsverleihungen.[19] Er wies den ihm unterstehenden Generalkommissionen und dem Entschädigungsprozeß den Vorrang zu vor allen verfassungsmäßigen Konsequenzen, die erst nach Abschluß der Besitzverteilung und der Bauernbefreiung gezogen werden könnten.

Der Bürgerstand forderte oft nach Berufen abgefächerte korporative oder wenigstens korporativ gewählte Vertretungen, für Kaufleute, Fabrikanten, Gelehrte, Geistliche, Universitäten usw.: ganz wie sie das Landrecht einzeln aufgezählt hatte. Mit solchen korporativen Forderungen gekoppelt waren oft Proteste gegen die Gewerbefreiheit, und in Anbetracht der englischen Konkurrenz meldeten sich ebenso Postulate, die die damals geplanten niedrigen Zollsätze von vornherein in Frage stellten. Im einzelnen drohte also der Administration ein ständisch institutionalisierter Widerstand gegen die bisherige wie gegen die geplante liberale Wirtschaftsgesetzgebung. Oder wie ein Gutachter bemerkte: die Bauern seien gut gesinnt, die Bürger weniger und der Adel am wenigsten.[20]

---

19 Schuckmann an *Raumer:* Lebenserinnerungen 2, 80 (27. 12. 1817).
20 Zit. bei *Müsebeck:* Märkische Ritterschaft 172. Besonders rührig waren die Bauern *Neuvorpommerns,* die sich von der preußischen Herrschaft eine eigene Repräsentation erhofften. Die Verfassungslage war kompliziert; die alte Verfassung, in der nur Ritterschaft und Städte vertreten waren, hatte Schweden 1806, nach dem Zerfall des Reiches, durch die schwedische Verfassung vom 21. 7. 1772 ersetzt. Seitdem waren vier Stände vertreten: Adel, Geistlichkeit, Bürger- und Bauernschaft. Am 26. 7. 1806 folgte auch die Übertragung der schwedischen Gesetze auf den kontinentalen Vorposten. Ein Huldigungslandtag zu Greifswald nahm diese neue Verfassung an, aber die Ereignisse überholten sie schnell; es folgte die französische Besetzung und dann die Übertragung der neuen schwedischen Verfassung durch eine Verfügung aus Stockholm vom 15. 12. 1810: seitdem sollten nur Besitz, Bildung und Beamtenschaft vertreten werden, auf Grund eines qualifizierten Wahlrechts von mehr als 300 Talern. Aber diese Verfassung trat nicht mehr in Kraft, so daß „es gegenwärtig eigentlich ganz an einer ständischen Verfassung in Neuvorpommern fehlt," wie der Oberlandesgerichtspräsident von Hempel als Gutachter berichtete. Die ständische Reaktion nach der preußischen Besitzergreifung kennzeichnet die soziale Wirk-

Ständische Hindernisse

Klewitz, der seinen Fragebogen anonym aufgeschlüsselt hatte, liefert einen gewissen statistischen Einblick in die Forderungen der von ihm bereisten Provinzen Sachsen, Brandenburg, Schlesien und Posen. Mit 158 Notabeln hatte er gesprochen. Da er seine Recherchen, Gespräche und die erhaltenen Gutachten nicht systematisch rubrizierte, ergeben seine Zahlen keine runden Prozentsummen. Aber für die Zusammensetzung der geforderten Stände zeigt sich ein ziemlich geschlossenes Bild. Rundweg für die alten Landstände – natürlich nur in Sachsen und in den Marken, wo sie noch existierten – traten nicht mehr als neun Männer ein. Für eine je eigene Vertretung des Großgrundbesitzes sowie von „Handel und Gewerbe" votierten – mit 126 und mit 120 Stimmen – weitaus die meisten der Befragten. Daran gemessen erstaunlich hoch ist die Zahl derer, die sich auch für eine eigene Vertretung des Bauernstandes einsetzten. 110 Befragte – also vorzüglich Nichtbauern – entschieden sich trotz aller Bedenken, ob der Bauer auch reif genug sei, für die politische Mündigkeitserklärung dieses Standes. Ein Ergebnis hatte die bisherige Agrargesetzgebung also in jedem Fall gezeigt: bei allem Vorbehalt, mit dem dieser weitgehend illiterate Stand teils beurteilt, teils gefürchtet wurde, machte ihm niemand mehr ernstlich seine politische Staatsunmittelbarkeit streitig. Das theoretische Konzept des Landrechts hatte allgemeine Evidenz gewonnen. Dem entspricht auch, daß die staatlich privilegierte Bildungsschicht nur halb soviel Stimmen erhielt wie der Bauernstand. Nur 52 Gutachter setzten

---

lichkeit: Ritter und Städte verfaßten allein — am 28. 9. 1815 — und ungebeten eine Huldigungsadresse, um die Verfassung aus der Zeit vor 1806 zu retten. Gegen diese „Anmaßung des Adels und der Städte, allein das Land zu vertreten", richteten sich nun die lebhaften Beschwerden der Bauern: aber sie plädierten nicht etwa für die liberale Verfassung von 1810. Hier nämlich sei das Wahlrecht von Vermögen und Reichtum abhängig, nur der Besitz von mehr als 8 Hufen qualifiziere Bauern zur Abstimmung. Die rechte Verfassung sei vielmehr die von 1806, in der die oben genannten vier Stände vertreten seien. „Nach ihr bezeichnet Stand nicht den Besitz oder das Eigentum von liegenden Gründen, sondern eine persönliche Eigenschaft und Lebensart einer großen Klasse von Landeinwohnern, welche von den Kronbauern darum allein vertreten wird, weil die übrigen Mitglieder unseres Standes in zu engen und abhängigen Privatverhältnissen mit dem Grundeigentum besitzenden Adel stehen, als daß sie — wenn anders die nötige Subordination im gesellschaftlichen Leben erhalten werden soll — füglich in Behauptung eigener ständischer Rechte, ihm gegenüber, auftreten könnten." Der eigentliche Bauernstand dagegen, der „durch seine saure Arbeit das Land" ernähre, der „stets bereit ist, die treue Brust dem Feinde entgegenzustellen" — er sei füglich berechtigt, „in gemeinschaftlicher Beratung mit den übrigen Ständen ... über das Schicksal des Vaterlandes in öffentlicher Versammlung seine Meinung zu sagen". Der Schritt von der damaligen Sozialverfassung zu einer politischen Verfassung führte östlich der Elbe immer auf die Drei-Stände-Gliederung des Landrechts. Die Bauern betonten besonders, „ohne geistige Beweglichkeit" zu sein, sie wohnten zu weit verstreut und seien daher — bei einem aus Besitz und Bildung abgeleiteten Wahlrecht — den gebildeten Ständen und ihrer Agilität unterlegen. Deshalb sei eine ständische Repräsentation vorzuziehen, vorausgesetzt, sie selber seien dabei vertreten (die Eingaben vom 20. 7. und 12. 10. 1816 an den König bzw. an Hardenberg: R 74, H II Pommern, Nr. 2).

sich für eine gesonderte Vertretung von Wissenschaft und Kunst ein, teils aus Sorge vor einem Radikalismus der Intelligenz auf minderer Besitzbasis, teils weil die Träger staatlicher Bildungsprivilegien – als Beamte – immer noch außerhalb der herkömmlichen Standschaft gesehen wurden. Die Geistlichkeit fand kaum Berücksichtigung, was sie nicht hinderte, von sich aus eine ständische Vertretung anzutragen.[21]

Die wichtigste Frage, ob Preußen eine allgemeine Landesrepräsentation, eine „Konstitution" erhalten solle, ließen 81 unbeantwortet; immerhin bejahten sie 58 ausdrücklich, während sie von nur 19 Befragten ausdrücklich abgelehnt wurde. Hier freilich wirkte sich die Suggestion des Fragestellers aus, was ihm Zerboni später leidenschaftlich und entrüstet vorhielt. Wer in der Person des Regenten eine hinreichende Verfassung erblicke, sei gar nicht befugt, mitzusprechen. Klewitz habe offenbar seine Partner mit der Frage verschont, wie man sich in Zukunft gegen einen schlechten König absichern könne – das klassische Argument der Aufklärung, das auch im Westen gebraucht wurde.[22] Klewitz allerdings suchte sich die Zustimmung zu Provinzialständen zu sichern, eine „Konstitution für Verfassung des Königsreichs" lehnte er ab. Es war ihm ein Leichtes, für Provinzialstände eine überwältigende Mehrheit vorzuweisen. Nur zehn Männer, darunter Motz und Itzenplitz, verdammten diese Versammlungen als einen Hort des Partikularismus, sie plädierten für eine einzige Repräsentation, die des ganzen Staates.

Auf die Frage, welche Befugnisse den Ständen einzuräumen seien, antworteten die meisten ebenfalls recht zahm. 95 plädierten für eine beratende Stimme in der Gesetzgebung, nur 37 gingen in ihren Forderungen darüber hinaus. Was etwa Stein, Humboldt, Rehdiger und Zerboni als Selbstverstümmelung der Standesrechte kennzeichneten, woraus sie mit Sicherheit die Gefahr einer kommenden Revolution ableiteten, das also war der Mehrheit noch genug. 55 lehnten ausdrücklich eine entscheidende Stimme für die Stände ab, die Steuerbewilligung des öfteren ausgenommen. Insgesamt herrschte strenge Loyalität gegenüber dem Monarchen, das Zutrauen in das Beamtentum - kein Wunder bei der Auswahl - waltete vor. Gerade skeptische Stimmen, die vor Übereilung warnten, setzten ihre Hoffnung auf den Kanzler und die Administration. Acht Stimmen, unter ihnen die des Oberpräsidenten Bülow, trugen jenen Plan vor, der Jahrzehnte später auch als Kompromiß nicht mehr tragfähig war, die Gesamtrepräsentation mit dem Staatsrat zusammenzulegen. Von einer Beteili-

---

21 Gutachten der Geistlichen Kommission, die Verbesserung der Kirchenverfassung betreffend, vom 4. 6. 1815 (*Foerster:* Landeskirche 1; 394, 428). Im Westen traten u. a. Görres und Spiegel für eine Standesvertretung des Klerus ein; vgl. *Boberach:* Wahlrechtsfragen 29 ff.
22 *Schulte:* Volk und Staat 392.

Ständische Hindernisse

gung an der Verwaltung oberhalb der Kreis- und Kommunalebene und von eigener Abgabenregelung – für die sich 35 Männer, besonders des Adels, einsetzten –, wollte kaum jemand etwas wissen. Auf die alten landständischen Relikte wurde also kaum mehr zurückgegriffen, was von Bürgern und Bauern auch nicht zu erwarten war.

Zieht man die Summe aus der Befragung der mittleren Provinzen, so ergibt sich eine maximale Gemeinsamkeit auf zwei Gebieten: erstens herrschte allseitige Bereitschaft, daß der Großgrundbesitz, der Grundbesitz der Bauern und daß ein berufsständisch mehr oder weniger gegliedertes Stadtbürgertum durch je eigene Vertreter an der Gesetzgebung zu beteiligen seien. Für zwei Kammern sprachen sich nur 22 Stimmen aus – darunter Rehdiger. Auch hier zeigt sich das Bewußtsein gleicher Staatsunmittelbarkeit aller Stände einzeln, das eine Differenzierung in zwei Kammern nur ungern zuließ. Zweitens lag eine fast unbestrittene Gemeinsamkeit in der Forderung nach ständischen Interessenvertretungen auf der Provinzebene. Das Bild der 1823 eingeführten provinzialständischen Verfassungen, die den status quo einfrieren ließen, wird im Groben sichtbar. Dieses von Klewitz heimlich vorgezeichnete Bild bedarf freilich einiger Korrekturen.

In den drei westlichen Provinzen wurde die Forderung nach einer gesamtstaatlichen Repräsentation weit stärker artikuliert als durchschnittlich im Osten. Dieses Ergebnis brachte Altenstein mit nach Berlin, zahlreiche Petitionen und Publizisten haben es bekräftigt.[23] Auch die Verwaltungsbehörden verfehlten nicht, sie häufig unterstützend, Wünsche nach einer liberalen Verfassung weiterzumelden.[24] Andererseits regte sich der rheinisch-westfälische Adel besonders lebhaft, um erbliche Standesrechte wiederhergestellt zu sehen.[25] So tauchte der soziale Gegensatz zwischen den westlichen und östlichen Provinzen innerhalb der westlichen Forderungen noch einmal in betonter Schärfe wieder auf. Je mehr befragt wurden, desto weniger ergab die Befragung ein klares Bild. Vor allem erwies sich, daß es – wie öfters ausgesprochen wurde – keine eindeutige öffentliche Meinung gab. Und wo sich die öffentliche Meinung lebhafter regte, wie im Westen, da war sie keineswegs eindeutig. Das aber war gerade die

---

23 *Steinschulte:* Verfassungsbewegung; *Kann:* Adressenbewegung; *Hansen:* Preußen und Rheinland 41; *Schulte:* Volk und Staat 21 ff., 386 ff. Der Oberpräsident Graf Solms-Laubach berichtete am 20. 2. 1817 (R 74, H Gen. II, 13): „Die versprochene und noch nicht vollführte Volksrepräsentation wird zwar den geborenen Preußen nicht schrecken, weil er weiß, daß sein König hält, was er verspricht, aber die hiesigen Landeseinwohner zweifeln hieran zum größeren Teil wohl sehr stark" — womit die verzweifelte Lage eines loyalen Beamten bündig ausgedrückt war. Solms persönlich trat mehr für Stände als für eine Volksrepräsentation ein, deren Bedeutungslosigkeit in der Franzosenzeit zutage getreten sei.
24 DZA. Merseburg R 74, H 3, IX, Stände Nr. 19; R 74, H II, Niederrhein Nr. 8; Staatsarchiv Koblenz 402/170 (Altensteins Rundfrage betreffend), 402/104 (Verwaltungsbericht für 1818).

Chance der Reformverwaltung. In der Situation lag weit mehr beschlossen, als die angeführte Auswertung der Stimmen sichtbar macht.
Es kennzeichnet die Haltung der Administration, daß die überwiegende Mehrzahl ihrer befragten Vertreter für eine Gesamtrepräsentation eintrat. Von den Oberpräsidenten war nur Heydebeck dezidierter Gegner einer solchen: Der Kampf zwischen den „Parteien" und zwischen den Provinzen, zwischen alt und neu sei nur durch einen höchsten „Schiedsrichter" zu schlichten, d. h. durch die monarchisch gesteuerte Verwaltung.[26] Die übrigen Stimmen lagen mehr in der Linie jener Oberpräsidenten, die sich durch ihr Gutachten im Sommer 1817 hervorgetan hatten. Wenn sie die Chancen einer offenen Situation nutzen wollte, konnte die Staatsführung, auf die Verwaltung gestützt – und rein innenpolitisch betrachtet –, noch ziemlich frei über die Art der einzuführenden Repräsentation befinden.
Zudem fiel das vom König verpfändete Wort gewichtig in die Waagschale einer „Konstitution". Gerade Monarchisten und Absolutisten, jeder Konzession abhold, glaubten es ihrem König schuldig zu sein, auf die Einlösung des Versprechens dringen zu müssen. Voran der Feldmarschall Yorck, in dessen Sinn Bemerkungen auftauchen wie: „Nicht für König und Kronprinz, sondern wegen des Königswortes", und „Zwar ist monarchische Verfassung die Beste, aber Konstitution versprochen, und deshalb lieber bald zu geben."[27]
Hatten schon die Befragten immer die Vermutung für sich, staatliche Anforderungen gegenüber nicht abgeneigt zu sein, so war es zweifellos möglich, über den zahmen Durchschnitt aller vorgetragenen Wünsche hinauszugehen. An ihm gemessen waren auch die Verfassungskonzepte, die Hardenberg und Humboldt 1819 entwarfen, zukunftweisend. Sie waren „fortschrittlich", nicht nur gemessen an des Königs Unwillen, sondern ebenso am Durchschnitt der 1817 befragten Notabeln. Gegenüber dem westlichen Staatsbürgertum enthielten sie Möglichkeiten des Kompromisses[28] und überall konnten sie sich auf den liberalen Flügel der Beamtenschaft stützen.

---

25 *Gembruch:* Stein Kap. II und III.
26 *Stern:* Verfassungsfrage 73.
27 Klewitz' Fragebogen Ob. Posen, V, A 1; vgl. *Stern:* Verfassungsfrage 81. Auch im Westen forderten grundsätzliche Gegner einer Nationalrepräsentation die Einlösung des „unglücklichen Versprechens", das die Gemüter nur beunruhigte; so der Graf von der Recke-Volmarstein aus Bad Ems am 13. 9. 1819 an Hardenberg (R 74, H 3, IX, Stände Nr. 19).
28 Vgl. Hardenbergs Grundrechtskatalog und seine konstitutionellen Elemente innerhalb der landständischen Verfassung, die er am 12. 10. 1819 in der Verfassungskommission vorlegte (*Treitschke* 2, 625; R 74, H 3, IX, Staatsrepr. Stände, Nr. 19). Auch strikt berufsständische Vorschläge konnten im Westen auf ein positives Echo stoßen, wie Görres' Adresse zeigt; vgl. dazu *Boberach:* Wahlrechtsfragen.

Ständische Hindernisse

Der darunter profilierteste war wohl der Freund Hardenbergs, der Oberpräsident Zerboni di Sposetti. Ehedem wegen seiner Unerschrockenheit ein Opfer königlicher Ungnade, hatte er jetzt das schärfste und scharfsichtigste Gutachten beigesteuert. Noch ganz im Geist der Aufklärung wurzelnd, reicht seine prognostische Kraft bis zu den Ereignissen von 1848. Nach dem Schema der Erziehung, das damals die sozialen Emanzipationsgesetze motivierte, fixiert Zerboni den augenblicklichen Zeitpunkt. Zerboni ging davon aus, daß „bei der Organisation des neuen Staatsgebäudes" die Nation keineswegs zugezogen werden dürfe. Aber die Befreiungskriege – darüber solle man sich nicht täuschen – hätten eine Bewegung ausgelöst, die in der loyalen Bindung zwischen Monarch und Untertan nicht mehr die Achse des Staates sehen könne, zumal fast die Hälfte aller Untertanen in Friedrich Wilhelm nicht ihren angestammten König habe. Vor allem aber dürften die lähmenden Folgen einer väterlichen Regierung nicht mehr riskiert werden. „Unsere bedenkliche politische Lage verlangt Bürger, die mit ihrer ganzen Existenz dem Staat angehören, außer ihm kein Heil für denkbar halten." Nur eine Verfassung mit ihren Eigentumsgarantien mache die Bürger „zu integrierenden, aktiven Teilen des Ganzen". Zerboni zeigt im einzelnen, wieso in der Gerechtigkeit und Vorsorge der besten Monarchie keine hinreichende Garantie mehr vor einer kommenden Revolution liege. Erhalte die Nation nur eine beratende Stimme, so sei dies einerseits nicht genug „und führt auf der anderen Seite zur Revolution". Zerboni zieht denjenigen Erfahrungsstrang aus der Französischen Revolution, der zu einer Charte im Sinne von 1814 hätte führen müssen. „Es ist nicht mehr zu verwundern, daß der gute unglückliche Ludwig im Jahre 1789 nicht wußte, was er zu tun hatte, da wir im Jahre 1817 ausgerüstet mit den gewichtigen Erfahrungen der dazwischen befindlichen Jahre noch unschlüssig scheinen, wie wir den Resultaten der letzteren zu begegnen haben." In genauer Kenntnis des Charakters seines Herren setzte Zerboni seine ganze Hoffnung auf den Staatskanzler. Von ihm erhofft er die „Auflösung des Problemes, wie durch kluge, kalte, festgehaltene Kombinationen und schnelle Würdigung des Moments ein verzweiflungsvoller politischer Prozeß gewonnen werden kann"[29].

Der Prozeß ging verloren. Hardenberg geriet in ein wachsendes Dilemma. Je mehr die versprochene Verfassung eingefordert wurde, desto mehr verlor er an Freiheit, über das Ausmaß und die Rechte der Repräsentation zu befinden. Die Radikalisierung der unzufriedenen, aus dem Krieg heimgekehrten Jugend, der anschwellende Mißmut der Bürger im Westen und der größeren Städte, der sich sammelnde und versteifende Widerstand des

---

[29] Arch. panstw. Pozn. Ob. Pr. Posen, V, A 2; auch *Stern:* Verfassungsfrage, 91 ff.

Adels, alles drängte aus anderen Motiven und mit verschiedenen Zielen auf eine Verfassung, so daß bereits vor ihrer Stiftung die Basis einer minimalen Gemeinsamkeit dahinschwand. Wie sich die Koblenzer Regierung 1819 äußerte: „Denn wenn auch, objektiv genommen, sich vieles dafür sagen läßt, so spricht doch in subjektiver Hinsicht alles dagegen." Im Augenblick sei unter „hundert Stimmenden kaum einer..., der fähig wäre, eine Constitution richtig zu beurteilen, und unbefangen genug, um es zu wollen"[30]. Nicht grundsätzlich gegen eine Konstitution, plädierte die Koblenzer Regierung aus praktischen Erwägungen, um mit einer allgemeinen Kommunalverfassung beginnen zu können, für einen Aufschub. Aber jeder Zeitverlust zehrte an der Möglichkeit einer Verfassungsstiftung. Wie selten enthüllte die Zeit damals, als der Zeitgeist von allen beschworen wurde, ihre politische Qualität. Hardenberg sah sich in die Enge getrieben. Die Bürger, die überhaupt auf eine Beteiligung am Staat, an der Legislative drängten, steigerten proportional zu ihrer Enttäuschung die Unruhe. Die noch ständisch unterschiedenen sozialen Schichten gewannen die Umrisse von „Parteien": weniger im Sinne einer Organisation oder auch nur überprovinzieller Absprachen, sondern im Sinne von politischen Strömungen.[31] Hinter diesen, und jenseits der lautstarken Burschenschaft, zeichneten sich kommerzielle, wirtschaftliche, vor allem aber altständische Interessengruppen ab, die mit ihren Verfassungsforderungen der Verwaltungsplanung, und damit dem Gemeinwohl, wie die Verwaltung es verstand, in die Quere kamen. Hardenberg hatte immer noch ein

---

30 Staatsarchiv Koblenz 402/104, Jahresbericht für 1818 an Schuckmann, das Verfassungsgutachten vom Vorjahr wiederholend.
31 „Es ist unaussprechlich schwer zu sagen, was nun eigentlich so Hassenswürdiges an der Zeit und den Regierungen sein soll, was eigentlich der Gegenstand dieser Wut ist. Tendenzen, Grundsätze, Ansichten, Absichten, Wünsche, Rechte, Pflichten, Willkür, Unterdrückung — um diese abstrakten Begriffe ohne irgend eine Substanzierung derselben dreht sich das ganze Wesen. Zwei andere Begriffe, welche die in der Welt am meisten mißbrauchten sind, die *Zeit* und das *Volk*, kommen noch hinzu und bilden den Kern, um welche sich die übrigen wie Kristallnadeln anlegen, und so wird denn ein Gallimathias von Anschuldigung gedreht, der darum, weil er mit geistreichen Bildern und Bezeichnungen durchwebt ist, nicht weniger Gallimathias bleibt." Die Schriften von Görres, der „von demokratischer Herrschsucht leidenschaftlich zerfressen" sei, zeugten davon am besten. Diese scharfe Charakteristik von *Clausewitz* (Politische Schriften 179) ist gerecht, wenn man zugibt, daß die Demagogenverfolgung aus denselben unklaren und wirren Motiven heraus stattfand, wie es die waren, deren Ursachen sie zu bekämpfen vorgab. Die politische Verantwortung für beides fiel gleichwohl auf die preußische Verwaltung zurück. — Wie schwer es war, die politischen Strömungen innerhalb und außerhalb der Verwaltung zu unterscheiden, zeigt *Hippel* (Friedrich Wilhelm III. 149): „Betrübt ist der Mißbrauch der Worte: Aristokratie (Herrschaft der Edelsten, Besten) und Liberalismus (Edel- oder Freisinnigkeit). Die gewöhnlich damit verbundenen Begriffe werden sich am richtigsten durch Vorsetzung des ‚Ultra' bezeichnen lassen." So spricht Hippel von „Pseudo- oder Ultra-Liberalen" zur Zeit der Demagogenverfolgung, weil er die wahre Liberalität immer noch in der Beamtenschaft vertreten sah. Immerhin kann auch Hippel den Rettungsversuch auf dem Wege der Definition nicht verbergen.

Ständische Hindernisse

großes, ausstehendes Ziel: die generelle Regelung der Finanzen, Zölle und Steuern. Noch einmal ging es um die Prioritätsfrage. Hardenberg war am wenigsten geneigt, bevor er die unklaren Schuldenverhältnisse des Staates, und damit die Steuergesetzgebung geordnet hatte, diese der Kontrolle einer Reichsständeversammlung zu unterwerfen, deren Zusammensetzung mehr Differenzen als Einmütigkeit vermuten ließe. Die administrativen Grundzüge sollten feststehen, bevor ein ständisches Mit- oder Einspracherecht konzediert würde.[32]

Andererseits wagte Hardenberg nie, sowenig wie in der interimistischen Nationalversammlung vor 1815, den Schritt zu bonapartistischen Methoden. Der Koblenzer Regierungsrat Lebens legte sie ihm in einem Separatgutachten nahe. Man solle die Befugnisse der Landstände zuerst bestimmen, dann die fertige Verfassung dem Volk zur Annahme vorlegen. Eine zwanzigjährige Erfahrung im französischen Zivildienst habe ihn gelehrt, daß das Volk gut sei. Es werde eine solche Verfassung „mit dem schuldigen Dank annehmen". Ungefähr ein Drittel erschiene zur Abstimmung und von diesem votierten 99 % für die Annahme. Durch diese Art „demokratischer" Legitimität – Lebens brachte den Ausdruck freilich nicht – sei es ein Leichtes, die Stände im Schach zu halten. Man müsse nur „das Volk von den Landständen sorgfältig trennen"[33]. Das war nun allerdings ein Verfassungsmodell, das weder dem König zusagte, noch gar auf die östlichen Verhältnisse anwendbar war. Hardenberg mußte mit den ständischen Kräften des Herkommens selber rechnen.

Die Fertigstellung der Tableaus, d. h. die Auswertung der Fragebögen zog sich bis 1818 hin.[34] Es erhärtet den geschilderten Sachverhalt, daß auch hier der unmittelbare Anlaß der Verzögerung in der Verwaltung selber lag, die sich mit ihren Reformwünschen dazwischen drängte. Das Ministerrevirement vom November 1817 brachte alle drei vom Staatsrat Ausgesandten in ministerielle Schlüsselpositionen: Beyme, der selber für eine sukzessive Einführung der Reichsstände eintrat, ihre Öffentlichkeit forderte, ferner Geschworenengerichte für Preßvergehen, die Wiederherstellung aller aus dem Landrecht gestrichenen Grundrechte und deren Erweiterung, um Freiheit und Eigentum allgemein zu sichern; dieser Mann erhielt das abgezweigte Ministerium für Gesetzesrevision, vor allem um die

---

32 Staegemann, der damals die Staatsschulden bearbeitete und im Vorstand der Staatsbank war, schrieb im Sommer 1819, die preußische Verwaltung sei so gut, daß alles darauf ankomme, das Abgabewesen vor der Einführung eines Repräsentativsystems zu regeln: sonst würden die Repräsentanten „einen abscheulichen Kohl und die gröbsten Verwirrung machen" – wie in Bayern und Baden gerade ersichtlich (an Oelsner, 31. 7. 1819; *Rühl:* Briefe Staegemanns, 73 ff.). Vgl. auch *Klein:* Von der Reform . . . 312.
33 Siehe Anm. 30.
34 Klewitz sandte seinen ausgewerteten Fragebogen erst am 22. 9. 1818 an Zerboni, um von ihm eine abschließende Stellungnahme zu erhalten.

rheinischen Rechte zu schützen, bzw. in das zu revidierende preußische Gesetzbuch einzubauen; Altenstein erhielt das neu geschaffene Kultusministerium, um die Kirchen-, Schul und Erziehungsfragen zu bearbeiten, also das Gebiet, auf dem der Staat seine Verantwortung für die Bildung einer selbständigen Staatsbürgergesellschaft am wenigsten zu delegieren geneigt war; schließlich erhielt Klewitz das Ministerium des Schatzes und für das Staats-Kreditwesen, das eigens geschaffen wurde, um die größte der noch ausstehenden Reformen, nämlich die des Finanz- und Steuerwesens, nach der scharfen Kritik des Staatsrates, zu planen.[35] Im Dezember zog Hardenberg das Schatzministerium an sich und überließ Klewitz die Finanzen.

Die Minister, die ihr neues Ministerium einrichteten, blieben an der Klärung der Verfassungsfrage nur mittelbar beteiligt. Hardenberg mahnte sie zwar – selber von seinen Oberpräsidenten getrieben – zur Eile, da die entscheidenden Schritte so schnell wie möglich getan werden müßten[36], aber die Gesamtplanung behielt er sich vor. So forderte Hardenberg im Herbst 1817, bevor er nach Engers fuhr, um die westliche Verfassungsfragen persönlich zu untersuchen, aus der Verwaltung vorbereitende Gutachten ein.

An dem weit verbreiteten Wunsch nach einer Verfassung überhaupt bestand kein Zweifel, ja ihr Ausbleiben wurde verantwortlich gemacht für die sich häufenden Mißstände in den westlichen Provinzen. Die unbewältigte Hungersnot infolge der Mißernte 1816 fiel zusammen mit steigender Arbeitslosigkeit infolge der englischen Marktüberflutung.[37] Daher fragte der Oberpräsident Solms im Namen seiner Provinz: „Warum soll man also nicht mit Lösung des gegebenen Wortes möglichem Übel vorbeugen wollen?"[38] Ähnliches berichtete Erdmannsdorff aus Kleve, seinem Regierungssitz. Der Bauer beweise eine erstaunliche Anhänglichkeit an die preußische Verwaltung, aber die gebildeten Stände übten sich in Schwarzmalerei. Man wünsche eine französische Verfassung wie 1791, aber keine französische Herrschaft; nun habe man die preußische Herrschaft, aber keine Verfassung. So sei die Enttäuschung groß, „denn man glaubte, daß sie allen übrigen organischen Bestimmungen vorausgehen müsse". Und hier war die Liste der Beschwerden lang. Der Geltungsbereich der ver-

---

35 GS 1817, 289; vgl. oben S. 227.
36 Solms berichtete am 28. 12. 1817 über „die Erwartungen der Rheinlande", worauf Hardenberg sofort seine Mahnung an Klewitz und Beyme von Rother aufsetzen ließ, abgesandt am 6. 1. 1818. Altenstein wurde diesmal nicht angeschrieben, da der Kanzler die westlichen Fragen selber untersuchen wollte (R 74, H II, Niederrhein Nr. 8). Zu Altensteins positiver Haltung in der Verfassungsfrage siehe *Müsebeck:* Kultusministerium 204.
37 Vgl. dazu *Gothein:* Cöln 168 ff. Über das Versagen der Verwaltung, die Hungersnot zu steuern, die nur bei der „letzten Klasse" geherrscht habe, siehe Clausewitz' scharfe Beobachtungen (Polit. Schr. 190/191).
38 Siehe Anm. 36; vgl. auch *Treitschke:* Deutsche Geschichte 2, 445 ff.

Ständische Hindernisse

schiedenen Rechtsbücher war noch ungeklärt, Steuer- und Zollbeschwerden blieben ungelöst, die Wehrpflicht erregte den Ärger der besitzenden Schichten, die Einjährig-Freiwilligenzeit den der Unterschichten[39], der katholische Klerus wünsche die Restitution der verlorenen Güter, die protestantische Bevölkerung eine bevorzugte Stellung, überhaupt habe „jede Kirche ihre eigene öffentliche Meinung". Ähnlich lauteten die Berichte aus den anderen Bezirken. Als sicherstes Mittel, „die öffentliche Meinung zu verbessern und zu gewinnen", schlägt Erdmannsdorff eine gute Gehaltsaufbesserung des Klerus vor und eine „baldige Zusammenberufung wenigstens von Provinzialständen und die öffentliche Bearbeitung einer liberalen Verfassung". Geschehe das in aller Öffentlichkeit, „damit die Nazion mit urteilen könne", so finde sie sich in ihren Zustand und sei auch zu neuen Opfern bereit.[40] Hier trennten sich die Auffassungen des Kanzlers von denen seiner westlichen Berater.[41]

---

39 Am schärfsten schlagen sich diese Spannungen nieder in dem Gutachten des Düsseldorfer Reg.-Präs. Pestel, der einen Sonderbericht durch den — einheimischen — Reg.-Rat Ruppenthal anfertigen ließ. Ruppenthals ganzer Zorn richtet sich gegen die „Toilettensoldaten". Besser sei es, Beamte, Künstler und Fabrikanten (= qualifizierte Arbeiter) ganz freizustellen, statt ein zweispuriges Einberufungssystem zu dulden. Dies verschärfe nur den Gegensatz zwischen Arm und Reich. Jeder, der seine Uniform bezahlen könne, der schreiben, lesen, tanzen, reiten, fechten und Französisch sprechen könne, wolle nur ein Jahr dienen. Dabei hätten gerade die Fabrikherren „kein anderes Verdienst dabei, als das des Geldes. Die Fabrikation des Gußstahls geschieht durch ganz gemeine Leute, die nur ihr eigener Mangel von den Reichen abhängig macht. Gemeine Leute liefern die herrlichen Waren der Solinger Eisenfabriken. Der Reiche besitzt sie, weil er Geld hat. Man ersetze sie durch andere reiche Leute, die nichts wissen, und die Fabrik wird doch fortblühen. Sobald der Kaufmannssohn dienen soll, fehlt es ihm freilich nicht an prunkvollen Worten über das viele Geld, welches die Fabrikarbeiter bei ihm verdienen. Aber man muß selbst Kaufmann sein, um dieses als ein Verdienst betrachten zu können. Hätte der reiche Mann keinen großen Vorteil, so würde er sein Geld behalten, wenn auch alle Fabrikarbeiter verhungern würden." Der Reiche lasse jetzt seinen Sohn zurücktreten, der nur unentbehrlich ist, weil er reich ist, der arme Bauer dagegen müsse statt seines Sohnes einen Knecht, der arme Handwerker statt seines Sohnes einen Gesellen nehmen. So führe das preußische Militärsystem „die besseren Familien (d. h. die ‚Familien der ärmeren arbeitenden Klassen') dem Elende eilends zu". Und die Verantwortung dessen falle auf die Administration zurück, die nicht einmal allein entscheiden dürfe, und deren Entscheidung immer fraglich bleibe, da die Begriffe der „Hilflosigkeit" und eines „bedeutenden Nachteils" relativ seien. In Wirklichkeit habe „der Reiche die größte Pflicht zur Verteidigung des Vaterlandes, weil es ihm die größten Vorteile sichert". Nach dem bestehenden System aber „mag der Beamte noch so gesetzlich handeln, so ist und bleibt bei der Mehrzahl in dem Verdachte unrechtlicher Handlungsweise, ... Mangel an Vertrauen, laut ausgesprochenes Mißtrauen in die Verwaltung ist die erste Frucht der bisherigen Gesetzgebung" (Gutachten 10. 1. 1818, R 74, H II, Niederrhein Nr. 8). Das Dokument zeigt den weit verbreiteten Vorbehalt, den die preußische Verwaltung gegen die oft völlig ungebildete Schicht der Fabrikbesitzer hegte, und den Anspruch auf eine ausgleichende soziale Gerechtigkeit, unter dem sie hoffte wirken zu können. Aber es war gerade der Einjährig-Freiwilligen-Dienst, der einen sozialen Ausgleich innerhalb der Oberschichten von West und Ost erleichtern sollte. Vgl. dazu oben S. 96.
40 Bericht 21. 12. 1817 an Hardenberg (R 74, H II, Niederrhein Nr. 8), der an den letzten Satz „??!" notierte.
41 Es gehört freilich zum Gesamtbild Hardenbergs, daß er auch die verwaltungsinterne

Gerade die zeitliche Prioritätsforderung nach einer Verfassung vor Klärung der übrigen Beschwerdepunkte, Hardenberg aus der östlichen Erfahrung nicht unbekannt, hatte ihn veranlaßt, die Gutachter zur Vorsicht anzuweisen: „Hier ist es nicht angemessen, zum Voraus nach bestimmten Richtungen hin Fragen zu stellen." Der Staatskanzler wollte sich die Lösung dieses Problems vorbehalten, da jede öffentliche Diskussion die divergierenden Kräfte hervorlockte und damit den Widerstand des Königs versteifte. Aber, und das war die Rückwirkung dieser Taktik, je länger die Lösung hinausgeschoben wurde, desto stärker traten die auseinanderstrebenden Kräfte, und zwar meist jedes Standes einzeln, an die Öffentlichkeit.

Was Vincke, die Pressefreiheit fordernd, zu Beginn der Reform einmal festgestellt hatte, das kam jetzt zu voller Wirkung: „Eine Art Selbsthilfe ist der Publizität wesentlichster Charakter."[42] Die allgemeine Verfassungsbewegung, die von verschiedenen Ständen und Bevölkerungsschichten – wenn überhaupt – in auseinanderstrebende Richtungen hin vorgetrieben wurde, entzog sich zunehmend der Steuerung des alternden Kanzlers. Es gelang ihm nicht, die Diskussion auf die Verwaltung zu beschränken, sie nach außen hin zu leiten.[43] Die Reaktion des Königs auf die von Görres am 12. Januar 1818 dem Staatskanzler überreichte Adresse ist bekannt. Die Unterschriftensammlung im Koblenzer Kreis war von Regierung und Oberpräsident „liberal" geduldet, die Abgesandten waren vom Kanzler entgegenkommend empfangen worden. Und der Inhalt der Petition, nicht sehr präzise formuliert, war kaum geeignet, den Kanzler in Unruhe zu versetzen, blieben doch die Forderungen nach einer berufsständischen Vertretung in vielem hinter dem zurück, was Hardenberg mit einem Zweikammersystem beabsichtigte. Andererseits lenkte Görres' Ständekonzept auf die östlichen Zustände über, so daß Hardenberg dessen Äußerungen nicht ungern im Westen vernommen haben wird. Eine derartige Meinungsäußerung zielte noch in seine Richtung. Und so ließ Hardenberg kurz darauf, am 5. Februar 1818, unbedenklich eine lange Erklärung im Bundestag abgeben, warum die Verwaltungsorganisation bisher die Lö-

---

Diskussion über die Gemeinde-, Kreis- und Gesamtverfassung nicht mehr genügend zu leiten wußte. Vergleiche dazu den entrüsteten Brief Vinckes an Humboldt vom 19. 6. 1819, in dem Vincke seine ganze Hoffnung auf den neuen Verfassungsminister setzt: Hardenberg habe durch seine eigenen Recherchen im Westen nur „hemmend" eingegriffen (St. Arch. Münster OB. Pr., B 80, vol. I).
42 8. 8. 1808; *Bodelschwingh*: Vincke 394.
43 Hardenberg gab zwar immer wieder Anweisung, von seinen Verfassungsplänen, „um die Gemüter zu beruhigen", mündliche Mitteilungen auszustreuen, wie er dem Grafen Solms schrieb: zu einer gezielten Pressepolitik fehlten in der preußischen Verwaltung die Voraussetzungen (vgl. dazu *Rühl*: Briefe und Aktenstücke, III. Einleitung). Sie blieb, teils liberal-tolerant, teils idealistisch-ehrlich, teils absolutistisch-erhaben, allen Versuchen einer aktiven ideologischen Steuerung gegenüber in einem unglücklichen Verhältnis.

Ständische Hindernisse

sung der Verfassungsfrage nur hinausgeschoben, nicht aber aufgehoben habe.[44] Aber Hardenberg vermied es, den König von diesem Schritt zu instruieren.[45] Er kämpfte unmittelbar gegen zwei Fronten: gegen den König und die Hofpartei um Wittgenstein und gegen die alten Stände in Ost und West. Der König, da er von dem Schritt am Bundestag nur durch die Presse erfuhr, erklärte sofort dem Kanzler, daß in der bisherigen Verzögerung der Verfassungsfrage kein Grund liege, sie zu übeeilen.[46] So wurde Hardenberg in eine Zwangslage getrieben. Nicht nur der König und die alten Stände, auch die Presse, die in seinem Sinne schrieb, auch die liberale Öffentlichkeit wirkte – paradoxerweise – gegen ihn. Was den König an der Görres-Petition wirklich indigniert hatte, war, daß Leute, die nicht darum befragt worden waren, es wagten, die Erfüllung seines Wortes einzumahnen. Damit schien ihm die Souveränität in Frage gestellt. „Nicht jede Zeit ist die rechte", wurden die Koblenzer durch eine Kabinettsorder belehrt. Es sind die Worte, die ihm im Vormärz nicht mehr vergessen werden sollten. „Wer den Landesherren, der diese Zusicherung aus ganz freier Entschließung gab, daran erinnert, zweifelt freventlich an der Unverbrüchlichkeit seiner Zusage und greift seinem Urteile über die rechte Zeit der Einführung dieser Verfassung vor, das eben so frei sein muß, als sein erster Entschluß es war."[47] „Der Untertanen Pflicht ist es, ... den Zeitpunkt abzuwarten, den Ich, von der Übersicht des Ganzen geleitet, zu ihrer (der Zusicherung) Erfüllung geeignet finden werde." Die selbstätige bürgerliche Meinungsbildung, und das kennzeichnet die Schwäche der bürgerlich-liberalen Gruppe überhaupt, wirkte sich retardierend aus. Die Abneigung des Königs wuchs proportional zur Lautstärke ihrer Forderun-

---

44 Die Schwierigkeiten, die sich der versprochenen Verfassung entgegenstellten, nicht ein Gesinnungswandel des Königs, hätten die Einführung bisher verhindert. „Der bisherige kurze Zeitraum reichte kaum hin, die Preußischen Provinzen durch ein allgemein übereinstimmendes Band der Verwaltung an den Staat anzuschließen." Zwischen „mannigfaltigen Reibungen entgegengesetzter politischer Elemente" habe man erst gründliche Erfahrungen, eine klare „Erkenntnis der Bedürfnisse" gewinnen müssen. Das Ziel selbst sei nie aus den Augen verloren worden. Nach Errichtung der Provinzialbehörden sei der „nötigste Schritt, der ständischen Verfassung sich zu nähern", die Errichtung des Staatsrates gewesen. So habe die oberste Verwaltung eine Einrichtung erhalten, „wodurch recht mannigfaltige Ansichten und Kenntnisse von dem Zustande der einzelnen Provinzen, von Dingen und Personen, in die Summe der Beratung gebracht würden, und so, unter vielseitiger Einwirkung, Grundsätze recht praktisch und anwendbar, reifen würden". „Der wesentlichste Schritt" zur Erfüllung der VO von 1815 werde demnächst die Einrichtung der Provinzialstände sein. Auf Grund der dann gewonnenen Kenntnisse werde man das „gemeinsame Band aller Provinzen" ziehen, wobei „alle billigen und gerechten Ansprüche der öffentlichen Meinung" berücksichtigt werden würden (Erklärung des preuß. Gesandten am Bundestag vom 5. 2. 1818; *Gräff* — *Rönne* — *Simon* 6, 136 ff. und *Bergius*: Staatsrecht 200 ff. Sie ist zu berücksichtigen bei der Darstellung von *Klein*: Von der Reform ... 228).
45 *Müsebeck*: Märkische Ritterschaft 177.
46 *Haake*: FbpG 29, 361 ff.
47 KO 21. 3. 1818; *Gräff* — *Rönne* — *Simon* 6, 135; vgl. *Klein*: Von der Reform ... 229.

gen. So hinderte von zwei Seiten her die wachsende Distanz von den einmal gegebenen Verfassungsversprechen zunehmend dessen Einlösung. „Überhaupt ist der rechte Zeitpunkt versäumt worden", schrieb Gneisenau schon ein Jahr zuvor an Benzenberg, „was jetzt auch geschehe, hat immer etwas das Ansehen, als sei es durch Besorgnisse abgedrungen."[48] Wenn sich der König auf seine Entscheidungsfreiheit zurückzog und damit den Verdacht seiner Wortbrüchigkeit allerorten steigerte, so handelte er natürlich auch aus Furcht, aus Furcht vor einer drohenden Revolutionsgefahr, die sich „in der epidemischen Reizbarkeit jener Jahre" (Hippel) verbreitete. Selbst Gneisenau war nicht frei davon. Er glaubte an den „heimlichen Krieg des Jakobinismus", der unterirdisch wie ein Minenkrieg geführt werde, langsam vorschreitend, mit Explosionen drohend.[49] Und die Furcht war, wie immer, ein schlechter Ratgeber. Gleichviel, wie berechtigt die Sorge vor einem politischen Umsturz war, für Hardenberg ergab sich eine Folgerung aus dieser Konstellation. Wollte er seine Verfassungspläne durchziehen, so mußte er jede öffentliche Regung dämpfen, um den Monarchen nicht mehr zu reizen. Jeder Schritt der Konstitutionellen aller Färbung, der Arndt, Görres, Benzenberg, Jahn, verschlechterte die Aussicht, das Ziel zu erreichen. Die öffentlichen Kundgaben der Verfassungsforderung waren gerade stark genug, die königliche Abneigung zu fördern, aber zu schwach, um der Forderung praktischen Nachdruck zu verleihen. Hardenberg konnte nicht mehr anders, als die Verfassungsfrage möglichst als geheime Verwaltungsangelegenheit zu behandeln, wenn er sie überhaupt noch retten wollte. So handelte er. Die Verfassungsfrage wurde 1819 in einer engen, der dritten, Kommission seiner Leitung vorbehalten[50]; und nach außen hin wird verständlich, warum Hardenberg eine strikte Durchführung der Karlsbader Beschlüsse gutheißen konnte. Presse und Publizistik wurden scharfen Zensurbestimmungen unterworfen. Verbat sich der Monarch jede Beeinflussung der Verfassungsfrage durch Presse und Petitionen auf Grund von Unterschriftensammlungen, weil er im Grunde seines Wesens jede Beteiligung von Repräsentanten an der Gesetzgebung fürchtete, so verhielt sich Hardenberg – in der Situation von 1819 – ähnlich, aber aus dem entgegengesetzten Grund. Er suchte Parteibildungen und gefühlsmäßige Überlastungen zu verhüten, die gerade im Einsatz für das Verfassungswerk dieses zu ver-

---

48 *Gneisenau:* Briefe 355, 17. 2. 1817; vgl. auch Witzlebens klare Erkenntnis, daß mit dem Verzug aus dem Geschenk nur noch eine Erfüllung werde, was dem souveränen Akt schon einschränke (*Haake:* FbpG 29, 363 und *Müsebeck:* Märkische Ritterschaft 178).
49 *Gneisenau:* a. a. O.
50 Zusammenberufung am 3. 7. 1819 (*Haake:* Verfassungskampf 87); erstes Protokoll vom 12. 10. 1819 (R 74, H 3, IX, Stände Nr. 19), als Hardenberg seinen Entwurf vorlegte, zu dem der König aber noch keine Stellung bezogen hatte; der Entwurf auch bei *Treitschke* 2, Anhang.

Ständische Hindernisse

eiteln geeignet waren. Das Zensuredikt sollte „dem fanatischen Herüberziehen von Religionswahrheiten in die Politik und der dadurch entstehenden Verwirrung der Begriffe entgegen... arbeiten", es sollte alle Versuche hindern „im Lande und außerhalb desselben Parteien und ungesetzmäßige Verbindungen zu stiften, oder in irgend einem Lande bestehende Parteien, welche am Umsturz der Verfassung arbeiten, in einem günstigen Lichte darzustellen"[51].

Die These Benzenbergs, daß Hardenberg im Geheimen hoffte, auf die Reaktion sich stützend diese ausschalten zu können, entbehrt nicht der Wahrscheinlichkeit.[52] Aber wenn der Staatskanzler im Alleingang, ohne Ministerium oder Staatsrat zu befragen, die Pressefreiheit unterband, so handelte er nicht nur taktisch; er stand unter einem situationsbedingten Zwang. Die öffentliche Meinung, soweit sie liberale Ziele verkündete, war kein hinreichend starker Bundesgenosse, um die Verfassungseinheit des Staates zu verbürgen. Es kennzeichnet die ganze Verschränkung der Lage, daß Hardenberg das Zensuredikt nur guthieß, wenn der König zugleich „wegen der Verfassungssache einen Entschluß" fasse.[53] Die Eindäm-

---

51 VO 18. 10. 1819, betreffend die Zensur der Druckschriften II (GS 224). Bei der scharfen Beurteilung der Hardenbergschen Preßgesetzgebung, die *Klein* (Von der Reform... 218 ff.) vornimmt, muß die gesamteuropäische Lage berücksichtigt werden. Die Karlsbader Beschlüsse fanden in den Six acts in England und in der Zensurgesetzgebung Frankreichs vom Mai und Juni 1819, besonders aber vom 31. 3. 1820, ihre Entsprechung – so wie das Massaker von Peterloo, die Ermordung Kotzebues und des Herzogs von Berry zu analogen Reaktionen führten. Kleins Bild scheint mir der zwiespältigen Lage Hardenbergs nicht ganz gerecht zu werden (vgl. z. B. *Simon:* The failure... 121); so ist es doch auffällig, daß der Kanzler auch Hagemeister, der für eine Aufhebung der Zensur eintrat, in die Preßkommission entsandte, wie Klein a. a.O. selber berichtet.
52 *Benjamin Constant* erblickte in dieser These den „Culminationspunkt" der von ihm edierten Schrift Benzenbergs; siehe *Heller:* Beamtenstaat 42. Die Rückübersetzung Hellers im Jahre 1844, offenbar in Unkenntnis des Benzenbergschen Originals von 1821, weist eine Fülle von sinnwandelnden Deutungen und Begriffen auf. *Benzenberg* (Die Verwaltung... 81): „Es scheint, als wenn der Staatskanzler es der Klugheit für angemessen gehalten habe, sich an die Spitze der Gegenwirkung zu stellen." Constant-Heller (42): „Hier nun fand es Hardenberg der Vorsicht angemessen, sich an die Spitze der Reaktion zu stellen (gesperrt)." Weiter heißt es, daß Hardenberg an keine Gefahr geglaubt habe, während nach Benzenberg er „nur sehr mäßig über die Gefahr erschrocken war" usw. Für die Richtigkeit der Grundthese spricht jedenfalls *Staegemanns* Zeugnis. Am 2. 10. schrieb er noch an Oelsner, daß die Karlsbader Beschlüsse „das Verderben früher herbeizuführen werden, als sie zu verhüten bestimmt sind" (Briefe 93). Nach einem Diner, das er bald darauf zusammen mit Varnhagen beim Kanzler hatte, korrigierte er sich. Zwar neige die Regierung jetzt dazu, die liberalen Elemente aus Politik und Diplomatie zu entfernen, aber die Anhänger des „sogenannten Ultra-Systems" meinten es so schlecht nicht mit dem Staat. „Es ist sehr wahrscheinlich, daß die verkehrten Resultate, die aus den Karlsbader Beschlüssen nach den Erfahrungen der Geschichte und nach der Natur der Sache hervorgehen werden, in diesem System wenigstens bei uns eine Ordnung hervorbringen, wozu vielleicht durch die Arbeiten der jetzt in Tätigkeit getretenen Constitutions-Commission sehr bald geholfen wird (97)". Zumindest die von Hardenberg lanzierte Auffassung scheint durch diesen Bericht nach Paris hindurchzuklingen (15. 10. 1819).
53 *Müsebeck:* Märkische Ritterschaft 181.

mung der öffentlichen Meinung und die Anbahnung einer Repräsentation führten ihn im gegebenen Parallelogramm der Kräfte zu einem scheinbar widerspruchsvollen Vorgehen.

Hardenbergs Rückzug auf die Technizität der Verwaltungsplanung und das Verbot der Parteistiftung ist freilich nur hinreichend erklärbar, wenn man auch die andere Richtung der öffentlichen Meinungsbildung verfolgt, die der *alten Stände*. Diese handelten sogar mit einer gewissen Organisation, nämlich in Anlehnung an ihre provinziellen Institute. Wenn Hardenberg alle Verfassungseingaben aus diesen Kreisen zurückwies bzw. überging, so standen immer zwei Motive hinter seinem Verhalten. Erstens wollte er jede politische Konstitution eines einzelnen Standes, nämlich des Adels und der Rittergutsbesitzer, verhindern, bevor eine Verfassung für alle Klassen gegeben worden sei. Zweitens wollte er allen vorzeitigen Einfluß eben dieses mächtigsten Teils der östlichen Gesellschaft auf die noch laufende Steuer- und Agrargesetzgebung ausschalten. In beiden Richtungen war Hardenberg kein voller Erfolg beschieden, ja schließlich hatte er seinen Kampf verloren, weil die politische Organisation und Willensbildung gerade des Adels herkömmlich am besten abgesichert und in der Reformzeit am weitesten gediehen waren. Das sei an drei Provinzen kurz gezeigt.

Der *schlesische* Adel, seit Friedrich dem Großen seiner ständischen Vertretung beraubt – in Oberschlesien besaß er bis 1807 nicht einmal das Recht zur Landratswahl[54] –, bemühte sich intensiv um eine Selbstorganisation zum Schutz seiner alten Rechte. Hardenbergs Versuch, die Kränzchen zu überwachen, da er sie 1813 zu verbieten nicht wagen konnte, wurde bereits geschildert.[55] Bitten um Repräsentation des Adels in Berlin, immer begleitet mit Protesten gegen die Ablösungsgesetze, die Gewerbefreiheit und einen freien Gesindedienst, waren schon mehrfach abgewiesen worden.[56] Am 13. Januar 1815 bildete sich wiederum ein Verein schlesischer Gutsbesitzer zur gegenseitigen Unterstützung auf Schloß Reisicht bei Haynau; aber trotz beschwichtigender Worte, er werde seinen „Mitbrüdern" Hilfe zukommen lassen, hat der Kanzler die Genehmigung nicht mehr erteilt.[57] Am 6. Dezember 1816 legten 21 „Dominalbesitzer" des Breslauer Kreises dem König eine Verfassungsbitte vor, die sich durch kluge Weitsicht auszeichnet. Ihr Konzipient war allerdings ein ehemaliger Beamter und

---

54 *Ziekursch:* Agrargeschichte 282.
55 Siehe oben S. 199 f.
56 Eingabe der Gutsbesitzer des Breslauer Kreises am 25. 9. 1810; der oberschlesischen Stände am 8. 7. 1811: R 74, H IX, Stände 3, Vol. I.; alles folgende ebda. Vol. II; vgl. für die Gesamtlage *Ziekursch:* Agrargeschichte, Kap. 8.
57 27. 3. 1815, Entwurf Staegemann. Ob der Ausdruck der „Mitbrüder" auf freimaurerische Beziehungen schließen läßt, die bei Hardenberg immer gegeben waren, läßt sich aus dem Text nicht erschließen. Vgl. dazu *Haussherr:* Hardenbergs Stunde 201 ff.

Ständische Hindernisse

Nicht-Schlesier, der Freiherr von Stein, Sohn der Charlotte von Stein; und Rehdiger hatte offenbar daran mitgewirkt. Gerade „der Mangel konstitutioneller Organe" veranlasse die Bitte, und nachdem eine „Verfassung" einmal zugesagt worden sei, dürften sie nicht schweigen: „Gleichgültigkeit hierüber müßte unsern Unwert, ein solches Geschenk zu empfangen, bekunden, und könnte den hohen Entschluß zu einer solchen Gabe billig wanken machen." Es ist nicht ohne Delikatesse, mit der die Breslauer Gutsherren den König daran erinnern, daß sein Versprechen zweiseitig zu verstehen sei. Der Inhalt der Petition kennzeichnet ihre Verfasser als eine entschiedene Minorität innerhalb des Adels: Provinzialverfassungen seien nicht genug, um die „Einheit des Geistes und Willens der ganzen Nation" zu verbürgen. „Eine Reichsverfassung ist es, welche das Reich bedarf." Das entscheidende Argument ist staatspolitisch. Die strategische Lage Preußens mache es unerläßlich, das ganze Volk zu organisieren, sonst sei es nur eine tote Menge. Denn im Falle eines Krieges, der heute mit der „Immensität der Masse" geführt werde, sei es für einen Herrscher unerläßlich, die Zustimmung des Volkes auf seiner Seite zu haben. Damit taucht eine Überlegung auf, die in der Krise von 1830 eine große Rolle spielen sollte. „Der Regent ohne Verfassung hat keinen zuverlässigen Weg, die Gesinnung seines Volkes zu erfahren, keinen, um mit sicherem Erfolg auf dasselbe zu wirken."[58]

Der Inhalt dieser Eingabe lag auf der Linie von Hardenbergs Planung, aber seine beruhigende Antwort – die „unfreiwillige Verzögerung" entschuldigend – ist nicht abgegangen. Hardenberg bat vielmehr den Ober-

---

58 R 74, H IX, Stände 3, vol. 2; siehe auch *Stern:* Verfassungsfrage 87 ff. und *Loewe:* Schlesische Stimmen 121 ff. Auf welch loyale Männer im Adel Hardenberg zählen konnte, und welchen Horizont diese hatten, davon zeugt eine der Verfassungseingaben, die der Freiherr von Richthofen, Gutsherr auf Barzdorf bei Stiegau, ehem. interimistischer Nationalrepräsentant und Direktor der ökonomisch-patriotischen Sozietät, dem Kanzler machte. Auf einen Aufsatz in den Schlesischen Provinzialblättern „Was sollen Volksrepräsentanten sein?" — reagierte er mit „Auch einige Worte über Volks-Stellvertretung-Landesrepräsentation — nach Grundsätzen der inneren Staatsklugheit-Politik." Richthofen — seit 1820 Landrat — forderte „Vervollkommnung wahrer saatsbürgerlicher Volkstümlichkeit-Nationalität" mit dem Ziel „allgemein Festerknüpfen (sic!) des staatsbürgerlichen Gesellschaftsbandes zu innigerer unzerstörbarer Unauflöslichkeit". Dazu seien erforderlich „Volksstellvertreter", die „nicht sowohl nach aus Gewohnheit bloß fortgesetzten Produkten-Ansammlungsbegriffen allein, sondern vielmehr nach richtigen Produktionserweiterungsbegriffen besonders" handeln und raten könnten. Alleinherrschen tauge nichts. Gegen „Herrscher Willkür" von oben und gegen „Volksschreckens Willkür" von unten helfen nur ein Ober- und ein Unterhaus mit beschränkten — ungenannten — Befugnissen. Der Gemeinspruch „Ruhe ist die erste Bürgerpflicht" sei freien Geisteskräften gewichen. Preußen sei „dem Zügelbande sowie der Kinderzuchtrute des Vielregierens von oben herab doch schon zu sehr entwachsen", es stünde im Begriff, vom Jüngling zum Mann zu werden, und mit der geschilderten Repräsentation werde der Staat „zum allgemeinen Erziehungswesen überhaupt" (R 74, H 3, IX, Stände Nr. 19. Etwas konkreter ist ein Verfassungsvorschlag des Memeler Stadtsyndikus Forster im gleichen Fascikel.).

Schlesische Eingaben

präsidenten, vertraulich von solchen Bitten abzuraten.[59] Merckel berichtete, daß er von Verfassungsdebatten auf den Fürstentumstagungen der schlesischen Landschaft mehrfach gehört habe, aber nur die Breslau-Brieger und die Oberschlesier hätten sich ernsthaft damit beschäftigt; darüber freilich könne er „umsoweniger Auskunft geben, als von landschaftlichen Verhandlungen verfassungsmäßig nichts zu meiner Kenntnis gelangt". Die Kreditinstitute, auf Schuckmanns Betreiben 1814 direkt dem Innenminister unterstellt, entzogen sich der Kontrolle des Oberpräsidenten[60], was Hardenbergs Mißtrauen nicht verringert haben mag. Stein überreichte seine Eingabe 1817 auch Klewitz, als er ihn auf seiner Rundreise befragte, und es kennzeichnet die zunehmende Entfremdung der Verwaltung von der verfassungsfreundlichen Strömung, daß die Eingabe im Sommer 1818 in zwei süddeutschen Zeitungen abgedruckt wurde, mit dem suggestiven Vorspann, sie sei vom König freundlich aufgenommen worden. Das freilich war sie keineswegs. Der Umweg über die außerpreußische Presse wurde ja gerade deshalb beschritten, um indirekt auf den Monarchen einzuwirken – eine Taktik, die damals öfters verwandt wurde.[61] So lieferte – zu Hoffmanns Ärger – etwa die Mainzer Zeitung einen „hämischen" Kommentar, als sich im Frühjahr 1817 die Lausitzer Stände aus eigenem Antrieb versammelten, aber drei Tage darauf durch eine „Estafette" aufgelöst wurden.[62] Hardenberg freilich ging es darum, jeden ständischen Präzedenzfall für die Gesamtverfassung zu beseitigen. Davon zeugen auch seine nächsten Schritte.

Der einzuführenden Verfassung vorgreifend suchte sich der oberschlesische Adel 1817 – wie früher schon der pommersche Adel[63] im Anschluß an seine Kreditinstitution – politisch zu organisieren. Er ging also über eine bloße Petition weit hinaus. Die Oppelner Regierung erließ ein Verbot, das vom Innenminister Schuckmann und schließlich vom Staatskanzler selber in scharfen Wendungen bekräftigt wurde.[64] Schuckmann belehrte die oberschlesische Landschaftsdirektion, daß eine „Verbindung zur ge-

---

59 Für den Hintergrund der Verfassungsbitte ist zu berücksichtigen, daß sich der Breslauer Kreis 1814 entschieden gegen die Einführung der Hardenbergschen Kreisordnung gewehrt hatte, was freilich nicht auf dieselben Personen zurückzuführen sein muß (Arch. panstw. Wrocl. Reg. Oppeln I/6657).
60 R 74, IV, Schlesien Nr. 3.
61 Von ähnlichen Taktiken berichtet Staegemann am 17. 4. 1819: da habe die Allgemeine Zeitung Nr. 102 berichtet, daß 1500 Bürger dem König eine Konstitutionsforderung in den Wagen gereicht hätten, und die angeforderte Wache — Landwehr — habe sich sehr lässig gezeigt, den Tumult zu unterbinden. Staegemann, der dieses Gerücht in Paris schon kursieren hört, meinte dazu: „Einer unserer Liberalen hat es wahrscheinlich in der Absicht, die Bürger auf solche Mittelchen hinzuleiten, geschrieben." (*Rühl:* Briefe Staegemann 45).
62 R 74, H 3, IX, Stände Nr. 19.
63 Siehe oben S. 183. Jetzt *Eggert:* Stände Pommerns 353 ff.
64 5. 7. und 15. 7. 1817.

Ständische Hindernisse

meinsamen Durchführung ihrer Standesinteressen .. keiner Klasse von Landeseinwohnern gestattet werden kann". Vor allem das zweite Ziel jener Verbindung, nämlich die Ausführung der Regulierungsgesetze zu überwachen, vermehre nur die Spannung zwischen Gutsherr und Bauer, gefährde Ruhe und Ordnung. Schuckmann hatte guten Grund für seine Besorgnis, denn Strachwitz, der Direktor der oberschlesischen Fürstentums-Landschaft war einer der „gehäßigsten" Gegner der Regulierungs- und Ablösungsgesetze, wie ihm 1819 bei seinem Rücktritt bescheinigt wurde.[65] Jede Berufung auf frühere Repräsentation sei unerlaubt, fuhr Schuckmann fort, es handele sich vielmehr um eine „eigenmächtige Konstitution einer Gesellschaft, die sich in öffentliche Angelegenheiten einzumischen bezweckt". Hardenberg geht noch weiter, er verbittet sich Eingriffe in die geplanten Maßregeln, die die Verordnung vom 22. Mai 1815 vorsehe, besonders, da es sich nur um einen „Teil der Bewohner, ... der Eigentümer adliger Güter" nämlich handele. Auch das Prädikat der „Stände" sei unmöglich: Stände müßten erst gebildet werden, was man abzuwarten habe. Erlaubt seien dagegen Eingaben einzelner, ob sie private, provinzielle, allgemeine oder Interessen von „Klassen" beträfen. Hardenberg reagierte also im Osten so scharf, wie es der König – gegen den Rat seines Staatskanzlers – nur im Westen, aus Anlaß der Görres-Adresse, für nötig hielt. Die oberschlesischen Gutsbesitzer fügten sich, verwiesen aber auf ihren Anspruch, sich Stände nennen zu dürfen – erst am 9. Juli 1772 habe sie der König so tituliert –, im übrigen hofften sie weiterhin auf die Erfüllung des Versprechens vom 22. Mai 1815.

Der terminologische Kampf um den Standesbegriff flammte im Osten wie im Westen wieder auf.[66] Hinter den verschiedenen Benennungen – die

---

65 R 74, J IV, Schlesien Nr. 3; zum Widerstand des oberschlesischen Adels gegen die Reformgesetze im einzelnen und zu Strachwitz' Haltung besonders siehe *Ziekursch:* Agrargeschichte 282.
66 Die oberschlesische Fürstentumslandschaft mußte auch ihren Titel „hochlöblich" ablegen und sich mit einem „wohllöblich" begnügen, da sie keine Regierungsrechte ausübe. „Hierzu kommt noch, daß die landschaftlichen Collegia streng genommen nur privilegierte Korporationen sind, denen keine Ausübung irgendeines Regierungsrechtes übertragen worden, sondern deren Befugnisse eigentlich nur auf einem vom Staat genehmigten Kompromisse der einzelnen Gutsbesitzer gegründet sind." (Schuckmann an Hardenberg 6. 8. 1819; R 74, J IV, Schlesien Nr. 3; vgl. *Stein:* Breslau, 79 f.). Im Westen forderte der Freiherr von Wylich als der frühere Direktor der klevischen Stände deren Wiederherstellung samt Wiedereinführung des Zehnten — auch auf dem linken wie schon auf dem rechten Rheinufer —, der Jagdrechte und sonstiger „Eigentumsrechte". Schuckmann verwehrte es ihm, auch nur den Titel eines Direktors der Landstände zu führen (16. 2. 1816/9. 7. 1816; R 74, H II, Nr. 2 Niederrhein), so sehr Erdmannsdorff und Vincke ihm darin entgegenkamen. Die „Direktoren der Provinzialstände der Herzogtümer Jülich, Kleve, Berg und der Grafschaft Mark" bestanden freilich auf ihrem Titel so gut wie auf ihren Forderungen, die alten Provinzen wiederherzustellen, nur daß alle Stände an der Repräsentation beteiligt sein sollten (31. 10. 1816). In Ostpreußen sah sich später Dohna genötigt, den Gebrauch des Ausdrucks „Land" statt „Provinz" gegenüber Hardenberg zu rechtfertigen: es habe nur stilistische Gründe (vgl.: Aus den Papieren 6, 638).

Staatsführung spricht von Klassen, Gesellschaften, Eigentümern und Bewohnern, der Adel von Ständen – zeigt sich die verschiedene Zielsetzung. Hardenberg suchte jede politische Organisation zu verhindern, die im Rahmen einer freien Gesellschaft von Eigentümern nur darauf hinausgelaufen wäre, die alten Stände, und sei es als „Gesellschaft" wieder aufleben zu lassen. Den Standesbegriff wollte er für die geplante Repräsentation gesamtstaatlicher und provinzieller Berufs- und Geschäftsstände vorbehalten, um jede Rückbindung an die lokalen und provinziellen Sonderrechte abzuschneiden. Die Schicht, die praktisch die Macht auf dem Lande in Händen hielt, war freilich am ehesten fähig, sich der neuen Lage anzupassen, und im folgenden Jahr sah sich Hardenberg genötigt, eine erneute Untersuchung durch den Oberpräsidenten anstrengen zu lassen.
Die königliche Mißbilligung der Koblenzer Adresse – „daß nicht jede Zeit die rechte sei, eine Veränderung der Verfassung des Staates einzuführen" – nahmen 71 adlige Gutsbesitzer aus ganz Schlesien zum Anlaß, die Verfassungsbitte ihrerseits zu wiederholen; bei dem Kanzler begreiflicherweise, nicht beim König.[67] Ausgehend von der allgemeinen Unzufriedenheit richtet sich die Beschwerde gegen zwei Erscheinungen. Erstens gegen die Vormacht der Verwaltung. Es komme darauf an, die Verwaltung wieder an die Gesetze zu binden; das Landrecht, „dieses Palladium der bürgerlichen Freiheit und Sicherheit", sei in allen seinen Teilen erschüttert; die Gesetzkommission sei seit 1806 ausgefallen und daher könnten die Minister „mit einer an Gesetzlosigkeit grenzenden Unbestimmtheit" Gesetze abändern, ergänzen, erklären, mit einem Wort, sich zur geheimen Legislative aufschwingen: dagegen gebe es nur ein Mittel, nämlich „vor Einführung der verheißenen Staatsverfassung keine neuen organischen Gesetze ergehen zu lassen". Die alte Prioritätsfrage wurde also wieder gestellt, die die Gutsbesitzer auf dem Weg einer Repräsentation zu ihren Gunsten zu lösen hofften. Bei den organischen Gesetzen dachten sie, wie Merckel in Erfahrung brachte, vor allem an die noch bevorstehende Gemeinheitsteilung.
Die zweite Beschwerde richtete sich gegen die 1814/15 festgesetzte Wehrpflicht und Landwehrordnung: Der „Staatsbürger" sehe sich „mitten im Frieden in einen Zustand versetzt, der von dem des Krieges nur wenig unterschieden ist". Vor allem stehe die Militärpflicht „im offenbarsten Widerspruch" zur Gewerbefreiheit, die alle Bande, „welche früher die Mitglieder eines Standes und die verschiedenen Stände aneinander knüpften", aufgelöst habe. „In jener herrscht der allgemeinste und größte Zwang, in diesem die allgemeinste und unbedingteste Freiheit." Die Einberufungen ruinierten junge, gerade gegründete Familien und so sei die

---

67 8. 7. 1818.

Ständische Hindernisse

Beamtenschaft immer wieder genötigt, willkürliche Ausnahmen zu machen. Die häufigsten Bedenken, die sich gegen die Einziehung der Landarbeiter zum Landwehrdienst richteten, wurden nicht einmal vorgetragen. „Liberale" Argumente also auch hier, die – wie im Westen – gegen die Militärverfassung angeführt wurden. Es machte diesen Teil der Eingabe besonders heikel, daß Blücher zu ihrem Fürsprecher gewonnen wurde. Das mag auch der Grund gewesen sein, warum Hardenberg die scharfe Zurechtweisung, die Staegemann aufgesetzt hatte, einbehielt.[68]
Was aber den Kanzler besonders beunruhigte, war weniger der Inhalt der Eingabe als die Art ihrer Entstehung. Der Inhalt wich schon beträchtlich von den patriotischen Forderungen ab, die 1816 die Breslauer Dominialbesitzer vorgetragen hatten. Entstanden aber war die Petition, indem die Gutsherren aus ganz Schlesien – darunter befanden sich auch Landräte – sechs Männer mit der Abfassung beauftragten. Sie hatten sich, wie Merckels Verhör herausbrachte, auf dem Vollmarkt zu Breslau getroffen, und schließlich hat Herr von Rothkirch auf Cziklitz/Oberschlesien das Schriftstück aufgesetzt[69], ohne daß es die Unterzeichner noch eingesehen hätten. Die Gutsherren wiesen alle darauf hin, daß ihre Billigung in der erteilten Vollmacht, nicht in der Lektüre gelegen habe. Mit einer derartigen Bevollmächtigung führte der Schritt schnell über eine Petition hinaus zu einer parteiähnlichen ständischen Organisation. Merkel betonte zudem, daß es nicht in seiner Macht stehe, solche Beschlüsse zu verhindern. Der Aktenvorgang belehrt uns nicht über das Ende: worauf es Hardenberg aber ankam, bleibt deutlich. Er suchte jede Selbstorganisation zu verbieten, die darauf hinauslief, die alten ständischen Herrschaftsverhältnisse gerinnen zu lassen. Das zeigt seine besonders heftige Reaktion auf die Tätigkeit der märkischen und ostpreußischen Stände, die noch im Genuß einer legalen Vertretung waren.
Der große Ausschuß der *kur- und neumärkischen* Ritterschaft handelte taktisch weit geschickter, als er am 17. März 1818 eine neue Verfassungseingabe machte:[70] er berief sich nicht auf die abgeschlagene Koblenzer Adresse – wie die Schlesier –, sondern auf die Erklärung des preußischen

---

68 Entwurf Staegemanns bereits am 13. 7. 1818 in Düsseldorf; Hardenbergs Untersuchungsauftrag an Merckel datiert erst vom 15. 8., abgesandt am 20. 8. 1818; Mahnung zur Beschleunigung aus Aachen am 26. 11. 1818; am 19. 12. 1818 sendet Merckel die Untersuchungsprotokolle ein.
69 Am 11. 12. 1819 berichtete Staegemann Oelsner über die schlesische Aktivität. Angeblich fordere der schlesische Adel unter von Rothkirch die Wiederherstellung der Erbuntertänigkeit, alle Offiziersstellen und die hohen Zivilstellen, natürlich auch die Beseitigung der Gewerbefreiheit. Rehdiger meinte allerdings, das sei nur die Privatansicht des Rothkirch, hinter dem der Prinz Biron von Kurland stecke, selber Enkel eines Stallknechts (Briefe an Oelsner 116).
70 R 74, J IV, Brandenburg Nr. 4; die genaue Untersuchung von *Müsebeck:* Märkische Ritterschaft 176 ff., 354 ff.

Bundestagsabgeordneten in Frankfurt, die ohne die ausbedungene Autorisation des Königs abgegeben worden war. Die märkischen Ritter rechneten auf des Monarchen Unwillen und forderten, diesen einkalkulierend, keine Reichsverfassung, sondern in erster Linie die Wiederherstellung der alten landständischen Verfassung der Marken, samt aller „wohlhergebrachten Befugnisse". Darauf gründend stellten sie schließlich den Antrag „auf Erhaltung der übrigen (noch bestehenden) grundherrlichen Rechte und besonders auf Teilnahme an Gesetzgebung und Besteuerung und folglich auch an den bevorstehenden Verhandlungen über die verheißene Errichtung der landständischen Verfassung". Sie ließen also unverhohlen durchblicken, daß ein Verzicht auf Reichsstände durch die Errichtung der alten Landstände provinzieller Art eingehandelt werden möge, zumindest, daß die Gesamtverfassung nur auf den Provinzialständen, und zwar von diesen beraten, aufbauen dürfe. Hardenberg ignorierte die Eingabe, um – seiner Taktik folgend – die Spannungen zum König nicht zu verschärfen.

Umgekehrt war die Haltung des märkischen Adels gegenüber Hardenberg keineswegs eindeutig und sicher. Viele trauten sich nicht, „gegen den Wunsch der großen Majorität der gebildeten Klasse der Nation", wie der Landrat von Pannwitz sich ausdrückte[71], von einer Reichsverfassung kurzerhand abzuraten. Daher mißbilligte von der Marwitz, beim nächsten Anlauf im Herbst 1819, eine allgemeine Unterschriftensammlung. Er fürchtete die „Schächer, Juden, Schreiber, Kriegsräte", die bereits in den Kreisständen säßen, überhaupt die vielen homines novi, die eine öffentlich diskutierte Eingabe um die alte Provinzialverfassung wirksam durchkreuzen könnten.[72] Die Einlösung des Verfassungsversprechens schien 1819 unaufhaltbar, und dementsprechend steigerte sich die reisende und beratende Aktivität der rührigen Altständischen, um Gustav von Rochow geschart, den späteren Innenminister.[73] Ihre ausgesprochene Furcht war, daß mit derselben Befugnis, mit der bisher die ständischen Vorrechte abgebaut worden seien, „auch über jedes andere Besitztum beliebig verfügt und dessen Ungleichheit durch immer neue Verteilungen ausgeglichen werden dürfte". Daher fanden sich eine Reihe märkischer Kreisstände bereit, erneut – im November und Dezember 1819 – um einen monarchisch-landständischen Vertrag zu bitten.[74]

Die Bitten stießen in die letzte kritische Phase des Verfassungskampfes. Gleich welche Gründe sonst zum Scheitern der Konstitution beigetragen

---

71 *Meusel:* V. d. Marwitz II, 2, 265 (26. 9. 1819).
72 *Müsebeck:* A. a. O. 358 ff.
73 Vgl. *Caroline von Rochows* Bericht über die Tätigkeit ihres Mannes in: Vom Leben am preußischen Hof 116 f.
74 *Müsebeck:* A. a. O. 370; *Meusel:* Marwitz II/2, 261.

haben, die letzte Chance, sie herbeizuführen, wurde gerade damals vertan, weil ein inneradministrativer Machtkampf das letztmögliche Bündnis der Reformkräfte zerbrach. Zunächst freilich konnte Hardenberg, nach der Entlassung Humboldts, seine Politik fortsetzen. Kaum daß er wieder freie Hand gewonnen hatte, ließ er durch eine Kabinettsorder den märkischen Ständen eine schneidende Absage erteilen.[75] Die künftige Verfassung sollte nicht auf den alten Ständen aufbauen, sondern von oben erlassen werden. Und so war es nur konsequent, daß das letzte ständische Institut steuerlicher Selbstverwaltung, die „kurmärkische Landschaft"[76] am gleichen Tag fiel – am 17. Januar 1820 –, als auch die Staatsschuldenregelung abgeschlossen und in ein feierliches Verfassungsversprechen eingebunden wurde.

Gerade in dieser Zeit, als er seinem Ziel um einen großen Schritt nähergekommen schien, gelangte auch der Verfassungsstreit des Kanzlers mit dem *ostpreußischen* Ständeausschuß auf seinen Höhepunkt. Schon 1816 hatte sich Graf Dohna mit 12 Gutsbesitzern aus Mohrungen an Hardenberg gewandt[77], um aus dem Verfassungsversprechen vom Vorjahr die Einberufung eines General-Landtages für Ostpreußen abzuleiten: so baten sie und meinten, der Kanzler werde seinen „Ruhm darin suchen, das Glück der verschiedenartigen Völker, aus dem die preußische Monarchie besteht, dadurch begründen zu helfen, daß jedem einzelnen Völkerstamme, jeder Provinz, jedem Kreise das Eigentümliche gelassen und gesichert werde". Noch drastischer drückten sie sich in ihrem Parallelschreiben an den König aus. Der Sinn aller „ächten Teutschen (sei) in ganz Teutschland dahin gerichtet, daß teutsche Völkerstämme keines Musters aus dem Auslande bedürfen, um ihre Verfassungen zu begründen, daß sie aus dem eigenen teutschen Geiste die Quelle ihres Heils schöpfen müssen, und daß die alte von unseren Vorfahren auf uns vererbte Provinzial-Stände-Verfassung unter dem Schirm der Monarchie nur allein dem teutschen National-Geiste angemessen ist". Das konkrete Ziel der Eingabe war, die Spende von 3,7 Millionen Talern zur Aufhilfe der preußischen

---

75 KO 28. 12. 1819; Humboldt mußte am 1. 1. 1820 gehen.
76 Nicht zu verwechseln mit dem „Ritterschaftlichen Kreditinstiut" der Provinz Brandenburg, das im Unterschied zu den übrigen provinziellen „Landschaften" diesen Namen trug, weil der Ausdruck „Landschaft" in der Mark schon besetzt war (*Bassewitz:* Kurmark 4, 244—300). Die wichtigste ständische Steuer, das Biergeld, war allerdings schon 1810 der märkischen Landschaft — zugunsten eines staatlichen Blasenzinses — entzogen worden. Vgl. *Martiny:* Adelsfrage 64 und *Müsebeck:* A. a. O. 370. Der andere Wortgebrauch war in Ostpreußen so unbekannt, daß sich 1811 die ostpreußischen Deputierten zu einem geharnischten Protest entschlossen, als sie hörten, daß die kurmärkische Landschaft plötzlich Zinsen auszahlen könne. Die kurmärkische „Landschaft" fiel nicht unter das Schuldenmoratorium (R 74, H IX, Stände Nr. 3). Die Staatsschulden-Verordnung vom 17. 1. 1820: GS 9 ff.
77 4. 9. 1816, R 74, H IX, Nr. 9; hier auch die folgenden Anträge und Bescheide.

Gutsbesitzer in eigene Regie nehmen, und zweitens, die angelaufene Kreis- und Kommunalreform selber bestimmen zu können.[78] Wie immer verbanden die Gutsbesitzer, was von den allgemeinen bürgerlichen Verfassungswünschen nicht zu sagen ist, mit den ihren ganz konkrete politische oder wirtschaftliche Ziele. Und genau aus diesem Grund lehnte Hardenberg die Eingabe ab: ein Generallandtag sei überflüssig, zu teuer; die Finanzhilfe und Kreisordnung könne er auf keinen Fall der Verwaltung entziehen, auch wenn er ständischen Rat gegebenenfalls heranziehen wolle. Die Erfüllung der Verheißung sei weiterhin in des Königs Willen beschlossen.[79]

Was Hardenberg von einer ständischen Beteiligung an der Verfassungsplanung zu erwarten hatte, darüber belehrte ihn spätestens eine Flut von Protesten, die Dohna im Jahre 1818 gegen die endlich eingeleiteten Regulierungen der gutsherrlich-bäuerlichen Verhältnisse auslöste. Dohna, der auch mit der schlesischen Generallandschaftsdirektion in ständigem Briefwechsel stand, war unermüdlich. Er reichte seine Beschwerden ein, mal in seiner Eigenschaft als Leiter des ritterlichen Kreditsystems, als Generallandschafts-Direktor, mal als Vorsitzender des Stände-Komitees, mal bloß als Kreisstand und Gutsbesitzer; und da er ohne Antwort blieb, schrieb er abwechselnd dem Kanzler, dem Justizminister oder dem König immediat[80], nie aber dem zuständigen Innenminister Schuckmann. Das Ziel aller Eingaben war, die Regulierungstätigkeit der Generalkommissionen sofort zu unterbinden. Die Verselbständigung der Bauern zu freien Eigentümern sei rechtlich unzulässig, wirtschaftlich unangebracht. So seien allein die bäuerlichen Dienstleistungen in Ostpreußen mit 2,25 Millionen Talern taxiert worden, worauf für 1,5 Millionen Taler Pfandbriefe ausgestellt worden seien. Fast ohne rechtliches Gehör offenzulassen, verteilten die Generalkommissionen das Land und setzten Entschädigungen fest, wobei sich administrative und richterliche Funktionen widergesetzlich vermischten. Die zwangsweise Abtretung von Privateigentum zugunsten anderer Privatpersonen widerspreche zudem völlig den landrechtlichen Grundsätzen.

Weder das Gesetz von 1811 noch die Deklaration von 1816 hätten die Zustimmung der preußischen Stände gefunden, und so setze man alle Hoffnung auf die zu erwartende Verfassung, die den Eigentumsschutz

---

78 Siehe unten S. 457 ff.
79 Aus dem Jahre 1817 druckt *Stein:* Agrarverfassung 3, 47 f. (Anm.) eine neue, bedeutend längere und detailliertere Verfassungseingabe ab, aus der die Wünsche der Großgrundbesitzer, den status quo zu erhalten, deutlich hervorgehen. Ob sie abgesandt wurde, ist fraglich: sie befindet sich nicht in dem hier benutzten Fascikel.
80 Alle Eingaben gegen die Regulierungen — 1818 waren es sieben — von *Stein:* Agrarverfassung 3, 46—72 gründlich referiert und aus der bäuerlichen Sicht kritisch in Frage gestellt.

Ständische Hindernisse

unter richterlicher Obhut wieder herstelle. Dohna benutzte geschickt das gerade vom König erlassene Verbot, Unterschriften zu sammeln[81], um daraus einen negativen Beweis für die Popularität seiner Beschwerde abzuleiten. Die Erlaubnis vorausgesetzt, würde es ihm „ein leichtes gewesen sein, durch die Unterschriften vieler Tausender unserer braven Bauern deren Zustimmung" zu erhalten – nur die Dummköpfe unter ihnen seien auf eine Eigentumsverleihung aus.

Mit derartigen Forderungen zielt Dohna freilich in das Kernstück der wirtschaftlichen Verfassungsreform. Wie Hardenberg dem Grafen Schlieben einmal erklärte: die Verfassung der gutsherrlichen und bäuerlichen Güter müsse aus den gleichen Gründen beseitigt werden, aus denen Schlieben für ihre Beibehaltung plädiere. Gerade um die erwartete Steuerzahlung sicherzustellen, dürften die Bauern nicht mehr in der Abhängigkeit der Gutsherren verbleiben. Je höher die Steuerpflicht, desto weniger Ansprüche hätten die Gutsherren auf die bäuerlichen Dienste. Eigentumsverleihung, Parzellierungsbefugnis und Dienstablösung gehörten zusammen, um Wirtschaftlichkeit und Kredit zu heben. Gar „die Eigentumsverleihung auszusetzen und dennoch den Gutsherren einen Teil der Bauernäcker zur freien Disposition zu überlassen" – was Schlieben für Ostpreußen forderte – sei unmöglich. Schlieben erklärte, er könne sich „bis zu dieser Höhe des Weltbürgersinnes" nicht erheben[82], aber in den Jahren nach 1815 kam es Hardenberg gerade darauf an, Wirtschafts- und Steuerverfassung aufeinander abzustimmen – als Voraussetzung einer Repräsentativverfassung. Als im Frühjahr 1819 die Steuerreform ihren Anfang nahm, mit einer für die Gutsherren so neuen wie unangenehmen Branntwein- und Tabaksteuer[83], da protestierte das Ständekomitee sofort gegen deren Erhebung. Und zur Absicherung seiner Wünsche forderte es gleich den Zustand der Administration zu untersuchen und die Einlösung des Verfassungsversprechens: „daß die ganze Nation mittels einer Repräsentation behufs Äußerung ihrer Wünsche verfassungsmäßige Organe erhalten möge". Hardenberg bestritt energisch dem Ständeausschuß das Recht, die Verwaltung und ihre Maßregeln einer öffentlichen Untersuchung zu unterwerfen: es sei auf seinem provinziellen Standpunkt unmöglich, den Umfang der öffentlichen Bedürfnisse zu ermessen. Staatsrat und Ministerium hätten die Steuergesetze gründlich geprüft und dabei die Individualität der Provinzen berücksichtigt.[84]

---

81 KO gegen die Koblenzer Adressenbewegung vom 21. 3. 1818.
82 Schriftwechsel Hardenberg — Schlieben aus dem Jahre 1811: R 74, H IX, Ostpr.; siehe auch *Knapp:* Bauernbefreiung 2, 270. Schliebens Güter kamen in der großen Agrarkrise unter den Hammer; siehe *Treitschke:* Deutsche Geschichte 3, 448; *Görlitz:* Junker 214.
83 G. 8. 2. 1819 (GS 97); *Grabower:* Steuern 465 ff.
84 Hardenberg an das Ständekomitee am 18. 8. 1819.

Hardenberg fürchtete, daß die gesamte Steuerreform zum Scheitern verurteilt werde, wenn erst einmal die provinziellen Sonderwünsche sich quer zu dem Versuch einer generellen Regelung einrichten könnten. Das aber forderten die ostpreußischen Gutsbesitzer – wie schon 1811 – in ihrer Antwort: zuerst müsse der § 5 jenes Verfassungsversprechens erfüllt, d. h. eine Provinzialversammlung berufen werden, die dann durch eine „freie Wahl" Mitstände bezeichnen könnte, um die allgemeine Verfassung zu beraten.[85]

Diese Antwort ging ab, vier Tage nachdem die Karlsbader Beschlüsse für das Bundesgebiet zum Gesetz erhoben worden waren; bald darauf wurden sie – ohne Befragung der vorhandenen Verfassungsorgane, vornehmlich des Staatsrats – für ganz Preußen rechtskräftig, und im gleichen Direktweg vom Kanzler über den König an die Öffentlichenkeit folgte auch das Staatsschuldengesetz am 17. Januar 1820 mit seinem letzten Verfassungsversprechen.[86] Nun schienen alle Fronten verkehrt. In Wirklichkeit waren sie nur mehrfach gebrochen, weil sie in keiner Provinz identisch verliefen. Die Ostpreußen zeigten sich, was die Gesamtverfassung betraf, weit „liberaler" als die Märker, die es vorzogen, darauf zu verzichten. In ihrem Widerstand gegen die Wirtschafts- und Sozialreformen gingen sie parallel, und so die Schlesier. Und an wen richtete sich das letzte Verfassungsversprechen: an die westlichen Bürger oder an die östlichen Adelsstände? In keinem Fall konnte das liberale Versprechen über die illiberalen Polizeimaßnahmen mehr hinweghelfen, obwohl beides für Hardenberg nolens volens in eine Richtung zielte. Gerade in den Ohren eines entschiedenen Standesvertreters mußte ein Verfassungsversprechen als Vorspann zur abgeschlossenen Schuldenregelung wie glatter Hohn klingen.

So formulierte auf seinen nächsten Sitzungen das ostpreußische Ständekomitee die Proteste und Forderungen noch sehr viel schärfer. Man wolle den Glauben, wie man herausfordernd schrieb, an Seiner Majestät „königliche Gesinnungen festhalten". Schärfer konnte der Anspruch auf eine moralische Verbindlichkeit der königlichen Versprechen kaum gefaßt werden. Die „feierlichen Zusagen" für eine Steuerberatung seien noch immer in Kraft.[87] Bald darauf verbat man sich ausgestreute Verdächtigungen, im

---

85 Gemäß seiner Taktik wechselte Dohna den Adressaten: nicht dem Kanzler, sondern dem König immediat schrieb er zurück; und nicht das „Ständekomitee" verfaßte die Antwort, Dohna stilisierte sie als Eingabe von 48 Gutsbesitzern und Kölmern (24. 9. 1819).
86 Die Karlsbader Beschlüsse traten am 20. 9. 1819 in Kraft, am 28. 10. und am 28. 11. folgten in Preußen das Presse- und Universitätsgesetz (GS 227, 233). Über die in Anbetracht der katastrophalen Finanzlage äußerst geheime Vorbereitung des Staatsschuldenedikts durch Hoffmann und Rother — selbst andere Mitglieder des Kanzlerbüros erfuhren nichts davon — vgl. Rothers Bericht bei *Rühl*: Briefe und Aktenstücke II, Einl. 30 ff. Die zugehörige Steuergesetzgebung mußte auf des Königs Anweisung ausdrücklich im Staatsrat beraten werden und erschien deshalb erst acht Monate später im August 1820.
87 Beschwerde über Hardenbergs Verweis vom 24. 12. 1819; man berief sich diesmal —

Ständische Hindernisse

Lande eine revolutionäre Partei zu bilden; forderte vielmehr für alle, die sich in polizeilicher Haft befänden, die sofortige Eröffnung des Rechtsweges. Der allgemeine Verdacht wurde auf die Administration zurückgelenkt, die ohne verfassungsmäßige Bindung handele, und man bat statt dessen um eine „gemäßigte, bedingte Regierungsform"[88], wie es mit deutlicher Spitze gegen Hardenbergs Kanzlerschaft hieß. In keiner anderen Provinz waren so eng wie in Ostpreußen die liberal-rechtsstaatlichen und die altständisch-interessengebundenen Forderungen verflochten. Wenn Hardenberg sich gegen die letzteren wehrte, mußte er nach Lage der Dinge in Kauf nehmen, auch die ersteren hinauszuschieben. Und was für die noch ausstehenden Agrarreformen zu erwarten stand, wenn – wie die ostpreußischen Stände forderten – „die öffentliche Stimme verfassungsmäßig bei der Gesetzgebung gehört wird", das zeigte die andere Bitte, daß „nur auf dem Wege wahrhaft rechtlicher heilsamer Reformen, die alles, was geschichtlich edel und tief im Leben des Volkes besteht, schonend behandeln, bei der Gesetzgebung verfahren werde".

Je lauter also die bürgerlichen Verfassungsstimmen erschallten, desto mehr versteifte sich der Unwille des Königs; und je entschiedener die Altständischen auf der Verfassung beharrten, desto mehr drohte die soziale Reformgesetzgebung in Frage gestellt zu werden. Das Dilemma Hardenbergs war stärker als seine Person: es lag in der mobilisierten Sozialverfassung selber beschlossen.

Der König erteilte dem Ständekomitee einen scharfen Verweis, mit kaum verhüllter Strafandrohung wegen der tadelnden Urteile und der „unberufenen Einmischung in die Organisation der Regierungsform"[89]. Hardenberg hat den Verweis im einzelnen begründet[90] und sein Schreiben führt uns – zusammen mit der Entgegnung Dohnas, der alle Verantwortung auf sich nimmt und eine „gesetzliche Untersuchung" gegen sich fordert – auf den Gipfel des Streits. Der Kanzler sucht die Verwaltung zu verteidigen: sie allein überschaue das Ganze und alle Gesetze seien in gründlicher Beratung der gesetzmäßig dafür vorgesehenen Organe zustande gekommen. Dohna konnte sich nicht widerlegt finden: die Zensurverschärfung, die Kontrolle der Universitäten, das Staatsschuldengesetz, alle diese einschneidenden Verordnungen waren ohne Befragung der Provinzialverwaltung, des Staatsministeriums, des Staatsrates noch gar der jährlich zu berufenden

---

noch vor dem Schuldengesetz — auf das erste Versprechen Hardenbergs vom 27. 10. 1810, das eine „zweckmäßig eingerichtete Repräsentation, sowohl in den Provinzen, als für das Ganze" versprochen und dabei auch die „landesväterlichen Gesinnungen" als Garantie ins Spiel gebracht hatte.
88 Eingabe vom 22. 2. 1820; auch bei *Schön*: Aus den Papieren 6, 624 ff.
89 6. 4. 1820; *Schön*: Aus den Papieren 6, 630.
90 Anfangs — am 23. 3. 1820 — hatte Hardenberg auch die Begründung in den Entwurf der Kabinettsorder hineingenommen. Aber der König hat einen kurz angebundenen Veweis der langen Belehrung vorgezogen und diese dem Kanzler überlassen.

Oberpräsidenten zustandegekommen. Dohna legte den Kanzler auf die inneradmistrativen Verfassungsformen fest.

Hardenberg suchte dagegen das Ständekomitee seiner Legalität zu entkleiden und dessen Proteste auf die Ebene von „Privatansichten" zurückzudrücken, die es als allein begründete allgemein geltend machen wolle. Daß sich die Mitglieder des Komitees als „die Besseren und Unterrichteteren aller treuen Eingesessenen des Landes" gebährdeten, schien Hardenberg, der das Monopol überlegener Beratung für seine Administration beanspruchte, schlechthin unerhört: vollends, eine „Privatmeinung" als die der „Mehrheit des Landes" hinzustellen.

Unter dieser Mehrheit, notierte sich Dohna, könnte auf keine Weise „die rohe Häupterzahl, die in jedem Sinne, in jeder Klasse der Gesellschaft gemeine Masse verstanden werden", sondern in „echt ständischem Sinne nur diejenigen Landeseingeborenen und Landeseingesessenen aus allen Klassen, Gliederungen und Körperschaften der bürgerlichen Gesellschaft dieses Landes ... welche durch Unabhängigkeit, durch erprüftes Benehmen insonderheit in den Zeiten der Not, und durch Sachkenntnis dazu einen inneren Beruf haben können"[91].

Dohna sandte seine einzelnen Entgegnungen dem Kanzler nicht mehr zu. Aber so treffend die Einblendung einer Bildungs- und Leistungselite in die altständischen Lebenskreise die ostpreußische Lage charakterisierte – verfassungspolitisch sah sich der Kanzler aus einem ganz anderen Grund angegriffen. Gerade an der landständisch begründeten Forderung entzündete sich der schärfste Vorwurf, den Hardenberg erhob, „einer der allerschwersten und unwürdigsten Vorwürfe", wie Dohna formulierte und der ihn zur Immediateingabe trieb. Hardenberg nämlich sagte: „Nur Werkzeuge einer politischen Partei sind es, die an den Regenten Anforderungen zu einer Maßregel gelangen lassen, welche die Ehrfurcht und der Gehorsam treuer Untertanen von der freien Entschließung desselben in pflichtmäßiger Ergebenheit erwartet." Die Einlösung des Verfassungsversprechens einzufordern, war mit anderen Worten das Programm einer politischen Partei geworden, nicht mehr die moralisch eindeutige Verbindlichkeit des Monarchen gegenüber der Gesamtheit seiner ständisch gegliederten Untertanen, wie es Dohna auffassen konnte und durfte.

Die Ereignisse in Schlesien, in den Marken und in Ostpreußen zeigen zugleich, was Hardenberg mit dem 1819 erlassenen Verbot einer Parteistiftung auch bezweckt hat. Es waren nicht nur die Demagogen, auf die er abzielte, sondern ebenso die alten Stände. Wovor Dohna Hardenberg 1811 gewarnt hatte, daß die Stände in der Nationalrepräsentation als Partei auftreten würden[92], das hat Dohna jetzt selber verwirklicht: freilich

---
91 Aus den Papieren 6, 653.
92 Siehe oben S. 184.

auf einer anderen Ebene, denn als Provinzstand und Direktor des ständischen Ausschusses wußte sich Dohna als der legitime Vertreter jener Rechte, die das Landrecht als subsidiäres Rechtsbuch umgangen hatte. Ein provinzieller Stand blieb Stand, im Horizont der Wirtschaftsreformen verwandelte sich der Stand freilich in eine wirtschaftliche Interessengruppe und gemessen am Ideal des Einheitsstaates zu einer politischen Partei. Es war für Hardenberg eine Frage der staatsrechtlichen Zukunftsperspektive, wenn er den Ständeausschuß als politische Partei ansprach. Der schleichende Übergang vom politischen Stand zu einer ständischen Partei – auf dem Hintergrund der bereits erzielten Rechtsgleichheit aller, in alle Stände zu gelangen – wird hier sichtbar.

Es ist nicht ohne eine gewisse Ironie, daß Hardenberg die Verteidiger aller Grundrechte, die er selber sichern wollte – die Pressefreiheit, das Recht zur Auflagenbewilligung, die unparteiische Justiz usw. –, gerade in den Reihen jener Stände finden mußte, die zugleich die schärfsten Kritiker seiner wirtschaftlichen Reformen waren: der Bauernbefreiung, der Regulierungsgesetze und der Gewerbefreiheit, der gerade anlaufenden generellen Steuergesetze und der noch geplanten Dienstablösungsbestimmungen, der Gemeinheitsteilung samt Gemeinde- und Kreisreform. Die Liberalität der damaligen Zeit war verschieden gefächert: wo sie wirtschaftlich – wie in der Administration – am entschiedensten verfochten wurde, schloß sie eine politische Liberalität weitgehend aus, denn alle wirtschaftsliberalen Gesetze mußten erzwungen werden. Umgekehrt bedeutete die Liberalität der adligen und hochbürgerlichen Besitzschichten und Bildungskreise keine konsequente Absage an die noch bestehenden ständischen Herrschaftsrechte und Exemtionen: beruhte doch auf diesen ihre bevorzugte Stellung innerhalb des Ganzen.

Daher mißverstand Dohna auch den Hinweis auf die politische Schädlichkeit einer Verfassungsforderung, den Hardenberg ihm zukommen ließ: „Ich hätte gewünscht, daß die Mitglieder des Comité, deren patriotische Gesinnung keinem Zweifel unterliegt, ein solches Mißverständnis und eine Sprache vermieden hätten, welche als ein Mangel persönlicher Ehrerbietung nur den Unwillen Seiner Majestät zu erregen geeignet sein konnte." Der Ständeausschuß habe umso weniger Anlaß gehabt, die Einlösung zu fordern, als ihm bekannt sei, wie weit die Vorbereitungen auf dem Gebiet der Kommunal- und der Provinzialverfassung schon gediehen seien, „um hierdurch die Vollendung des Edikts vom 22. Mai 1815 vorzubereiten"[93]. Aber gerade das fürchtete das Ständekomitee. Es durchkreuzte zur gleichen Zeit alle Schritte Morgenbessers, des Präsidenten des Königsberger Oberlandesgerichts, die gutsherrliche Gerichts- und Polizei-

---

93 Aus den Papieren 6, 635.

gewalt abzubauen.[94] Die alten Stände waren nicht gewillt, über die wirtschaftlich liberalen Gesetze hinaus auch noch deren politischen Konsequenzen zuzulassen.

Alle Taktiken Hardenbergs, gleich wie man ihre politische Klugheit oder die Chancen verpaßter Möglichkeiten beurteilt, enthüllen einen zeitlichen Sachverhalt. Die Reform der Verwaltung und die von der Verwaltung getroffenen wirtschaftspolitischen Entscheidungen blieben wirksam; als verfassungspolitische Vorentscheidungen blieben sie hängen. Man kann paradox folgern: gerade weil Hardenbergs Reformen wirtschaftlich konsequent liberal waren, gelang es ihm nicht, eine liberale Verfassung einzuführen. Was die Heeres-, Agrar-, Steuer- und Gewerbereformen verfassungspolitisch versprachen, und was als Versprechen auch legalisiert wurde, konnte nicht mehr eingelöst werden: der Widerstand der alten Stände wurde sosehr provoziert, daß die Gesamtverfassung schließlich mißglückte. Dieser Zwischenzustand wurde in den Provinzialständen 1823 festgehalten, in ihnen wurden die ungelösten Probleme der Reformzeit gleichsam perpetuiert.

Der wirksamste Impuls, eine „Verfassung" einzuführen, war von den regionalen Ständen ausgegangen, von jenen Kreis- und Provinzständen, die das Landrecht staatsrechtlich ausgespart hatte. Aber der Adel konnte sich doppelt auf das Landrecht berufen, auf dessen subsidiäre Geltung, um daraus den Eigentumsanspruch für seine Grund- und Herrschaftsrechte abzuleiten, auf dessen primäre Geltung, soweit es sich um den Entschädigungsanspruch für verlorene Rechte handelte. Gewöhnt, durch persönlichen Zugang zum Hof oder durch Immediateingaben den König direkt zu beeinflussen, wußte der Adel seinen Forderungen weit größeren Nachdruck zu verleihen als es den Bürgern auf dem Wege der Publizistik möglich war. Schließlich gewann der Adel in Ancillon und dem Kronprinzen mächtige Fürsprecher und schuf damit jene Konstellation, die den verfassungsmäßig vorgeschriebenen Weg der Verwaltungsplanung umging. Die beiden letzten der Verfassungskommissionen[95] kamen nur mehr hinter dem Rücken des Kanzlers zustande und die Auswahl ihrer Mitglieder bedeutete das Ende einer gesamtstaatlichen Verfassung.

Gerade weil sie entschieden eine Provinzialverfassung wollte, konnte die adelsständische Bewegung eine Gesamtrepräsentation verhindern. Aber gemessen an der möglichen – und wahrscheinlichen – Zusammensetzung einer Reichsständevertretung um 1823[96], war deren Ausbleiben immer noch ein im negativen Sinne liberales Ergebnis. Die Staatsführung behielt wenigstens eine freie Hand, ihre wirtschaftsliberale Politik fortzusetzen.

---

94 *Stein:* Agrarverfassung 2, 297 ff.
95 Kommissionen vom 19. 12. 1820 und 11. 6. 1821; *Haake:* Verfassungskampf 102 ff.
96 *Treitschke:* Pr. Jb. 29, 333, 346; *Hippel:* Friedrich Wilhelm III. 131.

Ständische Hindernisse

Das gleiche gilt nun nicht nur gegenüber den alten Ständen, sondern ebenso gegenüber der überwältigenden Mehrzahl des Bürgerstandes. Die Haltung der großen Masse der östlichen *Stadtbürger* hat auf die Verfassungsentwicklung – unsichtbar – ebenso hemmend eingewirkt. Sowenig wie die Gutsherren mit der Liberalisierung der Agrarverfassung zufrieden waren, so unzufrieden waren die Stadtbürger mit der Gewerbefreiheit und mit den niedrigen Zollsätzen, die seit 1818 das Staatsgebiet umgrenzten. Die von der Steinschen Städteverordnung für mündig erklärten und dann gewählten Stadtväter bestanden zum guten Teil aus alten Zunftmeistern. Mochten sie die ihnen auferlegte Selbstverwaltung noch hinnehmen oder gar mit Stolz ausüben; gegen die Hardenbergsche Gewerbeordnung legten sie von Anbeginn an Protest ein. Voran die Hauptstadt Berlin, häuften die meisten Städte ihre Beschwerden auf den Tischen der Behörden, um die Zunftverfassung wieder hergestellt zu sehen.[97] Und je mehr die Märkte infolge der englischen Konkurrenz im Ausland verloren gingen und zuhause überflutet wurden, umsomehr setzten sich auch die Fabrikanten zur Wehr, voran die der Stoff- und Tuchproduktion aller Arten.[98] Aber im Gegensatz zum Westen, wo derartige wirtschaftliche Forderungen – wie vom östlichen Adel – mit Verfassungsforderungen gekoppelt wurden, beschied sich die Mehrzahl der ostelbischen Stadtbürger mit ergebenen Bitten. „Weit entfernt, schon jetzt Schritte zu tun, die den Wünschen und den uns unbekannten weisen Absichten der Regierung nicht entsprechen möchten, wählen wir vielmehr den Weg, den Ehrfurcht, Liebe und Vertrauen zu Ew. Durchlaucht uns vorzeichnen..."[99]: mit einer solchen Haltung, wie sie die Berliner Baumwolle-, Wolle- und Seidenfabrikanten an den Tag legten, um Einfuhrverbote und Schutzzölle zu erbitten, ließen sich keine Verfassungsverlangen vortragen. Der Kanzler behandelte die Bittsteller durchaus zuvorkommend, er setzte über den Kopf seines Finanzministers hinweg eine Kommission ein, die den Notständen auf die Spur kommen sollte. Dahinter sammelte sich nämlich schon die geballte Not der Weber in Schlesien – im Frühjahr 1817 –, die zu Soforthilfen aufriefen. Aber Hardenberg war keineswegs geneigt, die freihändlerische Grundhaltung aufzugeben, ihm lag vielmehr daran, die Fabrikanten in der Kommission zu belehren – Männer also, die oft noch nicht einmal ihren Namen schrei-

---

97 Für Berlin: R 74, J V, Gen. Nr. 1; *Bassewitz:* Kurmark 4, 668 f.; für Breslau und Schlesien *Ziekursch:* Städteordnung 194 ff.; insgesamt *Roehl:* Handwerkerpolitik § 20.
98 Für die Berliner, märkischen und schlesischen Tuchfabrikanten R 74, K VIII 17. (Die Untersuchung des Fabrikwesens und die Maßregeln zu dessen Emporbringung, Vol. 1: 1812 bis 1819, Vol. 2: 1821/22); insgesamt *Treue:* Wirtschaftszustände.
99 Eingabe an Hardenberg vom 19. 12. 1816, anläßlich einer Aufforderung, dem in Leipzig gegründeten Verein teutscher Fabrikanten beizutreten, R 74, K VIII, Nr. 17. Über den kommunalständischen Egoismus der Berliner Verfassungspetition vom 20. 1. 1818 vgl. *Clauswitz:* Berlin, 199.

ben konnten[100] –, über den Nutzen freier Konkurrenz aufzuklären. „Auf die Berichtigung der öffentlichen Meinung" kam es ihm an, wie er den Finanzminister Bülow beruhigte, nicht auf die Diskussion der Wirtschaftsgrundsätze. Die Ergebnisse der Sonderkommission wurden denn auch wieder auf dem ordentlichen Verwaltungsweg dem Staatsrat zugeleitet, der gerade die Zollpolitik beriet.

Der Staatsrat entschied sich bekanntlich mit überwältigender Mehrheit für eine möglichst vollkommene Freihandelspolitik[101], und zwar gegen die Wünsche aus West und Ost, die auf dem Petitionsweg sogut wie auf dem Verwaltungsweg nach Berlin gelangt waren.[102] Die Fabrikanten voran –

---

100 *Goldschmidt:* Kunth 125.

101 Das liberale Zollsystem wurde als einziger Teil der Bülowschen Finanzpläne von der Staatsratkommission unter Humboldts Leitung angenommen. Nur Heydebreck, Ladenberg und Beguelin stimmten gegen 20 Freihändler. Vgl. *Goldschmidt:* Kunth 98 ff. und *Treue:* Wirtschaftszustände 119 ff.

102 Der *antienglische Affekt,* der den Deutschen bislang eigentümlich war, wurzelt tief in den ersten Erfahrungen nach Aufhebung der Kontinentalsperre. Die Tonlage aus Kreisen der Fabrikanten und der Verwaltung ist hier völlig die gleiche. So bitten die bergischen Unternehmer bei ihrer Huldigung 1815 zugleich um eine Verfassung und um solche Anordnung, daß man nicht im Kampf mit dem Übergewicht des englischen Handels, sowie mit den übrigen Eingriffen und illiberalen Maximen des Auslandes unterliege (R 74, H II, Niederrhein Nr. 1). Als Hoffmann und Hardenberg ihre Umfrage veranstalteten, wie man der drohenden Proletarisierung und der Kinderarbeit vorbeugen könne — im Jahre 1817 —, da lieferte der Landrat Müllensiefen aus Iserlohn, ein ehemaliger Unternehmer und Verfechter des Freihandels, ein Gutachten, das von der starken Sorge vor der englischen Konkurrenz beredtes Zeugnis ablegt. In den von ihm verfaßten Artikeln im „Hermann" stünde bereits ein „erster Wink des Zeitgeistes zur pflichtmäßigen Benutzung bevor es zu spät sein dürfte". Das Mißverhältnis zwischen Produktion und Absatz sei in der Tat das Kernproblem, „so groß, daß für die in Europa vorhandenen Fabriken die Gottheit, ohne alle Verlegenheit, füglich noch einen Weltteil erschaffen könnte!" Das beste Hilfsmittel gegen Kinderarbeit sei die allgemeine wechselseitige Handelsfreiheit, aber „der Feind alles sublunarischen Gewerbefleißes außerhalb Englands ist – England selber!" Man müsse es auf dem Kontinent boykottieren, um es zum Einlenken zu zwingen. (Ob.-Präs. Münster B 2856; vgl. dazu *Müllensiefen:* Bürgerleben 270 ff.). Die Berliner Fabrikanten stellen die englischen Exporthilfen lobend dem preußischen Freihandelsprinzip gegenüber und fragen, „ob man uns erhalten oder unsere Vernichtung beschlossen habe?"; — bleibe es bei der gegenwärtigen Politik, „dann (werden) auch wir Englands Knechte sein ..., wo es auch uns gleich einem indischen Sklaven vergönnt sein wird, das Feld mit unserem Schweiß zu düngen ..."; dann werde das so hoch gepriesene Agrikultursystem in voller Glorie glänzen und die Bettler würden in zerlumpter Bauernkleidung die Schöpfer ihres Glücks segnen. Ähnlich fordert die Reichenbacher Regierung für ihre Weber staatliche Unterstützung — wie es in England auch geschehe —, darüber hinaus aber solle man alle englischen Waren verbrennen, wie es Lord Wellesley im Parlament schon befürchtet: „Freiheit des Handels, das schönere Ziel dieser lichteren Zeit, dürfte auf diesem Wege am kürzesten zu erlangen sein, und England durch Abtackelung seiner Kriegsmarine, wenn auch notgedrungen, einen Ersatz finden für den ihr aus freier Navigation drohenden Schaden" (Zeitungsbericht Februar 1817). Weniger sieht der Reg.-Rat Schiebel, Gewerbefachmann Hardenbergs im Westen, den Ausweg allein in der Maschinenarbeit: ohne sie könne man den „Kampf mit England" auf den heimischen und auswärtigen Märkten nicht gewinnen (5. 3. 1818, R 74, K VIII, 17). Genug der Zeugnisse, die sich beliebig vermehren lassen. Bemerkenswert bleibt — vom scharfen Tonfall ganz abgesehen —, daß sowohl die um Schutz und Hilfe bittenden Fabrikanten wie die Freihändler unter den Kaufleuten und in der Verwaltung sich im Ärger oder Haß gegen England fanden; freilich aus verschiedenen Gründen: der

Ständische Hindernisse

wegen der Zölle –, aber ebenso die alten Zunftbürger – wegen der Gewerbefreiheit – betrachteten sich als das Opfer „abstrakter Theorien, die sich in der Wirklichkeit nicht bewahrheiten können". „Wir fürchten einen gewaltigen Gegner, nämlich: den Geist der Zeit, der selbst die redlichsten Gemüter nicht unbefangen läßt, und der, ohne einen ruhigen und sicheren Blick auf das praktische Leben, stets nach hohen Idealen strebt"[103]. In die Angst vor dem liberalen Wirtschaftsgeist der Verwaltung verstrickt, zerrann den Bürgern der Wille, im Namen desselben „Zeitgeistes" auf eine politische Mitbestimmung der Wirtschaftsgesetze zu drängen.

Die Steinsche Städteverordnung hat es nicht vermocht, die um Schutz und Hilfe bittenden Zunftbürger, Gewerbetreibenden und Fabrikanten im Osten zu einer politischen Willensgruppe zusammenzuführen. Den Wunsch, in den wirtschaftlichen Zustand vor 1807 zurückzukehren[104], teilten sie mit dem Adel, aber verfassungspolitische Konsequenzen daraus zu ziehen, hatten sie dem Adel überlassen. Die Träger der bürgerlichen Konstitutionswünsche waren weit mehr unter den gebildeten Eximierten, den Studenten und Gelehrten zu finden, die, wie Clausewitz notierte, die Nichteinlösung des Versprechens als ein Verbrechen gegen das Volk auffaßten.[105] Die Stadtbürger dagegen vertrauten sich, wenn auch erfolglos, wie bisher dem Verwaltungsweg an. So meinte Staegemann, wenn er 1819 an Oelsner schrieb: „Unsere Bürger sind viel zu verständig, als daß sie eine Verbesserung ihres Zustandes von einer Verfassung erwarten sollten"[106].

---

freihändlerische Flügel, vor allem in der Verwaltung, der die Fabrikanten durch Konkurrenz erziehen wollte, ärgerte sich über die englische Handels- und Exportpolitik, weil sie nicht den Theorien von Adam Smith folgte. Die um Schutzzoll petitionierenden Gewerbetreibenden haßten England wegen der vom preußischen Staat geduldeten scharfen Konkurrenz, der sie sich ausgeliefert sahen.
103 Eingabe der schlesischen und märkischen Wollen-, Baumwollen- und Seidenfabrikanten an Friedrich Wilhelm III. vom 28. 4. 1817, die eine — freilich erfolglose — Ermahnung des Königs an den Staatsrat zur Folge hatte: „So wünschenswert allgemeine Handelsfreiheit ist, so gewagt scheint mir doch für den preußischen Staat zu sein, mit den liberalen Grundsätzen allein voranzugehen, solange die Nachfolge der übrigen Staaten nicht zu verbürgen ist." Man solle sich fragen, ob eine freie Einfuhr gegen geringe Zölle mit den Importsperren der anderen Staaten zu vereinbaren sei (1. 5. 1817. R 74, K VIII 17). Über die wirtschaftliche Unfähigkeit der meisten Fabrikanten hegte das Staatsministerium keinen Zweifel. In seinem gewaltigen Gutachten zur Lage der schlesischen Leinenfabrikation und Weberei vom 23. 1. 1819 meinte das gesamte Staatsministerium — aufgrund der Kunthschen und Hoffmannschen Vorarbeiten —, daß es „nur sehr wenige eigentliche Fabriken und keinen Fabrikengeist" in Schlesien gebe. Ohne diesen können Güte, Mannigfaltigkeit, Schönheit und wohlfeiler Preis der Leinwaren nicht zusammenfinden. „Es gibt in Schlesien nur handwerksmäßige Arbeiter auf der einen Seite, auf der anderen Händler, die größtenteils sehr unwissend sind und sich Kaufleute nennen" (R 74, K 3, VIII).
104 So die erneute Forderung der schlesischen und Berliner Woll- und Seidenfabrikanten vom 11. 4. 1818 an den König: derzeit sähen die „hohen Staatsbeamten" in Preußen nur ein Experimentierfeld, um ihre freihändlerischen Theorien zu verwirklichen.
105 *Clausewitz:* Politische Schriften 178.
106 *Staegemann:* Briefe an Oelsner, 45 (17. 4. 1819); dazu *Simon:* The faiture ... 237.

Hardenberg konnte aktive Hilfe von dieser Seite – wie vom Adel – nur erhoffen, wenn er entschiedene Abstriche von dem wirtschaftsliberalen Kern seines Verfassungskonzepts gemacht hätte. Alle seine Reformgesetze langten nicht aus, jene hinreichende Homogenität der allgemeinen Meinung zu provozieren, die geeignet gewesen wäre, einer gesamtstaatlichen Vertretung eine günstige Startchance zu bieten.

Solange die Reformen noch nicht zur Wirkung gelangt waren, blieb die soziale Schichtung so heterogen, daß eine Nationalrepräsentation mit entscheidender legislativer Gewalt das Reformwerk wieder zurückgeschraubt hätte. Gutsbesitzer und östliche Stadtbürger waren sich darin einig, daß die Liberalität der Hardenbergschen Gesetze zu weit ginge, und sie fanden in Bezug auf die Zollsätze im Westen ein lautes Echo. Die Bauern stellten sowieso noch keinen politisch bewußten Stand, ihn wirtschaftlich überhaupt erst zu verselbständigen und rege zu machen, war ja die noch offene und ungelöste Aufgabe der Administration.

So stand die preußische Verwaltung zu den Verfassungswünschen, die an sie herangetragen wurden, in einem gleichsam verkehrten Verhältnis. Gerade der Stand, der am ehesten in das Verfassungskonzept der Reform gepaßt hat, der Bauernstand, setzte seine ganze Hoffnung auf die Behörden, von denen er seine Befreiung erwarten durfte. Umgekehrt stieß die Verwaltung auf den stärksten Widerstand dort, wo sich die Verfassungsbewegung am besten organisiert hatte, beim Landadel. Dazwischen befand sich die östliche Stadtbürgerschaft; Zutrauen und Mißtrauen in die Maßnahmen der Verwaltung hielten sich die Waage und lähmten eine selbständige Verfassungsbewegung. So fehlte auch den westlichen Wünschen und den Forderungen der Gebildeten jener Nachdruck, der ihnen wirksamen Einfluß verschafft hätte. Die wirtschaftlichen und sozialen Reformgesetze stießen also auf ständisch gegliederte Interessen und lösten Reaktionen aus, die in gegenläufige Richtungen wiesen. Hinter den aktuellen Tagesereignissen wird somit eine Konstellation sichtbar, die eine „Erfüllung" der Reform mit dem Ablauf der Zeit zunehmend verzögerte. Die von ihr selbst entfesselte soziale Bewegung hat die Verwaltung daran gehindert, das zu vollenden, was sie ursprünglich eingeplant hatte, eine politische Verfassung zu stiften, an der mehr oder minder ständisch gegliederte Staatsbürger selbständig mitarbeiten könnten.

In Anbetracht dieser Situation ist es nicht verwunderlich, daß die Beamtenschaft selber keine hinreichende Kraft entfaltete, eine Repräsentation abzusichern. Eingespannt in den Befehlsapparat der Bürokratie, doch selbstbewußt auf die Interessenwahrung ihrer Verwalteten pochend, bot die Verwaltung selbst ein zwiespältiges Bild. In ihrer Mehrzahl zwar liberal eingestellt, entwickelten sich viele Beamte gerade in Ermangelung einer wirksamen Repräsentation zu Fürsprechern lokaler, regionaler, gelegent-

Ständische Hindernisse

lich auch spezifisch ständischer Sonderwünsche; die Beamtenschaft als Ganzes stellte keine unabhängige politische Organisation dar, von Bezirk zu Bezirk betrachtet bot sie daher häufig ein Spiegelbild der allgemeinen Zerrissenheit statt ihr bindendes Element zu sein.

In dieser Lage wirkten die Demagogengesetze mit verzehrender Schärfe zurück auf die Behörden, die die Gesetze durchzuführen verurteilt waren. Die Verwaltung als eine Institution verlor jenen Kredit bei den gebildeten Schichten, der ihr durch die Reformtätigkeit zugewachsen war. Nicht zu Unrecht prognostizierte Staegemann nach den Karlsbader Beschlüssen der Nachkommenschaft „eine blutige Zukunft, denn dahin muß es kommen, wenn man der Zeit den Weg versperrt. Glauben Sie mir", schrieb er seinem Gewährsmann in Paris, „daß unter uns nicht der mindeste Stoff zu einer Revolution vorhanden ist. Doch jam satis"[107]. Vergeblich versicherte er, die Administration habe mit der Demagogenverfolgung „im Grunde nichts zu tun": er konnte nicht umhin, zuzugeben, daß die außerordentlichen Maßregeln – gerade wenn sie kein Ergebnis zeitigten, was er erwarte und hoffe –, „uns um den letzten Rest des Vertrauens in der öffentlichen Meinung bringen werden"[108]. Für den Augenblick sei er nicht besorgt, es gehe den Preußen immer noch besser als den Völkern, die sich des Glücks liberaler Institutionen erfreuten; von dem gegenwärtigen System unserer Regierung fürchte er nichts, „dagegen bin ich ebenso überzeugt, daß es den Grund untergräbt, auf welchem der Thron Preußens erhöht ist, die geistige Kraft"[109].

Die preußische Verwaltung, die sich selbstbewußt dem Geist als ihrem Bildungsprinzip verschrieben hatte, dem Geist, aus dem die öffentliche Meinung der Befreiungskriege sich speiste, sie schnürte sich zunehmend von der öffentlichen Meinung ab. Gewiß schauten die rationalen Beamten verärgert auf den Überzeugungsfanatismus jener herab, die dem Mord an Kotzebue Beifall spendeten. Nicht die Tat, sondern das Echo darauf enthülle den Wahn, notierte sich Staegemann[110]; aber das Echo wies auch auf eine andere Herkunft. Es war der Verwaltung nicht gelungen, jene Kräfte in den Staat einzubinden, die in ihrer Gesinnung, wenn auch nicht in ihrem Gebaren, staatstreuer waren als viele der alten Stände. Die Beamtenschaft hatte den Makel aller Polizeimaßnahmen zu tragen, die gegen den Protest der Justizbehörden und des Staatsministeriums[111] Verdächtige und Verdächtige ohne jede gerichtliche Untersuchung einbehielten. Das Vertrauen in die Behörden, wenn auch nicht deren tatsächliche Macht,

---

107 *Staegemann:* Briefe an Oelsner 105 (13. 11. 1819).
108 A. a. O. (31. 7. 1819).
109 A. a. O. 111 (27. 11. 1819); dazu *Müsebeck:* Kultusministerium 198 ff.
110 *Staegemann:* a. a. O. 34, 46, 48 (Berichte aus dem April und Mai 1819).
111 *Stölzel:* Rechtsverwaltung 2, 459 ff. und *Müsebeck:* Kultusministerium 217 ff.

bröckelte ab, die ersten Sympathien begannen sich wieder Frankreich zuzuwenden, und mit den Zensurgesetzen wurde nicht nur die Kommunikation zwischen den gebildeten Staatsbürgern, sondern mehr noch zwischen diesen und der Verwaltung unterbrochen. „Soll etwa fortan die Publizität ein Monopol der Regierungsbehörden sein?" fragte ironisch ein Zeitgenosse.[112] Wenn überhaupt dieser Wunsch gehegt wurde, wie von Kamptz, entzog er sich gesetzlicher Steuerung. Die Menge der Beamten beschränkte sich vielmehr auf den stillen und arbeitsamen Innenraum ihrer Geschäfte, – Staegemanns Hinwendung zum bewußten Bürokraten ist selber ein Beispiel dessen –, ihr „Geist" und die noch so begrenzte öffentliche Meinung traten erstmals auseinander. „Möge die Verwaltung standhaft dasjenige behaupten, was sie nicht aufgeben darf..." diese Haltung Gneisenaus[113] verbreitete sich zunehmend, mit ähnlicher Resignation, in den Kreisen der reformfreudigen Beamten.

Im selben Umfang, wie sich die gesellschaftlichen Interessen noch ständisch differenzierten, wurde also die Beamtenschaft auf ihre exemte Stellung zurückverwiesen. Auch die burschenschaftlich verschwärmten Akademiker fanden in ihrer Mehrzahl den Weg dahin zurück. Nur in der Verwaltung ebnete sich das Feld zu politischer Wirksamkeit, und solange der Verwaltungsdienst genügend vielen offen stand, konnte die gebildete Jugend von der Universität her dem Staat zugeführt werden. Die liberale Opposition der folgenden beiden Jahrzehnte fand in der Administration – und im Justizdienst – so sehr ihren Unterschlupf wie sie dadurch mediatisiert wurde.

Es war nicht nur der bisher geschilderte ständische Pluralismus, der die Behördenorganisation – gleichsam gegen die Absicht der reformfreudigen Beamten – als Kern der Verfassung bestehen ließ. Noch eine weitere Schicht bedarf der Erwähnung, die politisch nicht in die Arena trat und somit das Ausbleiben einer Gesamtrepräsentation ermöglichte, die Schicht der *„Kapitalisten"*, der Gläubiger des Staates. Von der inneren Verwaltungsplanung her war der Aufschub einer Nationalrepräsentation zwingend motiviert, solange das Schuldenwesen des Staates noch nicht geklärt war. Mit den beiden Gesetzen, die die Schuldenverwaltung und die Steuerordnung regelten[114], wurde 1820 das Motiv der Verzögerung beseitigt, ein Schlußstrich unter diesen Teil der Verwaltungsreform gezogen.

1807 war der Anstoß zur Reformgesetzgebung von dem Zwang Napoleons ausgegangen, Kriegslasten und Kriegsschulden zu bezahlen. Nicht nur,

---

112 *Strahlheim:* Unsere Zeit 28, 116.
113 *Gneisenau:* Briefe 353 (17. 2. 1817). Die unbestreitbare Verantwortung des Kanzlers für diese Wendung von *Klein* (a. a. O. 233 f.) herausgearbeitet.
114 V. vom 17. 1. 1820, wegen künftiger Behandlung des gesamten Staatsschuldenwesens (GS 9) und Gesetz über die Einrichtung des Abgabewesens v. 30. 5. 1820 (GS 134 ff.).

daß der Staat auf seine eigenen und auf fremde Reserven zurückgriff, auf die Domänen, auf den Kronschatz und auf die Kirchengüter, die er 1810 beschlagnahmte, auch die Sozial- und Wirtschaftsreformen hatten eines gemeinsam: der Staat suchte sich durch Freisetzung wirtschaftlicher Initiative zu entlasten. Es galt, den staatlichen Kredit zu erhalten, und dazu dienten Eigentumsverleihungen, Ablösungen der Naturaldienste, Gewerbefreiheit und Mobilisierung des Bodenmarktes sosehr wie Freigabe des Arbeitsmarktes. Auf allen Wegen sollte Geld einkommen, das nicht nur vereinnahmt, sondern erst einmal flüssig gemacht werden mußte. Auch die Städteordnung überließ die Verwaltungskosten den Munizipalitäten selber, wie Dohna meinte, der eigentliche Grund, warum sich die Behörden aller Eingriffe in die Selbstverwaltung zu enthalten hätten.[115] Hardenberg berief 1811–1815 die Notabeln, um durch die Beratung der Steuer- und Schuldenangelegenheiten das Vertrauen in den staatlichen Kredit zu heben. 1813, zu Beginn der Befreiungskriege, bildete er aus den Repräsentanten zwei Ausschüsse, denen die Kontrolle über die Domänenveräußerung sowie der Vermögens- und Einkommensteuer eingeräumt wurde.[116] Aber erst 1820 sah sich der Staatskanzler – rein finanztechnisch – imstande, den Gesamtzustand der Staatsschulden „zur öffentlichen Kenntnis zu bringen"[117]. Hatte in Frankreich die Aufdeckung der Staatsschuld am Anfang der Revolution gestanden, so in Preußen am Ende der Reform. Hardenberg verband damit die Absicht, den Schritt in eine konstitutionelle Staatsform hinein zu tun: „Wir hoffen dadurch und durch die von uns beabsichtigte künftige Unterordnung dieser Angelegenheit unter die Reichsstände, das Vertrauen zum Staate und zu seiner Verwaltung zu befestigen"[118]. Eine feste Zivilliste im Wert von 2 1/2 Millionen Talern[119] wurde von den Domäneneinkünften abgezweigt und mit dem verbleibenden Besitz und Vermögen haftete der Staat – „bis zu ihrer endlichen Tilgung" – für die Deckung der Staatsschulden, die auf 180 Millionen Taler berechnet wurden. Der gesamte Staatsbesitz wurde also herangezogen, um die Bildung einer freien Wirtschaftsgesellschaft abzusichern; und mehr noch, jede neue Staatsanleihe sollte aus der unmittelbaren Verantwortung der Verwaltung in die der Reichsstände übergehen.
Mit diesem letzten der Verfassungsversprechen handelte nun Hardenberg keineswegs unter dem massiven Druck der Gläubiger, eher, um kommen-

---

115 Dohna an die Polizeideputation der schlesischen Regierung am 29. 7. 1810 (Arch. panstw. Wrocl. Reg. Oppeln I/7163).
116 Fernerweite Verordnungen wegen der Tresorscheine und wegen Veräußerung der Staatsgüter vom 5. 3. 1813 (GS 24, 28); dazu *Bergius:* Staatsrecht 207.
117 Präambel G 17. 1. 1820.
118 A. a. O.
119 Nach *Gräff — Rönne — Simon* 6, 349 bezog Friedrich der Große 220 000 Taler von den Domäneneinkünften zur Erhaltung seines Hofstaates.

Mangelnde Verbindung der „Kapitalisten"

den Gefahren vorzubeugen. Die Abschichtung der Staatsgläubiger war selber noch ständisch so differenziert, daß sie keine geschlossene, gar politisch zielbewußte, Gruppe darstellte Das bezeugte Krug, unter Hoffmann im statistischen Büro der fähigste Kopf. Krug, der sich als Autodidakt der Statistik den Eintritt in den Staatsdienst erzwungen hatte, schrieb 1823 eine Geschichte des preußischen Staatsschuldenwesens, die von der Zensur zurückgehalten wurde.[120] Krug nämlich zeigte, was die Reformgesetze bereits erreicht hätten, aber ebenso, was noch zu erwarten stand: „Die gesellschaftlichen Verhältnisse unseres Staates sind vorzüglich seit der Zeit, als die Regierung die Betreibung aller Gewerbe und den Besitz alles Grundeigentums von dem Zwang befreite, dem sie durch ältere Gesetze und Einrichtungen unterworfen waren, in eine so genaue Verbindung und gegenseitige Einwirkung getreten: daß die Wohlhabenden und darum in der Regel auch hier mehr dort weniger gebildete Familien des ganzen Landes in einer ihnen selbst häufig nicht bekannten, wenigstens nicht deutlich eingesehenen Verbindung stehen, und daß ihr gemeinschaftliches Urteil, welches doch zuletzt von den verständigsten unter ihnen geleitet wird, über den Kredit des Landes in der Regel sehr bald – und am Ende unfehlbar, über alle künstlichen Hindernisse, Vorspiegelungen und Spekulationen den Sieg davon trägt".
Krug appellierte an die Inhaber der staatlichen Wertpapiere, voran der Staatsschuldscheine, die damals einen Nennwert von 120 Mill. Talern besaßen. Dazu kamen die noch nicht wieder eingelösten Domänenpfandbriefe, im Wert von 5 1/2 Mill. Talern und ebenso die staatlich gestützten Landschaftspfandbriefe 1820 im Wert von 73 Mill. Talern.[121] Die Börsenkurse, die „gleichsam durch Hieroglifen ausgesprochene öffentliche Meinung" hielt Krug darum für so wichtig: „weil sie nicht bloß das Ergebnis aus dem Urteil einer großen Zahl reicher und wohlhabender Gewerbsleute in der Hauptstadt, sondern in der Tat das Ergebnis aus dem Anteile der wohlhabenen Personen im *ganzen Staate* ist"[122].
Gewiß mochte die gesamte Staatsschuld ein politisches Bindemittel sein für die wohlhabenden und gebildeten Familien, die sich auf den „ganzen Staat" erstreckten, und an sie hatte, wie schon 1810, Hardenberg gedacht. Aber die Schicht der Staatsgläubiger, deren Urteil Krug eine so bedeutende Rolle einräumt, war keineswegs homogen; sie setzte sich zusammen aus Militärlieferanten, Bankiers, Beamten, Kaufleuten, Gewerbetreiben-

---

120 Ob.-Reg.-Rat Bergius hat 1861 das Werk ediert. Bergius, auch Extraordinarius in Breslau, war einer der Beamten, die sich als Publizisten betätigten. 1844 hatte er in seinen „Preußischen Zuständen" den Staatshaushalt einer scharfen Kritik unterworfen und sich so zum Nachlaßverwalter Krugs qualifiziert.
121 Nach Hoffmanns Bericht an Hardenberg vom 18. 6. 1821 (R 74, J IV, Nr. 4).
122 *Krug:* Staatsschulden XLIV f.

Ständische Hindernisse

den, auch aus Adligen, kurz aus ständisch so verschiedenen Zonen, daß sie 1820 nicht als eine Machtgruppe direkt auf den Staat hätte einwirken können. Sie standen, wie Krug richtig sah, in einer ihnen selber noch unklaren Verbindung. Besonders die „Geldoligarchen", gegen die von der Marwitz zu wettern nicht müde wurde[123], werden ein nur sehr mittelbares Interesse an einer Nationalrepräsentation besessen haben, in der zunächst einmal die sehr wenig kapitalkräftigen alten Stände vertreten gewesen wären.

Die Gesellschaft war 1820 sozial derartig gegliedert, daß eine Gesamtvertretung, wenn überhaupt, nur von der Staatsleitung ausgehen konnte. Der schließliche Verzicht wurde ohne Aufruhr hingenommen, je nach Lage konnte oder mußte er hingenommen werden. Damit blieb die Verwaltung finanz- und wirtschaftspolitisch weiterhin relativ unabhängig. Und dies äußerte sich – grob gesprochen – in zwei Richtungen. Einmal wurden strikte Sparmaßnahmen eingeführt und durchgehalten; zweitens wurden gleichwohl hinter einem verschleierten Etat – oder ganz außeretatmäßig, durch Rothers Seehandlung[124] –, Entwicklungshilfen geleistet, die für die anhebende Industrialisierung von grundlegender Bedeutung wurden. Gegen beides richtete sich seit etwa 1840 die zunehmende Kritik der Bürger: gegen die Sparsamkeit und den Kreditmangel wie gegen die unklare Haushaltsführung samt den Staatsunternehmen. Nach zwei Jahrzehnten stiller Verwaltungsarbeit traten jene Bürger hervor, die Hardenberg, der sozialen Entwicklung zuvorkommend, hatte aufrufen wollen. Es sind die Jahrzehnte, in denen sich die Verwaltung als Kern der Verfassung gleichsam verzehrt hat.

Mit seiner Anleiheklausel plante Hardenberg gerade um so viel weiter, daß die später verfolgte Finanzpolitik ständig unter dem Druck des letzten Verfassungsversprechens blieb, so erfolgreich auch die staatliche Entschuldung voranschritt. Mehr noch, wollte der Staat die Berufung der Reichsstände vermeiden, war er zu strikter Sparsamkeit gezwungen. Dieser Weg wurde zunächst beschritten, und er lag, soweit er nur den Tilgungsplan erfüllte, noch auf Hardenbergs Linie. Die preußische Finanzverwaltung hatte den Schock noch nicht überwinden können, seit 1807 plötzlich auf den öffentlichen Kredit und auf Zwangsanleihen angewiesen zu sein, „die Last der Staatsausgaben des Augenblicks auf die kommenden Geschlechter zu verteilen"[125]. Während kapitalreiche Staaten wie England

---

123 *Meusel:* v. d. Marwitz I, 632 ff. passim; vgl. dazu *Klein:* Von der Reform ... 75 ff.
124 Zusammenfassend *Henderson:* The state, ch. VII.
125 *Ancillon:* Vermittlung der Extreme 1, 127 ff. Die Gewalt der öffentlichen Meinung, sagt A., „hätte sich nicht so schnell und so furchtbar gestaltet", wenn nicht zum wachsenden Verkehr und zur anschwellenden Publizistik ein dritter Umstand hinzugetreten wäre: „die Erschaffung des Credits als die erste Grundlage und notwendige Bedingung des Staatslebens. Solange die Ausgaben des Staates durch ihre Einnahmen gedeckt wurden, ... kannte

oder Frankreich über die Hälfte, bzw. ein Drittel, der jährlichen Einnahmen allein zur Verzinsung ihrer hohen Schulden ausgaben, verwandte Preußen fast 20 % seiner mäßigen Einnahmen, um die Schulden zu verzinsen und abzutragen.[126] Der anfangs höchst gefährdete Kredit wurde dadurch gerettet, die Kurse der Staatspapiere stiegen stetig an[127], bis zur Mitte der dreißiger Jahre waren alle Domänenpfandbriefe getilgt[128]; Verkaufserlöse und Einkünfte aus den Staatsgütern konnten seitdem ungehindert zur weiteren Schuldentilgung herangezogen werden. Insgesamt wurden von 1820 bis 1848 45 Millionen Taler aus Domänenverkäufen, auch der säkularisierten Güter, und aus den vereinnahmten Summen für abgelöste Domänenlasten und Prästationen zur Begleichung der Schulden verwandt.[129] Der Rest der gesamten Zins- und Tilgungssumme, – sie betrug bis zur Revolution 74 Millionen Taler –, wurde vorzüglich aus den Salzsteuereinnahmen bestritten, also vom ganzen Volk aufgebracht.[130]

Was aber in den zwanziger und dreißiger Jahren zur Festigung und Hebung des Kredits beitrug: die sparsame Haushaltung des Staates, wurde in den vierziger Jahren zum Gegenstand berechtigter Kritik. Es trat ein, was Staegemann 1819 vorausgesehen hatte, daß das Ersparungssystem „dem Nationalwohlstand gerade entgegengesetzt" sei, weil es alle den Wohlstand befördernden Veranstaltungen verhindere.[131] Die ansteigende Bevölkerung und die wachsenden Bedürfnisse einer sich industrialisieren-

---

man nur den Credit in dem Privatverkehr und in den Handelsverhältnissen." Erst die Not verlangte Staatsanleihen. Zahlungsfähigkeit und Rechtlichkeit der Regierung gingen seitdem Hand in Hand. „Mit der Meinung stieg oder sank der Credit; mit ihm das ganze Gebäude. Diese Meinung konnte nie weder befohlen noch erzwungen, selten erschlichen, noch seltener bestochen oder betört werden; man mußte sie notwendig berücksichtigen, sie schonen und pflegen." Im Folgenden trennt A. freilich die Meinung der Besseren, der Minorität, von der beschränkten Meinung des Tages, um beiden die vernunftgemäße Zukunftsberechnung der Regierung überzuordnen. — Zur damaligen Kreditdiskussion *Treitschke:* Politik 2, 472 ff.
126 *Brockhaus* der Gegenwart, 4, 1261. Umgerechnet auf den Kopf der Bevölkerung hatten Schulden: Holland 266, England 222, Frankreich 54, Österreich 31, Preußen 11 Taler (Stand um 1840).
127 *Krug:* Staatsschulden 234 ff., bringt den Berliner Börsenstand der Staatsschuldscheine, die 1812 mit einem Kurswert von 28 den Tiefpunkt erreicht hatten, 1819 schwankten sie zwischen 65 und 70, überstiegen 1821 die siebziger Grenze, 1824 die achtziger und neunziger Grenze und erreichten 1829 den Nennwert von 100 T. (*Henderson:* The state 125).
128 *Mauer:* Die preußischen Domänenverpfändungen ... FbpG 32, 205 ff. In den Zins- und Tilgungssummen von 1809—1820 — rund 20—25 Mill. T. — aus dem Domänenfond waren nur 4,7 Mill. T. reine Verkaufserlöse der dazu bestimmten staatlichen Domänen enthalten: der größere Rest wurde durch Kirchengüter, westliche Besitzungen und Ablösungssummen aufgebracht. Bis 1833 wurden weitere 23,8 Mill. T., bis 1848 noch 20,7 Mill. T. aus dem Domänenfond für die Abtragung der Staatsschuld herangezogen. Das größte Hindernis des Domänenverkaufs, ihre Verpfändung, erst an die Landschaften, dann an Rothschild (London), wurde erst 1837 beseitigt.
129 *Schmoller:* Umrisse 225.
130 *Bergius:* Zustände 93 ff.
131 Briefe an Oelsner 74 (31. 7. 1819).

Ständische Hindernisse

den Gesellschaft erheischten dringend größere Ausgaben, erhöhten Kredit, vermehrten Geldumlauf.[132] „Preußen muß eine Geldmacht sein, will es eine Macht bleiben" (Bülow-Cummerow 1842). Die Eisenbahnpläne trieben den Staat wieder auf den Anleihemarkt, und damit trat die Verfassungsklausel in Kraft. So hatte das Verfassungsversprechen von 1820, gerade weil es nicht erfüllt worden war, auf die Dauer einen wirtschaftlichen Engpaß provoziert, der schließlich die Einberufung des Vereinigten Landtages herbeizwang.

Aber nicht nur, daß der Staat auf die Hilfe seiner Bürger zurückgreifen mußte, mehr noch trat die Gesellschaft mit ihren Forderungen an den Staat heran. Die Publizität des Haushalts, zu der sich der Staat herbeiließ, blieb immer nur eine halbe. Hardenberg hatte am 7. Juni 1821 erstmals den gesamten Staatsetat bekanntgegeben, und zwar die Einnahmen und Ausgaben für den „gewöhnlichen Staatsbedarf"[133]. Erst 1829 folgte auf ständischen Druck hin der nächste Etat, der dann alle weiteren drei Jahre veröffentlicht wurde. Aber die Unstimmigkeit zwischen den zugegebenen und den wirklichen Daten war jedem Kenner leicht ersichtlich.[134] Die Höhe des Staatsschatzes blieb ein Rätsel, allein im Jahrzehnt von 1830 bis 1840 konnte etwa ein ganzer Jahresetat als Sonderausgabe – von 60 Millionen Talern – verbucht werden, und zudem nahm Rother über die staatliche Seehandlung eigene Anleihen auf.[135] In dieser kaum verschleierten Doppelgleisigkeit lag nun freilich die Möglichkeit der gezielten Entwicklungspolitik beschlossen, die Rother verfolgte. Mit Hilfe der Seehandlung als Bank- und Industrieunternehmen baute Rother seine planwirtschaftlichen Stützpunkte[136] in das liberale Wirtschaftssystem ein, förderte er den Verkehr, das Maschinenwesen und den Absatz, steuerte gelegentlich die Preise, wurde aber wegen alledem seit den vierziger Jahren mit der gleichen Kritik bedacht, mit der eine Offenlegung des Staatshaushalts gefordert wurde.[137] Die Starthilfen, die bisher die Verwaltung für die Industrialisierung geleistet hatte, erwiesen sich jetzt als ebenso unzureichend wie lästig; das Bürgertum war mit anderen Worten, „mündig" geworden.

---

132 Siehe im einzelnen *Hansen:* Mevissen I.
133 *Bergius:* Zustände 7.
134 *Delbrück:* Erinnerungen 1, 117; *Bergius:* Zustände 98 ff.; *Bülow-Cummerow:* Verwaltung 139 ff.
135 *Henderson:* The State 125 f. Vgl. 3. Kap. V.
136 Dazu jetzt *U. P. Ritter:* Die Rolle des Staates in den Frühstadien der Industrialisierung.
137 Vgl. die Diskussion auf dem Brandenburgischen Landtag von 1843 über die Seehandlung, referiert von *Bergius:* Zustände 137—152 und *Bülow-Cummerow:* a. a. O. — Forderung, den detaillierten Haushalt nachzuweisen, z. B. von den westfälischen Ständen 1845: Staatsarchiv. Münster, Ob.-Pr. B 154, für das Rheinland siehe *Croon:* Rhein. Prov. Landtag 71.
138 Vgl. *Reden:* Deutschland II, 1014.

1848 war Preußen zwar der von den größeren deutschen Bundesstaaten am wenigsten verschuldete Staat[138], aber zugleich der Staat, in dem die unabhängige freie Wirtschaftsgesellschaft am weitesten gediehen war. Sie forderte, nunmehr unwiderruflich, ihre konstitutionelle Verfassung. Hardenbergs Verfassungsklausel lieferte die legale Klammer, die die Einberufung des Vereinigten Landtages an das Schuldengesetz zurückband. Es war 1820 das letzte Mal gewesen, daß eine verwaltungstechnische Dauerregelung – die der Schuldentilgung – als verfassungspolitische Vorentscheidung konzipiert worden war, nämlich als erster Schritt, die Reichsstände berufen zu können. Und wieder, wie immer bisher, stellte sich heraus, daß das erste Bestand hatte, das letztere nicht. Wie der Staatsrat als ein verfassungspolitisches Provisorium die Kontrolle des Staatsschuldenwesens übernehmen konnte, so legte der Tilgungsplan die preußische Finanzverwaltung fest. Was aber von Hardenberg bewußt als eine Übergangslösung geplant worden war, erwies sich über zwei Jahrzehnte hinweg als dauerhaft. Die Dauer war relativ.

Es war das wirksame, aber unerwartete Ergebnis der Reform: Die Herausforderung, unter der die Reform begonnen hatte, führte sie in eine andere Richtung als ursprünglich geplant war. Sachliche Prioritätsgrade verwaltungstechnischer und wirtschafts- wie finanzpolitischer Art hatten einen zeitlichen Vorrang gewonnen, der das Endziel einer „Verfassung" immer mehr hinausgeschoben hatte. Man kann im vollen Sinn des Wortes sagen, die Zeit arbeitete für die Verwaltung, und zwar in gewisser Weise gegen ihren Willen. Am Ende der Reformzeit blieb die Behördenorganisation als Verfassungskern übrig, gleichsam ein negativer Kompromiß, von den auseinanderstrebenden Kräften des ständischen Pluralismus herbeigeführt. Die Reform war begonnen worden mit dem Ziel, von oben nach unten, von innen nach außen voranschreitend eine Staatsbürgergesellschaft zu errichten. Aber die allgemeinen Gesetze, die den Rahmen fügten für eine solche Gesellschaft, reichten nie hin, diese Gesellschaft selber zu erzwingen. Die kommenden Jahrzehnte sind eine Art Gegenbewegung. Die Zeit wird nunmehr gegen den Verwaltungsstaat arbeiten, und zwar je mehr die Verwaltung jene Reformen durchführte, die in kurzer Zeit zu vollenden ihr während der Napoleonischen Wirren nicht vergönnt war. Die Beamtenherrschaft verfestigte sich dabei. Aber die Ergebnisse ihrer Tätigkeit: der Agrarreformen, der Städteordnung und Gewerbefreiheit, ihrer Erziehungs- und Wirtschaftspolitik, voran der Zollpolitik, wirkten auf sie zurück. Die frei werdenden Kräfte drängten auf eine Beschränkung oder gar Beseitigung der Beamtenherrschaft. Im Laufe des Vormärz vollzieht sich diese Wende, unsichtbar und schleichend zunächst, schließlich mit zunehmender Geschwindigkeit, die auf die Revolution selber zusteuerte. „Die Änderung in der Form des Staates, die aus der Berufung von Reichsständen hervorgeht", sagte Mevissen 1847, „ist für das Königtum von nur geringer Bedeutung; von höchster Bedeutung aber für das Beamtentum..."[139].

Es sollte der Verwaltung nicht gelingen, sich auf die Dauer als Kern der Verfassung zu erhalten, denn die Bewegung, die sie selber ausgelöst hatte, entzog sich ihrer Steuerung. Dabei gebrach es den Behörden der Unabhängigkeit und Elastizität, die erforderlich gewesen wäre, um ihre Organisation als hinreichenden „Verfassungsersatz" wirken zu lassen, wozu sie unter dem Zwang der Situation von 1820 nun einmal verurteilt war. Nicht die intendierte Staatsbürgergesellschaft entwuchs der Reform, sondern eine Gesellschaft, die sich dem Beamtenstaat zunehmend entfremdete. Das zu zeigen wird Aufgabe des letzten Kapitels sein.

---

139 Rede aus der Periodizitätsdebatte 31. 5. 1847; *Hansen:* Mevissen 2, 297 f.

Drittes Kapitel

Verwaltung und soziale Bewegung

I. Der Beamtenstand und die Entfaltung der Provinzstände

„Dem natürlichen Gang der Dinge nach wird bei den Ständen das Prinzip der Erhaltung, bei der Regierung das Bestreben der Verbesserung vorwaltend sein, da es immer schwer hält, daß das sich kreuzende Interesse der Einzelnen über eine Veränderung zum Schluß komme, und rein theoretische Grundsätze bei Staatsbeamten mehr Eingang finden."[1] Diese Einsicht Humboldts aus dem Jahre 1819 entsprach der alltäglichen Erfahrung in der Reformzeit. Als vier Jahre später die Provinziallandtage gestiftet wurden, um den Verfassungsbau einem vorläufigen Abschluß zuzuführen, da wurde alles getan, um den von Humboldt beschriebenen Unterschied zwischen den Ständen und der Verwaltung einfrieren zu lassen, zu legalisieren. Dies war vordergründig ein Sieg der Restauration. Die Furcht vor der „Bewegung" drängte die Verfassungskommission unter dem Vorsitz des Kronprinzen, aus den zu berufenden Ständen einen Hort der Stabilität zu machen.[2] Das hieß freilich stillschweigend, daß die Bewegung, wenn überhaupt, nur von da ausgehen dürfe, von wo aus sie auch gesteuert werden sollte, von den Verwaltungsbehörden. Die Stiftung der Provinzialstände beruhte auf einem Kompromiß zwischen den vorlandrechtlichen Adelsständen und der Ministerialbürokratie, die sich am Ende der Reformzeit etabliert hatte.

Die Restauration erfaßte keineswegs die ganze Ministerialbürokratie. „In den Ministerien herrscht der entschiedenste Liberalismus, in dem angenommenen Sinne des Wortes vor" – das war die resignierende Feststellung eines altständischen westfälischen Bürgers, nachdem er mit seinem Rat vergeblich an der Berliner Verfassungskommission teilgenommen hatte.[3] Die verkündete provinzialständische Verfassung war zwar alles andere als „liberal", aber sie war liberal in all dem, was sie nicht war. Jedenfalls ließ sich der Liberalismus der Behörden, soweit diese ihm selbst anhingen, von den Provinzialständen aus nicht in Frage stellen.

---

1 *Humboldt:* Landständische Verfassung § 17, 14.
2 „Man ist bei der Bildung der ständischen Einrichtung allenthalben davon ausgegangen, das früher rechtlich Beanstandene zum Grunde zu legen und das in der Zeitfolge Entwickelte und rechtsbeständig Gewordene damit zu verbinden." Aus der Instruktion für den Landtagskommissar, abgedruckt bei *Stephan:* Provinzialstände 70 ff. Vgl. *Haake:* Ancillon 165 f.
3 Dr. Schulz an Stein 9. 12. 1822, ed. *Botzenhart* VI 139 ff., und dazu *Schulte:* Volk und Staat 394.

Beamtenstand und Provinzstände

Was nun eigentlich *Stände* seien, lag nach dem Ablauf der Revolution im Westen und der Reform im Osten zunächst völlig in der Verfügungsgewalt des Staates. Der proklamierte Rückgriff auf die historischen Vorgegebenheiten[4] hinderte den Staat nicht daran, Stände zu erschaffen, die sich von den alten so sehr unterschieden wie der Deutsche Bund von dem aufgelösten alten Reich. „Das Grundeigentum ist die Bedingung der Standschaft", deklarierte das Gesetz vom 5. Juni 1823.[5]
Nicht das Eigentum überhaupt, wie Friese und seinesgleichen forderten[6], sondern nur der Grundbesitz sollte politische Rechte nach sich ziehen. Gedanken, wie sie von Benzenberg oder Schmalz vorgetragen wurden, daß die vereinigten Grundstücke das Staatsgebiet ausmachten, politische Standschaft demnach nur den Grundbesitzern zukomme, wurden aufgegriffen.[7] Aber auch die sozialpolitisch konservativen Muster der süddeutschen Konstitutionen verwiesen auf eine einseitige, fast ausschließliche Bevorzugung der Grundbesitzer[8], jener Schichten, die praktisch auch im damaligen Frankreich und England die führende Stellung innehatten. Wenn Preußen konsequent auf diese Linie einschwenkte, so stand dahinter das politische Kalkül.
Das ausschließliche Grundbesitzkriterium war, an der bisherigen Liberalisierung gemessen, so einengend wie neu. Mit seiner Einführung wurde der zurückgelegte Weg, sowohl des Landrechts wie auch der wirtschaftlichen und sozialen Reformen, abgebrochen. Beide legislative Epochen hatten auf eine berufsständische Ordnung potentieller Staatsbürger gedrängt; jetzt wurde ein genereller Schnitt durch die bürgerliche Gesellschaft gelegt, der alle „Angesessenen" von allen „Nicht-Angesessenen" trennte. Die Festbindung der Standschaft an den Grundbesitz sollte die Kräfte der Bewegung lahmlegen, tatsächlich wurden sie – politisch rechtlos – um so mehr auf den außerständischen Bereich verwiesen. Insoweit waren die auseinanderführenden Wege der kommenden Jahrzehnte vorgezeichnet, die schließlich, wie gezeigt wird, in der 48er Revolution zu einem verspäteten Sieg jener landrechtlich eximierten Staatsstände führten, die nicht auf dem Grundbesitz basierten.

---

4 Allgemeines Gesetz wegen Anordnung der Provinzial-Stände, 5. Juni 1823, Präambel (GS 129).
5 a. a. O. II.
6 *Stephan:* Provinzialstände 54; dazu Mevissen 1847 (hg. v. *Hansen:* 2, 210).
7 *Stephan:* Provinzialstände 15; *Hansen:* Rheinische Briefe I, Einl. 24; Der Brockhaus von 1827 (7. Aufl.) nennt im Band 10 (Art. „Staatsgebiet") Schmalz und Benzenberg als die hervorragendsten Vertreter jener Lehre, die das Staatsbürgerrecht nur an den Grundbesitz knüpfe, „welches Andre für einen argen und in seinen Folgen höchst gefährlichen Irrtum erklären". So *Rotteck-Welckers* Staatslexikon 1839, 1. Aufl. 7, 211 (Art. „Grundeigentum").
8 *Huber:* Verfassungsgeschichte 1, 344 ff.

Das Landrecht hatte gesamtstaatliche Stände konzipiert, deren Rechte nach Geburt, Bestimmung oder Hauptbeschäftigung festgesetzt worden waren.[9] Durch die Reformgesetzgebung fielen die Vorrechte der Geburt. Der Heeres- und Zivildienst wurde jedermann zugänglich gemacht; die Besetzung der Offiziersstellen sollte – durch das Reglement vom 6. August 1808[10] – von Kenntnis und Bildung, im Krieg von Tapferkeit und Übersicht abhängig werden. „Aller bisher stattgefundene Vorzug des Standes hört beim Militär ganz auf..." Ebenso wurde in der öffentlichen Verwaltung der ganzen „Nation" die Teilnahme zugesagt, und das hieß praktisch, „dem ausgezeichneten Talent in jedem Stand und Verhältnis" der Zugang zum Staatsdienst geöffnet.[11] Das gleiche wurde für die anderen Stände erstrebt. Die Freiheit des Güterverkehrs und des Bodenmarktes, die freie Wahl der Gewerbe und die Aufhebung der persönlichen Untertänigkeit öffneten wirtschaftsrechtlich allen preußischen Staatsangehörigen alle Wege in die drei Stände. Die Tendenz des Landrechts, Übergänge zu erschweren, wo sie sich in der Praxis bereits eingebürgert hatten, war also beseitigt worden. Die Standesschranken wurden aufgehoben, nicht die Stände selber. Es blieb vielmehr eine erkleckliche Reihe von Vorrechten an den Rittergütern haften, den Stadtbürgern – und zwar nur ihnen – waren kommunale Rechte neu zugesprochen und den Bauern war der Schritt zur Selbständigkeit ermöglicht worden. Was Svarez nur vom Beamtenstand sagte, daß er sich aus Personen aller drei Stände zusammensetze[12], das galt seit der Reform – rechtlich – für alle Stände. Die generellen Reformgesetze von primärer Geltung hatten den landrechtlichen Rahmen dreier gleichberechtigter Berufsstände weitgehend ausgefüllt. Herkunftsmäßig jedermann offen, blieben sie gleichwohl „Stände".

Diese Rechtswirklichkeit konnte auch durch die Stiftung der besitzgebundenen neuen Provinzialstände nicht mehr beseitigt werden. Bezeichnenderweise nicht im Gesetzestext, sondern durch Ministerialreskript wurde bestätigt, daß jedermann für jeden Stand kandidieren und sich wählen lassen dürfe, vorausgesetzt, er erfülle die Besitzkriterien. „Die Qualifikation zu dem einen Stande hebt die Qualifikation zu dem anderen Stande nicht auf."[13]

Auf dem Hintergrund der abgelaufenen drei Jahrzehnte überhöhte also das Kriterium des Grundbesitzes nur bestimmte berufsständische Schichten zu politischen Ständen. Die drei Staatsstände des Landrechts waren jenseits ihrer Berufsprivilegien bar aller politischer Rechte geblieben, die

---

9 Vgl. oben 70 ff.
10 GS 275.
11 16. 12. 1808, GS 362.
12 *Svarez:* Vorträge 262, 313.
13 Reskr. vom 29. 10. 1825, *Rauer:* Stände 2, 97.

sich auf den ganzen Staat bezogen hätten, und soweit provinzielle oder regionale Herrschaftsrechte weiterlebten, wie etwa nach 1815 auch in den neu erworbenen beiden Lausitzen[14], waren sie von Hardenberg lahmgelegt worden, soweit er nur konnte.

„Dem allgemeinen Begriffe des Volkes nach", gab es, wie Humboldt richtig sah, soviel Stände wie Beschäftigungen.[15] Daher mußte auch er sich 1819 als Verfassungsminister die Frage erst stellen, durch welches Kriterium nun eigentlich welcher Stand zu einem politischen Stand werde. Humboldt war zu dem einfachen Schluß gekommen, daß es nur einen „wahrhaft politisch-wichtigen Unterschied" gebe, der nicht zu verwischen sei. Er liege in der Art, wie der Boden bewohnt werde, alle moralischen, rechtlichen und politischen Unterschiede folgten daraus. Also gebe es nur zwei Stände: der Landbauern und der Städter. Die unveränderlichen räumlichen Verhältnisse der Wohn- und Nachbarschaften lieferten das feste Gliederungsprinzip, auf dem „das wahre und eigentliche Wesen der bürgerlichen Gesellschaft" gründe. Mit seinem Hinblick auf eine Summe von *oikoi*, von überkommenen Lebensgemeinschaften, die sich in der vorindustriellen Zeit noch zwanglos anboten, leugnete schon Humboldt die Möglichkeit, aus einer überregionalen Berufsschichtung das Einteilungsprinzip für die politische Standschaft abzuleiten. Handwerksvereinigungen, Kaufmannschaften, Pfarrer, Gelehrte oder Universitäten, die in den süddeutschen Verfassungen gerade wieder privilegiert worden waren, seien ungeeignet, besondere politische Stände quer durch die bürgerliche Gesellschaft hindurch zu bilden.

Auch die Verfassungskommission hielt reine Berufsgruppen für unfähig, eigens repräsentiert zu werden. Nicht aber folgte sie dem ersten Vorschlag Humboldts aus dem Jahre 1819, die räumliche Ordnung zur Grundlage der Standschaft zu erklären. Vielmehr wurden drei verschiedene Schichten von Bodenbesitzern herauspräpariert, die je eigene Stände mit je eigenen Wahlverbänden bildeten: die Eigentümer von Rittergütern, die ländlichen Grundbesitzer, die den Ackerbau als ihr „Hauptgewerbe" betrieben, und schließlich die städtischen Grundbesitzer, die sich noch besonders qualifizieren mußten durch einen Gewerbebetrieb oder ihre Mitgliedschaft beim Magistrat. Die Besitzkriterien variierten innerhalb der Provinzen von Landschaft zu Landschaft je nach der Fruchtbarkeit des Bodens, je nach der Klasse der Städte.[16] Insofern gingen die boden- und standortgebundenen Unterschiede der preußischen Monarchie in die ständische Verfassung ein: aber nur für drei Klassen gesondert.

---

14 Arch. panstw. Wrocl. Ob. Pr. Breslau Rep. 200, Acc. 54/16, Nr. 2860 über die Oberlausitzer Landtagsfragen. Dazu *Stephan:* a. a. O. 34 ff.
15 *Humboldt:* Landständische Verfassung §§ 74 ff. (33 ff.).
16 Die zahlreichen Einzelbestimmungen bei *Rauer:* Stände 2.

Der Schnitt zwischen Intelligenz und Standschaft

Sosehr nun die Einengung der Standschaft auf den Grundbesitz die berufsständische Tendenz des Landrechts zurückbog und sosehr die Betonung des Grundbesitzes, nicht des Eigentums überhaupt, der Hardenbergschen Reformgesetzgebung widersprach, in einer Hinsicht knüpfte die neue Standesgesetzgebung an den überkommenen Rechtszustand unmittelbar an: Der Schnitt zwischen den Eximierten und Unterprivilegierten auf der einen Seite und dem traditionellen Kern der alten Stände, der Ritter, Bauern und Stadtbürger, auf der anderen Seite wurde aufs neue vertieft. Nicht nur die ländlichen Tagelöhner und Bauern unterhalb der „Spannfähigkeit", nicht nur das Gesinde und alle städtischen Schutzverwandten entbehrten ständischer Rechte, alle „Nichtangesessenen, Kapitalisten, Gelehrte, Proletarier usw.", wie sie Rauer 1844 zusammenfaßte[17], waren ohne politisches Mitspracherecht, verblieben als Staatsangehörige außerständisch. Zwanglos schien sich diese Abschichtung dem Landrecht anzuschließen, aber für die Zukunft sollte die erneute Legalisierung von weittragenden Folgen sein.

Bankiers, „Kapitalisten" ohne Grundbesitz, hatten kein Recht zur Standschaft. Der Schnitt von 1823 schloß also die Exponenten der Staatsgläubiger als solche aus. Vielmehr wurden die Rechte eher umgekehrt proportional zur Kapitalkraft und Steuerleistung verteilt. Weitaus am stärksten war jener Stand, der nur durch Moratorien und Millionenspenden von seiten des Staates wirtschaftlich aufrechterhalten werden konnte, der Ritterstand. Gewiß waren die Staatsschulden selber in die ritterlichen Kreditinstitute der Landschaften verflochten, der Schutz der Ritter kam insofern indirekt dem staatlichen Kredit zugute; aber die gänzliche Ausschaltung der Gläubiger beider war eine kurzsichtige Bestimmung, die selbst der Freiherr vom Stein nicht guthieß.[18]

Ebenso ausgeschlossen wurde die „Intelligenz". Das Gesetz beschränkte die städtischen Repräsentanten auf Magistratspersonen und Gewerbetreibende mit bestimmten Zensussätzen, die in den drei Klassen der Städte verschieden hoch waren – Grundbesitz immer vorausgesetzt. Diese Bestimmung schloß sich – sie restriktiv auslegend – eng an die Steinsche Städteordnung an. Stein hatte zwar den Unterschied zwischen mittelbaren und unmittelbaren Städten aufgehoben und insofern einem einheitlichen Stand der Städte vorgearbeitet; aber die scharfe Scheidung zwischen den Eximierten – den eigentlichen Staatsbürgern – und den Stadtbürgern hatte Stein als ein landrechtliches Erbe übernommen. Das Bürgerrecht wurde 1808 jedermann zugänglich gemacht, war aber ein reines Standesrecht geblieben. „Das Bürgerrecht besteht in der Befugnis, städtische Gewerbe zu

---

17 *Rauer:* 2, 2.
18 In seiner Ständedenkschrift für den Kronprinzen vom 5. 11. 1822, ed. *Botzenhart* VI, 121.

treiben und Grundstücke im städtischen Polizeibezirk zu besitzen."[19] Die Vertreter der Intelligenz, die Eximierten, blieben als solche Schutzverwandte, einschließlich der staatlichen Beamten, die in ihren Wohnorten keinen Grundbesitz hatten. Während nach oben die Bürgerschaft ihrer geistigen Vertreter beraubt wurde, erachtete man unbedenklich städtischen Ackerbau als ein städtisches Gewerbe. Das hatte zur Folge, daß entweder ernannte oder staatlich bestätigte Männer – des Magistrats – gewählt werden mußten oder „Gewerbetreibende" und Stadtbauern. Die Standschaft der Städte wurde also ganz bewußt auf eine rein wirtschaftliche Interessenvertretung reduziert.

Es war die erklärte Absicht, Gelehrte, Anwälte, Ärzte, also die Schicht der akademischen Honoratioren, von den Landtagen abzuhalten. „Wollte man die Intelligenz besonders vertreten, so würde man behaupten oder einräumen, daß der Besitz materiellen Eigentums die Intelligenz ausschließe"[20] – so umschrieb Rauer das Motiv, das nun allerdings, wenn auch im Sinne der Behauptung, bei der Beamtenschaft Anklang fand. Der angenommene Gegensatz zwischen einem Geist, der sich auf den ganzen Staat beziehe, und den regionalen materiellen Interessen, der Gegensatz also, der durch die Rechtspraxis der Exemtionen zur Alltagswirklichkeit gehörte, wurde auf diese Weise zu einem festen Bestandteil der preußischen Ständeverfassung.[21] Die nicht beamtete Intelligenz wurde keiner Standschaft teilhaftig; die Repräsentation der Intelligenz verblieb – per negationem – der Beamtenschaft selbst.

Was also der Staat mit der einen Hand zugab, die Stände politisch zu qualifizieren, das hat er ihnen mit der anderen Hand wieder vorenthalten: Die Stände wurden zu wirtschaftlichen Interessenvertretungen gestempelt, und auch dies nur in einem einschränkenden Sinne, indem die Vertreter

---

19 Städteordnung vom 19. 11. 1808 § 15, NCC XII, 471; dazu *Ritter:* Stein 258, und unten V, 573.
20 *Rauer:* 2, 2. „Die Eigentümlichkeit des Standes der Städte ist in dem, in bekannter städtischer Hantierung und Handel bestehenden bürgerlichen Gewerbe zu erkennen, dessen Wert, wie ihn das Gesetz verlangt, sich nur nach bestimmten Realitäten — Gewerbe, Kapital — abschätzen läßt. Hiernach können weder Justizkommissarien, Notarien und Ärzte (welche überhaupt als öffentliche Beamte zu betrachten sind), noch sonstige Gelehrte und Künstler zu der eigentlichen, bürgerliches Gewerbe betreibenden Klasse der städtischen Einwohner gerechnet werden und sie sind daher zur Wahl als Landtagsabgeordnete der Städte nicht geeignet" (Reskript des Innenministers Schuckmann an den Oberpräsidenten von Brandenburg vom 10. 11. 1823; *Rauer:* 2, 181).
21 Freiherr vom Stein hat nach seinen „traurigen" Erfahrungen als Landtagsmarschall diesen Widerspruch in einer Denkschrift an Schuckmann geschildert: „Die preußische Regierung erscheint in dem Monopol, so wie dem materiellen Eigentum in der Städte- und ständischen Verfassung gegeben, mit sich selbst in Widerspruch — sie bestrebt sich, durch kostbare Anstalten und Anstrengungen aller Art wissenschaftliche Bildung in der Nation zu verbreiten und erschwert auf der anderen Seite dem Gebildeten den Weg zum öffentlichen Leben" (15. 3. 1829; ed. *Botzenhart* VII, 6 ff. und Auswahl 446).

der Fabriken, der Banken, des Handels und der Juristen nur als Grundbesitzer auftreten sollten. Damit hatte die neue Ständeverfassung den Widerspruch, der sich während der vergangenen Reformzeit entfacht hatte, als Gegensatz zwischen dem Beamtenstaat und einer ständisch gegliederten Wirtschaftsgesellschaft institutionalisiert. Das Fernziel, wohin Hardenbergs Wirtschaftsgesetzgebung gedrängt hatte, über eine freie Marktwirtschaft zu einem gemeinsamen Staatsbürgertum zu gelangen, wurde aufgegeben. Im Osten erhielt eine soziale Übergangskonstellation die Würde einer historisch begründeten Verfassung[22]; in den rheinischen Provinzen wurden einem schon bestehenden Zustand rechtlicher Gleichheit ständische Hülsen übergestülpt.[23] Der Staat und der „Geist" waren allein in der Beamtenschaft präsent, nicht aber in der ständisch repräsentierten Gesellschaft.

Die Vorherrschaft der Verwaltungsbehörden abzusichern, dienten nun auch alle weiteren Teile der ständischen Gesetzgebung: die Beschränkung der Vertretung auf die Provinzen, die schmale Dosierung der zuerkannten Rechte, das ausgeklügelte Schottensystem der Wahlverfahren, die kleinliche Abstimmungsarithmetik, und schließlich das Verbot jeder Öffentlichkeit. Das situationsbedingte Ziel war, jede politische Parteibildung provinziell abzukappen, ständisch einzuigeln, ohne den privaten Auslauf in eine freie Wirtschaft verhindern zu wollen.

Während es beim Behördenaufbau gelungen war, die Bezirke und Provinzen relativ unabhängig und elastisch zusammenzufügen, setzte die Provinzialisierung der Standesvertretungen einen Unterschied zwischen Staat und Gesellschaft, wie er schärfer kaum zum Ausdruck gebracht werden konnte. Die Stände, die vom Landrecht bereits als Staatsstände konzipiert worden waren, wurden in provinzielle Landtage zerlegt, so daß der einzige Staatsstand, der übrigblieb, nur mehr die Beamtenschaft war. Deren Vertreter in der Verfassungskommission sorgten denn auch dafür, daß den 1822 berufenen Notabeln weit weniger gewährt wurde, als sie gefordert hatten.[24] Die jährliche Tagung der Landtage; die Wahl des Landtagsmarschalls; die Weisungsbefugnis an Verwaltungsbehörden; selbst die Beratung jener Entwürfe zu allgemeinen Gesetzen, die sich auf Personenrechte, Eigentum und Steuern – und nicht nur auf deren provinzielle Aspekte – beziehen: all diese Forderungen wurden abgelehnt.

---

22 Siehe *Schöns* Spott über die „Mißgeburt der Provinzialstände", die der „Notizen-Krämer-Anstalt", d. h. der historischen Schule zu verdanken sei (Aus den Papieren 3, 82 ff.).
23 Das einzelne bei *Croon:* Provinziallandtag 29 ff.); *Schulte:* Volk und Staat 29 ff., und *Hüffer:* Lebenserinnerungen 115 ff.
24 Vgl. für Schlesien die von *Röpell* gedruckten Beratungsprotokolle (Provinzialstände 276—312); für die Provinz Brandenburg *Stephan:* a. a. O.

Umgekehrt ging der Staat weiter in der Richtung auf eine liberale Klassenordnung, als die meist adligen Notabeln guthießen. Der Staat verhinderte das Wiederaufleben der alten Stände, etwa am Niederrhein, ebenso wie deren ehemalige Zusammensetzung. Korporative Vertretungen der Kirchen, Universitäten oder der Kreditinstitute wurden abgelehnt; die mehrfach – von den Schlesiern mit großer Majorität – geforderte Rückbindung der Rittergüter an den Geburtsadel wurde nicht mehr zugelassen, wohl aber eine eigene Vertretung des Bauernstandes, den die Kreise um Rochow verhindern wollten. Der Landtag wurde als Einheit konstituiert, dessen Teilnehmer nur ihrem Gewissen, keiner Weisung verbunden sein sollten. Gesonderte Beratung in Kurien sollte vermieden werden. Der Adel als solcher kam zum Ärger vieler nicht Begünstigter nur mit einer Reihe von Virilstimmen der Standesherren und einigen Kuriatstimmen großer Fideikommisse zur persönlichen Vertretung.[25]

Der Begriff der „landtagsfähigen Klassen", der in den Vorberatungen üblich war, traf die soziale Abschichtung genauer als der historisch verschwimmende Begriff von Ständen, der dann in den Gesetzestext einging.[26] Hinter der ständischen Fassade wurden Interessengruppen von Klassen konstituiert, deren politische Rechte auf die Beratung staatlich vorgelegter Fragen und auf Bitten und Beschwerden beschränkt blieben. Das Ergebnis dieser Konstruktion sollte Dahlmann nach zwanzig Jahren in den einen Satz zusammenfassen: „Bloß beratende Kammern sind ratlos; sie versinken im Überdruß ihres Unvermögens, oder sie trachten gefährlich nach Machtvermehrung."[27] Beides traf nacheinander ein. Adel und Bürger sahen sich – aus verschiedenen Motiven – von den ihnen zugestandenen Befugnissen enttäuscht. Der Staat gab den Ständen zuwenig, als daß er sie auf diese Weise an die Verwaltung hätte binden können, und zuviel, als daß er eine selbständige politische Entwicklung dieser Stände hätte verhindern können.

Selbst die Wahl- und Abstimmungskünste, die die Berliner Kommission in die Verfassungen einbaute, vermochten diese Bewegung auf die Dauer nicht abzubremsen. Der Verteilerschlüssel der einzelnen „Standesklassen" sollte den status quo gerinnen lassen. Ganz allgemein sollten Großgrundbesitzer, Städter und Bauern in einem Verhältnis von 1/2 : 1/3 : 1/6 vertreten sein. Damit waren die Unterschiede zwischen Ritter und Bauer, zwischen Stadt und Land, sosehr sie sich noch aus der sozialen Wirklichkeit her rechtfertigen ließen, auch für die Zukunft fixiert worden. Und wo

---

25 Das einzelne bei *Rauer:* a. a. O., und bei *Lancizolle:* Königtum; vgl. auch die Statistik im Anhang V.
26 *Röpell:* Provinzialstände 293, 295 passim; Röpell selbst spricht gelegentlich von den „Standesklassen" (1847).
27 *Dahlmann:* Politik 157; vgl. *Hansen:* Rhein. Briefe 1, 781.

eine gleichmäßige Vertretung aller drei Stände konzediert werden mußte, wie in den beiden westlichen Provinzen, da wurden die Stimmen der Standesherren hinzugeschlagen, daß sie zusammen mit der Ritterschaft eine blockierende Minderheit bilden konnten. Denn kein Beschluß durfte ohne Zweidrittelmehrheit nach Berlin gelangen. Auf diese Weise konnten die Ritter immer, die Städter und Bauern immer zusammen jeden Beschluß lahmlegen: Um gültige Vorschläge den Berliner Ministerien vorlegen zu können, bedurfte es zwangsläufig zwischenständischer Kompromisse oder einiger Überläufer aus dem einen in das andere Lager.
Das ganze Verfahren diente im besten Fall, den obersten Behörden über den eigenen Instanzenweg hinaus die legislative Beratungsbasis zu erweitern. Daher wurde den einzelnen Ständen – trotz des Verbotes jeder Weisungsbindung – auch noch das Recht zur Itio in partes zugestanden. Es stellte sich bald heraus, daß das Kriterium des Grundbesitzes allein kein einigendes Band um die Ständevertreter schlingen konnte. Die hypostasierte „ungeteilte Einheit" des Landtags bestand letztlich nur in der behördlich angeordneten Abschließung von der Außenwelt. „Die Stände stehen als beratende Versammlung, ebensowenig mit den Ständen anderer Provinzen, als mit den Kommunen ihrer Provinz in Verbindung; es finden daher keine Mitteilungen unter ihnen statt."[28] Hatten schon das rotierende und indirekte Wahlverfahren sowie die gesonderten Wahlverbände, die sich nirgends deckten, jede zwischenständische Gemeinsamkeit der Wähler verhindert, so sollte auch noch dem Landtag selbst jede Rückbindung an seine Wählerschaften abgeschnitten werden. Um schließlich die gesamtstaatlichen Verbindungen abzukappen, wurden die einzelnen Landtage provinzweise in verschiedenen Abständen – von je zwei bis vier Jahren – einberufen.
Das gesamte Ständesystem aus dem Jahre 1823 trug von seiner ersten bis zu seiner letzten Bestimmung den Stempel der Angst. „Es ist des Königs allergnädigste Absicht, daß die neue ständische Ordnung an die Verwaltung sich mit Vertrauen anschließe und sie mit Rat und Wünschen unterstütze"[29] – dieser den Oberpräsidenten kundgetane Zweck konnte mit einer derarigen Verfassungskonstruktion nicht erreicht werden. Hinter dem biederen Postulat des Vertrauens wurde mit bürokratischer Rabulistik tatsächlich das Mißtrauen institutionalisiert. Selbst der Freiherr vom Stein, einer ständischen Verfassung wahrlich nicht abgeneigt, kam nach den ersten Erfahrungen als Landtagsmarschall zu der Ansicht, daß eine „Spaltung in Parteien, in liberale, konstitutionelle, Monarchisten, und in ihre

---

28 Es handelt sich je nach der Provinzialverfassung um den § 49, 50, 51 oder 52: Siehe *Rauer:* 2, 12 und den Band 1, in dem alle Gesetzestexte zusammengestellt sind.
29 Instruktion für die Oberpräsidenten als Landtagskommissare; *Stephan:* a. a. O. Kap. V. Statt „Ordung" hieß es im Entwurf „Verfassung".

Beamtenstand und Provinzstände

Unterabteilungen und Schattierungen ... weniger nachteilig [sei] als Trennung in Stände, wo Adelsstolz, Bürgerneid und Bauernplumpheit gegen einander auftreten". Verbittert und verblendet suche jeder nur die Unterstützung der Bürokratie.[30] Der Sieg, den 1823 die Bürokratie davongetragen hatte, war aber ein Pyrrhussieg.
Der schmale Spalt, der geöffnet wurde, um ständische Wünsche überhaupt hören zu können, wurde vom Berliner Ministerium zugehalten durch den penetrant bevormundenden Ton, mit dem die Stände abgefertigt wurden. Die Stände, so schrieb Hüffer dem Kronprinzen, sind „in dem Falle, jederzeit Luftstreiche zu führen, und erfahren dann gewöhnlich erst nach Jahren – wenn der Landtagsabschied erscheint –, daß sie nicht getroffen haben", eine Erfahrung, die auch von der Marwitz zu seiner Entrüstung machen mußte.[31]
Lieferte die borniert Konstruktion der Provinzialstände den staatlichen Behörden aus zunächst verständlichem Grund das Wissen der eigenen Überlegenheit, auf die Dauer erlagen sie einem selbstproduzierten Irrtum. Die Stände, wie sie einmal ins Leben gerufen worden waren, entbehrten jeder Anpassungsfähigkeit an die soziale Bewegung, die die Behörden gleichwohl weitertrieben. Die politische und die wirtschaftliche Verfassung traten mehr und mehr auseinander, ohne daß der Staat etwas tat, sie zusammenzufügen. So entstand jenes Bild der Zwiespältigkeit Preußens, an dem die Deutschen im Laufe des Vormärz zunehmend irre wurden. „Preußisch oder nicht preußisch ist ein wahres Hamlet'sches Sein oder Nichtsein geworden"[32], schrieb der bayerische Gesandte in Hannover 1833. Je mehr man der preußischen Seite sich zuneige, desto mehr steigere sich Argwohn und Mißtrauen. Eine erfolgreiche liberale Wirtschafts- und Zollpolitik, die von einer rationalen Beamtenschaft gesteuert wurde, ging einher mit einer restaurativen, schließlich reaktionären Standespolitik, die alles tat, die politischen Folgen der Wirtschaftspolitik zu verhindern. Der Gegensatz, der sich zwischen Hardenberg und den alten Adelsständen herausgebildet hatte, hatte sich seit 1823 gleichsam in das Staatsministerium verlagert und teilte sich allen Behörden mit. Die Doppelgleisigkeit, politisch restaurativ, wirtschaftlich progressiv zu verfahren, beraubte die Behörden ihrer verfassungspolitischen Führungsrolle und verzehrte ihren Kredit. Ein exakter Gradmesser dessen ist die Entwicklung, die die Provinzialstände nehmen wollten, aber nicht durften.
Die Festlegung der *Wählbarkeit* auf einen ständisch verschieden qualifizierten Grundbesitz widersprach völlig den Regeln der außerhalb aller

---

30 an Gagern, 13. 2. 1828; ed. Botzenhart VI, 553.
31 *Hüffer:* Lebenserinnerungen 422 (10. 5. 1833); *v. d. Marwitz:* II/2, 362.
32 Hormayr an Perthes, am 30. Januar 1833 (*Perthes:* Leben 3, 370).

Standschaft weitergeltenden Regeln der freien Wirtschaft. Wo, wie in Posen, das städtische Gewerbe zusätzlich noch an „Korporation, Innung oder Meisterschaft" gebunden sein sollte, um eine Wählbarkeit zu begründen, da erwies sich die Bestimmung bereits als undurchführbar.[33] Die wirtschaftliche Bewegung im Ackerbau, Handel, Gewerbe und in der Industrie überstieg bald auch die Schranken, mit denen die Provinzialstände an den Boden gebunden bleiben sollten. Es stellte sich heraus, daß die Stände mit der Bindung an den Grundbesitz an die Vergangenheit gekettet waren, und zwar so sehr, daß selbst die politisch gefilterten Stände, wie sie 1823 errichtet worden waren, auf eine Veränderung drängten.

„Die Stabilität des Grundbesitzes und die Förderung desselben liegt der Standschaft vorzüglich zum Grunde" – dies deklarierte 1823 der Innenminister Schuckmann, und alle seine Nachfolger haben sich strikt an dieses Programm gehalten.[34] Die Wahlfähigkeit aller grundbesitzenden Stände wurde deshalb noch besonders qualifiziert, sie blieb an einen zehn Jahre anhaltenden, ununterbrochenen Besitz eines und desselben Grundstückes gefesselt. Nur die Vererbung zählte mit. Diese Bestimmung, die dem freien Gütermarkt einen politischen Verschluß aufsetzte, kam innerhalb des Ritterstandes natürlich dem alten angesessenen Adel zugute; bloß in Ostpreußen, wo die Kriegsfolgen und die Agrarkrise der zwanziger Jahre den größten und schnellsten Besitzwechsel herbeigeführt hatten, sind bürgerliche Rittergutsbesitzer in nennenswerter Zahl bis in den Landtag gelangt[35]; im Rheinland folgten sie in den vierziger Jahren.[36] Im ganzen aber trug diese Bestimmung dazu bei, die steigende Zahl der bürgerlichen Rittergutsbesitzer vom Landtag abzuhalten. So befanden sich beispielsweise in Schlesien 1847 bereits 1100 Rittergüter in bürgerlicher Hand, gegenüber 1 856 in adligem Besitz. Gleichwohl waren unter den 36 schlesischen Rittern auf dem vereinigten Landtag nur drei Bürgerliche. Wahlverfahren und Besitzklausel versperrten ihnen den Weg.[37] Der schwunghafte Güterhandel, der während des Vormärz überall betrieben wurde, wirkte sich demgemäß nicht unmittelbar auf die Vertretungen im Landtag aus; dies zu verhindern war auch das ausgesprochene Motiv der Bestimmung, wogegen freilich die selbst betroffenen Ritter Sachsens und Brandenburgs in den vierziger Jahren aufbegehrten.[38] Das Innenministerium ging aber nicht von seinem Grundsatz ab, da es mit der möglichen Dispensation eine Waffe in der Hand hatte, die Wahlen zu steuern.

33 *Rauer:* 2, 185. Die Sonderklausel hatte vermutlich einen prodeutschen, nationalpolitischen Akzent.
34 Reskript 20. 9. 1823 *(Gräff — Rönne — Simon:* 6, 161), erneuert am 18. Juli 1840 richtete es sich gegen politische Auswirkungen der Güterspekulationen *(Rauer:* 2, 243).
35 Siehe Anhang V.
36 Vgl. *Croon:* Provinziallandtag 40.
37 *Nathusius:* Statistische Übersichten 53.
38 *Rauer:* 2, 87.

Beamtenstand und Provinzstände

Das gleiche gilt nun auch für die Städte, um deren Repräsentation jene Bestimmung eine immer engere Fessel legte.³⁹ Im gleichen Maß, wie der Bodenbesitz in Umlauf kam, verringerte sich die Zahl der wählbaren Kandidaten. In den vierziger Jahren meldete sich der Protest ganz entschieden. 1841 waren es zwei ostelbische Landtage, 1843 deren fünf, die eine radikale Verkürzung der Besitzfrist oder deren gänzliche Beseitigung forderten. Vor allem in den Großstädten sei es eher eine Ausnahme als die Regel, daß sich Grundstücke länger als zehn Jahren in derselben Hand befänden: Die Lebhaftigkeit des Verkehrs, berichteten etwa die Sachsen, und gerade die Ausdehnung der Gewerbebetriebe disqualifizierten die Unternehmer, in den Landtag zu gelangen. Alle Anträge wurden, obwohl sie sogar die Zweidrittelschranke überstiegen hatten, rundweg abgelehnt.⁴⁰

Die Kritik der Stände richtete sich nie gegen eine qualifizierte Vertretung, sondern gegen die Art der Qualifizierung. Führende Unternehmer und Industrielle wie von der Leyen in Krefeld oder Hansemann in Aachen durften trotz Einspruchs ihrer Wahlkreise zunächst nicht gewählt werden, weil sie die Grundbesitzklausel nicht erfüllten.⁴¹ Selbst William Cockerill in Guben war nicht wählbar; ein Unternehmer aus jener Pionierfamilie, die der Staat 1815 eigens geholt hatte, um durch Maschinenbauanstalten und mechanische Musterbetriebe den Übergang der Textilindustrie zu modernen Produktionsweisen anzuspornen.⁴² Mochte anfangs, den östlichen Verhältnissen gemäß, kein besonderes Bedürfnis vorhanden gewesen sein, ungebildete Fabrikanten in die Landtage zu schleusen, mit dem Ablauf der Zeit war es nicht mehr der Engstirnigkeit der Fabrikanten, sondern der des Ministeriums zuzuschreiben, wenn an der Grundbesitzklausel festgehalten wurde. Während das Gewerbedepartement, Rothers Seehandlung, Beuths technische Deputation und der angeschlossene Verein zur Gewerbeförderung jahraus, jahrein wirksam waren, um durch Initialzündungen die Industrialisierung auszulösen und zu fördern, weigerte sich das Innenministerium beharrlich, dem Rechnung zu tragen. Gerade als die wirtschaftlichen Erfolge sichtbar wurden, in den dreißiger Jahren, war es Rochow, der die legalisierte Trennung von Wirtschaft und Politik planmäßig absicherte.

Der erste westfälische Landtag hatte 1827 das sinnvolle Sonderrecht erlangt, daß der vierte Stand, also der Stand der Landgemeinden, auch

---

39 Für die Kritik der Provinzialverwaltung an diesem System, jedenfalls in Westfalen, siehe *Schulte:* Volk und Staat 401.
40 *Rumpf:* 18; 301/397; *Rauer:* 2, 88 ff. Es handelte sich um Schlesien und Sachsen (1841/43), Pommern, Posen und Preußen (1843).
41 *Croon:* Provinziallandtag 32; *Hansen:* Preußen und Rheinland 70; *Boberach:* Wahlrechtsfragen 38, 41.
42 Ständewesen (Dt. Vjsschr. 1842, Heft 3, 234).

Nichtbauern wählen dürfe.[43] Die Wahlfähigkeit war hier nicht an die Selbstbewirtschaftung als „Hauptgewerbe" gebunden. Das hatte zur Folge, daß besonders im Süden der Provinz, wo sich die Heim- und Kleinindustrie über das Land ausbreitete, auch Vertreter der Fabriken und des Handels gewählt wurden. Der Wahlschlüssel entsprach der sozialen Entwicklung. Gegen den entschiedenen Widerspruch der Landtagsmajorität wurde nun 1839 Westfalen seines Sonderrechts beraubt.[44] Gerade dort, wo das provinzielle Recht einen zugeordneten Zweck erfüllte, wurde es im Namen höherer Allgemeinheit suspendiert. Ein besonders treffendes Beispiel, wie sehr die Provinzverfassungen, die sich – mit Gans zu reden – wie ein Ei dem anderen glichen[45], nur eine historische Maske darstellten, hinter der die generelle Tendenz zur Angleichung an die östliche Sozialstruktur versteckt wurde. Die Landgemeinden sollten nur „die natürlichen Vertreter der Interessen ihres Standes" wählen. Daß „das auf dem platten Lande getriebene Gewerbe ohne Vertretung bleiben werde, sei unbegründet, da die Gesamtheit der gewerblichen Interessen durch den Stand der Städte hinreichend repräsentiert würde."[46] Diese Belehrung war glatter Hohn. Der akute Anlaß war, Harkort und Biederlack – als Vertreter des vierten Standes keine Freunde des Adels – ihrer Sitze und damit den Landtag zwei seiner besten Köpfe zu berauben.[47] Der Innenminister konnte sich dabei auf ein Minoritätsgutachten der oberen Stände berufen, aber die unteren ließen mit ihren Protesten auf den folgenden Landtagen – 1841 und 1843 – nicht locker. Die Selbstbewirtschaftung sei nur ihnen, nicht den Rittern auferlegt, zudem wanderten auffallend viele große Güter „und mit ihm die größere Intelligenz der Besitzer" zum Ritterstand ab. Andererseits seien Ackerbau und Gewerbe schon so verschmolzen, daß bei veränderten Konjunkturen, wenn nämlich die Gewerbesteuer die Grundsteuer überstiege, ein Mann plötzlich nicht mehr wählbar sei, der es gerade noch war. Der wirtschaftliche Gewerbeerfolg wurde somit politisch bestraft. Für die Landgemeinden sei es ein „Ehrenpunkt", durch solche Männer repräsentiert zu werden, die als „Staatsbürger" ein doppeltes Verdienst aufzuweisen hätten, nämlich neben dem Landbau auch erfolgreich im Gewerbe zu sein. Zudem gebe es ländliche Fabrikgegenden, in

---

43 Art. IX der Wahlordnung vom 13. Juli 1827; *Rauer*: 1, 226. Der ländliche Abgeordnete mußte 25 T. Steuer aufbringen, wobei Grund- und Gewerbesteuer zusammengerechnet werden durften.
44 VO 8. Juni 1839 GS. 225; erlassen gegen das Abstimmungsergebnis von 42 : 20, das auf die Beibehaltung des Wahlschlüssels drängte. Der Ritterstand interpretierte die Bestimmung von 1827 als „Redaktionsfehler", obwohl sie ausdrücklich auf Grund eines Landtagsbeschlusses zustande gekommen war (*Rumpf*: 15; 108/198/232).
45 *Gans*: Beiträge 374.
46 *Rauer*: 2, 202; Kam. Zeit. V, 754.
47 Vgl. *Schulte*: Volk und Staat 34 f. *Hüffer*: Lebenserinnerungen 141.

denen sich wenig oder gar keine wahlfähigen Individuen mehr stellen könnten. Letzteres mußte der Minister, nach entsprechenden Untersuchungen, selbst zugeben, und so senkte er 1843 in drei Kreisen des Sauerlandes wenigstens den Zensus.[48]

Damit ging der Staat zum ersten Male von seiner sonstigen Praxis ab, eine Ausweitung der Wahlfähigkeit nach unten zu verbieten. Sowohl die Pommern wie die Posener hatten gleich auf ihren ersten Landtagen beantragt, die Minimalgröße bzw. den Grundsteuersatz zu senken, um die Zahl der Wählbaren zu erhöhen. Vergeblich.[49] In Oberschlesien mit seiner geringen Zahl selbständiger Bauern gab es zuerst Landkreise, die gar nicht landtagsfähig waren, und als 1843 beantragt wurde, den Steuersatz zu halbieren, um den armen Gebirgskreisen eine angemessene Vertretung zu ermöglichen, wurde auch dies abgelehnt.[50]

Die Zensussenkung zugunsten kleinerer Bauern in einigen westfälischen Kreisen diente denn auch nur, „das Fabrik-Geschäft und insbesondere den Handel" von der Wahlfähigkeit auf dem Lande abzuhalten.[51] Die gleiche Linie verfolgte Rochow im Rheinland, wo sie der sozialen Entwicklung noch schärfer widersprach, wo zugegebenermaßen „ein großer Teil des sonst städtischen Gewerbes und der Fabrikation in Landgemeinden seinen Sitz hat"[52]. Die Rheinländer, zwar nie im Genuß der westfälischen Sonderbestimmung, hatten unter stillschweigender Duldung der Behörden immer wieder nichtbäuerliche Berufe in den ländlichen Wahlbezirken gewählt. Auf diese Weise kamen Juristen, also die Kenner des

---

48 *Rauer:* 2, 207; es handelt sich um die Kreise Wittgenstein, Brilon und Siegen. *Rumpf:* 21, 377. Vgl. *Schulte:* a. a. O. 399.
49 Der Begriff der Selbständigkeit — als Voraussetzung zur Standschaft — wurde in den Provinzen von 60 bis 40 Magdeburger Morgen abhängig gemacht; die Landtage beantragten eine Senkung auf 20 Morgen. In Oberschlesien mußten Dispensationen ausgesprochen werden (*Klawitter:* a. a. O. 3).
50 Der Landtag von 1843 beantragte die Senkung von 12 auf 6, bzw. von 6 auf 3 Taler Grundsteuer, um den Kreis der Wahlfähigen auszudehnen *(Rauer:* 2, 198).
51 Reskript des Innenministers an den Oberpräsidenten von Westfalen *(Rauer:* 2, 203; 18. 2. 1841).
52 Reskript des Innenministers an den rheinischen Oberpräsidenten vom 26. 2. 30, das den Begriff der Selbstbewirtschaftung ziemlich unklar und relativ dehnbar interpretierte (*Rauer:* 2, 207 ff.). Entgegen den §§ 11 und 12 der rheinischen Provinzialverfassung erließ daraufhin der Oberpräsident Pestel am 5. 11. 1831 ein Zirkularreskript an die Landräte, um die Landtagswahlen nicht an strikte Standesgrenzen zu fesseln: „Nach dem gewöhnlichen Sprachgebrauch bewirtschaftet derjenige ein Grundstück selbst, welcher es, sei es nun selbst oder durch in seinem Lohn und Brod stehende Personen, für eigene Rechnung und nach eigener Anordnung benutzt. Ob er deshalb für immer in der Gemeinde, in welcher das Grundstück liegt, wohne, oder nur von Zeit zu Zeit seine Wirtschaft revidiere, macht hierin keinen Unterschied..." Zitiert nach *Geisler:* Über den Adel 58 (1835), der zugleich den Ausverkauf des rheinischen Ritterstandes durch Kaufleute und ihresgleichen fürchtet. Die Zehnjahresklausel für die Wählbarkeit werde immer unwirksamer, der Liberalismus greife, wie der Landtag von 1833 beweise, immer weiter um sich. In diese Entwicklung griff Rochow ein.

französischen Rechts, Beamte, Großhändler, Fabrikanten oder Bankiers wie der linksliberale Mohr aus Trier, in die Ständeversammlung[53]; eine Streuung, die der westlichen Sozialstruktur völlig angemessen war. Es waren gerade Männer aus solchen Kreisen, die sich politisch eifrig betätigten. So suchten sie etwa den Ständeausschuß für die Feuerversicherung 1833 in eine Plattform zu verwandeln, um für den kommenden Landtag ihre Forderungen zu koordinieren.[54] Rochow drängte deshalb 1835 auf eine strikte Einhaltung der Berufsschranken für jeden Stand.[55] Im nächsten Landtag – 1837 – gelang es den betroffenen Ständen noch nicht, die Zweidrittelklausel zu überspringen, um ihren Protest dem König vorlegen zu können. Aber 1841 fand sich die qualifizierte Mehrheit. Man bestritt dem Ministerium die Befugnis, das Wahlrecht einschränkend zu deklarieren. Die Landgemeinden, von den Städtern und bürgerlichen Rittern unterstützt, sahen sich in ihrer Selbständigkeit und Wahlfreiheit durch ungebührliche „Bevormundung" verletzt; ihr Protest war so heftig wie erfolglos. Legal gesehen brachte Rochow nur Bestimmungen zur Geltung, die eingeschlafen waren, weil sie der sozialen Wirklichkeit widersprachen. Aus politischen Gründen holte er sie wieder hervor. Es gelte, hieß es im Abschied, „dem Eindringen von Personen, denen die Interessen, Neigungen und Ansichten dieses Standes fremd sind, in dessen Vertretung vorzubeugen"[56]. Je fragwürdiger die künstlichen Standesschranken wurden, desto mehr insistierte Berlin darauf, sie einzuhalten.

Den westfälischen Landgemeinden wurde ihr Vorrecht genommen, auch Vertreter des Gewerbes zu wählen; den rheinischen Landgemeinden wurde der Brauch untersagt, außer Landwirten und Gewerbetreibenden auch noch Vertreter der Intelligenz zu wählen. Rochow versuchte mit anderen Worten, dem Rheinland den nur im Osten voll rechtskräftigen Gegensatz zwischen Eximierten, Stadtbürgern und Landbauern politisch aufzuzwängen; und das zu einer Zeit, wo jener Gegensatz auch schon in den östlichen Städten zu schwinden begann. Das Aufkommen immer neuer Berufe stellte im Osten die Observanzen in Frage, welches Gewerbe nun eigentlich als städtisch zu betrachten sei. Daher drängten einige Städte, den Umkreis der Bürgerrechts-Pflichtigen auszudehnen, und sie wollten, was die Ostpreußen schon auf ihrem Landtag 1827 gefordert hatten, auch die Berufe der Intelligenz einbeziehen. Der alte Stein fand solche Vorschläge zur Korrektur der Städteverfassung, trotz seiner Abneigung gegen

---

53 Vgl. *Croon:* Provinziallandtag 41 und 357 ff., wo sich die Berufsliste der Landtagsmitglieder des vierten Standes befindet. Im Laufe des Vormärz wurden von diesem gewählt: 2 Landräte, 2 Regierungsräte, 2 Steuerbeamte, 2 Anwälte, 1 Landgerichtsrat a. D., 2 Kanonici, 3 Kommerzienräte, je ein Bankier und Fabrikbesitzer.
54 Vgl. die Akten bei *Hansen:* Rhein. Briefe 1, 133 ff.
55 Reskript 4. 4. 1835: *Rauer:* 2, 209 f. Dazu *Rumpf:* 20, 327/508.
56 *Rauer:* 2, 212.

Stubengelehrte, Staatsbeamte und Advokaten, sehr richtig.[57] Aber jede Ausweitung der Stadtbürgerrechte auf Gebildete und Gelehrte wurde verhindert, mit besonderem Nachdruck von Rochow. Als eine pommersche Stadt dazu überging, wurde ihr dies 1840 strikt untersagt. Anwälte oder Ärzte usw. betrieben kein Gewerbe. „Unter dem Ausdrucke: städtische Gewerbe, sind niemals solche Beschäftigungen verstanden worden, deren Ausübung auf einem wissenschaftlichen Studio, auf dem Nachweis der darin erworbenen Ausbildung und der deshalb vom Staate erteilten besonderen Erlaubnis beruht." Der Zweck der bisherigen Gesetzgebung sei immer gewesen, „die eigentlichen Gewerbetreibenden, *im Gegensatze* von Gelehrten und Künstlern auf der einen, und von Tagelöhnern und Dienstleuten auf der anderen Seite, zur Gewinnung des Bürgerrechts zu verpflichten"[58]. Dabei habe es zu bleiben.

Die Ausschaltung der Intelligenz wurde immer fragwürdiger, je mehr sich das Bürgertum außerhalb der Beamtenhierarchie emporarbeitete. Rochows Deklarationen der Gesetze zielten darauf, die Stände als wirtschaftliche Interessenvertretungen einzuriegeln, ihnen jene Luft zu entziehen, die das politische Flair einer parlamentarischen Vertretung ermöglicht. Die Tendenz zur Klassenbildung auf ökonomischer Grundlage wurde so vom Staat mehr forciert, als es den Bürgern lieb war. Die Folgen, besonders seit 1840, zeigten sich schnell. Die junge Intelligenz, die sich weder innerhalb noch außerhalb der Beamtenschaft entfalten konnte, wurde „radikal". Und der Zusammenhang, den die Verwaltungsbehörden zwischen „den sogenannten gebildeten Ständen" und den demokratischen, kommunistischen oder sozialistischen Strömungen in den nichtbürgerlichen Unterklassen vermutete, wurde besonders argwöhnisch verfolgt.[59] Es waren die beiden Klassen, deren Zusammenhang, durch ihren Ausschluß von der Ständeverfassung, gleichsam von Staats wegen gestiftet wurde.

In dem Maße, wie sich die akademischen Berufe politisch engagierten und – über ihren Grundbesitz – in die Stadträte einzogen, drängten sie auch in die Landtage. In den vierziger Jahren mehrten sich die Versuche, den Kreis der Wahlberechtigten auch auf die Eximierten, auf die Berufe der Intelligenz auszudehnen. Wie früher die schüchternen Wünsche[60] wurden jetzt die lauten Forderungen zurückgewiesen.

---

57 Stein, ed. *Botzenhart* VI, 635 (31. 1. 1829). Vgl. *Pertz:* Stein VI, 2, 252 ff.
58 Reskript des Innen- und Polizeiministers (gezeichnet von v. Meding) an den Ob.-Pr. von Pommern vom 9. 9. 1840; *Gräff – Rönne – Simon:* 4, 500.
59 Vgl. *Hansen:* Rhein. Briefe 1; 604 f., 622, 637 passim; für Posen: Arch. panstw. Pozn. Ob-Pr. VII F 3a, Ob-Pr. v. Arnim an Rochow, 31. 1. 1842.
60 Die Ostpreußen forderten schon 1824 vergeblich, daß Mitglieder des Magistrats auch ohne Grundbesitz wählbar seien. Sie erreichten nur, daß wenigstens auch ehemalige Gewerbetreibende zugelassen wurden: ein Vorrecht, das sie nur mit den westfälischen Städten teilten. Die Schlesier wollten 1836 die Wählbarkeit auch auf die ehemaligen Magistrats-

Wie sehr freilich die Gewerbeklausel einen ständischen Interessentenkreis, besonders der Zunftbrüder, zu binden geeignet war, zeigte das Abstimmungsergebnis in der einzigen Provinz mit fortdauernder Zunftverfassung, nämlich Sachsens im Jahre 1843. Hier wurde ein Antrag, die Wahlfessel an Magistratur oder Gewerbebetrieb gänzlich aufzuheben, bereits im Landtag von einer Majorität mit 57 : 9 Stimmen verschluckt. In den anderen gewerbereichen Provinzen des Staates, in Schlesien, Westfalen und im Rheinland, erhielten dieselben Anträge im gleichen Jahr – 1843 – schon eine qualifizierte Mehrheit. Sie fanden also nicht nur bei den Städtern, sondern auch bei den anderen Ständen starke Unterstützung.[61] Es blieb dem neuen König vorbehalten, alle Forderungen nach einer beruflichen Ausdehnung der städtischen Repräsentation – also den Weg zum Staatsbürgertum – abzulehnen.

Besonders hart betroffen waren die Westfalen, denn sie hatten sich schon 1827 das Sonderrecht erkämpft, nicht nur Magistratsmitglieder, sondern auch alle Stadtverordneten mit Grundbesitz, ebenso wie ehemalige Gewerbetreibende, in den Landtag senden zu können, also Honoratioren der Stadt. Wie den Landgemeinden das ihre, so wurde den Städtern dieses Sonderrecht 1839 entzogen. In Minden beispielsweise, so beschwerte sich der Landtag, gebe es seitdem kaum mehr einen landtagsfähigen Bürger.[62] Kein Widerspruch und keine Bitte, die auf den folgenden Landtagen wiederholt wurden, führten zum Erfolg. Ähnlich abschlägig wurden die Rheinländer beschieden, als sie 1841 versuchten, wenigstens den Kreis der wahlfähigen Gewerbetreibenden selber auszudehnen.[63] Von den Gesellschaftsunternehmungen oder Familienbetrieben blieb, wie bisher, immer nur ein Teilhaber wahlberechtigt[64], mochte die gemeinsame Steuerleistung so hoch sein, wie sie wollte.

Alle bisher genannten Petitionen, die erst zaghaft, seit 1840 über die gewerbereichen Provinzen verstreut immer entschiedener vorgetragen wurden, richteten sich nur auf eine *qualitative* Verbesserung der Repräsen-

---

mitglieder ausgedehnt sehen: Es wurde verboten, da kein Bedürfnis nachgewiesen worden sei (*Rauer:* 1, 18; 1, 49; 2, 178 ff.). All diese Anträge gelangten über den Landtag hinaus; diejenigen, die hängenblieben, sind nicht verzeichnet. — Um 1847 in den Vereinigten Landtag einziehen zu können, eröffnete der Breslauer Partikulier Siebig pro forma einen Holzhandel; nur so erfüllte er die Gewerbeklausel (*Stein:* Breslau 261).
61 Ein gleicher Antrag scheiterte im Rheinland 1841 noch an der Zweidrittelklausel; nur 39 : 27 stimmten dafür (*Croon:* a. a. O. 41).
62 *Rauer:* 2, 186.
63 *Rauer:* 2, 187 ff. Der Protest 1841 bei Rumpf 21; 379/623.
64 *Rauer:* 2, 195; 1845 machten noch die Düsseldorfer Bürger einen Antrag an den Landtag, den Industriellen eine eigene Interessenvertretung zu schaffen, Staat und Wirtschaft seien wie Ursache und Wirkung bzw. umgekehrt ineinander verflochten (St. Arch. Düsseldorf D 20, Nr. 1272). Ebenso vergeblich beantragte der ostpreußische Landtag 1843, die Handelsinteressen von Königsberg, Danzig, Memel, Tilsit und Elbing gesondert zu vertreten (*Bülow-Cummerow:* Abhandlungen 1, 107).

tation der beiden unteren Stände. Sie suchten ihre Wahlfreiheit auszudehnen, um neue Berufe der Industrie und der Intelligenz in die Landtage zu bringen. Statt darauf einzugehen, beschnitt der Staat sogar die wenigen Begünstigungen, die er bisher hatte gelten lassen. Dabei verblieben die Anträge durchaus im Rahmen der berufsständischen Klasseninteressen, sie richteten sich in erster Linie gegen die Fessel der Grundbesitzklausel, die eine politisch adäquate Vertretung der „gewerbsamen Bürger- oder Mittelklasse" verhinderte, die sich als die „Schöpferin der Industrie" verstand.[65]

Durch zwei Jahrzehnte hindurch hatte es der Staat darauf angelegt, seine Untertanen auf das wirtschaftliche Gebiet hinzulenken, um sie politisch stillzulegen.[66] Als 1840 die Verfassungshoffnungen emporschnellten und durch den neuen König enttäuscht wurden, meldete z. B. der Polizeirat Bauer in einem der obligaten Stimmungsberichte aus Posen: Des Königs Absage an die Verfassungsbitten habe die allgemeine „Bewegung abgestillt, und das Ziel der Öffentlichkeit wieder mehr in den weiten Bereich der materiellen Interessen hineingerückt"[67]. Dieser Tenor, der sich durch die damaligen Geheimberichte zieht[68], war auf den Schlüssel abgestimmt, der von Berlin geliefert wurde. Aber der Schlüssel paßte nicht mehr. 1830 hatte Hansemann den König in seiner berühmten Denkschrift gewarnt: „Es möchte vielleicht hie und da noch geglaubt werden, es sei möglich, alle Kenntnisse, die zum Blühen der Industrie erforderlich sind, zu verbreiten, die Leibeigenschaft und die daraus herstammenden Dienstbarkeiten abzuschaffen, Gewerbefreiheit vollständig auszuführen, und dennoch die Verbreitung solcher politischer Ansichten zu hindern, welche, einmal durch die Masse der Nation gedrungen, notwendig endlich die formelle vollständige Anerkennung der neuen Lebensprinzipien des Staates herbeiführen müssen." Seine ganze Denkschrift diente, das Irrige solcher Meinung zu zeigen[69]; sie wurde ad acta gelegt.

Die dreißiger Jahre schienen zu beweisen – und auch Hansemann gab dies zu –, daß die Interessen der Wirtschaft, des Handels und der jungen Industrien so sehr wie die der landwirtschaftlichen Betriebe durch eine liberal gehandhabte Verwaltung gesichert seien. In der Situation richtig, erlag das Berliner Ministerium aber einem Kurzschluß, daraus auch für die Zukunft zu folgern, daß eine Korrektur der ständischen Verfassung überflüssig sei. Selbst die berufsständischen Vertretungen unterließ man, den

---

65 „Über das Ständewesen in Preußen", Dt. Vjsschr. 1842, Heft 3, S. 234.
66 Vgl. *Croon:* 74, 193; *Hansen:* Preußen und Rheinland 70.
67 Arch. Panstw. Pozn. Ob. Pr. V B 6, 22. Bericht vom 31. 8. 1841, in Vertretung des Polizeidirektors Minutoli.
68 Vgl. die Stimmungsberichte über die Reaktion der Rheinlande auf die Landtagsabschiede 1841, 1843, 1845 bei *Hansen:* Rhein. Briefe I.
69 *Hansen:* a. a. O. 39.

veränderten wirtschaftlichen Gegebenheiten anzupassen.[70] Das Leisetreten, das sich während der dreißiger Jahre in den provinzialständischen Verhandlungen im ganzen Staat bemerkbar machte, sprach zwar zunächst und vordergründig für den Erfolg der Verwaltung, aber die daraus gezogene Folgerung war trügerisch. Berlin erlag 1840, als die neuen ständischen Forderungen zurückgewiesen wurden, einem gleichsam selbst verschuldeten Trug.

Jetzt rächte sich auch, daß provinzialständische Forderungen, weil sie nur aus den Provinzen kamen und auf sie beschränkt bleiben mußten, immer die Vermutung für sich hatten, aller höheren Ein- und Übersicht zu entbehren. Selbst die Wirtschaftspolitik entsprach immer weniger den Wünschen der von ihr betroffenen Kreise, aber entschiedene Forderungen, die aus Ost und West nach Berlin gelangten und von einer neuen, gemeinsamen Interessenlage zeugten, wurden abgewiesen: Die Befugnisse der Provinzialstände würden überschritten, wenn sie aus ihrer beschränkten Sicht heraus allgemeine Eingaben machten. Dabei war die Kritik am Finanzministerium um 1840 allgemein. Man forderte Privatbanken, ein neues Aktienrecht, Eisenbahn-Bauhilfen und ein eigenes Handelsministerium. Die Verflechtung der staatlichen Finanzpolitik mit der Wirtschaftspolitik, die organisatorisch im Finanzministerium zusammenliefen und als deren Exponent Rothers Staatsbank und Seehandlung galten, wurde zunehmend angegriffen. Die drei großen Quellen des Nationalwohlstandes: Kapital, Arbeit und Intelligenz, berichtete etwa der pommersche Landtag 1841, seien so zarter Natur, daß sie besonders sorgsamer Pflege bedürften. Hier seien finanzielle Opfer vonnöten, die sich erst in der Zukunft bezahlt machten, was ein Finanzminister nicht zugeben könne. Im ganzen waren es Argumente, die in der Verwaltung selbst verbreitet und gerade von Rother befolgt wurden; aber jetzt brachten sie die Bürger: Der Staat habe z. B. hervorragende Schiffahrtsschulen gestiftet, nun solle er auch die Konsequenz ziehen und die Erfolge des steigenden Seehandels absichern.[71] Um dem Finanzminister jede Pflichtenkollision zu ersparen, müsse ein Handelsministerium gegründet werden, das die besonderen Interessen von Landwirtschaft, Industrie und Handel vertrete.

Die Preußen stellten 1841 denselben Antrag, 1843 erneuerten sie ihn, und die Rheinländer zogen mit der gleichen Forderung nach, nachdem sie 1841 knapp an der Zweidrittelklausel gescheitert waren; 1845 folgten die Schlesier; immer aber wurden die Stände belehrt, daß „bei der Organi-

---

70 Insoweit war das Fazit richtig, das Ranke aus einem Gespräch mit Moltke 1873 rückblickend zog: „Wäre er [Friedrich Wilhelm IV.] nur zehn Jahre früher auf den Thron gekommen; er würde dann mit seiner ständischen Verfassung durchgedrungen sein" (Tagebücher im Anhang zur Weltgeschichte, Leipzig 1910 [3. Aufl.], S. 745).
71 *Rumpf:* 16, 472 ff./530.

sation der Zentralbehörden allgemeine Rücksichten maßgebend seien", die provinziell zu erörtern nicht statthaft sei.[72] 1844 bequemte sich der Monarch zur Stiftung des Handelsrates und Handelsamtes, dem aber keine exekutiven Befugnisse beigelegt wurden. Sofort erneuerten die Rheinländer ihren Antrag im folgenden Jahr, um die halbe Lösung, die auch in der Verwaltung umstritten blieb, durch ein stimmführendes Ministerium zu ersetzen.[73] Auch dieser Antrag wurde abgelehnt, obwohl er von Schutzzöllnern und Freihändlern in gleicher Weise unterstützt worden war. Die Unfähigkeit, rein verwaltungstechnisch einem allgemeinen Bedürfnis nachzukommen, zeugt freilich von der Planlosigkeit und Zerrissenheit, die das Staatsministerium im letzten Jahrzehnt vor der Revolution kennzeichnen. Aber die Entschlußlosigkeit war weitgehend motiviert von der Sorge, ob den neuen wirtschaftlichen Kräften politische Konzessionen zu machen seien.

Das Fernziel, die Provinzialstände als Erziehungsanstalten zur staatsbürgerlichen Betätigung, als Schule der Reichsstände wirken zu lassen, worin die Reformer, vom alten Stein angefangen, deren Berechtigung erblickten, war längst entschwunden. Die sich versteifende Haltung der drei aufeinanderfolgenden Innenminister Schuckmann, Brenn, Rochow zeigen den Stillstand an. Das hieß aber nicht, daß der Weg zum politischen Selbstbewußtsein nicht von den Ständen selbst zurückgelegt worden wäre. Der führende Stand der Ritter hatte nur zu verlieren, ihm ermangelte es daher nie an politischer Bewußtheit, aber je länger die wirtschaftliche Entwicklung anhielt, desto mehr formierten sich auch die unteren Stände, voran die Städter der östlichen und westlichen Flügelprovinzen des Staates. Die Bindung der Stände an den Grundbesitz wurde immer fraglicher, je mehr die staatlich geförderte Industrialisierung und die Beweglichkeit des Bodenmarktes ihre Wirkungen zeitigten. War es Hardenberg nicht gelungen, eine verfassungspolitische Konsequenz zu ziehen, weil die Wirtschaftsgesetzgebung noch nicht genügend verwirklicht worden war, so hatte sich der Sachverhalt fast in der Stille umgekehrt. Der Staat, d. h. Friedrich Wilhelm IV. und seine konservativen Minister scheuten sich um 1840, jene politischen Konsequenzen zu ziehen, die ihnen nunmehr selbst von den konservativ gesiebten Ständen zu ziehen angetragen wurden.

Die Stiftung der Provinzialstände hatte wirtschaftliche Interessengruppen legalisiert. Daß keine Parteien daraus hervorgingen, wurde auf diese Weise zunächst verhindert. Aber die sparsam dosierten politischen Privilegien standen in einem zunehmendem Mißverhältnis zur allgemeinen

---

72 *Rumpf:* 20, 450/532. *Rauer:* 2, 316; dazu *Croon:* a. a. O. 194 ff.; *Stein:* Breslau 199.
73 Staatsarch. Düsseldorf D 20, 1072, den Schutz der Industrie betreffende Landtagsakten. Stiftung des Handelsamtes und Handelsrates VO. 7. 6. 1844 (GS 148); dazu *Delbrück:* Erinnerungen I, 142 ff., und *Hansen:* Mevissen I, 390 ff.

Freiheit, die auf dem wirtschaftlichen Gebiet herrschte. Wenn der Staat nicht einmal die Standesprivilegien den ökonomischen Ergebnissen anpaßte, handelte er auf die Dauer seinem eigenen Interesse entgegen. Als Camphausen 1845 im rheinischen Landtag seinen Verfassungsantrag stellte, forderte er „die endliche Lösung des nunmehr drei Dezennien alten Widerspruchs zwischen den Grundgesetzen des Landes und dem Tun der Regierung"[74].

Die Liberalen verfehlten nicht, immer wieder vorzurechnen, in welchem Mißverhältnis die Steuerleistung zur Zahl der Vertreter stand. Besonders die Grundbesitzklausel war um so fragwürdiger, als die Ritter im Osten weithin Grundsteuerfreiheit genossen.[75] Während z. B. die Ritter Brandenburgs, die 60 000 Taler Grundsteuer aufbrachten, mit 34 Sitzen bedacht waren, repräsentierten die 22 Stadtvertreter eine Grundsteuerleistung, die 5½mal so hoch lag. Allein die drei Vertreter Berlins konnten sich auf eine Grundsteuerzahlung berufen, die die der Ritter um das Doppelte überstieg.[76] Wo aber, wie im Westen, die Stände gleich stark vertreten waren, brachten die Rittergutsbesitzer entsprechend noch weniger auf. Bei gleicher Repräsentation zahlten die rheinischen Ritter weniger als 4 Prozent aller Grundsteuern.[77] Was im Osten ein sichtbares, wenn auch historisches, Mißverhältnis war, war es im Westen nicht minder, zumal das „historische Prinzip" eine geschichtliche Legitimation kaum nachliefern konnte.[78] Der auffallende Widerspruch zwischen Grundsteuerleistung und politischer Repräsentation erinnerte täglich daran, daß nicht die Wirtschaftskraft allein, sondern ebenso die schwindenden oder verschwundenen Herrschaftsrechte ständisch einkalkuliert wurden. Damit war 1823 eine Schere geöffnet worden, die sich im Laufe der folgenden Jahrzehnte immer weiter spreizte.

Über anderthalb Jahrzehnte hinweg berieten die Landtage unter der ihnen gesetzlich auferlegten, effektiven Leitung des Ritterstandes, bzw. – wo sie vorhanden waren – auch der Standesherren. Nur aus den oberen Ständen wurde der Marschall ernannt, der die Verhandlungen zu leiten hatte;

---

74 *Hansen:* Rhein. Briefe 1, 748.
75 Vgl. Abschnitt III und IV.
76 *Gräff — Rönne — Simon:* 6, 170; Suppl. 1, 228. Dort auch die entsprechende Literatur.
77 Siehe Hansemanns Berechnungen bei *Hansen:* Rhein. Briefe 1, 30. Vgl. auch *Schulte:* Volk und Staat 34, für die analogen Verhältnisse in Westfalen.
78 Nach dem sonstigen Steuerschlüssel waren die beiden unteren Stände zahlenmäßig etwas gerechter bedacht. Der Stand der Städte repräsentierte etwa ein Viertel der Gesamtbevölkerung gegenüber drei Vierteln, die auf dem Lande wohnten. Die Gesamtzahl ihrer Vertreter verhielt sich aber wie 182:124. Die Steuerleistung, nicht die Steuersumme, die die Städter aufbringen mußten, lag nämlich sehr viel höher als die des Landes. Der Durchschnitt der städtischen Mahl- und Schlachtsteuer betrug pro Jahr 2,75 Mill. Taler, der der ländlichen Klassensteuer 7,1 Mill. Taler (vgl. *Hoffmann:* Steuerlehre 167 ff., 331 ff., und *ders.:* Bevölkerung 107 f.).

nur aus den oberen Ständen durften die Vorsitzenden der Ausschüsse bestimmt werden. Viele Eingaben oder Streitfragen konnten auf diese Weise abgewürgt oder beseitigt werden, bevor sie petitionsreif wurden.[79] Die Farblosigkeit zahlloser Verhandlungen in den dreißiger Jahren ist auch auf derlei Taktiken zurückzuführen. Nach 1840 meldete sich offener Widerspruch. Die unteren Stände, erst der Sachsen (1841), dann auch der Westfalen (1843) baten darum, ebenfalls Ausschußleiter stellen zu dürfen. In Schlesien forderten sie 1843, um sich überhaupt Geltung zu verschaffen, daß die Sperrklausel der Zweidrittelmajorität gestrichen werde. Alle Anträge wurden zurückgewiesen, und zwar mit der Belehrung, daß sie gar nicht hätten gestellt werden dürfen, weil sie die Zweidrittelschranke nicht überschritten hätten.[80] Was bisher verdeckt blieb, weil es hingenommen wurde, trat jetzt offen zutage: Berlin nutzte die dem Landtag unterstellte Einheit, um innerhalb der Landtage die ritterschaftlichen Vorrechte abzusichern. Und die Berliner Landtagsabschiede mußten um so mehr Erbitterung hervorrufen, als sie legalistisch eine Einheit vortäuschten, die die unteren Stände gerade ausschloß; sie waren es ja, die eine wirkliche Einheit der Standesvertretung zu erreichen strebten, indem sie ihre politische Gleichberechtigung innerhalb des Landtags forderten. Dahinter meldeten sich freilich neue Forderungen. Camphausen ließ sie durchblicken, wenn er 1845 etwa sagte, der Umstand, „daß die Stände zwar eine ungeteilte Einheit, aber zugleich eine aus vier ungleichen Teilen bestehende Vielheit sind", wirke um so stärker, je weniger man den Landtag als die „Repräsentation" einer Provinz betrachte.[81]
Die unverhohlene Bevorzugung der ritterlichen Standesvertretung, gerade unter der Ägide Rochows, führte 1843 einige der unteren Stände zusammen, auf eine Vermehrung ihrer Sitze anzutragen. Über eine qualitative Verbesserung ihrer Wahl- und Stimmrechte hinaus forderten sie auch eine *quantitative Ausweitung* ihrer Vertretung. Die oberen Stände hörten sofort den ersten Schritt in Richtung auf eine französische Konstitution; das Modell des Tiers-état zeichnete sich ab[82], und zwar zunächst im Rheinland, in Schlesien und in Westfalen. 33 der 46 Mitglieder der beiden unteren Stände trugen in Schlesien auf eine Vermehrung um so viel Sitze an, daß sie die Zweidrittelklausel überspringen könnten. Im Rheinland fand sich sogar eine Majorität von 43 gegen 31 aller Stimmen: Sie forderte, den Grundbesitz nicht nur als Bedingung, sondern auch als Maß der Standes-

---

79 Über die Vorzensur der Anträge durch den Marschall siehe *Klawitter:* Schlesische Landtage 13 ff. Über die Macht des Marschalls auf Grund der Geschäftsordnungen: *Rauer:* 2, 301 ff.
80 Landtagsabschiede für Sachsen 6. 8.41, für Schlesien 30. 12. 43; *Rauer:* 2, 308 ff.
81 *Hansen:* Rhein. Briefe 1, 742.
82 *Rauer:* 2, 71.

vertretung festzusetzen. Deshalb erwarteten sie zunächst eine Erhöhung der beiden unteren Stände um je zehn Sitze. Im bedächtigen Westfalen wurden die Landgemeinden mit derselben Forderung von den Städtern noch im Stich gelassen; sie mußten ihre Bitte im Alleingang vortragen[83].

Die Zurückweisung der Anträge in Berlin entbehrt nicht jener den „Preußen" damals so häufig vorgeworfenen Hypokrisie, die sich hinter dem Mantel der Legalität versteckte. Die Petitionen wurden nämlich abgelehnt, weil die Sonderung in Teile – ohne die jene Anträge selbstverständlich gescheitert wären – gar nicht hätte geschehen dürfen. Die Interessen der oberen Stände seien durch die Forderungen der unteren ebenso betroffen, deshalb sei eine Itio in partes gerade in diesem Fall nicht statthaft. Wenn die Anträge bereits in den Landtagen keine gültige Mehrheit gefunden hätten, so könnten sich die unteren Stände in keiner Weise beklagen, „indem durch diese Verweigerung keine Veränderung, sondern nur die Aufrechterhaltung des bestehenden Rechts bewirkt werden kann"[84]. Das hieß mit anderen Worten, daß jeder Versuch, die bestehende Verfassung weiter zu entwickeln, als Antrag schon für rechtlos erklärt wurde. Insofern zeigten die Landtagsabschiede eine verblüffende Ehrlichkeit, die die Überheblichkeit nackt hervortreten ließ. Die Majoritätsklausel täuschte eine Gleichheit der Landtagsvertretung vor, die die unteren Stände an der Gleichberechtigung hinderte. Die Sonderung in Teile, die eine rechtliche Gleichheit wenigstens zwischen den Ständen hergestellt hätte, wurde versagt. Indem die legale Möglichkeit der Itio in partes gerade dort für illegal erklärt wurde, wo sie den einzigen Ausweg bot, strapazierte der Monarch die Legalität an einer Stelle, wo sie dem Geist der Ständeverfassung am ehesten entsprochen hätte. Die Entrüstung war entsprechend groß.

Im Rheinland zerpflückte, der Zensur spottend, Beckerath die Erklärungen des Landtagsabschiedes; in Schlesien, wo sich die unteren Stände zum ersten Male abzusondern gewagt hatten, kam es zu Exzessen, die städtischen Petitionen wurden erneuert und vermehrt.[85] Es nimmt nicht wunder,

---

83 *Rauer:* 2, 313 ff.
84 Landtagsabschied für Westfalen 30. 12. 43. Mit der gleichen Begründung wurde eine Itio in partes der unteren Stände Posens wegen der Jagdgerechtigkeiten rückwirkend als unstatthaft erklärt — und all dies, obwohl etwa das Domkapitel zu Brandenburg oder die Standesherren der Niederlausitz jederzeit einen eigenen Rekursweg an den Monarchen offen hatten (G. für Brandenburg 1. Juli 1823, § 47; siehe auch G. für Sachsen 23. 3. 1824, § 47; vgl. *Rauer:* 2, 311). Biedermann (Preußischer Reichstag 204) unterscheidet einen doppelten Zweck der Itio in partes: Entweder ziele sie in die Vergangenheit, um alte Rechte zu sichern, oder sie biete, in die Zukunft gerichtet, Hilfe für vereitelte Hoffnungen. B. glaubte beobachten zu können, daß der alte König mehr den zukunftsgerichteten Zweck der Itio in partes geduldet, während Friedrich Wilhelm IV. nur ihre restriktive Interpretation zugelassen habe.
85 *Hansen:* Rhein. Briefe 1, 631 ff. (Nr. 265); für Schlesien; Arch. panstw. Katowic. Reg. Oppeln I, 7166. Aus dieser Zeit stammt eines der unpolitischen Lieder Hoffmanns von Fallersleben: „Das Beten und das Bitten ist erlaubt / Ja, und erlaubt ist alles über-

daß sich die damaligen Urteile über den preußischen Staat bei den Radikalen – bei den Scherr, Venedey, Heinzen und ihresgleichen[86] – mit dem eines Metternich deckten: „Statt reiner Rechtsbegriffe sticht überall das System der Pfiffigkeit, des Scheins, statt der Sache die Rabulisterei in der Auffassung der Dinge hervor."[87]

Die Wirkung der Landtagsabschiede, die Friedrich Wilhelm IV. seit 1840 erließ, war für ihn um so verheerender, als sie nicht mehr nur die Landtage erreichten, sondern in der breiten Öffentlichkeit ein Echo auslösten, das die allgemeinen Verfassungsbitten verstärkte. Schon die Zurückweisung der Forderung, die der ostpreußische Huldigungslandtag 1840 vortrug, daß die Verheißungen von 1815 endlich erfüllt werden möchten, war mehr als nur ein provinzieller Akt. „Wie ein Blitzstrahl", berichtete ein Zeitgenosse, „war die Entscheidung durch die Massen gegangen; womit sich sonst nur der Politiker, die Pedanterie und der offiziöse Scharfsinn des Beamten beschäftigt, die Vergleichung ... der ständischen Anträge und königlichen Erwiderungen, und die hermeneutische Erörterung, ob Anlaß zu dieser oder einer anderen Deutung gewesen sei, – das war der Gegenstand der Teilnahme der ganzen Nation geworden, und seit dem Jahre 1815 hatte nichts die Meinung im gleichen Grade bewegt."[88]

Seit 1840 begann die den Landtagen auferlegte provinzielle Abgeschiedenheit zu verfliegen, die ihnen unterstellte ständische Einheit zu zerbröckeln. Es meldeten sich regional und ständisch unterschiedliche Tendenzen, die gesamtstaatlich auf denselben Effekt hinausliefen, nämlich die provinziell gebundene Ständeordnung in Frage zu stellen.

Die *gesamtstaatlichen Verfassungswünsche* waren während der ganzen Restaurationszeit nie eingeschlafen, der preußische Landtag regte sich 1829 als erster mit einem Antrag[89], die Erinnerung an die einmal gegebenen Versprechen blieb wach, wenn auch ihre öffentlichen Äußerungen von ministerieller Seite gedämpft wurden. Der bekannte Antrag des westfälischen Landtages aus dem Jahre 1831 – unter fördernder Duldung des alten Stein – erregte in Berlin hohes Mißbehagen, stellte er doch den Vorzug des Verwaltungsstaates vor den westlichen Verfassungsstaaten gerade nach der belgischen Revolution öffentlich in Frage.[90] Ein rheinischer

---

haupt / Was niemals nützt den armen Untertanen. — / Wenn wir an ein Versprechen etwa mahnen, / Gesetzlich bitten, was wir fordern können, / Da will man uns das Bitten auch nicht gönnen, / Man weist uns ab mit kaltem Hohn zuletzt: / Ihr habt die Form verletzt."
86 *Scherr:* Das enthüllte Preußen 258 ff. *Venedey:* Preußen Einl. und 158 ff. zur Kritik der Radikalen vgl. *Nathan:* Preußens Verfassung.
87 Siehe *Valentin:* Revolution 1; 69, 77, 82.
88 „Die Provinzialstände und die Reichsstände in Preußen" (Dt. Vjsschr. 1842, Heft 2, S. 118).
89 *Gräff — Rönne — Simon:* 6, 139.
90 Vgl. *Schulte:* Volk und Staat 40.

Standesherr, der Fürst zu Salm-Dyck, zog – wie Hansemann – mit einer privaten Eingabe nach. Die Stiftung einer reichsständischen Verfassung könne nicht mehr als Konzession betrachtet werden, sie stelle nur „einen weiteren Fortschritt auf dem bereits eingeschlagenen ... Wege" dar. Der Fürst hatte die gesamteuropäische wie die innerpreußische Situation gleicherweise im Auge. Es sei keine Schwäche mehr, sondern Klugheit, geschwinder zu gehen; sein Vorgehen wurde von den rheinischen Provinzialbehörden gegenüber dem König gedeckt.[91] Auf den Landtagen kam es in den folgenden Jahren nur zu vereinzelten Versuchen, etwa im Rheinland durch den Kaufmann Brust 1833 oder in Schlesien durch den alten Freiherrn von Lüttwitz 1837; ihre Anträge kamen nicht durch.[92]
In Berlin hatte man während dieser stillen Jahre sparsam regiert, um mit einer Anleihe auch die Einberufung von Generalständen zu vermeiden. Derweil wurden Verfassungspläne geschmiedet, die das Versprechen einlösen könnten, ohne die Gefahren einer reichsständischen Versammlung heraufzubeschwören. Sie endeten in jenem fragwürdigen Testament des alten Friedrich Wilhelm III., das die Verfassung zu einer Art fideikommissarischen Hausgesetzes deformierte, welches ohne Zustimmung der Agnaten nicht zu verändern sei.[93] Als sein Sohn, gehemmt durch diese Bestimmungen, aber voll hochfliegender Pläne, sich daranmachte, eine reichsständische Verfassung sukzessive einzuführen, da hatte sich die soziale und mit ihr die politische Situation bereits gründlich verändert. Friedrich Wilhelm IV. wollte das 1823 von ihm selber geschaffene Gerüst der Provinzialstände hochziehen zu einer Zeit, als es bereits innerhalb der Provinziallandtage zu wackeln anfing. An der Unzulänglichkeit der bisherigen Ständeverfassung hegte der Monarch keinen Zweifel. Zwei Gründe machte er dafür verantwortlich, wie er 1841 in einem Geheimschreiben die Landtagskommissare unterrichtete, damit sie jedem Ausgreifen der ostpreußischen Verfassungsbewegung zuvorkommen sollten.[94]
Das eine Hindernis einer gedeihlichen Zusammenarbeit zwischen Verwaltung und Ständen liege in ihrer „Organisation". Die Sitzungen seien zu kurz und erfolgten in zu langen Abständen. Daher fehle es an Zeit sowohl

---

91 Staatsarchiv Koblenz 403/248; *Hansen:* Rhein. Briefe 1, 81 ff.
92 *Croon:* Provinziallandtag 116 ff., *Hansen:* Rhein. Briefe 1, 46, und *Klawitter:* Schles. Provinziallandtage 13.
93 *Dehio:* Wittgenstein ..., in FbpG Bd. 35, 1923, 240, 231 ff. *Srbik:* Metternich 2, 86 ff. *Treitschke:* Dt. Gesch. 4, 710.
94 Arch. Panstw. Pozn. Ob. Pr. V B 6. 21. Rochow an Flottwell im Februar 1841, um das Übergreifen der ostpreußischen Bewegung auf andere Provinzen — hier Posens — zu verhindern. Die ostpreußischen Petitionen, die der König samt seinen Antworten vom 9. September und 4. Oktober 1840 in der Preußischen Staatszeitung publizieren ließ, abgedruckt bei *Gräff — Rönne — Simon:* 6, 139 ff. Dazu *Rothfels:* Th. von Schön 107 ff. Wie selbst Arnim, als Rochows Nachfolger, dessen Diktion übernahm, zeigen seine analogen Anschreiben an die Behörden. Siehe etwa *Hansen:* Rhein. Briefe 1, 637 passim.

für gründliche wie für dringende Beratungen. Die gesamte Gesetzgebung werde aufgehalten. Zudem biete die bestehende Verfassung zur Ausgleichung provinzieller und ständischer Verschiedenheiten durch allgemeine Gesetze kaum eine Hilfe. Es waren Feststellungen, die nur allzusehr der Wirklichkeit entsprachen. Dagegen glaubte Friedrich Wilhelm IV. mit zunächst geringen Neuerungen angehen zu können. Er verfügte die zweijährige Periodizität der Landtage, die rechtzeitige Überweisung der Propositionen, eine beschränkte Publizität nach den erfolgten Sitzungen und die Wahl von Ausschüssen für die landtagsfreie Zeit.[95] Alle Schritte zielten, ohne daß es der Monarch öffentlich aussprach, auf eine reichsständische Verfassung.

Die Schritte waren zu kurz, und es waren zu wenig, um das andere „Hindernis" aus dem Weg zu räumen, das der König vor sich liegen sah. Er fand es „in der herrschenden Richtung des Zeitgeistes, welcher einem Scheinbilde von Freiheit in dem sogenannten Konstitutionen-Wesen nachläuft. Die Partei dieser Richtung hat es sich zur Aufgabe gestellt, die ständische Verfassung der Monarchie herabzuwürdigen und den Ständen ihre Wirksamkeit als eine tote darzustellen." Ihr Erfolg, durch Rede und Schrift das Interesse an den Ständen „systematisch untergraben" zu haben, sei nicht zu leugnen. Der König erwartete – in der Formulierung Rochows – von seinen Landtagskommissaren die „Aufklärung unrichtiger Ansichten", die auf den Landtagen herrschten. Es gelte scharf zu unterscheiden zwischen einer ständischen Vertretung und allgemeiner Volksrepräsentation. Ein „angeregtes Parteitreiben" verliere „das Bewußtsein des natürlichen und germanisch geschichtlichen Verhältnisses der Stände zu ihrem Landesherrn" und lasse sich „zur Nachfolge in dem Beispiel des Auslandes verführen". Auf die Dauer aber ließe sich „in der fremden Form deutsches Wesen" nicht wahren. Gleichwohl trachte man „das Bestehende zu nivellieren, die organische Gliederung zu einer nur mechanisch geteilten Masse zu verschmelzen, die politischen Rechte einzelner Stände und Klassen aufzuheben, nicht mehr Ständen und Interessen, sondern der Gesamtmasse des Volkes nach Köpfen eine Vertretung zu geben". Es sei sein unabänderlicher Entschluß, „der falschen Richtung der Zeit ... kraftvoll entgegenzutreten" und dem Geist der ständischen Einrichtungen ein frischeres Leben einzuhauchen.[96]

Der alte König hatte sich auf die Bürokratie gestützt und die Stände kurzgehalten. Daß sich in Anbetracht solcher Stände eine außerständische, konstitutionelle Bewegung entfalten konnte, war in gewisser Weise ein

---

95 Die Propositionen, die 1841 allen Landtagen zugingen, aus der Preuß. Staatszeitung abgedruckt bei *Gräff — Rönne — Simon:* 6, 148; die folgenden Gesetze: GS 1842, 215 ff. (21. Juni 1842).
96 Arch. Panstw. Pozn. Ob. Pr. V B 6. 21.

Ergebnis der Verwaltungstätigkeit selber. Der neue König, der sich gefühlsbetont von der trockenen Bürokratie abzuwenden suchte, trachtete nach einer Entfaltung der Stände: aber nicht jener Stände, die mit ihren Reformwünschen hervorbrachen, sondern seiner Stände, wie er sie 1823 konzipiert hatte und die er nunmehr durch neue Viril- und Kollektivstimmen alter Adelsgeschlechter historisch zu regenerieren hoffte. Damit hatte er weder die Verwaltung noch den „Zeitgeist" für sich; und so konnte es geschehen, daß der Monarch – dank Rochows Nachhilfe – die Stände noch schnöder behandelte als jemals sein Vater zuvor.[97] Hinter dem Schwall eines christlich-germanischen Vokabulars, mit dem sich der König – ganz modern – an die breite Öffentlichkeit wandte, insistierte er auf dem Schein freier souveräner Entscheidung, jede Verbindlichkeit vergangener Versprechen leugnend, und geriet mit jedem Schritt, den er vorwärts zu tun glaubte, tiefer in eine Sackgasse. Gneist charakterisierte rückblickend „das verhängnisvolle Mißverständnis", das sich durch die Provinzialstände-Verfassung von 1823 eingeschlichen habe: Es „beruhe darauf, daß in dem kritischen Menschenalter an den entscheidenden Punkten vom Staat das Staatswidrige organisiert wurde."[98]

Seit seinem Regierungsantritt schritt Friedrich Wilhelm IV. diesen Weg rüstig fort. Bereits drei Jahre später schrieb Brüggemann, der Redakteur der Kölnischen Zeitung: „Der Staat selbst, als solcher, ist zwar noch immer der ‚Staat der Intelligenz', – aber dennoch ist auch er mehr oder minder sich selber abhanden gekommen."[99] Selten wohl ist ein König mit solchen Erwartungen begrüßt worden wie dieser, und selten wurden sie so bitter enttäuscht wie damals. 1840 und in den Jahren danach wurden alle abgerissenen Fäden der Reform wiederaufgenommen, aber es war nicht der Staat, der dies tat. Das Testament Steins machte die Runde, Schöns Schrift „Woher und Wohin" wurde als authentisches Zeugnis eines Reformers von 1807 allseits gelesen, Humboldts große Prognose über die Unentrinnbarkeit der Reichsstände kam auf den Markt und wurde in den

---

97 *Bülow-Cummerow* hat in seinen Abh. 1, 100 ff. eine Liste der von den Landtagen 1843 eingereichten Petitionen zusammengestellt und sie aufgeschlüsselt: Von insgesamt 325 Eingaben wurden 49 bewilligt, 91 in Erwägung gezogen, 28 teilweise bewilligt, 21 für erledigt erklärt, 136 abgelehnt, darunter natürlich alle Verfassungseingaben.
98 *Gneist:* Rechtsstaat 199.
99 *Brüggemann:* Preußens Beruf 74. Brüggemann verfocht eine mittlere Linie, auf der sich die monarchischen Wünsche mit den liberalen und ständisch-sozialen begegneten. Sein Ziel war eine „Öffentliche ständische Monarchie", in der sich Staat und Gesellschaft nicht gegenüberstünden, sondern sich gegenseitig durchdringen (93). B. sprach von der „allseitigen Durchdringung des bürokratischen und des neuen demokratisch-ständisch-korporativen Elements" (126) und gehörte insofern — wie Mevissen — zu jenen linken Liberalen, die eine Brücke zu Hütern des Reformgeistes und des Allgemeinen Landrechts zu schlagen wußten. Doch gerade diesen Strang der preußischen Geschichte hatte der neue König nicht aufgenommen. Er lebte stattdessen aus historischen Fiktionen.

Landtagen zitiert, Benzenbergs Schrift über Hardenbergs Verwaltung tauchte wieder auf, die Juristen verkündeten den Ruhm des früheren Staatskanzlers, und die biedere Forderung nach einer „Mitverwaltung der Verwalteten" war in aller Munde.[100] Die Zeit der Erfüllung schien gekommen.

Es war eine neue Generation, die nicht mehr die Französische Revolution, wohl aber die Befreiungskriege in ihrer Kindheit miterlebt hatte und die nunmehr im Glanz patriotischer Erinnerungen die Reform zu erfüllen hoffte. Es war die Generation, die nach einer „33jährigen Knechtschaft", wie sie Bismarck ironisch apostrophierte, vom Staat ihre Mündigkeitserklärung einforderte. Sie nagelte Preußen auf den Erziehungsauftrag fest, unter dem die Reform ihren Anlauf genommen hatte. Die Schritte, die Friedrich Wilhelm IV. unternahm, sind bekannt: erst Gewährung der zweijährigen Periodizität an die Landtage, deren –verzögerte – Öffentlichkeit und die Bildung von Ausschüssen (1841); dann die Vereinigung der Ausschüsse ohne Befugnisse (1842), schließlich die Zugabe ihrer Periodizität (1847); im gleichen Jahr nach langem Hin und Her die Berufung der vereinigten Landtage, aber mit abgezweigter Herrenkurie; die Eröffnung des Steuerbewilligungsrechts, aber ohne Periodizität; statt dessen die Wahl eines gemeinsamen Ausschusses, aber die gesonderte Wahl einer Staatsschuldendeputation; endlich – bereits nach der Februarrevolution in Paris – das Zugeständnis eines periodischen vereinigten Landtages.[101] Es war zu spät. Otto Camphausen schrieb 1846 völlig richtig aus Berlin: „Die Verzögerung in der Bewilligung einer reichsständischen Verfassung kann ... im Sinne des Fortschritts kaum als ein Unglück betrachtet werden", die konstitutionelle Bewegung werde dadurch nur befördert. „Im gouvernementalen Sinne ist die lange Zögerung ohne Frage ein großer Mißgriff, bei welcher die Geschichte der sybillinischen Bücher sich wiederholen wird."[102] Alle Versuche, durch eine dosierte Vermehrung ihrer Rechte die Ständeverfassung zu retten, steigerten die Energie jener Kräfte, die – mit dem „Zeitgeist" – darüber hinausdrängten.

Es waren gleichsam zwei Wellen, die aus verschiedenen Quellen gespeist wurden, aber in denselben Strom einmündeten. Für die einen, besonders Vertreter des liberalen Adels wie Bülow-Cummerow, waren die General-

---

100 *Brüggemann:* a. a. O. 72. Dort auch die Zitate aus Schöns Schriften. Humboldts Prognose aus dem Jahre 1821 wurde von Dorow 1842 publiziert, nachgedruckt von *Dahlmann*: Politik 175 ff., von *Bergius*: Staatsrecht 212 ff., natürlich von den „fünf Männern": *Gräff – Rönne - Simon*: 6, 145 f. Benzenbergs Schrift aus dem Französischen rückübersetzt von *Heller*: Beamtenstaat 1844.
101 *Huber*: Deutsche Verfassungsgeschichte 2, 484 ff.
102 27. 1. 1846 aus Berlin an seinen Bruder Ludolf; *Hansen*: Rhein. Briefe 2, 12. Über die Beziehung der beiden Brüder innerhalb und außerhalb der Bürokratie in diesem Jahr siehe *Schwann*: Camphausen 1, 278 ff.

stände der Endpunkt der avisierten Verfassungsentwicklung. In deren Forderungen verpackt und sie unterstützend, meldeten sich die entschiedenen Konstitutionalisten, besonders aus bürgerlichem Lager. Die Demokraten und Radikalen aller Schattierungen waren auf den Landtagen ohne Vertretung, wenn man von Außenseitern, wie dem Grafen Reichenbach, absieht. Ohne äußerlich den ständischen Rahmen zu sprengen, forderten zwischen 1840 und 1845 drei Landtage – Preußens, Posens und der Rheinlande – eine gesamtstaatliche Verfassung, und zwar mit qualifizierter Mehrheit.[103] Alle beriefen sich auf die Versprechen aus Hardenbergs Zeiten. Dabei war das berühmte Versprechen von 1815 – dessen Abdruck der König schließlich verbieten ließ[104] – zweideutig geblieben, inwieweit die Gesamtverfassung „ständisch" oder „repräsentativ" sein solle. Seitdem Gentz durch seine bekannte Interpretation einen scharfen Gegensatz zwischen beiden Begriffen herauspräpariert hatte, indem er die Souveränitätsfrage damit verkoppelte, und nachdem Friedrich Wilhelm IV. diese Interpretation erneut für verbindlich erklärt hatte, bewegten sich die öffentlichen Debatten in vorsichtigen Wendungen. Camphausen konnte es 1845 noch nicht wagen, seinen Antrag in die Forderung nach einer „Repräsentativverfassung" zu kleiden, weil er dann keine Majorität erhalten hätte.[105] Er hätte die reinen Standesvertreter aller vier Stände vor den Kopf gestoßen. Aber er bemühte sich in der Debatte geschickt, die staatsrechtlichen Unterschiede zwischen einer landständischen und einer Repräsentativverfassung zu verwischen, was denn auch zum Erfolg führte. Er konnte die Stimmen zugunsten seiner Verfassungsbitte, die sich bei einem Verhältnis von 42 : 36 zunächst unterhalb der Zweidrittelschranke bewegten, über diese hinwegheben: sein Antrag wurde schließlich mit 55 : 16 angenommen. Er richtete sich auf eine „reichsständische Verfassung, geeignet, die Wünsche aller Klassen der Bevölkerung in richtigem Verhältnis zu vertreten"[106].

Dahinter meldete sich natürlich der Wille, eine Wahlreform anzustrengen und – auf Grund derer Ergebnisse – die reichsständischen Befugnisse über die der Landtage auszuweiten. Es waren Wünsche, mit denen einige

---

103 Der preußische Huldigungslandtag ging mit 87 gegen 5 Stimmen voran, die Posener wehrten sich im folgenden Jahr noch — aus Furcht vor einer Majorisierung ihrer Nationalität in einem vereinten Landtag. 1843 suchten alle drei Provinzen wenigstens den vereinigten Ausschüssen reichsständische Befugnisse zu übertragen, was mit Mehrheit verlangt wurde. 1845 folgten die Rheinlande und Posen mit einem neuen Verfassungsantrag, während die Preußen sich auf die Eingabe aller Petitionen an den Landtag beschränkten, da die Wiederholung eines abgelehnten Antrages verboten war. Die Dokumente: *Gräff - Rönne - Simon:* 6, 139 ff. und Suppl. 1, 2; 224 ff.
104 *Valentin:* Revolution 1, 41.
105 *Hansen:* Rhein. Briefe 1, 759; Ludolf an Otto Camphausen, 23. 2. 45. Vgl. Schöns Ärger über solche Taktiken, die er für unwürdig hielt, bei *Rothfels:* Schön, 179.
106 *Hansen:* a. a. O. 1, 834.

der unteren Stände – wie gezeigt wurde – bereits innerhalb der Provinzialverfassungen aufgetreten waren. In allen Landtagen zusammengenommen befanden sich die Verfechter einer modernen Konstitution, selbst einer nur revidierten Ständeordnung, in der Minderheit, was bewirkte, daß 1841 in Schlesien oder 1845 in Sachsen und Westfalen die gesamtstaatlichen Verfassungsanträge bereits am Widerstand der oberen Stände scheiterten.[107] Aber je mehr die innerständischen Bitten zurückgewiesen wurden, desto mehr griffen die weiterreichenden Forderungen nach einer konstitutionellen Repräsentativverfassung um sich. Der Weg des alten Oberpräsidenten von Schön zeigt diese Entwicklung an. War er 1840 noch der Anführer jener Bewegung, die von Ostpreußen ausgehend auf die Berufung der Generalstände drängte, so deckte er bald die radikaleren Forderungen eines Jacoby, zu dem – wie er schrieb – 99 % aller Ostpreußen hielten. 1846 bekannte er sich selber zu einer Zweikammerverfassung, denn „der alte Begriff von politischen Landständen verschwindet überhaupt mit der Kultur"[108]; er weiche dem berechtigten Anspruch „aktiver selbständiger Staatsbürger", die sich selber, nicht eine Summe von Erdschollen repräsentiert sehen wollten. In einer besonderen Vertretung angestammter Grundbesitzer, die er für die erste Kammer noch vorsah, erblickte er nur eine „Übergangsbestimmung, welche, wenn im Volke mehr öffentliches Leben sein wird, allmählich aufhören muß"[109]. In dem Maße also, wie die reichsständischen Forderungen anwuchsen, wurde der ständische Rahmen bereits gesprengt.

In regionaler Sicht war die Verfassungsbewegung ein Aufstand der Flügelprovinzen gegen das Zentrum. Die Landtage von Brandenburg und Pommern blieben unberührt.[110] In gesamtstaatlicher Sicht aber war dieselbe Bewegung ein Beweis dafür, wie nah sich die Provinzen bereits gekommen waren. Insofern war die Verfassungsbewegung nicht nur ein

---

107 Knappe Zusammenfassung bei *Biedermann:* Die Aufgabe ... 187 ff. Der Antrag der schlesischen Städtevertreter wurde mit 77 gegen 8 Stimmen abgewiesen. Vgl. *Stein:* Breslau 126 ff. Für die anderen Landtage siehe *Stern:* Gesch. Europas 6, 249 ff., und *Schulte:* Volk und Staat 415, Anm. 69 b. Wenn auch der junge Vincke keine Zweidrittelmehrheit fand, im gleichen Landtag kam 1845 ein Antrag durch, der die periodische Vorlage des Staatsetats vor die Provinziallandtage forderte, was bei dem Nachfolger des verstorbenen Oberpräsidenten Vincke große Unruhe auslöste. Er sah die „Reichsstände" hinter der Forderung auftauchen, und eine beschwichtigende Hand strich das berüchtigte Wort aus dem Bericht (Staatsarch. Münster Ob. Pr. B 154).
108 *Rothfels:* Theodor von Schön 186. Dort auch die genaue Analyse.
109 *Rothfels:* a. a. O. 187/8 (Aufzeichnung über Repräsentation aus dem Februar 1846).
110 *Stern:* Geschichte Europas 249 ff. *Treitschke:* Deutsche Geschichte 5, 589 ff. Charakteristik der einzelnen Landtage bei *Bülow-Cummerow* (Abh. 1, 24 ff.), der in den preußischen und rheinischen Landtagen bereits einen „gewissen parlamentarischen Takt" entdeckte. Aufschlußreich für die unterschiedliche Aktivität der acht Landtage sind die Zahlen der 1843 eingereichten Petitionen: Rheinland 75; Schlesien 61; Preußen 53; Westfalen 52; Sachsen 37; Posen 26; Pommern 11; Brandenburg 10.

negatives, sondern ebenso ein positives Ergebnis der bisherigen Verwaltungstätigkeit, die ein einheitliches Wirtschaftsgebiet geschaffen und dessen verkehrstechnische und industrielle Grundlegung energisch gefördert hatte. Es waren die Vertreter von Industrie und Handel, die mehr als die anderen sozialen Klassen auf den Landtagen den Provinzialismus verzehrten. Wie Marx 1844 schrieb: „Die Bourgeoisie ist schon, weil sie eine Klasse, nicht mehr ein Stand ist, dazu gezwungen, sich national, nicht mehr lokal zu organisieren und ihrem Durchschnittsinteresse eine allgemeine Form zu geben."[111]
Die Bürger nahmen zwischenprovinzielle Kontakte auf, sie zogen die Fäden zwischen Königsberg, Breslau und den Rheinlanden immer enger, Jacobys „Vier Fragen" wurden an die Landtagsmitglieder verteilt, Simons Einsatz für die Unabhängigkeit der Richter fand ein weit über seine Heimatprovinz reichendes Echo, besonders unter den Juristen selber, und so formierte sich in „Opposition" zur Regierung – das Wort wurde ein Ehrenname – die staatsbürgerliche Gesellschaft.[112] Es war eine Gesellschaft ohne staatsbürgerliche Rechte. Als sie in den Vereinigten Landtag einzog, erblickte sie in ihm nicht das Ende, sondern den Anfang der neuen Verfassungsentwicklung.
Wie sehr die Ständeverfassung von der sozialen und politischen Bewegung der letzten Jahre überholt war, zeigte der Ablauf dieses ersten preußischen „Reichstages". Ständisch gewählt und provinziell gebunden trat er zusammen, in verschiedene Parteirichtungen zerfächert ging er auseinander. Die Provinzen und ihre Stände brachten dabei ihr jeweiliges Erbe mit ein, „als in der Tat", wie Biedermann beobachtete[113], „anfangs die liberalen Elemente, wie die entgegengesetzten, sich nur provinzweise zusammengruppierten und erst nach und nach die gleichartigen mehr auseinanderrückten und zu Parteien verschmolzen". Die „Opposition" besaß, je nach den Vorlagen in wechselnden Kombinationen, fast immer die Mehrheit.[114] Die Ostbahnanleihe wurde aus verfassungspolitischen Gründen mit einer Zweidrittelmehrheit abgelehnt, und so entschwanden im Verlauf der Debatten die ständischen Schichtungen als politisches Gliederungsprinzip. Der königstreue Adel behielt zwar seine provinzielle

---

111 *Marx:* Deutsche Ideologie, MEGA 1, Bd. V, 52.
112 Vgl. den zwischenprovinziellen Briefwechsel der Rheinländer bei *Hansen:* Rhein. Briefe 1, 885, 891, 895; 2, 162, 167 f., 182, schließlich ihre Vorbesprechungen mit den preußischen Liberalen 199 ff., vor den Landtagsverhandlungen. Zu Jacoby: *Rothfels:* Th. v. Schön 227, und *Treitschke:* Dt. Gesch. 5, 134 ff. Über „Simon als Führer der Opposition" und seine gesamtstaatlichen Kontakte siehe *Jacoby:* Simon 230 ff.
113 *Biedermann:* Preußischer Reichstag 489.
114 Beiträge zur Charakteristik des ersten vereinigten Landtages im preußischen Staate, Leipzig 1847, eine konservative Schrift, deren Tabellen aber auch Biedermann auswertete. Hier sind die Abstimmungsergebnisse namentlich aufgeschlüsselt. Dazu die Interpretation von *Nathusius:* Statistische Übersichten.

Rückhalte, voran in Brandenburg und in Schlesien: Es waren auch die Provinzen, in denen der Gegensatz zwischen dem Adel und dem Stand der Landgemeinden seinen relativ schärfsten Ausdruck fand. Hier wurden die politischen Abstimmungen durch einen betont ständischen Interessengegensatz aufgeladen.

In den Abstimmungsverhältnissen der übrigen Provinzen verwischten sich die innerständischen Trennlinien. Teils waren die Gemeinsamkeiten aller drei Stände stärker als ihre Scheidelinien: so in Preußen, Posen und in den Rheinlanden, wo die Opposition ihren Rückhalt hatte, oder in Pommern, wo sich alle drei Stände – mal konservativ, mal liberal stimmmend – hinter ihrem Anführer, dem Grafen Schwerin, sammelten. Teils zeichneten die Abstimmungsergebnisse Frontlinien, die nicht entlang den Standesgrenzen, sondern quer über alle hinwegliefen: so in Westfalen und in Sachsen.[115] Die Wahlgeographie wird noch weit verwickelter, wenn alle Wahlkreise gesondert bewertet werden. Sie wahrten ihre historische Physiognomie auch noch auf dem Landtag; aber die politischen Fragestellungen der Debatten gingen von den Liberalen aus, und damit prägten diese das Gesicht des „ersten preußischen Reichstages". Am engsten arbeiteten die Provinzen zusammen, deren innerständische Gegensätze am wenigsten hervortraten, die Preußen und die Rheinländer mit ihrem je eigenen Liberalismus.

Fürst Pückler hatte einst – 1822 – seinem Schwiegervater Hardenberg in vertraulichen Stimmungsberichten die politischen Richtungen und Strömungen geschildert: Er unterschied die „Jacobiner"; die große Mitte, welche „eigentlich aus mehreren Klassen zusammengesetzt, keiner bestimmten Partei angehört", und die „Reaction", die sich aus dem unterdrückten Stande des Adels speise. Aus allen drei Gruppen, besonders aber aus den Jacobinern, rekrutierte sich „das wieder seine eigene Partei bildende Heer der Beamten"[116]. Dieses Faustschema ließ sich, unter anderen Bezeichnungen, auch auf die berufenen Generalstände anwenden, die sich jenseits der neuen Radikalen formiert hatten. Und so sprach man in der Publizistik von den Linken, den Rechten und der schwankenden Mitte, wobei von konservativer Seite betont wurde, daß der berüchtigte Name der Partei nur selten und ungern gebraucht worden sei.[117] Aber was

---

115 Siehe Anhang III.
116 *Blumenthal:* Hardenberg 10 ff. (15. 1. 1822).
117 *Nathusius* (a. a. O. 8): „Ein solches Partei-Machen, in welchem allemal das Selbstbekenntnis der Dummheit sowohl wie der Charakterlosigkeit liegt, ist nur im abstrakten Constitutionalismus nebst so manchen anderen Wunderlichkeiten als theoretisches Bedürfnis verkündet." Gerade die „Gleichgesinnten", die sich in der „Sache" zusammengefunden hätten und nicht Theorien oder Zwecken nachgejagt seien, hätten auch auf den Ausdruck der Partei verzichtet. Er selber wolle nicht mehr, als es ohnehin geschehe, von Parteien reden, besonders den Vergleich mit Frankreich entschieden zurückweisen. Zum Begriff der Partei vgl. *Th. Schieder:* Staat und Gesellschaft 110 ff.

Fernwirkungen der Reform

1820 völlig gefehlt hatte, war jetzt da. Die Liberalen besaßen ein theoretisches und entwickelten ein taktisches Programm, das ihnen während der ganzen Verhandlungen die eindeutige Führung ermöglichte. Die Regierung wurde in die Verteidigung gedrängt und fand bei dem altständischen Adel nur sehr bedingt, vor allem keine organisierte, Hilfe.[118] Der rhetorische Anführer der Liberalen war vielmehr selbst ein altadliger Landrat, der Freiherr von Vincke.

Was die provinzialständische Fassade verdeckt hatte und was schließlich das Gouvernement selbst von diesen Provinziallandtagen nicht zur Kenntnis nehmen wollte, hatte sich unüberhörbar zum Wort gemeldet. Innerhalb der Stände, zwischen ihnen und außerhalb ihrer hatten sich Interessen- und Gesinnungsgemeinschaften gebildet, die sich mit Macht der Vormundschaft des Verwaltungsstaates entziehen wollten. So berechtigt der Angriff auf eine Bürokratie war, die sich unter dem neuen König dazu hergeben mußte, eine christlich-germanische Gesinnung unter polizeilicher Kontrolle zu erstellen, so unzulänglich der Verwaltungsstaat gerade auf seinen erfolgreichsten Gebieten, dem der Bildungs- und der Wirtschaftspolitik, inzwischen geworden war, die liberale Bewegung von 1847 war nicht nur eine Antwort auf unleugbare Mißstände, sondern ebenso noch eine Fernwirkung der Reformzeit.

Der Schwerpunkt der Opposition lag durchweg in den Großstädten, die sich im Genuß der Selbstverwaltungen befanden und sie am lebhaftesten zu nutzen wußten.[119] Das allgemeine Postulat, die politischen Rechte aus den Fesseln der Grundbesitzbindung zu befreien, war eine Konsequenz aus der Wirtschaftsgesetzgebung, an der der Staat festgehalten hatte und die in der rheinischen Kommunalverfassung 1845 bereits zum Dreiklassenwahlrecht geführt hatte.[120] Schließlich waren es, wenn auch unbeabsichtigt, die Provinzialverfassungen selbst, die der liberalen Opposition einen organisatorischen Ausgangspunkt und Rückhalt darboten.

Die Einheit des *ostpreußischen* Landtages war mehr als in den anderen Provinzen ein unmittelbares Erbe der Reformzeit. Der Oberpräsident von Schön verstand sich immer als der Wahrer ihres Geistes. Er wußte sich gleicherweise an der Spitze seiner Behörden wie als Hüter seiner Stände. So gelang es ihm auch, die unabhängigen Generalkommissionen mit ständischer Hilfe in den Instanzenzug seiner Regierungen zurückzuholen.[121] Ein sozial sichtbares Vermächtnis der Königsberger Aufklärung,

---

118 *Wülffing:* Die Stellung der Vertreter des Gouvernements. W. ist Katholik und hält eine „kirchliche Partei [für] nicht erforderlich und wünschenswert ... aber wohl eine conservative politische Koalition", die er auf dem Landtag völlig vermißt hat.
119 *Nathusius:* Statistische Übersichten 44 ff.
120 *Boberach:* Wahlrechtsfragen 92 ff.
121 Vgl. oben S. 251.

Beamtenstand und Provinzstände

der Kant und Kraus, war auch der vergleichsweise enge Zusammenhang, der in Ostpreußen zwischen Adel und oberem Bürgertum herrschte; das politische Gewicht der unteren Schichten war dagegen noch gering. In keiner Provinz – vom Sonderfall Posens abgesehen – war der bürgerliche Anteil an den Behörden so hoch wie in Preußen[122], in keiner anderen Provinz hatte sich der bürgerliche Einkauf in den ersten Stand prozentual so stark auf die Landtagsvertretung ausgewirkt wie hier.[123] Die Bürger im Ritterstand waren ein Ferment der Liberalisierung, ihre Stimmen im Vereinigten Landtag lagen – was für die anderen Provinzen nicht gilt – prozentual weiter links als die des ritterschaftlichen Adels. Die Führung der Verfassungsbewegung lag zwar beim liberalen Landadel und bei den Stadtbürgern, aber die Gleichberechtigung beider Stände war eine Art sozialer Bestätigung der liberalen Haltung, die den ostpreußischen Adel damals auszeichnete. Die bemerkenswerte Einstimmigkeit der Ostpreußen im Jahre 1847 war also weniger bürgerlich als „zivilistisch"[124]. Schön selber schätzte den ständischen Rock höher als die militärische Uniform[125], weil er „auf dem Scheideweg zwischen Servilität und Charakter" letzteren mehr bei den freien Ständen suchte. Gegen die Sklavengesinnungen unter den Staatsdienern kämpfte er zeit seines Lebens. Und als der König ihn aufforderte, gegenüber dem Innenminister einzulenken, weil er – zweifellos – seine Verwaltungsbefugnisse überschritten hatte, da lehnte Schön ab; er berief sich auf die führenden Leute seines Landtags.[126] Der Oberpräsident Schön überreichte sein Entlassungsgesuch 1841 als ein Mann ständischen Vertrauens. Die beispielbildende Kraft der preußischen Provinz für die Ereignisse von 1847 beruhte auf der Kontinuität des Reformgeistes, voran in ihrem Oberpräsidenten, so gut wie in der sozialen Auswirkung der Reformgesetze, die hier mehr als sonstwo die Fusion von Adel und Bürgertum in der Schicht der Gutsbesitzer herbeigeführt hatten; die soziale Zusammensetzung der Behörden entsprach diesem Sachverhalt, und insofern war die preußische Provinzverfassung ein legaler Hort der Rebellion, an dem Rochow als erster scheiterte. Was sich innerhalb der Provinz als seltene Einmütigkeit zeigte, das bot im Rahmen der vereinigten Landtage die solide Basis einer liberalen Parteibildung.

In dieser Hinsicht ähnlich, wenn auch aus anderen Gründen, lagen die Verhältnisse in der *Rheinprovinz*. Hier fehlte das Erbe der Reformzeit,

---

122 Vgl. Anhang IV.
123 Vgl. Anhänge V und VI. Vgl. Der erste Vereinigte Landtag I, 990.
124 Es kennzeichnet Schön, daß er einen stadtbürgerlichen Antrag auf eine Itio in partes seiner Stände mißbilligte und dessen Verhinderung durch Dohna und Brandt begrüßte (Schön an Stein, 9. 5. 1827; ed. *Botzenhart* VI, 493).
125 *Rothfels:* Schön 205 ff. Handakte aus dem Jahre 1834. Glänzende Charakteristik Schöns in *Unruhs* Erinnerungen 53 ff.
126 *Rothfels:* a. a. O. 120. Aus den Papieren 3, 310 f.

aber der Provinziallandtag erwies sich als eine starke Bastion gegen alle Versuche aus Berlin, die französische Gerichtsverfassung, das französische Recht und die französische Kommunalverfassung den östlichen Verhältnissen anzupassen.[127] Trotz mehrfacher Anläufe schreckte das Berliner Staatsministerium zurück, gegen den entschiedenen Willen der Majorität auf den rheinischen Landtagen das preußische Recht nach Westen auszudehnen. So entwickelte sich im Rheinland ein partikulares Selbstbewußtsein, das sich in den vierziger Jahren als Vorhut einer wohlbewahrten, nunmehr auf den ganzen Staat auszudehnenden freieren Rechtsverfassung verstehen konnte. Dabei fand die Provinz selbstredend die Unterstützung ihrer Juristen, die sich nach Lage der Dinge aus Einheimischen, den Kennern des Code Napoléon, zusammensetzten. Aber auch die zwangsläufige Überlagerung und Durchsetzung der Verwaltungsbehörden mit altpreußischen Beamten reichte nie so weit, daß sie sich grundsätzlich gegen die rheinischen Sonderwünsche gestemmt hätten. Die staatsbürgerliche Gleichheit, die sie 1815 vorfanden, wurde von den neu eingesetzten Beamten Hardenbergs nur begrüßt, sie beizubehalten befürwortet[128], und auch in den folgenden Jahrzehnten fanden die rheinischen Bürger oft bei ihren Regierungen eine Hilfe, die sich zu ihren Gunsten auf die Berliner Entschlüsse auswirkte.[129] Das führte dazu, daß das Staatsministerium sein Mißtrauen gegen den rheinischen Partikularismus[130] seit 1830 auch auf die Provinzialbehörden ausdehnte.

Der berüchtigte Polizeiagent, Landrat Schnabel, erhielt den Auftrag, auch die Beamten zu überwachen. So berichtete er etwa 1837, was kein Geheimnis war: „Die meisten höheren Justiz-, nicht minder die Verwaltungsbeamten sträuben sich gegen alles, was das jetzige hier noch bestehende Justizwesen alterieren könnte."[131] Es verwundert nicht, daß Rochow das

---

127 Staatsarchiv Düsseldorf D 20 (Landtagsakten) 503, 504 bis 507. (Die Einführung des Landrechts betr. 1826 ff.) 510 ff.: das Prov. Recht betr. Dazu *Croon:* Provinziallandtag 151 ff.
128 DZA Merseburg R 74 H 32 Bericht Pestel (Düsseldorf), 14. 6. 1817, mit dem üblichen Vorbehalt gegen das französische Wahlverfahren, infolge dessen „die Repräsentanten durchaus aus Kaufleuten und Fabrikanten bestehen, deren Ansichten und Absichten mit denen der übrigen Bewohnern nicht immer übereinstimmen"; R 74 H II, 2 Bericht Delius (Trier) aus dem gleichen Jahr; R 74 H II Niederrhein Nr. 8. Erdmannsdorff (Kleve) forderte — als einziger Präsident — die Beseitigung der französischen Zivil- und Kriminalgesetzgebung (21. 12. 17), aber der Oberpräsident legte gleich sein Veto gegen das Gutachten ein (28. 12. 17, Solms-Laubach), mit einem zusätzlichen Mißtrauensantrag gegen Kamptz.
129 Dazu *Boberach:* Wahlrechtsfragen 45, 48, 51, 93 passim.
130 Vgl. *Schieder:* Partikularismus und Nationalbewußtsein, in: Staat und Gesellschaft im deutschen Vormärz 1815—1848, 18. Das Verhältnis einheimischer zu preußischen Beamten betrug nach Klewitz' Bericht 1817 noch 55 : 39 in den oberen Rängen, insgesamt 207 :159, wozu noch 23 „Ausländer" kamen (R 74 H Gen. II 13). Dazu auch ergänzend *Schubert:* Regierung Koblenz 13 ff.
131 *Hansen:* Rhein. Briefe 1, 142 (Bericht 26. 2. 1837). Auch in Posen mußte sich der

umstrittene rheinische Adelsstatut herausgab, ohne zuvor den Rat seiner Provinzbehörden eingeholt zu haben.[132] Die allgemeine Tendenz, daß sich die Beamtenschaft der Sozialstruktur ihrer jeweiligen Provinzen anpaßte, zeitigte auch im Rheinland ihre Folgen. Dem entspricht, daß in den rheinischen Behörden der bürgerliche Anteil über dem Durchschnitt der übrigen Provinzen lag und vor allem auf der Ebene der Landräte ins Gewicht fiel, da der qualifizierte Adel nicht zahlreich genug war.[133] Die zunehmende Spannung zwischen dem Gouvernement und der rührigen Gesellschaft am Rhein lähmte die Beamten, die sich beiden zugeordnet wußten. Als der Autoritätsverfall immer deutlicher wurde und sich laut in den Kölner Unruhen von 1846 äußerte, da glaubte das Staatsministerium den Anlaß zu erkennen: Er liege in dem Verhalten der rheinischen Zivilbehörden, voran der Justiz, zugunsten der Bürger gegen das Militär zu optieren.[134] So kurzsichtig das Urteil war, es trifft jenes „Rheinpreußen", das, eine Kreuzung aus Administration, Industrie und französischem Recht, 1847 als politische Einheit in Aktion trat.

Der rheinische Landtag war auch der erste, auf dem sich quer durch die Stände hindurch politische Frontbildungen abzeichneten, dessen Debatten parlamentarische Formen annahmen. Voraussetzung dessen war zunächst die konfessionelle Mischlage, die besonders deutlich zum Ausdruck kam, weil die protestantischen Großbürger auf dem Landtag stärker vertreten waren, als es dem zahlenmäßigen Anteil ihrer Konfession in der Provinz entsprochen hätte.[135] Der Kirchenkampf, der sich an der Mischehenfrage entzündete, erhitzte die Gemüter so stark, daß der Staat es vorzog, 1839

Oberpräsident gegen die Kommissare aus der Berliner Polizeizentrale wehren. Ein solcher, Brown, schätzte die Gefahren der geheimen Verbindungen — wie üblich — größer ein als die regionalen Behörden. Aber Flottwell, der in Browns Berichten nur „Hirngespinste" erblickte, mußte sich einen scharfen Verweis des Königs zuziehen: In Berlin leiste man auf die Hoffnung Verzicht, „durch ein unbeschränktes Mißtrauen das gegenseitige [zu] gewinnen und auf diesem Wege den Keim der Unruhe [zu] ersticken". So berechtigt dies in Anbetracht des unlösbaren Nationalitätenkonfliktes auf die Dauer war, auf den ganzen Staat übertragen, führte dieses Verhalten zu dauernden Mißgriffen und verschärfte von Jahr zu Jahr die Lage (Friedr. Wilh. III. an Flottwell, 13. 2. 1836; Arch. Panstw. Pozn. Ob. Pr. IX B C 1).

132 *Hansen:* Rhein. Briefe 1, Nr. 32 ff. Dazu *Hansen:* Mevissen 1, 222 f.
133 Vgl. Anhang IV.
134 DZA Merseburg R 89 C XII, vol I. (Volkstumulte und Exzesse betr.) Sitzung vom 26. 9. 1846, die eine KO herbeiführte zur Koordinierung der Behördensprache (29. 9. 46). Der ganze Vorgang referiert bei *Hansen:* Rhein. Briefe 2, Nr. 36. Schon zuvor hatte der Monarch aus Anlaß „unanständiger Auftritte" in Düsseldorf am 4. Juli 1843 seinen Beamten den Willen kundgetan, keinen Einladungen mehr zu folgen, die zu politischen „Demonstrationen" geeignet seien (Just. Min. Bl. 1843, 186; zit. bei *Gräff — Rönne — Simon:* Suppl. I/2, 98).
135 *Boberach:* Wahlrechtsfragen, 26; *Croon:* Provinziallandtag 174; sogar 1841 standen sich 52 Katholiken und 28 Protestanten gegenüber. Für die überwältigende Majorität der Protestanten in der Ministerialverwaltung siehe die Statistik bei *Lill:* Kölner Wirren, 233.

den Landtag nicht zu berufen. Aber die Wahlen zum nächsten Landtag wurden von der konfessionellen Streitfrage bestimmt; selbst die Verfassungsfrage blieb im Hintergrund, und die Anträge der „katholischen Partei"[136], der Ultramontanen, halbierten ungefähr alle vier Stände.[137] Die heftigen theologischen Streitfragen der dreißiger und vierziger Jahre, die auch innerhalb des Protestantismus ausgetragen wurden, traten hier aus ihrer literarischen und publizistischen Ebene heraus und zeigten, was sie „im Grunde und Kern" eigentlich waren, wie Brüggemann sagte: „ein rein politischer Streit"[138]. Es war nicht zuletzt die katholische Opposition, von der die liberal-konstiutionelle Richtung lernte, die im Landtag von 1845 mit ihrem Verfassungsantrag dominierte.

Der zweite Gegner, von dem die Liberalen lernten, war der rheinische Adel. Der Adel bildete an Zahl und Besitzeinheiten eine so verschwindende Minderheit im rheinischen Sozialaufbau, daß er strengste Wahldisziplin wahren mußte, um auch nur innerhalb der Ritterschaft seinen Einfluß zur Geltung zu bringen.[139] Im ganzen ist ihm dies gelungen, und das Berliner Ministerium unterstützte ihn dabei. Zunächst wurde 1826 der gelöschte Adel wiedererrichtet und die Stiftung von Fideikommissen, unter Aufhebung des französischen Rechts, auf dem Behördenweg wieder zugelassen.[140] Damit hatte es der Innenminister in der Hand, den adligen Besitz abzusichern. 1836 folgte das berüchtigte Autonomiestatut, das, ohne in der Gesetzessammlung publiziert worden zu sein, die öffentliche Entrüstung auf einen Gipfel trieb.[141] Im folgenden Jahr wurde der rheinische Adel den landrechtlichen Strafbestimmungen unterworfen, was somit auch im Rheinland den Adelsverlust als Strafe legalisierte. So bedeutungslos für die Praxis, so beleidigend war diese Order für die staatsbürgerlich bewußten Rheinländer.[142] Schließlich wurde dem rheinischen Adel, unter Ausschluß des ordentlichen Rechtsweges, ein eigenes Schieds-

---

136 *Croon:* a. a. O. 175; Ausdruck des Freiherrn von Loë.
137 *Croon:* a. a. O. 176.
138 *Brüggemann:* Preußens Beruf 104.
139 Die erste fertiggestellte Rhein. Rittergutsmatrikel zählte 471 Güter, davon 123 in bürgerlicher Hand (*Bär:* Behördenverfassung, 581 ff.). Im Laufe des Vormärz wurden 18 bürgerliche und 23 adlige Rittergüter gelöscht, dagegen nur 15 bürgerliche aber 25 Güter in adliger Hand neu immatrikuliert. Diese — nach Bärs Angaben addierten — Zahlen besagen nichts über die Verkaufsbewegung innerhalb der sich etwa gleichbleibenden Zahl der bestätigten — und zur Wahl befähigenden — Rittergüter. Zur „Disziplin" des Adels, Wahlen und Abstimmungen zu steuern: *Sybel:* Polit. Parteien 21, 41; *Croon:* a. a. O. 110.
140 Die ersten — noch lückenhaften — Listen des im Rheinland verbliebenen Adels, die 1817 dem Kronprinzen eingereicht wurden: R 74 H II, Nr. 2 Niederrhein. Wiedereinführung des rhein. Adels: KO 18. Januar 1826 (GS. 17), und Zulassung fideikommissarischer Stiftungen: KO 25. 2. 1826 (*Cramer:* Sammlung 2, 89).
141 *Hansen:* Rhein. Briefe 1, Nr. 32 ff. Dazu *Hansen:* Preußen und Rheinland 59 ff. Die KO abgedruckt in Kamptz: Jb. 47, 399 ff.
142 KO 18. 2. 1837 (GS 30).

gericht zur Regelung seiner Erbordnungen zugebilligt. Und zur Erhaltung der adligen Gütereinheiten wurde endlich eine Stiftung gegründet, die zur Versorgung der Töchter und Ausbildung der Söhne gedacht war.[143] Die Düsseldorfer Stiftung, der 30 Grafen und Freiherren beitraten, diente, wie es hieß, der „Rheinischen ritterbürtigen Ritterschaft", wobei die Verdoppelung des Titels den Zweck hatte, jene Bürger abzuhalten, die nach der generellen Gesetzgebung gleichen Zugang zum Ritterstand hatten wie der Adel selbst. Es kennzeichnet die ganze Zwielichtigkeit der preußischen Gesetzgebung im Vormärz, daß sie, die die politischen Standesrechte des Adels als eines Geburtsstandes beseitigt hatte, auf dem Umweg über regionale Sonderbestimmungen und scheinbar privatrechtliche Exemtionen den Adel wieder abstützte.[144] Was in den übrigen Provinzen der Adel selbst leistete, das in die Ritterschaft aufsteigende Bürgertum sich anzuverwandeln, das führte im Rheinland zu seiner Parteibildung innerhalb des Ritterstandes selber.

Kaum waren die Verordnungen bekannt, als schon die Provinzialstände ihre Suspensionen mit einer Mehrheit von 51 : 24 Stimmen forderten und die Krone an ihre verfassungsmäßigen Pflichten erinnerten, der es denn auch schwerfiel, gegenüber dem Landtag und den Provinzialbehörden die Maßnahmen zu bagatellisieren.[145] Es blieb den staatsbewußten Liberalen unverständlich, wieso gerade der Beamtenstaat sich dazu hergeben konnte, den Adel „durch das Autonomiestatut als politische Kraft zu organisieren und auszusteuern"[146]. Der rheinische Adel bildete mehr als in den übrigen Provinzen eine eigene Partei, und dies um so mehr, weil seine ständischen Voraussetzungen rechtlich wie ökonomisch höchst anfechtbar blieben. Nur im Bündnis mit den Ultramontanen wußte er sich eine führende Stellung auf dem Landtag zu verschaffen. Gegen beide sammelte sich die liberale Bewegung der Bürger, deren Einzugsgebiet im Rheinland, wo der Gegensatz zwischen Stadt und Land am wenigsten ausgeprägt war, ebenfalls weit in die anderen Stände reichte. So wirkten die konfessionellen, sozialen und rechtlichen Vorgegebenheiten der Rheinprovinz in die gleiche Richtung, nämlich die ständische Wahl- und Landtagsgliederung zu durch-

---

143 Wer nicht in den eigenen Stand heiratete, wurde ausgeschlossen; Neugeadelte durften dagegen — bei Zahlung von 2500 Talern — eintreten, wie im Brockhaus der Gegenwart hämisch vermerkt wird (1, 54 f.). Im Statut, am 13. 5. 1837 königlich bestätigt (GS 77), wurde die Aufgabe bestimmt, nämlich: „den Charakter, der nach der bestehenden Ordnung ihrem Stande beiwohnt, rein und unverfälscht erhalten, sich auf Gewerbe, durch welche sie außer ihrem eigentlichen Berufe treten würden, sich einlassen, namentlich aber nie sich soweit vergessen, öffentliche Spielbänke zu halten und wucherliche Geschäfte zu treiben". Dazu *Bergius:* Staatsrecht 169.
144 Dazu Abschnitt III, S. 448 ff.
145 *Rumpf:* 15, 285/436; dazu *Croon:* a. a. O. 107 ff.
146 *Sybel:* Die politischen Parteien 21.

kreuzen. Es waren zunehmend die Probleme der neuen Gesellschaft, die bei den Wahlen und Abstimmungen die Frontlinien zeichneten.
Der junge Sybel lieferte 1847 in seiner Schrift über die politischen Parteien im Rheinland eine halb historische, halb geschichtsphilosophische Analyse dieser Lage, die sich durch ihr politisches Engagement von der quietistischen Ausgeglichenheit seines Lehrers scharf unterscheidet. Sybels Grundthese lautet, daß „der große Gegensatz nicht mehr wie im Mittelalter der der Grundbesitzer und der landlosen Leute [ist], sondern der der Besitzenden, d. h. der Capitalisten, und der Nichtbesitzenden, d. h. der Arbeitenden"[147]. Von hier aus ordnet er die einzelnen Parteien auf der Linie des sozialen und politischen Fortschritts früher oder später ein, um ihre jeweilig historische Notwendigkeit oder Überfälligkeit zu erweisen. Dabei unterzieht er die Zweckbündnisse der Ultramontanen einer systematischen Kritik, die auf das Zentrum vorausweist, stellt er die Souveränitätsfrage an die Liberalen, die auf den Bismarckschen Verfassungskonflikt hindeutet, und entwickelt für sie ein Programm in der damals üblichen Zwischenzone zwischen gelehrter Theorie und Publizistik.
Eines seiner Ziele war – nach dem Vorgang seines Vaters –, den Ritterstand durch Einkauf zu unterwandern. Sein Vater, ein Justitiar, der sich als geadelter Regierungsrat ein Rittergut erworben hatte, saß 1845 im Landtag, und hier auf dem liberalen Flügel der Ritterbank. Der junge Sybel meinte, es bedürfe nur „eines bestimmten Wollens" der Industriellen und Kapitalisten, um die Wahlen zum zweiten, dem Ritterstand ganz zu beherrschen. Grund und Boden seien längst in den Strom des Geldverkehrs geworfen, und selbst ohne Änderung des Wahlgesetzes habe „der dritte Stand durchaus die Kraft in sich, den zweiten allmählich zu erobern"[148]. Er müsse sich nur der handfesten Taktiken des Adels bedienen. Hatte Gans den vielzitierten Satz aufgestellt, daß – solange ein Individuum von verschiedenen Ständen sein könne – „das Ständische nur ein Geschäft" ist, so hoffte Sybel eben daraus ein politisches Geschäft zu machen.[149]
Eine Verdrängung des Adels aus dem Ritterstand und damit auf die Dauer auch aus den Landtagen wurde in den vierziger Jahren von staat-

---

147 *Sybel:* a. a. O. 38.
148 *Sybel:* a. a. O. 41. Der Vater Sybel hatte kurz nach seiner Nobilitierung 1831 wegen eines Zerwürfnisses mit seinem Präsidenten den Dienst quittiert und 1833 das Rittergut Isenburg bei Köln erworben (Aus den Aufzeichnungen eines westf. Juristen 1846, von *F. zur Bonsen,* in Westf. Zeitschr. Bd. 88, Münster 1931, 206). Vgl. unten S. 511 ff.
149 *Gans:* Beiträge 374; zit. von *Gräff — Rönne — Simon:* 6, 147; im Rheinischen Landtag auf der Verfassungsdebatte 1845 von beiden Parteien: *Hansen:* Rhein. Briefe 1, 797 f. (v. Loë nutzt die Formulierung von Gans, die sein Gegner aus dem eigenen Stand, der Vater Sybel, wiederaufgreift, um gegen die Ständeordnung selber zu polemisieren: 814 f).

licher und konservativer Seite zunehmend befürchtet. Im Rheinland war ein spürbarer Einbruch der Kommerzienräte in die Adelsfront erfolgt; diese mit Mißtrauen verfolgten „Ritter der Industrie" stimmten 1847 im Vereinigten Landtag geschlossen auf dem linken Flügel.[150] Der Versuch von 1823, soziale Interessengruppen ständisch einzubinden, um sie politisch zu zähmen, hatte ein knappes viertel Jahrhundert angehalten; im Rheinland war er bereits innerhalb der Provinzialverfassung von den liberalen Kräften überspielt worden. Verfassungstechnisch betrachtet war es ein Sieg der wirtschaftlichen Gleichberechtigung, deren Folgen zunehmend auf die preußische Ständeordnung gedrückt haben, wenn man will, ein posthumer Sieg Hardenbergs über den Kronprinzen.

Sybel polemisierte in seiner Schrift nicht nur gegen die Mächte, die er der Vergangenheit zuwies, er schaute ebenso in die Zukunft. Die wahren Gefahren erblickte er im politischen Radikalismus und in seinen „communistischen Tendenzen", denen er die geschichtliche Berechtigung nicht absprach. „Der welthistorische Grund ihres Treibens, das furchtbare Elend des Proletariats besteht in täglich wachsender Stärke."[151] Hiergegen gebe es nur ein Hilfsmittel: „ein offenes, gründliches und praktisches Bündnis" der Staatsgewalt mit den finanziellen und intellektuellen Kräften des Bürgertums. Es war das Programm, mit dem auch die rheinischen Großbürger auf dem Vereinigten Landtag in Berlin ihren Einzug hielten.

Indem Sybel nicht nur die Parteien schilderte, die von innen her die Ständeordnung sprengten, sondern ebenso die Kräfte der sozialen Bewegung einbezog, die von außen und unten auf die gesamte Ständeverfassung drückten, sprach er eine gemeinsame Erfahrung aus, die Camphausen, Beckerath, Hansemann, Mevissen und ihresgleichen teilten. Ihr Programm zielte nicht mehr auf Stände, die nur ihre Sonderinteressen zu vertreten, sondern auf Reichsstände, die gemeinsam das Wohl des ganzen Staates zu wahren hätten. Ihr Gesamtanspruch war aus der Ständeverfassung nicht ableitbar. Aber sie zogen jene Konsequenz aus der zwitterhaften Gesetzgebung von 1823, die auf eine Repräsentativverfassung vorauswies, indem sie jede Weisungsbindung untersagt hatte. Was 1823 ein taktisches Manöver war, indem zwar ständisch gewählt, aber nicht ständisch gestimmt werden sollte, das nahmen die neuen Abgeordneten in ihrem Sinne ernst: „Ich betrachte den Beruf der Stände als eine Gewissenssache, in der Aufrichtigkeit und Wahrheit über alles geht."[152] Es war ein Wort aus der liberalen „Partei", die, provinziell entstanden, nur zwischenständisch und überprovinziell sich verwirklichen konnte. Wie einer

---

150 Anhang VI; Beiträge zur Charakteristik und Der erste Vereinigte Landtag I, 1000 f.
151 *Sybel:* a. a. O. 80, ferner 38, 43, 46, 59, 76.
152 *Hansen:* Mevissen 1, 452.

der Ihren im Rheinland sagte, sie seien zwar Preußen, aber sie wollten noch preußischer werden, als sie schon sind.[153]
So hatte sich das schließliche Ergebnis gegen die ursprüngliche Absicht von 1823 gewendet, durch Provinzialstände eine Parteibildung zu verhindern. Im Ausmaß, wie die Liberalen als Repräsentanten einer Provinz und nicht als Vertreter einzelner Stände auftreten konnten, waren sie fähig, auf dem Vereinigten Landtag eine „Partei" zu bilden. Ihr Rückhalt lag in Preußen und im Rheinland, zu denen sich noch als geschlossene Opposition die *Posener* gesellten. Auch hier lag die parteibildende Kraft in einem überständischen Element beschlossen. Die Polen, vorzüglich im Adelsstand vertreten, hielten aus nationalen Gründen zusammen und verbanden sich mit den polenfreundlichen Liberalen, von denen sie mehr Hilfe erhofften als von dem gouvernementalen Verwaltungsstaat, der eine nationale Spaltung der Provinzialstände immer zu verhindern gesucht hatte.[154] Auf dem Vereinigten Landtag stimmten sie geschlossen mit den mehr deutschen Vertretern der beiden unteren Stände auf dem linken Flügel.

Die Vereinigung acht einzelner Provinzlandtage kam also den Liberalen auf unvorhergesehene Weise entgegen. Die Randprovinzen boten, wenn auch aus unterschiedlichen Motiven, eine gemeinsame Basis überprovinzieller und zwischenständischer Parteibildung. Die Großstadtbürger der übrigen Provinzen, wo der Gegensatz zwischen den einzelnen Ständen stärker ausgeprägt blieb, konnten sich mit den Mehrheiten der Randprovinzen verbinden. Vor allem die Bürger Berlins und Breslaus fanden sich mit den Rheinländern und Ostpreußen zusammen.[155] So entstand jener Block von rund 180 Stimmen, „worauf bei Fragen des Fortschritts

---

153 Vgl. Camphausens Äußerung auf der Verfassungsdebatte 1845 bei *Hansen:* Rhein. Briefe 1, 747.
154 Die Polen drängten während aller Landtage im Vormärz auf eine Erweiterung der Sprachrechte in Verwaltung, Schule und vor Gericht, so liberal, verglichen zur zweiten Jahrhunderthälfte, der Staat auch war. Flottwell hielt Sprachpetitionen für verfassungswidrig, da nur Interessen der gesamten Provinz oder aber einzelner Stände — mit dem Recht zur Itio in partes — zulässig seien, nicht aber einzelner Bevölkerungsteile, etwa des polnischen Volksstammes. (Gemeinsamer Bericht mit General von Grolman an Friedrich Wilhelm IV. vom 6. 10. 1840: Arch. Panstw. Pozn. Ob. Pr. IX B C 1; abgedruckt bei *Laubert:* Verwaltung Posen, Anhang 3.) Konsequenterweise wurden auch die Anträge deutscher Rittergutsbesitzer (von Rappard), eine eigene ständische Vertretung zu erhalten, abgewiesen: Die Ermittlung der Nationalität sei viel zu weitläufig, erfolglos und verhindere nur die Verschmelzung der Interessen, die man sich von einer gemeinsamen Provinzvertretung verspreche (Innenminister von Arnim am 5. 2. 43. Ob. Pr. V B 6.21). — Zur Unterstützung der polnischen Anträge auf dem Vereinigten Landtag siehe *Biedermann:* Preuß. Reichstag 141, 248. Über die zwiespältige Lage des „demokratischen" Adels aus Posen vgl. *Unruhs* Erinnerungen 120 ff.
155 *Hansen:* Rhein. Briefe 2. 162, 167 ff., 179 f., 199, 205; dazu *Hansen:* Mevissen 1, 452 ff. Vgl. *Conze:* Das Spannungsfeld 229.

mit einiger Sicherheit zu rechnen ist", wie Mevissen seinen Freunden im Rheinland schrieb.

Die Verfassungsbewegung von 1847 war nicht nur ein Versuch der beiden unteren Stände, sich auf Kosten der Ritterschaft auszubreiten, sondern mehr noch ein Versuch liberal bestimmter Provinzialstände, aus ihrem partikularen Dasein herauszutreten und gesicherten Anteil am Staat zu gewinnen. Die Einheit des Staates sollte nicht mehr allein in seiner Administration, sondern ebenso in Reichsständen bestehen, die auf die Verwaltung ihren politischen Einfluß ausüben wollten. Daß die Flügelprovinzen dabei vorangingen – zunächst eine Folge der verfassungspolitischen Provinzialisierung –, war jetzt ein Zeichen dafür, wieweit die „administrative Integration"[156] bereits gediehen war, aber ebenso dafür, daß sie auf dem administrativen Weg nicht mehr weiterzutreiben sei. Die Verwaltung konnte die Provinzen, wie ein auswärtiger Beobachter sagte, nur „zentralisieren, ohne sie nationalisieren zu können"[157]. Es waren die rheinischen Großbürger, die mehr als alle anderen die Einheit des Staates zu betonen nicht müde wurden.[158]

Das Postulat der politischen Einheitsverfassung stand im Vordergrund der Verhandlungen. Beckerath drang zwar mit seinem Antrag, jegliche Itio in partes zu verbieten, nicht durch, aber die gelegentlichen Versuche, die vom Stand der Landgemeinden, von der sächsischen Ritterschaft und von Vincke für die Provinz Westfalen unternommen wurden, scheiterten schnell.[159] Jede Sonderung in Teile hätte die Entscheidung mehr in die Hände der Regierung gespielt, als es der Versammlung lieb war. So standesgebunden und provinziell die Gesichtspunkte in den Debatten sein mochten, die Abstimmungsergebnisse orientierten sich nicht an der Sachfrage, sondern letztlich an der Frage nach der verfassungsrechtlichen Kompetenz des Landtages. Daran schieden sich die Richtungen. Die Parteien begannen sich, wie Mevissen sagte, scharf zu sondern, daß „keine Gemeinschaftlichkeit weiter möglich ist"[160]. Selbst Propositionen, die ein gemeinsames Interesse aller Stände voraussetzen durften, wie die Anleihe zum Bau der Ostbahn oder die Staatsgarantie zur Errichtung bäuerlicher Rentenbanken, scheiterten an der Kompetenzfrage[161]: Sie wurden, weil die reichsständische Kontrolle noch nicht verfassungsrechtlich abgesichert war,

---

156 *Huber:* Verfassungsgeschichte 1, 317.
157 *Laing:* Betrachtungen 158.
158 Hansen: Rhein. Briefe 2, 231; dazu *Biedermann:* Preuß. Reichstag 139.
159 *Biedermann:* a. a. O. 134, 140, 201, 204.
160 *Hansen:* Mevissen 2, 278. Für die Außenstehenden war es „mit den Parteien auf dem Landtag noch eine eigentümliche Sache; sie mögen wohl schon geboren sein, aber sie sind noch nicht getauft und mit Namen benannt" (H. Claessen an L. Camphausen, Köln 18. 5. 1847; *Hansen:* Rhein. Briefe 2, 260).
161 *Hansen:* Rhein. Briefe 2, 252 passim; *Biedermann:* a. a. O. 265 ff., 322 ff.; Beiträge zur Charakteristik ... 27 ff.

mit großer Mehrheit abgelehnt. Umgekehrt verzichteten die Liberalen darauf – unter Leitung der taktisch versierten Rheinländer –, innerparteiliche Schwierigkeiten mehr als nötig zu provozieren. So wußten Beckerath und Mevissen wirtschaftspolitische Anträge so lange hinauszuzögern, daß der unvermeidliche Bruch zwischen den Schutzzöllnern westlicher Industrien und den Freihändlern aus Ost und West vermieden werden konnte.[162] Der Vereinigte Landtag war in erster Linie ein politisches Forum; die sozialen Probleme, deren unmittelbarer Umkreis außerhalb der versammelten Stände lag, blieben im Hintergrund[163], wo sie sich schon drohend zusammenballten. Die Frontlinie der Debatten, hinter denen sich der vom König ignorierte „Wille der Majoritäten" sammelte, verlief zwischen den ständisch-liberal gesonnenen Vertretern der Gesellschaft auf der einen und der beamteten Regierung des Staates auf der anderen Seite. Der eigentliche Gegner, den die Majorität innenpolitisch zu entmachten suchte, war die unabhängige Organisation der Bürokratie.

Wie und warum die *Beamtenschaft*, die sich 1823 die Vorhand vor den Provinzständen zu sichern gewußt hatte, im Laufe der Jahre immer mehr Boden an die gewählten Vertreter der Gesellschaft – trotz aller Bevormundung – verloren hatte, das soll rückblickend noch einmal an einigen Knotenpunkten verdeutlicht werden.

Humboldts klare Voraussage aus dem Jahre 1821 war nach zwei Jahrzehnten eingetroffen. Humboldt, der auf sofortige, zumindest knapp befristete Einführung allgemeiner Stände gedrängt hatte, sah zwar das Prinzip des Fortschritts auf seiten der Behörden; aber er sah ebenso, daß sich die Regierung mit Provinzialständen ein „ungeheures Hindernis" in den Weg baue. Kein noch so scharfsinniger Kopf könne sich herausnehmen, die Grenzen zwischen dem zu ziehen, was bloß Provinzial- und was allgemeine Angelegenheit sei. Die Provinzstände müßten notgedrungen ihre Kompetenzen zu erweitern trachten, niemand könne sie daran hindern, und „so findet die Regierung die Gemüter und die Stimmung überall gegen sich". Würden die allgemeinen Stände erst berufen, wenn die Provinzialstände ihre Grenzen schon öfters zu überschreiten versucht hätten, dann sei es schon schlimm. Das Gesetz der Bewegung ging, mit anderen Worten, an die Provinzstände über, und zwar um so mehr, je später allgemeine Stände zusammengerufen würden.

---

162 *Hansen:* Mevissen 2, 467 ff.
163 Die drei Notstandsdebatten bewegten sich am Rand der sozialen Fragen, und die Einführung einer progressiven Einkommensteuer, um die städtische Mahl- und Schlachtsteuer endlich zu beseitigen, scheiterte am Widerstand weniger der westlichen Bürger als des östlichen Adels. Vgl. dazu *Biedermann:* a. a. O. 130 ff., und *Hansen:* Mevissen 1, 466; 2, 222. Mevissen, der Marx 1844 mit Geldspenden aufhalf (Rhein. Briefe 1, 622 Anm.) und ein Vertrauter Tocquevilles war, fürchtete schon 1846, „daß wir rascher einer gesellschaftlichen Revolution entgegengehen, als man glaubt".

Beamtenstand und Provinzstände

Es war das Dilemma des preußischen Beamtenstaates. Was 1820 zu früh schien, weil die sozialen Kräfte einer Verfassungsstiftung nicht entgegenkamen, war immer schon zu spät. Die Beamtenherrschaft war gleichsam dazu verurteilt, ein Übergangsregiment zu bleiben. „Werfen Sie mit mir einen Blick auf die Geschichte" rief Mevissen im Vereinigten Landtag aus. „Die Krone Preußens" – vom König zu sprechen, wurde damals vermieden –, „die Krone hat sich solange, als Preußen existiert, auf die im Staate vorhandene Intelligenz gestützt. Solange als diese Intelligenz hauptsächlich in dem Beamtentum konzentriert und repräsentiert war, hat die Krone keine Stände berufen..., aber die Zeiten sind fortgeschritten, die Intelligenz, die sich früher vorzugsweise in dem Beamtentum fand, sie findet sich heute außerhalb desselben, das Beamtentum repräsentiert heute nur einen Teil dieser Intelligenz." Wie er später sagte, die Krone werde vom Beamtentum mehr beschränkt, als es je eine Ständeversammlung vermöge. Ein Beamtentum, das sich nur aus sich selbst ergänze, gebe immer denselben Rat, ohne seinen Geist zu ändern: „Die Entwicklung der Geschichte aber ist die, daß das Volk über diese Schranken des Beamtentums hinausdringt."[164] Es waren Worte, die bei der Mehrheit in offene Ohren drangen. Mevissen, der Hegelianer unter den Abgeordneten, zog eine Konsequenz, die Gans schon 1830 entwickelt hatte.

Gans definierte damals den preußischen Staat. Er sei weder patriarchalisch noch konstitutionell, „der preußische Staat ist ein vormundschaftlicher Staat". Das Besondere der Vormundschaft liege darin, daß der Vormund nie im eigenen Interesse handele, sondern davon ausgehe, daß der Bevormundete eigentlich selbsttätig handeln müsse. Nur soweit er dies nicht könne, tritt die Vormundschaft in Kraft. Das System beruhte, wie Gans sagte, auf einer eigentümlichen Mischung „von Gewalt, die gehandhabt und von Freiheit, die dennoch nicht verworfen werden kann"[165]. Gans verwies auf die Kontinuität, die vom Landrecht über die Reform bis zu Hegel gereicht hatte. Es war aber eine Kontinuität, die – wohlverstanden – auf einen Verfassungswandel drängte. In diesem Sinne verstanden die Männer von 1847 die Beamtenherrschaft als ein Übergangsregiment. Sei es Hansemann, der drei Verfassungstypen kannte: die Despotie des Stillstandes; die aufgeklärte Beamtenherrschaft, die private, aber noch keine politische Freiheit dulde; und das konstitutionelle System[166]; sei es Schön, der die Aufgabe der Stände darin sah, endlich die Willkür der Minister und ihrer Bürokratie zu brechen[167] – worin ihm ironischerweise

---

164 *Hansen:* Mevissen 2, 242, 298.
165 *Gans:* Beiträge 471 ff. Vgl. *Lübbe:* Die polit. Theorie der hegelschen Rechten.
166 Hansemanns Denkschrift von 1830, §§ 6 ff., abgedruckt bei *Hansen:* Rhein. Briefe 1, 15 ff.
167 *Schön:* Aus den Papieren 3, 79 ff. (1844).

der König zu folgen bereit schien; seien es Konservative, die die kommende Alternative der Verfassungsentwicklung im Kommunismus oder im christlich organisierten Staat erblickten, in deren Vorfeld Beamtenherrschaft und konstitutionelles System zusammenrückten und gleicherweise als „Übergangszustände" verstanden wurden.[168] Das Vertrauen in die Beamtenherrschaft war 1847 verzehrt, und der Monarch, Friedrich Wilhelm IV., war der letzte, der fähig oder willens gewesen wäre, es von sich aus zu wahren oder zu fördern.

Hinter der massiven Kritik, die 1847 dem Ministerium von seiten der Stände entgegenschlug, meldete sich der offene Anspruch der Bürger, den Beamtenapparat selber zu leiten. Aber die Kritik war – historisch betrachtet – mehr, sie war vom Staat gleichsam angelegt worden durch das schräge Verhältnis, in das er seine Beamtenschaft zu diesen Ständen versetzt hatte. Das begreifliche Mißtrauen, das die liberalen Reformer um 1820 situationsbedingt, das die strikten Bürokraten aus Selbstschutz gegen eine ständische Vertretung hegten, hatte sich tief in die Verfassung von 1823 eingegraben; es vertiefte den Riß, der sich dann von Jahr zu Jahr erweitert hatte; „schon seit länger als zwanzig Jahren ist der Widerwille gegen die Bürokraten in unserem Lande immer steigend", hatte sich Schön 1844 notiert.[169]

Unter den Reformbeamten wurden seinerzeit zwei Extreme vertreten, die sich die Zuordnung der Stände zum Beamtenapparat sehr verschieden dachten. Die einen suchten eine möglichst enge Integration beider herbeizuführen, die anderen eine möglichst genaue Trennung der Befugnisse abzusichern. Beide Pläne waren mehrfach variiert worden. Durch die starke Betonung des kollegialen Moments innerhalb der Behörden war der Spielraum auch nur beratender Stände stärkstens eingeengt worden. Der entfallenden Staatskanzlerschaft entsprach das Ausbleiben der Reichsstände, dem Staatsministerium wurde dafür ein deliberierender Staatsrat gegenübergestellt, schließlich waren die Regierungen auch beratende Behörden. Nur wo einzelne Beamte in das System hierarchisch eingefügt worden waren: den Oberpräsidenten und den Landräten, traten Stände zur Seite. Wenn die Vorherrschaft der Beamten sich auf Stände hätte abstützen sollen, um die Gesellschaft an den Staat zu binden, wenn gar die Stände ein Minimum von Kontrolle hätten ausüben sollen: hier wäre der Ort

---

168 *Nathusius:* Statistische Übersichten, Einl. 4 f. Vgl. auch *Laings* Äußerung, die der radikale Heller übersetzte: „Als ein Element der Staatsgewalt betrachtet ist die Bürokratie von der Sache des Volkes weit schärfer getrennt als der Adel. Noch mehr, sie ist auch dem Monarchen gefährlicher ... Besser noch als Bürokratie ist der Adel, und jene ist nur als eine Übergangsstufe zu erklären und zu dulden, welche den letzteren vernichten mußte. Aber es gibt noch ein besseres Drittes, was aus beiden hervorgehen muß und wird: des Volkes Selbstregierung unter constitutionellen Fürsten" (Betrachtungen 164).
169 *Schön:* Aus den Papieren 3, 80.

ihres Wirkens gewesen. Aber der Staat selber war es, der die Brücken so schmal wie möglich schlug. Die Kreisstände – auf sie wird zurückgekommen – waren nicht viel mehr als Organe zur Landratswahl; die Provinzstände wurden institutionell wie in der Praxis so kurzgehalten, daß die Verfassung selbst dazu beitrug, die Entfremdung zwischen Staat und Gesellschaft zu stimulieren.

Soweit die Provinzstände Körperschaften der Selbstverwaltung waren, blieben ihre Befugnisse neben denen der Regierungen so gering, daß sie sich nur als Hilfsdiener in staatlichem Auftrag verstehen konnten. Feuerversicherungen, Irrenanstalten, Armenhäuser und einiges mehr unterstanden ihrer Aufsicht, wobei sie dem Oberpräsidenten nachgeordnet blieben. Wo dagegen die Stände als politische Beratungskörperschaften tätig waren, unterstanden sie dem Monarchen direkt. Er behandelte sie gleich Ratskollegien seiner Verwaltung, wenn auch minderen Ranges. Kein Gutachten, das nicht ebenso von den Regierungen oder Oberpräsidenten eingefordert wurde.[170] Der Oberpräsident waltete als Kommissar des Königs, er hatte die Verhandlungen zu eröffnen und zu beschließen, im übrigen aber mußte er jeden amtlichen Verkehr mit seinen Provinzständen auf die Abwicklung der Geschäfte beschränken. In anderen Worten, mit der Provinzverwaltung hatten die Provinzstände nichts zu schaffen.

„Mit den königlichen Behörden haben dieselben gar nicht zu korrespondieren." So mußte sich Vincke vom Innenminister belehren lassen, als er 1828 einen Gesetzesantrag des Freiherrn vom Stein und acht seiner Mitstände auf dem Verwaltungsweg nach Berlin geleitet hatte. Stein suchte eine einschränkende Deklaration zum Regulativ über den Gewerbebetrieb im Umherziehen zu erwirken.[171] Der Hausierhandel im großen und im kleinen war eines der Vehikel, auf dem sich die neuen Industrien ausbreiteten, er drückte auf die angesessenen Kaufleute und Handwerker, und seine Zulassung war weithin eine Ermessensfrage der Regierungen, die Bedürfnis, allgemeine Bestimmungen und Observanzen aufeinander abzustimmen hatten.[172] Ein heikles Gebiet also, auf dem die Auflösung der herkömmlichen Sozialordnung besonders schnell und besonders deutlich spürbar wurde, weil die Bedürfnisstruktur durch neue Angebote dauernd ver-

---

170 Es lohnte sich, einen systematischen Vergleich aller parallelen Gesetzeseingaben und -gutachten der Regierungen und Stände anzustellen. Aus dem Dunkel des Amtsgeheimnisses in das Licht heutiger Forschung geholt, würde die Beamtenregierung zwar nie vom Vorwurf der Volksferne freigesprochen werden können, aber die sachliche Berechtigung des Vorwurfs erwiese sich als weit geringer bei den Provinzbehörden als beim Ministerium.
171 Staatsarchiv Münster, B 2442. Stein wollte den § 38 des Gewerbesteuergesetzes vom 30. 5. 1820 (GS 147), das den Handel im Umherziehen mit einer Reihe von Waren verbot, auch auf das Warenangebot mit Mustern ausweiten (An Vincke 10. 12. 1828, Vincke an Motz 20. 12. 28, Schuckmann und Motz an Vincke 2. 3. 1829).
172 Regulativ über den Gewerbebetrieb im Umherziehen ... vom 20. 4. 1824 (GS 125), § 11.

Institutionalisierte Widersprüche

ändert wurde. Stein fürchtete um die Moral und Steuerkraft der einheimischen Bürger und drängte auf eine Beschränkung der vagabundierenden Händler. Vincke, in solchen Fragen konservativer als das Staatsministerium, unterstützte die Eingabe und leitete sie nach Berlin. Er wurde abgewiesen, nicht nur in der Sache – von Motz –, sondern schärfer noch wegen der Form – von Schuckmann. Vincke habe verfassungswidrig seine Funktionen als Oberpräsident und als Landtagskommissar identifiziert, sie hätten nichts miteinander zu tun. Es fiel Vincke freilich schwer, diesen Riß zwischen seinen Ständen und seiner Verwaltung in die eigene Brust zu verlegen, war doch die Sachlage für ihn identisch. Ganz ähnlich, wenn auch begreiflicher, mußte der Regierungspräsident Pestel (Düsseldorf) ablehnend reagieren, als ihn der rheinische Landtag 1830 bat, einen Antrag auf dem Verwaltungswege zu unterstützen, daß endlich ein besonderer Markenschutz auf Stahl- und Eisenwaren eingeführt werde.[173] Pestel gehörte nämlich selber dem Landtag an, er mußte sich hier auf seinen ständischen Rat beschränken, den Verwaltungsgang durfte er in gleicher Sache nicht in Bewegung setzen.

So konsequent diese Trennung im Sinne einer Gewaltenteilung schien, die Zulässigkeit, mit der Beamte als Grundbesitzer gewählt werden durften, machte den betonten Formalismus des gewaltenteiligen Schemas bereits fraglich. Aber dahinter verbarg sich ein tiefer sitzendes verfassungspolitisches Dilemma. Es war der unbewältigte Regionalismus, der im Behördenaufbau elastisch eingebunden, auf den provinziellen Landtagen ein Scheindasein zu führen gezwungen wurde. Nachdem einmal die Regierungen dem Berliner Ministerium direkt unterstellt worden waren, blieben die Provinzstände als politisches Beratungsorgan der Legislative außerhalb der Provinzverwaltung. Direkt dem König untergeordnet, waren sie achtmal potentielle Gesamtstände, ohne es sein zu dürfen. Das hatte eine doppelte Folge. Einerseits wurde die allgemeine Gesetzgebung, die acht verschiedene Landtage durchlaufen mußte, über Jahre und Jahrzehnte hinweg verschleppt. Die Verwaltung verlor ihre Effektivität. Um sie andererseits zu erhalten, wurden häufig die Provinzialstände kurzerhand umgangen, wo ihnen die Gesetze legalerweise hätten vorgelegt werden müssen, weil sie Eingriffe in Rechte der Person und des Eigentums enthielten.[174] Die Stände sparten nicht mit Protesten gegen ein Verfahren, deren Anlaß in der provinziellen Aufsplitterung der Landtage, also in ihrer eigenen Existenz beschlossen lag. So war die provinzialständische Verfas-

---

173 Staatsarchiv Düsseldorf D 20, 1074. Pestel an den Landtagsmarschall am 18. 6. 1830 berief sich auf die entgegenstehenden §§ 35 und 45 der rhein. Prov.verfassung vom 27. 3. 1824, die analog in allen Provinzverfassungen auftauchten.
174 Allgemeines Gesetz wegen Anordnung der Provinzial-Stände vom 5. 6. 1823 (GS 129), III, 2. Vgl. *Arndt:* Der Anteil der Stände.

sung geeignet, entweder die Stände kurzzuhalten oder die Verwaltung zu lähmen. Sie verzögerte die Gesetzgebung, steigerte demgemäß die Ermessensfreiheit der unteren Behörden, das Gestrüpp der Observanzen nach Billigkeitsgründen zu lichten, und trieb schließlich das Staatsministerium in eine relative Illegalität. Um dringende allgemeine Gesetze beschleunigt einzuführen – etwa das Aktiengesellschaftsgesetz, das Eisenbahngesetz oder das Arbeiterschutzgesetz –, vermied das Ministerium vorgeschriebene Verfahrensformen – alle Gesetze betrafen Personen- und Eigentumsrechte – und versteckte sich dabei hinter den Souveränitätsanspruch der Krone. Wollte die Bürokratie wirksam sein, züchtete sie den Verdacht der Illegalität, war sie es nicht, fiel die Schuld zurück auf eine Ständeverfassung, für die sich die Bürger nicht verantwortlich wußten. Die provinzialständische Verfassung war es selbst, die die Bürokratie bei der Gesellschaft kompromittierte.[175]

Die Wirksamkeit der Verwaltung wurde mit mangelhaften Verfahrensweisen in der Gesetzgebung erkauft.[176] Das waren die führenden Schichten nur so lange hinzunehmen gewillt, als sie – wie in der Wirtschaftspolitik bis in die dreißiger Jahre hinein – mit den Verwaltungsakten selber zufrieden blieben. Wenn aber der Vereinigte Landtag so entschieden und hartnäckig auf seinen rechtlichen Kompetenzen verharrte, so war dies nicht nur doktrinärer Starrsinn, sondern ebenso die Quintessenz einer langjährigen Erfahrung.

Nun war es freilich nicht nur der Konstruktionsfehler in der Verfassung gewesen, der jenen Zirkel hervorrief, der Verwaltung und Stände zu keiner gedeihlichen Zusammenarbeit hinführen ließ. Das Staatsministerium trug das Seine dazu bei, die Spannung zu erhöhen. Es versuchte die Landtage in die Stellung beratender Behörden zu drängen, die Stände sich gefügig zu machen. Dazu dienten ihm die Bescholtenheitserklärungen, auf Grund derer es vollzogene Wahlen annullieren konnte[177], und der in-

---

175 Vgl. die von Savigny entworfene KO vom 17. 10. 1847, abgedruckt bei *Schneider:* Staatsrat 102: „Die Erfahrung der letzten Jahrzehnte hat gelehrt, daß bei uns durch die zu häufige Wiederholung der legislativen Beratungen über einen und denselben Gegenstand und durch die für diese Beratungen in den verschiedenen Stadien bestehenden komplizierten Einrichtungen die Vorbereitung größerer Gesetzentwürfe und damit die Befriedigung der dabei zum Grunde liegenden praktischen Bedürfnisse in einer, die Regierung wahrhaft kompromittierenden Weise verzögert wird."
176 „Direkt liegt die Verfassung außerhalb der gesetzgebenden Gewalt, aber indirekt verändert die gesetzgebende Gewalt die Verfassung. Sie tut auf einem Wege, was sie nicht auf geradem Wege tun kann und darf ... Sie tut materiell, faktisch, was sie nicht formell, gesetzlich, verfassungsmäßig tut." Diese Folgerung zog *Marx* aus Hegels Darstellung der gesetzgebenden Gewalt (Rechtsphil. § 298, Frühschriften 64, vgl. 67, 105). Es war, wie die ganze Kritik an der Hegelschen Rechtsphilosophie, zugleich eine Folgerung aus der Erfahrung der Jahre nach 1840.
177 Die Wählbarkeit war an einen „unbescholtenen Ruf" gebunden, dieser aber hing von der Zustimmung des Königs ab. Der Monarch konzedierte im Laufe der Zeit den Stän-

direkte Druck, mit dem es auf die beamteten Mitglieder in den Landtagen einwirkte. Beide Mittel wurden verwendet, erwiesen sich aber auf die Dauer als unzulänglich. Der Machiavellismus in der preußischen Bürokratie war zu plump und auch zu offen, um die liberalen Gesinnungen in den eigenen Reihen brechen zu können. Aber die Versuche reichten hin, um den Haß gegen die Bürokratie zu schüren, die Beamtenschaft in sich selbst zu zersplittern. So wurde 1828 der Reichenbacher Bürgermeister Weidinger vom Marschall des Landtags verwiesen, weil er einer königlichen Gesetzesproposition zu scharf widersprochen habe. Es war der Oberpräsident Merckel persönlich, der den Abgeordneten wieder in seine Rechte einsetzte, aber der König versagte der Neuwahl zum folgenden Landtag seine Zustimmung.[178] Auf ähnliche Weise wurde Valdenaire 1837 aus dem rheinischen Landtag entfernt, aber als 1845 der bekannte Abgeordnete Brust durch ein anhängig gemachtes Gerichtsverfahren – wie in Schlesien der Graf Reichenbach – vom Landtag ausgeschlossen wurde, da scheiterte die Staatsleitung. Die Entrüstung im Landtag wie in der Presse war so gewaltig, daß Brust seinen Sitz wieder einnehmen konnte.[179]

Leichter fiel es dem Staat, auf seine Beamten in den Landtagen einzuwirken. Sie spielten nie die oppositionelle Rolle wie in den süddeutschen Kammern.[180] Der Staat trug die Kosten für ihre Vertretung im Amt, aber er ging nie von seinem Urlaubsvorbehalt ab, auf den zu verzichten ihn die pommerschen Stände vergeblich aufforderten.[181]

Hatten es viele Reformer – mit dem Freiherrn vom Stein – als Optimum angesehen, die Stände in die Behördenarbeit einzubeziehen, so war schließlich das Gegenteil verwirklicht worden.[182] Behörden und Stände blieben strikt getrennt, aber die Beamten reichten – personal, nicht institutionell – vom einen ins andere hinüber. Bei der vorgegebenen Zusammensetzung

---

den zwar ein Mitspracherecht, verzichtete aber nie auf seine letztwillige Entscheidung — bis zum Vereinigten Landtag, wo das Verfahren geregelt werden sollte. Vgl. *Croon:* Provinziallandtag, und *Biedermann:* Preuß. Reichstag 229.
178 *Klawitter:* Schles. Provinziallandtag 11 f.
179 *Croon:* Provinzial-Landtag 65 f.
180 Vgl. Staat und Gesellschaft im deutschen Vormärz, hg. v. W. Conze: *Zorn* für Bayern S. 134; *Fischer* für Baden S. 146; *Conze* S. 228.
181 Bewilligung der Vertretungskosten durch Zirkular und Reskr. der Innen- und Finanzminister vom 28. 10. 1830 und 29. 3. 1831 (Ann. 14. 728; 15. 8; Rauer 2, 100) Ablehnung des pommerschen Antrags: Rumpf 11, 39/65.
182 Vincke, der die Wahlen besonders streng überwachte (vgl. *Schulte:* Volk und Staat, 37), hielt eine Beteiligung der Beamten bis zu einem Drittel für tragbar (*Kochendörffer:* Vincke 74); wobei er sich mit Hippel oder Rehdiger berührte (vgl. dazu *Huber:* Verfassungsgeschichte 1, 292), ebenso mit *Hegel* (Rechtsphilosophie § 310). Stein dagegen wollte wie Schön die Stände beamtenfrei halten, was ihre Mitwirkung an der Verwaltung freilich nicht ausschließen sollte. Hardenberg vertrat am konsequentesten eine Trennung von Administration und Ständen, wobei er sich auf der Ebene der Reichsstände wieder mit Stein berührte.

der preußischen Landtage waren die Beamten die spezifischen Vertreter der Intelligenz, die ihre Stellung dem Bildungsprivileg, ihre Wahl dem Grundbesitz verdankten und auf deren Loyalität der Staat zunächst rechnen durfte. Gesetzlich war nur die Wahl von beamteten Mitgliedern der Ritterschaft vorgesehen[183], wobei selbstredend an die Landräte gedacht worden war. Sie stellten denn auch durch die Jahre hindurch einen ziemlich gleichmäßig hohen Anteil des Ritterstandes, im Osten etwas mehr als im Westen.[184] Als Beamte wie als Abgeordnete doppelt ständisch gewählt, waren sie naturgemäß der gegebene Rückhalt auch der Ritterschaft; sie verfügten über Erfahrung und Information, daß sie Marwitz für die berufenen, gar nicht gesondert zu wählenden Vertreter der Kreisstände erachtete.[185] Nächst den Landräten rückten auch Regierungsvize- und Chefpräsidenten – als Großgrundbesitzer – in die Landtage ein, und auf dem Vereinigten Landtag waren sogar Oberpräsidenten und Minister vertreten. Im ganzen war der Anteil der Beamten, der gelegentlich ein Viertel des Landtages erreichen mochte[186], der ständischen Verwaltungspraxis förderlich und wirkte politisch als ein stabilisierendes Element. Aber schließlich war es auch der junge Vincke, der sich, als Landrat gewählt, auf eine doppelt ständische Legitimation berufen durfte, wenn er im Vereinigten Landtag – mit drei anderen Landräten im Gefolge[187] – die Opposition anführte.

Die westlichen Beamten waren denn auch die ersten, denen das Ministerium zu mißtrauen anfing. Hier nämlich lenkten auch die unteren Stände – mehr als im Osten – die Wahl auf ihre einheimischen Mitglieder der Behörden und Gerichte. Gegen solche Männer war das Reskript gerichtet, das Rochow 1835 erließ und das den Staatsdienst – „namentlich der Regierungsräte, Landräte, Bürgermeister, Notare und Advokaten" mit einem bäuerlichen oder städtischen Mandat für unvereinbar erklärte.[188] In der Praxis wurden freilich Ausnahmen zugelassen, und wohin die zielten, war klar. So wurde der liberal-katholische Regierungsrat Ritz aus Aachen, als Informant Hansemanns für sein aufsehenerregendes Buch über „Preußen und Frankreich" seit langem verdächtigt, 1840 zum Verzicht gezwungen[189], während sein Kollege Steffens in den Landtag einziehen durfte. Steffens, der mit seiner Nobilitierung vom dritten in den zweiten Stand

---

183 Siehe die §§ 9 bzw. 10 der verschiedenen Provinzialstände-Verfassungen aus den Jahren 1823 und 24 (*Rauer:* 2, 98).
184 Vgl. Anhang V.
185 *Meusel:* Von der Marwitz II, 2. 393 f.
186 Anhang V und VI.
187 Vgl. *Huber:* Verfassungsgeschichte 2, 497.
188 Reskr. 4. 4. 1835; *Rauer:* 2, 209.
189 *Hansen:* Rhein. Briefe 1, 158 (Anm.), 135 (Anm.); *Croon:* Provinziallandtag 181; ferner Hansemanns Stellungnahme 1840 in seiner Denkschrift § 3 (199).

aufrücken konnte, hat dann 1845 als eingesetzter Leiter des Verfassungsausschusses die Petitionen Camphausens abzuwürgen versucht.[190] Derartige Praktiken, immer wieder von Berlin veranlaßt, waren nur geeignet, dem Verfassungsantrag Stimmen zuzuführen – Stimmen, die sich zunächst gegen die Bürokratie richteten. Der Versuch des Staates, von außen – durch Steuerung der Wahlen – oder von innen – mit Druck auf die Beamten im Landtag – die Stände sich gefügig zu erhalten, schlug auf ihn selbst zurück.

Zahl und Einfluß regierungstreuer Abgeordneter schwanden dahin, und dies um so mehr, sobald alle Wahlkandidaten ihre Wahlen zielstrebig zu organisieren anfingen und die Landtage mit politischen Petitionen überschwemmt wurden. Beides war seit 1840, besonders in den Flügelprovinzen, der Fall. Der Staat sah sich seitdem von gesellschaftlichen Kräften durchzogen und schließlich bedroht, die er bürokratisch nicht mehr zu zügeln vermochte. Das zeigt auch das Verhalten der Beamten im Vereinigten Landtag. Sie stimmten zwar im ganzen regierungsfromm – im Unterschied zu den bürgerlichen Rittergutsbesitzern[191] –, aber sie waren ebenso mundfaul. Statt ihre Minister zu unterstützen, zögen sie es vor, wie einer der Ihren sich beschwerte, Heine, Börne und Feuerbach zu lesen.[192] In den Debatten traten sie wenig hervor, und wenn, dann meistens als Vermittler. Das entsprach zwar ihrem alten Selbstverständnis seit Hardenbergs Zeiten, sich sowohl als Repräsentant der Regierung wie als Repräsentant des Volkes zu wissen, aber diese Aufgabe entfiel, sowie die allgemeinen Stände ins Leben getreten waren. Die Beamten unter ihnen stellten weder einen eigenen Stand – nicht einmal einen Berufsstand –, noch traten sie organisiert in das Forum, unfähig und nicht gesonnen, gegen die Liberalen eine eigene „Regierungspartei" zu bilden.

Aber nicht nur, daß sich die Beamten der Initiative begeben hätten, ihre politische und verfassungsgemäße Stellung hatte sich mit der Vereinigung der Provinzialstände stillschweigend geändert. Durch das Patent vom 3. Februar 1847 verlor die Beamtenschaft ihren Anspruch, als einziger Stand des Staates die ganze bürgerliche Gesellschaft zu repräsentieren, zuständig sowohl für die allgemeine Gesetzgebung wie für deren Durchführung. Der Vereinigte Landtag übernahm es selber, zwar ständisch gewählt, aber nicht mehr ständisch gegliedert, die bürgerliche Gesellschaft zu vertreten. Er war nicht mehr gewillt, bei den höchsten Staatsbeamten die „notwendig tiefere und umfassendere Einsicht in die Natur der Einrichtungen und Bedürfnisse des Staates" zu vermuten, wie Hegel gesagt hatte, und sich selbst als eine „Zutat" zu betrachten.[193]

190 a. a. O. 1, 767 ff. Dazu Mevissens beißendes Urteil 841.
191 Anhang VI.
192 *Wülffing:* Die Stellung der Vertreter des Gouvernements ... 11.
193 *Hegel:* Rechtsphilosophie § 301 Anhang.

Beamtenstand und Provinzstände

Um den geschichtlichen Ort zu verdeutlichen, den die Beamtenschaft in der preußischen Ständeverfassung eingenommen und jetzt verloren hatte, sei auf die Kritik verwiesen, die der junge *Marx* 1842 an der Hegelschen Staatsphilosophie übte. Hegel hatte um 1820 die bürgerliche Gesellschaft als eine eigene Kategorie entwickelt, als die „Stufe der Differenz", die sich zwischen die Familien und den Staat einschiebe. Die Gliederung des Landrechts war damit verlassen worden, das freie Individuum, seiner Familie entfremdet, wurde zum Sohn einer bürgerlichen Gesellschaft, die als das System der Bedürfnisse begriffen wurde. In diesem Bedürfnissystem, das sich ins Unendliche vervielfältigte, lebt der Mensch, durch Arbeitsteilung und Vermögen auf seinesgleichen angewiesen, als „Bourgois", wie Hegel sagt, nicht als politischer Bürger. Damit hatte Hegel die Trennung von Staat und Gesellschaft, die seit Hardenbergs Gesetzgebung zur Rechtswirklichkeit geworden war, als erster begrifflich erfaßt.[194] Indem der Staat die ständischen Bindungen der alten Societas löste und eine allgemeine Befreiung seiner Untertanen durch Arbeit, Handel und Produktionssteigerung anstrebte, setzte er eine neue bürgerliche Gesellschaft aus sich heraus, die, ohne politisch beteiligt zu sein, vom Staat getrennt blieb. Es war nun die von Hegel deutlich erkannte Folge, daß sich die verbliebenen Stände entlang der vollzogenen Trennung von Staat und Gesellschaft begrifflich gleichsam verdoppeln mußten. Sie tauchen innerhalb der bürgerlichen Gesellschaft auf, sozial vorgegeben und unpolitisch aus der Arbeitsteilung und Bodenbindung der Berufe abgeleitet. Ihre wesentliche Bestimmung war hier „in der subjektiven Meinung" enthalten, „in der besonderen Willkür, die sich in dieser Sphäre ihr Recht, Verdienst und ihre Ehre gibt". Andererseits erscheinen die Stände im inneren Staatsrecht, und zwar an der Legislative beteiligt: „In dem ständischen Element der gesetzgebenden Gewalt kommt der Privatstand zu einer politischen Bedeutung und Wirksamkeit."[195] Hegel überhöhte also auf dem Hintergrund der bereits vollzogenen Rechtsgleichheit bestimmte sozial abgrenzbare Funktionen zu politischen Ständen. Dabei ging er in seiner Rechtsphilosophie, die ein Zweikammersystem vorsah, weiter als der preußische Staat. Aber er blieb ihm verpflichtet, wenn er in seinem Ständesystem dem Beamtenstand eine außerordentliche Rolle zuwies.

Hegel suchte die Stände, die also teils sozial, teils von Staats wegen bestimmt wurden, „als vermittelndes Organ" einzuführen, um so den vorausgesetzten Gegensatz zwischen der Regierung und dem „in die besonderen Sphären und Individuen aufgelösten Volke" zu überbrücken.[196] Wäh-

---

194 a. a. O. §§ 181, 190, 238, § 258 Anhang; vgl. oben Anm. 2, 1. Kapitel II, und *J. Ritter:* Hegel und die Französische Revolution 28 ff.
195 *Hegel:* Rechtsphilosophie §§ 201 ff., 206, 301 ff.
196 a. a. O. § 302.

rend es aber schwerfiel, die partikularen Standesinteressen zu einer notwendig gemeinsamen Willensbildung in der Legislative zusammenzufügen, besaß der Beamtenstand hier einen Vorzug, der in seiner Standesbestimmung selbst enthalten lag: Denn „der allgemeine, näher dem Dienst der Regierung sich widmende Stand hat unmittelbar in seiner Bestimmung, das Allgemeine zum Zweck seiner wesentlichen Tätigkeit zu haben"[197]. So leicht konnten die übrigen Stände freilich nicht den Weg von ihrer sozialen Zufälligkeit und je eigenen Einsicht zur politischen Notwendigkeit nachweisen, weshalb sie Hegel auch als einen „Zuwachs" definierte, als eine „Zutat", die vom Standpunkt der Beamten aus betrachtet ebenso fortbleiben könne.

Wenn Marx zwanzig Jahre später die Hegelschen Bestimmungen auf ihre unlösbaren Widersprüche und scheinbaren Harmonisierungen abhorchte, dann verfügte er über eine geschichtliche Erfahrung, die Hegel um so weniger haben konnte, als er seine Rechtsphilosophie längst vor Stiftung der preußischen Provinzialstände formuliert hatte. Die Marxsche Kritik gibt sich zwar – auf dem gleichen Niveau der Reflexion – systemimmanent, aber die aufgezeigten Widersprüche sind erst durch die geschichtliche Bewegung der inzwischen verflossenen Jahre sichtbar geworden.

Marx schildert den „Fortschritt der Geschichte, der die politischen Stände in soziale Stände verwandelt hat", einen Vorgang, der unter der absoluten Monarchie begonnen habe und der sich tatsächlich im Allgemeinen Landrecht niedergeschlagen hatte. Seitdem begann der Standesbegriff zu schillern. Er verdoppelte sich in seine – zunehmend – soziale und in eine – abnehmende – politische Bedeutung, eine Verdoppelung, die, wie Marx noch deutlich sah, früher nicht möglich war, solange der soziale und der politische Status einer Person zusammenfielen. An diesem Vorgang gemessen erschien nun für Marx die Bürokratie als rückständig oder, wenn man so will, als ein vergangenes Ideal. „Stand im mittelaltrigen Sinne blieb nur mehr innerhalb der Bürokratie selbst, wo die bürgerliche und die politische Stellung unmittelbar identisch sind."[198] Deshalb konnte Marx sogar so weit gehen und die Bürokratie als „die bürgerliche Gesellschaft des Staates" ansprechen, als die verbliebene alte Societas civilis nämlich, die zur Gänze im Staat aufging. Oder modern gewendet: „Die Bürokratie ist der Staat, der sich wirklich zur bürgerlichen Gesellschaft gemacht hat."[199] Neben dieser historisch treffsicheren Formel, die auch das staatsbürgerliche Bewußtsein der Reformbeamtenschaft eindeckte, variierte Marx nun in immer anderen Wendungen Hegels Erkenntnis, daß die moderne bürgerliche Gesellschaft vom Staat unterschieden sei.

---

197 a. a. O. §§ 303, 314.
198 *Marx:* Frühschriften 96.
199 a. a. O. 58 ff.

Beamtenstand und Provinzstände

Unter diesem Aspekt war nun die Bürokratie keineswegs mehr identisch mit der bürgerlichen Gesellschaft, vielmehr basierte ihre ganze Existenz auf deren vorausgesetzter Trennung vom Staat. Wie Marx diese Spaltung in Hegelscher Sicht interpretierte: „Er hat dem wirklichen handelnden Staat die Bürokratie zu seinem Leib gegeben und sie als den wissenden Geist dem Materialismus der bürgerlichen Gesellschaft supraordiniert."[200] In sich bilde sie eine „Hierarchie des Wissens", die die Staatszwecke in Bürozwecke verwandle und umgekehrt, die sich aber nur als tätiges Dasein entfalten könne, die „Alles machen will", ihren Willen zur Causa prima erkläre und so die Welt zum bloßen Objekt ihrer Behandlung herabwürdige.[201] Die Beamten, statt Repräsentanten der bürgerlichen Gesellschaft zu sein, werden „Abgeordnete des Staates, um den Staat gegen die bürgerliche Gesellschaft zu verwalten". Marx mußte nicht Demokrat sein, um damit auch das Empfinden der rheinischen Liberalen wiederzugeben, mit denen er damals als Zeitungsredakteur zusammenzuarbeiten anfing.

War einmal die Beamtenschaft als der letzte wahre politische Stand definiert, deren Stand ihr Staat war[202], dann ergab sich von selber, daß die übrigen Stände ins Vage gerieten. Ihre doppelte Bedeutung, sozial eine äußerliche Bestimmung der Individuen zu liefern, politisch aber nicht mehr von eigener Rechtskraft zu sein, wurde zur Zweideutigkeit. Die partielle Überhöhung nur einiger sozialer Schichten aus dem Feld allgemeiner privatrechtlicher Gleichheit zu „politischen" Ständen war „nichts als ein unglückliches Zwitterding". Auch den preußischen Provinzialständen haftete der doppelte Ursprung an, den Hegel zuvor systematisch entwickelt hatte, sozial vorgegeben zu sein, politisch aber als ein schmaler Ausschnitt der bürgerlichen Gesellschaft diese ganz darstellen zu sollen. Und je mehr sich, wie Marx bemerkte, schon innerhalb der Gesellschaft der Stand in eine „soziale Stellung" verflüchtigte, desto beschränkender wirkte eine Privilegierung, die einzelne Menschen in ihrer sozial zufälligen Privatbedeutung politisch festnageln wollte. „Statt daß die einzelne Funktion Funktion der Societät wäre, macht sie vielmehr die einzelne Funktion zu einer Societät für sich."[203] Statt zu vermitteln, sind solch künstliche Stände „der gesetzte Widerspruch des Staates und der bürgerlichen Gesellschaft im Staate. Zudem sind sie die Forderungen der Auflösung dieses Widerspruchs", wie Marx zur Zeit des neu aufflackernden Verfassungskampfes hinzufügte.[204]

Marx folgerte logisch aus Hegel, empirisch aus seiner Situation, wie eine Legislative arbeitete, die sich scheinbar eines ständischen Beirats bediente. Nähme sie die Stände, was sie eigentlich sind bzw. früher einmal waren,

---

200 a. a. O. 87.
201 a. a. O. 60 ff.
202 a. a. O. 86.

203 a. a. O. 98, 100.
204 a. a. O. 79.

dann hätten wir „nicht eine gesetzgebende Gewalt, sondern mehrere gesetzgebende Gewalten, die unter sich und mit der Regierung transigierten"[205]. In Wirklichkeit aber bediene sich die Legislative ständischer Vermittlung, um zu vertuschen, daß es der Staat selber ist, der der bürgerlichen Gesellschaft seine Gesetze vorschreibt. Hinter der Kulisse der Stände zeige sich der wahre Widerspruch, daß die Legislative eine „Verwirklichung des Staatsbürgertums" verhindere, indem sie außerhalb der bürgerlichen Gesellschaft residiere, die sie scheinbar beteilige. „Also Wissen und Willen der Stände sind teils überflüssig, teils verdächtig."[206] Die Stände wie sie waren, drängten auf eine Auflösung ihrer selbst – von der gesellschaftlichen Entwicklung her – und auf eine Aufhebung der Entfremdung zwischen der privaten bürgerlichen Gesellschaft und dem politischen Staat – und das auch verfassungshalber. „Die gesetzgebende Gewalt ist die gesetzte Revolte."[207] Damit war der Anspruch der „wirklichen Staatsbürger", die Legislative der Beamtenschaft zu entwinden, legitimiert: Das Recht zum Widerstand ergab sich für Marx zwingend aus der bestehenden Verfassung. Vor dem Forum „wahrhaft philosophischer Kritik" handelte eine Legislative, die selbst über die Verfassung befinden konnte, illegal – was zur täglichen Erfahrung der damaligen Provinzialstände gehörte.

Marx leistete mit seiner Kritik an Hegel eine geschichtsphilosophische Ableitung der wahren Legitimität: Sie stand auf seiten derjenigen Bürger, die sich als „wirkliche Staatsbürger" entfalten wollten. Der erste Stand des Staates wurde durch die philosophische Kritik zum letzten Stand der Geschichte. Und das hieß – für die preußische Verfassung – nichts anderes, als den einzigen Stand des Staates aufzuheben, um die Staatsbürgerschaft auf alle ausweiten zu können. Die Emanzipation des Staatsbürgers, dessen private und politische Existenz zusammenfiele, war nur zu erlangen, wenn jeder Bürger ein potentieller Beamter wäre. Marx ist in seiner Kritik nicht bis zu dieser Folgerung vorgestoßen[208], aber das erste seiner später mehrfach variierten Emanzipationsmodelle steht in der Logik des Gedankenganges: durch Aufhebung des letzten politischen Standes alle Stände zum politischen Staatsbürgertum zu befreien.

Es war die radikal-demokratische Konsequenz eines Ansatzes, mit dem Marx den früheren Reformbeamten näher stand, als er vermutlich wußte.

---

205 a. a. O. 109.
206 a. a. O. 74.
207 a. a. O. 110.
208 Vgl. dazu *Boberach:* Wahlrechtsfragen 78. Eine wörtliche Identifizierung, daß jeder Staatsbürger Staatsbeamter sei – wie es *Novalis* 1798 noch postulierte (Schriften 2, 150) –, konnte Marx als konkrete Forderung natürlich nicht mehr aufstellen: Das wäre auf dem Hintergrund seiner beißenden Kritik zu abgeschmackt gewesen. Verfassungsrechtlich und nach seiner Theorie der Stände liegt dieser Anspruch vor.

Beamtenstand und Provinzstände

Die Reformbeamten waren ja die Männer gewesen, die weniger den letzten politischen Stand der Geschichte verkörperten, was sie staatstheoretisch hinnehmen mochten, als diejenigen, in denen sich die Kräfte der modernen Gesellschaft versammelt hatten und die alles darangesetzt hatten, diese Kräfte in die alte Ständegesellschaft hinüberzuleiten. Das war noch Hegels Erfahrung gewesen, die Marx nicht mehr teilte. Daher seine polemischen Verschärfungen, mit denen er seine – durch Hegel gewonnene – größere geschichtliche Erfahrung kompensierte. Marx nahm als radikaler Demokrat, der er damals wurde, den idealistischen Impuls der Jahre 1807 wieder auf: „Damit der Mensch mit Bewußtsein tut, was er sonst ohne Bewußtsein durch die Natur der Sache gezwungen wird zu tun, ist notwendig, daß die Bewegung der Verfassung, daß der Fortschritt zum Prinzip der Verfassung gemacht wird, daß also der wirkliche Träger der Verfassung, das Volk, zum Prinzip der Verfassung gemacht wird. Der Fortschritt selbst ist dann die Verfassung."[209]

Marx verwandte einen geschichtlichen Verfassungsbegriff, nach dem seinerzeit die Verwaltungsbeamten ihre Arbeit ausgerichtet hatten, die sich als der tätige Kern einer vorwärts zu treibenden Sozialverfassung begriffen. Wenn Marx 1842 die Beamtenschaft als das Hindernis auf diesem Wege ansprach, weil die Organisation der sozialen und der bürokratischen Welt auseinanderklaffte, dann war das keine posthegelische Spekulation, sondern eine Kritik am preußischen Staat, die nur mit hegelschen Begriffen ausdrückte, was die ganze Öffentlichkeit bewegte – einschließlich der Beamten selber. Im Rahmen der Behördenorganisation war es unmöglich geworden, „ein tüchtiges, dem gesetzlichen Fortschritt aufrichtig ergebenes Volk" zu leiten.[210]

In den Generalständen von 1847 meldeten sich, und zwar durch die Stände hindurch, die Spitzen der neuen bürgerlichen Gesellschaft. Der Beamtenstand, soweit gewählt, trat dabei als Stand politisch nicht mehr in Erscheinung.[211] Die Bürokratie war es auch, die in der schweren Krise von 1847 so sehr versagte wie bei Ausbruch der Unruhen im März 1848. Nicht aber versagten sich die liberalen Beamten der Wahl durch das Volk in den ersten allgemeinen Wahlen, die darauf veranstaltet wurden.

Die Wahlen von 1848 sind ein erstaunliches Ergebnis der bisher geschilderten Entwicklung, die die eximierten Staatsstände verfassungsmäßig daran gehindert hatte, die politische Stellung einzunehmen, die ihnen nach

---

209 *Marx:* Frühschriften 66. Vgl. oben 2. Kap. I, S. 160.
210 Ausdruck *Biedermanns* (Reichstag 467).
211 Nur gelegentlich kam es zum Wortwechsel zwischen beamteten Abgeordneten, die eine „doppelte Stellung" einnähmen, wie von Saucken sagte, und den „einfachen Volksvertretern", wie er sich selbst bezeichnete (Der erste Vereinigte Landtag, III, 1251 ff., 1360; in Bd. IV, 1861 eine Auseinandersetzung zwischen dem Oberpr. v. Meding und dem Landrat v. Vincke).

ihrem landrechtlichen Vorrang und auf Grund ihres Prestiges aus der Reformzeit hätte zustehen können. Die regionalen Grundbesitzerstände und die Beamtenschaft hatten sich gegenseitig lahmgelegt im Maße, wie die Interessen der neuen bürgerlichen Gesellschaft von keinem der beiden gewahrt wurden. Aber nach dem Ende der provinzialständischen Frustrationen zeigte sich, daß die repräsentative Führungsschicht auch der neuen bürgerlichen Gesellschaft von den Staatsbeamten gestellt wurde: Sie verbündeten sich mit jenen Wirtschaftsbürgern, deren Aufstieg von der Reformbeamtenschaft seinerzeit freigesetzt worden war.
Berufsständisch gesehen brachten die Wahlen zur Nationalversammlung, und zwar zu beiden, in Berlin wie in Frankfurt, einen überwältigenden Sieg des Beamtenstandes. Innerhalb dieses Standes kamen freilich nur solche Beamte in die Parlamente, deren Ziel es war, ihre begrenzte Dienststelle gegen eine freie und selbstsichere Führungsrolle in einer konstitutionellen oder parlamentarischen Verfassung zu vertauschen. Wie die nicht beamteten Liberalen auf eine Kontrolle oder Amtsübernahme des Verwaltungsapparates drängten, so kamen ihnen aus der Behördenorganisation die liberalen – und demokratischen – Kräfte entgegen. Die zwischenständische Parteibildung hatte die Beamtenschaft selber durchdrungen, mehr noch, sie wurden von einer Minorität innerhalb ihrer selbst vollzogen.
In Frankfurt stellte die beamtete Intelligenz mit 60 % den größten Anteil aller Abgeordneten aus den preußischen Landen; so in Berlin. Zusammen mit den 68 Richtern waren die 32 höheren Verwaltungsbeamten und die 7 Landräte in der preußischen Nationalversammlung bei weitem die geschlossenste Berufsschicht unter den 402 Abgeordneten. Rechnet man die 26 niederen Beamten hinzu, die gewählt worden waren, so bildeten alle unmittelbaren Staatsdiener eine Gruppe von 33,5 %, berufsständisch aufgeschlüsselt den Kern der Versammlung. Dazu kam die lange Reihe der mittelbaren Beamten, die 26,4 % ausmachten: 51 Geistliche beider Konfessionen, 27 Kommunalbeamte, 21 Lehrer der höheren und niederen Schulen und 5 Hochschullehrer. Somit standen knapp 60 % aller Abgeordneten in staatlichem Sold oder unter ministerieller Aufsicht, von der im überkommenen Sinne sich zu befreien die meisten nach Berlin ausgezogen waren. Alle anderen Berufe waren daneben schwächer vertreten, die Gruppe der 46 groß- oder kleinbäuerlichen Abgeordneten, die 31 Kaufleute und Fabrikanten, die 27 Vertreter der freien akademischen Berufe, die Großgrundbesitzer in gleicher Anzahl, die 18 Handwerker und was darunterlag.[212]

[212] Die Zahlenangaben aufgeschlüsselt bei *Schilfert:* Wahlrecht 1848, Anhang II, 401 ff. Die Wahlergebnisse nach *Valentin:* Revolution 2, 43; *Huber:* Verfassungsgeschichte 2, 584, und *Jordan:* Konservative Partei 125 sind weniger differenziert, ergeben aber für die Beamtenschaft ein noch günstigeres Bild. Vgl. auch *Schulte:* Volk und Staat 183 ff., 559.

Beamtenstand und Provinzstände

Das Wahlergebnis zeigt, daß die Beamtenschaft, gerade nachdem der ständische Wahlschlüssel zerschlagen worden und der staatliche Befehlsapparat ins Wanken geraten war, noch immer die breite Führungsschicht der Gesellschaft stellte. Während die regionalen Herrschaftsstände, die Ritterschaft, aus der sich zumeist die konservativen Minister rekrutiert hatten, im ganzen abgewählt wurden, konnten die einzelnen Beamten zusammen ihre repräsentative Rolle wahren. Von den 21 Adligen des Parlaments waren nur 12 als Rittergutsbesitzer gewählt worden, auch diese meist liberal oder, wie der Graf Reichenbach, demokratisch; allein neun der Ihren kamen aus der Provinz Posen. Die Mehrzahl der überhaupt vertretenen Großgrundbesitzer – 15 von 27 – war zudem bürgerlich. Der führende Stand der Provinziallandtage war damit verschwunden, nur drei seiner adligen Abgeordneten aus dem Vorjahr wurden 1848 wiedergewählt.[213]

Die sozialständische Frontlinie, die durch das allgemeine, aber indirekte Wahlverfahren offenbar wurde, verlief also eindeutig. Die örtliche Ritterschaft und ihre Exponenten in den staatlichen Führungsstellen blieben ohne Rückhalt, die Beamtenschaft im engeren und im weiteren Sinne hat dagegen zahlenmäßig und in neuer Zusammensetzung ihre Stellung verstärkt. Die parteiliche Streuung innerhalb der Staatsdiener war breit genug, daß gerade sie als gewählte Vertreter der Gesellschaft, und zwar indirekt gewählt als die spezifischen Vertreter der Intelligenz, den Wechsel vom bürokratischen zum konstitutionellen System überdauerten. Sie konnten es überdauern, weil sie selber den Wechsel erstrebten.

Der allgemeine Stand der Beamten lieferte das berufsständische Bindemittel der – im Gegensatz zum Frankfurter Parlament – eher demokratischen als liberalen Berliner Nationalversammlung[214]. Der Beamtenstand – Militärs wurden gar nicht gewählt – war gleichsam allgemein genug, um die soziale Gemeinsamkeit in der Volksvertretung stiften zu können. Er gab dem ersten preußischen Parlament das Gepräge. Mit der ganzen „intellektuellen Schnellkraft", die sie auszeichnete, finden sich Männer der Justiz und der Verwaltung als Anführer der liberalen Richtungen, aber ebenso – unter Waldeck – ihres demokratischen Flügels, zu dem sie

---

213 Nach *Valentin:* a. a. O., wobei allerdings zu berücksichtigen ist, daß 13 adlige und 7 bürgerliche Ritter in das Frankfurter Parlament gewählt wurden, wo überhaupt die mehr konservativ-liberale Schicht vertreten war, im Gegensatz zu Berlin. Dazu *Valentin:* a. a. O., und *Schilfert:* a. a. O. 108 ff.

214 1848 bestätigte sich insofern das Urteil des liberalen *David Hansemann* aus dem Jahre 1832: „Die preußische Beamtenwelt ist beinah eine Macht geworden. Sie ist, der großen Mehrzahl nach, demokratischer Natur und demokratisch sind auch meistens die politischen Ansichten der preußischen Beamten; sie wollen, insofern politische Rechte erteilt würden, daß jedermann, der Bildung hat, dieselben besitze, und der hohe Wahlzensus in Frankreich ist ihnen eine schlechte Geldherrschaft; gegen eine mächtige Aristokratie sind sie sehr eingenommen. So sind wenigstens sehr viele preußische Beamte gesinnt" (Preußen und Frankreich, § 289).

immer schon einen leichteren Zugang hatten als ihresgleichen aus großbürgerlichen Kreisen.
Man hat die Berliner Versammlung gern als das Parlament der kleinen Leute bezeichnet. Das ist richtig im Hinblick auf die fehlende Landaristokratie, deren Herrschaftsrechte – wie die Wahlergebnisse forderten – die Versammlung allesamt abschaffen wollte.[215] Nun waren aber die kleinen Leute in den beiden unteren Ständen der Provinziallandtage schon immer stark vertreten gewesen, was v. d. Marwitz mit Stolz gegenüber der französischen Kammer vermerkt hatte[216] – gerade wegen der Ausschließung der bürgerlichen Eximierten. Die 124 Vertreter der Landgemeinden im Vereinigten Landtag stammten zwar fast alle aus der gesicherten Schicht selbständiger Bauern, aber zahlenmäßig stellten sie doch einen weit größeren Anteil, als es ihnen bei den allgemeinen Wahlen 1848 möglich war. Die 46 Landwirte[217], die 1848 von der Landbevölkerung durch die Schleusen des indirekten Verfahrens hindurch bis in das Parlament gelangten, zählten jetzt einige Büdner und Kätner, auch Illiteraten unter sich, aber das Gesamtbild hat sich damit – rein quantitativ – nicht zu ihren Gunsten verändert. Die neue Radikalität teilten sie auch mit den anderen Berufsschichten des Parlaments.
Der eigentliche Durchbruch zur politischen Tätigkeit gelang vielmehr der bürgerlichen Intelligenz. Sie, die bisher immer nur auf dem Umweg über den Grundbesitz in die Provinziallandtage eingeschmuggelt werden konnte, setzte sich durch. Die Zahl der bürgerlichen Eximierten in der preußischen Nationalversammlung betrug rund 60 %, wenn man so will, ein Fernsieg des Landrechts mit seiner Konzeption der gebildeten Staatsstände über die provinzialständische Gesetzgebung von 1823. Wie sehr noch die landrechtliche Abschichtung der preußischen Sozialverfassung entsprach, zeigt sich daran, daß auch innerhalb der Eximierten die beamteten Abgeordneten den stärksten Anteil stellten. Nicht alle Staatsdiener waren ja eximiert, die Volksschullehrer oder niederen Beamten genossen nur sehr wenige Privilegien[218], aber der Prozentsatz der nicht

---

215 Vgl. dazu *Huber:* Verfassungsgeschichte 2, 743.
216 *Meusel:* Von der Marwitz II/2, 420 ff.
217 *Jordan* (Die konservative Partei) zählt — gegen Schilfert — 49 ländliche Vertreter. Die noch höhere Angabe bei *Valentin:* Revolution 2. 43, der 68 Bauern, davon die Hälfte aus Schlesien auszählt, beruht sicher auf der Hinzurechnung ländlicher Justizbeamter, der Erb- und Friedensrichter, die Schilfert als niedere Beamte gerechnet hat.
218 Die Zahl der Beamten in der preußischen Nationalversammlung deckt sich nicht ganz mit der Zahl der Eximierten. Höhere und niedere, mittelbare und unmittelbare Beamte zusammengenommen machten 59,8 % der Versammlung aus. Streng genommen müssen die 2,75 % Volksschullehrer abgezogen werden, die sich nur des Steuer- und Einjährigenprivilegs erfreuten, und ebenso die 11,1 % der unteren Beamten. Dieser Ausfall wird aber aufgewogen, wenn man die rechtsrheinischen Rittergutsbesitzer (5,5 %) — der bevorrechtete Adel links des Rheins wurde gar nicht gewählt — und die rechtsrheinischen freien akademischen Berufe, voran der Ärzte und Advokaten (4,6 %), hinzurechnet: sie waren im

Beamtenstand und Provinzstände

beamteten Eximierten blieb vergleichsweise gering. Nur je knapp 7 % kamen aus dem Ritterstand – davon über die Hälfte bürgerlich – und aus den freien akademischen Berufen. So bleibt das Wahlergebnis ein erstaunliches Zeugnis von der Wirksamkeit der sozialrechtlichen Kontinuität, die vom Landrecht bis in die Revolution hineinreichte.

Wer vom Landrecht aus der alten Ständegesellschaft als staatsunmittelbarer Berufsstand eximiert worden war, der Beamte, der Geistliche und der Lehrer, der hatte noch 1848 – statistisch gesehen – die größte Chance, gewählt zu werden.[219] Der staatsständische Rahmen wurde jetzt politisch im Sinne der neuen Gesellschaft ausgefüllt und damit gesprengt. Die Vertreter der eigentlichen Staatsstände wußten sich – im Unterschied zum Adel – als Träger einer allgemeinen Staatsbürgerschaft. Oder anders gewendet: Was ihnen in der Reform versagt blieb, wollten sie in der Revolution selber erzwingen. In den Generalständen von 1847 hatte es keinen Stand gegeben, der sich als die potentielle Staatsnation hätte etablieren können. Der einzige allgemeine Stand, den es gab, war – wie die Wahlen von 1848 zeigten – der Beamtenstand, der im Vereinigten Landtag als solcher nicht vertreten war. Wie Hegel einst gesagt hatte[220]: „Der dritte, denkende Stand hat die allgemeinen Interessen zu seinem Geschäft" – im Gegensatz zum „natürlichen Stand" der Bodenbesitzer und zum vermittelnden Stand der Stadtbürger. Wenn überhaupt noch ein Stand die Rolle des Tiers-état der französischen Konstituante von 1789 hätte spielen können, dann war es der Beamtenstand. Die Unstimmigkeit einer solchen Parallelisierung zeigt den ganzen Abstand zwischen der französischen und der preußischen Situation, so eng diese mit jener geschichtsphilosophisch verknüpft wurde.

In sich keiner zusätzlichen Verallgemeinerung mehr fähig, repräsentierte der Beamtenstand das „Volk" – soweit er von diesem gewählt und insofern bestätigt wurde. Als die wahren Staatsbürger drängten die Beamten darauf, mit einem kleinen Kranz nicht beamteter Eximierter um sich herum, und in Übereinstimmung mit den übrigen Repräsentanten, alle Exemtionen und ständischen Vorrechte zu beseitigen. Auch dies war ein Erbe der Reform und ein Ergebnis des Vormärz. Die hohe Zahl führender Beamter in der preußischen Nationalversammlung war – rückwärts gewandt – letztes Zeichen einer staatsständischen Herrschaft, die politisch an ihr Ende gelangt war, aber in der Sozialverfassung noch tief verwurzelt

---

Genuß der Ehevorrechte, eines eigenen Gerichtsstandes, besonderer Strafmaße, als Ritter meist von Grundsteuerprivilegien, und der Wehrdienstverkürzungen, derer sich auch noch die 2,5 % Fabrikanten und Großkaufleute erfreuten. Der Schnitt von rund 60 % Eximierten bleibt somit erhalten. (Alle Prozentangaben nach *Schilfert:* Wahlrecht 1848, 404 f.)
219 Dieser statistisch eindeutige Befund bedürfte freilich noch einer personengeschichtlichen Differenzierung.
220 *Hegel:* Encyclopädie § 528.

blieb. Vorwärts gewandt war die Bereitschaft der Beamten zur Wahl der erste Schritt zu einer parlamentarischen Politisierung der Beamtenschaft überhaupt.[221] Der letzte Präsident der preußischen Nationalversammlung, von Unruh, und der letzte Ministerpräsident in Frankfurt, Grävell, beide waren preußische Regierungsräte gewesen, die im Vormärz wegen ihrer liberalen Haltung den Dienst quittiert hatten.[222] Es ist ihnen nicht gelungen, in der Revolution einzuholen, was sie als Verwaltungsmänner erstrebt hatten. Weder gelang die Beseitigung aller Exemtionen, noch breitete sich, um den Ritterstand zu entmachten, die staatliche oder die bürgerliche Selbstverwaltung auf die Kreis- und Gemeindeebene aus. Selbst Mindestforderungen, über die sich diesseits aller Streitfragen um die neue Verfassungsform alle Abgeordneten einig waren, wurden von der Gegenrevolution verschluckt. Die Behördenorganisation überdauerte die Revolution, aber seit 1848 wurde sie mehr als je zuvor „parteipolitisch" gesteuert, und zwar nicht mehr von den Liberalen, sondern von solchen Konservativen, um derentwillen ein Unruh oder Grävell den Beamtenstand verlassen hatten.

Was sich bisher – von 1823 bis 1848 – als ein Vorgang gezeigt hat, der sich zwischen den Provinzialständen und dem Staatsstand der Beamten abgespielt hat, ein Vorgang, der schließlich ihre Grenzen verwischend zu einer allgemeinen parteiartigen Neuausrichtung geführt hatte, das soll nunmehr von der Innenseite der Behördenorganisation aufgerollt werden: wie sie sich betätigt und verzehrt hat, wie sie betätigt wurde und ihrer verfassungsgemäßen Führungsrolle verlustig ging. Dabei wird sich zeigen, daß dem Stand der Beamten seine staatsständische Funktion in dem Maße verlorenging, als er seine Arbeit in den Dienst einer Verwaltung stellen mußte, für die er nicht verantwortlich war; der innere Grund, warum so viele aus seinen Reihen in das Parlament überzuwechseln suchten, um eine „konstitutionelle" Verfassung zu errichten.

---

221 Im einzelnen *Hartung:* Staatsbildende Kräfte 248 ff.
222 Über Grävell siehe oben S. 173, 214 und *Valentin:* Revolutionen 2, 131, 465, 671; *Grävell* war mit den Zensurbehörden in Schwierigkeiten geraten, als er 1819 in seinem Buch „Der Bürger" das Widerstandsrecht proklamierte, und zwar unter Berufung auf Svarez und die Erfahrung aus der Napoleonischen Zeit. Als Regierungsrat wurde er disziplinarisch belangt, der Rechtsweg ihm versperrt, wogegen er mit Beschwerden anging, was zu seiner schließlichen Entlassung führte. Er ging dann zu Krug nach Leipzig, wo er noch den Doktortitel erlangte. Grävell war ein mediokrer Mann, aber sein Versuch, eine Untersuchung gegen den Innenminister anzustrengen, worin ihm später Heinrich Simon ebenso vergeblich folgen sollte, ehrt ihn als einen aufrechten Charakter, den er mehr im Rechtlichen als im Politischen zu bewähren wußte. Vgl. seine Schrift: „Der Staatsbeamte als Schriftsteller oder der Schriftsteller als Staatsbeamter im Preußischen, actenmäßig dargethan", Stuttgart 1820. Über Unruh *Huber:* Verfassungsgeschichte 2, 585, 751 ff. *Unruhs* Erinnerungen sind trotz der rückblickend harmonisierenden Tendenz immer noch eine klare Quelle für die zunehmende Entfremdung der liberalen Beamten von der ministeriell gesteuerten Bürokratie im Vormärz.

II. Gesinnungskontrolle, Autoritätsschwund und soziale Gewichtsverschiebung der Bürokratie

Preußens Kraft beruhte auf der Macht seines Geistes. Dieser Topos besaß in der Reformzeit — und gewann durch sie — eine allgemeine Evidenz.[1] Es ist eine Frage der Perspektive, ob hinter einer solchen Formel nur Überheblichkeit gesucht wird, wie sie schon damals den Preußen vorgeworfen wurde[2], oder ein geschichtlicher Anspruch etwa, unter den sich der damalige Staat gestellt sah. Jedenfalls war in der Reformzeit weniger von einem preußischen Geist die Rede als von jenem Geist, der Preußen wiederaufzurichten fähig sei. Die Denkfigur lag zumindest in der politischen Situation beschlossen, wie sie von den Reformern begriffen wurde. Es galt, wie der Freiherr vom Stein später sagte, „die relative Schwäche der preußischen Monarchie ... durch moralische und geistige Kraft" aufzuwiegen[3], eine Sicht, die schließlich — ein halbes Jahrhundert später — bis zur Wendung von den moralischen Eroberungen führte, die in Deutschland zu machen seien.[4]

Nun gingen freilich viele Stränge der geschichtlichen Vergangenheit und Gegenwart in den Begriff des „Geistes" ein, dem sich Preußen verpflichtet wußte. Der Staat verdankte seinen Ruhm dem Philosophenkönig, das Erbe der Aufklärung blieb einbegriffen, sosehr es durch die idealistische Bewegung verwandelt wurde. Es war ein Geist konfessioneller Toleranz, der erforderlich war, die Vielfalt der kirchlichen Bekenntnisse an den Staat zu verpflichten; jetzt überhöht durch die humanistische Bildungs-

---
1 Vgl. die Belege in meinem Aufsatz: Staat und Gesellschaft in Preußen 1815—1848, in: Staat und Gesellschaft im deutschen Vormärz, hg. v. *W. Conze*, Stuttgart 1962, 89 f. Ferner *Mayer:* Engels 1, 15.
2 Vgl. die Zitate bei *Perthes:* Leben 2, 24, aus der Zeit des Wiener Kongresses: „Des Franzosentums sind wir Herr geworden, Gott bewahre uns vor dem Preußentum. Helfen auch Sie, mein lieber Freund, Deutschland vor diesen Raubtieren zu beschützen, die, um sich zu vergrößern, kalt und herzlos alles zerreißen wollen."
3 *Stein:* Briefwechsel, hg. v. Botzenhart 6, 118 (Verfassungsdenkschrift für den Kronprinzen vom 5. 11. 1822). Ähnlich Zerboni an Hardenberg am 28. 11. 1817: „Die Rolle, die uns in Europa wiederum zugefallen ist, basiert nicht auf unserer physischen Schwere. Wir existieren nur in der Idee und erlöschen mit ihr" (Arch. Panstw. Pozn. V A I).
4 Vgl. *Ladendorf:* Historisches Schlagwörterbuch 206. Vgl. auch das Wort des Prinzen Wilhelm in der Krise von 1830: „Was einst bei drei Millionen der Enthusiasmus tat, muß jetzt bei elf Millionen die geweckte und geförderte Intelligenz tun." Man müsse der relativen Schwäche Preußens „durch intellektuelle Kräfte zu Hilfe kommen", vornehmlich im Heer (zit. bei *Treitschke:* Deutsche Geschichte 4, 194). Als ein — besonders bekanntes — Zwischenstück aus dem liberalen Lager sei Jacobys Formel in seinen „Vier Fragen" (27) genannt: Die Preußen hätten mehr als andere deutsche Stämme die deutsche Einheit im 18. Jh. zerstört: „Die Zukunft wird lehren, ob sie für das Zerstörte den deutschen Brüdern einen *geistigen* Ersatz zu bieten bestimmt sind."

religion und um so nötiger seit 1815, als durch die Angliederung der westlichen Provinzen und Posens der katholische Bevölkerungsanteil auf ein rundes Drittel angestiegen war. Es war ein politisch produktiver Geist, der sich einen Staat zusammengebaut hatte, dem jede langsame Entwicklung und „organische" Vorgegebenheit abzugehen schien; ein „künstliches Machwerk", wie von Cölln 1807 den Staat spöttisch nannte[5], ein hergestellter, kein „gewachsener" Staat, wie Gans 1830 gegen die historische Schule betonte. „Wir haben gerade so viel Geschichte, um die reichere und entwikkeltere in der weiten uns noch ganz offen liegenden Zukunft zu erwarten, aber lange nicht soviel, um die Geschichte als eine uns bestimmende Notwendigkeit anzuerkennen".[6] So war es ein Geist, der nicht auf ein Staatsvolk gemeinsamer Sprache, Sitte oder Gewohnheit rekurrieren und seit 1815 nicht einmal mehr auf gemeinsames Recht bauen konnte. Das „Nationelle" Preußens, fuhr Gans fort, liege nicht im Physischen — und er wiederholte damit eine gängige Wendung der Verwaltungsbeamten —, sondern im „geistigen Band"; „der geistigen Nationalität soll also erst ihr leibliches Substrat geschaffen werden". Der Staat lebte aus einem Geist, der sich — durch Dienst und Schule — seine Bevölkerung erst anverwandeln mußte. Es war der Geist des Bürgers als Soldaten und der Geist der Bildung, die von den eximierten Schichten nach unten weitergereicht werden sollte. Schließlich war er — für die Staatsbürger Preußens — als Erbe der „Freiheitskriege" ein Geist der Freiheit, die, sich auf alle Untertanen ausdehnend, das Reformwerk krönen sollte.

Diesseits aller Ideologisierungsversuche darf man füglich behaupten: Es war von einem Geist die Rede, der allein die Einheit sicherte einem Staat, dem die konfessionelle, ethnische, sprachliche, rechtliche, ja sogar die geographische Einheit abging. Der tätige Träger dieses Geistes war nun die berufsmäßige Intelligenz, die Beamtenschaft; sie bildete — neben dem Heer — das institutionelle Substrat einer Einheit, die eben nur „im Geiste" lag. Von Hegel stammte — aus seiner Heidelberger Antrittsvorlesung — jene Formel, die dann ihre Runde machte: „Der preußische Staat ist es, der auf Intelligenz gebaut ist."[7] Damit verwandte er einen Begriff, der den Staat „als lebendigen Geist" zugleich auf die ihm eingeordnete institutionelle Sicherung bezog, auf den besonderen Stand der Staatsdiener, der von der

---

5 *Cölln:* Vertraute Briefe 280.
6 *Gans:* Beiträge 369.
7 *G. W. Hegel:* SW. hg. v. H. Glockner, Stuttgart 1959 (3. Aufl.) 17, 20. Dazu Gombert in der Z. f. d. Wortforschung 3, 309. Vgl. dagegen die Wendung, die Schelling 1810 verwendet hatte: Es gelte, „den Staat, wo nicht entbehrlich zu machen und aufzuheben, doch zu bewirken, daß er selbst allmählich sich von der blinden Gewalt befreie, von der er auch regiert wird und sich zur Intelligenz verkläre" (zit. nach *Schelling:* Schriften zur Gesellschaftsphilosophie, hg. v. M. Schröter, Jena 1926, 720).

Erkenntnis zur Verwirklichung drängend, immer in seiner Besonderheit der Allgemeinheit verpflichtet bliebe.[8]

Die Geschichte der Restauration und des Vormärz ist — von dieser Ausgangslage her betrachtet — eine schleppende Geschichte des schwindenden Geistes. Genauer gesagt: Der Geist als integrierendes Moment des preußischen Staates ließ sich nicht administrativ austeilen. Soweit nicht der Staat einer wissenschaftlichen Betätigung des Gelehrtenstandes freien Auslauf ließ — und hierin war er vergleichsweise liberal und erfolgreich —, blieben alle Maßnahmen zur Gesinnungssteuerung — denn um diese handelte es sich gegenüber den übrigen Ständen — umstritten, unzulänglich und schließlich erfolglos. Je mehr sich die Ständegesellschaft entgliederte, entzündeten sich mit den neuen Vereinigungsformen auch eine Fülle geistig divergierender Kräfte, deren Rückbindung an den Staat keineswegs über den Stand der Beamten erfolgte. Die Verwaltung wurde statt dessen auf eine Funktion verwiesen, die ihr von Anfang an auch innewohnte, auf die Technizität ihrer Tätigkeit. Hier konnte sich „die Anlage zu einer hart manirierten intellektuellen Existenz, wie sie im eigentlichen Preußen so sehr auffällt" (Schleiermacher)[9] und die in der Beamtenschaft gepflegt wurde, voll entfalten. Und wenn diese Beamtenschaft zusehends in die Sackgasse einer Ideologie getrieben wurde, deren sie damals nicht fähig war, so war dies der offizielle Stempel auf die Verbannung des Reformgeistes. Dieser war, soweit er weiterlebte, abgewandert in die neue bürgerliche Gesellschaft, an der die Beamten als Individuen — nicht mehr als geschlossener Stand — ebenso teilhatten wie ihresgleichen aus den nicht beamteten Schichten.

Der preußische Reformstaat wurde innenpolitisch in den Jahrzehnten zwischen 1820 und 1848 zwei Belastungsproben ausgesetzt, denen er sich nicht gewachsen zeigte. Es waren freilich Belastungsproben, die in sich unlösbare Probleme bargen, an deren Entstehung aber der Staat durch unzulängliche Planung wie mangelnde Reaktionsfähigkeit gleicherweise beteiligt war. Der einen Belastung sah sich Preußen ausgesetzt in den Kirchenkämpfen. Die religiösen Strömungen, die nach dem Friedensschluß langsam, aber stetig anschwollen und schließlich auch aus den Ufern der Kirchlichkeit,

---

[8] *Hegel:* Rechtsphilosophie § 257 ff.; Ästhetik S. 80; Encyclopädie §§ 443 ff., 481 f., 528, 539 passim.
[9] Die Idee der deutschen Universität, hg. v. *Anrich,* 294. Vgl. den Artikel „über die Entwicklung des constitutionellen Lebens in Preußen" in der Augsburger Allgemeinen Zeitung vom 10. bis 15. Mai 1832, der vermutlich aus der Feder eines Beamten herrührt: Die Beamtenschaft sei „in sich selbst wie eine lebendige Staatsintelligenz gegründet ... sie bedarf nirgends der fremden Hilfe, um regelmäßig mit der Zeit fortzugehen und die großen Stunden der Weltgeschichte anzuschlagen. Alle Anstrengungen sind durch Kenntnisse bedingt. Stand, Vermögen, Religion, selbst Vaterland und Nation sind gleichgültig. Der Ausländer wie der Preuße haben gleiche Rechte zu allen Stellen. Nur die technische Bildung, nur die gesetzliche Prüfung über erlangte Fähigkeiten entscheidet ..." usw.

selbst des Christentums heraustraten, waren viel zu mannigfaltig, als daß sie in den Kanälen der Verwaltung geistig hätten reguliert werden können. Zudem führte die erzwungene Union der beiden protestantischen Kirchen keine geistige Integration herbei, und selbst wo sie sich anbahnte, konnte sie auf den preußischen Staat nicht so wirken, da sie die katholische Kirche aus- statt einschloß. Das haben der Kölner Kirchenkampf und seine Posener Auswirkungen auf das schärfste bestätigt.

Die zweite Belastungsprobe lag in dem Bestreben der sich emanzipierenden Gesellschaft, den Staat auch über eine Reichsständeverfassung zu integrieren und damit der Beamtenschaft ihr Monopol streitig zu machen. Wie dieser Versuch innerhalb des Verwaltungsstaates und an diesem scheiterte, wurde bereits geschildert. Aber dahinter stand die weit schwierigere, zunächst unlösbare Frage, wie sich eine Staatsnation formieren solle. Jeder Schritt auf sie hin führte das preußische „Volk" über seine Grenzen. Droysen konnte 1848 noch die zweifelhafte Hoffnung aussprechen, daß gerade die Provinzialständeverfassung Preußens eine Angliederung der übrigen deutschen Staaten erleichtern würde.[10] Andererseits hatte schon die Entwicklung der Provinz Posen gezeigt, daß die Anstrengung der Bildungs- und Zivilisationsarbeit, so erfolgreich sie im einzelnen war, die Posener Polen im ganzen nur von den deutschen Preußen entfernte. Ob also im Rahmen oder außerhalb des deutschen Bundes, gerade wenn sich Preußen – im Sinne der Reform – als das „neue Deutschland" verstand[11], wurde es um so aussichtsloser, sich innerhalb der eigenen Staatsgrenzen als Nation zu organisieren.

So lag denn in der Tat der eigentliche Erfolg der preußischen Verwaltungspolitik dort, wo sie ihre Technizität am besten bewähren und zugleich über die Grenzen hinauswirken konnte: auf dem Gebiet der Wirtschaftspolitik. Die Schöpfung des Zollvereins, unter Verzicht auf heutigen Gewinn, um ihn übermorgen zu verdoppeln, war eine verwaltungspolitische Leistung, die zu vollem Erfolg führte; und gerade dies ohne Beteiligung, wenn auch im Sinne der davon betroffenen und profitierenden wirtschaftlichen Kräfte. Ähnlich zielsicher wirkten auch viele der inneren Wirtschaftshilfen, die der Staat für das Verkehrsnetz und die Industrialisierung leistete. Erst als die Verwaltung auch in dieser Richtung versagte, als sich nämlich mit dem wirtschaftlichen Wandel die sozialen Folgen vordrängten, die in sich ebensowenig einer unmittelbaren Lösung fähig waren

---

10 „Preußen ist schon Deutschland in der Skizze. Es wird in Deutschland ‚aufgehen', d. h. statt sich konstitutionell abzuschließen als Staatsindividualität, wird es durch Entwicklung der provinzialständischen Verfassung seine Vergliederung mit Deutschland und die der deutschen Staaten mit sich ermöglichen, um seine große und gesunde Machtorganisation – sein Heer- und Finanzwesen voran – als Rahmen für das Ganze zu bieten"; zit. von *Hintze* im Nachtrag zur AdB. und Ges. Abh. II, 168 (Droysen).
11 Ausdruck von Gans 1831 in den Beiträgen 7.

und daher in die Verfassungsproblematik einmündeten, da war auch der letzte Kredit aus der Reformzeit verzehrt.

Die preußische Behördenorganisation als Kern der Verfassung konnte verwaltungstechnisch nie „neutral" sein, denn jede Handlung im Namen einer höheren Allgemeinheit zielte zwangsläufig in eine politische Richtung. Diese selbst war zunächst durch die fortgeltende Reformgesetzgebung, die zu erfüllen noch ausstand, festgelegt. Die Durchführung war eine vorzüglich exekutive Aufgabe, wie nämlich die Agrarreform und die Gewerbefreiheit im einzelnen voranzutreiben oder zu sichern seien. Aber jede technisch-administrative Handhabung der Exekutive scheiterte, sobald Probleme auftauchten, die, wie das kirchliche, das verfassungspolitische und das soziale Problem, neue Grundsätze herausforderten. Hier bedurfte es politischer Entscheidungen, die immer langsamer innerhalb einer Verwaltung zustande kamen, die sich auf rein exekutive Funktionen zurückzog und deren legislative Arbeit sich eher auf Deklarationen von Gesetzen als auf deren Neuschaffung beschränkte. Innerhalb ihrer selbst wie von außen her verlor die Verwaltung die Integrationskraft, die in der geschichtlichen Konstellation der Reformzeit von ihr ausgegangen war.

Es lag in der preußischen Verfassung seit der Reformzeit beschlossen, daß die Technizität der Verwaltung nie hinreichte, um die Behörden auch als Repräsentanten der Gesellschaft auszuweisen, wozu sie gleicherweise berufen waren. Die Behörden mußten, wie Schön sich einmal ausdrückte, auch das „Departement des guten Geistes" verwalten, und sei es gegen ministerielle Anordnungen.[12] Das geistige Klima, in dem verwaltet wurde, war mehr als die zufällige Hülle einer begrenzten staatlichen Funktion, es zu schaffen und zu regulieren war eine verfassungsmäßige Aufgabe des Beamtenstandes. „Die Verwaltung und die Anordnung ihrer Formen [darf] sich nie auch nur einen Augenblick scheiden von der Rücksicht auf die im Volk zu bewirkende Gesinnung", wie es Humboldt in einem Schreiben an Schön bestätigte.[13]

Was mit dem Begriff des „Geistes" für den ganzen Staat erfaßt wurde, das war für den konkreten Einzelnen die „Gesinnung". Die individuelle Gesinnung, auf die sich später die Liberalen mit Stolz beriefen[14], war zur Reformzeit noch ein Begriff, der jenseits ständischer Ehren und ständischer Bindungen alle Staatsbürger einzeln, aber doch als Einheit, umfassen sollte. Sie wurde in den Verfassungszusagen angesprochen, der Patriotismus und das Zutrauen vor allem zum Staat und seiner Leitung sollte in der Gesinnung geweckt werden, das Zutrauen, das — wie Hegel sagte — „zu mehr oder weniger gebildeter Einsicht übergehen kann", um sich dann

---

12 *Schön:* Aus den Papieren 3, 79 ff.
13 *Schön:* Beiträge 210.
14 Dazu *Huber:* Deutsche Verfassungsgeschichte 1, 711 ff.

bewußt mit dem Staat im Einklang zu finden. In seiner Gesinnung sollte der Bürger teilhaben am Geist des Staates, weshalb sie Hegel strikt von der subjektiven Meinung abzuheben sich bemühte.[15] Aber er zeigte auch die Kehrseite, denn „die Gesinnung ... kann nur von der Gesinnung erkannt und beurteilt werden. Es herrscht somit der Verdacht"[16], eine Formel, über deren politischen Akzent zur Zeit ihrer Mitteilung bei seinen studentischen Hörern kein Zweifel herrschen konnte. Die Gesinnung, die sich in den Zeiten der Not zur Eintracht zusammenschließen mochte[17], wurde im Zuge der Zeit eine Blindformel, hinter der das jeweilige Kriterium des Wohlverhaltens polizeilich versteckt werden konnte. Je weniger sich die Übereinstimmung zwischen dem Ministerium und der Beamtenschaft, zwischen der Beamtenschaft und der Masse der Bevölkerung von selbst verstand, desto mehr wurde die Gesinnung strapaziert.[18] Die Versuche der Gesinnungssteuerung richteten sich nach innen, in die Bürokratie hinein und in die übrigen beamteten Stände, sowie nach außen, um durch Zensur und Schule die sich herausbildende Öffentlichkeit zu regulieren.

„Jeder Staat wirkt durch seine ganze Verfassung, Gesetzgebung und Verwaltung erziehend auf seine Bürger ein, ist gewissermaßen eine Erziehungsanstalt im großen, indem er unmittelbar durch alles, was von ihm ausgeht, seinen Genossen eine bestimmte Richtung und ein eigentümliches Gepräge des Geistes und der Gesinnung gibt".[19] Dieser Anspruch, unter den sich der Staat der Reform gestellt sah, war nur zu erfüllen, solange er die freie Beteiligung seiner Bürger zu wecken verstand. Sobald er aber, statt die Meinung indirekt zu lenken, sie zu dressieren und zu unterdrükken suchte — wie es die Polizeigesetze von 1819 vorsahen —, trat an die Stelle des Vertrauens der Verdacht. Die Gesinnung sollte auf Gehorsam

---

15 *Hegel:* Rechtsphilosophie §§ 265 ff., § 257, § 289 Anh.
16 Philosophie der Geschichte (IX, 539, zit. nach *Lübbe:* Die politische Theorie 195); Analyse des Tugendterrors in der Franz. Rev.; fünfmal in den zwanziger Jahren vorgetragen.
17 Vgl. dazu das Selbstbekenntnis, das *Eylert* seinem Monarchen in den Mund legte: „Eintracht, in der nur allein das Ganze besteht und gedeiht, entspringt allerdings hauptsächlich aus der Übereinstimmung der Gesinnung; aber mit aus der Übereinstimmung der Begriffe. Wann aber ist die Verschiedenheit der Begriffe größer gewesen und wann größer die Fertigkeit, über alles zu sprechen und sein Urteil abzugeben als in unserer Zeit!" Deshalb müsse die allgemeine Bildung, die jeden über seinen Stand hinaus befähige, über alles zu reden, eingeengt werden (Friedrich Wilhelm III. 202 ff.).
18 Vgl. unten S. 571, Anm. 39 – ein Dokument gesinnungstüchtiger Bevormundung aus dem Jahr 1817, das auf Rochows bekannte Belehrung an die Elbinger vorausweist und von der großen Distanz zeugt, die zwischen dem beamteten Staatsbürger und dem Stadtbürgertum herrschte.
19 Formulierung Süverns in seiner Denkschrift zur Schulverfassung 1817, zit. nach *Paulsen:* Unterricht 2, 299. „Der beste Weg, sich auch die Gesinnungen des Volkes in den katholischen Provinzen anzueignen, würde verschlossen, wenn der Staat das ganze Erziehungswesen (an die Geistlichkeit) aus den Händen gäbe", heißt es in einem Bericht des Staatsministeriums vom 9. 11. 1816 (zit. bei *Foerster:* Landeskirche, 1, 417).

umgestimmt werden. Dieses Vorhaben ist weder innerhalb der Beamtenschaft gelungen, die ja in ihrer Mehrzahl noch liberal gesinnt war, noch — mit Hilfe verachteter Polizeiorgane — nach außen erfolgreich gewesen. Was aber erzielt wurde, war Indifferenz und Resignation. Damit wurde auch der moralische Spielraum der Verwaltung eingeengt, sie verlor jene Autorität, die ihren Erziehungsanspruch hätte rechtfertigen können. Dieser Vorgang der Einengung und der Abschnürung des Beamtenstandes soll nun entlang der Gesinnungskontrolle verfolgt werden.

Die ersten Maßnahmen richteten sich — im Gefolge der Karlsbader Beschlüsse — auf den Nachwuchs der Staatsbeamten im weitesten Sinne. Die Universitäten wurden unter die Kontrolle von Regierungsbevollmächtigten gestellt, und die studentischen Verbindungen, die die festgefahrene Verfassungsentwicklung weitertreiben wollten, wurden zerschlagen.[20] Daß das dehnbare Kriterium der Gesinnung dazu herhalten mußte, die „sogenannten Demagogen"[21] zu verfolgen, entsprach insofern der Haltung der Burschenschaftler, als sie in ihren Gedanken eine hinreichende Garantie für den Wert ihrer Handlungen erblickten.[22] Aber von der Marwitz erkannte ganz richtig, daß der Staat damit nur eine Schraube anzog, die er selber geschaffen hatte und deren Ende — im Wechsel von Gesinnungsprobe und Verdächtigung — nicht abzusehen sei.[23]

Der nächste Schritt richtete sich gegen den *Stand der Geistlichen und der Lehrer*. Schon 1819 wurden Conduitenlisten auch für die Lehrer eingeführt, und am 12. April 1822[24] trug eine Kabinettsorder dem Polizeiminister Schuckmann und dem Kultusminister Altenstein auf, die „Bande der Disziplin" schärfer anzuziehen, die Oberaufsicht zu verdoppeln. Es habe sich gezeigt, daß mehrere öffentliche Lehrer, „anstatt wahre Intelligenz zu verbreiten, welche die Grundlage des Staates ausmacht und auf jede Weise befördert werden muß, die Ausartungen derselben begünstigen". Sie entfachten den „Oppositionsgeist" und mischten sich in Angelegenheiten

---

20 Dazu *Huber:* Verfassungsgeschichte 1, Kap. IX, und *Müsebeck:* Kultusministerium 214 ff.
21 Formulierung der Breslauer Regierung 2. 3. 1831 (Arch. Panstw. Wrocl. Ob. Pr. Breslau Rep. 200 Aa 54/16 Nr. 3060).
22 *Huber:* a. a. O. 1, 737; Formulierung des Grafen Bernstorff in seiner Zirkularnote, die durch die französische Presse an die Öffentlichkeit gelangte; siehe auch *Strahlheim:* Unsere Zeit 28, 119.
23 *Meusel:* Von der Marwitz 1, 623.
24 GS 1822, 105. *Venedey* hat alle Erlasse im Laufe des Vormärz zusammengestellt, die sich auf die Kontrolle von „Sittlichkeit und Lauterkeit der Gesinnungen in religiöser und politischer Beziehung erstrecken", wie eine KO formulierte (Preußen 19—54; vgl. *Kamptz:* Ann. 1824, 8, 171, und *Gräff – Rönne – Simon:* 5, 851 ff.) – 1828 bedauerte der Reg.-Präs. Richter in Minden, daß immer noch nicht, wie auch der Oberpräsident gefordert habe, für die katholische Geistlichkeit Conduitenlisten eingeführt worden seien: „Sittlichkeit und intellektuelle Bildung" könnten daher bei Stellenbesetzungen nicht berücksichtigt werden (Staatsarch. Münster, B 80 vol. 1).

der Staatsverfassung und Verwaltung ein, was mit der pflichtmäßigen Führung eines Lehramtes unvereinbar sei. Um nun die Grenze zwischen der wahren Intelligenz und ihren Ausartungen zu bewachen, wurde den beiden Ministern eine fast unbeschränkte Vollmacht erteilt, mißliebige Lehrer und Pfarrer auf dem disziplinarischen Weg zu entlassen; für jede Neueinstellung mußte sich Altenstein die Kontrolle und das Veto des Polizeiministers gefallen lassen.

Nun war es bereits früher üblich gewesen, daß Lehrer oder Geistliche allein auf Grund der „moralischen Überzeugung" ihrer Vorgesetzten — des Oberkonsistoriums also — entlassen werden durften, selbst dann, wenn sie in ein gerichtliches Verfahren verwickelt und mit einem Freispruch davongekommen waren.[25] Insofern legalisierte die Order von 1822 nur einen bestehenden Zustand. Aber Svarez hatte gegen diese gesteigerte Befugnis einer Verwaltungsbehörde, als notwendiges Korrelat, den Rekurs an den Richter offengehalten. Wer durch einen Verwaltungsakt schuldig entlassen werde, könne ungeschoren ein neues Unterkommen finden; wer sich aber unschuldig wisse, müsse stets gegen ein willkürliches Verfahren den Rechtsweg beschreiten können.[26] Dieser Rechtsweg wurde 1822 abgeschnitten; und mehr noch, selbst die kollegialen Verfahrensformen innerhalb der Instanzen wurden beschränkt. Die vortragenden Räte verloren ihr Stimmrecht, die Entscheidung der Minister wurde allein „ihrem Pflichtgefühl anheimgestellt", und anstelle eines staatsratlichen Gutachtens trat — auch dies nur für höhere Dienststellungen — das des Ministeriums.

Die Wende vom Justizstaat zum Polizeistaat war für den Stand der Geistlichen und Lehrer damit vollzogen. Wenn sich die Bestimmungen zunächst nicht so verheerend auswirkten, wie es der drohende Wortlaut der Kabinettsorder vermuten ließ, so lag dies nur an der Taktik von Altenstein und an dem Mut der Oberpräsidenten, die darauf verzichteten, die ihnen unterstellten staatsunmittelbaren Stände durch Denunziationen zu zersetzen.[27] Die erste Welle der verschärften Aufsicht, die „wegen vermuteter oder erwiesener Teilnahme an demagogischen Umtrieben" 1822 eingeleitet wurde, ebbte langsam ab. Bei Neueinstellungen konnte der Staat gar nicht umhin, ehemalige Mitglieder der verbotenen Studentenverbindun-

---

25 KO 17. 12. 1805, die sich gegen den Standpunkt wendet, daß Inhaber einer öffentlichen Gewalt nur auf prozessualischem Weg entlaßbar seien. Diese Aufforderung hatte besonders durch die Säkularisation und Mediatisationen — mit ihrer Unzahl von Umbesetzungen von Dienststellen — an Boden gewonnen. Die KO beruft sich auf eine Rezension in der Hallischen Allg. Lit. Zeitung 1805, Nr. 302, S. 343, die erklärt, daß Ämter, die der besonderen Fürsorge des Staates unterworfen seien, auch besonderer Aufsicht unterlägen. Ein Staatsamt könne nie als Eigentum oder Pfründe verstanden werden (*Gräff — Rönne — Simon:* 5, 612). Ferner die Zirkularverfügung des Oberconsistoriums vom 18. 2. 1806 (NCC XII, 53).
26 Svarez zu den §§ 532—535 II 11. (*Kamptz:* Jb. 41, 177).
27 Vgl. *Treitschke:* Deutsche Geschichte 3, 409, 442; 4, 227.

Autoritätsschwund der Bürokratie

gen zuzulassen. Nach der Versicherung, „daß die Beteiligten weiter keine so strafbaren Gesinnungen", wie bisher in den Verbindungen, „äußern werden", durften sie ein Schul- oder Kirchenamt versehen.[28]
Wie weitmaschig das Kontrollnetz noch war, zeigt ein Vorgang nach den Ereignissen von 1830. Der König verlangte erneut, alle „in politische Vergehungen befangen gewesenen Individuen" fortlaufend zu beaufsichtigen und dies durch besondere Vermerke in den Conduitenlisten zu kennzeichnen. Die Breslauer Regierung, stellte sich heraus, besaß nur eine Liste von 22 ehemaligen Mitgliedern der „Polonia", von denen niemand ein öffentliches Amt bekleidete. Sie mußte beim Oberpräsidenten erst anfragen, wer nun eigentlich zu beobachten sei.[29] Erst nach dem Frankfurter Wachensturm wurde, wie im ganzen Bund, die Aufsicht rigoros verschärft. Niemand konnte mehr auf die Kanzel oder das Katheder gelangen, dessen Studiengang nicht zuvor durch die Kontrolle der Ministerialkommission — unter Kamptz, Mühler und Rochow — als unverdächtig ausgewiesen war.[30] Mochte der Staat durch seine verschärften Zulassungsschleusen seitdem mißliebige Untertanen außer Amtes halten: Die dadurch erzwungene Gesinnungseinheit förderte innerhalb der beamteten Stände allenfalls jene Heuchelei, die ihnen von den Gebildeten vorgeworfen wurde, die außerhalb des Staatsdienstes ihr Unterkommen zu finden genötigt wurden.[31] So war es der Staat selber, der mit Hilfe seiner Gesinnungspolizei entlang der Exemtionsgrenze den Spalt zwischen sich und der freien Gesellschaft vertiefte.
Nun hatte freilich Altenstein, dessen eigene politische Gesinnung schwer definierbar sei, wie Johannes Schulze bemerkte, kraft seiner „scheinbaren Passivität" manches verhütet.[32] Zwar nicht immer, handhabte er die Kontrolle so formal, wie es der polizeiliche Begriff der Gesinnung eben auch zuließ. Arnold Ruge z. B. konnte sich bereits ein Jahr nach seiner Ent-

---

28 Schuckmann an die Kgl. Reg. Breslau 12. 10. 1822 (Arch. Panstw. Wrocl. Ob. Pr. Breslau Rep. 200 Aa 54/16 Nr. 3060).
29 a. a. O. Die Liegnitzer Regierung nutzte allerdings die Gelegenheit, 13 „politisch verdächtig gewordene katholische Geistliche" von sich aus zu melden; so variierte von Regierung zu Regierung die Aufsicht. Oppeln nannte nur einen Geistlichen, der aber inzwischen sehr zuverlässig geworden sei.
30 a. a. O. Der Schriftwechsel zwischen der Ministerialkommission, den Regierungen und Altenstein aus dem Jahr 1835 zeugt von einer ziemlichen Instanzenverwirrung, die natürlich auf Kosten von Altensteins Unabhängigkeit ging. Zum ganzen *Huber:* Verfassungsgeschichte 2, 152, 183, und Dokumente 129 ff.
31 Vgl. *Nathan:* Preußens Verfassung 80, und die Fülle personengeschichtlicher Nachweise bei *Schulte:* Volk und Staat 66 ff. und 443 ff. — allein für die Provinz Westfalen. Um ein unkontrolliertes Ausweichen in freie Berufe zu verhindern, wurde durch die KO vom 20. 5. 1833 (GS 35) auch die ärztliche Praxis als „öffentliches Amt" deklariert. Damit erhielt auch für die Medizinstudenten — falls sie eine Praxis in Preußen planten — das Besuchsverbot fremder Universitäten wirksamen Nachdruck.
32 E. *Helwig:* Altenstein, in: *Bluntschli,* Deutsches Staatswb. 1857, Bd. 1. H. stützt sich auf eine Denkschrift von Schulze, die sich in Varnhagens Händen befunden habe.

Ideologischer Zwang

lassung aus der Festung Kolberg, auf der er wegen burschenschaftlicher Konspiration fünf Jahre lang hatte sitzen müssen, in Halle habilitieren. Die „Opposition der Vergangenheit" habe nie den Kern des Kultusministeriums erfaßt, wie es Ruge noch 1838 Altenstein bestätigte: „Die Wissenschaft ist ohnehin über die Gesinnung hinaus und der Gang des Geistes gibt sich keinem von Amts wegen zu verstehen."[33] Aber mit der Stärkung der Exekutive wuchs die Ermessensfreiheit der jeweiligen ministeriellen Spitze, und seit Eichhorns Nachfolge zeigte sich schnell die Kehrseite dessen. Er unterstellte dem dehnbaren Begriff der Gesinnung einen festen landeskirchlich-christlichen und patriotisch-royalistischen Inhalt, der ihn zu einer Bevormundung zwang, die den davon Betroffenen Charakter oder Stellung kosten konnte. Die Schließung des Breslauer Schullehrerseminars 1846[34] war nur eines der vielen Signale, daß sich der Weg von der polizeilichen Kontrolle der Gesinnung zu ihrer ideologischen Herstellung gabelte. Eichhorn bekannte 1842 ganz offen: „Die Regierung ist keineswegs indifferent, sondern vielmehr parteiisch, ganz parteiisch."[35] Was viele der gebildeten Stände nicht nur heuchlerisch, sondern ebenso oft ironisch oder sarkastisch hinzunehmen geneigt blieben, eine äußerliche Kontrolle für den Dienstgebrauch, das wollten sie als Gewissenszwang oder Eingriff in ihre Lehrfreiheit nicht mehr dulden.[36]

Der Versuch, eine innere Homogenität der gebildeten Stände im Staatsdienst zu erzwingen, während sich die theologischen, kirchlichen und politischen Richtungen kraft ihrer Gegensätzlichkeit verselbständigten, konnte die Opposition nur noch stärken; sie griff unter den Geistlichen und Lehrern um sich, wie es die Wahlergebnisse von 1848 dann bestätigt hatten.

Die Kabinettsorder, die 1822 die beiden Stände der Geistlichen und der Lehrer in eine strikt administrative Abhängigkeit versetzte, war nur ein erster Schritt gewesen. Der nächste wurde 1822 bereits angekündigt, er folgte 1823[37] und richtete sich gegen die *Verwaltungsbeamten* selber. Er regelte die administrativen Verfahren, kraft derer ein Zivilbeamter – nicht aber ein Richter – entlassen werden konnte. Die Kabinetsorder wich zunächst nur um ein geringes von der Regelung des Landrechts ab. Es war schon Carmer und Svarez nicht gelungen, gegen „allen Ministerdespotismus" die Entlaßbarkeit der Staatsdiener von einem Gerichtsentscheid abhängig zu machen. Der König und das Generaldirektorium hatten sich erfolgreich dagegen gewehrt, daß ihnen „gleichsam die Hände gebunden werden". Statt dessen wurde ein Mehrheitsbeschluß des damaligen Staats-

---

33   *Ruge:* Preußen und die Reaction 36. Vgl. *Neher:* Ruge 27 ff.
34   Dazu *Stein:* Breslau 227 ff.
35   Ansprache vor den Wittenberger Theologen, zit. bei *Lenz:* Berliner Universität II, 2, 39.
36   Dazu *Treitschke:* Deutsche Geschichte 5, 221 ff. *Paulsen:* Unterricht 471 f.
37   KO 21. 2. 1823 (GS 25).

rats mit entscheidender Urteilskraft versehen: „... auf diese Weise werden alle solche Prozesse und der Ministerdespotismus zugleich vermieden"[38] Es lag im Gefälle der forcierten Neuordnung, daß 1808 die Aussiebung des Beamtenheeres nicht zusätzlich von richterlichen Urteilen abhängig gemacht wurde.[39] Für die administrative Entlassung jedes Beamten mußte nun seit 1823 das gesamte Staatsministerium Beschluß fassen, wobei immer der Justizminister und ein nicht beteiligter Minister sein Gutachten abzugeben hatte. Für alle höheren Beamten blieb weiterhin ein Gutachten des Staatsrates erforderlich, bevor der König über die Entlassung befand. Neu also war zunächst nur, daß der Staatsrat nicht wegen eines jeden Unterbeamten behelligt wurde.

Aber 1826 erging ein geheimer Erlaß an das Ministerium und alle Oberpräsidenten, der in der Gesetzessammlung nicht publiziert wurde.[40] Er war dem jeweils Betroffenen zu eröffnen. Jeder Beamte konnte seitdem in einem verkürzten Verfahren entlassen werden; und zwar nicht nur, wie bisher, wegen physischer oder geistiger Untüchtigkeit, sondern „wegen mangelhafter Dienstführung und moralischer Gebrechen, die jedoch den Antrag auf seine Dienstentsetzung oder seine Dienstentlassung nach den Gesetzen nicht begründen"[41]. Zwar mußte der Antrag dem Betroffenen unumwunden bekanntgemacht werden, daß er zugleich seine Rechtfertigung dem Staatsministerium zuleiten könne, aber weder erfolgte eine verwaltungsgerichtliche Untersuchung, noch sollte der Staatsrat um ein Gutachten angegangen werden.[42] Das Ministerium entschied allein – die königliche Zustimmung bei höheren Beamten vorbehalten.

Kraft dieser Geheimbestimmungen wurde die exekutive Vormacht des Staatsministeriums bedeutend erweitert, selbst die kollegialen Formen der Administrativjustiz wurden beschränkt, und die wichtigste Rückversiche-

---

38 KO 21. 12. 1790 (*Gräff – Rönne – Simon*: 5, 415) und dazu die Korrespondenz zwischen Carmer und dem Generaldirektorium zu den §§ 98–101 II, 10 des ALR's, siehe *Kamptz*: Jb. 52, 130, und *Stölzel*: Rechtsverwaltung 2, 319.
39 Vgl. *Hartung*: Staatsbildende Kräfte 243.
40 Arch. Panstw. Wrocl. Ob. Pr. Breslau Rep. 200 Aa 54/16 Nr. 3060. Friedrich Wilhelm III. an das Staatsministerium zur alleinigen Unterrichtung auch der Oberpräsidenten, 16. 8. 1826.
41 Arch. Panstw. Wrocl. Ob. Pr. Breslau Rep. 200. Aa 54/16 Nr. 3060.
42 Wenn also, wie Schneider berichtet (158), im Staatsrat seit 1823 nur noch vier Fälle von Disziplinarentlassungen zur Sprache kamen, so besagt dies noch nichts über die tatsächliche Zahl entlassener Beamter. Die politischen Fälle waren — gemäß der KO vom 16. 8. 1826, die auch Hartung und Stölzel entgangen ist, aber bei *Bergius* (Staatsrecht 310) referiert wird — dem Staatsministerium vorbehalten. Gleichwohl darf man annehmen, daß die Zahl der entlassenen — nicht der aus politischen Gründen versetzten — Beamten im ganzen Vormärz so gering blieb, wie Schneiders Zahl vermuten läßt: Die Oberpräsidenten neigten gemeinhin dazu, ihre Untergebenen zu schützen, und wer einmal in die Ministerialbürokratie aufgestiegen war, wurde vermutlich nie in einem Geheimverfahren vor die Tür gesetzt.

rung, die die mittlere Beamtenschaft behielt, haftete nur an der Person ihrer Oberpräsidenten. In der Formel von den moralischen Gebrechen, so ernst sie in sich gemeint sein mochte, war eine Handhabe gegen die politische Gesinnung gegeben. Auch sie konnte zu einer Zwangsentlassung- oder Pensionierung führen. Das Geschick eines Varnhagen, von dem Staegemann schrieb, daß er sich nicht habe rechtfertigen können, „weil gewiß nur die Gesinnungen ihn gestürzt haben"[43], war damit legalisiert. 1827 wurde noch eine Kabinettsorder nachgeschickt, die bestimmte, daß gegen jeden, der wegen eines Dienstvergehens gerichtlich freigesprochen wurde, gleichwohl nach dem Ermessen der vorgesetzten Behörde eine Zwangspensionierung eingeleitet werden durfte.[44] Damit waren alle Verwaltungsbeamte rechtlich auf den Zustand heruntergedrückt worden, auf dem sich die Lehrer und Geistlichen seit 1822 befanden.
Der Sieg, den sich die Staatsverwaltung gegenüber den Justizbehörden in der Reformzeit erkämpft hatte[45], wirkte also jetzt auf die Beamtenschaft zurück. Je geringer ihr Rechtsschutz, desto stärker geriet der Stand der Beamten in den Sog exekutiver Abhängigkeit vom Staatsministerium. Wenn dieses auch seine Ermessensfreiheit nicht übermäßig ausgedehnt hatte, so blieb doch der Beamte vor dem Verdacht des Verdachts und seinen möglichen Folgen gesetzlich ungeschützt. Nicht zuletzt, um ihn unter Druck zu halten, wird Kamptz die Geheimorder von 1826 bei der Verschärfung des Kurses nach 1833 in seinen Annalen publiziert haben.[46]
Die unmittelbare Wirksamkeit solcher Kabinettsorders wird man freilich nicht überschätzen dürfen, aber sie lähmten entweder das Selbstbewußtsein der Beamten oder trieben sie in die geheime Opposition. Es kennzeichnet ihre Zwischenlage, wenn selbst so „konstitutionell" gesonnene Juristen wie die bekannten „Fünf Männer", die „Vollkommenheit der Verwaltung weit mehr als auf allen Anordnungen und Formen [im] Charakter der Staatsdienerschaft" begründet sahen. Sie stellten es als ein Axiom auf, „das Alles vergeblich ist, was versucht werden mag, die öffentlichen Geschäfte zu vervollkommen, wenn die Denkungsart der Beamten verschwindet". Ganz wie Ruge in seinen Hallischen Jahrbüchern, so beriefen sie sich auf die „Ehre der Intelligenz"[47], die sich — wie sie sagten — durch keine Aufsicht oder Maßnahme „erkaufen und erzwingen läßt[48]. Das staatsständische Selbstbewußtsein, das vorzüglich durch die Schule

---

43 *Staegemann:* Briefwechsel mit Oelsner 71.
44 KO 4. 9. 1827, in den Annalen 11, 876, nicht in der GS publiziert.
45 Siehe oben 2. Kapitel I.
46 *Kamptz:* Annalen 1833, 588.
47 *Ruge:* Preußen und die Reaction 35.
48 *Gräff – Rönne – Simon:* 5, 192 ff., zu denen noch Koch und Wentzel als die Mitherausgeber der ersten Auflage von den „Ergänzungen und Erläuterungen der Preußischen Rechtsbücher" gehören, um die „Fünf-Männer" vollzählig zu machen.

Hegels entfaltet worden war, erwies sich – aufs Ganze gesehen – in den dreißiger Jahren sicher noch als stärker denn alle polizeilichen Gesinnungskontrollen, die besonders Kamptz, Schuckmann und Rochow – mit dem Postminister Nagler und dem Hausminister Wittgenstein im Hintergrund – anzustrengen suchten.

Werner von Haxthausen, ein entschiedener Altständischer, der 1825 deshalb den Dienst hatte quittieren müssen, gab noch 1833 zu, daß „wenigstens ein Quasi-Stand", der sogenannte Beamtenstand, für „Ordnung und Sicherheit vel quasi" sorge. Er sei bei der „Festigkeit und Stetigkeit unserer Regierungen gewissermaßen frei und unabhängig geworden". Dem Staat gegenüber sei er ein „Schutz der Gesetze und Schirm gegen Willkür und Gewalt", der Nepotismus bewege sich in den Grenzen des Normalen, letztlich sei es die Fähigkeit, die die Beamten auf ihre Stellen bringe, und die Beamtenehre, die sie ihnen erhalte. Ganz anders die Repräsentativverfassungen. Je mehr diese sich entfalten, „desto politischer wird die Richtung werden, welche sie ihren Beamten abfordert und mitteilt ... Wie die Regierung selbst zur Partei geworden und nur mit einer Partei regieren kann, so muß notwendig alles zur Partei gehören, was an der Regierung teilnehmen soll." Die notwendig verbleibenden Staatsdiener, die „faiseurs", „müssen sich als neutrale, unpolitische Werkleute mit der Arbeit, die ihnen allein zufällt, ... genügen"[49]. Haxthausen hat vielleicht klarsichtiger als seine Zeitgenossen – wie damals üblich – die Verfassungen zwischen Preußen und den westlichen Staaten verglichen. Aber er sollte am eigenen Leibe erfahren, daß die von ihm beschriebene Politisierung der Beamtenschaft und insofern ihre Auflösung als „Quasistand" langsam, aber stetig um sich griff. Haxthausen wurde wegen seiner Schrift, die er unzensiert an die Landtagsabgeordneten hatte verteilen lassen, um der altständischen Bewegung Argumente zuzuspielen, vor Gericht gestellt, dessen Urteil er sich durch Emigration entzog. Sein Oberpräsident Vincke vermochte ihn sowenig zu schützen wie der Kronprinz.

Je mehr sich politische – und kirchliche – Bewegungen regten, was sie allen Verboten zum Trotz taten, desto weniger konnte die Staatsregierung einer Parteinahme entraten, die sich auf die Stellenbesetzungen auswirkte. Rochow war es, der als erster aus der Ämterhierarchie besondere „Vertrauensstellungen" herauszuheben suchte, womit er die später so genannten „politischen" Beamtenposten umschrieb. Landräte nämlich und Polizeidirektoren sollten selbst vorübergehend nur mehr mit besonderer königlicher – und das hieß seiner eigenen – Genehmigung besetzt werden

---

49 *Haxthausen:* Über die Grundlagen unserer Verfassung 103 f. Zum Lebenslauf: *Klein:* Solms-Laubach 36 ff.; AdB 11. 121 f.; *Treitschke:* Deutsche Geschichte 4. 544; *Schulte:* Volk und Staat 407, 766.

dürfen.⁵⁰ Es war seine Tendenz, die relative Geschlossenheit des Beamtenstandes auf der mittleren Ebene vom Polizeiministerium her wie von der landständischen Kreisebene her aufzubrechen.

1844 wurde nun jenes berüchtigte Gesetz erlassen, das die gerichtlichen und disziplinarischen Strafverfahren gegen Beamte für den gesamten Staat generell regelte und das — erstmalig — auch *die Richter* miterfaßte.⁵¹ Das Gesetz, das über neun Jahre hinweg im Staatsministerium und im Staatsrat beraten worden war, verfiel der öffentlichen Kritik wie kaum ein anderes, obwohl es, gemessen an der bestehenden Rechtslage, die Sicherungen zum Schutz der Beamten verstärkte.⁵² Zunächst einmal verlor jener geheime Erlaß, der seit 1826 auf einem abgekürzten Weg jeden Verwaltungsbeamten mit der Zwangsentlassung bedrohen konnte, automatisch seine Geltung. Statt dessen wurde der Rechtsschutz im Sinne des Gesetzes von 1823 mit seinen verwaltungsrechtlichen Verfahrensformen wiederhergestellt⁵³, und ein gerichtlicher Freispruch konnte nicht mehr auf dem Disziplinarweg rückgängig gemacht werden.⁵⁴ Ebenso wurde die bis dahin zweideutige Lage der Richter — in bezug auf Strafversetzungen und Zwangsentlassungen — so geregelt, daß alle disziplinarischen Maßnahmen bis hin zur Amtsenthebung nur durch einen Spruch ihrer vorgesetzten oder gleichgeordneten Justizkollegien erfolgen durften.⁵⁵ Der Rekurs an das Geheime Obertribunal stand immer offen — die Richter erhielten also einen besseren Schutz als die höheren Verwaltungsbeamten, die sich in letzter Instanz nur eine gutachtliche Hilfe vom Staatsrat versprechen konnten. Fälle also, wie der des Oberlandesgerichtsrats Forckenbeck, der 1833 wegen Anregung einer Verfassungspetition von Münster nach Breslau strafver-

---

50 Rochow an alle Regierungen, die die vakanten Posten gewöhnlich mit Assessoren aus ihren Reihen besetzten. Rochow verlangte für die Landratsposten die Reihenfolge Kreisdeputierter — Rittergutsbesitzer — gewöhnlicher Grundbesitzer (25. 11. 1836; Arch. Panstw. Wrocl. a. a. O.).
51 G. 29. 3. 1844 (GS 77). Dazu *Stölzel:* Rechtsverwaltung 2. 557 ff.
52 Vgl. *Schneider:* Staatsrat 174 ff.
53 Es handelt sich um fast wörtliche Übernahmen aus dem Gesetz von 1823; vgl. besonders die §§ 35 ff. Nur die Unterbeamten konnten bereits durch einen Kollegialbeschluß ihrer vorgesetzten Behörde, sofern sie sich als Disziplinargericht etablierte, entlassen werden — die Bestätigung des Oberpräsidenten vorausgesetzt. Sie verloren damit den Rekursweg zum Staatsministerium und wurden dem Status der Volksschullehrer gleichgesetzt, deren Disziplinarverfahren bereits seit 1837 vom Oberpräsidenten letztinstanzlich entschieden wurden (KO 29. 3. 1837, GS 70). Der als „Scharfrichter" bekannte Reg.-Präs. Richter (Minden) beschwerte sich, daß ihm die seit 1825 zustehende Disziplinargewalt über das Regierungskollegium durch die neuen Bestimmungen genommen worden sei: Jetzt erleide jede Mahnung Verzug und das Berliner Ministerium erhalte die Kontrolle über die kleinsten Verstöße aller Räte (Staatsarch. Münster, B 80, vol. II, Verw.-Ber. für 1844).
54 Der § 12 des Gesetzes vom 29. 3. 44 hat die KO 4. 9. 27 (wiederholt als Reskript: Ann. 1839, 538) modifiziert.
55 Diskussion der Rechtslage, die seit dem ALR keineswegs eindeutig war, jedenfalls eine administrative Absetzung von Richtern nicht ausschloß, bei *Stölzel:* a. a. O. 275 f., 316, 594 passim.

setzt worden war, konnten seitdem legalerweise nicht mehr vorkommen.[56] Keine Kabinettsorder mehr, nur noch ein richterlicher Spruch durfte derartige Disziplinarstrafen verfügen.

Es war gerade der Staatsrat gewesen, der darauf gedrängt hatte, „daß die Richter nur durch Richterspruch ihrer Stelle entsetzt werden könnten"[57]. Insoweit hatte das Gesetz für die Richter wie für die Verwaltungsbeamten einen deutlichen Fortschritt gebracht. Wenn es dennoch einen Entrüstungssturm in der Öffentlichkeit hervorrief, der, von Heinrich Simon entfacht, zu zahllosen Petitionen an die Landtage führte, amtliche Denkschriften zur Gegenbelehrung der Stände auslöste, einen Pressekampf zwischen offiziösen und liberalen Blättern entfesselte, so lagen die Gründe woanders. Der Fortschritt, den das Gesetz gebracht hatte, war – wie alle Schritte Friedrich Wilhelms IV. – zu kurz bemessen. Die politische Grenze jenes Gesetzes lag nämlich dort, wo für Justiz und Administration eine eigene Standesgerichtsbarkeit gefestigt werden sollte. Da war wieder von der gemeinsam gewonnenen „Überzeugung" die Rede, nach der zu beurteilen sei, inwieweit Beschuldigungen begründet seien oder nicht. Da wurden außeramtlicher Lebenswandel, Ansehen und Vertrauen wieder als Urteilskriterien aufgestellt. Da wurden ausdrücklich einige Paragraphen, die nach dem Landrecht dem Strafprozeß vorbehalten waren (§§ 363 f., II, 20) dem internen Disziplinargericht überantwortet. Für liberale Juristen, die auf ein einheitliches Strafrecht für alle Bürger drängten, waren derartige standesrechtliche Sonderlösungen unerträglich.

Denn schwerer wog noch das andere Gewicht, das die Exekutive zu ihren Gunsten dem Gesetz beilegen konnte. Als neuer Entlassungsgrund tauchte plötzlich „ein die Religion ... verletzendes Betragen" auf; und was zählte ein kollegialer Urteilsspruch durch Standesgenossen, wenn der Justizminister – für Mitglieder der Landesjustizkollegien – den ranggleichen Gerichtshof erster Instanz selber bestimmen durfte? Zu einer Zeit, da die Lehre von der Unabsetzbarkeit der Richter als Verfassungsgarantie[58] um sich griff, halfen keine standesrechtlichen Verfahrensformen, wenn genügend Lücken offenblieben, durch die sich die herrschende Gesinnungspolizei einschleichen mochte.

Dabei waren die Juristen die letzten, die sich dazu hergeben wollten. Die

---

56 F. wurde 1833 ohne Bezahlung des Umzugsgeldes versetzt, was der Sache nach wie nach dem Disziplinargesetz von 1844 einer Strafe gleichkam. Vgl. *Hüffer:* Lebenserinnerungen 299 f. Nicht tangiert wurde freilich die Versetzung nach oben, die einen politisch mißliebigen Beamten kaltstellen, wie es das Ministerium Camphausen mit dem demokratischen Abgeordneten v. Kirchmann 1848 z. B. handhabte, womit es die Taktiken aus dem Vormärz in umgekehrter Richtung ausübte (vgl. *Huber:* Verfassungsgeschichte 2. 586).
57 *Schneider:* Staatsrat 185.
58 *Jacoby:* Simon 148, 234 ff.; *Stölzel:* a. a. O. 558 ff.

Freisprüche Jacobys oder Schlöffels durch das Kammergericht wurden berühmt[59], und der Freispruch des sozialistischen Arztes Lüning durch das Oberlandesgericht Paderborn 1845 griff mit seinen Begründungen offen „auf ein der richterlichen Entscheidung fremd liegendes politisches Gebiet über", wie sich der König in einer Kabinettsorder beschwerte.[60] Aber der Monarch wagte nicht, einen Machtspruch zu fällen, obwohl das Gericht „Parteimeinungen" propagiert habe, die jeden anderen vor das Gericht bringen würden. Deutlicher konnte der Monarch nicht zugeben, daß die Parteibildungen den Staat und seine Institutionen selber erfaßt hatten. Die Schraube der Meinungskontrolle ließ sich nicht mehr anziehen. Schließlich gab auch das Oberzensurgericht — als letzte Instanz — die Simonschen Schriften frei, die den Kampf gegen die Disziplinargesetze entfesselten.

So haben die Gesetze von 1844, die im Rahmen staatsständischer Eigengerichtsbarkeit die Exekutive stärken sollten, nur die liberale Bewegung verstärkt. Die Opposition in den Landtagen, in der Justiz und in der Presse wuchs dabei zusammen, und Simon ließ das Ziel offen durchblicken, das sie vereinte, wenn er dem König schrieb: „Nur auf das kann man sich stützen, was Widerstand leistet, und wie das von allen Institutionen der Staaten gilt, so wird man diesen zweifellosen Satz auch gleichmäßig auf das Beamtentum und die persönliche Selbständigkeit des einzelnen Beamten anwenden müssen, insbesondere in einem Staate, in welchem diese, ohne die Gegengewichte der freien Presse und constitutioneller Institutionen, die ungeheure Aufgabe lösen sollen, deren Stelle zu vertreten."[61] Durch das Disziplinargesetz sei auch diese letzte Verfassungsgarantie zerstört worden, es fördere eine „künstlich ausgebildete Charakterlosigkeit", stünde also mit der Unabhängigkeit seiner eigenen „politischen Gesinnung" im Widerspruch — so begründete er sein Entlassungsgesuch. „Ich trete ab als Beamter, um Bürger bleiben zu können."[62]

Auf eine kürzere Formel ließ sich die geforderte — und bereits vorausgesetzte — Selbstaufhebung des regierenden Beamtenstandes zugunsten einer Repräsentativverfassung nicht bringen.[63] Simon berechnete gar nicht die

---

59 Vgl. *Valentin:* Revolution 1. 40; *Stein:* Breslau 203.
60 *Stölzel:* a. a. O. 602; dazu *Schulte:* Volk und Staat 73.
61 *Jacoby:* Simon 250.
62 a. a. O. 243. Die Formel schloß sicher an den Gesetzestext vom 26. 12. 1808 an, den Jacoby in seinen „Vier Fragen" zitiert hatte, die nicht abgefaßt zu haben Simons Ehrgeiz sehr erregt hatte („Warum habe *ich* diese Broschüre nicht geschrieben!", a. a. O. 150). Jacoby zitierte die Steinsche Ermahnung an die Beamten, daß „sie selber Bürger sind und bleiben, auch wenn ihnen Staatsämter vertraut werden; daß auf der Wohlfahrt ihrer Mitbürger nur die Wohlfahrt des Staates und des Regenten beruht" (28).
63 Vgl. auch die Formel eines jener konstitutionellen Beamten, der — vielleicht aus dem Umkreis des Reg.-Präs. v. Delius — 1832 in der Augsburger Zeitung anonym versicherte: „Der Unterschied zwischen Volkssouveränität und solcher (Beamten-)Herrschaft (im Sinne des Landrechts) ist nur scheinbar, da sie nur als Staatsoberhaupt, als Diener und Repräsen-

Autoritätsschwund der Bürokratie

Möglichkeiten eines innerständischen Widerstandes, die das Gesetz von 1844 in sich barg; seine Forderung nach der Unabhängigkeit der Justiz war nur das Teilprogramm der zu stiftenden liberalen Konstitution, Antwort zugleich auf die Bemühungen einer Staatsleitung, die ihre eigenen parteiischen Interessen hinter einer Straffung und Ausbildung der ständischen Ordnungen zu verstecken suchte. Die auf Dienstleistung, Gesetzmäßigkeit und Disziplin beruhende Einheit der Beamtenschaft reichte nie hin, den politischen Zerfall des Beamtenstandes als eines Standes aufzuhalten: gerade weil er sich auch als Repräsentant der Gesellschaft wußte. Die Parteirichtungen griffen durch ihn hindurch; und wo sie an der bürokratischen Selbstgefälligkeit aufliefen, lähmten sie die Initiative, die ihn auszeichnen mußte, wenn er als regierender Stand sich ausweisen wollte. Oder anders gewendet: Je mehr die Beamten zur Exekutive einer konservativ-parteiischen Staatsleitung zusammenschrumpften, wurden sie aufgeschlossen für die revolutionierenden Parteirichtungen der Gesellschaft. Neben den herkömmlichen Gruppierungen innerhalb der Verwaltung, den mehr liberalen Bürokraten und den restaurativen „Parteigängern des historischen Rechts" verselbständigten sich besonders „die ‚unteren Kreise' des Beamtentums", wie Brüggemann bemerkte[64] und neigten „zu einer Koalition mit der Presse und den ‚Proletariern' ", wie er die Nichteximierten ironisch zusammenfaßte. Und Friedrich Wilhelm IV. glaubte sich genötigt, seinen Beamten jede Beteiligung an bürgerlichen Gesellschaften und Kasinos zu versagen[65] — eine jener Orders, die die Nähe der Beamtenschaft zu den neuen Kräften des Bürgertums voraussetzten, die sie zu verhindern trachtete. „In den Behörden selber", notierte Varnhagen 1842: „Parteisucht, Widerspruch, Auflösung!"[66]

Demselben Vorgang, der im Laufe des Vormärz den Beamtenstand als „Herrschaftsstand" gleichsam von innen her verzehrte, entsprach nun in der Öffentlichkeit der sich herausbildenden Gesellschaft ein Prozeß, der für den Verwaltungsstaat auf die Dauer verlorenging: Es war ein Prozeß, den der Staat mit Hilfe seiner Zensur und seiner Zensurgerichtsbarkeit zu steuern vermeinte.

---

tanten des Staates anerkannt werden, sobald ihre Zeit gekommen, durch andere Repräsentanten nach Beschluß des Staates ersetzt werden mögen. Wir dürfen kaum zweifeln!" (Zit. bei *Rochow:* Preußen und Frankreich 97 ff.). Über das Motiv dieser Kreise schrieb *Ranke* im gleichen Jahr (Hist.-Polit. Z. 1, 359): „Wenn die Beamten Stände wünschen, so geschieht es darum, weil sie mit noch durchgreifenderen Gesetzen ausgerüstet auf ihrem Wege der Verwaltung weniger Hindernisse zu finden hoffen. Allein sie werden auch weniger Freiheit haben, ein die Schwierigkeiten durch eigene Anstrengung besiegendes Talent zu entwickeln."

64 *Brüggemann:* Preußens Beruf 109.
65 KO an das Staatsmin. 18. Juli 1843; *Gräff — Rönne — Simon:* Suppl. I/2, 98.
66 *Varnhagen:* Tagebücher 2. 127.

Polizeiliche Zensur

Die Kontrolle der Druckerpressen und die *Zensur* ihrer Produkte war eine alte Domäne der landesherrlichen Polizei, zunächst um die Breitenwirkung religiöser Streitfragen zu verhindern, dann als Mittel aufklärender Bildungspolitik mit pädagogischer Zielsetzung.[67] Auch in Preußen war die Vorzensur, erstmalig 1654 für theologische Kampfschriften eingeführt, unter Friedrich dem Großen zur Regel geworden.[68] Ihre liberale und tolerante, seit dem Edikt von 1788 verschärfte Anwendung lag immer in der Ermessensfreiheit der Polizeibehörden, deren Spielraum die jeweiligen Verordnungen festsetzten. Alle Versuche, um 1815 herum eine Pressefreiheit einzuführen, die nur durch Nachzensur im Rahmen allgemeiner Strafgesetze zu begrenzen sei, waren seit den Karlsbader Beschlüssen zunichte gemacht worden, und auch das preußische Pressegesetz von 1819[69] knüpfte wieder an die absolutistische Tradition an. Organisatorisch wurde die Aufsicht über die Zensur „ausschließlich" den Oberpräsidenten übertragen, die dafür zu sorgen hatten, daß wissenschaftlich gebildete und „aufgeklärte Zensoren" für die einzelnen Sachgebiete eingesetzt würden. Die Oberaufsicht wurde gemeinsam dem Innen- und Polizeiminister, dem Kultusminister und dem Außenminister übertragen. Letzterer war — gemäß der Bundesverfassung — besonders für Fragen der „Zeitgeschichte oder Politik" zuständig. Den Ministerien direkt untergeordnet war die letzte Instanz: das Oberzensurkollegium, in dem die Vertreter der Ministerien, aber auch solche der Justiz und der Wissenschaft, die Ausführung zu überwachen hatten.

Da praktisch jede gedruckte Zeile, jedes Bild, jede Lithographie, jedes Aktienformular, jede Anzeige, jedes bedruckte Blatt, jeder Bogen, jedes Buch der Vorzensur unterworfen werden mußten; da rechtlich die Bestimmungen so weit gefaßt waren, daß es keine auch nur irgend gesicherte Grenze gab, wie weit die Zensur zu reichen habe, hing die Durchführung zunächst von der personalen Mitgliedschaft des Kollegiums und von der Besetzung der unteren Stellen ab. Hier ergab sich gleich das erste Dilemma. Die Oberpräsidenten weigerten sich teils, ihre besten Leute zur Zensur zu delegieren, teils weigerten sich diese selbst, sich eines solchen erbärmlichen Geschäfts zu unterziehen.[70] Die Handhabung der Zensur konnte

---

67 Vgl. *Stein:* Verwaltungslehre, Teil VI.
68 *Gräff — Rönne — Simon:* 7. 355: dort die Edikte und Reskripte aus den Jahren 1741, 1749, 1751, 1758, 1763, 1772; Censuredikt vom 19. 12. 1788: NCC VIII, 2339; ALR: §§ 151—156 II. 20.
69 V. 18. 10. 1819 (GS 224). Vgl. *Klein:* Von der Reform ... 208 ff., 218.
70 Dazu *Schulte:* Volk und Staat 54 ff.; und die laufend notierten Beispiele aus Varnhagens Tagebüchern. Über die Beziehungen zwischen Zensoren, Oberpräsidenten und dem Ministerium eine Fülle einzelner Daten bei *Hansen:* Rhein. Briefe, in den Anmerkungen. Bezeichnend der Weg Werner von Haxthausens. Dieser Onkel der Droste war Arzt und Philologe, beherrschte 16 Sprachen, war Mitarbeiter der Brüder Grimm, gegen Napoleon ein aktiver Widerstandskämpfer, der seiner Verfolgung nur durch die Flucht nach England

daher von Bezirk zu Bezirk variieren, hier zulassen, was sie dort verbot, aber die Tendenz zu einer rüden, dummdreisten, oft intriganten, immer verletzenden Beschränkung der Schriftstellerei und Publizistik überwog.[71] Es zeigte sich schnell, daß sich die aufgeschlossene Intelligenz als erste versagte, und genau dies strebten Männer wie Kamptz und Ancillon von oben her an. Einmal eingeführt, fanden sich zur illiberalen Institution auch die illiberalen Männer. Aus der vorbeugenden Zensur haben sie ein blindes Polizeiinstrument gemacht. Sie wiesen die Richtlinien, nach denen „wir durch die Zeitungen noch nicht erfahren haben [würden], daß Ludwig XVI. hingerichtet sei", wie Raumer in einem Votum einmal bemerkte. Und Raumer gehörte zu denen, die das Oberzensurkollegium verließen. Man sei nie imstande, „die Erziehung und Entwicklung vieler Millionen von einem Punkte aus zu leiten", und schon gar nicht könne man „die öffentliche Meinung, oder besser Überzeugung" durch Zensurlücken gewinnen.[72]

Dazu kam freilich ein Zweites. Nicht ohne Hardenbergs Nachhilfe hatte das Edikt, das bis zur Revolution in Kraft blieb, die Zensur auch auf die gebildeten Stände und alle Beamten selber ausgedehnt. Die Toleranzspanne, die die Bundesgesetzgebung zugelassen hatte, nämlich Bücher über 20 Bogen frei passieren zu lassen, wurde in Preußen nicht übernommen. Werke also, deren Herstellung, Kauf und Lektüre Bildung und Besitz voraussetzten, verfielen der gleichen Vorzensur wie jedes Pamphlet und bedruckte Sacktuch. Außerdem verloren die Universitäten und selbst die Akademie der Wissenschaften ihre Zensurfreiheit.[73] Das hatte zur Folge, daß Raumer z. B. eine Rektoratsrede nicht ungekürzt drucken lassen durfte, daß etwa die Jahrbücher für wissenschaftliche Kritik, das von Altenstein unterstützte Organ der hegelischen Intelligenz, noch einmal dem Zensurstift ausgeliefert wurden.[74] Mehr noch: Selbst die offiziöse Staatszeitung, für die zunächst Staegemann als Herausgeber gewonnen worden war, wurde ihrerseits einer Zensur unterworfen. Kein Wunder, daß Staegemann die Redaktion so schnell er konnte in andere, mediokre, Hände übergab und daß selbst Varnhagen 1826[75] und später Ranke — 1838 —

---

sich entziehen konnte, ging nach den Freiheitskriegen als Major ab und trat 1815 der Kölner Regierung bei. 1816 übernahm er die Zensur, aber bald wurde er wegen enger Beziehungen zu Görres verdächtigt und mußte bei der Stellenreduktion 1825 den Dienst quittieren (vgl. oben S. 410).
71 Der Zensor Saint Paul, der für die Rheinische Zeitung zuständig war, nahm nach dem Verbot 1843 im Kreise der Redaktion an der Abschiedsfeier teil (*Hansen:* Mevissen 1. 281), ein Beispiel, wie sich die Fronten in den vierziger Jahren verwischten und neue entstanden.
72 *Raumer:* Lebenserinnerungen 2. 114, in einem Votum gegen Ancillon und Schöll.
73 V. 18. 10. 1819, VII; dazu *Klein:* Von der Reform ... 218.
74 Dazu *Varnhagen:* Tagebücher 2. 14 passim.
75 *Rühl:* Briefe und Aktenstücke 3. 24 (Einl.); *Misch:* Varnhagen 82.

davor zurückschreckten, die ihnen angetragene Leitung zu übernehmen.[76] Die Zensurgebarung setzte also an die Spitze der amtlichen Hierarchie der Intelligenz noch einmal einen Polizeibeamten, „der die Wahrheit lieber behorcht, als hört"[77].

Die Zensur behandelte, wie Raumer sein Entlassungsgesuch motivierte, den wissenschaftlich gebildeten Mann „wie das unerfahrene Kind, das sich in der Lesebibliothek schlechten Zeitvertreib holt"[78]. Sie schnitt, mit anderen Worten, die Intelligenz von der Öffentlichkeit ab. Der Geheimnisschirm, der zum institutionellen Kleid der Verwaltung gehörte, erfaßte nicht nur das Amt, sondern auch die Gesinnung der Beamten. Es war der Widerspruch, den Ruge monierte: „daß einerseits die freie Wissenschaftlichkeit und die freie Intelligenz für das Prinzip des Staates selbst, andererseits der wissenschaftliche Geist und die Intelligenz für verdächtig gilt"[79]. Das unmittelbare Verhältnis, das zur Reformzeit die Intelligenz zum Staat hatte, wurde gebrochen, — und das zur gleichen Zeit, da der Staat kraft seiner allumfassenden Zensur die unmittelbare Verantwortung übernahm für jedes gedruckte Wort, das in die Öffentlichkeit drang. Der Staat beraubte sich also dank seiner Zensurgesetzgebung der Voraussetzung, von der aus er seinen Erziehungsanspruch hätte erfüllen können. Die gebildeten Stände wurden auf Literatur, Wissenschaft oder Dienst beschränkt und die politische Meinungsbildung wurde in den Untergrund privater Gesinnung abgedrängt. Damit war die Gesinnung der Zensur unerreichbar und entzog sich um so mehr der Steuerung, als sie insgeheim ihre eigenen Wege ging.

Die Schärfe der preußischen Zensur verhinderte zwar eine offene politische Meinungsbildung, wies ihr aber auf die Dauer einen Umweg, den Umweg über die Presse des inner- und außerdeutschen Auslands. „Der Berliner z. B., während seine einheimischen Blätter ihn mit dem Neuesten aus England und Frankreich versorgen, liest in den Hamburger und Leipziger, in den bayrischen und württembergischen Zeitungen nach, was die Geister Berlins derzeit in Anregung setzt."[80] Die Öffnung der Zollgrenzen, die verschiedene Handhabung der Zensur im Bund — allen Bemühungen der Großmächte zum Trotz — machten es vollends unmöglich, die Kontrolle strikt durchzuführen. Zu den offiziell geduldeten Meldungen und Zeitungen aus den westlichen Staaten kam die illegale oder verbannte

---

76 *Ranke:* Das Briefwerk 293 ff. Dazu *Vierhaus:* Rankes Verhältnis zur Presse; HZ 183 (1957), 559.
77 Formel aus einer der in der Schweiz gedruckten „Untertänigen Reden" von Walesrode: Staatl. Arch. Lager Gött. Ob. Pr. K'berg Rep. 2 Tit. 39 Nr. 46; 1843.
78 *Raumer:* a. a. O. 2. 357.
79 *Ruge:* Preußen und die Reaction 35.
80 *Hippolyt de St. Abran:* Das deutsche Zeitungswesen, Dt. Vj.schr. 1840 1, 52; besonders gelobt von *Welcker* (*Rotteck-Welcker:* Staatslexikon, 1. Aufl. 15, 837).

Literatur, die sich im Nu auszubreiten pflegte.[81] Der dringende Appell, nicht nach ausländischen Vorbildern zu schielen, den Ranke in seiner harmonisierenden Zeitschrift kundgab[82] und den Friedrich Wilhelm IV. verfassungsgesetzlich sanktionierte, er war nichts anderes als das Ergebnis der eigenen Zensurpolitik, deren Wirkungen er nicht mehr einzuholen vermochte.

Die politische Urteilsbildung im Alltag richtete sich zunehmend nach westlichen Maßstäben und den dortigen politischen Ereignissen, nicht weil im eigenen Land nichts zu beurteilen, sondern weil es verboten war. Preußen wurde gleichsam von einer „öffentlichen" Meinung unterwandert, die ihre Quellen außerhalb des Staates hatte.[83]

Die auswärtigen Zeitungen und Verlage — Sachsens, Badens, der Schweiz, Frankreichs, Belgiens und anderer Länder — boten genug Hilfen, um Streitschriften, Pamphlete, Petitionen, Landtagsverhandlungen und dergleichen mehr in Umlauf zu bringen. Einheimisch gedruckte Kritik mußte sich in das Gewand einer Kritik am Ausland kleiden, die im Ausland gedruckte verfuhr um so schärfer.[84] Das Beziehungsnetz, das sich in den vierziger Jahren zwischen der liberalen Opposition und den auswärtigen Verlagen verdichtete, war in den Jahrzehnten zuvor längst angesponnen worden.[85] Es kennzeichnet die ganze Zwielichtigkeit des preußischen Staates, daß er, der zum Schutz des schriftstellerischen Eigentums vorbildliche Gesetze erließ, die 1837 auf den Deutschen Bund ausgeweitet wurden[86],

---

81 *Perthes* (Leben 3. 348) an den Außenminister Bernstorff: „Wie wenig hiergegen durch die Censur erreicht wird, läßt in Berlin selbst sich ersehen: jedes verbotene Buch, jede verbotene Zeitung und Flugschrift kann dort in aller Hände gelangen; sie wird gelesen nicht etwa nur in Privathäusern, nein, sie liegt im Geheimen öffentlich aus, ist in Leihbibliotheken und circuliert in Lesegesellschaften" (1831).
82 *Ranke:* Hist.-Polit. Z. 362, 388 passim.
83 Das Motiv klingt schon bei *Raumer* (2. 358) in seinem Entlassungsgesuch aus dem Zensurkollegium an. Es diente *Hüffer* zur Begründung seines — abgewürgten — Antrages auf Pressefreiheit im westfälischen Landtag von 1833 (Lebenserinnerungen 442): „Dem Nachdenken, dem Verhandeln über politische Gegenstände und Staatseinrichtungen wird daher durch die Zensur keineswegs gesteuert, es wird vielmehr statt einheimischen Urteils fremdes beachtet und von Mund zu Mund fortgepflanzt." Der Gedanke wird zur These von St. Abran, sehr scharfsinnig in seinem Aufsatz erörtert. Dazu auch *Jacoby* (Vier Fragen 21): „Die außerbeamtliche Intelligenz — stets bevormundet und ausgeschlossen von jeder Einwirkung auf die Verhältnisse des Vaterlandes — wendet sich mit immer regerer Teilnahme der staatlichen Entwicklung Englands und Frankreichs zu, und büßt so notwendig immer mehr des nationalen Selbstgefühls ein."
84 Vgl. *Schulte:* Volk und Staat 434 ff.
85 Vgl. oben S. 367 und die aus den Archiven erarbeiteten Nachweise für die Provinz Preußen nach 1840 von *Lotte Esau:* „Flugschriften und Broschüren des Vormärz in Ost- und Westpreußen" = Altpr. Forsch. Jg. 19, 1942, 250—270.
86 Brockhaus der Gegenwart 9. 922 (Art. „Schriftstellereigentum"): Preußen habe sich „dadurch ein unvergängliches Verdienst um Deutschland und um Europa erworben." Dazu G. vom 11. 6. 1837 zum Schutze des Eigentums an Werken der Wissenschaft und Kunst gegen Nachdruck und Nachbildung (GS 165). Das Gesetz war nicht in den Ständen, wohl im Staatsrat beraten worden. Das Patent über den Bundesbeschluß vom 9. 11. 37 folgte am 29. 11. 1837 (GS 161; *Mannkopf:* 8. 38 ff.).

zugleich die schärfste Zensur übte, um die Schriftstellerei zu entpolitisieren: Die verwaltungstechnische Liberalität des Staates reichte nie so weit, den Untertanen als Staatsbürger anzuerkennen. Zudem griff die Zensur aus sicherheitspolizeilichen Sorgen tief in die Gewerbefreiheit ein, die einheimischen Verlage vor allem sahen sich finanziell betroffen. Und das Niveau der Presse entsprach in keiner Weise den Anforderungen der freien Wirtschaft, die sich nicht mit „Amts- und Intelligenzblättchen abspeisen" lassen konnte.[87] So auch hier, durch die Zensurpolitik, die gleiche Ambivalenz wie in der Ständepolitik, die sich auf die Dauer nicht durchhalten ließ. Wie ein Ausländer sich mokierte: Die preußische Verwaltung wünsche mit gutem Wind zu segeln und verlange doch Meeresstille.[88]
Da die Zensur alle Äußerungen unterschiedslos erfaßte, wandten sich nicht nur Nichtbeamte, sondern ebenso die Beamten selber an die Augsburger oder die Leipziger Zeitung, um ihre Kritik oder Kontroversen unterzubringen. Seien es Hallenser Professoren oder anonym bleibende Staatsdiener, die ihre theologischen oder politischen Streitigkeiten austrugen: Selbst Minister — wie Rochow, der Schön publizistisch verfolgen ließ — scheuten nicht den Umweg über die auswärtige Presse.[89] Die Zensur zwang sie dazu. Je mehr also die öffentliche Meinung zu einer selbständigen Macht wurde, an die der Staat zu appellieren nicht umhin konnte, desto unglaubwürdiger wurde ein Staat, der auf seine Intelligenz stolz sein durfte, ihr aber kein öffentliches Echo verschaffte.
Hierin liegt die fortwirkende Bedeutung des Jahres 1830 für die innenpolitische Entwicklung des preußischen Staates. Das Jahr der Revolution, die von Paris bis Warschau reichte, brachte eine starke Belastungsprobe für den Verwaltungsstaat. Er hat sich bewährt. Von geringen Arbeiter- und Handwerkerunruhen in Aachen, Berlin oder Breslau abgesehen, herrschte im ganzen Staat Ruhe, und es waren nicht zuletzt die Unternehmer und Fabrikanten, die das zu schätzen wußten.[90] Die Überlegenheit des Verwaltungsstaats über die konstitutionellen Staaten schien damit erwiesen.
Aber zugleich blieb eine Herausforderung bestehen. In Paris waren es die berüchtigten Presseordonnanzen gewesen, die die Revolution ausgelöst

---

87 „Die Zeitungen und ihre Leser", Dt. Vjsschr. 1842, 2. 163.
88 *Laing:* Betrachtungen 162.
89 Vgl. *Hüffer:* Lebenserinnerungen 139 (er publizierte eine vom Kronprinzen zurückgewiesene Verfassungsforderung 1833 — wie es Beamte auch taten — in der Augsburger Allgemeinen Zeitung); *Delbrück:* Erinnerungen 1. 94 (zum Streit gegen Ruge in der Leipziger Allgemeinen Zeitung); *Rothfels:* Th. v. Schön 229 (zu Rochow und Schön); dsgl. *Treitschke:* Deutsche Geschichte 5. 155; *Varnhagen:* Tagebücher 2. 127 ff.
90 Hansemanns Denkschrift vom 31. 12. 1830 (*Hansen:* Rhein. Briefe 1. 12 f.); *Haxthausen:* Über die Grundlagen unserer Verfassung 82, wo er auf die Übereinstimmung der herrschenden liberalen Ansichten mit der Praxis der Bürokratie hinweist.

und mit ihr die Herrschaft der liberalen Bürger etabliert hatten. In Belgien gab sich das „Volk" eine eigene Verfassung und damit hatte Frankreich — wie Ruge sagte[91] — „die Schlacht von Waterloo wiedergewonnen". In England bahnte sich die Wahlreform an, kurz, die gesamteuropäischen Relationen verschoben sich und wirkten auf Preußen zurück. Staat und Verwaltung überdauerten sicher die Erschütterungen, aber die öffentliche Meinung wurde aufgerührt und begann sich — mit ihrer inneren Verselbständigung — von Preußen abzukehren. Man war sich in Berliner Kreisen darüber klar. „Seit den Julitagen hat sich ... Alles in ein anderes Verhältnis gestellt; die bewegte Welt nimmt einen anderen Maßstab; was ihr vorher genügte, scheint ihr nicht mehr befriedigend; was noch eben voran war, dünkt ihr seitdem zurückstehend; Mißtrauen und Verdacht sind rege ..."[92]

Bereits die Entschlossenheit des Berliner Kabinetts, einen Krieg zu vermeiden, war auch motiviert von der Sorge, ob ein Krieg gewagt werden könne, der sich gegen liberale oder nationale Revolutionsbewegungen richten mußte. „Wir haben keine Constitution", schrieb damals General Rochow[93], „aber eine Landwehr, was viel übler ist, denn wir können nur einen Volks-, einen Meinungskrieg führen." Die verbreitete Ansicht, Preußen sei friedliebend, worin sich Liberale und Restaurative trafen, stammt aus dieser Zeit.[94] Die Stärke Preußens, das in der Mitte Europas Ruhe gewahrt hatte, war auch seine Schwäche. Im Staat grassierte, wie ebenfalls Rochow schrieb, „eine ausgemachte Cholera der Gesinnung"[95], gegen deren Ausbreitung der Kordon der Zensur[96] nichts vermochte.

---

91 *Ruge:* Preußen und die Reaction 38 f.
92 Aus einem Gutachten über die zu stiftende Hist.-Polit. Z., abgedruckt bei *Perthes:* Leben 3. 342, nach *Misch* von Varnhagen verfaßt (82).
93 *Rochow:* Preußen und Frankreich 30 (18. 10. 30); zur damaligen Lage siehe *Hoffmann:* Preußen und die Julimonarchie 33 ff.
94 Die in der ganzen Verfassungs- und Landwehrdiskussion (vgl. oben S. 306) mitschwingende Überlegung erhielt 1830 politisch unmittelbare Wirksamkeit. Der russische General Diebitsch meinte im Okt. 1830, Preußen sei außerstande, große Truppenmassen aufzustellen, da die Generale ihren Truppen nicht trauten, der drohende Krieg sei ein Meinungskrieg (*Rochow:* a. a. O. 33 passim). Hippel war stolz, daß Preußen, wenn überhaupt, nur noch einen Volkskrieg, keinen Kabinettskrieg mehr führen könne *(Bach:* Hippel 259); der Brite *Laing* meinte 1842 (Betrachtungen 88): „Für einen Angriffskrieg, d. h. als politische Macht, hat Preußen sich selbst entwaffnet." Sollte es aber — über den Zollverein — sich als Seemacht etablieren wollen, so würde England „der neuen Seehandlungsmacht den Weg über den Ozean verschließen, wozu es keiner großen Kraftanstrengung bedürfte. Doch dieser Zeitpunkt ist noch nicht zu erwarten" (111). *G. de Failly* (De la Prusse 278) sagte Preußen 1842 überhaupt den Untergang in der nächsten europäischen Krise voraus: Es verschwinde, „comme elle s'est formée ..., par des traits de plume".
95 *Rochow:* a. a. O. 34. *Hippel* nannte (Friedrich Wilhelm III. 185) drei Erscheinungen als Ausdruck der Zeit 1830/31: die Polenbegeisterung, die Napoleon-Abgötterei und die Cholerafurcht selber; ihr Zusammenhang sei eine politisch-psychologische Studie wert.
96 *Raumer* in seinem Entlassungsantrag 1831 (Lebenserinn. 2. 356).

Vergebliche Meinungsbildung

So entstand im Jahre 1830 der Plan, von der vorbeugenden, negativen Zensur überzugehen zu einer aktiven Meinungsbildung. Der Plan, der in der Reformzeit noch nicht dringend war, und als er dringend schien, nach 1815, hängenblieb[97], er wurde jetzt erneuert — bezeichnenderweise von einem Nichtpreußen. Perthes hoffte, im Wetteifer mit den westlichen Zeitungen, aber auch in Konkurrenz zu den Blättern von Brockhaus und Cotta, dem preußischen Staat eine wirksame Stimme seiner Intelligenz zu verleihen. „Es ist nicht gut, daß sein Wille und seine Verwaltung gut sei, die allgemeine Anerkennung des Gutseins ist von fast gleicher Bedeutung." Noch sei die öffentliche Meinung Preußens günstig, aber sehr bald werde es anders sein: „Die preußische Regierung muß hinaus in die Öffentlichkeit."[98] Neben der beschränkten Staatszeitung sei eine „Volkszeitung" vonnöten, geleitet von einem unabhängigen Gremium, das Autor und Zensor zugleich sei.[99] Dahinter stand die Hoffnung, die bereits davonlaufende Bewegung der gesellschaftlichen Hoffnungen und Wünsche auf dem Felde der Publizität staatlicherseits einzuholen und durch eine gezielt angesetzte, freie Presse der beamteten Intelligenz zu steuern. Das Ergebnis ist bekannt: Das Staatsministerium, mit dem Perthes konferierte, traute sich diesen Schritt ins Unbekannte nicht mehr zu: Taten seien wichtiger als Worte; einmal auf dem Feld der Öffentlichkeit engagiert, unterliege man schnell einem fremden Willen. Und so übergab es, weil es sich der Richtigkeit der Perthesschen Analyse nicht entziehen konnte, die Redaktion der „Historisch-politischen Zeitschrift" an Ranke. „Statt eine durchgreifende, große, neue Richtung in Preußen entstehen zu sehen", resignierte Perthes, „werden wir nur eine neue Zeitschrift erhalten, geistvoll ohne allen Zweifel, aber doch nichts als eine Zeitschrift."[100] Die Prognose traf schnel-

---

97 *Rühl:* Briefe und Aktenstücke III, Einleitung, Grävell hatte schon 1808 zu den Anregern einer Staatszeitung gehört, die dann freilich nicht in seinem Sinne zustande kam. Vgl. auch *Czygan:* Zur Geschichte der Tagesliteratur während der Freiheitskriege, 3 Bde., Leipzig 1911, wo Hardenbergs Pressepolitik abgehandelt wird.
98 *Perthes:* Leben 3. 331 f.
99 a. a. O. 345. Karl Friedrich Eichhorn schrieb damals an Savigny: „Es ist mir unbegreiflich, daß keine Regierung bisher darauf gedacht hat, sich mit scharfen Waffen zu rüsten. Der Österreichische Beobachter und die Staatszeitung sind stumpf und ihre didaktischen Erörterungen ohne Salz." Es sei schmählich, wie furchtsam unsere Zeitungsschreiber geworden seien: Die französische Presse beherrsche die Meinungen. „Preußen wäre der einzige Staat, wo eine Oppositionszeitung geschrieben werden könnte" — Opposition gegen Frankreich gemeint (31. 1. 1831, *Schulte:* Eichhorn 177).
100 *Perthes:* a. a. O. 347. Perthes' Zorn gegen Ranke steigerte sich, je weniger seine eigenen politischen Pläne in Berlin durchdrangen: „nichts als eine wissenschaftliche Quartalschrift . . . eine Maus aus einem Berge" (352). 1833 trat er als Verleger zurück. Perthes' Sohn, der in der Briefsammlung seines Vaters — bei fast durchgängiger Anonymität der Absender — eine Art geistiges Parlament der deutschen gebildeten Welt der damaligen Zeit wieder zum Sprechen gebracht hat, verschweigt auch nicht weitere Kritik: „Nichts mag ich mit Ihren hist.-polit. Blättern zu tun haben", heißt es in einem anderen Brief an Perthes. „Die Selbständigkeit und Superklugheit dieser Race, die halb Fisch, halb Fleisch

ler ein als befürchtet. Vom Staatsministerium allen Behörden zur Verbreitung und Lektüre empfohlen[101], erreichte Rankes Zeitschrift nur die Schichten, die es ohnehin mit der Vermittlung der Extreme hielten, was, wie Gentz in Wien besser wußte, seit 1830 nicht mehr möglich war.[102]
Mit jedem Schnitt, den die Schere des Zensors tätigte, wurden auch die Fäden zerrissen, die die Gesellschaft an den Staat banden. Das Jahrzehnt nach der Julirevolution führte zu den strengsten Verschärfungen der Zensur im ganzen Deutschen Bund[103], und Preußen zog sich bei den Liberalen den Ruf zu, „durch allzugroße Überspannung die Krisis" nur zu beschleunigen.[104] Dabei war es gerade Preußen, das durch den Kölner Kirchenkampf als erstes — um sich gegen die Angriffe der entstehenden katholischen politischen Partei zu wehren — in die Zwangslage geriet, an die öffentliche Meinung appellieren zu müssen.[105] Jetzt stellte sich heraus, daß — wie Lorenz von Stein später sagen konnte — alle präventive Zensur „auf dem tiefen Irrtum beruht, daß die Presse erst die Partei bilde, statt daß sie aus ihr hervorgeht"[106].
Der Staat wurde in eine freie Öffentlichkeit gedrängt, derer er — um bestehen zu können — nicht mehr entraten konnte. Friedrich Wilhelm IV., der sich nicht scheute, unter offenem Himmel Ansprachen an tausendköpfige Massen zu halten, suchte dem auf seine Weise Rechnung zu tragen. Die zunächst erleichterte, dann modifizierte und wieder verschärfte Zensurpraxis, die den Vormärz kennzeichnet, zielte — nach des Königs Willen — immer in dieselbe Richtung: Sie sollte eine staatsständisch abgeschichtete Öffentlichkeit herstellen. Von oben nach unten sollte das Recht zur freien

und gar nicht Knochen ist, wird immer unerträglicher ... Und nun gar NN. [vermutlich Ranke selber]; ich muß noch immer der Meinung sein, daß er nach seinem Tode zum Besten der Naturwissenschaft seciert werde, ob er nicht etwa elf Rückenwirbel habe, die man bis jetzt unter allen Säugetieren nur bei der malitiösesten, bösartigsten Affenart gefunden ..." (356). Vgl. *Varrentrapp:* Rankes Hist.-Polit. Z.; HZ 99, 1907.
101 Bernstorff an alle Oberpräsidenten: Die Zeitschrift richte sich an wissenschaftlich gebildete Männer, „welche entweder als Gelehrte dennoch die Interessen des reellen Lebens unausgesetzt im Auge behalten oder als praktische Geschäftsmänner den höheren inneren Zusammenhang und die tiefere Bedeutung der äußeren Zustände aufzufassen gewohnt sind." Sie solle „den schädlichen Einflüssen entgegenwirken, welche die periodische Presse auszuüben bemüht ist" (Arch. Panstw. Pozn. Ob. Pr. X 30, 5. 2. 1832). Oder, wie *Ranke* 1832 selbst schrieb: „Hätte man eine Stimme, die gehört zu werden verdiente, die sich Gehör verschaffen könnte, so müßte man sie jetzt erheben" (Hist.-Polit. Z. 1. 385).
102 *Mann:* Gentz (358) an seinen Vetter Ancillon, nachdem er ein Exemplar „Zur Vermittlung der Extreme" 1828 erhalten hatte. Gentz plante damals eine analoge Zeitschrift wie Perthes, mußte aber noch schneller davon absehen, weil er keine geeigneten Mitarbeiter finden konnte.
103 Dazu *Huber:* Verfassungsgeschichte 2. Kap. 2 und Dokumente 128.
104 *Rotteck:* Lehrbuch des Vernunftrechts 4. 480, wo sich R., dessen Publikationen, einschließlich des Staatslexikons, in Preußen verboten waren, mit dem norddeutschen „Hort der Geistesfreiheit" auseinandersetzt.
105 *Huber:* a. a. O. 2. 252 passim.
106 *Stein:* Verwaltungslehre 6. 108.

Meinungsäußerung gestaffelt werden, aus der Freiheit der Beamten und Gebildeten ihre erzieherische Einwirkung auf die unteren Schichten hervorgehen. Mit beiden Wünschen ist der König gescheitert. Weder stellten die spezifischen Staatsstände eine Gesinnungsgemeinschaft — Bildung und Loyalität waren um 1840 nicht mehr identisch —, noch war die Öffentlichkeit ständisch teilbar, weil die Bildungsgrenzen ins Gleiten geraten waren. So wirkten die Pläne des Königs, die allenthalben aus der Sozialverfassung um 1820 herum ableitbar gewesen wären, nur in eine Richtung, den Autoritätsschwund der Verwaltung zu beschleunigen.

Nachdem alle staatlichen Zeitungen sowie die staatlich subventionierten Blätter immer hinter den Ansprüchen ihrer Leser hinterherhinkten, hoffte der neue König zunächst, die Zensur in eine Waffe umschmieden zu können, mit deren Hilfe die öffentliche Meinungsbildung indirekt dosiert und damit gesteuert werde. Sein Weihnachtsgeschenk von 1841, das Zirkularreskript vom 24. Dezember an alle Oberpräsidenten, wies diese an, eine „freimütige und anständige Publizität" zu fördern, wohlmeinende Kritik am Gouvernement zu verstatten.[107] Alles Gehässige und Böswillige, z. B. „der Gebrauch von Parteinamen", sollte dagegen ausgemerzt werden. Im übrigen tauchten alle Verbotswendungen der vorangegangenen Zensuredikte wieder auf — nur die Zielsetzung war neu. Indem sie der Mitteilungen gehaltloser, aus fremden Blättern entlehnter Nachrichten entwöhnt würden, sollte das Niveau der Tagespresse und der politischen Literatur gehoben und zugleich der Nationalgeist entfacht werden. Statt einer stumpfsinnigen Verbotspraxis zu huldigen, sollte auf elastische Weise eine loyale Gesinnung produziert werden, daß Varnhagen zu Recht spotten konnte: „Warum nicht gar die Karaktere gleich ändern?"[108] In der Tat war die königliche Verwaltungsanordnung weniger liberal, als sie schien und zunächst verstanden wurde; sie suchte der Presse, statt sie wie bisher zu verbieten oder kurzzuhalten, eine Richtung zu weisen, die sie — in ihrer parteilichen Streuung — gar nicht einschlagen konnte.

Was an scharfer Kontrolle nachgelassen wurde — auch nachgelassen werden mußte, weil die Publizistik aus dem Boden schoß —, das sollte durch ein gestuftes Schleusensystem wieder wettgemacht — oder überboten — werden. Es war zu spät. Die Wendung aus der verwaltungstechnischen Liberalität des preußischen Staates, die mit einer rigorosen Kontrolle der Öffentlichkeit polizeilich vereinbar blieb, zu einer politischen Gesinnungssteuerung der Gesellschaft wurde von dieser mit wachsender Verachtung quittiert. „Das sogenannte ‚gesetzliche' Vertrauen bleibt ein Unding, solange die Kunst noch nicht erfunden ist, Gesinnungen durch ein Dekret zu

---

107 Zirkurlarreskript der drei Zensurminister vom 24. 12. 41: *Gräff–Rönne–Simon*: 7. 358 f.
108 *Varnhagen:* Tagebücher 2. 10 (13. 1. 1842).

schaffen."[109] Dieser Satz aus einem kleinen Wochenblatt im Jahre 1847 registriert das Ergebnis. Je gezielter die Bemühungen des Staates, desto mehr entzog sich ihm die Gesellschaft, und die Verwaltungsbehörden boten dem Monarchen keine Handhabe, den Polizeistaat in einen überparteilichen Gesinnungsstaat zu überführen. Die Presse, voran die Rheinische Zeitung, benahm sich nicht so wie erwartet[110], die Zensoren mußten dauernd gerügt oder entsetzt werden.[111] Bald gab der König erneut zu erkennen, was er „gewollt ... und was ich nicht will"[112]. Die Zensurschraube wurde wieder angezogen, Karikaturen wurden wieder genehmigungspflichtig, Verbote häuften sich, die simple Polizeipraxis lebte wieder auf — und das alles mit einem beträchtlichen Zuwachs an schlechtem Gewissen.[113]

Die überstürzt erlassenen Gesetze des Jahres 1843 veränderten institutionell auf der unteren Ebene wenig. Die erste Instanz blieb den Oberpräsidenten, denen Bezirks-, Lokal- und einzelne Polizeizensoren, der wachsenden Publizistik nacheilend, unterstellt waren. An die Spitze der gesamten Zensurverwaltung trat nunmehr der Innenminister allein. Er hatte jede Zeitung und Zeitschrift zu konzessionieren, über die Einfuhr aller politischen — und aller polnischen — Zeitungen zu befinden. Die eigentliche Neuerung lag in der Auflösung des Oberzensurkollegiums; an dessen Stelle trat ein aus Juristen zusammengesetztes Oberzensurgericht, dem je ein Mitglied der Berliner Akademie und Universität zugeordnet wurde. Ein Staatsanwalt hatte die Belange des Staates zu vertreten.

Darin lag ein erster Schritt zur repressiven Zensur, aber die Abwendung vom Instanzenzug der Verwaltung zu einer höchstrichterlichen Rekurs- und Entscheidungsinstanz war nur eine halbe Konzession an den liberalen Zeitgeist. Die bisher für die Zensurverwaltung gültigen Vorschriften erhielten nämlich — von geringfügigen Ausnahmen abgesehen[114] — auf dem

---

109 Formulierung von Dr. F. Schneider im Recklinghauser Wochenblatt 1847, Nr. 46 (*Schulte:* Volk und Staat 422).
110 Dazu *Hansen:* Mevissen 243 ff., ders.: Rhein. Briefe I, wo viele Akten zur Gesch. der Rhein. Zeit. ausgebreitet sind. Ihr spezieller Zensor, Saint Paul, suchte das Innenministerium immer wieder zu bewegen, auch die servile konservative Presse kurzzuhalten, um auf diese Weise den ultraliberalen Blättern den Wind aus dem Segeln zu nehmen. „Die Regierung soll über den Parteien stehen" (531 passim). Sein Programm fand bei Arnim keinen Anklang. Vgl. auch *Mayer:* Engels I. 92.
111 Vgl. *Hansen:* Rhein. Briefe I. 511, 534, 540 passim; ders.: Mevissen 279; *Schulte:* Volk und Staat 430; *Esau:* Flugschriften und Broschüren; Suspension des Zensors Reg.-Rat Schmitz, der die „Materialien zur Regierungsgeschichte Friedrich Wilhelms IV". 1845 hatte passieren lassen; über dessen Nachfolger: Schön an Simon (*Jacoby:* Simon 252).
112 KO 4. 2. 1843 (GS 25).
113 *Simons* Aktenstücke liefern eine sehr witzige Beispielsammlung, wie der Polizeistaat letztlich über sein eigenes rechtsstaatliches Gewissen stolperte. Er war um 1847 auch von innen her bereit zur „Revolution".
114 Ein wirklicher Fortschritt lag in der Aufhebung des erpresserischen Druckmittels, das die Zensoren — seit der KO vom 28. 12. 1824 § 3 (GS 1825, 2) — persönlich entschä-

Weg einer nachfolgenden Verordnung Gesetzeskraft: Sie waren auch für das Gericht bindend.[115] Und dem Gericht wurde besonders auferlegt, „spezielle Anweisungen an die Zensoren", die auf Grund besonderer Zeitumstände und der politischen Verhältnisse ergingen, bei seinen Entscheidungen zu befolgen.[116] Auf diese Weise wurde die polizeiliche Zensur durch eine vom Innenminister abhängige politische Pressejustiz reguliert.

Wilhelm Wolff machte zum Beispiel die Erfahrung, daß ein Artikel über das schlesische Weberelend von dem Breslauer Zensor verboten, vom Oberzensurgericht genehmigt, dann aber doch nicht gedruckt wurde. Das Innenministerium hatte während der Verhandlung „spezielle Anweisung" erteilt, dem sich Wolff und das Oberzensurgericht fügen mußten.[117] Wenn es dem Oberzensurgericht dennoch gelang, manche Erleichterungen durchzusetzen, so lag dies in erster Linie an seiner personalen Zusammensetzung. Zum Präsidenten wurde einer der besten Kenner des Landrechts, ein Schüler und Gegner Savignys, berufen: Bornemann, der sich heftig gesträubt hatte, eine Stelle anzunehmen, die „seinen ganzen Ruf dem Staatsinteresse zum Opfer bringe"[118]. Bornemann gehörte zu den entschiedenen Gegnern jeder vorbeugenden Zensur, zu jener Richtung, die sich in den beiden Justizministerien durchsetzte, ohne freilich vor der Revolution den Entwurf einer Neuregelung — am Deutschen Bundestag — durchgebracht zu haben.[119]

So verloren die königlichen Pläne einer ständisch abzuschichtenden Zensurfreiheit bereits innerhalb des Staatsministeriums ihre Zugkraft. Sie gingen zwischen liberalen Widerständen in der Administration und einer verschärften Polizeipraxis langsam unter.

Der Monarch hatte für die oberen Ränge völlige Zensurfreiheit vorgesehen, wobei den Spitzen — Ministern, Oberpräsidenten, Generalen und ihresgleichen — sogar eine Zensurgewalt über andere zugedacht war. So hoffte er „die Masse der Censoren durch höhere Individuen vermehrt" zu sehen.[120] Darunter — bis zum Regierungsrat, dem ein Universitätsprofessor ranggleich war[121] — sollte jeder Autor sein eigener Zensor sein; und

---

digungspflichtig machte, wenn eine von ihnen zugelassene Schrift später dennoch verboten wurde. Auf die verheerenden Folgen dieser Bestimmung hatten Görres' Histor.-polit. Blätter (Bd. 12, 1843, 174) aufmerksam gemacht. Mit der VO vom 30. 6. 1843 übernahm die Staatskasse selber die Haftung (GS 257, § 13).
115 V. 30. 6. 1843, enthaltend die in Folge der V. vom 23. 2. 1843 notwendigen Ergänzungen der die Presse und Censur betr. Vorschriften (GS 257).
116 V. über die Organisation der Censurbehörden vom 23. 2. 1843 § 13 (GS 31).
117 *Stein*: Breslau 167; *Wilhelm Wolff:* Das Elend der Weber.
118 *Stölzel:* Rechtsverwaltung 2. 551; KO 29. 5. 43. betr. die Ernennung der Gerichtsglieder (GS 229).
119 *Stölzel:* Rechtsverwaltung 2. 573 f., 600 ff.
120 *Stern:* Geschichte Europas 5. 135.
121 V. vom 7. 2. 1817 betr. die den Civilbeamten beizulegenden Amtstitel und die Rangordnung derselben (GS 61); dazu die KO vom 13. 11. 1817, die die Universitäts-

Savigny meinte gegen Radowitz, den Inspirator dieses Planes, daß man das Privileg beim Heer noch über die Stabsoffiziere ausdehnen könne bis zu den Hauptleuten, da sie sowieso nicht viel schrieben.[122] Ähnliche Gedanken, „ganzen Klassen wie ehemals unter eigener Verantwortung die Zensurfreiheit zu bewilligen", hatte um 1830 selbst ein liberaler Mann wie Varnhagen vortragen können.[123] Um 1840 war die vorausgesetzte Identität des ständischen Intelligenz- und Loyalitätsgefälles bereits entschwunden. Die Neuaufnahme der Planung, die höchstens eine publizistische Klientelbildung der inneradministrativen Parteiungen befördert hätte, scheiterte schon 1843. Der unmittelbare Anlaß der überstürzt erlassenen neuen Zensurgesetze – daß sich Beamte mit ihrer Kritik an der vom König geplanten Ehegesetzgebung in die Presse hinausgewagt hatten[124] – lieferte selbst den durchschlagendsten Einwand gegen eine staatsständisch zu dosierende Meinungsfreiheit. Die liberale Opposition saß eben auch in den Behörden – wie Bornemann, der erste Justizminister der Revolution.

Alle Anweisungen, die dennoch erteilt wurden, um eine parteilich aufgesplitterte Öffentlichkeit durch ständische Schranken gleichsam zu loyalisieren, blieben vergeblich. Daß die Akademie der Wissenschaften und die Universitäten ihr Druckprivileg wiedererhielten — 1843 —, legalisierte den Zustand, der vor 1819 bestanden hatte; daß die Werke über 20 Bogen — 1842 — freigegeben wurden, war zunächst eine Anpassung an die übrige Bundesgesetzgebung.[125] Aber die vom König damit verbundene Absicht blieb unerfüllbar. Er wollte Wissenschaft und Literatur von jeder hemmenden Fessel befreien, um ihnen „einen vollen Einfluß auf das geistige Leben der Nation zu sichern". Als Gegenleistung verbat er sich „die Auflösung der Wissenschaft und Literatur in Zeitungsschreiberei, die Gleichstellung beider in Würde und Ansprüchen"[126]. Das hieß freilich mit der rechten Hand fortnehmen, was er mit der linken gab. Es zeichnete ja gerade die Hegelschulen, der Rechten wie der Linken, aus, tagespolitische Fragen mit der Methodik der damaligen politischen Wissenschaft, d. h. geschichtsphilosophisch, zu behandeln. Darauf beruhte ihr hohes Niveau und ihre Breitenwirkung.[127] Die Exemtionsgrenze der Bildung ließ sich nicht mehr

---

professoren einordnete (*Gräff* — *Rönne* — *Simon:* 5. 372). Extraordinarien wurden Reg.-Assessoren gleichgestellt.
122 *Stölzel:* a. a. O. 2. 552.
123 *Misch:* Varnhagen 83; vgl. unten S. 431.
124 Vgl. oben S. 111.
125 KO 4. 10. 43. Aufhebung der Zensur aller Schriften über 20 Bogen (GS 250) und V. 30. 5. 43. § 2. Aufhebung der Zensurpflicht für Veröffentlichungen der Akademie und der Universitäten.
126 KO 4. 2. 1843 und Censurinstruktion vom 31. 1. 43. (GS 25).
127 Dazu jetzt *Hermann Lübbe:* Politische Philosophie in Deutschland, Studien zu ihrer Geschichte, Basel — Stuttgart 1963.

politisch stabilisieren, und das um so weniger, als der König zugleich daran festhielt, der Intelligenz jede ständische Vertretung zu versagen, und dazu überging, die Hegelschule speziell kurzzuhalten und ihren linken Flügel in die Opposition zu treiben.

Auf diese Weise beraubte sich der neue König eines wichtigen Verbündeten, den er zu Anfang seiner Regierung im Lager der Eximierten noch hatte, und verurteilte im vorhinein den anderen Teil seiner Zensuranweisungen zum Scheitern: die Unterschichten geistig zu steuern. So sollte alles taktvoll kontrolliert werden, was durch „populären Ton" und wohlfeilen Preis einen großen Leserkreis erreiche und besonders — wie Zeitungen und Flugschriften — „für die geringere Volksklasse berechnet" sei. Die Klasse der „Halbgebildeten" solle vor verführerischen Irrtümern falscher Theorien geschützt werden, da sie unfähig einer wissenschaftlichen Urteilsfindung sei. Einschlägige Schriften seien nicht nur auf ihren Inhalt, sondern besonders „auf Ton und Tendenz" abzuhorchen, Rat und Belehrung seien zu dulden, leidenschaftliche Sprache sei zu verbieten.[128]

Hinter diesen Anweisungen stand die Hoffnung Rankes: „den Ausdruck der Gedanken hätte man frei zu geben, den Ausbruch der Leidenschaften zu verhüten"[129] — als ob ein politischer Gedanke leidenschaftsfrei sein könne. Die Konzeption des Monarchen blieb einer gleichsam ständischen Anthropologie verhaftet.

Wie die ständischen Konzessionen, die Friedrich Wilhelm IV. in den vierziger Jahren machte, die politischen Folgen der liberalen Wirtschaftspolitik auffangen oder abkappen sollten, so sollte das Filtersystem einer ständisch gegliederten Öffentlichkeit die politischen Auswirkungen einer jahrzehntelangen schulischen Volkserziehung verhindern. Es war ein Versuch, mit untauglichen Mitteln eine Zeit wiederherzustellen, da die staatliche Rangordnung mit der ständischen Sozialpyramide noch identisch war, weil die herrschende Meinung noch von den herrschenden Ständen bestimmt wurde. Wenn aber überhaupt die ständischen Schranken seit der Reformzeit überstiegen wurden, dann durch die Literatur und Publizistik, die jeden erreichen konnte, der des Lesens kundig war.

Als Hippel 1821 in einem Gutachten geschrieben hatte: „überall muß der Geschwindschritt gehalten werden, da niemand mehr im Paradeschritt gehen will", da hatte er den lebendigen Gang der Volksbildung vor Augen, dem sich die Behörden, um ihn zu lenken, gewachsen zeigen müßten.[130] Auch die vermehrte Schriftlichkeit der Administration führte er

---

128 Siehe Anm. 126 und Zirk.-Reskr. des Innen- und Polizeiministers vom 7. 4. 42. (*Gräff* – *Rönne* – *Simon:* Suppl. 1. 338).
129 *Ranke:* Hist.-Polit. Z. 1. 382. Ranke meinte schon 1832, daß man in bezug auf die Pressepolitik „in den Zustand der Revolution geraten" sei, die zwischen Anarchie und Despotie hin- und herschwanke.
130 DZA Merseburg R 74 H II, Nr. 21.

Autoritätsschwund der Bürokratie

nicht auf deren Selbstzweck zurück, sondern auf das „erhöhte Selbstgefühl" des Volkes: „Wo noch vor zwanzig Jahren [also um 1800] ein ernstes mündliches Wort des Gutsherren oder Departementsrats hinreichte, um einen Beschwerdeführer zu beruhigen, genügen jetzt kaum schriftliche Bescheide mehr, die von den Unzufriedenen oft nur darum nachgesucht werden, um mit demselben in der Hand die weiteren Instanzen zu verfolgen ... Bleibt die Beschwerde in der höchsten Instanz unerledigt, so wird nicht selten die letzte versucht, — der Weg der Publizität."[131] Dieser Weg ließ sich versperren, aber mit jedem Schulkind, das die Schule verließ, vermehrte sich die Zahl der Lese- und Schreibkundigen, und damit erweiterte sich stillschweigend der Resonanzboden möglicher Publizität. In den Städten wuchs die Zahl der Lesekabinette und Zeitungsklubs; die „Pest der Leihbibliotheken", wie ein ritterlicher Abgeordneter im rheinischen Landtag 1843 sagte[132], breitete sich aus; die Literatur und Presse erreichte weit mehr Leser, als finanziell dafür aufkommen konnten.[133]

Um 1840 herrschte eine „literarische Geschwindproduktion und Geschwindkonsumtion [einer] mittelmäßigen Mittelklassenliteratur"[134], die zwar ständische Probleme liebte, deren Einzugsbereich aber zwischenständisch war. Es war natürlich eine Übertreibung, wenn Wilhelm Schulz, der Freund Büchners, die Hebel der Presse dahin wirken sah, „die noch spaltenden Unterschiede der Bildung mehr und mehr auszugleichen". Aber die Richtung war gegeben und wurde auch im Berliner Staatsministerium erkannt. „Die Lektüre ist unleugbar zum Volksbedürfnisse geworden. So erfreulich dieser lebhafte Bildungstrieb in einem Staate sein muß, dessen Kraft vor allem auf geistigen Hebeln beruht, so dringend notwendig er-

---

131 Nur das Staatsministerium hatte ein Strafrecht, um unbefugte Eingaben unnützer Querulanten zu verfolgen; die unteren Behörden durften den Beschwerdeweg nicht mit Polizeistrafen blockieren (Ann. 9. 690 und 11. 691 und *Gräff – Rönne – Simon:* 6. 635). 1845 (KO 7. 11. 45. GS 109) wurde befohlen, daß Immediatgesuche nur noch zusammen mit den königlichen Bescheiden in die Presse gelangen dürften. — Den immer häufiger beschrittenen Beschwerdeweg schreibkundiger Untertanen bestätigt *Unruh* in seinen Erinnerungen (54), wo er zugleich ein grelles Bild der Kontraste zwischen Russisch- und Preußisch-Litauen zeichnet: Die Unterschiede seien erst seit der Reformverwaltung nach 1807 aufgetreten.
132 *Wenckstern:* Verhandlungen 267. Die Zahl der Leihbibliotheken stieg in Preußen von 451 (1837) über 520 (1840) auf 656 (1846; 52 davon in Berlin); die Zahl der Druckerpressen von 709 (1831) über 875 (1834) und 940 (1837) auf 1109 (1840); die Zahl der Druckereien stieg von 328 (1831) auf 574 (1846). Alle Zahlen nach *Dieterici:* Mitteilungen 1, 469; 3, 619, und Mitt. d. statist. Büros 1, 78 (für 1846).
133 Zirk.-Reskr. des Innen- und Polizeiministers an alle Oberpräsidenten die Beaufsichtigung der Leihbibliotheken betr. (*Gräff – Rönne – Simon:* Suppl. 1 343). Vgl. *Balser:* Erwachsenenbildung 63 ff., 68.
134 *Wilhelm Schulz:* Die Bewegung der Production 175; und in vielen Wendungen damit wörtlich übereinstimmend der von ihm unter der Sigle „(36)" verfaßte Artikel „Zeitschriften und Zeitungen" im Brockhaus der Gegenwart. Dieser Artikel gehört zum Besten damaliger Übersichten. Ein Stilvergleich legt es nahe, daß die Berliner Anweisungen des Jahres 1842 auch auf den Artikel im Brockhaus (9. 468—496) zurückgehen.

scheint es, diesen Trieb durch sorgfältige Überwachung und Leitung vor Abwegen zu bewahren."[135] Diese Belehrung erhielten die Oberpräsidenten mit der Aufforderung, auf bessere Mittel zur Überwachung der Leihbibliotheken zu sinnen. Von den beaufsichtigenden Polizeibeamten sei kein kompetentes literarisches Urteil zu erwarten und die Prüfung der Bibliothekare sei ebenso unzureichend, „da der verlangte Grad der Bildung und Urteilsfähigkeit keine sichere Gewähr für Sittlichkeit und Loyalität der Gesinnung zu leisten vermag". Der Innenminister wiegte sich noch in der Sicherheit, daß das Bildungsgefälle ein Loyalitätsgefälle sei, aber er war gerade deshalb besorgt, daß die ungebildeten Schichten zu sehr in Bewegung gerieten.
Wie Wilhelm Schulz damals im Brockhaus der Gegenwart schrieb: die unvermeidliche Oberflächlichkeit und Einseitigkeit mache die Presse so wichtig, „weil die meisten Menschen weniger aus Überzeugung als aus Gewöhnung gewisse Lebensansichten und namentlich bestimmte Parteiansichten bilden ... Die fortgesetzte Wiederholung derselben Ansichten wird leicht zur Gesinnung, wohl gar zur Leidenschaft", und so trage die periodische Literatur am meisten dazu bei, „die Bedeutung der Massen zu steigern"[136]. Je geringer die Klasse, desto wirksamer die Lektüre.
Rochow spekulierte – da die Einwirkung der Polizei ihrer Natur nach nur negativ sei – auf die „unverkennbare Empfänglichkeit der Gegenwart" für Assoziationen, um Privatvereine ins Leben rufen zu lassen, die die Polizei auf dem Weg des Fortschritts der Sittlichkeit und der Loyalität „positiv" ergänzen sollten. Auch dieser Versuch kam zu spät. Was der Staat über zwanzig Jahre hinweg nur unter dem Blickwinkel polizeilicher Kontrolle beobachtet hatte, das literarische Vereinsleben, das konnte er nicht von heute auf morgen gesinnungsmäßig steuern. Sogar die halbstaatlichen Lehrerkonferenzen und Lesezirkel[137] haben es nicht vermocht, den ärmsten aller gebildeten Stände vor seiner allgemeinen Radikalisierung zu bewahren. Und selbst Vereine, wie die zur Beförderung des Wohls der arbeitenden Klassen, die der Staat anfangs förderte, hielt er schließlich kurz, weil er sich die innere Führung nicht zutraute. So blieben auch die Lesevereine, die oft ein Reservat der Demokraten waren, und die Leihbibliotheken ein Hort antigouvernementaler Gesinnung.[138] Auch hier kehrte der Staat zur Kontroll- und Verbotspraxis zurück.[139]

---

135 Vgl. Anm. 133. Buchhändler mußten seit einer KO vom 19. 9. 1801, die durch Reskript vom 7. 9. 1833 erneut eingeschärft wurde, in Berlin ein Vermögen von 5000 T., in den übrigen Orten von 2000 T. nachweisen (*Kamptz:* Ann. 2, 1139; 17, 1046; *Gräff – Rönne – Simon:* 4, 712).
136 Brockhaus der Gegenwart 9. 492.
137 Deren Förderung und Entwicklung registrieren die jährlichen Verwaltungsberichte.
138 Vgl. *Balser:* a. a. O., und *Schulte:* Volk und Staat 64.
139 So meldet z. B. der Reg.-Präs. von Minden 1846 (Staatsarch. Münster B 80 vol. II), daß man dem Befehl gemäß jede Ausdehnung der Leihbibliotheken auf das Land ver-

Einen weiteren Versuch machte Rochows Nachfolger, Graf Arnim, ebenfalls noch 1842. Er hoffte die regionale Presse durch besondere Blätter der Kreisstände ausstechen zu können, während er jede Zeitungsgründung durch eine Aktiengesellschaft verhinderte.[140] Kaum daß die Kreisstände 1841 und 1842 die Befugnis erhalten hatten, eigene Ausgaben zu beschließen, waren einige besonders rührig, Kreisblätter zu stiften. Arnim griff die Anregung auf und drängte alle Oberpräsidenten, dieses Institut allgemein nachahmen zu lassen. Kreisstände sorgten von selbst für einen „möglichst gemeinnützigen Inhalt", was von einem „Privatunternehmer, welcher ... nur seinen Vorteil im Auge hat", nie zu erwarten sei. Es war ein Gedanke, der schon 1788 das Zensuredikt motiviert hatte, als es das literarische Leben danach unterschied, ob es zur „Ausbreitung der Wahrheit" diene oder „als ein bloßes Gewerbe zur Befriedigung [der] Gewinnsucht" zu betrachten sei.[141] Aus der Kreiskasse finanzierte Blätter, meinte Arnim, seien besonders geeignet, „auf Beförderung des sittlichen Lebens berechnete Mitteilungen" zu verbreiten, und zugleich „ein sehr beachtenswertes Mittel zur allmählichen Verdrängung oder Beschränkung schlechter Lokalblätter"[142]. Es war nur ein weiterer hilfloser Versuch, den sozialen und geistigen Emanzipationsvorgang ständisch-regional einzufangen. Schon die heftige Reaktion der Rheinländer und Ostpreußen gegen jede Ausgabenbefugnis der Kreisstände zeigte, daß die Kreise, in deren Vertretungen die Ritterschaft eine überwältigende Majorität besaß, am wenigsten geeignet waren, den pädagogischen Absichten des Ministers ein glaubwürdiges Echo zu verschaffen.[143]

Die Entwicklung der Publizistik ließ sich nicht mehr durch administrative Akte auf eine regierungskonforme Richtung festlegen. Deshalb wurden — ebenfalls 1842 — alle Oberpräsidenten angewiesen, „die Bewegung" der periodischen Presse aufmerksam zu beobachten und jährlich zu berichten über Tendenz, Wert und relativen Nutzen aller Zeitschriften, über deren Auflagenhöhe sowie Einzugsbereich und Bildungsstand der Leserkreise.[144] Mit Hilfe dieser Berichte sollte dann in Berlin „ein treffendes Bild der geistigen Physiognomie der Nation" zusammengesetzt werden, um die Schleusen der Zensur besser regulieren zu können.

hindert habe; die vorhandenen sechs in den Städten reichten hin; allerdings habe man — wegen des wachsenden Bedarfs – 4 neue Druckereien zulassen müssen. – Die wirkliche Einstellung der regionalen Behörden zur politischen Volksbildung ließe sich nur auf Grund der regionalen Akten ermitteln; die gesetzlichen Anweisungen sind keine Garantie ihrer Durchführung gewesen.

140 *Hansen:* Rhein. Briefe 1. 511 Anm.
141 NCC VIII, Nr. 95, 2339.
142 *Rauer:* Stände 2. 501.
143 *Rumpf:* Provinziallandtage 20. 45 ff. und je Provinz die entsprechenden Verhandlungen, die zu den Gesetzen v. 25. 3. 1841 und 7. 1. 42 und 22. 6. 1842 führten (GS 1841, 53 ff. und 1842, 33 und 211).
144 Zirk.-Reskr. vom 7. 4. 1842 (*Gräff* – *Rönne* – *Simon:* Suppl. 1. 338).

Hinter allen Anordnungen aus dem Jahre 1842 stand die Anerkennung der Presse als einer eigenen Macht und, damit verbunden, die Sorge vor ihrem wachsenden Einfluß auf die ungebildeten Schichten. Wenn die Versuche des Königs scheiterten, das Recht der aktiven Meinungsfreiheit durch Amt oder Bildung zu dosieren, so zeigt das zweierlei. Erstens war die geheime Macht der „Öffentlichkeit" bereits so stark, daß ihre gezielte Beschränkung durch Ausdehnung der Zensurfreiheiten als staatliche Parteinahme entlarvt worden wäre. Wilhelm Schulz sprach damals über „hunderte von privilegierten Asylen", die die Zensur duldete und in die die außeramtliche Presse nicht hineinleuchten dürfe. Eine gestaffelte Zensurfreiheit und Verleihung aktiver Zensurrechte, um dem Amt eines Zensors etwas von dem Pathos eines politischen Sittenrichters zu verleihen, widersprach völlig dem liberalen Begriff der Öffentlichkeit. Die Öffentlichkeit war eben kein staatliches Attribut mehr, sondern übte eine gesellschaftliche Funktion gegenüber dem unnahbaren Verwaltungstaat.
Zweitens aber boten weder Amt noch Bildung eine hinreichende Sicherheit für staatstreue Gesinnung. Nicht nur von außen, auch von innen her erwies sich jetzt eine neuständische Gliederung der Öffentlichkeit als undurchführbar. 1833 war es noch möglich, daß Hüffer im westfälischen Landtag seinen Antrag auf Pressefreiheit dahin richtete, daß man „aus dem Rechte freier Meinungsäußerung ein Ehrenamt machte, was für anerkannte redliche und verständliche Gesinnung erteilt würde"[145]. Es war ein Antrag, der den geistigen Führungsanspruch der Verwaltung prinzipiell noch nicht in Frage stellte, aber eine bloß ständische Loyalitätsabstufung schon als unmöglich voraussetzte.
In den vierziger Jahren gewann selbst in den Landtagen die Forderung nach einer allgemeinen Pressefreiheit rasch an Boden; in Preußen, Schlesien im Rheinland und in Westfalen wurde sie mit wachsenden Majoritäten vorgetragen.[146] Die Frage nach der Grenze zwischen Zensur und Öffentlichkeit, zwischen gesteuerter oder freier Meinungsäußerung wurde seit 1840 zu einer Verfassungsfrage, von deren Beantwortung die Stellung des Monarchen und der Verwaltung abhing. Arnim hatte dies deutlich erkannt, und er drängte deshalb auf eine Entscheidung des Oberzensurgerichts. Den Anlaß bot Beckerath, der den Landtagsabschied von 1843 in der Kölnischen Zeitung einer scharfen Kritik unterzogen hatte, die der Oberpräsident Schaper persönlich zuließ, weil er von ihrem Verbot einen größeren Schaden befürchtete, als wenn er sie duldete.

---

145 *Hüffer:* Erinnerungen 444; vgl. oben S. 426.
146 In Westfalen 1833 noch mit 42:23 Stimmen abgelehnt, gewann derselbe Antrag 1845 eine Majorität von 56:16; im Rheinland stieg die Majorität von 46:26 (1843, vgl. *Wenckstern* 295) auf 63:6 (1845, vgl. *Croon* 64); in Schlesien gewann der Antrag 1845 eine Mehrheit von 55:24 (*Stein:* Breslau 199).

Beckerath erläuterte die verschiedene Auffassung, die der König und das Rheinland — repräsentiert durch seinen Landtag — vom Begriff der Verfassung hegten. Er verwahrte sich dagegen, daß ein Monarch, der einmal den Landtag als ein eigenständiges Verfassunginstitut errichtet habe, sich weiterhin für befugt halte, über dessen Tätigkeit, Urteile und die „zugrundeliegenden Gesinnungen und Motive [eine] moralische Kontrolle" auszuüben.[147] Der Monarch stünde — nach rheinischer Auffassung — über den Ständen und den Behörden, deren jeweiligen Ratschläge er gegeneinander abzuwägen habe. Die Königlichen Landtagsabschiede identifizierten dagegen alle Regierungsvorlagen mit dem Willen des Monarchen, wodurch sich die gesammelte und massive Kritik der Rheinländer, ganz wider ihren Willen, gegen den König persönlich wende.

Der Innenminister griff diese Passagen auf, um den Zeitungskorrespondenten zu verbieten, über Recht oder Unrecht der Stände bzw. des Königs einen „öffentlichen Federkrieg" zu beginnen. Damit etabliere sich die Presse als eine dritte Instanz, vor der weder die Stände noch der Monarch verantwortlich seien. „Wo die Regierung durch eine Fiktion von der Person des Monarchen getrennt wird, da mag solche Zeitungspolemik zulässig sein, wo aber wie bei uns der Landesherr, der zu den Ständen spricht, der Monarch selber ist, da muß die Kritik schweigen." Höchstens der Landtag sei zu einer Erwiderung berechtigt[148], die Presse dürfe nur in angemessener und wohlmeinender Form zu einzelnen Punkten einen Kommentar liefern. Schärfer konnte die Forderung nach einer ständischen Abschichtung der Öffentlichkeit nicht formuliert werden. Boten schon die Amts- und Bildungsgrenzen keine legalisierbaren Schotten mehr, dann sollten wenigstens die bestehenden politischen Stände und der Monarch an der Spitze aus der Diskussion herausgehalten werden. Das Oberzensurgericht pflichtete dieser Auffassung bei, aber der Maßstab des Urteils lag bereits im Vergleich mit der benachbarten konstitutionellen Verfassungsform. Es richtete sich gegen den Anspruch einer Presse, die einmal frei und unzensiert, wie Marx damals als Redakteur schrieb, den wahren „Staatsgeist" verkörpere, „allseitig, allgegenwärtig, allwissend"[149]. Durch die Zensur sollte die Öffentlichkeit auf den Vorraum der monarchisch-ständischen Verfassung beschränkt bleiben. Wurde also Preußen 1830 relativ zurückgeworfen, gemessen an den veränderten Maßstäben der Bewegung, so machte der Monarch 1840 eine bewußte Kehrtwendung: Er suchte den Fortschritt in die Richtung einer zu erneuernden Ständegesellschaft umzuleiten. Das aber war ohne Hilfe der Öffentlichkeit nicht mehr zu schaffen. Der Rückfall in die verschärfte Zensurpraxis erwies schnell den Ausweg als Sackgasse.

---

147 *Hansen:* Rhein. Briefe 1. 625 (9. 2. 1844).
148 a. a. O. 1. 638 (Arnim an den Reg.-Präs. v. Gerlach, 13. 2. 44).
149 MEGA I/1, 212.

Durch die jahrzehntelange Zensurpraxis hatte sich der Staat seiner Freiheit zu aktiver Meinungsbildung begeben; durch ihre Wiederaufnahme hat er die revolutionäre Bewegung, statt sie elastisch zu steuern, in die Opposition getrieben. Alte erfahrene Reformer wie Hippel wußten besser, „daß die einmal angefachte Aufregung der Gemüter um so weniger zu lenken sei, je mehr sich das Bestreben, sie zu gewinnen, bemerklich macht"[150]. Hippel gehörte zu denen, die allen Einfluß verloren hatten. So wurde die letzte herrschaftliche Autorität der Verwaltung verzehrt; denn sie wurde für eine ständische Gesellschaftsordnung eingesetzt, mit der sich die Verwaltung als Verfassungsinstitution, wie sie in der Reformzeit entstanden war, gar nicht identifizieren konnte.

Der Autoritätsverlust der Beamtenschaft vollzog sich sozusagen in zwei miteinander korrespondierenden Vorgängen. Innerhalb der Verwaltungsorganisation wurde sie mehr und mehr zur Exekutive degradiert; ihre Freiheit und Fähigkeit zu selbständigen Entscheidungen gingen verloren[151]; und je mehr bestimmte „Parteiziele" — erst Rochows, dann der Hofkamarilla um den neuen König — gesetzt wurden, desto mehr wirkte die Gesinnungskontrolle der Beamten dahin, ihr ständisches Element zu verzehren. Diesem Vorgang entsprach das schubweise Aufbrechen der öffentlichen Meinung, die gerade dann dressiert werden sollte, als sie — 1840 — fordernd an den Staat herantrat. Nicht nur, daß sich die Zensur als ein Herrschaftsinstrument abstumpfte, sie wirkte zurück. Die Beziehungen zwischen den neuen selbstbewußten Bürgern und der Verwaltung wurden strapaziert, und innerhalb der Behörden spaltete sich eine eigene liberale Opposition ab, die von sich aus der revolutionären Tendenz entgegenkam. 1846 bestätigte das Staatsministerium nach den Kölner Unruhen, daß die dortigen Beamten „selbstgeschaffene Bürgerautoritäten" gegen die Obrigkeit ermuntert, „gleichsam legalisiert" hätten. Und das Ministerium mußte zugeben, daß die staatliche Autorität zu erschüttern auch innerhalb der Grenzen des Zensuredikts von 1843 nicht schwerfalle.[152]

Während die Zensur den Gegensatz zwischen der gesellschaftlichen Intelligenz und dem Verwaltungsstaat tagtäglich in Erinnerung rief, veränderten sich aber auch stillschweigend und schleichend die Relationen des Beamtenstandes sowohl zum Adel wie zu den übrigen Berufsständen. Der Autoritätsschwund der Beamtenschaft rührte nicht nur von der inneradministrativen Bürokratisierung und Kontrollverschärfung her, er folgte nicht nur aus der polizeilichen Aufsicht, mit der jede gesellschaftliche Bewegung beargwöhnt und bewacht wurde, die Beamtenschaft verlor ebenso ihre

---

150 *Hippel:* Friedrich Wilhelm III. 167.
151 *Hoffmann:* Sammlung 245.
152 DZA Merseburg, R 89 C XII vol. 1.

Autoritätsschwund der Bürokratie

zentrale Führungsrolle in der preußischen Verfassung, weil sich ihre soziale Stellung im gesellschaftlichen Gefüge verschob. Anders gewendet, die Kräfte des erstarkenden Adels einerseits und die des aufsteigenden Bürgertums von unten her brachten die staatsständische Hierarchie zum Wanken. Daß sich die Beamtenschaft in dieser Bewegung nicht zu halten vermochte, fiel in die Verantwortlichkeit der Bürokratie und zehrte somit an ihrer institutionellen Autorität.

Der *Anteil des Adels an der Verwaltung* stieg, seit etwa 1825, stetig an, vor allem in den Spitzenstellungen nahm er wieder zu, und so verlor der Beamtenstand mehr und mehr an jenem „demokratischen" Element, auf dem seine öffentliche Resonanz beruhte. Dieser sozialen Einengung und Abschnürung gegen untere Schichten korrespondierte nun eine Verlagerung der sozialen Gewichtigkeit der bürgerlichen Berufe überhaupt. Gerade die nicht staatsunmittelbaren akademischen Berufe und das mittlere Bürgertum gelangten in gesellschaftliche Spitzenstellungen, ohne einen der Verwaltung entsprechenden politischen Rang zu gewinnen. Die neue bürgerliche Gesellschaft drückte, mit anderen Worten, auf eine Verwaltung, die sich — statt sich ihr anzunähern — im ganzen von ihr entfernte. Diese Veränderungen, die zwar nicht unmittelbar, aber doch mittelbar und auf die Dauer ebenso stark zum Autoritätsverlust der preußischen Behörden im Vormärz beitrugen, sollen durch einige Daten erhärtet werden.

Noch 1819 konnte Humboldt sagen, „daß, besonders bei dem gesunkenen Ansehen des Adels, nur der Beamte etwas zu gelten scheint und daher jeder sich dieser Klasse zudrängt"[153]. In der Zeit, da der hervorstechenste soziale Gegensatz der zwischen Adel und Bürger war[154], wirkte der Beamtenstand zunächst gesellschaftlich integrierend. Aber die Integration war kein Ausgleich. Es gelang dem Adel, im Laufe der folgenden drei Jahrzehnte seine führende Stellung innerhalb des Verwaltungsdienstes auszubauen. Die von den liberalen Bürgern sorgsam registrierten Verhältniszahlen zeugten von einer Tendenz, die wiederum gegenläufig zur allgemeinen sozialen Entwicklung, der Bewegung auf dem Rittergutsmarkt und in der freien Wirtschaft, den Adel absicherte und bevorzugte.[155]

---

153 *Humboldt:* Landständische Verfassung 6 (§ 4).
154 *Staegemann:* Briefe an Oelsner 110 (27. 11. 19).
155 „Kein Staat hat sich liberaler bei der Wahl und Stellung seiner Beamten bewiesen, kein Beamtenstand ist gebildeter, unabhängiger als der preußische" — so versicherte 1832 ein propreußischer Artikel in der Augsburger Allgemeinen Zeitung (*Rochow:* Preußen und Frankreich 96). Das Land werde nicht vom Adel regiert, die drei Hauptministerien der Finanzen (Maaßen), des Krieges (Hake [sic!]) und der Justiz (Mühler) seien von Bürgerlichen besetzt. „Was aber entscheidend ist: alle Geheimräte, Oberregierungsräte, Oberfinanzräte, Oberjustizräte, überall die eigentlichen Faiseurs im Mittelpunkt des Staates, gehören fast ohne Ausnahme dem Bürgerstand an; die Geschäftsführung selbst, die wahre Regierung, ist daher ausschließlich in ihren Händen . . . Alle Regierungen, Oberlandesgerichte und Generalkommissionen sind mit wenigen Ausnahmen in Hand der Bürger" usw. Diese optimistischen Aussagen, die Verwaltung und Regierung im Sinne der Herrschaft nicht

Steigender Adelsanteil in der Verwaltung

Die des Herrschens gewohnte Landaristokratie stieg innerhalb der Verwaltungsorganisation — nicht ohne englisches Vorbild[156] — schneller auf die leitenden Posten hoch als die gebildeten Bürgerlichen, die mehr auf die technische Seite der Administration abgedrängt wurden. Innerhalb der Provinzen versammelte sich der Adel gerne an den Regierungssitzen der

---

unterscheiden, zeichnen weitgehend ein bürgerliches Programm: Aber bereits 1835 hielten sich Adel und Bürger als Regierungs- und Oberlandesgerichtspräsidenten die Waage, und das Bild verfinsterte sich für die bürgerlichen Liberalen in den dreißiger und vierziger Jahren. Die Rheinische Zeitung (Beiblatt zu Nr. 100, 1842) verfehlte nicht, in einem Artikel gegen den Adel die Verhältniszahlen auf Grund der Ranglisten genau auszuzählen (vgl. *Gräff – Rönne – Simon:* 5. 30):

	Adlig	Bürgerlich	Gesamt
Alle *Offiziere:*	5264	4170	9434
Infanterie	3521	2870	6391
Kavallerie	1492	490	1982
Artillerie	251	810	1061
Garde	660	22	682
Majore	371	169	540
Obstlt.	62	20	82
Oberst	109	7	116
Gen. maj.	93	1	94
Gen. lt.	34	1	35
Gen. d. Inf. u. Kav.	4	—	4
Gen. d. Art.	—	—	—
Minister	9	3	12
Min. Dir.	6	3	9
Ob. Pr.	7	1	8
Wirkl. Geh. Räte	20	4	24
Staatsrat außer den permanenten Mitgliedern	27	22	49
Gesandte etc.	29	1	30
Reg. Präs. und Reg. Vizepräs.	20	8	28
Präsidenten und Vizepräsidenten der obersten Gerichte (bis zum OL Gericht)	19	29	48
Landräte	234	72	306

Die vorliegende Statistik hat natürlich nur den Wert einer Momentaufnahme: Gleich einem Blitzlicht erleuchtet sie dem Leser der Rheinischen Zeitung einen Standesgegensatz, der legal in keiner Weise zu begründen war. Der Bürger konnte feststellen, daß seinesgleichen nur bis zum Oberstleutnant vordringen könne, daß er nur bei der Artillerie und dem Ingenieurkorps, die „den wissenschaftlichen Kern des Heeres, die Blüte der Intelligenz" enthielten, in adäquater Weise vertreten sei. — In Wirklichkeit verstecken sich in den Adelsziffern viele der neugeadelten Bürger, die sich — vor allem seit der Reform — hochgearbeitet hatten: Gerade in diesen Zahlen erweist sich die eigentliche politische Kraft des preußischen Adels. *Preradovich* (Führungsschichten 62 ff. und: Führungsschichten in Österreich und Preußen, 104 ff.) hat den Anteil der Bürger und geadelten Bürger sowie der Neugeadelten der jeweiligen Vatergeneration ausgerechnet: Dabei stellt sich heraus, daß der Anteil dieser Homines novi in der Diplomatie von 1800 bis 1830 sich von 33 % auf 50 % erhöhte, ihr Anteil in den leitenden Verwaltungsstellen im gleichen Zeitraum sogar auf 60 %. Seit dem Jahr der Julirevolution allerdings geht der Anteil der Bürger und des Neuadels entschieden zurück, um erst in Bismarcks Zeiten wieder anzusteigen. Vor allem in den ministeriellen Zentralstellen verliere das „junge" Element unter Friedrich Wilhelm IV. völlig seinen Einfluß. Damit wurde in der höchsten Verwaltung ein Zustand hergestellt, der sich in der Generalität immer gehalten hat, wo der bürgerliche Anteil nie über 29 % hinauskam.

156 *Hippel:* Friedrich Wilhelm III. 207.

Oberpräsidenten, während die Außenstellen von relativ mehr bürgerlichen Beamten versehen wurden. Als Präsidenten bevorzugte der König immer öfter Männer alten Namens und Besitztums[157], die dann ihrerseits die Referendare aussuchen konnten. So erfolgte auch von dieser Seite her eine gewisse Angleichung der Provinzialverwaltung an die regionale Gesellschaftsstruktur. Es fällt auf, daß die ständisch konservativen Provinzen eine höhere Zuwachsrate an adligen Beamten aufweisen als die liberalen Provinzen. Eine gewisse Tendenz zur Provinzialisierung auch der Beamtenstruktur ist unverkennbar. Gegenläufig zu Ostpreußen oder zum Rheinland stieg der Adelsanteil in Pommern oder in Schlesien ganz beträchtlich; sogar die 50-%-Grenze wurde gelegentlich überschritten.[158]
Von 1820 bis 1845 stieg der Anteil des Adels in der gesamten Provinzialverwaltung von 25 % auf 33 %; die Landräte hinzugerechnet, von 41 % auf 48 %. So wie der Adel – trotz seines abnehmenden Besitzstandes – weiterhin die Landratswahlen beherrschte und in den Landtagen die überwältigende Mehrheit des Ritterstandes stellte, so wußte er sich in den staatlichen Stellungen seinen Vorzug zu erhalten bzw. zu verstärken. Seine Majorität innerhalb des Offizierskorps kam auf der Generalsebene einer Monopolstellung gleich. Und wenn der Adel – gemäß ihrer gestiegenen Bedeutung – zunehmend in die Administration drängte, dann hinderte er jedenfalls die entsprechende Anzahl aufstrebender Bürger, die gleiche Position zu erlangen; und das ganz abgesehen von den internen Privilegien, die den Adel bevorzugt auf Präsidenten- und von da auf Ministersessel gelangen ließen. Nur im Justizdienst behielt das Bürgertum bis in höchste Stellungen hinein die Vorhand. Dem entsprach, daß die Bedeutung der Justiz durch die Verwaltungsreform gesunken war; aber auch der Widerstand wird erklärlich, der allen ritterständischen Privilegien gerade aus Kreisen der Justizbeamten entgegengebracht wurde. Die Wahlergebnisse von 1848 haben das bestätigt.
Wenn die bekannten fünf liberalen Kommentatoren der preußischen Gesetzbücher feststellten, daß der Adel „seine ganze politische Bedeutung eingebüßt, ... er seinem Wesen nach bereits aufgelöst" sei, weil die Standschaft des Adels auf die Schicht der Rittergutsbesitzer übertragen wurde und weil der Staatsdienst keine Standesunterschiede dulde, so war dies juristisch richtig, politisch eine bewußte Provokation erwünschter Zustände. Daß dieses Bild der Wirklichkeit nicht entsprach, vor allem nicht mehr seit den dreißiger Jahren, in denen – parallel zur Festigung des Großgrundbesitzes – Einfluß und Anteil der alten Adelsfamilien im

---

157 a. a. O. 206.
158 Siehe Anhang IV. Inwieweit sich das Prinzip des Indigenats in den angestammten Provinzen – sicherlich nicht in den neuen – durchsetzte, bedürfte einer eigenen Untersuchung.

Staatsdienst stetig zunahm, das war den Juristen sicher nicht unbekannt. Ihr ganzer Kommentar, der allen preußischen Dienststellen ein unentbehrliches Hilfsmittel für Verwaltung und Rechtssprechung an die Hand gab[159], war eine einzige Waffe, altständische Vorrechte einzuebnen, wo es nur irgend ging. Zu diesem Zweck entwickelten sie eine Kunst der Anmerkungen, die in der Revolution von 1848 zum Haupttext wurden. So schreiben sie zum Oktoberedikt: „Nachdem diese Schranke gefallen war, genügte der Verlauf weniger Jahre, um den Vorzug des Adels im *politischen* Leben wesentlich identisch zu machen mit dem des *Besitzers*, im *gesellschaftlichen* mit dem des *Gebildeten*, um auf beiden Gebieten also seine [des Adels] frühere Exclusivität zu vernichten."[160]

In dieser Formel vermischen sich auf verschleiernde Weise Wunsch und Wirklichkeit. Gerade weil sich der Adel den liberalen Kriterien unterwerfen mußte, im Staatsdienst den Prüfungen, auf dem Lande der freien Konkurrenz, konnte er seine Stellung — unter Aufgabe eines begrenzten Terrains — halten. Was der Adel an Standesrechten mit anderen teilte — als Gutsherr, als Offizier oder als Beamter —, kam seinem Standesvorzug wieder zugute. Die Liberalisierung der Reform reichte gerade so weit, um indirekt den Adel zu festigen. Die Verschränkung von Bildung, Besitz und Adel nach 1807 war insofern eine echte Reform. Aber sie war eine Reform, die die Revolution nur hinausschob, nicht verhinderte, weil sie sich nur innerhalb der führenden Staatsstände abgespielt hatte. In dem Maß, wie die Sozial- und Wirtschaftsreformen ihre Wirkungen zeitigten, vollzog sich in den führenden Staatsständen eine von der Reform ermöglichte rückläufige Bewegung. Die Reform hatte auf der staatlichen und auf der gesellschaftlichen Ebene verschiedene Folgen, genauer: Sie trieb in ihrer Fernwirkung Staat und Gesellschaft auseinander.

Der gegen die Verwaltung immer schon, aber seit 1840 zunehmend erhobene Vorwurf der Volksferne verweist auf eine Art sozialer Aristokratisierung der Beamtenschaft, die keineswegs auf die einzelnen adligen Beamten zurückzuführen sein muß, sondern im wachsenden Adelsanteil ihre hinreichende Erklärung findet. Die legal nicht greifbare Anpassung bürgerlicher Beamter nach oben, um durch gesellschaftliche Gepflogenheiten an persönlichem Prestige zu gewinnen — samt allen Kehrseiten —, vollzog sich zu einer Zeit, da die soziale Bewegung außerhalb des Beamtenstandes eher auf dessen „Verbürgerlichung" drängte. Diese Tendenz regte sich freilich auch innerhalb der Beamtenschaft — keineswegs unter Ausschluß einzelner Adliger — und kam ebenfalls in den Wahlergebnissen von 1848 zur Wirkung.

---

159 *Delbrück:* Lebenserinnerungen 1. 107.
160 *Gräff – Rönne – Simon:* 5. 2 f. Dort auch eine Blütenlese antiadelsständischer Literatur.

Autoritätsschwund der Bürokratie

Die Einengung des Beamtenstandes, insofern der Adel in ihm vorherrschend und tonangebend wurde, vertiefte also den Schnitt, der den Staat von jenen Kräften entfernte, die in den Provinziallandtagen auf eine Ausweitung ihrer Rechte drängten und die rein wirtschaftlich von den Behörden gefördert worden waren. Was der Adel gewann, ging dem Beamtenstand an gesellschaftlicher Integrationskraft verloren, und damit seine unbestrittene Führungsrolle, die er in der Reform erlangt hatte. Dieser Vorgang wird noch deutlicher, wenn man ihn an der wachsenden Bevölkerung und an der Entfaltung des Bildungs- und Besitzbürgertums mißt. Die *Statistik des Bildungswesens* liefert darüber einigen Aufschluß.
Das Verhältnis der gebildeten Bürger zu der beamteten Intelligenz verschob sich in den Jahrzehnten zwischen 1815 und 1848 ganz entschieden. Die Zahl aller Bürger, die die Gymnasien durchliefen — auch die der führenden Kaufmanns- und Fabrikantenschichten —, wuchs etwa parallel mit der ansteigenden Bevölkerung, die sich von 1816 bis 1846 um 56 % vermehrte; die Gruppe der Verwaltungsbeamten und der Richter aber blieb konstant. Kein Wunder, wenn sich Delbrück später erinnerte, daß nie soviel Arbeit in den Regierungen zu bewältigen war wie im Vormärz.[161] Die Zahl aller besoldeten Verwaltungsbeamten in der Ministerial- und Provinzialbürokratie betrug — nach der Stellenreduktion 1825[162] — insgesamt rund sechzehnhundert.[163] Es waren vergleichsweise wenig Stellen, die sich hier dem Nachwuchs öffneten; die Mehrzahl der Juristen war auf den Justizdienst angewiesen, in dem rund 5000 eine feste Stellung gewinnen konnten.[164]
Der Andrang auf diese spezifischen Staatsstellen, die das größte Sozialprestige versprachen und, wenn überhaupt, politischen Einfluß, war entsprechend groß. Nächst den Theologen bildeten die Juristen daher bei weitem die stärkste Fakultät in der ersten Jahrhunderthälfte, und Dieterici berechnete 1836, daß auf 100 frei werdende Stellen rund 220 Anwärter drängten, ungerechnet die Kameralisten, die aus der philosophischen

---

161 *Delbrück:* Lebenserinnerungen 1. 104.
162 Vgl. Anhang IV. Die rigorose Stellenkürzung, die 1825 dazu führte, einen Teil der Beamten zu entlassen — welche, wäre eine Untersuchung wert — und einen anderen Teil auf einen Aussterbeetat zu setzen, verminderte die Gesamtzahl um ein reichliches Fünftel. Die leichte Zunahme bis 1848 fällt dagegen kaum ins Gewicht.
163 *Dieterici:* Universitäten 115. Nach dem Hb. f. d. kgl. preuß. Hof u. Staat gab es 1835 genau 1657 besoldete Beamtenstellen im höheren Dienst auf der Provinzial- und Ministerebene.
164 Nach der Quelle a. a. O. gab es 4254 Stellen für Vollakademiker im staatlichen Justizdienst. Nach *Stark:* Beiträge zur Kenntnis der bestehenden Gerichtsverfassung, zit. von *Hoffmann:* Sammlung 198 f., befanden sich an Gerichten: 2573 Juristen, an Privatgerichten: 995; dazu kamen 1547 Notare, Anwälte usw. Das sind zusammen 5115 Personen. Ferner gab es 168 unbesoldete Richter — wohl Patrimonial- und Friedensrichter —, 1411 Referendare und 954 Auskultatoren, die höchstens Diäten bezogen.

Fakultät dazustießen.[165] Nachdem die Zahl der Juristen von 1820 bis 1825 um 77 % emporgeschnellt war, — also gerade zur Zeit, da die Stellen reduziert wurden —, entstand also jenes Überangebot, das sich zu einem Dilemma auswuchs.
Bald häuften sich die Anweisungen, die Examen zu verschärfen[166], vor dem Jurastudium wurde öffentlich gewarnt[167], die Nachweise des Besitzpolsters sollten genauer kontrolliert werden[168], denn die Wartezeiten in unbezahlten oder nur mit kargen Diätenbezügen entgoltenen Stellungen dehnten sich aus. Nach vier- bis fünfjährigem Referendariat mochte der Assessor oder Auskultator weitere fünf bis zehn Jahre warten, bis er als Rat einen voll bezahlten Posten erklommen hatte.[169] Der Staat konnte zwar hervorragende Talente bevorzugen und insofern eine staatliche Dienstelite heranziehen, aber die Zahl der Zurückgehaltenen und Unzufriedenen, die oft mit untergeordneten Aufgaben vorliebnehmen mußten, mehrte sich.
Diese Diskrepanz wurde besonders scharf im Jahrzehnt nach der Julirevolution. Die Gesinnungskontrolle konnte also in die Examensbedingungen verflochten werden.[170] Hoffmann zählte um 1840 allein im Justizdienst zweieinhalbtausend unbesoldeter Juristen, die auf Grund ihrer Examen einen Anspruch auf Daueranstellung nachweisen konnten.[171] In der Verwaltung sind es entsprechend weniger gewesen, aber auch hier bediente sich der Staat der Arbeitskraft von Männern mit einer langjährigen Ausbildung, deren Lebenskosten weiterhin die bürgerlichen Privatfamilien zu tragen hatten. Was in den Unversitäten die anwachsende Zahl armer Pri-

---

165 *Dieterici:* Universitäten 124.
166 Durch Reskr. vom 30. 12. 31 wurde sogar dem der Zutritt zum Staatsdienst verweigert, der das Abitur mit der Note III absolviert hatte. (*Kamptz:* Jb. 38. 388 Vgl. weitere Anweisungen: *Mannkopf:* Gerichtsordnung 4. 238 ff.). Die Überalterung und — damit gleichbedeutend — die zunehmende Überfüllung machte sich auch im Offizierskorps bemerkbar. „Das in allen Dienstzwigen schon längst bemerkte ungewöhnliche Zuströmen der jungen Leute aus den gebildeten Ständen, um sich der Beamtenlaufbahn zu widmen, mußte natürlicherweise auch bei dem Kriegsstande stattfinden", schrieb Boyen 1841 dem König, worauf eine KO erging, die die Auswahl verschärfte, um den Nachwuchs zu bremsen (30. 12. 41; *Gräff - Rönne - Simon* 5. 196). Bald darauf wurden auch die Prüfungen erschwert, denn „das größere Maß von Berufskenntnissen und allgemeiner Bildung, welches jetzt in allen Ständen und Geschäftszweigen verlangt und angetroffen wird, macht auch für den Offiziersstand, um ihn in seiner Würde zu erhalten und seinen Mitgliedern einen etwaigen Berufswechsel nicht zu erschweren, eine Änderung in der Prüfung . . . nötig" (KO 4. 2. 1844; *Gräff - Rönne - Simon:* Suppl. 1/2, 98).
167 Brockhaus der Gegenwart 9. 169.
168 Reskr. vom 19. 10. 1831; *Kamptz:* Jb. 38. 386; *Mannkopf:* Gerichtsordnung 4. 245.
169 *Hippel:* Friedrich Wilhelm III. 208.
170 Inwieweit „politische" Gesichtspunkte fachliche verdrängt haben, müßte eine Untersuchung der Prüfungsakten erweisen. Die technische Liberalität der preußischen Behörden in den dreißiger Jahren spricht zunächst dagegen, was einen schleichenden Wandel in die Richtung auf die Praxis der vierziger Jahre nicht ausschließt.
171 *Hoffmann:* Sammlung 199.

vatdozenten war[172], das waren die Referendare und Assessoren in der Administration; ein unentbehrliches Element, das aber zwischen Ergebung und Rebellion zu wählen hatte — das gebildete Proletariat. In der Zwischenzone zwischen Staatsdienst, der zu leisten war, und den privaten Finanzen, die dafür aufzukommen hatten, fanden sich hier begreiflicherweise Männer, die später der Revolution mit Sympathie, wenn nicht aktiv entgegenkamen. Der soziale Engpaß, den der wachsende Bevölkerungsdruck in den Unterschichten der vorindustriellen Gesellschaft produziert hatte, er hatte also seine Entsprechung im gebildeten Proletariat. Die Überfüllung des Staatsdienstes förderte direkt die elitären, indirekt auch revolutionäre Tendenzen.

Aber der Führungsanspruch der Verwaltungsbeamten wurde auch auf andere Weise in Frage gestellt, er wurde durch die übrigen gebildeten Stände relativiert. Je gesuchter der Staatsdienst, desto mehr mußten darauf verzichten. Nun war freilich das preußische Gymnasial- und Universitätssystem elastisch genug, eine berufliche Umschichtung innerhalb der gebildeten Stände zu ermöglichen. Die Gymnasien mit ihren breiten Bildungsansprüchen wurden von allen Schultypen am meisten unterstützt; ihre Gesamtzahl nahm zwar kaum zu, aber die Zahl der Lehrer stieg bis 1846 um 69 %, die der Schüler um 73 %, so daß sich Frequenz und Bildungschance auf den Gelehrtenschulen weit schneller vermehrten als die gesamte Bevölkerungszahl.[173] Der anschwellende Nachwuchs für die eximierte Bildungsschicht — im Jahrzehnt zwischen 1820 und 1830 verdoppelte sich die Zahl aller Studenten[174] — drückte zwar zunächst auf den Beamtenstand im engeren Sinn, aber langsam fächerten sich — in Ermangelung der Aufstiegschancen — die Studienwege aus. Die Zahl der Juristen nahm (wie die der Theologen) absolut und relativ ab, die Zahlen der Mediziner und vor allem der Philosophen stiegen dauernd an, wobei letztere noch die emporschnellenden Naturwissenschaften umgriffen.[175]

---

172 *Busch:* Privatdozenten 40 ff.
173 *Dieterici:* Mitteilungen 1848, Nr. 3; in absoluten Zahlen:
1816:   155 Schulen,   976 Lehrer,   17 225 Schüler
1846:   146 Schulen,   1655 Lehrer,   29 924 Schüler
In diesen Zahlen sind die Progymnasien inbegriffen; die Gruppe der Vollgymnasien vermehrte sich von 1830 bis 1846 von 110 auf 116. Genaue Aufschlüsselung in der Z. dt. Stat. 2. Jg. 1848, 498 ff. Brandenburg und Sachsen zählten im Verhältnis zur Bevölkerung die meisten Gymnasiasten.
174 Brockhaus der Gegenwart 7. 351. Es studierten 1820: 3061; 1829: 6154 In- und Ausländer an allen preußischen Universitäten. 1838 waren es nur mehr 4480.

	ev. Theol.	kath. Theol.	Jura	Mediz.	Philos.
1829:	2182	881	1848	613	573
1838:	1168	411	1044	909	930

(nach Brockhaus der Gegenwart 9. 169, Art. „Universitäten"). Vgl. auch *Lenz:* Universität Berlin 3. 494 ff.
175 Über den gewaltigen Anstieg der naturwissenschaftlichen Vorlesungen an der Berliner Universität siehe *Ritter:* Die Rolle des Staates 26.

Die geistige Führungsschicht verbreiterte sich also — zunächst quantitativ — auf Kosten der unmittelbaren Staatsdiener. Und die Bewegung der vierziger Jahre zeigte, daß der Herrschaftsanspruch der Beamten auch aus diesen Kreisen umstritten wurde. Sie mußten ihre Exemtionen mit gesteigerter Abhängigkeit — sei es im staatlichen Sold, unter administrativer Aufsicht oder durch die Zensur — erkaufen, obwohl sie sich als die Honoratioren einer Gesellschaft wußten, denen, als Intelligenz, jedes politische Standesrecht vorenthalten blieb. In der Berliner Nationalversammlung stellten sie über ein Viertel der Abgeordneten, gleichberechtigt neben den zahlreichen gewählten unmittelbaren Beamten. Das Verhältnis der gebildeten Staatsstände zueinander hatte sich ausgeglichen.

Insofern zog die Revolution eine politische Konsequenz aus der preußischen Bildungspolitik. Gymnasium und Universität waren auf die Bedürfnisse aller eximierten Staatsstände zugeschnitten, nicht nur der Verwaltungsbeamten allein. Wenn aus der Bildung politische Rechte ableitbar waren, wie es die Liberalen forderten, dann ließ sich die Vertretung der Intelligenz nicht mehr auf die reinen Beamten beschränken.

Aber auch außerhalb des unmittelbaren Staatsbürgertums breitete sich die bürgerliche Mittelschicht aus, die, dem Stand der Städte angehörend, diesem durch wirtschaftlichen Einfluß, Geschäftsunternehmen und Geldverkehr langsam entwuchs. Sie reichte mit ihren Spitzen in die Oberschicht hinein. Wenn „gewöhnlich nur zwischen Gebildeten und Ungebildeten unterschieden wird, wonach diese die Masse des Volkes, jene die Leiter derselben sein sollten", dann war, wie Hoffmann 1844 sagte[176], die alte Einteilung zwischen einem Herrenstand und dem höheren Bürgerstand überholt. Beide Begriffe bezeichneten nur mehr Unterabteilungen, nicht „die Gesamtheiten der Klassengenossen" der neuen gesellschaftlichen Oberschicht. Fabrikanten, Inhaber großer Geschäfte, Forst- und Bergwerksbesitzer und ihresgleichen stellten schon vielfach den Adel in den Schatten. Diese Tendenz findet in der Bildungsstatistik ihre Bestätigung, und zwar teilweise im Widerspruch zur Bildungspolitik, die der Staat verfolgte.

Die gewerblichen Interessen, überhaupt alle „Realien" wurden vom Kultusministerium zweitrangig behandelt. Die Schwerpunkte der preußischen Bildungspolitik lagen auf der Gelehrtenschule und auf der Volksausbildung. Welche Einwände auch immer gegen die notleidenden Volksschulen im Vormärz erhoben wurden, im ganzen leistete die preußische Schulpolitik der Bedürfnissteigerung eher Vorschub, als daß sie ihr hinterherhinkte. Zwar hielt von 1816 bis 1846 die Vermehrung der Schulen und Lehrerstellen mit dem rapiden Bevölkerungsanstieg nicht Schritt — Schulen nahmen um 18 %, Lehrer um 40 %, die der Schüler um 108 % zu — aber die

---

176 *Hoffmann:* Staatswirtschaftliche Verhältnisse 119.

Autoritätsschwund der Bürokratie

Gesamtzahl der ihrer Schulpflicht genügenden Kinder stieg immerhin von 60 auf 82 %.[177] Dabei hatten schularme Provinzen wie Posen oder das Rheinland den relativ größten Fortschritt zu verzeichnen.[178] Wie wenig es der Staat vermochte, die anhebende Politisierung der breiten Massen durch kirchlich-royalistische Lehren einzufangen, wurde bereits erwähnt.[179] Die vom Staat so gefürchtete, aber eben deshalb geförderte „Halbbildung" der Unterschichten gehörte jedenfalls zum Klima der Revolution von 1848.

Verwickelter sind die Wege, die die mittlere Bildung einschlagen mußte, und daher noch widerspruchsvoller das Ergebnis. Die Zahl der „Bürgerschulen" im strengen Sinn, d. h. der städtischen Mittelschulen der verschiedensten Typen, sank in den drei Jahrzehnten zwischen 1816 und 1846 bedeutend ab.[180] Viele wurden in Volksschulen verwandelt, die übrigen steigerten dafür ganz entschieden ihre Qualität, aber sie blieben die Stiefkinder des Kultusministeriums. So entstand, im Widerspruch zu den steigenden Forderungen, eine Lücke zwischen dem Elementarunterricht und

---

177 *Dieterici:* Mitteilungen 1848, Nr. 3; in absoluten Zahlen·
1816:   20 345 Volksschulen,   21 766 Lehrer,   1 167 350 Schüler
1846:   24 044 Volksschulen,   30 519 Lehrer,   2 433 333 Schüler
178 Der Prozentsatz der Schulkinder im schulpflichtigen Alter stieg 1816—1846 im Rheinland von 49 auf 86 %, in Posen von 21 auf 69 %; an der Spitze lag Sachsen (84 bis 94 %).
179 Vgl. etwa *Löschke:* Merkwürdige Begebenheiten aus der schlesischen und brandenburgisch-preußischen Geschichte, zum Gebrauch in Volksschulen, Breslau 1842; ein Versuch, die Geschichte nur mehr provinzweise zu lehren, ohne Stein, Hardenberg, Gneisenau usw. zu erwähnen. Dazu die Rezension in Neue Jb. d. Gesch. u. Pol. 1842, Bd. 2.
Diesterweg, seit 1832 Seminardirektor in Berlin, wegen seiner rationalen und auf Pestalozzi bauenden Methoden zunehmend angefeindet und 1850 entlassen, brachte den Gegensatz der Reaktion und seiner Ziele auf folgende Formel: „Alles Hierarchische, Bevormundete, Despotische, Vernunftwidrige, Stabile usw. ist der Gegensatz des modernen Unterrichtsprinzips. Dagegen fraternisiert und sympathisiert es mit Allem, was sich bewegt, sich entwickelt, verändert, fortbildet, lebt. Es ist das Prinzip des Fortschritts. Wir können es das geographisch-europäische oder amerikanische, das Gegenteil (die dogmatische Methode) das asiatische Prinzip nennen" (Wegweiser . . . . 234).
180 *Dieterici:* Mitteilungen 1848, Nr. 3; in absoluten Zahlen:
1816:   2134 Bürgerschulen,   3379 Lehrer,   114 892 Schüler
1846:   802 Bürgerschulen,   3531 Lehrer,   107 442 Schüler
Die Lehrerzahl pro Schule stieg also von 1,5 auf 4,4. — *Calinich* schlüsselt die Zahlen der kommunalen Bürgerschulen folgendermaßen auf: Nach ihm gab es 1847 für Knaben 336, für Mädchen 316 Mittel- oder Bürgerschulen, auf denen gelegentlich auch moderne Fremdsprachen gelehrt wurden. Darüber zählte er 100 höhere Bürger- oder Realschulen, denen er auch einige Gewerbeschulen zurechnete. Provinzweise verteilten sie sich folgenderweise: Rheinland: 37, Brandenburg: 16, Preußen: 16, Sachsen und Westfalen: je 7, Posen und Schlesien: je 6, Pommern: 5. Auffallend ist das relative Übergewicht der beiden „liberalen" Provinzen Preußen und Rheinland, die vergleichsweise weniger Gymnasien zählten, aber größere Bürgerinitiative entwickelten. Die hohe Zahl in Brandenburg rührt vom Anteil Berlins her. Die Lehrpläne der Realschulen variierten stark, hatten aber die Tendenz, weniger Fachkenntnisse zu vermitteln als eine allgemein-wissenschaftliche Bildung unter Betonung der modernen Fremdsprachen und Naturwissenschaften (Z. dt. Stat. 2. Jg. 1848, 97 ff., 302 ff.).

der Gymnasialbildung, die zu schließen Sache der Privatinitiative und der Städte wurde, notgedrungen eine Aufgabe der freien Gesellschaft. Die Gymnasien sollten nach Altensteins Absicht die schulischen Bedürfnisse der aufstrebenden bürgerlichen Mittelschicht mit befriedigen. Der anschwellende Zustrom zu den Universitäten in den zwanziger Jahren, der um 1830 seinen Höchstpunkt für die kommenden drei Jahrzehnte erreicht hatte, wurde auch aus diesen Quellen gespeist. Aber dann veränderte sich die Lage gründlich.

Die Zahl der Abiturienten ging stetig zurück[181], während sich die Zahl der Gymnasiasten hielt oder anstieg. Die Einjährig-Freiwilligen-Grenze zu erreichen wurde das Ziel vieler Bürgerkinder, die auf das Universitätsstudium verzichteten. Nur etwa jeder vierte Gymnasiast bezog eine Universität. Die Berufswege und Aufstiegschancen hochstrebender Familien fächerten sich auch außerhalb der Staatsstände auf.[182] Die Anzahl der Studenten fiel zwischen 1830 und 1840 von über 6000 auf unter 4$^1/_2$tausend.[183] Gleichviel, ob die rigorosen Verschärfungen der Universitäts- und Studienüberwachung in diesem Jahrzehnt manchen abgehalten haben, sich einer derartigen Kuratel zu unterwerfen, es waren Tausende und aber Tausende von Bürgern, die in den zwanziger Jahren noch in die oberen Staatsstände drängten, jetzt aber ihr Unterkommen in anderen Berufen suchten. Daß sie einen bestimmenden Anteil an der freien Wirtschaft, an deren Aufschwung und in den technischen Berufen gewannen, ergibt sich aus dem Sozialgefüge.

Die staatliche Erziehungshilfe, soweit sie diesen Kreisen gewährt wurde, ging nicht vom Kultusministerium aus, sondern von Beuth und seiner technischen Bildungszentrale, sei sie nun dem Innen- und Finanzministerium oder zeitweilig einem eigenen Gewerbeministerium unterstellt gewesen. Beuth sorgte unter allen wechselnden Ministerien für die Kontinuität der technischen Erziehung.[184] Bis 1835 half er — ungefähr in jedem Regierungsbezirk eine — 20 Gewerbeschulen stiften, die zusammen etwa 1000 Schüler zählten. Die Besten wurden mit Staatsstipendien auf dem Berliner Gewerbeinstitut, der späteren Technischen Hochschule, ausgebildet; und Beuth konnte bald — wie er 1833 schrieb — „die stetige Nachfrage nach tüchtigen Werkführern nicht [mehr] befriedigen"[185]. Eine bedeutende Reihe führender Industrieller, wie Schichau, Egell oder Borsig,

---

181 Rückgang der Abiturienten zwischen 1830 und 1839 von 1417 auf 942 (Brockhaus der Gegenwart 7. 352). Z. dt. Stat. 2. Jg. 1848, 505.
182 Vgl. den Aufsatz „Der jetzige Staatsdienst, ökonomisch betrachtet" in der Dt. Vjsschr. 1842, H. 1, 176 ff., wo die wirtschaftlichen Vorteile des Gewerbsmannes gegenüber dem kostspieligen Ausbildungsweg der Beamten geschildert werden.
183 Vgl. Anm. 174.
184 *Straube:* Beuth; *Henderson:* The state 96 ff.
185 *Ritter:* Die Rolle des Staates 35.

ging aus seiner Schule hervor; darunter Männer, wie Beuth stolz hinzufügte, die ohne Vermögen anfingen, aber in wenigen Jahren ein Einkommen erzielten, das dem Gehalt eines Regierungspräsidenten gleichkomme.[186] Die Wirkung dieser staatlichen Industrieförderung, die ihre Impulse in die freie Wirtschaft hinausschickte, kann gar nicht unterschätzt werden. Aber zunächst handelte es sich um Initialzündungen, die erst in der zweiten Jahrhunderthälfte die soziale Entwicklung selber beeinflußten. Im gesamten Bildungssystem des Vormärz spielte die staatlich gesteuerte technische Erziehung quantitativ noch eine untergeordnete Rolle. — Das Kultusministerium versteifte, erst unter Altenstein, dann unter Eichhorn, seine Zurückhaltung gegenüber dem „Realschulweg"[187].
Wiederholt, aber immer vergeblich, drängten einige Provinziallandtage, etwa Schlesiens oder Preußens 1831 und 1834, auf eine Verwandlung der überfüllten Gymnasien in Realschulen oder auf Neugründungen, um jene zu entlasten. Die „Einseitigkeit des Jugendunterrichts auf den Gymnasien [rufe] den bedauerlichen und täglich lästiger hervortretenden Drang nach Staatsämtern hervor" und verhindere „andererseits die Erweckung eines tüchtigen Gewerbsgeistes und den Aufschwung der Gewerbe"[188]. Die schlesische Eingabe bewegte sich ganz in der Richtung, die etwa Hippel als Regierungspräsident von Oppeln[189] und dessen Freund Lorinser verfolgten, die die Schuldebatte wieder in Bewegung gebracht hatten. Wie stark das Bedürfnis nach Realschulen war, zeigt ihre sprunghaft ansteigende Schülerzahl an Orten, die — wie Breslau, Neiße oder Landeshut[190] — dazu übergingen, selbst solche Schulen zu gründen. Aber das Kultusministerium lehnte Hilfen ab, sicher auch aus mangelndem Fonds[191]; doch die Begründung lautete anders. In einem langen Gutachten — aus der Feder Schulzes — wurden die Landtage belehrt, daß die Gymnasien zwar nicht den Ständen dienten, die mechanische Arbeit vollbrächten, aber außer für den Gelehrten- und höheren Beamtenstand seien sie für solche Bürger gedacht, denen „im Leben der Gesellschaft, der Gemeinden und des Staates eine

---

186 Das Gehalt eines Reg.-Präs. stieg bis zu 5000 T. im Jahr. Die weit höheren Erwerbschancen in der Privatwirtschaft waren für Unruh ein wichtiges Motiv, den Staatsdienst zu verlassen, in dem er als Baurat 1000 T. verdiente. Für den Bau der Potsdam-Magdeburger Bahn erhielt er dann eine Prämie von 6000 T., die ein Drittel damals schon üblicher Prämiensätze betrug (Erinnerungen 67 f.). Vgl. *Eichholtz:* Junker ... 176 ff.
187 Zum ganzen: *Schnabel:* Dt. Gesch. 1. 432; 3. 315 ff.
188 *Rumpf:* 10. 303.
189 Über Hippels Schulpolitik siehe *Bach:* Hippel 256 f. Sein Versuch, in Oberschlesien durch staatliche Starthilfen eine Gewerbeschule zu errichten, scheiterte zunächst: Arch. Panstw. Katow. OBB 1536 (Die Regulierung des Schulwesens auf dem kgl. Eisenhüttenwerke zu Gleiwitz betr.).
190 Die Breslauer Realschule wurde 1836 mit 216 Schülern eröffnet; 1840 waren es 472, davon ein Sechstel adlig *(Jacoby:* Simon 1. 169).
191 *Helwing:* Altenstein *(Bluntschli:* Staatswb. 1. 177).

Stellung eingeräumt ist", die ein höheres Maß an Einsicht, Bildung und logisch richtiger Denkweise forderte. Gerade diese Bürger müßten in wahrer Bildung vorwärts schreiten, statt „einer ganz materiellen Weltansicht anheimzufallen"[192]. Geistige Bildung habe den Vorrang vor jeder Gewerbeausbildung. — Der Gegensatz zwischen Geistes- und Handarbeit, einst vom Landrecht legalisiert, wurde überspitzt zu einer Zeit, da er von der technisch-industriellen Entwicklung und ihren Anforderungen bereits überholt wurde.

Ein neuer Anlauf, das Realschulwesen nicht nur der städtischen Gesellschaft zu überlassen, scheiterte schnell nach dem Regierungswechsel. Eichhorn berief Heinrich Simon in das Kultusministerium, der als Kommissar eine Schulreform vorbereiten sollte. Aber Simon bewegte sich ganz auf der Linie, die eine Generation zuvor von Männern wie Kunth, Beuth, Hoffmann oder Motz eingeschlagen worden war.[193] Sein erstes Gutachten ging davon aus, daß zwischen den wissenschaftlich gebildeten Ständen und der handarbeitenden Bevölkerung „der Stand der Bürger in weiterer Bedeutung des Wortes" bisher unberücksichtigt geblieben sei. Das betreffe alle wirtschaftlich und technisch wichtigen Berufe, die „liberalen Beschäftigungen" also, wie Hoffmann[194] sie nannte. „Dieser ganze Stand ist vom preußischen Staate in seinem öffentlichen Unterrichtssysteme nicht anerkannt."[195] Darin lag — in Anbetracht der Beuthschen Bildungskanäle — eine Übertreibung; sie diente der Provokation. Simon mußte gehen, denn er stieß in Eichhorn und Eilers auf die striktesten Gegner jeglicher Realschule. Wer sie besucht habe, wolle natürlich den Mützenhandel seines Vaters nicht weitertreiben, meinten sie; ihre Schüler „suchen Dienste in den großen Handelsstädten und finden keine, der intelligentere Teil der Umsturz- und Fortschrittspartei besteht aus diesen Unglücklichen und aus den Zöglingen der Gymnasien und Universitäten, die nicht zu Staatsstellen kommen konnten"[196]. Das Beste sei daher, sie kurzzuhalten. Auch hier Reaktion, als es galt, die Politik der gesellschaftlichen Entwicklung anzupassen.

Hatte der preußische Staat also den für die technisch-industrielle Entfaltung entscheidenden Einsatzpunkt gefunden — Beuths Gewerbeschulwesen blieb von wegweisender Bedeutung —, so zerteilte sich das allgemeine Bildungssystem weiterhin entlang den Exemtionsgrenzen, die das Landrecht

---

192 *Rumpf:* 8. 185.
193 Dazu *Schnabel:* a. a. O. und *Goldschmidt:* Kunth 143 ff.
194 *Hoffmann:* Sammlung 255.
195 Aus Simons Gutachten für Eichhorn (*Jacoby:* a. a. O. 168). Vgl. dagegen noch das hoffnungsvolle, auf den Staat vertrauende Programm des Seminardirektors *Harnisch:* Die deutsche Bürgerschule, Halle 1830, wo zugleich die stadtständische Herkunft deutlich wird.
196 Formulierung Eichhorns, zit. bei *Paulsen:* Unterricht 2. 461 f.; ferner: 544 ff.

sozial fixiert hatte. Das hatte für den Verwaltungsstaat im Vormärz eine doppelte Folge. Innerhalb der akademischen Schichten ermöglichte es eine elastische Anpassung an die Erfordernisse der pädagogischen, naturwissenschaftlichen und medizinischen Berufe, die sich mit der neuen bürgerlichen Welt und ihrer vermehrten Bevölkerung ausbreiteten. Aber weder für jene, die auf eine staatliche Anstellung warten mußten, noch für jene, die darauf verzichten konnten, blieb es ersichtlich, wieso die rund 1600 Verwaltungsbeamten das Monopol politischer Einsicht haben sollten. — In dem Maß also, wie der Adel seine Stellung innerhalb der Behördenorganisation festigte, suchte sich das Bildungsbürgertum deren Vormundschaft zu entziehen.

Zweitens dehnte sich die Bildung im mittleren Bürgertum aus, das in nichtstaatlichen Berufen der freien Wirtschaft seine besten Aufstiegschancen gewann. Die Gymnasialbildung trug das Ihre dazu bei, einen Bildungsüberhang zu schaffen, wo von seiten der Bürger strengere Fachausbildung gefordert wurde. Ob das humanistische System für die Entfaltung der Wirtschaftsgesellschaft — in den dreißiger und vierziger Jahren — schädlich war, mag bezweifelt werden. Jedenfalls förderten die reaktionären Motive, die seit Eichhorn dem Fachschulsystem im weiteren Sinne entgegengestemmt wurden, die Entfremdung des Bürgertums von der Verwaltung.

Aber davon ganz unabhängig zeigte die Bildungsstatistik, daß eine wachsende Zahl aufstrebender Kräfte — seit etwa 1830, als auch der Aufschwung der Wirtschaft begann — von den spezifischen staatlichen Berufsständen abgeleitet wurde und damit weitgehend der sich formierenden bürgerlichen Gesellschaft im modernen Sinne zugute kam. Mittelbar trug diese Umleitung dazu bei, die Autorität der Beamtenschaft ebenfalls zu relativieren. Die Streuung und Verbreitung der Bildung nagten am Monopol der staatlichen Intelligenz, woran der Führungsanspruch der Beamten haftete. Wie es der alte Hoffmann 1844 in der Berliner Akademie ausdrückte: „Je mehr sich der Zeitgenossen das Bewußtsein bemächtigt, daß sie wiederum am Vorabend großer Ereignisse stehen, desto fühlbarer wird auch eben jetzt das Eindringen der Unberufenen in den Kreis der wahrhaft Gebildeten."[197] „Symbole der Parteien", so fügte er hinzu, würden in die Wissenschaft und in das „gemeine Leben der Volksmassen" eingeführt; und die Wahrheit sei tausendzüngig geworden, seit die Tagespresse jedermann erreiche.

So griff eins ins andere, um die Verwaltung als Kern der politischen und sozialen Verfassung in Frage zu stellen. Exekutor und Objekt einer Gesinnungskontrolle, mußte die Beamtenschaft ihren Bildungsauftrag über-

---

197 *Hoffmann:* Staatswirtschaftliche Verhältnisse 141.

ziehen, ohne dafür einstehen zu können. Der Rückzug auf eine technische Handhabung der Exekutive konnte den Verlust an politischer Initiative nicht wettmachen, und als diese in die Richtung auf eine altständische Gesellschaft hin vorgetrieben wurde, erwiesen sich alle Mittel — die Zensur voran — als unzulänglich, die sich verselbständigende Bewegung in der Öffentlichkeit einzufangen. Schließlich schrumpfte auch der soziale Spielraum des Beamtenstandes zusammen, und zwar nach zwei Seiten, relativ zum Adel und relativ zu den neuen Bürgern, zwischen denen zu vermitteln ihm eben deshalb die Kraft verlorenging.

Die Revolution von 1848 war eine bürgerliche Revolution, die sich verfassungstechnisch gegen den Vorrang des Beamtenstandes richtete, sozialgeschichtlich zunächst deshalb, weil sich die Bürger durch die adlige Landaristokratie von den politischen Schlüsselpositionen ausgeschlossen sahen. Die soziale Basis, von der aus der Adel die Ränge in der Verwaltung und im Heer besetzen konnte, lag nun in der ländlichen Sozialverfassung beschlossen — trotz aller, aber auch auf Grund der liberalen Agrarreformen. Eine fast unnahbare Stellung wußte sich der Adel auf der Kreisebene zu wahren, von der aus er gegen Hardenberg seinen Widerstand aufgebaut hatte, und dessen Ergebnisse wir nun verfolgen wollen.

III. Die Kreisverfassung als ritterschaftliche Schotte zwischen Regierung und Bevölkerung

1846, zwei Jahre vor der Revolution, feierte Professor Lancizolle die preußische Kreisverfassung als „das interessanteste und bedeutungsvollste Glied in der ständischen Verfassung unseres Vaterlandes"[1]. Lancizolle hatte insofern recht, als es der Adel vermocht hatte, auf der Kreisebene, verpackt in die Rechte der Ritterschaft, seinen wirkungsvollsten Sieg über die Reform davonzutragen. Dort, wo die Behördenorganisation auf der regionalen Eigenverwaltung aufruhte, konnte die Ritterschaft – und, wie es sich erweisen sollte: faktisch der Adel – seit 1816 den ersten staatlichen Beamten, den Landrat, wieder in eigener Wahl vorschlagen. Damit war es dem Adel gelungen, zwischen den staatlichen Behörden und den sozialen Alltag der städtischen und der ländlichen Gesellschaft, in der sich zunehmend die Folgen der Freizügigkeit einstellten, einen quasiständischen Schirm einzuziehen. Die persönliche Herrschaft, die ein Landrat auszuüben fähig war, sicherte die Interessen des Adels weit besser als ihre Vertretung im Landtag. Denn der Landrat partizipierte an der Macht der Regierungen, in denen er bei seiner Anwesenheit Sitz und Stimme hatte[2] und deren weitgestreuten Befugnisse er – als ihr ständiger Kommissar – in seiner Person vereinigte.

Der Weg zur gesamtstaatlichen Verfassung war – wie gezeigt wurde – ein Wettlauf um die Priorität gewesen: ob die Institutionen auf administrativem Wege von oben her errichtet oder von unten, angelehnt an die herkömmlichen Stände und Korporationen, aufgestuft werden sollten. Die gesamtstaatliche Repräsentation war weniger am Widerstand der Provinzen gescheitert als deshalb, weil die Kreis- und Gemeindeverfassung nicht durch einen Verwaltungsakt beseitigt werden konnte. Die für die ostelbischen Gebiete eigentümlichen Kreisstände[3] bildeten die Keimzellen des Widerstandes gegen Hardenberg, und nach 1823 griffen die von ihren herkömmlichen Kreisen gewählten Ritter durch die Provinzialstände hindurch: Aus der einmal gewonnenen Position in den Landtagen konnten sie wiederum eine Kreisordnung durchsetzten, in der sie – gemessen an den Landtagen – ihre Stellung noch erheblich verstärkten. Damit hatten sie

---

1 *Lancizolle:* Königtum und Landstände 383.
2 Instruktion für die Landräte vom 31. 12. 1816 (*Gräff — Rönne — Simon:* 6. 191) § 6.
— ein Recht, das 1825, bei der administrativen Straffung, von der Genehmigung des Präsidenten abhängig gemacht wurde, KO 31. 12. 1825, V (GS 1826, 5).
3 *Hintze:* Ges. Abh. 1. 186 ff.

erreicht, was ihnen von Anfang an am meisten erstrebenswert schien.[4] Und es zeugt für Humboldts politischen Scharfblick, wenn er in seinem Verfassungsplan von Kreisständen abgeraten hatte; vor allem befürchtete er „zu partikuläre Ansichten", wenn sie den Provinziallandtag beschickten.[5] Es war der Druck der überkommenen Sozialverfassung, daß sie, auf die politische Verfassung übertragen, immer der Reform entgegenwirken mußte.

In die Kreisreform, die 1828, also zwei Jahrzehnte nach ihrem Beginn, ihr schließliches Ende gefunden hatte, gingen verschiedene Schichten der Planung ein, erst der Reformer, dann der Restauration. Zunächst wurde die staatliche Verwaltungsgliederung konsequent bis auf die Kreisebene vorgetrieben; unterhalb der Regierung wurde der Kreis zur ersten staatlichen Verwaltungseinheit, was dem Landrat einen bedeutenden Zuwachs an Arbeit und damit an Einfluß sicherte. Dann aber wurde das Amt des Landrats erneut dem Ritterstand vorbehalten. Die Ausdehnung der staatlichen Macht, die die Sozial- und Wirtschaftsreformen samt der organisatorischen Neuordnung zur Folge hatten, kam also auf der Kreisebene dem Ritterstand wieder zugute. So entstand jene Verfassung, in der die Bürokratie ihre Volksferne mit einem Machtzuwachs des Standes bezahlen mußte, der das größte Interesse hatte, die regionalen Verhältnisse möglichst zu erhalten.

Als nach der Regierungsreform von 1815[6] die Verwaltungsneuordnung in den drei folgenden Jahren langsam bis auf die Kreisebene vorgetrieben wurde, waren drei Fragen zu klären: der Aufgabenbereich des Landrats, die neue Abgrenzung der Kreise und deren ständische Verfassung. Keine der Fragen war 1815 endgültig geregelt, aber alle blieben eng miteinander verflochten. Alte Kreisgrenzen stärkten die Chancen alter Kreisstände im gleichen Maß, wie neue sie in Frage stellten. Von der Stellung des Landrats hing ebenso die ständische Ordnung der Kreise ab, und wie diese nun eigentlich aussehen sollte, war nach der teilweisen Suspension des Gendarmerieediktes noch völlig offen. Schließlich hing von Anzahl und Aufgabenkreis der Gendarmen selber die Reichweite der staatlichen Kontrolle ab, die dem Landrat zugedacht war.

So verschieden die Lösungen aussahen, die der Staat sukzessive traf, von einem Ziel wurde schon seit Dohnas Innenministerium nicht mehr abgewichen: Stadt und Land sollten im Kreis als erste staatliche Verwal-

---

4 *Pertz:* Stein 5. 672 ff., *Stephan:* Provinzialstände 31.
5 *Humboldt:* Landständische Verfassungen, hg. v. Schreiber, 23; § 46.
6 Vgl. oben 2. Kap. III. V. 30. 4. 1815 (GS 1815, 85); § 39 behält Organisation und Instruktion für die Landräte späterer Regelung vor. Vorläufig solle es beim jeweiligen status quo verbleiben. Dazu Instruktion vom 3. Juli 1815, die Ausführung jener Verordnung betr. (teilw. abgedruckt bei *Schulze:* Reform der Verwaltungsbezirke 118 ff.).

Die Kreisverfassung

tungseinheit gemeinsam erfaßt werden. „Vorzüglich ist es die unverhältnismäßige Größe vieler Kreise und die Trennung in den polizeilichen Verhältnissen von Stadt und Land, und auf dem Lande selbst von Ämtern, Stadteigentum und anderen Privatgütern, was eine zweckmäßige Organisation der Polizeibehörden nach der dermaligen Lage der Sache verhindert, und diese Hindernisse wegzuräumen, ist der Hauptzweck einer neuen Kreiseinteilung."[7] Diese Zielsetzung Dohnas, die auf das Vorbild Schrötters in Neuostpreußen und Hardenbergs in Franken zurückgriff, blieb im Gendarmerieedikt 1812 so gut wie in dem Neuordnungsgesetz vom 30. April 1815 aufrechterhalten.

Die persönliche Freisetzung der Gutsuntertanen; die eingeleitete Verselbständigung der Bauern; die Beseitigung geburtsrechtlicher Standesschranken in der Wirtschaft; die 1808 eingeführte städtische Selbstverwaltung, die zwar den Steuerkommissar erübrigte, die örtliche Polizeiverwaltung aber verstaatlichte; die 1810 eingeführte Gewerbefreiheit, die den Wall zwischen Stadt und Land überschritt; die 1810—1812 gemachten Anläufe, eine generelle Steuerverfassung durchzudrücken, denen die letzten kreiseigenen Steuerverwaltungen zum Opfer fielen; die Aufhebung der Kantonalverfassung und die Einführung einer allgemeinen Wehrpflicht 1813—1816: alle diese Gesetze von genereller Geltung konnten sinnvoll nur durchgeführt werden, wenn Stadt und Land einer gleichförmigen Verwaltung unterworfen wurden.

Die Beseitigung der Steuerräte führte — auch im Sinne Steins — zur Oberaufsicht der Landräte über die Städte[8], von den wenigen kreisfreien Großstädten abgesehen; und auf dem platten Lande dehnte sich ihr neuer Wirkungskreis auch auf die ehemaligen Untertanen der Domänenämter aus, die — vor allem in Ostpreußen — bisher kreisfrei waren.[9] Schließlich führte die Trennung der Gutsbezirke von den Gemeinden zu einer verstärkten Unterordnung der Dörfer unter die Landräte. Die „Verstaatlichung" des Kreises brachte also unwiderruflich einen bedeutenden Machtzuwachs des Landrats — oder des Kreisdirektors, wie er im Gendarmerieedikt hieß.

Sollte die geplante Kreisordnung irgend erfolgreich sein, so mußten die *Grenzen* so gezogen werden, daß ein überschaubarer Verwaltungsbezirk

---

7 Reskr. Dohnas an die Regierungen vom 11. 8. 1809, bestätigt durch KO 30. 3. 1809 (vgl. *Schulze:* a. a. O. 18, 102, und *Ritter:* Stein 273 f.).
8 *Stein:* II/2. 699 (10. 4. 1808). Ein wichtiger Anlaß war, auch in den Städten „Einheit und Schnelligkeit" in der Rekrutenaushebung zu sichern, als 1809 die Kriegsgefahr zum ersten Male wieder aufflammte (Reskr. Reg. Breslau 22. 3. 1809, Arch. Panstw. Katow. Reg. Oppeln I/7163). Die plötzliche Unterordnung der Stadtbürger unter adlige Gutsherren und ehemalige Offiziere erregte in den Städten eine „widrige Sensation", und die Breslauer Regierung mußte sich entschuldigen, daß es sich nur um eine „zeitweilige" Maßnahme handele *(Ziekursch:* Städteordnung 168 ff.).
9 *Stein:* Agrarverfassung 1, § 1.

Ansätze rationaler Raumplanung

zustande kam oder erhalten blieb. Das Gendarmerieedikt hatte diese wichtige Voraussetzung, provisorisch, wie es entworfen und gedacht war, noch nicht geregelt. Erst mit der Instruktion vom 3. Juli 1815 kamen die Pläne Sacks und Hoffmanns ihrer Verwirklichung einen Schritt näher. Es wurden Kreise mit 20 000 bis 36 000 Einwohnern vorgesehen, deren Kreisstädten von den Kreiseingesessenen, daß sie die kostspielige Übernachtung vermieden, in einer halben Tagesreise mit dem Gespann erreichbar sein sollten.[10] Während es im Rheinland vergleichsweise leichtfiel, entsprechende Grenzen zu ziehen — man reduzierte die anfänglichen 70 Kreise bald auf 59[11] —, türmten sich die Schwierigkeiten in allen Provinzen mit angestammter ständischer Kreisverfassung. Oft mußten die Kommissare die alten Kreisgrenzen erst ermitteln, um neue vorschlagen zu können. Es kam vor, daß die Regierungen über die Gemengelage der Steuerverfassungen, Kirchensprengel, Vasallentabellen, Gerichts- und Hypothekenordnungen selber kein klares Bild hatten. Eine gewisse Entflechtung und Beseitigung von Exklaven auf den verschiedenen Rechts- und Verwaltungsebenen wurde zwar überall erzielt, aber keineswegs gleichförmig. Die statistisch-geographischen und die administrativen Gesichtspunkte blieben vielfach auf dem Papier.

In Hinterpommern, wo der Adel spottete, daß man für die vorgesehenen Kreise erst Kreisstädte bauen müsse, blieb fast alles beim alten; das Fürstentum Kammin etwa bildete weiterhin einen Riesenkreis. Umgekehrt setzte Sack im Regierungsbezirk Stettin — selbst gegen die Willenskundgaben des Königs — seine eigenen Ideale durch. In Brandenburg gelang es Schuckmann gegen den opponierenden Adel, die Kreise nur um eine geringe Zahl zu vermehren und damit zu verkleinern, und auch dies nur vorzüglich in der Neumark.[12] Etwas leichter war es, in Schlesien eine Vermehrung von 48 auf 61 Kreise herbeizuführen, weil die eigene Verwaltungstradition der Stände bereits abgerissen war. Das gleiche gilt für Posen, wo etwa im Regierungsbezirk Bromberg die Kreise von sechs auf neun erhöht wurden.[13] Am stärksten veränderte sich die Einteilung Ostpreußens, wo die Gutsherrschaften nur 30 % des Bodens erfaßten, jetzt aber auch alle Ämter „eingekreist" wurden.[14] Im alten Kammerbezirk von

---

10 Instruktion vom 3. Juli 1815, Abschnitt 5; abgedruckt von *Schulze:* Verwaltungsbezirke 119.
11 Dazu *Bär:* Behördenorganisation 135 ff., und *Croon:* Provinziallandtag 140 f.
12 Das einzelne bei *Schulze:* a. a. O.
13 Vgl. Rechenschaftsbericht *Merckel* 230 und *R. Kamionka:* Die Reorganisation der Kreiseinteilung Schlesiens in der Stein-Hardenbergschen Reformperiode, Diss. Breslau 1934. Arch. Panstw. Wrocl. Reg. Oppeln I 6657. *Berger:* Verwaltung Bromberg 36.
14 In Ostpreußen gehörten rund 44 % des Bodens staatlich-bäuerlichen Einsassen, rund 30 % den Gutsherren und ihren Hintersassen, rund 16 % den Kölmern und Freien. Der Rest war Domänenvorwerksland und städtischer Kämmereibesitz. Es waren also, Adel und Kölmer zusammengerechnet, weniger als 50 %, die bisher eine eigene kreisständische Ver-

Die Kreisverfassung

Königsberg stieg die Kreiszahl von 8 auf 19, im Litauischen von 3 auf 16.

Die 329 Kreiseinheiten, die schließlich entstanden waren[15], dienten insgesamt, die staatliche Macht und Aufsicht gleichmäßig über das ganze Land auszuspannen. So wurde parallel zur Vermehrung der Kreise auch eine neue generelle Instruktion für die *Landräte* erforderlich, und da die Kreisverfassung immer noch in der Schwebe blieb, erließ man — am 31. Januar 1816 — eine vorläufige Anweisung, die sich wiederum einmal über die folgenden Jahrzehnte hinweg als endgültig erwies und die erstmalig 1844 von privater Seite veröffentlicht wurde.[16] Die Instruktion sollte zunächst nur von den Behörden begutachtet werden, und die Oberpräsidenten kritisierten den Entwurf besonders scharf, weil er, was seinen Charakter gut kennzeichnet, „von der Qualifikation und den persönlichen Verhältnissen der Landräte" ausging[17], um erst im zweiten Teil deren Amtsfunktionen zu umreißen. Das Landratsamt wurde eben mehr als alle anderen auf die Person seines Inhabers zugeschnitten, der, wie es hieß, im Kreise angesessen sein sollte. Die Frage der Wahl, ob in einem alt- oder neuständischen Sinne oder der Ernennung im Sinne des Gendarmerieedikts, wurde noch umgangen — nur die große Machtfülle, die den Landräten in jedem Fall zukam, wurde in 56 Paragraphen eindeutig umrissen.

Die Aufgaben differierten — ihrer Bestimmung nach — wenig von denen, die sich im vergangenen Jahrhundert eingebürgert hatten.[18] Aber jetzt dehnten sie sich weiter aus: Dem Landrat wuchsen Aufgaben zu, die bisher von den Gutsherren persönlich, von den Domänenämtern und von den Steuerräten ausgeübt wurden; und zweitens wuchsen sie den gesteigerten Anforderungen nach. Entsprechend der Zentralisation der Kreisverwaltung stieg die Macht des Landrates.

Der Landrat wurde zum Vater eines abgeschlossenen Kreises. Allen generellen Gesetzen zum Trotz blieb in der Praxis, auf der Kreisebene, das patriarchalische System bestehen. Der Geschäftsverkehr der Landräte mit seinen ihm untergebenen Stellen „muß soviel wie möglich mündlich betrieben werden" (§ 25), die Schulzen hatten „mündlich zu rapportieren", mit „Glimpf und Ernst" hatte der Landrat alle Subalternen zur Pflicht anzuhalten und hatte eigenhändig die Konduitenlisten zu führen, und

---

waltung aufwiesen (*Stein:* Agrarverfassung 1. 291). R 74 H II Preußen Nr. 2. — Der Kampf der ostpreußischen Stände um die Kreiseinteilung und Kreisverfassung gut dokumentiert von *Bezzenberger:* Aktenstücke, Nr. 45—82.
15 Stand von 1835 (nach *Zedlitz-Neukirch:* Der preußische Staat 1. 233).
16 *Gräff* — *Rönne* — *Simon:* 6. 191 ff. Vgl. *Meier:* Verwaltungsorganisation 408, 491.
17 *Bär:* Behördenorganisation 222.
18 Vgl. Act. Bor. VI/1, 264 ff. u. IX, 437 ff. und dazu *Gelpe:* Die geschichtliche Entwicklung des Landratsamtes, 1902.

zum Nachdruck seiner Herrschaftsaufgaben stand ihm das polizeiliche Strafrecht bis zu 5 Talern oder zweitägigem Gefängnis zu.[19] Vom Gutsherren bis zum Schulzen und Schreiber unterstanden ihm alle Polizeidienststellen: der Landrat allein trug die Verantwortung. Keine Behörde im Kreise konnte handeln, es sei denn in seinem Auftrag, „und er muß also für das, was sie tun und unterlassen, ganz allein einstehen ..." (§ 30). „Der Landrat bildet daher auch niemals, und am wenigsten in den Angelegenheiten der Landespolizei, eine vorgesetzte, sondern er selbst ist überall die erste entscheidende Instanz" (§ 31). Die Tendenz des Gendarmerieedikts blieb also durchaus gewahrt.

Der Landrat akkumulierte gleichsam, wenigstens nach der staatlichen Absicht, alle durch die Auflösung des gutsherrlich-bäuerlichen Bande frei werdenden Aufsichtsrechte. „Ganz besonders müssen die Landräte ihre teilnehmenden Blicke auf die unteren Volksklassen der Handwerker und Landleute richten, ihnen überall mit Belehrung, Aufmunterung und gutem Rat zur Hand gehen, ihre Gesinnungen für König und Vaterland möglichst zu heben suchen, das Gute in ihnen erwecken und fördern, und vorzüglich sie zur kirchlichen Andacht, und zum sorgsamen Anhalten ihrer Kinder zur Schule ermahnen, ... Prozesse nach Möglichkeit zu verhüten bestrebt sein, und überhaupt durch Weckung des persönlichen Vertrauens die Kreiseinwohner gewöhnen, den Landrat als ihren natürlichen Ratgeber zu betrachten" (§ 29). Der Landrat wurde gleichsam zu einem überdimensionalen Pädagogen der gerade zu mündigen Untertanen erklärten Landbewohner ernannt. Beleidigende oder leidenschaftliche Sprache wurde verboten, „eine vorzügliche väterliche Sorgfalt" ihm dagegen für Schule und Kirche speziell aufgetragen. „Noch hat der Landrat eine Autorität", schrieb der junge Kleist-Retzow[20], „die mich oft selbst erschreckt ... Wenn man den Kindern erzählt, der Papst dürfe nicht heiraten, dann fragen sie, ob es ihm der Landrat verboten habe."

Es gab — außer der Justiz — nichts im Kreis, worüber der Landrat nicht die Aufsicht führte, wofür er nicht verantwortlich war. Er war der „beständige Kommissarius"[21] der Regierung für seinen Kreis, so wie der Oberpräsident der ständige Kommissar des Staatsministeriums für seine Provinz war. Die Statistik, die allgemeine Sicherheit — er als erster durfte Militär anfordern, wenn die wenigen Gendarmen, die es gab, nicht ausreichten —, die Feuer-, Bau- und Medizinalpolizei, das Bettel- und Armen-

---

19 Alle §§ nach dem Entwurf vom 31. 12. 1816, der durch Reskript vom 24. 11. 1822 als „vorläufige Instruktion" allgemeine Geltung erhielt *(Kamptz:* Ann. 6. 929). Das Polizeistrafrecht verblieb freilich – entgegen den §§ 13 und 31 – auch den Gutsherren, die es im 18. Jh. noch alleine ausgeübt hatten (Act. Bor. VI/1, 267); vgl. ferner den nächsten Abschnitt S. 547 ff.
20 *Petersdorff:* Kleist-Retzow 84.
21 Formel des Innenministers an Reg. Erfurt 20. 3. 1833 *(Avenarius:* Kabinettsordres 1. 55).

Die Kreisverfassung

wesen, die Kommunalverwaltung unmittelbar, die Oberaufsicht über Städte und Gutsherrschaften — all dies gehörte zum Aufgabenkreis eines Landrats. „Das Beste der Städte und des platten Landes" sollte er sich „jederzeit und überall als zusammenhängend und unzertrennlich denken": so gehörte zu seiner Arbeit die Beförderung des Gewerbes so gut wie der Ausbau des Verkehrsnetzes und vor allem die Agrikultur. Hier sollte er — als Gutsbesitzer — Vorbild sein bei der Einführung der Stallfütterung und von Obstkulturen, der Veredelung von Viehrassen, und was sonst alles die Sachbearbeiter ihres jeweiligen Ressorts dem Landrat aufbürdeten. Schließlich war er zuständig für alles Militärwesen: die Ersatzstellung, Fouragedienste, Marschleistungen und zu guter Letzt das Wichtigste: Veranlagung, Ausschreibung und Beitreibung der direkten Steuern unterstanden seiner Leitung. Es leuchtet von selber ein, daß der Landrat, dem nur ein Sekretär und Kassenrendant beigeordnet waren, als letzte staatliche Instanz alle seine Aufgaben nie hätte erfüllen können, wenn nicht die Städte ihre Selbstverwaltung gehabt und wenn ihm nicht die gutsherrlichen Nachbarn auf der Kommunalebene vieles auf ihre Art abgenommen hätten. Oder anders gewendet: es hing vom Engagement des Landrats selber ab, wie weit sein Einfluß in einem Kreis reichen würde.

Auf das Wahl- oder Einsetzungsverfahren der Landräte konzentrierte sich daher bald der Streit der Städter und der Ritter. Damit rückte, sobald Grenzziehung und Landratsinstruktion das Feld abgesteckt hatten, die Verfassungsfrage des Kreises wieder in den Vordergrund. „Mit Bekümmernis und Bestürzung" wandte sich etwa das ostpreußische und litauische Ständekomitee 1817 an Hardenberg, um gegen die neuen Kreisgrenzen zu protestieren. Sie seien nicht, wie versprochen, dabei beteiligt worden; die nach dem Landrecht verfassungsmäßige Gesetzkommission sei weder befragt noch gar um ständische Deputierte erweitert worden. Und gerade hier gehe es um Aufgaben, wo es „auf die detaillierteste Kenntnis unendlich vieler Lokal- und Personalverhältnisse, und auf langjährige, nur in der Unabhängigkeit vom Staatsdienst zweckmäßig und vollständig zu sammelnde Erfahrung ankommt"[22]. Aber selbst das Komitee schien von dem „Unsinn" der neuen Kreisabgrenzung, die die Kosten verdreifache, nicht völlig überzeugt. Jedenfalls richtete es die „dringendere Beschwerde" gegen die Verfahrensart der Landratswahlen.

Durch die Kabinettsorder vom 11. Juni 1816 hatte der König den Kreisständen das Recht, drei Kandidaten zu präsentieren, wieder zugebilligt. Aber damit blieb die andere Frage offen, wie sich nun die Kreisstände, vor allem in den neuen Grenzen, zusammensetzen sollten. Sollte der Wahlschlüssel des Gendarmerieedikts verwandt werden, das ja noch nicht defi-

---

22 20. Juni 1817. DZA Merseburg R 74 H II Preußen Nr. 2.

nitiv aufgehoben war, oder der alte — oder ein neuer? Die Städte sahen sich von zwei Seiten her bedroht. Auf das „Ungemach" ritterschaftlich gewählter Landräte, die ihnen vorgeordnet wurden, waren sie schon heftig gestoßen, vor allem, wenn Kriegslasten und Naturaldienste umgelegt werden mußten.[23] Andererseits drohte die Regierung über einen staatlich ernannten Landrat in die gerade gewonnene Selbstverwaltung einzubrechen.[24] Vor allem in den größeren Städten, die mit dem umliegenden Land zu einem eigenen Kreis zusammengefaßt wurden, begann ein Tauziehen, wie sich Landrat, Oberbürgermeister und Polizeidirektor zueinander verhalten würden. Hardenberg und Schuckmann suchten durch Personalunion der Stellen ihren Einfluß auf die Stadtverwaltungen zu steigern. Die Lösungen — gesetzlich unklar — waren unterschiedlich. Teils wurden gewählte Oberbürgermeister als Landräte bestätigt, wie in Magdeburg oder Stettin, teils übernahmen staatliche Landräte nur die städtischen Polizeidirektionen wie in Frankfurt, teils umgekehrt Polizeidirektoren Landratsämter wie in Königsberg, wogegen sich wieder der umwohnende Adel ebenso heftig wie vergeblich bei Hardenberg beschwerte — sie seien völlig zu Unrecht vom Wahlrecht „dieser liberalen Verfassung ausgeschlossen" worden.[25]

So wurde in Ermangelung einer verfassungsrechtlichen Grundlage von Fall zu Fall gehandelt und entschieden, und nachfolgende Erlasse suchten notdürftig die Gesetzeslücken zu schließen, was die Praxis der folgenden Jahrzehnte kennzeichnet. „Wenn die Landräte zugleich Oberbürgermeister sind und das Verhältnis derselben zum Magistrat in Frage kommt, ist der Magistrat eine ihm subordinierte Behörde, weil hier vom Vorsteher des Kreises die Rede ist; hingegen in Fällen, so bloß die Kommune betreffen, ist er Dirigent, folglich Mitglied des Magistrats, das Verhältnis desselben mithin kollegialisch."[26] Derartige Versuche, getrennte Funktionen in einer Person zusammenzufügen, verschärften natürlich die Reibereien, und manchen Großstädten gelang es bald, sich der verwaltungsmäßigen Zusammenfassung mit einem umliegenden Landkreis zu entziehen.[27] Ein der Regie-

---

23 Stolper Magistrat an Sack 6. 4. 1811, R 74 J V Gen. 3.
24 Der § 38 der VO vom 30. 4. 1815 sah vor, daß die größeren Städte dem Polizeidirektor untergeordnet werden sollten, indem diese zum Landrat avancierten. Damit wäre der Oberbürgermeister dauernd von seinem staatlich ernannten Kollegen überspielt worden. Vgl. *Ritter:* Stein 262.
25 Für die mittleren Provinzen: *Schulze:* a. a. O. 40, 69, 77, 86, 96; für Greifswald und Stralsund, wo der König zuließ, daß die städtischen Polizeidirektoren, die zugleich Landräte wurden, vom Magistrat gewählt werden durften (Nov. 1819): R 74 H II Pommern Nr. 2; für Königsberg und den Protest der Gutsherren des — einbezogenen — Schaakenschen Kreises gegen die Ernennung des Polizeipräsidenten Schmidt zum Landrat: R 74 H II, Preußen Nr. 2; 26. 9. 1817.
26 Innenminister an die Reg. Erfurt 28. 1. 1820. *Avenarius:* Kabinettsordres 1. 55.
27 Der Versuch, einen umliegenden Landkreis mit der Stadt zu verbinden, scheiterte in Königsberg, Danzig, Stettin, Frankfurt, Magdeburg, Halle, Düsseldorf, wobei letztere

Die Kreisverfassung

rung unmittelbar unterstellter Polizeidirektor befreite sie wenigstens von der landrätlichen Aufsicht. Aber damit scheiterte auch die verfrühte Hoffnung Hardenbergs, Stadt und Land administrativ zu vereinen.

Für die überwältigende Zahl der nicht kreisfreien Städte ging freilich der Wettlauf verloren, auf die Wahl der wichtigen staatlich-ständischen Zwischenposition des Landrats Einfluß zu gewinnen. Die Ritterschaft verteidigte erbittert ihr altes Wahlrecht, und Hardenberg sah sich außerstande, gegen den sich versteifenden Unwillen des Königs, der die alten Kreisgrenzen so gut wie die alten Kreisstände beschirmte[28], die wichtigste Vorentscheidung der Verfassungsfrage auf der Kreisebene in seinem Sinne durchzudrücken. Hier, wo analog zur städtischen Magistratsverfassung das wichtigste Gelenk zwischen der Bürokratie und der regionalen Selbstverwaltung zu bilden war, häuften sich die Hindernisse.

Als mit der Vermehrung der Kreise eine entsprechende Anzahl neuer Landräte einzusetzen war, verfielen die Regierungen in Preußen und Pommern auf einen Ausweg, der zweifellos ungesetzlich war: Sie ließen die Landräte nach dem Wahlschlüssel wählen, den das Gendarmerieedikt im § 12 zur Wahl der Kreisdeputation vorgesehen hatte, während der Kreisdirektor selber bekanntlich staatlich ernannt werden sollte. Gegen dieses Analogieverfahren liefen nun die alten Kreisstände Sturm. Da die Anzahl der städtischen Wahlmänner das Richtmaß für die Gutsbesitzer und Bauerngemeinden abgab, die Stände also in dem Verhältnis von 1 : 1 : 1 vertreten waren, sah der Adel erstens das gesamte platte Land gegen die Kleinstädte zurückgesetzt — oft wohnte nur jeder neunte Einwohner des Kreises in einer Landstadt —, und zweitens wehrte er sich gegen den frontalen Angriff auf seine eigene Position, wobei er in Ostpreußen noch seitens der Kölmer unterstützt wurde, die mit den übrigen Bauern nicht gleichgestellt sein wollten. „Statt einer naturgemäßen rechtlichen Läuterung, Entwicklung und Vervollkommnung" würden mit einem Schlage alle natürlichen und geschichtlichen Bande zerrissen. Es sei nicht zu erkennen, wodurch die adligen Gutsherren ihre Rechte verwirkt hätten „und sie in ein so unbedingt tief untergeordnetes Verhältnis unter die Einwohner der kleinen Städte und die Bauern gestellt werden", zumal Wohlstand, Bildung und „alle edlere würdige Selbständigkeit und Unabhängigkeit den Besitzern der adligen Güter angehörte". Einsicht, Freimütigkeit und Recht stünden auf ihrer Seite.

Auch dieser Protest des ostpreußischen Ständekomitees stieß schließlich auf den verfassungsmäßigen Kern der Frage: Man forderte die Vertagung

---

Stadt zum Landkreis geschlagen, also nicht kreisfrei wurde (dazu *Bär:* Behördenorganisation 226, 229, 235 ff., wo auch die übrigen rheinischen Kreisfragen behandelt werden). Vgl. oben S. 202 ff. und *Preuß: *Städtewesen 282.

28 Dazu *Hippel:* Friedrich Wilhelm III. 137.

der Entscheidung, „bis nach Einführung der durch das Edikt vom 22. Mai 1815 ... huldreichst verheißenen Verfassung auch über die gedachten Gegenstände mit den Ständen mit höchster Offenkundigkeit und Zweckmäßigkeit beraten werden kann". Man erwarte vom Staatskanzler nicht den Einwand, daß jene Maßnahmen gerade die versprochene Verfassung begründen und herbeiführen sollten. Das freilich war die Absicht des Kanzlers gewesen, aber nach der verstohlenen Suspension des Gendarmerieediktes mußte er hier zurückstehen, zumal sich die Oberpräsidenten Auerswald und Schön[29] den Argumenten der Gutsherren nicht verschließen mochten.

Schön, ausdrücklich von Hardenberg um sein Gutachten gebeten, hielt das Gendarmerieedikt für überholt, „weil damals das Gouvernement eine von der Neigung des Volkes ganz abweichende Richtung anzunehmen genötigt war, und man es also ratsam fand, ein Institut einzuführen, welches den Operationen der Regierung auch wider den Willen des Volkes Eingang zu verschaffen und ihre Dauer sichern sollte. Bei dem gegenwärtigen Standpunkte des Gouvernements, bei seiner Vereinigung mit dem Volk selbst, ist allerdings eine solche Maßregel nicht mehr erforderlich." Der suggestive Optimismus diente Schön zur Begründung eigener Vorschläge.

Die Wiederherstellung der alten Kreisstände lehnte Schön natürlich ab, aber er suchte einen den damaligen sozialen Verhältnissen angepaßten numerisch gerechten Stimmschlüssel. Drei Gutsbesitzer und Kölmer zusammen, zwei bäuerliche Grundeigentümer und ein städtischer Vertreter sollten gemeinsam zwei Landratskandidaten vorschlagen, der Staat die Wahl treffen. Das dabei sich ergebende Verhältnis 1 : 5 entspreche dem von Stadt zu Land; ferner verhielte sich das Besitztum der Bauern zu dem des Adels wie etwa 2 : 3; schließlich vermeide das Verhältnis der Städter und Bauern zu den Gutsherren (3 : 3) „jeden Schein von Aristokratismus". Die hohe Zahl der gutsherrlichen Stimmen berücksichtige andererseits die „vermöge des noch bestehenden Herrenrechts von ihnen mit repräsentierten Hintersassen".

Schöns Vorschlag entbehrt nicht einer der damaligen Situation angepaßten Gerechtigkeit; er ging jedenfalls weit über das hinaus, was in den zwanziger Jahren verwirklicht wurde, als die Rittergutsherren als einzig Stimmberechtigte ihre Virilstimmen zur Landratswahl zurückerhielten.

Schließlich rührte sich noch ein westpreußisches Ständekomitee, von dessen Existenz Hardenberg bis dahin gar nichts gewußt hatte. Auch die westpreußischen Gutsherren forderten zunächst die verheißene Berufung einer allgemeinen ständischen Versammlung, auf der dann die Kreis-

---

[29] am 28. Juli und 9. August 1817; der ganze Vorgang R 74 H II Preußen Nr. 2 und dazu Staatl. Arch. Lager Göttingen Ob. Präs. Königsberg 2, Tit. 3, Nr. 32, 33, 69 (Kreisordnung und Landräte, 1809, 1817—1825 betr.).

Die Kreisverfassung

ordnung beschlossen werden möge³⁰. Es war wieder die alte Prioritätsfrage, ob die Verfassungsstiftung durch die Stände der Verwaltungsordnung vorausgehen oder nachfolgen solle. Auf die erstaunte Rückfrage Hardenbergs gab Schön eine beruhigende Auskunft. Das Komitee diene legal zur Verteilung der Retablissementsgelder, aber auch die Ausdehnung seiner Befugnisse sei ihm „bei der ersten Aufnahme des Gedankens und bei jedem Schritte mitgeteilt worden, und wie Leben und Wünschen im Volke bei gehöriger Leitung immer heilsamer als toter Gleichmut ist, so fand ich gegen die Eingabe nichts zu erinnern". Als Antwort solle man vielmehr die Landratswahl in seinem Sinne versprechen.

Daß Schöns Taktiken, wenigstens in Preußen, zum Erfolg führen konnten, zeigen die Ereignisse, nachdem er Oberpräsident von West- und Ostpreußen zusammen geworden war. Ganz im Gegensatz zu ihren anfänglichen Protesten hat die Ritterschaft der Provinz Preußen später mehrfach versucht, das ihr 1828 zugewiesene Monopol der Landratswahl³¹ aufzugeben. Es sei für die anderen Stände unzumutbar. Der Wahlschlüssel des Gendarmerieedikts wird also den Gutsherren kaum geschadet haben, da es fast nur in ihren Reihen Leute gab, die die entsprechenden Voraussetzungen — Examina und Grundbesitz — mitbrachten. Das für die unteren Stände so nachteilige wie beleidigende Wahlverfahren, das in den zwanziger Jahren eingeführt wurde — sie durften nur erhebliche Bedenken gegen die von den Rittergutsbesitzern vollzogene Wahl anmelden —, war keineswegs mehr geeignet, die bislang vorgegebene Autorität der Gutsherren zu steigern. Deshalb wollten die Ritter bereits in den Verhandlungen über die neue Kreisverfassung auf dem ersten Landtag, wo sie ein ausgedehntes ständisches Programm vorlegten, auf ihr Privileg verzichten. Indes ihr Antrag wurde abgelehnt; so 1830 — mit einem Lob für den an den Tag gelegten Gemeinsinn; so 1843 — mit dem kurzen Verweis, daß die Ritterschaft ihre verfassungsmäßigen Rechte aufzugeben nicht ermächtigt sei.³² Die verschärften Abweisungen durch das Staatsministerium zeugen zwar von der im Laufe der Jahrzehnte sich versteifenden Innenpolitik, aber die preußischen Erfahrungen lassen vermuten, daß selbst der paritätische Stimmschlüssel des Gendarmerieedikts dem Vorrang der Gutsherren, wo er gegeben war, keinen Abbruch tun konnte, jedenfalls elastisch genug gewesen wäre, auf die Dauer die sozialen Entwicklungen in legalen Bahnen zu halten. Einfluß und Aufstiegschancen bürgerlicher Honoratioren hätten sich über das halbständische Landratsamt geöffnet und so eine Anpassung der aufstrebenden Bürgerschichten an die Verwaltungshierarchie ermöglicht.

---

30 15. 1. 1818.
31 KO 19. 10. 1828; *Kamptz:* Ann. 12. 956; *Rauer:* 2. 528.
32 *Rumpf:* 1. 126; *Rauer:* 2. 529 ff.

Der Zeitverlust, den die Reformpartei durch die teilweise Suspension des Gendarmerieediktes erlitten hatte, die ihrerseits durch die Voreiligkeit und das Provisorische des Gesetzes herbeigeführt worden war, konnte nicht mehr eingeholt werden. Gerade weil das Edikt die Position des Staates zu weit vorgetrieben hatte, ohne daß Geld und Macht — und Entschiedenheit — dahintergestanden hätten, rein staatliche Kreisdirektoren und numerisch gleichberechtigte Standesdeputierte in Tätigkeit zu setzen, war der Rückschlag um so härter. Hardenberg wurde unsicher und tat, was er sonst nicht zu tun pflegte. Er bat Beyme — im Zweifel über die wahre Rechtslage, die von Kreis zu Kreis variierte — um ein Rechtsgutachten.[33]

Beyme, selbst Gutsbesitzer in Pommern, hegte wie Schön praktische Bedenken gegen den Stimmschlüssel des Gendarmerieedikts. Er ließe „keine achtbare Vereinigung guten Willens, erleuchteter Einsicht und bewährter Erfahrung" erwarten. Aber ebenso sicher müßten Städter und Bauern am Wahlrecht teilhaben, denn beiden könne nicht zugemutet werden, „zu einer Obrigkeit Vertrauen zu fassen, die nur von den Gutsbesitzern vorgeschlagen werde". Dem aber stehe ein rechtliches Hindernis entgegen, das erst durch die Erfüllung des Verfassungsversprechens behoben werden könne: Weder hätten die Städter ein ständisches Wahlrecht, das sich auf den Landkreis erstrecke, noch seien die Bauern bisher in ein ständisches Wahlrecht überhaupt eingerückt. Denn — und das war Beymes Pointe — das Verfassungsversprechen habe das Gendarmerieedikt überholt. Damit verschob er das Problem wieder auf die gesamtstaatliche Ebene, auf der allein die politischen Standesrechte generell geregelt werden sollten. Wo man auch in den Zirkel einstieg, die Kreisverfassung und die Staatsverfassung waren, sich gegenseitig bedingend, auf das engste ineinander verstrickt. Und das entsprach der sozialen Situation, denn die Masse der vorindustriellen Bevölkerung lebte noch in ihren abgeschlossenen Kreisen, in denen sich Gutsherr, Bauer, Kleinstädter und die unterständische Schicht miteinander einzurichten hatten.

Nirgends hat sich der Vorrang der Verwaltungsreform vor der Verfassungsgesetzgebung so nachteilig für die Verwaltung selbst ausgewirkt wie auf der Kreisebene. Während die neuen Kreise bereits umgrenzt, die neuen Landräte teils gewählt, teils ernannt und instruiert wurden, blieb die neue Kreisverfassung selbst in der Berliner Kommission unter Frieses Vorsitz noch im Stadium der Planung.[34] So entstand jene Schwebelage, die Schuckmann völlig ziellos legalisierte. Er ließ am 7. Februar 1818 die Weisung ausgehen, überall, wo die Kreisdeputationen nach dem Schlüssel

---

33 28. 2. 1818 / 21. 3. 1818 (R 74 H II Preußen Nr. 2).
34 *Treitschke:* Deutsche Geschichte 3. 110 ff.; *Heffter:* Selbstverwaltung 129 f.

Die Kreisverfassung

des Gendarmerieediktes gebildet seien, sie langsam eingehen zu lassen und von Neuwahlen abzusehen. Das hatte, wie er selber zugab, die Unbequemlichkeit zur Folge, daß in den verschiedenen Bezirken zwei halbgültige Kreisverwaltungen tätig waren: entweder die alte aufzuhebende oder die neue, bereits suspendierte.[35] In Schlesien, wo Merckel mit den Kreisdeputationen im Sinne des Edikts von 1812 weit vorangekommen war — viele Kreise legten sich schon eigene Verwaltungsgebäude zu, um die ständische Selbstverwaltung auf der untersten Ebene wiederaufleben zu lassen —, zog sich der Auflösungsprozeß bis in die zwanziger Jahre hin.[36]
Der 1820 fertiggestellte Kreisordnungsentwurf verfolgte ohne Rücksicht auf den inzwischen erstarkten Widerstand Tendenzen des Gendarmerieedikts, der Stand der Rittergutsbesitzer sollte nur ein Drittel der Kreisdeputierten wählen, die Wählbarkeit an einen Zensus von 500 Talern gebunden sein, mit anderen Worten, der Kompromiß zwischen Ost und West zu einem generellen Gesetz erhoben werden. Der Entwurf verfiel noch zur Regierungszeit Hardenbergs der Ablehnung, und damit war entschieden, daß die staatliche Administration nicht unmittelbar in die regionale Gesellschaft hineinreichen würde.
Der Widerstand, den die adligen Stände gegen die neue Kreisordnung entfalteten, führte im Kulissenkampf zu vollem Erfolg: Aber nicht nur, daß der Friesesche Entwurf auf dem Papier blieb, zuvor schon wurde die *Gendarmerie* selber, von der die Stände eine anmaßende Kontrolle ihres Landlebens befürchteten, an Umfang und Machtbefugnis gestutzt und beschnitten. Die Einsparungsmaßnahmen, die der Staatsrat schon 1817 nahegelegt hatte, richteten sich, wie er 1820 zum Ärger Hardenbergs erneut forderte, zunächst gegen das Heer der Gendarmen.[37] Damit fielen auch der dritte und vierte Teil des Ediktes, die bisher in Kraft geblieben waren; demzufolge wurde der Landrat in erster Linie seiner direkten Machtmittel beraubt. Was er an Verwaltungshilfen und unmittelbarem Einfluß verlor, gewannen seine gutsherrlichen Nachbarn an ihrer Polizeigewalt, die entsprechend gesteigert werden mußte.[38]
Das Korps der Gendarmen war unter Hardenberg auf rund 9000 Mann angewachsen; sie waren die unmittelbar staatlichen Vollstrecker der Exekutive und Justiz auf dem platten Land von der Memel bis zum Rhein.[39]

---

35 Arch. panstw. Wrocl. Reg. Oppeln I/6657; *Kamptz*: Ann. 2. 16.
36 Vgl. a. a. O. und *Röpell*: Provinzialstände 305.
37 *Gebhardt*: Humboldt 2.258 ff. *Schön*: Aus den Papieren 4.4.387. *Schneider*: Staatsrat 59.
38 Vgl. dazu den nächsten Abschnitt.
39 DZA Merseburg R 74 H 3 IX, Stände, Nr. 19. Die genaue Zahl 8897 wurde auf der zweiten Sitzung der Verfassungskommission am 28. 10. 1819 vorgelegt. Sie schloß aus Neuvorpommern und das Rheinland, wo zunächst rund 500 Mann „Gouvernementsmiliz" in Nachahmung der französischen Gendarmerie aufgestellt worden waren (vgl. *Bär*: Behördenverfassung 473 ff.).

Die Neuordnung 1820[40] entzog nun den Gendarmen erstens alle 1812 vorgesehenen Verwaltungsbefugnisse, ihre Aufgaben wurden auf die Wahrung von Ruhe, Sicherheit und Ordnung beschränkt. Zweitens wurde ihr Mannschaftsbestand auf ein Sechstel reduziert, der verbleibende Rest für deren tägliche Anforderungen den Landräten — gelegentlich auch den Polizeidirektoren — unterstellt. Bei einer Bevölkerung von 10,6 Millionen kam also — statt auf 1200 Einwohner — seit der Reduktion nur mehr auf rund 7200 ein Gendarm. Damit näherte sich das Dichtigkeitsnetz der ländlichen Polizei dem der Städte an.[41] Die Administration verlor durch das Gesetz von 1820 praktisch ihr mit Argwohn betrachtetes Vollzugsorgan; die Zahl der Gendarmen betrug im ganzen Staat nur mehr 96 Wachtmeister und 1240 Gemeine, von denen 1080 beritten waren. Dazu kamen noch 306 Grenzgendarmen für die Zoll- und Steuerkontrolle, die dem Finanzministerium unterstanden.[42]

Auf weniger als anderthalbtausend Mann waren also Regierungen und Landräte angewiesen, wenn sie ihren Anordnungen selber und ohne Hilfe ständischer oder städtischer Gewalten Nachdruck verleihen wollten. Hatte Hardenberg noch etwa 50 Gendarmen mit kommunaler Verwaltungstätigkeit für jeden Kreis vorgesehen, so dienten nunmehr die Landgendarmen eher, an die Wirklichkeit des Staates zu erinnern, als dessen Befehlen unmittelbar Wirksamkeit zu verschaffen.

Von Trier bis Gumbinnen rissen daher die Klagen nicht mehr ab. Im Westen fiel der Vergleich zu den vergangenen französischen Verhältnissen und zu denen der Nachbarn besonders mißlich aus. Während im Rhein-Mosel-Departement für 280 000 Einwohner 130 Gendarmen Dienst getan hatten, waren es jetzt nur noch 63 für 400 000.[43] Als 1846 Tausende von Eisenbahnbauarbeitern im Regierungsbezirk Minden in Unruhe gerieten, konnte

---

40 VO vom 30. 12. 1820 über die Organisation der Gendarmerie und Dienstinstruktion vom gleichen Tag (GS 1821 1 ff. und 10 ff.).
41 Berlin hatte 1814 bei einer Bevölkerung von rund 150 000 Einwohnern 127 Polizeibeamte, vom Präsidenten Le Coq bis hinunter zum letzten Kanzleidiener; davon waren höchstens 27 Kommissarien, 35 Sergeanten und 5 Marktmeister als „exekutive Polizei" im Außendienst tätig. Manches Revier eines Polizisten hatte 12 000 Einwohner (R 74 H II 8), und noch 1848, als die Bevölkerungszahl die 400 000-Grenze schon überschritten hatte, besaß die Residenzstadt nur 204 Polizeibeamte *(Valentin:* 1. 427). Die Bürgerwehr ging in den zwanziger Jahren wegen mangelnder Beteiligung ein, und deshalb bewilligte der König seiner Hauptstadt — gegen Entlohnung durch die Bürger — 30 zusätzliche Gendarmen *(Clausewitz:* Berlin 118, 207). 1836 wurden zur „Vorbeugung von Aufläufen" 2 berittene Polizeikommissarien und Sergeanten, 2 Wachtmeister und 40 Gendarmen in der Residenz zusätzlich eingestellt, die in kritischen Lagen freilich auch nichts ausrichten konnten (R 89 C XII vol. 1).
42 VO vom 30. 12. 1820, § 20. Dazu *Bär:* a. a. O. 477.
43 Beschwerden des Trierer Reg.-Präs. 1822: R 74 J II, Nr. 6, der Koblenzer Regierung: *Schubert:* Reg. Koblenz 47.

der Präsident mit seinen 59 Gendarmen nur wenig ausrichten.[44] In ganz Schlesien gab es — bei einer Bevölkerung von über 2 Millionen — nur 226 Gendarmen[45], und im Regierungsbezirk Gumbinnen gab es derer ganze 57 für einen Raum von 300 Quadratmeilen und eine Bevölkerung von mehr als einer halben Million Menschen. Daß die Sicherheit so nicht gewährleistet sei, beklagte der Regierungspräsident mehrfach, und trotz einer bewilligten Erhöhung der Landpolizei um acht Mann gelang es 1832 nicht, die russischen und polnischen Nachbarn daran zu hindern, ihren Pferdebestand, der durch den Aufstand stark gelitten hatte, aufzufüllen; die Nachbarn entführten rund 1500 Pferde über die preußische Grenze.[46] Von einer wirksamen staatlichen Polizeikontrolle des Alltags konnte keine Rede sein. Als sich daher mit wachsender Bevölkerung die soziale Unruhe, Armut und ihre Folgen steigerten, da forderten nicht nur die Behörden, sondern ebenso die Justiz[47] und nunmehr auch die Landstände selber — wie in Sachsen oder Schlesien[48] —, daß die Gendarmerie vermehrt werde. Das Staatsministerium lehnte ab.[49]

Der Staat konnte es sich leisten, seine unmittelbare Polizeikontrolle so locker auszuüben. Erstens besaß er für ernsten Notstand sein starkes Heer. Nominell dienten rund 126 000 Mann unter den Fahnen, von denen oft über die Hälfte ins Zivilleben beurlaubt wurden[50]; die Landwehr wurde andererseits jährlich zu mehrwöchigen Übungen einberufen: der Untertan in Uniform stand jederzeit auf Abruf bereit. Das militärische Befehlsnetz war dicht genug gespannt, daß die staatliche Polizei, die im Instanzenzug zwar vom Innenminister, disziplinarisch aber vom Kriegsminister abhing, zahlenmäßig belanglos bleiben konnte. In kritischen Lagen, wie bei den Schneiderunruhen 1830 in Berlin oder beim Weberaufstand in Schlesien, wurde Militär eingesetzt. Es war die weite Spanne zwischen der ohnmächtigen Gendarmerie und der unelastischen Armee, die den Umschlag von der unbeholfenen Polizeikontrolle zum rüden militärischen Einsatz nackt hervortreten ließ: eines der Momente, das die Entfremdung zwischen der breiten Bevölkerung und dem Staat hervorrufen und im Vormärz verschärfen sollte. Das zeigt die Erfahrung aller Tu-

---

44 St. Arch. Münster B 80 vol. II. Die Gendarmerie des Bezirks kostete 21 050 T. im Jahr, ihre Conduitenlisten wurden von den Landräten geführt.
45 *Wutke:* Rechenschaftsbericht Merckel 1840, 230.
46 Staatl. Arch. Lager Gött. Rep. II, Tit. 40. Nr. 10.
47 Ob. Präs. Münster B 117 (1837).
48 *Rumpf:* 14. 398/450 (1837).
49 Der Gesamtetat, der dem Innenministerium für die Gendarmerie zur Verfügung stand, senkte sich von 605 600 T. (1822) auf 484 176 T. (1832) (DZA Merseburg R 89 C XVIII Gen. 8. vol. 1). Dann stieg er wieder an, 1844 um 54 000 T. auf 631 611 T. (*Bergius:* Zustände 76).
50 Brockhaus der Gegenwart 7. 353. *Gräff* — *Rönne* — *Simon:* 5. 207. Die disponible Kriegsmacht betrug 550 260 Mann.

multe, vom Breslauer Handwerkeraufstand 1817 angefangen bis zu den Kölner Unruhen 1846.[51] Ihre Eigenart lag in der Polizeiverfassung beschlossen, die in die ständische Kreisordnung verflochten blieb.

Denn zweitens stützte sich der Staat — und das war die stille Folge der administrativen Beschränkung der Gendarmerie — weiterhin auf die herkömmlichen ständischen Polizeigewalten: auf den Gutsherren, den Dorfschulzen und — nach der Städteordnung — auf den Magistrat, der, von den Großstädten abgesehen, die Polizei im staatlichen Auftrag zu verwalten hatte, aber von den Bürgern finanzieren lassen mußte. Wenn und soweit Ordnung im Alltag herrschte, so war dies in erster Linie eine Angelegenheit der regionalen und kommunalen Gesellschaft und nicht des Staates. Wie Bülow-Cummerow sagte, sei „fast keine Polizei sichtbar, und weil so wenig Personen zu deren Ausübung angestellt sind, so kostet selbige dem Lande auch wenig"[52]. Nur im Westen reichte die staatliche Verwaltung, und so die Polizeigewalt im engeren Sinne, bis in die Gemeinden hinunter. Im Osten war sie einzig präsent in der Gestalt des berittenen Gendarmen, abgesichert durch die zunehmend strapazierte Autorität der Ritter und des Landrats.

In dem Maß, wie der Staat auf die Finanzierung der Polizeiverwaltung verzichtete — nicht zuletzt, um das Heer stark zu halten —, bekräftigte er die altständischen Gewalten, die er mit seiner wirtschaftlichen Gesetzgebung aufzulösen fortfuhr. Dieser Widerspruch prägte nun in ganz besonderer Weise die *Kreisverfassungen,* die in den Jahren 1825 bis 1828 für alle Provinzen erlassen wurden und die — nunmehr endgültig — das Gendarmerieedikt beseitigten.[53]

Schien es, infolge der verschiedenen Rechts- und Sozialstruktur in Ost und West, nicht angebracht, eine generelle Kreisordnung zu erlassen, so handelte es sich bei den — im Namen des historischen Rechts — provinzweise erlassenen Kreisverfassungen tatsächlich um die Übertragung eines östlichen Modells auf den ganzen Staat. Für Pommern und Brandenburg wurde das erste Verfassungsmodell entwickelt, und zwar in Anlehnung an die alten Zustände, nach dem dann — mit äußerst geringfügigen Abweichungen, die den generellen Charakter der Gesetzgebung kaum verschleierten — die preußischen Kreise geordnet wurden.

Die Kreisverfassung wurde den unteren beiden Ständen aufgezwungen,

---

51 Arch. Panstw. Wrocl. Akten des Magistrats zu Breslau III/1047, betr. den am 23. 8. 1817 entstandenen Tumult; für Berliner Tumulte siehe *Clauswitz:* Berlin 206 ff.; für die Kölner Unruhen 1846 siehe *Hansen:* Briefe 2. 83 ff. — um nur einige Beispiele zu nennen, wo die mangelhafte Ortspolizei in kommunaler Verwaltung den Militäreinsatz auf besonders drastische Weise provozierte.
52 *Bülow-Cummerow:* Preußen 67.
53 Viermal ausgesprochen im jeweils letzten Paragraphen der Kreisordnungen für die vier Stammprovinzen (siehe die Gesetzestexte bei *Rauer:* Ständische Gesetzgebung I).

und zwar gegen ihren einmütigen Protest in allen Provinzen. Nicht nur die von Hardenberg vorgesehene Gleichberechtigung aller drei Stände, auch die von Schön – und so auf allen Landtagen – vorgeschlagene verhältnismäßige Vertretung nach einem der Sozialverfassung angepaßten Schlüssel wurde durch die neue Kreisordnung beiseite geschoben. Jeder Inhaber eines immatrikulierten Rittergutes erhielt auf dem Kreistag eine Virilstimme[54]; die Städte wurden durch je eine Stimme, größere gelegentlich doppelt und mehrfach vertreten; die Landgemeinden schließlich mußten drei Schulzen oder Dorfrichter wählen – drei, um ihre Stimmengleichheit zu vermeiden.[55] Im Westen gestattete man, da diese Gliederung nicht unmittelbar übertragbar war, jeder Samtgemeinde, einen eigenen Vertreter – allerdings aus der Administration – auf den Kreistag zu entsenden.[56]

Dieses gemischte System „persönlicher" Standschaft aller Rittergutsbesitzer und kärglicher Zuwahl einiger Vertreter der unteren Stände verlieh dem Ritterstand eine überwältigende Majorität auf der ersten Ebene der staatlichen Verwaltungseinheiten. In Ostpreußen standen sich z. B. 1898 Ritter, 350 Kölmer mit Virilstimmen, 126 Städter und 165 Bauern auf den Kreistagen gegenüber, obwohl gerade in dieser Provinz der alte Adelsbesitz einen vergleichsweise geringen Anteil stellte und die Ritter sich selbst gegen ihr Vorrecht verwahrten.[57] Eine zehn- bis vierfache Überlegenheit der Rittergutsbesitzer über die Vertreter der beiden anderen Stände zusammengenommen war im Osten – nach Sachsen hin abnehmend – die Regel.[58] Entsprach dieses Verhältnis im Modelland Pommern, wo die Rittergüter fast 70 % des Bodens erfaßten, noch ungefähr der sozialen Wirklichkeit – gleichwohl sträubte sich auch die Mehrheit des pommerschen Landtages gegen den ungerechten Stimmschlüssel –, so war der Schlüssel noch ungerechter im Westen.

Im Westen waren zwar die unteren Stände verhältnismäßig zum Osten günstiger gestellt, aber im Verhältnis zu den wenigen Rittergutsinhabern, die es dort gab, noch ungünstiger. In Westfalen behielten die 379 Grund- und Gutsherren gegenüber den 102 Städtern und 186 Landvertretern eine

---

54 Nur die Mitglieder adliger Freidörfer in Ostpreußen konnten – bzw. mußten – Vertreter in den Ritterstand der Kreistage entsenden (§ 4 A, b der Kreisordnung vom 17. 3. 1828, GS 34; dazu *Rauer:* 2. 423).
55 *Kamptz:* Ann. 10. 468.
56 Kreisordnung für die Rheinprovinzen und Westfalen vom 13. 7. 1827 §§ 12, 13 (GS 117).
57 *Rumpf:* 1. 123 ff.
58 Vgl. *Meitzen* 4. 499 für die Vertretungen im Jahre 1866, die vor der Kreisreform von 1872 noch ungefähr die vormärzlichen Verhältnisse wiedergeben: 9578 Ritter besaßen Virilstimmen, 537 Güter besaßen Rittergutsqualität und wurden zum guten Teil durch gewählte Vertreter repräsentiert, die Städter wählten 1329, die Landgemeinden 2207 Vertreter.

Überlegenheit, die infolge der dunklen Verleihungspraktiken[59] im Laufe der Zeit noch anwuchs.[60] Gleich auf dem ersten Landtag fanden sich die unteren Stände zusammen, um gegen den Vorrang einer Gruppe von Staatsbürgern zu protestieren, die nur 6 % aller Grundsteuern zu zahlen hatten. „Eine dem Grundbesitz so wenig angemessene Summenverteilung auf den Kreistagen werde allen Gemeingeist ersticken, und besser sei keine Kreisverfassung als eine so fehlerhafte."[61] Das Vorbild Pommerns, einst nur ein „erobertes Land", sei in keiner Weise maßgebend, die hiesige Ritterschaft „habe in der Verwaltung ihren Begriff verloren, da sie nicht mehr steuerfrei sei".

Noch schärfer war der Widerspruch im Rheinland, wo die 471 neu errichteten Rittergüter[62] nur knapp 4 % des gesamten Bodens besaßen, aber auf einigen Kreistagen — vor allem im Klevischen — bis zu 40 % der Stimmen auf sich vereinigten. Es verging kein Provinziallandtag in den folgenden Jahrzehnten, ohne daß die Proteste nicht wiederholt wurden.[63] Nicht einmal eine dem Landtag entsprechende gleichmäßige Vertretung aller Stände wurde von Berlin geduldet, weil „hierdurch eine der in den anderen Provinzen bestehenden Verfassung gänzlich ungleiche Einrichtung begründet" werde[64], womit freilich der Staat selber zugab, daß das historische Recht nur eine Maske zur generellen Absicherung der Ritterschaft sei. Erst 1839 ließ sich die Regierung herbei, wenigstens dort, wo die Ritter nicht einmal fünf Vertreter stellen könnten, ihren Stand durch die meistbegüterten Grundbesitzer aufzufüllen[65], die damit landratsfähig wurden.

Die Zusammensetzung der Kreisstände, wie sie in den späten zwanziger Jahren festgesetzt wurde, war der staatliche Versuch, im Osten den status quo der Sozialstruktur einfrieren zu lassen, im Westen dagegen die Anpassung an den Osten soweit wie möglich voranzutreiben. Wie wenig diese Kreisverfassung geeignet war, den bereits angelaufenen Umwandlungsprozeß der Agrarverfassung in eine politisch elastische Form zu binden, wie es Hardenberg geplant hatte, davon zeugen die Proteste, die nicht nur im Westen, sondern ebenso in allen östlichen Provinzen erhoben wurden. Gemessen an ihrer auf den Landtagen gewonnenen Position wurden die unteren Stände auf der Kreisebene deklassiert. Je ferner der

---

59 Vgl. *Hansen:* Mevissen 2. 215.
60 1846 waren 410 Ritter, 101 Städter und 194 Bauern vertreten; ausgezählt nach dem Westfälischen Adreßbuch. 6 Rittergüter waren gegenüber 1832 eingegangen, 34 neu immatrikuliert worden.
61 *Rumpf:* 3. 10; dazu *Gembruch:* Stein 226 ff.
62 *Bär:* Behördenverfassung 581 ff.
63 *Croon:* Provinziallandtag 142.
64 Landtagsabschied vom 13. 7. 1827 (Ann. 13. 676; *Rauer:* 2. 440).
65 VO zur Vervollständigung der Zusammensetzung der Kreisstände in der Rheinprovinz vom 26. 3. 1839 (GS 102; *Rauer:* 1. 263).

Die Kreisverfassung

Staat, desto geringer ihre Rechte; ein Gefälle, das zwar im Herkommen lag, aber jetzt von Staats wegen die kommunalpolitischen Folgen der Wirtschaftsreformen auffangen sollte.

Während die beginnende Privatisierung und Dienstablösung der spannfähigen Bauerngüter ihre ökonomische Trennung von den Gutsherrschaften einleiteten, wurde die Reform der Gemeindeverfassung sistiert, und zwar gegen die anhaltenden Forderungen der mittleren Behörden.[66] So wurde auch in der Kreisverfassung die Uhr zurückgestellt, und zwar gegen die Gutachten, die von den unteren Ständen auf den Landtagen vorgelegt wurden. Ihre Forderungen richteten sich dahin, wenigstens zusammengenommen eine gleiche Vertretung auf den Kreistagen zu erhalten wie die Ritterschaft, sei es, daß diese persönlich erschiene, sei es, daß auch die Ritter nur Vertreter wählen sollten.[67] Berlin konnte nicht im Zweifel sein über die Einmütigkeit im Lande, und die Erbitterung, mit der sich die Bauern und Städter — am schwächsten in Brandenburg, am meisten in Schlesien — gegen die Ritter zusammenfanden, wurde vom Staate geschluckt. Berlin entschied generell im Sinne der Provinzen, in denen sich der Adel am wenigsten nachgiebig zeigte.

Da die Landreform von den Generalkommissionen Jahr für Jahr weiter vorangetrieben wurden, steigerte sich parallel dazu die Differenz zwischen Verfassungsrecht und Verfassungswirklichkeit. Die Forderungen, die in den Rheinlanden nie verstummten, schnellten 1837 und 1841 auch im Osten wieder empor, als der Staat den Kreistagen das Recht zu eigenen Ausgaben beilegen wollte. Jetzt drohte, wie es in dem verklausulierten offiziellen Landtagsbericht aus Schlesien hieß, daß „das Übergewicht der Stimmenmehrheit nicht immer mit dem Übergewicht des Besitzstandes und der materiellen Interessen zusammengehe"[68]. In allen Provinzen, wenn auch mit unterschiedlicher Intensität, forderten die unteren Stände eine Vermehrung ihrer Stimmrechte, wobei sie in Ostpreußen und Posen genügend Unterstützung aus der Ritterschaft erhielten, um ihre Anträge ohne Sonderung in Teile durchdrücken zu können. Die Ostpreußen stellten ein detailliertes Programm der neuen Sitzverteilung auf, und die Pose-

---

66 Für *Vincke:* Staatsarch. Münster B 80 vol. I u. II; für *Schön:* Staatl. Arch. Lager Gött. R 2. Tit. 40, Nr. 10 vol. 2; dazu *Stein:* Agrarverfassung 3. 206 f.
67 *Rumpf:* 1. 9 ff. (Brandenburg, wo sich die Auseinandersetzungen auf dem Landtag kreisweise aufsplitterten, was der starken Position der alten Kreisstände entsprach); 1. 67 ff. (Pommern, wo die Majorität eine Vertretung im Verhältnis von 6:4:2 forderte); 1. 123 ff. (Preußen, wo die Majorität eine Vertretung im Verhältnis der Landtagsstände forderte); 2. 8 ff. (Schlesien, wo der entrüstete Widerstand der unteren Stände im gedruckten Protokoll unterschlagen wurde: Sie stimmten geschlossen gegen den Entwurf nach dem pommerschen Modell. Vgl. *Klawitter:* Schles. Prov.-Landtage 8 ff.); 2. 121 (in Sachsen stimmten die Standesherren zusammen mit den beiden unteren Ständen für eine Kreisvertretung im Verhältnis von 6:4:2).
68 *Rumpf:* 14. 221.

ner nannten offen den Grund: Die Regulierung hätte die Zahl der bäuerlichen Grundbesitzer und den Umfang ihres Besitzes so wesentlich vermehrt, daß ihre Vertretung in ein wachsendes Mißverhältnis zu der der Ritterschaft geraten sei.[69] Die Bewegung, die sich auf eine Verbesserung der Kreisverfassung richtete, ging also im ganzen den Forderungen voraus, die auf die Provinzial- und schließlich auf die Reichsstände zielten.

Im Westen wehrte man sich nicht nur gegen die Bevorzugung der Ritter, sondern ebenso gegen ein Wahlverfahren für Stadt und Land, das praktisch die staatlich ernannten „Administrationsbeamten" auf die Kreistage schleuste.[70] Im Osten zeugt die Petitionswelle davon, daß selbst die bäuerlichen Schulzen und Dorfrichter, so unmittelbar sie noch vielerorten von den Rittergutsbesitzern abhingen, keineswegs als deren Sprachrohr fungierten. Was in den zwanziger Jahren noch als Anpassung der Kreisverfassung an die damalige soziale Wirklichkeit verstanden werden mochte, um 1840 waren die staatlichen Abweisungen nur geeignet, das Vertrauen, das die unteren Stände über die Ritterschaft hinweg in die Staatsleitung hegten, zu untergraben. Die Wahlen von 1848, die die Landaristokratie daran hinderten, in das Parlament einzuziehen, richteten sich ebenso gegen einen Staat, der die politischen Interessen der Ritterschaft einseitig begünstigt hatte. Der Staat hatte seine überständische Aufgabe, auf die die Reformverwaltung verpflichtet war, verspielt.

Der in den zwanziger Jahren legalisierte Widerspruch zwischen dem Kreisverfassungsrecht und der weiterwirkenden Tendenz der Sozialreformen schlug sich bereits in der Zweideutigkeit des Gesetzestextes nieder. Das Gesetz nämlich sprach von einer „*Kreiskorporation*", die es nach dem Urteil ihrer Freunde wie ihrer Gegner tatsächlich nicht gab.[71] Der schlesische Adel, in seinem Widerstand gegen die Agrargesetzgebung besonders rege und erfolgreich, hatte den Tatbestand sehr genau erfaßt. Er legte 1825 einen kompletten Gegenentwurf vor, um die Personal- und Kommunalverhältnisse korporativ zu regeln. Seit 1807 seien sie aufgelöst, und alle administrativen Anordnungen hätten sie weniger geklärt als verdunkelt.[72] „Gehorsam dem Gesetz und Unterordnung dem Vorgesetzten" seien den unteren Ständen völlig verlorengegangen. Der Dorfbewohner sei ungewiß, „ob der Gutsherr oder der Schulz, der Landwehrbefehlende oder der

---

69 *Rauer:* 2. 434; das ostpreußische Programm, das eine Vermehrung der ländlichen Abgeordneten von 167 auf 417 vorsah, worüber eine Minorität in ihren Forderungen noch hinausging: *Rumpf:* 19. 381 ff. 1843 schnellten die Forderungen weiter empor; dazu *Rauer:* 2. 427. Für die übrigen Provinzen die entsprechenden Sitzungsberichte bei *Rumpf:* Provinziallandtage für die Tagungen 1837 und 1841.
70 *Rumpf:* 11. 309; dazu die Konzession in der KO vom 5. 4. 1836. (GS 171; *Rauer:* 1. 262).
71 *Lancizolle:* Königtum 384; *Bergius:* Zustände 324; *Rumpf:* 19. 386.
72 *Rumpf:* 2. 9 ff.

Die Kreisverfassung

Distriktskommissarius sein Vorgesetzter sei"[73]. Durch die vorgelegte Kommunal- und Kreisordnung — sie stammte aus der Feder des ehemaligen Regierungspräsidenten Freiherrn von Lüttwitz — wünsche man „die Sozietätsverhältnisse aller Bewohner des Staates von unten hinauf vollständig organisiert" zu sehen. Nur die Städteordnung habe die Standesverhältnisse, wenigstens für die Bürger, geregelt; im übrigen entwickle „die unbedingte Freizügigkeit den Hang zur Ungebundenheit und zur Verkennung der notwendigen Unterordnung noch mehr". Derartige Wendungen erbitterten die Bauernvertreter, die stolz waren, endlich ihrem König „unmittelbar anzugehören", und sich heftig sträubten, „aus dem sonnenklaren Umkreise des Thrones wieder in die alte Nacht der Erbuntertänigkeit und Knechtschaft" zurückgestoßen zu werden.[74]

Bei allem Entgegenkommen gegenüber den Gutsherren war nun der Staat keineswegs geneigt, am Prinzip der Freizügigkeit rütteln zu lassen. Ohne die landrechtlichen Voraussetzungen einer Korporation zu erfüllen[75], blieb die zugestandene „Kreiskorporation" eine Fiktion. Das Gesetz sagte: „Die Kreisstände vertreten die Kreiskorporation in allen den ganzen Kreis betreffenden Kommunalangelegenheiten, ohne Rücksprache mit den einzelnen Kommunen oder Individuen. Sie haben namens derselben verbindliche Erklärungen abzugeben."[76] Das korporative Element bestand, wenn überhaupt, in der Kreisstandschaft der Rittergutsbesitzer, zu denen mehr oder weniger Deputierte der Stadt- und Landgemeinden hinzutraten, auf die allein das scheinbar liberale Verbot der Weisungsbindung bezogen werden konnte. Es gab Kreistage, auf denen fünfzig Ritter, zwei städtische Magistratsmitglieder und die obligaten drei bäuerlichen Schulzen miteinander berieten.[77] Ein derartiges Mißverhältnis zugunsten der Ritter ungehindert walten zu lassen, war nun die Verwaltung zuzugeben keineswegs bereit. Als institutionelles Gegenmittel war das Recht zur itio in partes eingeführt worden, und eine authentische Deklaration, was nun eigentlich Kreiskommunalangelegenheiten seien, unterblieb. Somit kam alles weitere auf die Praxis an.

Gerade weil die Gutsherren für den Normalfall, der Majoritätsbeschlüsse vorsah, eine unschlagbare Überlegenheit besaßen, hat der Staat die Befugnisse der kreisständischen Versammlungen in einer Weise beschnitten, daß

---

73 Die Distrikts-Commissarien wurden 1808 zur Bekämpfung des „Diebs- und Räubergesindels" ernannt und hatten ihr Amt „aus gemeinem Sinn" unbezahlt zu versehen. In 22 Kreisen des Reg.-Bez. Breslau wurden 102 adlige und 63 bürgerliche Kommissare — nur fünf davon waren Offiziere — eingesetzt (*Ziekursch:* Städteordnung 168 ff.). Diese Einrichtung zum Selbstschutz wurde 1814 von Schuckmann erneut bestätigt (Arch. Panstw. Wrocl. Reg. Oppeln I/6657).
74 *Klawitter:* Schles. Prov.-Landtage 8 ff.
75 ALR § 25 II 6.
76 Durchgängige Formulierung des § 3 aller Kreisverfassungen.
77 *Bergius:* Zustände 322 ff.

von der Selbstverwaltung einer Korporation in keiner Weise die Rede sein konnte. Die Entscheidungsgewalt der Regierungen wurde in gleicher Weise hervorgelockt, wie der Staat ständische Vorrechte legalisierte. Alle Beschlüsse der Kreistage unterlagen der Zustimmung der vorgesetzten Regierung[78], die Kreisversammlung wurde mehr oder minder auf gutachtliche Tätigkeit beschränkt. Auf die heikle Umlage der Klassensteuer konnten die Kreistage – und auch das erst seit 1830[79] – nur durch Bitten und Beschwerden einwirken. Als etwa die schlesischen Stände forderten, daß ihren Beschwerden endlich „mehr Glauben" geschenkt werde, schritt die Steuerverwaltung über den Einwand hinweg. Jede kreisständische Beteiligung an der Steuerumlage, die im Rheinland übrigens konzediert wurde[80], „würde die gleichmäßige Ausführung der Gesetze und mithin eine gleichmäßige Besteuerung unmöglich machen"[81]. Reklamationen wurden im Plenum der Regierungen entschieden – einer der vielen Fälle, wo der Ausgleich zwischen genereller Gesetzmäßigkeit und sozialen Erfordernissen dem Kollegialbeschluß anheimfiel. Aber nicht nur, daß der Staat seine eigenen finanziellen Belange gegen die Kreisstände absicherte, weit stärker fiel ins Gewicht, daß er auch die kreiseigene Finanzgebarung seiner strikten Kontrolle unterwarf.

Wo Kreiskommunalfonds vorhanden waren, bedurften alle Ausgaben der Genehmigung durch die Regierung; wo neue Umlagen ausgeschrieben wurden, mußten die Regierungen darauf achten, daß die unteren Stände nicht übermäßig belastet wurden. Sie hatten „das Recht und die Pflicht", der Verletzung eines Standes durch die anderen vorzubeugen[82], was einem Dauerauftrag gleichkam, die überwältigende Majorität, die den Kreistagsbeschlüssen unterworfen blieb, vor den Interessen der beschließenden Minorität zu schützen. Die Regierungen wurden instruiert, daß der Klassensteuerschlüssel, der die Unterschichten unverhältnismäßig stark belastete, nicht unverändert den Zuschlägen zugrunde gelegt werde, die für die Kreisumlagen erhoben wurden. Vielmehr sollten „zur Schonung der ärmeren Klasse angemessene Steigerungssätze" auferlegt werden.[83] Die mehrfache Wiederholung derartiger Anweisungen zeugt freilich davon, daß die Regierungen den Anlaß der Beschwerden nur schwer aus dem Weg räumen konnten – oder es nicht wollten, soweit die Klagen überhaupt bis zu ihnen durchkamen.[84] Das Recht zur Sonderung in Teile bot den niede-

---

78 § 21 für Schlesien, § 23 für die westlichen, § 19 für die restlichen Provinzen (*Rauer:* 2. 486 ff.).
79 KO 17. 1. 1830, Ann. 14. 28; *Rauer:* 2. 415.
80 Regulativ 2. 6. 1829, Ann. 13. 251; *Rauer:* 2. 416.
81 Landtagsabschied 20. 11. 1838, Ann. 22. 834.
82 Reskr. vom 26. 11. 1836; Ann. 20. 937.
83 *Rauer:* 2. 411 ff. Dazu Ann. 21. 848.
84 Am 27. 1. 1830 (GS 7) mußte eine KO erlassen werden, die den Beschwerdeweg gegen

Die Kreisverfassung

ren Ständen immerhin die Chance, die Regierungen als Schiedsrichter anzurufen, und drängte selbst die Ritter zur Konzessionsbereitschaft, „um nicht die Behörden zum Richter zu machen"[85].
Wenn sich in manchen Kreisen eine rege Tätigkeit entfaltete, so war dies nicht eine Folge ihrer Verfassung, wie es von den Städten gesagt werden darf, sondern hing davon ab, welcher Landrat wirkte, wie er sich mit allen Ständen zu vereinen wußte[86], ohne sie zur Sonderung in Teile zu treiben, und schließlich, wie er sich mit der Regierung zu stellen verstand. In Schlesien, wo die ständische Kreisverwaltung ganz aufgehört hatte und gesetzlich zunächst nicht vorgesehen war, errichteten mehrere Kreise eigene Kreiskrankenhäuser, zahlten Landwehrunterstützungen[87], und häufig wurden Entwässerungsanlagen und Chausseebauten von Kreisen gemeinsam getragen.[88] Die brandenburgischen Kreise setzten nach zwei Anläufen auf den Landtagen eine stärkere Mitbestimmung auf die eingezogenen ehemaligen Kreiskassen wieder durch.[89] Im ganzen aber blieb die kreiskommunale Selbsttätigkeit so eingeengt, daß zu den jährlich vorgesehenen Versammlungen oft nur ein Drittel zu erscheinen für nötig erachtete.[90] Ja, es kam „häufig" vor, wie der Regierungspräsident aus Gumbinnen etwa berichtete, daß auf ihren Antrag hin die Kreisstände überhaupt nicht tagten.[91] Seine Hoffnungen auf eine Hilfe von seiten der Kreisstände seien nicht in Erfüllung gegangen. Das freilich lag an der Verfassung selber, denn es gab keinen generellen Rahmen, innerhalb dessen allein die Selbsttätigkeit der Stände sich hätte entfalten können.[92] Gerade weil die neue Standschaft eine Prolongation der alten in wirtschaftlich veränderte

---

illegal und einseitig gefaßte Kreistagsbeschlüsse und gegen den Landrat noch einmal ausdrücklich öffnete und den Regierungen das Recht gab, außerordentliche Kreisversammlungen auf Antrag hin einzuberufen.
85 *Bülow-Cummerow:* Preußen 66.
86 Als der Landrat von Lange (Kosel) 1822 bei der Oppelner Regierung anfragte, was zu tun sei, wenn einzelne Individuen oder Ortschaften trotz „Belehrung und Aufklärung" schlechte Endzwecke verfolgten, wurde er dahin belehrt, daß „wie es sich von selbst versteht", die Stimmenmehrheit entscheiden müsse (nach § 21 der schles. Kreisordnung, GS 1827, 71). Aber ein Landrat müsse fähig sein, „befangene Gemüter" durch „bündige Belehrung" für gemeinnützige Zwecke zu gewinnen und so das Übergewicht der Stimmen „für die gute Sache" zu erreichen (Arch. Panstw. Wrocl. Reg. Oppeln I/6657).
87 *Wutke:* Rechenschaftsbericht Merckel 230 f.
88 Vgl. *Gregorovius:* Neidenburg 220; *Marcks:* Bismarck 173. Eine Sozialgeschichte auf der Kreisebene wäre noch zu schreiben. Über die Beteiligung der Kreisvermittlungsbehörden bei Entwässerungsanlagen vgl. G. 28. 2. 1843 (GS 41 ff., § 30). — Von erfolgreichem kreiseigenen Straßenbau 1845 berichtet z. B. die Mindener Regierung (Staatsarch. Münster B 80 vol. II), von besonders reger Tätigkeit der Allensteiner und benachbarter Kreiskorporationen (1843) *Stein:* Agrarverf. Ostpr. 3. 344 ff. Vgl. *Petersdorff:* Kleist-Retzow 83 ff.
89 *Rumpf:* 7. 14 ff./57.
90 *Lancizolle:* Königtum 493.
91 Staatl. Arch. Lager Gött. R. 2. Tit. 40, Nr. 10. Reg.-Präs. Thoma an Brenn.
92 Dazu *Gneist:* Preußische Kreisordnung 7, 16 passim.

Bedingungen darstellte, war die Verwaltung gezwungen, eine zu weite Ausdehnung einseitiger Befugnisse zu hindern.

Es lag in der Natur der Sache, daß sich die Ritterschaft auf dem Umweg über die ihnen zugestandene Vertretung solche wirtschaftlichen Vorteile zusichern wollte, die ihnen bis zur Reformgesetzgebung kraft ihrer Standschaft von selbst zugekommen waren. So beantragte der zweite brandenburgische Landtag, Gesinde- und Tagelöhne gesetzlich auf einen niedrig gelegenen Höchstsatz festzusetzen, wozu sich — begreiflicherweise — eine Mehrheit einstellte. Der Landtag wurde, ganz in der Konsequenz wirtschaftlicher Liberalität, darüber belehrt, daß Lohnherabsetzungen nicht Gegenstand der Gesetzgebung sein dürften, sondern „lediglich Privatvereinbarungen überlassen werden"[93]. Aber der Landtagsabschied fügte, dem brandenburgischen Adel entgegenkommend, hinzu, daß es den Kreistagen „unverwehrt" bleibe, entsprechende Absprachen zu treffen. Wäre dieser Weg einmal weiterverfolgt worden, so hätte sich schnell der potentielle Charakter der Kreisstände, nämlich wirtschaftliche Interessenvertretung zu sein, allgemein verwirklichen können. Aber es kennzeichnet zugleich die Macht und das Legalitätsbewußtsein der Verwaltungsbehörden, daß sie diesen Weg abschnitten. Kaum daß sich eine Kreisversammlung zu Lohnabsprachen vereinigt hatte, verbot die vorgeordnete Regierung deren Verbindlichkeit. Gegen den königlichen Landtagsabschied insistierte sie auf dem Gesetzestext: Der Zweck der Kreistage bestünde nur in der Unterstützung des Landrates, Privatabsprachen auf den Kreistagen hätten keine allgemeine Verbindlichkeit. Durch seine Aufnahme in die Annalen des Justizministers erhielt der Bescheid offiziöse Geltung.[94] Und als 1838 den Kreisvermittlungsbehörden in Ostpreußen zugebilligt wurde, bei der Festsetzung von Normalpreisen für abzulösende Hilfsdienste mitzuwirken, mußten sie eine Kommission bilden, die paritätisch besetzt wurde.[95]

So blieb die Kreisverfassung zwiespältig, gemessen an den Verschiedenheiten zwischen West und Ost und ebenso in dem Verhältnis, das sie zwischen den Ständen und der Verwaltung einführte. Was die Ritter mit der einen Hand erhielten, wurde ihnen mit der anderen wieder genommen. Der Kompromiß zwischen den Adelsforderungen und dem Willen der Ministerialbürokratie prägte die Kreisverfassung und lähmte sie zugleich. Die Rittergutsbesitzer blieben die Gewinner durch die ihnen zugestandene Landratswahl, in allem übrigen hing die Richtung, welche die Kreisverfassung nehmen würde, von der Regierungspraxis ab.

---

93 *Rauer:* 2. 409, Landtagsabschied vom 17. 8. 1825. *Meusel:* Marwitz II, 2. 372 ff. Wie wenig — trotz anfänglicher Bestrafung eines Landrates — die Regierungen Lohnabsprachen der Gutsherren verhindern konnten und wie machtlos die Instleute dagegen waren, berichtet *Stein* für Ostpreußen (Agrarverfassung Ostpr. 2. 200; 3. 427).
94 Ann. 10. 851.
95 VO 30. 6. 1834, § 2 (GS 94); KO 17. 2. 1838 (GS 237).

Nun war aber die Kreisordnung keineswegs geeignet, was das Gendarmerieedikt vorgesehen hatte, den Regierungen die Chance aktiven Eingreifens zu eröffnen. Sie konnten soziales Unrecht verhindern, aber keine Initiative anreizen. Und selbst wo kreiseigene Initiative entfaltet wurde, waren die Regierungen verpflichtet, auf jede Beschwerde hin alle Ausgaben zu unterbinden, die nicht durch staatliche Gesetze vorgeschrieben waren[96]. Dazu kam ein weiteres Hindernis. Es war nämlich der Berliner Verfassungskommission nicht gelungen, die alten Kreisverbände restlos aufzulösen. Die Kriegsschulden hafteten weiterhin an den alten Kreisen, aber auch die Pfandbrief-, Feuerversicherungs- und teilweise auch die Landarmensachen verblieben den alten Verbänden. Der Landrat, die Kreiskasse und die Kreisversammlung wurden den neuen Kreisen zugeordnet. So spannte sich, nicht nur auf der Provinzialebene, sondern mehr noch auf der Kreisebene, weil die Reform nicht rigoros durchgriff, ein doppeltes Netz staatlicher und ständischer Verwaltung über das Land.[97] Marwitz errechnete für seinen Lebuser Kreis allein sechzehn verschiedene Arten ständischer Konvente, die dadurch nötig geworden seien.[98] Unter seiner Anleitung versuchte denn auch der brandenburgische Landtag — gegen die Stimmen der Landgemeinden —, die ganze Kreisreform rückgängig zu machen, wobei Marwitz offen zugab, daß es ihm „weniger auf den pekuniären Vorteil" ankomme als auf „den politischen"[99]. Dazu ließ sich freilich — von einigen Korrekturen abgesehen[100] — selbst der König nicht mehr herbei. Es verblieb bei der Zweischichtigkeit, die die Zusammenarbeit zwischen Verwaltung und Kreisständen zusätzlich hemmte.

Eine weitere Folge der steckengebliebenen Reform war, daß die sogenannten Kreiskorporationen fast nirgends die Untergliederung der Provinzialstände darstellten. Die Ritter wählten in Ostpreußen, in Pommern, in den Marken, in Sachsen und in Westfalen — dort mehr, da weniger — ihre Vertreter für den Landtag aus den historisch vorgegebenen, administrativ beseitigten Kreisverbänden.[101] Die unteren Stände, die weniger Vertreter entsandten, als es Kreise gab, mußten sowieso in größeren Wahlverbänden zusammengefaßt werden. Die Künstlichkeit der neu formierten Standesgliederung kam dabei drastisch zum Ausdruck. Die Provinzialstände liefen, ohne sich an Kreisgrenzen zu halten, quer über diese hinweg. Die „Korporationen" als solche hatten überhaupt keine Vertreter auf den Landtagen.

---

96 *Rumpf:* 20. 45 ff.
97 *Rumpf:* 7. 14 ff. Dazu *Schulze:* Reform der Verwaltungsbezirke 100.
98 *Meusel:* Marwitz II, 2. 354 f.
99 a. a. O. 410, ferner 434 ff. und *Rumpf:* 1. 154; 4. 24/48; 7. 14/56.
100 *Rumpf:* 10. 4/125; 12. 246; 19. 391 passim.
101 Die Wahlverbände aufgeführt bei *Rauer:* 2. Abschnitt III.

Ständische Hindernisse einer Selbstverwaltung

So hat der Staat, zwischen historischen Rechten und administrativen Gesichtspunkten hin und her schwankend, alles vermieden, was in den neuen Kreisen ein politisches Leben erweckt hätte. Und als er Ende der dreißiger Jahre einen Versuch in dieser Richtung machte, blieb er auf halbem Wege hängen, weil die zwischenständischen Differenzen, die von der Kreisverfassung einmal legalisiert waren, eine zu weit reichende Delegation von Verantwortlichkeit nicht ratsam erscheinen ließen.

1837 machte der Staat den Vorschlag, den Kreisständen die Befugnis beizulegen, eigene Ausgaben zu beschließen und umzulegen. Damit sollten sie endlich „ein notwendiges Attribut jedes Korporationsverbandes" erhalten.[102] Wie gespannt die Lage bereits war, zeigt die durchgängige Reaktion auf den Provinziallandtagen in den folgenden Verhandlungen 1837 und um 1840. Niemand sperrte sich gegen die „gemeinnützigen Zwecke", die verfolgt werden sollten, aber die Frage blieb strittig, welche und wie. Alle Landtage lehnten es ab, den Kreisständen — wie es die Proposition vorsah — irgendwelche Verantwortung aufzubürden für die Armenunterstützung oder zur Bekämpfung sozialer Notstände.[103] Dies sei Sache der Privatinitiative, der Gemeinden, der Landarmenverbände oder des Staates selbst, also all jener Instanzen oder Verwaltungseinheiten, an denen die Ritterschaft weniger stark beteiligt war als gerade auf ihrer Kreisebene. Der Gesetzgeber verzichtete denn auch auf die Proteste hin, einen entsprechenden Passus in die erlassenen Bestimmungen aufzunehmen.[104] Kam der Staat damit in erster Linie den oberen Ständen entgegen, so wehrten sich die unteren Stände aus einer anderen Richtung. Sie forderten, in der begreiflichen Furcht, majorisiert zu werden, entweder eine entsprechende Vermehrung ihrer Sitze oder eine verschärfte Kontrolle der Regierungen bzw. der Ministerien für alle Kreisausgaben.[105] Da der Staat das erstere nicht konzedieren wollte, verblieb es beim letzteren. Die Finanzbefugnisse der Kreisstände wurden strengen Restriktionen unterworfen, und die unteren Stände konnten gemeinsam jeden Beschluß verhindern, jeder Stand einzeln die Entscheidung des Regierungsplenums bzw. des Staatsministeriums herbeiführen. Das Ergebnis war entsprechend mager. Weil der Staat am status quo der Ständevertretung festhielt, konnte er es sich nicht mehr leisten, die Verwaltung in freiere Selbstverwaltung zu verwandeln.

---

102 Der Gesetzentwurf: *Rauer:* 2. 498; Motive: *Rumpf:* 20. 45; 19. 385.
103 *Rumpf:* 13. 6., 105, 153; 14. 20, 221, 371; 15. 60, 253.
104 Das Recht, Ausgaben zu beschließen und die Eingesessenen kreisweise zu verpflichten, wurde für jede Provinz gesondert erteilt, obwohl die tatsächlichen Unterschiede kaum der Rede wert waren. Die Verordnungen ergingen für Schlesien am 7. 1. 1842, für Preußen am 22. 7. 1842, für das Rheinland am 9. 4. 1846 (nach Erlaß der Kommunalverfassung), für die übrigen Provinzen am 25. 3. 1841. Die Texte in der GS und bei *Rauer:* I.
105 Vgl. *Rauer:* 2. 500 ff.

Die Kreisverfassung

Ein ostpreußisches Spezialvotum hat dies sehr scharfsichtig erörtert[106], mit dem Schluß, jede Erweiterung kreisständischer Befugnisse abzulehnen. Die Kreise seien keine Gesellschaften, die ein gemeinsames Interesse verbinde, wie der Staat unterstelle. Sie seien Verwaltungsbezirke und sonst nichts. Wenn nun den Kreisständen eine eigene Ausgabenbefugnis beigelegt werde, die alle Einsassen verpflichte, dann handele es sich um zweierlei. Einmal gewönnen rund hundert Stimmberechtigte eine Herrschaftsgewalt, die rund 30 000 Menschen zum Gehorsam verpflichte; und diese Gewalt werde sich von selbst vergrößern, „denn wer herrschen kann, herrscht". Dahinter aber dehne sich — zweitens — wohlverkappt die legislatorische Gewalt der Verwaltung aus. Auf dem Umweg über die behördliche Genehmigung ständischer Ausschreibungen erlange die Verwaltung ein zusätzliches Besteuerungsrecht. Speziell die Regierungsbehörde akkumuliere Macht, die sie zugleich mit den Rittern teile. Die ostpreußischen Liberalen trafen den neuralgischen Punkt: Der Staat, selber auf Sparsamkeit bedacht, um die Reichsstände nicht einberufen zu müssen, suchte sich von den steigenden finanziellen Anforderungen zu entlasten, indem er den Regierungsbehörden und vorzüglich ritterschaftlichen Kreisständen ein eigenes Steuerrecht konzedierte. Aber was in den relativ homogenen Stadtgemeinden möglich war, führte bei der verschiedenen Interessenballung auf den Kreistagen zu erneuten Spannungen, die die staatliche Aufsicht, die scheinbar gelockert wurde, wieder provozierten. So entstand verfassungspolitisch ein auswegloser Zirkel, in den auch bald die soziale Bewegung geriet.

Die sozialen Nöte griffen zunehmend durch die einzelnen Kreise hindurch. Die ostpreußischen Stände hatten zwar eine kreisgebundene Notstandsverpflichtung verhindert, aber die Kreise konnten gar nicht umhin, die Versorgung der Landarmen mehr und mehr selber zu übernehmen, weil die Landarmenhäuser überfüllt und die Kommunen überbürdet waren.[107] In Schlesien wurde 1844 die Landarmenversorgung den Kreisständen auferlegt[108]. Als aber zur allgemeinen Not die Mißernten kamen, 1846, da waren es wieder die Kreisstände, die sich an den Staat wandten. Sie forderten Geldhilfen, „behufs Verschaffung von Arbeitsverdienst für die ärmere Volksklasse in Rücksicht der jetzigen Bedrängnisse"[109]. Die Decke, wie sie auch gestreckt wurde, blieb zu kurz. Die soziale Not war allgemein und ließ sich nicht kreisweise beseitigen, schon gar nicht durch Kreisstände, die auf Stadt und Dorf als eine außerhalb stehende Inter-

---

106 *Rumpf:* 19. 385 ff.
107 Die Kreisbeiträge, nur subsidiär beansprucht, wuchsen in Ostpreußen von 8607 T. (1829) auf 25 090 T. (1842) an. Vgl. *Rauer:* 2. 612 ff., und dazu *Stein:* Agrarverfassung 3. 469. *Petersdorff:* Kleist-Retzow 97.
108 KO 23. 2. 1844 (*Rauer:* 2. 420 ff.).
109 Staatsarchiv Münster: B 80 vol. II, Bericht aus dem Reg.-Bez. Minden.

essenvertretung lasteten. Die Nationalversammlung hat die Befugnis der Kreisstände, Ausgaben zu beschließen, sofort beseitigt.[110]
Je stärker die soziale Not auf dem flachen Lande, desto unzureichender war die politische Verfassung. Die Verwaltung hatte ihren Anspruch, Schiedsrichter über den Ständen zu sein, verspielt, und zwar verspielt in dem Maß, wie es ihr unmöglich geworden war, Verantwortung zu delegieren. Über die Kreisstände, wie sie einmal legalisiert worden waren, führte kein Weg mehr zu einer Beteiligung des „ganzen Volkes", wie sie die Agrarreform mit sich bringen sollte. Die Spannung zwischen der politischen und der Sozialverfassung wurde zum Thema des Vormärz. Moritz von Lavergne-Peguilhen, seit 1845 Landrat des Kreises Rössel in Ostpreußen[111], hat den Kontrast zwischen der liberalen Wirtschaftsstruktur und der ständisch überkommenen politischen Verfassung zum Anlaß genommen, seine „Grundzüge der Gesellschaftswissenschaft" zu entwikkeln.[112] Er richtete sich gegen beides, gegen die ungezügelte Konkurrenz, die von der Smith-Schule in der Verwaltung zugelassen werde, wie gegen eine ständische Verfassung, die den Gutsherren eine legale Macht verleihe, die sie gegen ihre wirtschaftlichen Konkurrenten, die Bauern auf dem Lande, auszuüben berechtigt seien.[113] Sein Buch, äußerlich ein rezeptives Konglomerat romantischer Geschichtsphilosophie und nationalökonomischer Standardwerke, zeichnet sich durch Erfahrungsdichte und kluge Durchblicke aus. Seine Grundthese lautet, daß Staats- und Wirtschaftsformen miteinander korrespondierten, daß der modernen Geldwirtschaft die absolute Souveränität entspreche, was er unter anderem damit belegt, daß nie soviel regiert worden sei, wie gerade in der Blütezeit des wirtschaftlichen Liberalismus, den er nur als eine Übergangsphase begreift. Lavergne erkannte im Staat — wie auch in den Konsumenten — einen ebenso wichtigen Produktionsfaktor, wie es die Arbeit sei. Der Staat habe die Produktion zu sichern, zu vermitteln und anzuregen — nicht zuletzt durch Steuerpolitik — und das sei die zentrale Verfassungsfrage. Entgegen der sich auflösenden alten Ständeordnung entwickelt Lavergne eine Berufsskala nach anthropologisch abgeleiteten Arbeits- und Bildungsbegriffen; an ihrer Spitze fungiert der „Staatsmann", der Verwaltungsmann im

---

110 24. 7. 1848 (GS 192). Vgl. dazu *Rotteck-Welcker:* Staatslexikon, Suppl. 3, 504.
111 Vgl. *Poschmann:* Rössel 250.
112 3 Bde. Königsberg 1838–1841. *Lavergne* gehört zu den völlig vergessenen, weder in der AdB noch bei Ersch-Gruber erwähnten Stiftern einer Gesellschaftswissenschaft, der vielleicht als erster den Namen als Hauptbegriff verwandte. Selbst im ostpreußischen Schriftstellerlexikon wird er nicht genannt. Nach *Gallandis* handschriftlichem Adelslexikon (im Staatl. Archivlager Göttingen) gehörte er in der sechsten Generation einer Emigrantenfamilie an, die auf Jean de Laspiéne, Sieur de Peguilhen, zurückführt, der 1701 nach Preußen kam und der seinen Neffen Elie de Lavergne-Pechantier adoptierte. Die Familie stellte ununterbrochen preußische Beamte und Offiziere. Als Landrat war Moritz' jüngerer Bruder Alexander offenbar von größerer Wirksamkeit. Dazu *Gregorovius:* Neidenburg.   113 *Lavergne:* Die Landgemeinde 93.

Die Kreisverfassung

idealen Sinne. Für diesen entwickelt er sein Zukunftsprogramm. Darin setzt er dem Staat die Aufgabe, nach den Gesetzen der „Bewegungswissenschaft" die politische Verfassung laufend an die sich verändernden „Produktionsverhältnisse" anzupassen. Insofern gehörte Lavergne zu den zahllosen Mahnern seiner Zeit, die an den neuen sozialen Beruf des wirtschaftlich liberalen, politisch konservativen Staates appellierten. In seiner 1841 folgenden Broschüre über die Landgemeinde, die zur gesetzlich umgrenzten Selbstverwaltung hinführen sollte, formulierte er ein Postulat, das auch die ostpreußischen Stände in ihrem Separatvotum hätten aufnehmen können: „Man wird endlich die Idee aufgeben müssen, das ganze Gebiet der Staatsverwaltung nach den Prinzipien der Geldwirtschaftsform zu gestalten, der freien Bürgertätigkeit jede Teilnahme an der Wahrnehmung der Staatsinteressen abzuschneiden."[114]

Moritz von Lavergne-Peguilhen gehörte wie sein Bruder Alexander, der später in das Frankfurter Parlament gewählt wurde, zu jenen wissenschaftlich tätigen Landräten, deren Bildungsethos bloße Standesinteressen durchbrechen konnte. Nirgends ist es so schwer wie bei den Landräten, für den ganzen Staat allgemeine Aussagen zu formulieren. Es lag an der verfassungsmäßigen Stellung und an der sozialen Situation dieser mächtigen Beamten, daß ihr Ermessensspielraum im Rahmen der Gesetze außerordentlich groß war. Sie mochten, wie die Gebrüder Lavergne, ihre liberal-konservative Grundhaltung mit einem Bewußtsein staatlich-sozialer Gerechtigkeit durchdringen und so ihre Verwaltungsgeschäfte jenseits ständischer Eigeninteressen betreiben; aber ebenso möglich war das Gegenteil. Ihre Zwischenstellung zwischen Staat und Stand war von der Verfassung selber her ambivalent. Entsprechend gebrochen war das Verhältnis, das die unteren Stände dem Landrat gegenüber einnahmen.

Die Ohnmacht der unteren Stände zeigt sich daran, daß sich ihr politischer Einsatz auf den Landtagen immer wieder gegen die *Wahlreglements* richtete, die – ohne in der Gesetzessammlung veröffentlicht worden zu sein[115] – den Kreisordnungen auf dem Verwaltungswege nachgeschickt wurden. Hier handelte es sich gar nicht mehr um eine Beteiligung an der Kreisverwaltung, sondern um den unergiebigen Kampf, überhaupt Einfluß zu gewinnen auf eine Machtposition, von der man ausgeschlossen worden war; oder um die Versuche, sich dieser Macht zu entziehen.

Wahlrechte und Wählbarkeit zum Landratsamt wurden innerhalb der gefilterten Kreisversammlung noch einmal eingegrenzt. Beides blieb dort, wo es früher dem Adel allein zukam, auf die Ritterschaft beschränkt. Das

---
114 a. a. O. 114.
115 Die Wahlreglements erschienen in Kamptz' Annalen (22. 8. 1826 für die östlichen Provinzen: Regl. vom 17. 3. 1828. Ann. 10. 594; 12. 32; 13. 477). Für die laufenden Ergänzungen siehe *Rauer*: 2. 527 ff.

galt für alle östlichen Provinzen. Nur in wenigen neuen Kreisen, vor allem in Neuvorpommern, Sachsen und in der Lausitz, durften sich die Delegierten der beiden unteren Stände an der Wahl beteiligen. Im Westen stand das Wahlrecht dem ganzen Kreistag zu, und auch die Wählbarkeit mußte hier, aus Mangel an Kandidaten, ausgedehnt werden. In Westfalen konnten, falls sich kein geeigneter Ritter fand, auch die „notabelsten" Grundbesitzer vorgeschlagen werden; im Rheinland durften sie von vornherein gleichberechtigt kandidieren, wogegen sich die Westfalen wiederum zurückgesetzt sahen.[116]

Die Wahlvorschriften verliehen den rund 12 000 Rittergutsbesitzern im Gesamtstaat fast ein Monopol, die 329 entscheidenden ersten staatlichen Verwaltungsposten zu besetzen. Herkommen und Wahlverfahren wirkten nun dahin, daß innerhalb der Ritterschaft der Adel, wo er vorhanden war, sich selbst in die Landratsämter zu wählen vermochte. Zwischen 1818 und 1848 lag der bürgerliche Anteil mit geringen Schwankungen zwischen 24 und 28 %. Das heißt, der Umkreis der tatsächlich vorgeschlagenen und bestätigten Landratsanwärter war noch schmaler begrenzt, als das Gesetz ohnehin vorschrieb[117], und gemessen an der Verbürgerlichung des Rittergutsbesitzes engte er sich zunehmend ein.

Innerhalb der Provinzen schwankt freilich — entsprechend ihrer Sozialstruktur — das Verhältnis zwischen adligen und bürgerlichen Landräten erheblich. Ostpreußen, wo der Bodenmarkt am frühesten in Bewegung geraten war, zeigt auch hier seine Ausnahmestellung. Der bürgerliche Anteil an den Landratsämtern stieg von 25 auf 37 % weit über den Durchschnitt. Wenn Posen eine noch steilere Aufwärtskurve zu verzeichnen hat, dann nur deshalb, weil der Ritterschaft — nach dem polnischen Aufstand — 1833 das Wahlrecht entzogen und trotz anhaltenden Protestes nicht wieder eingeräumt wurde.[118] Der hohe bürgerliche Prozentsatz rührt von den staatlich eingesetzten Beamten her. In Pommern und in Schlesien bleibt der bürgerliche Anteil immer unter der 20-%-Grenze, wobei er in Schlesien langsam ansteigt, in Pommern abfällt. Auch in Sachsen wird er im Laufe der Jahrzehnte weit unter diese Grenze gedrückt, obwohl sich am Vorabend der Revolution das Verhältnis adliger zu bürgerlichen Rittergutsbesitzern in der ganzen Provinz wie 46 : 33 verhielt. Im Regierungsbezirk Merseburg, in dem die bürgerlichen Ritter sogar eine geringe Mehrheit bildeten, gab es 1845 keinen einzigen Landrat aus ihrer Schicht.[119] In Brandenburg, wo sich die Bürger zwischen der 20- und 30-%-Grenze bewegten, wurden sie fast nur in der Neumark, kaum in der Kurmark ge-

---

116 *Rauer:* 2. 540.   117 Siehe Anhang IV.
118 KO 2. 2. 1833; Ann. 17. 33. Dazu jetzt *Berger:* Verwaltung Bromberg 32 ff.
119 Z. f. dt. Statistik Jg. 1, 1847, 518 ff. (*Von Bursian:* Vergleichende Statistik des ländl. Anbaus . . . in der Provinz Sachsen). Siehe auch *Petersdorff:* Kleist-Retzow 70 ff.

wählt. Die meist bürgerlichen Inhaber ehemaliger Domänengüter wurden hier — wie auch in Pommern — von der Wählbarkeit ausgeschlossen. So zeigen gerade die Landratswahlen, wie viele Kreise und jede Provinz ihr eigenes Profil behielten. Nicht absolut, aber gemessen an seinem geringen Besitzstand lag der Adelsanteil in den beiden westlichen Provinzen noch höher als im Osten. Westfalen weist einen stetigen Anstieg bis zu 75 %/o auf, während der Adel im Rheinland ungefähr die Hälfte aller Landratsämter einnahm.

Nun darf freilich der soziale Unterschied zwischen adligen und bürgerlichen Landräten nicht überschätzt werden. Die Auswahl durch Wahlmodus und Ernennungsvorgang verband sie mehr, als daß der Adelstitel sie unterschieden hätte. Die staatlich eingesetzten Landräte entstammten meist der Bürokratie; und die ständisch gewählten Landräte bildeten eine vergleichsweise homogene Schicht, nur drei der Ihren wurden nach der Revolution gemaßregelt; viele nutzten 1848 ihre Stellung, um die ersten Keimzellen der konservativen Partei zu bilden.[120] Weit aufschlußreicher ist die Statistik im Negativen. Sie zeigt für den Osten, wie wenig weit die Integration der homines novi in die Adelsschicht gediehen war; innerhalb der politischen Ständeverfassung hat sie sich im Vormärz kaum ausgewirkt. Das aber hatte seine Rückwirkungen auf die Lage der übrigen Bürger und Bauern, die von der Kreisverfassung mehr oder minder ausgeschlossen blieben. Viele aufsteigende Bürger wurden vom Ritterstand geschluckt, ohne ihresgleichen politisch nachzuziehen. Der ständische Gegensatz wuchs gegenläufig zur Liberalisierung des Bodenmarktes an.

Im Westen wirkte sich die legale Bevorzugung der Ritterschaft, die faktische des Adels noch schärfer aus. Der Kontrast war, am Rechtsstatus gemessen, besonders verletzend. Der Staat hatte seine Chance, als er den Kreisen ein unter französischer Administration unbekanntes Wahlrecht einräumte, einseitig genutzt. Das Landratsamt wurde von Standesgrenzen umzäumt, die aus bodengebundenen Rechten und kreisweise verschieden hoch angesetzten Zensussätzen willkürlich festgelegt wurden. Daher gab es Kreise, wo die Teilnahmslosigkeit an der Wahl so groß war, daß Regierungskommissare für die ausbleibenden Deputierten den Wahlakt organisieren mußten.[121]

---

120 Vgl. *Hartung:* Staatsbildende Kräfte 256; *Jordan:* Konservative Partei 206 f.
121 Staatsarch. Düsseldorf, CB I 73/6, zu den Wahlen im Kreise Gladbach, wo — nach *Bär:* Behördenorganisation 224 — der ritterliche Bodenbesitz nur 1/32 des Kreises ausmachte, gleichwohl die Wahlbefähigung daran hing. 1833 befürwortete deshalb die Regierung Düsseldorf einen Antrag der Gladbacher Kaufleute und Fabrikanten, daß sie an der Kreisversammlung beteiligt würden. Der Oberpräsident von Pestel sandte die Eingabe als vernünftig, aber unerlaubt zurück: Man solle sich an die Landtagsabgeordneten wenden, die die Kommunalverfassung berieten (Staatsarch. Koblenz 403/4105); ein typischer Fall für die Wirkungslosigkeit, in die die Behörden zwischen administrativem Legalismus und ständischer Borniertheit verstrickt wurden.

Die ständischen Debatten um die Landratswahl führten in allen Provinzen die unteren Stände zusammen, um das politische Vorrecht der Ritter zu brechen oder zu durchlöchern. Nur in Ostpreußen einte der Protest alle Stände. Die Berliner Intransigenz blieb die gleiche, die auch in den Kreis- und Provinzialständen das Ihre dazu beitrug, die Fronten zu erhärten. Die Westfalen erblickten in dem oktroyierten Wahlreglement einen ungesetzlichen Eingriff in Personenrechte, wozu sie hätten befragt werden müssen. Zudem führe der Wahlschlüssel dahin, daß „die kleine Zahl der Rittergutsbesitzer kaum zureiche, ein Drittel dieser Stellen zu besetzen". Damit sprachen sie das gleiche aus, was auch Vincke nach Berlin gemeldet hatte, als er die „Unmöglichkeit" voraussah, in den meisten Kreisen „die Bedingungen der Wahlkandidaten beim Mangel geeigneter Individuen zu erfüllen"[122]. Berlin belehrte die Provinz, es hänge lediglich von der landesherrlichen Entscheidung ab, welche Eigenschaften von einer Klasse der Staatsbeamten zu verlangen seien. Zudem hätten die unteren Stände ein ganz neues und einflußreiches Wahlrecht erhalten, und schließlich könne „jede aus ihrer Mitte hervorgegangene Person" die Wahlfähigkeit erlangen, „wenn sie zur Erwerbung eines solchen (Ritter-)Guts Mittel besitzt und Gelegenheit findet und sich die erforderliche Geschäftsbildung verschafft"[123]. Deutlicher konnte kaum zugegeben werden, daß die Zulassung von Bildung und Besitz nur dazu diente, die ritterschaftliche Standesherrschaft als solche abzusichern. Es war eine kleine, aber die entscheidende Nuancenverschiebung, die von der Reform fort und zur Revolution hinführte.

Im Rheinland, wo der Staat gar nicht umhin konnte, auch nichtritterliche Grundbesitzer kandidieren zu lassen, konzentrierte sich der Kampf der unteren Stände darauf, den „Notabilitätssteuersatz" möglichst zu senken, um den Umkreis der Wählbaren auf ihresgleichen auszudehnen. Und sie hatten gute Gründe an der Hand, denn es gab Kreise, in denen sich jahrelang keine geeigneten Bewerber fanden.[124] Einige Kreisstände suchten den Grundsteuersatz, der zum Landratsamt befähigen sollte, auf fünf Taler zu senken, während der Mindestsatz für ein Rittergut mindestens 75 Taler betrug. Gegen derartige Tendenzen griff Rochow rigoros durch, sowenig er verhindern konnte, daß der Begriff der Notabilität zunehmend relativiert wurde. Er sorgte für die engstmögliche Auslegung wie er auch die anderen Ausweitungsversuche verhinderte, nämlich städtische Kandidaten zuzulassen. „Sowohl der Verfassung als dem Sinne nach" müsse die Wählbarkeit auf „die Notabilität im Grundbesitz beschränkt bleiben ... und

---

122 Staatsarchiv Münster, B 80 vol I, Verwaltungsbericht für 1827. Dazu auch Stein, hg. v. *Botzenhart:* 6. 615 (10. 12. 1828).
123 Ann. 14. 223.
124 Dazu *Croon:* Provinziallandtag 142 ff.

[ist] nicht in anderen Besitz- und Erwerbselementen, namentlich Kapitalvermögen oder Handelsgeschäften zu suchen."[125]
Mit dieser Einschränkung begab sich freilich der Staat der Möglichkeit, die Wahl auf so umsichtige und fähige Männer zu lenken wie etwa Peter Eberhard Müllensiefen, der als Unternehmer zur Aufhebung der Zunftwirtschaft und später als Landrat im gleichen Sinne zur wirtschaftlichen und verkehrstechnischen Erschließung seines Kreises erfolgreich gewirkt hatte. Müllensiefen war in Iserlohn, wo er die Stahlnadelproduktion gegenüber England konkurrenzfähig gemacht hatte, 1818 — noch unter Hardenberg — eingesetzt worden.[126] Die Rückbindung des Landratsamtes an den Großgrundbesitz engte in den westlichen Industrierevieren den Spielraum der Zusammenarbeit zwischen den Einheimischen und der Verwaltung mehr ein, als es der Verwaltung not tat und den Einheimischen recht war. Wieder war es die Verfassung selber, die den Gegensatz zwischen der „Gesellschaft" und dem „Staat" institutionalisiert hatte; und alle Sonderregelungen, die den verschiedenen Erfordernissen in den einzelnen Provinzen entgegenzukommen schienen, dienten dazu, den Schnitt zwischen einer ritterständischen Kreisherrschaft und den unteren Ständen zu verallgemeinern.

Daher versuchten in den östlichen Provinzen die Städte, nachdem ihnen eine wirksame Beteiligung an der Kreisverwaltung einmal versagt blieb, sich wenigstens der landrätlichen Aufsicht zu entziehen. Die Städte der Kurmark wollten gern auf jedes Wahlrecht verzichten, wenn sie so der Kontrolle durch die Landräte entrinnen könnten. In Pommern, wo der Adel am ungebrochensten herrschte, meldete sich der lauteste Protest. Erst auf dem altpommerschen Kommunallandtag, dann auf dem Provinziallandtag 1830 drängten die Städte, wieder den Regierungen unmittelbar unterstellt zu werden. Man sieht Sacks führende Hand, wenn sie mit Bedauern auf die bessere Position verwiesen, die ihnen das Gendarmerieedikt eingeräumt habe. 1843 meldeten sich die sächsischen Städte, „ein subordiniertes Verhältnis der Städte zu einer Zwischenbehörde, die aus der Zahl der Rittergutsbesitzer gewählt werde, sei widernatürlich."[127] Alle Anträge wurden abgelehnt, und in der Tat verging kaum ein Jahr, in dem nicht das Innenministerium, voran unter Rochow, das Recht der Landräte, die Magistrate zu beaufsichtigen, erneut eingeschärft hätte.[128] Was die

---

125 *Avenarius:* Kabinettsorders 1. 65: KO 15. 1. 1837; ferner Publikandum des Oberpr. vom 30. 5. 1835 (Ann. 20. 518); Landtagsabschied 1837 (*Rumpf:* 15. 439 f.); Promemoria Rochows vom 23. 10. 1841 (*Rumpf:* 20. 543 f.).
126 *Müllensiefen:* Bürgerleben 274.
127 *Rauer:* 2. 539; für Brandenburg *Rumpf:* 1. 33 ff.; für Westfalen *Rumpf:* 3. 20 ff.; für Pommern *Rumpf:* 9. 205; für Ostpreußen siehe oben S. 457 f.
128 Siehe die Reskripte bei *Gräff — Rönne — Simon:* 4. 481; 6. 199; *Avenarius:* Kabinettsorders 1. 54 ff.

Städte im Innern an Verwaltungsfreiheit gewonnen hatten, wurde ihnen im Instanzenzug beschnitten: Sie wurden gleichsam administrativ mediatisiert. Die breite Masse der Bevölkerung stand, von den Großstädten abgesehen, zu den Regierungen in einem nur mittelbaren Verhältnis. Und der Mittler war weniger als die Regierungsbehörde ein Treuwalter der Kreisintressen insgesamt, jedenfalls war er es nicht notwendigerweise.[129] Der Landrat sollte, wie es in einem Landtagsabschied hieß[130], „durch ein festes und dauerndes Band der Liebe sowohl als des eigenen Interesses mit dem Kreise verbunden sein". Sein Grundbesitz galt als Garantie, und die Liberalisierung in der Wirtschaft drängte auch die Landratswahlen aus ihren ständisch vorgegebenen Bahnen. Um jeder unliebsamen Bewegung zuvorzukommen, hatte Rochow 1837 zugunsten des rheinischen Adels verfügt, daß sich nur bewerben dürfe, wer mindestens fünf Jahre ein und dasselbe Gut besessen habe.[131] Als Arnim 1843 diese Sperrklausel auf die anderen Provinzen übertragen wollte, scheiterte er, und zwar am Widerstand des Adels selbst. Bis auf den pommerschen Landtag lehnten alle Ritterschaften die Erschwerung ab.

War es schon in den dreißiger Jahren vorgekommen, daß Landräte über den Verlust ihres Grundbesitzes hinaus im Amt verblieben[132], so zeigte sich jetzt, daß die Rittergutsbesitzer nicht geneigt waren, ihr Wahlrecht auf Alteingesessene beschränkt zu sehen. Alle Provinzen brachten zum Ausdruck, daß es schwer sei, genügend willige und geeignete Kandidaten zu finden; andererseits befürchtete man von der Sperrklausel, daß sie den Behörden das Vorschlagsrecht in die Hand spiele; und schließlich stellte sich heraus, daß der Brauch entstanden war, sich durch Scheinkäufe von Rittergütern — oder sogenannte bedingte Käufe — die Anwartschaft auf ein Landratsamt zu erhandeln. Das freilich war die Kehrseite des freien Gütermarktes, und der Adel paßte sich dem an. Er empfand es durchaus nicht als unehrenhaft, wenn er auf diese Weise ihm genehme Kandidaten präsentieren konnte, statt „alte eingesessene, aber weniger qualifizierte Personen", wie es die Brandenburger offen bekannten.[133] Gutskäufe unter dem Vorbehalt, daß die Landratswahl auf den neuen Besitzer fiele, wurden begrüßt. Insofern war das Landratsamt tatsächlich zu einem käuflichen Amt geworden. Nachdem das Geburtsrecht einmal beseitigt war,

---

129 Als mit dem neuen Wahlreglement vom 22. 7. 1842 (GS 213) die Frage auftauchte, ob nicht nur der Landrat, sondern nunmehr auch die Kreisdeputierten allein von den Rittern zu wählen seien, entschieden sich die schlesischen Regierungen dagegen, „um möglichen Unfrieden in den Kreisversammlungen und die Geltendmachung von Standesinteressen zu vermeiden". Wählbar waren freilich — als die Stellvertreter und potentiellen Nachfolger des Landrates — nur Ritter.
130 31. 12. 1829 (Ann. 14. 223).
131 *Rumpf:* 15. 289/439.
132 Durch KO vom 23. 3. 1839 strikt untersagt.
133 *Rauer:* 2. 546 ff.

Die Kreisverfassung

entstand mit der Käuflichkeit der Standschaft auch die — indirekte — Käuflichkeit der daraus resultierenden Ämter. Das Ständische war zu einem Geschäft geworden, wie Gans gesagt hatte, und zwar zu einem politischen Geschäft, das der Adel längst betrieb, bevor Sybel es den rheinischen Bürgern anpries.[134] Die Kreisgrenzen verloren ihren altständischen Charakter und mit jeder getarnten Fernwahl, die der Adel betrieb[135], paßte er sich der wirtschaftlichen Bewegung an. Er wußte also für die Landratswahlen durchzusetzen, was er den unteren Ständen für die Wahlen zu den Provinziallandtagen vorzuenthalten verstand.

Demgemäß entwickelten sich Wahlmethoden, die zu verhindern die Regierungen strikt angewiesen wurden. Der König verlangte — 1838 — von seinen Rittern, daß sie „mit Gewissenhaftigkeit und nach wahrer Überzeugung" wählen sollten, „von persönlichen Rücksichten unabhängig, selbständig, unbefangen und unparteiisch"[136]. Er verlangte, mit anderen Worten, daß die Ritter einen idealen Beamten vorschlagen sollten zu einer Zeit, da das Landratsamt zu einem Schnittpunkt ihrer wirtschaftlichen und politischen Interessen wurde. Man scheue sich nicht, wie das Zirkular rügte, „Wahlstimmen für sich zu erbitten, oder gar durch allerlei verwerfliche Mittel zu erschleichen"; persönliche Intrigen verlegten dem Tüchtigeren den Weg. Die Kreisverwaltung wurde für die Ritter — wie die Städteverfassung für die Stadtbürger — zu einer Vorschule der Innenpolitik, in der sich auch der junge Otto von Bismarck, wenn auch weniger erfolgreich als sein Bruder, versucht hatte.[137]

Für manchen Gutsherren war das landrätliche Gehalt, das sich zwischen 500 und rund 1000 Talern bewegte, die nötige Zulage, um überhaupt ein standesgemäßes Leben führen zu können.[138] Das steigende Gehalt — vor

---

134 Vgl. oben S. 375.
135 Ihre genaue Zahl ließe sich nur aus den Kreisakten von Wahl zu Wahl feststellen.
136 Zirkularreskript vom 29. 5. 1838, Ann. 22. 265. Dazu der Wahlkampf Kleist-Retzows, der die Regierung Köslin gegen sich, das Ministerium aber für sich hatte. Er gewann 1844; *Petersdorff:* a. a. O. 70 ff.   137 *Marcks:* Bismarck 171, 246.
138 Einen guten Einblick in die soziale Lage der Rittergutsbesitzer, besonders einiger Landräte, liefern die Recherchen, die die Oberpräsidenten vertraulich durchführten, als 1840 „des höchstseligen Königs Majestät" ein Vermächtnis von 100 000 Talern „zum Besten verunglückter Gutsbesitzer" ausgesetzt hatte. „Nur solche noch wirklich angesessene Rittergutsbesitzer des Preußischen Staates, welche bei strenger Sittlichkeit und achtbarer staatsbürgerlicher Gesinnung unverschuldet in ihren Vermögensverhältnissen zurückgekommen sind", sollten bedacht werden. „Amtliches Eindringen in Privatverhältnisse" wurde ausdrücklich untersagt. Merckel in Schlesien (Ob.-Pr. Breslau Rep. 200 54/16, 2896) bat die Landschaftsdirektoren, die Einblick in die Hypothekenbücher hatten, und die Landräte, die ihre Mitstände am besten kannten, um vertrauliche Auskunft. Von Zedlitz schreibt — und das gibt den Tenor aller Eingaben wieder —: „Nur ein geringer Teil der Rittergutsbesitzer ist wohlhabend, ein großer Teil kann fortbestehen ohne fremde Beihilfe, wenn nicht außerordentliche Ereignisse den allgemeinen Wohlstand untergraben, aber einigen fällt es schwer, selbst bei so manchen Entbehrungen gegen andere, durchzukommen, größtenteils sind dies Väter zahlreicher Familien, namentlich solche, die für die Erziehung und Ausbildung ihrer Söhne große Opfer bringen, und auch dann noch diese unterhalten oder

1815 erhielt ein Landrat nur 300 Taler — war schon ein Indikator für die Verbeamtung des Landrats, aber die Wendung, die vom ständischen zum königlichen Beamten hindrängte, wurde vom Staat nicht durchgehalten. Dabei wuchsen die Anforderungen an das Landratsamt im umgekehrten Verhältnis zur Chance, geeignete Kandidaten präsentiert zu bekommen. „An sich ist die Verbindung landesherrlicher und gutsherrlicher Geschäfte in einem Beamten etwas Widersprechendes", schrieb Schön 1824 aus Ostpreußen[139], aber wo infolge der Bauernbefreiung Domänengüter und Intendanturen eingegangen seien, müsse nun der Landrat obendrein „die gutsherrlichen Geschäfte über 1200, 2000 bis 3000 bäuerliche Einsassen verrichten, welche an Leitung in polizeilichen und wirtschaftlichen Angelegenheiten gewöhnt sind, die oft die Sprache des Gouvernements nicht verstehen und die also mit dem lebendigen Wort zu behandeln sind". Neun Jahre später wiederholt der Regierungspräsident Thoma aus Gumbinnen die Klage. Vor allem in den königlichen Ortschaften seien die Landräte „außerstande, ihrer eigentlichen Bestimmung nachzukommen", nämlich zunächst für Ordnung zu sorgen.[140] Es folgt die ebenso alte wie vergebliche Bitte, den Landrat endlich durch eine neue Gemeindeordnung zu entlasten.

doch noch unterstützen müssen, da wohl nur in seltenen Fällen in den ersten Jahren der Staatsdienst auskömmlich erhält." Landrat von Wissels, der neun Kinder hatte und der sich selbst zur Unterstützung vorschlug, lieferte einen Jahresüberblick seiner Lebenskosten:

für Referendar in Breslau, der ohne Gehalt ist:	250 T.
eine Offizierszulage	85 T.
für einen Oekonomen Kleidung und Wäsche	50 T.
für einen Schüler in Breslau (Pension, Bücher, Kleidung)	225 T.
für einen Kadetten	125 T.
für 2 Töchter zuhause	60 T.
für einen Jungen zuhause Unterricht	45 T.
für eine Tochter in Gnadenfrei, Pension und Erziehung	200 T.
„Das Gehalt für eine Köchin, Waschmagd und Stubenmädchen beträgt inclusive Heiliger Christ und Mietgeld"	65 T.
Arzt und Arzneien für 11 Personen	130 T.
Witwen-, Pensions- und Lebensversicherungsbeitrag	150 T.
Bekleidung für mich und meine Frau	65 T.
Summe:	1450 T.

Der Landschaftsdirektor deutete an, daß Wissels auf sein Nettogehalt als Landrat von 500 Talern angewiesen sei. Demnach lag sein reines Einkommen unter der für schlesische Rittergüter vorgeschriebenen Mindestgrenze von 1000 Talern. Die Rittergutsqualität haftete also am Landratsgehalt. Merckel schlug — unter zehn — vier Landräte, einen Postmeister und einen Landschaftsdirektor vor. „Das Diensteinkommen", so erläuterte er, „schütze, soweit es nicht „für dienstliche Bedürfnisse" verwendet werde, „gerade nur vor Not und Sorge und deckt notbedürftig den momentanen Unterhalt". Auch bei Bismarcks und Kleist-Retzows Bewerbungen um ein Landratsposten spielte dieser Gesichtspunkt mit (*Marcks*: Bismarck 127, 178; *Petersdorff*: Kleist-Retzow 73). Die Unterstützung bereits amtierender Landräte mochte schließlich auch der Verwaltung dienen, denn Landräte, die ihre Güter verloren, mußten auf Grund der KO vom 23. 3 1839 den Dienst quittieren; gute Dienstleistungen konnten sie nicht davor schützen, mit dem Gut ihre Stellung zu verlieren.
139 Zit. von *Stein*: Agrarverfassung 3. 150.

Die Kreisverfassung

Ähnliche Klagen kommen aus dem Westen. So berichtete 1846 die Regierung Minden, der Wirkungskreis der Landräte sei — vor allem in den letzten zehn Jahren — so gewachsen, daß die wenigen etatmäßigen Hilfskräfte — ein Sekretär, ein Schreiber und ein Bote — nicht mehr ausreichten.[141] Finanzielle Zuschläge durch die Kreisstände blieben, um jede Bestechung zu verhindern, grundsätzlich verboten.[142] So mußte der Landrat alle weiteren Hilfen selber bezahlen; seine „persönliche Verantwortung" steige daher in dem Maße, wie er des „öffentlichen Glaubens" entbehre. Das sei eine untragbare Lage „bei der immer mehr hervortretenden und auch anerkannten Wichtigkeit der amtlichen Stellung der Landräte".

Da der Staat auf der Kreisebene einsparte, was irgend er dem Landrat übertragen konnte, begab er sich der Möglichkeit allzu wirksamer Aufsicht. Er rekurrierte auf eine ständische Hilfe, die ihn schließlich selbst kompromittierte. Hatte Schuckmann es 1814 den Landräten noch zur ausdrücklichen Pflicht gemacht, in den Kreisstädten ihres Amtes zu walten — jede Scheinlösung werde bestraft[143] —, so kam es schnell wieder zum alten Brauch, daß der Landrat seine Sprechstunde, oft sogar das Büro, auf sein Gut verlegte, dort die Kreistage abhielt und die Schulzen zum monatlichen Rapport empfing. Der Amtssitz wanderte seitdem mit jeder Neuwahl, mit jedem Umkauf oder Besitzwechsel von Gutshof zu Gutshof. 1840 schließlich wurde dieser Brauch sogar legalisiert.[144] Das Büro durfte seitdem auf das Gut verlegt werden, und es gab kaum eine Regierung, die sich nicht der anhaltenden Beschwerden seitens der Landbevölkerung ausgesetzt sah, die doppelte Wege zurücklegen mußte, oder seitens der Kreisstädte, die sich um ihre Bedeutung und finanziellen Vorteile betrogen sahen. Die Landräte zur Einrichtung ihrer Büros in der Kreisstadt zu zwingen gehörte zu den geringsten Forderungen der revoltierenden Bauern und Landleute von 1848.[145]

Die ständische Schutzglocke, die der Staat über die Kreiseinheiten gespannt hatte, wurde im ersten Anlauf der Revolution gesprengt. „Hätte man eine Kommunalordnung bewilligt, hätte man den Landgemeinden bessere

---

140 Staatl. Arch. Lager Göttingen R. 2 Tit. 40, Nr. 10, vol. 2.
141 Staatsarch. Münster B 80, vol. II.
142 Letztes Verbot, als den Kreisständen eine Ausgabenbefugnis eingeräumt wurde; *Rauer:* 1. 26 passim; 2. 514. Ebenso war auf Antrag einer Regierung am 8. 4. 1831 (Ann. 15, 343) allgemein untersagt worden, daß ein Landrat Güter der ihm unterstellten Gemeinden pachten dürfe.
143 Schuckmann an alle Regierungen, 16. 2. 1814 (Arch. panstw. Wrocl. Reg. Oppeln I/6657).
144 KO 30. 5. 1840 (*Gräff — Rönne — Simon:* 6. 201) und Reskripte vom 17. 9. 1843 und 4. 8. 1845 (*Gräff — Rönne — Simon:* Erg. Bd. 1. 233).
145 *Jordan:* Konservative Partei 119. „Die meisten Landräte sind unbeliebt oder schwach", berichtete am 26. 3. 1848 der alte Günstling Hardenbergs, der Reg.-Dir. a. D. Gebel, von seinem Gute Stackelwitz aus Schlesien (DZA Merseburg R 77 tit. 507, Nr. 1, vol. 1.) Vgl. auch *Schulte:* Volk und Staat 173.

Vertretung auf den Kreistagen gegeben, das Proletariat hätte die heutige schlimme Stellung nicht angenommen", schrieb 1847 der General von Below.[146] Alle Sicherheitsventile, die Hardenberg und Friese vorsorglich in die Kreisverfassung einzubauen getrachtet hatten, waren in den zwanziger Jahren beseitigt worden. Das Staatsministerium hat systematisch die Forderungen der unteren Stände zurückgewiesen, die sie bescheiden, aber dringend und Vertrauen erheischend vorgetragen hatten. Die Innenminister identifizierten sich zunehmend mit den augenblicklichen wahren und vermeintlichen Interessen der Ritterschicht, speziell ihres adligen Kernes. So wurde der Staat, was er in der Reformzeit nicht gewesen war, für die Masse der kleinen Leute wieder identisch mit der Herrschaft der Rittergutsbesitzer, und sei es in der Gestalt des Landrates. Und wo die staatliche Verwaltung unmittelbar in die Kreise eingriff, mit dem Heer der Steuereinzieher — allein in Westpreußen gab es deren vierhundert[147] —, die Monat für Monat den Untertanen auf den Fersen saßen, oder mit den Einberufungskommissionen zum Heer oder mit der oft genug verhaßten Schulpflicht, da wußte sich der Untertan als Objekt, nicht als Bürger des Staates.

Und doch hatte sich, im Vergleich zur Zeit, da das Landrecht erlassen wurde, die Lage gründlich verändert. Die Untertanen hatten ihre persönliche Freiheit gewonnen, die „Freizügigkeit", aber gerade hier wurde ihre Freiheit von der Not verzehrt. Die Not drängte, auf Stellen auszuharren, die nirgends sicher waren und für die es noch weniger besseren Ersatz gab. Elend und Arbeitslosigkeit überwucherten ganze Landstriche. So fanden sich 1848 die gehobenen Bürger mit der breiten Masse in Stadt und Land zusammen, um eine Verfassung zu beseitigen, die ihnen sowohl den Einfluß auf die Verwaltung wie auf die ständische Herrschaftsordnung versagte. Das erste, noch gemeinsame Ziel war, den Nexus zu durchstoßen, der die Verwaltungsspitzen an die Herrschaftsschicht auf der Kreisebene, an die Interessen des Großgrundbesitzes zurückband.

Die konstitutionelle Verfassung, die erreicht wurde, blieb erhalten — das relative Optimum für die Besitzbürger; das Gesetz aber, das 1850 die „Selbstverwaltung" der Kreisverbände vorsah, wurde 1852[148] aufgehoben. Auf der regionalen Ebene trat die Herrschaftsordnung wieder in Kraft, deren Herkunft in die Jahrhunderte zurückreichte. Auch dieses Ergebnis ist noch ein Erbe der landrechtlich fixierten Sozialstruktur. Die Exemtionen wurden durch Zensussätze abgelöst, die die Staatsunmittelbarkeit ab-

---

146 *v. Below*, Georg: Briefwechsel des Generals von Below und des Abgeordneten von Saucken-Julienfelde (Doktorenverzeichnis phil. Fak. Univ. Tübingen 1903, S. 50).
147 Das gesamte Steuerpersonal zählte 8758 Männer (Z. dt. Stat. 1. Jg. 1847, 1056).
148 G. vom 11. 5. 1850 (GS 251), suspendiert durch Erlaß vom 19. 6. 1852; aufgehoben — samt Art. 105 der Verfassung — durch G. vom 24. 5. 1853 (GS 228).

stuften; auf den Kreistagen blieb die Ritterschaft – mehr oder minder – unter sich. Nur daß jetzt die ständischen Elemente restlos in den Dienst parteipolitischer Ziele eingespannt wurden. Kein Landrat, selbst kein Deputierter durfte mehr gewählt werden, dessen „politische Haltung und Zuverlässigkeit" nicht zuvor von der Regierung garantiert werde.[149] Der staatliche Verzicht auf die Ernennung der Landräte, die 1850 der einzuführenden Selbstverwaltung korrespondieren sollte, wurde durch nunmehr unverhohlenen Gesinnungszwang kompensiert.

Es war der letzte Schritt von der Restauration zur Reaktion. Sie perpetuierte die Zweischichtigkeit der preußischen Sozialverfassung, über die „Konstitution" die Bürger am Staat zu beteiligen, über die regionale Ständeverfassung aber die Unterschicht – soweit und so lange wie noch möglich – kreisweise zu mediatisieren. Sozialgeschichtlich gesehen war dies möglich nur, weil sich die Ritterschaft in den Jahrzehnten vor 1848 erfolgreich vom herrschenden Stand zur herrschenden Klasse zu wandeln verstanden hatte. Während der Staat die unteren Stände durch seine Verfassungspolitik auf die freie Wirtschaft hindrängte, ohne sie politisch zu Wort kommen zu lassen, hat er zugleich dafür gesorgt, daß die wirtschaftliche Bewegung den Ritterstand stabilisierte und wieder hochtrug. Anders gewendet: Es war der Ritterstand selber, und zwar der Adel in ihm voran, der diesen Anpassungsprozeß auf Kosten der übrigen Stände zu leiten wußte. Während sich die Ritterschaft aus einem Stand in eine Klasse verwandelte, löste sich dem korrespondierend die ständische Ordnung auf dem Lande auf und führte zur Entstehung der breiten landlosen Unterschicht, die 1848 mit ihren sozialpolitischen Forderungen hervorbrach. Denn es war der Ritterschaft gelungen, so viel Standesvorrechte in den Vormärz hinüberzuretten, daß sie ihrer eigenen wirtschaftlichen Entfaltung zugute kamen, ohne die Unterschicht aus ihrem quasiständischen Abhängigkeitsverhältnis zu entlassen.

Die preußische Ritterschaft wandelte sich langsam und erfolgreich, und zwar in den Bahnen, die die Reformgesetzgebung vorgeschrieben, aber ebenso durch die Lücken hindurch, die die Gesetzgebung zurückgelassen hatte, bzw. die der Adel wieder in diese geschlagen hat. Der Erfolg und das Scheitern der Reform führten gleicherweise zur Revolution. Beides fiel zu Lasten der Verwaltung, die eine soziale Bewegung auslösen half, die zu steuern ihr nicht mehr möglich war. Dieser Weg soll jetzt nachgegangen werden.

---

149 Zirkularreskript Westphalens (*Gräff* – *Rönne* – *Simon:* Erg. 5. 291) vom 5. 9. 1853 und KO vom 21. 10. 1853 mit Begleitschreiben und erneutes Zirkularreskript an alle Regierungen vom 8. 9. 1854 (Arch. panstw. Wrocl. Reg. Oppeln I/6657). Als ein zum Deputierten gewählter Gutsbesitzer Lange ohne Nennung der Gründe nicht bestätigt wurde, konzedierte ihm der Minister, daß seine „persönliche Ehrenhaftigkeit" dadurch „in keiner Weise berührt" werde.

IV. Der Wandel der ländlichen Sozialverfassung und seine politische Wirkung

Das Landrecht hatte die ländliche Sozial- und Wirtschaftsverfassung fast unberührt gelassen, seine potentiellen Bestimmungen verwiesen auf eine Reform in der Zukunft. Die Reform war am Widerstand der ländlichen Herrschaftsstände aufgelaufen — politisch; wirtschaftlich aber wurde sie unter vielerlei Einschränkungen weitergeführt. Die ländlichen Herrschafts- und Genossenschaftsverbände wurden in einem langen anhaltenden Prozeß aufgelöst, der mittel- oder unmittelbar die ganze Bevölkerung des platten Landes, also rund $^5/_7$ aller Staatsbewohner, erfaßte. Dieser Prozeß wurde von den Generalkommissionen geführt, ein zugleich juristischer, ökonomischer und sozialer Prozeß, der die Erfahrung der „Übergangszeit" über Jahre und Jahrzehnte hinweg hervorrief und oft tagtäglich wachhielt. Er führte schließlich zur Revolution, der zuvorzukommen der Prozeß ursprünglich angestrengt wurde.

Das *Oktoberedikt von 1807* steht, wenn auch nicht seiner Absicht nach, so doch in seiner Auswirkung, am Beginn der Entwicklung, die den Ritterstand und die Landarbeiterschaft als zwei ökonomisch definierbare Klassen hervorbrachte. Zweck des Edikts war, „alles zu entfernen, was den einzelnen bisher hinderte, den Wohlstand zu erlangen, den er nach dem Maß seiner Kräfte zu erreichen fähig war"[1]. Die unmittelbare Pointe des Gesetzes war wirtschaftlich gedacht, wenn auch die Fernwirkung einer allgemeinen Staatsbürgerschaft eingeplant war. Eine sofortige Veränderung der ländlichen Wirtschafts- und Arbeitsverfassung sollte „den Kredit des Grundbesitzers" und den „Wert der Arbeit" steigern. In beide Richtungen zielte die Aufhebung der geburtsrechtlichen Schranken und Bindungen, die bis dahin die Stände in ihren wirtschaftlich-politischen Funktionen trennten und gegenseitig festlegten. Die Freiheit des Güterverkehrs, die freie Wahl der Gewerbe und die Aufhebung der Gutsuntertänigkeit öffneten wirtschaftsrechtlich allen preußischen Staatsangehörigen alle Wege in die drei Stände. Einmal eingetreten, gelangten sie in den Genuß all jener Vor- oder Nachteile, die an den Ständen weiterhin haften blieben.

Für den Adel hieß das: Die Bindung der adligen Guts- und Herrschaftsrechte an seinen Geburtsstand wurde gelöst. Seit dem Edikt konnte jedermann Rittergüter samt allen daran haftenden Rechten kaufen.[2] So entstand eine neue Klasse, die gleichwohl ein Stand blieb. In der Sprache des Land-

---
1 *Altmann:* Urkunden II, 1. 26, Einl. (Ed. 9. 10. 1807.)
2 Vgl. oben S. 80 ff. Dazu *Huber:* Verfassungsgesch. 1. 191.

Wandel der ländlichen Sozialverfassung

rechts beschrieben, nicht mehr „vermöge ihrer Geburt", wohl aber vermöge ihrer „Bestimmung oder Hauptbeschäftigung" besaßen die Rittergutsbesitzer „gleiche Rechte in der bürgerlichen Gesellschaft" und machten insofern „zusammen einen Stand des Staates aus" (§ 6, I, 1). In der Folgezeit schrumpfte — altständisch gesehen — oder erweiterte sich — modern betrachtet — der ehemalige Ritterstand zu einem reinen Berufsstand, zu dem Berufsstand der Großgrundbesitzer. Die den Geld- und Güterumlauf hemmenden Standesgrenzen wurden beseitigt; insofern entstand eine neue Besitzklasse; die am Rittergut haftenden Rechte qualifizierten diese Klasse weiterhin als Stand.

Die alte, bereits aufgeweichte Barriere zwischen dem Adel und den kapitalkräftigen Bürgern oder Bauern ließ sich durch die Freigabe des Güterhandels verhältnismäßig leicht niederlegen. Das beiderseitige Interesse wurde von der Notlage erzwungen. Weit schwieriger war es schon, das andere Ziel des Oktoberedikts zu erreichen, nämlich einen freien Arbeitsmarkt zu schaffen. Als Vorleistung wurde den Gutsherren abgefordert, ihre persönliche Verfügungsgewalt über die schollenpflichtigen Untertanen aufzugeben. Alle Untertanen — wie zuvor alle Domänenbauern — wurden persönlich frei und insofern in ein gleichmäßiges unmittelbares Untertänigkeitsverhältnis zum Staat versetzt. Indes blieb entgegen der Planung die durch den Gutsherrn zum Staat vermittelte Untertänigkeit in der Gerichts- und Gemeindeverfassung erhalten. Auch hier hinkte die politische Verfassungsreform hinter der wirtschaftlichen her und blieb schließlich liegen. Die persönliche Befreiung zielte zunächst auf die Freisetzung „rationeller" Arbeitskraft. „Nach dem Martinitag 1810 gibt es nur freie Leute" — nicht freie Staatsbürger, wie das Landrecht noch provokativ formuliert hatte. Das Oktoberedikt avisierte in der Einleitung den „Landarbeiter" in einem außerständischen Sinn, oder, wie es ein Reskript 1809 nationalökonomisch erläuterte[3]: „Der Mensch, der kein anderes Kapital hat als seine körperlichen Kräfte", werde durch die freie Konkurrenz dazu getrieben, für weniger Geld williger mehr zu schaffen. Die Erwartung erfüllte sich nicht so dogmatisch, wie sie zunächst zur Beruhigung der protestierenden Gutsherren formuliert wurde. Der Lohn der Instleute stieg vielmehr an, der des Gesindes vervierfachte sich sogar streckenweise[4], aber im ganzen wuchs die Arbeitsleistung im freien Wettbewerb, der erst später — mit wachsender Bevölkerung — wieder auf die Löhne drückte. Der unmittelbare Gewinn schien auf seiten der Untertanen.

Der Herr verlor seine Anrechte auf alle Zwangsgesindedienste, Schutzgelder zum Auswärtsdienen, Abzugsgelder, Heiratserlaubnisgebühren, auf ein-

---

[3] Reskr. vom 5. 3. 1809; *Gräff* — *Rönne* — *Simon*: 4. 419 ff.
[4] Belege bei *Ziekursch*: Agrargeschichte 300 f. *Stein*: Agrarverfassung 2. 424.

seitige Lohnbestimmungen und Erbschaftsregelungen, um nur das Wichtigste zu nennen.[5] Die Beseitigung der einträglichen Rechtsansprüche war um so empfindlicher, als sie entschädigungslos erfolgte. Sie wurden von den alten Ständen immer wieder, z. T. jahrzehntelang, reklamiert, aber ihre Berufung auf den landrechtlichen Eigentumsschutz hat der Gesetzgeber beiseite geschoben, weil das Untertänigkeitsverhältnis seiner Natur nach eine „polizeiliche Anordnung sei, welche nach dem jedesmaligen Kulturzustande der Nation abgeändert werden" könne.[6] Nur unter der ebenfalls landrechtlichen Prämisse souveräner Polizeigewalt sowie der potentiellen, geschichtlich zu entfaltenden Staatsbürgerschaft konnte der Staat die persönlichen Untertanenpflichten entschädigungslos beenden. Jetzt sei der Zeitpunkt erreicht, so wurde der Adel unterrichtet, „daß die zeitherige Erbuntertänigkeit dem Kulturgrade aller Staatsbürger nicht mehr angemessen und schädlich sei".

Das Äquivalent einer Entschädigung wurde in der vorausgesagten Leistungssteigerung der Landwirtschaft erblickt, die Entschädigungslast einer ökonomisch erwarteten Zukunft übertragen. Hardenberg brachte dies Prinzip auf die knappste Formel: Regierung und Bürger sollten alle Reformen danach beurteilen und stets danach handeln, „daß der Verlierende auf indirekte Weise für das Ersatz erhalte, was er auf direktem Wege einbüßt"[7]. Wie die Gutsherren schon 1809 belehrt wurden: Weit entfernt, Schadensberechnungen vorlegen zu dürfen, seien sie die eigentlichen Gewinner. Eben die Gutsherren seien es, „welche mehr als irgendeine andere Klasse der Landeseinwohner durch Veredelung der arbeitenden Klasse gewinnen werden, da diese Veredelung, nach der Erfahrung aller Zeiten und Länder, die notwendige und wesentlichste Folge der persönlichen Freiheit ist".

Mit der Aufhebung der persönlichen Standesbindungen zeichnete der Staat somit die Umrisse zweier Klassen, der Gutsherren auf einem freien Gütermarkt und der Landarbeiter auf einem freien Arbeitsmarkt. Die wirklichen, schier unübersehbaren Schwierigkeiten tauchten freilich erst auf, als es darum ging, ländliches Eigentum zu bilden.[8] Das Oktoberedikt hatte das nur programmiert.

Um Grund und Boden zu privatisieren, mußten zuvor die wechselseitigen Verpflichtungen und Berechtigungen abgelöst werden, die das Verhältnis zwischen Gutsherr und Untertan ausmachten; mußte der Boden selber verteilt, „reguliert" werden; schließlich mußten die dorfgenossenschaft-

---

5 Publikandum vom 8. 4. 1809 (*Gräff — Rönne — Simon:* 4. 423 ff.).
6 Reskr. vom 5. 3. 1809.
7 Hardenberg an den Landrat von Pannwitz 3. 10. 1810 (DZA Merseburg, R 74 J IV Nr. 4 Brandenburg).
8 Vgl. *Lütge:* Dt. Soz.- u. Wirtsch.-Gesch. 317, und *ders.:* Gesch. d. dt. Agrarverfassung, 193 ff.; *Klein:* Von der Reform, 3. Kapitel.

Wandel der ländlichen Sozialverfassung

lichen Besitzungen und Rechtsansprüche in die freie Verfügungsgewalt der Landleute überführt werden. In allen diesen Fällen galt es zunächst, solche Eigentumsrechte zu ermitteln, die eine Entschädigungspflicht auslösten. Bereits bei den persönlichen Freisetzungen erwies es sich als äußerst schwierig, zu bestimmen, welche Gerechtsame zur Guts- und welche zur Gerichtsherrschaft gehörten, welche entschädigungslos beseitigt waren und welche nicht. Bis tief in den Vormärz hinein rissen die Prozesse nicht ab; die schlesischen Gerichte waren immer wieder genötigt, ehemalige Untertanen von eingeforderten Heirats-, Abzugs- oder Sterbegeldern zu befreien, ungeachtet der nicht abzuschätzenden Fälle, die hilflose Landleute gar nicht vor Gericht zu bringen wagten.[9]

Hardenbergs Gesetzesbündel von 1811[10] sollte nun die „Verheißungen" des Oktoberedikts erfüllen und allen bäuerlichen Untertanen Eigentum verleihen. Die freie Verfügbarkeit über Grund und Boden versprach jedem Besitzer, „schulden- und sorgenfrei" zu leben, auch die „sogenannten kleinen Leute" sollten angespornt werden, sich durch Fleiß und Sparsamkeit hochzuschaffen. „Der Staat erhält also eine neue schätzbare Klasse fleißiger Eigentümer und durch das Streben, solches zu werden, gewinnt der Ackerbau mehr Hände und durch die vorhandenen infolge der freiwilligen größeren Anstrengung mehr Arbeit als bisher." Mit der Verleihung des Bodens zu Eigentum und seiner freien Teilbarkeit und Verkäuflichkeit, d. h. mit Beseitigung des Bauernschutzes hoffte der Staat, den Gutsherren und Bauern, aber ebenso — in Thaers Formulierung — „den geringsten Klassen die Aussicht auf Glück und Wohlstand eröffnen zu können"[11]. Die Kraft der „entfesselten Hände" sollte einem jeden zugute kommen. Eigentumsbildung und Arbeitsleistungssteigerung wurden im Sinne der liberalen „Schule" als ein zusammenhängender, gegenseitig sich stimulierender Vorgang gesehen. Aber zwischen Versprechen und Erfüllung schob sich die landrechtlich garantierte Entschädigungspflicht. Keine Regulierung der Eigentumsverhältnisse, keine Ablösung der Dienste wurde rechtskräftig, bevor nicht die Entschädigungsmassen verteilt, die Renten übernommen waren. Der Plan Scharnwebers und Raumers, allen Bauern bereits vor den Ableistungen das volle Eigentum und damit des Verfügungsrecht über ihren Boden zukommen zu lassen, scheiterte bereits 1812, am Widerstand des Justizministers, der diesen staatlichen Eingriff in Privatrechte zu hindern wußte.[12] Die Entschädigung wurde vielmehr zur Vorleistung,

---

9 Vgl. die Erkenntnisse bei *Gräff — Rönne — Simon:* 4. 427, und *Ziekursch:* a. a. O. 298, 369.
10 Edikt wegen Beförderung der Landeskultur vom 14. 9. 1811 und das Edikt, die Regulierung der gutsherrlichen und bäuerlichen Verhältnisse betreffend, vom gleichen Datum (*Gräff — Rönne — Simon:* 4. 1 und 23 ff.).
11 § 1 des Landeskulturedikts.
12 *Knapp:* Bauernbefreiung 2. 292 ff., und *Stein:* Agrarverfassung 2. 258.

die — unter Abzug gutsherrlicher Verpflichtungen — dem Bauern aufgebürdet wurde. Er mußte, je nach dem landschaftlich verschiedenen Besitzrecht, die Hälfte oder ein Drittel seines Bodenanteils dem ehemaligen Herrn übergeben oder seinen ganzen Boden samt den darauf haftenden Diensten durch Renten bzw. Kapital im fünfundzwanzigfachen Betrag der abzulösenden Werte freikaufen. Die agrotechnische Erneuerung der Gutswirtschaften wurde also zum Teil von den Bauern bezahlt, die sich selbst erst auf eine selbständige Hofwirtschaft umstellen sollten.
Die Umwandlung der Agrarverfassung aus ihren naturalwirtschaftlichen Formen in die auf freien Arbeitsverträgen und Geldwirtschaft gründenden neuen Betriebsformen vollzog sich in Bahnen, die den Rittergutsbesitzern immer einen Vorsprung einräumten gegenüber ihren ehemaligen Untertanen. Es waren die rechtsstaatlichen Bahnen, die das Landrecht vorgezeichnet hatte und die in der Praxis dem Mächtigen zugute kamen. Aber der wirtschaftliche Vorsprung der Gutsherren beruhte nicht nur auf ihrer tatsächlichen Vormacht, die auf dem Boden der Rechtsgleichheit alle Chancen größeren Gewinnes hatte, er beruhte nicht nur auf der einmaligen Vorleistung, die ihnen die Bauern auf dem Wege zur individuellen Eigentumsbildung zu bringen hatten, er beruhte ebenso noch auf ständischen Rechten, die die Ritter — wie im Politischen — auch im Wirtschaftlichen zu wahren und zu erweitern wußten.
Dem Staat hatte es an Macht gefehlt, seine ersten Gesetze zu verwirklichen. Die kühn bestimmten Termine verstrichen. 1811 wurde eine Frist von zwei Jahren gesetzt, um eine freiwillige Auseinandersetzung von Herr und Untertan in Gang zu bringen, dann sollte der Staat exekutiv eingreifen; für das ganze Auseinandersetzungsverfahren war eine Vierjahresfrist vorgesehen, nach deren Ablauf alle bisher eigentumslosen, erblichen oder nicht erblichen Stelleninhaber den Eigentumsbauern angeglichen und zu Privatbesitzern aufgerückt sein sollten.[13] Damit sollten sie zugleich die „Fähigkeit zur vollen Steuerleistung" erlangen — der politische und der Rechtsgrund, aus dem die gutsherrlichen Verfügungsrechte eingeschränkt wurden.[14] Noch kurz vor Ablauf der ersten Frist duldete Hardenberg keine Verstundung, ohne seinem Willen exekutiven Nachdruck verleihen zu können.[15]
Die bekannte Deklaration von 1816[16] war eine Resignation in die bestehende Machtlage, an der bereits das Gendarmerieedikt gescheitert war.

---

13 §§ 5, 23, 30 d, 57 A 10 des Reg.-Edikts 1811.
14 §§ 8, 9 des Reg.-Edikts 1811.
15 Staatl. Arch. Lager Göttingen Rep. 2 Nr. 1916 (Korrespondenz zwischen Hardenberg, Sack und Sydow, dem Leiter des ostpreuß. Landesökonomie-Kollegiums).
16 Dekl. d. Edikts vom 14. 9. 1811, vom 29. 5. 1816 (GS 154); dazu *Steffens:* Hardenberg u. d. Opp.; *Knapp:* a. a. O. 1. 184 ff.; *Stein:* Agrarverfassung 2. 256 ff.; *Klein:* Von der Reform ... 160.

Wandel der ländlichen Sozialverfassung

Die Liberalisierung machte halt vor der bestehenden Gutsverfassung, soweit handdienstleistende Kleinstelleninhaber oder Bauern mit schlechten Besitztiteln darin verflochten waren. Diese konnten nicht mehr den Weg zum Eigenbesitz beschreiten, sondern gingen sukzessive – unter Verschlechterung ihrer rechtlichen wie faktischen Lage – in die Klasse der freien Tagelöhner über. Aber nicht nur, daß dabei die Dienstfamilien, die Robotgärtner, Büdner usw. oft ihren letzten Acker verloren, es stand im Belieben der Rittergutsbesitzer, sich dem Umwandlungsprozeß von der naturalwirtschaftlichen Robotarbeit zur vertraglichen Tagelöhnerarbeit elastisch anzupassen. Sobald die zunehmende Bevölkerung auf die Löhne drückte, vor allem in den vierziger Jahren, freie Arbeitskräfte also billiger wurden und besser arbeiteten als Kleinstelleninhaber mit erzwungenen Frondiensten, da drängten auch Gutsherren von sich aus auf die Ablösung der letzten gegenseitigen Verpflichtungen.[17] Die Deklaration von 1816 verlieh also den Gutsherren für die Folgezeit eine altständisch gesicherte wirtschaftliche Schubkraft, die sie während des Übergangs zur Geldwirtschaft so zu nutzen wußten, daß sie zum Schluß sowohl im Genuß der freien Arbeitskräfte wie deren ehemaliger Bodenanteile waren.[18]

Seit der Gesetzesdeklaration von 1816 und den folgenden Gesetzen zur Dienstablösung der Eigentumsbauern und zur dörflichen Gemeinheitsteilung von 1821[19] sowie mit den unterschiedlich geregelten Teilungsordnungen für die neuen Provinzen wurden die Landreformen gebremst und dosiert.

Die Liberalisierung der Agrarverfassung wurde seitdem provinz- und klassenweise verschieden vorangetrieben. Dieser Verzug erwies sich auf die Dauer als ein Zeitgewinn für die Ritter, den die ostelbische bäuerliche Unterschicht nicht mehr einzuholen vermochte. Darin liegt ein folgenreicher Unterschied zur Einführung der Gewerbefreiheit. Hier trat die freie Konkurrenz unbeschadet ortsgebundener Realberechtigungen und bisheriger Privilegienträger in Kraft; die Entschädigungssummen wurden erst im Laufe der Zeit ausgemittelt, umgelegt und verteilt.[20]

---

17 Vgl. das von den schlesischen Ständen durchgedrückte G. vom 31. 10. 1845, das viele Dienste für ablösbar erklärte, nicht alle, die eine früher erzwungene VO vom 13. 7. 1827 (GS 79) ausdrücklich davon ausnahm, nämlich die Robotpflichten der oberschlesischen Gärtner. Dazu *Ziekursch:* Agrargeschichte 331, 367, und Arch. Panstw. Wrocl. Reg. Oppeln I/7023, wo die Versuche der Robotgärtner aus dem Ratiborer Kreis, sich von den wachsenden Dienstlasten zu befreien, jahraus, jahrein vergeblich, verzeichnet sind.
18 Für Ostpreußen *Stein:* Agrarverfassung 3. 427 ff., wo der Übergang der alten Insten zu arbeitenden Häuslern mit Akkordlöhnen beschrieben wird. Für Schlesien: *Ziekursch:* a. a. O. 363 ff.
19 Ordnung wegen Ablösung der Dienste, Natural- und Geldleistungen von Grundstücken, welche eigentümlich, zu Erbzins- oder Erbpachtsrecht besessen werden, sowie die Gemeinheitsteilungsordnung, beide vom 7. Juni 1821 (GS 77, 53).
20 Arch. Panstw. Wrocl. Mag. Breslau III/1875; dazu *Loening:* Hoffmann 57 ff.

Die Generalkommissionen

Während die Gewerbefreiheit der breiten Menge neuer Gewerbetreibender von vornherein zugute kam, steht die Befreiung der Bauern — zunächst nur der spannfähigen Bauern — erst am Ende einer langwierigen Klärung der Rechtsansprüche und der daraus abgeleiteten Entschädigungsleistung. Die Legalität der Agrarreform blieb landrechtlich-ständisch beschränkt und kam daher dem Ritter in erster Linie zugute; die Legalität der Gewerbereform war — entsprechend der größeren Staatsunmittelbarkeit der Stadtbürger — von vornherein gesamtstaatlich. Wenigstens innerhalb der fünf alten Provinzen wurde die gewerbliche Gleichberechtigung aller eingeführt, bevor die besonderen Rechte hinterherhinkend abgelöst wurden. Die Liberalisierung hatte also den Rittergutsmarkt als solchen, die befreiten Bauerngüter als solche, die städtischen Gewerbe insgesamt erfaßt: Innerhalb des „Bauernstandes" hatte sie keineswegs alle Klassen erreicht. Und wen sie nicht erreichte, der blieb bei aller persönlichen Freiheit, zu heiraten oder abzuziehen, weiterhin auf seiner Stelle dem Herrn verpflichtet.

Um nun die Eigentumsbildung dort, wo ihr der stärkste Widerstand geleistet wurde, auf dem Lande, überhaupt voranzutreiben, errichtete Hardenberg bereits 1811 Sonderbehörden, die er aus der regulären Verwaltung abzweigte: die *Generalkommissionen*. Da die materiellen Rechtsbestimmungen der Teilungsgesetze nur einen generellen Rahmen setzten, der nie hinreichte, die mannigfach verfilzten Rechtslagen zu erfassen, waren Entscheidungsbereich und Macht der Kommissionen außerordentlich groß. Aber auch personalpolitisch machte Hardenberg eine unbürokratische Wendung; unter seinen Regierungsbeamten „Mangel an praktischen Kenntnissen" befürchtend[21], holte er sich — nach entsprechenden Prüfungen — „erfahrene und intelligente Männer" aus der landwirtschaftlichen Praxis in den Staatsdienst.[22] Im Laufe der Jahre wurden, ungefähr den Provinzen entsprechend, neun Generalkommissionen errichtet. Sie bildeten die erste Entscheidungsinstanz, um die Agrargesetze zu erfüllen, und wurden 1817 mit eingehenden Arbeitsinstruktionen versehen.[23] Zunächst bestanden sie aus einem dreiköpfigen Kollegium, zwei waren „in der rationellen und praktischen Landwirtschaft kundige Sachverständige", denen noch ein in Agrarfragen bewanderter Rechtskundiger beigeordnet wurde. Auf diesen besonders richteten die Stände ihr prüfendes Augenmerk.

Die in der Reformverwaltung vorherrschende Abneigung gegen alle Rechtsverständige, die, wie Thaer warnte[24], nur die Tradition gegen den

---
21 Formel Scharnwebers, bei *Meier:* Verwaltungsorganisation 240.
22 Landeskulturedikt §§ 41 ff.
23 VO wegen Organisation der General-Kommissionen und der Revisionskollegien zur Regulierung der gutsherrlichen und bäuerlichen Verhältnisse, im gleichen wegen des Geschäftsbetriebes bei diesen Behörden, vom 20. 7. 1817 (GS 161).
24 *Steffens:* Hardenberg und die Opposition 132 ff.

Sachverstand der Wirtschaftsreform ausspielen würden, ließ sich nicht durchhalten. 1821 trat ein zweiter Jurist in jedes Kollegium ein, und den Technikern wurde in allen Rechtsfragen das Stimmrecht entzogen.[25] Als es ihnen — weil die Streitfragen nicht auseinanderzuhalten waren — 1844 wieder zuerkannt wurde, erhöhte man das Kollegium um einen weiteren Juristen, der den Stimmausschlag geben konnte.[26] Die personalpolitischen Verfügungen zeugen schon von der Zwitterhaftigkeit, die dem Prozeß innewohnte, eine tiefgreifend soziale Revolutionierung in legalen Formen zu vollstrecken. „Bei der Wertschätzung einer Leistung und Befugnis, bei Bestimmung der Höhe einer Rente, selbst der Größe und Lage eines Abfindungsplanes sind rechtliche und ökonomische Gesichtspunkte oft so eng miteinander verwebt, daß eine Zerlegung nach der Seite der Technik und Jurisprudenz selten gelingt, beiderlei Momente jedenfalls in dem Bewußtsein des Urteilenden nicht scharf auseinandergehalten werden".[27]

Die Rechtswahrung, bei gleichzeitiger ökonomischer Umwälzung, löste eine Spannung aus, die die Verwaltung ständig in sich auszutragen hatte. Das lokale Recht, das Landrecht und die Reformgesetze mußten stets neu aufeinander abgestimmt werden. Für spezielle Rechtsfragen traten deshalb den Generalkommissionen acht Revisionskollegien zur Seite, in denen die Juristen von vornherein eine Mehrheit von 3 : 2 über den Sachverständigen hatten.[28] 1821 wurde noch das geheime Obertribunal als dritte Instanz eingesetzt, auf die man zunächst wegen der „nötig befundenen Beschleunigung" verzichtet hatte. So entstand eine verwirrende Fülle von Rechtsmittelwegen, von der Generalkommission konnte man an das Innenministerium oder an das Revisionskollegium appellieren, von den Revisionskollegien — für alle Streitwerte über 200 Taler — an das Obertribunal, und erst 1844 war man soweit, ein gemeinsames Revisionskollegium für alle Landeskultursachen des ganzen Staats einzurichten.

Die Agrarreform hatte sich entsprechend verteuert. Mitte der dreißiger Jahre, als die Dienstablösungen, Regulierungen und Gemeinheitsteilungen voll im Gange waren, betrugen die jährlichen Unkosten allein für die Generalkommission etwa eine Million Taler, von denen rund 200 000 der Staat, rund 800 000 die Parteien aufbrachten. Dazu kamen die Prozeßkosten für 5600 Prozesse, die während eines Jahres — so 1834 — anhängig waren[29] und über deren Höhe die Regierungen im Namen der Betroffenen laufend Klage erhoben.

---

25 Dekl. der §§ 24 u. 25 des Organisationsedikts im Jahre 1821 bei *Gräff* — *Rönne* — *Simon*: 4. 194.
26 VO vom 22. 11. 1844, § 1 (GS 1845, 19).
27 Motivation des Gesetzes zur Errichtung eines gemeinsamen Revisionskollegiums (beigelegt in B 883, Staatsarchiv Münster).
28 Organisationsedikt von 1817, §§ 29 ff.
29 Die Kosten bezogen sich auf 3343 Regulierungen, 10 365 Gemeinheitsteilungen und

Trotz aller Rechtssicherungen besaßen aber die Auseinandersetzungsbehörden einen nie einzuholenden Vorsprung. Das Viererkollegium war mit fast diktatorischer Vollmacht ausgestattet worden, ein in der preußischen Justizgeschichte „für privatrechtliche Angelegenheiten" einzigartiger und unerhörter Fall, wie sich das ostpreußische Ständekomitee beschwerte.[30] Die Generalkommissionen unterstanden dem Innenministerium direkt, waren aber allen Untergerichten, Landräten und niederen Dienststellen vorgeordnet. Diese waren weisungsgebunden, und speziell die Patrimonialgerichte unterlagen dem dienstlichen Strafrecht der Generalkomissionen.[31]

Vier Aufgaben zu bewältigen stand in der Macht und Befugnis der Kommissionen, wenn ihre Entscheidung von den Interessenten oder einem der Kontrahenten angefordert wurde. Sie befanden über die bestehende Rechtslage und mußten darauf achten, daß Rechtsunkundige „nicht überlistet würden". Sie legten die Dienstablösungs- und Bodenteilungspläne fest, schufen also im sozialen Sinne neues Recht, indem sie zugleich — im Rahmen der Gesetze — die Entschädigungssummen bestimmten. Drittens waren sie zuständig für die Exekution dieses Planes und fungierten während der Teilungszeit als außerordentlicher Gerichtsstand für alle dabei auftauchenden Streitfragen. Viertens waren sie die Interessenwahrer des Staates, was speziell in juristischen Kreisen beanstandet wurde.[32] Sie mußten die Steuerlasten neu berechnen, die auf die Privatbesitzer umzulegen waren, sie schützten die Ansprüche der Kirchen, und vor allem mußten sie dafür sorgen, daß in jedem alten oder neu gegründeten Dorf der Schulmeister genügend dotiert würde. Allein bis 1834, berichtete der Innenminister Brenn[33], wurden 4353 Schulstellen verbessert. Sie erhielten 26 000 Morgen Land, 2117 Taler Jahresrenten, 137 Scheffel Getreideabgaben und 12 084 Kuhweiden, also bedeutende Summen, gemessen an den kümmerlichen — vielfach auf Freitische angewiesenen — Einkommen der Dorfschulmeister. Eine nachhaltige Einwirkung der Schulbildung auf die wirtschaftliche Leistungssteigerung wenigstens zu ermöglichen, wurden die Behörden immer wieder gemahnt.

4267 Ablösungen, die 1834 bearbeitet und z. T. abgeschlossen wurden. Im gleichen Jahr liefen 5673 Prozesse, die sich z. T. natürlich auf frühere Teilungsrezesse bezogen. Insgesamt meldete Brenn folgende Ergebnisse bis 1834: 56 791 neue Eigentümer mit 4397 Mill. Morgen; 620 neue Vorwerke; 23 443 neue Familienetablissements und Bauernhöfe (nicht aufgeschlüsselt); und 25 ¹/₂ Mill. Morgen, die völlig separiert und von Servituten befreit wurden (DZA Merseburg R 89 C XVIII Gen. Nr. 8).

30 Eingabe vom 23. 2. 1818 (DZA Merseburg R 74 H II Preußen Nr. 5).
31 § 37 des Organisationsedikts, bestätigt durch Reskr. des Innenministers vom 20. 12. 1836 *(Gräff — Rönne — Simon:* 4. 197).
32 Gutachten des Oberlandesgerichts-Vizepräsidenten Scheffer-Boichorst, Münster, der dem dortigen Rev.-Koll. vorstand und alle Ablösungsfragen für rein juristisch erklärte, an Kircheisen, 23. 11. 1824 (Staatsarch. Münster B 883).
33 Siehe Anm. 29.

Wandel der ländlichen Sozialverfassung

Gegen die gebündelte Macht der Generalkommissionen war, nachdem sie einmal in Tätigkeit versetzt waren, wenig auszurichten. Vor allem blieben von jeder Revisionsmöglichkeit ausgenommen solche Entscheidungen, die nur an Ort und Stelle getroffen werden konnten: Landentschädigungen — die meistens gewählt wurden —, Bodenqualitätsabschätzungen, Landverteilungen und Umsiedlungspläne. Hierfür konnten die Gerichte allenthalben verletzte Rechtstitel ermitteln und demgemäß auf „anderweitige Entschädigung" dringen.[34] Damit blieben die Techniker für die am meisten einschneidenden und am längsten währenden Bestimmungen, für die Bodenverteilung unwiderruflich in der Vorhand. „So wenig auch, wie sich von selbst versteht, der Rechtspunkt verletzt werden darf, der Zweck der Auseinandersetzungen und die einfachsten und nächsten Mittel zu dessen Erreichung [müssen] stets vor Augen schweben."[35] Die zugleich schwierigste Aufgabe, nämlich die „wirtschaftliche Zweckmäßigkeit der Planbildung" sicherzustellen, fiel nun den einzelnen Ökonomiekommissaren zu, die mit Hilfe eines Justitiars und von Vermessungstechnikern in den jeweiligen Guts- und Gemeindebezirken den Rezeß für die Generalkommission vorzubereiten hatten.

Die Anforderungen an ihr Können standen meistens im umgekehrten Verhältnis zu ihren Leistungen. Und was wurde nicht alles von ihnen verlangt: Sie mußten Rechtskenntnisse besitzen, um die oft fraglichen Pacht-, Dienst- und Schuldenverhältnisse zu ermitteln, sie mußten zwischen Gemeindemitgliedern die Anteilrechte aufschlüsseln, aus alldem mußten sie Entschädigungssummen in Rente, Kapital oder Boden ableiten, gegenseitig verrechnen und dabei die Steuerveranlagung neu ordnen, kurz, sie mußten die gesamte, meist dunkle, immer strittige Rechtsordnung rekonstruieren, um ihrer zweiten, wichtigeren Aufgabe nachkommen zu können.

Die wichtigere Aufgabe war, eine neue Gemeindeordnung herzustellen, die allen Erfordernissen einer Fruchtwechselwirtschaft und der Stallfütterung Rechnung tragen sollte. Dazu bedurften sie einer gründlichen landwirtschaftlichen Erfahrung, und nicht nur das: Sie mußten in der agronomischen Literatur bewandert sein, um den Boden nicht nur gerecht, sondern möglichst nutzbringend zu verteilen. Häufig mußte das ganze Land erst neu vermessen werden. Es galt die Bedürfnisse von Gutswirtschaften, ihrer Vorwerke und Fabrikationszweige zu berücksichtigen und die der Bauern damit abzustimmen. Für diese mußte eine ganz neue Feldordnung entworfen werden, die den neuesten wissenschaftlichen Erkennt-

---

34 Org. Edikt, §§ 178 ff., dazu die Motive zur Errichtung eines gesamtstaatlichen Rev.-Kollegiums vom 19. 8. 1843 (Staatsarch. Münster B 883).
35 Ausbildungs- und Arbeitsanweisung des Innenministeriums vom 25. 2. 1839 *(Gräff — Rönne — Simon:* 4. 213) für Referendare und Assessoren bei den Generalkommissionen.

nissen entsprach, und das wieder für Leute, die keine Ahnung davon hatten. Spätere Belehrungen an die Kommissare zeugen von dauernden Mißgriffen. Der scheinbar gerechte Wunsch etwa, „handförmige Streifen von der Dorflage bis zur Grenze" jedermann zu konzedieren[36], vervielfältigte die Zufahrtswege, ohne sinnvoll zusammenhängende Bebauungsflächen zu schaffen. Dabei mußten für die gesamte Zeit der Neuordnung revidierbare Zwischenlösungen getroffen werden. Obendrein mußten die Gemeinheitsteilungen so vollzogen werden, daß Leute, die sich zunächst dagegen sträubten, später ohne Umtausch in eigene Privatbesitzungen eingewiesen werden konnten. Häufig erforderte die — von den Gutsherren erzwungene — „Notwendigkeit", ganz neue Ortschaften zu planen, zu gründen und gleichwohl nach überkommenen Rechtsansprüchen zu gliedern. Kurzum, der von Brenn einmal formulierte Wille, „für das nächste Jahrhundert" vorauszuplanen, wurde Ökonomiekommissaren zugemutet, die zugleich jahrhundertealte Rechte und Observanzen zu verrechnen hatten.

Kein Wunder, daß die vorhandenen Kräfte dieser enormen Aufgabe kaum gewachsen waren und auch die am grünen Tisch der Generalkommissionen ausgearbeiteten Rezesse nicht immer Abhilfe schaffen konnten. Die Klagen über die Unzulänglichkeit oder Korruption der Kommissare, die entweder aus der Praxis kamen und wenig Verwaltungs- und Rechtskenntnis besaßen oder aus dem Justiz- und Verwaltungsdienst, dann aber meist junge Anfänger waren oder Beamte, die man gern zu diesem unliebsamen Geschäft abschob, rissen nicht ab.[37]

Zudem waren die Kommissare natürlich dem Druck der Gutsherren ausgesetzt, an deren Tisch sie essen mochten, während die Bauern das Nachsehen hatten. Umgekehrt drängten bauernfreundliche Beamte in die Ämter, die fast ein Reservat der Bürger blieben; aber wenn sie sich mit dem Herren überwarfen, drohte bald der Druck von anderer Seite. 1834 wurden die Ökonomiekommissare der zusätzlichen Aufsicht durch die Landräte und Regierungen unterworfen, und die regionale Ritterschaft mochte — mußte aber nicht[38] — ihren Einfluß vergrößern durch die Einrichtung von Kreisvermittlungsbehörden.

Der Weg eines Kommissars war mit Mühe und Ärger gepflastert, und da die Arbeiten zunahmen, das wahre Ausmaß der Schwierigkeiten erst lang-

---

36 Beilage zum § 136 der VO vom 20. 7. 1817, vom 3. 2. 1833 (*Gräff* —*Rönne* — *Simon*: 4. 279 ff.).
37 Dazu *Ziekursch*: Agrargeschichte 356, und die einschlägigen Stellen der Verwaltungsberichte. *Jordan*: Konservative Partei 45, 48 ff.
38 VO vom 30. Juni 1834 wegen des Geschäftsbetriebes in den Angelegenheiten der Gemeinheitsteilungen, Ablösungen und Regulierung gutsherrlich-bäuerlicher Verhältnisse, als Anhang zu der VO vom 20. Juni 1817 und dem Gesetze vom 7. Juni 1821 (*Gräff* — *Rönne* — *Simon*: 4. 283 ff.). Dazu *Stein*: Agrarverfassung 3. 85, 182.

sam erkannt wurde, warb der Staat um junge Referendare, sich der „zwar mühsamen, aber auch sehr interessanten und lohnenden Beschäftigung" zu widmen. Aber trotz steigenden Bedarfs wurden die Prüfungsbedingungen 1836 und in den folgenden Jahren laufend verschärft[39], erst 1834 wurde bestimmt, daß ein Generalkommissar mindestens den Rang — und damit die wissenschaftliche Bildung — eines Regierungsrates haben müsse. Derlei Bestimmungen zeugen von der sozialstrukturellen Schwierigkeit, von der schmalen Führungsschicht der Verwaltung her bis in die letzte Ortschaft hinein ordnend einzugreifen, um eine selbständige landwirtschaftliche Initiative zu entfesseln[40].

„Für alle Teile war es daher eine moralisch und ökonomisch schwere, mißliche Aufgabe, die ganze gewaltige Krisis, die meist eine lange Zeit sich hinziehenden Wirren und Schwankungen des beschwerlichsten Provisoriums, des noch unvollendeten Umwandlungs- oder Auflösungsprozesses der alten Verhältnisse in Geduld und in ungestörtem friedlichem Einvernehmen zu überstehen."[41] Lanzicolle umschreibt 1846 den ungeheuren sozialen Erdrutsch, den die Liberalisierungsmaßnahmen nach sich zogen, wenn auch die apostrophierte Geduld — sosehr sie auffällt — gerade damals verzehrt wurde. Das lag nun zunächst an der Arbeit der Generalkommissionen und ihren Ergebnissen. Was hatten sie am Vorabend der Revolution erreicht?

Der unumstrittene Gewinn der Landreform lag auf seiten der Gutsherren. Die rund 12 000 Rittergüter wurden konsolidiert, sie erhielten rund anderthalb Millionen Morgen Entschädigungslande und den Großteil der Gemeinheiten, von denen nur 14 % den Bauern zufielen.[42] In dieser Auseinandersetzung lag die zwingende Herausforderung beschlossen, eine neue *Arbeitsverfassung* zu entwickeln. Die flächenmäßig anwachsenden Gutsbezirke, die sich während der Agrarkrise durch Aufteilung großer Besitzkomplexe auch noch zahlenmäßig vermehrten[43], erheischten neue Arbeitskräfte, um den An- und Ausbau voranzutreiben. Allein bis 1834 entstanden 620 neue Vorwerke[44], aber gegenläufig zum Landesausbau ging die

---

39 *Kamptz:* Ann. 23. 82, dazu *Gräff — Rönne — Simon:* 4. 212 ff. mit den Ergänzungen zum § 57 des Org. Edikts, die Prüfung betr., vom 11. 4. 1836, ferner 1839, 1840, 1842.
40 Nach einer Mitteilung *Lettes* (Z. dt. Stat. 1. Jg. 1847, 954) waren in den vierziger Jahren insgesamt 814 Beamte für die Durchführung der Agrarreform in ganz Preußen tätig: davon 61 Räte in den Kommissionen und Regierungskollegien mit 19 Hilfsarbeitern; 217 Kommissare für die praktische Arbeit an Ort und Stelle (davon 81 Assessoren und 136 Ökonomiekommissare), denen 501 Geometer zur Verfügung standen (von denen 408 nicht pensionsberechtigt, also nur interimistisch angestellt waren). Schließlich waren noch 16 Assessoren zur Ausbildung den Kommissaren zugewiesen.
41 *Lancizolle:* Königtum und Landestände 396.
42 *Jordan:* Konservative Partei 28; *Saalfeld:* Landverlust. Zum Ganzen jetzt die abgewogenen Urteile von *Lütge:* a. a. O. 222 ff.
43 *Stein:* Agrarverfassung 3. 417; *Ipsen;* Landesausbau 51.
44 DZA Merseburg R 89 C XVII. Gen. Nr. 8.

Zahl der Dienstpflichtigen stetig zurück. 84 % aller spannfähigen Bauern hatten bis 1848 ihre Dienstpflichten abgelöst — im Wert von fast 6 Millionen Tagesleistungen. Weit mehr Handdienste blieben während des Vormärz in Kraft, aber auch diese nahmen, vor allem in den vierziger Jahren, schnell ab. 1848 waren bereits rund 17 Millionen Handdiensttage abgelöst worden, so daß nach der Revolution nur noch $6^1/_2$ Millionen, etwa ein Drittel, abzulösen übrigblieben.[45] Es entstand also ein doppelter Arbeiterbedarf, durch den Landesausbau wie durch die abnehmenden Zwangsdienste. Regulierung und Dienstablösung forderten und förderten zugleich eine neue Landarbeiterklasse. Der neue Boden und der alte, der sich von fronpflichtigen Untertanen langsam entblößte, saugte gleichsam eine Arbeiterschicht an, die sich mehr und mehr im freien Arbeitsvertrag verdingte. Sie setzte sich zusammen teils aus den nicht mehr regulierungsfähigen, handdienstpflichtigen, ehemaligen Untertanen[46], teils aus neu angesetzten Instfamilien, die zunächst noch — als Arbeitsentgelt — mit etwas Land versehen wurden. Beide Gruppen vermischten sich und wurden zu persönlich freien Untertanen ihrer Herren. 1837 wurden die Dienstverhältnisse der Insten — analog zur Gesindeordnung — der Polizeiaufsicht unterworfen, und das hieß praktisch der ihrer eigenen Herrschaft[47]; die Verwaltungsberichte nehmen bezeichnenderweise von dieser Klasse kaum Notiz.

Je billiger nun die Arbeitskräfte wurden, weil die zahlreich heranwachsende Jugend nachdrängte, gelegentlich schon weil die Dreschmaschinen Arbeitsplätze verzehrten, gingen die Gutsherren dazu über, die ansässigen Dienstfamilien ihrer Landanteile zu entsetzen und durch neue Arbeitsverträge auf den Status freier Tagelöhner herabzudrücken. In dieser Richtung kam ihnen die Gesetzgebung entgegen, die — um neue Hörigkeitsverhältnisse zu verhindern — keinen an eine Dienststelle gebundenen Arbeitsvertrag über 12 Jahre hinaus zuließ (§ 7 des Landeskulturedikts). Die Zwangsalternative zwischen Eigentumsbildung oder Besitzlosigkeit — eine sich aufspreizende Schere — war damit legalisiert.

Wie fern der Verwaltung die schleichende Umschichtung vom Inst- zum Tagelöhnerverhältnis vollzogen wurde, erhellt aus den vergeblichen Versuchen des statistischen Büros, sich darüber Klarheit zu verschaffen. Die Kreis- und Kommunalverfassung war für solche Fragen undurchlässig, wie Hoffmann bedauernd feststellte.[48] — Bevölkerungsanstieg und stei-

---
45 *Meitzen:* 1. 433.
46 Nach Saalfeld brachten die ab- und aufgelösten Kleinstellen dem Großgrundbesitz bis 1865 450 000 Hektar ein.
47 KO 8. 8. 1837, *Kamptz:* Ann. 21. 710. Die Bestimmung galt nur für die Provinz Preußen, wo der Liberalismus immer vor den untersten Schichten haltmachte; und sie galt fort über die Jahrhundertwende hinaus *(Bitter:* 1. 773).
48 *Hoffmann:* Bevölkerung 196.

gende Konkurrenz vergrößerten die ökonomische Macht der Gutsherren, förderten die Saisonarbeiten in der Saat- und Erntezeit, entzogen aber der Tagelöhnerschicht einen dauerhaften Unterhalt. Die landlose Schicht geriet, vergeblich nach hinreichenden oder besseren Stellen Umschau haltend, in Bewegung. Kartoffelkrankheit, Mißernten und die folgende Agrarkrise beraubten sie 1845/47 der letzten Subsistenzmittel, und so stürzten Bettelei und Bettel um Arbeit die landlose Klasse von einer in die andere Verzweiflung, soweit sie nicht vom Tod überholt wurde. Der Aufschrei nach Land, nach Landverteilung und Eigenbesitz, der 1848 durch den ganzen Staat gellte, war der Ausbruch einer puren Existenznot.[49]

Die Revolution von 1848 war nicht nur das Ergebnis einer politischen Krise, sondern diese speiste sich unmittelbar aus einer sozialen Krise – teilweise ein Ergebnis der liberalen Arbeitsverfassung der großen Güter, die östlich der Elbe die knappe Hälfte des Grund und Bodens bedeckten.

Neben der neuen, vom Staat ungeschützten Tagelöhnerklasse hat sich die Schicht der spannfähigen *Eigentumsbauern* – unter ihnen rund 70 000 neu regulierte, von den Rittern abgelöste Bauern[50] – recht und schlecht gehalten. Ihre Gesamtzahl – um die 350 000 – hat sich nur um 2 % verringert, und ebenso wurde ihr Landverlust an die Gutsherren durch die Aufteilung der Gemeinheiten in gewisser Weise aufgewogen[51]; aber unter welchen Bedingungen: Die seit 1816 befreiten Bauern wurden auf die schlechteren Böden abgedrängt und oft genug von den Gutsherren in eine Zwangslage getrieben. Häufig mußten sie – im Gegensatz zu den Domänenbauern – so viel Land abtreten, daß die verbleibende Ackernahrung

---

49 Zum ganzen: *Jordan* a. a. O. 57 ff., und *Hübner:* Landarbeiter. Vgl. auch ein Rundschreiben des Landrats Motz (Kröbener Kreis) vom 16. November 1845 an alle Herren Rittergutsbesitzer (Arch. Panstw. Pozn.): Leute, welche trotz der bereits erfolgten Regulierung der bäuerlichen Wirtschaften Eigentumsrechte auf Land beanspruchten oder propagierten, seien „Betrüger". Wenn sich auch keine Verbindungen im Kreise nachweisen ließen, die „Tendenzen der Communisten" verfolgten, so gebe es doch zweifelsohne „Verführte, denen unter Beimischung der gefährlichsten Begriffe über Gleichstellung aller Personen und Teilung des Eigentums, ein Anklang an den Communismus beigebracht ist". Mangel an Moralität und Religion und Arbeitsüberdruß förderten solche Wünsche, „von Außen her eine Verbesserung der Lage" zu erhoffen: Das beste Vorbeugungsmittel sei, „die Tagelöhner und Dienstboten nach wie vor mit Ernst und Würde zu behandeln", die Verträge einzuhalten und ihnen in Notlagen beizuspringen. Sollten heimliche Verbindungen, zur Mißachtung der Herrschaft „oder auf eine Erhöhung des Gesinde- und Tagelohns gerichtet", ruchbar werden, dann möge er sofort benachrichtigt werden. – Die Landarbeiterunruhen blieben 1848 regional; vgl. *Hübner:* a. a. O., *Petersdorff:* Kleist-Retzow 105 und *Lütge:* Gesch. d. dt. Agrarverfassung 207 f.

50 *Meitzen:* 1. 433: Die Zahl der nach 1848 befreiten Bauern erhöhte sich nur noch von 70 582 auf 83 288, und zwar allein durch Geldabfindungen.

51 Trotz aller Abgaben hatten die regulierten Bauern 1859 immer noch einen Landgewinn von 834 000 Morgen zu verzeichnen: in erster Linie durch die Gemeinheitsteilungen (*Saalfeld:* a. a. O.).

ihre hinreichende Ertragsfähigkeit einbüßte, oder sie wurden — gerade als das Geld knapp wurde — zu Rentenzahlungen gezwungen, die sie bei sinkenden Getreidepreisen nicht mehr aufbringen konnten.[52] Das bäuerliche Existenzminimum wurde unterschritten, Versteigerungen folgten prompt, aber sie brachten bei den hochschnellenden Bodenpreisen von dienstfreien, separierten Gütern den Bodenmarkt nur mühsam in Bewegung. Der Gutsherr war nicht selten der meistbietende Gewinner. Das Gesamtbild des Bauernstandes hat sich freilich durch derartige Auswirkungen nur an den Rändern verändert. Folgenreicher war, daß sich die Lage der Bauern — vor allem an den Zielen der Reform gemessen — nicht schneller und nicht gründlicher geändert hat.

Der Bauer blieb bei seiner kostspieligen Umstellung auf eine Privatwirtschaft vom Staat ungeschützt. Der Staat war auch hier liberaler, als er es sich hätte leisten dürfen. Die Bauern entbehrten — von wenigen rühmlichen, aber nicht weiter befolgten Vorbildern abgesehen[53] — jeder Kredithilfe, die den Rittern in vollem Ausmaß zuteil wurde. Der Dispositionsfonds für Agrarhilfen im Innenministerium betrug 1834 ganze 1661 Taler[54], und den ehemaligen Gutsbauern wurde — bis 1843[55] — eine vermeintlich pädagogische Verschuldungssperre auferlegt, daß nie mehr als 25 % ihres Bodens hypothekarisch belastet werden konnten. Das Gesetz selber trieb den Landmann, der mehr als je auf Bargeld angewiesen war, dem Wucherer in die Arme; und der Gläubiger war, wie Marwitz meinte, ein weit gestrengerer Herr als der ehemalige Gutsherr.

Dabei lernte der Bauer, wie Flottwell einmal berichtete[56], nur mühsam die gewonnene Zeit und Arbeitskraft nutzen — der Glaube müsse ihm noch in die Hand kommen, wie man in Ostpreußen sagte[57] —, und Brenn faßte

---

52 Dazu die Abschlußberichte der preußischen Regierungen, nachdem sie 1834 die Aufgaben der Generalkommissionen übernommen hatten. Besonders im Reg.-Bez. Gumbinnen, wo der Boden wenig wert war, wurden die Bauern gern zu Rentenzahlungen gezwungen und bei Zahlungsunfähigkeit vertrieben (Staatl. Arch. Lager Göttingen Rep. 2 Tit. 40, Nr. 10, vol. 10). Vgl. dazu *Schubert* (Reg.-Rat und Prof. in Königsberg): Statistische Beurteilung und Vergleichung einiger früherer Zustände mit der Gegenwart für die Provinz Preußen ... (Z. dt. Stat. 1. Jg. 1847, 28): „Ganze Dorfschaften bäuerlicher Wirte wurden bis auf das letzte Erbe ausgekauft."
53 Bäuerliche Kreditkassen gab es nur im Sächsischen und Westfälischen, und auch hier nur für den Paderborner Bezirk, für den auf das energische Betreiben Vinckes hin eine Tilgungskasse zur Erleichterung der Ablösung der Reallasten 1834 errichtet wurde: KO 17. 9. 1834 (GS 171) und Staatsarchiv Münster B 1029. Über die vergebliche Diskussion im Vereinigten Landtag vgl. *Engels:* Ablösungen 107 ff.
54 Vgl. Anm. 44. Jahresbericht des Innenministers Brenn für 1834, wobei er den „hohen" Dispositionsfonds für Gewerbehilfen — er betrug 100 000 Taler — und Friedrichs des Großen Landeskulturausgaben als vorbildlich hinstellt.
55 Aufhebung der Verschuldungsgrenze, die 1811 (§§ 29, 54) und in der Deklaration von 1816 (Art. 65) festgesetzt worden war, durch VO vom 29. 12. 1843 (GS 1844, 17).
56 Staatl. Archiv. Lager Göttingen R. 2 Tit. 40, N. 10, vol. 1 (Bericht für 1826).
57 a. a. O. vol. 4 (Bericht aus Gumbinnen von Ob.-Reg.-Rat Schurmeister für 1835).

Wandel der ländlichen Sozialverfassung

1834 das Ergebnis aller bisherigen Auseinandersetzungen zusammen: Die Einsicht der Bauern hinke weit hinter dem Plan her, den die Ökonomiekommissare ihnen entworfen hätten[58]; das Ziel der Gesetzgebung, einen kräftigen, selbständigen Bauernstand zu bilden, liege noch in weiter Ferne. Eigentlich bedürfe es einer Gesetzesrevision — die nicht mehr zustande kam.

Die Anpassung an die modernen Betriebsformen vollzog sich nur schleppend; aber die Abdrängung der Bauern auf schlechtere oder unkultivierte Böden erzwang eine Intensivierung des Anbaus, der sich staatswirtschaftlich bezahlt machte. Aus den dreißiger Jahren wird gemeldet, daß inzwischen auch auf dem halben Boden der alte Ernteertrag erzielt werde.[59] Das freilich minderte nicht die Erfahrung der Übergangszeit, die zwischen Not und kostspieliger Selbständigkeit kaum einen Spielraum ließ.

Der Endzustand der preußischen Bodenverteilung, nach der sich — 1869 — die Fläche der selbständigen Bauerngemeinden zu der der Gutsbesitzer wie 49 % zu 45 % verhielt[60] oder — die westlichen Provinzen hinzugerechnet — wie 56 % zu 38 %, war am Vorabend der Revolution schon weitgehend erreicht. Aber auf den ehemaligen Gutsdörfern lastete ein Überhang überkommener Herrschaftsrechte, die aus der freien Wirtschaftsverfassung nicht ableitbar waren. Der Bauer arbeitete im Schatten des Herrn, dem er jahrzehntelang Ablösungsgelder zuführen mochte und dessen Patronat, Polizeigewalt und Gerichtsbarkeit er meist noch unterworfen war. Das wieder hatte eine lange Kette von Abgaben im Gefolge wie Schutzgelder, die jeden Besitzwechsel hemmenden Laudemien[61], Zehnten usw. Dazu gesellte sich das verbitternde Jagdrecht des Herren und oft genug noch ein Krug- und Mühlenzwangrecht.[62] Die Generalkommissionen waren gesetzlich genötigt, auch wenn sie ökonomisch konsequent verfuhren, eine ständisch-wirtschaftliche Zwischenlösung zu hinterlassen, die der Ritterschaft zugute kam. Die teuer erkaufte und schwer gewonnene Freiheit der Bauern blieb durchsetzt von politischen und ökonomischen Zwangsrechten, die fortzufegen das offene Ziel der Revolution wurde. Bauer und

---

58 Vgl. Anm. 54.
59 Bericht Nordenflychts für den Reg.-Bez. Marienwerder 1836.
60 In Morgen: rund 43 Millionen, davon 34 in der Hand spannfähiger Bauern, und rund 40 Millionen Gutsbesitz (*Meitzen:* 4. 330 ff.). Für die Ablösungen im Rheinland vgl. *Engels:* Ablösungen und Gemeinheitsteilungen ... 1957.
61 *Ziekursch* berechnet den Gewinn aus Laudemien in Schlesien so hoch, daß er teilweise den Verlust aller alten persönlichen Abgaben wettgemacht habe (a. a. O. 369).
62 Erst durch die Gewerbeordnung von 1845 wurden sie generell aufgehoben. 1832 z. B. berichtete der Steuerinspektor Mauve aus Westpreußen, daß ein Krugwirt in der Nähe Danzigs den Kartoffelbranntwein zu einem Überpreis von 150 % von seinem Gutsherren abzunehmen verpflichtet sei. Wenn das bekanntwerde, könne jeder Fremde ihn durch die freie Konkurrenz ruinieren (Staatl. Arch. Lager Göttingen a. a. O. vol. 8).

Handarbeiter konnten sich also, sosehr ihre wirtschaftlichen Interessen auseinandertraten, gegen die Gutsherren zusammenfinden.

Unterhalb der Hofbauern wuchs nun, wie auf den Gutsbezirken, auch in den Landgemeinden die breite Masse der ländlichen *Unterschicht* rapide an. Auch hier kehrte sich ein Ergebnis der liberalen Wirtschaftspolitik gegen deren ursprüngliche Absicht, den allgemeinen Wohlstand zu befördern. Mit den Heiratssperren waren die Schotten beseitigt worden, die einer ungehemmten Bevölkerungsvermehrung im Wege standen. Der immense preußische Bevölkerungszuwachs von rund 10 auf rund 16 Millionen Menschen zwischen 1815 und 1848 stammt weithin aus den Landkreisen der ostelbischen Provinzen, in denen die Agrarreform das Wachstum zugleich ermöglichte und herausforderte. Während sich das innerständische Gesinde auf den Gütern und Höfen – nach angestiegenem Lohn – nur geringfügig vermehrte und 1848 wie um 1800 rund eine Million Köpfe zählte[63], verdreifachte sich die Zahl der freigesetzten nichtbäuerlichen Untertanen auf den Dörfern.[64] Die Regulierungen, der freie

---

63 Im Gegensatz zur Tagelöhnerschicht konnte die Statistik das innerständische Gesinde ziemlich korrekt erfassen. Für die Lage um 1800 siehe *Krug:* 2. 208 ff., und oben S. 129 ff. Nach Beginn der Agrarreform fiel das Gesinde stark ab, allein das männliche zwischen 1819 und 1831 von 480 000 auf 435 000. Der Durchschnitt betrug in den Jahren bis 1837 460 000. Dann vermehrte sich das männliche Gesinde bis 1846 auf 578 000, nach Hoffmann vorzüglich auf den neuen bäuerlichen Gütern, die sich wieder Gesinde leisten konnten, weniger in den Städten, wo sich sowieso nur ein Zwanzigstel des Gesindes befand, und zwar mehr weibliches als männliches. „Wo mehr Bildung ist, wird der Mensch teurer, aber auch tätiger und geschickter: beides kann zur Verminderung der Anzahl des Gesindes wesentlich beitragen" – diese These leitet *Hoffmann* (Bevölkerung 210) aus der Statistik ab. Im ganzen hat das Gesinde um 39 % weniger zugenommen als die Bevölkerung überhaupt (*Dieterici:* Mitteilungen 1. 84; 2. 26).

64 Die Statistik der beweglichen Unterschicht beruht auf Schätzungen, denn das statistische Büro mußte wegen mangelhafter „Ausbildung der Kreis- und Kommunalverfassung" (*Hoffmann:* a. a. O. 196) auf die Ausgabe der entsprechenden Formulare verzichten. Dieterici liefert nach Schuberts als zuverlässig bezeichnetem Handbuch der Allgemeinen Staatenkunde für 1846 folgende Zahlenreihen: 257 347 Vollbauern mit 50 — 240 Morgen; 668 400 Häusler, Eigenkätner, Gärtner, Instleute, Komorniks, alle mit Häuschen und geringem Ackeranteil. Unterhalb dieser Schicht zählt nun Dieterici noch 873 286 Tagelöhner, Holzhauer, Straßenbauarbeiter, eine Schicht, die sich aber statistisch zu einem unbekannten Teil mit den Häuslern usw. überlappt. Man wird nicht fehlgehen, wenn man die Masse der landlosen Leute auf dem Lande mit ihren Angehörigen weit über eine Million veranschlagt (*Dieterici:* Mitt. Jg. 2. 27). — Nimmt man die genannten absoluten Zahlen und setzt sie zu Krugs Angaben (vgl. oben S. 132 f.) in ein entsprechendes Verhältnis, so springt die Zunahme der Unterschichten – bei gleichbleibendem Bauernstand – in die Augen. Zum ganzen siehe *Ipsen:* Landesausbau.

Ein anschauliches Beispiel dieser — die altständische Relation aufsprengenden — Entwicklung liefert der Ob.-Reg.-Rat Lette, Präsident des Revisionskollegiums für Landeskultursachen, für Hinterpommern. Er registriert in der Z. d. Vereins f. dt. Statistik 1. Jg. 1847, 563 f., das bis 1843 erreichte Ergebnis der Regulierungen im Reg.-Bez. Köslin: 1550 alte Vorwerke wurden arrondiert, 161 Vorwerke neu gegründet. Dabei gingen 381 383 Morgen Bauernland verloren. Auf den verbliebenen 1,1 Millionen Morgen alten Bauernlandes saßen 9044 Bauern und 4825 Kossäten und Büdner. Ein völlig anderes Bild zeigen die Umsiedlungen im Zuge der Regulierungen: 914 Bauernstellen wurden

Wandel der ländlichen Sozialverfassung

Bodenmarkt, auch die zugelassenen Erbteilungen, vervielfältigten und zersplitterten die Kleinstellen, allein eine Million Morgen gingen auf diese Weise den spannfähigen Bauernstellen verloren[65], aber was anfangs den Acker- und Gartenbau intensivieren half, vermehrte auf die Dauer die Not.

Hielt sich die Zunahme der Halbspänner und Kossäten noch im Rahmen des verteilten und verteilbaren Bodens, so vermehrten sich die Häusler, Eigenkätner, Büdner, Dorfhandwerker mit geringfügigem oder gar keinem Bodenanteil um so schneller. Ganz besonders — vor allem gemessen an ihrer Ausgangslage — schnellte die Zahl der Landlosen empor, die zwischen Gütern und Höfen hin und her pendelnd ein kärgliches Unterkommen als Heuerlinge und Tagelöhner suchten.[66] Während sich um die Jahrhundertwende die drei Gruppen der Vollbauern, Halbbauern und der Landlosen noch einander die Waage hielten, verschoben sich die Relationen in dem Maß, wie die gutsherrlich-dörfliche Besitz- und Arbeitsverfassung aufgesprengt wurde. Unterhalb der Bauernfamilien fristeten die Halbbauern ein kümmerliches Dasein, das weder vom Bodenertrag noch von Aushilfsarbeiten hinreichend gesichert war, und das um so weniger, als sie zunehmend unter den Konkurrenzdruck der Einlieger gerieten, die mit ihren Familien unterkrochen, wo sie nur konnten, und auf Hilfs- oder Mietsarbeit verwiesen waren, weil sie nie etwas anderes besaßen als die schwindenden Kräfte ihres Körpers. Schon 1827 meldete etwa der Danziger Regierungspräsident[67] von „dunkler Vorahnung" und Unruhen, weil Beschäftigung und Erwerb mit der Bevölkerungsvermehrung „nicht gleichen Schritt" hielten; das „Begehren nach Grundeigentum" sei nicht zu stillen. Die Unterschicht drückte von Jahr zu Jahr mehr auf die von den

---

eingezogen, aber nur 851 Höfe neu gegründet (auf Forst- und Hinterländereien), während die 454 eingezogenen Büdnerstellen durch 2366 auf Neuland gestiftete Büdner- und Kossätenstellen mehr als kompensiert wurden.

65 Die genaue Zahl — 1 292 981 — gilt für die Zeit bis 1859; sie übersteigt bei weitem die Zahl der im freien Verkehr an den Gutsbesitz verlorenen 468 660 Morgen. Insgesamt verloren die Bauern auf diesem Wege 5,11 % ihres Bodens (*Meitzen*: 4. 324 ff.).

66 So berichtet die Oppelner Regierung 1837, daß überall, wo nicht Bauunternehmungen, Hüttenwerke und Industrie die „einfachen Kraftanstrengungen der Tagelöhner in Anspruch nehmen", diese „Klasse von Arbeitern fast lediglich auf die Unterstützung des Grundeigentümers in seinem Feld und Wirtschaftsarbeiten angewiesen" sei. „Aber auch hier übersteigt, bei der wachsenden Population und dem niederen Wohlstande des Grundbesitzers, welcher sich zu dem größtmöglichen Gebrauch seiner eigenen Kräfte genötigt sieht und auf die notwendigsten Bedürfnisse beschränken muß, das Angebot der Arbeit die Nachfrage, wodurch natürlich die Arbeitspreise herabgedrückt werden." Daher die dauernde oder saisonbefristete Abwanderung aus Oberschlesien nach Polen (Arch. Panstw. Wrocl. Ob. P. Breslau Rep. 200 acc. 54/16, N. 3081), die in den westfälischen Hollandgängern ihr Gegenstück hatte.

67 Staatl. Arch. Lager Göttingen Rep. 2 Tit. 40, Nr. 10, vol. 2. Vgl. auch den Landratsbericht aus Marienwerder aus der Revolutionszeit, abgedruckt bei *Jantke*: Die Eigentumslosen 225 ff.

Gütern abgelösten reduzierten Dorfgemeinden, sie war zugleich Produkt und Opfer der Agrarreformen.

Während die Bauernbefreiung, d. h. die Trennung von Gut und Gemeinde, in erster Linie den Rittern zugute gekommen war, waren die Bauern die unmittelbaren Gewinner der Gemeinheitsteilungen, und zwar auf Kosten der dörflichen Unterschicht. In Marwitz' deutlichen Worten: „Wer da hatte, dem wurde noch gegeben, und wer da nicht hatte, dem wurde noch genommen, was er hatte"[68]. Die Bauern wahrten die größten Anrechte, als Weiden, Wiesen und Wälder der Dorfgemeinden verteilt wurden, und es verging kaum ein Jahr, da nicht die Behörden das daraus resultierende drückende Elend der Kleinstelleninhaber meldeten.[69] Es gehe ihnen oft schlechter als den freien Arbeitern oder Instleuten auf den Gütern, sie seien die ersten Opfer der Umwandlung aus der Natural- in eine Geldwirtschaft. Die Eigenkätner mußten, weil sie das neue Weidegeld nicht aufbringen konnten, ihr Vieh verkaufen; das wieder zog eine Senkung jener Steuersätze nach sich, deren drückende Last gerade zuvor den Armen seines Bargelds beraubt hatte, um seine Kuh zu erhalten.[70] So spielte sich ein Zirkel ein, der den Armen noch ärmer machte. Ohne Gemeinheitsanteil geriet er schnell, bei wachsender Kinderzahl oder nach schlechten Ernten — je nach Wetter — unter das Existenzminimum und lebte vom Hunger. Hier lag, wie die Behörden regelmäßig vermelden, die nie versiegende Quelle der ansteigenden Verbrechen: der alltäglichen Forstfrevel, die von den ihrer Gemeinheitsanteile Entblößten nicht als Unrecht begriffen werden konnten[71], der Brandstiftungen — durch Jugendliche, aus Rache oder um in den Genuß der Versicherungsprämien zu gelangen —, der Diebstähle, um überleben zu können, — alles Symptome einer sozialen

---

68 *Meusel:* Marwitz II/2. 461. Vgl. *Stein:* Agrarverfassung 3. 227 ff.
69 „Sehr ungünstig und nicht der bekannten Theorie hierfür entsprechend bewähren sich im hiesigen Kreise die ganz kleinen Parzellierungen, besonders in ärmerem Boden. Die Besitzer solcher Schollen sind an sie gefesselt, ohne ihnen ihre Erhaltung oder zureichende Beschäftigung danken zu können, und schmachten oft in größerer Armut als der besitzlose Einwohner, welcher seinen Erwerb in der Ferne sucht." Diese Schilderung des Landrats des Stuhmer Kreises aus dem Jahre 1827 taucht in Variationen in allen preußischen Berichten auf (Staatsarch. Münster B 80 vol. II). Vgl. *Meusel:* Marwitz II/2. 385, 448, 462.
70 Bericht der Reg. Königsberg 1827, die die Unruhen im Preußisch-Holländischen Kreise darauf zurückführt (R. 2. Tit. 40, Nr. 10, vol. 2). Aus dem gleichen Grund wendete sich 1846 die Regierung Minden scharf gegen die Generalkommissionen, die rigoros die Gemeinheiten aufteilten. Die kleinen Leute könnten kein Vieh mehr auf den Gemeindewiesen halten, aber die Gemeindelasten stiegen an, so, wie sich das Gemeindevermögen verringere: Das alles ging auf Kosten der „meistens auch berechtigten" nichtbäuerlichen Gemeindeglieder (Staatsarch. Münster B 80 vol II). Vgl. *Conze:* Wirkungen der Agrarreformen.
71 Weil der Forstfrevel nichts Unrechtes, sondern für „auf altem Brauch beruhend" gehalten wurde, forderte die Reg. Minden 1828, das „Forstbußgeschäft" den Richtern zu entziehen und der Verwaltung zu übertragen, daß „die Rüge rasch der Tat folge" (a. a. O. vol. I).

Krankheit bis hin zur Selbstvernichtung, angefangen bei den Kinderselbstmorden.[72]
Hatte sich der Reformstaat anfangs der Hoffnung hingegeben, durch die Eigentumsbildung den Unterschichten Aufstiegschancen zu bieten, ihnen zumindest Arbeit und Lohn zu verschaffen, so führten die Folgen seiner Gesetzgebung schnell in eine andere Richtung: zum Landproletariat. Das Landproletariat[73], das sich in den von ständischen Bindungen frei werdenden Raum hinein ausbreitete, gehörte, wie keine andere Schicht, zur freien Wirtschaftsgesellschaft und war, wenn auch unbeabsichtigt, vom Staat mit hervorgerufen worden. Es setzte sich zusammen aus den proletaroiden Kleinstelleninhabern, depossedierten oder von Geburt her landlosen Tagelöhnern, zu denen noch, vor allem in Schlesien und Westfalen, zahlreiche Spinner und Weber zu rechnen waren. Mit der Ausbreitung des Landproletariats stieß die Agrarreform an eine absolute Grenze, die nur noch in die Städte hinein überstiegen werden konnte, dort aber — ohne ein Industriepotential vorzufinden — die Not nur vergrößerte. Was dem Land keine wirkliche Entlastung brachte, vermehrte in der Stadt die Not. Die Armut kannte keine Grenzen. Die Gewerbefreiheit öffnete die Stadttore, die steuertechnisch noch kontrolliert wurden; aber daß die täglich einwandernden Fremden den Notstand nur vergrößern, „steht außer jedem Zweifel", wie etwa der Breslauer Magistrat in den zwanziger Jahren Monat für Monat berichtet.[74] „So ist denn", wie Marwitz 1836 in einem Gutachten schrieb, „in dem seitdem verflossenen Zeitraum sowohl unter den Landleuten als unter den Städtern eine ganz neue, bis dahin unbekannte Klasse entstanden, nämlich die der Heimatlosen, — oder mit einem neumodischen, der Fremdheit wegen angenehmeren Namen — die Proletarier."[75] Es waren nicht zuletzt die Proletarier, deren Gemeinsamkeit — nicht in ihrem Bewußtsein, aber ihrer sozialen Lage in Stadt und Land — den Staat auf neuartige Weise herausforderte, nämlich überregionale Gesetze für die Gesamtheit einer bürgerlichen Gesellschaft zu stiften, die zugleich mit dem Proletariat entstand. Darauf wird zurückgekommen.[76]
Die Umrechnung aller Dienstpflichten und Nutzungsrechte in Geldansprüche und Bodenbesitzeinheiten sowie deren Neuverteilung durch die Generalkommissionen — innerhalb des Domänenbesitzes durch die Re-

---

72 Vgl. *Schüttpelz:* Kinderfürsorge 43. Die monatlichen Zeitungsberichte der Regierungen sprechen für diesen ganzen Bereich, der eine Untersuchung lohnt, eine beredte, aber hilflose Sprache.
73 *Conze:* Vom Pöbel zum Proletariat; ders.: Spannungsfeld 251. Und als äußerst ergiebige Quelle: *Lengerke:* Die ländliche Arbeiterfrage mit 168 methodisch aufgegliederten Berichten der landwirtschaftlichen Vereine Preußens aus dem Jahre 1848.
74 „Von Jahr zu Jahr nimmt Breslaus Bevölkerung zu, Breslaus Wohlstand hingegen ab" (Zeitungsberichte des Magistrats: III/1939 ff. Arch. Panstw. Wrocl.).
75 *Meusel:* Marwitz II/2. 454.
76 Siehe den letzten Abschnitt S. 631 ff.

gierungen — brach also die ländliche Sozialverfassung auf. Der gesetzlich vorgeschriebene Verteilerschlüssel begünstigte die jeweils oberen Schichten auf Kosten der unteren, und die Privatisierung des Bodens schuf nach ihren Besitztiteln zwei — Eigentümer und Nichteigentümer —, nach ihrer sozialen Lage drei Klassen: Ritter, Bauern und ländliche Unterschicht. Die Grenzlinien waren noch fließend, vor allem zwischen Kleinbauer und Instmann, zwischen Häusler und Tagelöhner, aber entlang und unterhalb des physischen Existenzminimums vermehrte sich das Landproletariat, dem eine zunehmend kapitalistische Wirtschaftsweise auf den Gütern entsprach. In der rückwärtsblickenden Sicht eines Konservativen: „Die rationelle Landwirtschaft droht die Verhältnisse zu den helfenden und dienenden Menschen, als die scheinbar minder wichtigen, über Maschinen und über technischen und merkantilen Operationen mehr und mehr zu verdunkeln, auch, gemäß dem vorwiegenden Materialismus, die Gemüter mehr und mehr auf möglichst hohen Ertrag, als das wesentlichste Ziel, hinzulenken." Je mehr die Gutsherrn „aus kleinen Regenten in Mechaniker und Chemiker umgewandelt werden", die die menschlichen Arbeitskräfte nur verschwenden, desto mehr regten sich die „socialistischen und communistischen Ideen"[77].

Die schleichende *Umwandlung des Ritterstandes* in eine gutsherrschaftlich abgesicherte Unternehmerklasse gehörte zu den langfristigen und am längsten fortwirkenden Folgen der Reform. Dieser soziale Vorgang wurde nun, im Gegensatz zu den Verschiebungen in den unteren Schichten, am ehesten politisch gesteuert. Schöpfer und Adressat ritterschaftlicher Gesetze und Deklarationen waren teilweise identisch, zudem brachte der Adel landrechtlich gesicherte Vorzüge in die soziale Bewegung mit ein, die der Unterschicht von vornherein fehlten und derer die Bauernschaft seit 1807 beraubt wurde.

Der Wandel des ritterlichen Gutsherren zum landwirtschaftlichen Unternehmer vollzog sich nicht allein im Horizont des freien Güter- und Arbeitsmarktes, sondern war abgesichert durch eine Reihe wirtschaftlicher und politischer Vorrechte, die zu den Bedingungen der Revolution gehörten, aber ebenso den Grund seiner Macht legten, diese Revolution zu überdauern. Nicht nur sein Vorsprung im Ablösungsprozeß, auch Gütermarktfreiheit, Privilegien und laufende Gesetzgebung wirkten zusammen, den Ritterstand zu festigen. Innerhalb des Ritterstandes aber war es in erster Linie der Adel, dem der politische Vorteil der wirtschaftlichen Erstarkung zufiel, so, wie er sich — seit der Julirevolution — im zivilen Staatsdienst auf Kosten der Bürger langsam ausbreitete. Auch innerhalb des Ritterstandes selbst blieben seine bürgerlichen Mitglieder — wie im

---

77 *Lancizolle:* Königtum 482.

ganzen Staat — mehr auf die wirtschaftliche Tätigkeit als auf ihre politische Vertretung beschränkt. Gerade indem der Adel der wirtschaftlichen Konkurrenz seitens der Bürger ausgesetzt wurde, hat er sich so viel bürgerliche Kräfte anverwandelt, daß er auf die Dauer als der wahre Gewinner aus den liberalen Reformen hervorging.

Die Verschuldung der Rittergüter wuchs in den ersten drei Dezennien des Jahrhunderts rapide. Zuerst mangelnder Absatz, hohe Kriegskosten und Verwüstungen, dann steigende Löhne durch die persönliche Befreiung der Gesindedienstpflichtigen, die Umstellung auf scharwerkfreie Betriebe durch die Ablösungen und gleichzeitige Ausweitung auf neuen Boden, schließlich die große Agrarkrise der zwanziger Jahre: all dies ballte sich zusammen und steigerte die Verschuldung der Rittergüter. Hoffmann hatte 1821 dem Staatskanzler in einem Geheimbericht gemeldet, daß die Schulden der landwirtschaftlichen Kreditinstitute seit dem Kriege von 54 auf 73 Millionen Taler gestiegen seien, allein in Schlesien hatten sie sich um 50 % erhöht; während in den beiden preußischen Provinzen — auf Grund der staatlich befohlenen Moratorien — die Kreditgeschäfte zum Erliegen gekommen waren.[78]

Das Staatsministerium legte sich 1822 — von Bittschriften überflutet — in eingehenden Beratungen die Frage vor, ob durch den anhaltenden Indult, der speziell den beiden preußischen Provinzen gewährt wurde, nicht „die Gleichheit der Untertanen vor dem Gesetz aufgehoben und der Gutsbesitzer auf Kosten der Kapitalisten begünstigt werde"[79]. Aber die Lage der östlichen Provinz war so katastrophal, daß immer wieder Indultverlängerungen genehmigt wurden, deren letzte erst Weihnachten 1832 auslief.[80]

Schön hatte den Gesamtschaden in der Provinz aus der Kriegszeit auf rund 99 Millionen Taler berechnet, die Bevölkerung war von 1806 bis 1812 um 188 611 Personen zurückgegangen, d. h., sie hatte 14 % verloren[81], die hypothekarische Verschuldung der Provinz war bis 1822 auf 66 Millionen Taler angestiegen, von denen nur $10^{1}/_{2}$ Millionen in landwirtschaftlichen Pfandbriefen angelegt waren. Auerswald hatte schon 1810 bei einer ersten Bitte um Indultverlängerung festgestellt, daß nur ein Zehntel der Landbe-Bevölkerung Kredit erhalte, die Zinssätze lägen zwischen 12 und 30 %.[82] „Auf Grundstücke ist nur im Wege des Wuchers Kapital zu erhalten", berichtete 1824 Schön: eine durchlaufende Klage über anderthalb Dezennien hinweg. Der Geldmangel wuchs in dem Maß, als der Kurswert der Pfandbriefe fiel, Kapital aber gebraucht wurde. An die Stelle der früheren Ver-

---

78 DZA Merseburg R 74 J IV Nr. 4, 18. Juni 1821.
79 a. a. O. R 74 H II Preußen Nr. 5.
80 *Mannkopf:* V, 370.
81 Staatl. Arch. Lager Gött. R 2 Tit. 40, Nr. 5.
82 a. a. O. R 2 Tit. 3, Nr. 36, 22. 1. 1810.

fassung, die „auf gegenseitige Naturalverrrichtungen und Naturalvergeltungen gegründet" war, trete die Geldwirtschaft, in der „durch Geld Ertrag und Arbeit ausgegeglichen werden"; aber gerade das Geld fehle.[83] Jetzt zeigten sich zugleich die ersten Wirkungen der Auseinandersetzungsbehörden. Allein bis 1820, berichtete Auerswald, habe die Ritterschaft 234 405 Taler Kapital aufbringen müssen, um sich auf die neue Wirtschaft umzustellen — freilich ohne Aussicht, daß es in absehbarer Zeit „den vorausgesetzten Ertrag bringt"[84].

Bis 1824 erhielten die Gutsherren für abgelöste Dienste in Preußen 123 026 Morgen bäuerliches Land[85], die nun in freier Arbeit zusätzlich bewirtschaftet werden sollten. Die Anlage eines Vorwerks kostete etwa 4000 Taler, 54 wurden bis 1824 in Ostpreußen neu errichtet; schon bis 1820 hatten die dortigen Gutsbesitzer — über die Entschädigungslande hinaus — 311 Höfe mit 37 094 Morgen Land eingezogen. Auerswald legte Listen in Berlin vor, die Gut für Gut, Hof für Hof nachwiesen, daß sich die Wirtschaftskosten seit 1800 etwa verdreifacht hatten und ebenso die Abgaben. Dazu kamen die Verwaltungskosten für die Regulierungen und bei Translokation der Bauernhöfe deren Neubaukosten.

Zehn Jahre später berichtete der Regierungspräsident Thoma aus Gumbinnen, daß durch die zahlreichen Abbauten und Umsiedlungen „die Karten fast nicht mehr die Namen der neuen Ortschaften fassen können", die Kirchenbücher seien völlig in Unordnung geraten, jetzt lasse man nur noch für Gründungen ganz neuer Dörfer und Vorwerke neue Namen zu.[86] In dieselbe Zeit der Trennung von Gutsbezirken und Gemeinden fiel die schwere Agrarkrise, der Preisverfall und die Absatzstockung auch bei günstigen Ernten in den mittzwanziger Jahren. Und in dieser „äußersten Krisis", wie die preußischen Stände schon 1822 berichteten, sollten gleichzeitig die Rationalisierung der Wirtschaft, ihre Umstellung auf die Fruchtwechselfolge, die Beschaffung neuer Geräte, die Veredelung der Viehrassen vollzogen werden, um überhaupt konkurrenzfähig zu bleiben. Genug der Andeutungen: Der Staat entschloß sich, für Ostpreußen von seinem liberalen Wirtschaftsprinzip abzugehen, er verlängerte die Moratorien und

---

83 Vgl. *Stein:* a. a. O. 3. 134, und eine Eingabe der Preußisch-Eylauer Ritter: Alles Geld fließe durch Steuern nach Berlin ab, „und mit dem Geld müssen notwendig zugleich Civilisation und jeder Verband unter Menschen, die größtenteils ihr Dasein dem Gelde verdanken, sich lösen. Alle nachbarliche Geselligkeit auf dem Lande hat schon ganz aufgehört, und aller Besuch, den man auf dem Lande erwarten kann, sind die Bauern-Auseinandersetzungs-Kommissionen, landschaftliche sowie Gerichts-Exekutoren, und die Accise-Steuer-Offizianten . . . " (DZA Merseburg, R 74 H II, Preußen Nr. 5).
84 a. a. O. 30. Juni 1821.
85 Bericht *Sydows:* Staatl. Arch. Lager Gött. Rep. 2 Nr. 3472, vol. 2. Zum gesamten Besitzwechsel in Ostpreußen siehe *Stein:* Agrarverfassung 3. 272.
86 „Gumbinnertal, Gumbinnerberg, Klein-Gumbinnen usw." (Staatl. Arch. Lager Gött. R. 2 Tit. 40, Nr. 10, vol. 7).

pumpte rund drei Millionen Taler Unterstützungsgelder, teils als Geschenk, teils als langfristige Darlehen, in die Provinz.
Gemessen an der Gesamtverschuldung war dies wenig, aber die Summen kamen — durch den Verteilerschlüssel, den Schön als Oberpräsident in seinen Händen hielt[87] — in erster Linie dem alten Ritterstand zugute. Es war eine regionale Entscheidung — übrigens gegen den Willen des Innenminister Schuckmann, der vergeblich den Bauernstand stärker berücksichtigen wollte —, aber selbst diese Sonderregelung für Ost- und Westpreußen tangierte nie den liberalen Grundsatz, daß die überschuldeten Rittergüter selber dem jeweils Meistbietenden veräußerbar bleiben sollten. In dieser Richtung kannte Hardenberg keine Konzession.
Trotz aller Kredithilfen hat der Staat strikt am freien Güterhandel festgehalten, um das landfreie Kapital in das kapitallose Land hinüberzuleiten. Vergeblich protestierten Ständekomitee, Landschaftsdirektion und alte Gutsherren gegen die „finanzielle Ansicht, daß es dem Staat gleichgültig sein kann, wer Besitzer der adligen Güter ist. Unserer unmaßgeblichen Meinung zu Folge stehet die Wohlfahrt des ganzen Staates mit der Wohlfahrt und Erhaltung kräftiger und treu erprobter Grundbesitzer in einem so engen Verbande, daß beide nur miteinander bestehen." Die Opfer, die sie als Grundbesitzer „für die Gesamtheit des ganzen Staates erlitten, erduldet und gebracht" hätten, zögen „die gesetzliche Verpflichtung des Staates" nach sich, sie „vollständig zu entschädigen". Der König rügte persönlich, wie unangemessen die Auffassung sei, mangelhafte Hilfe seitens des Staates als ein Opfer für den Staat zu interpretieren: denn darauf laufe das Argument hinaus; und Hardenberg belehrte die Stände — nach dem Konzept Rothers — daß es nicht in menschlicher Macht stehe, widrige Konjunkturen, denen jetzt ganz Europa ausgesetzt sei, plötzlich zu beseitigen.[88]
Das Staatsministerium hielt denn auch bei der Errichtung der Provinzialstände strikt daran fest, daß die Ritterstandschaft „ohne Rücksicht auf die adlige Geburt des Besitzers" jedem Besitzer eines Rittergutes zukomme.[89] Vergeblich wies der Freiherr vom Stein darauf hin, daß man damit „das historische Prinzip" verlasse: „Auf diese Art wird der Grundbegriff des Adels zerstört, der großen Grundbesitz, Geschlechtsalter und sittliche Würde in sich schließt, und Familienehre vernichtet, dies Band, so Vergangenheit an die Hoffnungen der Zukunft knüpft. An ihre Stelle treten materieller Reichtum, Ackerflächen und Kornsäcke, die höchsten Güter des

---

87 *Stein:* Agrarvf. 3. 134 ff., und Schön an Stein 9. 5. 1827 (Briefwechsel, hg. v. Botzenhart VI, 493).
88 DZA Merseburg R 74 H II Preußen Nr. 5. Eingaben 18./19. 2. 1822; Antwort 14. 4. 1822.
89 § 7 der einzelnen Provinzialverfassungen (*Rauer:* 1.).

gemeinen irdischen Menschen."⁹⁰ Stein übte mit seinem Gutachten keinen retardierenden Einfluß mehr aus, selbst in den Kreisen um Rochow fand er keine volle Hilfe mehr⁹¹, und auch die einschränkenden Vorschläge der schlesischen Gutachterkommission wurden bei der Vorbereitung der Provinzialstände abschlägig beschieden.

Die Schlesier wollten mit einer Majorität von 12 : 9 Stimmen gegen alle Bürger — Bauern wurden nicht befragt — den neuen Käufern wenigstens die politischen Standesrechte vorenthalten, und sie begründeten ihren Antrag damit, daß, „wie die Erfahrung lehre, oft Personen des niedrigsten Standes und Gewerbes in kurzer Zeit zu einem höchst bedeutenden Vermögen gelangten. Solche Leute hätten sodann meistenteils keinen angelegentlicheren Wunsch als den, einen ihrem Vermögen angemessenen politischen Standpunkt zu erringen, und sich zu dem Ende Rittergüter anzukaufen. Dies und die Ausübung der damit verbundenen Ehrenrechte wollte man ihnen nicht beneiden: als Mitglieder des Rittergutsbesitzerstandes an den Versammlungen und Beratungen derselben teilzunehmen aber fehle es denselben gewöhnlich, sowohl an Kenntnissen als der Art, sich diesem Stande gemäß zu benehmen, und ihre Teilnahme würde also nicht nur ganz unnütz sein, sondern auch den einmal eingeführten Unterschied der Stände kompromittieren, und das um so mehr, wenn ein solcher ganz verdienstloser Glückspilz sich bloß durch sein Geld etwa in die höchste Klasse eindrängen sollte."⁹² Die Schlesier zogen bereits die innerständische Grenze aus, die der Adel in den folgenden Jahrzehnten so erfolgreich bewachen sollte. Wirtschaftlich seien die Kapitalisten zuzulassen — schon 1819 führte das Staatsministerium die steigende Webernot auch darauf zurück, daß „die wohlhabensten Händler ihre Kapitalien aus dem Leinwandhandel zogen und sich Rittergüter kauften"⁹³ —, politisch und sozial aber sollten sie geschnitten werden — wie Kunth 1826 verbittert schrieb: Höhnisch und mit der unbefangensten Miene zähle der Adel die neuen Ritter „zu der Hefe des Volkes"⁹⁴.

Trotz aller Verachtung der hochstrebenden Bürger seitens des Adels ging die Rechnung des Gesetzgebers auf. Der landschaftliche Kredit stieg wieder an in dem Maß, wie der Ritterstand ökonomisch verbürgerlichte, sei es personal, sei es durch Anwendung moderner Betriebstechniken. In Ostpreußen, wo sie auch am ehesten politische Folgen zeitigte, vollzog sich die Besitzumschichtung am schnellsten. Am Ende der großen Agrarkrise,

---

90 *Stein:* Briefwechsel, hg. v. Botzenhart VI, 125 (5. 11. 1822); dazu *Gembruch:* Stein 136 ff.
91 *Stephan:* Provinzialstände 26.
92 *Röpell:* Provinzialstände 281, 291, 301.
93 DZA Merseburg R 74 K 3, VIII (23. 1. 1819).
94 an Stein (Briefwechsel, hg. v. *Botzenhart* VI, 374; 22. 4. 1826).

Wandel der ländlichen Sozialverfassung

1829, hatte sich die Sozialstruktur der ostpreußischen Ritterschaft wesentlich geändert: Von den 888 Gütern, die 1806 in der ostpreußischen Landschaft assoziiert waren, hatten 510 ihren Besitzer gewechselt, nur 378 verblieben den alten Familien. Und von den 510 neuen Besitzern hatten über die Hälfte das Gut auf dem Wege der Zwangsversteigerung erworben.[95] In diese Zeit fällt der große Schub bürgerlicher Rittergutsbesitzer, der die östlichste Provinz mehr als die anderen kennzeichnet. Ähnlich nahe waren die westpreußischen Altbesitzer am Rande ihres Ruins: Allein bis 1822 waren schon 166 Güter sequestriert worden, 25 folgten schon zur Berichtszeit. Von 1829 bis 1831 wurden in Ost- und Westpreußen zusammen weitere 111 Güter zwangsversteigert.[96]

In anderen Provinzen wechselte der Besitz langsamer, aber stetig. In der Provinz Posen, die 1821 ebenfalls ein eigenes landschaftliches Kreditinstitut erhalten hatte — mit einer königlichen Stiftung von 200 000 Talern[97] —, waren von den 1405 Rittergütern[98] 1828 bereits 172 zwangsversteigert wurden.[99] In Pommern gerieten zwischen 1817 und 1829 nachweislich 507 Güter — über ein Drittel aller Rittergüter — unter Zwangsverwaltung.[100] Besser hielt sich — oft am Rande des Existenzminimums dahinarbeitend — in Schlesien der Adel: Von 1811 bis 1831 wurden nachweisbar nur 369 Güter versteigert. Aber in den folgenden Jahrzehnten ging der schlesische Adel dazu über, seine Güter — nunmehr gewinnbringend — in den Handel zu schleusen, wobei wiederum ein Großteil der Käufer bürgerlich war.[101] Aus dem Jahre 1857 liegt eine Statistik Rauers vor, die den Anteil, den die bürgerlichen Besitzer an den Rittergütern bis dahin gewonnen haben, feststellt: Von den 12 399 Gütern befanden sich 5296 in bürgerlicher, 7023 in adliger Hand.[102]

Im Laufe eines halben Jahrhunderts nach den ersten Reformgesetzen hat sich also die Schicht der Rittergutsbesitzer in ihrer Zusammensetzung wirksam gewandelt. Nachdem einmal der freie Gütermarkt errichtet war, drang eine finanzkräftige und unternehmende Gruppe bürgerlicher und

---

95 Staatl. Arch. Lager Gött. R 2 Tit. 22, Nr. 46.
96 DZA Merseburg R 74 H II Preußen Nr. 5; vgl. *Jordan:* Konservative Partei 26.
97 *Reden:* Deutschland 2. 271.
98 Stand von 1842 nach *Rauer:* 2. 141.
99 Arch. Panstw. Pozn. Ob. Pr. XV A 20.
100 Ihr Bestand 1814 nach *Knapp:* 1. 285: 1311.
101 Vgl. oben S. 347, Anm. 37, und *Ziekursch:* Agrargeschichte 327, 343, 385 ff. vgl. auch *Görlitz:* Junker 173, 210 ff.
102 Zit. nach *Jordan:* a. a. O. 28. Von der größeren Aktivität bürgerlicher Agronomen zeugt die Deputiertenliste der 21 preußischen landwirtschaftlichen Vereine, die sich 1839 in Potsdam an der 3. Versammlung dt. Land- u. Forstwirte beteiligt hatten. Die Vereine waren vertreten durch 25 Bürger (davon 5 Rittergutsbesitzer) und nur durch 6 Adlige (davon 1 Ökonomiekommissar). Umgekehrt zur politischen Repräsentation führten also Bürgerliche in Fragen der Agronomie und Agrotechnik, wenn man die Zahlen als Indiz werten darf (*Lengerke:* Bericht 1839, 32). Beispiele bei *Görlitz:* Junker 220 f. 227 f.

bäuerlicher Herkunft in den „Ritterstand" ein.[103] Und wer sich vom Adel dieser Schicht auf dem Lande hielt, war ebenso erfolgreich in dem Anpassungsprozeß an die neuen Betriebsformen, die die freie Wirtschaft hervorrief.

Die Rückwirkungen auf die Kreditlage blieben nicht aus. Seit Mitte der dreißiger Jahre hatte sich der Großgrundbesitz gefestigt. Der Typ des findigen unternehmenden Junkers wußte sich bei der Entwicklung der modernen Ackerbautechnik, der Viehzucht, der Rübenzuckerfabrikation, der Brennereien in seinem Element. Insgesamt vermehrte sich die Pfandbriefverschuldung der ritterschaftlichen Kreditinstitute von 1815 bis 1845 zwar von rund 63 auf rund 106 Millionen Taler, was — die neuen Anteile der Provinz Posen abgerechnet — einer durchschnittlichen Vermehrung von etwa 34 %/o gleichkommt.[104] Aber seit den dreißiger Jahren konnten die Zinsrückstände abgetragen, die laufenden Zinsen getilgt werden, und die Neuausgabe von Pfandbriefen betrug im letzten Jahrzehnt vor 1845 nur mehr 5,3 Millionen. Die Institute sammelten Eigenvermögen, die Vermögensanlage in Landschaftspapieren — vor dem Eisenbahnbau eine der

---

103 Bei der oben (S. 482, Anm. 138) genannten Umfrage aus dem Jahre 1840 schrieb Zedlitz, „daß in den Kreisen [Jauer und Schweidnitz] sehr viele Güter in jüngster Zeit neue Besitzer kennen, von denen sich in bezüglicher Hinsicht [des Fragebogens] gar nichts sagen läßt". Freiherr von Winckler auf Schwedlich berichtet aus dem Kreise Neiße: „Durch den sehr großen Druck der letzt verflossenen 15 Jahre — wegen der sehr niederen Preise der landwirtschaftlichen Erzeugnisse — hat ein sehr bedeutender Teil der alten adligen Besitzer seine Güter verloren; Ihre Besitzungen wurden gesetzlich subhastiert! und wohl beinah ohne Ausnahme: sehr niedrig verkauft; weshalb jene Herren sämtlich verarmt: jetzt ohne Besitz von der Allerhöchst gnädigen Vermächtnis ausgeschlossen sind." Die größeren Besitzungen (Ossegg, Hennersdorf, Bilau, Zemsdorf, Mahlendorf, Alt-Gruttkau usw.) „haben reiche Herren und Kaufmänner aus den Städten; die kleineren aber mehrenteils: Wirtschaftsbeamte, Müller, wohlhabende, aber nicht einmal halbgebildete Rustikal-Besitzer, sehr billig, ja fast unter der Hälfte erstanden, und haben sich teilweise mit sehr wenigem Vermögen in den Ritterstand hineingedrängt; in welchem sie: nach Erziehung und Geburt, sich eigentlich nicht eignen. Selbige leben auch größtenteils sehr eingezogen, ohne große Bedürfnisse, und besuchen auch sehr wenig die Kreistage! ja, sie reichen bei Wahlen selbst nicht einmal ihre Stimmen ein! Sie bezahlen ihre Zinsen und helfen sich durch. Und wenn es wirklich einige Schwache darunter gibt, so liegt es doch bloß an ihnen! Daß sie sich mit zu wenigem hineingewagt, ihrer kurzen Besitzzeit wegen; und weil sie auch beinah sämtlich ihre Güter sub hasta, sehr billig erstanden! eignen sie sich schon von selbst nicht zu der Allerhöchsten Königlichen Gnade! Denn sie haben dem Staate noch gar nichts geleistet: gehören im strengsten Sinne eigentlich nicht in den Ritterstand! und können ihre wohlfeil erstandenen Güter jetzest alle mit dem bedeutenden Gewinn verkaufen." Da z. Z. keine Gefahr einer Sequestration drohe, gehe es mit den Neulingen „so schlecht nicht". Ganz anders stehe es mit jenen, die früher für teures Geld ihr Gut erworben und es dann durch die Notzeit hindurchgerettet hätten. So er selber, der als Invalide von 1813/15 seit 23 Jahren ein kleines, mit 5000 Talern Hypotheken belastetes Rittergut innehabe, das einmal abgebrannt sei und ihm nicht genug liefere, um seine 8 Kinder standesgemäß erziehen zu können: deshalb sei er auch von seinen Mitständen zum Direktor des Landschaftssystem (Neiße) gewählt worden.
104 Reden: a. a. O. 1, 270; die Posener Pfandbriefe stiegen von 2 auf 18 Millionen im gleichen Zeitraum an.

wenigen Investitionsmöglichkeiten im Agrarstaat — wurde zu einem sicheren und gesuchten Geschäft.[105]
„Die unglückliche Periode", so berichtet ein Landrat 1840 aus Schlesien, habe von 1806 bis 1832 gereicht: Seitdem stiegen die Erträge, die Preise, der Kredit und der Wert des Grundeigentums regelmäßig an. Und Merckel bestätigte dies: „Es ist eine höchst erfreuliche Tatsache, daß die Rittergutsbesitzer der Provinz Schlesien sich in der entschiedensten Mehrzahl in einem nicht ungünstigen Vermögenszustande zu befinden scheinen."[106]
Wenn Georg Friedrich von Cölln 1807 gespottet hatte, daß zum Adel die Klasse der Gutsbesitzer gehöre, „die nur die Pächter ihrer Creditoren aus dem dritten Stand sind, und die keine Ideen von ihren Pflichten haben"[107], so hatte sich unter dem Zwang der Reformgesetzgebung das Bild gründlich geändert. Die Zulassung des finanzkräftigen Bürgers zum Ritterstand — im Gegensatz zu den süddeutschen Verfassungen[108] — brachte sowohl Kapital wie den kapitalkräftigen Nichtadligen auf das Land, führte aber ebenso zu einer Anpassung des verbleibenden Adels an die erforderlichen geldwirtschaftlichen Betriebsformen.
Andererseits führte der Übertritt des Bürgers in den Ritterstand zu seiner Angleichung an den Adel. Für einen Bürger bedeutete es Ehre und Gewinn, sich in den Ritterstand einzukaufen. Besonders im Osten war es der vorgezeichnete Weg manches „Kapitalisten", der nicht den Staatsdienst suchte, durch Erwerb eines Rittergutes in den ersten Stand der Provinz überzuwechseln, und zwar oft genug durch Erwerb solcher Güter, deren Inhaber verarmt oder einer rationellen Betriebsführung unfähig waren. Statt Gläubiger im Hintergrund oder Verwalter im Auftrag zu sein, gewann der aufstrebende Bürger Teilhabe an der Ausübung hoheitlicher Rechte in der Polizeiverwaltung und Rechtsprechung, Einfluß auf die ständischen Organisationen und trat in den Genuß landschaftlichen Kredits. Das Rittergut versprach, wie Lancizolle lehrte[109], „einen persönlichen, nicht bloß amtsweise gebührenden Anteil an der Beherrschung des Landes ... eine dermaßen umfassende und gesicherte politische Bedeutung, wie ... kein anderes Privatverhältnis, selbst nicht das des Industriellen und des geldmächtigsten Bankiers, zu begründen vermag".
Es gehört nun zu den wichtigsten Folgen dieses Vorgangs, daß er die Stellung des Bürgertums politisch unterhöhlt hat. Der finanzielle Zustrom kam — im Rahmen rechtlich gleicher Chancen — mittelbar dem Adel zu-

---

105 Die Zinsausschüttung betrug nach *Reden:* a. a. O., 1848 3 611 000 Taler. Vgl. *Finckenstein:* Landwirtschaft 109 ff.
106 Arch. Panstw. Wrocl. Ob. Pr. Rep. 200, 54/16 Nr. 2896; dieselben Stimmen aus Ostpreußen bei *Stein:* a. a. O. 3. 323 ff.
107 *Cölln:* Vertraute Briefe 133.
108 Dazu Brockhaus der Gegenwart: Art. „Adel und Bürgertum".
109 *Lancizolle:* Königtum und Landstände 329.

gute[110], die aufblühende Lage der Gutswirtschaften verstärkte seine assimilierende Kraft. Der erste Stand des Staates, in den zwanziger Jahren hoch verschuldet wie der Staat selber, öffnete seine Reihen gerade weit genug, um seine Position zu festigen. Die Möglichkeit für den Bürger, sich in Standesrechte einzukaufen, schließlich selbst in den persönlichen Adelsstand erhoben zu werden, schuf eine gleitende Skala, daß soziale Divergenzen innerhalb der Ritterschaft nie den Charakter des Interessengegensatzes, geschweige denn einen Klassenunterschied hervorgerufen hätten. Abgesichert durch die langfristigen Besitzklauseln im Wahlrecht, wählte Adel nur Adel und verwandelte so seine relative Majorität auf dem Lande in eine fast absolute auf den Landtagen und Landratsämtern.[111] Noch 1842, als die Bürger sicher schon mehr als ein Drittel aller Rittergüter innehatten, stellten sie nur zwei unter den 44 Rittergutsbesitzern in dem Vereinigten Ausschuß.[112] Die Freiheit auf dem Gütermarkt war also mit ständischen und sozialen Schotten versehen, die den aufsteigenden Bürger verschluckten.

Während die Bürger als Bürger — von Ostpreußen abgesehen — über die Ritterschaft keinen weiterreichenden Einfluß gewannen, zersetzten sie gleichwohl den alten Herrschaftsstand. Die Hoheitsrechte, die an die Rittergüter gebunden blieben, forderten zwangsläufig andere Eigenschaften vom Besitzer als nur die eines guten Wirtschafters. „Wenn heute jemand Schornsteinfeger ist, morgen Rittergutsbesitzer, und übermorgen den Pfarrer ernennt, so ist dies nicht passend."[113] Inwieweit ein Besitzer auch „Herr" war, blieb Sache des Zufalls. Der Verfall der Ortspolizei, mangelhafte Beteiligung an Kreisständen und dergleichen wurde vom alten Adel natürlich gern — und nicht ohne Berechtigung — den Emporkömmlingen angelastet: „... ich spreche davon, was alle Tage der Fall ist, daß gewöhnliche Wirtschaftsinspektoren, Schulzen, Müller, Schuhmacher, Scharfrichter usw. Rittergutsbesitzer werden."[114] Aber ebenso war es reine Privatsache, ob eine alte Herrschaft ihre lokale Macht durch pietistische oder traditionsbewußte Gepflogenheiten zu zügeln wußte. Auch hier hing es völlig „vom Zufall ab", wie der Regierungsrat Bergius registrierte[115], „ob ein mit der Civilgerichtsbarkeit versehenes Gut durch Kauf, Erbgang, Schenkung usw. gerade an eine solche Person gelangt, welche zu dieser

---

110 Vgl. *Bülow-Cummerow:* „Ohne alle persönliche Vorrechte hat der zahlreiche Adel in Preußen immer noch einen indirekten Einfluß auf das Ganze, und wird ihn um so mehr behalten, da er nicht mehr durch eine privilegierte Stellung gerechten Anfeindungen ausgesetzt ist, und er gezwungen wird, durch seine Ausbildung eine Stellung zu machen" (Preußen ... 93).
111 Vgl. Anhang IV und V und oben 3. Kap. I, III.
112 *Bergius:* Staatsrecht 174.
113 *Bülow-Cummerow:* Preußen 95 ff.
114 a. a. O.
115 *Bergius:* Zustände 208.

Verwaltung befähigt ist, auch die erforderliche Tätigkeit und Unparteilichkeit besitzt".

Die Zwischenlage, in der sich die Ritterschaft befand, freie Besitzklasse und regionaler politischer Herrschaftstand zu sein, drängte den Staat auf eine Alternative: ihr entweder alle Hoheitsrechte zu nehmen oder neue Kriterien einer *persönlichen Standschaft* einzuführen, gerade weil im Besitz allein keine hinreichende Qualifikation des Besitzers zu finden war. Der alte Adel hoffte auf diese Weise immer noch, den Zustrom aus dem bürgerlichen Lager regulieren zu können, er forderte, in Lancizolles Worten, eine Schutzwehr „gegen die zersetzenden Kräfte der städtischen Geldmacht"[116]. Bülow-Cummerow, als Stifter der pommerschen Kreditbank nicht ohne ökonomische Routine, sah 1841 den Auskauf adliger Güter immer näher rücken. „Es ist nun aber leicht zu berechnen, daß wie die Sachen gegenwärtig liegen, die bei weitem größere Mehrzahl der Güter in die Hände des Bürgerstandes kommen wird." Der Bürger verfüge über alle Quellen, „die zum Wohlstand und Reichtum führen"[117]. So wurde denn in den vierziger Jahren erneut eine „Grenzlinie" diskutiert, die innerhalb der Rittergutsbesitzer noch einmal einen besonderen Ritterstand herauspräparieren sollte. Lancizolle wollte alle Juden ausschließen — 1835 gab es bereits 51 jüdische Rittergutsbesitzer[118] —, nur Ränge oberhalb des Rittmeisters oder Regierungsrates zum Besitz zulassen, ein ritterliches Schiedsgericht einführen und wie seine Vorschläge sonst noch lauteten.[119] Es waren, wie in der Zensurgesetzgebung, Vorschläge, entlang der weitergeltenden Ehesperren, der eximierten Gerichtsstände und Bildungsprivilegien eine neue ständische Grenze zu finden, die legal zu formulieren bereits Svarez schwergefallen war. Alle solche Vorschläge, die den Wünschen des neuen Königs entgegenkamen, wären letztlich darauf hinausgelaufen, den Ritterstand als Hoheitsträger stärker zu verbeamten, eine Tendenz, die mit der freien Güterwirtschaft in scharfen Widerspruch geraten wäre. Davon zeugen auch die wenigen, zaghaften Versuche des Staates, die er notgedrungen machte, wenigstens ein Mindestmaß von persönlichen Qualifikationen den mit Herrschaftsrechten begabten Gutsherren abzufordern.

Es lag in der Natur der Sache, daß Gerichtsbarkeit und Patronat die Unbescholtenheit dessen voraussetzen müsse, der diese Rechte ausübte. Aber das Moment der persönlichen Qualifikation wurde zunächst nur im Hin-

---

116 *Lancizolle:* a. a. O. 481.
117 *Bülow-Cummerow:* a. a. O. Vgl. oben S. 375.
118 *Schneider:* Staatsrat 200; die Hälfte davon in Schlesien; freilich durften die Juden keines der sogenannten ständischen Ehrenrechte ausüben. Ob sie die Rittergutsherren-Uniform tragen dürften, war umstritten.
119 *Lancizolle:* a. a. O. § 76.

blick auf die in den zwanziger Jahren neu errichtete politische Standschaft berücksichtigt. Den Kreisständen wurde bei Aufstellung der neuen Rittergutsmatrikel ein Einspruchsrecht gegen die Aufnahme eines Ritters in den eigenen Stand zugebilligt. Die Entscheidung lag beim Staatsministerium, wurde aber für Schlesien und die westlichen Provinzen den Kreisständen selber mit dem Rekurs an die Provinzstände übertragen.[120] In drei Provinzen also, in denen der Adel besonders streng zusammenhielt, blieb es dem „Ehrgefühl der Standesgenossen" allein überlassen — wie ein Reskript ausdrücklich bestätigte[121] —, wen sie als ihresgleichen zu dulden bereit seien. Diese Rücksichten und Rücksicherungen hinderten aber niemand, mit dem Erwerb eines Gutes die örtlichen Herrschaftsrechte ungehemmt auszuüben.

Erst durch das Gesetz vom 8. Mai 1837 wurde festgelegt, daß der Verlust der Unbescholtenheit — sei es durch Spruch der Kreisstände, sei es durch Rechtserkenntnis oder Verlust des Stadtbürgerrechts[122] — nicht nur den Verfall der politischen Rechte, sondern auch den der Ehrenrechte nach sich ziehe, Gerichtsbarkeit und Patronat auszuüben. Nur die Polizeigewalt litt nicht unter einer Bescholtenheitserklärung. Über den Ruf der Ritter zu wachen wurde den Regierungen aufgetragen, die sich zu ihrem Spruch in einer Plenarsitzung als Gerichtshof etablierten. Der privaten Ausübung von Hoheitsrechten korrespondierte seitdem eine Verwaltungsjustiz, die an keine strengen Rechtsregeln gebunden war — wieder einer der vielen Fälle, wo die Kollegialität der Regierung die mangelnde Legalität ersetzen mußte. Im ganzen verspricht die peinlich-pedantische Art der Behörden, daß sie keinen Mißbrauch mit ihrer Befugnis getrieben haben mögen, aber der Verdacht wurde auch hier institutionalisiert. Die Regierungen fungierten als eine moralische Instanz, die — wie Rauer meinte — sich durchaus an die „Meinung des Publikums" halten sollte, da dieses keinen Verdacht ohne Grund äußere, auch wenn es möglich sei, „daß solche Bescholtenheit einmal einen Unschuldigen trifft"[123] Das Kultus- und das Innenministerium legten denn auch — moralisch konsequent — dem Gesetze durch Zirkular eine rückwirkende Kraft bei.[124] Die an den käuflichen Gütern haftenden Amtspflichten hatten schließlich ein Minimum an persönlicher Kontrolle hervorgerufen, so mißlich es sein konnte, den freien Käufer eines Rittergutes ihr nachträglich zu unterwerfen. Damit war der beweglichen Ritterklasse nachhinkend eine Art persönlichen Dienstadels über-

---

120 Die einzelnen Bestimmungen bei *Rauer:* 2. 101 ff.
121 Reskr. vom 16. 1. 1833 an den Oberpräsidenten von Westfalen (*Rauer:* 2. 457). Vgl. *Rumpf:* 12. 244, 257. KO 11. 1. 1835. (GS 2).
122 G. betr. die persönliche Fähigkeit zur Ausübung der Rechte der Standschaft, der Gerichtsbarkeit und des Patronats, und den Verlust dieser Fähigkeit (GS 99).
123 *Rauer:* 2. 95.
124 14. 12. 1837 (*Kamptz:* Ann. 22, 960).

gestülpt worden, eine so späte wie zweideutige Konsequenz aus dem nie politisch, sondern nur ökonomisch durchgeführten Oktoberedikt. Die wechselnde und tatsächliche Zusammensetzung der Ritterklasse selber konnte dadurch nicht geändert werden.

Nur der König vermochte sie zu beeinflussen, aber auch er nur auf dem Wege der Neuverleihungen ex nova gratia. Hier freilich wirkte sich hinderlich aus, daß nach historischem Recht die Patrimonialgerichtsbarkeit dem Grundstück bereits anhaften sollte, das zu einem Rittergut ausersehen war.[125] Innen- und Justizministerium sorgten dafür, daß jede Neuerteilung privater Gerichtsbarkeit von der Zustimmung der Guts- und Gemeindemitglieder abhängig gemacht wurde.[126] Auf die Dauer hat sich daher die Gesamtzahl der Rittergüter auch nur wenig verändert; es gab in Preußen eine erstaunlich hohe Zahl nicht ritterlichen Großgrundbesitzes.[127]

In der Praxis freilich erwiesen sich die Neuverleihungen als ein Mittel der Standespolitik, das ebenfalls dahin drängte, die bodengebundenen, „dinglichen" Rechte zurücktreten zu lassen gegenüber den persönlichen. Den meist bürgerlichen Käufern der Domänengüter wurde — entgegen Hardenbergs Regelung — in den mittleren Provinzen nur die Kreisstandschaft zuerkannt, die Landtagsfähigkeit konnte nur auf dem Wege königlicher Gnade erlangt werden.[128] Und wenn es immer schon üblich war, „die besondere Verdienstlichkeit und Würdigkeit des Impetranten" bei Neuverleihungen der Ritterstandschaft zu berücksichtigen[129], so lieferte diese Praxis seit 1838 die generelle Richtschnur. Eine Kabinettsorder verfügte[130], daß jede Neuverleihung nur mehr der Person des Besitzers, seiner ehelichen Nachkommenschaft und nur für die Dauer des persönlichen Besitzes gelte. Der Weg vom bodengebundenen Besitzadel zu einem rustikalen Dienstadel mit Vorbehalt war damit geebnet.

Es hatte sich nämlich herausgestellt, daß Anträge auf Verleihung der Rittergutsqualität aus dem sehr einleuchtenden Grunde gestellt wurden, in den Genuß der ritterlichen Kreditinstitute zu gelangen. Die damit verbundenen Vorteile, niedrig verzinsten Kredit zu erhalten, gesteigerter Wechselfähigkeit, und bei Überschuldung den Schutz vor zu niedriger Zwangs-

---

125 Bestimmungen, die freilich in Posen, dem Kulm-Michelauschen Kreis, in Neuvorpommern, streckenweise in den westlicheren Provinzen, im Rheinland überhaupt nicht galten.
126 Zirkulare vom 1. 5. 1828, 30. 12. 1839, 14. 5. 1840 passim; KO 31. 5. 1840 (*Rauer:* 2. 108 f. passim).
127 Nach *Meitzen:* 4. 498, standen 1866 den 8731 Rittergütern mit einem Reinertrag über 1000 Talern 1995 entsprechende Güter ohne Ritterstandschaft gegenüber.
128 Hardenbergs Instruktion vom 25. 10. 1810 (Ann. 8. 991) aufgehoben durch KO 18. 2. 1827 (Ann. 10. 606; *Rauer:* 2. 117).
129 *Rauer:* 2. 107.
130 KO 7. 4. 1838; dazu *Rauer:* 2. 110, 142 und *Rumpf:* 15. 119/202.

veräußerung zu genießen[131], hoben den Wert eines Gutes beträchtlich. Der Weiterverkauf wurde lohnender, ganz abgesehen von den politischen Vorrechten, die einen Käufer anlocken mochten. Der König wollte nun „die Verleihung in keiner Weise zum Gegenstand der Spekulation" erniedrigt sehen.[132] Die Folge war, daß nach der Reduktion aller Standschaft auf den Grundbesitz — 1823 — nunmehr wieder eine neue Art persönlicher Standschaft innerhalb der Ritter ins Leben gerufen wurde.[133] Die verliehenen Vorrechte hafteten nicht mehr am Grundbesitz, sondern nur an Person und Familie. Ließ sich die Spekulation mit bestehenden Gütern schon nicht vermeiden, so sollten wenigstens die Neuverleihungen ein Gegenstand gezielter Standespolitik sein, eine personalpolitische Waffe, kraft derer der Monarch versteckte Nobilitierungen vornahm, die wirtschaftliche mit politischen Vorrechten koppelten.

Im ganzen reichten alle Bestimmungen, den Ritterstand durch Verwaltungsjustiz und Verleihungspraktiken zu kontrollieren, nicht hin, die einmal aufgezogenen Schleusen zu schließen. Viel wirksamer waren vielmehr die *Ritterschutzbestimmungen*, deren Schwergewicht auf dem wirtschaftlichen Gebiet selber lag: Sie schützten den Stand, unbesehen seiner Mitglieder, als Klasse.

Die wirtschaftspolitischen Bestimmungen, die alle Rittergüter absicherten, zielten — oder wirkten — dahin, daß eine königstreue, landtagssichere und landratsfähige Klasse mit hinreichenden Subsistenzmitteln versehen blieb. Die Liberalität erfaßte nur den Güterhandel als solchen, unterhalb einer bestimmten Grenze hörte die Toleranzspanne auf.

Als in den zwanziger Jahren kreis- und provinzweise die neuen Rittergutsmatrikeln angelegt wurden, da vermischten sich in den Bedingungen alte „bodengebundene" Rechte — mochten sie auch früher von der adligen Person der Besitzer herrühren — und moderne Überlegungen zur wirtschaftlichen Rentabilität, ohne die kein Gut als Rittergut qualifiziert werden sollte.[134] Während die Aufnahme in die Matrikel an Kriterien der

---

131 AGO § 45 ff. I. 52.
132 *Rauer:* 2. 142, 163.
133 Dazu — als ein Beispiel der liberalen Kritik — *Scherr:* Das enthüllte Preußen 247.
134 Soweit — was selbstverständlich war — die herkömmlichen adligen Güter in die Matrikel aufgenommen wurden, variierten die Bestimmungen nach den altständischen Verfassungen. Der Nachweis wurde an verschiedene Stichjahre gebunden: in Ostpreußen an das Jahr 1740 bzw. 1612, soweit es sich um nichtadlige Güter handelte, die sich aber seitdem im Besitz eines Adligen befunden hatten. Auch freie Kölmische Güter über 6 Hufen erlangten die Rittergutsqualität, der Rest sollte möglichst davon ausgeschlossen werden. In der Kur- und Neumark war der Nachweis nur an die im Jahre 1804 ausgeübte Kreisstandschaft gebunden, in der Lausitz und Neuvorpommern wurde auf die bis dahin bestehenden ständischen Verfassungsbestimmungen rekurriert; in Schlesien qualifizierte die Teilhabe an dem von Friedrich errichteten — dem Adel günstigen — Dominialsteuerdivisor, ferner die Eintragung der Güter in die Hypothekenbücher — so auch in Posen — und die Ableistung des Homagialeides; in der zusammengewürfelten Provinz Sachsen war

ständischen Vergangenheit gebunden wurde, unterlag die Fortdauer der Rittergüter rein ökonomischen Bestimmungen. Die Herkunft wurde ständisch, die Zukunft wirtschaftlich genormt. Jeder Rittergutsbesitzer ging seiner ständischen Befähigung verlustig, wenn der Ertrag eine bestimmte Mindestgrenze unterschritt; bis zu dieser Grenze waren die Güter teilbar; war sie bereits unterschritten, durfte die Substanz nicht mehr verringert werden. Die Mindestmaße waren — je nach der Ertragslage[135] — regional verschieden: Im armen Ostpreußen mußte der Reinertrag wenigstens 500 Taler betragen, in Posen gar blieben sie auf 1000 Morgen Landbesitz beschränkt, von denen 500 urbar sein sollten. Mit steigendem Reichtum der Provinzen verringerten sich die naturalwirtschaftlichen, erhöhten sich die geldwirtschaftlichen Kriterien. In Schlesien, Sachsen und den beiden Westprovinzen blieb die Rittergutsqualität an Reingewinne von mindestens 1000 Taler gebunden.

Diese Untergrenzen lagen vergleichsweise tief, sie entsprachen etwa dem Gehalt eines Regierungsrates, und sind in der Praxis sicher oft unterschritten worden, weil niemand ein Interesse haben konnte, seine Vermögensverhältnisse so weit aufzudecken, daß die Standesrechte darüber verlorengegangen wären. Andererseits hatte der Staat ein Interesse, die Einkommensgrenze zu fixieren, weil er — bei den geringen Diäten und dem schmalen Sold der unteren Staatsränge — auf die finanziellen Hilfen einer Klasse angewiesen blieb, die er mit Standesrechten honorierte. So bedeutete die Festlegung einer Mindestgröße der Rittergüter und ihrer Erträge einen politischen Eingriff in den freien Gütermarkt zugunsten einer amtsfähigen Klasse. Wirtschaftlich stand der Auflösung und Teilbarkeit der Güter — bei Fideikommissen die Zustimmung der Familienteilhaber vorausgesetzt — nichts im Wege; unterschritt aber die Teilung die Mindestmaße — was ökonomisch motiviert sein mochte —, dann ging der Besitzer seiner politischen Standesrechte verlustig.

Konsequenterweise zogen diese Grenzbestimmungen erläuternde Verordnungen nach sich, die praktisch eine Prämie auf das Legen von Bauerngütern setzten bzw. die Ablösung solcher Geldleistungen erschwerten, deren Zinsen in den erforderlichen Reinertrag flossen. Wo Rittergüter seit

---

es vollends unmöglich, gleichmäßige Kriterien aufzustellen; sie variierten von Landschaft zu Landschaft, waren je nach Möglichkeit an eigene Gerichtsbarkeit, an einen Mindestertrag von 500 Talern oder an andere Kriterien gebunden; in den beiden westlichen Provinzen lag die Voraussetzung der neu erschaffenen Rittergutsqualität in der ehemaligen Landtagsfähigkeit oder Zugehörigkeit der Inhaber zur Reichsritterschaft — selbst Rittersitze in Trier, Aachen und Köln wurden zugelassen —, in jedem Fall aber wurde eine Mindestgröße festgesetzt, die an eine Grundsteuerabgabe von 75 Talern gebunden war: eine Bedingung, die im Osten nicht vorlag, so daß es dort kleinste Rittergüter geben konnte, wenn sie nur herkömmlich schon solche waren. (Gesetze bei *Rauer:* 1; erläuternde KO's und VO'n bei *Rauer:* 2, §§ 136—255).

135 Vgl. *Finckenstein:* Landwirtschaft 31 ff.

1804 bereits zerstückelt waren, erlangten sie die alte Standesqualität, sobald sie durch Ankauf wenigstens auf die Hälfte des vorgeschriebenen Umfangs wieder vergrößert wurden.[136] Wo ein Gutsherr durch einmalige Kapitalabfindung seitens seiner Untertanen ein standesgemäßes Renteneinkommen verlor, durfte er Ritter bleiben, wenn er sich anheischig machte, binnen vier Jahren sein Gut soweit abzurunden, daß er wieder einen Reinertrag von 1000 Talern erzielte.[137] Damit paßte sich der Gesetzgeber den Regeln der ritterschaftlichen Landschaften an, die den Kredit bei Parzellierung kürzten, nach Unterschreitung einer Mindestrente von 500 Talern kündigten, umgekehrt aber mit jedem gelegten Bauernhof den Kredit steigerten, der zur weiteren Ausdehnung des Guts benutzt werden mochte. Die Regierungen protestierten gegen derartige Praktiken — vergeblich, denn das innere Motiv war weniger ökonomisch, als daß es dem wirtschaftlichen Schutz des Ritterstandes als eines politischen Standes diente.[138]
Für Neuverleihungen war von vornherein ein weit höherer Ertragswert erforderlich, als ihn die alten Rittergüter nachweisen mußten. Der Mangel an altständischen Rechten sollte durch neuständisches Geld kompensiert werden. In den meisten Provinzen galten 2000 Taler als Mindestertrag, bevor überhaupt ein Antrag auf Übernahme in den Ritterstand gestellt werden konnte. Die unterste Grenze überstieg also das Mindestmaß, das im Schnitt den alten Rittergütern gesetzt wurde, über das Doppelte. Im Westen besonders zog es der Monarch vor — den ständischen Anträgen entgegen —, nur solche Güter zu qualifizieren, die mit einem Ertrag von 2500 Talern zugleich die landrechtliche Voraussetzung zur Stiftung eines Fideikommisses erfüllten.[139]
Die fideikommissarische Festlegung bestimmter Güterkomplexe oder einzelner Güter zog ein weiteres Stück aus der allgemeinen Beweglichkeit heraus und konnte sogar einmal vereinnahmte Bauerngüter dem Verkehr für dauernd entfremden. Schon Svarez war ein entschiedener Gegner derartiger Familienstiftungen gewesen, „sie hindern die möglichst gleiche Verteilung des Staatsvermögens" und könnten durch ihre territoriale Machtballung schließlich der „souveränen Macht im Staate selbst gefährlich werden"; zudem sei es — philosophisch betrachtet — unsinnig, daß ein einzelner über seinen Tod hinaus den Nachfahren „auf viele Generationen und Jahrhunderte hinaus Gesetze vorschreiben" dürfe.[140] Es waren Gedanken auch im

---

136 VO 17. 8. 1825, Art. VI, Nr. 3; *Rauer:* 2. 123.
137 KO 1. 8. 1831 (GS 171) für Sachsen; KO 14. 2. 1829 für das Rheinland (*Rauer:* 2. 169). Dem ökonomischen Abstieg südwestdeutscher Grundherren sollte hier gesetzlich zuvorgekommen werden. Vgl. dazu *Conze:* Wirkung der lib. Agrarreform 9 ff. und *Lütge:* Gesch. d. Agrarverfassung 225.
138 Vgl. *Ziekursch:* Agrargeschichte 346.
139 *Rauer:* 2. 162 f.
140 *Kamptz:* Jb. 41. 168 ff.

Sinne Kants und Kraus', die 1807 zur allgemeinen Auflösbarkeit der Fideikommisse hinführten, wie sie das Oktoberedikt zuließ. Aber mit dem Erstarken der altständischen Kräfte wurde den Fideikommissen kein Hindernis mehr in den Weg gelegt, ja ihre Ausdehnung in den Westen verfügt, wo sie einen vergeblichen Entrüstungssturm der liberalen Bürger auf den Landtagen hervorriefen.[141] Den Bürgern wurde scheinbar entgegengekommen und 1839 ausdrücklich konzediert, auch aus ehemals adligen Gütern Fideikommisse zu errichten[142], nicht nur, wie es das Landrecht aus Gleichheitsgründen schon zugelassen hatte, aus nicht adligem Besitz.

Prozentual spielten derartige Sonderregelungen des Erbrechts nur eine geringe Rolle im Vormärz[143], aber sie ganz besonders verschärften die zwischenständischen Spannungen, weil sie in das Gebiet der freien Wirtschaft hinübergriffen, was, wie die Rheinländer meinten, weder den staatswirtschaftlichen Interessen noch denen des gesellschaftlichen Lebens entspräche.[144]

Schließlich ging Friedrich Wilhelm IV. dazu über, 1840 eine Reihe von Adelsgeschlechtern mit Viril- oder Kollektivstimmen zu versehen, deren Ausübung sowohl an den Adelstitel wie an einen fixierten Grundbesitz gebunden wurde[145]. Damit ließ er den bisher üblichen Deckmantel genereller Bestimmungen fallen und schuf innerhalb des Ritterstandes „eigentlich eine neue Adelsklasse", wie Bergius feststellen mußte.[146] Aus dem bis dahin verkappten Adelsschutz wurde dessen offene Förderung — Indiz dafür, daß die Furcht vor einer bürgerlichen Unterwanderung die gewonnene Selbstsicherheit, sie zu meistern, langsam verzehrte. Friedrich Wilhelms IV. Standespolitik zerstörte den Erfolg, den der Adel selbst innerhalb des Ritterstandes bis dahin zu verzeichnen hatte, wozu die Errichtung einer Herrenkurie 1847 das Ihre hinzufügte, indem sie den restlichen Adel deklassierte. Insofern war des neuen Königs Politik doppelt falsch, nicht nur im Sinne des Bürgers, sondern ebenso des Landadels.

Im ganzen zeigen alle ritterständischen Bestimmungen und Gesetze die steigende Tendenz, die allgemeine Freizügigkeit des Gütermarktes soweit einzuschränken, daß die Standschaft selber nicht bedroht werden konnte.

---

141 Die einzelnen Ausdehnungsgesetze bei *Gräff — Rönne — Simon:* 3. 449 ff., führten über zu den Sondergesetzen, die dem westfälischen und rheinischen Adel das Autonomiestatut verliehen (KO 28. 2. 1837, Jb. 49. 155 für Westfalen; für das Rheinland siehe oben S. 373). Durch das G. vom 15. 2. 1840 wurden für den Bereich des Landrechts die fideikommissarischen Verfahren generell geregelt.

142 KO 12. 8. 1839 (*Kamptz:* Jb. 54. 89; *Mannkopf:* 9. 198).

143 1909 waren 6,6 % des preußischen Grund und Bodens in fideikommissarischer Bindung; davon weniger als die Hälfte aus der Zeit vor 1850 (*Bitter:* 1. 563; dazu *Rosenberg:* Demokratisierung 483 Anm.).

144 *Rumpf:* 11. 274; vgl. *Hüffer:* Lebenserinnerungen 459 ff.

145 *Bergius:* Staatsrecht 177 ff.

146 a. a. O. 179.

Einen letzten Erfolg in dieser Richtung erzielten nach elfjährigen zähen Anstrengungen die Ritter Brandenburgs. Sie setzten ein Gesetz durch[147], das 1845 — mit rückwirkender Kraft — alle Ablösungen von Erbpacht- und Erbzinsverträgen durch eine einmalige Kapitalzahlung von der Zustimmung der Gutsherren abhängig machte. Dem Bauern wurde eine einseitige Provokation auf Umwandlung seines Zinsgutes in Eigentum versagt, damit ein Kernstück aus der Reformgesetzgebung, die auf Eigentumsbildung solcher Güter drängte, herausgebrochen.[148] Die Motive wurden offen genannt, wie es überhaupt den führenden Kreisen an subjektiver Ehrlichkeit und Bestimmtheit nicht gefehlt hat, ihren Herrschaftsanspruch kundzutun. Zwar habe sich seinerzeit „die auf wahren Fortschritt bedachte Regierung vollkommen in ihrem Recht befunden", die Agrarverfassung aus wirtschaftlichen Gründen umzuwandeln. Jetzt aber gehe es darum, den Erfolg des Fortschritts sicherzustellen und den Gutsherrschaften und Gemeinden wieder „die nötige Stabilität zu verschaffen". Scheinbar ohne die Legalität seiner vergangenen Wirtschaftsreformen in Frage zu stellen, rekurrierte der Staat auf das Landrecht, das die Unlösbarkeit der Erbpacht- und Erbzinsverträge „heilig" gehalten habe. Diesen Zustand wiederherzustellen habe den doppelten Effekt, daß der kleine Mann auf billige Weise zu Grund und Boden komme — wenn auch zinspflichtig — und daß der Rittergutsbesitzer genügend Renten beibehalte, daß seine „Rittergutsqualität mit den davon abhängigen Rechten" nicht mehr verloren-

---

147 G. vom 31. 1. 1845 betr. die Zulässigkeit von Verträgen über unablösliche Geld- und Getreideabgaben (GS 93). Vgl. *Lütge:* a. a. O. 197 f.

148 Die Rechtslage war — wie damals üblich — äußerst kompliziert. Der § 2 des Landeskulturedikts von 1811 und das Ablösungsgesetz vom 7. Juni 1821 ermöglichten Erbzins- und Erbpachtbauern auf Umwandlung ihrer Güter in freies Eigentum zu provozieren: Sie erhielten es gegen Zahlung des 25fachen Betrages ihrer Zinsleistung. Die Unablösbarkeit solcher Verträge, die das ALR bestimmte, war also zugunsten der Eigentumsbildung der Bauern bewußt aufgehoben worden. Bei der Ausweitung des Landrechts in den Westen wurde aber in gewisser, wenn auch unklarer Weise die Bestimmung des Landrechts wieder in Kraft gesetzt: Das Gesetz vom 13. Juli 1829 für Sachsen und Westfalen ließ die Ablösbarkeit nur mehr auf beiderseitiges Einverständnis hin zu. Das aber galt nur für die alten Erbpacht- und Erbzinsverhältnisse aus der Zeit vor der französischen Gesetzgebung. Für neu zu errichtende Erbpachtverträge sollte nach dem Wortlaut der Ablösungsordnung von 1829 „nach den allgemeinen Gesetzen" verfahren werden. Welches aber waren die „allgemeinen Gesetze"? Das Landrecht oder die Ablösungsgesetze von 1811 und 1821, die für den in den entsprechenden Jahren jeweils geltenden Bereich des Landrechts bestimmt waren? Die Erfahrung Sachsens zeigte, daß man glaubte, die später erlassenen Gesetze brächen das Landrecht: Demzufolge schlossen die Gutsherren kaum noch Erbzins- oder Erbpachtverträge, um nicht — auf Grund der Gesetze von 1821 und 1829 — ihres Bodens verlustig zu gehen. Und wo sie es taten, ließ die Verwaltung und Justiz unbedenklich solche Ablösungen auf Antrag der Bauern hin zu. Die findigen Ritter Brandenburgs entdeckten als erste, wieviel günstiger die westlichen Nachbarn gestellt seien, wenn nur das Landrecht als „allgemeines Gesetz" verstanden würde, das die späteren Gesetze brechen müßte. Daraufhin stellten sie 1834 den Antrag, der die Interessen der Ritterschaft allgemein sichern sollte. (*Rumpf:* 16. 172 ff. Motive zu dem Gesetzentwurfe wegen Beschränkung der Ablösbarkeit fester Geld- und Getreideabgaben aus Erbpacht-, Erbzins- und Zinsverträgen).

gehe. Schließlich sei das „natürliche Schutz-Aufsichts- und Abhängigkeitsverhältnis zwischen den größeren und gebildeteren Gutsbesitzern" und den kleinen Bauern „in der historischen Entwicklung aller Provinzen der Monarchie" verankert und speziell „den kleineren Grundeigentümern ebenso wohltätig, wie es im höheren Staatsinteresse besonders wichtig ist"[149].

Als der Gesetzesvorschlag die Landtage passierte[150], wurden die Bauern in den mittleren Provinzen überstimmt, in Ostpreußen regte sich nur das rechtsstaatliche Gewissen und opponierte gegen die rückwirkende Kraft eines Gesetzes, das den Bauern um den Gewinn lang ersparter Summen bringe, die ihm endlich das Eigentum einbringen sollten. Vom Landtag Posens, wo die Bauernbefreiung besonders erfolgreich war[151], mußte es sich die Regierung gefallen lassen, über den wahren Sinn der Reformgesetzgebung belehrt zu werden. Werde die Ablösbarkeit dem Bauern versagt, verliere er jeden „Anreiz zum größeren Fleiß, zur Industrie und Sparsamkeit", überdies sei ein Besitzer großer Güter nicht eo ipso gebildeter, sondern nur reicher an Geld, „welches auch der Ungebildete erlangen kann". Wahre Abhängigkeitsverhältnisse entstünden auch „ohne des materiellen Bindemittels der Zinspflichtigkeit", Freiheit und Eigentum seien die besten Voraussetzungen dafür, und gerade diese habe die Landeskulturgesetzgebung zu Hardenbergs Zeiten angestrebt. Geriete der gemeine Landmann, der nur „an die Gegenwart und die nächste Zukunft" denke, in die Zinspflichtigkeit der Reichen, dann habe er, dessen „Vorspiegelungen" ausgesetzt, schnell das Nachsehen.[152] Statt Erziehung zur Freiheit erstrebe der Staat die alten Untertänigkeiten. Es waren scharfe Argumente, die wie auf den anderen Landtagen der vierziger Jahre davon zeugen, daß der Impuls der Reform, die einst von der Verwaltung ausgelöst worden war, in das Lager der neuen Gesellschaft übergewechselt war.

Das Gesetz von 1845 währte fünf Jahre. 1850 wurde das Obereigentum der Erbzinsherren und das Eigentum der Erbverpächter entschädigungslos aufgehoben; die auf den Grundstücken lastenden Abgaben, Leistungen oder Nutzungen mußten abgelöst werden.[153] So holte die Revolution nach, was von der Gegenreform verhindert worden war.

---

149 *Rumpf:* 16. 177 (Motivation von 1841). Die Rentenzahlungen hatten den Vorzug, auch bei Verschuldung in den laufenden Betrieb gesteckt werden zu dürfen, während einmalige Kapitalsummen zur Schuldentilgung verwandt werden mußten.
150 *Rumpf:* 16. 389; 17. 370; 18. 242; 19. 251; 21. 242; 22. 109.
151 *Knapp:* Bauernbefreiung 1. 267. *Berger:* Verwaltung Bromberg 228 ff.
152 *Rumpf:* 22. 109 ff. Wenn die Bürger anderer Landtage mit den Rittern stimmten, so mochte auch der Gesichtspunkt leitend sein, auf diesem Wege die Verwandlung der Gutsherrschaften in grundherrschaftlichen Rentenbesitz voranzutreiben. — *Rotteck-Welckers* Staatslexikon berichtet in einer langen Fußnote von dem Posener Protest (13, 100).
153 G. 2. 3. 1850 § 2, Nr. 2 (GS 80—112). Gleichzeitig wurden alle Abgaben auf Be-

Während also jedermann sich in den Ritterstand einkaufen konnte und die persönlichen Kontrollen vergleichsweise locker blieben, beschränkte der Staat indirekt die Freizügigkeit, wo es darum ging, den Ritterstand wirtschaftlich abzusichern. Der Mindestumfang, der den Gütern vorgeschrieben und deren Ausdehnung angeregt wurde, diente weniger dem Schutz der Personen — auch wenn der Adel bevorzugt wurde — als dem ganzen Stand. Wer die Bedingungen nicht erfüllte, mußte sich seiner Standschaft begeben. Die Liberalität des preußischen Staates kam also nicht nur dem wirtschaftlich Mächtigen zugute, sie wurde zugleich dosiert, um die Ritterklasse als Stand zu erhalten.

In die gleiche Richtung wirkte nun auch *die ländliche Steuerverfassung,* der Grund- und der Klassensteuern.

Ein knappes Fünftel des Staatseinkommens — im Laufe der Jahrzehnte verringerte sich der Anteil — wurde nach einem Steuerschlüssel aufgebracht, der in den sechs östlichen Provinzen mindestens aus dem 18. Jahrhundert stammte, wenn nicht gar weiter zurückreichte.[154] Unter dem Namen einer *Grundsteuer* wurden hier mehr als hundert verschiedene Arten von Abgaben zusammengefaßt, die, von den Potsdamer Bettgeldern für die rote Garde angefangen über die städtischen Servisgelder und Gebäudesteuern, über Schoß- und Kontributionsgelder zu wirklichen Grundsteuern wie in Schlesien reichend, alle nach altem ständischem Verteilerschlüssel bereits vom absolutistischen Staat veranlagt worden waren. Alle Vereinfachungen der Erhebungsart und ausgleichende Bestimmungen, die unter Hardenberg vorgenommen wurden, rührten nicht an der ständischen Ungleichheit zwischen Stadt und Land, zwischen Herr und Untertan. In der östlichen Grundsteuerverfassung lebten die alten Stände, unberührt durch die neuen Verwaltungsgrenzen, fort. Der allgemeine Ausgleich, anfangs für sofort versprochen — 1810, dann mit der Zusage einer Entschädigung der bisher Befreiten, wie das Gesetz sagte, auf „einen langsameren, aber sichern Weg" umgeleitet — 1811, wurde schließlich den Provinzialständen zur Beratung überantwortet — 1820.[155]

Rund 20 Millionen Morgen, etwa die Hälfte des gesamten ritterlichen Besitzes, blieben so von allen Grundabgaben befreit, und selbst, wo die Ritter herangezogen wurden, wie in Schlesien, waren sie günstiger gestellt als die Bauern.[156] Während früher der Herr das Steueraufkommen seines

---

sitzveränderungen, voran die umstrittenen Laudemien, entschädigungslos beseitigt. Damit wurde jene ständig fließende Geldquelle verstopft, die den Gutsherren um so mehr Prozente eingebracht hatte, je mehr der bäuerliche Güterverkehr florierte.
154 *Schimmelfennig:* Teil I.
155 G. 27. 10. 1810 (GS 26); G. 7. 9. 1811 (GS 254); G. 30. 5. 1820 (GS 135). Dazu *Grabower:* Steuern 484 ff.
156 Das Verhältnis der steuerfreien Grundstücke zum Gesamtboden der Provinzen stellt sich nach *Reden:* I, 39, gründend auf der amtlichen Denkschrift zum Gesetz vom 24. 2. 1850, folgendermaßen dar:

Wandel der ländlichen Sozialverfassung

Gutsbezirkes mindestens zu garantieren hatte und die bäuerlichen Pachtsummen sich nach der Steuerlast staffelten, wurde die ungleiche Behandlung von Herr und Bauer zur puren Ungerechtigkeit im Augenblick, da aller Grund und Boden als Privateigentum gleichgestellt war. Auf dem Hintergrund der alten Grundsteuerverfassung schuf also die Arbeit der Generalkommissionen, je weiter sie voranschritt, im rechtsstaatlichen Sinne neues Unrecht. Ehedem ein Moment der Herrschaftsgewalt, gereichten die Exemtionen, die die Ritter in der Zeit rechtlicher Gleichstellung hinüberzuretten wußten, ihrem Privatinteresse zum Vorteil. Indem der Staat dies zuließ, durchbrach er sogar das von ihm eingeführte neuständische Prinzip: Zwar band er die Standschaft an den Bodenbesitz, befreite aber gleichwohl einen Teil der Stände von Pflichten, die daran hafteten.

Provinz	Fläche in Magdeburger Morgen, (in Mill.) abgerundet	davon grundsteuerfrei: (in Mill.)
Preußen	25,32	4,88
Pommern	12,35	6,91
Posen	11,53	0,77
Brandenburg	15,71	5,74
Schlesien	15,94	0,75
Sachsen	9,89	1,72
Westfalen	7,90	—
Rheinland	10,47	—
Gesamtstaat	109,12	
Östl. Provinzen	90,74	20,77

Auch in den beiden westlichen Provinzen gab es von Grundsteuer befreiten Boden: den Besitz der Standesherren auf Grund der VO vom 21. 6. 1815, und Kirchen- wie Schulbesitzungen, die durch das G. vom 21. 1. 1839 (GS 30) §§ 6—10 von der Grundsteuerpflicht ausgenommen wurden, soweit sie es noch nicht waren.
Völlig exemte Privatgüter gab es nur in den Provinzen Sachsen, Brandenburg und Pommern (vgl. Motz' Denkschrift zum Grundsteuerausgleich in: *Rumpf:* 9. 299, vom 18. 5. 1830; auch *Petersdorff:* Motz II, 60). Wo der Ritterstand von der Grundsteuer erfaßt wurde, stand er sich gleichwohl günstiger als der benachbarte Bauer. In Ostpreußen hatte es der Adel verstanden, den Generalhufeschoß teilweise auf die Bauern abzuwälzen (*Stein:* I, 15), und in Schlesien wurde die Grundsteuer weiterhin nach dem ständischen Verteilerschlüssel eingezogen, der 1744 endgültig festgesetzt worden war: Der Divisor erfaßte 30—50 % des Reinertrages der geistlichen Güter, 34 % der Bauern und 28$^1/_3$ % der adligen Güter, der Staatsgüter und von Beamtenstellen. Auf Grund der „Kulturverbesserung" schätzt *Schimmelfennig* (I, 267), daß die tatsächlichen Abgaben in den vierziger Jahren des 19. Jh. nicht mehr als 12—13 % des Reinertrages betrügen: Der relative Vorteil blieb jedenfalls auf seiten des Ritterstandes, zumal, wie Schimmelfennig ebenfalls vermutet, der Adel mit den Ablösungen auch die Steuerlasten soweit wie möglich den Bauern zugeschoben hatte. Vgl. auch *Jordan:* Konservative Partei 34.
Daß die staatlichen Forsten (knapp 8 Millionen Morgen) grundsteuerfrei, die Domänen (1$^1/_2$ Millionen Morgen, davon $^1/_2$ Millionen Morgen Krongüter) im Westen, in Schlesien und in Ostpreußen besteuert, sonst befreit waren, fiel für den Staatshaushalt nicht ins Gewicht, da alle Einnahmen zur Schuldentilgung herangezogen wurden (*Rumpf:* 9. 294; *Meitzen:* 4. 330). Jede verkaufte Domäne erlag sofort einer Grundsteuerpflicht, die ein Sechstel des bisherigen Reinertrages erfaßte. Generell sollte — seit dem G. vom 30. 5. 1820 § 5 (GS 134) — keine Grundsteuer mehr als ein Fünftel des Ertrages dem Betrieb entziehen.

Zur ständischen Ungleichheit innerhalb der östlichen Provinzen gesellte sich eine weitere, die Ungleichheit zwischen den Provinzen selbst. Die Differenzen innerhalb der beiden westlichen Provinzen konnten gemäß der Katastrierung, die bis 1837 mit einem Aufwand von $4^1/_2$ Millionen Talern auf Kosten der Besteuerten durchgeführt wurde, im ganzen ausgeglichen werden.[157] In dem Maß, wie dieser Ausgleich voranschritt, forderten die westlichen Stände immer entschiedener, gestützt auf die Berechnungen Hansemanns, auch eine Anpassung der östlichen an die westlichen Provinzen.

Der Staat verweigerte eine solche Angleichung, wie damals üblich, nicht ohne Begründung. Die Finanzminister Motz, 1830, Maaßen, 1834, und ihr statistischer Berater Hoffmann, 1840, wiederholten die Argumente, die den Staat an einem plötzlichen, legislatorisch durchzuführenden Grundsteuerausgleich hinderten.[158] Sie ließen keine Zweifel daran, daß die ausgleichende Gerechtigkeit auf eine Anpassung von Ost und West dränge, die Steuerungleichheit sei ein „sehr wesentliches Hindernis einer vollständigen Vereinigung" beider Landesteile. Aber die Ungleichheit lag nicht an der Gesetzgebung allein, sondern — und das wurde im einzelnen bewiesen — in der Ungleichheit der Sozialstruktur beschlossen.

Hoffmann erblickte in Grundsteuern paganistische Relikte des Feudalismus und drängte — nach englischem Vorbild — auf ihre völlige Ablösung, denn der Boden sei tot, nur die menschliche Arbeitskraft zähle, die den Boden veredele.[159] Die Steuertheorien von Hoffmann — er war der Schöpfer der neuen Steuergesetze — zielten auf eine freie Wirtschaftsgesellschaft. Die Grundkraft des Staates liege nicht im Boden, dessen Werkzeuge etwa die Menschen seien, sowenig wie der Staat den Menschen „nur als Werkzeug der Staatsgewalt zu betrachten" habe. Besteuerbar seien eigentlich nur die „persönlichen Eigenschaften der Menschen", weil auf ihnen die Fähigkeit zu erwerben beruhe — und ihr Anteil am Staat, der durch die Steuer besiegelt werde. Solche Überlegungen leiteten ihn, die statistischen Daten zu ordnen, die die Finanzminister den Ständen — zur Belehrung und Beruhigung — vorlegten.

Höhere Bildung, stärkere Arbeitsteilung, wachsende Bedürfnisse, der fortschreitende Übergang zur Geldwirtschaft und — vor 1840 ließ sich das noch behaupten — steigende Bevölkerung seien gegenseitig sich bedingende Entwicklungen, die insgesamt eine stärkere Belastung ermöglichten:

---

157 *Bergius:* Zustände 412.
158 *Rumpf:* 9. 294 ff.; 11. 374 ff.; *Hoffmann:* Steuerlehre 122 ff. Die Diskussion im Staatsrat 1820 referiert von *Grabower:* Steuern 486 ff.
159 „Der Grundsatz, worauf die Grundsteuer beruht, ist durchaus irrig: die tote Sache kann nicht steuern, sondern nur der lebende Mensch" (a. a. O. 109). Zustimmend *Bergius:* Zustände 167 ff., und *Rau:* Arch. f. polit. Ökonom. und Polizeiwiss. Bd. 5, 100 ff., Heidelberg 1843. Vgl. *Grabower:* Steuern 490.

gerade weil nicht der Boden, sondern in erster Linie der Mensch und „die Früchte seiner Arbeit" zu besteuern seien.

So ergab sich, daß auf Kopf und Arbeitsertrag der Bevölkerung umgerechnet der Unterschied der Grundsteuer zwischen Ost und West unerheblich war, während auf die Fläche berechnet die Provinz Preußen oder Posen nur ein Viertel des Westens aufbrachten. Auch die Gebäudesteuern, die 16 % der Grundsteuern ausmachten, belasteten den Westen mehr, weil sich allein in Westfalen und im Rheinland ein Drittel aller Privatwohnungen befanden.[160] Aber auch die Flächenerträge, die Ödlandbestände, die Kornpreise, die Marktnähe der Güter und der Forsten wurden miteinander verglichen, immer mit dem gegen Hansemann gerichteten Ergebnis, daß die Grundsteuer zwar ungleich, aber deshalb nicht ungerecht verteilt sei.[161]

Selbst im Westen zeigte sich die soziale Ungerechtigkeit einer gleichmäßigen Steuerveranlagung, sobald sie sich nämlich über ständische Verpflichtungen schob, die, wie im Paderbornschen, noch nicht abgelöst waren. Hier, wohin erst 1816 die Schulen drangen, herrschte ein zukunftsloser Schlummerzustand, der auch von fremdherrschaftlichen Gesetzen — im Unterschied zu den anderen Gebieten — nicht aufgestört worden war. Jetzt drohte das wirtschaftliche Erwachen im Keime erstickt zu werden, weil die Ablösungssummen und die Grundsteuer zusammen für die Bauern unerschwinglich waren — einer der Gründe, die zur Stiftung der Kreditkasse führten, um Kreise, die wie der Warburgsche 1½ Millionen Taler Schulden zu tragen hatten, vor dem Zusammenbruch zu bewahren.[162] Der Staat mußte einspringen, weil er sonst die Steuergleichheit mit dem Ruin der Steuerzahler erkauft hätte.

Wie im Kleinen, so im Großen. Eine gleiche Behandlung aller Provinzen zog soziale Ungerechtigkeiten für die einzelne Provinz nach sich; wollte die Steuerverwaltung — und darum mühte sie sich redlich — die Regionen gerecht veranlagen, mußte sie ungleich vorgehen. Beim Vergleich zwischen allen Provinzen stellte sich sogar heraus, daß von der Gesamtlast Sachsen und Schlesien noch mehr zu tragen hatten als die beiden Westprovinzen. Der Reichtum des Staates konzentrierte sich in den vier jüngeren Provin-

---

160 *Rumpf:* 9. 304; Denkschrift von Motz.
161 Wie berechtigt dieser Gesichtspunkt war, zeigten die Verwaltungsberichte. Geh. Finanzrat *Mauve* schrieb z. B. 1832 aus Danzig (Rep. II Tit. 40 vol. VIII): Wo der Anschluß an das Chausseenetz noch fehle oder kein Zugang zur Weichsel bestehe, da seien die einzelnen Kreise von der übrigen Provinz hinsichtlich des Handels und des Gewerbeverkehrs „fast gänzlich getrennt, so daß sie sich wechselseitig fast gar nicht unterstützen. An der Weichsel kann das Getreide vielleicht noch für einen Taler gekauft werden, wenn es in Schlochau und Jastrow fast schon bis zu dem doppelten Preise gestiegen ist": Derartige Berichte bildeten die Grundlage für die Berechnungen, die die Finanzminister den aufgeklärten Rheinländern belehrend vorhielten.
162 Staatsarch. Münster B 1029.

zen mehr als in den nordöstlichen Stammlanden. Ihre unterschiedliche Behandlung war — nach dem „höheren" Standpunkt der Verwaltung — ein Moment sozialer Gerechtigkeit. Gemessen an ihrer sozialen und wirtschaftlichen Kraft wurden alle Provinzen gleichmäßig, in Relation zum Gesamteinkommen des Staates wurden die westlichen Provinzen stärker belastet. Mit anderen Worten: Der Westen und die südlicheren Provinzen leisteten, indem sie die anderen entlasteten, eine Art staatlich auferlegter Entwicklungshilfe.

Im allgemeinen, bemerkte Hoffmann, „muß jede Provinz ihre Volkszahl mit den Erzeugnissen ihres Bodens ernähren und überhaupt mit Lebensbedürfnissen aller Art versorgen"[163]. Die landwirtschaftliche Autarkie der einzelnen Provinzen lockerte sich erst langsam mit Ausbreitung des Handels und der Industrie im Laufe des Vormärz, aber wie sehr jede Provinz noch ihr Selbstversorger war, erwiesen die Hungersnöte 1816 im Rheinland[164] oder 1846/47 in Schlesien und Ostpreußen, als sich die Behörden unfähig zeigten, rechtzeitig zwischenprovinzielle Abhilfe zu schaffen. Die agrarische Selbstgenügsamkeit der Provinzen, die gerade am Vorabend der Revolution ihre Grenze erreicht hatte, duldete noch einen Überhang traditioneller Steuerveranlagungen, und die sozialen Unterschiede zwischen den Provinzen rechtfertigten den Staat, zunächst bei einer ungleichen Grundbesteuerung zu verbleiben.

Die Steuerumlagen bildeten, wie schon der Ablauf der Reformen bewiesen hatte und wie es die Reichsständeklausel von 1820 definitiv ausgesprochen hatte, ein Verfassungsproblem ersten Ranges. Allein in der Grundsteuerveranlagung fristeten die vorlandrechtlichen regionalen Privilegien ihr zähes Leben. 1820 war es nach heftigen Debatten im Staatsrat verhindert worden, alle Steuern überhaupt provinziell zu quotisieren und von den regionalen Behörden ausschreiben und umlegen zu lassen. Diese finanzpolitische Entscheidung hatte bereits den später noch einmal aufflammenden inneradministrativen Verfassungsstreit präjudiziert, inwieweit die Provinzen sich verselbständigen sollten, sie hatte verhütet, daß — in Savignys Worten — ein „bedeutender Teil der gesetzgebenden Gewalt an die Verwaltungsbehörden geradezu abgegeben" wurde.[165]

Nach der Grundsatzentscheidung für eine generelle Steuernormierung konnte es sich der Staat leisten, die allgemeinen Steuern weiterhin provinzweise verschieden zu dosieren, um eine langsame Angleichung von Ost und West herbeizuführen. Der Regionalismus lebte fort, ohne den Staat durch eine steuerliche Selbstverwaltung der Provinzen zu überwuchern. In all dem lag eine administrative Gerechtigkeit; offensichtlich

---
163 *Hoffmann:* a. a. O. 133.
164 Vgl. *Gothein:* Cöln 168 ff.
165 *Grabower:* Steuern 493.

ungerecht blieben dagegen die weitergeltenden Exemtionen innerhalb der östlichen Provinzen selber. Humboldt und selbst Stein ließen daran keinen Zweifel, daß die Grundsteuerfreiheit ein dem Adel „selbst schädliches Vorrecht" sei. „Wer es mit dem Adel wohlmeint, kann nicht raten, ihm irgend ein nutzbares, Geld bringendes Vorrecht zu lassen."[166] Indem aber der Adel sein Privileg in einen allgemein zugänglichen Ritterstand einbrachte, schirmte er es scheinbar gegen die Gleichheitsforderungen ab. Auch ökonomisch drohten Schwierigkeiten: Die staatliche Entschädigungspflicht vorausgesetzt, obendrein zu dem damals üblichen 25fachen Satz, schien es billiger, das Problem zu verstunden, statt herkömmliche Rechte so teuer abzulösen, daß die Steuer hätte erhöht werden müssen. Dazu kamen die, wie der Westen gerade zeigte, enormen Kosten einer Katastrierung, die um so schwieriger war, als noch dingliche Rechte am Boden hafteten, die in den Ertragswert der Produkte und in den Kaufwert des Bodens eingingen. Es gab genug Motive, die ritterlichen Interessen zu schonen und die Reform hintanzuhalten. Aber im Ausmaß, wie sich die Ertragsfähigkeit steigerte, wie sich der bebaute Boden ausweitete, schwand auch die ökonomische Entschuldigung. Allein bis 1848 wurden 20 Millionen Morgen urbar gemacht[167], eine Fläche also, die der unbesteuerten Bodenfläche gleichkam, und über 16 Millionen lagen davon in den vier nordöstlichen Provinzen. Die indirekte Entwicklungshilfe, die der Westen durch seine relative Steuerentlastung dem Osten leistete, kam innerhalb der östlichen Provinzen vorzüglich dem Ritterstand zugute. Und in diesen Provinzen selbst zahlte der Bauer weithin für seinen ehemaligen Herrn mit. In die ausgleichende Gerechtigkeit verpackt sicherte also der Staat der dreißiger und vierziger Jahre die ritterschaftliche Vormacht steuerrechtlich ab. Bei schlechten Ernten oder mäßigem Absatz konnte die Grundsteuerfreiheit ein Gut vor dem Ruin retten, wie die Zwangsversteigerungen der Bauernhöfe lehrten.[168] Als 1861 der Grundsteuerausgleich endlich vollzogen

---

166 *Humboldt:* Landständische Verfassung, hg. Schreiber 43, 79.
167 Dazu *Ipsen:* Landesausbau.
168 1832 berichtet z. B. der Reg.-Präs. Thoma aus Gumbinnen, daß immer wieder Zwangsversteigerungen vorkämen, weil einzelne Bauernhöfe oder ganze Ortschaften mit Grundabgaben überbürdet seien (Rep. II Tit. 40 vol. VIII). Um einen Nachlaß zu ermöglichen, seien genaue Untersuchungen erforderlich, die auch „den Grad der schaffenden und ersparenden Arbeitskräfte" berechnen müßten. — Nordenflycht, der Reg.-Präs. von Marienwerder, meldet aus dem gleichen Jahr, daß der Grundsteuerrückstand bei weitem den aller anderen Steuer überstieg:

      Grundsteuersoll: 169 000 T.   Rest: 14 122 T.
      Klassensteuersoll: 225 000 T.   Rest: 3 657 T.
      Gewerbesteuersoll: 41 000 T.   Rest: 325 T.

Nur das Einkommen der Domänen war ähnlich schlecht:
      Einkommensoll: 269 000 T.   Rückstand: 16 000 T.

Die preußischen Stände mühten sich vergeblich, die Grundsteuer wenigstens von den verkappten Real- und Personalabgaben zu befreien, die — der Herkunft gemäß — dazu gewurde[169], hatten die indirekte Entwicklungshilfe für die östlichen Provinzen und die Steuerexemtionen ihre Wirkung gezeigt. Der Landesausbau und die Ertragssteigerung[170], die bei gleichbleibenden Nominalsätzen die tatsächliche Steuerlast minderte, sowie das Absinken des Grundsteueranteils am gesamten Steueraufkommen von einem Fünftel auf weniger als ein Zwölftel — alles hatte zusammengewirkt, die staatliche Entschädigungspflicht zu erleichtern. Der landwirtschaftliche Aufschwung und der Ausgleich zwischen Ost und West waren inzwischen — wirtschaftlich von ihm selbst vorangetrieben und staatlich gedeckt — dem Ritterstand als erstem zugute gekommen.

Die Liberalisierung der Landwirtschaft ließ also im Vormärz ganze Blöcke altständischer Vorrechte bestehen, die die Ritterklasse ökonomisch unmittelbar abstützten. Die Kreditinstitute, derer die Bauern entbehrten, die Ablösungsordnungen, Vorrechte, die unablösbar blieben, die Steuerfreiheiten: all dies kam jedem zugute, der das Geld besaß, sich in den Ritterstand einzukaufen.

Es waren aber nicht nur herkömmliche Rechte, deren Beseitigung noch ausgespart blieb, auch die laufende Gesetzgebung schützte den Ritterstand, wie es an den Schutzbestimmungen zugunsten der Rittergüter be-

---

hörten. Der Staat wollte von dem Fixum in keiner Weise mehr abgehen (*Rumpf:* 9. 91/135; 19. 269/477).

169 G. 21. 5. 1861 (GS 327). Die Entschädigungen betrugen den neun-, dreizehn- bzw. zwanzigfachen Jahresbetrag der künftig mehr zu entrichtenden Grundsteuer, gestaffelt nach der bisherigen Leistung (*Bitter:* 1. 496). Wie sehr die neue Grundsteuerveranlagung die östlichen Provinzen mehr belastete als in der Zeit von 1820 bis 1861, und innerhalb des Ostens natürlich die bisher Exemten, zeigt ein Vergleich des durchschnittlichen Aufkommens der Jahre 1821/38 (nach *Hoffmann:* Steuerlehre 129) mit dem Soll-Aufkommen 1867 (nach *Meitzen:* a. a. O.) in Millionen Talern:

	Vormärz:	1867
Preußen	752 798	1 330 018
Pommern	444 881	826 132
Posen	457 427	726 196
Brandenburg	819 160	1 110 713
Schlesien	2 127 039	1 738 386
Sachsen	1 657 608	1 643 609
Westfalen	1 369 454	961 069
Rheinland	2 420 874	1 664 243
	10 049 241	10 000 366

Da das gesamte Steueraufkommen von 1820 bis 1858 bereits von rund 50 Millionen Talern auf rund 126 Millionen Taler gestiegen war, vor allem seit der 48er Revolution, fiel der Steuerausgleich innerhalb der gleichbleibenden Grundsteuer gesamtstaatlich nicht mehr ins Gewicht, so wie die Entschädigung leichter aufgebracht werden konnte. Als die Miquelsche Steuerreform (G. 14. 7. 1893; GS 119) die Grundsteuereinnahmen vom Staat auf die Gemeinden übertrug, waren freilich die selbständigen Gutsbezirke wieder die Gewinner: Allerdings mußten die Altbesitzer ihre empfangenen Entschädigungssummen dem Staat wiedererstatten (*Bitter:* 1. 496, 132).

170 *Finckenstein:* Landwirtschaft 315 ff.

reits gezeigt wurde. Den Auftakt machte in gewisser Weise schon die Klassensteuer aus dem Jahre 1820.

Die *Klassensteuer* war zwar durchaus von der reformpolitischen Absicht getragen, jedermann gleichmäßig am Staat zu beteiligen, vor allem die Unterschicht, den „Handarbeiterstamm", wie Hoffmann, der Schöpfer der Klassensteuer, es formulierte, aus seinem nur mittelbaren Verhältnis zum Staat herauszuholen.[171] Die Tendenz der Klassensteuer war antiständisch. „Alle Einwohner, ohne Unterschied", waren ihr unterworfen[172]: die Eximierten so gut wie die ehemaligen Gutsuntertanen. Selbst die Beamten, und das zeugt vorzüglich von der Tendenz zur Allgemeinheit, mußten beisteuern; nur Standesherren, Geistliche und Lehrer sowie die Armeeangehörigen blieben davon befreit.

In ihrer Gliederung — vier Hauptklassen wurden gebildet — lehnte sich freilich die Klassensteuer an die herkömmliche Standesschichtung an. Was in den Städten Patrizier, Großbürger, Kleinbürger und Beisassen seien, was auf dem Lande Ritter, Freie, Bauern und Einlieger oder Losleute waren, das bildete nach Hoffmann den Grundstock für die 1820 umrissenen vier Klassen.[173] Hoffmann gibt zwar 1840 zu, daß eine genaue Grenzziehung zwischen diesen vier grob umrissenen Klassen nicht mehr möglich sei, „aber wie veränderlich und mannigfaltig auch die Namen dieser Abteilungen sein mögen, so dauerhaft und gleichförmig sind doch die Begriffe, worauf dieselben beruhen". Die berufsständische Tendenz, die hinter den drei großen Ständen des Landrechts überall hindurchschien, sie wurde in der Instruktion zur Klassensteuerumlage verwirklicht.[174]

Zwischen Kopf- und Einkommensteuer liegend, war das eigentliche Kriterium der Klassensteuerveranlagung der Beruf und die Art seiner Ausübung. Die Klassengrenzen wurden gesucht zwischen geistiger Arbeit und zunehmendem Reichtum auf der einen Seite — deren Vertreter fielen in die beiden oberen Klassen — und zwischen zunehmender Angewiesenheit auf körperliche Arbeit und abnehmendem Eigenbesitz bis hin zur bloßen „Handarbeit" und Besitzlosigkeit auf der anderen Seite — nach diesen Kriterien wurden die unteren beiden Klassen eingestuft, deren unterste Abteilung nur mehr aus „den gewöhnlichen Lohnarbeitern, dem gemeinen Gesinde und den Tagelöhnern" bestand.[175] Diese hatten eine reine Kopfsteuer zu entrichten. Die rechtlichen Standeskriterien verflüchtigten sich, die Steuerquoten richteten sich nach mehr oder minderem Reichtum, soweit er bestimmten Berufen, Bildungsgraden und Besitzeinheiten üblicherweise zugeordnet werden konnte.

171 *Hoffmann:* Steuerlehre 151.
172 G. 30. 5. 1820, § 1 (GS 140).
173 *Hoffmann:* a. a. O. 164.
174 *Kamptz:* Ann. 4. 484; KO 16. 9. 20.
175 Wortlaut im Zusatzgesetz vom 5. 9. 1821 (GS 154).

Die sich auflösende Ständeordnung drängte schnell auf eine Vermehrung der Zwischenklassen — im Rheinland wurden deren schließlich 18 verschiedene zugelassen, so daß sich die Steuer immer mehr einer Einkommensteuer annäherte[176] —, aber eben diese Tendenz hinderte den Gesetzgeber, die Klassensteuer auch auf die Städte auszudehnen. Er sah sich außerstande, bei der wachsenden Menge der fluktuierenden Unterschicht, schnell — Monat für Monat — und gerecht eine sichere Einstufung vorzunehmen. Daher blieb ausgerechnet die Klassensteuer auf die relativ überschaubaren Landkreise und Kleinstädte beschränkt, während in den meisten der größeren Städte — mit bewachbaren Toren — die Mehl- und Fleischeinfuhr besteuert wurde.[177]

Die Klassensteuer erfaßte, der Agrarstruktur der Gesellschaft gemäß, etwa sechs Siebtel aller Einwohner, darunter natürlich den Ritterstand speziell, der ja — im Unterschied zum Adel — auf den Grundbesitz angewiesen war. Der von Hoffmann entworfene Klassenschlüssel war nun elastisch genug, um alle sozialen Wandlungen, die sich im Gefolge der Reformgesetzgebung gerade auf dem Lande einstellten, hinreichend zu berücksichtigen. In der ersten Klasse befanden sich Besitzer bedeutender Landgüter, Großhändler oder Handelsleute, die umfangreiche Geldgeschäfte tätigten, reiche Fabrikanten und Kapitalisten, zum Beispiel solche, welche „der schönen Gartenkunst oder der Jagd pflegend den Sommer und Herbst auf einem Landsitze" verlebten[178]; kurz, alle, deren Einkommen ihnen eine „bequeme und unabhängige Existenz" sicherte. Auch in die zweite Klasse fielen noch Landwirte, die „mit geistiger Arbeit, Anordnung und Aufsicht" ihre Wirtschaft führten, und dementsprechend Fabrikanten, die zahlreichen Arbeitern vorstanden. Der Fusion der Grund- und Geldaristokraten wurde also durch eine — auf den Kreistagen zu begutachtende — gemeinsame Klassenveranlagung entsprochen.[179] Die Steuergesetzgebung trug der kommenden Entwicklung zum kapitalistischen Gutsunternehmer bereits Rechnung; wie Merkel 1840 berichtete: „Von der Freiheit des Gewerbebetriebes, die den Wetteifer weckt und jeden Augenblick benutzt, sich mit wunderbaren Erfolgen zu entwickeln, wußte besonders der größere Grundbesitzer den angemessensten Gebrauch zu machen."[180] Die Verringerung der Branntweinfabriken, aber die Ausdehnung ihrer Kapazitäten dienten ihm als Beleg, jener Betriebszweige also, die den bisher Berechtigten vorbehalten blieben und zu denen sich nur ge-

---

176 *Hoffmann:* a. a. O. 178 ff.; die Folge war, daß pro Kopf im Rheinland 9$^{1}/_{2}$% weniger Klassensteuer entrichtet wurde als im übrigen Preußen; wie Hoffmann meinte, weil die erhöhte Bildung mehr Ausflüchte liefere.
177 *Hoffmann:* a. a. O. 328 ff.
178 a. a. O. 165.
179 *Bergius:* Staatsrecht 421.
180 *Merckel:* Rechenschaftsbericht 1840, 222.

Wandel der ländlichen Sozialverfassung

sellen durfte, wer ein Grundvermögen im Taxwert von mehr als 15 000 Talern nachweisen konnte.[181]

Die ausgesprochene Tendenz der Klassensteuer war nun, gerade diese Oberschicht und obere Mittelschicht, auf die sich der Ritterstand verteilte, steuerlich zu schonen. Hatte sich schon während der Napoleonischen Zeit der Adel ganz entschieden geweigert, sein Vermögen oder Einkommen aufzudecken, so daß die entsprechenden Besteuerungsversuche kläglich scheiterten[182], wehrte sich auch weiterhin die Ritterschaft erfolgreich, daß zu ihrer Klassifizierung die Gemeindebehörden herangezogen würden – nur der Landrat durfte sie einschätzen[183] –, so blieb auch für die Klassensteuer der leitende Gesichtspunkt, nie den Reichtum als solchen zu besteuern, sondern nur die äußere Stellung in der Abstufung innerhalb der bürgerlichen Gesellschaft.[184] Die herkömmliche Ständeordnung lieferte die Kriterien der Einschätzung, und wenn es auch eine Verschärfung des staatlichen Zugriffes bedeutete, daß überhaupt jedermann erfaßt wurde, so blieben die höheren Schichten gleichwohl relativ verschont. Die erste Klasse trug 4 %, die zweite 16 %, die beiden unteren Klassen trugen 34 und 46 % zum Gesamtaufkommen bei, und die Entwicklung im Laufe des Vormärz ging dahin – entsprechend der Bevölkerungszunahme –, daß der Anteil der Unterschichten noch relativ zunahm.

Hoffmann war von dem Motiv ausgegangen, daß die Hauptlast von der Masse der arbeitenden Bevölkerung getragen werden müsse und daß nur, was die Ärmsten nicht aufbringen könnten, von den Reicheren zusätzlich getragen werden solle. Gerade um die „handarbeitenden Klassen" am Staat zu engagieren, sie zur Verantwortung zu erziehen, müßten sie zur Steuer beitragen. Um aber die Unterschicht überhaupt steuerfähig zu erhalten, argumentiert Hoffmann, dürfe man die Arbeits- und Lohnherren nicht zu sehr belasten. Vermögende Unternehmer von Landwirtschaften, Fabrikanlagen und Handelsgeschäften – also auch der Ritterstand – dürften nie so stark besteuert werden, daß sie ihre Steuerlast in Form von Lohnverkürzungen auf die Arbeiter abwälzten. Mit anderen Worten, die Oberschicht wurde geschont, auf daß die Unterschicht zahlungskräftig bliebe. Das Argument entbehrt nicht eines rührenden Optimismus, von

---

181 Gewerbeordnung vom 7. 9. 1811, §§ 52, 53 (GS 263); dazu *Goldschmidt:* Kunth 82. Die Gesamtzahl der Brennereien sank in Preußen von 13 806 (1831) auf 7452 (1849) mit bedeutendem Produktionsanstieg (*Jordan:* a. a. O. 18). Gegen den heftigen Protest der schlesischen Gutsbesitzer (*Rumpf:* 14. 147 ff.) wurden die so anrüchigen wie einträglichen Vorrechte in der Gewerbeordnung von 1845 entschädigungslos beseitigt.
182 Dazu Staatl. Arch. Lager Göttingen Rep. 2 Tit. 37, Nr. 10, vol. 1. Vgl. *Huber:* Verfassungsgeschichte 1. 212; *Grabower:* Steuern, Kap. 8 und 9.
183 Bestätigt durch KO 17. 1. 1830; als sich die Regierung Frankfurt unter dem liberalen Präsidenten Wissmann nicht daran hielt, protestierten die brandenburgischen Ritter erneut (*Rumpf:* 13. 141) und erfolgreich (KO 4. 1. 1841; GS 22).
184 *Hoffmann:* a. a. O. 167 ff.; dazu *Loening:* Hoffmann 18 ff.

dem die staatspädagogischen Absichten des alten Hoffmann noch immer zehren. In der Praxis wurden die Gutsunternehmer — gerade in den vierziger Jahren — nicht daran gehindert, genau das zu tun, was Hoffmann vermieden sehen wollte, nämlich den Lohn auf das Minimum zu drücken, „wobei der Arbeiterstamm sich noch eben arbeitsfähig erhalten kann"[185]. Das Argument Hoffmanns, durchaus dem Reformgeist entspringend, blieb illusorisch, da sich der Staat in liberaler Konsequenz aller Lohnpolitik enthielt. Jede polizeiliche Lohntaxierung stand im Verdacht, statt im freien Spiel der Kräfte die Selbständigkeit der „Bürger" zu fördern, eine ständische Herrschaft von Menschen über Menschen zu legalisieren.[186] Die Wirtschaftsfreiheit ging dem Staatsbürgertum voraus — und folgte ihm nicht.

Nun entbehrte freilich, was sich in den vierziger Jahren nur zugunsten der Gutsherrschaften auswirkte, in den zwanziger Jahren nicht eines volkswirtschaftlichen Nutzens. In Anbetracht des notorischen Geldmangels, der nach den Napoleonischen Kriegen auf dem Lande herrschte, und während der schweren Agrarkrise wohnte dem Klassensteuerschlüssel, der sich zwanglos den alten ständischen Privilegien anschloß, wiederum ein Moment der indirekten Wirtschaftshilfe inne. Der Großgrundbesitz, der Ritterstand war es, dessen Startchancen mittelbar aufgebessert wurden. Der Staat war gerecht genug, nach einem Jahr der Erfahrung — 1821 —[187] die Höchstsätze der obersten Klasse zu verdreifachen, von 4 auf 8 bzw. 12 Taler pro Monat, aber die maximale Summe blieb damit 144 Taler im Jahr, gleich wie hoch das Einkommen steigen mochte. Die Klassen, die in den östlichen Provinzen knapp die Hälfte des bebauten Bodens innehatten und die die ländlichen Fabriken betreiben, sie zahlten zusammen mit einigen Gebildeten etwa 20 % der Klassensteuer. Die Schicht der ländlichen Unternehmer wurde also relativ zur Menge des Volkes begünstigt, die Steuerveranlagung förderte die Kapitalbildung, wenn auch weniger als in den Städten, wo die Mahl- und Schlachtsteuer, das Äquivalent zur Klassensteuer, die Reichtumsstufen fast unberücksichtigt ließ.

Wie aber sah die Gegenrechnung aus? „Der geringe Bürger- und Bauernstand und die ärmeren Volksklassen" waren bei weitem die Hauptzahler der Klassensteuer.[188] Die unterste Klasse brachte 46 % der rund sieben Millionen T. auf, allein 19 % wurden als Kopfsteuer entrichtet.[189] Lohnarbeiter, Gesinde und Tagelöhner trugen also einen erheblichen Anteil mit den monatlich 15 Pfennigen, die sie abzuliefern hatten, wenn auch mit Fami-

---

185 *Hoffmann:* a. a. O. 149, 161; dazu *Kuczynski:* Arbeiterlage 1. 243 ff.
186 *Krug:* Betrachtungen 2. 213.
187 G. 5. 9. 1821 (GS 154).
188 *Bergius:* Zustände 184.
189 *Hoffmann:* a. a. O. 181.

lienangehörigen zusammen nie mehr als 1 1/2 Taler im Jahr. Rund 2,7 Millionen, also die Ärmsten der Armen, wurden individuell erfaßt, während die übrigen 9 Millionen Klassensteuerpflichtigen — so in den dreißiger Jahren — haushaltsweise veranlagt wurden. Die Zahl der Armen überstieg bei weitem die Zahl der rund 1,4 Millionen besteuerten Haushaltungen.

Nun ziehen sich die Proteste gegen die Klassensteuerveranlagung vom ersten Tag ihrer Erhebung an fast wie ein roter Faden durch die Regierungsberichte. Der Landrat von Trier etwa sah sofort die Unmöglichkeit einer gerechten Umlage voraus.[190] Die Verteiler weigerten sich, mitzuarbeiten; die Reichen entzogen sich der Steuer durch Abzug in die Städte und überließen für das Soll aufzukommen den Zurückbleibenden; als es nicht einkam, füllten sich die Häuser der Steuereinnehmer mit gepfändeten Objekten, die, vergeblich ausgeboten, von niemandem gekauft wurden, „daß daher das gepfändete Individuum ruiniert, dennoch Schuldner bleibt, und der Staat immer nicht befriedigt ist". Da bat etwa die Düsseldorfer Regierung 1832, die untersten Klassen soweit wie irgend möglich zu schonen, und warnte vor jeder Erhöhung, um den Fortschritt der Gewerbe nicht zu gefährden.[191] Da berichten Flottwell aus Westpreußen oder Richter aus Minden in den zwanziger Jahren, daß die Tagelöhner selbst den niedrigsten Satz „dem dringensten Bedürfnis ihrer Subsistenz entziehen" müßten.[192] Der Steuernachlaß, den Motz 1828 den über Sechzigjährigen und den Jugendlichen zwischen 14 und 16 gewährte, brachte große Erleichterungen, änderte aber nicht das allgemeine Umlagesoll. In den Gegenden, wo die Textilfabrikation als Heimindustrie betrieben wurde, war die Steuer eine Landplage. In den vierziger Jahren berichtet z. B. die Mindener Regierung von der fortschreitenden Verarmung.[193] Heuerlinge und kleine Erbpächter würden vom Bauern in Naturalien entlöhnt; und die Produkte ihrer Heimarbeit, das grobe Garn, seien gegen Geld gar nicht mehr, kaum gegen — entbehrliche — Waren zu veräußern. So fehlte jeder Pfennig, der hätte eingezogen werden können. Nur aus der Fremde Heimkehrende könnten in den Herbstmonaten ihren Groschen entrichten, die meisten lebten vom Bettel oder, so er etwas besaß, vom Nachbarn. Vergeblich bat die Regierung, derartige Existenzen nicht mehr veranlagen zu müssen, es sei ein aussichtsloses Unterfangen. Der Staat lehnte ab: Nur wer aus der Ortsarmenkasse oder vom Provinzialverband eine Unterstützung

---

190 DZA Merseburg R 74 J II Nr. 6 (21. 10. 1821). Die Klassensteuer überstieg den französischen Personensteuersatz um das Dreifache, wenn auch die Fenstersteuer entfiel. Dazu *Schubert:* Reg. Koblenz 257.
191 Staatsarch. Düsseldorf D 8, 6258.
192 Staatl. Arch. Lager Göttingen Rep. 2 Tit. 40, Nr. 10, vol. 2; Staatsarch. Münster B 80, I. Vgl. *Beckerath:* Klassensteuer 16 f.
193 Staatsarch. Münster B 80, vol. 2.

Die Klassensteuer als Landplage

beziehe, sei auch steuerfrei. Das war zwar legal, aber sinnlos, denn die armen Gemeinden hatten selber kein Geld, um die Notleidenden zu unterstützen. So wurden die Ärmsten besteuert, weil die Kommunen zu arm waren, für sie aufzukommen. Im Fürstentum Paderborn fehlte sogar eine Armenverwaltung; besteuert wurde also, wer ärmer war, als das Gesetz es vorsah.

Zum Unsinn kam die Entwürdigung. Die Steuerboten, ohne jedes Gehalt auf die Zuschläge der Steuern angewiesen, zogen „zerrissen und zerlumpt einher", um Monat für Monat wenigstens die Mahngebühren einzustreichen, die nicht einmal hinreichten, soviel zu verdienen wie ein Tagelöhner. Die staatlichen Anweisungen, mit Exekutionen schonend vorzugehen, mußten daher die Steuerboten büßen. Fürwahr, der Staat war weit, aber die Not war nah, und die Administration zeigte sich in Lumpen, die die Not noch vermehrten. „Wohlhabende Steuerpflichtige kommen mit ihnen gar nicht in Berührung", während Erpressung, Bestechung, Gewalttätigkeiten und nutzlose Strafen den Weg der Steuerboten säumten, „so daß man sie nicht für königliche Beamte halten kann" — was sie gleichwohl waren. Daher forderte die Mindener Regierung, ihnen wenigstens ein Minimalgehalt auszusetzen — ebenso vergeblich; es gab Steuereintreiber, die nicht mehr als 5 Taler im Jahr einstrichen, der Schnitt lag — von 60 im Bezirk — bei 65 Talern, von denen kaum eine Familie leben konnte. Dazu kamen andere Mißstände der Steuerverfassung. Kaum hatte sich jemand auf dem gerade aufgeteilten Gemeindegrund eine Hütte errichtet oder als Erbpächter — gegen hohe Verschuldung — einen eigenen Herd erstanden, schon wurde er zur Haussteuer herangezogen, obwohl er seitdem jeden Rückhalts als Heuerling entbehren mochte. Vergeblich bat die Regierung, solche Leute nur zur Personensteuer, nicht zur Grundsteuer heranzuziehen. Der Weg in die Selbständigkeit wurde versperrt. Was nützte der Regierung ihre ganze Macht, wenn sie Befehle wider ihre Einsicht aus Gründen höherer Allgemeinheit auszuführen sich fügte? So verteidigte die Regierung Minden wenigstens die Tausende von Leuten, die in den vierziger Jahren noch Geld genug aufbrachten, um nach Amerika auszuwandern.[194] Freiheit

---

[194] Auch in den östlichen Provinzen zeigten sich die Regierungen liberaler als das Ministerium, das die Auswanderungen mißtrauisch verfolgte und am liebsten unterbunden hätte (dazu Staatl. Arch. Lager Gött. Rep. 2, Tit. 30, Nr. 36, vol. I, und Arch. Panstw. Wrocl. Rep. 200 acc. 54/16, Nr. 3081). 1847 wurden Warnungen nicht nur gegen die Auswanderer-Agenturen den Regierungen zugesandt, sondern auch gegen nordamerikanische „Vereine zur Unterstützung der Unternehmungen für die Revolutionierung Deutschlands". Der beigelegte Aufruf eines Vereins aus St. Louis (Missouri) endete mit dem Satz: „Ja, wir erschrecken als freie Menschen vor dem Gedanken nicht, daß noch einmal ein Zeitpunkt kommen möge, der für die unterdrückte Volkssache einen anderen Tschech [den Attentäter auf Friedrich Wilhelm IV.] erheische. Kein Despot darf Gnade oder Schonung vor dem echten Republikaner erwarten ... keine Bitte und Erniedrigung mehr vor dem Historischen Popanz ..." Der Aufruf nennt sieben weitere deutsche Vereine in den USA

bedeutete ihnen Freiheit von Abgaben; sie in die östlichen Provinzen umzusiedeln sei unzumutbar, denn in den Vereinigten Staaten fänden sie ihre Freunde, dort fühlten sie sich „weniger fremd als in den fernen Provinzen ihres Vaterlandes". Vielmehr solle Berlin dafür sorgen, daß auch die Ärmsten auswandern könnten.

Nun standen freilich die schlesischen oder westfälischen Kreise mit der Menge ihrer Weber und Spinner am untersten Ende der Elendsskala; aber kaum versiegte das Wasser, wie nach der Trockenheit 1846, schon kamen auch Handelsverkehr und Fabrikation zum Erliegen und machten Gesinde, Gewerbsgehilfen und Fabrikarbeiter erwerbslos. So im Arnsberger Regierungsbezirk, wo 1846 190 000 Steuersäumige gemahnt (ein gutes Drittel der Bevölkerung), über 24 000 gepfändet wurden — alle Leute „aus den geringeren Klassen der Bevölkerung", was die Eintreibung nicht hinderte.[195]

Die Klassensteuer, die die Reichen schonte, jagte die Ärmsten. Nun zog freilich der Staat das Steuersoll nicht der anschwellenden Bevölkerung nach. Vielmehr ist „der Gesamtbetrag der Klassensteuer zwar mit der Bevölkerung, aber nicht wie die Bevölkerung, sondern in viel geringerem Verhältnisse gewachsen"[196]. Trotz seiner Bevölkerungszunahme von 22 % bis 1837 steigerten sich die Einnahmen nur um 6 %. Hoffmann nimmt dies als ein Zeichen staatlicher Toleranz, was auch zutreffen mochte, und nicht als ein Indiz anwachsender Armut, was es in den vierziger Jahren jedenfalls war: Denn was half alle Toleranz, wenn selbst der unterste Satz nicht mehr aufgebracht werden konnte? Die von der Klassensteuer offiziell Befreiten[197] wuchsen stetig an: von rund 330 000 (1830) auf rund 440 000 (1840) auf rund 710 000 (1850). Mehr als ein Viertel der individuell veranlagten ländlichen Unterklassen besaß also zur Zeit der Revolution keinen Pfennig — ungezählt die Stadtarmen und die namenlose Menge derer, die durch die Maschen des Gesetzes fielen, weil sie ohne Heimatunterstützung keinen Anspruch auf Steuerbefreiung hatten.[198] Wenn also etwas den Gegensatz von Reich und Arm als Klassengegensatz sichtbar machen

---

zur finanziellen Hilfe der deutschen Republikaner, die teils im Entstehen, teils gegründet seien (Arch. Panstw. Pozn. Ob.Pr. Posen VII F 2 a, vol. I).
195 Der Arnsberger Bezirk hatte 1837 504 000 Einwohner (*Hoffmann:* Bevölkerung 17). Dazu auch der Bericht des Prov.-Steuerdirektors (Staatsarch. Münster, B 82 Bd. 1) und oben S. 256, Anm. 123.
196 *Hoffmann:* Steuerlehre 177 f.
197 *Meitzen:* 3. 435.
198 Es ist bezeichnend, daß von den im Jahre 1850 Befreiten allein rund 280 000 im Rheinland lebten, obwohl die Not der anderen Provinzen gewiß nicht geringer war: Allein in der Rheinprovinz hatten die Kreisstände entscheidenden Einfluß auf die Veranlagung der Klassensteuer (vgl. *Jordan:* a. a. O. 80).
199 Den anwachsenden Reichtum der Oberschicht, die zahlenmäßige Zunahme der Unterschicht und den relativen Abstieg der beiden Mittelklassen erweisen folgende Verhältniszahlen: Von 1000 Taler Klassensteuereinnahmen entfielen folgende Anteile auf die

konnte, dann war es die preußische Klassensteuer[199] und mehr noch ihre Handhabung, die diesen Unterschied zu jedem Monatsbeginn — mit drei Tagen Exekutivfrist — spürbar machte.

Wie vorteilhaft die Steuersätze der Oberschicht waren, zeigte sich 1847 auf dem Vereinigten Landtag. Das Staatsministerium schlug vor, die Klassensteuer auf Stadt und Land gleichmäßig auszudehnen, um die ärgerliche Mahl- und Schlachtsteuer zu beseitigen, die die Stadtarmen noch stärker traf; ferner, um die Unterklassen zu entlasten, daß die Klassensteuer auf alle Einkommen über 400 Taler in eine dreiprozentige Einkommensteuer zu verwandeln sei. Der Antrag wurde mit 380 : 141 Stimmen abgelehnt. Neun Zehntel der Ritter stimmten dagegen, drei Viertel der Bürger und nur weniger als die Hälfte der Bauern. Vergeblich appellierte Vincke an die Ehre seiner Mitstände, vergeblich beschworen die rheinischen Liberalen die Bürger der großen östlichen Städte, mit ihnen zu stimmen. Camphausen nahm den alten Gedanken der Reformer wieder auf, daß durch die „Selbstbesteuerung" die „Identität" der Bürger mit ihrem Staat wiederhergestellt werde. Mit ihren erhöhten Pflichten wüchsen auch die Rechte. Und er zeigte, wie nötig der „soziale Fortschritt" sei, besonders derer, die von den Ständen nicht vertreten seien. „Wie dunkel und verwirrt auch die Begriffe seien, welche sich an die Schlagworte unserer Zeit anknüpfen, an die Worte: Pauperismus, Proletariat, Kommunismus, Sozialismus, Organisation der Arbeit, das wird niemand leugnen, ... daß der Mensch, der lebt, auch das Recht habe, zu leben"[200]. Es erwies sich, wie Biedermann registrierte, „daß in diesem Falle mehr die Besonderheiten der Interessen, als die Gesinnung und die politische Intelligenz die bewegende Kraft bei der Abstimmung war"[201].

Das Besondere der Interessen war vor allem, daß sie Bürger — von den Rheinländern abgesehen — und Ritter zusammenführten. Was sie verband, war nicht zuletzt die günstige Veranlagung als Oberklasse.[202] Erst die Re-

	1. Klasse	2. Klasse	3. Klasse	4. Klasse	(davon in der letzten Stufe)
1821/26	36,2	168,4	362,3	433,1	(182,2)
1833/38	35,4	161,5	337,4	465,7	(192,2)
1845	37,9	153,4	314,3	494,4	(221,9)
1848	46,0	155,2	309,6	489,2	(229,2)

(nach *Beckerath:* Klassensteuer 15 f.) Vgl. Z. dt. Stat. 2. Jg. 1848, 1055, wo die absoluten Zahlen ausgerechnet sind: „So bestätigen auch die Klassensteuerlisten für Preußen die allgemeine Erfahrung der Verarmung des sogenannten Mittelstandes." Die Zahl der Reichen habe sich um 2190 (von 3294 — 1821 — auf 5484 — 1848) vermehrt, dafür aber hat der Mittelstand 82 884 Familien und Einzelsteuernde verloren (Senkung von rund 85 000 auf rund 79 000 in der zweiten und von rund 535 000 auf rund 458 000 in der dritten Klasse: deren Mitglieder also in die unterste Klasse übergewechselt waren).
200 Einige Stimmen riefen „Bravo!" (Der erste Vereinigte Landtag 3. 1591).
201 *Biedermann:* Preußischer Reichstag 355.
202 Setzt man den Höchstsatz der Klassensteuer von 144 Talern im Jahr als 3 % des Einkommens an, dann war also bis 1851 das maximale, auf dem Lande überhaupt erfaßte

Wandel der ländlichen Sozialverfassung

volution schuf hier Wandel. Die höheren Einkommen — von mehr als 1000 Talern — wurden seitdem[203] mit einer dreiprozentigen Steuer einzeln erfaßt, nicht mehr klassenweise über eine bestimmte Grenze hinaus geschont. Klassensteuer und Klassenwahlrecht ergänzten seitdem einander: Was die Bürger an Einfluß gewannen, verloren die Ritter als verkapptes ständisches Vorrecht.

Waren also die steuerlichen Sätze vor 1848 geeignet, dem Ritterstand seinen Übergang in eine auch wirtschaftlich führende Oberklasse zu erleichtern, so wirkten in die gleiche Richtung die *lokalen Privilegien,* die die Ritter in die Zeit freier wirtschaftlicher Konkurrenz hinüberzuretten wußten: die Patrimonialgerichtsbarkeit sowie die Guts- und Ortspolizei. Sie sicherten die wirtschaftliche Vorzugsstellung der Ritter auch herrschaftlich ab und trugen nicht minder dazu bei, die sozialen Spannungen zu erhöhen, die sich 1848 entluden. Je mehr sich die Folgen der wirtschaftlichen Liberalisierung auf dem Lande zeigten, desto überfälliger wurde eine Polizei- und Gerichtsverfassung, deren Leistungen im umgekehrten Verhältnis standen zu den sozialen Nöten und rechtsstaatlichen Erfordernissen einer freien Wirtschaftsgesellschaft.

Die Gutsherrschaften wurden durch die persönliche Freisetzung der Untertanen 1810 angeschlagen, deshalb noch nicht aufgelöst. Die Trennung der bäuerlichen und herrschaftlichen Ackerflächen und die Dienstablösungen liefen erst langsam an, Dorfgemeinde und Gutsbezirk waren noch ineinander verzahnt, der Herr besaß noch sein Züchtigungsrecht, und der Bauer schaute zu ihm hinauf, ob er gut war oder schlecht. Er hatte „noch

---

Einkommen 4800 Taler wert. Es gab nun 1866 (nach *Meitzen:* IV 498) rund 800 Grundherren, deren Reinertrag die 5000-Taler-Grenze überstieg, davon über 100, deren Reinerträge über 10 000 Taler lagen. Soweit sie nicht von der Grundsteuer erfaßt wurden, was bis 1861 nur ungleichmäßig geschah, blieben also deren Einkommen oberhalb der 4800-Taler-Grenze von der Klassensteuer als „Einkommensteuer" absolut verschont. Kein Wunder, daß sich die Grundherren gegen die geplante Umwandlung der Klassensteuer in eine dreiprozentige Einkommensteuer wehrten. — Nun war freilich die Zahl der „Reichen" im Staat so gering, daß ihre höhere Veranlagung nie auch nur annähernd hingereicht hätte, die unterste Klasse zu entlasten. — In der ersten Klasse waren in ganz Preußen (im Schnitt von 1833/38, *Hoffmann:* a. a. O. 182 ff.) 3965 Haushaltsvorstände veranlagt. Das heißt die rund 1800 Gutsbesitzer, die 1866 einen Reinertrag von 3000 bis 5000 Talern hatten, werden um 1848 mehr oder minder auch in der ersten Klasse veranlagt worden sein, freilich mit entsprechend niedrigeren Sätzen. Auch diese Schicht stand sich also bis 1851, wenn auch nicht so günstig wie die Reichsten, so doch relativ besser als nach Einführung der dreiprozentigen Einkommensteuer. Die verbleibenden 1300 — rund gerechnet — aus der ersten Klasse müssen also, Meitzens Vergleichszahlen hingenommen, schon in den dreißiger Jahren aus dem ländlichen oder kleinstädtischen Handels- und Fabrikantenstand gekommen sein, da die Standesherren von der Klassensteuer befreit waren. Über die gesteigerten Einnahmen nach der Heranziehung der Standesherren, Offiziere, Beamten und Lehrer seit dem G. vom 7. 12. 1849, das alle Klassensteuerexemtionen aufhob, und durch die Einkommenserfassung oberhalb der Grenze von 1000 Talern seit 1851 vgl. *Beckerath:* Klassensteuer 59, 81 passim.

203 G. vom 1. 5. 1851 (GS 193). Dazu *Dieterici:* Mitteilungen 3. Jg. 1850, 113 ff., 243 ff.

keinen Sinn für Freiheit, weil man mit der Nationalbildung nicht nachgekommen ist", berichtete Sack[204], kaum in Pommern eingetroffen, 1817 dem Freiherrn vom Stein, und so lauteten die Verwaltungsberichte. Trotz der sukzessiven wirtschaftlichen Trennung, die die Generalkommissionen durchführten, blieben nun Gutshof und Dorf — oder Neusiedlung — der gerichtlichen Herrschaft und der Polizeigewalt des Gutsbesitzers unterworfen. Der Herr wurde seiner Unterstützungspflichten enthoben, behielt aber die Herrschaftsrechte im Alltag — samt den daran haftenden Geldbezügen. Selbst Hardenberg, der die Patrimonialjustiz beseitigen und die staatliche Verwaltung bis in die Gemeinden hinein vortreiben wollte, mochte zumindest nicht auf die gutsherrliche Polizeigewalt verzichten.[205] Es gab niemanden, der sie hätte ersetzen können. Die alten Gewohnheiten und Lebenseinheiten lösten sich nur langsam und nur teilweise auf. Polizei, Kirche und Rechtssprechung blieben — aller wirtschaftlichen Bewegung zum Trotz — herkömmlich an den Herrn gebunden, und der Landrat, die nächsthöhere Instanz, war einer der Herren selber, nur mit zusätzlicher Autorität des Königs versehen. Die Welt der ländlichen Bevölkerung endete zumeist an dessen Verwaltungsbereich, an der Kreisgrenze.

Humboldt, der auf seinem Gut Ottmachau vom Gesinde mit Handkuß und Berühren des Rocksaumes begrüßt wurde, hat seiner Frau davon berichtet: Er höre dort keine Neuigkeiten, „die Welt geht darum nicht weniger ihren Gang. Aber wenn man so Wochen und Monate nicht von ihr wissen und ganz unberührt bleiben kann, so wird es einem recht klar, daß an den großen Staatsangelegenheiten immer nur eine gewisse Anzahl Menschen eigentlich teilnehmen. Für die übrigen sind sie wie Regen und Sonnenschein, Sturm und Gewitter. Sie werden manchmal mit fortgerissen und genießen manchmal mit. Aber wer nicht gerade betroffen ist, der läßt sie gleichgültig

---

204 *Steffens:* Briefwechsel Sacks . . . 139.
205 *Winter:* Reorganisation 357, 510; *Ranke:* Hardenberg 4. 240; *Meier:* Reform 150. *Klein,* der 1789 noch dafür plädiert hatte, daß alle Strafsachen, auch der Polizei, vor eigene Gerichte kommen sollten, veröffentlichte 1808 (Ann. Bd. 25, 45 ff.) einen Aufsatz, der das Oktoberedikt beschwichtigend interpretierte: „Es bleibt ja die Gerichtsbarkeit der Gutsherrschaft, und mit dieser ist gesetzmäßig die Polizei verbunden, welche unter Aufsicht derselben von Schulzen und Gerichten ausgeübt wird. Diese Polizeiaufsicht muß bleiben, wenn man auch ratsam finden sollte, die Patrimonialgerichtsbarkeit in allen Zivil- und Kriminalfällen abzuschaffen. Würden auch die Gutsherrschaften selbst der polizeilichen Aufsicht der Kreisgerichte oder anderer Behörden unterworfen, so würde es doch zuträglich sein, die besondere Polizei des Dorfes der Gutsherrschaft zu unterwerfen, weil diese in Ansehung der Feuersbrünste, der Räuber und Landstreicher und sonst ein vorzügliches Interesse bei der Handhabung der guten Ordnung hat. Denn würden Schulz und Gericht nicht durch die Gutsherrschaft teils geschützt, teils in Ordnung gehalten, so ist zu besorgen, daß das entferntere Kreisgericht von den einreißenden Unordnungen nur zu spät Nachricht erhalten dürfte." Im weiteren wird noch vorgeschlagen, „Sittengerichte" zu „organisieren", denen die Pfarrer, nicht aber die Schulmeister eo ipso angehören sollten.

Wandel der ländlichen Sozialverfassung

vorüberziehen."[206] Die große Politik und ihre Folgen wurden, mit anderen Worten, noch als Teil naturhafter Ereignisse erfahren, als Katastrophe oder Segen Gottes.

Die Nachrichten von den Breslauer Unruhen im Jahre 1817 liefen, wie die Landräte zu berichten wußten, von Poststation zu Poststation, verwandelten sich dabei in Gerüchte entgegengesetzten Inhalts, erreichten aber kaum das platte Land.[207] Noch 1841 berichtete der Posener Oberpräsident in seinem Geheimbericht zu dem aufsehenerregenden königlichen Landtagsabschied, daß die Bauern — des Lesens und Schreibens weithin unkundig — keine Notiz davon genommen hätten.[208] Und gerade im Posenschen war es für die Administration zugegebenermaßen unmöglich, die Gutssitze, also die Herde des Aufstandes von 1846, auch nur annähernd den Befehlen gemäß zu überwachen. Lagen in den polnisch-preußischen Gebieten die Verhältnisse auch am äußersten Rand der Dichtigkeitszone, mit der die Verwaltung — von den Städten mit Regierungssitz ausgehend — die „Zustände" beaufsichtigen konnte: es blieben gleichwohl Zustände, deren vergleichsweise statischer Charakter proportional zur gutsherrlichen Autorität stand. Nun sind es nicht zuletzt die gutsherrlichen Aufsichtsbefugnisse, deren allmählicher Wirkungsschwund einen Gradmesser darstellt für die soziale Bewegung, die, vom Staat ausgelöst, die herkömmlichen Lebenseinheiten langsam zerstörte.

In dem Maß, wie der Staat die Finanzierung der lokalen Polizeiverwaltung und die Unterhaltung der Patrimonialgerichte den herkömmlichen Gutsbereichen überließ, bekräftigte er altständische Gewalten, deren Autorität er durch seine Auseinandersetzungen zugleich untergrub. So entstanden Zwischenlösungen, die von Provinz zu Provinz, von Kreis zu Kreis variierten und die exekutiv zu beseitigen die Behörden nicht ermächtigt waren. Sie waren gleichsam dazu verurteilt, sich im Niemandsland zwischen Herkommen und Reform anzusiedeln, und konnten nur mehr von Fall zu Fall reagieren. Nirgends hat sich der von Beuth für die Gewerbepolitik ausgesprochene Satz, daß Stillstand Rückschritt sei, so sehr bewahrheitet wie in der Verwaltung des platten Landes.

Ein einheitliches Bild läßt sich nicht zeichnen, da erstens die rechtlichen Voraussetzungen fast überall voneinander abwichen und da zweitens die Absichten und Interessen weder der beiden Könige noch die der Justiz- und Innenminister unter sich, noch die der Provinzialregierungen und Oberlandesgerichte mit dem Staatsministerium, noch gar die der Rittergutsbesitzer untereinander konform liefen. Das Ausbleiben der Hardenberg-

---

206 *Humboldt:* Briefe Bd. 7. 57, 70 (12. 8. 1820).
207 Arch. Panstw. Wrocl. Mag. Breslau III/1087 und Arch. Panstw. Pozn. Ob.-Präs. VII F 1.
208 a. a. O. Bb. 22.

schen Kreisverfassung zeitigte daher Folgen, die auf dem Hintergrund der weiterlaufenden Agrar- und Sozialreformen zu immer schärferen Divergenzen und zu immer neuen Kompromissen führten, die das offene Problem einer Landgemeindeverfassung nicht zu lösen vermochten.

Schon verwaltungstechnisch war das Problem der Gutsherrschaft kompliziert dadurch, daß die Patrimonialjustiz und die ehemals daraus abgeleitete Polizeigewalt und Polizeigerichtsbarkeit neben Patronat und Schulaufsicht zwar die Einheit der gutsherrlichen Gewalt begründeten, im Vollzug aber völlig verschiedenen Sachbereichen angehörten. Justizministerium und Verwaltung stellten andere Ansprüche an die gutsherrliche Gewalt, die Ressorttrennung in den oberen Instanzen hatte schon im 18. Jahrhundert, besiegelt durch das Landrecht (§ 75, II, 17), die Einheit der Gutsherrschaft angeschlagen. Seit der Reform gingen — provinzweise verschieden — Gutspolizei und Patrimonialjustiz eigene Wege. Allein die Funktionstrennung auf dem Verwaltungswege reduzierte — gegen alle konservierenden Wünsche und Erlasse — die Gutsherrschaft, aber nicht gleichmäßig und nicht überall.

Grob gesprochen, nahm von Ost nach West der Herrschaftsbereich der Gutsbesitzer räumlich und sachlich ab. In den alten Provinzen konnten sie Justiz — in erster Instanz —, Polizeigerichtsbarkeit und Polizeiverwaltung selber ausüben, beaufsichtigen oder bestellen: eine Ballung von Rechten, die ihnen tatsächlich eine gewaltige Macht einräumte, neben der die eines Domänenverwalters verblaßte. In der Provinz Posen wurde dagegen die private Gerichtsbarkeit nicht wieder eingeführt, um den polnischen Adel — als Träger der Opposition — seiner Macht über die zu emanzipierenden Untertanen zu berauben. Auch die Polizeiverwaltung blieb in staatlicher Hand, nur auf ihren Gütern selbst durften die Ritter sie ausüben. Im Bezirk Marienwerder verstand es Flottwell, allen Gutsbesitzern, soweit sie die von der Warschauer Verfassung beseitigte Patrimonialgewalt wiedererlangten, das Wichtigere: die Polizeigerichtsbarkeit, vorzuenthalten.[209] Das gleiche setzte das Innenministerium durch, als die ehemals westfälischen Teile der Provinz Sachsen 1833 den östlichen Provinzen angepaßt wurden: Gutsbezirke und Dörfer wurden verwaltungsmäßig getrennt, aber im gleichen Akt wurde die im Osten weiterbestehende Polizeigerichtsbarkeit über ihre ehemaligen Dorfuntertanen den Gutsherren entzogen.[210] Als schließlich die Trennung von Gutshof und Dorf einen

---

209 Patent vom 9. 11. 1816 § 22 (GS 230); vgl. die Warschauer Verfassung vom 22. 7. 1809, Tit. 9; *Rumpf:* 1. 156; 19. 407.
210 Die Verselbständigung der Ritter in den ehemals westfälischen Landen der Provinz Sachsen zeigt das völlige Durcheinander am deutlichsten, das durch die halben Lösungen perpetuiert wurde: Ritter, die die Patrimonialgewalt wiedererlangt hatten, durften die Polizei im ganzen Gerichtsbezirk und selber, die Polizeigerichtsbarkeit aber nur durch die Patrimonialrichter, ausüben lassen. Ritter mit ehemals eigener Patrimonialgewalt durften

weiteren Schritt nach Westen vorangetrieben wurde — durch die neue Landgemeindeordnung von 1841 in Westfalen —, verblieb sowohl Polizeigerichtsbarkeit wie Polizeiverwaltung weiterhin den Amtsleuten, mochte auch der eine oder andere Gutsbesitzer noch Patrimonialrechte besitzen.[211] Es war nicht zuletzt Vincke, der dafür sorgte, die Polizeiverwaltung vor dem Zugriff der Rittergutbesitzer zu retten.[212] Im Rheinland schließlich entbehrten die Ritter jeder öffentlichen Gewalt. Der den Rittern im ganzen entgegenkommenden Gesetzgebung zum Trotz verstanden es also die regionalen Behörden, unterstützt durch Wünsche der bäuerlichen Landgemeinden, wenigstens auf dem administrativen Sektor einige Positionen zu retten; wo der Staat — wie in Posen — das gleiche Interesse hatte, gelang dies zur Gänze, weniger in den mittleren Provinzen. Der Schwund direkter Herrschaftsgewalt, der von der Sonderregelung in Posen abgesehen von Ost nach West mit Übergängen in Sachsen und Westfalen vorliegt, zehrte also vorzüglich an der Polizeigewalt, wo in der Tat der Einfluß der Ritter weit wirksamer war als in der Justiz.

Die *Patrimonialgerichtsbarkeit* war schon seit dem Ende des 18. Jahrhunderts stärker der staatlichen Kontrolle unterworfen als die lokale Polizei. Seit 1781 durften nur qualifizierte Richter, meist der benachbarten staatlichen Gerichte, die adlige Justiz ausüben, und war der Ritter selber qualifiziert, so durfte er nie in eigener Sache Recht sprechen.[213] Die private „Gerichtsbarkeit ist jetzt tatsächlich", wie Bismarck 1846 schrieb, „selten etwas anderes als ein Flicken auf dem Mantel eines königlichen Richters, in dessen stattlichem Faltenwurf sie für gewöhnlich verschwindet, um nur

---

dagegen die Polizei nur auf ihren eigenen Höfen, die Polizeigerichtsbarkeit aber nur durch die vorgeordneten staatlichen Verwaltungsstellen, also den Landrat bzw. die Regierung, versehen lassen (§ 3 V. 31. 3. 1833; GS 61; *Rumpf:* 8. 15). Das hatte zur Folge, daß die Polizeijustiz teilweise den Justizbehörden, teilweise den Verwaltungsbehörden unterstand, was durch KO vom 26. 6. 1841 (*Avenarius:* 2. 18) ausdrücklich bestätigt wurde. Gewiß ist dies bezeichnend auch für die zusammengewürfelte sächsische Konglomeratprovinz: aber ebenso bezeichnend für die pedantisch alle alten Rechtsansprüche schonende Staatsverwaltung, die im Namen des historischen Rechts nirgends eine klare Entscheidung herbeiführte. Über die Folgen vgl. *Delbrücks* Erinnerungen 1. 107 ff.

211 G. 31. 10. 1841 (GS 297).

212 Staatsarch. Münster, B 197. Als etwa der Freiherr von Ketteler seine Gerechtsame auf den Gütern Harkotten wiederherzustellen beantragt hatte, erbat sich der Monarch ein Gutachten vom Oberpräsidenten. Vincke wählte einen Referenten — den Landesgerichtsdirektor Brockmann —, dessen negatives Votum er voraussehen konnte. Der König tadelte die Wahl eines befangenen Gutachters, fügte sich aber dessen Urteil (1829/31).

213 NCC VII, 675; vgl. *Meier:* Verwaltungsorganisation 101 ff. *Stein:* Agrarverfassung 1. 192; ALR §§ 41, 75 II 17. Um die staatlich-ständische Zwischenlage wurde dauernd gestritten, vgl. dazu *Gräff — Rönne — Simon:* 6. 689; am 23. 5. 1843 verfügte der Innenminister Arnim: „Sowenig der Gerichtsherr, als solcher, den Staatsbeamten gleichzustellen ist, so unzweifelhaft ist es, daß die Eigenschaft eines Beamten auf ihn vollkommen Anwendung findet, wenn er die ihm zustehende Gerichtsbarkeit persönlich ausübt" — was besonders wichtig war, um ihn in seiner Polizeigerichtsbarkeit zu kontrollieren (*Gräff — Rönne — Simon:* Suppl. 1, 2. 298).

in der Unterschrift einer Ausfertigung gelegenlich hervorzutreten"[214]. Die ministerielle Aufsicht, besonders unter Mühler, der seine eigenen Erfahrungen aus Oberschlesien mitbrachte, versuchte das Ihre, die staatliche Rechtsprechung nicht mehr als nötig unter den privaten Interessen der Ritter und der von ihnen bezahlten Gerichtshalter leiden zu lassen.[215] Die Patrimonialgerichtsbarkeit wurde, wie Bismarck später einmal sagte, „von oben her" verwahrlost. Und die mittleren Behörden und Gerichte waren im Durchschnitt am wenigstens geneigt, die Patrimonialgewalt über den von Berlin gesetzten Rahmen hinauszudehnen.

Der Rückzug der Ritterschaft aus ihrer richterlichen Position wurde obendrein forciert durch die hohen Kosten, die ihnen die Sorge um die Justiz verursachte. Hatte der Adel auf der interimistischen Nationalpräsentation es noch verhindert[216], die Kriminaljustiz abzugeben, so mehrten sich im Laufe des Vormärz die Anträge – so in Ostpreußen und in Schlesien.[217] Die früheren „beinah häuslichen Verhältnisse der Gutsherrschaft und Gutseingesessenen sind gelöst ... und die durch die fortschreitende Bodenkultur entstandenen Parzellierungen und Abbauten haben eine Menge Menschen in die Güter gezogen, die mit dem Gutsherrn beinah in keiner Verbindung stehen"[218]. So sei es nicht einzusehen, wieso er für deren Straftaten geradestehen müsse. Der Gerichtsherr hatte nicht nur für die Prozeßkosten seiner zahlungsunfähigen Untertanen aufzukommen, auch deren Gefängnisaufenthalt mußte er bezahlen. Kein Wunder, daß die Ritter eine beschleunigte Entlassung der auf Bewährung Einbehaltenen oder eine Senkung der Verpflegungskosten beantragten.[219] Erst 1843 erklärte sich der Staat bereit, wenigstens teilweise die Strafvollstreckungskosten den Privatgerichtsinhabern abzunehmen.[220] Mochte die Eigengerichtsbarkeit damit finanziell entlastet und insofern abgestützt werden, praktisch befand sie sich auf dem Rückzug.[221]

Gleich im folgenden Jahr wurde den Untertanen in Preußen und in Schlesien konzediert, einen Prozeß gegen den eigenen Gerichtsherrn auf dessen Patrimonialgericht auch dann ablehnen zu dürfen, wenn nicht ihr Gerichtsherr selber, sondern nur dessen Gerichtshalter die Justiz ausübte.[222] Damit gab der Staat schließlich zu, daß die landrechtliche Regelung den Untertanen keinen hinreichenden Schutz bot vor der Beeinflussung des

---

214 GW 14, 1. 39 ff.
215 *Stölzel:* Rechtsverwaltung 2. 513. Vgl. *Meusel:* Marwitz II/2. 472 ff.
216 *Stein:* a. a. O. 2. 297. Vgl. auch *Boyen:* Erinn. 2,54.
217 *Rumpf:* 1. 156 (1824); 9. 46 (1830); 14. 56 (1837); 14. 236.
218 a. a. O. 12. 33 (1834).
219 a. a. O. 14. 56.
220 Reskr. 12. 2. 1844 (*Gräff* — *Rönne* — *Simon:* Suppl. 1, 2. 308).
221 Siehe Anhang II.
222 ALR §§ 41, 75 II 17.

Wandel der ländlichen Sozialverfassung

Gerichtshalters durch den Inhaber der Patrimonialgewalt. Sie war ein ständiger Quell des Ärgers, denn der Vorteil, am eigenen Ort billiger Recht zu finden als auswärts, wog den Nachteil nicht auf, daß dieses Recht nicht immer billig war. Erstmals, wenn auch nur in zwei Provinzen — in Sachsen kamen die unteren Stände mit einem entsprechenden Antrag 1845 nicht durch —, wurden also die Untertanen dem Privatgericht ihres vorgegebenen Gegners entzogen — wenn sie darauf antrugen. Die eingeleitete Justizreform schritt zaghaft über die standespolitischen Ambitionen des Monarchen hinweg, und die Ritter selber waren es, die diesen Schritt unterstützt hatten.[223]

Viele Ritter verzichteten freiwillig auf ihr Recht, vor allem in Ostpreußen, wo die Mobilität des Gütermarktes die meisten Bürgerlichen auf Ritterstellen gebracht hatte. Der Staat hatte diesen Rückzug längst ermöglicht, seit 1798 war die Einrichtung von Kreisgerichten oder Zusammenlegung mit königlichen Gerichten ins Auge gefaßt[224], die Anstellungsverträge der Privatrichter kannten entsprechende Klauseln[225], und selbst Friedrich Wilhelm IV., der sich derartige Fälle persönlich zu entscheiden vorbehielt[226], weil er sie verhindern wollte, konnte die Bewegung nicht bremsen. Bismarck entwickelte seine erste politische Aktivität, indem er von der kreisständischen Ebene durch private Beziehungskanäle direkt in das Ministerium hineinwirkte, um die Patrimonialrichter in ständische Abhängigkeit zurückzuführen, die Kosten gleichwohl auf den Staat abzuwälzen.[227] Er wurde von der Revolution überholt, die die Institution zusammen mit den eximierten Gerichtsständen entschädigungslos beseitigte.[228]

Kleist-Retzow hatte 1847, als kaum ein Adliger an der Notwendigkeit der Veränderung mehr zweifelte, die Folgen vorausgesehen: „Das Recht der Gerichtsbarkeit ist die Grundlage unserer ständischen Vertretung im ersten Stande. Hört dieser Vorzug auf, so werden wir in kurzer Zeit in den Landtagen nicht mehr nach Ständen und Kreisen, sondern nach Verhältnis der Steuern wählen und somit den Staat der Geldherrschaft des

---

223 KO 5. 7. 1844 (GS 261); vgl. *Ziekursch:* Agrargeschichte 372; *Lancizolle:* Königtum 335; und zum Ärger Friedrich Wilhelms IV. über seine unlustigen Ritter vgl. *Varnhagen:* Tagebücher 4. 191. Selbst in der Herrenkurie, wo ein Reformantrag des Grafen Biron von Kurland beraten wurde, fanden sich — so Graf Yorck oder Graf Dyhrn — einige grundsätzliche Gegner der Patrimonialgerichtsbarkeit (Der erste vereinigte Landtag 2, 803—828). Drei Gründe machte der Justizminister Uhden 1847 in der Herrenkurie namhaft, die auch von Staats wegen eine Reform erheischten: die geplante Mündlichkeit und Öffentlichkeit in Kriminalsachen, die kollegiale Besetzung der Gerichte für alle Streitsachen im Wert von mehr als 50 Talern und schließlich die mangelnde Kontrollmöglichkeit bei der Unzahl verstreut liegender Patrimonialgerichte.
224 KO 8. 3. 1798 (*Gräff — Rönne — Simon:* 6. 682).
225 Vgl. *Rumpf:* 1. 86/115.
226 KO an Savigny vom 19. 8. 1842 (*Gräff — Rönne — Simon:* 6. 684).
227 *Marcks:* Bismarck 269, 327, 367; vgl. GW 14. 82, Nr. 93 (WiA, 1. 126).
228 VO 2. 1. 1849 (GS 1).

reinen Konstitutionalismus überantworten."²²⁹ Der Schritt vom Stand zur Klasse war tatsächlich nur über die niedergelegte Hürde der Patrimonialgerichtsbarkeit möglich. In dieser Richtung war das Justizministerium nicht nur von den liberalen und demokratischen Bürgern, sondern schließlich von den zahlungsunwilligen Rittern selbst unterstützt worden.

Weit bedeutsamer als die Patrimonialjustiz war die gutsherrliche *Polizeiherrschaft* und Polizeigerichtsbarkeit, die 1848 ebenfalls abzuschaffen Bismarck für „ausschweifenden Unsinn ... jacobinischer Ideen" hielt.²³⁰ Der Alltag der Landbewohner war weit weniger geleitet von des Gutsherrn Patrimonialgewalt als von dessen Polizei, und sie war es denn auch, die nach dem Verebben der Revolution 1853 wieder eingeführt wurde.²³¹

Die Geschichte der lokalen Polizeiverwaltung läßt sich ebenfalls schwer auf einen Nenner bringen, weil die regionalen Verschiedenheiten zu sehr ins Gewicht fallen. Auf den Domänen waren die Rentamtmänner oder die Landräte zuständig; die Regierungen zogen viele Materien an sich, weil die Zwischeninstanzen nicht ausreichten; auf den altadligen Gütern und Dörfern waren Ritter zuständig, die sich vielleicht gerade eingekauft hatten; woanders mochten angestammte Familien herrschen — in allen Fällen aber herrschte der absolute Mangel an staatlicher Polizei auf dem Lande. Vergeblich beantragten die mittleren Behörden immer wieder, in den vierziger Jahren auch die preußischen, schlesischen und sächsischen Stände, endlich eine Gemeindeverfassung zu erlassen: Der Ritterstand behielt seine lokalen Gewalten, und Friedrich Wilhelm IV. bekräftigte diese Regelung, als er 1843 jede Gemeindereform unterband. Jede Kodifikation störe „die naturgemäße Entwicklung"²³².

Während die wirtschaftlichen Reformen von den Generalkommissionen weitergetrieben wurden, blieb der Überhang altständischer Polizeigewalt bestehen. Dieser Überhang war besonders drückend und wurde zunehmend so empfunden, weil Gut und Dorf zwar getrennt wurden, was ökonomisch sinnvoll schien, die Herrschergewalt des Gutsherrn gleichwohl über die von ihm freigesetzten Untertanen aufrechterhalten blieb. Dazu kam, daß mit der Trennung von Gutshof und Gemeinde der Herr — seit 1811²³³ — für die Armenlasten aufzukommen nicht mehr verpflichtet war:

---

229 *Petersdorff:* Kleist-Retzow 90. Zur Haltung des Adels vgl. *Varnhagen:* Tagebücher 4. 94, 191.
230 GW 14. 96.
231 G. 24. 5. 1853 (vgl. oben S. 485, Anm. 148); G. 14. 4. 1856 (GS 353); dazu *Anschütz:* Verfassungsurkunde 1, 591. Allerdings lebte nicht wieder auf die lokale Polizeigerichtsbarkeit, die Polizeirichtern übertragen wurde, wie sie 1846 erstmals für Berlin eingeführt worden sind (G. 17. 7. 1846, GS 267, §§ 111 ff.); dazu *Stein:* Verwaltungslehre 4. 35.
232 Landtagsabschied vom 30. 12. 1843. *Stein:* Agrarverfassung 2. 206 ff.
233 Erl. vom 4. 12. 1811 und 16. 6. 1815 *(Kamptz:* Jb. 34, 354; vgl. unten den letzten Abschnitt V, S. 630).

Wandel der ländlichen Sozialverfassung

Er scherte aus der Notgemeinschaft des Dorfes aus, das zu beaufsichtigen er berufen blieb. Daher kam es ebenso vor, daß die Ritter jedes Interesse an den ehemaligen Gutsdörfern verloren. So stellten sich hier bald Probleme im kleinen ein, die der Staat für die gesamte Gesellschaft gegen Ende des Vormärz nicht mehr bewältigen konnte.

Polizeiverwaltung und Polizeigerichtsbarkeit gehörten engstens zusammen, und die wenigen Bestimmungen, die das Landrecht darüber enthielt, waren in ihrer Allgemeinheit unklar, ließen jedenfalls viele Lücken offen, die provinziell geregelt wurden.[234] Als 1824 der erste ostpreußische Landtag, den übrigen Ständen in rechtsstaatlichen Forderungen immer voraus, sofort auf die Einführung eines allgemeinen Polizeigesetzbuches antrug, wurde er abschlägig beschieden. Die Umstände nach Ort und Zeit differierten zu sehr, zudem müßten sich gerade die Polizeiverordnungen den wechselnden Bedürfnissen anpassen können.[235] Der Staat beschränkte ungern den Spielraum seiner Exekutive und ebensowenig die der Verwaltung — und den ritterlichen Gutsherren — vorbehaltene Polizeigerichtsbarkeit.[236]

Wie aber wirkte sich nun die starke Position der Bürokratie auf die ihr untergeordneten ständischen Polizeiorgane aus? Während des ganzen Vormärz laufen zwei Tendenzen nebeneinander her, teils gegeneinander. Generell wurden die Befugnisse der lokalen Polizeiherren verstärkt, weil es keine Gendarmen gab[237], aber regional und in den einzelnen Rechtsmaterien wurden sie von Fall zu Fall beschnitten, sei es, weil die Gutsherren ihre Macht zu sehr ausnutzten, sei es, weil sie ihren Aufgaben nicht nachkamen. Es ist also derselbe Zirkel, der auch die Kreisverfassung zuschnürte, weil der Ausweg in die Selbstverwaltung durch die ständischen Vorgegebenheiten blockiert war und auch dann, als sie im Schwinden waren, nicht beschritten wurde. Dazu kommen die provinziellen Unterschiede. So wurde bei der Übertragung des östlichen Modells, Rittergut und Gemeinde zu trennen, die Polizeigewalt der Ritter von Sachsen nach Westfalen zunehmend verkürzt. Westlich der Elbe war es keineswegs mehr selbstverständlich, daß die Inhaber der Zivilgerichtsbarkeit auch die Polizeijustiz ausüben durften. Aber wo sie es konnten, voran also in den vier alten Provinzen, wurden ihre Kompetenzen entschieden ausgeweitet, und zwar in dem Maß, wie die Ablösung und Regulierung der gutsherrlich-bäuerlichen Verhältnisse voranschritt. Die Praxis schien zunächst unbestimmt: Teils verzichteten die Gutsherren auf jede Polizeistrafe und meldeten die Fälle nur dem Landratsamt, teils überließen sie die Strafgewalt

---

234 *Bergius:* Zustände 191 ff.
235 *Rumpf:* 1. 207.
236 Siehe oben S. 254 ff.
237 Siehe oben S. 460 ff.

Stärkung ritterlicher Polizeigewalt

ihren Gerichtshaltern, teils übten sie selber die Polizeijustiz aus. Das letztere nun wurde legalisiert.
1827 erhielten die Inhaber der Patrimonialgerichtsbarkeit das Recht, geringe Polizeivergehen und -verbrechen ohne Hinzuziehung des qualifizierten Gerichtshalters selber zu ahnden; das Recht also, Strafen bis zu 14 Tagen Gefängnis, 5 Taler oder — umstritten — körperliche Züchtigung zu verhängen, stand einem Privatmann zu. Oder, wie das Innenministerium 1843 diese Sachlage interpretierte: Die Polizeigerichtsbarkeit werde durch jemanden ausgeübt, „der dazu des Nachweises einer besonderen Qualifikation nicht bedarf, weder angestellt, noch vereidet, überhaupt kein Beamter ist; die Verwaltung selbst aber hört deshalb nicht auf, eine amtliche zu sein"[238]. Geringe Polizeistrafen und Strafbefehle im Rahmen der gesetzlichen Bestimmungen zu verhängen sei eine Befugnis, die man den örtlichen Polizeiherren schon deshalb nicht abstreiten dürfe, weil sonst die staatlichen Polizeibehörden, also die Landräte und Regierungen, mit Arbeit überlastet würden.
1830 wurde die Kompetenz der lokalen Polizeibehörden sogar auf Kosten der Regierungen ausgedehnt, die Gutsherren erhielten das Recht, auch landespolizeiliche, nicht nur lokalpolizeiliche Vergehen zu verfolgen. Damit erhöhten sich die Einnahmen, wie Regierungsrat Bergius feststellte[239], mit den Chancen des Gutsherrn, „zu seinem Vorteil Strafen auszusprechen". Im folgenden Jahr wurde ihnen konzediert, die polizeiliche Strafgewalt auch Stellvertretern zu delegieren, was bei ausgedehntem oder mehrfachem Güterbesitz „unvermeidlich" wäre, wie den Ständen eingeräumt wurde.[240] Die Landräte hatten über Bildungsgrad und Zuverlässigkeit solcher Stellvertreter zu befinden, während die Gutsherren selber ihre Eignung grundsätzlich nicht nachzuweisen brauchten.[241] Den Höhepunkt dieser Tendenz, die gutsherrliche Polizeigewalt zu bekräftigen, erreichte die Verordnung vom 31. März 1838: Seitdem waren die Inhaber der Polizeigerichtsbarkeit auch dann befugt, Vergehen — nicht Verbrechen — „in eigener Person zu untersuchen und zu bestrafen, wenn mit dem allgemeinen ihr persönliches Interesse zusammentrifft"[242]. Es ist eine Formulierung, die ihre Herkunft aus dem Ministerium Rochows nicht verleugnen kann. Die Identität des ritterlichen Standes- mit dem Staatsinteresse wurde hypostasiert, demgemäß die freigesetzte Unterschicht in ihrem Mediatverhältnis belassen bzw. dahin zurückgedrängt.

---
238 Dekl. vom 10. 2. 1827 (GS 26); Reskripte des Innenministers vom 27. 2. und 23. 5. 1843 (*Gräff — Rönne — Simon:* Suppl. 1, 2. 298).
239 KO 8. 3. 1830, *Kamptz:* Jb. 35, 284; *Bergius:* Zustände 209.
240 *Rumpf:* 9. 65/123, bestätigt durch VO 31. 3. 1838 (GS 253).
241 Vgl. oben S. 517.
242 § 1 (GS 253), entgegen § 75 II, 17 (ALR), allerdings von den Behörden, die im Rekurs angegangen wurden, restriktiv ausgelegt. Vgl. *Foerstemann:* Polizeirecht 231 ff.

Derartige Verordnungen lassen darauf schließen, wie sehr der Landbewohner im Alltag mit allerhöchster Genehmigung unter der Kontrolle oder Drohung des halb amtlichen, halb nichtamtlichen Rittergutsbesitzers seinen Arbeiten oder Geschäften nachging. Aber ein generelles Urteil läßt sich an Hand solcher Verordnungen ebensowenig finden. Kabinettsordern oder fallweise erlassene Deklarationen, die zunächst nur einen Gutsbezirk angehen mochten, lagen abschriftlich auf den Regierungsbüros herum, fanden später vielleicht ihre Aufnahme in Kamptz' Annalen oder anderen Sammlungen von Kabinettsordern, die nur die Juristen lasen, und selbst wenn sie in die Gesetzessammlung gelangten, was bei ihrer regional begrenzten Geltung keineswegs immer geschah, war ihre Wirksamkeit nicht gewährleistet. Noch zehn Jahre nach der Order, die den Rittern das Polizeistrafrecht ausdrücklich wieder zuwies, um die Gerichte zu entlasten und die Strafwirkung zu erhöhen, beklagte sich Marwitz[243], daß sie „gänzlich unbekannt geblieben ist" — kein Strolch fürchte sich mehr vor Strafen, die frühestens nach zehn Tagen, nach Ablauf der Beschwerdefrist, vollstreckbar seien, und die Regierungen wachten strikt darüber. Wo der herkömmliche Ritter, wo die ferne Bürokratie oder wo gar niemand die Polizeigewalt ausübte, wie häufig in den Domänenbezirken, das konnte sich von Kreis zu Kreis ändern.

Da war vor allem das Justizministerium, das auf dem Verordnungswege eine Fülle wichtiger Polizeistraffälle den Polizeiinstanzen entzog: Diebstähle, sogar Felddiebstähle, Jagd- und Forstkontraventionen, Reisepaßfälschungen, Wanderbücher, Dienstentlassungsscheine, mutwillige Beschädigungen und anderes mehr wurde den lokalen Polizeiherren entzogen und an die Gerichte überwiesen.[244] „Das Bestreben des Staates, das Ressort der grundherrlichen, und besonders der weniger zuverlässigen Polizeibehörden zu beschränken, stieg in dem Maße, wie die neuere Agrargesetzgebung zur Ausführung gelangte": Dieses Urteil eines ostpreußischen Landrats[245] kennzeichnet die gegenläufige Tendenz, die nun vor allem die mittleren Verwaltungsbehörden, die Regierungen verfolgten.

Gewiß verblieb den Rittern eine erkleckliche Reihe von Polizeibefugnissen, vor allem die Streitigkeiten zwischen Gesinde und Herrschaften zu schlichten, also notfalls das entlaufene Gesinde wieder einzufangen[246], aber die Regierungen zogen dem ALR gemäß alle lokalen Polizeierlasse in ihre Kompetenz hinüber und ebneten die Rekurswege an ihre eigene Instanz. Die Folge war, daß sie mit Kleinigkeiten überlastet wurden, worüber ihnen jede Kenntnis fehlte, sie erließen allgemeine Vorschriften,

---

243 *Meusel:* Marwitz II/2. 467 ff., 475.
244 *Avenarius:* Kabinettsordres 2. 20 ff.
245 *Lavergne:* Landgemeinde 110.
246 *Gräff — Rönne — Simon:* 6. 651 ff.

durch deren Maschen wieder die Einzelheiten rutschten. „Die Nichtbeachtung der allgemeinen polizeilichen Vorschriften stieg mit ihrer Zahl und Ausdehnung in einer Weise, daß endlich auch die notwendigen und wichtigen Gesetze unbeachtet blieben", schreibt Lavergne 1841.[247] Wie man die Decke auch streckte, sie blieb zu kurz. Es war nicht möglich, die ständische Polizeigewalt zu beschneiden, solange nicht eine neu geordnete Landgemeindeverfassung an deren Stelle trat. Die Friktionen zwischen Behörden und Rittern und Rittern und Untertanen gehörten zum Alltag, und es gehörte zu der oft an Indifferenz grenzenden Zurückhaltung des Staatsministeriums, daß es nie einen klaren Weg aus dieser staatlich-ständischen Zwischenlage heraus zu tun bestrebt war, sondern sie im Namen des historischen Rechts perpetuierte.

Weit eher waren die Regierungen die gegebenen Interessenvertreter ihrer „Verwalteten". Die Abgrenzung der Befugnisse zwischen der konkurrierenden Polizei- und Justizgerichtsbarkeit ließ oft genug unterschiedliche Interpretationen zu.[248] Da war zum Beispiel der Graf von Bocholz-Alme, der sich auf Grund seiner Patrimonialrechte auch die Polizeigerichtsbarkeit und -aufsicht anmaßte, was der westfälischen Landgemeindeordnung von 1841 widersprach. Regierung und Oberpräsidium konnten sich in ihrem Streit mit dem Grafen auf heftige Beschwerden berufen, die ihnen, um Schutz zu erhalten, die Gemeindebehörde von Oberalme zusandte. Der „sogenannte Rittergutsbesitzer", schreibt sie 1846, genieße einen fraglichen Vorzug, „wozu es auch an jedem rechtlichen Grunde mangelt, da notorisch ein solcher Mensch dem Staate und der Gemeinde, worinnen derselbe wohnt, nicht mehr Dienste leistet als jeder andere selbständige Einwohner, im Gegenteil diese hierüber den Grafen in mancher Beziehung zu beschweren haben; auch wohl unter aller Würde erscheint, daß der außerdem vermögende Graf hier noch Strafgelder bezieht, die gesetzlich und überall anderwärts zur Armenverpflegung verwendet werden". Zerrissen zwischen dem Wunsch, den Adel zu schützen, und den Forderungen rationaler Administration ringt sich das Berliner Innenministerium zu einer Entscheidung durch, die das Gegenteil ist einer Entscheidung und obendrein ungesetzlich. Die Polizeigerichtsbarkeit und Kommunalverwaltung solle dem Grafen zwar wieder entzogen werden, aber da er darauf nur ungern, sicher nicht freiwillig verzichten werde, solle die Regierung mit ihm in Verhandlungen eintreten. Man möge den Grafen bitten, mit dem Recht vorliebzunehmen, die Wahl der Gemeindebeamten zu beaufsichtigen und zu bestätigen, einem Recht, das eigentlich dem Landrat zustand. Das hieß, die Verwaltung mußte sich in einen Kuhhandel um Hoheitsrechte einlassen, wobei der intendierte Kompromiß dem Guts-

---

247 *Lavergne:* a. a. O. 113.
248 *Bergius:* Zustände 206 passim.

Wandel der ländlichen Sozialverfassung

herrn genau die Aufsichtsrechte zugestehen sollte, die es ihm ermöglichten, seine Gegner in der Gemeindeverwaltung zu beseitigen.[249] Kaum daß die Revolution ausgebrochen war, mußte der Graf militärischen Schutz erbitten.[250]

Es wäre zuviel gesagt, wollte man für den ganzen Staat behaupten, daß die Patrimonialjustiz abnahm, die Polizeigewalt der Gutsherren aber entsprechend zunahm. Dennoch hat diese Beobachtung ihre Richtigkeit, die sich noch erhärten läßt durch die Relation zwischen den beiden Gewalten der Justiz und der Polizei, die die Rittergutsbesitzer in ihrer Hand vereinigten. Sie hatten gute Gründe, die eine abzugeben, die andere an sich zu ziehen. Die Strafgelder für Polizeikontraventionen flossen gemeinhin in die Kasse des Gutsherrn: Er erhielt also eine Prämie auf rüde und harte Handhabung seiner polizeilichen Strafgewalt.[251] Umgekehrt verursachte ihm die Zivil- und vor allem die Kriminaljustiz Unkosten, die oft die Summe der vereinnahmten Schutzgelder überstieg. Er hatte daher ein unmittelbares Interesse, Verbrechen nicht zu verfolgen, bis der Staat sich zur Übernahme der Kriminalkosten bereit fand. Die Stände, die darauf antrugen, gaben dieses offen zu.[252] Die doppelte Folge war, daß kleine Vergehen, hart geahndet, zu größeren inspirierten, schwere Verbrechen dagegen möglichst ungesühnt blieben, weil „der Gutsherr die Kosten der Verbrechen tragen muß, die er in seiner Eigenschaft eines Polizeibeamten zur richterlichen Kognition zu bringen hat". So berichtete ein Landrat, und er nannte die bestehende Rechtsverfassung kurz eine solche, die Vergehen übermäßig straft, Straflosigkeit der Verbrechen dagegen fördert.[253]

---

249 Staatsarch. Münster B 197; Landgemeindeordnung für die Provinz Westfalen vom 31. 10. 1841 (GS 297) §§ 73, 80 f.
250 *Schulte:* Volk und Staat 538. — Die zwölf westfälischen und fünf rheinischen „vormals reichständischen und reichsunmittelbaren Häuser" — (Art. 14 der Bundesakte, VO 21. 6. 1815; GS 105 und Instruktion vom 30. 5. 1820, ausgehandelt durch Klüber; GS 81 ff.) — hatten zum weitaus größeren Teil auf die Gerichtsbarkeit und die Verwaltungsrechte verzichtet, die ihnen bis zur Landratsebene zustanden. Von ihren rund 290 000 „Untertanen" wurden etwa 213 000 in die Staatsunmittelbarkeit übergeführt. Die Standesherren erhielten dafür immerwährende Jahresrenten zwischen 2000 und 20 000 Talern — insgesamt 78 200 Taler, die gleichsam als Eintrittsgeld in die Staatsbürgerschaft bezahlt werden mußten (*Klüber:* Öff. Recht des dt. Bundes, Anhang, ed. 1840; *Gräff — Rönne — Simon:* 5. 8 ff.; vgl. *Gollwitzer:* Standesherren 50, 66). Wo standesherrliche Regierungskollegien errichtet wurden, wie es die Fürsten von Wied und von Solms-Braunfels taten, blieben die Reibereien nicht aus. Aber gerade, als sie die Last der eigenen Regierung loswerden wollten — in den vierziger Jahren —, da wollte sie Friedrich Wilhelm IV. (der ihresgleichen mit dem Vornamen anzureden sich herausnahm; siehe *Varnhagen:* Tagebücher 1. 349) überreden, ihre landständische Verwaltung obendrein durch eine eigene landständische Verfassung zu ergänzen (*Bär:* Behördenorganisation 200—219).
251 §§ 114 f. II 17 (ALR); Kriminalordnung § 576; zu den strittigen Fragen *Gräff — Rönne — Simon:* 6. 707 ff., und *Bergius:* Zustände 209.
252 *Rumpf:* 12. 32; 14. 236.
253 *Lavergne:* Landgemeinde 93, 112.

Die rechtspolitische Schere wurde nun vergrößert durch die soziale Bewegung, die die wirtschaftlichen Reformen ausgelöst hatte. Sowie die Freizügigkeit, über die die Verwaltung wachte, neue Einsassen in die Güter und Dörfer streute, wurde der Gutsbesitzer für Menschen verantwortlich gemacht, die er gar nicht kannte. Daß Verbrechen eher von Fremden als von Alteingesessenen begangen wurden, wie alle Ritter behaupteten, mochte im Einzelfall meist zutreffen, bewies aber gesamtstaatlich nur, daß die Wirtschaftsreform die Justizverfassung von innen her auszehrte. Obendrein steigerte die Bevölkerungsvermehrung die Mobilität der Landbewohner, daß die Ortszugehörigkeit immer schwankender, die Zahlungspflichten also immer umstrittener wurden.[254] Die Ritter erhoben dementsprechend Ansprüche auf Schutzgelder von jedermann, ob von Fremden oder Einheimischen, was wiederum von den einzelnen und von den Landgemeinden insgesamt bestritten wurde. Mochte auch der Rechtstitel der Landgemeinden fraglich sein[255], sie hatten guten Grund, denn der von den Rittern gewährte Schutz entsprach nicht mehr den Geldern, die dafür aufgebracht wurden. So entstanden Mißhelligkeiten, die die ständischen Spannungen weit über das Maß der wirtschaftlichen Emanzipation hinaus verschärften.

In mancher Hinsicht profitierten die Gutsherren von der Auflösung des gutsherrlich-bäuerlichen Nexus[256], ohne daß die Rechtsverfassung der wirtschaftlichen Liberalität angepaßt wurde. Nunmehr konnten alle Einwohner, auch bisher Eximierte wie die Bergleute, zur Gerichtssteuer und zu ähnlichen Gefällen wie den zehnprozentigen Laudemien und Robotgeldern herangezogen werden. Ein schlesischer Gutsherr verstieg sich sogar zu dem Argument, er müsse dies tun, um die Gerichtskosten aufbringen zu können, wenn die zahlungsunfähigen Untertanen eben wegen Verweigerung der Schutzgelder belangt würden.[257] Die Prozesse währten den ganzen Vormärz an, und Schuckmann, der Innenminister, teilte schon 1820 mit, daß es „allerdings schwierig ist, einen ganz festen Gesichtspunkt in dieser Sache aufzufassen". Die Lücke zwischen staatlicher Freizügigkeit und ortsgebundener Gerichtsbarkeit wurde gesetzlich nie geschlossen. Man behalf sich mit Einzelverfügungen, an die sich die Gerichte gesetzlich nicht halten mußten.

Das Ergebnis war z. B. in Schlesien, daß die wirtschaftliche und militärische Einebnung der Standesunterschiede — seit 1819 mußten die Bergleute auch dienen[258] — die Steuerexemtionen der bisher staatsunmittelbaren

---

254 *Rumpf:* 8. 160; 14. 236; 17, 160. Ann. 22, 831. *Gräff* — *Rönne* — *Simon:* 6. 703.
255 *Rumpf:* 17. 560.
256 Dazu *Ziekursch:* Agrargeschichte 366 ff.
257 Herr von Czettwitz auf Schwarzwaldau; Arch. Panstw. Katow. OBB 459.
258 Humboldt, Schuckmann und Boyen an die Oberpräsidenten 21. 12. 1819; a. a. O. OBB 444.

Wandel der ländlichen Sozialverfassung

Bergleute zwar beseitigte[259], daß die Gerichtsgelder aber in die Kasse des Gutsherrn flossen, in dessen Bereich sie ihren Wohnsitz hatten. In dem Maß also, wie die Bergleute wirtschaftlich und militärisch zu „Staatsbürgern" avancierten, wurden sie gerichtsständisch mediatisiert. Es gelang den Bergämtern nicht, weder auf dem Verwaltungsweg noch vor Gericht, ihre Bergleute zu schützen. Diese mußten vielmehr die hohen Prozeßkosten selber tragen und an die standesherrlichen Gerichte wie des Fürsten Pless samt den ausstehenden Schutzgeldern nachzahlen. Die dritte, staatliche, Instanz wurde nicht erreicht, weil der Prozeßwert zu gering war; aber er war hoch genug, einzelne Häuer ihres doppelten Jahreslohns zu berauben. Kein Wunder, daß auch hier das Jahr 1848 sein lautes Echo fand.[260]

Wenn bisher der Wandel der ländlichen Sozialverfassung unter verschiedenen Aspekten aufgeschlüsselt wurde, so lag darin eine sachliche, nicht nur methodische Berechtigung. Denn das Auseinandertreten der verschiedenen Bereiche, des ökonomischen, des gesellschaftlichen, des rechtlichen und des politischen Bereichs, kennzeichnet den Vorgang, der die alte Standesordnung auflöste. Auf dem politischen Gebiet war Preußen mehr konservativ als liberal, obwohl es das auch war; aber zuwenig, um die Revolution zu verhindern. Auf dem wirtschaftlichen Gebiet war Preußen mehr liberal als sozial — sozial war es nur notgedrungen; ebenfalls zuwenig, um die Revolution zu verhindern. Rechtlich blieb schließlich ein altständischer Überhang bestehen, der um so störender wirkte, als die Agrarverfassung von den Behörden den Gesetzen einer freien Wirtschaft überantwortet wurde. Auch hier trieb die Spannung zwischen den allgemein durchgeführten Reformen und den weitergeltenden alten Rechten auf eine Zwangslösung zu.

---

259 Vgl. oben S. 123 f.
260 Die Vorgänge von 1842 bis 1849: Arch. Panstw. Katow. OBB 461. 144 Taler mußten einzelne Häuer rückwirkend und für den Prozeß selber zahlen, bei einem Einkommen von 50 bis 60 Talern, ungerechnet die Schichtausfälle, die das Tarnowitzer Bergamt auf 30 Taler berechnete (Prozeß des Herrn von Winckler [Myslowitz] gegen die Häuer in Brzenskowitz). Als weitere Last kamen noch zwei — statt einem — Taler Klassensteuer, weil die Häuer, wie Motz ausdrücklich bestätigte, höher als die „grundbesitz- und gewerbslosen gemeinen Tagelöhner" veranlagt werden müßten, die weniger als 50 Taler verdienten (14. 6. 1826). Daran sei um so mehr festzuhalten, als sich die oberschlesischen Gutsbesitzer über den Abfluß der Dreschgärtner in den besser bezahlten Bergarbeiterstand beklagten. Die Beschwerden der Bergmänner — „da sie ihres Wissens in der bürgerlichen Gesellschaft keine höhere Stufe bekleideten" — wurden nur durch Steuernachlässe von Fall zu Fall berücksichtigt. Sie mußten ihre herkömmliche ständische Stellung durch die Klassensteuer also teuer bezahlen, ohne die früheren Privilegien zu genießen (OBB 460). — Franz Winckler dagegen errang sich, nachdem er 1838 das Rittergut Myslowitz gekauft hatte, auf dem Prozeßweg das Bergregal, wurde schnell reich, dann geadelt und besaß 1848 bereits sechs Hüttenwerke, die 28 000 Zentner Roheisen und 37 000 Zentner Fertigeisen produzierten. Damit rangierte er schon an achter Stelle der oberschlesischen Privatunternehmer (Z. dt. Stat. 2. Jg. 1848, 284; und *Ziekursch:* Städteordnung 198).

Auf jeder der Ebenen zeitigte der Vormärz für die verschiedenen Schichten der Gesellschaft verschiedene Wirkungen. Der Ritterstand — das Junkertum, wie es in die Revolution verwickelt wurde — wandelte sich zu einer „Klasse", aber nur auf der gesamtstaatlichen Ebene. So wurde er steuerlich veranlagt und bildete insofern einen „sozialen", also „uneigentlichen" Stand, wie Bluntschli bemerkt hat.[261] Ökonomisch unterlagen seine Güter der allgemeinen Wettbewerbsfreiheit, und in der Tat stieg sein bürgerlicher Anteil rein statistisch beträchtlich. Wenn der Adel innerhalb der Ritterschaft seinen Vorrang zu halten wußte, so war dies in erster Linie ein gesellschaftliches Phänomen. Sein Vorrang ging mit dem Vorrecht nicht verloren. Noch 1840 wurde der Brauch bestätigt, daß den nicht adligen Offizieren erst vom Stabsoffizier aufwärts das Prädikat „Hochwohlgeboren" beigelegt werden dürfe, das jedem Adligen, also auch dem adligen Fähnrich, von selbst zustand.[262] Legale Vorrechte genoß der Adel als solcher nur, soweit er zu den Standesherren im Westen oder in Schlesien gehörte[263] und deren Kreis der neue König 1840 ausweitete.[264] An den meisten Vorrechten des Ritterstandes — wirtschaftlicher, entschädigungs- oder erbrechtlicher Art —, an seinen Exemtionen hatte auch das Bürgertum teil, sobald es sich in den Ritterstand einkaufte. Insofern erfüllte sich die berufsständische Tendenz des Landrechts zur Gänze: Der Ritterstand wurde zu einem staatswirtschaftlich einheitlichen und abgesicherten Berufsstand. Auf dem Wege zu dieser Erfüllung wandelte sich der Ritterstand in eine Klasse mit eigenen, spezifisch wirtschaftspolitischen Interessen.

Aber der Ritterstand war nicht nur eine Klasse, die von überkommenen Privilegien weiterzehrte, ihm wurden auch neue politische Rechte eingeräumt. Was der Geburtsadel an gesamtstaatlichen Rechten verloren hatte, brachte er in den Ritterstand der Nachreformzeit wieder ein: freilich nur teilweise und regional, sie hafteten an der Kreis- und Provinzialstandschaft. Nicht legal, sondern faktisch, verpackt in die Standschaft der Ritterschicht, gewann der Adel eine so starke Position, daß er auf den Landtagen eine Art institutionalisiertes Veto besaß, die Führung in den Ausschüssen innehatte und auf den Kreistagen den Landrat bestimmen konnte. Aber alle diese Vorrechte betrafen nicht den ganzen Staat; soweit politisch, waren sie provinziell. Der Ritterstand war, überspitzt formuliert, gesamtstaatlich eine Klasse, die jedermann zugänglich blieb, führende Schicht der Gesellschaft und ihres wirtschaftlichen Betätigungsfeldes. Auf

---
261 *Bluntschli:* Staatswörterbuch 1. 30.
262 Reskr. d. Innen- und Polizeimin. vom 3. 1. 1840 (*Gräff — Rönne — Simon:* 5. 27).
263 Zur terminologischen Unterscheidung der mediatisierten und der Lausitzer und schlesischen „Gutsbesitzer, welche gleichfalls Standesherren heißen", erging am 13. 7. 1842 eine erläuternde Verfügung *(Gräff — Rönne — Simon:* 5. 6).
264 Anläßlich der Huldigung der Preußischen und Posener Stände 1840, ohne in der GS bekanntgemacht zu werden (Staatszeitung 1840, Nr. 257, 287). — Vgl. *Rauer:* 1. 27 ff.

der Kreis- und Provinzialebene wurde diese Klasse mit politischen Standesrechten neu privilegiert, kraft derer sie nicht zuletzt ihre ökonomischen Interessen zu wahren wußte. Auf der Kommunalebene schließlich behielten die Ritter eine lange und erkleckliche Reihe überkommener Herrschaftsrechte: Hier bildeten sie weithin – nicht in allen Provinzen – einen Stand im alten Wortsinn, freilich ohne die Pflichten der Fürsorge oder Armenhilfe tragen zu müssen, die seinen Rechten früher zugeordnet waren.[265]

Diese von oben nach unten sich verdichtende Rechts- und Machtposition wirkte natürlich zurück auf den ganzen Staat und engte die „Verwaltungsfreiheit" des Beamtenstandes immer mehr ein. Über die höfische Gesellschaft drangen die adligen Ritter in das Staatsministerium, wenn nicht personell, so durch Beziehungskanäle, die der Monarch offenhielt und die Friedrich Wilhelm IV. sogar kultivierte. In den Provinzialständen hemmten sie die allgemeine Gesetzgebung, und auf der kommunalen Ebene sorgten sie – soweit möglich – dafür, daß die wirtschaftspolitische Liberalisierung in ihren politischen Folgen abgekappt wurde.

Im Schatten der Ritter lebten die Bauern. Privatrechtlich verselbständigt, politisch als Stand anerkannt, leisteten sie wirtschaftlich noch manchen Tribut an die ehemaligen Herren. Innerhalb der freien Wirtschaftsgesellschaft gehörten sie zum unteren „Mittelstand" im neuen Sinne des Wortes, aber im alten Sinne des Wortes waren sie immer noch dem Ritterstand unterworfen, der sich als der Mittler zwischen König und Volk wußte, wenn er Kreispolizei- und Gerichtsverfassung in seiner Hand hielt. Diese ihre Zwischenlage zwischen wirtschaftlicher Freiheit und politischer Halbuntertänigkeit zu beseitigen war das Ziel der Revolution, vor allem dort, wo der Bauernstand stark war, wie etwa in Niederschlesien.[266]

Hielt sich der Bauernstand, aufs Ganze gesehen, vergleichsweise statisch, so entfaltete sich unterhalb von ihm eine neue Klasse, die steil anwachsende und bewegliche Klasse der Halbarmen, der Landlosen und ganz

---

265 Durch KO 14. 7. 1836 (GS 208) wurden die Gutsherren ausdrücklich davon entpflichtet, aus bäuerlichen Entschädigungsgeldern Beiträge zu Kirchen- oder Schulbauten zu leisten: Die erst seit der Reform mögliche Trennung wirtschaftlicher und sozialer Geldleistungen wurde also zu ihren Gunsten interpretiert.

266 Vgl. den Aufruf des kommissarischen Oberpräsidenten von Schlesien, Yorck von Wartenburg, an die Bewohner des platten Landes vom 1. 4. 1848. Es sei eine völlig falsche Ansicht, „daß die neu erlangte politische Freiheit in ihrer Folge die Befreiung von den Lasten und Pflichten mit sich führe", die Aufstände häuften sich, und „es ist höchst beklagenswert, daß gerade die Landleute, die der grundbesitzenden Klasse angehören, ja oft sehr wohlhabende Leute sind, sich zu solch ungesetzlichem Betragen haben verleiten lassen und ein schlimmes Beispiel geben" (DZA Merseburg Rep. 77, Tit. 507, Nr. 1, vol. 1.). Über die fortdauernden Beschwerden der Bauern vgl. auch *Wigard:* Nationalversammlung 4, 2394 ff.

Armen. Es war eine Klasse, die nach oben keine geschlossene Standesgrenze, nach unten keine Grenze der Not kannte. Sie war noch auf das platte Land angewiesen, aber nicht mehr daran gebunden, sie ging über in die städtische Unterschicht, bevölkerte den freien Arbeitsmarkt und war, politisch ohne Rechte oder gar Organisation, von den Unternehmern aller Art in Stadt und Land abhängig.

So hatte die Verwaltung eine Konstellation mit schaffen geholfen, die ihr Führungsmonopol verzehrte. Die Reform stockte genau an der Grenze, hinter der dem Ritterstand auch im freien Wettbewerb die größeren Erfolgschancen zuwuchsen. Die Behörden, vom Staatsministerium zunehmend durch ritterliche Standesinteressen gebunden, wurden auf der unteren Ebene durch die ritterlichen Vorrechte diskreditiert. Zwischen Administration und das platte Land schob sich — fast in allen Provinzen — das „Junkertum", welchen Begriff Bismarck mit Stolz auf sich bezog, die einzige Schicht, die durch die Revolution zu verlieren hatte, sie gleichwohl überdauerte.

Die Massen der außerständischen Gesellschaft und die sich widersprechenden Kräfte der ständischen Gesellschaft waren so angewachsen, daß sie — im Gegensatz zur Reformzeit — von der mittleren Behördenorganisation nicht mehr reguliert werden konnten. Je weiter die Wirtschaftsreformen gediehen waren, desto mißliebiger trat eine Verwaltung in Erscheinung, die politisch den status quo perpetuierte ohne für die sozialen Folgen verantwortlich zu zeichnen. Wenn Notschreie, die durch die Zensur unterdrückt wurden, auf dem Behördenweg hochdrangen, dann wirkten die Übersetzungszonen — vom Lehrer zum Landrat, vom Landrat zum Regierungsreferenten, von diesem über die Präsidenten des Bezirks und der Provinz zum Sachbearbeiter im Ministerium, von da zum Staatsministerium, eventuell zum Staatsrat — als ein Filtersystem, das die Not zu dämpfen schien, ohne sie zu veringern. Das System der Aushilfen von Fall zu Fall reichte nicht mehr hin, den Engpaß zu erweitern, in den die wirtschaftliche Bewegung geraten war.

Aus den über Jahrzehnte hinweg zurückgewiesenen Bitten der unteren Stände und außerständischen Unterschichten wurden schließlich Forderungen, die zu erfüllen das Ziel der Revolution war. Im Horizont der von der Verwaltung selbst ausgelösten sozialen Revolution war eine politische Reform, der Kommunal-, Kreis- und Provinzialverfassung ein Erfordernis staatlicher Selbsterhaltung. Sie stellte gleichsam das Minimum an politischer Beweglichkeit dar, das die Reformer in ihren Verfassungsbegriff aufgenommen hatten. Wie einer der Ihren 1841 schrieb: „Überhaupt sollte jedes Gesetz nach einer Reihe von Jahren einer Revision und einer nötigen Umarbeitung unterworfen werden, um es den Fortschritten der Zeit und den veränderten Verhältnissen angemessen zu machen."[267] An dieser der sozialen Bewegung adäquaten Beweglichkeit hat es die preußische Administration immer mehr fehlen lassen: weniger die mittleren Behörden als die politische Spitze, die damit auch von sich aus die Behördenorganisation ihres verfassungsmäßigen Ranges beraubte.[268] Die Verwaltung wurde gleichsam korrumpiert, nicht weil die Beamten korrupt gewesen wären, sondern weil sie genötigt wurden, legalitätsbeflissen zwischen Observanzen, Provinzrechten, Landrecht, Reformgesetzen und Deklarationen ein Recht zu achten, das wider ihre bessere Einsicht neues Unrecht schaffen half.

Je mehr die Agrarreform voranschritt, desto weiter spreizte sich die Schere: Die erfolgreiche Absicherung der Ritterschaft und die Verselbständigung der Bauern ließen den Herrschaftsüberhang des ehemals ersten Standes immer krasser hervortreten. Unterhalb des Ritter- und Bauernstandes aber vermehrte sich die Not, daß auch die sozialen Ergebnisse der Agrarreform auf eine Änderung drängten. Politisch war die Reform nicht weit genug gediehen, sozial gleichsam über ihre Ziele hinausgewachsen: Aus beiden Gründen war eine Neuordnung überfällig. Da der Staat damit zögerte, fiel die Initiative an die neue „Gesellschaft".

Wer die Spitzen dieser neuen „Gesellschaft" waren, wie wenig sie einheitlich zu fassen ist, wurde bisher weitgehend geklärt: Sie war vorzüglich in den eximierten Ständen vertreten, teils im Ritterstand aufgegangen, teils ohne politische Standschaft zur Radikalität gedrängt, sie hatte ihre zahlreichen Vertreter unter den Juristen und Beamten, schließlich war sie provinziell heterogen und klassenweise verschieden stark entfaltet. Daher konnte Lorenz von Stein 1852 sagen, daß der preußische „Staat *gar keine* ihm eigentümliche Gesellschaftsordnung hat, und das ist eigentlich der Sinn des oft gehörten Worts, daß es kein preußisches Volk gibt". Und Stein fügte hinzu, daß Preußen eine ihm eigene Gesellschaftsordnung gar nicht besitzen könne, „weil das Gebiet seiner beiden großen Teile weder eine gemeinschaftliche, noch eine gleichartige wirtschaftliche Entstehungsgeschichte hat"[269].

---

267 Formel des ehemaligen Oberbürgermeisters *von Bärensprung*, der als Regierungsrat 1811 die kurmärkische Ständekasse beschlagnahmt hatte, dann in Berlin die Gewerbeschule stiften half — im Brockhaus der Gegenwart 9. 716, unter dem Sigel (151).
268 Vgl. *Radowitz:* Ausgewählte Schriften 2. 304, zum Februarpatent 1847: „Der König konnte und wollte nicht das Regierungssystem seines Vorgängers fortsetzen. Er wollte nicht, weil er es für unrecht hielt. Er konnte nicht, weil dessen Zeit abgelaufen war. Wenn also demnach der aufgeklärte Beamtenabsolutismus nach 1840 nicht ferner zu halten war, wo hinaus denn? Entweder man fiel in die parlamentarische Regierung, oder man mußte versuchen, den ständischen Staat aufzurichten. Damit aber dieser Versuch gelinge, war es oberste Bedingung, daß der König in seinem Lande besitze: Liebe und Vertrauen einerseits, Autorität andererseits." Beides sei 1840 vorhanden gewesen, 1847 nicht mehr.
269 *Stein:* Verfassungsfrage 23 f.

Die Revolution hat erwiesen, wie weit die preußische Verwaltung durch ihre wirtschaftliche Gesetzgebung und Tätigkeit Ost und West bereits angeglichen, eine überprovinzielle „bürgerliche Gesellschaft" geschaffen hatte. Nicht nur auf dem Lande, sondern mehr noch in den Städten hatte sie gemeinsame Interessenlagen gestiftet, denen soziale Notlagen entsprachen, die sich über Stadt und Land ausdehnten: Es herrschte 1848 genug bürgerliche Gemeinsamkeit, eine Revolution zu beginnen, nicht sie zu gewinnen. – Dies zu klären, wird der Schlußteil dienen.

V. Der Weg von der Städte- und Gewerbereform zur bürgerlichen Revolution

Erfolg und Scheitern der Reform hingen von der Intensität ab, mit der die Verwaltung in die alte Gesellschaftsordnung eingreifen konnte. „Wo Führen noch immer erst Bilden heißt" (Humboldt), war die Erfüllung aller Pläne auf lange Fristen verwiesen. Die größten Widerstände hatten die Behörden auf dem Lande ausgelöst, wo die alten Rechte fortzuschaffen durch die Entschädigungspflicht verzögert, verteuert und so weit mißlungen war, daß die Reform in die Revolution mündete. Sehr viel wirksamer konnte der Beamtenstaat in die Stadtverfassungen eingreifen. Hier lagen die Hindernisse weniger in der Macht der Stadtbürger als in ihrer Ohnmacht. Die Entfesselung einer bürgerlichen Selbsttätigkeit gehörte zu den großen Zielen, die zu erreichen der Gesetzgeber nur die Weichen stellte: Alles weitere blieb dem Zusammenspiel zwischen Bürger und Verwaltung vorbehalten. Diese war für jenen bestrebt, „den Plan so anzulegen, daß sich der Besitz der Freiheit mit der Übung sie anzuwenden vergrößern könne"[1]. Das gilt für beide, für Steins Städteordnung wie für Hardenbergs Gewerbefreiheit.

Stein setzte den Stadtbürgern einen ständischen Rahmen, den Hardenberg zugunsten einer freien Wirtschaftsgesellschaft lockerte. Zwei Jahre nach Einführung der Städteordnung beseitigte er die Wirtschaftsprivilegien der Stadtbürger, er entzog ihnen den vertrauten Boden, auf dem sich Kaufleute und alte Zunftbürger ihre Eigenverwaltung aufzubauen gerade anschickten. Beide Ereignisse, zunächst nur der Gesetzgebung, hatten Fernwirkungen, die sich anfangs in den Weg gerieten, aber schließlich zusammen eine politische Verfassungsänderung erheischten. Der Stand der Stadtbürger drängte mit seiner wirtschaftlichen Entfaltung auf ein Staatsbürgertum, von dem er sich durch denselben Beamtenstand ausgeschlossen sah, der ihn innerständisch für mündig erklärt und wirtschaftlich freigesetzt hatte. Sobald die Anführer des Bürgertums durch die sozialen Mißstände – die Kehrseite der Wirtschaftsfreiheit – eine Schubkraft erhielten, die auf die gesamte Verfassung drückte, konnten sie den Schritt vom Stadt- zum Staatsbürger, von der Provinzvertretung zur Konstitution erzwingen. In gewisser Weise zogen sie jene politische Konsequenz aus der Reformverwaltung, die dieser zu ziehen noch nicht möglich war. Wir verfolgen zunächst die Wege der Städteverfassung und der Gewerbe-

---

[1] Formulierung *Niebuhrs,* die holsteinschen Stände betr. (an Perthes, 15. 9. 1814; Revolution 27; Briefe 2, 496).

politik einzeln und nacheinander, um schließlich die gemeinsamen Folgen für die vorrevolutionäre Gesellschaft zusammenzufassen.

Unter dem Druck der finanziellen Verpflichtungen, für die der Staat nach 1807 nicht aufkommen konnte, auch – wie ein Berliner Oberbürgermeister sarkastisch meinte[2] – um die liberalen Konzessionen zu überbieten, die Napoleon den Bürgern aus Geldhunger aufzwang, verzichtete der Staat bewußt auf die seit Friedrich Wilhelm I. eingespielte Vormundschaft, die er durch Kammern, Steuerräte und eingesetzte Magistraturen bisher über die Städte ausgeübt hatte.[3] Die Herausforderung der Stunde traf auf eine Gruppe reformfreudiger Beamter, die in intensiver Arbeit weniger Monate jenes Gesetz formulieren konnte, das die Stadtbürger von drückender halbmilitärischer Aufsicht befreien und zu kommunaler „Selbstregierung" hinführen sollte.[4] Der Staat machte notgedrungen seinen Bürgern eine Vorgabe, die erst errungen sein wollte. Die *Städteordnung* diente, wie der Königsberger Polizeidirektor Frey in seinem Entwurf sagte[5], „den jetzt unmündigen Kommunen den Weg vorzuzeichnen, auf welchem sie zur Mündigkeit gelangen können, ohne sie zu befragen, ob sie darauf zu wandeln Lust und Vergnügen finden" – eine Formel, die den Geist freimaurerischer Aufklärung, wie er in Königsberg gepflegt wurde, in das Gesetzesmotiv einfließen ließ. So entstand ein Gesetz, das den künftigen Verfassungswandel durch den Zwang, den es ausübte, tatsächlich herbeiführen sollte.

Es war Steins Verdienst, die Anregungen, die aus der Königsberger Stadtverwaltung hervorgingen, aus ihrem lokalen Umkreis hinauswirken zu lassen. Er setzte durch, daß die Neuordnung sich auf den ganzen Staat erstreckte.[6] Die schwachen Ansätze, die schon das Allgemeine Landrecht mit einer Mischung korporativer und repräsentativer Verfassungselemente den Stadtgemeinden wies, waren wegen ihrer subsidiären Geltung bis 1807 ohne Wirkung geblieben.[7] 1808 wurde ein allgemeines Gesetz für alle Städte erlassen[8], das sämtliche zuwiderlaufenden Privilegien und Konzessionen aufhob (§ 49) und dem die Mediatstädte ebenso unterworfen wurden wie die unmittelbar königlichen Städte (§ 7). Damit war das Verhältnis von Sonderrechten zu allgemeinen Gesetzen, wie es das Landrecht kannte, umgekehrt worden: Der Stand der Stadtbürger und der städtischen Gemeinden trat endgültig in die gleiche Staatsunmittelbarkeit

---

2 *Bärensprung* im Brockhaus der Gegenwart 9. 706.
3 *Ziekursch:* Städteordnung.
4 Formulierung Brands nach *Clauswitz:* Berlin 59.
5 *Winkler:* Frey 128.
6 *Ritter:* Stein 252.
7 §§ 108 ff. II 8; dazu *Clauswitz:* Berlin 25, 84.
8 Die Städteordnung vom 19. 11. 1808 (NCC XII, 471; *Altmann:* Urkunden 30 ff.; *Gräff — Rönne — Simon:* 4. 454 ff.).

ein, die zuvor nur Adel und Staatsdiener innegehabt hatten. Die preußischen Städte wurden je nach Größenordnung in drei Klassen eingeteilt, ihre Verfassung aber war für alle – bis auf zugebilligte subsidiäre Sonderstatuten (§§ 49 ff.) – die gleiche. Infolgedessen entstand von den Residenzstädten bis herunter zu den kleinsten Ackerbürgerstädten eine Unzahl von „Republiken", wie ein Steuerrat sich beschwerte[9], auf die das generelle Gesetz nicht gleichmäßig anwendbar sei. Aber die Reformverwaltung hielt strikt an der allgemeinen Regelung fest.

Erst seit 1808 war der städtische Bürgerstand ein in sich gleichberechtigter Stand des Staates geworden. Zur Gleichheit der Bürgergemeinden trat die Gleichheit der Bürger selbst. „In jeder Stadt gibt es künftig nur ein Bürgerrecht", die innerstädtischen Unterschiede zwischen Groß- und Kleinbürgern wurden beseitigt (§ 16). Hierin lag das demokratische Element beschlossen, das, von vielen Beamten mißtrauisch beobachtet, sich in den vierziger Jahren als sehr wirksam erweisen sollte. Schwieriger freilich und für die Zukunft von größerer Bedeutung war die Frage, inwieweit die Gleichheit der Stadtbürger unter sich auch zwischenstädtisch gelten solle. Hier lagen die korporative Wirklichkeit der Gemeinden und die individualistischen Ansätze im Widerstreit, der während des ganzen Vormärz nicht eindeutig aufgelöst wurde. Wilckens führte den landrechtlichen Grundsatz in die Städteordnung ein, und zwar jetzt ohne Einschränkung, daß keinem Unbescholtenen – mit entsprechender Qualifikation – das Bürgerrecht versagt werden dürfe.[10] Zuwiderlaufende Observanzen wurden nicht mehr geduldet[11], und 1809 wurde die Verfügung nachgeschickt, daß das Bürgerrecht auch an mehreren Orten zugleich erworben werden könne.[12] Darin lag eine entschiedene Ausweitung des zwar generell geregelten, doch lokal-korporativen Stadtbürgerrechts. Sie führte hin – wie so oft, auf dem Wege des Reskripts – zu einem gesamtstaatlichen Stadtbürgertum.

Den größten Schritt in diese Richtung machte Hardenberg. Er bestimmte, auf Anregung Raumers, daß die einmal gezahlten Aufnahmegebühren zum kostenlosen Überwechsel in andere Städte gleicher Ordnung berechtigten; nur bei einem Umzug in Städte höherer Klasse mußte ein Aufschlaggeld nachgezahlt werden.[13] Also erst das Gewerbepolizeigesetz von

---

9 *Ziekursch:* Städteordnung 178.
10 § 17, dazu *Clauswitz:* a. a. O. 84 (ALR § 17 II 8).
11 *Kamptz:* Ann. 9. 664.
12 a. a. O. 6. 692.
13 Edikt vom 7. 9. 1811 über die polizeilichen Verhältnisse der Gewerbe (GS 263), von Kunth, Hoffmann und Raumer redigiert; vgl. *Goldschmidt:* Kunth 82. Die genannte Bestimmung des Abschnitts 1 wurde am 4. Juli 1832 in die allgemeine Deklaration zur Städteordnung von 1808 aufgenommen (GS 181). Ein landrechtlicher Vorläufer war der § 260 II 8, wonach beim Wohnwechsel ein Meister kein neues Meisterstück vorlegen mußte.

1811 erzwang ein gesamtstaatliches Bürgerrecht, das nicht an die jeweilige Stadt, sondern an den Stand der Städte als solchen gebunden war. Dies war unentrinnbar, sobald die Gewerbezulassung von der staatlichen Polizei allgemein erteilt wurde, die Befugnis zu vielen Gewerben aber immer noch am örtlichen Stadtbürgerrecht hing. Die Ausübung eines Gewerbes sollte durch einen Ortswechsel nicht erschwert – höchstens erleichtert werden.

Staatsrecht brach Stadtrecht. Der Eingriff in die Stadtrechte reichte allerdings nicht so weit, daß die Zulassungsgebühren zum Bürgerrecht selber aufgehoben worden wären. Vergeblich plädierte Sack dafür – sie widersprächen der Gewerbefreiheit und der allgemeinen Wehrpflicht zumal. Und Dohna teilte die Ansicht. Die Nutzlosigkeit der Bürgerrechtsgelder zeige das Beispiel Berlins: 1792 eingeführt, um die Zuwanderung in kantonfreie Städte zu verhindern, und 1802 von 100 auf 200 Taler erhöht, hätte diese Abgabe nur Leute getroffen, die die Residenz notwendig brauche. Vor 1806 seien pro Jahr drei- bis viertausend Personen nach Berlin eingewandert, aber kaum zweihundert, die das Bürgerrecht hätten erwerben wollen. Meist waren es „Gesinde, Tagelöhner, Fabrikarbeiter, kurz solche Einwohner, die kein bestimmtes sicheres Gewerbe hatten, sondern sich mit ihrer Hände Arbeit nur von einem Tag zum anderen durchbrachten"[14]. Die Zulassungssummen zum Bürgerrecht verscheuchten den Reicheren, ohne die Armen abhalten zu können. Genau das aber wollte Wittgenstein: Er forderte nicht nur Bürgerrechtsgelder, vielmehr Zuzugsgebühren von jedermann. Die Folgen der Freizügigkeit zeichneten sich damals schnell ab. Breslau vermehrte sich z. B. zwischen 1808 und 1829 von 60 000 auf 90 000 Einwohner und ähnlich Berlin. Der jährliche Zustrom von rund 3000 Leuten in die Hauptstadt hielt während der folgenden Jahrzehnte unvermindert an.[15] Das kollidiere, wie Wittgenstein schrieb, mit den Interessen der Gutsobrigkeiten, deren Mietwohnungen sich leerten von Leuten, die fortzögen, ohne ihre Dienste abgelöst zu haben.[16]

An der Freizügigkeit der Unterschicht wurde also nicht gerüttelt, schon um die freie Konkurrenz auf dem Arbeitsmarkt wirken zu lassen. Und so wirkte die gesamtstaatliche Freizügigkeit auch auf das Stadtbürgerrecht

---

14 DZA Merseburg R 74 J V Gen. 1, August und Oktober 1810. Die 200 Taler Bürgerrechtsgelder wurden meist auf administrativem Wege gesenkt — oder erlassen *(Roehl:* Handwerkerpolitik 98).
15 *Wendt:* Breslau 243; *Hoffmann:* Bevölkerung 110.
16 Vgl. Anm. 14. Gutachten vom 11. 6. 1812. Es blieb bei der Verfügung vom 25. 6. 1809, daß Berlin, Breslau und Königsberg 25 Taler Bürgerrechtsgelder erheben durften. Nur Juden aus dem Ausland mußten nach einem Vorschlag Schuckmanns als Voraussetzung der Einbürgerung ein Vermögen von mindestens 5000 Talern nachweisen, von denen sie — um „Simulierung" zu verhindern — sofort 2000 Taler in Grundbesitz anzulegen hatten (13. 7. 1812).

Von der Städtereform zur Revolution

ein. Hardenberg hat beides koordiniert – die Umbürgerung von Stadt zu Stadt wurde freigegeben –, wenn es auch lange dauerte, bis eine andere Verwaltungsmaxime der Reform zum allgemeinen Gesetz erhoben wurde. Erst 1838 wurden die Bürgerrechtsgelder für alle Städte des Staates generell normiert.[17]

Die liberale Wirtschaftspolitik des preußischen Staates hat mehr als alles andere den Stand der Städte auf eine allgemeine Staatsbürgerschaft hingedrängt: von innen und außen her durch die Freigabe der Gewerbe, von unten durch die Beweglichkeit der „handarbeitenden Klassen". Bevor diese Stränge in den Vormärz hinein verfolgt werden, soll zunächst die politische Entwicklung der Stadtgemeinden selber umrissen werden.

In zügiger Arbeit, dauernd auf „Beschleunigung" drängend, prompt alle Rückfragen erledigend, haben die Ministerialbehörden aus der damaligen Residenz in Königsberg auf die regionale Verwaltung eingewirkt. Diese hat mit eigens dazu ernannten Kommissaren im Laufe des Jahres 1809 die Neuordnung vollzogen, die mit unendlichen, teilweise nicht unmittelbar zu beseitigenden Schwierigkeiten verbunden war. Die Widerstände waren gewaltig: von seiten der Steuerräte und Magistrate, die sich keine Selbstverwaltung vorstellen mochten, aber ebenso von seiten der Bürger, die es nicht konnten; von seiten der Mediatherren – in Schlesien auch der Geistlichkeit –, die auf keines ihrer Rechte verzichten wollten; seitens „der verschiedenen Jurisdiktionsinhaber in den einzelnen Parzellen der Stadtbezirke" oder – in Berlin – der Französischen Kolonie. Die Waldenburger Bergleute instistierten auf ihren Immunitäten; die Vorstadtbewohner – oft ein Drittel der neuen Stadtbürger – scheuten die höheren Steuern und Schulden der Städte, sie wurden in ihrem Widerstand von den Gerichtsherren unterstützt, die nicht auf ihre Gefälle verzichten mochten; umgekehrt fürchteten die Stadthandwerker die Konkurrenz der Vorstädter, so daß die Auf- und Abrechnungen der erwarteten Vor- oder Nachteile nirgends aufgehen wollten. „Einige Städte baten, sie mit der Einführung der Städteordnung ganz zu verschonen", meldete die Breslauer Kammer[18], „denn der schlesische Bürger, der solange entwohnt gewesen, sich mit dergleichen Gemeindeangelegenheiten zu befassen und in der Regel für sein

---

17 V. vom 28. 7. 1838 (GS 444), die 10, 6 bzw. 3 Taler Bürgerrechtsgelder für drei Klassen bestimmte, wie es seit der Verfügung vom 25. 6. 1809 üblich war (*Gräff — Rönne — Simon:* 4. 487). 1844 wurde noch bestimmt, daß eine Nachzahlung der Gebühren auch dann entfalle, wenn jemand ein neues Bürgerrecht gewinne, ohne sein altes aufzugeben (Innenminister an den Mag. Berlin, 27. Juli 1844, *Avenarius:* Cabinettsorders 1. 187). Die Tendenz bleibt erhalten, „daß jedem, der das Bürgerrecht und dadurch die Befugnis zum Betriebe bürgerlicher Gewerbe an irgend einem Orte der Monarchie erlangt hat, diese Rechte auch an jedem anderen Orte ohne besondere Kosten zuteil werden sollen."
18 Bericht der Breslauer Kammer an Dohna, 12. 2. 1809 (Arch. Panstw. Wrocl. Reg. Oppeln I/7163), dort die weiteren Einzelheiten und dazu *Ziekursch:* Städteordnung 137 ff., und *Wendt:* Breslau 70 ff.

Gewerbe nur allein Sinn hat, muß erst für die wohltätige Tendenz der Städteordnung mehr empfänglich gemacht werden." In Rosenberg und anderswo kam es „zu gröblichen Exzessen" gegen das neue Gesetz, in Trebnitz wehrte sich die Äbtissin gegen die Vereinigung ihres Angers mit der Stadt – kurz, von Ort zu Ort türmten sich andere Widerstände gegen die Durchführung eines generellen Verfassungsgesetzes, zumal, wie Graf Dohna die Breslauer Kammer unterrichtete, „sich überhaupt nichts aus der vorigen Verfassung für die neue Einrichtung folgern läßt"[19].

So angeschlagen sie war, vielerorts bedurfte es der ganzen staatlichen Autorität, um die Bürger zur Selbstverwaltung hinzuleiten. Hatten bisher in der Menge der Städte „invalide Feldwebel und Unteroffiziere" auf dem Magistrat geherrscht, die „auch ganz gebildete und angesehene Bürger mit Er anredeten", wie sich der Berliner Oberbürgermeister Bärensprung erinnert, „so daß anständige Leute es sich zum Ruhm anrechneten, noch nie das Rathaus betreten zu haben", so verfügte nunmehr der Staat – mit alter Befehlsgewalt – daß die Bürger den Magistrat selber zu wählen und Ehrenämter darin zu besetzen hatten.

Das verfassungstechnische Prinzip der neuen Stadtordnung war so modern wie den Bürgern ungewohnt. Es beseitigte erstens jede korporative Bindung, die Wahlen erfolgten bezirksweise, Wähler und Wählbare waren identisch (§ 84), und die Abgeordneten waren als Repräsentanten der ganzen Gemeinde nur ihrem Gewissen unterworfen – das Gewissen sei ihre „Behörde" (§ 110). Zweitens beruhte die Verfassung auf der Gewaltenteilung zwischen den Stadtverordneten und dem von diesen gewählten Magistrat. Das Stadtparlament besaß ein entscheidendes Übergewicht, seine Beschlüsse, vor allem in Finanzfragen, waren für den nur exekutiven Magistrat bindend. Damit brach der Staat ein bedeutendes Stück aus seiner Verwaltungshierarchie heraus, wenn auch der Magistrat, darin eine Doppelstellung einnehmend, nach oben weisungsgebunden blieb.

Der Preis, den die Städte für ihre gewonnene Selbstbestimmung zu zahlen hatten, war hoch. Sie verloren ihre Gerichtsbarkeit, die stolze Städte wie Königsberg oder Breslau nur ungern aufgaben[20], während sich die Mediatstädte um so lieber dem Gericht ihrer „Zwischenherren" entzogen.[21] Beides war die Voraussetzung, den Bürgerstand zu „verstaatlichen". Je nach her-

---

19 Dohna an die Breslauer Regierung, 14. 3. 1809.
20 Breslau beantragte vergeblich eine Entschädigung für den Verlust der Gerichtsbarkeit, die ihm 1639 von Ferdinand III. gegen 60 000 Gulden verliehen worden war (*Wendt:* Breslau 167). Vor allem forderten die Städte, wie der Königsberger Repräsentant in Berlin 1812, Einfluß auf die Wahl der Polizeidirektoren, zumindest Übernahme der Gerichts- und Polizeikosten durch den Staat, was erst 1820 geregelt wurde (DZA Merseburg R 74 J V Gen. Nr. 11, vol. II).
21 Formulierung des Städtestandes im 1. schlesischen Landtag (*Klawitter:* Provinziallandtag 6).

kömmlichen Rechten forderte die Angleichung zu einem Staatsstand verschieden hohe Opfer. In jedem Fall verteuerte ihre Trennung von der Justizmagistratur die Verwaltung. – Das gleiche galt für die Polizei. Auch diese wurde verstaatlicht, in den mittleren und Kleinstädten an den Magistrat delegiert, in den größeren Städten von einem ernannten Polizeidirektor ausgeübt – oft der meistgehaßte Mann einer Stadt. Da die Grenzbestimmung der Polizei gesetzlich ungeklärt blieb, wieweit sie in die Verwaltung – also die Polizei alten Sinnes – hineinreiche, war die Städteordnung elastisch genug, staatliche Eingriffe jederzeit zu ermöglichen. Hier lag der Hebel, mit dessen Hilfe der Staat bald darauf gegen den einmütigen Protest aller Bürger die Gewerbefreiheit durchdrücken konnte; hier aber war auch die Lücke, durch die hindurch die Bevormundung jederzeit wiederaufleben konnte.[22]

Kam eine Stadtverordnetenversammlung ihrer Aufgabe nicht nach, den städtischen Haushalt durch Steuerumlagen aufrechtzuerhalten, so hielt sich nach einer Anweisung Dohnas, die, von Schuckmann wiederholt, 1832 sanktioniert wurde, die Regierung an deren Privatvermögen. Die Mitglieder der Versammlung müssen „zur Erfüllung ihrer Schuldigkeit angehalten werden, und deshalb sind gegen dieselben alle Grade der Exekution anzuwenden"[23]. Es war eine Bestimmung, die immer wieder einmal in Kraft gesetzt wurde, um die Stadtverordneten etwa zum Schulbau oder zu besserer Armenversorgung zu zwingen.

Zunächst freilich ging es darum, die gewohnten Ansprüche der Regierungen bzw. der alten Kammern energisch zurückzuschrauben und zugleich die Initiative der Bürger zu wecken. Für beide Teile wurde die Neuordnung zu einer Schule gesetzesstaatlichen Denkens und Handelns. Die Belehrungen und Erläuterungen, die Dohna, Altenstein, Sack und später Schuckmann ausschickten, zeugen von der Erziehungsarbeit, die die obersten Behörden zu leisten suchten. Dohna verwies den Beamten, sich in die Detailverwaltung der Kommunen einzumischen. Wie jeder Eigentümer müßte diese selbst am besten wissen, was ihrem Interesse diene. Die Beamten hätten nur auf die Gesetzmäßigkeit der Kommunalordnung zu achten und die „höheren landespolizeilichen und staatsrechtlichen Rücksichten" wahrzunehmen. Jede weitere Einmischung verbiete sich von selbst, da – wie er offen zugab – „der Hauptgrund" der Städteordnung im Fortfall aller staatlichen Finanzhilfen liege, „weil die Stadtkommunen sämt-

---

22 Dazu *Preuss:* Städtewesen 281; vgl. jetzt *H. Schinkel;* Polizei und Stadtverfassung im frühen 19. Jh. (Der Staat, Bd. 3, 1964, 315 ff.).
23 Dohna 13. 12. 1809, Schuckmann 2. 5. 1823 *(Kamptz:* Ann. 22, 945). Deklaration vom 4. 7. 1832 (GS 181) zu den §§ 109 f., 184. Beispiele der Anwendung bei *Gräff — Rönne — Simon:* 4. 567, 625; *Schulte:* Volk und Staat 144; *Winkler:* Frey 147.

liche Bedürfnisse in sich selbst aufbringen müssen"[24]. Die Regierung sorge für „das allgemeine Wohl der staatsbürgerlichen Gesellschaft", der Bürger für das seiner Stadt. Das war die klare Trennung, die jedem das Seine zuwies, dem Beamten und dem Bürger; eine Trennung freilich, die sich auf die Dauer nicht durchhalten ließ, sosehr sie in der Situation von 1809 beschlossen lag.
Auf der anderen Seite mußten die Magistrate belehrt werden, daß sie keinen Einfluß auf die Beschlußfassung der Stadtverordneten zu nehmen hätten, nur für die „Legalität"[25] des Verfahrens seien sie verantwortlich. Die Stadträte wiederum mußten lernen, daß sie im Rahmen der Gesetze ihre Entschlüsse allein faßten, „ohne Rückfrage bei den Staatsbehörden". Da wurden die Bürger darüber aufgeklärt, daß Offizianten der Kommune und Repräsentanten derselben „zwei ganz verschiedene Begriffe sind". Beides auseinanderzuhalten war nach der Städteordnung freilich nicht immer leicht, sollten doch Magistrate und Abgeordnete in den gemischten Deputationen die eigentliche Verwaltungsarbeit gemeinsam leisten, in jener Institution, die dem Ideal Steins am nächsten kam. Noch 1820 mußte eine Stadt darüber belehrt werden, daß sich das „Organ der Kontrolle und der Exekutive" nicht in einer Person vereinen dürfe.
Die im Sinne der liberalen Gewaltenteilung konsequenteste Belehrung formulierte 1811 der Chef des Polizeidepartments Sack für die pommerschen Städte. Auch sie ging in die Deklaration zur Städteordnung 1832 ein (§ 184). Sack zeigte, wieso es unmöglich sei, daß die Stadtverordneten, die über die Grundsätze der Steuereinschätzung befanden, selber diese Einschätzung vornähmen. „Denn es fällt in die Augen, daß diese sonst gesetzgebende und vollziehende Behörde zugleich würden", was zu jener Korruption führe, die Sacks Belehrung veranlaßt hatte. Ohne Zweifel war die Städteordnung nach Maßgabe der oberen Behörden eine Schule nicht nur der Selbsttätigkeit, sondern ebenso liberalen Verfassungshandelns.
Sack belehrte auch die Regierungen über die Grenzen ihrer Befugnisse. „Der Geist der Städte-Ordnung ist im allgemeinen der, die Local-Angelegenheiten der Städte in einem so weiten Umfange, als es irgend mit der Erhaltung der guten Ordnung dem Staate überhaupt und ohne Verletzung der Staatszwecke selbst möglich ist, den Localbehörden selbständig und ohne vormundschaftliche Aufsicht zu überlassen und die Einmischung der Staatsbehörden auf das möglichst mindeste zu beschränken." Die staatlichen Behörden haben nur zu gewähren Schutz vor wirklich zugefügtem Unrecht, darauf zu achten, daß „die im Grundgesetz vorgeschriebenen

---

24 Dohna an die Reg. Marienwerder, 2. 10. 1810, abschriftl. an alle Regierungen (Arch. Panstw. Wrocl. Reg. Oppeln I/7164).
25 Altenstein an die Breslauer Regierung 17. 10. 1809 (a. a. O.).

Formen" eingehalten und daß die „in materialibus" festgesetzten Schranken nicht überschritten werden. Immer aber handele es sich darum, „mehr restrictiv als extensiv zu verfahren"[26].

Die den Behörden auferlegte Enthaltsamkeit ließ sich nun freilich nicht immer und nicht überall im Sinne der optimistischen Planung einhalten. Die „vorlauten Lobpreisungen, welche Erwartungen rege machten, deren Befriedigung unmöglich ist", mußten bald gedämpft werden, wie ein westpreußischer Regierungsrat 1810 nach Berlin berichtet.[27] Er könne nur soviel bemerken, schrieb der Potsdamer Regierungspräsident 1812 an Hardenberg, „daß die Städteordnung bis jetzt noch gar nicht das geleistet hat, was man sich bei Emanierung derselben versprach". Hätten die Abgeordneten anfangs die Grenzen ihrer Befugnisse überschritten, so sei bald eine lahme Gleichgültigkeit eingerissen. Denn die „Unterrichteten" zögen sich von den Wahlen zurück, da sie ihre Stimme vom „aufgeregten Parteigeist" überhört fänden; „den Schreiern und Parteigängern (ist) das Feld geöffnet"[28]. Das gelte nicht für die großen, wohl aber für die mittleren und kleinen Städte. Der Hauptgrund läge darin, daß die örtliche Polizeiverwaltung den städtischen Behörden habe delegiert werden müssen. Weder Magistrat noch Abgeordnete wagten durchzugreifen, da sie – im Hinblick auf ihre Wiederwahl – völlig von ihren Wählern abhängig seien.[29] Er sehe nur einen Ausweg, daß der örtliche Polizeidirektor wie in den Großstädten überall vom Staat ernannt werde, und damit brachte er die geläufige Forderung der alten Steuerräte[30], die selbst in der revidierten Städteordnung nicht erfüllt wurde. Selbstverwaltung und Erziehung zur Selbstverwaltung ließen sich nur schwer trennen – schwerer noch auf einen gemeinsamen Nenner bringen.

Die ersten Jahrzehnte zeugen davon, wie schwierig es war, vor allem in den Kleinstädten, eine im Sinne der Legalität korrekte Selbstverwaltung zu führen. So wurden in einigen Städten kurzerhand keine Neuwahlen mehr ausgeschrieben, nachdem sich eine Bürgergruppe erst einmal in der Stadtverordnetenversammlung eingenistet hatte. In anderen Städten blieben, von der Regierung geduldet, die Holzdiebe ungeschoren Abgeordnete, weil das Delikt nicht als ehrenrührig betrachtet wurde.[31]

Vor allem bedurften manche Städte staatlicher Nachhilfe, um ihr Rech-

---

26 Sack an die pommersche Reg., 28. 11. 1811, abschriftl. an alle Reg. (a. a. O.).
27 Staatl. Arch. Lag. Göttingen, Rep. 2 Ob.Pr.Tit. 3, Nr. 44.
28 DZA Merseburg R 74 J II, 6.
29 Dazu Humboldts Gutachten vom 21. 11. 1819 (Ges. Werk. 12. 469 ff.).
30 Vgl. *Ziekursch:* Städteordnung 163 ff.; *Winkler:* Frey 149 ff.
31 Dazu die Ministerialreskripte bei *Gräff* — *Rönne* — *Simon:* 4. 481 ff. und 510 ff.; ferner *Kamptz:* Ann. 22. 137. Rochow, schließlich der junge König selbst, deklarierten den Holzfrevel als unsittlich und ehrenrührig; er sei mit den Bürgerämtern nicht zu vereinbaren.

nungswesen in Ordnung zu halten. Selbst eine Handelsstadt wie Breslau benötigte einen staatlichen Kommissar, um nach langen, vergeblichen Versuchen, es selbst zu tun, das Durcheinander seines Haushalts ordnen zu lassen.[32] Kein Wunder, daß viele der kleinen Agrarstädte überfordert waren. In Ermangelung anderer wurden „des Lesens und Schreibens unkundige stimmfähige Bürger" ausdrücklich zum Stadtrat zugelassen[33]; aber in Oberschlesien fehlte es, nachdem die alten, meist deutsch-protestantischen Magistrate fortgewählt worden waren, oft an deutsch sprechenden Kandidaten.[34] Gewiß trug auf die Dauer die Städteordnung das Ihre dazu bei, die polnisch sprechenden Oberschlesier einzudeutschen; aber hier häuften sich zunächst unerwartete Widerstände. Ein Aufruf der Oppelner Regierung in ihrem Amtsblatt vom 19. Juni 1823 ist eine einzige Beschwörung, den Geist der Städteordnung endlich in reges Leben zu setzen: Die Deputationen, denen die innere Verwaltungstätigkeit oblag, bestünden überall nur auf dem Papier.

Regierungsrat Benda, der die Reform in Niederschlesien durchgeführt hatte, berichtete aus Oppeln[35]: „Wenn der Zweck der Städteordnung: das ehemals getrennte Interesse der Bürger zu consolidieren und eine wirksamere Teilnahme der Bürgerschaft an der Verwaltung des Gemeinwesens zu erzeugen, während eines Zeitraumes von beinah 15 Jahren noch nicht erreicht worden ist, so liegt das wahrlich nicht an dem Institut der Städteordnung selbst, sondern ist die Ursache davon unstreitig nur darin zu suchen, daß bei deren Einführung ein Geist vorausgesetzt wurde, der allgemein noch nicht existierte, und daß das Institut dem Grade der Bildung nicht angemessen war, auf dem sich die mehrsten Bürgerschaften im Jahre 1808 befanden. Inzwischen darf die Hoffnung nicht aufgegeben werden, daß ein Fortschritt der Zeit auf eine höhere, dem Geiste der Städteordnung entsprechende Bildung sich entwickeln werde." Benda ist in diesem 1823 vom Innenministerium eingeforderten Gutachten ein entschiedener Verfechter der Steinschen Städteordnung, gerade weil sie Beamtenschaft und Magistrat daran hindere, dünkelhaft zu regieren – lieber möge man Mißhelligkeiten mit den Bürgern in Kauf nehmen: Nur in den polnisch sprechenden Städten solle man die Verfassung vorläufig suspendieren.

Der Staat hielt an der generellen Regelung der Selbstverwaltung fest, mehr, als es manchem gebildeten Beamten recht schien. Ein Jahrzehnt

---

32 *Wendt:* Breslau 267 ff.
33 Dohna an Reg. Breslau, 14. 3. 1809.
34 Dohna an Reg. Breslau, 25. 4. 1809 (Arch. Panstw. Wrocl. Reg. Oppeln I/7163): „Der in den oberschlesischen Städten herrschenden Stimmung gegen die deutschen Bürger und Protestanten wird am besten durch den überhaupt ganz angemessenen Grundsatz begegnet, daß nur Personen, die in der deutschen Sprache sich schriftlich gehörig mitteilen können, zu Magistratstellen gelangen" — was nicht immer möglich war. Die Einzelheiten bei *Ziekursch:* a. a. O.
35 Arch. Panstw. Wrocl. Reg. Oppeln I/7165.

später hatte sich wenig geändert. Merckel, der Oberpräsident, bedauerte ebenso die geringe Teilnahme der Bürger, aber „im Wege der Gesetzgebung dürfte indes diesem Übelstande seinem Grunde nach kaum abzuhelfen sein": Belehrung und Anregung seien das einzige Auskunftsmittel[36], also Erziehung zur Selbstverwaltung, keinen Zwang und keine Bevormundung forderte Merckel von seinen Beamten. Es lag in der Kommunalfreiheit beschlossen, daß sich die Grenze zwischen der von den Beamten gerügten Trägheit und einem erstarkenden Bürgerbewußtsein nicht genau ziehen ließ. Dieses mochte sich in jenem äußern, und das um so eher, wenn sich die Beamten als Vorgesetzte gerierten.

Unverhüllt zeigt sich das neue Selbstgefühl in den Großstädten. Es war ein spezifisch städtischen Standesbewußtsein. 1814 berichtete der Berliner Polizeipräsident Le Coq an Hardenberg: „Im Allgemeinen ist in den letzten Jahren unverkennbar verminderte Folgsamkeit gegen erlassene obrigkeitliche Anordnungen eingetreten, und ein sonst nicht gewohnter auffallender Geist der Anmaßung eigener renitenter Prüfungen und Beurteilungen wahrzunehmen, – eine Folge der seit Einführung der Städteordnung den Bürgern eingeräumten Teilnahme in der Administration und ihrer Gleichstellung in geschehenen allgemeinen Maßregeln." Dazu kam die Erfahrung der Freiheitskriege. Zur ärgerlichen „Erschwerung" aller polizeilichen Tätigkeit trete jetzt – also nach 1813 – „noch eine neue Art in Opfern und Erfahrungen besser begründeten Selbstgefühls hinzu"[37].

In erster Linie war es ein stadtbürgerliches Selbstbewußtsein, das, eng an die Vergangenheit anknüpfend, verzweifelten Widerstand gegen alle generellen Gesetze leistete, die die Stadtbürgerrechte zugunsten staatlicher Allgemeinheit zu durchlöchern drohten. Auf ihren aufgehobenen Exemtionen pochend, suchten die Bürger kraft der neuen Freiheit auch die alten zu retten: Zunftzwang, Zuzugsklauseln oder Kantonfreiheit. Berlin und Potsdam wehrten sich erbittert gegen die allgemeine Wehrpflicht, die Kantonfreiheit sei ihr altes Privileg, das sich auch die Neubürger mit dem Bürgerbrief erkauft hätten[38]. Im August 1817 weigerten sich die Zunftbürger Breslaus, den Landwehreid zu leisten: Ein Eid, der Bürgereid, reiche hin, sich dem König zu verpflichten. Der Polizeipräsident könne ja mehrere leisten. Man wollte sich nicht einem arroganten Berufsmilitär unterwerfen, das „sich mit der bürgerlichen Freiheit nicht vertrage". Dahinter stand auch schon die Furcht, während der Landwehrübungen infolge der freien Gewerbekonkurrenz vollends „nahrungslos" zu werden. Zahlreiche Gesellen, besonders der Schreiner, Schneider und Schuhmacher, beteiligten sich an den Unruhen, die vom Militär zunächst verschärft,

---

36 Merckel an die Reg. Oppeln, 9. 3. 1831 (a. a. O.).
37 DZA Merseburg R 74 H II 8.
38 *Clausewitz:* Berlin 143.

dann niedergetreten wurden, deren Anlaß zu beseitigen aber erst dem Magistrat gelang.[39] Derartige Vorkommnisse zeugen davon, wie dünn die Fäden waren, die das Stadtbürgertum an die staatlichen Behörden und an die königliche Armee banden, und wie schnell sie reißen konnten, wenn soziale Notlagen hinzutraten.

Die Steinsche Städteordnung war durchaus geeignet, Bürgergeist zu wecken, aber auch, es dabei zu belassen. Sie förderte einen „Civismus" statt „Patriotismus", wie der Regierungsrat Wehnert meinte, das „Spießbürgertum", dessen Horizont an den Stadtmauern ende, kein „Staatsbürgertum", wie Gans hinzufügte, und auf dessen „Mündigkeit" zu vertrauen, wie Savigny das Gesetz von 1831 erläuterte, „ungesund und verwerflich" sei.[40] Die Steinsche Städteordnung führte – und das entsprach der sozialen Vorgegebenheit – zur lokalen Herrschaft des kleinen Mannes, die sich auch in den größeren Städten einrichtete. Völlig in der Rechtstradition des Landrechts stehend, unterschied das Gesetz Bürger, Eximierte und Schutzuntertanen. Aber während das Wahlrecht nach unten weit ausgedehnt wurde, hielt man strikt darauf, die Oberschicht der Beamten und Akademiker und Rentner von Bürgerrechten und Bürgerpflichten freizuhalten.

Das Bürgerrecht blieb an Grundbesitz und Gewerbebetrieb gebunden, der unterste Einkommenssatz, der Stimmfähigkeit und Wählbarkeit nach sich zog, lag bei 150, in den Großstädten bei 200 Talern (§ 74). Die Zahl der Stimmfähigen kam also den in der Bürgerrolle Aufgenommenen oft sehr nahe, und auch die Klausel, daß zwei Drittel aller Abgeordneten Hausbesitzer sein müßten, rührte wenig an der Gleichheitstendenz: galt doch

---

39 Arch. Panstw. Wrocl. III/1047. und Arch. Panstw. Pozn. Ob.Pr. VII F 1 (dank frdl. Hinweis von Dr. Dlugoborski). Merckel, dessen Amtssitz bei der Gelegenheit gestürmt wurde, war gerade abwesend, und wie wenig die Regierung fähig war, mit dem ruhigen Oberbürgermeister von Kospoth zusammenzuarbeiten, zeigt folgende Zurechtweisung: „Liebe zum König, der das Wohl aller seiner Untertanen im väterlichen Herzen trägt, Vertrauen auf diese Gesinnungen des verehrungswürdigen Monarchen auch in solchen Dingen, wo dem blöden oder befangenen Sinn die Wahrheit nicht sogleich einleuchtet, Achtung für das Gesetz, für die landesherrlichen Befehle und Anordnungen, Folgsamkeit gegen die eingesetzten Staatsautoritäten sind die Eigenschaften, welche jeden guten Bürger auszeichnen müssen, ihr Erwecken, ihr Befördern, ihr Steigern selbst bis zum Enthusiasmus liegt in der Hand einer weisen Stadt-Verwaltungs-Behörde, welche, jene guten Gesinnungen in eigener Brust bewahrend, solche leicht auch auf ihre Verwalteten überträgt, wenn reiner, nur auf das wahre Beste der Stadt, welches mit dem Wohl des Staates immer eins ist, gerichteter Wille sie belebt." Die Regierung, die das brutale Vorgehen des Militärs und illegale Verhaftungen deckte und jede Beschwerde dagegen zurückwies, war am wenigsten berechtigt, einem Magistrat Vorhaltungen zu machen, dem es dann gelang — nach Vereinbarung mit dem zurückgekehrten Oberpräsidenten — den Eid selber abzunehmen; freilich nicht von den zahlreichen Handwerkern, die für Jahre hinter Zuchthausmauern verschwanden und von denen einige vor allem deshalb geweigert hatten, weil sie den Eid zusammen mit ihrem Gesellen ablegen sollten.

40 *Gans:* Beiträge 261—293, Besprechung der um 1830 von den Beamten geführten Diskussion zur Revision der Städteordnung, an der sich Raumer, Streckfuss, Wehnert, Horn, Perschke und Ulmenstein u. a. beteiligten. *Savigny* in der Hist. Polit. Z. 1. 389—414.

jede Hütte als Haus. Es war die Gleichheit aller Hausbesitzer und selbständig Gewerbetreibenden, einer wirtschaftlich ziemlich homogenen Interessengemeinschaft. Der Prozentsatz der Vollbürger, also mit Stimmrechten, lag in den Großstädten zwischen 6 und 8 %, was – den Familienanhang mitgerechnet – etwa ein Drittel aller Großstadtbewohner zu Angehörigen eines vollbürgerlichen Hausvaters machte.[41] In den Mittelstädten stieg der Anteil der Vollbürger auf zehn und mehr Prozent, in den sozial einförmigeren Kleinstädten erreichte er gelegentlich 20 %, so daß sich hier die Bürger- und Einwohnergemeinde fast deckten.

Die runde Million preußischer Stadtbürger, die in Gemeinden mit weniger als 3500 Einwohnern lebten[42], erfreuten sich also einer Art lokaler Demokratie der kleinen Leute. In den größeren und Großstädten stellten die Angehörigen des Kleingewerbes und Kleinhandels ebenfalls die Majorität im Stadtrat und herrschten hier über die steigende Zahl der Schutzuntertanen, die sich aus Gesellen, Handlangern, Tagelöhnern, Arbeitern, Flickhandwerkern, Gesinde und aus den Eximierten zusammensetzten. Derselbe Schnitt, der die Provinzialstände aus der Gesellschaft herauspräpariert hatte, war also in der Städteordnung angelegt.[43]

Indem der Stand der Städte verstaatlicht wurde, wurde die ständische Schichtung nicht beseitigt, vielmehr sanktioniert. Der Bildungsbürger blieb Staatsbürger, Stadtbürger war der Kaufherr und Handwerker. Kein Eximierter war bürgerrechtspflichtig, es sei denn, er besaß ein bewohntes Grundstück. Steins Abneigung[44] gegen Intelligenzler und Schreiber aller Art schlug sich sogar in der Bestimmung nieder, daß Staatsbeamte und Anwälte keinen leitenden Posten in der Stadtverordnetenversammlung einnehmen durften (§ 116). Es war das landrechtliche Prinzip ständischer Arbeitsteilung, das sich hier als ständische Gewaltenteilung auswirkte, die freilich viele der Stadträte nicht hinderte, aus den alten Magistratsmit-

---

41 Die Zahlen für Schlesien: Arch. Panstw. Wrocl. Reg. Oppeln I/7163; ausgewertet von *Ziekursch:* Städteordnung 68 ff. Von 58 000 Bewohnern Breslaus waren 3851 Bürger (*Wendt:* a. a. O. 102). Von 50 000 Bewohnern Königsbergs waren 4110 Bürger (*Winkler:* Frey 145). Die Zahl der Bürger Berlins betrug 1805 nach *Clauswitz* (a. a. O. 10) 12 862 von 155 706 Zivilbewohnern. Von 1810 bis 1815 stieg die Zahl der Neubürger um 4567, davon über 1100 allein nach dem Kriegsende 1815. In diese Zahlen fließen aber auch die der Zugezogenen ein, die sich, um ein Gewerbe auszuüben, das Bürgerrecht erkaufen mußten. Außerdem war der Magistrat im unklaren über die genaue Zahl der Bürger, denn die Abgänge durch Wohnwechsel wurden sowenig erfaßt wie Stand und Gewerbe in den Totenlisten. Man schätzte einen Anstieg der Neubürger von 400 pro Jahr vor dem Kriege auf 761 pro Jahr zwischen 1810 und 1815. Sicher ist jedenfalls die geringe Zahl der Eximierten, die von 1810 bis 1815 das Bürgerrecht erwarben: 202, und der Juden: 271 (DZA Merseburg R 74 J 3 V Gen.).

42 *Hoffmann:* Bevölkerung 107.

43 Vgl. oben S. 341 f.

44 *Ritter:* Stein 257 f.

gliedern ihre neuen zu wählen. Sie bildeten, so von Stein nicht erwartet, den Grundstock der kommenden Kommunalbürokratie.[45]
Da nun der Begriff des Staatsbeamten im Sinne des Landrechts auch alle Geistlichen und Lehrer erfaßte, führte das Verbot zu einer künstlichen Ausschließung der geistigen Honoratioren. In zahlreichen Städten, z. B. Schlesiens – auch in Breslau –, durften bereits gewählte Stadtverordnetenvorsteher oder Bürgermeister – wie in Reichenbach – ihr Amt nicht antreten, weil sie Rektoren, Lehrer oder Pfarrer waren.[46] Während es also „ganz unbedenklich" war, wie Dohna die Regierungen belehrte, „daß jüdische Bürger Stadtverordnete und selbst Magistratsmitglieder werden können" – man solle nur „mit Vorsicht und Schonung" dahin wirken, daß sie nicht die Mehrheit erhielten –, blieben die gebildeten Staatsstände in ihrer stadtbürgerlichen Aktivität gehemmt. Sie sollten gegen „jede Störung in treuer Erfüllung ihrer Berufspflichten gesichert werden", nichts übernehmen, was „mit der Würde ihres Standes nicht ganz verträglich ist"[47].
Staat und bürgerliche Gesellschaft, und zwar in ihrem alten Sinne, waren um die Jahrhundertwende ineinander verschränkt; ihr Unterschied war eingebunden in das Erziehungs- und Herrschaftsgefälle der unmittelbaren Staatsstände zu den übrigen. Sowie alle Stände des Landrechts staatsunmittelbar wurden, seit der Reform, konnte sich auch in Preußen ein Gegensatz zwischen Staat und Gesellschaft artikulieren, aber er war mannigfaltig und gebrochen. Er äußerte sich zwischen den Provinzständen und der Bürokratie; weniger eindeutig auf dem Lande, weil hier die herrschende Gesellschaftsklasse mit dem Staat weithin zur Deckung kam; und schließlich in den Städten zwischen den staatlichen Behörden und dem Stadtbürgertum.
Es kennzeichnet nun die Entwicklung der Städteordnung, daß ihre Unterscheidung von der Beamtenordnung beibehalten, schließlich verschärft wurde. Das Herrschaftsgefälle ging über dem Erziehungsauftrag nicht verloren, auch dann nicht, als sich die Städteordnung politisch eingerichtet und ihre sozialen Voraussetzungen sich langsam gewandelt hatten. Die Kluft wurde zunächst ausgemessen von den Steuersätzen. Beamtengehälter durften für Kommunalsteuern nur zur Hälfte veranlagt werden, Geistliche und Schullehrer wurden von jeder Abgabe, selbst von der Armensteuer befreit.[48] Keine „zufällige Ungleichheit" zwischen den Städten sollte die Stände des Staates treffen.

---

45 In 128 niederschlesischen Städten wurden 78 ehemalige Magistratsbeamte (davon 41 Juristen) zum Bürgermeister gewählt – oft, um die Pensionsgelder zu sparen —, und nur 50 Bürger aus den eigenen Reihen (Ziekursch: a. a. O. 160).
46 Arch. Panstw. Wrocl. Reg. Oppeln I/7163.
47 Dohna an die Regierungen Breslau und Glogau, 14. 3. 1809, 25. 4. 1809, passim (a. a. O.).
48 KO 30. 1. 1817 (Ann. 1. 138); G. 11. 7. 1822 (GS 184; Gräff — Rönne — Simon: 4. 513); bestätigt in den Ann. 9. 411; 10. 1078; 21. 450; 22. 140; 23. 399 passim.

Weit folgenreicher war eine weitere Bestimmung, die nicht nur die Beamten, sondern alle nicht angesessenen Eximierten und Rentner begünstigte, die stadtrechtlich ja zur Kategorie der Schutzuntertanen gehörten. Durch eine Deklaration vom 11. Januar 1809, die 1822 und 1832 gesetzlich sanktioniert wurde[49], brauchten die Schutzverwandten nur zwei Drittel der Kommunalsteuern zu zahlen. Sosehr diese Bestimmung die armen Unterschichten gegen willkürliche Belastung seitens der beschlußfähigen Vollbürger schützen sollte, so sehr bot dieselbe Bestimmung eine Prämie den Eximierten, sich jeder Beteiligung an der Stadtgemeinde zu enthalten. Der Anteil der akademisch oder technisch gebildeten Bürger an der Selbstverwaltung war entsprechend gering. 1809 waren z. B. in Berlin unter den 102 Stadtverordneten ein Arzt, zwei Bauinspektoren und drei Polizeibeamte, alle anderen waren Kaufleute und Gewerbetreibende jeglicher Art, zu denen noch fünf Rentner traten.[50] In Breslau lag der Anteil der Gebildeten vor 1840 immer unter 4,6 %. Nach 1840 schnellte er empor auf 14 %, und kaum daß Justizkommissare zugelassen wurden – 1845 –, trat der erfolgreiche Verteidiger Schlöffels, Justizrat Gräff, an die Spitze des Stadtrats.[51] Der Berliner Oberbürgermeister meinte noch 1841[52], daß die Schicht der eximierten Nichtbürger, der Beamten, Gelehrten, Künstler, Schulmänner und Rentiers in den größeren Städten „die Zahl der zur Repräsentation geeigneten Bürger sogar übertrifft".

Die Chance des Staates, die Kluft zwischen Stadtbürger und Staatsbürger zu überbrücken, hat er 1831, als er die Städteordnung revidierte, nicht genutzt. Was fast alle Beamten selber gefordert hatten, die sich öffentlich dazu äußerten[53], die Stadtbürgerpflicht auf die Eximierten auszudehnen, blieb weiterhin deren Belieben überlassen. Der alte Stein voran bedauerte – in einem Gutachten für Schuckmann[54] –, daß seine Städteordnung „der Intelligenz keine angemessene Stelle eingeräumt" habe. „Die preußische Regierung erscheint in dem Monopol, so sie dem materiellen Eigentum in der Städte- und ständischen Verfassung gegeben, mit sich selbst in Widerspruch – sie...erschwert...dem Gebildeten den Weg zum öffentlichen Leben." Besonders die Beamten aus den städtischen Verpflichtungen herauszuhalten sei ungerecht, der Gemeinde nachteilig und gehässig. Die westlichen Provinzialstände, um ihr Gutachten gebeten, teilten seine Ansicht, weil Be-

---

49 Deklarationen zum § 44 (*Gräff — Rönne — Simon:* 4. 514), Zusammenstellung vom 14. 7. 1832 (GS 184).
50 *Clauswitz:* Berlin 103; vgl. *Winkler:* Frey 146.
51 *Wendt:* Breslau 84, 244, 297. Gräff gehörte zu den bekannten fünf Landrechtskommentatoren.
52 Brockhaus der Gegenwart 9. 707.
53 Siehe Anm. 40 dieses Abschnitts.
54 *Stein:* Briefwechsel, hg. v. Botzenhart VII 7 ff.

vorzugungen jeder Art „den Beamten von den Einwohnern entfremden"[55]. Aber darauf schien es die revidierte Städteordnung gerade angelegt zu haben. Der Umkreis der Eximierten wurde über die unmittelbaren Beamten, Juristen, Geistlichen und Schullehrer sogar noch auf die „Medizinalpersonen" ausgedehnt (§ 130) und die Befreiung von jeder städtischen Verpflichtung – im Unterschied zur Städteordnung von 1808 – generell ausgesprochen. So hatte Rochow eine Handhabe, im kommenden Jahrzehnt die ständische Unterordnung der Städte unter den Beamtenstaat immer aufs neue zu betonen, die Bürger auf ihre wirtschaftliche Interessengenossenschaft festzunageln[56] und alle als Beamte eingestuften Akademiker von jeder kommunalpolitischen Tätigkeit abzuhalten.

Vincke, der Steins Wünsche teilte, verfiel infolgedessen auf einen Ausweg. Um eine Zusammenarbeit zwischen den Staatsbürgern und Stadtbürgern herbeizuzwingen, ließ er die angesessenen Beamten an seinem Regierungssitz zusammen mit den Rentnern in einer gesonderten Klasse wählen. So freilich hatten es die Münsteraner Bürger nicht gemeint, als sie für gleiche Rechte plädierten; vergeblich protestierten sie gegen die Verfügung ihres Oberpräsidenten, der mit kommissarischer Vollmacht verfuhr.[57]

Während das Staatsministerium 1831 den Schnitt zwischen den Beamtenständen und dem Stand der Städte aufs neue – und schärfer noch – legalisierte, versuchte es auf andere Weise, dem wichtigsten Ziel der Revision nahe zu kommen, nämlich „das Übergewicht des niedrigen Bürgerstandes" aus den Stadträten zu verbannen. Es verstärkte die staatlichen Aufsichtsrechte und bevorzugte die reichen Besitzbürger, die sich durch die erste Maßnahme ebenso vor den Kopf gestoßen sahen wie die Kleinbürger von der zweiten. Das Gesetz von 1831 ist ein Kompromißgesetz, dessen administrative Vorzüge – eine schärfere Kompetenzabgrenzung und Einsparung an Stellen und Kosten – von seinen politischen Nachteilen weit überwogen wurden. Den Mediatherren – besonders Sachsens und der Lausitz – wurde die polizeiliche Aufsicht aufs neue eingeräumt; die staatlichen Entscheidungsbefugnisse – so angebracht im Einzelfall, so verletzend im allgemeinen – wurden ausgedehnt; die Stellung des Magistrats wurde verstärkt; das republikanische Wahlrecht von 1808 wurde entschieden ein-

---

55 *Rumpf:* 11. 78; *Hüffer:* Lebenserinnerungen 397 und 401: „Die schroffe Aussonderung der Beamtenwelt von den übrigen Bürgern ist . . . ein Punkt, der die Neue Ordnung gegen die Alte in den Schatten stellt"; für das Rheinland *Croon:* Provinzialstände 138; *Gothein:* Cöln 224; *Wenckstern:* Verhandlungen 95 ff. 1843 stimmten 59:12 gegen jede Exemtion der Beamten in der rheinischen Kommunalverfassung, wobei sich übrigens herausstellte, daß die steuerlichen Erleichterungen nach dem G. vom 11. 7. 1822 in der Rheinprovinz nirgends in Kraft getreten waren.
56 Vgl. oben S. 351. Ferner *Kamptz:* Ann. 18. 738 ff. 1836 bestimmte ein Reskript, daß „die Frage, ob eine gewisse Klasse von Beamten in die Kategorie der Staatsdiener gehöre, lediglich von dem Chef des vorgesetzten Ministeriums zu beantworten ist" (Ann. 20. 643).
57 *Filbry:* Städteordnung Münster 195.

geengt durch hochgestaffelte Zensussätze, die sich nach der Größe der Stadt richteten und die den Umkreis der Wählbaren noch zusätzlich aussonderten.[58] Die politische Bürgergemeinde wurde also eingeschnürt, aber im gleichen Zug das freie Besitz- und Gewerberecht auf alle Einwohner ausgedehnt.[59] Es war ein Gesetz, in dem bürokratische Belange, grundherrliche Interessen, neue Besitzprivilegien und liberale Bestimmungen zugunsten der Gewerbefreiheit vermischt wurden, ein Gesetz, das, wie Streckfuss, einer seiner Autoren, meinte[60], die wahre Mitte zwischen den Ultraparteien der Rechten und der Linken innehalte. Gerade das war sein Fehler. Die verwaltungstechnische Neutralität und der höhere Sachverstand der Regierungen, die zum Schiedsrichter über Magistrat und Stadtrat eingesetzt wurden – sie erleichterten die Rückwende von der Erziehung zur Bevormundung, vor der Männer wie Merckel gewarnt hatten und die Vincke durch eine Zusammenarbeit der Beamten mit den Bürgern zu umgehen suchte. Und was half der Fortschritt zur Einwohnergemeinde, wenn er mit einer politischen Rechtsminderung der Ärmeren zugunsten der Reichen, und der Reichen zugunsten der Mediatherren einherging? Erbittert hatten sich die schlesischen Städtevertreter gegen die Aussicht gewandt, wieder einem „Zwischenherren" unterworfen zu werden; wenn schon vielfach dem Zensus das Wort geredet wurde, er rührte an den einmal geweckten Stolz der kleinen Leute, die um ihre Ehre bangten. „Wem es nun bekannt ist, welchen Wert die Leute darauf legen, Bürger genannt zu werden, die einzige Auszeichnung, welche dem selbständigen Gewerbetreibenden, den Gesellen und Tagelöhnern gegenüber, zusteht, der wird auch einsehen, daß die Städteordnung von 1831 ohne Abänderung dieser Paragraphen sehr schwer Eingang finden wird."[61] Die revidierte Städteordnung von 1831, nach langen Beratungen der Behörden, des Staatsrats und der Stände zuwege gebracht, war ein Kompromiß, der genügend verschiedene Interessen zusammenballte, um jeder zukunftweisenden Allgemeinheit zu entbehren.

In Erkenntnis dessen, aber ebenso unter dem Druck der Julirevolution,

---

58 Die revidierte Städteordnung für die preußische Monarchie vom 17. 3. 1831 (GS 10 ff.); für die genannten Zusammenhänge: §§ 114 ff. (Aufsicht), §§ 11 ff. (Bürgerrecht), §§ 46 und Tit. VII (Stellen und Kompetenzen), §§ 7 ff., Tit. X (Patrimonialrechte), § 56 (Wählbarkeit).
59 §§ 26–28, dazu weiter unten S. 594 ff.
60 *Streckfuß:* Städteordnung 10.
61 Brockhaus der Gegenwart 9. 713. Welche Folgen das 1831 vorgesehene Zensuswahlrecht oder das ebenso ermöglichte Klassenwahlrecht dieses Gesetzes für eine Stadt zeitigen konnte, die sich der Steinschen Städteordnung erfreute, zeigte sich 1850, als das Klassenwahlrecht generalisiert wurde. In Breslau ging die Zahl der stimmfähigen Bürger von 7000 auf 4500 zurück, von denen 2900 nur ein Drittel des Wahlrechts besaßen (*Wendt:* a. a. O. 329). In Berlin fiel die Wahlbeteiligung darauf von 76 auf 31 % (*Clauswitz:* a. a. O. 248).

forderte der neue Innenminister Brenn, den Städten, in denen sie bereits eingeführt war, die Verfassung von 1808 zu belassen.[62] Es sollte ihnen keine Rechtsminderung aufgedrängt werden. Das Staatsministerium trat seiner Ansicht bei, und so stellte der König in seiner Liberalität aus Unsicherheit den Städten seiner Monarchie frei, für die alte oder die neue Ordnung zu optieren. Nahezu alle Städte, die sich im Genuß der Steinschen Verfassung befanden, lehnten die angebotene und ungebetene Gnade ab. Die Bürger waren selbstbewußt genug geworden, sich, soweit möglich, die staatliche Aufsicht aus den Mauern zu halten – mehr, als es dem alten Stein recht war.
Es ist wohl ein einzigartiger Vorgang, daß ein Staat Gesetze zur Auswahl erläßt; der Präsident des Staatsrats reichte deshalb seinen Rücktritt ein; der Staatsrat selber wurde in Urlaub geschickt; er war in zwei Parteien zerfallen, deren eine Humboldt, kaum zurückberufen, als Verteidiger der Steinschen Ordnung angeführt hatte.[63] Die Folge war, daß die revidierte Städteordnung, als gesamtstaatliches Gesetz geplant, schließlich eine neben zwei anderen wurde, ungerechnet die weiter geduldeten Verfassungen der neuvorpommerschen Städte. Die politische Planlosigkeit, ein Gemisch von historischer Rücksichtnahme, Toleranz aus schlechtem Gewissen und begreiflichem Mangel an Mut, wider bessere Einsichten zu handeln, kennzeichnen auch die Durchführung.
Ganz im Gegensatz zum Jahre 1809 erstreckte sich die Einführung der revidierten Städteordnung über mehr als ein Jahrzehnt. Nur sukzessiv wurde sie den Posener Städten auferlegt. In den sächsischen Städten, die sich mit 22 : 2 Stimmen dafür entschieden hatten, ging es etwas schneller. Den Westfalen wurde das fertige Gesetz noch einmal zur Beratung überwiesen, sie bevorzugten die Ordnung von 1808, erhielten aber die von 1831. Bei den Beratungen zeigten sich die Fronten eigentümlich überkreuzt. Die Stadtbürger wollten keine Exemtion der Beamten dulden, sie wehrten sich gegen die staatlichen Eingriffsrechte, wünschten ihre eigene Polizei und lehnten – vor allem für die größeren und mittleren Städte – jede Kontrolle durch den Landrat ab. Sie fanden, zu Recht, ihre stadtbürgerliche Freiheit mehr in der Steinschen Ordnung als in deren Revision. Aber ihr bürgerlicher Unabhängigkeitsdrang, der nach oben zu einer Gleichstellung mit der Beamtenwelt strebte, war wirtschaftspolitisch an Ideale der Vergangenheit gebunden, die die revidierte Städteordnung gerade beseitigen wollte, indem sie der freien Einwohnergemeinde die Tore öffnete. Gerade in dieser Hinsicht war die revidierte Städteordnung moderner als es den Stadtvätern lieb war. Sie hielt an dem Prinzip fest, das

---

62 KO 25. 11. 1830 (*Gräff* — *Rönne* — *Simon:* 4. 461).
63 *Schneider:* Staatsrat 80 ff., 161 ff.

– in Hüffers Worten – „die Städte als bloße zufällige Niederungen der staatsbürgerlichen Welt betrachtete". Und so forderte Hüffer, und mit ihm der Landtag, die Städteordnung endlich durch eine Fabrikanten- und Gewerbeordnung zu ergänzen, vor allem die Zuzugsfreiheit zu unterbinden, die nur „fremdes Gelichter schwarenweis heranziehe, um das Erbe der Väter verzehren zu helfen"[64].

Die Mehrheit der östlichen Städte teilte diese Befürchtungen der westfälischen Städte, und es kennzeichnet die Gegenläufigkeit der dreißiger Jahre, daß der Staat seine Aufsicht verstärkte – nicht zuletzt, um seine Gewerbepolitik durchzuhalten – gegenüber Städten, die nach politischer Mündigkeit strebten, ohne die wirtschaftliche Liberalität des Staates teilen zu wollen. Die „Fortschritte" waren eben verschieden gefächert, und nicht ohne Berechtigung darf man für die dreißiger Jahre immer noch sagen, daß der eine den anderen ausschloß.

Bei der Einführung der bürgerlichen Selbstverwaltung im Westfälischen zeigte sich obendrein, wie schwierig – und teuer – es war, eine freiere Stadtordnung aus den Kommunalverbänden französischer Observanz herauszuschälen. 56 Städte bekamen ihre Selbstverwaltung im Laufe der dreißiger Jahre, 39 erst mit der Einführung der Gemeindeordnung von 1841.[65] An diesem Komplex schließlich scheiterte die Städteordnung im Rheinland.

Die Rheinprovinz setzte in jahrzehntelangen Auseinandersetzungen ihre eigene Kommunalordnung durch. Auch hier waren – 1831 – beide Gesetze zur Auswahl angeboten worden, die Rheinländer lehnten beide ab, und sie wurden in ihrem Verhalten von den aufeinanderfolgenden Oberpräsidenten, Pestel, Bodelschwingh und Schaper unterstützt. Die Behörden sahen nicht ungern, daß die rheinischen Städte auf die angebotene Selbstverwaltung verzichteten, bot ihnen doch die französische Mairie eine schnellere Handhabe der Administration als die kollegialen Städteordnungen Preußens. Und so gab selbst Rochow nach und wollte der mißtrauisch beobachteten Provinz nicht mehr Rechte aufdrängen, als sie selbst verlangte.[66]

Im Rheinland schienen die Fronten geradezu verkehrt. Beide Städteordnungen waren weit liberaler als die französische Kommunalverfassung, gleichwohl wurden sie abgelehnt, und die Provinzbehörden fanden sich in der Ablehnung mit den Städten zusammen. Die rheinpreußischen Beamten begrüßten von Anfang an, daß man hier „in dem Bürger so wie in dem

---

64 *Hüffer:* Lebenserinnerungen 394; *Rumpf:* 11. 76 ff.
65 Die Einführungsgesetze bei *Gräff — Rönne — Simon:* 4. 465 ff.
66 *Gothein:* Cöln 233: „gegen das Vorurteil zu schroff vorzugehen ... würde gegen die öffentliche Meinung in unangenehmer Weise verstoßen und hierdurch die Einführung selbst erschweren" (15. 8. 1838).

Landmann nur Einen Staatsbürger kennt", aber ebenso mißtrauten sie der kleinen französischen Gemeinderepräsentation, „die durchaus aus Kaufleuten und Fabrikanten besteht, deren Ansichten und Absichten mit denen der übrigen Bewohner nicht immer übereinstimmen". Das begründe einen „Gelddespotismus", den nicht wenige der rheinischen Großbürger durch ihre Zensusforderungen zu stabilisieren strebten, der aber von der preußischen Städteordnung verhindert werde.[67] Die Städteordnung aber trennte wiederum Stadt und Land, was sich aus der wirtschaftlichen Vorgegebenheit und Entwicklung nicht rechtfertigen ließ. Diesen Mißstand beseitigte auch nicht die revidierte Städteordnung, deren administrativen und liberalen Besitzbestimmungen den rheinischen Wünschen bereits sehr nahekamen. Die Rheinländer beharrten – gestärkt durch die Ereignisse von 1830 – auf ihrem „allgemeinen Staatsbürgertum"[68] und formulierten voller Vorbehalt gegen jede verwaltungstechnische Erhärtung ständischer Formationen einen Gegenentwurf, der bereits das Dreiklassenwahlrecht vorsah. Das aber zu konzedieren war Berlin 1833 noch nicht bereit. Brenn, der auch hier entgegenkommen wollte, mußte gehen, und so blieb alles liegen, der Kirchenkampf kam dazwischen, und erst, als sich die sozialpolitische Lage zu ändern begann, um 1840, wurde die Kommunalverfassung wieder aufgegriffen. Der dritte Anlauf führte, nach weiteren fünf Jahren, zum Ziel, und es war der Staat, der jetzt weit mehr nachgab, als es in den frühen zwanziger Jahren nötig gewesen wäre, als die Steinsche Städteordnung noch viel Sympathien, vor allem im Bergischen und am Niederrhein, geweckt hatte. In den vierziger Jahren hatte sich der rheinische Liberalismus gesammelt.
Die Preußen, spottete Merkens 1843 im Landtag, zitterten vor dem Bürger wie die Kinder vor dem Werwolf. „Erratet Ihr das Wort nicht, warum der ständische Entwurf von 1833 ohne Grundangabe durchgefallen ist, sosehr unsere Provinzialbehörden ihm auch das Wort geredet haben? Ich will es Euch nennen: ‚Bürger' heißt das Wort; Ihr findets im ganzen uns vorgelegten Entwurfe nicht. Wohl findet Ihr Bürgermeister und Bürgermeistereien, ... aber den Bürger sucht Ihr vergebens. Der französische Citoyen hat den deutschen Bürger in Verruf gebracht, und daß ein Bauer Bürger soll sein können, gilt für Anachronismus. Leutnant, Oberst, General und Baron, Graf und Excellenz kann der Bauer werden, ... aber das Bürgertum wird ihm bestritten und nun auch uns selbst."[69] Hinter den

---

67 Gutachten der Düsseldorfer Regierung für Hardenberg und Schuckmann vom 14. 6. 1817 (DZA Merseburg R 74 H 32). Noch 1844 wehrte sich der Oberpräsident Schaper gegen das „plutokratische Element", das von der inzwischen genehmigten Dreiklassenwahl gestärkt werde. Dazu *Boberach:* Wahlrechtsfragen 18, 36, 46 ff., 55, 65, 93 f., 102.
68 *Rumpf:* 11. 284. Die erste Formulierung des Dreiklassenwahlrechts stammt nach *Boberach:* a. a. O. 62, von dem Landrat von Hauer (Solingen).
69 *Wenckstern:* Verhandlungen 60; in den weiteren terminologischen Diskussionen (78 ff.)

rhetorischen Übertreibungen des Kölner Kaufmanns stand die alte Erfahrung, daß das preußische Offizierskorps immer noch mehr auf dem Lande als in den Städten gründete und daß nicht zuletzt deshalb die von jenseits des Rheins kommenden Freiheiten ständisch dosiert bleiben sollten – soweit sie politische Rechte mit sich brachten. Vor allem die Industriellen und Kaufleute mußten bei getrennten Kommunalverfassungen um ihren Einfluß fürchten, übertraf doch im Rheinland, wie Mevissen 1842 schrieb, „ein sehr großer Teil der Landgemeinden ... an industrieller Entfaltung bedeutende alte Städte"[70]. Wo sich „die Industrie und mit ihr die hohe Intelligenz über das ganze Land verbreite", dürften sie nicht hinter den Vorrechten der bäuerlichen Meistbeerbten zurückstehen. Die Unternehmer voran erstrebten – wie im Landtag mit den analogen Petitionen – eine ihrer wirtschaftlichen Rolle adäquate Vertretung in allen Gemeinden.

Hier, auf der untersten Ebene der Verwaltung, kam der Staat dem rheinischen Bürgertum zuerst entgegen, und zwar weit mehr als auf der provinzständischen oder gesamtstaatlichen Ebene. Es war nicht zuletzt ein Verdienst der rheinischen Bürokratie, daß dem aufstrebenden Besitzbürgertum schließlich eine ständefreie, aber klassengeschichtete Kommunalverfassung konzediert wurde. 1845 setzten Arnim und Bodelschwingh, beide Minister, die aus der rheinischen Verwaltung kamen, eine Kompromißlösung durch.[71] Die Rheinländer erhielten ihre Stadt und Land übergreifende Kommunalordnung, die Meistbeerbten behielten zwar ihren Anteil am ländlichen Gemeinderat, aber die Wahlrechte wurden nach Meistbesteuerung und Klassen gestaffelt; ein hoher Zensus schloß die Unterschicht gänzlich aus; die Gewerbesteuer wurde – auf rheinischen Wunsch – nicht mit berechnet, so daß speziell die Kleinbürger das Nachsehen hatten; auf einen kollegialen Magistrat wurde verzichtet, aber der Staat behielt sich in übernommener Tradition das Ernennungsrecht zum Bürgermeisteramt vor.

Während der Staat dreißig Jahre lang gezögert hatte, dem Rheinland eine Städteordnung aufzuerlegen, arbeitete die Zeit für den rheinischen Bürger. 1845 hatte sich die gesellschaftliche Lage so weit geändert, daß das tief verwurzelte Mißtrauen der preußischen Beamtenschaft gegen jede Bevorzugung der Besitzbürger auf Kosten der Unterschicht zwar nicht verstummte, aber doch zurücktrat. Die Sorge vor der sozialen Unruhe und Bewegung der Unterschicht drängte sich vor, und so kam jener erste Kompromiß des Dreiklassenwahlrechts zustande, der schließlich, als Folge der

---

einigte sich der Landtag schließlich auf den Ausdruck „Gemeinde-Glieder (Bürger)", um Stadt und Land mit einer generellen Formel einzudecken, die auch die Ritter hinnahmen.
70 *Hansen:* Mevissen 2. 104.
71 Gemeindeordnung für die Rheinprovinz vom 23. 7. 1845 (GS 523). Vgl. *Boberach:* a. a. O. 102.

Revolution, auf den ganzen Staat ausgedehnt wurde. Ohne die Exekutive zu berühren, wurde den Bürgern, nach Einkommen abgeschichtet, eine legislatorische, zunächst kommunale, Mitbestimmung eingeräumt.
Die westliche Kommunalordnung kannte zwar keinen Unterschied zwischen Bürgern und Schutzverwandten, aber der Umkreis der Aktivbürger war noch enger umgrenzt als in der Städteordnung von 1831 oder gar der von 1808. In Köln z. B. wurde der unterste Einkommenssatz, der zur Wahl berechtigte, auf 400 Taler festgelegt, darüber stuften sich die drei Wählerklassen mit je 2304, 1262 und 533 Wählern auf, und das bei einer Einwohnerzahl von 85 195.[72] Nun war es aber gerade die Klassenwahl, die, gestaffelt nach der Steuerleistung, zugleich eine politische Gruppierung fördern half. In Köln wählte die unterste Klasse, also vorzüglich der Handwerker und kleinen Geschäftsleute, radikale Intelligenzler wie Raveaux oder d'Ester, einen Gesinnungsgenossen von Friedrich Engels. Es waren Männer darunter „mit kommunistischen Tendenzen", wie die Kölner Regierung berichtete[73], „welche die steigende Not der arbeitenden Klassen als ein Gebrechen der Gesellschaft überhaupt erkannten". Um deren „politischen Einfluß" zu verhindern, war kurz zuvor – 1844 – der Kölner „Allgemeine Hülfs- und Bildungsverein", die geplante Filiale des Berliner Vereins für das Wohl der arbeitenden Klassen, verboten worden.[74] Kaum also, daß der Gemeinderat nicht mehr wie bisher in französischer Tradition aus den Notabeln ernannt, sondern gewählt wurde, schon rührte sich, durch den Dreiklassenschlüssel speziell hervorgelockt, die demokratische Bewegung, die im vagen Sinn der damaligen Begriffe ebenso zum „Sozialismus" wie zum „Liberalismus" hinneigte. Ähnlich waren die Wahlergebnisse in anderen Städten, wo die wirtschaftliche Lage der Mittelschicht angespannt genug war, entlang den Zensussätzen eine demokratische Opposition innerhalb der Gemeinderäte zu fördern. Mit dem politischen Erfolg der Honoratioren meldete sich schon ihr neuer Gegner aus der „dritten Klasse"[75]. Rein wahltechnisch zeichneten sich die liberalen und demokratischen Flügel in den westlichen Städten weit schärfer ab als im Osten, wo ein gleiches Wahlrecht galt.
Preußen hatte also am Vorabend der Revolution drei verschiedene Stadtverfassungen: die alte in den Stammprovinzen, die revidierte in Posen,

---

72 *Gothein:* Cöln 238.
73 *Hansen:* Rhein. Briefe 1. 694; 2. 5, 79.
74 a. a. O. 1. 674 ff.; *Hansen:* Mevissen 1. 349 ff.
75 Vgl. *Köllmann:* Barmen 221 ff.; *Schulte:* Volk und Staat 423, 439. Da in Münster die Beamten und Kaufleute klassenweise wählten, kamen die restlichen Bezirkswahlen praktisch auch einer Klassenwahl gleich — Einzugsbereich der „Jung-Münsterschen Partei" (*Filbry:* Städteordnung Münster 216 ff., 227). Zum ganzen H. *Croon:* Gesellschaftliche Auswirkungen des Gemeindewahlrechts in den Gemeinden und Kreisen des Rheinlandes und Westfalens im 19. Jh. Köln — Opladen 1960.

Sachsen und Westfalen, und endlich die rheinische Kommunalordnung. Die drei Verfassungen zeigen eine Art gegenläufiges Gefälle, das durch den unterschiedlichen Zeitpunkt ihres Erlasses und ebenso die verschiedenen Sozialstrukturen bedingt war. Von Ost nach West – sieht man von der Sonderregelung Posens ab – wurden die staatlichen Eingriffsrechte verschärft, die Freiheit zur Selbstverwaltung nahm relativ dazu ab. Ebenso verlief der Weg von der gewerblichen Bürgergemeinde über eine Mischform zur reinen Einwohnergemeinde von Ost nach West, wobei gegenläufig dazu die Besitzinteressen der Oberschicht gegenüber den unteren Klassen im Westen mehr als im Osten berücksichtigt wurden. Die Steinsche Verfassung war demokratischer, genauer: republikanischer, in Richtung nach dem Westen wurden die Kräfte des oberen, meist liberalen Bürgertums bevorzugt, aber kompensiert durch erhöhte staatliche Aufsichtsbefugnisse. In gewisser Weise entsprach das dem vorangeschrittenen und im Westen weiter getriebenen Industrialisierungsprozeß, ohne daß man dem Staatsministerium in seinen Reaktionen eine konsequente Planung unterstellen müßte.

Erst wider Willen, hat der Staat im Lauf der dreißiger und vierziger Jahre auf jede Vereinheitlichung verzichtet, und der neue König hat diese Tendenz gefördert. In einer wirren Mischung von Nachgiebigkeit gegenüber provinziellen Sonderwünschen, Halbherzigkeit und teils gerechter, teils berechnender Anpassung an die jeweiligen Sozialstrukturen hat der Staat den Provinzialismus genau dort beibehalten, wo die Teilnahme seiner Untertanen an der Verwaltung den größten Spielraum erhielt. Und all das zu einer Zeit, da die wirtschaftliche Entwicklung, wie die lange Reihe gesamtstaatlicher Gesetze erweist, zunehmend auf generelle Regelungen drängte: 1838 erschien das Eisenbahngesetz, 1839 das Schutzgesetz zur Eindämmung der Kinderarbeit, 1842/43 folgten die Einwohner-, Bettel- und Armengesetze, 1843 das Aktiengesellschaftsrecht, 1844 das Handelsamt, 1845 die Gewerbeordnung, 1846 die Neugestaltung der preußischen Bank.

Zu einer Reihe dieser tief in die Personen- und Eigentumsrechte eingreifenden Gesetze wurden die Provinzstände gar nicht befragt, andere erschienen erst jetzt, weil sie befragt worden waren. Im ganzen ging die gesamtstaatliche Sozial- und Wirtschaftsgesetzgebung für die neu entstehende Gesellschaft deren Beteiligung voraus, und das zu einer Zeit, da sie zunehmend ihre Mitsprache forderte. Es ist nun eine unmittelbare Wirkung der Reformzeit, daß sich die Stadtbürger dank ihrer internen Verfassung einer organisatorischen Plattform bedienen konnten, von der aus sie weit geschlossener ihre Forderungen vortragen konnten als durch die Landtage. In dieser Lage begegneten sich die Bürger des Ostens mit denen der Rheinlande – trotz ihrer differierenden Kommunalordnungen.

In den Stadtverwaltungen: im Magistrat und in den Versammlungen der Abgeordneten, in den Wahlen zu beiden Gremien und zum Landtag, in der Tätigkeit der Bezirksvorsteher und der Deputationen, in all diesen Bahnen entfaltete sich während der vierziger Jahre ein immer regeres Leben. Das Stadtbürgerrecht bot jetzt einen Hort der Freiheit. In Königsberg z. B. wurde dem radikalen Schriftsteller Walesrode von der Regierung die Naturalisation verweigert, der Magistrat machte das wett, indem er dem gefürchteten Spötter das Stadtbürgerrecht verlieh, das die preußische Untertänigkeit nach sich zog.[76] Die Stadtverordnetenversammlungen waren der zugelassene, aber so nicht gedachte Kern der bürgerlichen Verfassungsbewegung in den vierziger Jahren: Hier hatten die Bürger einen legalen Ort der politischen Diskussion, von hier wurden die Landtagsvertreter gewählt, auch im Westen bot die „Gemeindeordnung für die Zukunft ... das einzige Mittel einer gesetzlichen Agitation", wie Compes 1845 an Mevissen schrieb[77], man solle es nutzen; aus den Gemeinderäten gingen die Petitionen an den Landtag ab, von hier die Eingaben an den König. Der Monarch, frohlockte Engels 1846, liege sich mit allen Stadträten seines Reiches in den Haaren.[78] Ihre Eingaben wurden, da sie die Befugnisse überschritten, für ungesetzlich erklärt, zurückgewiesen oder negiert, aber die Stimme der Städter war nicht mehr zu überhören. Wenn die soziale und politische Krise der vierziger Jahre einen geschlossenen Ausdruck erhielt, dann in erster Linie durch die Städte, die sich im Genuß der Selbstverwaltung befanden.

Sosehr sich die politische Gruppierung in zahllosen Gesellschaften abzeichnete, in den Kasinos und Ressourcen, in den Aktionärsversammlungen und Handelskammern, in den Gewerbevereinen oder Lesezirkeln, in den Gesellenverbindungen oder Hilfsvereinen, die, teils gefördert, teils geduldet, bewacht oder verboten, insgesamt die neue Gesellschaft bildeten – die repräsentative und gesetzliche Plattform der Bürger waren ihre Stadtverordnetenversammlungen.[79] Nicht selten hatten sie den Magistrat auf ihrer

---

[76] *Esau, Lotte:* Flugschriften und Broschüren des Vormärz in Ost- und Westpreußen (Altpreuß. Forsch. Jg. 19, 1942, 258); dazu Staatl. Arch. Lag. Gött. Rep. 2 Tit. 39, Nr. 46, und *Valentin:* Rev. 1. 45. Dronke mußte dagegen 1845 die Erfahrung machen, daß ihm nach seiner Ausweisung aus Berlin die Regierung in Koblenz das Bürgerrecht verweigerte *(Hansen:* Rhein. Briefe 2. 120).
[77] *Hansen:* Rhein. Briefe 1. 916.
[78] *Engels* an Marx, 18. 9. 1846 (Briefwechsel 1. 49, Berlin 1949).
[79] Zur städtischen Petitionsbewegung in Schlesien: Arch. panstw. Wrocl. Reg. Oppeln I/7166; im Rheinland siehe *Hansen:* Rhein. Briefe 1. 927, 933; 2. 183, 190, 207 (für 1847), 420, 426, 448, 508, 521 ff. passim (für 1848). Für Berlin *Clauswitz:* a. a. O. 198 ff. Für Breslau *Stein:* Breslau 226 ff. Zum ganzen siehe auch *Treitschke:* Dt. Gesch. 5. 253; *Valentin:* a. a. O. 1. 416 ff. *Zunkel:* Unternehmer 151 ff. 155. Die zwischenprovinziellen Zusammenhänge bedürften einer genauen Untersuchung. Auch innerhalb der Städte wäre eine Analyse der jeweiligen Priorität in der Initiative wünschenswert. In Berlin war der Magistrat — unter den Augen des Königs — schüchterner, als die Stadtverordneten es

Seite wie in Breslau, wo 1842 durch Vermittlung Schöns der Königsberger Regierungsrat Pinder zum Oberbürgermeister gewählt wurde, der in der Revolution zum Oberpräsidenten aufstieg, bis er – wegen Unterstützung der Steuerverweigerung – das Amt räumen mußte.[80] War die Wahl Pinders symptomatisch für die Verflechtung der liberalen Beamten mit dem Stadtbürgertum, so suchten die liberalen Bürger Breslaus auch nach unten hin die Grenzen zu lockern, nicht zuletzt, um politischen Einfluß zu gewinnen. Die politischen Versammlungen häuften sich, besonders am Bahnhof, dem Symbol des Fortschritts, und als die polizeilichen Verbote folgten, machte die Breslauer Stadtverwaltung einen geschickten Gegenzug. „Magistratsmitglieder, Stadtverordnete, Bezirksvorsteher, überhaupt alle, welche ein städtisches Ehrenamt bekleideten, und dann die übrigen städtischen Beamten" gründeten selbst einen Verein, der jedem Bürger oder Schutzuntertan offenstand. Binnen eines Jahres, Ende 1846, zählte diese Art kommunaler „Partei" bereits über tausend Mitglieder, und es war „etwas Neues, Handwerker und Arbeiter neben den reichen Kaufleuten und Fabrikanten, die unteren Beamten neben den Bürgermeistern und Stadträten in einem und demselben Vereine zu erblicken. Insbesondere wurde die Ressource", wie einer ihrer Stifter berichtet, „ein Mittel, den Unterschied zwischen Bürgern und Schutzverwandten immer mehr zu verdrängen; weshalb man auch den Namen ‚städtische Ressource' dem früher projektierten Namen: ‚Bürger-Ressource' vorgezogen hatte"[81].

Der Vorgang zeigt, wie eng noch in den vierziger Jahren der Bürgerbegriff der östlichen Provinzen an den Stadtbürger im ständisch-rechtlichen Sinne zurückgebunden blieb, im Gegensatz zum Westen nicht eindeutig als politischer Oberbegriff für das Staatsbürgertum verwendet werden konnte. Das zu erreichen war aber das ausgesprochene Ziel der Vereinigung, die alle Schichten zu erfassen suchte – die politischen Klubs bildeten sich erst nach Ausbruch der Revolution[82] –, und es war die Stadtverwaltung, die

---

waren, diese zahmer als die Versammlung „unter den Zelten". Auch für den Ablauf der Revolution ist das gegenüber den Demokraten schließlich retardierende Moment der eher liberalen Stadtverwaltungen untersuchenswert.

80 *Stein:* Breslau 154, 377.
81 a. a. O. 213. Über die ähnlichen Vorgänge in Königsberg, die aber weiter um sich griffen und deshalb strenger verfolgt wurden, vgl. *Treitschke:* Dt. Gesch. 5. 591, und *Valentin:* Revol. 1. 44.
82 Den Beginn der radikalen Parteibildung datiert Stein 1846, auf eine Versammlung anläßlich des Geburtstages des Königs im Theater (216). Nach dem Beginn der Revolution bildeten sich in Breslau: der demokratische Klub, der demokr.-konstitutionelle Verein (= Verein der Volksfreunde), der Arbeiterverein, der Landwehrverein der Rotkreuze, der konstitutionelle Zentralverein, der vaterländische Verein, der (sozial konservative) Zentral-Handwerkerverein, während sich die politisch Konservativen erst später sammelten. Die Wahlen wurden von den Demokraten und dem besitzbürgerlich-liberalen „konstit. Zentralverein" beherrscht: eine Spaltung, die in der Ressource zuvor noch aufgehoben war (316 ff.).

Fernwirkung der Reform

mit ihrer Organisation zugleich das Gerüst bot, in der Stadt eine Art staatsbürgerlicher Gesellschaft zu formieren. Sie ermöglichte es auch Nichtbürgern, sich im Scheibenschießen zu üben – Kriterium bürgerlicher Freiheit. Von hier gingen die politischen Impulse in das Land hinaus. Breslau stellte 1848 außer seinen eigenen fünf Abgeordneten noch zwanzig weitere für die beiden Nationalversammlungen; aus den Großstädten kamen die Männer, die die agrarische Führungsschicht der Provinz verdrängten.[83]
Um 1830 hatte Eichendorff geschrieben, damals Oberregierungsrat, daß die Steinsche Städteordnung „unverkennbar selbst schon Mikrokosmos und mithin die lebendigste, praktische Vorschule einer repräsentativen Staatsverfassung" sei.[84] Es war zur Zeit der Julirevolution eine beschwichtigende Wendung, die sich noch aus dem Reformgeist speiste, aber deshalb nichts an ihrem Zukunftgehalt eingebüßt hatte. Die Zwiespältigkeit der preußischen Bürokratie wirkte auf die Dauer in dieselbe Richtung. Nicht nur, daß die rigorose politische Polizeiaufsicht allenthalben Wünsche nach konstitutionellen Sicherungen herausforderte – es war ebenso die Gesetzmäßigkeit, mit der die Beamtenschaft die Städteordnung gewahrt hat, die eine Ausweitung konstitutioneller Regierungsformen auf den ganzen Staat als eine den Bürgern angemessene Entwicklung hervorlockte. Sosehr sich der König später sträubte, der preußische Staat hat sich mit den Regeln städtischer Selbstverwaltung seinen eigenen Konstitutionalismus erzogen. In der Tat war die Schule zur Selbstverwaltung eine Vorschule gesamtstaatlichen Verfassungsdenkens gewesen, und einmal geweckt und gezüchtet, wollten die bürgerlichen Hoffnungen erfüllt werden. 1847 wurden die alten königlichen Versprechungen buchstäblich eingefordert. Selten wohl in der Geschichte kommt der halbnaturale Generationsbegriff von dreiunddreißig Jahren so völlig zur Deckung mit einer politischen Generation wie mit jener, die zwischen 1815 und 1848 zur „Mündigkeit" herangewachsen war.
Das Modell der Stadtverfassung, in der sich die Bürger heimisch wußten, führte, auf den Staat übertragen, ebensogut zur „Konstitution" wie die westliche ständefreie Kommunalordnung, deren Dreiklassenwahlrecht nach der Revolution in ganz Preußen verwirklicht wurde. West und Ost trafen sich im Vereinigten Landtag auf einer gemeinsamen Linie. Daß es dazu kommen konnte, war nun nicht zuletzt eine Wirkung der preußischen Gewerbepolitik, die den ständischen Gegensatz zwischen Stadt und Land zunehmend relativierte, indem sie einen gemeinsamen Markt gleichberechtigter Teilnehmer erschloß, der auch die Provinzgrenzen ver-

---

83 *Stein:* a. a. O. 339.
84 *Eichendorff:* Neue Gesamtausgabe 4. 1311; die gleiche Wendung bei dem Düsseldorfer Reg.-Rat Ulmenstein zit. von *Gans:* Beiträge 277, wenn auch mit der prorheinischen Pointe, daß vom preußischen Stadtbürger **kein** Weg zum Staatsbürger führe.

schwinden ließ. Der vom Staat kommunalpolitisch abgestützte Regionalismus wurde vom gleichen Staat wirtschaftspolitisch unterlaufen. Das führt uns auf die zweite Frage: nach der *Gewerbepolitik* und ihren Auswirkungen. Auch sie endete, anders als es durch die Städteordnungen geschah, in einer revolutionären Situation.

Der von Stein eröffnete Weg eines politisch selbstbewußt werdenden Stadtbürgertums mündete schließlich in die von Hardenberg vorgezeichneten Bahnen einer gesamtstaatlichen Wirtschaftsgesellschaft. Die Kräfte der freien Wirtschaft, von Hardenberg erst einmal aus der ständischen Ordnung ausgegrenzt und von der Verwaltung bewacht, setzten sich langsam in Bewegung und forderten endlich – aus sozial völlig verschiedenen Motiven – ihre Teilhabe an der politischen Verfassung. Die Wirtschaft war vom mittelbaren Objekt, wie es die liberale Verwaltung handhabte, zum unmittelbaren Politikum geworden, und wenn die These von der Priorität des Ökonomischen vor dem Politischen damals Evidenz gewann, sei es, daß bei Geldfragen die Gemütlichkeit aufhöre (Hansemann 1847), oder sei es in der späteren Überbaulehre von Marx: in unserem Fall hatte der preußische Staat eine genuine Wirtschaftsentwicklung freigesetzt, aus der politische Folgerungen zu ziehen seit 1840 nicht mehr zu umgehen war.

„Der Wohlstand des Landes war in 25 Friedensjahren beträchtlich gestiegen, und die Gewerbsamkeit hatte auf dem großen Gebiete des Zollvereins einen gewaltigen Aufschwung genommen. Sie bedurfte nicht mehr der erziehenden Hilfe ..., sie stand auf eigenen Füßen, sie wollte vorwärts schreiten und ihren Markt erweitern."[85] Die Unternehmer voran forderten, wie Rudolph von Delbrück ferner berichtet, Einfluß auf die Handelspolitik, den die Bürokratie ihnen zu beiderseitigem Schaden versagte. Delbrück, damals im Handelsamt tätig, wurde kraft dieser Erfahrungen vom liberalen Beamten zum Konstitutionalisten. „Denn eines fehlte, was von jeder Regierung verlangt werden muß: der feste Wille und das planmäßige Handeln, und eines war vorhanden, was sich stets bestraft: die Selbstüberhebung."

Die Verwaltung, die, anfangs gegen die ständische Ordnung vorgehend, allseits als fortschrittlich und revolutionär verstanden wurde, änderte ihre Rolle mit der von ihr selbst veränderten Situation. Im gleichen Ausmaß, wie sie eine liberale Wirtschaftsgesellschaft entbunden hatte, verlor sie die Fähigkeit und Übersicht, deren politischen und sozialen Bedürfnissen gerecht zu werden. Der Streit zwischen den Schutzzöllnern und Freihändlern, der 1847 zu den ersten überprovinziellen Interessenverbindungen führte[86], wurde innerhalb der Ministerialbehörden entschieden.

---

85 *Delbrück:* Erinnerungen 1. 142, 182, 190.
86 *Hansen:* Rhein. Briefe 2. 207 (Freihandelsverein von Prince-Smith), 341, 391 (Verein

Welcher Seite sie sich auch zuneigten, ihr Anspruch, „ganz unparteiisch" zu sein[87], wurde in jedem Fall verzehrt. Was in westlichen Staaten durch eine parlamentarische Entscheidung von Fall zu Fall bereinigt werden mochte, das führte in Preußen zu einem Verschleiß ministerieller Autorität. Es waren nicht nur die sachlichen Fehlentscheidungen, die Delbrück aufzählt, es war die überparteiliche Stellung selber, die die Behörden innerhalb der veränderten Sozialverfassung nicht mehr durchhalten konnten und deren Betonung um so fragwürdiger wurde, als Parteinahmen nicht zu umgehen waren.

Der Verwaltungsstaat erlag gleichsam seiner eigenen Schöpfung: der modernen bürgerlichen Gesellschaft – freilich in ihrer ganzen Vielfalt. Statt sie zu steuern, gerieten die Behörden in das Kreuzfeld der verschiedensten Interessen: zuerst der Ritterklasse, deren Herrschaftsanspruch auf dem Lande sie zu teilen hatten; dann der Unternehmer, denen direkter Einfluß verwehrt wurde; schließlich der divergierenden Interessen des Handwerks und der handarbeitenden Klassen, die an den sozialen Beruf des Staates appellierten. Insofern war die bürgerliche Gesellschaft von 1848 modern, aber sie war keine Gesellschaft von „Bürgern", deren Stand sich hätte als Nation deklarieren können. Wieweit die liberale Wirtschaftspolitik den Ritterstand gewandelt und erhalten hat, wurde bereits gezeigt; wieweit sie den Stand der Stadtbürger verändert hat, soll jetzt verfolgt werden.

Auf keinem Gebiet ist Preußen seinem selbstgewählten Erziehungsauftrag so lange treu geblieben wie auf dem der Gewerbe. Denn hier machte der Staat ernst mit der „Selbständigkeit", die er seinen Untertanen unterstellte, und beschränkte sich auf gezielte Entwicklungshilfen, die eher die Grundlagen und Voraussetzungen einer Industriegesellschaft schaffen halfen als diese selbst. Die Wirtschaft genoß vielmehr eine relative Freiheit, die anfangs weit größer war, als es ihren Teilhabern recht war. 1810 mußte den Stadtbürgern die Gewerbefreiheit viel rigoroser aufgezwungen werden als zwei Jahre zuvor die Städteordnung; ja, die Gewerbefreiheit trug das Ihre dazu bei, den anfänglichen Elan der Selbstverwaltung zu bremsen.[88]

Die preußische Gewerbe- und Handelspolitik zielte seit der Reform auf einen gesamtstaatlichen Markt, der bisher berufsständisch und entlang besonderen Privilegien, Konzessionen und Zöllen gegliedert war, jetzt aber

---

zum Schutz der nationalen Arbeit unter dem Titel „Rheinisch-Westfälischer Gewerbeverein", vom Breslauer Kaufmann Milde mit angeregt, 378). Vgl. *Zunkel:* Unternehmer 154, und unten S. 618 zum Verband der Eisenbahndirektionen.

87 *Bergius:* Zustände 275 (Diskussion in der Breslauer Zeitung 1844 mit einem Fabrikanten, der sich als Schutzzöllner über die Verachtung und das Mißtrauen beschwert, mit dem die höheren Beamten auf die Fabrikanten herabsähen — eine geläufige Wendung dieser Jahre).

88 *Ziekursch:* Städteordnung 195.

Von der Gewerbereform zur Revolution

für eines jeden eigene Initiative geöffnet werden sollte. Der unmittelbare Anlaß, „die Befreiung der Gewerbe von ihren drückensten Fesseln" zu verfügen[89], war auch hier, die Staatseinnahmen zu vermehren, um die napoleonische Schuldenlast abzutragen. Das führte notwendig zu einer Veränderung der Steuerverfassung, die Hardenberg so konzipierte, daß der zu erwartende Gewinn beiden zugute kommen sollte, dem Bürger und dem Staat. In den Genuß der Gewerbefreiheit konnte seit 1810 jedermann gelangen, der eine entsprechende Steuer zahlte, das Eintrittsbillett in die freie Wirtschaft.

Eine allgemeine Gewerbesteuer stellte die Legislative vor die schwierigsten Aufgaben, denn sie mußte den ganzen Staat erfassen, innerhalb dessen die Wirtschaft freizusetzen war. So galt es, generelle Kriterien der Gewerbe und ihrer Veranlagung zu ermitteln, die gleichwohl den alten Unterschieden zwischen Stadt und Land und zwischen den regional verschieden entwickelten Wirtschaftskreisen gerecht werden sollten. Die anfangs notwendige Verquickung fiskalischer und wirtschaftsliberaler Interessen hatte sich wenig bewährt, und die ersten Erfahrungen wurden nach reiflicher Beratung im Staatsrat 1820 in einem neuen Gesetz verarbeitet. Der finanzielle Ertrag war zunächst hinter den Erwartungen zurückgeblieben, reichlich eine halbe Million Taler kamen nur ein[90], und 1820 wurde daher die strikte Verkoppelung von Gewerbetätigkeit und Steuerleistung gelöst. Nicht mehr jeder Erwerb wurde besteuert, sondern nur noch besonders leistungsfähige oder gern gesuchte Gewerbe: der Großhandel – und damit, dem Landrecht entsprechend, die Fabriken –, der Kleinhandel und größere Handwerksbetriebe, das Nahrungs- und Verkehrsgewerbe.[91] „Stehendes Kapital" in den Betrieben sollte erfaßt werden, um den finanziellen Ertrag sicherzustellen, leicht zu treibende Gewerbe – etwa kleine Schenken oder Handel im Umherziehen – wurden auch aus sozialpolitischen Motiven besteuert, um die Konkurrenz zu drosseln oder Schachergewinne zu verhindern bzw. abzuschöpfen. Aber die breite Masse der Handwerker wurde von der Steuer befreit.

Die Einnahmen stiegen seitdem an, und die neue Regelung hatte nach

---

89 Ed. vom 2. 11. 1810, Präambel (GS 79). *Klein,* der für Hardenbergs Gewerbegesetze — wie für alle anderen legislativen Bereiche — den fiskalischen Motiven einen Vorrang einräumt, verkürzt besonders im Kapitel über die Gewerbefreiheit (Von der Reform . . . 100 ff.) die wirtschaftspolitische Wende, die schließlich unabhängig von ihren aktuellen Anlässen durchgehalten wurde. Hardenberg verhalf den liberalen Ansätzen eines Friese oder Hoffmann zum Durchbruch, und wenn anfangs der Erfolg ausblieb, so beweist das auch, wieweit die Planung in die Zukunft vorausgriff. Die bedeutende legislatorische Leistung der Gewerbesteuer von 1820 hat Klein nicht mehr berücksichtigt; ohne sie läßt sich aber kein abschließendes Urteil, auch nicht über Hardenberg selber fällen.
90 *Hoffmann:* Steuerlehre 191.
91 G. vom 30. 5. 1820, die Gewerbesteuer betr. (GS 147). Für die Motive vgl. *Grabower:* Steuern 556, 558 f. Vgl. unten 600 ff.

Hoffmann noch einen bezeichnenden standespolitischen Nebeneffekt: Sie verletzte „nicht das Ehrgefühl der Ärzte, Justizkommissarien und anderer wissenschaftlich gebildeter Personen, indem sie dieselben nicht [mehr] zur Gewerbesteuer, gleich mechanischen Arbeitern, beitragen läßt"[92]. Auch der finanzielle Erfolg „geistiger Tätigkeiten" blieb seit 1820 verschont, der Begriff des Gewerbes auf den materiellen Erwerb um seiner selbst willen beschränkt. Die Herausnahme der Eximierten hinderte daher nicht den anderen Effekt, nämlich das gewerbliche Stadtbürgertum seines ständischen Charakters langsam zu entkleiden.

Die Zünfte und Kaufmannsvereinigungen wurden zwar nicht aufgehoben – viele Zünfte führten weiterhin ihr zähes Leben –, aber Hardenberg hatte die Schotten geöffnet. Jeder konnte jedes Gewerbe beginnen und verschiedene zugleich, „ohne deshalb genötigt zu sein, irgend einer Zunft beizutreten"; selbst von Prüfungen wurde abgesehen, soweit nicht bestimmte Berufe das öffentliche Wohl gefährdeten; die lästigen Grenzbestimmungen der einzelnen Verrichtungen wurden beseitigt, auf den Zulassungsscheinen wurden „alle kleinlichen Gewerbsunterschiede vermieden"; der Ausweitung eines Betriebes stand seitdem kein Hindernis mehr im Wege; die Zahl der Lehrlinge und Gehilfen – von Gesellen zu sprechen, vermied man – war unbegrenzt, ihre Stellung wurde „bloß durch freien Vertrag bestimmt"[93]. Dazu kam, daß auch das Handwerk auf dem Lande, das bisher nur in spezifisch landwirtschaftlich bezogenen Berufen konzessioniert war – so auf allen Gütern und besonders in Schlesien[94] –, generell freigegeben wurde. Die städtischen Zünfte, der Kern des Stadtbügertums, wurden also, mit einem Wort, der freien Konkurrenz ausgesetzt.

Ein Gewerbeschein berechtigte seinen Inhaber, „in dem ganzen Umfange Unserer Staaten, sowohl in den Städten als auf dem platten Lande" seinem Erwerb nachzugehen, und vor allem sicherte er ihm das Recht, „von den Behörden dabei geschützt zu werden"[95]. Die generelle Einführung der Gewerbefreiheit war ein kühner Vorgriff in die Zukunft, dessen wirtschaftlicher Erfolg erst später zu erwarten war, der aber schnell eine Unruhe und Mobilität begünstigte, die den massiven Protest der davon betroffenen Städte nach sich zog – waren doch die Stadtverordnetenversammlungen die gegebenen Interessenvertreter der alten Zunftmeister.

Der Streit zwischen den Regierungen und den Städten wurde lebhaft geführt, und wenn die Stadtväter dazu neigten, alle Kriegsfolgen der Gewerbefreiheit anzulasten, zumal die Kriegsteilnehmer kostenlos Bürger werden durften, insistierten die Behörden auf dem Risiko der Übergangs-

---

92 *Hoffmann:* a. a. O. 211, 198.
93 Ed. vom 7. 9. 1811 über die polizeilichen Verhältnisse der Gewerbe, §§ 6 ff. §§ 57 ff.
94 Dazu *Schmoller:* Kleingewerbe 257 ff.
95 Ed. 2. 11. 1810, § 16.

zeit, das es auszuhalten gelte, statt die alten Zustände zu restaurieren. Besonders die Großstädte bekamen den Wandel schnell zu spüren. Eine Menge von „Emporkömmlingen", wie sie der Berliner Magistrat ärgerlich nannte[96], eröffnete einen Laden, eine Schankstätte, einen Handwerksbetrieb oder welches Gewerbe auch immer, viele Gesellen machten sich selbständig, gründeten mit dem Geschäft eine Familie, aber ihr leicht ergriffenes Glück verflüchtigte sich oft ebenso schnell, wie auf der anderen Seite weniger agile Altmeister von ihren ehemaligen Untergebenen oder Zuwanderern in unerwartete Notlagen gedrängt wurden.

Der Berliner Magistrat legte eine Statistik vor, die den Umschwung belegen sollte. Binnen fünf Jahren seit dem Erlaß der Gewerbefreiheit sank die Zahl der Schneidermeister von 1030 auf 950 herab, aber 357 Unzünftige hätten sich eingedrängt, 457 seien völlig verarmt, vorzüglich die Neulinge, und 160 Schneider hätten das Gewerbe gewechselt, nicht zuletzt, weil sich Frauenschneiderinnen immer mehr ausbreiteten. Die Zahl der Destillateure wäre von 150 auf 240 emporgeschnellt, aber schon hätten 48 Zünftige und 28 Freimeister ihren Beruf aufgeben müssen. Die Schlosser hätten, obwohl kaum gebaut worden sei, von 113 auf 153 zugenommen, was allenthalben die Einbruchsquote erhöhe. Schließlich leiste die Zunftauflösung wechselnden Modeströmen Vorschub. Da jetzt selbst „die weibliche dienende Klasse" mit bloßem Kopfe umhergehe, daher Kämme nicht missen könne, seien die Kammacher von 10 auf 35 angeschwollen; die Hutmacher aber hätten, weil plötzlich Mützen bevorzugt würden, das Nachsehen; sie sanken von 56 auf 33. Die Tischler seien von 417 auf 464 angestiegen, aber 113 lebten in völliger Armut. Bei den Nagelschmieden gab es einen besonders drastischen Umschwung: Statt 21 Meistern und 70 Gesellen konkurrierten jetzt 39 Meister mit nur 50 Gesellen. „Im ersteren Fall lebte eine Familie von dem Fleiße mehrerer Arbeiter, in dem letzteren vermehren sich aber die Familien, und die helfenden Arbeiter nehmen ab." Gewiß konnte die Stadt nur bei einigen wenigen und anfälligen Handwerken den Umschwung deutlich belegen, und es fiel Hoffmann leicht, gerade hier seine Notwendigkeit nachzuweisen[97], handele es sich doch darum, besonders wendige Handwerker zu begünstigen, die sich schnell auf neue Bedürfnisse einstellen könnten. Aber unleugbar war für beide Teile, daß die von den Zunftmeistern sorgsam gehütete Arbeitsverfassung aus den Fugen geriet.

„Die nachteilige Vermehrung kleiner unbemittelter selbständiger Arbeiter", die bisher im Stand dienender, meist unverheirateter Gesellen ge-

---

96 Gutachten des Berliner Magistrats wegen Abhilfe der Übervölkerung, gez. von Büsching, dem Stadtverordnetenvorsteher und dem Rat, und statistischer Beleg vom 26. 11. 1816 (DZA Merseburg R 74 J V Gen. 1). Vgl. *Klein:* Von der Reform ... 117 ff.
97 Antwort Hardenbergs nach dem Konzept Hoffmanns, 18. 3. 1817, a. a. O.

halten wurden, drückte auf den unteren Bürgerstand. Die ostpreußischen Stände prophezeiten schon 1811 das Ergebnis der Gewerbefreiheit: „Hierdurch wird der schon Reiche noch reicher, der größte Teil aber der Nation der Verarmung preisgegeben"[98], und so wies der Berliner Magistrat auf den „Überfluß der Reichen und die ohnmächtige Anstrengung der Verarmten" hin, die sich nicht mehr als „Mittelklasse" halten könnten. Die Meister verlören ihre Selbständigkeit an ihresgleichen, die sich zu Verlegern oder Unternehmern aufschwängen, aber, so fragten sie vorwurfsvoll, welcher Regierungsrat wolle gern wieder Assessor oder Referendar werden? Die Berliner Regierung beharrte auf ihrem Standpunkt, denn „es sei freilich vorauszusehen, daß so wie sich mehrere Handwerker den Fabriken annäherten, die kleinen Meister nach und nach fallen müßten"[99]. Hier wurden nicht nur theoretische Gefechte ausgetragen, die Erfahrungen der letzten Jahrzehnte standen schon dahinter; nur daß jetzt die preußische Regierung die liberale Richtung zielstrebig einhielt.

Jahraus, jahrein wies das Staatsministerium jede Eingabe zurück, die alte Ausschließlichkeitsrechte oder Zunftbegrenzungen zurückforderte. Selbst solche Bitten wurden abgewiesen, die eine zeitgemäße Anpassung an die Konkurrenz der Großen ermöglicht hätten. Mehrfach baten die Tischler Posens 1819 um staatlichen Kredit, daß sie mit gemeinschaftlich zu stiftenden Möbelmagazinen den Fabrikanten gewachsen seien – statt am Rande des Verhungerns für sie arbeiten zu müssen.[100] Die ostpreußischen Stände trugen 1823 auf staatliche Darlehen an, die den vorgeschlagenen „Handwerksgesellschaften" ein Betriebskapital liefern und so den Übergang zu freier Konkurrenz erleichtern sollten.[101] Berlin lehnte ab. Unter Berufung auf das heutige Interesse des Verbrauchers und mit dem Hinweis auf die zukünftig sich zwangsläufig einstellende Besserung hielt die preußische Regierung am freien Wettbewerb fest. Die Trennungslinie zwischen Staat und freier Wirtschaft wurde von der Regierung entschiedener gezogen als von den Bürgern, die, vom Staat zu eigener Tätigkeit aufgerufen, immer wieder an dessen sozialen Auftrag appellierten.

Die liberale Gewerbepolitik trieb die städtische Zunft- und Bürgerverfassung immer weiter auseinander und verwandelte sukzessive auch das gewerbliche Stadtbürgerrecht in ein allgemeineres latentes Staatsbürgerrecht, das der freien Wirtschaftsverfassung entsprach. Was Stein bald bedauerte, die städtischen Wahlen nach Bezirken und nicht nach Genossen-

---

98 Eingabe vom 27. 2. 1811 (R 74 H IX Stände Nr. 9).
99 Gutachten der Berliner Regierung für Hardenberg zur Eingabe, Anm. 96, vom 6. 5. 1816, mit Separatvoten für die Gewerbebeschränkung. Vgl. *Wiedfeldt:* Statist. Stud. Berl. Industr. 72 ff.
100 DZA Merseburg R 74 K IX Nr. 2.
101 *Rumpf:* 1. 176.

schaften zugelassen zu haben, war der erste Schritt in diese Richtung, aber Bürgerrecht und Gewerbebefugnis blieben – je nach Observanz – immer noch verkoppelt.[102] Selbst Hardenbergs Gewerbegesetze, die die Freiheit generell verkündeten, hatten die stadtbürgerliche Zulassungsschwelle zu den üblichen Zunftgewerben nicht niedergelegt.[103] Bei einer Polizeistrafe von 5 bis 10 Talern durfte, nach einer Deklaration Schuckmanns[104], kein einschlägiger Gewerbebetrieb in den Städten eröffnet werden, bevor nicht das Bürgerrecht erworben war. So genossen denn – ein legal nie ganz geklärter Widerspruch – die Stadtväter ein Veto gegen die generell ausgesprochene Gewerbefreiheit, auf dem Umweg nämlich über ihr Privileg, das Bürgerrecht zu erteilen, zu entziehen oder zu verwehren.[105] In der Praxis lief das auf den Machtkampf hinaus, ob die Polizeibehörden, die die Gewerbesteuerscheine ausstellten, damit auch die Verleihung des Bürgerrechts erzwingen konnten und – nach 1820, als nicht mehr jedes Gewerbe steuerpflichtig war – inwieweit sie die Stadtverordneten dazu bewegen konnten, Zuwanderern oder alten Gesellen mit dem Bürgerbrief auch die Befugnis zum selbständigen Betrieb zu erteilen.

Während Hoffmann 1817 dem Berliner Magistrat noch den Rat erteilte[106], mit der Verweigerung des Bürgerrechts unlautere Elemente vom Gewerbebetrieb abzuhalten – Berlin möge auch mit der Bildung freier Innungen vorangehen –, beschnitt die Verwaltung diese städtische Selbstherrlichkeit sehr schnell. Konnten doch die Stadtverordneten durch Abstimmung jeden neuen Konkurrenten, „der sich durch niederträchtige Handlungen verdächtig gemacht"[107], zur Aufgabe seines Gewerbes oder Versteigerung seines Grundbesitzes zwingen. 1823 erging daher die Order, daß die Versagung oder der Verlust des Bürgerrechts den unbeschränkten Genuß des Grundbesitzes und die Ausübung eines Gewerbes in keiner Weise mehr beeinträchtigen dürften.[108] Die kommerzielle Rechtsfähigkeit wurde ausgeklammert aus dem Stadtbürgerrecht; die „wahrhaft despotische Gewalt", mit der die Stadtvorsteher über ihresgleichen verfügen konnten,

---

102 Städteordnung von 1808, § 15, §§ 49 ff.
103 Ed. vom 7. 9. 1811, §§ 1, 2.
104 Reskr. 2. 11. 1826 und 6. 8. 1827 (*Kamptz:* Ann. 10, 1127; 11, 740). 1833 wurden Mahnfristen festgelegt, da es „unbillig erscheine, eine nicht gesetzlich, sondern nur administrativ angedrohte Strafe" sofort zu vollstrecken (R. 27. 4. und 4. 10. 1833; Ann. 17. 492, 1044).
105 §§ 20, 39, Städteordnung 1808.
106 DZA Merseburg R 74 J V. Gen. 1.
107 § 39 der Steinschen Städteordnung; 1840 erging eine authentische Deklaration, daß der Ausdruck „verdächtig" als „verächtlich" zu lesen sei, was die Definition nicht deutlicher machte, als es die verschiedenen Reskripte versuchten, die im Laufe der Jahre ergingen und die etwa Trunkenheit dazurechneten (*Avenarius:* Kabinettsordres I, 179—184).
108 KO 6. 4. 1823 (GS 42).

gestutzt; und das war um so nötiger, „solange das Stadtbürgerrecht fast ein Surrogat des nicht existierenden Staatsbürgerrechts" war.[109]
Zugunsten der Gewerbefreiheit war damit ein tiefer Riß in das örtliche Stadtrecht getrieben worden, und die Behörden taten, wenn auch nicht überall, das Ihre, diesen Riß zu erweitern. Stadtrecht und Gewerberecht traten auseinander, und das blieb nicht ohne Rückwirkung auf die Zunftordnung.
Der Einfluß der alten Meister, der über die Ächtung nicht zünftiger Gesellen und sonstige Praktiken ohnehin weiter reichte, als das Gesetz es vorsah, wurde wenigstens seines legalen Rückhalts in der Stadtverwaltung beraubt. Es gab „daher gegenwärtig", wie die Order von 1823 später erläutert wurde, „Bürger mit Ehrenrechten und Bürger ohne Ehrenrechte"[110]. Deutlicher konnte es der Staat nicht aussprechen, daß Bürgerehre und Ehre des Handwerks nicht mehr identisch seien; auch „Bescholtene" durften ihr Handwerk betreiben und ihren Geschäften nachgehen, das Gewerbe war frei, und nur die Polizei hatte darüber zu wachen, wo seine Grenzen – aus Sicherheitsgründen – liegen. Die weitere, nicht minder wichtige Folge dieser Bestimmung war eine Einengung des Bürgerbegriffs. Er wurde beschränkt auf die politische Wahlfähigkeit und auf das Recht, städtische oder ständische Ämter zu versehen: Diese blieben zwar noch an Gewerbetätigkeiten gebunden, aber das Gewerberecht als solches wurde verallgemeinert. Das war nun zugleich die Regelung, die 1831 in die revidierte Städteordnung einging und die ihren Fortschritt charakterisiert. Alle Beschränkungen des Grundstückerwerbs und Gewerbebetriebs für Schutzverwandte oder Auswärtige entfielen, die Grenze zwischen Pflicht-Bürgern und Kann-Bürgern wurde so gezogen, daß der freien Entfaltung eines jeden kein stadtrechtliches Hindernis mehr entgegengesetzt werden konnte[111]. Das hatte speziell im Sächsischen, wo ja noch weithin die Zunftpflichtigkeit galt, die kuriose Wirkung, daß die Zünfte plötzlich auch Nichtbürger, die ein Gewerbe begannen, aufzunehmen genötigt wurden.[112] Das Gewerberecht war nicht mehr ein Attribut des Bürgers, sondern aller Einwohner, und um diese Regel zur allgemeinen Richtschnur zu machen, wurde die Order von 1823, die sich zunächst auf den Bereich der Steinschen Städteordnung erstreckt hatte, 1832 noch einmal generell bestätigt.[113] In gewerblicher Hinsicht also paßte der Staat die beiden Städteordnungen aneinander an und damit beide zugleich an den im Westen herrschenden Zustand allgemeiner Gewerbefreiheit.

---

109 Formel des Reg.-Rates Ulmenstein nach *Gans:* Beiträge 279.
110 Reskr. 31. 1. 1842 (*Gräff — Rönne — Simon:* 4. 511).
111 §§ 15, 26 rev. Städteordnung.
112 Reskripte der beiden Innenminister vom 11. 1. 1832 (Ann. 16. 132 und 183).
113 Deklaration zu den §§ 20 und 39 der Steinschen Städteordnung (GS 181).

In den ersten beiden Jahrzehnten nach der Reform waren es nicht die Stadtbürger, die den Weg zum allgemeinen Staatsbürgertum ebneten, sondern die Behörden, die, hierin dem rheinischen Ideal entgegenkommend, in zäher Arbeit ein freies und selbständiges Wirtschaftsbürgertum zu entfalten suchten. Die wirtschaftspolitischen Bestimmungen zeigten damit eine gegenläufige Tendenz zu den innerpolitischen Vorbehalten, kraft derer der Staat die Wege der städtischen Selbstverwaltung regional in verschiedene Richtungen wies. Das führte zu weiteren Spannungen.

Die Rechtslücken, die regional zwischen Stadtbürgerrecht, Gewerberecht und Zuzugsrecht bestanden, wurden mit Deklarationen und Reskripten notdürftig überbrückt; sie von Fall zu Fall zu schließen blieb Aufgabe der Polizei. Die Friktionen zwischen staatlicher Polizei und städtischer Bürgerherrlichkeit ergaben sich aus dem wirtschaftlich liberalen Programm der Regierung. Schließlich hing es weniger von den Bestimmungen ab als von den liberal gesonnenen Beamten und ihrer Energie, wieweit die alten Observanzen fortgeschafft werden konnten. Jahraus, jahrein ergingen ministerielle Erlasse, die den behördlichen Anweisungen Nachdruck verliehen. Dauernd wurde den Stadtvätern die Zuzugsfreiheit aufgedrängt, alle Hindernisse in der Bürgerrechtsverleihung wurden soweit wie möglich beseitigt.[114] Den Städten wurde jedes Einspruchsrecht gegen die Aufnahme von Zuwanderern verweigert, die städtischen Schutzverwandten unterstanden dem speziellen Schutz des Staates, und so „würdigt man durch unbedingte Zulassung den Bürgerstand herab, und macht ihn zum Gebrauch seiner Rechte unfähig", wie sich der westfälische Landtag einmal beschwerte.[115]

Selbst im rheinischen Landtag wurde den Behörden bescheinigt, daß sie hier auf seiten der Staatsbürger, nicht der Spießbürger stünden; wer gegen zu hohe Bürgergelder Einspruch erhob, fand bei den Regierungen ein offenes Ohr.[116] Und sogar Rochows Verfügung, daß jeder selbständige Gewerbetreibende in den östlichen Städten – entgegen allen Observanzen – Bürger werden müsse[117], zehrte von der verflossenen, dreißig Jahre lang anhaltenden Verwaltungsarbeit. Er suchte zwar nach einer berufsständisch klaren Schranke, aber stillschweigend hatten sich die Bedingungen umgekehrt: Die Gewerbebefugnis folgte nicht mehr dem örtlichen Bürgerrecht, sondern das Bürgerrecht war generelles Attribut selbständiger Gewerbetätigkeit geworden. Das staatliche Gewerbebürgertum griff, von den Behörden geschützt, durch die Stadtordnungen hindurch,

---

114 *Gräff — Rönne — Simon:* 4. 491, 676, und *Avenarius:* Kabinettsordres 1. 9 ff. 179 f., 187 f.
115 *Rumpf:* 3. 15 f.
116 *Wenckstern:* Landtagsverhandlungen 1843, 82.
117 Zirkularreskript 15. 1. 1839 (Ann. 23. 126).

und die Zünfte, wirtschaftlich auf den Aussterbeetat gesetzt, wurden möglichst daran gehindert, über die Städteordnung wieder Einfluß zu gewinnen. Die pommerschen Stände erklärten schon 1824 rundheraus, daß „mit der unberechneten Concurrenz und ... der Verwandlung alles geregelten Gewerbebetriebes in eine Art von Tagelöhnerei der Begriff der Städte selbst aufgelöst wird"[118]. Und sie brachten die lange Liste der üblichen Beschwerden, die von allen Provinzstädten – außer den rheinischen – über ein bis zwei Jahrzehnte hinweg vorgetragen wurden. Die Sitten verfielen, der Geist der Unterordnung verfliege, die Not wachse, „das Bestehen eines wahren und kräftigen Mittelstandes" verschwinde gänzlich, und das alles sei die Folge der „Gewerbeanarchie"[119].

Nun waren freilich die Städte nicht wenig betroffen von den Reformen, sie als erste mußten aufkommen für die Unkosten, die aus der neuen Gewerbeverfassung erwuchsen. Die Städte wurden verantwortlich für die Not der Verarmten, ohne ein Aufsichtrecht über die Gewerbe zu haben. Wer kein Mitglied der Zünfte mehr war, fiel schneller als ein Zunftgenosse der kommunalen Armenkasse zur Last. Die Städte verloren die herkömmlichen Konzessionsgelder[120] und erlitten damit empfindliche Einbußen, gerade als sie finanziell auf eigene Füße gestellt wurden. Obendrein durften sie, um die Freiheit nicht zu behindern, gerade von den Gewerbebetrieben keine Kommunalsteuern einziehen.[121] Nur Zuschläge zur Grund- und Klassen- bzw. Mahl- und Schlachtsteuer durften erhoben werden.[122] Die Städte partizipierten also dort, wo sie anstiegen, nur mittelbar an den Gewerbegewinnen. Die Städte schließlich mußten sich beteiligen an den Entschädigungssummen, die für die aufgehobenen Realberechtigungen, Zwangs- und Bannrechte innerhalb der Stadtmauern aufgebracht werden mußten.[123] Der Staat, selber zu arm, für die Entschädigung aufzukommen, lastete also den Gemeinden Unkosten auf, die den neuen unzünftigen Konkurrenten zugute kamen. Die Gewerbetreibenden mußten natürlich beitragen, aber es war ihnen einzeln unmöglich, die Inhaber alter Gerechtigkeiten, die eine reiche Kapitalsanlage darstellten, auch nur annähernd zu entschädigen. Allein in Breslau, wo er besonders hoch war, betrug der Wert der abzulösenden Gerechtigkeiten über eine Million Taler. Wenn das

---

118 *Rumpf:* 1. 91.
119 *Rumpf:* 1. 33 ff.; 166 ff.; 2. 32 f.; 134 ff.; 3. 15 ff.; 7. 18 f., 8. 85 f., 232, 10. 214 ff., passim.
120 Ed. 2. 11. 1810, § 30 (GS 82). Über die Einnahmenverluste vgl. *Wendt:* Breslau 252 ff.
121 Reskr. 30. 12. 1817 (Ann. 11. 968), eingegangen in das Abgabengesetz vom 30. 5. 1820, § 13 (GS 134). Erst 1838 wurde ein allgemeines Gemeinde-Einkommensteuer-Regulativ erlassen *(Gräff — Rönne — Simon:* 4. 539 ff.).
122 *Gräff — Rönne — Simon:* 4. 530 ff.
123 Ed. vom 7. 9. 1811, §§ 32 ff. (GS 265), dazu die Deklaration vom 11. 7. 1822 (GS 187). Zur Durchführung Arch. Panstw. Wrocl. Mag. Breslau III/1874, 1875, 1905—1907.

Sprichwort galt: „Das Haus kann abbrennen, aber nicht die Gerechtigkeit", so mußten die Kommunen jetzt das Wort einlösen. Vergeblich beriefen sie sich auf das Landrecht und suchten die Entschädigungspflicht dem Staat zuzuschieben; der Staat hielt an der Pflicht fest, aber der Umlage- und Verteilerschlüssel lag in der Hand der Behörden. Es war ein Wespennest der Legalität, das der Staat hier aufgerührt hatte und das finanziell fortzuschaffen ebenfalls viele Jahrzehnte dauerte. Erst 1845, als die allgemeine Gewerbeordnung erlassen wurde, hatte sich die wirtschaftliche Gesamtlage soweit gebessert, daß sich der Staat an den Entschädigungskosten streckenweise beteiligte.[124]

Die erzwungene Öffnung der kommunalen Zunftordnung mit ihren Schotten von Ausschließlichkeitsrechten in eine gesamtstaatliche Gewerbefreiheit mußte also zunächst einmal von den alten Stadtbürgern erduldet und bezahlt werden. So war es begreiflicherweise nicht die Summe der sich selbst verwaltenden Städte, die zur Allgemeinheit einer staatsbürgerlichen Gesellschaft drängte: Nur die Tätigkeit der Beamtenschaft bot die Gewähr, daß die wirtschaftliche Freiheit nicht an den Stadtmauern aufhörte und die des Landes ausschloß. In den zwanziger und dreißiger Jahren arbeitete der Staat auf ein Wirtschaftsbürgertum hin, das von politischen Entscheidungen auszuschließen er naheliegende Gründe hatte. Die bevormundende Innenpolitik und die liberale Wirtschaftspolitik haben sich auf dieser Wegstrecke gegenseitig ergänzt. Wider die erzwungene Gewerbefreiheit zu opponieren, fanden sich die Provinzialstände allemal zusammen. Unablässig forderten sie die Rückkehr zu Zwangskorporationen. Wie noch 1837 die Brandenburger, die Berliner sagten: „Nur tüchtig organisierte, unter der Kontrolle der Staatsbehörden stehende Vereine können diesem Übel begegnen", der Zuchtlosigkeit nämlich und dem Ordnungszerfall, die den „industriellen Aufschwung der Zeit" kennzeichneten.[125]

Die Reaktion der Stände blieb nicht ohne hemmenden Einfluß. Wenn das Staatsministerium nach dem Erwerb der neuen Provinzen zögerte, allen die Gewerbefreiheit aufzuzwingen, dann aus Scheu vor der öffentlichen Meinung, vorzüglich im Stande der Städte. Vorsichtig schonend beließ der Staat den 1815 erworbenen Gebieten ihre herkömmliche Gewerbeverfassung. Daher blieben trotz der generellen Steuer in einigen Kreisen Westfalens, in Neuvorpommern, teilweise in Sachsen und in den Lausitzen die Zunftmonopole erhalten. Posen wurde erst 1833, um dort „ein zeitgemäßes Fortschreiten " zu eröffnen[126], mit entsprechenden Entschädigungs-

---

124 Entschädigungsgesetz zur Allg. Gewerbeordnung vom 17. 1. 1845 §§ 23, 27, 29, 32, 33 (GS 79). Vgl. *Roehl:* Handwerkerpolitik 119, ferner §§ 14, 23 ff.
125 *Rumpf:* 13. 90.
126 Gesetze wegen Aufhebung der ausschließlichen Gewerbsberechtigungen in den Städten der Provinz Posen und wegen Aufhebung der gewerblichen und persönlichen Abgaben

sätzen den östlichen Provinzen angeglichen. Aber das war nur der Anfang. Zwanzig Jahre lang brauchte Hoffmanns Entwurf einer allgemeinen Gewerbeordnung, bis er alle Behörden und Stände durchlaufen hatte, um als generelles Gesetz zu erscheinen. Wieweit das neue Gesetz nur subsidiär gelten und so den provinziellen Sonderrechten freien Spielraum lassen sollte, blieb im Staatsministerium lange umstritten. Erst 1832, also gerade als man sich zu einer regionalen Lösung der Städteordnung bereitgefunden hatte, setzte sich der Wille Rothers durch, für das Gewerbe nur ein primär geltendes und allgemeines Gesetz zu erlassen.[127] Dieser Entschluß trug nicht wenig dazu bei, seine Durchführung weiterhin zu verzögern: aus den gleichen Gründen, aus denen ein regional unterschiedliches Städtegesetz schneller vorankam. Das Ministerium fürchtete die Schwierigkeiten, Opfer und Unkosten, die eine sofortige Ausgleichung, die Aufhebung alter Gewohnheiten und entschädigungspflichtiger Rechte nach sich ziehen mußte. Der Staat wartete also ab, weil er weiter plante, als den meisten Städten recht war.

Die Folge war eine nicht geringe Konfusion. Während die revidierte Städteordnung die Gewerbefreiheit bereits voraussetzte, blieb in vielen Städten, für die sie vorzüglich gedacht war, die Zunftverfassung in voller Rechtskraft. Die mittleren Behörden gerieten in eine Zwickmühle zwischen fraglicher Legalität und ministeriellen Anweisungen. Oft blieb nur die Wahl zwischen vernünftiger Willkür oder legalem Unsinn[128], und die Waagschale neigte sich allzugern dem letzteren zu. Aber auch das Warten trug seine Früchte: in der *Gewerbeordnung* von 1845.

Mit steigendem Wohlstand, vor allem nach der Gründung des Zollvereins, verringerte sich der Widerspruch gegen die Gewerbefreiheit. Die pommerschen Stände voran nahmen 1837 ihr scharfes Gutachten von 1823 zurück, die wohltätigen Folgen freier Konkurrenz seien nicht mehr zu leugnen[129], in Westfalen meldete sich eine wortstarke Minorität, die den rheinisch-preußischen Liberalismus begrüßte, und so kam schließlich 1845 jener Kompromiß zustande, in dem sich die Administration mit den Zunftbürgern auf einer mittleren Linie traf.[130] Der Grundsatz der Gewerbefreiheit wurde zwar nicht verlassen, aber die Bildung freier und mit einigen Vorteilen versehener Innungen wurde begünstigt, ohne daß ihnen irgendwelche Zwangsrechte über Nichtmitglieder zugestanden wurden. Den Rheinländern, die auch hier einen kompletten Gegenentwurf vorge-

---

und Leistungen in den Mediatstädten der Provinz Posen vom 13. Mai 1833 (GS 52, 55). Vgl. *Berger:* Verwaltung Bromberg 218 ff.
127 *Roehl:* Handwerkerpolitik 199, 206; dort für alle Vorgänge ein detaillierter Aktenbericht.
128 Vgl. *Delbrück:* Lebenserinnerungen 1. 106 f.
129 *Rumpf:* 13. 161; 15. 20 f.
130 Allgemeine Gewerbeordnung vom 17. 1. 1845 (GS 41).

legt hatten, waren Korporationen mit Prüfungsrechten und polizeilichen Strafbefugnissen ein Greuel[131], aber den übrigen Provinzständen führte die Zweigleisigkeit zwischen individueller Unabhängigkeit und freiwilliger Vereinsbildung – der Ausdruck der Innung wurde erst 1844 vom Staatsrat eingeführt[132] – immer noch nicht weit genug zurück. Erst die Revolution brachte den inzwischen organisierten Handwerksmeistern einen vorübergehenden Erfolg, als durch die Verordnung vom 9. Februar 1849[133] eine erkleckliche Reihe alter Ausschließlichkeitsrechte wieder in Kraft gesetzt wurde.

Die Ordnung von 1845 war weit liberaler, als die alten Zunftmeister sein wollten, sie besiegelte mehr oder minder die Praxis der Verwaltung – bis hin zu zweideutigen Regelungen. Da wurde wieder das Gewerberecht generell vom Bürgerrecht getrennt, aber von Fall zu Fall an die örtliche Bürgerrechtspflichtigkeit zurückgebunden.[134] Vergeblich monierten die Berliner oder Schlesier, wo die Handwerker besonders rührig waren, daß sich hier Regel und Ausnahme mit gleichem Recht gegenüberstünden: Sie beantragten „zur Erweckung einer Standesehre" den Vorrang des Bürgerrechts vor der Gewerbebefugnis[135], aber der Staat hielt an seiner Praxis fest, die er von Deklaration zu Deklaration, von Reskript zu Reskript langsam durchgesetzt hatte. Die Gewerbefreiheit brach das örtliche Bürgerrecht, und die Behörden hatten darüber zu wachen.

Eine wirkliche Neuerung der Gewerbeordnung war dagegen – seit 1836 geplant[136] –, daß auch die Fabrikarbeiter erfaßt wurden: Sie fielen jetzt ausdrücklich, weil sie „nach den Erfahrungen der letzten Jahre durch die

---

131 *Rumpf:* 15. 307—349. *Schwann:* Camphausen 3. 449 ff. Wenn C. als Handelskammerpräsident auf die unparteiischen französisch-rheinischen Gewerbegerichte (Dekrete vom 11. 7. 1809, 3. 8. 1810; vgl. *Cramer:* Sammlung 179, 230) hinwies, um die Innungspolizei anzugreifen, so war dies nicht ganz offen: Die Gewerberäte hatten immer eine Majorität von „Kaufleuten-Fabrikanten" über den Werkmeistern und Arbeitern, und sie besaßen Strafrecht bis zu drei Tagen Gefängnis. Die analogen preußischen Fabrikengerichte in Berlin und fünf westfälischen Orten hatten zwar das polizeiliche Strafrecht bis zu acht Tagen Gefängnis, unterstanden aber einem ordentlichen Richter, der technische Beisassen hatte, die nur in Westfalen Fabrikinhaber waren. (Die Reglements vom 8. 4. 1815 und 26. 11. 1829 bei *Mannkopf:* AGO 1. 242 ff.; dazu *Ilja Mieck:* Das Berliner Fabrikengericht). Erst 1849 übernahmen die neu errichteten Preußischen Gewerberäte (VO. 9. 2. 1849, GS 93, § 5) den Napoleonischen Verteilerschlüssel für die Eigengerichtsbarkeit der Gewerbetreibenden.
132 *Roehl:* a. a. O. 150.
133 GS 93, §§ 23 ff.
134 Allgemeine Gewerbeordnung § 20: „Die Exekution auf Erfüllung dieser Verpflichtung darf nicht bis zur Untersagung des Gewerbebetriebes ausgedehnt werden."
135 *Rumpf:* 14. 150. Die Schlesier hofften, „die Individuen zu gemeinschaftlichem industriellen Streben zu vereinigen, anstatt sie einem feindseligen Vernichtungskampfe zu überlassen." Für die Berliner Handwerker, die auf den innungsfreundlichen neuen König Einfluß gewannen, siehe *Roehl:* a. a. O. 229.
136 *Ritscher:* Koalitionen 156.

große Konzentration an einem Orte gefährlich erschienen", unter das für die Gesellen herkömmlich geltende Verbindungs- und Streikverbot. Deshalb wurden auch die einschlägigen Bestimmungen des noch nicht erlassenen Strafgesetzes vorgeholt und der Gewerbeordnung beigefügt mit dem Ziel, wie es der Staatsrat motivierte, „die als Herd kommunistischer Tendenzen gefährlichen Arbeiterverbindungen zu zerstören"[137].
Arbeitgeberabsprachen wurden, aus Gründen der Rechtsgleichheit, ebenfalls verboten, und so zeichnete sich im ganzen eine sozialpolitische Frontstellung ab, die eine Grenze zwischen zünftiger und außerzünftiger Arbeit nicht mehr kannte. Wie der Brockhaus damals schrieb[138]: „Auch der Geselle wird von dem Meister nur als sein Lohnarbeiter angesehen, und der Meister hat weiter kein Interesse an ihm, als wie er durch seine Arbeit verdienen wolle ... Die höhere Industrie verträgt und fordert unbedingte Freiheit. Ihre politische Stellung gibt ihr die Kraft, sie zu erzwingen, und sie ist eigentlich die wahre und gefährlichste Konkurrentin der Handwerksindustrie. Um so törichter aber ist es, daß diese den kleinen Krieg mit den Proletariern fortsetzt und hier Zolle verteidigt, während sie wehrlos zusehen muß, wie ihr von jener ganze Quadratmeilen ihres Gebietes entrissen werden." Wenn das auch nicht die Sicht des preußischen Staatsministeriums war, der umschriebene Sachverhalt gehörte zu den Wirkungen, die die Gewerbefreiheit gezeigt hatte und auf die das neue Gesetz bereits reagierte. Der Staatsrat begrüßte die Innungen deshalb, weil sie den „antisocialen" Bestrebungen der „sogenannten Proletarier" entgegenwirken sollten.[139] Selbst der alte Hoffmann, einst unter den Stiftern der neuen Freiheit, lobte 1844 das „konservative Prinzip", das staatserhaltende Element der Bauern und Handwerker. Er war, wie die meisten Beamten, immer schon argwöhnisch gegen habgierige Fabrikanten gewesen – wie gegen den Großgrundbesitz – und forderte nun zu Ende seiner Laufbahn die Erhaltung „eines zahlreichen, selbständigen und wohlhabenden niederen Mittelstandes" als bestes Mittel, der drohenden Revolution zuvorzukommen.[140] So liberal sie war, die Gewerbeordnung von 1845 war der erste Schritt zum Mittelstandsschutz. Er vermochte die ausgelöste soziale Bewegung nicht mehr einzuholen.
Am unmittelbarsten war die preußische Gewerbeverwaltung dem Großhandel und den Fabrikanten zugute gekommen, die sich aus dem Handwerkerstand erhoben oder aus der Kaufmannschaft rekrutierten. Mittelbar beförderte sie damit das Anwachsen der Fabrikarbeiterschaft, die sich ebenfalls aus den Kreisen der Gesellen und der Meister auffüllte, und so

---

137 Sitzung 30. 5. 1844 (a. a. O.).
138 Brockhaus der Gegenwart (1839) 3. 417, 421.
139 *Roehl:* a. a. O. 236 ff.
140 *Hoffmann:* Staatswirtschaftliche Verhältnisse 142, 144 f.

Von der Gewerbereform zur Revolution

wurde von beiden Seiten her der Spielraum des alten Handwerks langsam eingeengt bzw. relativiert. Dahin wirkte nun zunächst die Gewerbesteuer[141] selber.

Die *Gewerbesteuer* war ausgesprochen unternehmerfreundlich, sie schonte die Großen und schützte von den Selbständigen die Kleinsten, oft also die außerzünftigen Anfänger. Der Start wurde erleichtert, Spitzenerfolge wurden belohnt. Den Hauptanteil trug das von Natur her konstantere Nahrungsgewerbe: der Gastwirte, der Bäcker, Fleischer, Müller und Brauer.[142] Die zahlreichen Einmannbetriebe des Handwerks und Weber mit ein bis zwei Stühlen wurden überhaupt nicht erfaßt; selbst wer mit einem Gesellen und einem Lehrling arbeitete, blieb steuerfrei. Erst wessen Gehilfen diese Zahl überstiegen, wer also nicht mehr vom Flickwerk oder kleinen Aufträgen lebte, sondern Warenlager anlegte und auf freien Verkauf hin produzierte, um mit dem Angebot die Bedürfnisse zu steigern, mußte eine Erwerbssteuer entrichten. Darin lag eine gewisse Garantie gegen nur konjunkturbedingte Einstellung von Lehrlingen, die Steuer schob eine Schwelle zwischen die ärmsten Handwerker und solche, die sich hocharbeiten konnten. Die Masse der Handwerker blieb daher unbesteuert. In Berlin stieg die Zahl der Unbesteuerten zwischen 1829 und 1840 von 8000 auf 13 521, die der Besteuerten von 2985 auf 4464; im gewerbereichen Regierungsbezirk Arnsberg war nur ein Zehntel aller Handwerker und „Gewerbsmeister", wie sie hießen, besteuert.[143]

Andererseits betrugen die höchsten Steuersätze, die überhaupt eingefordert wurden – von Kaufleuten, Bankiers und Fabrikanten mit kaufmännischen Rechten – 260 Taler im Jahr.[144] Die Unternehmen konnten also weit über einen bestimmten Umfang hinaus anwachsen, ohne daß ihre Ertragssteigerung je von der Steuererfassung eingeholt wurde. Jede Konzentration von Betrieben, etwa der Spinnerei, Weberei und Färberei, wirkte sich steuerlich günstig aus.[145]

Es gab keine Steuer in Preußen, die so leicht einkam wie die Gewerbesteuer, ihre Rückstände waren, verglichen zur Grund- und Klassensteuer, minimal.[146] Dabei stieg die Gewerbesteuer zwischen 1821 und 1844 von 1,6 Millionen Taler auf 2,4 Millionen an[147], sie nahm also, etwa parallel mit der Bevölkerungsvermehrung, um 46 % zu und wies damit eine fünf-

---

141 G. vom 30. 5. 1820 (GS 147).
142 *Hoffmann:* Steuerlehre 212.
143 Verwaltungsbericht Berlin (1842), 22; Staatsarch. Münster B 80 vol. II. Im Arnsbergischen waren 1846 23 098 Handwerker unbesteuert, 2259 mußten 9912 Taler aufbringen.
144 Vgl. *Treitschke:* Dt. Gesch. 5. 499.
145 *Schimmelfennig:* II, 515 ff. Reskr. vom 14. 5. 1830.
146 *Rumpf:* 1. 205.
147 *Bergius:* Zustände 12, 159.

mal höhere Zuwachsrate auf als die Klassensteuer. Die Hauptlast trug, der agrarischen Struktur gemäß, die breite Masse der Bevölkerung, sei es mit den Salzabgaben, die – von den enormen Erhebungskosten abgesehen – die Gewerbesteuer um das Drei- bis Vierfache übertrafen, sei es mit der Klassensteuer, deren Einnahmen weit zurückblieben hinter der wachsenden Bevölkerung. Diese verarmte vielmehr relativ zu ihrem Wachstum, und sie verarmte erst recht, gemessen an dem steigenden Gewinn der Kaufleute und Fabrikanten.

Die Eingänge aus der Gewerbesteuer betrugen nur ein Fünfundzwanzigstel aller Staatseinnahmen, aber sie kamen fast ungekürzt der Handels- und Gewerbeverwaltung und damit Beuths Entwicklungshilfen wieder zugute.[148] So wirkte die Gewerbesteuer, die führenden Unternehmer schonend wie in die technische Grundlagenforschung und in die Gewerbehilfen zurückfließend, der Industrialisierung doppelt förderlich.

Die niedrigen Gewerbesteuersätze entsprachen der Kapitalarmut, die in Preußen herrschte, aber ebenso der staatlichen Absicht, deshalb fiskalische Wünsche zurücktreten zu lassen. Die Gewerbesteuer erfaßte nur die quantitative Zunahme, nicht die Verbesserung der Betriebe, denn die aufzubringenden Mittelsätze blieben sich gleich. Daher hatte die wachsende Konzentration von Unternehmen, wie sie etwa die Arnsberger Regierung in den vierziger Jahren beobachtete[149], trotz steigender Produktivität keine steuerlichen Auswirkungen. Die Nutznießer waren „die Fabrikanten etc., denen gegenüber die Kleineren aufzukommen nicht die Kräfte und Mittel besitzen". Wie der Großgrundbesitz also wurden die Unternehmer in Stadt und Land steuerlich zur Ausdehnung ihrer Betriebe ermuntert.

Freilich fehlten auch hier nicht die Klagen, aber sie betrafen weniger die Höhe als die Art der Veranlagung. Die Proteste richteten sich gegen die korporativen „Steuerverbindungen", die gemeinsam für die vorgeschriebenen Mittelsätze aufkommen mußten. Die Steuerverbindungen, ursprünglich aus den landrechtlichen Korporationsbestimmungen heraus entwickelt, vom Staatsrat aber ihrer finanziellen Kontrollrechte entkleidet, bildeten eine preußische Eigentümlichkeit, in der sich staatsbürgerliche Gesinnung und wirtschaftliche Aktivität beggnen sollten. Aber dieser – den Reformgeist kennzeichnende – Gedanke ließ sich nicht ohne dauernde Reibungen verwirklichen. Teils hatten Abgeordnete eigener Wahl, wie bei den Kaufleuten, die Sätze für die Mitglieder nach oben und unten zu staffeln; teils mußten die Kommunalbehörden die Sätze bestimmen, wie für die Hand-

---

148 a. a. O. 16 f.
149 Staatsarchiv Münster B 80 vol. II, Verwaltungsbericht vom 8. 4. 1847 für 1846 (Ob.Reg.Rat Dach).

werker, weil hier Zünftige und Nichtzünftige gemeinsam veranlagt wurden. So erzwang die staatliche Polizei, besonders in den Großstädten, den Zutritt neuer Gewerbsmeister, die den Absatz vermindern, die Abgaben erhöhen mochten. Denn die Etablierten hatten um so viel mehr aufzukommen, wie die Ärmeren oder Neulinge weniger einzahlten. Mancher Gewerbetreibende mußte sich also eine Steuererhöhung gefallen lassen, weil seine Konkurrenz stieg. Staatswirtschaftlich war das tragbar und, wie Motz vorrechnete, bei gleichbleibenden Mittelsätzen auf die Dauer sogar vorteilhaft, aber den zunächst davon Betroffenen darum nicht weniger anstößig. Den ganzen Vormärz über wehrten sie sich vergeblich gegen die korporative Haftung.[150] Das ständische Relikt in der Veranlagung, das den Wunsch zur Geheimhaltung des Umsatzes mit dem Zwang zur öffentlichen Kundgabe durchkreuzte, verleidete ihnen gründlich die vergleichsweise liberalen Steuersätze. Aber die Tendenz zur Gleichheit der individuellen Rechte überwog bei weitem.

Die allgemeine Gewerbesteuer arbeitete der generellen Gewerbeordnung vor. Gestaffelt nach Wohlstandsklassen, entbehrte die Steuerveranlagung dabei nicht einer sozialen Gerechtigkeit, die um so schneller örtliche und ständische Rechtsüberhänge fortzuschaffen forderte. Eine generelle Steuer, die analoge Abgaben nicht restlos ausschloß, erwies deren Fortbestand als Unrecht, und es gab, nicht nur in den neuen Provinzen mit überkommener Gewerbeverfassung, sondern ebenso in den alten, eine erkleckliche Reihe einkömmlicher *Gewerbeprivilegien*, die besonders auf dem Lande ihr zähes Leben fristeten.

In Schlesien hatten es die Gutsherren verstanden, die Handwerker- und Weberzinsen als Ausfluß ihrer Gerichtsbarkeit weiterhin einzuziehen.[151] Die Brau- und Brenngerechtigkeiten und das Krugverlagsrecht auf dem Lande waren schon 1811 den Gutsbesitzern wieder zugestanden worden, der Neubeginn einer Brauerei oder Brennerei war an einen Bodenbesitz im Wert von 15 000 Talern gebunden und so die freie Konkurrenz dieser besonders einträglichen Gewerbe faktisch auf den Ritterstand eingeschränkt worden.[152] Was half es, wenn der Ausschließlichkeitsanspruch solcher Rechte generell beseitigt war, wenn die Produzenten und Verleger weder den Verbraucher zwingen noch Konkurrenten abhalten durften? In der Praxis blieben sie im Besitz ihrer Zwangs- und Bannrechte, da sie

---

150 Staatsarch. Münster B 2442, dort die Auseinandersetzung der Soester Kaufleute, die von Vincke unterstützt wurden, mit Motz. Ferner *Rumpf:* 2. 32/75; 3. 210/244; 8. 38, 189 ff.; 9. 244/272; 11. 51; 12. 94; 13. 74; 14. 409, 15. 447: Die Klagen ziehen sich durch alle Provinzen. Vgl. *Schimmelfennig:* a. a. O. 259 ff., und *Grabower:* Steuern 562 ff.
151 *Ziekursch:* Agrargeschichte 298.
152 Ed. vom 7. 9. 1811, §§ 52 ff. (GS 268); dazu *Steffens:* Hardenberg 151 ff. 1823 wurde städtischen Brauereien und Brennereien die Verlegung auf das Land durch Reskript untersagt (*Gräff* — *Rönne* — *Simon:* 2. 768).

örtlich eine Art Monopol besaßen, und meist auch legal, da alle Verträge oder vertragsgleichen Observanzen einer besonderen Ablösung bedurften, sobald sie boden- und nicht personengebunden interpretiert wurden.[153] Der Übergang zwischen alten legalen und neuen faktischen Vorrechten war also fließend, und die Gerichte, die dauernd angegangen wurden, entschieden oft von Instanz zu Instanz mit einander widersprechenden Urteilen.[154]

So brachte auch die Freiheit vom Mahlzwang, die seit 1808 in Preußen, seit 1810 in den übrigen Provinzen – nicht aber in den neu erworbenen Gebieten – eingeführt wurde, eine Kette von Mißlichkeiten.[155] Entschädigungsansprüche mußten mit dem Nachweis sinkenden Umsatzes begründet werden[156], das aber setzte eine Buchführung voraus, die man häufig nicht kannte. Ein Gutsherr konnte den von ihm konzessionierten Müllern, weil sie ihm vertragsgemäß Abgaben schuldeten, leicht Konkurrenz machen, indem er selber eine nur staatlich besteuerte Mühle errichtete, die den pflichtigen Müller ruinierte. Immer wieder sprang hier der Staat mit Entschädigungshilfen ein, weil die Gewerbefreiheit vor der Ablösungsordnung eingeführt war, die einzelnen Rechtstitel aber zu sehr differierten, um den Schadensersatz generell regeln zu können. Die Freiheit war staatlich, die Ablösung regional.

Auch die Dorfhandwerke waren durchsetzt von fortgeltenden Zwangs- und Bannrechten, obwohl sie generell der Konkurrenz ausgesetzt werden sollten, wobei jeder einzelne seine „spezielle Entschädigung ... in der Erweiterung der Gelegenheit zum Erwerb selbst suchen muß und finden soll"[157]. Aber besondere Rechtstitel, etwa der Dorfschmiede, in deren „Lohn" das Schärfgetreide einfloß, mußten abgelöst werden, bevor die Schmiede, ihrer Arbeitspflichten gegenüber der Gemeinde oder dem Herrn entledigt, in freien Wettbewerb eintreten konnten.[158] Waren die Verhältnisse in den alten Provinzen bereits mehr liberalisiert als im Sächsischen, in Posen, Neuvorpommern und – streckenweise – in Westfalen, die Rechtsgleichheit der Rheinlande war vor 1845 noch nirgends erreicht.[159] Es gab eine Fülle von strittigen Materien, die zwischen Herkommen und Polizei, zwischen den Gerichtsentscheiden und den von den Behörden ermittelten Entschädigungssätzen zu immer neuen Prozessen führten.

---

153 Dekl. des § 30 des Gewerbesteuergesetzes vom 2. 11. 1810, vom 19. 2. 1832 (GS 64); dazu *Roehl:* a. a. O. 162.
154 Dazu die Erläuterungen des ALR I, 23 von *Gräff — Rönne — Simon:* 2. 761—804, und *Bornemann:* Civilrecht 4. 394 ff.
155 G. 29. 3. 1808 (GS 321) und G. 28. 10. 1810 (GS 95).
156 V. 15. 9. 1818 (GS 178); dazu *Roehl* a. a. O. § 15.
157 Reskr. vom 11. 9. 1816 (*Gräff — Rönne — Simon:* 2. 776).
158 a. a. O. 781 ff.
159 *Roehl:* a. a. O. 224.

Von der Gewerbereform zur Revolution

Die Legalität der Gewerbereform mußte bezahlt werden, und zwar auf dem Lande meist teurer als in den Städten, deren Zünfte entschädigungslos entrechtet worden waren. Wo es aber an Bänke oder Häuser gebundene Realgerechtigkeiten gab oder persönliche Privilegien, die hypothekarisch eingetragen und verkäuflich waren, da blieb Schadensersatz Pflicht. Sie trat aber erst in Kraft, wenn sich ein Konkurrent einfand, der oft genug vor der Höhe der Entschädigungssätze zurückscheute. Also nicht nur weitergeltende Zwangsrechte, auch die aufgehobenen konnten hinter dem Schirm der Entschädigungspflicht weiterwirken. Daher entschloß sich das Ministerium 1845, und nunmehr war es wirtschaftlich tragbar, daß der Staat für die Entschädigung einer Reihe von Privilegien selber aufkommen sollte. Vor allem wurden die ärmeren, am meisten betroffenen Schichten entlastet: Wer noch dem Mahl-, Brau- oder Branntweinzwang unterworfen war, wer in städtischen Bannmeilen den Bäckern und Fleischern verpflichtet war, wer noch immer Konzessionsgelder für stehende oder fahrende Gewerbe an ständische Gewalten abzuführen genötigt war – der Staat enthob ihn, die Leistungen ablösend, all dieser Pflichten.[160]

Die zahllosen Unebenheiten ständischer Reste, die der Gleichheit der Gewerbesteuer vielerorts entgegenstanden, wurden also 1845 rechtlich ausgeglichen. Insofern zog die Gewerbeordnung eine gesetzgeberische Konsequenz aus der jahrzehntelangen Steuerpraxis, deren rechtlichen Widersprüche fortzuschaffen die Gewerbepolizei nicht ermächtigt war. Es lag im Rhythmus der preußischen Politik auch in der Restaurationszeit, daß sie für Industrie und Gewerbe mit generellen Regelungen voranging, die sie in ständischer und kommunalpolitischer Hinsicht ihren Untertanen vorenthielt. Die gewerblichen Privilegien der Gutsherren fielen – als einzige – bereits vor der Revolution. Womit in den Städten schneller vorangekommen war, das zog auch auf dem Lande früher den Rechtsausgleich nach sich. Dem Fiskus, den Gemeinden und Korporationen wurde 1845 jede Entschädigung verwehrt, während sie an der Pflicht beteiligt wurden, private Ansprüche schadlos zu halten.[161] Gewerberechtlich war damit das Staatsbürgertum allgemein verwirklicht, und auch für die Juden erwirkte Arnim den gleichen Status, den sie seit 1812 nur in den vier alten Provinzen innegehabt hatten.[162]

Gemessen an dem Zustand vorwaltender Gewerbefreiheit, der in den

---

160 Entschädigungsgesetz zur allgemeinen Gewerbeordnung vom 17. 1. 1845 (GS 79); dazu *Roehl:* a. a. O. 225, 264 ff. Vgl. schon die KO vom 29. 8. 1839, betr. die Abänderung des Verfahrens wegen Aufhebung und Ablösung der persönlichen und gewerblichen Abgaben in den Mediatstädten der Provinz Posen (GS 447): Die Ablösungssummen wurden um 30 % gesenkt, der Staat schoß das Kapital unverzinslich vor und duldete eventuell weiteren Nachlaß bei den Rückzahlungen.
161 Entschädigungsgesetz § 2, § 15.
162 Gewerbeordnung, § 190; vgl. oben S. 59 f. und *Roehl:* a. a. O. 249.

meisten Provinzen geherrscht hatte, war das Gesetz von 1845 ein Nachholgesetz, das mit seiner Entschädigungsordnung den Ausgleich herstellte, der seit der Reformzeit überfällig war. Dasselbe Gesetz wurde aber erlassen zu einer Zeit, da die Forderungen der Bürger, ihre politischen Rechte ihrer wirtschaftlichen Rolle anzumessen, besonders scharf zurückgewiesen wurden. So hatte der Staat im Vormärz die Widersprüche zwischen der ständischen und der wirtschaftlichen Rechtsordnung doppelt akzentuiert.

Welche *gesellschaftlichen Veränderungen* hatte nun die preußische Gewerbepolitik hervorgerufen, daß die Gewichte auch in der Staatsverfassung anders verteilt werden mußten? Im ganzen hat sie einen Raum eröffnet, in den hinein sich neue Energien ergießen konnten, die die alten Gewerbe mit der ihnen gemäßen Bedürfnisstruktur langsam überholten. Der Schwerpunkt der freien Gewerbetätigkeit lag während der ganzen vormärzlichen Zeit, für die Menge der Bevölkerung, auf dem Handwerk und auf der Textilproduktion aller Art. Aber deren Expansion blieb vom Markt her begrenzt. Beide gerieten in den vierziger Jahren mehr oder minder in eine Krise, die nur durch Entfaltung der Schwerindustrie und des Maschinenbaus überwunden werden konnte. Dafür wurde im Vormärz zwar der Grund gelegt, aber er vermochte noch nicht der angewachsenen Bevölkerung Nahrung zu verschaffen. Die Erfahrung der Übergangszeit, die alle teilten, die von der Agrarreform betroffen wurden, sie gehörte nicht minder zum Alltag jener, die im Vorfeld der Industrialisierung auf eine bessere Zukunft hofften und hoffen mußten.

Die Handwerker, die sich zwischen 1816 und 1846 von rund 404 000 auf rund 842 000 mehr als verdoppelten[163], stellten mit ihren Angehörigen 11,6 bis 14 % der Bevölkerung. Sie vermehrten sich also ungehindert von Zunftgrenzen, schneller als die Bevölkerung, und wenn sich auch die Menge der Handwerker im Rahmen der lokalen Bedürfnisse hielt, auf den sie immer schon angewiesen war, so wurde doch eine Konkurrenz entfesselt, die schließlich in einen Engpaß führte. Zunächst vermehrte sich die Zahl der Meister, bis etwa 1830, weit stärker als die der Gesellen. Geschützt durch Steuerfreiheit entstanden zahllose Einmannbetriebe, die sich besonders auf dem Lande ausbreiteten, wo es – wie im Osten – manchen Nachholbedarf zu befriedigen galt. Erst in den dreißiger Jahren, nach Überwindung der Kriegsfolgen, setzte eine relative Vermehrung der Gesellen ein, die dann, nach 1840, die einreißende Krise des Handwerks beschleunigte.[164] Es gab zwar weiterhin mehr Meister als Gesellen, aber

---

163 *Schmoller:* Kleingewerbe 65, 71: Die Zahlen gelten für alle Handwerker, Gesellen und Meister, nicht aber für die hauptgewerblichen Weber und Spinner.
164 Die Gesellen haben von 1822 bis 1846 um 118 666 mehr zugenommen, als es bei einem gleichbleibenden Verhältnis zur Bevölkerungszunahme der Fall gewesen wäre *(Dieterici:* Mitteilungen 2. 10).

Von der Gewerbereform zur Revolution

diese holten zahlenmäßig auf, ihr Hundertsatz von den Meistern betrug 1830 56 %, 1846 rund 80 %; oder, Lehrlinge hinzugerechnet, kam in ganz Preußen 1822 ein Gehilfe auf 71 Einwohner, 1846 einer auf 47. In den Großstädten überholte die Zahl der Gesellen die der Meister, in Berlin – ein Ausnahmefall – sogar um mehr als das Doppelte.[165] Mit anderen Worten, die Gewerbetätigkeit nahm insgesamt zu, aber im gleichen Maß die Zahl der Gesellen, die sich nicht mehr verselbständigen konnten. Zudem versperrten sie der jetzt zahlreich nachwachsenden Jugend den Weg in das Handwerk. Die oft verheirateten Gesellen gerieten in die Zwangsalternative, entweder in andere Berufe abzuwandern, die es kaum gab, oder mit der Gründung eines eigenen Geschäfts die Konkurrenz zu verschärfen, die – aufs Ganze gesehen – die Aufstiegschance verringerte.[166] Als nach den Mißernten vor der Revolution die Preise emporschnellten und eine allgemeine Unterkonsumtionskrise den Markt lähmte[167], wurden viele Gesellen entlassen[168], die ebenso schnell der Not verfielen wie die ländliche Unterschicht.

Das Verhältnis der angestammten Handwerksmeister zur Gesellenschaft entwickelte sich nicht unähnlich dem der Bauern zur rapide anwachsenden ländlichen Unterschicht: Beide Gruppen, in ihrer Herkunft anfangs gleichen Kreisen angehörend, entfremdeten sie sich in ihren sozialen Lagen. Der bäuerlichen und der handwerklichen Tätigkeit war – der vermehrten Bevölkerung und dem ausgebauten Boden entsprechend – ein zwar wachsender, aber doch endlich begrenzter Spielraum gesetzt. Er wurde eingenommen von einer Schicht, die vor 1848 revolutionär, durch die dosierten Erfolge der Revolution in das konservative Lager abwandern konnte: dem unteren Mittelstand.[169] Die revidierte Gewerbeordnung von 1849, auf die Dauer ohne Wirkung, und der Zuwachs an politischen Rechten, alsbald reduziert, bremste den revolutionären Elan der Meister und bäuerlichen

---

165 a. a. O. und 1. 68 ff. in absoluten Zahlen: 1816 = 258 830 Meister und 145 459 Gehilfen gegen 1846 = 457 365 Meister und 384 783 Gesellen. Die Verhältniszahlen: Anstieg der Meister von 100 auf 180 (bis 1843) und der Gesellen von 100 auf 220 (*Schmoller:* a. a. O. 69, 358).
166 *Schmoller:* Kleingewerbe 333.
167 *Wiedfeldt:* Statist. Stud. Berl. Industrie 75, 81 und *Kuczynski:* Arbeiterlage 11. 72, 96, 108.
168 *Schmoller:* a. a. O. 335.
169 Vgl. *Valentin:* Deutsche Revolution 2. 102 f. und *Schulte:* Volk und Staat 248. J. Hasemann, Sekretär des Hallischen Handwerkervereins, schreibt 1857 in Ersch-Grubers Encyklopädie I, 65. 352 ff. über die Lage 1848 im Artikel „Gewerbe": „Der Gegensatz zwischen Meistern (ohne Capital) und Fabrikanten (mit Capital) war auch zwischen Gesellen und Meistern, zwischen Fabrikarbeitern und Fabrikherren vorhanden." Alle hätten gesondert die Versammlungs-, Vereinigungs- und Petitionsrechte ausgenutzt: „Die Arbeitnehmer oder wenigstens ihre Führer bedienten sich damals gern des allgemeinen, vom französischen ouvrier hergenommenen Namens der ‚Arbeiter', obgleich unter diesen Begriff auch die Handwerksmeister und die Tagelöhner fallen, so daß hierin eine gewisse Unklarheit der Agitation lag."

Eigentümer um so eher, als sie sozial auf die Erhaltung des Status quo bedacht waren.

Die Gewerbefreiheit hat eine revolutionäre Reaktion gefördert, die durch ihre zünftlerischen Wünsche entgegen den Gesellen und Arbeitern am Zerfall der bürgerlichen Stoßkraft nicht unbeteiligt blieb. Wenn nicht die wirtschaftliche, so doch die soziale Interessenlage der alten Stadtbürger wies in eine andere Richtung als die der verarmten Gesellen, und die ambivalente Haltung der Bürgerwehren in den Monaten der Unruhe kennzeichnet den Zwiespalt.

Weiter als innerhalb der Handwerke reichten die gesellschaftlichen Umschichtungen außerhalb des Handwerks, sosehr eines in das andere hineinwirkte. Die Auswege, die der steigende Bedarf dem Handwerk öffnete, führten aus dem Handwerk heraus. Das Baugewerbe mit seiner zahlreichen Gesellenschaft konnte sich samt den zugehörigen Berufen ausbreiten[170], aber dabei bildeten sich größere Unternehmen, innerhalb derer die Maurergesellen – so in Breslau 1830 – ohne jede Zunftbindung und -aufsicht waren. Auch die Feingewerbe und größerem Luxus dienende Tätigkeiten duldeten eine gewisse Ausweitung[171], aber die Variationsbreite blieb für die Menge handwerklicher Arbeit beschränkt, jede weitere Zunahme drückte auf das Verhältnis der Gesellen zu den Meistern – und beider zugleich zu den „Fabrikanten".

Als in Breslau 1830 Unruhen der „arbeitslosen Gesellen" unter den Schneidern, Schustern und Tischlern ausbrachen, richteten sie sich gegen die Magazinhändler, während die alten Zunftmeister nur allzu geneigt waren, die Schuld der Gewerbefreiheit zuzuschieben, denn in den betroffenen Gewerben war nur jeder siebte bis zehnte zünftig; die Mehrzahl habe sich leichtfertig etabliert und hinter den aufsässigen Gesellen steckten vor allem die unzünftigen Meister, die ebensowenig ihr Fortkommen fänden. Dasselbe berichtet der General Rochow über die gleichzeitigen Unruhen in Berlin: Nicht die Zünftigen, sondern die Patentmeister hätten sie ausgelöst. Hinter dem aktuellen Streit zwischen Zünftigen und Nichtzünftigen zeichneten sich freilich schon neue soziale Fronten ab. Es ist kein Zufall, daß der König die Stadt Breslau für die schnelle Beilegung des Aufruhrs belobigen konnte: Ein besonderes Lob erhielten die Kaufleute, die die herbeigerufenen Truppen versorgt hätten.[172]

---

170 *Dieterici:* Statistische Übersicht 1. 474 ff. 2. Forts. 604; *Schmoller:* a. a. O. 380 f.
171 *Dieterici:* Statistische Übersicht 2. Forts. 619.
172 Arch. Panstw. Wrocl. Magistrat Breslau III/1052, Bericht des Magistrats an die Reg. 29. 9. 1830; Schreiben des Königs 9. 10. 1830. *Rochow* (Preußen und Frankreich 24) am 25. 9. 1830 an Nagler: „Die Meister, welche zu Innungen halten, ließen ihre Gesellen nicht von der Stelle"; die Landtage hätten also nicht unrecht mit ihren Klagen, aber seit sieben Jahren wiese sie Hoffmann, dafür verantwortlich, zurück.

Das Handwerk hatte sich also weniger in den Bahnen des Herkommens geändert, als daß bestimmte Gruppen, unter sich zu schärferer Konkurrenz aufgerufen, in den Sog größerer Unternehmungen gerieten, teils dadurch befördert, teils dadurch ruiniert. In jedem Fall geriet die handwerklich gegliederte Arbeitsverfassung an ihren unteren Rändern, durch die Gesellschaft, in Bewegung. Umgekehrt förderte die Gewerbefreiheit den Aufstieg zum Fabrikanten und den Ausbau größerer Betriebe, die dann die verarmenden Meister und steigenden Gesellenzahlen aufsaugen konnten. Genau das war die Absicht der Gewerbereform, von Kunth angefangen, der eine neue Mittelklasse der Fabrikanten ins Leben rufen wollte[173], bis zur Revolution. „Die Gewerbe haben sich vielfältig fabrikartig entwickelt", schreibt Dieterici 1848, „aus den alten Bürgern und Zunftmeistern sind vielfach Fabrikherren geworden", und das sei eine günstige Erscheinung, neben der, wie er meinte, die Gefahr eines Proletariats verblasse.[174] Die Freiheit, die die Handwerker vom Zunftzwang zu gewinnen schienen, verloren sie oft ebenso schnell an die Kaufleute, Verleger und Fabrikherren, deren wirtschaftlicher Einfluß parallel zur steigenden Zahl ihrer Arbeitnehmer anwuchs.

Die stärkste Zuwachsrate innerhalb aller Berufszweige wies nun im Laufe des Vormärz jene Gruppe auf, die im 18. Jahrhundert unter dem besonderen Schutz des Staates gestanden hatte: die Gruppe der sogenannten Fabrikarbeiter und der Bergleute.[175] Während die Handwerksgesellen von rund 180 000 auf rund 380 000 um 212 % zunahmen, stieg die Zahl der „Fabrikarbeiter" zwischen 1816 und 1846 weit steiler an; sie vermehrten sich von rund 187 000 auf rund 554 000, also um 293 %. Damit überholten sie bei weitem die Menge der handwerklichen Gehilfen, während die breite Unterschicht der bloßen „Handarbeiter" in Stadt und Land ungefähr parallel mit der Bevölkerungszunahme anwuchs und die Zahl des innerständischen Gesindes relativ dazu abnahm.[176] Der Beginn der Industrialisierung verschob also bereits die Berufsproportionen, und das noch stärker, wenn der starke Zuwachs der Berg- und Hüttenleute hinzu-

---

173 *Goldschmidt:* Kunth 36, 124, 332 passim.
174 *Dieterici:* Mitteilungen 2. 7, 10.
175 Vgl. oben S. 120 ff.
176 *Dieterici:* Mitteilungen 1. 83:

	1816	1846	Vermehrung von 100 auf:
Fabrikarbeiter	186 612	553 542	293,04
Handwerksgehilfen und Lehrlinge	179 020	379 313	212,38
Handarbeiter	880 401	1 470 091	167,0
Gesinde	1 081 598	1 271 608	117,57
(Bevölkerung)			(156,43)
	2 327 631	3 674 554	157,87

Die Zahlen der Fabrikarbeiter für 1816 sind nur Schätzungen; zur Aufschlüsselung vgl. Anhang VII und zum ganzen *Conze:* Vom Pöbel zum Proletariat.

gerechnet wird. Sie vervierfachten ihre Stärke auf rund 100 000.[177]
Der Anteil der im vergangenen Jahrhundert eximierten Unterschicht, der Berg- und Hüttenleute, der Schmiede, Eisenarbeiter und der „Textilfabrikanten", besonders der Weber in Stadt und Land, aller, die mit dem Außenhandel zu tun hatten, wies also die relativ höchste Zuwachsrate im Vormärz auf und verringerte damit den Anteil der ständisch eingestuften und so vertretenen Berufsgruppen.[178] Die Staatsunmittelbaren des Absolutismus dehnten sich, bar jeder staatlichen Hilfe auf den freien Arbeitsmarkt verwiesen, immer weiter aus: Die Wende zur liberalen Wirtschaftspolitik beschleunigte nur die Ausbreitung derer, die zuvor im Schutz der Privilegien gearbeitet hatten. Und die Zahl der freien Arbeiter nahm um so mehr zu, als seit der Einführung der allgemeinen Wehrpflicht die Menge der arbeitenden Soldaten aus den Stadtbildern verschwunden war. Die frei gewordenen Kräfte verstärkten auf dem Arbeitsmarkt die Zahl der Arbeitsuchenden, die obendrein anwuchs, weil die Heeresstärke trotz anschwellender Bevölkerung auf rund 130 000 fixiert blieb und nach Einführung der zweijährigen Dienstzeit 1837 eine schnellere Freistellung der jeweils Dienenden ermöglichte.[179] Auch die demokratische Wehrpflicht hatte ihre liberalisierenden Folgen.

Während das Handwerk als ganzes der freien Konkurrenz ausgesetzt wurde, die nur durch Tradition und Entschädigungspflichten gehemmt blieb, hat nun der Staat für die große „Nationalindustrie" – die zuvor vom Militärdienst eximiert war – ein gemischtes System beibehalten. Auf drei Gebieten behielt er die Führung in der Hand: auf dem der technischen Erziehung, auf dem des Verkehrs und auf dem Sektor der Energiequellen, d. h. im Berg- und Hüttenwesen. Hier legte der Staat die *Grundlagen der Industrialisierung*; Voraussetzung dessen war die gebildete Beamtenschaft, über die er verfügte. Alles, was darauf aufbaute und angewiesen war, überließ er dem freien Wettbewerb, in den er nur mit Unternehmungen der Seehandlung und mit gelegentlichen Hilfen eingriff. Beide Seiten der merkantil-liberalen Wirtschaftspolitik ergänzten sich einander[180], von beiden Seiten her geriet aber das staatliche Vorgehen in den vierziger Jahren in eine Sackgasse. Die freie Konkurrenz trieb, wenn auch nicht allein, so doch in ihrer Eigenart die soziale Frage hervor; auf der anderen Seite verfiel die staatliche Steuerung der „Infrastruktur" in den vierziger Jahren der zunehmenden Kritik immer mächtiger werdender Unternehmer. Die staatlichen Vorleistungen für die Industrialisierung begannen sich zu er-

---

177 Vgl. die Schätzungen *Kuczynskis:* Arbeiterlage 1, 222, und *Dieterici:* Mitt. 2. 25.
178 Vgl. drittes Kapitel I.
179 *Huber:* Verfassungsgeschichte 1. 246.
180 Dazu *Ilja Mieck:* Merkantilismus und Liberalismus in der preußischen Gewerbepolitik von 1815 bis 1855 unter besonderer Berücksichtigung Berlins, Diss. F. U. Berlin 1957.

schöpfen. Die soziale Lage zu ändern, reichten sie nicht aus; für die Unternehmer erwiesen sie sich als lästig.[181]
Auf keinem Gebiet hat der unmittelbare staatliche Einfluß so lange gewährt – bis 1865 – wie im Bergbau, und es war nicht zuletzt dem Freiherrn vom Stein zuzuschreiben, daß hier die Aufsichtsbefugnisse, die aus dem Bergregal herrührten, zu voller Wirksamkeit gelangten.[182] Ob es sich um staatliche oder private Gruben handelte, die Planung, den Abbau, das Rechnungswesen, den Verkauf und die Preisbindung, die Materialbeschaffung und die Arbeiterverhältnisse – alles hielt der Staat in seiner Obhut. Auf diese Weise wurden standortgebundene Vor- und Nachteile der Gruben ausgeglichen und jeder Raubbau aus finanziellem Interesse verhindert. Die Unternehmer strichen die Gewinne ein oder hatten die Verluste zu tragen, aber die Bergarbeiter bildeten unter der Leitung mittelbarer und unmittelbarer Beamter weiterhin einen staatlichen Berufsstand. Die Bergämter gewährten ihnen den Lebensmittelpreisen entsprechende Mindestlöhne, setzten aber auch Maximallöhne fest. Dafür unterstanden die Bergleute einem Arbeiterschutz, der anderen Berufen fremd blieb, ihre Arbeitszeiten waren – meist mit acht Stunden – geregelt und ihre Versorgungsansprüche durch die Knappschaften garantiert.
Hier lag ein Modell sozialpolitischer Wirksamkeit vor, das mehrere Behörden, der Oberpräsident Vincke voran, auch „auf alle Lohnarbeiter fabrikmäßig betriebener Gewerbe, ohne Unterschied, ob dieselben in Gebäuden der Fabrikherren oder in ihren eigenen Wohnungen mit Stückarbeiten beschäftigt werden", ausgedehnt wissen wollten.[183] Aber sie kamen gegen die liberale Grundhaltung des Staatsministeriums nicht auf. Zudem zeigten sich auch im Stand der Bergarbeiter Auflösungserscheinungen. Unterhalb der standortgebundenen Knappschaftsmitglieder bildete sich eine freie Bergarbeiterschicht[184], und 1847 entschied das Finanzministerium – im Sinne der bergamtlichen Mehrheitsgutachten –, daß ein Bergmann wegen Straffälligkeit nicht mehr aus der Knappschaft ausgeschlossen werden dürfe. Auf Grund einmal gesühnter Verbrechen oder Vergehen dürfe ein Bergmann nicht brotlos gemacht werden, vor allem nicht bei „der jetzt immer weiter um sich greifenden Not und Armut". Das generelle Strafrecht und die Not verzehrten die ständischen Ehrenrechte des Bergarbeiterstandes, die Knappschaft wurde mittelbar zu einem modernen Sozialinstitut.[185]

181 *Ritter:* Die Rolle des Staates 128, 133.
182 Dazu *Krampe:* Der Staatseinfluß auf den Ruhrkohlenbergbau.
183 Vincke forderte, im Zuge der von der Regierung Aachen angeregten Truck-Diskussion die Ausweitung der §§ 213–216 II 16 des ALR's auf die Fabrikarbeiter: an Schuckmann 25.8.1831 (Staatsarchiv Münster B 2856; das weitere bei *Anton:* Fabrikgesetzgebung 157 ff.).
184 *Krampe:* a. a. O. 129 ff., 157.
185 Arch. Panstw. Katowice, OBB 448.

Staatliche Steuerung der Infrastruktur

Immerhin blieb an wegweisender Stelle das liberale Prinzip der preußischen Wirtschaft durchbrochen. Die Voraussetzung der Industrialisierung, die Kohlenwirtschaft, wurde staatlich geplant und staatlich gelenkt. Die Produktionssteigerung selber war gewaltig. Die Kohlenförderung stieg von 300 000 Tonnen um 1800 auf 3,4 Millionen 1840 und 6,7 Millionen 1850, womit Frankreich bereits weit überflügelt wurde.[186] Die Umstellung der Gruben aus einem meist bäuerlich-handwerklichen auf einen technischen Betrieb vollzog sich unter Aufsicht der Bergämter; sie waren es auch, die 1785 – in einer mansfeldischen Grube – die erste eigene Dampfmaschine installierten.

Die staatliche Lenkung zur Zeit des Vormärz beschränkte sich aber nicht nur auf die Energiewirtschaft im Bergbau. Auch die übrige Industrie blieb nicht ohne staatliche Entwicklungshilfe.[187] Zwei Beamte waren hier maß-

---

186 *Kuczynski:* Arbeiterlage 1. 90; die Verteilung nach Revieren angeführt bei *Henderson:* The state 57, 69.

187 Die Liste der staatlichen Maschinenschenkungen oder Leihgaben ist lang. Vgl. *Ritter:* Die Rolle des Staates 69 ff.; *Goldschmidt:* Kunth 337 ff., bzw. *Stein,* ed. Botzenhart, 6. 612 f. Alberti erhielt 1812 zur Beschaffung einer Tschudyschen Flachsspinnmaschine 13 500 Taler, mit der Auflage, entweder eine Sozietät zu gründen, die das Geld zurückzahle, oder die Maschine jedermann zugänglich zu machen. Auf Vermittlung Sacks hin bekam er im folgenden Jahr noch 8000 Taler Kredit, um 1000 Spindeln anlegen zu können; der Liegnitzer Fabrikenkommissar Krüger hatte alles zu kontrollieren. Alberti wurde zu einem der führenden Unternehmer Schlesiens. Andererseits erhielt auch der Baron von Kottwitz für seine wohltätig gedachten Spinnanstalten — zur Handspinnerei — 1818 vom König 15 000 Taler (DZA Merseburg R 74 K VIII, 3; für Alberti vgl. auch Staatsarch. Düsseldorf CB I, F 42, Nr. 4). 1819 erhielten, um schlesische Leinenweber anderen Berufen zuzuführen, die Firma Rausch 10 000 Taler zur Errichtung einer Töpferei, der Kommerzienrat Treutler 2500 Taler zur Errichtung einer Eisengießerei in Waldenburg. Beide unterstanden deshalb der Aufsicht des Bergamts Brieg, und die Gleiwitzer Hütte mußte für Treutlers Betrieb „einen sittlichen und zuverlässigen" Schmelzer ausbilden. Nach Hardenbergs Abgang, der all dies unmittelbar veranlaßt hatte, zögerte der Staat, weitere Hilfen zu leisten: Er dürfe nicht in die Konkurrenz eingreifen, selbst Graphitschürfungen Treutlers hatte er nicht mehr unterstützt; aber die schlesische Steinkohlen-Bergbau-Hilfskasse teilte immer wieder an den oberschlesischen Betrieben Darlehen aus (Arch. Panstw. Katow. OBB 940, 1767, 1768, 318—320). — Die Familien Treutler und Alberti versippten später, kauften sich in den Großgrundbesitz ein und stiegen, nachdem sie es in den fünfziger Jahren noch abgelehnt hatten, in den Adel auf. — Beuths Gewerbedepartement hielt daran fest, Maschinen zu stiften. 1827 bedankte sich sogar der rheinische Landtag für „die Austeilung vorzüglicher Maschinen des Auslandes an inländische Fabrikanten als Belohnung und Aufmunterung ihres Gewerbefleißes" (*Rumpf:* 3. 210). Ein Jahr zuvor erhielt der Tuchfabrikant Feil in Westpreußen eine Prämie von 500 Talern für die Aufstellung einer Spinnmaschine. Flottwell bemühte sich zum Ausbau um staatlichen Kredit (Staatl. Arch. Lag. Gött. Rep. 2, T. 40, Nr. 10, vol. 1). Für all dies fehlt es an einer exakten Zusammenstellung. – Für Westfalen vgl. den Aufsatz von *Richtering:* Firmen und wirtschaftsgeschichtliche Quellen in Staatsarchiven (Ges. f. westf. Wirtsch.-Gesch. e. V., Vortragsreihe 6/1957, in: Westf. Forsch. Bd. 10, 1957). — Daß das Privatkapital nicht in der Industrie und zur Technifizierung der Betriebe angelegt werde, ist eine ständige Klage von Kunth und Rother. – Der Bergbau – seit der KO vom 9. 1. 1823 (GS 16) – und die Hüttenwerke, soweit sie nicht Handelswaren herstellten – seit der KO vom 17. 12. 1833 (GS 1834, 5) –, wurden von der Gewerbesteuer befreit.

gebend, die beide eine eigentümliche Doppelstellung einnahmen: Peter Christian Wilhelm Beuth, der 27 Jahre lang in dauernd wechselnden Ministerien Direktor der Gewerbe- und Handelsabteilung blieb, der zugleich das technische Erziehungswesen aufbaute und der den Verein zur Beförderung des Gewerbefleißes leitete.[188] Was er durch unmittelbare Hilfen nicht leisten konnte oder wollte, machte er bei weitem wett durch seine Erziehungstätigkeit. Von nicht minderem Einfluß war Christian Rother. Er übernahm 1820 zugleich die Staatsschuldenverwaltung und die Seehandlung, wie es im Wortlaut des Gesetzes hieß, als „ein für sich bestehendes unabhängiges Geld- und Handlungsinstitut des Staates"[189]. Sein wirtschaftspolitisches Ziel in dieser Doppelstellung bestand darin, die enorme Staatsschuld abzutragen, indem er außerhalb des Etats Anleihen aufnahm und staatliche Geldgeschäfte abwickelte, zugleich aber Handel und Industrialisierung voranzutreiben, indem er zu merkantilistischen Mitteln griff, über die er in seiner Stellung als Präsident der Seehandlung verfügte. Beide Ziele hat er erreicht.

Unter Rothers Leitung wurde aus der Seehandlung eine Zentrale der Entwicklungshilfe. Sie arbeitete weniger nach fiskalischen als nach volkswirtschaftlichen Gesichtspunkten. Noch zu ihren traditionellen Aufgaben – seit der Stiftung durch Friedrich II. – gehörte es, den Exporthandel zu fördern. Auf der Suche nach neuen Absatzmärkten, um der bedrängten schlesischen Leinenindustrie zu helfen, waren es die Schiffe der Seehandlung, die zum ersten Male die preußische Flagge um den ganzen Globus trugen.[190] Der Seehandel war ein Verlustgeschäft, blieb aber eine Pionierleistung, die neue Wege öffnete. Auch für die Binnenschiffahrt, besonders nach Hamburg, dem Tor zur Welt, richtete die Seehandlung regelmäßige Dampferlinien ein.

Außer ihren herkömmlichen Handels- und Geldgeschäften, die sowohl für den Staat wie für Private betrieben wurden, trat nun die Seehandlung selber in den Produktionsprozeß ein. Damit ging Rother über seinen vorgeschriebenen Wirkungskreis hinaus.[191] Jeder Übergang aus handwerklichen Betriebsformen in industrielle Betriebe erfordert Kapital, Erfahrung, technische Kenntnis: Über alles drei verfügten Rother und seine Beamten in hervorragendem Maße. Rother konnte in Größenordnungen operieren, in die ein damaliger preußischer Unternehmer bei weitem nicht hineinreichte. Mit einem durchschnittlichen Jahresumsatz von über 86

---

188 *Straube:* Beuth.
189 KO 17. 1. 1820 (GS, 25); zum folgenden die Festschrift der Seehandlung von H. *Hellwig* (vgl. FbpG, 65, 266) und *Henderson:* The state, Kap. VII.
190 *Schramm:* Deutschland und Übersee, 1950, 35 ff., 77 ff.
191 *Gräff — Rönne — Simon.* 5. 96; Festschrift Seehandlung 79 ff.

Millionen Talern zwischen 1820 und 1843 war die Seehandlung mit Abstand das größte gewerbliche Unternehmen Preußens.[192]
Rothers Betriebe – besonders zahlreich in der Textilproduktion, die Gießereien, eine Maschinenbauanstalt, ein Zinkwalzwerk, ein chemisches Werk, mehrere Mühlen u. a. – glichen als mittelbare Staatsbetriebe planwirtschaftlichen Stützpunkten des technischen Fortschritts. Dabei verfolgte Rother mehrere Ziele: in übervölkerten und verarmten Gebieten, besonders des Ostens, Arbeitsstellen zu schaffen; durch vorbildliche technische Einrichtungen die Anforderungen an die konkurrierende Privatindustrie hochzuschrauben und, wenn nötig, gelegentlich einen Preisdruck auszuüben, freilich noch nicht in konjunkturpolitischer Absicht. So hielten seine Mühlenbetriebe in Zeiten der Brotknappheit die Mehlpreise tief. Rother ging immer von dem Prinzip aus, daß seine Unternehmen im Notfall auch mit Minusbilanz arbeiten sollten, um das allgemeine Wirtschaftsgefüge aufrechtzuerhalten.
Deshalb scheute sich Rother auch nie, mit der Privatindustrie zusammenzuarbeiten. Im Gegenteil, sie auf die Ebene der englischen Vorbilder zu heben war seine ausgesprochene Absicht. Die Seehandlung stellte Maschinen und Kapital zur Verfügung und beteiligte sich oft an Privatunternehmen, teils sie zu stützen, teils sie zu fördern, unter Bedingungen, die finanziell sehr vorteilhaft waren. Gerade wo es galt, neue Produktionsverfahren einzuführen, für die einzelne Unternehmer das Risiko zu tragen nicht in der Lage waren, sprang die Seehandlung ein.
Die Gußeisenwerke Josua Hasenclevers bei Burg an der Wupper verdankten 1844 solcher Hilfe ihre Entstehung.[193] Es blieb nicht aus, daß sich die benachbarten Kleinbetriebe gegen eine derartige Durchbrechung gleicher Wettbewerbschancen seitens der staatlichen Seehandlung heftig beschwerten. Die Düsseldorfer Regierung, die nicht befugt war, über die Auswirkungen freier Konkurrenz Untersuchungen anzustrengen, geriet in Verlegenheit, als sie von der staatlichen Beteiligung erfahren mußte. Ein drohender Arbeiteraufruhr konnte zunächst noch vermieden werden; der Staat insistierte auf seiner Befugnis, lenkend eingreifen zu können – denn das Ziel, die englische und belgische Konkurrenz aus der Gußeisenfabrikation zu verdrängen, komme der Gesamtheit, somit indirekt der Kleinindustrie zugute. Umgekehrt entrüsteten sich aber auch die Großunternehmer, denn Hasenclever gehörte begreiflicherweise zu den wenigen aus

---

192 a. a. O. 78.
193 Für diese Vorgänge: Staatsarchiv Koblenz 403/166 mit dem Briefwechsel zwischen Josua Hasenclever, dem Reg.-Präs. Spiegel, dem Oberpr. Schaper und Bodelschwingh bzw. Arnim. Ferner *Hansen:* Rhein. Briefe 1. 671, 844; 2. 8, 583 f. *Hasenclever:* Erinnerungen 12, 102 Anm.; *Philippi:* Der Elberfelder Aufstand im Mai 1849 (Z. d. Berg. Gesch.-vereins, Bd. 50, 1917, 73). *Zunkel:* Unternehmer 140.

ihren Reihen, die auf dem folgenden Landtag – 1845 – gegen die Verfassungspetition gestimmt hatten. Kaum daß die Revolution ausgebrochen war, stürmten und zerstörten die umwohnenden Eisenarbeiter und Stahlschmiede die Fabrik ihres aufgestiegenen Konkurrenten, und wenn sie im Mai 1849, aus dem Gefängnis befreit, auf die Elberfelder Barrikaden stiegen, dann kämpften sie, gemessen an den Zielen Rothers, noch ebenso reaktionär wie revolutionär.

Rother nahm soziale Härten in Kauf, wenn es galt, den technischen Fortschritt voranzutreiben. Als letztes Beispiel, das auf ähnlichen Widerspruch stieß, seien die Mühlen von Potsdam genannt, deren Geschichte von ähnlicher Symbolkraft ist für den Vormärz wie der berühmte Machtspruch des Alten Fritz im Prozeß des Müllers Arnold für den absoluten Staat. Rother errichtete 1843 mit Hilfe eines Absolventen aus Beuths Gewerbeinstitut bei Potsdam eine amerikanische Dampfmühle mit acht Gängen, die in Kürze den Absatz der umliegenden Mühlen drosselte. Alle Eingaben der verarmenden Müller an den König wurden abschlägig beschieden, dreißig Familien waren betroffen, aber kein Appell an des Königs sozialen Beruf fruchtete.

Nun war die Rechtslage besonders delikat. Um das große Mühlensterben zu verhindern[194], war seit 1826 jede Neuanlage von der polizeilichen Ermittlung der örtlichen Bedürfnisgrenze abhängig gemacht worden.[195] Gegen die polizeilichen Verfügungen gab es keine Rechtsmittel. Damit war – bis zur Gewerbeordnung von 1845 – das Prinzip des freien Wettbewerbs durchbrochen worden, aber der Staat hinderte die Seehandlung nicht, große Mühlenbetriebe zu errichten, die selber erst neue Bedürfnisse produzierten. Rothers Mühlen arbeiteten für den Export, sie lieferten aber billiger besseres Mehl, das ebenso den lokalen Markt verwandelte. „Die zunehmende Nahrungslosigkeit der kleinen Müller ist daher", wie Rother meldete, „eine Folge der natürlichen Entwicklung ihres Gewerbes."[196] Auch die schlesischen Stände, die wegen Rothers Mühlen bei Ohlau die gleichen Fragen diskutierten, gaben teilweise zu, daß „die Fortschritte der Technik und Industrie nicht der Bedürfnisfrage unterworfen sein sollten"[197]. Aber das Obstakel blieb bestehen. Der Staat trat als eigener Unternehmer auf den freien Markt, und er richtete über die sozialen Auswirkungen seines Unternehmens zugleich in eigener Sache. Und sein Spruch fiel zugunsten der eigenen Sache aus, weil sie im Gefälle der technischen Entwicklung lag.

194 Vgl. S. 603. Jetzt *I. Mieck:* Preuss. Gewerbepolitik in Berlin 1806—44, Berlin 1965, 198.
195 KO 28. 10. 1826. (GS 108); dazu *Gräff — Rönne — Simon:* 6. 500 und 8. 39. Der ganze Vorgang im DZA Merseburg R 89 C XXX 8.
196 18. 6. 1841 an den König.
197 *Rumpf:* 14. 156 ff. (1837).

Ende und Ergebnis der Erziehungspolitik

„Ich habe mich bei allen industriellen Unternehmungen der Seehandlung", entgegnete Rother der aufflammenden Kritik[198], „niemals von einseitigen gewinnsüchtigen Rücksichten leiten lassen, sondern immer als allgemeinen Zweck die Belebung der vaterländischen Industrie im Auge gehabt, der sogar bedeutende Opfer zu bringen ich da nicht gescheut habe, wo es darauf ankam, die Kapitalisten für andere, als bloß die Spekulation im Effektenhandel verfolgende Richtung zu gewinnen." Für seine wertvollen Mühlenbetriebe habe er noch keinen Käufer finden können, versicherte er, nicht aber könne er auf Musterbetriebe verzichten, die die allgemeine Konkurrenz anfeuerten. Staatliche Steuerungsimpulse in die freie Wirtschaft sendend, entfaltete sein Institut eine gewerbliche Wirksamkeit, um den Übergang vom Merkantilismus zum Liberalismus voranzutreiben. Die beiden Gründungen in Burgthal und Potsdam sollten seine letzten sein. Der König gab schließlich der öffentlichen Kritik an den staatlichen Eingriffen nach, verbot 1845 jede weitere Ausdehnung, und 1848 wurde die Seehandlung auch aus Kapitalmangel genötigt, ihre Betriebe in die Privatwirtschaft zu überführen.[199] Borsig, ein Schüler des Beuthschen Gewerbeinstituts, übernahm dabei die Maschinenfabrik in Moabit. So hatten die Behörden ihre eigenen Erben für die freie Wirtschaft erzogen.

Ein weiterer Schwerpunkt der staatlichen Wirtschaftspolitik, vorzüglich durch Rother finanziert, lag im Ausbau des Verkehrsnetzes. Während zu Beginn des Jahrhunderts die Statistik der Postwagen zu Recht den Namen einer „Stillstandslehre" trug, schufen hier Beuth und Rother innerhalb dreier Jahrzehnte gründlich Wandel. Der Etat für das Chausseebauwesen wuchs von 1821 bis 1841 von 420 000 Talern auf 3 Millionen an, Rother beschäftigte bis zu 15 000 Arbeiter, entlöhnte sie, wie die Regierungen ihm bestätigten, weit besser als Privatfirmen und erweiterte das befestigte Straßennetz im Laufe des Vormärz von 420 auf 1573 Meilen.[200] Welchen Einfluß dieser rapide Ausbau auf Handel und Wandel hatte, läßt sich an der Zahl der Personen ermessen, die jährlich von Naglers Post befördert wurden: Sie stieg zwischen 1821 und 1836 von 60 000 auf rund 600 000 an, d. h. sie verzehnfachte sich.[201] Man kann es geradezu statistisch abmessen, wie der Raum zusammenschrumpfte und wie schnell die Zeit in Bewegung geraten war.

Mit dieser Bewegung, die die staatliche Wirtschaftspolitik forciert hatte, stieg die bürgerliche Gesellschaft hoch. In den vierziger Jahren war sie

---

198 Vgl. Anm. 196, zur Kritik *Bergius:* Zustände 136—153; *Hansen:* Rhein. Briefe 1. 209 f.; *Henderson:* a. a. O. 138 ff.
199 KO 14. 2. 1845 (Festschrift 83, vgl. Anlage 16) und Erlaß vom 17. 4. 1848 (GS 109), dazu *Henderson:* a. a. O. 139 f.
200 *Dieterici:* Statist. Übersicht, Forts. 4. 596 ff.; *Bergius:* Zustände 16 ff.
201 Brockhaus der Gegenwart 7. 358.

soweit erstarkt, daß sie von sich aus mit Kapital und Initiative auf den Eisenbahnbau drängte. Damit war auch hier die Wende von der staatlichen Grundlegung der neuen Gesellschaft zu deren eigener Entfaltung erreicht.

Allen Anregungen gegenüber, die von Bürgern und Beamten an den Staat herangetragen wurden – die erste stammt vom Regierungsrat Schiebel, der 1818 einen „railway" zur Umgehung der Rheinmündung vorschlug[202] –, verhielt sich der Staat über Jahrzehnte hinweg zurückhaltend. Teils befürchtete er die Konkurrenz zu seinem gerade ausgebauten Straßennetz, teils den Kapitalaufwand. Und nachdem in den dreißiger Jahren die ersten Konzessionen erteilt waren, liefen die ersten Aktienzeichnungen vielfach nur zögernd ein. Aber sosehr er von den Bürgern gedrängt wurde, wie den Straßenbau auch den der Eisenbahnen selbst zu übernehmen, der Staat gab die Führung aus der Hand.[203] Die Anlage eines Schienennetzes setzte einen Kapitalaufwand voraus, der aus dem laufenden Etat nicht mehr bestritten werden konnte, der Staat aber scheute den Anleihemarkt, weil damit die Verfassungsklausel Hardenbergs hätte in Kraft gesetzt werden müssen.[204] Daher entwickelte der Staat ein gemischtes System, das, von den Unternehmern heftig bekämpft, 1847 ebenfalls an die Grenzen seiner Möglichkeiten stieß. Das Eisenbahngesetz von 1838[205] regelte generell das Konzessionsverfahren, verlieh den Gesellschaften eine Enteignungsbefugnis – im Osten mußten häufig noch bäuerliche Dienste abgelöst werden, bevor eine Strecke überhaupt verlegt werden konnte[206] –, und schließlich behielt sich der Staat ein Ankaufsrecht vor. Der Staat verzichtete ebensowenig darauf, steuernd eingreifen zu können. Er verhinderte das anderwärts hochschnellende Spekulationsfieber, – 1844 allzu brüsk, da er einen reißenden Geldabfluß aus der Landwirtschaft und den Gewerben befürch-

---

202 Promemoria Schiebels, eines Protegés von Hardenbergs, zur Gewerbeförderung im Rheinland vom 25. 3. 1818 (DZA Merseburg R 74 K VIII, 17). Der Gedanke wurde 1825 von Harkort und dann von Motz wieder aufgenommen, zunächst um die niederländischen Rheinzölle zu umgehen (*Schulte:* Volk und Staat 135; *Nordmann:* Frühgeschichte der Eisenbahnen 11 ff.).
203 Vgl. *Gothein:* Cöln 309; DZA Merseburg R 89 C XXXVIII b. vol. IV; Denkschr. über das Verhältnis des Staats zur Rhein. Eisenbahngesellschaft, 1842: „Die Leiter einer anonymen Gesellschaft können persönlich aus Patriotismus ein so großes Unternehmen betreiben; die anonyme Gesellschaft aber oder eine Vereinigung von zerstreut wohnenden Kapitalisten, die um des Vorteils willen als Aktionäre sich beteiligt haben, besitzt keinen Patriotismus und kann auch nur des Vorteils wegen auf eine Ausdehnung des Unternehmens eingehen." Mit diesem Argument drohte die Direktion, um den Finanzminister zum Entgegenkommen zu drängen.
204 *Treitschke:* Dt. Gesch. 5. 179 ff. *Helmut Paul:* Die preußische Eisenbahnpolitik von 1835 bis 1838, FbpG. Bd. 50, 1938, 278.
205 G. 3. 11. 1838 (GS 505).
206 *Reden:* Die Eisenbahnen I, 1. 40. Ebenso konnte es vorkommen, daß Gutsherren einheimische Bauarbeiter zu Handdienstpflichten von der Strecke zurückholten, an der sie vertraglich arbeiteten (Arch. Panstw. Wrocl. Reg. Opp. I/8099).

tete²⁰⁷ –, und er regelte den Wettbewerb durch Festsetzung der Preis- und Gewinnspannen. 1842 ging der Staat dazu über, sich bis zu einem Viertel an den Aktien der Eisenbahngesellschaften zu beteiligen und ihnen Zinssätze von 3 1/2 % zu garantieren.²⁰⁸ Dafür schöpfte er bestimmte Gewinnsätze ab, um sie auf finanzschwache Strecken umzulegen, deren Erhaltung oder Ausbau aus Gründen des allgemeinen Nutzens wünschbar waren. Nicht ohne den ärgerlichen Protest der davon betroffenen Unternehmer hat der Staat seine eigene Planung und die Privatinitiative neu aufeinander zugeordnet. Privater Gewinn, wirtschaftliche Effektivität und regionaler Ausgleich wurden in diesem System gleicherweise berücksichtigt. Diese Kombination kennzeichnet das Optimum dessen, was die preußische Wirtschaftspolitik im Zeitalter der Frühindustrialisierung anstrebte. Der Erfolg war nicht zu leugnen.

Bereits 1845 übertraf das preußische Streckennetz – von der Grund- und Gewerbesteuer befreit – das seines französischen Nachbarn, mit rund 4000 km überholte es 1850 bereits ein Drittel der englischen Schienenlängen.²⁰⁹ Die Verwaltung war an diesem Erfolg nicht unbeteiligt. Vor allem die mittleren Behörden unterstellten sich weitgehend dem Sachzwang zur Technifizierung. Unter diesem Sachzwang war von führenden Männern wie Rother oder Beuth die theoretische Alternative: ob merkantile oder liberale Wirtschaft, schon immer als vordergründig abgetan worden. Ihr Grundkonzept einer freizügigen Wirtschaft hat die preußische Verwaltung jeweils dann durchbrochen, wenn es galt, durch Erziehung und Bevormundung, durch Finanzhilfen und technischen Einsatz den Prozeß der Industrialisierung voranzutreiben. Erst im Eisenbahnbau entglitt ihr die Initiative. Dafür ist bezeichnend, daß eine Reihe bedeutender Bauräte aus dem Staatsdienst in die weit besser zahlende Privatwirtschaft abwanderten. Der Staat stellte noch die technische Intelligenz, aber er verfügte nicht mehr über sie.²¹⁰ Und wenn die anhaltende Bevormundung im Eisenbahnbau, mochte sie auch sachliche Gründe für sich haben, hintergründig von der Furcht vor einer Konstitution motiviert war, so konnte das den Widerstand der Großbürger nur noch verdoppeln. Die bürokratischen Hemmungen, die einer ungehinderten Entfaltung der Unternehmerschicht und ihrer Aktiengesellschaften entgegenstanden, erhielten – wie es seit der Reform angelegt war – verfassungspolitischen Rang. So paradox es klingt,

---

207 Reskr. 11. 4. 1844 (*Gräff — Rönne — Simon:* Suppl. 1, 2. 252).
208 KO 22. 11. 1842 (GS 307).
209 *Reden:* Deutschland 814; *Nordmann:* Frühgeschichte 22 ff.
210 *Eichholtz:* Junker und Bourgeoisie . . . 176 ff. Dort auch zahlreiche sozialgeschichtlich aufschlußreiche Beispiele für die wirtschaftlichen Interessengruppen, die in die Beamtenschaft, in die Behörden und in die Ritterschaft hineinreichten, so daß das „Für und Wider die Eisenbahnen" nicht mehr ständisch abgrenzbar war.

Von der Gewerbereform zur Revolution

die Revolution von 1848, in der sich das Bürgertum gegen die Bevormundung auflehnte, war auch ein Erfolg der preußischen Wirtschaftspolitik – wenn der Zeitraum von den Reformen an als eine Einheit betrachtet wird. 145 Millionen Taler wurden bis 1849 in Eisenbahnaktien angelegt[211], allein 93 davon in den letzten vier Jahren, und das hieß pro Jahr etwa ein Drittel aller Staatseinnahmen. Die Summe der Eisenbahnaktien überholte bei weitem den Betrag aller Landschaftspfandbriefe, auf deren Kurs sie drückte[212], und erreichte bald den der gesamten Staatsschuld. Während also die Steuerleistung pro Kopf zurückging – durch die anwachsende Bevölkerung –, bildeten sich private Geldreserven, die jetzt erstmals ungeteilt der Industrialisierung zugute kamen. Aber für den geplanten Bau der Ostbahn reichte das gemischte System privater Initiative und staatlicher Beihilfe nicht mehr aus.[213] Damit wurde der Staat endgültig auf die Hilfe derselben Bürger verwiesen, denen er die politische Mitbestimmung vorenthalten zu können glaubte. Die hinausgeschobene, durch die Zinsgarantien halbwegs umgangene Verfassungsklausel wurde erst durch die Revolution eingelöst.

„Auf den eisernen Bahnen rollt unser Jahrhundert einem glänzenden, herrlichen Ziele entgegen", hatte 1840 der Brockhaus geschrieben[214], „und wie die brausenden Dampfkolosse jeden äußeren Widerstand, der sich ihnen vorwitzig und tollkühn in die Bahn legt, zertrümmern, so hoffen wir, werde auch jeder geistige Widerstand, den ihnen Befangenheit und Abgunst entgegenzusetzen versucht, durch ihre Riesenkraft zerschmettert werden." Die Schnelligkeit der „Dampftriumphwagen" hindere jeden, „in die Speichen seiner Schicksalsräder hemmend einzugreifen". Mit dem Eisenbahnbau trachtete das Bürgertum sein Glück in zunehmender Beschleunigung zu erreichen. 1846 bildeten alle preußischen Eisenbahndirektionen ihren eigenen „Verband"; kurz vor Ausbruch der Revolution war das Verkehrsnetz so eng zusammengewachsen, daß alle regionalen Zeitdifferenzen auf die Berliner Normalzeit umgestellt werden mußten.[215]
In der Tat hatte der Eisenbahnbau eine neue Gesamtkonstellation geschaffen: Die Verfassungsbewegung, der Zwang zum Ausbau der Schwerindustrie und die soziale Frage waren dadurch unlösbar ineinander verschränkt worden. Innerhalb eines Jahrzehnts hatte sich die Erzeugung von Eisenwaren bis 1847 fast verdreifacht – ohne den inländischen Bedarf

---

211 *Dieterici:* Statist. Übersicht, Forts. III. 583, IV. 591.
212 *Reden:* Deutschland 268 f.: 1848 waren 103 Millionen Taler in Landschaftspfandbriefen angelegt. Vgl. *Leiskow,* Spekulation und Öffentliche Meinung, Jena 1930.
213 *Nordmann:* Preuß. Eisenbahngesch. 13 ff.
214 Brockhaus der Gegenwart 1. 1136.
215 Finanzminister an alle Regierungen, 16. 1. 1848; alle Zugführer hatten eine Normaluhr bei sich zu führen (Arch. Panstw. Wrocl. Reg. Oppeln I/7922). Vgl. *Hansen:* Mevissen 1. 368, 417 ff.

schon zu decken.²⁶¹ Seit 1841 erbaute Borsig seine erste Dampflokomotiven, die schon bald die ausländischen Vorbilder vom einheimischen Schienennetz verdrängen sollten, und schließlich fiel die Mobilisierung des bürgerlichen Kapitals in den Eisenbahngesellschaften genau in den Zeitabschnitt, als die Not des Landproletariats bereits so stark angewachsen war, daß selbst die Bürokratie erklärte, die Not nicht anders mehr steuern zu können, es sei denn durch den Bau von Eisenbahnen. Zehntausende von verarmten Menschen wurden in Bewegung versetzt, um die Bahndämme, Schienen, Brücken, Bahnhöfe usw. anzulegen. Es waren Arbeiterheere, die nicht vom Staat, sondern von privaten Unternehmern kommandiert und beköstigt wurden. Die Krise der Landwirtschaft und die Arbeitslosigkeit der Handarbeiter, der Spinner und der Weber wurde streckenweise aufgefangen, die Krise hatte den Bahnbau nicht direkt erfaßt.

Der Staat am Vorabend der Revolution konnte auf die aktive Hilfe seiner führenden Wirtschaftsbürger nicht mehr verzichten, weder finanz- noch wirtschaftspolitisch. Im Februar 1848 wurde endlich das Gesetz zur Stiftung der Handelskammern nachgeholt²¹⁷, das einen gesamtstaatlichen Rahmen setzte für die halbamtlichen Selbstorganisationen der Kaufleute und Unternehmer. Die liberalen Wortführer von 1848 kamen weithin aus dem Bereich der rheinischen Handelskammern, als deren Präsidenten sie sich seit langem Einfluß und Anerkennung verschafft hatten.

Der wichtigste Einzugsbereich der politisch hervortretenden Unternehmer lag auf drei Gebieten: im Bankwesen, in der Textilindustrie und im Eisenbahnbau, also dort, wo die größte Konzentration der Arbeitermassen bereits zur Voraussetzung des wirtschaftlichen Erfolgs gehörte.²¹⁸ Damit traten auch die sozialpolitischen Probleme hinter den Kulissen der provinzialständischen Verfassungskämpfe hervor und verlangten nach einer gesamtstaatlichen Bewältigung. Verfassungsfrage und soziale Frage waren ineinander verflochten. Die neuständische Politik des Königs wurde nicht nur durch die wirtschaftlichen Führungskräfte, sondern ebenso von der außerständischen Unterschicht aller Chancen beraubt, erfolgreich zu sein.

Nicht mehr das alte Stadtbürgertum, sondern „Familie und Staatsbürgertum sind jetzt die Hauptfaktoren der Gesellschaft. Vor dieser Seite nähert sich die Menschheit ihrem göttlichen Ziele", schrieb Harkort 1844. Aber

---

216 *Reden:* Deutschland 425 ff.
217 VO vom 11. 2. 1848 über die Errichtung von Handelskammern (GS 63 ff).
218 Das gilt für Camphausen, Beckerath, Mevissen, von der Heydt, Milde, als Förderer des Eisenbahnwesens auch für Harkort und Unruh, und natürlich für Hansemann, dem der Brockhaus der Gegenwart 1840 „die rühmendste Anerkennung" zollt, „besonders in Deutschland, wo nicht, wie in Frankreich, der Lohn eines solchen mit Geist gepaarten Eifers bald durch politische Größe geerntet wird" (4. 735).

"man vergesse nicht, daß eine große Krisis sich nähert!" Denn die „drohend wachsende Zahl der Proletarier" sei das sichere Zeichen dafür, „daß der rechte Weg verfehlt wird"[219]. Im folgenden Jahr vertiefte Mevissen in ähnlichen Wendungen Harkorts Diagnose. Die drohende Woge der rächenden Zukunft wälze sich näher. Daß die Zahl der Proletarier in einer höchst beunruhigenden Progression steige, während sich der Besitz mehr und mehr in den Händen weniger konzentriere, sei der „Vorbote einer geschichtlichen Krise", die nur eine Alternative zulasse: Reform oder Revolution.[220] Beide Unternehmer glaubten durch freie Assoziationen und kühne Bildungspolitik die Revolution auffangen zu können, gleichviel, die Integration des Proletariats in die neue bürgerliche Gesellschaft wurde zu einer allgemeinen Forderung der Stunde.[221] Und der Staat war der vorgegebene Adressat, an den sich die Mehrzahl wandte, Zeichen seiner Unbeweglichkeit und herausgeforderten Verantwortung zumal. Die soziale Frage, die in den vierziger Jahren zum zentralen Thema der Zeit geworden war, erheischte vom Staat eine Antwort – von dem Staat, der mit der erzwungenen Aufhebung der ständischen Schranken die Frage auslösen geholfen hatte.

Wie das Proletariat zugleich mit dem neuen Wirtschaftsbürgertum entstanden war, so stellte sich in Preußen *die soziale Frage* zugleich als Verfassungsfrage. Nicht zuletzt deshalb mußte der Weg von den vereinigten Provinzständen zur Nationalversammlung beschritten werden. Dabei enthüllte sich die Macht der neuen Bürger, aber auch deren Grenze. Was Radowitz schon 1830 erkannt hatte: Augenblicklich trennen sich die Parteien, sobald soziale Fragen auftauchen.[222]

Die bürgerliche Revolution speiste sich von vornherein auch aus dem Massenelend derer, die in ihrer sozialen Lage oft die nächsten Feinde der führenden Bürger waren.[223] Die soziale Krise hatte es ermöglicht, daß die konstitutionelle Bewegung hochgetragen wurde, aber ebenso, daß sie ihr Ziel nicht erreichte. Das weit gestreute Elend, von dem etwa die Hälfte der gesamten Bevölkerung erfaßt war, schuf eine revolutionäre Situation, aber die Revolution blieb stecken, weil – neben anderem – die Sorge vor

---

219 *Harkort:* Bemerkungen über die Hindernisse der Civilisation und Emancipation der unteren Klassen 60, 26.
220 *Hansen:* Mevissen 2. 129 ff.
221 Vgl. *Kuczynski:* Arbeiterlage Bd. 9, und *Jantke:* Die Eigentumslosen 23.
222 *Radowitz:* Ausg. Schr. 2. 186.
223 *J. G. Hoffmann* hat während seiner ganzen Laufbahn sein Augenmerk darauf gerichtet. Vgl. seine Äußerung in der Berliner Akademie 1844: „Je riesiger Unternehmungen, je weit umfassender Geschäfte werden, wobei Hunderte, Tausende vielleicht von Tagelöhnern jedes Alters und Geschlechts gemeinschaftlich wirken, desto weiter öffnet sich die Kluft zwischen einer Macht, der nichts mehr unerreichbar scheint und einer Dürftigkeit, deren Anblick schon das sittliche Gefühl verletzt" (Staatswirtschaftl. Verhältnisse 127).

einem Aufstand der Massen das Bürgertum an den Staat zurückverwies. So wirkte die Notlage der unteren Klassen 1848 ähnlich hemmend auf die Verfassungsstiftung ein wie zur Reformzeit die politische Unzulänglichkeit des damaligen Bürgertums. Der bleibende Gewinner war beidesmal der Adelsstand.

Die Entstehung dieser Situation soll zum Schluß verfolgt werden. Wie ein Handschuh umgestülpt wird, so trat im Zuge der wirtschaftlichen Liberalisierung die soziale Kehrseite dieses Vorgangs langsam und immer deutlicher zu tage. Diese Entwicklung von der Reform zur Revolution, die – die alten Stände überholend – die „sozialen" Unterschiede nackt hervortreten ließ, hat die Verwaltung am allerwenigsten gesteuert. Fast alle ihre Hilfen waren technischer, nicht sozialpolitischer Art. Gegenläufig zu den Entwicklungshilfen, die Preußen vorausplanend leistete – in der Zollpolitik, durch die Unternehmen der Seehandlung und Beuths technischen Institute –, verhielt es sich in den sozialen Fragen reaktiv. Der Staat enthob sich, seit der Reform, der Selbstverpflichtung, die er landrechtlich auf sich genommen hatte.

Die ländliche Eigentumsverleihung und der freie Wettbewerb in Stadt und Land, beide setzten außerständische Schichten frei, deren gemeinsames Kriterium – wie bereits zur Jahrhundertwende – ihre Staatsunmittelbarkeit war. Mit schwindender ständischer Hilfe wuchs speziell die Staatsunmittelbarkeit der Armut. Obwohl bereits Svarez eingestehen mußte, daß der Fiskus damit überfordert sei[224], hatte sich der aufgeklärte Staat verbunden (ALR §§ 1 ff. II 19), vor Armut zu schützen und für Arbeit zu sorgen. Wie sich bei Kant das neue Prinzip abzeichnete: Je konsequenter die Emanzipation der Individuen aus der Familie verstanden wird, desto mehr wächst die Pflicht des Staates, im Notzustand „die zu ihrem Dasein nötige Vorsorge" zu treffen. Schließlich sei es die Regierung selbst, die eine „Ungleichheit des Wohlstands" zulassend das darin liegende Unrecht auszugleichen habe.[225]

Auch Hegel noch, sosehr er die Erzeugung der Armut als ein Zwangsprodukt der freien Wirtschaftsgesellschaft erklärte, übertrug die Hilfspflicht dem Staat: „Die allgemeine Macht übernimmt die Stelle der Familie bei den Armen."[226] Das preußische Ministerium freilich war – seit Hardenberg – um einen entschiedenen Schritt weit liberaler.

Zwar erklärte Rother noch 1817 im Staatsrat als notwendiges Korrelat der geforderten Handelsfreiheit, daß „für die etwa brotlos werdenden Fabrikarbeiter von Seiten des Staates so lange durch Unterstützung zu sorgen sei, bis sie in anderen Gewerben und Beschäftigungen wieder Unter-

---

224 *Kamptz:* Jb. 41. 182, zu den §§ 113—126 II 17 des ALR's.
225 *Kant:* Met. d. Sitten (ed. Vorländer) 96, 151, 311.
226 *Hegel:* Rechtsphil. § 241.

halt finden"[227]; zwar erklärte der rheinische Oberpräsident Pestel noch 1831 die staatliche Unterstützungspflicht als die notwendige Ergänzung der vollen Freizügigkeit; „als Grundbestimmung unseres und jedes wahren Staatsrechts und zur Belebung der Industrie" liege die Freizügigkeit im allgemeinen Staatsinteresse, der Staat müsse daher für alle nachteiligen Folgen aufkommen[228]; aber diese fortwirkende landrechtliche Tradition, die in manchen Behörden ihren Sitz hatte, wurde zurückgedrängt. Sie blieb personal in der Minderheit und auch deshalb ohne Einfluß auf die Gesetzgebung.

Die liberale Wirtschaftsgesetzgebung erzeugte neue Sozialverpflichtungen, indem sie die Voraussetzungen der alten aufhob. Aber der Staat, selber wenig kapitalkräftig, beließ die Verpflichtungen weiterhin einer ständisch gegliederten Gesellschaft, die sie nicht erfüllen konnte, weil sie selber aufgelöst wurde. Nicht die Not der Unterschicht war das Neue im neuen Jahrhundert, auch wenn sie mit der wachsenden Zahl verhältnismäßig anwuchs, das Neue lag darin, daß die „soziale" Frage von der persönlichen Freiheit ausgelöst wurde, die jedermann zugebilligt und damit auch unterstellt wurde. Die Ausgangslagen waren verschieden, auf dem Lande anders als in der Stadt, für die Zunftgenossen anders als für die Fabrikarbeiter oder die Spinner und Weber. Aber die Auswirkungen drängten in eine Richtung, die in den vierziger Jahren dominierte. Das Elend der zunehmend fluktuierenden ungelernten Handarbeiter teilten, je nach Wirtschaftslage, die Gesellen und Fabrikarbeiter selber, auf dem Lande die Häusler, Weber, Spinner und ihresgleichen. Ständisch und auch ihrer Ausbildung nach verschiedener Herkunft, einte sie schließlich die Schutzlosigkeit: Ihre Gemeinsamkeit war nicht unmittelbar politisch, sondern „sozial".

Der Reformstaat ging in dieser Richtung voran. Er hob mit den Privilegien und Zollsperren auch die Kontrolle über die Fabriken auf, deren Erhaltung, wie Kunth vorrechnete, dem Staat mehr Geld gekostet habe, als sie je Steuern abwarfen.[229] Der staatliche Rückzug aus dem Fabrikenschutz hob mittelbar auch den Anspruch auf, für die Fabrikarbeiter zu sorgen.

---

227 Zit. bei *Gebhardt:* Humboldt 2. 243. Wieweit Rother selber von diesem „staatssozialistischen" Programm abgekommen war, zeigt sein Bericht, den Friedrich Wilhelm IV. 1845 — aufgrund einer Romanlektüre — über die „zweckmäßige Organisation der sozialen Verhältnisse der Fabrikarbeiter" einforderte. Immerhin hält er kommunistische Ideen teilweise für ausführbar, aber im übrigen verweist er auf die Unterstützungs- und Sparkassen sowie die Arbeitersiedlungen seiner Seehandlung und bei einem privaten Unternehmer, dem Baumwollspinner Jung auf Somborn bei Elberfeld. Von staatlichen Sozialverpflichtungen ist keine Rede mehr (DZA Merseburg R 89 C XXXV Gen. 2). Dazu jetzt *Hansjoachim Henning:* Preußische Sozialpolitik im Vormärz? Ein Beitrag zu den arbeiterfreundlichen Bestrebungen in Unternehmen der Seehandlung (Vierteljahrsschrift für Sozial- und Wirtschaftsgeschichte, Bd. 52. 1965, 485—539).
228 Zit. bei *Gothein:* Cöln 229.
229 DZA Merseburg R 74 K VIII 17.

Gezielte Enthaltsamkeit des Staates

Die Reformer gingen davon aus, daß sich die Notlagen eher über gezielte Hilfen in der Technifizierung als unmittelbar, eher durch freie Entfaltung der Unternehmerschaft als durch direkte Eingriffe beheben ließen.
Die Fabrikenkommissare, als Nichtakademiker sowieso nicht ratsfähig, wurden fast alle pensioniert, in Schlesien blieb von zwanzig Kommissaren einer im Dienst.[230] Damit beraubte sich der Staat selber der Handhaben, später, als eine Bekämpfung des Fabrikelends unerläßlich schien, diese wirksam durchzuführen. Die verbliebenen Fabrikenkommissare verloren ihre Weisungsbefugnis, weil dem freien Wettbewerb ein größerer Erziehungseffekt zugemessen wurde als der Bevormundung. „Könnte man sich überall die Regierungen denken als die höheren Intelligenzen, die über den Regierten schweben, so möchte man die Adam Smithsche Konkurrenz gern preisgeben."[231]
In diesem Sinne wurde auch die technische Gewerbedeputation als eine zentrale Beratungsstelle der technischen Intelligenz 1818 neu organisiert. Ausdrücklich wurde ihr jede administrative Entscheidungsbefugnis vorenthalten. Darin waren sich Rother, Hoffmann und Beuth einig, daß die technischen Fachleute – zu ihnen zählte Schinkel – „niemals durch die Autorität in ihrer Stellung, sondern nur durch die Kraft ihres Geistes" zu wirken hätten.[232] Demgemäß verblieben die Gewerbesachen ohne eigenen Instanzenzug den Regierungen, die sich Rat holen konnten, aber, soweit erforderlich, selbst zu entscheiden und zu handeln hatten. Nicht aber gelang es Beuth, die daraus sich ergebene Folgerung durchzudrücken, nämlich akademisch gebildete Techniker selber in die höhere Verwaltungslaufbahn einzuschleusen. Mit diesem Vorschlag lief er auf den überkommenen Bildungsprivilegien auf, und die negative Entscheidung wirkte sich im Laufe des Vormärz dahin aus, daß die Fabrikanten zwar in den Genuß fachlicher Beratung seitens der zentralen Behörde kamen, die Regierungen aber auf die Dauer immer mehr der technischen Intelligenz entblößt wurden. In den vierziger Jahren nannte Delbrück nur noch vier Kenner der Industrie, die in der Provinzverwaltung tätig waren: die beiden Oberpräsidenten Merckel und Vincke und die Regierungsräte Minutoli und Quentin, einen Schüler Beuths, den Anreger der Essener Handelskammer und Stifter des Düsseldorfer Arbeiterhilfsvereins.[233] Auch die mangelhafte Zusammenarbeit der preußischen Regierungen mit den allmählich sich bildenden Gewerbevereinen[234] ist eine Fernwirkung dieses staatlichen Rückzugs aus

---

230 a. a. O. R 74 K VIII 7, nur Krüger blieb (Schuckmann an Hardenberg 20. 3. 1811).
231 *Goldschmidt:* Kunth 157, 332 (1826; *Stein,* ed. Botzenhart, 6. 370).
232 DZA Merseburg R 74 J I, 13; Formel Hoffmanns vom 10. 5. 1818 im Gegengutachten zu Beuths Vorschlägen vom 24. 1. 1818. Vgl. *Straube:* Beuth 138.
233 *Delbrück:* Lebenserinnerungen 1. 144; *Hansen:* Rhein. Briefe 1. 699, 2. 131; *Eyll:* Handelskammer 53. Nach 1848 emigrierte Quentin in die USA.
234 Besonders moniert im Brockhaus der Gegenwart 3. 425. Vgl. oben S. 617.

der Gewerbesteuerung, der schließlich alle fachliche Überlegenheit dem neuen Wirtschaftsbürger zuspielte.

In dem Maß also, wie sich der Staat aus der direkten Leitung der Industrie heraushielt, überließ er indirekt auch die sozialen Schwierigkeiten, die mit der Industrialisierung heraufzogen, ihrer Selbstauflösung. Das war während der Reformzeit noch keineswegs eindeutig entschieden. Noch ausgehend von der sozialen Verantwortung des Staates, sandte 1817 Hardenberg an alle Oberpräsidenten fabrikreicher Provinzen ein Rundschreiben, in dem ein prophetisches Bild der drohenden Proletarisierung entworfen wurde. Der Verfasser, J. G. Hoffmann, eines der bedeutendsten Mitglieder der hohen Ministerialbürokratie und federführend für viele Reformgesetze, ging ganz im Sinne von Smith und angeregt von Owen, davon aus, daß der Staat alle Gebiete zu betreuen habe, für die die Wirtschaftsgesellschaft von sich aus nicht aufkomme.[235] Er fragte daher die unteren Verwaltungsbehörden nach den „Mitteln, wodurch es überhaupt zu verhindern ist, daß die Fabrikation, von welcher die Kultur und der Wohlstand der blühendsten Länder ausgeht, nicht eine zahlreiche Menschenklasse erzeuge, die in den besten Jahren dürftig, und bei jeder Mißernte und bei jeder Stockung des Absatzes dem tiefsten Elende preisgegeben ist". Kinder würden gezeugt, um durch Kinderarbeit den kümmerlichen Familienlohn zu erhöhen, aber der Vermehrung der Arbeiter korrespondiere nur eine dauernde Verbesserung der Maschinen, die die Arbeiter wieder überflüssig machten. Dadurch entstehe „gehäufte Konkurrenz", so daß der Preis der Arbeit sinke und Arbeiter wie Arbeitslose in das gleiche Elend gerieten. Dazu komme die Abhängigkeit der Fabrikation von den Schwankungen des Absatzes und – bei vielen Artikeln – von der Veränderlichkeit des Geschmackes, der, bloß weil neue „Surrogate" erfunden würden, ganze Fabrikzweige vernichte. Im Ergebnis seien weite Landstriche und Städte von reinen Zufälligkeiten abhängig, während die Bevölkerung auf Grund ihrer monotonen Erziehung zu wenigen Handgriffen völlig außerstande sei, auf irgendeine andere Weise ihren Unterhalt zu verdienen. Die Gewöhnung arte in „Verwöhnung" aus und die „Erziehung zum Fabrikarbeiter" gehe „auf Kosten der Erziehung zum Menschen und Staatsbürger".

Vor allem die Jugend wollten Hardenberg und Hoffmann vor diesem Schicksal in der Verkleidung des Zufalls bewahrt wissen. „In der Verfas-

---

[235] DZA Merseburg R. 74 K 3 VIII, 24; abgedruckt von *J. Kuczynski:* Arbeiterlage Bd. 8, samt allen in Merseburg vorliegenden Antworten. Weitere Gutachten von Delius, Reimann, Schiebel und Müllensiefen aus den westlichen Provinzen im Staatsarch. Münster B 2856 und Staatsarch. Koblenz 402/841 und Staatsarch. Düsseldorf, Reg. Aachen Sect. V, 2. Vgl. meine Anm. 91 in: Staat und Gesellschaft im deutschen Vormärz 106. Ferner *Müllensiefen:* Bürgerleben 273, und *Köllmann:* Die Anfänge der staatlichen Sozialpolitik (Vjschr. f. Soz. u. Wirtsch.-Gesch. Bd. 53, 1966, 28—44).

sung des Staates liegen unverkennbare Mittel, der Jugend eine Freiheit zu sichern, die gegen frühe Verwöhnung schützen könnte." Es wurden Entwürfe zu wirksamen Maßregeln eingefordert, die die Schäden beseitigen, trotzdem aber den wohlverstandenen Vorteil der Fabrikanten mit dem allgemeinen Staatszweck vereinigen könnten. Das prognostische Element, das das Rundschreiben Hardenbergs auszeichnet, zeugt noch von staatlicher Führungsbereitschaft, drohenden Gefahren entgegenzuschauen, um sie zu vermeiden. Der Staat sollte gleichsam als Institution zur Verhinderung der Entfremdung dienen, die Hardenberg mit der Entfaltung der technischen Arbeitswelt unentrinnbar heraufziehen sah. Und solange die staatliche Verwaltung die Initiative nicht verlor, die Gesellschaft zu steuern, die durch die Reformgesetze eingerichtet wurde, kann von einem Dualismus zwischen Staat und Gesellschaft nicht die Rede sein. Die Selbstverpflichtung des Staates, alle Untertanen, auch die ärmsten Arbeiter, in freie Bürger und, wie es hieß, in freie Menschen zu verwandeln, war noch nicht aufgegeben. Der humanistische und idealistische Impuls, der sich später vor allem in der revolutionären Gesellschaft fortpflanzte, teilte sich noch unmittelbar der staatlichen Politik mit.

Aber bereits der Weg dieses Rundschreibens kündigt die allgemeine Abkehr an, die sich nicht nur von einzelnen Bestimmungen, sondern mehr noch von den sozialpolitischen Prinzipien des Landrechts vollzogen hatte. Nur wenige Gutachter, wie Vincke oder die Potsdamer Regierung, verwiesen auf traditionelle Auskunftsmittel wie Heiratsverbote oder Zunftordnungen. Am anderen Ende der Extreme tauchten schon Forderungen nach Kolonien auf, aber der Grundtenor der Mehrheit entstammte der liberalen Schule. „Diese Mißverhältnisse auf direktem Wege zu beheben, liegt, wie mir dünkt, außer den Kräften der Staatsgewalt" (Merckel). Man dürfe weder, noch könne man in die Gesetze des freien Marktes eingreifen. Die liberale Sorge, daß „die Grenzen zwischen den Rechten des Staates und denen der Untertanen"[236] willkürlich von der Verwaltung überschritten werden könnten, vereinte sich mit dem praktischen Bedenken, daß dem Staat die Mittel fehlten, für eine wachsende Masse von Arbeitslosen aufzukommen. Es ist bezeichnend, daß diese Voten der unteren Behörden in Berlin auf offenes Gehör trafen, während eine lange Reihe an zukunftweisenden Vorschlägen, die erst zwanzig Jahre später ihren gesetzlichen Niederschlag fanden, zunächst unter den Tisch fielen.

Die konsultative Basis für das erste Arbeiterschutzgesetz von 1839 war 1817 bereits erarbeitet worden, ja manche Vorschläge, etwa nach einer Zwangsversicherung oder vollständigem Verbot der Kinderarbeit, gingen weit darüber hinaus. Bewußt auf direkte Eingriffe verzichtend, setzte sich

---

236 Formulierung des Kölner Oberpräsidenten Solms-Laubach (*Kuczynski:* a. a. O. 44).

der Staat zur Wirtschaftsgesellschaft in ein indirektes Verhältnis und leistete damit der Entstehung der „sozialen Frage" Vorschub. Selbst sein Anspruch auf allgemeine Volkserziehung, 1825 auf die Rheinlande ausgedehnt, wo die Kinderarbeit besonders florierte, machte tatsächlich vor den Toren der Fabriken und den Hütten der Heimarbeiter halt.[237] Die zäh sich hinschleppende Diskussion in der preußischen Verwaltung um ein Gesetz zum Schutz der Arbeiterkinder, die bereits Kinderarbeiter waren, führte schließlich zu einem ersten, wenn auch kargen Ergebnis. Die wirtschaftsliberalen Prinzipien mußten einen Schritt zurückweichen vor den Forderungen des Kultusministers, der Militärbehörden, einiger Stände und vor allem der Provinzialbehörden, die am ehesten Einblick in die Wirklichkeit hatten. Das Regulativ von 1839[238] machte eine dreijährige Grundschule zur Voraussetzung eines Arbeitsvertrages, verbot Kinderarbeit vor dem zurückgelegten neunten Lebensjahr, beschränkte sie bis zum sechzehnten Lebensjahr auf zehn Stunden und untersagte Nachtarbeit für Jugendliche.

Aber es zeigte sich schnell, was die Düsseldorfer Regierung vorausgesagt hatte, daß die „Fabrikanten erfinderisch und heimlich aus Interesse die Absicht des Gesetzes zu verkümmern wissen werden"[239]. Und sie fanden dabei die Unterstützung der Eltern, deren Not so grenzenlos war, daß sie auf den kärglichen Groschen angewiesen blieben, den die gleichen Kinder für die tägliche Mehlsuppe von der Arbeit heimbrachten, die ihre Löhne drückten.

Hoffmann, der erste Promotor des Arbeiterschutzes, unterließ es in kaum einer seiner zahlreichen Veröffentlichungen, auf die Folgen der staatlichen Nachlässigkeit hinzuweisen. Die Kinderarbeit steigere sich mit der Dürftigkeit der Eltern und auf Kosten beider wüchsen proportional dazu die Gewalt und der Gewinn der Fabrikherren.[240] Je mehr sich die Fabrikunternehmer von der staatlichen Aufsicht emanzipiert hatten, desto mehr festigten sie ihre Herrschaft über die Fabrikarbeiterfamilien. Hoffmanns Einwände konnten die Bürokratie nicht in Tätigkeit versetzen, die handfesten Praktiker der freien Konkurrenz schritten über sie hinweg, und damit verwandelten sich auch Hoffmanns statistische Daten schon im Augenblick ihrer Erhebung in einen nachhinkenden Kommentar.[241]

---

237 KO 14. 5. 1825 (*Cramer:* Sammlung 2. 86). Das Weitere bei *Anton:* Fabrikgesetzgebung.
238 Reg. vom 6. 4. 1839 (GS 156).
239 Gutachten 22. 8. 1836 (Staatsarch. Münster B 2789: dort die westfälisch-rheinische Behördendiskussion untereinander und mit Berlin).
240 *Hoffmann:* Die Befugnisse zum Gewerbebetrieb 394 ff., 404.
241 Vgl. *Delbrück:* Lebenserinnerungen 1. 154.

Die staatliche Liberalität der Reformzeit verblaßte zur Lethargie.[242] Das zeigen die ergebnislosen Versuche, eine Antitruckgesetzgebung durchzudrücken. 1831 von der Aachener Regierung angeregt, unterstützten fast alle westlichen Provinzbehörden den Antrag, sogar bei den Handelskammern und Ständen fanden sie Sukkurs, aber Berlin lehnte ab. Die Unternehmer, die ihre Arbeiter mit Waren entlöhnten und zum Verzehr in eigenen Schenken zwangen, besaßen praktisch ein Monopol, durch überhöhte Preise die Löhne ständig zu senken. Der Oberpräsident Vincke ließ keinen Zweifel daran, daß die Arbeitgeber offenbarem Betrug huldigen und ihre Arbeitnehmer „in unvermeidliche sklavische Abhängigkeit" drängen: Das sei weder menschlich noch rechtlich, noch politisch zu verantworten.[243] Das Gesetz habe eine Lücke, denn die Zunftordnungen seien aufgehoben und das Landrecht schütze – auch das nicht einmal im Rheinland – nur die Bergleute vor der modernen Sklaverei; der Staat habe die Pflicht, „die Mißbräuche der Geldgewalt zu steuern", und das um so mehr, als täglich seine Gesetze übertreten würden, weil jeder mit Waren entlöhnte Arbeiter zum Handel gezwungen werde, um überhaupt zu Geld zu kommen; das aber kollidiere mit der Gewerbesteuerpflicht. So brachen auch hier – wie beim mangelhaften Schulbesuch der Fabrikenkinder – Widersprüche zu geltenden Gesetzen auf, die das Staatsministerium zugunsten freier Arbeitsverträge – und das hieß de facto zugunsten der Unternehmer – bestehen ließ. Vergeblich spielte Beuth, der Vincke unterstützen wollte, diesem Akten und Argumente zu, um das Staatsministerium zu beinflussen.
Nun waren freilich die Schwierigkeiten einer generellen Gesetzesformulierung nicht gering. Denn wo war die Grenze zu ziehen, gehörte doch die Bezahlung in Naturalien zur Selbstverständlichkeit auf dem Lande, sollten auch ländliche Heimarbeiter erfaßt werden oder nur solche, die im Dienst eines Verlegers arbeiteten, oder nur die „eigentlichen Fabrikarbeiter"?
Der junge Vincke, entschiedener Verfechter einer sozialen Gesetzgebung, sammelte hier als Landrat in Hagen seine ersten Enttäuschungen. Er wies darauf hin, daß es den „eigentlichen Fabrikarbeitern" noch vergleichsweise besser gehe als den viel zahlreicheren Heimarbeitern in der Eisenfabrikation oder Textilindustrie. Ob sie nun mit fremdem Werkzeug in dauernder Abhängigkeit oder mit eigenem Gerät wahlweise für verschiedene Kaufleute arbeiteten: sie alle erlägen dem Wucher. Besonders die Unabhängigkeit der „sogenannten selbständigen Arbeiter, welche in eigenen

---

242 Vgl. auch den von mir in: Staat und Gesellschaft im dt. Vormärz 1815–1848 (hg. W. *Conze*) S. 92 skizzierten Vorgang, wie ein Antrag der Aachener Regierung scheiterte, ein Unfallverhütungsgesetz einzuführen.
243 Gutachten vom 25. 8. 1831 (Staatsarch. Münster B 2856; das Weitere bei *Anton*: a. a. O. 157 ff.).

Etablissements, mit eigenen Werkzeugen ohne ständiges Engagement arbeiten ... ist nur formell und illusorisch"[244]. – Was über zwei Jahrzehnte hinweg nicht möglich schien, die Revolution hat es erreicht und die Warenbezahlung beseitigt.[245]

Die von dem jungen Vincke beschriebene Unterjochung der Heimarbeiter unter die Gewalt der Kaufleute gehörte nun zur strukturellen Krise, in die fast die gesamte Textilproduktion in den vierziger Jahren geraten war und die immer noch fünfzig Prozent des gesamten preußischen Exports ausmachte.[246] Solange keine Maschinisierung vorgenommen wurde, und zwar eine, die der englischen Konkurrenz gewachsen war, so lange waren alle Produktionssteigerungen auf eine ausweglose Zukunft verwiesen.[247] Jeder Übergang auf die Maschinenspinnerei, dann der Weberei aller Sorten, vergrößerte aber die augenblickliche Not, vor allem in den ländlichen Distrikten, die sowieso schon unter dem wachsenden Bevölkerungsdruck litten. Je länger daher der preußische Staat an seiner liberalen Fernsicht festhielt, desto größer wurden die sozialen Mißstände der nahen Gegenwart. Für das Gefüge der Gesellschaft veränderte, mit anderen Worten, die staatlich-liberale Ökonomie – die Mischung von Enthaltsamkeit und gezielter Hilfe – ihren politischen Stellenwert.

Zur Reformzeit war es noch darum gegangen, überhaupt tatkräftige Fabrikanten zu erziehen. 1820 wußte der Staatsrat Kunth von Berliner Baumwollfabrikanten zu berichten, die 100 bis 200 Stühle beschäftigten, bis zu hunderttausend Talern Umsatz hatten, ohne auch nur ihren eigenen Namen schreiben zu können, „die in Zeiten der Stockung nichts zu sagen wissen als daß Stockung sei, welcher die Regierung abhelfen müsse"[248]. In Schlesien fehlte z. B. zwischen Handwerk und Kaufmannschaft fast völlig eine Schicht tatkräftiger Fabrikanten[249], und solche Lücken suchte Beuth durch Schulung, Reisestipendien und Maschinenhilfen auszufüllen. Über die sozialen Folgen des Umstellungsprozesses auf Maschinenbetriebe hegte er keine Illusionen.[250] Aber alle technischen Hilfen konnten die sozialen Probleme nicht direkt auflösen.

---

244 Gutachten vom 6. 8. 1840 (Staatsarch. Münster B 2856).
245 VO. vom 9. 2. 1849, §§ 50 ff. (GS 93). *Anton:* a. a. O. 174 ff.
246 *Dieterici:* Statist. Übersicht, 2. Forts. 635.
247 Für die einzelnen Branchen siehe *Schmoller:* Kleingewerbe 465, 505, 522, 549, 566 passim; *Dieterici:* Übersicht. 2. Forts. 619; ders.: Mitt. 1. 149 ff. Jetzt im einzelnen *Blumberg:* Textilindustrie.
248 *Goldschmidt:* Kunth 35.
249 DZA Merseburg R 74 K 3, VIII, dort die Bestandsaufnahme des schlesischen Weberelends durch das Staatsministerium auf Grund der Berichte Kunths, Hoffmanns und Schiebels, deren Vorschläge zur Abhilfe fast alle unbefolgt blieben.
250 „So wenig als ein menschenfreundlicher Feldherr in unseren Tagen, aus Abneigung gegen das Schießpulver, mit Pfeil und Bogen große Zwecke erreichen würde, ebenso wenig können Phantasien über das häusliche Glück der Handspinner und die Poesie der Spinnstuben den Gang der Dinge aufhalten, oder dem Erfindungsgeiste Grenzen setzen, der den

Je später sich daher das Staatsministerium zu den gleichen Prinzipien bekannte, desto weniger handelte es sich um Reizmittel, die Unternehmer anzuspornen: Es wurde eine verkappte Parteinahme zu ihren Gunsten daraus. Als zum Beispiel 1842 von den 755 Berliner Kattundruckern über die Hälfte arbeitslos waren, erklärte der Finanzminister Bodelschwingh, die Gesetze „von Nachfrage und Absatz" seien nicht zu durchbrechen. Auch die Fabrikbesitzer unterstünden ihnen, und wenn sie ihre Arbeiter fristlos entließen, so sei das zwar nicht zu billigen, aber „man kann nicht umhin, auch die Gesetze anzuerkennen, die sich die Fabriken selbst geben"[251]. Wenn auch Frauen eingestellt würden, müßten sich die Fabrikarbeiter eben einschränken, da die Betriebe sonst nicht konkurrenzfähig blieben. Wenn schließlich die neu aufgestellten Druckwalzen die Handdrucker verdrängten, so sei das eine unaufhaltbare Bewegung, in die einzugreifen die Polizei am allerwenigsten befugt sei. Der Staat könne nicht, wie im vorigen Jahrhundert, „da die Verhältnisse der Gewerbe noch überschaubarer waren", Arbeit vermitteln oder gar Ersatz schaffen. Die Drukker müßten sich als Handarbeiter oder Gehilfen neuen Erwerb suchen. Das beste Mittel gegen „völlige Arbeitslosigkeit" schien eben – die Arbeitslosigkeit selber. „Es sind dies die natürlichen Folgen von Entwicklungs- und Übergangsperioden in den Gewerben, die sich durch gesetzliche Maßregeln nicht abwenden lassen."

Als zwei Jahre später die Kattundrucker in den Streik traten, „um dadurch höheren Lohn zu erzwingen", wurden freilich dieselben Gesellen, denen der Staat jedes Zunftrecht absprach – und das sie seit dem vorigen Jahrhundert auch nicht mehr besaßen –, polizeilich nach der Zunftordnung des Landrechts bestraft.[252] Die auswärtigen Gesellen wurden aus der Hauptstadt in die Heimat verwiesen. So griff der Staat immer wieder zu alten Auskunftsmitteln, die Symptome zu kurieren schienen, aber den wirtschaftlichen Antrieben freie Bahn ließen. Je schärfer sich die soziale Frage der ungeschützten Fabrikarbeiter inner- und außerhalb der Fabriken zuspitzte, desto einseitiger reagierte der Staat zugunsten der Unternehmer. Die liberale Konsequenz, so fortschrittlich sie eingehalten wurde, richtete sich nicht mehr wie zu Hardenbergs Zeiten gegen die rückständigen Fabrikanten, sondern gegen die hilflosen Arbeiter. So nimmt es nicht wunder,

---

Menschen im Großen und Ganzen immer höher stellt, und selbst totes Werkzeug zu sein aufhören läßt" (Beuth im Bericht über die erste Nationalausstellung vaterländischer Fabrikate 1827, anläßlich derer sowohl Alberti wie spinnende Kinder im Alter zwischen 8 und 12 ausgezeichnet wurden; Staatsarch. Münster B 2856).
251 DZA Merseburg R 89 C XXXV Kurmark, Gutachten zur Frage der Arbeitslosigkeit für Friedrich Wilhelm IV. vom 15. 8. 1843.
252 DZA Merseburg R 89 C XII, 1. Puttkammer an den König am 13. 8. 1844. Vgl. *Valentin:* Rev. 1. 57, und *Kuczynski:* Arbeiterlage 1. 229, über den teilweisen Erfolg der Kattundrucker, 1845 nach der Installation neuer Maschinen wenigstens die Einstellung ungelernter Arbeiter verhindert zu haben.

daß Pioniere des technischen Fortschritts, wie Harkort, schließlich dem Staat die Schuld zusprachen, „Proletarier und den Pauperismus in unheildrohenden Massen [zu] erziehen"[253].

Fast dauernd, vor allem in den zwanziger und vierziger Jahren, war die Regierung gezwungen, durch Notstandsarbeiten, Chausseebauten, Getreidespenden oder Saatguthilfen, Brotpreissteuerungen, Steuernachlässe oder Salzspenden akuten Notlagen Einhalt zu gebieten. Manche Unterstützung wurde an die Auflage gebunden, daß sich private Kräfte daran beteiligten.[254] Es war ein System der Aushilfen, das die liberale Zielsetzung nicht berührte, das aber schließlich versagte, die daraus entspringenden Mißstände zu bewältigen.

Ergaben sich die Notlagen der Fabrikarbeiter einschließlich der Spinner und Weber aus den Umstellungen der Technik, so vermehrte sich die Not der reichlichen Million ungelernter Handarbeiter, weil sie gar nicht in den industriellen Bereich hineingelangten. Ihre Entbindung aus alten Verpflichtungen, die sie jeder Hilfe beraubte, wirkte besonders schnell auf dem flachen Lande, wo sich die Masse der Bevölkerung vermehrte, ohne ein Industriepotential vorzufinden, das sie hätte aufsaugen können.[255]

Erst die Trennung von Gut und Gemeinde, die bereits 1811 den Gutsherrn jeder Fürsorgepflicht für die Dorfgenossen enthob[256], dann die – im Gesamtablauf erst später erfolgenden – Gemeinheitsteilungen entzogen den Dörfern die naturalwirtschaftliche Grundlage der gesamten Armenfürsorge – und das zu einer Zeit, da die Armut zunahm und das Geld knapp wurde. So trieb die Not die Leute auf die Straße, setzte sie in Bewegung, und das lag im Sinne der staatlich garantierten Freizügigkeit, um die besten Leute auf die günstigste Stelle zu vermitteln. Wer aber war verantwortlich, wenn die günstigste Stelle nur eine schlechte oder gar nicht zu finden war? Der Heimatlose wurde, da der Staat ihm keine zu bieten vermochte, auf seine alte Heimat verwiesen, aus der ihn die Not vertrieben hatte.

Die primär verpflichtete Familie konnte keine Hilfe gewähren, und da die Genossenschaften, Gesellenladen und Zunftkorporationen sich auflösten, fiel die Last der Sozialfürsorge auf die Kommunen zurück, soweit sich nicht freie karitative Verbände der Not annahmen. Die Armenhilfe war

---

253 *Harkort:* Hindernisse ... 8

254 Staatsarch. Düsseldorf D 8 Reg. Düsseldorf 2153 (1831); Staatsarch. Münster B 80, vol. 2.

255 Vgl. Mevissen über die Nachteile für ein „Proletariat des Ackerbaus" gegenüber dem „Proletariat der Industrie", skizziert an den englischen Entwicklungsphasen und an Irland (*Hansen:* Mevissen 2. 290).

256 Erlasse vom 4. 12. 1811 und 16. 6. 1815 (*Kamptz:* Jb. 34, 354), allerdings wurden die Ritter auf dem Wege des Reskripts gelegentlich subsidiär zur Armenfürsorge herangezogen (vgl. Reskr. d. Innenm. 18. 10. 1822 in *Kamptz:* Ann. 6. 957).

in erster Linie kommunal, die Freizügigkeit gesamtstaatlich. Aber die Nothilfe ließ sich immer weniger lokalisieren. In dieser Zwischenlage entstand das Proletariat; sie erzeugte ein Dilemma, aus der der Staat auch nach zwanzigjähriger Gesetzesberatung mit den Ständen nicht herausfand. Der Staat blieb liberaler, als den Ständen lieb war, aber die Stände waren weniger sozial, als ihnen der Staat zu sein zumutete.

An der Armengesetzgebung wurde es bereits in den dreißiger Jahren klar, daß die freie Wirtschaftsverfassung des Staates und die politische Ständeverfassung der Provinzen nicht mehr zusammenpaßten. Das Gesetzesbündel, das 1842/43 erlassen wurde[257] und das die preußischen Einwohnerbestimmungen, Zuzugsbedingungen, Armenhilfe und Bestrafung der Bettelei zum ersten Male gesamtstaatlich zu regeln suchte, war ein sichtbares Zeichen dafür, daß die Einheit des Staates nicht mehr nur in der Administration, sondern ebenso in seiner Gesellschaft gründete, und zwar ganz speziell in deren gemeinsamer Not, wenn man so will: im Proletariat. Die soziale Frage war nicht mehr an Stadt oder Land, an die einzelnen Provinzen gebunden, sie war gesamtstaatlich, ja, sie tauchte erst auf, weil sie regional nicht mehr lösbar war, weil sie durch die Gemeinden, Kreise und Städte hindurchgriff.

Die Armen- und Zuzugsbestimmungen, die 1842 emaniert wurden, stellen nun einen Kompromiß dar zwischen dem staatlichen Willen nach Freizügigkeit und den regionalen Vorbehalten, die jeder zukunftsweisenden Richtung bar waren.[258] So lieferte der Staat – ganz im Gegensatz zur Reformzeit – ein Anpassungsgesetz, das von den sozialen Bewegungen herausgefordert wurde, ohne ihnen zuvorkommen zu können. Der Gesetzesentwurf ging – Anfang der dreißiger Jahre – noch davon aus, daß jede Gemeinde jedermann offenzustehen habe, daß die Kommunen für Notfälle zu sorgen hätten, dann gleiche sich die Armenlast im ganzen Staat einander aus, wie denn auch die Armensteuern im Grunde eine Staatssteuer darstellten, die den Kommunen delegiert seien.[259]

Der Widerstand gegen diesen einfachen Vorschlag, der zwar die Zuständigkeit generell regelte, aber keine wirtschaftliche Abhilfe bieten konnte, war in den Provinzen allgemein. Die Rheinländer hielten es entschieden mit der Freizügigkeit, sie legten sogar einen entsprechenden Gegenentwurf vor[260], aber von kommunaler Armenfürsorge wollten sie wenig wissen. Darin liege eine ihr Gesetzbuch – das nur die Familien haftbar machte –

---

257 Gesetze vom 31. 12. 1842 über die Erwerbung und den Verlust der Eigenschaft als Preußischer Untertan (GS 1843, 15); über die Aufnahme neu anziehender Personen (GS 1843, 5); über die Verpflichtung zur Armenpflege (GS 1843, 8) und G. vom 6. 1. 1843 über die Bestrafung der Landstreicher, Bettler und Arbeitsscheuen (GS 1843, 19).
258 Vgl. *Stein:* Verwaltungslehre 2. 344.
259 *Rumpf:* 8. 211 ff.
260 a. a. O. 11. 275 ff. (1833).

Von der Gewerbereform zur Revolution

weit überschreitende Ausdehnung des Familienrechts.[261] Armenhilfe fördere nur die Faulheit, eben die Armut selber; ein kapitalistisches Argument also, wie sie denn auch befürchteten, daß mit jeder Hilfe der Anreiz zur Arbeit schwinde. Denn die geringste Hilfe schon hebe den Einkommensunterschied zwischen armen Arbeitern und nicht arbeitenden Armen auf. Unterstützung zu vermitteln sei Sache der Religion, Armut dürfe „kein Rechtszustand werden". Nur mit letzterem drangen sie durch, wenigstens soweit, als Hilfsansprüche nur auf dem Verwaltungswege geltend zu machen waren.[262] Aber die Rheinprovinz mußte es hinnehmen, als ihr 1845 eine eigene Kommunalordnung konzediert wurde, daß die Behörden die Armensteuerumlage selbst fixierten; im Gegensatz zu den östlichen Stadtordnungen war hier „der Beschluß des Gemeinderats als bloßes Gutachten anzusehen"[263].

Dem Rheinland völlig entgegen votierten die rechtsrheinischen Stände. Am ehesten noch gingen die Preußen auf die Freizügigkeit ein, wenn sie sich auch heftig sträubten, daß die Armensteuer die reicheren Klassen progressiv belastete, wie es die Regierung Marienwerder handhabte.[264] Wieder anders sperrten sich die übrigen Provinzen.[265] Sie forderten strenge Zuzugsbeschränkungen, Bescholtenheistklauseln, Einzugsgelder, Arbeitsnachweise und dergleichen mehr; die Schlesier und Brandenburger voran. Zwei-, Fünf-, ja Zehnjahresfristen wurden verlangt, bevor eine Armenfürsorgepflicht an den neuen Wohnsitz übergehen dürfe. Besonders Dienstboten und Tagelöhner dürften zu schnell nicht einen Hilfsanspruch gewinnen: Sie müßten ihn sich erdienen. Auf diese Weise werde die „Masse der beweglichen Bevölkerung" wieder an Boden und Heimat gebunden, an die Heimat, der die Schlesier ganz besondere moralische Qualitäten beimaßen.[266] Kurz, Argumente drängten sich vor, die zunächst die Gutsherren von jeder Hilfspflicht zu entlasten geeignet waren. Die Heimatgemeinden hätten das Nachsehen gehabt. Im ganzen suchten die Provinzen die Not regional aufzufangen, indem sie Ursache und Folgen verwechselten. Denn gerade mit einer Beschränkung der Freizügigkeit ließ sich die Not nicht mehr aus der Welt schaffen – im Gegenteil. Aber die Freizügigkeit allein brachte auch keine Hilfe.

Und so bequemte sich der Staat zu einem Kompromiß, der den Unterschied zwischen Gemeindemitgliedschaft, Wohnsitz und Anwesenheit erneuerte, wonach sich die Hilfspflichten staffelten. Sogar die Freizügigkeit wurde

---

261 Rhein. Ziv.-Ges.-Buch Art. 203 ff., 349, 364, 762 ff.
262 Armenpflegegesetz § 33.
263 Gemeindeordnung für die Rheinprovinz vom 23. 7. 1845 (GS 523) §§ 86 f.
264 *Rumpf:* 9. 32; 14. 66.
265 *Rumpf:* 8. 160; 10. 45, 188, 258; 11. 93; 12. 119.
266 a. a. O. 10. 261.

gehemmt. Jedem konnte der Zuzug verweigert werden, der nicht ein hinreichendes Vermögen oder Kräfte nachwies, seinen Lebensunterhalt zu verdienen.[267] Den Westfalen wurde sogar nachgelassen, besondere Zuzugsgebühren zu erheben, so daß die Regierungen wiederum gegen deren Höhe einen ärgerlichen Kampf zu führen gezwungen wurden.[268] Dabei konnten sich nun ausgerechnet Dienstboten, Handwerksgesellen und Fabrikarbeiter durch ihr Dienstverhältnis keinen festen Wohnsitz erarbeiten. Sie zuerst wurden im Notfall auf die Hilfe ihres Herkunftsortes verwiesen, die aber wiederum erlosch, wenn sie länger als drei Jahre abwesend waren.[269] Sie fielen praktisch durch die Lücken des Gesetzes und wurden heimatlos im legalen Sinn. Diese Regelung aber legalisierte wiederum das Schubsystem, das die Gutsherren gerne befolgten, indem sie ihre Arbeitskräfte, um jeder Altersversorgungspflicht zu entgehen, alle drei Jahre weiterschoben. So sammelte sich die Not wieder in den Dörfern.[270] Mit einem Satz, der Gesetzgeber griff zu überholten Mitteln, ohne die wirklichen Lücken, in die die wandernde Unterschicht geriet, schließen zu können.

Die Zahl derer mehrte sich, die heimatlos umherzogen und als Bettler oder Vagabunden bestraft und dann auf dem bloßen Verwaltungswege bis zu drei Jahren in einer Korrektionsanstalt einbehalten werden konnten.[271] Der Gesetzgeber hielt im ganzen Vormärz an der Maxime fest, daß arm nur sein könne, wem die „physischen Kräfte" fehlten, sich zu ernähren. Sonst sei er als ein „Arbeitsscheuer anzusehen", und „wenn ihm bloß der Wille fehlt", müsse er zur Arbeit gezwungen werden.[272] Kein Wunder, wenn sich die Grenzen zwischen Arbeits- und Strafhäusern verwischten[273], ohne daß die Grenze zwischen „verschuldeter" und „unverschuldeter" Armut deutlicher wurde. Denn die alte Frage der Not ließ sich zwar noch moralisch stellen – neu war, daß sie sich nur noch sozialpolitisch beantworten ließ.

Harkort erblickte als Unternehmer in der Armensteuer einen verkappten Kommunismus[274], J. G. Hoffmann einen verkappten Lohn, den die Kommune zahlte, soweit der Unternehmer nicht dafür aufkomme.[275] Beide

---

267 Zuzugsgesetz § 4.
268 Landgemeindeordnung f. d. Prov. Westf. vom 31. 10. 1841 (GS 297) §§ 18 ff.; G. vom 24. 1. 1845 wegen der Befugnis der Städte der Provinz Westf. zur Erhebung von Eintrittsgeldern (GS 39). Dazu Staatsarch. Münster B 80 vol. 2.
269 Armenpflegegesetz §§ 1—4.
270 Staatl. Arch. Lag. Gött. R 2 Tit. 40 Nr. 10. Vgl. *Jordan:* Konserv. Partei 79, und *Stein:* Agrarverfassung 3. Kap. 7.
271 Landstreichergesetz § 8, dazu *Gräff — Rönne — Simon:* 6. 861.
272 ALR § 3 II 19; § 4 II 20. VO 8. 9. 1804 (*Mannkopf:* 4. 526); Ann. 9. 715 (1825); 10. 138 (1826); 20. 729 (1836). Das G. von 1842 verzichtete auf eine Definition, was bereits die Stände moniert hatten.
273 Siehe *Schüttpelz:* Staat u. Kinderfürsorge 27; Verwaltungsbericht Berlin 205 ff.
274 *Harkort:* Hindernisse ... 78.
275 *Hoffmann:* Befugnisse zum Gewerbebetrieb 392 f.

Einwände zielten auf denselben Tatbestand: Das subsidiäre Hilfspflichtsystem und die Vertragsrechte des freien Arbeitsmarktes kamen nie zur Deckung. Die soziale Frage blieb ungelöst.

Zwischen Heimatgemeinde und Wohnsitz hin- und herverwiesen, fiel ein Pauper zunächst der Gemeinde anheim, wo er sich gerade befand. Heimatlos wurde er zur Provinzialarmenanstalt geschickt; also ein ständisches Institut wurde haftbar gemacht, das natürlich nie hinreichend Platz bot. So mußte zu guter Letzt doch der Staat eingreifen; um aber wirksam helfen zu können, hätte es einer neuen Steuerumlage bedurft, also zunächst einer Repräsentation: ganz abgesehen davon, wieviel finanzielle Reserven abschöpfbar waren. In dieser Lage kam dem Eisenbahnbau eine zukunftsweisende Bedeutung zu. Erstmals schafften bürgerliche Kräfte von sich aus eine Entlastung. Dem einzelnen Streckenarbeiter nur als Unterdrückung spürbar, kam der Kapitalsanlage der Unternehmer eine unmittelbar soziale Funktion zu, die der Staat honorierte. Gerade als die Mißernten 1845/47 die Menge der vorwiegend agrarischen Gesellschaft auf das Existenzminimum und darunter drückten, boten die Bahngesellschaften Hilfe, und zwar mit Löhnen, die die normalen Tagelöhne etwas überschritten. Aus Stadt und Land strömten sie zusammen, aus der Stadt die „Handlanger", vom Lande die „Handarbeiter", um sich als „Arbeiter" zu verdingen.[276] Alle Vorschläge, gerade den Eisenbahnbau zum Anlaß einer sozialen Wirtschaftsgestaltung zu nehmen, „die socialen Staatsinteressen" zu wahren und die Organisation der Arbeit selbst zu steuern, wies der Staat von sich. Dies seien Dinge, „die sich nicht machen ließen, sondern sich von selber entwickeln müßten"[277]. Selbst geringe, aber dringende Forderungen der Provinzbehörden wurden abgelehnt.

Bewahrten die Bahnbauten die Arbeiter auch vor völligem Elend, so blieb das oft der einzige Gewinn. Die Akkordlöhne hielten mit der Verteuerung der Lebensmittel nicht Schritt, und obendrein wurden sie durch die übelsten Praktiken der Schachtmeister dauernd gedrückt. Allerorten flackerten Lohnstreiks auf, die bei den versammelten Massen drohende Formen annahmen, „die nicht nur Recht sondern auch Rache fordern"[278]. Immer wieder wurde das Militär herbeigerufen, weil es kaum Gendarmen gab, die Anführer wurden verhaftet, die übrigen durch fristlose Entlassungen mürbe gemacht.[279]

---

276 *Maximilian von Ditfurth:* Die Fürsorge für das Loos der Eisenbahnarbeiter (Dt. Vjsschr. 1847, Heft 2, 87).
277 a. a. O. 105.
278 a. a. O. 99.
279 Der erfolgreiche Brandenburger Streik 1846 bei *Ritscher:* Koalitionen 189. Der erfolglose Glogauer Streik 1845: Arch. Panstw. Wrocl. Reg. Oppeln I/7922. Die Bielefelder Unruhen 1845, ebenso ohne Erfolg: Staatsarch. Münster B 691; ebda. die Tumulte bei

Es ist nun bezeichnend, daß aus den Kreisen der unteren Beamtenschaft, die die schreienden Mißstände an Ort und Stelle kannten, sozialpolitische Forderungen erhoben wurden, die in Berlin verdünnt wurden. So schlug 1845 der Landrat von Vincke vor: Mitbestimmung der Arbeiter bei Abschätzung der Akkordlöhne, Errichtung eines Schiedsgerichts mit Beteiligung der Arbeitnehmer unter Aufsicht des Amtmannes und, schließlich, staatliche Lohnentscheidung.[280] Vincke ließ keinen Zweifel daran, daß die Aufstände von der rücksichtslosen und unnachsichtigen, vor allem ungerechten Behandlung durch die Unternehmer ausgelöst worden seien, und sein Antrag wurde von Regierung und Oberpräsident unterstützt. In Berlin sammelten sich unterdes bereits eine Menge von Gutachten, denn seit 1844 tagte eine Kommission, die die Fülle der neuen Probleme durch einen Gesetzesentwurf beantworten sollte.[281] Die Ministerialbürokratie, und so das Ministerium, schwenkte wieder auf die alte Linie ein, die größtmögliche Polizeiaufsicht mit den geringstmöglichen Eingriffen in die freie Wirtschaft zu kombinieren. So entstand jene Verordnung vom 21. Dezember 1846, die die Zusammenarbeit der Polizei mit den Unternehmern weit besser regelte, als sie die Arbeiter vor den Schikanen ihrer Arbeitgeber schützte.[282]

Ein ständiges Erpressungsmittel wurde zwar verboten, daß nämlich die Schachtmeister zugleich als Schankwirte und Händler ihre Untergebenen schröpften. Auch eine andere Lücke wurde – nach Absicht des Gesetzes – geschlossen: Für Kranke oder Verunglückte mußte nach der bestehenden Rechtslage der jeweilige Gutsbezirk oder die Kommune aufkommen, wo der Hilfsfall eintrat. Daß diese überfordert wurden, ergab sich schon aus den völlig neuen Größenordnungen, innerhalb derer Hilfe geleistet werden mußte. Daher führte der Staat ein, was er bisher immer vermieden hatte, eine Zwangskrankenkasse für die Streckenarbeiter, wie sie die Köln-Mindener Gesellschaft bereits handhabte. Allerdings mußten sich, um dem Gesetz keine rückwirkende Kraft zu verleihen, die bereits konzessionierten Gesellschaften an der Haftpflicht nicht beteiligen. So fiel die Last – wenn überhaupt – in Form eines Lohnabzuges auf die Arbeiter zurück. Andererseits wurde die Analogie zur Gesindeordnung ausdrücklich bemüht, um für die Zukunft eine subsidiäre Hilfspflicht auch der Unter-

---

Hagen aus dem gleichen Jahr. Ferner *Kuczynski:* Arbeiterlage 1. 192 f., und *Eichholtz:* Junker ... 189 ff.
280 Staatsarch. Münster B 691, Gutachten 5. 9. 1845. Vgl. *Schulte:* Volk und Staat, 521 ff.
281 DZA Merseburg R 89 C XXXIIII b Gen. 28, dort die Kommissionsverhandlungen zwischen Schröner, Tschirner und Mellin; ferner das Gesetzesmotiv v. Bodelschwingh und Protokoll des Staatsministeriums vom 13. 10. 1846.
282 V. vom 21. 12. 1846 betr. die bei dem Bau von Eisenbahnen beschäftigten Handarbeiter (GS 1847, 21). Dazu die zeitgenössische Kritik des Grafen *Hermann* zu *Dohna:* Die freien Arbeiter im preußischen Staat (Leipzig 1847), teilweise abgedruckt von *Jantke:* Die Eigentumslosen 247 ff.

nehmer zu motivieren. Der Staat selbst lehnte, entgegen einigen Vorschlägen aus der Beamtenschaft, eigene Beihilfe ab.

Während die sozialen Bestimmungen an der augenblicklichen Not kaum etwas geändert haben werden, wurde das Kontrollsystem gründlich ausgebaut. Die Praxis der Arbeitskarten wurde generell eingeführt, bei jeder Einstellung und Entlassung hatten Unternehmer und Polizei zusammenzuarbeiten, auch die Polizei konnte Entlassungen verfügen, aber in Ermangelung staatlicher Organe wurde – ständische Relikte belebend – dem Bauaufsichtspersonal ein polizeiliches Strafrecht delegiert. Denn, so lautete das Motiv, „eine gute Mannszucht unter ihren Arbeitern zu erhalten und ihre Eigenschaft als Arbeitgeber begründet an sich schon eine natürliche und gewichtige Autorität". Es sei immer noch besser, die polizeilich verpflichteten Aufseher zu kontrollieren als die Arbeiter selbst, denn das untergrabe höchstens die Autorität der Bauleiter. Deren Fähigkeit zu schnellem Handeln dürfe nicht gelähmt werden. Die Arbeiter durften zwar zwei Sprecher wählen, aber nie durften sie sich so versammeln, daß darüber die Aufsicht verlorenginge. Bei Strafentlassungen hatte die Polizei den Betroffenen sofort – mit dem Verbot der Rückkehr – an den Heimatort zu schaffen.

Wie sehr diese Verordnung darauf zielte, nur die proletarische, außerständische Unterschicht einzufangen, erhellt schon daraus, daß alle „Handarbeiter, welche bei handwerksmäßig auszuführenden Arbeiten beschäftigt werden", von ihr ausgenommen wurden. Für sie galt die Gewerbeordnung aus dem Vorjahr.

Ohne Zweifel, es war ein schroffes Gesetz, dessen sozialen Bestimmungen von schärfster Kontrolle kompensiert wurden. Auf den Einsatz „ambulanter Eisenbahnprediger" verzichtete man, denn die „freien Feld- und Bergpredigten" erregten, wie die regionalen Behörden zu melden wußten, nur Spott und Verachtung der heimatlosen Gesellen.[283] Aber der rationale Staat, der das hinzunehmen verstand, näherte sich in Ermangelung eigener Initiative immer mehr den ständisch begriffenen bürgerlichen Klasseninteressen, wenn er seine polizeilichen Aufgaben in die privatrechtlichen Vertragsbedingungen einflocht. Erst in letzter Minute konnte Savigny verhindern, daß die Strafentlassung seitens einer Gesellschaft den Wiedereintritt des betroffenen Arbeiters bei einer anderen für immer ausschließe. Damit hätte eine Eisenbahndirektion oder ein Entrepreneur nicht nur administrative, sondern sogar richterliche Befugnisse erlangt und einen Arbeiter von dem wichtigsten gesamtpreußischen Arbeitsmarkt aussperren

---

283 Vgl. das Gutachten der Oppelner Regierung vom 2. 2. 1843 (Arch. Panstw. Wrocl. I/7922). Das Kultusministerium hielt „die vielfältig gewünschte kirchlich-religiöse Disziplinierung" für weniger wichtig, weil die sittlichen Übel im Gefolge des Streckenbaus nur „vorübergehend" seien.

können. Während der Entwurf der Ministerialbürokratie den Unternehmern mehr entgegenkam, als es selbst rechtsstaatlichen Erfordernissen entsprach, blieb es dem konservativen Minister vorbehalten, das Ausmaß legaler Willkür zu beschränken – Indiz dafür, wiesehr die sozialen Fragen der vierziger Jahre die politischen Fronten in Preußen verschoben. Das Mißlingen der Revolution hing davon ab.

Die Verordnung gegen die Eisenbahnarbeiter war – nicht ohne Rückgriff auf das Landrecht – drakonisch und sozial, und beides war sie aus Angst. Der Staat machte den Unternehmern Auflagen, um sie und sich vor der drohenden Gewalt der handarbeitenden Unterschicht zu schützen. Dabei verlieh er ihnen quasiständische polizeiliche Rechte, die selbst auszuüben er sich nicht zutraute. Wirtschaftlich und finanziell auf sie angewiesen, bezog er Stellung auf seiten derselben Unternehmer, denen er jede politische Einflußnahme rabulistisch vorenthielt. So konnte die Revolution ausbrechen, in der sich die Großbürger und Fabrikanten zunächst auf derselben Seite befanden wie die Kleinbürger und Arbeiterklassen, die ihrerseits Schutz gegen eben jene Unternehmer vergeblich vom Staat forderten. Unfähig, die soziale Frage selber zu lösen, hatte der Beamtenstaat seine verfassungsmäßige Rolle verspielt. Zwischen 1840 und 1848 wurden fast soviele Minister verbraucht wie in den vorausgegangenen Jahrzehnten seit 1815 zusammengenommen. Überständisch zu handeln war dem Staat möglich gewesen, überparteilich nicht mehr. In Anbetracht der von ihm selbst freigesetzten, wirtschaftlich bedingten, außerständischen Unterklassen mußte er sozialpolitisch Partei ergreifen. Die soziale Frage war dieselbe, der gesuchten Antworten gab es viele. Was die Handwerker, Fabrikarbeiter und Handarbeiter einte, war ihre Not, ihr Hunger und ihr Elend, das aber waren schlechte Bürgen einer gemeinsamen Aktion. Das soziale Moment – und das lag im Begriff der Frage enthalten – war negativ. Während die Handwerker, und mit ihnen viele der als Fabrikarbeiter klassifizierten Heimarbeiter, in die ständischen Hülsen des zerriebenen Kleinbürgertums zurückstrebten, fehlten den außerständischen Massen die Kraft der Herkunft, Einheit und Erfolg, die den Eximierten und neuen Wirtschaftsbürgern innewohnten.

Die „gebildeten Stände" – die mittelbaren Staatsdiener des Landrechts – und das Besitzbürgertum – hervorgerufen von der liberalen Wirtschaftsverwaltung –, sie waren die relativen Gewinner der Revolution. Wie die Reformzeit das Beamtentum und den Adel einander angenähert hatte, so verhalf die Revolution den führenden Wirtschaftsbürgern, die Verfassung ihrer sozialen Rolle zu adjustieren, ohne daß der Beamtenstaat je seiner administrativen Kontinuität beraubt worden wäre. Die Revolution erfüllte, soweit überhaupt, die konstitutionellen Wünsche jener Gesellschaft, deren wirtschaftlichen Spielraum die Verwaltung im Vormärz freigelegt hatte.

Exkurse
Anhänge
Abkürzungen
Quellen und Literatur
Personenregister
Sach- und Ortsregister

Exkurs I:
Über die langsame Einschränkung körperlicher Züchtigung

Der preußische Stock war lange so sprichwörtlich wie die russische Knute. Längst nachdem die Stockprügel als solche verboten waren, setzte sich die von Görres in Umlauf gebrachte Wendung vom „Stockpreußentum" weithin durch (*Ladendorf:* Schlagwörterbuch 251; *Rühl:* Briefe und Aktenstücke 1. 414). Bismarck suchte noch 1849 das Schimpfwort – wie den Begriff des Junkers – ins Positive zu drehen, aber er löste sowenig ein Echo aus wie Clausewitz, der den Gegenbegriff des „stockdemokratischen" Görres prägte (Polit. Schriften 181). Der Stock blieb in der politischen Sprache am Preußen haften: warum und inwieweit zu Recht, soll gezeigt werden.
Peitsche und Knüppel überdauerten im neunzehnten Jahrhundert – und das nicht nur in Preußen – bei weitem die Torturen des Strafvollzugs, deren Härte durch die Aufklärung zuerst als unmenschlich empfunden und die darauf als zwecklos beseitigt wurden. Folter, strafverschärfende Torturen und Prügel, mag man sie psychologisch auch zusammenrücken, gehören im Rahmen einer geschichtlichen Anthropologie verschiedenen Sphären an. Ihre legale Beseitigung erfolgte nicht zugleich. Die körperliche Züchtigung, Prügel im Alltag, waren immer mehr – oder weniger – als Strafe: nämlich eine spezifische Herrschaftsform. Das Gewohnheitsrecht zu körperlicher Zwangsgewalt war weit gestreut. Körperstrafen gehörten zu solchen Vollzügen direkter Herrschaft, die, ohne hoheitlich abgeleitet zu sein, der ständischen Abschichtung innewohnten. Das ALR legalisierte nun die Rechte, körperliche Züchtigung auszuüben oder Leibesstrafen zu verhängen, und wirkte mildernd, soweit es – wie im primär geltenden Strafrecht – härtere Provinzialrechte verdrängte oder soweit seine subsidiäre Kraft alte Observanzen zu verzehren vermochte. Das Recht zur körperlichen Züchtigung bestand seit 1794 auf drei Ebenen:
1. war es ein Recht der alten *hausherrlichen Gewalt*
   a) des Ehemanns über seine Ehefrau. Das ALR verzichtet zwar auf eine positive Bestätigung, aber das Recht zu mäßiger Züchtigung geht e silentio aus dem § 736 II 20 hervor, der die Ausübung während der Schwangerschaft untersagt, vielmehr selber mit Körperstrafe bedroht. Im Unterricht für das Volk (hg. v. *Erik Wolf,* 16) formuliert Svarez das Recht positiv.
   b) der Eltern (§§ 86 ff. II 2);
   c) der Herrschaft im Hause über das Gesinde (§§ 76 ff. II 5);
   d) der Gutsherrschaft über ihr Gesinde und das der untertänigen Wirte (§§ 227 ff. II 7);
   e) der Lehrherren und ersten Gesellen über Lehrlinge (§§ 298 ff. II 8);
   f) der Schullehrer gegen die Kinder (§§ 50 ff. II 12).
Wurde das Recht zu „mäßiger Züchtigung" überschritten, so mußte dies von „Amts wegen" geahndet werden (§ 559 II 20); die Überschreitung galt aber nicht als Ehrenkränkung, sondern wurde nur bei körperlicher Beschädigung verfolgt (Reskr. 6. 8. 1800 und 22. 9. 1804; *Gräff – Rönne – Simon:* 7, 485; 9, 17).
2. war es ein Strafrecht der *Polizeigerichtsbarkeit* (§§ 16, 63 II 17). Die Polizeibehörde konnte – entsprechend den jeweiligen Polizeiverordnungen – mäßige körperliche Züchtigung, 14 Tage Gefängnis bzw. Strafarbeit oder fünf Taler Geldbuße verhängen. Rekurs stand nur an die Behörden offen, an die Gerichte

Exkurs I

wurde er ausdrücklich untersagt (Anhang § 247 zur AGO, auf Grund des Reskr. vom 25. 2. 1812; vgl. dazu *Foerstemann:* Polizeirecht 224 ff.).

3. war die körperliche Züchtigung Teil gesetzlich festgelegter, „*ordentlicher*" *Strafen,* die durch richterliche Erkenntnis verhängt werden konnten:
    a) eventuell als alleinige Strafart gegen mutwillige Buben, Unmündige, Schwachsinnige; bei Beschädigung öffentlicher Einrichtungen, geringen Eigentumsdelikten, Belästigung Schwangerer oder Gefährdung von Säuglingen (§§ 17, 183, 210, 211, 733, 735, 738, 739, 1123, 1490, II 20);
    b) als Strafverschärfung in vielen Fällen (II, 20; vgl. dazu Krim. Ordn. §§ 552 ff.).
4. war es möglich – trotz generellen Verbots, gewaltsam *Geständnisse zu erzwingen* –, auf Grund eines Kollegialbeschlusses körperliche Züchtigung zu verhängen, um Angaben über Mitschuldige zu erlangen oder um „freche Lügen und Erdichtungen ... verstocktes Leugnen oder gänzliches Schweigen" zu brechen (Krim. Ord. von 1805 §§ 285 ff.; vgl. *Stölzel* II 359 zur Abneigung Friedrich Wilhelms III. gegen erzwungene Geständnisse).

Im großen und ganzen blieb dieses vom Landrecht und der Kriminalordnung sanktionierte System während der ersten Hälfte des 19. Jahrhunderts bestehen. Es zeugt von der unmittelbaren Gewaltanwendung, mit der die Herrschaft von Hausherren im engen und weiteren Sinne, von den lokalen Polizeiobrigkeiten und vom Staat und seinen Justizorganen ausgeübt wurde. Das hierarchische Gefälle läßt sich gleichsam an den Strängen ablesen, an denen von oben nach unten die Prügelstrafe ungehindert verabfolgt werden durfte. Vormundschaft der Vorgesetzten, Zucht als Ziel der Züchtigung lagen in der Bahn des Herkommens. Daß aber Körperstrafen einem freien Staatsbürger nicht angemessen seien, war Svarez' Überzeugung. Die oberen Klassen blieben sowieso davon verschont, aber auch sonst drängte Svarez auf eine Einschränkung dieser Strafart, „weil dadurch der Charakter der Nation zu sehr erniedrigt wird" (Vorträge 27). Svarez verlagerte den Hauptmotiv der Körperstrafen von dem der Abschreckung, sei es für die Zukunft, sei es für andere, in das der Besserung (ebd. 375). Vor allem als Erziehungsmaßnahme, also mit dem Ziel ihrer späteren Beseitigung, schien ihm Körperstrafe sinnvoll. Das Landrecht überging deshalb viele der herkömmlichen Torturen mit Stillschweigen, wenn es auch andere noch beibehielt.

„Jene der Moralität so nachteilige Strafarten", etwa der spanische Mantel oder die Fiedel, sollten „je eher je lieber entbehrlich gemacht werden", wie der Großkanzler die kurmärkische Kammer 1794 belehrte (*Gräff – Rönne – Simon:* 7, 340). „Sie ersticken und töten in den Gemütern der niedrigern Volksklassen vollends ganz jenen ohnedies nur schwachen Ehrtrieb und die Selbstachtung, die in besser organisierten Gemütern ein so kräftiges Abhaltungsmittel von mannigfaltigen Verbrechen ist." Aber in Ermangelung „ordentlicher Gefängnisse" auf dem platten Lande resignierte auch Carmer und duldete den provinziellen Gebrauch von Fiedel und Mantel (vgl. *Lennhoff:* Gesindewesen in Brandenburg 63 ff.).

Körperliche Züchtigung als „ein väterliches Besserungsmittel", wenn es nämlich mit den „nötigen Ermahnungen begleitet werde", schien dem Gesetzgeber dagegen angebracht. Deshalb weitete er 1798 in dieser Form die Strafe, um zunehmende Unruhen zu verhindern, auf die *Studenten* aus; sie sollten dafür „wie auf der niedern Schule" behandelt werden und im Fall grober Exzesse Prügel beziehen (NCC X 1663). Gegen diese Idee des Kriminalrats Meister, der später auch die Kriminalordnung entwarf (*Stölzel:* Rechtsverfassung II 336), wandte sich Altenstein ganz entschieden, als die VO 1824 auch auf die geheimen Studentenverbindungen ausgedehnt wurde (GS 1824, 122; Stern III, 397). Mitglieder der kommenden Oberschicht sollten von entehrenden Strafen frei bleiben. Länger wirkten die

Bestimmungen, die über das ALR hinausgehend die Unterschicht mit Prügel bedrohten.
So wurden durch eine Verordnung vom 30. 12. 1798 (*Mannkopf:* 4, 563; erneuert durch VO vom 17. 8. 1835, GS 170) das Landrecht und die Gerichtsordnung dahin ergänzt, daß Teilnehmer an *Tumulten* körperliche Züchtigungen zu erwarten hätten; ferner sollte der Richter befugt sein, auf Körperstrafen zu erkennen, „wenn Gesinde ihre Herrschaft, Lehrlinge ihre Meister, Kinder ihre Eltern oder gemeine Personen aus den höheren Ständen beleidigt haben". Man versuchte also, der sozialen Gärung, die gerade nach dem Erlaß des Landrechts allgemein um sich griff, durch gerichtlich zu verhängende körperliche Züchtigungen Einhalt zu gebieten.
Im folgenden Jahr, am 26. 2. 1799 (NCC X 2249), erging die lange Verordnung wegen Bestrafung der *Diebstähle,* die – wie die anderen Ergänzungen dieser Jahre – erst in der Revolution 1848 beseitigt wurde (V 18. 12. 1848. GS 423). Zum Schutz des Eigentums wie zur Abschreckung und zur Besserung des Delinquenten wurde eine gleitende Skala von Strafen eingeführt, die mit gelinder oder schärferer körperlicher Züchtigung begann, wobei dem Gestraften zugleich „Anweisung" erteilt werden sollte, „wie er sich auf redliche Art ernähren könnte". Bei Rückfällen oder erschwerenden Umständen traten Gefängnis, Strafarbeit oder Einweisung in eine Besserungsanstalt hinzu, und die körperlichen Züchtigungen wurden gesteigert – eventuell wiederholt – zu scharfen, strengen oder zu solchen „im geschärftesten Grade" bis hin zur öffentlichen Stäupung. Körperstrafen blieben im ganzen Vormärz noch ein fester Bestandteil des Strafvollzugs, wobei die Motive hier je nach Schwere des Diebstahls oder Raubes von dem der Besserung über die Abschreckung bis zur Vergeltung reichten.
Die erste Frage war also nicht, ob das Züchtigungsrecht beseitigt werden sollte, sondern wem es zustehe. Der Staat suchte zunächst das Recht zu körperlicher Zwangsgewalt ganz an sich zu ziehen; ein erster Schritt, die Gleichberechtigung aller Untertanen als Staatsbürger herbeizuführen. 1789 wünschte sich E. F. Klein, der Mitarbeiter von Svarez, vergeblich, daß sämtliche Strafen, auch die Polizeistrafen, nur durch ordentliche Gerichte verhängt werden sollten (Ann. 4, 351 ff.). Wie überall begann die Reform von oben und erreichte nur sporadisch die Wirklichkeit des Alltags. Sodann wurden während der ersten Jahrhunderthälfte verschiedene Erleichterungen und Milderungen des Strafvollzuges angeordnet, aber die wiederholten Reskripte und davon abweichende Erkenntnisse einiger Gerichte – auf Grund provinzieller Rechtsgepflogenheiten – zeugen davon, daß selbst die unabhängige Justiz nicht immer im Gleichschritt mit der Justizverwaltung ging.

I

Am schwersten fiel es der Justizverwaltung, die Prügelstrafe dort einzudämmen, wohin ihre Macht sowieso nicht reichte: auf dem platten Land. Die negativen Erfahrungen, die Friedrich II. zeitlebens mit seinen Verboten (*Koser* 2, 94) gemacht hatte, prägten die landrechtlichen Beratungen über das *Strafrecht der Gutsherren.* Svarez ging – mit Montesquieu – davon aus, daß es unmöglich sei, ein Gesetz zu erneuern, das „täglich unter den Augen des Richters übertreten wird" (*Kamptz:* Jb. 41, 152). Allein die Verfassung, die die Polizeigewalt sowieso in den Händen der Gutsherren beließ, verhinderte eine wirksame Reform. Der Gesetzgeber lief auf der herkömmlichen Sozialordnung auf, die mit einem Federstrich nicht zu beseitigen war. So beschritt Svarez zunächst den Ausweg, zwischen Polizeistrafen, die

Exkurs I

auf wirklichen Delikten standen, und jenen Züchtigungen zu unterscheiden, die zur Arbeit anhalten sollten. Die Tatsache, daß sich die ländlichen Arbeiter widerstandslos schlagen, peitschen und verprügeln lassen mußten – und auch ließen, erhielt somit von Svarez eine erzieherische Pointe. Aus dem „Strafrecht der Herrschaften", wie der Entwurf noch lautete (I. Teil, 2. Abt. 44), wurde ein Züchtigungsrecht. Dieses selbst wurde obendrein eingeengt; nur das untertänige Gesinde und das der untertänigen Wirte durfte geschlagen werden, was e silentio ein Züchtigungsrecht über Bauern ausschloß. Im übrigen gab Svarez der sozialen Wirklichkeit nach, wie überhaupt das Landrecht von dieser ausging, um Korrekturen so maßvoll anzubringen, daß sie ohne Ruhestörung eine Wende zum Besseren herbeiführen könnten.
1795 und 96 ergingen Deklarationen zum Züchtigungsrecht, die 1803 im Anhang § 105 Gesetzeskraft erhielten: Stockprügel wurden ausdrücklich untersagt, die lederne Peitsche blieb erlaubt, wobei detaillierte Beschreibungen über die verschiedene Wirksamkeit dieser Instrumente zur humanitären Begründung mitgeliefert wurden (NCC X 1893, aufgegangen im Anhang § 105 zum ALR: „Die Erteilung der Stockschläge ist gesetzeswidrig. Dagegen aber der Gebrauch einer ledernen Peitsche erlaubt, mit welcher auf den Rücken über die Kleider eine mäßige Anzahl von Hieben gegeben werden kann"). Indes wurde im Zirkular, das alle Gutsherren erreichen sollte, ausdrücklich darauf verwiesen, es mit Vorsicht zu gebrauchen, „damit dasselbe nicht eine unnötige Publizität erhalte, wodurch der gemeine Mann in Trotz und Ungehorsam bestärkt werden könnte". Die während der Revolutionskriege vielerorten aufflackernden Bauernunruhen überholten derartige Anweisungen schnell. Fiedel und Mantel in der Kurmark; Stock, Block und Ganten in Schlesien; eine das Landrecht ebenso überschreitende Auslegung des Züchtigungsrechts in Ostpreußen wurden bald wieder zugelassen, und Hoym in Schlesien ging eigenmächtig selbst darüber hinaus (*Gräff – Rönne – Simon:* 4, 430; *Stein:* II, 13, 32; *Ziekursch:* 242, 263). Wie er sagte, um „das auffallend gesunkne Ansehen" der Gutsherrschaften so rechtzeitig wieder zu heben, daß sich noch härtere Zwangsmittel erübrigten (1805). Die Reformgesetzgebung schnitt diesen Weg gesteigerter Repressalien ab, ohne freilich das Züchtigungsrecht zu beeinträchtigen.
Weit zweifelhafter als die Legalisierung eines gutsherrlichen Züchtigungsrechts über das Zwangsgesinde war von vornherein ein Züchtigungsrecht innerhalb der *Gesindeordnung* (II, 5). Denn die Gesindeordnung fußte auf einem freien Vertragsverhältnis. In der Stadt üblich, dehnte sich dieses Verhältnis zusehends auch auf dem Lande aus. Hier entspann sich eine Kontroverse zwischen Grolman und Svarez. Grolman ging davon aus, daß das Recht der Eltern gegen ihre Kinder auch der Herrschaft gegen ihr Gesinde beigelegt werden müsse. „Dies erfordert die Ordnung im Hauswesen, dies bessert selbst den moralischen Charakter des Gesindes, welches zumal auf dem Lande mehrenteils schlecht erzogen ist, und sich durch bloße Worte nicht regieren läßt". Grolman argumentiert im Sinne des Herkommens, in dem das Haus die unterste Herrschaftseinheit, der Hausherr mit einer begrenzten Strafbefugnis ausgestattet ist. Svarez wendet sich scharf gegen diese Herrschaftsordnung, sie ergebe sich niemals aus einem freien Kontakt zwischen Herr und Gesinde. Aus einem Mietvertrag fließe weder eine „potestas correctoria" noch gar eine Strafgewalt. Zudem könne man den armen Dienstboten nicht der „Laune seines boshaften oder hypochondrischen Herren ... preisgeben" (*Gräff – Rönne – Simon:* 3, 490). Diese Auffassung, die eine gegenseitige Anerkennung freier Menschen voraussetzte, wenigstens forderte, führte zu jener eigentümlichen Formulierung des § 77 II 5: „Reizt das Gesinde die Herrschaft durch ungebührliches Betragen zum Zorn, und wird in selbigem von ihr mit Scheltworten, oder

geringen Tätlichkeiten behandelt, so kann es dafür keine gerichtliche Genugtuung fordern" (= § 83 I. T. Tit. 5 des Entwurfs).
Svarez differenziert also das herrschaftliche Züchtigungsrecht durch eine psychologische Motivation. Schläge im Affekt werden geduldet, Prügel mit Vorsatz und Absicht können gerichtlich verfolgt werden. Damit wurde der Herrschaft ein Züchtigungsrecht im unmittelbaren Sinne abgesprochen; die bedachtsame Fassung des Paragraphen verhinderte andererseits, was bei der Redaktion ausdrücklich moniert wurde, daß das Gesinde über die „Rechtmäßigkeit des Verfahrens der Herrschaft" laufend Prozesse provozieren würde. Die Abfassung dieses Paragraphen kennzeichnet die vorsichtige Art, liberale Tendenzen so in die widerständige Herkunft einzuflechten, daß diese legal abzubauen war, sobald die Verhältnisse es zuließen und nicht nur guter gesetzgeberischer Wille vorhanden war. Die tatsächlich vorgefallenen Züchtigungen haben im allgemeinen natürlich nicht zu Gerichtsverhandlungen geführt; aber die Gerichte konnten angerufen werden, und 1845 wurden sie ausdrücklich darüber belehrt, im Zweifelsfall immer durch Erkenntnis darüber zu befinden, ob die Voraussetzung des § 77 gegeben sei oder nicht (*Gräff – Rönne – Simon:* Erg. I, 203). Der Abbau unmittelbarer Herrengewalt und deren Unterwerfung unter die Justiz korrespondierten einander: soweit das freie Gesinde an die Gerichte appellierte.
Das Landrecht führte also zu der doppelten Lösung, daß ein Züchtigungsrecht gegenüber dem untertänigen Gesinde ausdrücklich erlaubt, gegen das freie Gesinde nicht ausdrücklich verboten war. Indem es weder gegen Bauern angewandt werden noch als Strafe verstanden sein sollte, ging das Landrecht weit über die bestehenden Verhältnisse hinaus, allerdings nur mit subsidiärer Kraft. Immerhin konnten Exzesse in der Ausübung des Züchtigungsrechts gerichtlich verfolgt werden, denn der strafrechtliche Teil des Landrechts hatte primäre Geltung (Reskr. 22. 9. 1804; *Gräff – Rönne – Simon:* 9. 17). Hier lag ein Hebel, die eigenständigen Gewalten zurückzudrücken.
Mit der Aufhebung der persönlichen Gutsuntertänigkeit 1807 und durch die Einführung einer neuen Gesindeordnung von primärer und allgemeiner Geltung 1810 wurde das Problem der den Reformern so anstößigen Prügelstrafe erneut aufgerollt. Wir verfolgen die Gesetzgebung im Anschluß an die Gutsordnung (§§ 227 ff. II 7) und an die Gesindeordnung (§§ 77 ff. II 5) zunächst getrennt, obwohl sie durch die Aufhebung der Untertänigkeit zwangsläufig ineinander überging, da alles Gesinde nunmehr frei war.
Ob durch die persönliche *Befreiung der Untertanen* 1807 auch die den Gutsherren zugestandene Strafgewalt, legal die Zuchtgewalt, beseitigt worden sei, wurde zunächst verneint. Die Umwandlung der Untertanen in „freie Leute" führte nicht unmittelbar zu ihrer Gleichberechtigung als Bürger. Ein das Oktoberedikt erläuterndes Reskript vom 5. 3. 1809 und eine darauffolgende bindende Deklaration vom 8. 4. 1809 schildern zwar ausführlich die Vorteile, die von der persönlichen Freiheit der ländlichen Arbeiter zu erwarten und durch „Veredlung der arbeitenden Klasse" zu gewinnen seien, indes müsse „das Züchtigungsrecht einstweilen und vor der Hand noch bestehen bleiben" (*Gräff – Rönne – Simon:* 4, 422). Der Staat delegiert weiterhin eine Erziehungsgewalt an die Gutsherren, wenn auch in der Absicht, ständische Vorrechte durch ihre pädagogische Handhabung zu beseitigen. Indem nämlich die Deklaration des Oktoberedikts ausdrücklich auf das Landrecht rekurrierte, erhob es mit der generellen Geltung des Oktoberedikts auch die bisher nur subsidiarische Kraft des Landrechts auf die Ebene primär geltenden Rechts (Reskr. 5. 3. 1809, § 16, Publ. 8. 4. 1809, § 12). Insofern brach jetzt die Beibehaltung der §§ 227 II 7 die harten provinziellen Rechtsgepflogenheiten und beschränkte da-

Exkurs I

mit die Prügelstrafe auf das Gesinde allein, unter Ausschluß der Bauern. Damit war die Gesetzgebung wiederum den tatsächlichen Verhältnissen weit vorausgeeilt, auch wenn es nur ein kleiner Schritt schien, der, gemessen am Oktoberedikt, sogar ein Schritt zurück war. Aber die Richtung wurde festgelegt. „Überall also", heißt es weiter, „habt Ihr den Gesichtspunkt festzuhalten, daß auch diese Befugnis der Gutsherren mit der fortschreitenden Kultur in Zukunft beschränkt werden muß."
Die aus der Untertänigkeit des Landvolks herrührende Strafbefugnis der Herren sollte also unter die Kontrolle der Justiz im Sinne der Gesindeordnung gebracht werden. Indes führten die Unruhen infolge der Bauernbefreiung bald zu erneuten Bestätigungen des gutsherrlichen Züchtigungsrechts (KO 7. 11. 1809, Reskr. 5. 12. 1812; *Mannkopf:* 2, 97).
Dagegen wurde 1825 bei der Neuordnung der gutsherrlich-bäuerlichen Verhältnisse in Westfalen das Züchtigungsrecht der Herrschaft auf die Bestimmungen der Gesindeordnung eingeschränkt, die Befugnis nach den §§ 227 II 7 ausdrücklich aufgehoben (G 21. 4. 1825 § 9, GS 74). Gerade aus dieser speziellen Gesetzgebung für den Westen schlossen nun schlesische Gerichte auf das Weiterbestehen der gutsherrlichen Zuchtgewalt in ihrer Provinz. Das veranlaßte zwei Reskripte des Justiz- und des Innenministeriums 1832 (9. 11. 1832, Jb. 40, 218, und 26. 11. 1832; *Kamptz:* Ann. 16, 973): Sie belehrten die Gerichte, daß mit der Einführung einer generellen Gesindeordnung 1810 alle Strafrechte der Gutsherren, die aus der ehemaligen Herrschaftsordnung entstammten (§§ 227 II 7) hinfällig geworden seien. Die Berliner Ministerien gingen also 1832, zur Zeit der Gesetzesrevision, den Schritt weiter, den man sich 1809 noch vorbehalten hatte: aber nur, weil man sich in der sozialen Wirklichkeit nicht einmal auf die Stufe der Gesetzgebung von 1807 und 1810 erhoben hatte. In Schlesien herrschte nämlich weiterhin die gutsherrliche Sitte, widerspenstige Dienstleistende durch Stock, Block oder Gant zu strafen, wobei man sich darauf berief, daß aus dem Fortbestehen der an den Boden gebundenen Dienste auch die Rechtmäßigkeit der Zwangsgewalt folge. Die persönliche Freiheit wurde also durch Rückbindung an „dingliche Rechte" wieder beschnitten.
Die Rechtsprechung schwankte: Während der erste Senat des OLGs Glogau etwa im Sinne der Verwaltung entschied, kassierte der zweite Senat das entsprechende Urteil. Streng legal und auf der Unabhängigkeit der Justiz insistierend (vgl. dazu *Bornemann:* I, 37), konnte er sich an die Deklaration von 1809 halten: Der Abbau der Züchtigungsrechte, den man von steigender Kultur erwartete, war zwar von den Ministerien 1832 gefordert, aber nur in Form einer Belehrung, nicht durch Kabinettsorder oder durch Gesetz verfügt worden. Nach einer legalistischen Argumentation nannte der zweite Senat die sozialen Gründe: Der avisierte Kulturzustand sei noch nicht erreicht, „das Fortbestehen des Züchtigungsrechts ist auch ganz vernünftig". Der Städter könne seine Köchin mit Hilfe der Gesindeordnung wohl regieren, auf dem Lande aber seien „schärfere und promptere Mittel" nötig. Denn die Hofdienste würden nur von der „Hefe des Volkes" versehen, jeder ordentliche Kerl ginge zum Bauern, weil er dort besseres Essen erhalte und bequemer lebe, auch wenn er weniger verdiene. „Es kommt noch dazu, daß die Gutsherren selbst die Polizei ausüben, mithin keine Polizeibehörde haben, welche sofort einschreiten kann" (*Koch:* Schles. Archiv 2, 576).
So richtig diese Beschreibung war, der erzieherische Impuls, den die Ministerien durch ihre Gesetzesauslegung dem Gericht mitteilen wollten, wurde durch die Hinnahme des Gegebenen wieder verschluckt. Dieses Ereignis aus dem Jahre 1838 kennzeichnet den Vormärz. Die Verwaltung vertraute auf die Wirksamkeit ihrer Belehrung und hoffte, durch allmähliche Besserung der Lage einen legislatorischen

Eingriff ersparen zu können. Aber das Gestrüpp der sich überlagernden Rechtsschichten, der Provinzialrechte, des Landrechts, der Reformgesetze und der folgenden Deklarationen bot immer wieder genug Unterschlupf, wenn man sich nicht auf dem geplanten Weg des Fortschritts bewegen wollte. Erst Gesetze oder Verordnungen mochten neue Richtung weisen; Klarheit aber war nur zu gewinnen, wenn die Zielrichtung eindeutig blieb, und dieses war sie keineswegs immer – und wenn, dann keineswegs überall. Einen Effekt hatte diese verfilzte Lage jedenfalls, sie war eine Schule der preußischen Juristen im Legalitätsdenken und mündete in die zunehmende Forderung nach genereller Gesetzgebung, die seit Ende der Reform ins Stocken geraten war.

Ein Interimistikum aus dem Jahre 1813 bedarf der Erwähnung. Als am 21. 4. 1813 „nach dem Beispiel von Spanien und Rußland" (§ 8) und „nach dem Muster der spanischen Guerillas" (§ 52) der *Landsturm* organisiert wurde, da mußten alle Besitzer und Inhaber von Grundstücken einen Ausschuß wählen, die sogenannte Schutzdeputation. Diesem Ausschuß wurde eine Strafgewalt über Tod und Leben delegiert. So konnten die Gutsbesitzer die Todesstrafe verhängen, wenn z. B. ein Landsturmmann die Frondienste verweigerte; bei Feigheit vor dem Feinde sollten Abgaben und Leistungen verdoppelt werden; Feiglinge „sollen der körperlichen Züchtigung unterworfen werden. Wer Sklavensinn zeigt, ist als Sklave zu behandeln" (§§ 24 ff., GS 25). Nach knapp drei Monaten wurden diese fragwürdigen Bestimmungen aufgehoben, wie überhaupt dem Landsturm die martialischen Zähne gezogen wurden, „um nicht zum Nachteil der Sicherheit und des Eigentums Unserer getreuen Untertanen" auszuarten. Der Versuch, Gutsherren und Untertanen so zusammenzuspannen, daß Gutsdienste und Kriegsdienste durch eine Art Volksjustiz der besitzenden Schichten in Einklang zu bringen seien, war auch im Namen des Patriotismus nicht möglich. Der Staat zog schleunigst die Sonderjustiz wieder an sich. Der Landsturm wurde zwar mit verschärften Strafen in verkürztem Verfahren bedacht, aber die Strafgewalt fiel an die Polizeibehörden und die ordentlichen Gerichte zurück (V 17. 7. 1813, V 21. 7. 1813; GS 89, 95; *Gräff – Rönne – Simon:* 5, 319; 7, 313).

Welchen Weg nahm nun die *Gesindeordnung*? Im großen und ganzen blieben die Bestimmungen des Landrechtes erhalten (G 8. 11. 1810; GS 102). Entfernt wurden die Abschnitte über Hausoffizianten, Erzieher und über die verbotene Sklaverei. Dagegen wurde die Bestimmung des Gesindes von häuslichen auch auf „wirtschaftliche Dienste" ausgedehnt (§ 1), woraus erhellt, daß das ehemalig untertänige Gesinde von der neuen Ordnung mit erfaßt werden sollte. Bedeutete diese Ausweitung, daß zahlenmäßig weit mehr Leute als bisher der Gesindeordnung unterlagen – es gab etwa eine Million Leute im Gesindedienst (*Krug:* II, 206 ff.) –, so war noch eingreifender, daß die Gesindeordnung zu primärer Geltung aufrückte und damit die in den preußischen Provinzen bestehenden 24 Gesindeordnungen in den subsidiären Bereich verwies (vgl. das Steinsche Testament von *Schön:* § 3). Das Züchtigungsrecht der Herrschaft im Sinne der §§ 77 ff. blieb zwar bestehen, die bedachtsame Formel von Svarez gewann aber unmittelbare Rechtskraft. Eine kleine Veränderung im § 78 sah e silentio vor, daß „Ausdrücke oder Handlungen, die zwischen anderen Personen als Zeichen der Verachtung" galten, nunmehr auch dem Gesinde gegenüber als ehrenkränkend verstanden werden sollten. Der Weg zur Injurienklage – nicht nur wegen Körperverletzung – wurde also zusätzlich um ein geringes geebnet.

Das begrenzte Ausmaß der herrschaftlichen Zuchtgewalt führte indes zu heftigen Auseinandersetzungen innerhalb der Gesetzgebung. Die Positionen von Grolman und Svarez wurden dabei erneut und schärfer noch bezogen. Die Sektion für all-

Exkurs I

gemeine Gesetzgebung wollte im Sinne Grolmans das herrschaftliche Züchtigungsrecht genauer definiert wissen. Das sei nötig, „wenn man nicht alle Rücksichten auf den Kulturzustand unseres gemeinen Mannes und das Interesse der Landwirtschaft, namentlich der leider bei uns noch bestehenden großen Gutshöfe bei Seite setzen wollte". Der Schritt vom Hausrecht der ehemaligen Herrschaft zu ihrem Interesse wurde also mit Vorbehalt formuliert, der wahre Grund, der Zustand der Polizei, nicht verschwiegen: „Ein Gutsbesitzer, der bei einem Gesindestand von vielleicht fünfzig rohen Menschen zu jeder wohlverdienten Züchtigung erst meilenweit den darüber gewöhnlich mißmutigen Landrat, oder den schreibsüchtigen, erst nach vergessener Sache entscheidenden Justiziarius anzuflehen genötigt wäre, würde jetzt [1809] wahrlich zu bedauern sein." Auf dieses Bedauern erwiderte der reformfreudige Konzipient der Gesindeordnung, Svarez' Position pointierend, daß „das sogenannte Züchtigungsrecht" nicht mehr und nicht weniger sei als „die Befugnis, sich selbst zu rächen ... Sehr häufig will man züchtigen, um sich das unangenehme Gefühl zu ersparen, daß man eigentlich unrecht hat."
So gering der Anlaß zu sein scheint, zwei Welten stoßen hier aufeinander. Die Zwangsgewalt der Herrschaft, deren Fortbestand aus Erfahrung gefordert wird, wird psychologisch aufgelöst – und zwar ebenfalls mit ausdrücklichem Rekurs auf die Erfahrung. Konzedierte Svarez noch Strafen aus dem Affekt, um vorsätzliche zu verbieten, so ging der Konzipient psychologisch einen Schritt weiter, um gerade die affektiven Handlungen als ungerecht zu entlarven. Der gleiche Sachverhalt wurde eben verschieden erfahren und dementsprechend eine andere Konsequenz gezogen. Die Annahme, fährt der Konzipient fort, daß der gemeine Mann sein Interesse weniger erkenne als sein Herr, er deshalb „unter Guts-, Fabrik- oder sonst herrschaftliche Vormundschaft gesetzt werden müsse", treffe in keiner Weise zu. Die gegenwärtigen Herrschaften hätten keinen Rechtstitel, Vormundschaft auszuüben, im Gegenteil, „gute Herren [sind] vielleicht noch seltener als gute Diener". Es käme nur darauf an, daß nicht der Herr, sondern das Gesinde die Kündigung fürchte. Hier drängte sich ein liberales wirtschaftspolitisches Argument vor und richtete sich gegen ein falsch verstandenes Interesse im Gewand prolongierter Herrschaftsansprüche. Besonnenheit und „kalte Festigkeit" zeichne den Herren aus, nicht rohe Gewalt. Indes gibt der Konzipient aus dem Justizministerium Kircheisens (*Stölzel:* II 424) selber zu, daß eine völlige – nicht nur verklausulierte – Beseitigung des Züchtigungsrechtes erst mit einer geordneten Polizeiverfassung möglich sei. Und er fügt prognostisch hinzu: „Aber nach dem, was bereits zur Sprache gekommen, fürchte ich sehr, daß gerade die Gutsbesitzer selbst die Organisation einer guten Polizei vornehmlich verzögern werden."
Die freie Wirtschaftsverfassung, die die Reformer planten, setzte eben nicht nur den freigelassenen, auch nicht nur den freien Menschen voraus, sondern zunächst einmal eine staatliche Ordnungsmacht, die bis in die Gutsbezirke hineinreichte. Nur dann ließ sich dem – erhofften – freien Menschen sein Spielraum nicht nur gesetzlich, sondern auch faktisch absichern. Dagegen sperrten sich die Gutsherren. Das Scheitern des Gendarmerieediktes machte es illusorisch, das Züchtigungsrecht weiter abzubauen. Es gelang den Gutsherren, ihre vorgegebene Machtbefugnis auch in die freie Wirtschaft hinüberzuretten.
Ein dritter Gutachter verweist auf den Kompromiß, der sich im Vormärz immer wieder aus dem Dilemma ergab, das zwischen der sozialen Wirklichkeit und der postulierten Staatsbürgergesellschaft herrschte. Es war der Kompromiß, der auf eine langsame, sorgfältige Erziehungsarbeit verwies, d. h. auf die Zukunft. Gegenwärtig glaube er nicht, „daß der gemeine Mann im preußischen Staate schon den Grad von Kultur erreicht habe, um aus Pflicht und Ehrgefühl allein die Motive

zur Pflichterfüllung herzunehmen". Der gemeine Mann habe in den polnischen Gegenden „leider mit einem Menschen kaum mehr als die Gestalt gemein", und „selbst in den deutschen Gegenden... wird es kaum einige geben, wo man inneren Kulturzustand schon voraussetzen kann... Die Sektion des Cultus und öffentlichen Unterrichts wird erst gewirkt haben müssen, ehe wir das Züchtigungsrecht werden *abschaffen* können" (*Gräff – Rönne – Simon:* 3, 490 ff.).
Gerade der pädagogische Eifer leistete einem Hochmut Vorschub, dessen die angestammte Herrschaft nicht bedurfte: Die Prügelstrafe erhielt somit aus Reformkreisen, die sich auf das Bildungsgefälle beriefen, neuartigen Sukkurs. So prägte das Spannungsfeld, in dem schon Svarez stand, auch die Diskussion 1810: daß nämlich der freie Mensch schon vorausgesetzt werden müsse, um die Freiheit zu verwirklichen, daß diese Voraussetzung in der Wirklichkeit, wie sie erfahren wurde, aber schwer zu finden sei. Man verblieb bei der juristisch eleganten Formel von Svarez, die eine körperliche Züchtigung der Diener durch ihre Herrschaften zwar nicht erlaubt, die Gleichheit der Vertragspartner aber rechtlich abzusichern zurückschreckt. Solches Recht wäre nicht erzwingbar gewesen. Das vage Zwischenfeld in einem liberalen Sinn abzuändern wurde zur Aufgabe der Verwaltung und ihrer erzieherischen Tätigkeit.
Der legal abgesteckte Spielraum der Verwaltung änderte sich – um dies vorauszuschicken – fast schleichend mit zunehmender Durchführung der Reformgesetzgebung. Dem freien Gesinde gegenüber behielt die Herrschaft ihr gelindes Züchtigungsrecht – wenn auch mit judizierbarem Vorbehalt. Daran änderte sich nichts: Es war schwer, innerhäusliche Verhältnisse administrativ zu ändern, auch wenn das Gesinderecht unter polizeilicher Kontrolle stand. Anders lagen die Rechtsverhältnisse der frei gewordenen Untertanen in der Landwirtschaft. Sowie die Dienstpflicht des früher robotpflichtigen Gesindes und der bäuerlichen Wirte abgelöst war, entfiel der legale Rechtstitel der Gutsherren (nach den §§ 227 II 7), sie mit Prügeln zur Arbeit anzuhalten. In Zahlen ausgedrückt, stellt sich dieser ständische Auflösungsprozeß folgendermaßen dar: Rund 300 000 Bauern hatten sich bis zur Revolution jeglicher Dienstpflicht entledigt und damit der gutsherrlichen Zuchtgewalt de facto entzogen. Diese Landleute haben sich im Laufe des Vormärz zusammen mit denen, denen es nur teilweise gelang, von der Dienstpflicht zu rund 23 Millionen Arbeitstagen freigekauft, die sie für ihre Herrschaft aufzubringen und von der sie sich abzulösen hatten (nach *Meitzen:* I, 433, berechnet). Der Ablösung entsprechend verloren die Gutsherren ihren halb legalen Rechtstitel zu körperlicher Zwangsgewalt.
Andererseits standen im Revolutionsjahr noch über eine Million Landleute in irgendeinem Zwangsdienstverhältnis zu ihrer Herrschaft, wenn auch nur mehr mit rund 7 Millionen Dienstleistungstagen, was im Durchschnitt einer Zwangs-Arbeitswoche pro Jahr und Kopf entsprach. Trotz der hohen Zahl Dienstpflichtiger schwand also auch in dieser Hinsicht die legale Chance zu körperlicher Züchtigung. Statistisch allerdings nicht ergriffen – und damit auch legal schwer erfaßbar gewesen – ist in diesen Zahlen die Summe der Robotpflichtigen, die ohne Ablösungsleistung in den freien Landarbeiterstand übergeleitet wurden, wie etwa in Oberschlesien. Mit anderen Worten, die Bauernbefreiung führte sukzessive – und regional verschieden – mit der Ausbreitung des Tagelöhnerstandes und der im freien Vertrag angesetzten Instleute zu einem Rechtsschwund der gutsherrlichen Zwangsgewalt: Prügel, die natürlich weiter verabfolgt wurden, wurden Sache reiner Willkür. Standen die noch dienstpflichtigen Untertanen legal unter dem freien Gesinde – die Züchtigungsrechte der Gesindeordnung waren schmäler dosiert als die der Gutsordnung –, so drängten sie als freie Tagelöhner und als Gesinde

Exkurs I

„in wirtschaftlichen Diensten" darüber hinaus. Soweit sich die Tagelöhner wirklich „frei" wußten, verloren die Züchtigungsrechte an Evidenz.

Die Gegenrechnung präsentierten die Gutsherren, die in dem Maße, wie die Freizügigkeit ihre Autorität untergrub, auf eine Verschärfung der Strafbestimmungen drängten. Wie verhielt sich nun die *Verwaltung* gegenüber diesen ständischen Postulaten? Insgesamt ablehnend. Aber die Behörden wurden in die Verteidigung gedrängt. Sie gerieten in eine Zwickmühle zwischen den Rechtsansprüchen der Untertanen - nunmehr ihrer Untertanen - und den ständischen Forderungen, die z. T. aus Kreisen ihresgleichen kamen.

1810 wurde den Gutsherrschaften durch zwei Reskripte ausdrücklich verboten, bei Ausübung ihres Züchtigungsrechts andere Strafarten zu verwenden, als im Landrecht (§§ 227 II 7) und den folgenden Verordnungen ausdrücklich vorgeschrieben waren. Besonders provinzielle Strafarten, wie Block, Stock oder Ganten, wurden „als nicht allein der Gesundheit, sondern auch der Moralität" abträglich verboten - ein Verbot, das 1832 wiederholt werden mußte, also nicht allgemein eingehalten wurde (*Gräff - Rönne - Simon:* 7, 333 f.; Jb. 40, 418). 1824 forderten die brandenburgischen Stände, 1825 die schlesischen und wiederum 1841, daß eine neue, wenigstens modifizierte Gesindeordnung erlassen werde, um die Zuchtlosigkeit einzudämmen, die „mit fortschreitender Ausbildung" des Gesindes wachse. Die Anträge wurden zurückgewiesen. Noch 1843 erklärte der brandenburgische Landtag erneut die Prügelstrafe „bei dem ländlichen Gesinde ... geradezu für unentbehrlich" (*Rumpf:* 1, 39; 2, 34/67; 17, 575; *Jordan:* 78).

Der erste preußische Landtag bat um Ausweitung der Gesindeordnung von 1810 auf den Kulm-Michelauschen Kreis, wo noch die Warschauer Verfassung von 1809 galt: Diese Anpassung wurde genehmigt (*Rumpf:* 1, 153/207), aber alle weiteren Forderungen, die die preußischen Stände 1831, 1834 und 1837 mit zunehmender Vehemenz vortrugen, wurden abschlägig beschieden oder - für die Planlosigkeit des Staatsministeriums bezeichnend - weiterer Beratung überwiesen. Vergeblich forderten die preußischen Gutsherren, ihre Züchtigungsrechte über die ehemaligen Untertanen im Sinne der §§ 227 II 7 durch eine authentische Deklaration zu bejahen. Das Staatsministerium sprach, der Praxis der Regierungen folgend, den Gutsherren jedes Züchtigungsrecht ab (vgl. auch den oben genannten Bescheid der Justiz- und Innenministerien vom 26. 11. 1832, *Avenarius:* II 46). Was man also auf dem Wege der Gesetzgebung zu tun sich scheute, suchte man durch Verfügungen und belehrenden Landtagsabschied zu erreichen. Statt unerzwingbares Recht zu setzen, vertraute man dem sanften Wege der Bildung.

Unbeirrt forderten die Stände, darüber hinausgehend, erneut ein „Strafrecht der Gutsherren gegen das Gesinde", was 1837 das Minsterium zu beraten versprach, nachdem es einen ähnlichen Antrag der Posener Stände schon 1834 zurückgewiesen hatte. Bereits 1830 verlangten die Posener Gutsherren, die Gesindeordnung auf die gesamte Gutswirtschaft auszudehnen: „daß alle Dienstfamilien - Einlieger, Tagelöhner - auf Landgütern ... in betreff des ihrem Herren kontraktmäßig zustehenden Gehorsams und der Zwangsmittel zur Erfüllung ihrer Verbindlichkeiten sowohl wie auch in betreff der Bestrafung für die Nichterfüllung derselben, als gemeines Gesinde betrachtet werden" sollen, d. h. den Bestimmungen der Gesindeordnung zu unterwerfen seien. Die preußischen Gutsherren schlossen sich 1834 und 1837 diesem Antrag an: Alle Instleute sollten als Gesinde behandelt werden. Man wollte also erstens die Strafgewalt der Herrschaft gegen das Gesinde bekräftigt wissen, zweitens die im freien Vertrag gedungenen Landarbeiter und Tagelöhner dieser bekräftigten Strafgewalt zusätzlich unterworfen sehen. Das bedeutete nicht mehr und nicht weniger, als die Landarbeiter, denen gegenüber die

Herrschaft keine Strafgewalt mehr besaß, auf das Niveau des Gesindes herunterzudrücken. Legal hieß das, den Justizweg zugunsten der eigenen gutsherrlichen Polizei abzuschneiden und die Arbeiter der hausherrlichen Zucht wenigstens im Sinne des § 77 zu unterwerfen.
Mit diesen Forderungen richteten sich die Stände gegen die Verwaltungspraxis, die die regionalen Regierungen in Posen und Preußen verfolgten. Diese verteidigten die persönliche Freiheit der Tagelöhner gegen direkte Herrschaftsansprüche der Gutsbesitzer und erklärten es – wie die Posener Regierung 1830 – für „völlig unzulässig", Gesinde und Tagelöhner als eine Kategorie zu behandeln. Jede Zwangsgewalt, auch etwa stellungslose Tagelöhner zwangsweise zum Dienst zu verpflichten, verfehle den Zweck, sie zu williger Arbeit anzuhalten. Das Staatsministerium folgte auch hier den Gutachten der Beamten und lehnte die Unterwerfung der Einlieger unter die Gesindeordnung ab (für Posen: Arch. Pozn. Ob. Pr. Posen IV B 10, *Rumpf:* 8, 88/110; 12, 146/183; für Preußen: *Rumpf:* 9, 65/123; 12, 28/90; 14, 55/116, 81/132).
War also die Gesindeordnung gegenüber den ehemaligen Gutsordnungen für Untertanen schon ein Fortschritt, so war sie für bereits freie Arbeiter ungünstiger. Das Staatsministerium hielt an der einmal bestehenden Gesindeordnung fest, duldete aber weder ihre Verschärfung noch ihre Ausweitung. Dem entspricht auch, daß das Recht, die Zuchtgewalt zu delegieren, wie es der aussterbende § 227 II 7 noch kannte, nicht im Analogieverfahren auf die Gesindeordnung übertragen wurde. Den Stellvertretern der Gutsherren wurde jedes Züchtigungsrecht auf Grund des § 77 verwehrt, obwohl ihre Autorität, wie die brandenburgischen Stände versicherten, stark darunter leide (1836, *Rumpf:* 13, 125/144). Dem entspricht ebenfalls, daß sich die Gesindeordnung, die 1844 für Neuvorpommern endlich den Dienstzwang beseitigte, im ganzen an die Bestimmungen von 1810 hielt (Gesindeordnung für Neuvorpommern und Rügen 11. 4. 1845; GS 391 ff.). Nur der § 77 wurde stilistisch überarbeitet: „Gibt das Gesinde durch ein ungebührliches Betragen der Herrschaft zu Scheltworten, Rügen oder geringen Tätlichkeiten Veranlassung, so kann es deshalb keine gerichtliche Genugtuung fordern" (§ 71).
Die Tendenz der Behörden ging also dahin, die bestehenden Züchtigungsrechte nicht mehr auszudehnen und alle Anträge der oberen Stände, ihnen wieder eine Strafgewalt zuzugestehen, abzuweisen. Diese Verwaltungspraxis veranlaßte 1837 die schlesischen Stände, ein langes Gutachten vorzulegen „über die Ursachen der steigenden Entsittung der niederen Volksklassen und der Vermehrung der Verbrechen" (*Rumpf:* 14, 235/296). Man erkenne die sorgsame Pflege, die der Staat der Erziehung zukommen lasse, einmütig an: „... allein die Mittel der Furcht, in gleichem Grade unentbehrlich, um jede Familie, um das Volk in der Bahn der Gesittung zu erhalten, würden bei dem dermaligen Zustande der Dinge nicht für zureichend erachtet." Die der Freizügigkeit überlassenen jungen Leute „entbehren jeder väterlicher Zucht und Leitung", deshalb fordere man „Erweiterung der ortspolizeilichen und hausväterlichen Gewalt, modifizierte Anwendung der Militärstrafgesetzgebung auf die bürgerliche Jugend, insbesondere auf Gesinde und Handwerksgesellen". Der Justizminister verwies kurzerhand auf die Strafstatistik der Provinz, um jede Delegation der Strafgewalt an die Stände als überflüssig abzulehnen.
Der Schwebezustand, das Gesinde teils als selbständige Bürger anzusprechen, teils es der hausherrlichen Gewalt auszuliefern, wurde also gegen den anhaltenden Protest der alten Stände verteidigt, und die legal fortbestehende gutsherrliche Zuchtgewalt wurde restriktiv ausgelegt. Was aber im Osten relativ fortschrittlich war, das stieß im Westen auf erbitterten Widerstand. Im Rheinland drängte der

Exkurs I

Adel, mit Bauern in seinem Gefolge, seit dem ersten Landtag auf den Erlaß einer – der preußischen analogen – Gesindeordnung. Die Regierung legte 1837 einen ersten Entwurf vor, der bereits konzedierte, daß Schläge oder harte Behandlung das Gesinde zu kündigungslosem Verlassen der Dienste berechtigten (§ 33, *Rumpf:* 15, 349; die Schläge wurden schließlich ganz gestrichen: Gesindeordnung für die Rheinprovinz 19. 8. 1844, GS 410 ff.). Gleichwohl führte die Vorlage zu einem Entrüstungssturm der Majorität im Landtage. Sondergesetze für die niederen Klassen, die damit verbundene Ausweitung der Polizeigewalt und die Verwandlung des Hausherrn in einen „Sultan" wurden strikt abgelehnt. „Dem Sinne der Versammlung entspricht es nicht", wie von der Heydt sagte, „daß für die untern Volksklassen besondere Gesetze entworfen werden, daß die persönliche Freiheit beschränkt werde" (*Croon:* 167). Das 1844 erlassene Gesetz, das, wenn auch sehr gelindert, eine hausständische Herrschaftsgewalt wieder legalisierte, wurde vom Landtag zurückgewiesen. Damit ging der rheinische Landtag, wenn auch erfolglos, über die im Gesamtstaat tatsächlich herrschenden Verhältnisse weit hinaus.

Die Gesindeordnungen überlebten selbst die *Revolution.* Jeder dreizehnte Einwohner Preußens stand damals im Gesindedienst (*Hoffmann:* Die Bevölkerung 202), aber gerade diese spezifisch ständisch eingebundene Unterschicht war kein politisch aktiver Willensträger. Der Antrag des Abgeordneten Jung, alle Gesindeordnungen zu beseitigen, wurde 1848 bereits im Ausschuß mit 6:1 Stimmen abgelehnt. „Die Majorität der Zentralabteilung ging von der Ansicht aus, daß das Verhältnis des Gesindes zur Herrschaft nicht bloß rechtliche, sondern auch sittliche und wirtschaftliche Beziehungen habe, daß das Gesinde – meistens der ärmeren und niederen Volksklasse angehörend – durch das Dienstverhältnis in die häusliche Gemeinschaft der Herrschaft trete und daß mithin besondere Bestimmungen, welche den Dienstboten einen besonderen Schutz, der Herrschaft eine besondere hausherrliche Gewalt zugestehen, notwendig seien" (*Hübner:* Die Bewegung der ostelbischen Landarbeiter... Diss. Halle 1958, 81 ff.).

Die Unterwerfung des Gesindes und der Herrschaft unter generelle Vertragsbedingungen, und das hieß die Beseitigung eines herrschaftlichen Züchtigungsrechts, erachteten die Parlamentarier aus wirtschaftlichen und sittlichen Gründen für untunlich. Die hausherrliche Gewalt lebte fort. Die Elastizität der svarezschen Formel überdauerte die Revolution und hielt auch der folgenden sozialgeschichtlichen Entwicklung stand. Damit wird sie zum Indiz, wie wenig sich die Verhältnisse der untersten Schicht tatsächlich geändert haben. Treitschke lobte 1879 (I, 361), wie sehr das „humane Gesetz", das 1810 eine kühne Neuerung gewesen sei, „noch heutzutage den gänzlich veränderten Verhältnissen der dienenden Klassen im Wesentlichen entspricht". Auch bei der Einführung des BGB 1900 blieben die Gesindeordnungen als Landesgesetze unberührt. Nur das Züchtigungsrecht wurde dem Dienstberechtigten versagt (EGBGB Art. 95): Gleichwohl wurde speziell § 77 durch einen Erlaß vom 11. 8. 1898 (*Bitter:* I, 775) in seiner Geltungskraft bestätigt – die Prolongation der Svarezschen Formulierung blieb umstritten, bis am 12. 11. 1918 der Rat der Volksbeauftragten die Gesindeordnung aufhob. So endete als reaktionäres Gesetz, was Svarez im 18. Jahrhundert vorausplanend formuliert hatte.

II

Hatte der Staat im Laufe des Vormärz also die haus- und gutsherrliche Zuchtgewalt gegen die lebhaften Forderungen der ländlichen Stände einzudämmen gesucht, so besaß er größere Freiheit, über das Ausmaß der Körperstrafen zu befinden, dort, wohin seine Macht unmittelbarer hinreichte: in der *Polizeigerichtsbarkeit*, in der Militärjustiz und im Strafrecht selber. An der Notwendigkeit direkter körperlicher Zuchtgewalt hielt auch der Staat fest. Gleichwohl verstärkt sich die Tendenz, Körperstrafen als solche einzuschränken, vor allem, wo es sich der Staat leisten konnte und wo er sich eine Verstärkung seiner Autorität davon versprechen durfte. Die von Svarez eingeführte Unterscheidung zwischen Züchtigung aus erzieherischen und arbeitsmoralischen Gründen einerseits und gesetzlich festgelegten Leibesstrafen andererseits wurde von der Polizeiverwaltung und Justiz formal gewahrt. Ein Reskript vom 6. 2. 1809 spricht ausdrücklich davon, daß „die der Herrschaft nachgelassene Bestrafung mehr ein medium cogendi als eigentliche Strafe ist" (bezogen auf die Gutsgewalt §§ 227 II 7; *Gräff – Rönne - Simon:* 4, 433), und ebenso wird 1833 erneut bekräftigt, „daß den Dienstherrschaften ein *Strafrecht* gegen das Gesinde überall nicht zusteht" (bezogen auf den § 77 II 5; *Gräff – Rönne – Simon:* 3, 489). Indes alle Versuche, zwischen der aus der alten Societas herrührenden Herrschergewalt örtlicher und gutsherrlicher Provenienz und den staatlich festgesetzten Strafen zu differenzieren, um persönliche Willkür auszuschließen, blieben solange und soweit wirkungslos, wie die nächsthöhere Strafgewalt: die der Ortspolizei, selber von den Gutsherren ausgeübt werden konnte. Hier nun drängte der Staat, daß wenigstens die Grenze der Legalität nicht überschritten würden. Er bestätigte zwar mehrfach (1801, 1806, 1812 und im dunklen Jahr 1819, vgl. auch *Foerstemann,* Polizeirecht 216, 224 f.) den lokalen Polizeibehörden, daß sie mäßige körperliche Züchtigungen verhängen dürften, aber nur im Rahmen der Gesetze. In der Praxis lief dies auf die Strenge der Kontrolle hinaus, die nicht leicht zu handhaben war.
Die Regierung Potsdam berichtete 1829, daß die Polizeibehörden „vielfach mißbräuchlich körperliche Züchtigung als Strafe anwendeten" und statt vorgeschriebener anderer Strafen nach freiem Ermessen Prügel verhängten. Von der Marwitz (II/2, 469) hielt Prügel für die wirksamste Strafe: Es sei besser, sofort zu peitschen, als zehn Tage Appellationsfrist abzuwarten. Das Innenministerium verbot ausdrücklich und 1840 wiederholt – was also Rückschlüsse auf die Praxis zuläßt –, „körperliche Züchtigung einer anderen Strafe zu substituieren" (Ann. 13, 326; *Gräff – Rönne – Simon:* 6, 641; Erg.-Bd. 1, 2, 299). Die Regierungen der Provinz Preußen versagten es deshalb den Gutsherren überhaupt, in ihrer Eigenschaft als Polizeirichter Körperstrafen zu verhängen, was nach § 63 II 17 strittig, aber nach GO Anh. § 247 zulässig war. „Nach der bestehenden Verfassung können Gesetze nicht durch Reskripte geändert werden. Jedoch pflegen die Verwaltungsbehörden diesen eine größere Kraft beizulegen, als die Landes-Justiz-Kollegien", erklärt Lavergne zu solchem Vorgehen (Landgemeinde 111). Das Staatsministerium hieß die Gesetzesauslegung der Verwaltung gegen den Protest der Stände gut *(Rumpf:* 9, 65/123). Im gleichen Jahr – 1831 – drängte das Innen- und Polizeiministerium, das den Polizeigerichten ja bindende Anweisungen erteilen konnte, auf eine weitere Erleichterung: Die Behörden wurden darauf aufmerksam gemacht, daß sich unter dem Gesinde „zuweilen auch ein höherer Grad von Bildung" antreffen lasse, der eine Körperstrafe verbiete: wo nämlich das Gesetz eine solche nicht geradezu verschreibe, sondern nur gestatte (Ann. 15, 789). Gegen eine lokalpolizeiliche Erkenntnis auf mäßige Prügel konnte in jedem Fall – seit 1830 bestätigt –

Exkurs I

Einspruch bei der vorgesetzten Regierung erhoben werden (Ann. 1830, 351). Die Regierungen erhielten sogar eine Prämie darauf, Leibesstrafen in Geldstrafen zu verwandeln, da solche Gelder nicht mehr dem privaten Gerichtsherren, sondern der Staatskasse zuflossen (*Bergius:* Staatsrecht 70).
Im dehnbaren Feld der Polizeigerichtsbarkeit konnten also gemäß der Theorie von der zunehmenden Bildung die körperlichen Strafen fallweise abgebaut werden. Aber auch legalistische und wirtschaftliche Gesichtspunkte spielten mit. 1835 lehnte das Innenministerium einen Antrag der Regierung Gumbinnen ab, vagabundierende Einwanderer auszupeitschen. Das sei weder gesetzlich noch zweckmäßig, auch Heimatlose könnten „unsträfliche und nützliche" Menschen sein (*Gräff – Rönne – Simon:* 7, 403). Die Regierung Arnsberg versagte es 1844 e silentio den Polizeigerichten völlig, körperliche Züchtigung zu verordnen, was wiederum durch Reskript des Innenministeriums (2. 9. 1844, *Gräff – Rönne – Simon:* Supp. Bd. I, 2, 300) genehmigt wurde. Indes führten die Verhandlungen, die im Staatsministerium über die Anwendbarkeit der Körperstrafen durch Polizeibehörden geführt wurden, nie zu einer generellen und gesetzlich eindeutigen Klärung – sowenig wie sich der Staat zu einem gesetzlich strikten Verbot der gutsherrlichen Züchtigungsrechte durchringen konnte. An der doppelten Zuchtgewalt der Gutsherren als Gutsherren und – von ihnen aus betrachtet – wenigstens im Rekurs auf ihre Eigenschaft als Polizeirichter, änderte sich legal nichts.
Wo dagegen Verwaltungsbehörden ohne Dazwischenkunft herkömmlicher Gerichtsherren wie der Rittergutsbesitzer handeln konnten, war es leichter, Körperstrafen zu beseitigen. Am 8. 2. 1812 verfügte das Oberbergamt Breslau, daß die Stockstrafe nicht mehr anzuwenden sei, und als 1817 ein Distriktscommissarius dem zuwider einen Bergmann polizeilich in den Stock schlagen ließ, da erregte dieser Vorfall, wie das Bergamt Schweidnitz meldete, „eine höchst unangenehme Sensation". Sie könne besonders „rücksichtlich der Ausländer" einen gefährlichen Charakter annehmen, „denn diese Leute sind es nicht gewöhnt, einen Bergmann so empörend behandelt zu sehen und ihr Ehrgefühl ist in der verletzten Ehre ihres Kameraden tief gekränkt". Die Rüge, die der Polizeirichter erhielt, wurde publiziert, und die Regierung Reichenbach bemerkte den Vorfall „um so mißfälliger, ... als wir mit großen Kosten kürzlich erst eine Menge Bergleute aus den Rheinprovinzen hierhergezogen haben, die einer solchen Behandlung nicht gewöhnt sind". Gleichwohl konnten dort, wo Hauer mit Degradation, Schlepper und untere Chargen mit Peitschenhieben bestraft werden. Das führte, um die verschiedenen Strafreglements zu vereinheitlichen, nach längeren Rücksprachen zwischen den Bergämtern zu der neuen Strafordnung vom 12. 12. 1833, die schließlich auf jede körperliche Züchtigung verzichtete (Arch. Katow. OBB 447 und 449). Die erzieherische Wirkung, die die Behörden mit polizeilich vollstreckten Prügeln verfolgten, verfehlte also zugegebenermaßen ihren Effekt, jedenfalls dort, wo die davon Betroffenen, wie die Knappschaften, sich dagegen wehrten.
Auf der anderen Seite griffen die Behörden, um soziale Unruhen abzukappen, immer wieder auf die VO vom 30. 12. 1798 zurück. Bei den antisemitisch gefärbten Schneiderunruhen wurden z. B. 1830 in Breslau 95 Leute festgenommen; fünf davon kamen vor das Kriminalgericht; der Rest wurde polizeilich bestraft, 15 Lehrlinge mit körperlicher Züchtigung, 18 saßen bis zu acht Wochen im Arresthaus, 14 Leute wurden der Stadt verwiesen (R 77 T. 507, Nr. 1, vol. 1; R 77 D VII, vol. 2). Die Prügelstrafe selber lieferte keinen Einwand gegen ihr Fortbestehen: Polizeistrafen galten nicht als ehrenrührig, jedenfalls nicht allgemein. Lavergne weist darauf hin, daß Kriminalstrafen in der allgemeinen Meinung den Delinquenten ächten, sie wirken „vernichtend – Verbrechen hervorrufend" (Landgemeinde 111).

„Die polizeilichen Strafen haben in den Augen der Nation nichts Herabwürdigendes, weil sie ihrer Natur nach korrektionell sind." Lavergne sprach aus dem ostpreußischen Erfahrungshorizont, der sich freilich von dem des Westens unterschied. Die hautnahe Herrschaft der Gutsherren, der Polizeibehörde, schließlich des Landrats und der Regierung, die mehr und mehr Rechte an sich zog, wurde noch hingenommen, jedenfalls im Osten. Es bleibt daher fraglich, inwieweit die Unterschicht eine Differenz zwischen gutsherrlicher Züchtigung und polizeilicher Körperstrafe registriert hat. Daß auch die Gutsherren selber den Unterschied nicht immer genau genommen haben, beweist ein pommerscher Ritter, der – wie die liberale Öffentlichkeit sorgsam registrierte (*Strahlheim:* Unsere Zeit 28, 116) – für ein halbes Jahr auf Festung mußte, weil er seinen Schulhalter mißhandelt hatte.

III

Die Unterscheidung zwischen Hausrecht und Polizeirecht führte mittelbar zu einer gesteigerten Anerkennung der Untertanen als Staatsbürger. In die gleiche Richtung wies auch das *Militärstrafrecht*. „Die Freiheit der Rücken", die Gneisenau 1808 in der Zeitschrift „Der Volksfreund" (*Pertz:* Gneisenau I, 385 ff.) postuliert hatte, kennzeichnet die berühmten Kriegsartikel vom August des gleichen Jahres (3. 1. 1808 NCC XII 371, *Gräff – Rönne – Simon:* 7, 792). Man setzte, auf Grund der allgemeinen Wehrpflicht, darauf, daß „junge Leute von guter Erziehung ... ihren Kameraden aus den weniger gebildeten Ständen ein Beispiel vernünftigen Gehorsams" gäben; Offiziere, die sich der Schläge nicht enthalten konnten, durften den Exerzierplatz nicht mehr betreten. Dementsprechend wurden die Stockprügel die der Freiherr vom Stein (II/2, 772, 776) noch für „eine ganz passende Strafe" hielt, wie auch das Gassenlaufen beseitigt (Art. 3). Insofern machte das Militär – und das lag auch im Sinne Hardenbergs (*Winter:* 323) – mit der Prämisse ernst, daß ein freier Staatsbürger der körperlichen Züchtigung nicht bedürfe. Die Armee ging weiter als Justiz- und Polizeiverwaltung.

Indes konnten Soldaten wegen schwerer und entehrender Verbrechen – wie Plündern, Diebstahl, Desertion usw. – standrechtlich in die zweite Klasse versetzt werden: Dann war die körperliche Züchtigung nicht nur Teil der Strafe, sondern derartige Soldaten mit „bösartigem Gemüt" konnten auch disziplinarisch bis zu vierzig Stockschlägen erhalten, „und zwar mit kleinen Röhrchen". Durch Standrecht also konnte der Soldat auf die Stufe unmündiger Untertanen zurückversetzt werden, auf der er der Rechte eines „Sohnes des Vaterlandes" verlustig ging. Erst nach hinlänglichen Beweisen seiner „Gemütsbesserung" – oder auf Fürsprache seiner Kameraden – mochte er wieder in die erste Klasse aufrücken. Jene erzieherische Motivation der Körperstrafe, die den freien Menschen eigentlich voraussetzt, wird im Militärstrafrecht besonders deutlich.

Die Bestimmungen von 1808 wurden – als habe sich nichts geändert – durch die Disziplinarordnung von 1841 (*Gräff – Rönne – Simon:* 5, 224), die neuen Kriegsartikel vom 17. 6. 1844 (GS 275, Art. 5, §§ 18, 21, 22) und durch das neue Militärstrafgesetz vom 3. 4. 1845 (GS 287, §§ 31–33: bereits mit Einschränkung der disziplinarischen Zuchtgewalt) erneut bestätigt. Der Soldatenstand zerfiel also in zwei Klassen, in die erste, der zunächst jeder angehörte und in der – legal – keinerlei körperliche Züchtigung geduldet wurde, und in die zweite, in die man nur auf Grund gerichtlichen Urteils versetzt und damit der Leibesstrafe ausgeliefert werden konnte. Diese Ordnung blieb nicht ohne Rückwirkung auf das Zivilleben. Das Kriegsministerium ordnete 1816 an, was 1831 bestätigt wurde, daß beurlaubte Soldaten – der Reserve oder des stehenden Heeres – im Gesinde- und Hofdienst

Exkurs I

nicht mehr durch körperliche Züchtigung, sondern nur durch Gefängnis (bis zu drei Tagen) bestraft werden dürften, „jedoch in keinem für entehrende Verbrecher bestimmten Verhaftsbehältnisse" (10. 12. 1816 = Jb. 9, 247; *Gräff – Rönne – Simon:* 3, 489, bestätigt und ausdrücklich auf die Landwehr bezogen am 14. 10. 1831, Jb. 38, 425; *Gräff – Rönne – Simon:* 7, 817). Dies Privilegium, wie es das OLG Glogau zu Recht nannte, wurde vom Kriegsministerium 1819 und 1822 erneuert für beurlaubte Militärpersonen im Gesindedienst: Das im § 77 vorbehaltene gelinde Züchtigungsrecht durfte gegen sie nicht angewandt werden. Ferner durften seit 1823 (V 22. 2. 1823; GS 28) Untergerichte mit einem Richter, voran also die Patrimonialrichter, nicht mehr selber auf leichte körperliche Züchtigung gegen beurlaubte Landwehrmänner erkennen, sondern mußten den Fall an das Oberlandesgericht überweisen.

Der mühsame Weg der ehemaligen Untertanen zum Staatsbürger, der sich von seinesgleichen nicht prügeln ließ, wurde also durch die Militärgesetzgebung für den Untertan als Soldat um ein geringes geebnet. Soldaten im Zivilleben hatten die besondere Präsumtion für sich, durch Leibesstrafen nicht entehrt werden zu dürfen; es sei denn auf Grund der Gesetze. Hausherrliche und polizeiliche Körperstrafen wurden untersagt, für gerichtlich zu erkennende erhielten sie einen privilegierten Gerichtsstand, der die beurlaubten Soldaten ihrer lokalen Herrschaft entzog. Damit hatten nichtdienende Zivilisten der Unterschicht die Vermutung für sich, gleichsam als Bürger zweiter Klasse behandelt zu werden. Das OLG Glogau zog in Schlesien diese Konsequenzen, als es 1838 die gutsherrlichen Prügel – entgegen der Belehrung durch die Verwaltung – für legal erklärte. Daß die gutsherrliche Praxis dann wieder in den Alltag des Militärlebens zurückwirkte, weil die Prügel zur Gewohnheit gehörten, das bezeugt Weitling: „In Preußen ... ist es dem Vorgesetzten verboten, den Soldaten zu schlagen; deshalb aber machen jene doch, was sie wollen", und er fügt drastische Beispiele hinzu (Garantien der Harmonie und Freiheit, 1842, hg. Bernhard Kaufmann, 1955, 75).

Praktisch war es dem Staat nicht möglich, das Recht zu körperlicher Zwangsgewalt zu monopolisieren. Aber der durch das Landrecht legalisierte Zustand hat sich in der Folgezeit innerhalb der sozial abgestuften Rechtsschichten mit unterschiedlicher Intensität gewandelt. Die ständische Abfächerung der Rechte zu körperlicher Züchtigung oder Strafe blieb erhalten und hemmte die Intentionen der Behörden in verschiedener Weise. Das hausherrliche Züchtigungsrecht gegenüber dem freien Gesinde wurde mit Vorbehalt geduldet, der Rechtsweg offengehalten. Das gutsherrliche Züchtigungsrecht gegen dienstpflichtige Untertanen wurde trotz fortschreitender Ablösung der Dienste nie ausdrücklich, durch Gesetz oder Kabinettsorder, aufgehoben; aber es wurde durch Verfügungen und Belehrungen an die Gerichte, Stände und Behörden seit den dreißiger Jahren für ungesetzlich erklärt. Der Staat beließ es bei dieser vagen Zwischenlösung, da ein plötzlicher Wandel nicht erzwingbar gewesen wäre: eines der Momente, das der Verwaltung ein schlechtes Gewissen verschaffte. Ähnlich verhielt sich das Staatministerium auf dem strittigen Feld der Polizeigerichtsbarkeit, auf dem die Rittergutsbesitzer eine starke Position hatten. Während der beiden ersten, unruhigen Dezennien des neuen Jahrhunderts wurde das Polizeirecht zu mäßigen Prügeln ausdrücklich bestätigt, später regional und von Fall zu Fall eingeschränkt, ohne je aufgehoben zu werden. Nur auf Einhaltung der gesetzlichen Strafen drängte der Staat, was deren Überschreitung bezeugt. Wirksamer baute der Staat die körperliche Zuchtgewalt dort ab, wo er das Recht dazu ohne Delegation selber besaß: im Bergbau und beim Militär. Körperstrafen konnten hier nur mehr auf Grund gerichtlicher Erkenntnis verhängt werden.

IV

Der Staat verzichtete also nicht auf Prügel als Besserungsmittel oder Strafe, suchte aber das Recht dazu an sich zu ziehen und langsam zu reduzieren. Davon zeugt schließlich die *Strafgesetzgebung*. Während die Verwaltung im Vormärz von der Legalität zur Moralität fortzuschreiten suchte (Flottwell), daß sich Prügel erübrigten, drängte die Justiz eher von der Moralität zur Legalität – mit dem gleichen Effekt. Der pädagogische Impuls verebbte. So grausam der Strafvollzug im Vormärz noch war, so vernichtend er sich auf den Delinquenten und seine Angehörigen sozial auswirkte, der Staat schränkte sukzessive die Anwendbarkeit der Prügelstrafe ein. Schleiermacher hatte in seinen pädagogischen Vorlesungen gezeigt, wie sehr körperliche Züchtigungen den „Übergang zur Zucht" gerade versperrten. Sie führten vielmehr eine „Art von Verstockung" herbei, die jeden bildenden und erzieherischen Effekt vereitele; Strafen „an und für sich" besserten überhaupt nicht (Päd. Schr. II, 171). Derartige Erkenntnisse blieben nicht ohne Wirkung. Den sich wandelnden kriminologischen Vorstellungen stand innerhalb des Justizapparates kein so zäher gesellschaftlicher Widerstand entgegen wie auf den Ebenen der unteren Gewalten.

Bereits die Kriminalordnung 1805 beseitigte den sogenannten Abschied, d. h. die Prügel bei Entlassung aus verschärfter Festungshaft (CO § 555). 1811 wurde die körperliche Züchtigung „in Fällen, wo auf lebenswierige Einsperrung erkannt ist", als „zwecklose Härte" abgeschafft, da sie – nicht öffentlich – weder abschrecken noch bessern könne (GS 196). 1812 wurde körperliche Züchtigung auf „Verbrecher der untersten Volksklasse" beschränkt (Jb. 1, 6), 1827 im Fall des Adelsverlustes beseitigt (*Gräff – Rönne – Simon:* 7, 182), vor allem aber 1833 ihre Anwendung auf weibliche Personen über zehn Jahre untersagt. Das Verbot erstreckte sich auf Justiz und Polizei, wogegen die brandenburgischen Stände vergeblich protestierten (KO 29. 3. 1833; Jb. 41, 276, Reskr. 14. 5. 1833, *v.d. Heyde:* Polizeistrafgewalt 54; Landtagsvhdl. 1843: 31, 57 f.). Im gleichen Jahr – 1833 – entfiel die körperliche Züchtigung im Fall des freiwilligen Geständnisses. Diese ebenso moralisch wie kriminalpolitisch gemeinte Maßnahme habe, wie der Justizminister bemerkte, „die wohltätigsten Wirkungen ... und eine große Erleichterung in der Amtsführung zur Folge gehabt" (KO 9. 10. 1833; Jb. 42, 445; KO 16. 8. 1834., Reskr. 6. 4. 1835; *Gräff – Rönne – Simon:* 7, 319 ff.). Wo dagegen Prügel als alleinige Strafe gesetzlich verordnet waren – also nur mehr gegen Diebe, Unmündige, Schwachsinnige und mutwillige Buben –, sollten sie bei freiem Geständnis milde gehandhabt werden. Das Justizministerium meinte 1834, daß körperliche Züchtigungen dort keinen „Schimpf zurückließen", wo der Richter nur an die Stelle der Väter, Vormünder oder Lehrmeister trete (Imm.-Bericht 29. Juli 1834, *Gräff – Rönne – Simon:* 7, 319), also Züchtigung zur Aufhilfe der hausherrlichen Gewalt verhänge. In diesem Sinne kannten auch die Reglements für die Fabrikengerichte in Berlin (1815) und im Arnsbergischen (1829) die körperliche Züchtigung, aber nur für Lehrlinge, und nur für solche „der geringen Volksklasse": um Eleven der Oberschicht zu schonen (*Mannkopf:* AGO 1. 242 ff.).

Der Staat hielt sich, auch wenn er sie justiziabel machte, an die Gepflogenheiten körperlicher Gewaltanwendung. Zum Schutz behördlicher Autorität oder des Eigentums wurden horrende Strafen verhängt. Als 1833 ein Zöllner bei Naumburg einen Einwohner erschoß, rotteten sich die Nachbarn zusammen und forderten die Bestrafung des Grenzaufsehers. Militär mußte gegen die unruhige Menge eingesetzt werden, die „Rädelsführer" erhielten daraufhin sechs Jahre Zuchthaus mit den obligaten Peitschenzüchtigungen (R 89 C XII vol. I). – Von

Exkurs I

minderjährigem Gesinde gelegte Brände ereigneten sich häufig; sie warfen ein grelles Licht auf die Behandlung durch die Herrschaft und auf die Not der Eltern. Ein elfjähriges Mädchen etwa mußte dafür vier Jahre in das Zuchthaus mit eingelegten Rutenstrafen, was Altenstein zum Einschreiten veranlaßte. *(Schüttpelz:* 22, 28). Die Tendenz zur Reduktion überharter Strafen verstärkte sich; auch die Zahl der Hinrichtungen sank z. B. in den dreißiger Jahren auf zwei im Jahr, weil zwei Drittel der zum Tode Bestraften begnadigt wurden (Brockhaus der Gegenwart 7, 365).
Wie sehr der Bereich körperlicher Züchtigung bereits eingeengt worden war, zeigt der Verwaltungsbericht des Oberlandesgerichtspräsidenten von Scheibler aus Hamm 1837 (Ob. Pr. Münster B 117): Er bittet nach dem Vorbild der sächsischen Kriminalreform, die Körperstrafen wieder auszuweiten, vor allem auf rückfällige Diebe und Betrüger „ohne Rücksicht auf Stand und Ansehen". Möge sich das Gefühl dagegen sträuben – solche Leute hätten „sich selbst in die zweite Klasse der Nation gestellt". Der Zweiklassenbegriff des Militärstrafrechts sollte also hier mit umgekehrter Tendenz auf die Zivilsphäre ausgedehnt werden. Scheibler gehörte zu den wegen ihrer Adelsfreundlichkeit nobilitierten Juristen *(Krause:* Prov. Gesetzgebung 61). Doch die Planung im Justizministerium ging schon weiter.
Der erste Entwurf zum neuen Strafgesetzbuch 1834 tat „der körperlichen Züchtigung *weder* als einer für sich bestehenden Strafart, *noch* als einer Verschärfung der ordentlichen Strafe irgend eine Erwähnung" (obiger Imm.-Ber., erstmals von den fünf Juristen 1842 veröffentlicht, vgl. *Kamptz:* Jb. 58, 326 f.). Damit wurde von den Referenten Kammerger.-Rat Bode und Ob.-Landesger.-Rat Schiller eine Weiche gestellt, die aus der Bahn bloß humanitärer Milderungen abführte. Der Leib des präsumtiven Staatsbürgers sollte körperlicher Gewaltanwendung entzogen, auch die untersten Volksklassen sollten unter der Prämisse geistiger Mündigkeit behandelt werden. Die „Persönlichkeit" sollte unantastbar sein, von Körperstrafen abgesehen werden. Das schien dem Staatsrat verfrüht.
Die liberalen Juristen setzten sich nicht durch. Obwohl der Staatsrat insgesamt auf eine Mäßigung der Strafvollzüge drängte und die ehrenwertere Festungshaft auch auf andere als die herkömmlich bevorzugten Stände auszudehnen vorschlug, riet er mit einer Majorität von 42 gegen 2 Stimmen – die von Sethe und Sack –, körperliche Züchtigung wenigstens als Kriminalstrafe beizubehalten *(Schneider:* 174). Das mochte noch im Sozialgefälle liegen, politisch war es ein Fehler. Was im Osten tragbar schien, verbitterte im Westen – wie schon die Gesindedebatte gezeigt hatte. Zwar war im Strafgesetzentwurf von 1843 die körperliche Züchtigung als Polizeistrafe bereits gestrichen worden – dies richtete sich vorzüglich gegen die Gutsherren –, aber die richterlich zu verhängenden Prügel, die eine ungleiche Behandlung der Klassen weiterhin einschlossen, führten im Rheinland zu einem rapiden Vertrauensschwund bei Hoch und Niedrig *(Wenckstern:* 342; *Hansen:* Rhein. Briefe I 581 ff., 617). Der Kampf gegen den „preußischen Stock" wurde zu einer erfolgreichen Parteiparole, sowenig die Preußische Regierung, wie Bülow-Commerow (Abh. 1. 32) versicherte, einem „asiatischen Barbarismus" huldige. Die Opposition des rheinischen Provinziallandtags gewann im Januar 1848 die große Mehrheit der Vereinigten Ausschüsse: Diesmal gegen Savigny, der an der Leibesstrafe festhalten wollte *(Stölzel:* 2, 614; *Valentin:* I 412). Was zu tun die Regierung sich gerade noch gescheut hatte, setzte wenige Wochen später die Revolution durch.
Die Revolution brachte das generelle Verbot der körperlichen Züchtigung als Strafe (Allerh. Erlaß 6. 5. 1848, GS 123), im neuen Strafgesetzbuch von 1851 ist keine Rede mehr davon (14. 4. 1851, GS 101) – wie es 1834 geplant worden war.

Das legale Verbot körperlicher Züchtigung

„In Folge der ... allen Meinen Untertanen gleichmäßig verliehenen politischen Rechte", so hieß es 1848, durften weder Zivil- noch Militärgerichte die Strafe der körperlichen Züchtigung mehr verhängen. Freiheitsstrafen traten an ihre Stelle.
Sechs Tage also nach der ersten allgemeinen und gleichen Wahl in Preußen wurden die Leibesstrafen abgeschafft. Sie waren immer mehr gewesen als nur ein Element gesetzlicher Rechtspflege; wesentlich waren sie – ob mit oder ohne pädagogischen Vorsatz – ein Moment direkter Herrschaft gewesen, in der sozialer Vorrang durch ein politisches Vorrecht garantiert war: das Vorrecht, „seinesgleichen" zu züchtigen. Das Leben des Alltags wurde davon mit bestimmt. Die Prügel waren ausgeübte ständische Gewalt, im Haus, auf den Gütern und Höfen, in den Zunftwerkstätten und in den Polizeidistrikten. Indem die Revolution die Prügel als Strafe beseitigte, legte sie einen Weg nur beschleunigt zurück, den der Staat schon geebnet hatte: als politisches Recht – erst der Soldaten, dann aller Bürger – wurde die Freiheit der Rücken bestätigt. Inwieweit sich allerdings die soziale Praxis in Haus und Hof durch die Revolution geändert hat – das Gesinde blieb von jenem politischen Recht als unterste ständische Schicht bereits ausgenommen –, das wurde zu einer Frage mehr der Gesellschaft als des Staates. Denn daß es weniger auf die staatlichen Gesetze als auf ihre gesellschaftliche Verwirklichung ankam, das lehrte bereits die Verwaltungserfahrung im Vormärz.

Exkurs II: Zu den Begriffen des Einwohners, Mitglieds, Untertans und Staatsbürgers im ALR

Das Landrecht kannte noch keine allgemeine Staatsbürgerschaft. Statt dessen tauchen verschiedene Begriffe auf, die sich im Laufe des Vormärz einander anglichen, z. Z. der Emanation des Gesetzbuches aber noch verschiedene Bedeutungen hatten. So setzen sich etwa die korporativen Gesellschaften aus „mehreren Mitgliedern des Staates" zusammen (§ 1 II 6), während sich „mehrere Einwohner des Staates" zu Religionsübungen verbinden (§ 10 II 11), aber nur „mehrere Personen" einen Gesellschaftsvertrag schließen dürfen (§ 169 I 17). Ohne Zweifel haben sich die Kodifikatoren, die jeden Paragraphen immer und immer wieder durchdacht hatten, in der Terminologie gewisser – stillschweigender oder offener – Richtlinien bedient, die hier aus dem Text rekonstruiert werden sollen.

Das Publikationspatent zum Allgemeinen Gesetzbuch erklärte, daß gute, billige, deutlich und bestimmt abgefaßte Gesetze „zum allgemeinen Wohl eben so sehr, als auch zur Sicherung und Beförderung der Privatglückseligkeit eines jeden Einwohners im Staate notwendig sind". Zu diesem Zweck werde „Unseren getreuen Untertanen" das vorliegende Gesetzbuch „verschafft". Das Gesetzbuch wurde sozusagen für die Einwohner den Untertanen gegeben. Im Publikationspatent zum Landrecht entfiel diese Anrede, aber das gesamte Gesetzbuch wendet sich, wie gleich im ersten Paragraphen der Einleitung, an die *„Einwohner des Staates"* oder die „Staatseinwohner", wie es gelegentlich heißt (§ 130 II 17). Im § 1 II 8 wird „Einwohner" ausdrücklich als ein im ständischen Sinne rechtsneutraler Obergriff zu den Standesbezeichnungen gebraucht. In den §§ 77 und 78 der Einleitung, die im ALR gestrichen wurden, wird der Staatszweck bzw. der Zweck der „bürgerlichen Vereinigung" den Einwohnern zu- und vorgeordnet; nur die im folgenden ebenfalls gestrichenen Paragraphen 79 genannten natürliche Freiheit und die (natürlichen) Rechte werden dem „Bürger" zugesprochen. Der Einwohnerbegriff war dabei elastisch genug, auch die Fremden in den preußischen Staaten zu erfassen. Sie erfreuten sich im allgemeinen „aller Rechte der Einwohner, solange sie sich des Schutzes des Gesetzes nicht unwürdig machen" (§ 41, Einl.). Die Glaubensfreiheit steht dem Einwohner zu (§§ 1 ff. II 11), die Ausbildungs- und Wohlstandsförderung durch den Staat dient dem Einwohner (§ 3 II 13), auch die Pflicht des Staates, für Sicherheit zu sorgen, erstreckt sich auf die Einwohner (§ 3 II 17); ihre Person und ihr Vermögen seien zu schützen. Letzteres ist der naturrechtliche „Grund" der obersten Gerichtsbarkeit.

Einmal unter staatlicher Gerichtsbarkeit stehend, wird der Einwohner zum *„Untertan"* (§ 1 ff. II 17, Einl. § 80, oder im Strafrecht § 12 II 20. Die Allgemeine Gerichtsordnung spricht dagegen in der Einleitung von der „allgemeinen Bürgerpflicht" zu wahrheitsgetreuer Aussage – § 18 –, ihr entsprechen die „Gesetze des Staates", die die „Rechte seiner Bürger" schützen – im § 37). Im Sprachgebrauch des ALRs meint die Untertänigkeit der Einwohner vorzüglich ihre Unterwerfung unter die allgemeine und oberste Gerichtsbarkeit. Carmer ordnete nun das Abzugsrecht – gegen den lebhaften Protest von Svarez, der es viel moderner dem Steuerregal zuordnen wollte – dem Titel über die Gerichtshoheit (II 17, 2. Abschnitt) ein. Der staatlich-ständische Doppelsinn der Untertänigkeit kommt hier besonders deutlich zum Ausdruck, da die Abfahrts- und Abschoßgelder den nie-

deren Regalien zugehörten, also von den alten Ständen vereinnahmt werden durften. Die Auswanderung eines Einwohners wurde somit gesetzlich als Entziehung eines Untertanen aus der staatlichen Gerichtsbarkeit verstanden. Das Merkmal, das einen Einwohner zum Auswanderer machte, war allein der Schritt aus der Gerichtsbarkeit heraus. „Kein Unterthan des Staats darf sich, ohne Vorwissen derselben, seiner obersten Gerichtsbarkeit durch Auswanderung aus dem Lande entziehen" (§ 127 II 17). Offenbar hat Carmer im Sinn gehabt, durch diese Rechtskonstruktion eine Lücke zu schließen, die der fehlende Begriff eines Staatsbürgers offenließ. Das Landrecht kannte weder ein Staatsgebiet noch eine Staatsgrenze, ebensowenig bestimmte es, wer ein Einwohner, noch gar, wer ein Untertan oder Staatsbürger sei. Der vage Begriff der Einwohnerschaft wird durch die Einbindung in die Gerichtsbarkeit spezifiziert: Durch die Entlassung aus der Gerichtsbarkeit wird aus einem Einwohner nicht nur ein Auswanderer, sondern aus einem Untertan ein Nicht-Untertan. In der Praxis, bemerkten die Gesetzesrevisoren im Vormärz, war dies freilich „bloß eine der verschiedenen Arten, wie man die Eigenschaft eines preußischen Untertanen verliert" *(Gräff – Rönne – Simon: 6, 720)*. Wer nun positiv ein Untertan sei, war durch den von Carmer nahegelegten Rückschluß nur teilweise geklärt. – Außer dem ständisch neutralen Ausdruck der „Einwohner" tauchen gelegentlich ähnliche Begriffe auf wie „Landeseingeborene" (§ 64 II 12: sie sollen Schulabgangszeugnisse erhalten), „Einheimische" (§ 309 II 20 als Gegenbegriff zu Fremden bei Zollvergehen), „Privatpersonen" und „Leute" (§§ 283, 311 II 20: im Gegensatz zu festen Berufsgruppen) oder die „Kantonisten" (§ 49 II 10). Diese Bezeichnungen umgreifen aber nicht mehr die Standesbegriffe, sondern setzen sie als anderen Rechtssphären zugehörig voraus.
Wird der Einwohner durch seine Unterwerfung unter die Gerichtsbarkeit ein Untertan, so ist er durch die Verbindlichkeit staatlicher Gesetze *„Mitglied"* des Staates. „Die Gesetze des Staates verbinden alle Mitglieder desselben ohne Unterschied des Standes, Ranges und Geschlechts" (§ 22 Einl.) Im Begriff des Mitglieds liegt der doppelte Sinn allgemein-staatlicher Mitgliedschaft und der ständischen Gliederung, in die alle Mitglieder, eben als Glieder der alten Societas civilis, eingestuft sind (§§ 23, 73, 74, 84 Einl.). Als solche sind sie Inhaber je besonderer Pflichten und Rechte, eine *Person* (§ 23 Einl. § 1 I 1), die z. B. auch der Steuerpflicht unterworfen ist (§ 2 II 14). Die Personenrechte eines Menschen differieren ständisch und regional, sie richten sich nach der Gerichtsbarkeit, die einen Untertanen als Person verschieden qualifiziert (Einl. § 23). Während Svarez in seinem Unterricht für das Volk über die Gesetze 1793 den Ausdruck *Bürger* in einem staatsbürgerlichen Sinn ganz zentral verwendet, ist das Gesetzbuch behutsamer in dessen Gebrauch. Im Unterricht spricht Svarez von den „Bürgern des preußischen Staates" als von „Staatsbürgern" und handelt im ersten Teil von den „allgemeinen Rechten und Pflichten der Bürger des Staates", denen im zweiten Teil die „Privatrechte und Pflichten der Einwohner des Staates untereinander" folgen. Das Landrecht gebraucht den Ausdruck Bürger nur selten im allgemeinstaatlichen Sinn (z. B. Einl. § 7 oder § 40 II 11 für die Religionsfreiheit oder § 151 II 20), der Terminus war weithin durch den Stand der Stadtbürger okkupiert (vgl. oben S. 87). Das Landrecht kennt also, dem Sprachgebrauch nach, folgende Abschichtung, die vom Allgemeinen zum Bestimmten vorstößt: Die mit allgemeinen Rechten ausgestatteten Menschen (§ 83 Einl.) werden als Einwohner des Staates begriffen, dessen Zweck stillschweigend aus den allgemeinen Menschenrechten abgeleitet wird. Insofern sie den staatlichen Gesetzen unterworfen sind, haben sie die Mitgliedschaft des Staates, sind aber als Mitglieder zugleich schon mit ständisch verschiedenen Rechten und Pflichten versehen. „Jedes Mitglied der bürgerlichen

Exkurs II

Gesellschaft ist an sich fähig, Eigentum zu erwerben. Doch gibt es einige Sachen, die nicht von allen, sondern nur von gewissen Mitgliedern der bürgerlichen Gesellschaft erworben werden können und einige Personen, welche überhaupt in der Fähigkeit, Eigentum zu erwerben, um des gemeinen Besten willen eingeschränkt sind" (Unterricht ... 2. Teil I, 7).
Die Einwohner sind sozusagen Menschen im Staat, staatliche Menschen, ohne Bürger zu sein. Als Untertan sind sie der staatlichen, aber teilweise auch noch der privaten Gerichtsbarkeit unterworfen. Diese Unterwerfung wurde als Hilfskonstruktion benutzt, um die Einwohner auf ein standesrechtlich nicht existierendes, einheitliches Staatsgebiet zu beziehen. Die (provinziellen) Steuerfreiheiten etwa bezogen sich nur auf die traditionellen „Landeseinwohner" (§ 3 II 14). Das Mitglied des Staates ist ein gesetzlich und ständisch unterschiedlich qualifizierter Einwohner, ohne zum Staatsbürger zu avancieren. Es gab mehr Mitglieder des Staates als ständisch bestimmte Bürger, aber sie besaßen als Mitglieder weniger Rechte als diese. Wo der Begriff des Bürgers in einem nur staatlichen Sinne auftaucht, ist er rechtlich am wenigsten qualifiziert: So werden die Armen und die Bauern „Bürger" genannt, weil sie sich des besonderen Schutzes des Staates erfreuen sollten – praktisch, weil sie gegenüber den ständisch qualifizierten Bürgern unterprivilegiert waren (vgl. dazu oben S. 129 ff.).

Nachtrag: Daß der hier vorgeführte Sprachgebrauch nicht auf „fortschreitende Integrationsstufen" verweist, hat Rolf Grawert durch Gegenbeispiele wahrscheinlich gemacht (Staat und Staatsangehörigkeit, Verfassungsgeschichtliche Untersuchung zur Entstehung der Staatsangehörigkeit, Berlin 1973, 124 ff.). Grawert weist auch darauf hin, daß der Terminus „Staatsbürger" offiziell erstmals im Einführungsedikt zum ALR für Südpreußen am 28. 3. 1794 verwendet wurde. Dieser Befund bestätigt die These von U. J. Heuer (Landrecht und Klassenkampf), daß das ALR überhaupt erst erlassen wurde, um die annektierte polnische Bevölkerung zu integrieren. Dabei hatte der ständisch neutrale „Staatsbürger" den Vorteil größerer Allgemeinheit und moderner Interpretierbarkeit für sich. Siehe auch S. 59.

Exkurs III: Über die Jahresabschlußberichte der preußischen Verwaltung und ihren Quellenwert

Vier Merkmale sprach der Freiherr vom Stein der Preußischen Beamtenschaft zu: sie sei besoldet, buchgelehrt, interesselos und ohne Eigentum (an Gagern am 24. 8. 1821). Die relative Unabhängigkeit, aber letztliche Ohnmacht, die Überparteilichkeit und Beschränktheit, die damit umrissen wurden, kennzeichnen die Herrschaftsform der preußischen Bürokratie und ihre Grenzen. Die Beamten „schreiben, schreiben, schreiben im stillen, mit wohlverschlossenen Türen versehenen Büro", fuhr Stein fort, „unbekannt, unbemerkt, ungerühmt und ziehen ihre Kinder wieder zu gleich brauchbaren Schreibmaschinen auf". Auch die Beamtenkaste werde, wie die militärische Maschine, ihren 14. Oktober haben. In gewisser Weise hat Stein damit den kommenden Ablauf der vormärzlichen Ereignisse aus dem sozialen Charakter der Beamtenschaft abgeleitet. Die Jahresberichte legen davon auf paradoxe Weise ein Zeugnis ab, denn die Verwaltung versäumte nie, alle Ereignisse zu registrieren, auch solche, die ihr zu ändern nicht mehr möglich schien. So ist die dem Historiker günstige Quellenlage zugleich ein dauerhafter Beweis für die schwindende politische Wirkungskraft der Bürokratie.

Die vorliegende Arbeit hat sich weithin auf Archive der ehemaligen Behörden gestützt und dabei besonders die Jahresabschlußberichte der mittleren Dienststellen berücksichtigt. Über Abfassung, Geschäftswege und historische Ergiebigkeit dieser Schriftstücke seien deshalb einige Bemerkungen nachgeschickt. Sie sind entstanden – mehr zufällig – anhand der erhaltenen Berichte der Oberpräsidien von Westfalen und Preußen, gelegentlich auch der Rheinlande und Schlesiens sowie einiger Generalberichte, die in der Registratur Hardenbergs und des Zivilkabinetts eingesehen wurden.

a) Die *Geschäftswege* der Jahresberichte: Noch aus der Ministerzeit des Freiherrn vom Stein herrührend forderte der § 88 der neuen Geschäftsinstruktion vom 26. 12. 1808 (Mathis 7, 378) von den Regierungen jährliche Rechenschaft über das Geleistete, über die Zustände und Verbesserungsanträge. Als die einzelnen Regierungsräte ihre ersten Berichte einsandten, mahnte sie Johann Gottfried Frey, damals Direktor bei der Königsberger Regierung, selbständiger zu kritisieren und er bat um mehr Vorschläge, „was zur Vervollkommnung der einzelnen Geschäftszweige noch zu tun übrig bleibt" (Staatl. Arch. Lag. Gött. Rep. 2, T. 40, Nr. 2 vol. I). Es waren die Reformer, die alle Untergeordneten zu größerer Aktivität und damit auch zu höherer Bewußtheit anspornten. Der erste Hauptbericht von Auerswald an Dohna vom 22. 1. 1810 gehört zu den besten Darstellungen über die damaligen Probleme der verwüsteten Provinz. Er endet mit den organisatorischen Spannungen zwischen dem Oberpräsidenten und seinen Regierungen, die beide Bericht erstatten mußten. Hinter dem Instanzenzug, dem entlang die Berichte zu laufen hatten, stand die Frage, wer wen zu kontrollieren habe (a. a. O. Rep. 2, T. 3, Nr. 36).

Die Dienstwege der Berichte wurden in der Folgezeit noch sechsmal revidiert, in einem beständigen Hin und Her suchte man sich den Erfahrungen anzubequemen, aber ebenso zeichnete sich dabei eine Verschiebung der inneradministrativen Machtverhältnisse ab. Erst 1829 fanden die Geschäftsgänge ihre vergleichsweise dauerhafte Regelung. Die Geschäftsinstruktionen vom 23. 10. 1817 für die

Exkurs III

Oberpräsidenten (GS 230) und die Regierungen (GS 248) verlangten wie zuvor, von beiden Instanzen gesonderte Berichte, die an die jeweiligen Ministerien direkt zu richten seien. Im einzelnen wurde verfügt, daß jeder Regierungsrat über seine Arbeit rück- und vorblickend – „was noch zu tun übrig bleibt" – schriftlich berichten und zunächst im Regierungsplenum vortragen solle. Der Präsident habe die Ergebnisse der Plenarsitzung zum „Haupt-Verwaltungsbericht" zusammenzufassen und über die gemachten „Fortschritte" an die Ministerien zu melden. Die einzelnen Ratsberichte mußten aber beigefügt werden (Reg. Instr. § 37) und enthielten nicht selten von den im Hauptbericht vertretenen Ansichten abweichende Stellungnahmen.

Der Oberpräsident war gehalten (Instr. f. d. Oberpr. § 10), im September jeden Jahres einen „Verwaltungsplan" für das kommende Jahr vorzulegen, und nach Ablauf desselben – Ende Januar – „einen Hauptbericht über die Resultate des vorjährigen Verwaltungsplanes, die Ausführung desselben und den dermaligen Zustand der Provinzialverwaltung zu erstatten". Adressat waren ebenfalls die einzelnen Ministerien.

Beide Anweisungen überforderten die Verwaltung. Die Parallelschaltung der Berichte von drei Ebenen her – der Räte, der Regierungspräsidenten und der Oberpräsidenten – zeugt von einer überzogenen Informationslust und Kontrollsucht, die sich schnell als unpraktikabel erwiesen. Andererseits zeigt die Forderung, vorauszuplanen und das Geleistete nach Jahresablauf am Plan zu messen, wie eigenständig die Provinzbehörden voranschreiten sollten. Man hoffte anfangs, die Fristen der Reformgesetzgebung in die Verwaltungstätigkeit des Alltags hinüberzuretten. Aber auch hier erwies die Praxis bald, daß sich die administrative Planung des gesamten gesellschaftlichen Lebens nicht vom Papier in die Wirklichkeit transponieren ließ. Die Pläne schliefen ein, und was schriftlich berichtet wurde, beschränkte sich mehr und mehr auf einen Rückblick, so daß Zukunftsschwund und gleichsam historische Registratur korrespondierten: ein symptomatischer Vorgang für die Wende von der Reform zur Restauration.

Sack äußerte als Oberpräsident in Aachen noch seine große Freude über die verlangten Jahresberichte, denn so sehe man, wo die Pflicht erfüllt werde, nur Fortschreiten bringe Segen, während das Stillestehen zurückbringen müsse – eine Formel, die damals gern verwendet wurde (Staatsarch. Düsseld. D 8, 6257, 6. 2. 1816). Aber der Instanzenzug verhinderte die Oberpräsidenten, die ihnen abgeforderten Pläne zu liefern: solange nämlich die Regierungen ihre Berichte den Ministerien auf dem Direktwege zusandten. Der Oberpräsident von Bülow (Magdeburg) schrieb Hardenberg, es sei ihm schon deshalb unmöglich, für die Provinz zu planen, weil die Kassenetats der Regierungen bereits dem Finanzministerium zugeleitet worden seien; darauf könne er also gar keinen Einfluß mehr nehmen; zudem könne er kaum auf die Regierungen einwirken, deren „Spezialpräsidium" er nicht zugleich führte. So gipfelte sein Schreiben in der Frage an den Kanzler, wie er überhaupt einen sinnvollen Plan entwerfen solle? (DZA Merseburg R 74, J X, Nr. 6). Hardenberg fand die Einwände in seinem Antwortschreiben vom 31. 1. 1818 berechtigt, er wolle aber keine „Vorschrift einer übereinstimmenden Behandlung" erlassen, jeder solle nach „Maßgabe seiner Individualität" verfahren, im übrigen könnten die Oberpräsidenten ja unter sich Kontakt aufnehmen, um ihre Berichte und Planvorschläge zu koordinieren. Das nun hatte Bülow bereits von selbst getan und er fand bei Solms-Laubach/Köln und bei Vincke/Münster ein lebhaftes Echo: sie pflichteten seinen Einwänden völlig bei. Es war die gemeinsame Erfahrung der Oberpräsidenten, daß sie als Aufsichtsorgane über die Regierungen gar nicht planungsfähig waren – was sie nicht hinderte, ihre Berichte mit einer Fülle von Entwürfen und Forderungen nach Berlin zu durchsetzen (Staatsarch. Münster B 80, vol. 1.)

Während Hardenberg – wie so oft – lässig reagierte, zeigte sich das Staatsministerium von der Mißlichkeit einer dreifachen Parallelschaltung der Berichte überzeugt. Es befahl deshalb am 22. 10. 1818 den Regierungen, ihre Jahresresumées nur über die Oberpräsidien nach Berlin zu leiten. Das verringerte zwar nicht die schriftlichen Vorgänge, hatte aber den Vorzug, daß die Oberpräsidenten Doppelmeldungen ersparen, dafür koordinierende und zusammenfassende Vorschläge einreichen konnten. Von Jahresplänen war schon keine Rede mehr, so wie Hardenberg bereits Bülow den rückblickenden Bericht für 1817 wie den Plan für 1818 erlassen hatte.

Am 18. 6. 1820 richtete das Staatsministerium an alle Oberpräsidenten ein Rundschreiben, das die Menge der einlaufenden Schriftstücke drosseln sollte: die bisherigen Vorschriften seien unzweckmäßig, besonders die Spezialberichte seien „viel zu wortreich, belehrend, disputatorisch", sie enthielten „zu sehr statistische Nachrichten, unvollständige Nachweisungen, leichthin ausgesprochene Wünsche und Ansichten miteinander vermischt". Es sei „physisch unmöglich", die Berichte „zu benutzen, bevor sie veraltet sind". Deshalb sollten die Oberpräsidenten nur noch einen persönlichen Bericht senden, und zwar an das gesamte Staatsministerium gemeinsam, nicht an die Ministerien gesondert. Entfallen sollten die Kommentare zu den Regierungsberichten, die statt dessen wieder an die Ministerien direkt gehen durften. Die Sonderberichte der Räte sollten nur noch den Oberpräsidenten zugeleitet werden, ein Vorschlag, der aber noch der Genehmigung bedürfe – was ein bezeichnendes Licht auf die administrative Abhängigkeit des Staatsministeriums von Krone und Kanzler wirft.

Gegen diese Halbheiten bezog Vincke scharf Stellung. Er forderte, daß die Anweisung mit Vorbehalt, Ratsberichte nur den Oberpräsidenten zuzuleiten, definitiv geregelt werde. Wenn es ihm schon schwer falle, alle Jahresberichte seiner drei Regierungen und ihrer Räte zu lesen, wie sollten dann in Berlin die Schriftstücke von rund 500 Räten, etwa 200 Direktoren und die rund 80 Hauptberichte der Oberpräsidenten überhaupt verarbeitet werden können? So nützlich „eine Rechnungslegung mit sich selbst über Zeit und Kraftanwendung" sei, ein Bericht müsse summarisch sein, möglichst mit Ergebniszahlen arbeiten und dürfe eine bestimmte Höchstgrenze nicht überschreiten. Das solle generell geregelt werden. Überhaupt könnten die wenigen Erwiderungen, die man erhalte, und die Art ihrer Abfassung nicht zur Niederschrift neuer Berichte ermuntern. So förderte das allgemeine Gefühl der Nutzlosigkeit das gegenseitige Mißtrauen zwischen Berlin und den Provinzbehörden.

Die Vereinfachung, die das Staatsministerium vorgesehen hatte, blieb zunächst wirkungslos: die Verwaltungsberichte wurden in den folgenden Jahren ganz ausgesetzt (Vincke an die Regierungen am 28. 12. 1820 und am 14. 11. 1821; Staatsarch. Münster a. a. O.), was nicht hinderte, daß die Oberpräsidenten auf spezielle Anforderung hin soziale, wirtschaftliche und administrative Zustandsanalysen ihrer Provinzen lieferten (z. B. Schön an das Staatsministerium auf Anfrage vom 14. 2. 1824: Staatl. Arch., Lag. Gött., Rep. 2, T. 40, Nr. 5).

Erst die Umorganisation der Regierungen, die auf Grund der Geschäftsanweisung vom 31. 12. 1825 durchgeführt wurde, ordnete auch Abfassung und Bürolauf der Jahresberichte aufs neue (zum Abschn. III der Reg. Instr. v. 23. 10. 1817: Kamptz, Ann. 9, 821; Gräff – Rönne – Simon 5, 163; nicht in der GS erschienen). Was 1820 vorgesehen worden war, wurde jetzt teils rückgängig gemacht, teils verbessert durchgeführt. Die wichtigste Neuerung war, daß mit der Errichtung von höchstens

Exkurs III

sechs Spezialabteilungen die Menge der Räte von ihrer Berichtspflicht entbunden wurde. Nur noch die Abteilungsdirektoren hatten Bericht zu erstatten, aber nicht mehr für das Plenum oder die Ministerien. Der Bericht ging seitdem nur noch an den Regierungspräsidenten direkt. Der Präsident hatte daraufhin „für jedes betreffende Ministerium" den verantwortlichen Bericht abzufassen und auf dem Dienstweg über seinen Oberpräsidenten nach Berlin zu senden. Nach den ersten Erfahrungen erließ dann der König – auf Grund eines Memorandums des Staatsministeriums vom 30. 4. 1827 – eine KO am 9. 6. 1827 mit weiteren Durchführungsbestimmungen. Der Oberpräsident solle dem Staatsministerium nur einen „Hauptumriß des Zustandes der Verwaltung" liefern, ihre Vor- und Nachteile – wie die Formulierung von 1820 wieder auftauchte – auf Grund „eigener Beobachtungen und Ansichten" darstellen. Als Unterlage sollten ihm die Berichte aller leitenden Beamten dienen: der Regierungspräsidenten, der Generalkommissare, der Provinzialsteuerdirektoren und ihresgleichen (also der Provinzialschulkollegien und Konsistorien, evtl. der Handelskammerpräsidenten und, was außerdienstlich auch vorkam, der Landesgerichtspräsidenten). Die Berichte dieser Instanzen selber seien – auf dem Wege über den Oberpräsidenten – für die jeweiligen Ressortministerien abzufassen. Ferner mußten die Zusammenstellungen der Abteilungsdirektoren, wie dem Regierungspräsidenten, auch dem Oberpräsidenten zugeleitet werden. Immer noch bietet sich das komplizierte Gegenbild einer militärisch strikten Melde- und Befehlshierarchie. So konnten – entlang dem Geschäftsweg – das Staatsministerium die einzelnen Ministerien, die Minister über die untergeordneten Regierungspräsidenten und Direktoren den Oberpräsidenten kontrollieren, der Oberpräsident schließlich die Regierungspräsidenten über die untergeordneten Abteilungsdirektoren. Aber nicht nur die Kontrolle wurde in diesem Rösselsprungverfahren gesichert, ebenso konnten – und das ist nicht minder bedeutsam – verschiedene Standpunkte abhängiger Beamter gegen die Vorgesetzten zur Geltung gebracht werden.

Auch diese Regelung, so sehr sie bereits eine Vereinfachung herbeiführte, ließ sich nicht durchhalten. Die Durchgangsschleuse aller Berichte durch das kleine Oberpräsidialbüro führte zu schweren Stauungen. Gerade aktive Oberpräsidenten kamen ihrer Berichtspflicht kaum mehr nach; so wurde Vincke schon 1827 von seinem Bericht über das vorangegangene Jahr befreit; Schön im folgenden Jahr ebenfalls, des weiteren in den Jahren 1830 und 1831 nach den polnischen Ereignissen (Staatl. Arch., Lag. Gött., Rep. 2, Nr. 1969); Merckels Berichte wurden überhaupt von Jahr zu Jahr gestundet, erst 1835 lieferte er einen Sammelbericht für die vergangenen zehn Jahre, und so erneut nach dem Regierungswechsel 1840 eine Rechenschaft über die gesamte Arbeit seit der Reform (Zschr. d. Ver. f. d. Gesch. Schles. Bd. 60, 1926, hrsg. v. Wutke). Die Oberpräsidenten mußten immer wieder gemahnt und zur Eile gedrängt werden. Deshalb befahlen Schuckmann und Motz am 31. 1. 1829, daß die Ressortberichte der Regierungspräsidenten wieder unmittelbar an die Ministerien, nur abschriftlich den Oberpräsidenten zuzustellen seien. Weil also viel geschrieben werden mußte, mußte noch mehr geschrieben werden. Zugleich aber ist diese erneute Parallelschaltung ein Indiz für die Eigenmacht der Regierungspräsidenten, die 1825 abgesichert, in der Folgezeit immer mehr zunahm. Für den Historiker hat diese Regelung den Vorzug, daß die Spezialberichte der Regierungspräsidenten nicht nur im Zentralarchiv, sondern in sauberer Kanzleischrift auch in den jeweiligen Provinzarchiven zu finden sind.

Wenn auch nicht die Oberpräsidialberichte an das Staatsministerium, so fließen doch die Regierungsberichte an die Ministerien seit der Neuregelung von 1825/27 ununterbrochen weiter. Verwunderung erregte es bei den preußischen Regierungen, daß auch das Außenministerium für seine Belange gesonderte Meldungen einforderte (Grenz- und Zollfragen, Abschoßsachen, Kartellkonventionen, Ein- und Auswanderungsmeldungen: Staatl. Arch., Lag. Gött., Rep. 2, Nr. 1969; 19. 5. 1827). Die wichtigen Steuerberichte gabeln sich auf, seit in den gleichen Jahren die Provinzialsteuerdirektionen für die indirekten Steuern und die Zölle abgezweigt wurden. Nur noch die Berichte über die drei großen direkten Steuern, die Grund-, Klassen- und die Gewerbesteuer, laufen über den Regierungspräsidenten, die Meldungen über die indirekten Steuern werden seitdem von den Prov. Steuerdirektoren verfaßt. Motz drängte hier auf größte Exaktheit, und Maaßen erließ am 30. 9. 1830 Richtlinien, die alle Berichte bis ins Detail vereinheitlichten. Der Minister versprach sich „großen Nutzen" für die fernere Verwaltung und „bleibenden historischen Wert" für die Zukunft – nicht zu Unrecht, denn in den Steuer- und Zollberichten sind die statistischen Skelette, die später in Dietericis Mitteilungen auftauchen, noch von lebendem Fleisch umgeben (Staatsarch. Münster B 82, Bd. 1; Staatl. Arch. Lag. Gött., Rep. 2, T. 40, Nr. 10, vol. 2).

Die exekutive Straffung verärgerte die Oberpräsidenten, die sich immer weiter von der zentralen Planung abgedrängt sahen. Vincke beschwerte sich deshalb – etwa am 20. 4. 1829 –, daß er auf seinen letzten Bericht hin noch immer „mit keiner Bescheidung beglückt wurde", und fragte das Staatsministerium, ob denn seine Berichte überhaupt noch „irgend einen Zweck" erfüllten. Um sich nicht ganz nutzlos vorzukommen, versandte er schließlich seine Berichte an die Regierungen der Provinz, um sie in ihrer Tätigkeit anzuspornen. Aber das frustrierende Gefühl, daß Dutzende, im Laufe der Jahre Hunderte von Anträgen und Forderungen „ohne Entscheidung, auch nur Erwiderung" blieben, konnte er weder sich noch seinen Regierungspräsidenten nehmen. Über Jahrzehnte hinweg blieben die leitenden Beamten ohne Echo aus Berlin, was ihre Verbitterung oder Resignation, je nach Temperament, nur steigern konnte. Insofern erging es den Provinzbehörden nicht viel anders als den Provinzialständen. Die Planung – das zeigt auch der Weg dieser Jahresberichte – wurde völlig in Berlin konzentriert, geriet aber dort, nicht zuletzt infolge der dabei entstehenden Überlastung, auf die lange Bank.

In Anbetracht der verfassungstechnischen Funktion der Beamtenschaft hieß das aber auch, daß die politische Willensbildung den mittleren Instanzen entzogen wurde. Der Entfall der Spezialberichte – samt den Forderungen – der Regierungsräte weist schon in diese Richtung. Zu Ende der Regierungszeit Friedrich Wilhelms III. bestand die Mehrheit der Regierungen, wie Delbrück erzählt (Erinnerungen I, 105), „aus Bürokraten von liberaler Färbung", die sich nur noch an die Gesetze und ministeriellen Anweisungen hielten, und wenn ihre Entscheidungen unrichtig waren, „trug eine politische Tendenz nicht die Schuld". Die tatsächlich sich einstellenden politischen und sozialen Folgen – und Beschwerden – wurden wohl noch registriert und gemeldet, aber der Impuls zu aktiven Handlungsvorschlägen erlahmte. Die jährlichen Berichte der Regierungspräsidenten verzichten denn auch zunehmend auf Gesetzesanträge, sie werden knapper und kürzer – die preußischen Provinzberichte verringern sich z. B. von 252 Blättern im Jahre 1836 auf 158 im Jahre 1840 (Staatl. Arch., Lag. Gött., Rep. 2, T. 40, Nr. 10, vol. VIII–XVI; in den folgenden Faszikeln liegen nur noch die Steuerberichte) – und nähern sich immer mehr reinen Zustands- und Ergebnisschilderungen.

b) Der *Quellenwert* für eine Verwaltungs- und Sozialgeschichte dieser Jahrzehnte hat sich durch die Straffung der Berichte nur geringfügig verschoben, kaum verkleinert. Alle Berichte, die zum Jahresabschluß in Berlin eingingen, liefern zusammengenommen eine vollständige, fast pedantische Annalistik der inneren Geschichte der preußischen Verwaltungsbezirke. Es wäre freilich irrig, Erfolg und

Exkurs III

Fehlschläge der Administration nach ihrer Selbstdarstellung zu bemessen, aber unbeschadet der persönlichen und gelegentlich apologetischer Töne, die jedem Bericht innewohnen, ragt ihr Sachgehalt bei weitem vor. So eignen sich diese Quellen gleicherweise für eine Behördengeschichte wie für eine Sozialgeschichte der breiten Masse der Bevölkerung und natürlich für die Wechselwirkung zwischen beidem, worauf in der vorliegenden Arbeit der Akzent gesetzt worden ist.

Für das Selbstverständnis der Räte, später nurmehr der dirigierenden Beamten, bieten sich eine Fülle von Hinweisen. Seitdem der Kurialstil von der Alltagssprache langsam verzehrt wurde (vgl. den Absatz über die Staatsminister und Departements-Chefs in der V. v. 27. 10. 1810; GS 3), wird die persönliche Handschrift überall deutlich; sie schwankt zwischen den Extremen aufdringlicher Mediokrität und zurückhaltenden Stolzes, und wenn die Perioden dem heutigen Leser geschraubt scheinen, so mag er sich erinnern, daß es sich oft um Männer handelte, die ihren Kant oder Hegel zu lesen verstanden. Nicht ganz zu Unrecht waren die Räte den Universitätsprofessoren in der Ämterhierarchie ranggleich.

Fortschrittsgewißheit und Erziehungswille finden sich bei fast allen Beamten, je nach Charakter mit verschiedener Gewichtigkeit, vereint. So spricht etwa Vincke von „dem der preußischen Verwaltung eigentümlichen Prinzip der Perfektibilität" und leitet „die Gewißheit des ferneren, wenn langsamen und unscheinbaren, doch sicheren ferneren Heraufschreitens" aus den Erfolgen der Bildungsanstalten ab (20. 5. 1828). Im ganzen wurde der fortschrittliche Wille mit dem Fortschritt selber nicht verwechselt. So berichtet etwa Flottwell 1827 aus Marienwerder: wenn es die Aufgabe der Regierung sei, nicht nur für „Erhaltung der öffentlichen Ruhe und Sicherheit und polizeilichen Ordnung zu sorgen" und auf das „gesetzmäßige Verhalten der Untertanen zu achten, sondern vorzugsweise dahin zu wirken, daß dieser gesetzmäßige Zustand nicht sowohl Folge des äußeren Zwanges, als des eigenen freien Willens, daß er also auf die Gesinnungen der Treue und Anhänglichkeit gegen König und Vaterland, auf das Bewußtsein des Wohlbefindens unter den bestehenden Staatseinrichtungen und die Anerkennung ihrer Vorzüge gegründet sei" –, dann müsse sein Rechenschaftsbericht ungenügend ausfallen, denn „ein solcher Zustand setzt eine so übereinstimmende Entwicklung der religiösen, sittlichen und gewerblichen Kultur voraus", wie sie in Westpreußen noch nicht zu finden sei (Staatl. Arch., Lag. Gött., Rep. 2, T. 40, Nr. 10, vol. 12).

Das durchgängige Bestreben, die Bevölkerung zu wirtschaftlicher Selbsttätigkeit anzuregen, und die bevormundende Haltung bis hin zur Selbstgerechtigkeit gingen oft fließend ineinander über. Der politische Stellenwert dieser administrativen Einstellungen wechselte natürlich je nach Zeitpunkt, Örtlichkeit und den betroffenen Schichten. So schlägt beim Reg. Präs. Richter/Minden ein pastoraler Ton durch: „Die Bahn zum Guten und Vollkommenen ist in diesem Jahr immer geebneter und von den Hindernissen gereiniget worden, welche sich bisher entgegenstellten. Die Hoffnung begründet sich immer fester, das vorgesteckte Ziel werde nicht unerreicht bleiben. Im Regierungscollegio erhält sich und wächst der fromme Sinn, welcher solchem Streben gebührt" (Bericht an das Minist. d. geistlichen, Unterrichts- und Medizinal-Angelegenheiten für 1828; Staatsarchiv. Münster, B 80, vol. 1). 1846, in der Zeit schwerster Not, meldet derselbe Mann: „Die Regierung ist wiederholentlich darauf bedacht gewesen, die Gemeinden und Kreisverbände auf die eigenen Kräfte zur Abwendung des Notstandes hinzuweisen, da eine ausreichende Abhülfe von Seiten des Staates bei der weiten Verbreitung des Notstandes nicht erwartet werden könne, solche auch weder in seinen Principal-Verpflichtungen noch in seinen Kräften liege" (a. a. O. B 80, vol. II; immerhin hatte er die Militärmagazine für Mehl- und Roggenausteilung öffnen lassen und

50 000 Taler zinsfreie Darlehen an die ärmsten Gemeinden ausgeben können). Sosehr die gesellschaftliche Entwicklung der behördlichen Steuerung entglitt, von einer legalen Abgrenzung zwischen staatlichen und gesellschaftlichen Bereichen kann noch keine Rede sein. Die Verwaltungsberichte bieten daher häufig den Außenaspekt jener berüchtigten Conduitenlisten, kraft derer das Pflichtbewußtsein der Beamten innerhalb der Administration auf geheime Weise stimuliert werden sollte (vgl. dazu Perthes: Staatsdienst in Preußen 124). Wo Gesinnung und Tat auch außerhalb der Behörden von Staats wegen zur Deckung gebracht werden sollten, führen die Verwaltungsberichte sozusagen Conduitenlisten der Gesellschaft.

So ergiebig die Jahresberichte für eine Psychologie der einzelnen Beamten, für eine Typologie der Beamtenschaft und eine Charakteristik ihres Standesethos sein mögen, weit ergiebiger sind die Sachmitteilungen, was natürlich auf die anderen Fragen ein helles Licht wirft.

Entsprechend den Aufgaben der Regierungen gab es kaum einen Bereich des öffentlichen Lebens, der von den Berichten nicht erfaßt wurde. So ließe sich – weit exakter als es in der vorliegenden Arbeit bisher versucht wurde – eine minutiöse und kontinuierliche Darstellung liefern von dem langsamen Wandel, plötzlichen Veränderungen und dauerhaften Zuständen, deren Beaufsichtigung oder Steuerung den Regierungen oblag. Was wurde nun alles registriert? Im Rahmen der Gewerbepolizei (so bei Flottwell) die landwirtschaftliche Produktion, der Einfluß von Wind und Wetter, oft – leider nicht immer – die Lohn- und Preisbewegung; ferner die Fabrikation, d. h. Handwerk und Industrie in ihrer Entwicklung, sei es mit staatlicher Hilfe, sei es auf Grund privater Initiativen. Weiterhin erscheinen die Außenhandelsbilanzen, soweit sie an den Zollgrenzen registriert werden konnten (vgl. Delbrücks Kritik in den Erinn. I 154); immer werden die Wirkungen der jeweiligen Zollgesetze der ausländischen Handelspartner auf die einheimische Wirtschaft sorgsam beobachtet. Es wird berichtet über den Ausbau des Straßen- und Kanalnetzes, später der Eisenbahnen, nicht selten mit Hinweisen auf die höheren Löhne, die die Seehandlung bei ihren Beteiligungen an diesem Werk ausschüttete. Im Rahmen der Sicherheitspolizei erscheinen die Kriminalstatistiken mit soziologischen Deutungsversuchen; die Verwaltungsjustiz und ihr Umfang werden registriert, ebenso die Gesundheitspolizei. In den Darstellungen der Kommunalverwaltung finden sich regelmäßig Meldungen über die Armenfürsorge, über die Versicherungen und Sparkassen samt ihren wachsenden Einlagen. Die Probleme der Städte- und Gemeindeordnungen werden – samt vielen Reformvorschlägen – behandelt; die kommunalen Schulden finden ihre Berücksichtigung. Unter den Militärangelegenheiten finden sich die Rekrutierungsergebnisse, die Auswirkungen der Landwehrübungen und ihre kommunalen Unkosten. Die Berichte über die Kirchen-, Schul- und Medizinalverwaltung zeugen von dem stetigen Ausbau des Schulwesens, inwieweit die Lehrergehälter aufgebessert wurden, wieviel Neubauten errichtet und aus welchen Mitteln sie finanziert wurden, wo welche Schwierigkeiten der Schulpflicht entgegenwirkten; die Rolle der Geistlichkeit wurde begutachtet (wobei über die ev. Pfarrer Conduitenlisten zur Verfügung standen, zum Bedauern des genannten Reg.-Präs. Richter aber nicht über die katholischen Priester), ihr Verhältnis zu den Lehrern und deren Vereinigungen werden berücksichtigt; das Mischehenproblem taucht in den entsprechenden Provinzberichten so gut auf wie die Fülle der Widerstände gegen die Fusion der evangelischen Kirchen.

Besonders ergiebig sind die Steuerberichte. Naturale, soziale oder handelspolitische Gründe für die Auf- oder Abwärtsbewegung der Einnahmen werden diskutiert.

Exkurs III

Inwieweit der finanztechnische Zwang, die Steuermoral und die liberale Gewerbepolitik überhaupt zur Deckung gebracht werden können, wird von den Steuerdirektoren – bzw. Regierungspräsidenten – immer wieder an den konkreten Fällen erörtert. Wo Vernunft, wo Hartherzigkeit vorwalten, läßt sich leicht zeigen, aber ebenso lassen sich die tatsächlichen Verwaltungsunkosten der Regierungen und Steuerbehörden aus den Akten eindeutig klären. Der Vergleich zwischen den Ist-Einnahmen und den danach für das kommende Jahr fixierten Soll-Einnahmen sowie die nach Jahresablauf sich einstellenden Differenzen veranlassen die Beamten immer wieder zu soziologischen Reflexionen. Mit Kritik nach unten und nach oben wird nicht gespart, so daß hier die sozialen Prozesse von subjektiver und von objektiver Seite her zugleich erhellt werden. Die Nachteile der Mahl- und Schlachtsteuer, die Stadt und Land noch immer trennten, werden ebenso deutlich wie die vielen Schliche, mit denen gerade diese Steuer umgangen werden konnte. So ließen sich die steuerstatistischen Darstellungen Johann Gottfried Hoffmanns, die der Rechtfertigung nicht entbehren, sozialgeschichtlich überholen, auch die vielumstrittenen Defacto-Einnahmen des Staates können kontrolliert werden.

Schließlich befinden sich in den Abschlußberichten eine Reihe weiterer statistischer Angaben, etwa über die Bevölkerungszunahme und die – meist liberal geduldete – Auswanderungsbewegung; exakte Angaben über die Binnenwanderung fehlen. Die Liste zahlloser Einzelheiten in den Rapports ließe sich verlängern. So tauchen durchgehend alle Fragen der jüdischen Bevölkerung auf oder – in den Grenzprovinzen – die Sprachprobleme und ihre Lösungsversuche. Zusammen mit den Berichten der Generalkommissionen liefern die Präsidenten statistischen und sozialkritischen Einblick in die Bewegungen der Agrarreform. Exakte Schilderungen, etwa über die mißlichen Folgen der Gemeinheitsteilungen für die Unterschicht und für die ihrer naturalen Basis beraubten Armenhilfen, lassen an Deutlichkeit nicht zu wünschen übrig, auch wenn die ländliche Arbeitsmoral wegen ihrer langsamen Umwandlung von denselben Berichterstattern höchst kritisch beobachtet wird.

Für den Historiker ist es leicht, den chronologischen Faden für alle Einzelbereiche durch die Jahre hindurch zu knüpfen, da die Berichte immer nach den jeweils angesprochenen Ministerien gegliedert sind. Für die damaligen Beamten war es freilich ebenso wichtig, alle Spezialvorgänge zum Jahresabschluß noch einmal im Endbericht zu bündeln.

Die gegenseitige Abhängigkeit und Verfilzung aller wirtschaftlichen, sozialen, religiösen und schulischen Vorgänge sollte sich im Jahresbericht, vor allem der Oberpräsidenten, zu einer Ganzheit runden: aber diese Ganzheit schwand dahin, und sie ließ sich auch auf dem Schriftwege nicht mehr herstellen. Vincke hat 1819 einmal auf „die stets zunehmende Masse an Schreibwerk" hingewiesen, auf die sich die Regierungen gedrängt sähen, weil es zuwenig allgemeine Gesetze, zu wenig delegierte Verwaltungsfreiheit gebe; stattdessen häuften sich die Sonderanweisungen und Spezialbescheide aus Berlin, die oft genug einander widersprachen. „Immer mehr schwindet die eigene Ansicht und unmittelbare Einwirkung; nur auf die allerunterste Instanz, welche nicht weiter schreiben kann, reduziert sich die Lokalansicht; alle anderen (Beamten) sind mit der Feder so sehr beschäftigt, daß sie sich nicht umsehen können"; so führe das System zur Untätigkeit, ohne daß man gerechterweise den Vorwurf der Untätigkeit erheben könne.

Nun bezeugen freilich die Leistungen, wie sie etwa Vincke zehn Jahre später selber zusammengefaßt hatte (Staatsarch. Münster B 80, vol. 1), daß der Vorwurf überzogen war. Aber hinter dem aufgeworfenen Problem der Schriftlichkeit meldete sich doch ein modernes verfassungspolitisches Problem ersten Ranges. Die Zentralisation einer unendlichen Menge von Einzelentscheidungen in Berlin mußte immer lähmender wirken, je mehr allgemeine Gesetze erforderlich wurden, die der Administration einen größeren Spielraum hätte eröffnen können. Die Schriftwege konnten die Verwaltungsfreiheit (Niebuhr) einengen, doch der Staat ließ sich nicht mehr als eine einzige große Kommune behandeln. Das aber wurde immer noch versucht und davon zeugen schließlich die Miniaturberichte, die zu jedem Monatsende dem königlichen Kabinett zugeleitet werden mußten: die Zeitungsberichte.

Von allen Regierungen verfaßt, häuften sich im Jahr 12mal 25 Berichte über alles und jedes auf den Tischen des Kabinetts. Nach dem Schema der Jahresberichte sammelte sich hier eine Unsumme regionaler Nachrichten, die von der Natur zur Tier- und Menschenwelt reichten, Wind und Wetter ebenso registrierten wie das politische Stimmungsbarometer. Aber was regional noch als Lebenseinheit erfahren werden mochte, verlor in seiner Addition jeden Sinnzusammenhang. Der patriarchalische Anspruch des Monarchen wurde überzogen, wenn sich in seinem Kabinett aus allen Gegenden Nachrichten türmten wie etwa aus Gumbinnen im Juli 1826: „Der beladene Wagen des Lumpensammlers Mertig fiel um und erdrückte unter seiner Last den Besitzer" (Staatl. Arch., Lag. Gött., Rep. 2, T. 40, Nr. 2, vol. 3). Die Bande, die den Monarchen an seine Untertanen knüpften, ließen sich durch keine amtlichen Schriftwege ersetzen.

Andererseits besteht gar kein Zweifel, daß die Berliner Ministerien wirklich von den Sorgen und Nöten der breiten Masse der Bevölkerung informiert wurden: wenn oft spät, so doch nie zu spät, um noch reagieren zu können. Wurden aber die Nachrichten nicht mehr in aktive Antwort und Handlung transponiert, dann wurden sie genau das, was der Freiherr vom Stein als die Gefahr der Bürokratie erkannt hatte: zum Selbstzweck. So steht der Historiker vor einem gewaltigen Archivbestand, dem sich rückblickend jene gesellschaftlichen Bewegungen entlocken lassen, die sich gerade wegen der schreibenden Hierarchie dem Staat entfremdet und entzogen haben.

Anhang I:
Rittergüter und adlige Besitzeinheiten vor der Reform

Die Zahl der nominellen Rittergüter lag um 1800 weit höher als die der adligen Besitz- und Herrschaftseinheiten. Die aus der Wende vom 18. zum 19. Jahrhundert vorhandenen Statistiken sind ungenau und legen völlig verschiedene Gesichtspunkte an. Die Vereinigung mehrerer Güter in einer Hand, nicht zuletzt durch den steigenden Handel, Erbteilungen, Doppelzählungen in verschiedenen Kreisen, Aufzählungen von Anteilgütern und dergleichen Schwierigkeiten, die damals nicht bewältigt wurden, machen exakte Angaben unmöglich (vgl. *Stein:* Ostpreußen I, 230 ff.). Zudem war zwischen Rittergut und Rittergut, wie sie auf den Vasallentabellen auftauchten, ein großer Unterschied. Es gab deren mit oder ohne bäuerliche Hintersassen, mit einem oder vielen Vorwerken, kleine Stellen mit ritterlichen Privilegien, Konglomerate von ständischen Herrschaftseinheiten. Für unsere Frage nach dem landbesitzenden, seine Herrschaftsrechte ausübenden Adel seien vier Tabellen gegenübergestellt.

	Krugs Rangliste der adligen Güter im Taxwert über 5000 T. (Betrachtungen I, 410 ff. namentlich aufgeführt, hier ausgezählt)	Zahl der Rittergüter nach *Krug:* Gesetzgebung 33 ff., um 1800, und nach *Finckenstein:* Landwirtschaft 392, für die Restprovinzen 1811		Zahl der Rittergutsbesitzer bzw. Besitzeinheiten in einer Hand
	um 1800	um 1800	1811	um die Jahrhundertwende
Ostpreußen	767	2 136	1 637	796 (*Stein*, I, 231)
Westpreußen	517	2 100[1]	799	
Pommern	761	1 303	676	
Brandenburg	(1 494)	—	754	
Kurmark	750	1 262		608 (*Martiny*, 114)[3]
Neumark	403	513		
Magdeburg Halberstadt u. Hohenstein:	341	515[1]	—	
Schlesien	1 766	3 937[2]	1 453	1 244 (*Ziekursch*, 46)
Westl. Provinzen (ohne Ansbach-B.)	116	332[1]	—	
Summe	5 421	11 898	5 319	
ohne westl. Provinzen:	5 305	11 566		
Innerhalb der Grenzen von 1807:	4 964		5 319	

Anhang I

Die Zahlen der von Stein, Martiny und Ziekursch kritisch errechneten tatsächlichen Besitzer liegt also erstens zur Hälfte bis zu zwei Drittel unter der Zahl der in den Vasallentabellen aufgeführen Rittergüter. In Schlesien besaß durchschnittlich ein Herr drei Herrenhöfe, in der Kurmark kamen auf einen Ritter zwei Güter, in Ostpreußen gab es 796 Vollgüter, die von etwas weniger Familien besessen wurden (1788: 830, nach *Zedlitz*). Die hohe Ziffer der von Krug in Spalte zwei zitierten Vasallentabelle beruht auf der Einzelaufzählung der Anteile von Anteilsgütern, deren Inhaber nicht mit einem Ritter vergleichbar sind. Die von Finckenstein (ohne Quellenangabe) genannte immer noch sehr hohe Summe für Ostpreußen beruht vermutlich auf den Kriegsfolgen, die den Besitz zerstreuten. Im ganzen gab es also sehr viel weniger adlige Besitzeinheiten als Rittergüter; erst nach der Reform vermehrte sich mit dem Besitzwechsel auch die Zahl der tatsächlichen Besitzer *(Stein:* Agrargeschichte II, 417). Zweitens zeigt die Zahlenreihe der von Krug angegebenen Güter von mehr als 5000 Taler Taxwert — der meist unter dem Verkaufswert lag —, daß sie der Zahl der effektiven Besitzer sehr nahe kam. In der Kurmark und Schlesien liegt sie über, in Ostpreußen etwas unter der Zahl der adligen Besitzeinheiten. Natürlich sind die lückenhafte Zahlenreihe der Besitzer und Besitzeinheiten auf der einen Seite und die der taxierten Güter auf der anderen nicht identisch. Aber hält man beide mit der Finckensteinschen Liste der 1811 aufgezählten Rittergüter zusammen, so kommt man — ganz grob — der Zahl faktischer adliger Besitzeinheiten näher, als wenn man die rund 12 000 Stellen zählt, auf denen ritterliche Rechte hafteten und deren Zusammenschluß natürlich durch Stiftungen von Fideikommissen gefördert worden war.

---

[1] Ergänzt durch *Zedlitz-Neukirch;* Adelslexikon I, 15 ff., der sich im übrigen auf Krug beruft und dessen Listen mit Küsters Umriß der preußischen Monarchie 1800 übereinstimmen (*Lancizolle;* 292 ff.).
[2] Ergänzt durch Ziekurschs Berechnungen auf Grund von Zimmermanns Listen 1783–1795; Zedlitz-Neukirch nennt drei Zahlen einzelner schlesischer Güter: zwischen 3504 und 4743.
[3] *Bassewitz* (Kurmark Brandenburg I, 18) zählt für 1804 1071 Güter in der Hand von 510 Adligen und 86 Bürgerlichen.

673

Anhang II:
Patrimonialjustiz und Rittergutsbesitz

Im Jahre 1837 waren von den damals rund 14 Millionen preußischen Untertanen 3 281 497 Personen der Privatgerichtsbarkeit unterworfen, d. h. rund ein Viertel (*Gräff-R.-S.:* 6. 682, nach *Starke:* Gerichtsverfassung I, 67. Der Brockhaus der Gegenwart [1840, 7. 364] nennt ohne Quellenangabe für das gleiche Jahr 3 717 795). Um die Relation der Mediatuntertanen zu denen des Königs einzuschätzen, müssen von der Gesamteinwohnerzahl die rund 2½ Millionen ausgeklammert werden, die sich der französischen Gerichtsverfassung erfreuten, und etwa eine Million Posener, die der staatlichen Justiz unterstanden. Rechtsrheinisch war also ein reichliches Drittel aller Preußen der Patrimonialjustiz unterworfen. Dieses Drittel drängte sich zudem auf dem Lande zusammen, da die Großstädte über 20 000 Einwohner mit zusammen etwa einer Million Einwohner ostwärts des Rheines keinen Mediatherren gehabt hatten (*Hoffmann:* Die Bevölkerung 99, 95). Um das unterschiedliche Bild, das die einzelnen Provinzen bieten, anschaulich zu machen, sei der Liste des Justizministers Mühler für 1839 (Berlin 1841; *Bergius:* Staatsrecht 66), der Prozentsatz der Rittergutsbesitzungen nach den Berechnungen des Innenministers für 1837 (*Gräff-R.-S.:* Suppl. I, 1. 228) und nach *Meitzen* (IV, 330) für 1869 hinzugefügt:

Es befanden sich von der Bevölkerung unter Privatgerichtsbarkeit im Bereich des Obergerichts 1839: (alles in Prozenten)		Anteil der Rittergüter an der Gesamtfläche bäuerlicher und ritterlicher Besitzungen in den Reg.-Bezirken 1837:		Flächenanteil selbständiger Gutsbezirke an den Provinzen 1869:	
Königsberg	21	Königsberg	35	Preußen	41
Insterburg	4	Gumbinnen	18		
Marienwerder	13	Marienwerder	29		
		Danzig			
Posen	—	Posen	58	Posen	56
Bromberg	—	Bromberg			
Stettin	33	Stettin	56	Pommern	59
Köslin	52	Köslin	69		
Greifswald	—	Stralsund	—		
Kammergericht	27	Potsdam	33	Brandenburg	43
Frankfurt	38	Frankfurt	28		
Breslau	58	Breslau		Schlesien	49
Glogau	65	Liegnitz			
Ratibor	63	Oppeln			
Magdeburg	24	Magdeburg		Sachsen	25
Naumburg	34	Merseburg	33		
Halberstadt	9	Erfurt	15		

Münster	—	Münster	6	Westfalen —
Paderborn	8	Minden	12	
Hamm	7	Arnsberg	9	
Koblenz (Justiz Senat, rechtsrh.)	44	Koblenz	2,2	Rheinland —
Rhein. App.-Ger. Hof Köln	0,4	Trier Köln Düsseldorf Aachen	0,6	

(Die freien Rubriken sind von der Statistik nicht erfaßt)

Die aufgeführten Zahlenreihen sind natürlich nicht unmittelbar vergleichbar, da sich Regierungsbezirke und Gerichtsbereiche nicht deckten; da die Zahlenangaben des Innenministeriums vor abgeschlossener Regulierung sicher nur Schätzwerte sind und da die Zahl der 1869 selbständigen Gutsbezirke die der ehemaligen Patrimonialherrschaften übersteigt. Gleichwohl lassen sie einige Rückschlüsse zu. Am engsten war das Maschennetz der standesherrlichen und ritterlichen Justiz in der volkreichen Provinz *Schlesien*, wo sie gleichsam mehr Volk als Land erfaßte. 1837 stand hier nur eine knappe Million der Einwohner unter königlicher Justiz, über anderthalb Millionen waren der Patrimonialjustiz unterworfen. *Hinterpommern* kommt, was die Ausdehnung der ritterlichen Justiz betrifft, der *Frankfurter* und Teile des *Merseburger* Bezirks kommen, was die Dichte der untertänigen Einwohner betrifft, den schlesischen Verhältnissen am nächsten. In allen übrigen Bezirken zeichnet sich ein gewisser Rückgang der Patrimonialjustiz ab. Am stärksten in *Ostpreußen*, das auch hier eine Sonderstellung einnimmt, wo der bewegte Gütermarkt seine Wirkungen zeitigte. Im Gumbinner Bezirk übten 1838 auf den vorhandenen 197 Patrimonialstellen nur 61 Herren ihre Rechte noch aus (*Stein*: Agrarvf. Ostpr. 2. 303). Die Verhältnisse Brandenburgs und Pommerns nähern sich mehr denen Schlesiens — im Bereich des Kammergerichts lagen Berlin und Potsdam, so daß sich der Prozentsatz rein ländlicher Gutsuntertanen erhöht, die noch der ritterlichen Justiz unterworfen waren —, während nach Westen hin die Herrschaftsgewalt stark abnahm. Nach der Wiederzulassung alter Patrimonialjustiz entstanden westlich der Elbe nur 31 neue Privatgerichte, 18 davon in der *Altmark,* 4 in *Westfalen* (*Gräff-R.-S.* 6, 681, nach *Starke:* Gerichtsverfassung 1. 83). — 1837 waren von den 8016 preußischen Gerichten ostwärts des Rheins 6134 Patrimonialgerichte, oft mehrere in der Hand eines Gerichtshalters. Sie durften seit dem Reskr. vom 23. 4. 1833 nie über mehr als 2500 Gerichtseingesessene die Privatjurisdiktion ausüben (Jb. 41. 433), zusammen mit den königlichen Gerichtsuntertanen nie über mehr als 7500 (R. 25. 8. 1840; *Gräff-R.-S.* 6. 691). — 1847 berichtete Uhden der Herrenkurie über die Häufung von Patrimonialgerichten in einigen Oberlandesgerichtsbezirken. Es befanden sich im Bereich des OLG Breslau 988; Köslin 709; Glogau 658; Frankfurt 634; des Kammergerichts 623; Stettin 477; Naumburg 466. Die Gesamtziffer 4555 ist — gegen *Stölzel:* Rechtsverwaltung 2. 607 — nicht gleich der absoluten Zahl aller Patrimonialgerichte, weil Uhden nur die Schwerpunkte nannte, um die unsichere Kontrollmöglichkeit zu demonstrieren. In Anbetracht der rund 12 000 Rittergutseinheiten befand sich jedenfalls die Patrimonialjustiz schon vor 1848 auf dem Rückzug. Schließlich übten — nach Uhden — nur die märkischen Gerichte die Zivil- und Kriminaljustiz zugleich aus, die sächsischen Gerichte nur Ziviljustiz, während Kriminalgerichtsbarkeit in Schlesien beschränkt gewesen sei (Der erste Vereinigte Landtag 2. 808).

Anhang III:
Standeserhöhungen zwischen 1790 und 1848

Aufgeschlüsselt nach
1. Adelsverleihungen, davon an
    a) Offiziere;
    b) Beamte im Verwaltungs- und Justizdienst;
    c) bürgerliche Rittergutsbesitzer;
    d) Fabrikanten, Bankiers, Kaufleute, Commerzienräte.
2. Standeserhöhungen zum Freiherrn, Grafen, Fürsten oder Herzog.
3. Adelserneuerung durch Bestätigungen,
                        Neuverleihungen,
                        Adoption,
                        Legitimierung unehelicher oder nebenehelicher Kinder.

In den Untergruppen 1 a–d kommen Doppelzählungen vor, wenn zwei Kriterien zugleich zutreffen, also Fabrikanten etwa in ihrer Eigenschaft als Rittergutsbesitzer geadelt wurden.
Geadelte Geistliche (bes. Superintendenten), Professoren oder standesherrliche Beamte wurden nicht mitgezählt.
Mitglieder geadelter Familien wurden einzeln ausgezählt, wenn sie Offiziers- oder Beamtenstellen innehatten.
Die vorliegende Tabelle wurde nach *Gritzners* Chronologischer Matrikel der Brandenburgisch-Preußischen Standeserhöhungen (Berlin 1874) zusammengestellt. Sie kann, wie die handschriftlichen Zusätze im Exemplar der Univ.-Biblioth. Tübingen zeigen, keine Vollständigkeit beanspruchen. Aber Tendenz und Schwerpunktbildung der Nobilitierungspolitik sind ablesbar.
Die *Häufung* der Adelsverleihungen und Standeserhebungen 1798 und 1840 ist auf die Erbhuldigungen beim Regierungsantritt der neuen Monarchen, 1816 auf den siegreich beendeten Krieg zurückzuführen. Die zahlreichen Adelserneuerungen in den späteren zwanziger Jahren dienten auch der Einrichtung einer Rittermatrikel, die den Stand abschließen sollte und an der die neuständischen Rechte hafteten.
Der staatliche *Verdienstadel* befindet sich vorzüglich in der ersten Rubrik: Hier werden die Angleichungen des eximierten Bürgertums an den Adel sichtbar. Beim Militär handelte es sich oft schon um niedrigere Ränge, besonders der Artillerie und des Ingenieurkorps, die früher und häufiger geadelt wurden als die ranggleichen Beamten. Staats- und Justizdiener wurden meist erst nobilitiert, wenn sie Spitzenstellungen erreicht hatten oder bürgerliche Landräte waren, die ihren Kreismitständen angepaßt wurden.
Auffallend ist, daß in den anderthalb Jahrzehnten vor 1806 mehr Staatsdiener in den Adelsstand erhoben wurden als zwischen 1807 und 1839: Sei es, daß seit der Reform die bürgerlichen Kräfte als solche höher geachtet wurden, was zunächst zutreffen mochte, sei es, daß sich seit den zwanziger Jahren der Adel wieder zu festigen begann. Dafür spricht auch, daß nach 1807 – im Unterschied zur vorhergehenden Periode – die Zahl der Standeserhöhungen und Adelserneuerungen die der Nobilitierungen weit übertrifft. Die vergleichsweise sinkende Kurve der Adelsverleihungen ist weniger ein Indiz dafür, daß der bürgerliche Staats-

dienst des Adelprestiges hätte entraten können, als ein Indiz für die soziale Stabilisierung des Adels, die der Minister des Königlichen Hauses, Fürst Wittgenstein, abschirmte.

Es war eine wachsende Tendenz, den Adel gerade hinter den geöffneten Standesgrenzen gesondert zu schützen; wie im Staatsdienst, so im *Ritterstand*. Dafür ist bezeichnend, daß vor 1807 mehr bürgerliche Rittergutsbesitzer geadelt wurden als zwischen 1807 und 1838. Während vor 1807 der bürgerliche Ritter vom Adel absorbiert werden sollte, wurde er nach 1807 durch die Nobilitierung vor seinesgleichen ausgezeichnet. Auch der Nobilitierungsschub unter Friedrich Wilhelm IV. widerspricht dem nicht; er erfolgte zu einer Zeit, da der Prozentsatz bürgerlicher Ritter bereits so hoch lag, daß die Adelsverleihungen, an der Gesamtzahl bürgerlicher Ritter gemessen, nur als Privilegierung verstanden werden konnten.

Von der ganz entsprechend zunehmenden Dichotomie zwischen Hofstaat und Wirtschaftsleben im Vormärz zeugt die Nobilitierung innerhalb der Fabrikanten, Kaufleute, Bankiers und ihresgleichen. Zwischen 1790 und 1806 wurden mehr *Wirtschaftsbürger* geadelt als in der über doppelt so langen Periode von 1807 bis 1848.

Statt dessen nahm die Zahl der *Standeserhöhungen* bereits adliger Personen relativ zu, besonders unter Friedrich Wilhelm IV. Solche Standeserhöhungen — häufig im diplomatischen Dienst zuerkannt — haben zwar das Gesamtbild der sozialen Vorzugsstellung des Adels nicht verändert, aber differenziert und damit optisch verstärkt. Viele Standeserhöhungen — etwa der Bürgersfrauen, die (hier nicht mitgezählt) geadelt wurden, um für den Hochadel heiratsfähig zu werden — führten in das Gestrüpp hausrechtlicher Bestimmungen und zeugen von dem weitergezüchteten Überhang ungleicher Privatrechte.

Adoptionen dienten meist, aussterbende Familien dem Adelsstand zu erhalten. In die gleiche Richtung mochten *Legitimierungen* natürlicher Kinder zielen, wenn auch nicht beim Hochadel.

Die hohe Zahl von *Neuverleihungen und Bestätigungen* fraglicher Adelstitel sind ein Indikator für das unstillbare Bedürfnis, am Prestige des Adels teilzuhaben, und insofern für das ungebrochene Adelsprestige selbst. Zeitweise handelte es sich um die Übernahme gerade nobilitierter Familien aus neu gewonnenen Gebieten im Osten oder in alten Reichslanden. Solche Familien mochten, dem Preußischen Adel gleichgestellt, zu engerer Loyalität verpflichtet werden; sie können, statistisch nicht ins Gewicht fallend, gelegentlich dem Verdienstadel der ersten Rubrik zugerechnet werden. Insgesamt freilich zeugen die Kolonnen zwei und drei von dem lebhaften Interesse des preußischen Hofstaates, eine Adelsreform nicht grundsätzlich, sondern mit konservativer Taktik zu betreiben.

Die Nobilitierungspolitik diente also vor 1806 einer staatlichen Hierarchie, nach 1806 vertiefte sie — grob gesprochen — den Graben zwischen Bürgertum und Adel.

Anhang III

	Adelsverleihung	davon an				Standeserhöhungen	Adelserneuerung durch Bestätigung, Neuverleihung, Adoption, Legitimierung
		Offiziere	Beamte	Rittergutsbesitzer	Kaufleute u. ä.		
1790	8	1	6	1	1	3	6
1	20	3	10	2		1	10
2	2	2				1	4
3	2	1	1			1	5
4	11	4	5	1		3	8
5	9	5				2	5
6	15	4	6				3
7	5	2	1	2	1	1	4
8	74	42	19	2	4	37	4
9	8	3	1			1	7
1800	5	5				3	6
1	6	2	3		1		7
2	4	2	2			3	2
3	17	4	10		1	6	10
4	22	7	3	2	7	1	8
5	1						4
6	3	2	1				6
1790—1806	212	89	68	10	15	63	99
1807							
8	4	3	1				2
9						3	1
1810	3	2			1	4	6
1	5	2	2				3
2	1					1	4
3						1	
4	1	1				9	2
5	6	1	3			2	2
6	11	2	6	2		22	11
7	4		3			6	7
8	7	5		1		1	5
9	12	6	4		1	3	13

Anhang III

	Adelsverleihung	davon an				Standeserhöhungen	Adelserneuerung durch Bestätigung, Neuverleihung, Adoption, Legitimierung
		Offiziere	Beamte	Rittergutsbesitzer	Kaufleute u. ä.		
1820	6	3	3				12
1	2	1				2	6
2	3	3				5	7
3	6	6				1	7
4	7	3	1		1	3	5
5	10	3	4			3	
6	9	6	2		1	2	13
7	5	3					32
8	7	1	4		1	1	11
9	3		1		2		17
1830	5	3	1	1		1	15
1	4	1	1			2	3
2	9	4	4	1		1	3
3	1		1				3
4	8	6	2	1			3
5	8	4	3			2	3
6	11	6	2	1		2	4
7	6	3	4			1	4
8	7	4	2			2	3
9	3	1	1	1		2	4
1807—1839	174	83	55	8	7	82	213
1840	43	8	21	29	3	46	8
1	2	1	1	2		5	18
2	3	2	1	3		3	8
3	5	2	1	3		3	9
4	3	2		4		1	19
5	3						14
6	5		1			1	6
7	2	1	1			4	9
1848	1		1	1			1
1840—1848	67	16	27	42	3	63	92
1790—1806	212	89	68	10	15	63	99
1807—1848	241	99	82	50	10	145	305
1790—1848	453	188	150	60	25	208	404

Anhang IV:
Anteil des Adels und der Bürger an der Provinzialverwaltung und an den Landratsstellen

in absoluten Zahlen und nach Prozentsätzen berechnet,
aufgeschlüsselt nach Regierungsbezirken, nach Provinzen und für den Gesamtstaat,
ausgezählt nach den Handbüchern über den Königlich-Preußischen Hof und Staat,
für die Jahrgänge 1818, 1820, 1831, 1841, 1845, 1848, 1852 und 1901.
(Geadelte Beamte, also der Dienstadel im engen Sinn, wurden nicht mit altem Geburtsadel zusammengezählt, der freilich im 18. Jahrhundert durch Nobilitierungen stark aufgefüllt worden war. Für die nichtadligen Beamten wie für die nichtbeamteten Bürger spielte in der sozialen und politischen Lage des Vormärz das Alter des Adels eine geringere Rolle als der gemeinsame Gegensatz bzw. die Anpassungsfähigkeit an den „Adel" überhaupt.) – An der Zusammenfassung auf S. 689 wird deutlich, daß die Stellenreduktion nach 1825 fast nur auf Kosten bürgerlicher Beamter vollzogen wurde.

Reg. = Regierung
LR = Landräte
A = Adlige
B = Bürgerliche

Anhang IV

Preußen	Oberpräsidium (Ostpreußen)		Königsberg Reg.		Königsberg LR.		Gumbinnen Reg.		Gumbinnen LR.		Oberpräsidium (Westpreußen)		Danzig Reg.		Danzig LR.		Marienwerder Reg.		Marienwerder LR.		Oberpräs. und Regierungen		Landräte		Provinzverwaltung	
	A	B	A	B	A	B	A	B	A	B	A	B	A	B	A	B	A	B	A	B	A	B	A	B	A	B
1818	1	–	4	27	8	1	1	24	7	2	1	1	4	12	2	3	4	15	7	2	15 / 16%	79 / 84%	24 / 75%	8 / 25%	39 / 31%	87 / 69%
1820	1	1	4	35	13	5	1	24	9	7	1	1	2	13	5	3	3	17	9	4	12 / 11,3%	91 / 88,7%	36 / 65,5%	19 / 34,5%	48 / 32%	110 / 68%
1831	1	–	2	24	15	4	–	17	10	4	–	–	3	7	4	4	5	13	9	3	11 / 15,5%	61 / 84,5%	38 / 72%	15 / 28%	49 / 39%	76 / 61%
1841	1	1	6	17	16	2	2	16	7	6	–	–	4	11	3	4	4	18	9	4	17 / 21%	63 / 79%	35 / 71,5%	14 / 28,5%	52 / 40%	77 / 60%
1845	–	2	9	15	13	5	3	15	7	8	–	–	4	9	3	3	2	19	9	3	18 / 24%	58 / 76%	32 / 63%	19 / 37%	50 / 39%	77 / 61%
1848	–	2	10	15	14	6	4	13	6	9	–	–	3	13	3	4	3	19	11	2	20 / 24%	62 / 76%	34 / 62%	21 / 38%	54 / 39%	83 / 61%
1852	–	2	7	18	11	6	4	14	4	9	–	–	3	13	3	3	4	17	7	4	18 / 22%	64 / 78%	25 / 53%	22 / 47%	43 / 33%	86 / 67%
1901	1	3	1	53	11	6	2	21	3	11	2	2	2	17	2	6	6	21	6	9	14 / 11%	117 / 89%	23 / 42%	32 / 58%	37 / 20%	149 / 80%

Anhang IV

Brandenburg	Oberpräsidium		Berlin				Potsdam				Frankfurt				Oberpräs. und Regierungen		Landräte		Provinzverwaltung	
			Reg.		LR.		Reg.		LR.		Reg.		LR.							
	A	B	A	B	A	B	A	B	A	B	A	B	A	B	A	B	A	B	A	B
1818	1	–	7	9	2	–	9	21	12	1	5	22	11	5	22 / 30%	52 / 70%	24 / 80%	6 / 20%	46 / 44%	58 / 56%
1820	1	3	6	10	1	–	11	21	12	1	4	23	10	7	22 / 28%	57 / 72%	23 / 71%	8 / 29%	45 / 41%	65 / 59%
1831	1	3	–	–	–	–	9	17	12	1	9	13	10	6	19 / 35%	33 / 65%	22 / 76%	7 / 24%	41 / 50,5%	40 / 49,5%
1841	1	3	–	–	–	–	10	20	13	1	8	22	10	5	19 / 30%	45 / 70%	23 / 79%	6 / 21%	42 / 45%	51 / 55%
1845	2	1	–	–	–	–	11	18	11	2	7	26	11	5	20 / 31%	45 / 69%	22 / 76%	7 / 24%	42 / 45%	52 / 55%
1848	2	–	–	–	–	–	8	21	12	2	7	27	9	6	17 / 26%	48 / 74%	21 / 72%	8 / 28%	38 / 40%	56 / 60%
1852	1	2	–	–	–	–	8	19	11	3	8	27	13	3	17 / 26%	48 / 74%	24 / 80%	6 / 20%	41 / 43%	54 / 57%
1901	4	2	–	–	–	–	12	28	13	1	3	24	13	2	19 / 26%	54 / 74%	29 / 91%	3 / 9%	48 / 46%	57 / 54%

Anhang IV

Schlesien	Oberpräsidium		Breslau				Liegnitz				Oppeln				Reichenbach				Oberpräs. und Regierungen		Landräte		Provinzverwaltung	
			Reg.		LR.		Reg.		LR.		Reg.		LR.		Reg.		LR.							
	A	B	A	B	A	B	A	B	A	B	A	B	A	B	A	B	A	B	A	B	A	B	A	B
1818	–	4	5	20	14	–	4	17	12	–	5	17	13	–	7	12	9	1	21 23%	70 77%	48 98%	1 2%	69 49%	71 51%
1820	–	4	6	21	11	–	4	15	12	–	4	18	14	–	6	13	13	1	20 21%	75 79%	50 99%	1 1%	70 48%	76 52%
1831	1	3	11	16	22	–	4	13	18	1	2	15	14	–	–	–	–	–	28 37%	47 63%	54 98%	1 2%	82 63%	48 37%
1841	1	1	13	11	18	3	9	9	18	2	5	12	12	1	–	–	–	–	28 39%	43 61%	48 89%	6 11%	76 61%	49 39%
1845	1	1	16	12	17	3	12	7	15	2	6	9	12	3	–	–	–	–	35 55%	29 45%	44 86%	8 14%	79 68%	37 32%
1848	2	2	14	13	19	2	11	6	17	2	6	12	11	4	–	–	–	–	33 50%	33 50%	47 85%	8 15%	80 64%	45 36%
1852	2	2	13	10	15	5	10	10	16	3	5	12	9	6	–	–	–	–	30 47%	34 53%	40 74%	14 26%	70 55%	48 45%
1901	4	2	4	27	19	3	6	14	13	3	2	23	10	9	–	–	–	–	16 20%	66 80%	43 74%	15 26%	59 42%	81 58%

Anhang IV

Posen	Oberpräsidium		Posen				Bromberg				Oberpräs. und Regierungen		Landräte		Provinzverwaltung	
			Reg.		LR.		Reg.		LR.							
	A	B	A	B	A	B	A	B	A	B	A	B	A	B	A	B
1818	3	1	4	15	12	1	3	13	6	–	10 / 26 %	29 / 74 %	18 / 95 %	1 / 5 %	28 / 48 %	30 / 52 %
1820	3	1	5	13	14	2	5	13	7	2	13 / 32,5 %	27 / 67,5 %	21 / 81 %	4 / 19 %	34 / 52 %	31 / 48 %
1831	2	1	4	16	13	4	3	15	4	4	9 / 22 %	32 / 78 %	17 / 68 %	8 / 32 %	26 / 39 %	40 / 61 %
1841	1	2	5	17	14	3	–	16	6	3	6 / 15 %	35 / 85 %	20 / 77 %	6 / 23 %	26 / 39 %	41 / 61 %
1845	1	1	6	20	12	4	1	15	5	4	8 / 18 %	36 / 82 %	17 / 68 %	8 / 32 %	25 / 36 %	44 / 64 %
1848	1	1	7	18	11	3	1	16	3	6	9 / 20 %	35 / 80 %	14 / 61 %	9 / 39 %	23 / 34 %	44 / 66 %
1852	1	1	11	17	7	5	3	15	3	6	15 / 31 %	33 / 69 %	10 / 48 %	11 / 52 %	25 / 36 %	44 / 64 %
1901	6	1	1	24	11	15	3	20	7	5	10 / 18 %	45 / 82 %	18 / 47 %	20 / 53 %	28 / 30 %	65 / 70 %

Anhang IV

Sachsen	Oberpräsidium		Magdeburg				Merseburg				Erfurt				Oberpräs. und Regierungen		Landräte		Provinzverwaltung	
			Reg.		LR.		Reg.		LR.		Reg.		LR.							
	A	B	A	B	A	B	A	B	A	B	A	B	A	B	A	B	A	B	A	B
1818	1	6	6	18	12	3	6	18	13	4	4	15	7	2	17 / 23%	57 / 77%	32 / 79%	9 / 21%	49 / 43%	66 / 57%
1820	1	7	4	18	10	3	7	19	12	3	4	16	7	2	16 / 20,5%	62 / 79,5%	29 / 78%	8 / 22%	45 / 39%	70 / 61%
1831	2	1	7	19	11	4	7	13	12	3	5	10	7	2	21 / 33%	43 / 67%	30 / 77%	9 / 23%	51 / 49,5%	52 / 50,5%
1841	—	3	7	18	12	3	9	16	10	1	2	10	7	1	18 / 28%	47 / 72%	29 / 85%	5 / 15%	47 / 47,5%	52 / 52,5%
1845	1	1	7	16	13	2	8	15	16	—	3	10	7	1	19 / 31%	42 / 69%	36 / 92%	3 / 8%	55 / 55%	45 / 45%
1848	2	1	9	18	13	2	8	17	14	1	5	11	8	1	24 / 34%	47 / 66%	35 / 90%	4 / 10%	59 / 54%	51 / 46%
1852	1	4	7	19	10	4	12	13	12	5	8	12	8	1	28 / 37%	48 / 63%	30 / 75%	10 / 25%	58 / 50%	58 / 50%
1901	6	7	3	21	10	3	7	16	13	3	3	14	4	4	19 / 25%	58 / 75%	27 / 73%	10 / 27%	46 / 40%	68 / 60%

Anhang IV

Westfalen	Oberpräsidium	Münster Reg. A	Münster Reg. B	Münster LR. A	Münster LR. B	Minden Reg. A	Minden Reg. B	Minden LR. A	Minden LR. B	Arnsberg Reg. A	Arnsberg Reg. B	Arnsberg LR. A	Arnsberg LR. B	Oberpräs. und Regierungen A	Oberpräs. und Regierungen B	Landräte A	Landräte B	Provinzverwaltung A	Provinzverwaltung B
1818	1	7	13	2	3	6	12	6	1	8	8	4	2	22 / 40 %	33 / 60 %	12 / 67 %	6 / 33 %	34 / 47 %	39 / 53 %
1820	1	5	11	3	3	7	12	5	1	8	14	4	2	21 / 38 %	34 / 62 %	12 / 67 %	6 / 33 %	33 / 45 %	40 / 55 %
1831	1	9	8	5	5	2	13	10	1	4	14	5	5	16 / 30 %	38 / 70 %	20 / 64,5 %	11 / 35,5 %	36 / 42 %	49 / 58 %
1841	2	10	5	8	2	5	10	10	–	4	13	6	5	21 / 41 %	30 / 59 %	24 / 77 %	7 / 23 %	45 / 55 %	37 / 45 %
1845	1	8	6	8	2	3	11	8	1	6	11	8	5	18 / 37,5 %	30 / 62,5 %	24 / 75 %	8 / 25 %	42 / 52,5 %	38 / 47,5 %
1848	1	8	5	8	2	2	13	8	1	6	11	8	5	17 / 35 %	32 / 65 %	24 / 75 %	8 / 25 %	41 / 51 %	40 / 49 %
1852	2	9	5	9	1	2	12	8	2	5	11	10	4	18 / 36 %	32 / 64 %	27 / 79 %	7 / 21 %	45 / 54 %	39 / 46 %
1901	3	2	13	6	4	1	16	6	5	1	25	6	10	7 / 11 %	57 / 89 %	18 / 49 %	19 / 51 %	25 / 25 %	76 / 75 %

Anhang IV

Rheinprovinz

Jülich, Cleve, Berg	Ober-präsidium		Köln				Düsseldorf				Cleve		
			Reg.		LR.		Reg.		LR.				LR.
	A	B	A	B	A	B	A	B	A	B	A	B	A
1818	1	–	5	9	7	6	5	13	6	2	4	11	6	–
1820	1	–	4	11	6	5	5	11	7	4	5	10	6	–
1831	1	–	2	9	5	5	2	17	11	2	–	–	–	–
1841	1	–	4	6	6	6	5	13	10	2	–	–	–	–
1845	1	4	4	11	5	6	5	16	9	2	–	–	–	–
1848	1	5	4	10	5	6	5	16	10	3	–	–	–	–
1852	4	3	4	9	2	9	2	15	7	5	–	–	–	–
1901	?	5	5	18	3	8	3	23	5	9	–	–	–	–

687

Anhang IV

Rheinprovinz

Nieder-rhein	Ober-präsi-dium		Koblenz				Aachen				Trier				Oberpräs. und Regierungen		Landräte		Provinz-verwaltung	
			Reg.		LR.		Reg.		LR.		Reg.		LR.							
	A	B	A	B	A	B	A	B	A	B	A	B	A	B	A	B	A	B	A	B
1818	1	–	4	11	3	11	5	9	13	2	3	12	1	19	28 30%	65 70%	36 47%	40 53%	64 38%	105 62%
1820	1	–	4	13	3	11	5	9	10	2	2	13	3	19	27 29%	67 71%	35 46%	41 54%	62 36%	108 64%
1831	–	–	2	12	4	7	4	10	9	2	7	8	3	9	18 24%	56 76%	32 56%	25 44%	50 38%	81 62%
1841	–	–	5	15	3	5	5	9	7	3	3	12	4	9	23 29,5%	55 70,5%	30 55%	25 45%	53 40%	80 60%
1845	–	–	4	16	4	8	6	7	6	4	3	13	3	9	23 26%	67 74%	27 48%	29 52%	50 34%	96 66%
1848	–	–	5	18	6	6	5	6	6	4	2	14	3	10	23 25%	69 75%	30 51%	29 49%	53 35%	98 65%
1852	–	–	8	16	6	6	3	10	4	4	3	11	6	5	24 27%	64 73%	25 46%	29 54%	49 34,5%	93 65,5%
1901	–	–	1	14	8	2	4	12	6	5	3	14	5	5	18 17%	86 83%	27 48%	29 52%	45 28%	115 72%

Anhang IV

Gesamtzahlen der preußischen Beamten der Provinzialverwaltung und Gesamtzahlen der adligen und bürgerlichen Anteile

	Oberpräsidien und Regierungen			Landräte			Summe		
	Insgesamt	A	B	Insgesamt	A	B	Insgesamt	A	B
1818	571	147 26 %	424 74 %	288	213 74 %	75 26 %	859	360 42 %	499 58 %
1820	598	146 24 %	452 76 %	317	227 72 %	90 28 %	915	373 41 %	542 59 %
1831	476	136 29 %	340 71 %	314	233 74 %	81 26 %	790	369 47 %	421 53 %
1841	492	149 30 %	343 70 %	301	230 76 %	71 24 %	793	379 48 %	414 52 %
1845	490	161 33 %	329 67 %	308	224 73 %	84 27 %	798	385 48 %	413 52 %
1848	514	165 32 %	349 68 %	317	228 72 %	89 28 %	835	393 47 %	442 53 %
1852	515	166 32 %	349 68 %	303	199 66 %	104 34 %	818	365 45 %	453 55 %
1901	661	130 20 %	531 80 %	344	213 62 %	131 38 %	1005	343 34 %	662 66 %

Anhang IV

Der bürgerliche Anteil an der Verwaltung in den einzelnen Provinzen (nach %)

	Preußen		Brandenburg		Pommern		Schlesien		Posen		Sachsen		Westfalen		Rheinland	
	Reg.	LR.	Reg.	LR.	Reg.	LR.	Reg.	LR.	Reg.	LR.	Reg.	LR.	Reg.	LR.	Reg.	LR.
1818	84	25	70	20	76,5	17,5	77	2	74	5	77	21	60	33	70	53
1820	88,5	34,5	72	29	72	12,5	79	1	67,5	19	79,5	22	62	33	71	54
1831	84,5	28	63,5	24	68	20	63	2	78	32	67	23	70	35,5	76	44
1841	79	28,5	70	21	59,5	9	61	11	85	23	72	15	59	23	70,5	45
1845	76	37	69	24	52	8	45	14	82	32	69	8	62,5	25	74	52
1848	76	38	74	28	51	8	50	15	80	39	66	10	65	25	75	49
1852	78	47	74	20	62	22	53	26	69	52	63	25	64	21	73	54
1901	89	58	74	9	64	10	80	26	82	53	75	27	89	51	83	52

Anhang V:
Tabelle der Beamten in den Landtagen 1831—1841

(Ausgezählt nach *Rumpf-Nitschke:* Provinzialstände. Die Namens- und Berufsangaben tauchen erst nach 1830 auf, nach 1841 wurden die Verhandlungen provinzweise gesondert — und nicht für den Handel bestimmt — gedruckt. Die Angaben ließen sich danach, und für die frühere Zeit aus den Provinzakten, erweitern.)
Der vorliegende Ausschnitt berücksichtigt folgende Angaben:
Als Beamte werden nur gezählt: die Landräte und alle Verwaltungsbeamte von den Regierungsräten aufwärts, alle Justizbeamte, alle Berg-, Forst- und Steuerbeamte sowie die Mitglieder der Generalkommissionen.
Nicht als Beamte wurden gerechnet: die Hofchargen, die landschaftlichen Kreditbeamten, die Justizkommissare und Notare, die Stadtverordneten, die Orts-, Erb- und Friedensrichter.
Als *Offiziere* wurde nur mitgezählt — in einer gesonderten Rubrik —, wer keine Angabe „a. D." gemacht hatte, was nicht ausschließen muß, daß einige Offiziere ihren Grad ohne Auskunft über das bestehende Dienstverhältnis angegeben haben.
Im *Fürstenstand* wurden die Vertreter mitgerechnet.
Die *Bürgermeister* wurden in allen Ständen nicht unter den Beamten aufgeführt, obwohl sie im Westen nicht gewählt, sondern ernannt wurden, also in gewisser Weise „staatlicher" waren als die — auf Grund der Städteordnungen — gewählten und nur bestätigten Bürgermeister.
Im *Ritterstand* wurden in einer gesonderten Sparte noch die bürgerlichen Inhaber von Rittergütern aufgezählt, die in den Landtag gewählt wurden.
In dem *Landgemeindestand* wurden die Schulzen, die im Osten weithin gewählt wurden, nicht mitgezählt; die westlichen Bürgermeister der Samtgemeinden wurden dagegen gesondert aufgeführt.
Die *Zahlen in Klammern* zeigen die Mitgliederzahl der jeweiligen Stände an. Nur im Fürstenstand werden die Anwesenden besonders gezählt, weil deren Ist- und Soll-Zahlen häufig differierten.
Die Mehrzahl der beamteten Ritter waren natürlich *Landräte,* immerhin wenig, gemessen an der Zahl der 329 Landkreise, die es im Vormärz gab.
Oberhalb der Landräte waren nicht nur Regierungsräte, sondern auch *Regierungschefpräsidenten* in den Landtagen. Mit Namen genannt seien v. Schrötter (Marienwerder 1841); v. Meding (Merseburg 1834, im brandenburgischen Landtag, weil in der Altmark ansässig, auch noch als Oberpräsident im Vereinigten Landtag 1847); Graf zu Stolberg-Wernigerode (Liegnitz 1833); v. Lüttwitz (a. D. Reichenbach 1833/37; Graf v. Pückler (Oppeln 1837/41); v. d. Horst (Minden 1826/37); v. Pestel (Düsseldorf 1830); v. Bonin war als Oberpräsident Mitglied des Vereinigten Landtages 1847.
Im Brandenburgischen Landtag von 1834 war — als Stellvertreter — sogar ein *Minister,* der Finanzminister von Alvensleben, tätig, und zwar in der Kommission zur Beratung der Provinzialrechte.
(Auffallend ist, daß Offiziere nur im Osten gewählt wurden, im Westen dagegen Beamte von allen drei Ständen; ebenso auffallend ist der verhältnismäßig hohe Anteil der bürgerlichen Rittergutsvertreter nur in der Provinz Preußen.)

Anhang V

Provinz	Fürstenstand — Anwesend	Fürstenstand — Beamte	Fürstenstand — Offiziere	Ritterstand — Bürger	Ritterstand — Beamte	Ritterstand — Offiziere	Ritterstand — Bürgermeister	Städtestand — Beamte	Städtestand — Offiziere	Städtestand — Bürgermeister	Stand der Landgemeinden — Beamte	Stand der Landgemeinden — Offiziere	Stand der Landgemeinden — Bürgermeister	Gesamtzahlen — Offiziere	Gesamtzahlen — Bürgermeister	Gesamtzahlen — Nichtbeamte : Beamte
Preußen: 97																
5. Ldtg. 1834				10	13	(47)	–	1	(28)	8	–	(22)	–	7	8	81 : 14
6. Ldtg. 1837				15	9	7	–	–	–	10	–	–	–	7	10	86 : 9
7. Ldtg. 1841				14	12	4	–	1	–	8	–	–	–	4	8	84 : 13
Posen: 50																
5. Ldtg. 1841				1	1	(26)	–	1	(16)	5	–	(8)	–	1	5	48 : 2
Pommern: 49																
5. Ldtg. 1834				1	5	(25)	–	1	(16)	6	–	(8)	–	6	6	43 : 6
6. Ldtg. 1837				1	10	6	–	1	–	5	–	–	–	4	5	38 : 11
7. Ldtg. 1841				1	7	4	–	2	–	6	–	–	–	–	6	40 : 9
Brandenburg: 71																
5. Ldtg. 1834				2	9	(36)	–	1	(23)	7	–	(12)	–	5	7	61 : 10
6. Ldtg. 1837				–	11	5	–	–	–	8	–	–	–	5	8	60 : 11
Schlesien: 92																
4. Ldtg. 1833	6	(10)	1	2	15	(36)	–	–	(30)	8	–	(16)	–	–	8	69 : 19
5. Ldtg. 1837	8	2	2	3	12	1	–	2	1	10	–	–	–	4	10	73 : 16
6. Ldtg. 1841	9	2	3	2	12	1	–	–	–	9	–	1	–	5	9	77 : 14

692

Anhang V

Provinz	Fürstenstand			Ritterstand				Städtestand			Stand der Landgemeinden			Gesamtzahlen		
	Anwesend	Beamte	Offiziere	Bürger	Beamte	Offiziere	Bürgermeister	Beamte	Offiziere	Bürgermeister	Beamte	Offiziere	Bürgermeister	Offiziere	Bürgermeister	Nichtbeamte : Beamte
Sachsen: 73		(6)				(30)			(24)			(13)				
4. Ldtg. 1833	6	3	–	4	6	4	–	1	–	7	1	–	–	4	7	65 : 8
5. Ldtg. 1837	6	2	–	2	8	8	–	–	1	6	–	–	–	10	6	63 : 10
6. Ldtg. 1841	6	1	–	–	8	5	–	–	–	7	–	–	–	5	7	64 : 9
Westfalen: 72		(12)				(20)			(20)			(20)				
3. Ldtg. 1831	6	–	–	–	4	–	–	–	–	2	3	–	–	–	2	58 : 8
4. Ldtg. 1833	6	–	1	–	2	–	–	3	–	1	4	–	1	1	2	57 : 9
5. Ldtg. 1837	8	–	–	–	4	–	–	1	–	2	1	–	1	–	3	62 : 6
6. Ldtg. 1841	10	–	–	–	2	–	–	1	–	3	1	–	1	–	4	66 : 4
Rheinprovinz: 80		(5)				(25)			(25)			(25)				
4. Ldtg. 1833	4	–	–	1	6	–	1	2	–	4	4	–	6	–	11	67 : 12
5. Ldtg. 1837	5	–	–	1	6	–	1	2	–	2	2	–	6	–	9	70 : 10
6. Ldtg. 1841	5	–	–	4	6	–	–	1	–	2	4	–	5	–	7	69 : 11
7. Ldtg. 1843	5	–	–	4	5	–	–	–	–	2	–	–	6	–	8	75 : 5

Anhang VI:
*Anteil der bürgerlichen Rittergutsbesitzer und
der Beamten am Vereinigten Landtag*

sowie die Abstimmungsergebnisse über den Antrag des Landrats v. Vincke, daß der Vereinigte Landtag jährlich einberufen werde zur Kontrolle der Staatsschuldenverwaltung im Sinne des Gesetzes vom 17. Januar 1820, aufgeschlüsselt nach Provinzen und Ständen, sowie mit dem Stimmanteil der Beamten. Der Antrag wurde mit 260 : 247 angenommen, erreichte also nicht die Zwei-Drittel-Majorität.

Die Rubrik in Klammern zeigt für die Pommern den Anteil der Stimmen an, die für den ähnlichen Antrag des Grafen Schwerin — aus Pommern selbst — abgegeben wurden.

Quelle: Beiträge zur Charakteristik des ersten Vereinigten Landtages im preußischen Staate, Leipzig, Teubner 1847.

Anhang VI

Provinziell und ständisch schichten sich die Abstimmungsergebnisse für den Vinckeschen Periodizitätsantrag folgendermaßen ab (das pommersche Ergebnis für den Schwerinschen Antrag in Klammern zusätzlich verzeichnet):

Ritter			Städter			Landgemeinden		
						Rheinland	24 : 0	(100 %)
			Rheinland	24 : 2	(96 %)	Posen	7 : 0	(100 %)
			Posen	14 : 2	(88 %)	Schlesien	14 : 2	(88 %)
Posen	16 : 3	(84 %)				Preußen	18 : 4	(82 %)
Preußen	28 : 11	(72 %)	Preußen	21 : 6	(78 %)			
						Brandenburg	8 : 4	(67 %)
						Westfalen	11 : 6	(65 %)
			Schlesien	18 : 12	(60 %)			
			Sachsen	13 : 10	(53 %)			
(Pommern	13 : 10)		(Pommern	11 : 5)		(Pommern	6 : 1)	
			Westfalen	9 : 11	(45 %)			
Rheinland	9 : 15	(38 %)						
			Brandenburg	8 : 14	(36 %)			
						Sachsen	4 : 9	(31 %)
Sachsen	5 : 21	(19 %)						
Westfalen	3 : 13	(17 %)	Pommern	3 : 13	(17 %)			
						Pommern	1 : 6	(15 %)
Pommern	2 : 22	(8 %)						
Brandenburg	1 : 30	(3 %)						
Schlesien	1 : 31	(3 %)						

In allen Provinzen zusammen stimmten für den Vinckeschen Antrag:
Ritter: 30,4 %   Städter: 58,2 %   Landgemeinden: 73,8 %

Nach Prozentsätzen der anwesenden Mitglieder berechnet, stimmten für Vinckes Amendement in:
Posen 88 / Rheinland 79 / Preußen 77 / Westfalen 43 / Schlesien 42 / Sachsen 33 / Brandenburg 26 / Pommern 13
(abgerundet nach *Biedermann:* Preuß. Reichstag 488).

Anhang VI

Vereinigter Landtag 1847	Herrenkurie	Ritter						Städte				Landgemeinden				insgesamt Beamte	für Vincke
		Insgesamt	für Vincke	Bürgerliche	für Vincke	Beamte	für Vincke	Insgesamt	für Vincke	Beamte	für Vincke	Insgesamt	für Vincke	Beamte	für Vincke		
Preußen	5	45	28	14	12	12	4	28	21	–	–	22	18	–	–		
Posen	5	22	16	3	3	–	–	16	14	1	1	8	7	–	–		
Pommern	1	24	2 (13)	2	–	7	–	16	3 (11)	–	–	8	1 (6)	–	–		
Brandenburg	11	32	1	1	1	12	–	23	8	–	–	12	8	–	–		
Schlesien	24	36	1	3	–	13	–	30	18	1	1	16	14	1	1		
Sachsen	7	30	5	1	–	14	2	24	13	1	–	13	4	–	–		
Westfalen	12	21	3	–	–	8	2	20	9	3	–	20	11	–	–		
Rheinprovinz	5	27	9	3	3	7	1	25	24	–	–	25	24	2	2		
		237	65	27	19	73	9	182	110	6	1	124	87	3	3	82	13

Anhang VII:
*Aufschlüsselung von Dietericis Statistik der ‚Fabrikarbeiter'
und der ‚Fabrikherren' von 1846 [Mitteilungen 1. 68ff.]*

Eine Statistik der „Fabriken", „Fabrikherren" und „Fabrikarbeiter" bleibt für die Zeit vor 1848 schwierig, jedenfalls ungenau. Das hat terminologische Gründe – die Bestimmungen sind gleitend und schwankend –, und dahinter zeichnet sich der zeitliche Sachverhalt ab, der vom Handwerk, Manufaktur- und Verlagswesen langsam zu größeren technischen und organisatorischen Betriebseinheiten hinführt. Schon *Krug* verwies auf die Widersprüche und Unstimmigkeiten, die die „Übersicht der sogenannten Fabrikengewerbe" des preußischen Fabrikendepartements mit sich brachte (Betrachtungen 2. 218, 378). Der Fragebogen erfaßte alle Produktion, die auf den „Verkauf im Großen", auf Handel und Ausfuhr zielte, aber die Frage blieb unklar, ob unter den Arbeitern = ouvriers nur die – auch zünftigen – Stuhlarbeiter oder alle Beschäftigten einer Fabrik verstanden werden sollten; ebenso fließend war die Grenze zu den „Mühlen", wenn auch die Grenze zu den Zünften im großen und ganzen anerkannt blieb. Diese entfiel natürlich nach 1810, und die staatliche Statistik hat seitdem alles unter dem Begriff der „Gewerbe" zusammengefaßt, wobei speziell die zum Begriff der „Fabrik" gehörenden Bestimmungen ausfielen, sicher nicht zuletzt deshalb, weil sie trotz der landrechtlichen Bemühungen im Alltag ungenau blieben (vgl. oben S. 117 f. und Anm. 4; ferner zur Begriffsgeschichte *H. Freudenberger* und *F. Redlich:* The industrial development of Europe, Kyklos XVII, 1964, 385 ff.).
„Fabrikanstalten" und industrielle Mühlen wurden entweder in der Handels- oder in der Handwerkssteuerrolle veranlagt (Gewerbesteuergesetz § 15, dazu *Schimmelfennig:* Direkte Steuern 2. 234). Man ordnete also die neuen „Unternehmer" wie die alten nach den überkommenen ständischen Begriffen ein. Das hatte dauernde Ungenauigkeiten – und Streit – zur Folge, zumal die Definition der Kaufleute mit kaufmännischen Rechten von Ort zu Ort schwankte (vgl. *Hoffmann:* Bevölkerung 170 ff.). In den Regierungsbezirken Aachen, Köln, Düsseldorf und Arnsberg befanden sich im Jahr 1837 allein 1788 aller in Preußen veranlagten 3558 Großkaufleute: In dieser Ziffer stecken die aufstrebenden „Fabrikunternehmer", die nicht mehr handwerklich besteuert wurden.
Als *Dieterici* (Statist. Übersicht 474) den Anstieg der „Fabrikanstalten" in den dreißiger Jahren kennzeichnet, nennt er zuerst die ländlichen Zuckerraffinerien und Branntweinbrennereien, dann einige Textilbranchen, die weithin noch im Verlagssystem betrieben wurden. 1844 faßt er „Fabriken in Metall" und dem Bergbau zugehörende Unternehmungen zusammen (Stat. Übers. 2. F. 626), kapituliert aber vor einer genauen Definition: Unterscheide man Handwerk und Fabrik, indem diese für den Absatz nach dem Ausland, jenes für den Ort produziere, dann fielen z. B. Brauereien und lokale Kattunfabriken aus; rechne man zum Begriff Fabrik Naturkräfte und Maschinen, so sei jede Mühle eine Fabrik, „und umgekehrt, manche gewerbliche Werkstatt, die wirklich Fabrikanstalt ist, bleibt bei den Gewerben. Auch kann, wenn man nach der Anzahl der Arbeiter rechnen wollte, ein jedes Gewerbe täglich aus dem Handwerk zur Fabrik sich steigern" (a. a. O. 629). Die Ausgliederung des Begriffs der Fabrik – wie der Industrie – aus dem Oberbegriff der Gewerbe, der entsprechend zu einem Begriff für kleinere Betriebe zusammenschrumpft, zeichnet sich hier ab. Diese schleichende Umbenennung vollzog sich nicht im gesamten Sprachgebrauch, kennzeichnet aber die Umschichtung in den vierziger Jahren.

Anhang VII

Es gehörte nun zur liberalen Wendung des Staates, daß er auf die bis 1805 eingeforderten Fabrikentabellen mit detaillierten Nachrichten gänzlich verzichtete, teils weil er die Unternehmer nicht mehr strikt beaufsichtigen wollte, teils aus Mißtrauen gegen deren Angaben. In der veröffentlichten Statistik wurden für die Textilfabrikation nur die Webstühle, nicht die Zahl aller Beschäftigten erfaßt. Erst 1846, als die Schutzzolldiskussion eine rege Teilnahme aller Handelskammern und Gewerbvereine herausforderte, wurde eine „Gewerbetabelle der Fabrikations-Anstalten und Fabrik-Unternehmungen aller Art" aufgenommen (*Dieterici:* Mitt. 1. 150), auf der Dietericis nachfolgende Berechnungen gründen.

Die Revolution veranlaßte ihn nämlich, eine Statistik der „zu den sogenannten Arbeiterklassen gerechneten Personen" zusammenzustellen (Mitt. 1. 68), aus der sich auch die Zahl von 553 542 „Fabrikarbeitern" ergibt, denen Handwerksgesellen, Handarbeiter und Gesinde gegenübergestellt werden (Mitt. 1. 83). „Die eigentlichen Bergleute und Arbeiter in solchen Hüttenwerken, die mit der Bergwerkproduktion in unmittelbarem Zusammenhange stehen", hat Dieterici nicht mitgerechnet; sie unterstanden – z. T. berufsständisch organisiert – der Aufsicht der staatlichen Bergämter (Mitt. 2. 26) und sind hier ebenso mit angeführt wie die Zahl der Webstühle, die nur in Nebenbeschäftigung betrieben wurden:

1846 (*Dieterici:* Mitteilungen 1. 71 ff.)	Betriebe	Männliche Arbeiter über 14 Jahre	Kinder	Frauen	Arbeiter insgesamt
Maschinenspinnerei	2 603	12 022	2 959	11 497	26 478
Weber aller Art, hauptgewerbl.	–	–	–	–	193 537
Textilfabriken	2 728	28 904	19 322	29 778	87 004
(Männliche Arbeiter über 14 Jahre in den Textilfabr., nach Mitt. 2. 25)	–	(110 210)			(110 210)
Bleichereien, Färbereien, Druckereien	2 453	11 346	1 052	1 537	13 935
Mühlenwerke, ³/₄ davon Getreidemühlen	37 590	57 856	–	–	57 856
(abz. der Mühlenbesitzer:)					(20 266)
Metallwerke aller Art, Hüttenwerke, Glasfabriken, chem. Fabriken, Ziegeleien u. ä.	12 396	88 441	3 211	2 216	93 868
(davon Maschinenfabr.:)	(131)	(7 586)	(32)	(26)	(7 644)
„Andere Fabriken" (darunter etwa zur Hälfte Zuckerfabriken, Brauereien und Brennereien; ferner Tabakfabr.)	20 627	73 103	4 520	12 241	89 864
Summen	78 397	271 672	31 064	57 269	553 542

Anhang VII

	Betriebe	Männliche Arbeiter über 14 Jahre	Kinder	Frauen	Arbeiter insgesamt
Berg- und Hüttenarbeiter (Mitt. 2. 25)					100 805
Gehilfen und Lehrlinge im Handwerk	449 349	379 313			379 313
(davon im Metallgewerbe)	(=Meister) (63 835)	(49 446)			
Handarbeiter und Tagelöhner		873 286		596 805	1 470 091
Gesinde		578 133		693 475	1 271 608
Webstühle in Nebenbeschäftigung (Mitt. 1. 193).					291 129

Die von Dieterici vorgelegten Zahlenreihen gliedern sich z. T. nach berufsständischen Begriffen, die die Bewußtseinslage der davon Erfaßten am Vorabend der Revolution sicher richtig umschreiben, nicht aber die soziale Frage beantworten, die hinter der Statistik und ihren Aufgaben steht. Die Menge der reichlich halben Million als „Fabrikarbeiter" Bezeichneten ist sozial sehr heterogen. Unter Fabriken wurde bei der Aufnahme, wie im 18. Jahrhundert, weiterhin „Fabrikation im Großen" verstanden, die nicht nur von Arbeitern, vereinigt „in größeren Gebäuden", geleistet wurde, sondern ebenso von den „selbständigen" Meistern, die unter „Leitung eines Faktors oder Fabrikverlegers" arbeiteten. Kunth wollte schon 1818 dieser Betriebsform, wie auch der bloßen „Vereinigung von Handwerkern unter einem Dach", den Namen einer Fabrik versagen (Gutachten 8. 12. 1818, *Goldschmidt:* Kunth 254, 259); 1846 wurde die Bedeutung noch unbedenklich weiterverwandt. Das hatte die mißliche Folge, daß die Textilfabriken, denen immer noch die größte Bedeutung zukam, nur mit den Personen, die nicht am Stuhl arbeiteten, ausgezählt wurden. Alle Stuhlmeister, die teils in den Fabriken, teils ganz auf eigene Rechnung oder für den lokalen Bedarf arbeiteten, erscheinen in einer gesonderten Rubrik. Die sozial entscheidenden Übergangslagen werden auf diese Weise gar nicht erfaßt, und selbst Dieterici bekam keine Klarheit (die später auch *Schmoller* nicht gewinnen konnte: Kleingewerbe 498 ff.). Der preußische Staat besaß also 1848 keine exakten Daten über den größten Krisenherd innerhalb seiner Volkswirtschaft.

Je nachdem, wieviel Weber Dieterici den Fabrikarbeitern in dem vage umschriebenen Sinn zurechnete, erhöhte sich deren Zahl. Bei vergleichbaren Zahlenreihen führt er an anderer Stelle (Mitt. 2. 25) 110 210 männliche Textilarbeiter über 14 Jahre an (hier in Klammern hinzugefügt), während er in den Provinzlisten (1. 149 ff. 194) sogar auf 173 235 (männliche und weibliche) „Arbeiter" kommt, die in Textilfabriken beschäftigt sind. Einschließlich der „gewerblichen" Weber, die nicht „fabrikartig" arbeiten, erhöht sich die Gesamtsumme auf 286 190, die mit der Weberei und nachfolgenden Arbeitsgängen beschäftigt waren. Aber allein von den als selbständig angeführten Webern von Leinen, Seide, Wolle und Baum-

Anhang VII

wolle bleibt dann nach Dietericis Zahlen noch eine Gruppe von 58 026, die in der Hauptstatistik nicht erscheint (Mitt. 1. 194 f.). Es sind vor allem schlesische Leinenweber, die außerhalb eines Verlagssystems ihr Leben fristeten.
Rund 300 000 der reichlich halben Million „Fabrikarbeiter" gehören also zur Textilfabrikation; die Maschinenspinner zugerechnet, erhöhte sich die Zahl noch. Ein guter Teil dieser Fabrikarbeiter lebte also 1848 noch von der Hoffnung, sich als Stuhlmeister unabhängig zu machen, und näherte sich sozial der Bewußtseinslage der Handwerkmeister. Anders die Fabrikarbeiter im engeren Sinn, wie etwa die Maschinenspinner oder Maschinenbauer, die in unmittelbarer Abhängigkeit von den Unternehmern standen. Ebenso ungenau ist die Zahl der Mühlenarbeiter. Aber die von Dieterici selber an anderer Stelle abgerechneten Mühlenbesitzer (Mitt. 2. 25) werden bei weitem wettgemacht von den Gesellen, die in fabrikartigen Gewerben tätig waren; vor allem aber, wenn die Berg- und Hüttenarbeiter hinzugerechnet werden, die Dieterici in staatsständischer Begrifflichkeit nicht als Fabrikarbeiter einstufte, die aber 1848 nicht ohne Berechtigung zur Industriebevölkerung — vor allem in den Hütten — gerechnet werden müssen.
Wie klein die Betriebe durchschnittlich waren, zeigt ihr Verhältnis zu den Gesamtzahlen der Arbeiter. Innerhalb der Textil-, meist der Baumwollfabriken wurde die Halbtausendgrenze gelegentlich überschritten. Der höchste Durchschnitt der Textilindustrie lag in Schlesien mit 70 Arbeitern pro Betrieb, im Rheinland betrug er 46, in Sachsen 20 und fiel in den übrigen Provinzen weiter ab. (Krupp hatte 1840 60 Arbeiter und einen Jahresumsatz von 40 000 Talern, wobei er mit einem Gewerbesteuersatz von 18 Talern weit hinter einigen Essener Textilkaufleuten zurückstand; vgl. *Klara van Eyll:* Die Geschichte einer Handelskammer, Köln 1964, 52, 57, 66.) Die Menge der „Fabrikherren" stand den Handwerksmeistern noch nahe, wie diese denn auch gerne jene Bezeichnung annahmen, wenn sie mehrere Gesellen beschäftigten. Eine Reihe der Fabrikherren gehörte dem Ritterstand an, besonders in Schlesien; sie ist in den letzten drei Rubriken der Fabrikenbetriebe enthalten. — In Oberschlesien gab es vor der Revolution 194 Hütten, davon 19 in königlich = staatlicher Hand, 175 in Privatbesitz. Der Privatbesitz war verteilt auf 2 kgl. Prinzen, 3 Herzöge, 2 Fürsten (von Hohenlohe), 13 Grafen, 13 adlige Gutsbesitzer und 16 bürgerliche Besitzer (Z. dt. Stat. 2. Jg. 1848, 284). Die führenden Unternehmer, die 1848 in die Ministerien einrückten, gehörten aber zu den als „Großhändlern" Veranlagten: 1846 waren es 4075 im Staat (Mitt. 1. 78). Aus ihren Kreisen, wie aus denen der 442 Bankiers, kamen die Spitzenkräfte des liberalen Wirtschaftsbürgertums.
Um die Notlage der „Fabrikarbeiter" zu beurteilen, ist der große Druck der zahlenmäßig weit überlegenen handarbeitenden Klasse zu berücksichtigen, der auf dem Land und von da in die Stadt wirkte: Ebenso sind überall, wo Frauen und Kinder mitarbeiteten und mitgezählt wurden, elende Verhältnisse vorauszusetzen. Das gilt natürlich auch für die gewerblichen Weber, deren Familien Dieterici in der Statistik nicht mit aufführt und die obendrein unter dem Konkurrenzdruck — mittelbar oder unmittelbar — der Weber standen, die ihre Stühle noch in Nebenbeschäftigung zu tätigen suchten und deren Zahl sich von 1816 bis 1843 verdoppelt hatte. — Scharfe Kritik an der apologetischen Tendenz der Dietericischen Auswahl übt Bergenroth in der Z. f. dt. Stat. 2. Jg. 1848. 1052 ff. Vgl. auch *Blumberg:* Textilindustrie 377.
Dieterici hat ein Jahr später — 1849 — eine Klassenschichtung aller Männer über 24 Jahre zu treffen versucht, um die Klassenwahl in ihren möglichen Auswirkungen vorauszuberechnen (Mitt. 2. 17 ff.). Dabei ist auffällig, daß er jetzt die gesamte Unterschicht, von ländlichen Kleinbesitzern abgesehen, als „Arbeiterklasse"

zu erfassen sich nicht mehr scheut; er berechnet sie auf rund 2 Millionen. Diese „Arbeiterklasse" stellt also weit über die Hälfte der rund 3,6 Millionen Urwähler. Ebenso auffällig erscheint gleich nach dem Beamten- und Offiziersstand (mit rund 80 000) der höhere Bürgerstand (rund 98 000) jetzt von den „Fabrikherren" angeführt. Die Revolution hat ihre begrifflichen Folgen zumindest gehabt. Dieterici zählt rund 40 000 Fabrikbesitzer, geschätzt nach der Betriebszahl unserer Liste, vermindert um die rund 38 000 Müller. Die übrige Bevölkerung gliedert Dieterici in „die Klassen des mittleren Bürgerstandes" mit den Handwerkern (rund 660 000) und führt am Schluß die ländlichen Grundbesitzer auf: vom Ritter bis zum Inhaber einer gespannlosen Nahrung (rund 784 000 in einer Klasse), denen das untere Militär und die Rentner (mit 34 000 und 30 000) noch hinzugefügt werden. 1851 mußte Dieterici, weil er in der ersten Kammer gegen die Majorate aufgetreten war, die Leitung des statistischen Büros abgeben.

Nachtrag: Vgl. jetzt O. *Büsch,* Industrialisierung und Gewerbe im Raum Berlin/Brandenburg 1800–1850 (Einzelveröffentlichungen der hist. Komm. zu Berlin, Bd. 9), Berlin 1971.

Abkürzungen

AGB	Allgemeines Gesetzbuch	G.	Gesetz
AGO	Allgemeine Gerichtsordnung	GS	Gesetzsammlung
ALR	Allgemeines Landrecht	Jb.	Jahrbuch
Ann.	Annalen	KO	Kabinettsorder
Dekl.	Deklaration	Reskr.	Reskript
Ed.	Edikt	V, VO	Verordnung

Die Abkürzungen der Buchtitel erscheinen im Literaturverzeichnis.

Ungedruckte Quellen

In folgenden Archiven wurden Verwaltungsakten eingesehen:
1. Ehem. Preuß. Geh. Staatsarchiv, heute: Deutsches Zentralarchiv, Abt. Merseburg
= DZA Merseburg
Hier wurden vorzüglich Bestände der Staatskanzlei Hardenbergs (Rep. 74) und des Geheimen Zivilkabinetts (Rep. 89) benutzt.
2. Staatsarchiv Koblenz
3. „ Düsseldorf
4. „ Münster
5. Staatliches Archivlager Göttingen (= ehem. Preuß. Staatsarchiv zu Königsberg)
6. Archiwum Państwowe we Wroclawiu (Breslau)
7. „ „ w Katowicach (Kattowitz)
8. „ „ w Poznaniu (Posen)

In den Archiven der ehemals preußischen Provinzen wurden vornehmlich Oberpräsidial- und Regierungsakten ausgewertet, unter Hinzuziehung von Kreis-, Kommunal- und jeweiligen Spezialakten. Die Signaturen erscheinen in den Anmerkungen.

Gedruckte Quellen und Literatur

Abel, Wilhelm: Geschichte der deutschen Landwirtschaft vom frühen Mittelalter bis zum 19. Jahrhundert, Stuttgart 1962
= Gesch. d. dt. Landwirtsch.
Acta Borussica, Denkmäler der Preußischen Staatsverwaltung im 18. Jh., hg. v. der Kgl. Ak. d. Wiss. Berlin; Berlin 1892 ff.
= Acta Bor.
Allgemeine Gerichtsordnung für die Preußischen Staaten in Verbindung mit den dieselbe ergänzenden, abändernden und erläuternden Gesetzen, königlichen Verordnungen und Justiz-Ministerial-Reskripten ... hg. v. A. J. Mannkopf, 4 Bde., u. Registerbd., Berlin 1837–1839
= AGO
Allgemeines Landrecht für die Preußischen Staaten, 2 Bde., Berlin 1796, 3. Aufl. (identisch mit dem allgemeinen Gesetzbuch für die Preußischen Staaten, Berlin 1791, dem die Veränderungen des ALRs vorgebunden sind)
= ALR bzw. AGB
Altmann, Wilhelm: Ausgewählte Urkunden zur Brandenburgisch - Preußischen Verfassungs- und Verwaltungsgeschichte, II/1, Berlin 1915, 2. Aufl.
= Ausg. Urkunden
Ancillon, Friedrich: Die Vermittlung der Extreme in den Meinungen, 2 Teile, Berlin 1828
= Vermittlung
Anschütz, Gerhard: Die Verfassungs-Urkunde für den Preußischen Staat vom 31. Jan. 1850, 1. Bd., Berlin 1912
= Verfassungsurkunde
Anton, Günther K.: Geschichte der preußischen Fabrikgesetzgebung bis zu ihrer Aufnahme durch die Reichsgewerbeordnung (Staats- und socialwiss. Forschungen, hg. v. G. Schmoller, Bd. 11, Heft 2, Leipzig 1891, Neudruck Berlin 1953)
= Fabrikgesetzgebung
Arndt, Adolf: Der Anteil der Stände an der Gesetzgebung in Preußen von 1823 bis 1848 (Archiv für öffentliches Recht, Bd. 17), 1902
= Anteil der Stände
Arnim, Bettina von: Werke und Briefe, hg. v. Gustav Konrad, Bd. 3, Frechen – Köln 1963
= Werke
Arnim, Bettina von: Bettina von Arnim und Friedrich Wilhelm IV., ungedruckte Briefe und Aktenstücke, hg. v. Ludwig Geiger, Frankfurt am Main 1902
= ungedruckte Briefe
Avenarius, E.: Sammlung derjenigen Allerhöchsten Kabinets-Ordres, die nicht in die Gesetz-Sammlung aufgenommen wurden, und der Reskripte der Ministerien, welche die innere Verwaltung des Preußischen Staates betreffen, aus den Jahren 1817 bis 1844, 2 Bde., Leipzig 1845
= Kabinetsordres
Bach, Theodor: Theodor Gottlieb von Hippel, Breslau 1863
= Hippel
Bär, Max: Die Behördenverfassung der Rheinprovinz seit 1815, Bonn 1919 (Publ. d. Ges. für Rhein. Gesch.-Kunde, Bd. 35)
= Behördenverfassung

Quellen und Literatur

Balser, Frolinde: Die Anfänge der Erwachsenenbildung in Deutschland in der ersten Hälfte des 19. Jahrhunderts, Stuttgart 1959
= Erwachsenenbildung

Baron, Alfred: Der Haus- und Grundbesitzer in Preußens Städten einst und jetzt, unter Berücksichtigung von Steins Städteordnung (Samml. nat., ök. u. statist. Abh., hg. v. J. Conrad, Bd. 65), Jena 1911
= Der Haus- und Grundbesitzer

(Bassewitz, Magnus Fr. v.:) Die Kurmark Brandenburg, ihr Zustand und ihre Verwaltung ... vor 1806. Leipzig 1847

(ders.:) Die Kurmark Brandenburg im Zusammenhang mit den Schicksalen des Gesamtstaats Preußen ... von 1806 bis 1808, 2 Bde., Leipzig 1851/52

Bassewitz, Magnus Fr. v.: Die Kurmark Brandenburg im Zusammenhang mit den Schicksalen des Gesamtstaats Preußen während der Jahre 1809 und 1810, aus dem Nachlaß hg. v. Karl von Reinhard, Leipzig 1806
= (alle Bände Bassewitzens werden durchgezählt als:) Kurmark Brandenburg 1—4

Beckerath, Erwin von: Die preußische Klassensteuer und die Geschichte ihrer Reform bis 1851 (Staats- und soz.-wiss. Forsch. Heft 163), München und Leipzig 1912
= Klassensteuer

Bennecke, Wolf-Guenther: Stand und Stände in Preußen vor den Reformen, Diss. Berlin 1935
= Stand und Stände

(Benzenberg:) Die Verwaltung des Staatskanzlers Fürsten von Hardenberg. Aus dem XXII. Heft der Zeitgenossen besonders abgedruckt, Leipzig 1821, 2. Aufl.
= Verwaltung

Berger, Irene: Die preußische Verwaltung des Regierungsbezirks Bromberg (Studien z. Gesch. Preußens, Bd. 10), Köln und Berlin 1966
= Verwaltung Bromberg

Bergius, Carl Julius: Preußische Zustände, Münster 1844
= Preußische Zustände

Bergius, Carl Julius: Preußen in staatsrechtlicher Beziehung, Münster 1843, 2. Aufl.
= Staatsrecht

Bericht über die Verwaltung der Stadt Berlin in den Jahren 1829 bis incl. 1840 hg. v. den Städtischen Behörden, Berlin 1842
= Verwaltung Berlin

Beutin, Ludwig: Die märkische Unternehmerschaft in der frühindustriellen Zeit (Westf. Forschungen 10. Bd.), 1957
= märkische Unternehmerschaft

Bezzenberger, Adalbert: Aktenstücke des Provinzial-Archivs in Königsberg aus den Jahren 1786 - 1820, betr. die Verwaltung und Verfassung Ostpreußens, Königsberg 1898
= Aktenstücke

Biedermann, Karl: Geschichte des ersten preußischen Reichstages, Leipzig 1847
= Preußischer Reichstag

Biedermann, Karl: Die Aufgabe des ersten Vereinigten Landtages in Preußen, Leipzig 1847
= Die Aufgabe

Bitter von: Handbuch der Preußischen Verwaltung, 2 Bde., Leipzig 1911
= Handbuch

Blumberg, Horst: Die deutsche Textilindustrie in der industriellen Revolution (Veröff. d. Inst. f. Wirtsch. gesch. a. d. Hochsch. f. Ökon. Berlin-Karlshorst, Bd. 3) Berlin 1965
= Textilindustrie
Blumenthal, Max: Aus Hardenbergs letzten Tagen (Bausteine zur preuß. Gesch. 2. Jg., H. 1), Berlin 1902
= Hardenberg
Boberach, Heinz: Wahlrechtsfragen im Vormärz, die Wahlrechtsanschauung im Rheinland 1815 - 1849 und die Entstehung des Dreiklassenwahlrechts, hg. v. der Kommission für Geschichte des Parlamentarismus und der politischen Parteien, Düsseldorf 1959
= Wahlrechtsfragen
Bodelschwingh, Ernst von: Leben des Oberpräsidenten Freiherrn von Vincke, Berlin 1853
= Vincke
Böckenförde, Ernst-Wolfgang: Gesetz und gesetzgebende Gewalt (Schriften zum Öff. Recht, Band 1) Berlin 1958
= Gesetz und gesetzgebende Gewalt
Böhme, Karl: Gutsherrlich-bäuerliche Verhältnisse in Ostpreußen während der Reformzeit von 1770 bis 1830 (Staats- und soc. wiss. Forsch. Bd. 20, H. 3) Leipzig 1902
= Gutsherrlich-bäuerliche Verhältnisse
Bornemann, W.: Systematische Darstellung des Preußischen Civilrechts, 4 Bde., Berlin 1842/43
= Civilrecht
Boyen, Hermann von: Erinnerungen hg. v. Friedr. Nippold, 3. Bde. Leipzig 1889/90
= Erinnerungen
Braun, Joachim Frhr. von: Die ostdeutsche Wirtschaft in ihrer vorindustriellen Entwicklung (in: Das östliche Deutschland), Würzburg 1959
= Die ostdeutsche Wirtschaft
Brockhaus, F. A.: Conversations-Lexikon der Gegenwart, 4 Teile in 9 Bdn., Leipzig 1838—1841
= Brockhaus der Gegenwart
Brüggemann, K. H.: Preußens Beruf in der deutschen Staats-Entwicklung, Berlin 1843
= Preußens Beruf
Brüning, Rüttger (Hg.): Offizielles Adreßbuch für Rheinland-Westfalen, zum Vorteil armer Kranker, bearb. v. G. Krackrügge, Elberfeld 1833
Brunner, Otto: Land und Herrschaft, Wien — Wiesbaden 1959, 4. Aufl.
= Land und Herrschaft
Brunner, Otto: Neue Wege der Sozialgeschichte, Göttingen 1956
= Neue Wege
Brunschwig, Henri: La crise le l'état prussien à la fin du XVIIIe siécle et la genèse de la mentalité romantique, Paris 1947
= La crise
Buchholz, Friedrich: Idee einer arithmetischen Staatskunst mit Anwendung auf das Königreich Preußen in seiner gegenwärtigen Lage, Berlin 1809
= Arithmetische Staatskunst
Bülow-Cummerow, E. v.: Preußen, seine Verfassung, seine Verwaltung, sein Verhältnis zu Deutschland, Berlin 1842
= Preußen

Bülow-Cummerow, E. v.: Politische und finanzielle Abhandlungen, 2 Bde., Berlin 1844/45
 = Abhandlungen
Bülow-Cummerow, E. v.: Ein Punkt auf's I oder Belehrung über die Schrift: die Verwaltung des Staatskanzlers Fürsten von Hardenberg, Leipzig 1821
 = i-Punkt
Buhl, L.: Fragen der inneren Politik und Verwaltung, Zürich und Winterthur 1843
 = Fragen
Busch, Alexander: Die Geschichte des Privatdozenten, eine soziologische Studie zur großbetrieblichen Entwicklung der deutschen Universitäten (Göttinger Abh. z. Soz. Bd. 5), Stuttgart 1959
 = Privatdozenten
Clausewitz, Carl von: Politische Schriften und Briefe, hg. v. H. Rothfels, München 1922
 = Politische Schriften
Clauswitz: Die Städteordnung von 1808 und die Stadt Berlin, Berlin 1908
 = Berlin
(Cölln, G. Friedrich von:) Vertraute Briefe über die inneren Verhältnisse am Preußischen Hofe seit dem Tode Friedrichs II., Amsterdam und Köln 1807
 = Vertraute Briefe
Conrad, Hermann: Die geistigen Grundlagen des Allgemeinen Landrechts für die preußischen Staaten (Arbeitsgemeinschaft für Forschung des Landes Nordrhein-Westfalen; Geisteswissenschaften, Heft 77), Köln und Opladen 1958
 = Grundlagen
Conrad, Hermann: Individuum und Gemeinschaft in der Privatrechtsordnung des 18. und beginnenden 19. Jahrhunderts (Jurist. Studienges. Karlsruhe, Schriftenreihe, Heft 18), Karlsruhe 1956
 = Individuum und Gemeinschaft
Constant, Benjamin: Der Sieg der Constitution in Preußen als unausbleiblich und nahe bevorstehend dargestellt in der Verteidigung eines ehemaligen Staatsministers, Mannheim 1844 (siehe Heller: Beamtenstaat, und Benzenberg: Die Verwaltung)
Conze, Werner: Das Spannungsfeld von Staat und Gesellschaft im Vormärz, in: Staat und Gesellschaft im deutschen Vormärz, hg. v. W. Conze, Stuttgart 1962
 = Das Spannungsfeld
Conze, Werner: Die Wirkungen der liberalen Agrarreformen auf die Volksordnung in Mitteleuropa im 19. Jh., in: Vjschr. f. Soz. u. Wirtsch.-Gesch., Bd. 38, Heft 1
 = Wirkungen der Agrarreformen
Conze, Werner: Quellen zur Geschichte der deutschen Bauernbefreiung (Quellensamml. z. Kulturgesch., Bd. 12), Göttingen 1957
 = Quellen
Cramer, Johannes: Sammlung von Gesetzen und Verordnungen, welche die fünf französischen Gesetzbücher modifizieren, oder außer denselben in den Königlich Preußischen Rheinprovinzen gelten, 2 Abteilungen, Krefeld 1843
 = Sammlung
Croon, Gustav: Der Rheinische Provinziallandtag bis zum Jahre 1874, Düsseldorf 1918
 = Provinziallandtag

Dahlmann, F. C.: Die Politik, auf den Grund und das Maß der gegebenen Zustände zurückgeführt, I, Leipzig 1847, 3. Aufl.
= Politik
Dehio, Ludwig: Wittgenstein und das letzte Jahrzehnt Friedrich Wilhelms III.
= FbpG 35, 1923, 213—240
Delbrück, Rudolph von: Lebenserinnerungen, 2 Bde., Leipzig 1905
= Lebenserinnerungen
Diesterweg, F. A. W.: Wegweiser zur Bildung für deutsche Lehrer, Essen 1844, 3. Aufl.
= Wegweiser
Dieterici, C. F. W.: Geschichtliche und statistische Nachrichten über die Universitäten im preußischen Staate, Berlin 1836
= Unversitäten
Dieterici, C. F. W.: Statistische Übersicht der wichtigsten Gegenstände des Verkehrs und Verbrauchs im Preußischen Staate und im Deutschen Zollverbande in dem Zeitraume von 1831 bis 1836 (und fünf Fortsetzungen bis 1853), Berlin, Posen, Bromberg 1838 bis 1857
= Statistische Übersicht
Dilthey, Wilhelm: Gesammelte Schriften, Band XII „Zur preußischen Geschichte", Stuttgart, Göttingen 1960, 2. Aufl.
= Ges. Schr.
Dorow (Hg.): Job von Witzleben, Mitteilungen dess. und seiner Freunde zur Beurteilung preußischer Zustände und wichtiger Zeitfragen, Leipzig 1842
= Witzleben
Dronke, Ernst: Berlin, 2 Bde., Frankfurt am Main 1846
Droysen, Johann Gustav: Das Zeitalter der Freiheitskriege, Berlin 1917 (1843/46)
= Freiheitskriege
Droz, Jacques: Le Libéralisme rhénan 1815—1848, Paris 1940
= Libéralisme rhénan
Dungern, Otto Frhr. von: Das Problem der Ebenbürtigkeit, München und Leipzig 1905
= Ebenbürtigkeit
Eggert, Oskar: Stände und Staat in Pommern im Anfang des 19. Jahrhunderts (Veröff. d. Hist. Komm. f. Pommern, Reihe V, Heft 8) Köln und Graz 1964
= Stände Pommern
Eichendorff, Joseph Frhr. von: Neue Gesamtausgabe der Werke und Schriften von Gerhart Baumann und Siegfried Grosse, 4 Bde., Stuttgart 1958
= Neue Gesamtausgabe
Eichholtz, Dietrich: Junker und Bourgeoisie vor 1848 in der preußischen Eisenbahngeschichte (Dt. Ak. d. Wiss. z. Berlin, Schr. d. Inst. f. Gesch. Reihe I, Bd. 11), Berlin 1962
= Junker und Bourgeoisie
Eichhorn, Karl Friedrich: Deutsche Staats- und Rechtsgeschichte, Göttingen 1834, 4. Aufl.
= Deutsche Staats- und Rechtsgeschichte
Engels, Wilhelm: Ablösungen und Gemeinheitsteilungen in der Rheinprovinz, ein Beitrag zur Geschichte der Bauernbefreiung (Rhein. Archiv, Bd. 51), Bonn 1957
= Ablösungen ... i. d. Rheinprovinz
Entwurf eines allgemeinen Gesetzbuches für die Preußischen Staaten; Zwei Teile zu je 3 Bdn. Berlin und Leipzig 1784—1788
= Entwurf

Erhard, Chr. Dan.: Versuch einer Critik des Allgemeinen Gesetzbuches für die Preußischen Staaten, Dresden und Leipzig 1792
 = Versuch einer Critik
Eylert, R. Fr.: Charakterzüge aus dem Leben des Königs von Preußen, Friedrich Wilhelm III., Magdeburg 1844
 = Friedrich Wilhelm III.
Facius, Friedrich: Wirtschaft und Staat, die Entwicklung der staatlichen Wirtschaftsverwaltung in Deutschland vom 17. Jh. bis 1945 (Schriften des Bundesarchivs 6), Boppard (Rhein) 1959
 = Wirtschaft und Staat
(Failly, G. de:) De la Prusse et de sa domination sous les rapports politique et religieux, spécialement dans les nouvelles provinces par un inconnu, Paris 1842
 = De la Prusse
Filbry, Gerd: Die Einführung der Revidierten Preußischen Städteordnung von 1831 in der Stadt Münster, in: Westf. Zschr. Bd. 107 (1957)
 = Städteordnung Münster
Finck von Finckenstein, Hans Wolfram, Graf: Die Entwicklung der Landwirtschaft in Preußen und Deutschland 1800–1930, Würzburg 1960
 = Landwirtschaft
(Fischbach) (Hg.:) Historische politisch-geographisch-statistisch und militärische Beyträge, die Königlich-Preußische und benachbarte Staaten betreffend, Dessau – Berlin 1781–87
 = Beyträge
Fischer, Wolfram: Handwerksrecht und Handwerkswirtschaft um 1800, Berlin 1955
 = Handwerksrecht
Foerster, Erich: Die Entstehung der Preußischen Landeskirche unter der Regierung Friedrich Wilhelms des Dritten, 2 Bde., Tübingen 1905
 = Landeskirche
Foerstemann, Th.: Principien des preußischen Polizeirechts, Berlin 1869
 = Polizeirecht
Forschungen zur brandenburgischen und preußischen Geschichte, Berlin 1888–1943, 55 Bde.
 = FbpG
Frauendienst, W.: Das preußische Staatsministerium in vorkonstitutioneller Zeit (Z. f. d. ges. Staatswiss. 1960, Heft 1)
 = Staatsministerium
Freymark, Herrmann: Die Reform der Preußischen Handels- und Zollpolitik von 1800–1821 (Samml. nat. ök. stat. Abh., Bd. 17, Halle), Jena 1898
 = Handels- und Zollpolitik
Gans, Eduard: Beiträge zur Revision der Preußischen Gesetzgebung, Berlin 1832
 = Beiträge
Garve, Christian: Versuche über verschiedene Gegenstände aus der Moral, der Literatur und dem gesellschaftlichen Leben, 5 Teile, Breslau 1792–1802
 = Versuche
Gebhardt, Bruno: Wilhelm von Humboldt als Staatsmann, 2 Bde., Stuttgart 1899
 = Humboldt
Geisler: Friedr. W. D. von: Über den Adel als einen zur Vermittlung zwischen Monarchie und Demokratie nothwendigen Volksbestandtheil und über die Landtagsritterschaft der Provinzialstände..., Minden 1835
 = Über den Adel

Gellbach, Horst Heinrich: Arbeitsvertragsrecht der Fabrikarbeiter im 18. Jahrhundert, Diss. München 1939
= Arbeitervertragsrecht

Gembruch, Werner: Freiherr vom Stein im Zeitalter der Restauration (Schriften der wissenschaftlichen Gesellschaft an der Johann Wolfgang Goethe-Universität, Frankfurt am Main, Geisteswissenschaftliche Reihe Nr. 2), Wiesbaden 1960
= Stein

Gesetzessammlung für die Königlich Preußischen Staaten, Berlin 1810 ff.
= GS

Gierke, Julius von: Die erste Reform des Freiherrn vom Stein, Darmstadt 1957

Gierke, Otto von: Die Steinsche Städteordnung, Darmstadt 1957

Giese, Friedrich: Preußische Rechtsgeschichte, Übersicht über die Rechtsentwicklung der preußischen Monarchie und ihrer Landesteile, Berlin und Leipzig 1920
= Preuß. Rechtsgeschichte

Gneist, Rudolf: Die preußische Kreis-Ordnung in ihrer Bedeutung für den inneren Ausbau des deutschen Verfassungsstaates, Berlin 1870
= Kreisordnung

Gneist, Rudolf: Der Rechtsstaat und die Verwaltungsgerichte in Deutschland (1879), Neudruck Darmstadt 1958
= Rechtsstaat

Gneist, Rudolf: Die nationale Rechtsidee von den Ständen und das preußische Dreiklassenwahlrechtssystem (1894), Neudruck Darmstadt 1962
= Nationale Rechtsidee

Görlitz, Walter: Die Junker, Adel und Bauer im deutschen Osten, Glücksburg 1957, 2. Aufl.
= Junker

(Görres:) Die Übergabe der Adresse der Stadt Coblenz und der Landschaft an Seine Maj. den König in öffentlicher Audienz bei Sr. Durchl. dem Fürsten Staatskanzler am 12. Januar 1818, o. O. 1818
= Adresse

Görres, Joseph: Deutschland und die Revolution, hg. v. Arno Duch, München 1921

Goldschmidt, F. und P.: Das Leben des Staatsrath Kunth, Berlin 1881
= Kunth

Gollwitzer, Heinz: Die Standesherren, die politische und gesellschaftliche Stellung der Mediatisierten 1815–1918, ein Beitrag zur deutschen Sozialgeschichte, Stuttgart 1957
= Die Standesherren

Goltz, J. Frhr. von der: Auswirkungen der Stein-Hardenbergschen Agrarreform im Laufe des 19. Jh's., Diss. Göttingen 1936
= Agrarreform

Gothein, Eberhard: Verfassungs- und Wirtschaftsgeschichte der Stadt Cöln vom Untergange der Reichsfreiheit bis zur Errichtung des deutschen Reiches, in: Die Stadt Cöln im ersten Jahrhundert unter preußischer Herrschaft, 1815 bis 1915, 2 Bde., Cöln 1916
= Cöln

Grabower, Rolf: Preußens Steuern vor und nach den Befreiungskriegen, Berlin 1932
= Steuern

Quellen und Literatur

Gräff, H. v., Rönne, L., Simon, H.: Ergänzungen und Erläuterungen der Preußischen Rechtsbücher durch Gesetzgebung und Wissenschaft unter Benutzung der Justiz-Ministerial-Akten und der Gesetz-Revisionsarbeiten, 10 Bde., Breslau 1843, 2. Aufl., und 6 Supplementbde., Breslau 1846—1857
= Gräff — Rönne — Simon; Gräff — R. — S. (Suppl.)

Grävell, M. F. W. C.: Der Staatsbeamte als Schriftsteller oder der Schriftsteller als Staatsbeamter im Preußischen; Actenmäßig dargethan von Regierungsrat Grävell, Stuttgart 1820
= Der Staatsbeamte als Schriftsteller

Grävell, M. F. W. C.: Bedarf Preußen einer Constitution?, Berlin 1816
= Constitution

Gregorovius, Julius: Die Ordensstadt Neidenburg in Ostpreußen, Marienwerder 1883
= Neidenburg

Griewank, Karl: Gneisenau, ein Leben in Briefen, Leipzig 1939, 3. Aufl.
= Gneisenau

Gritzner, A. M. F.: Chronologische Matrikel der brandenburgisch-Preußischen Standeserhöhungen ... seit 1600 ..., Berlin 1874

Haake, Paul: Der Preußische Verfassungskampf vor hundert Jahren, München und Berlin 1921
= Verfassungskampf

Haake, Paul: J. P. F. Ancillon und Kronprinz Friedrich Wilhelm IV. von Preußen (Bd. 42 der Historischen Bibliothek), München und Berlin 1920
= Ancillon

Haller, C. L. v.: Restauration der Staatswissenschaft, Winterthur 1820
= Restauration der Staatswissenschaft

Hamerow, T. S.: Restoration Revolution Reaction, Economics and Politics in Germany 1815—1871, Princeton 1958
= Restoration ...

Hansemann, David: Preußen und Frankreich. Staatswirtschaftlich und politisch, unter vorzüglicher Berücksichtigung der Rheinprovinz, Leipzig 1833
= Preußen und Frankreich

Hansen, Joseph: Gustav von Mevissen, ein rheinisches Lebensbild 1815—1899, 2 Bde., Berlin 1906

Hansen, Joseph: Rheinische Briefe und Akten zur Geschichte der politischen Bewegung 1830—1850, 2 Bde., Essen 1919 und 1942 (Publ. d. Ges. für Rhein. Gesch.-Kunde XXXVI)
= Rheinische Briefe

Hansen, Joseph: Preußen und Rheinland von 1815 bis 1915, Bonn 1918
= Preußen und Rheinland

Harkort, Friedrich: Bemerkungen über die Hindernisse der Civilisation und Emancipation der untern Klassen, Elberfeld 1844
= Hindernisse

Harnisch, W.: Die deutsche Bürgerschule, eine Anweisung, wie für den gesamten Mittelstand zweckmäßige Schulen zu begründen ... sind, Halle 1830
= Die deutsche Bürgerschule

Hartung, Fritz: Staatsbildende Kräfte der Neuzeit, Gesammelte Aufsätze, Berlin 1961
= Staatsbildende Kräfte

Hasenclever, Josua: Erinnerungen und Briefe, hg. v. A. Hasenclever, Halle a. d. Saale 1922
= Erinnerungen

Haussherr, Hans: Die Stunde Hardenbergs, Hamburg 1943
= Die Stunde Hardenbergs
Haussherr, Hans: Erfüllung und Befreiung, Hamburg 1935
= Erfüllung
Haussherr, Hans: Verwaltungseinheit und Resorttrennung vom Ende des 17. bis zum Beginn des 19. Jahrhunderts, Berlin 1953
= Verwaltungseinheit
Haussherr, Hans: Hardenberg, eine politische Biographie, Teil I, hg. v. K. E. Born (Kölner Hist. Abh., Bd. 8), Köln und Graz 1963
= Hardenberg
Haxthausen, Werner Frhr. von: Über die Grundlagen unserer Verfassung, o. O. 1833
= Verfassung
Heffter, H.: Die deutsche Selbstverwaltung im 19. Jahrhundert, Stuttgart 1950
= Selbstverwaltung
Hegel, G. F. W.: Ästhetik, eingeführt von G. Lukács, Berlin 1955
= Ästhetik
Hegel, G. F. W.: Encyclopädie der philosophischen Wissenschaften, hg. v. J. Hoffmeister, Leipzig 1949, 5. Aufl.
= Encyclopädie
Hegel, G. F. W.: Grundlinien der Philosophie des Rechts, hg. v. Hoffmeister, Berlin 1956, 4. Aufl.
= Rechtsphilosophie
Heller, Adolph: Preußen, der Beamtenstaat, in seiner politischen Entwicklung und seinen social-ökonomischen Zuständen; Dargestellt durch Benjamin Constant und Samuel Laing, Mannheim 1844
= Beamtenstaat
Henderson, W. O.: The state and the industrial revolution in Prussia 1740–1870, Liverpool 1958
= The state
Hermann, Joh. Heinr. Gottlieb: Fragmente und rechtliche Bemerkungen besonders in Rücksicht auf den Entwurf des allgemeinen Gesetzbuches für die preußischen Staaten, 2 Bde., Eisenach 1790
= Fragmente
Heuer, Uwe-Jens: Allgemeines Landrecht und Klassenkampf. Die Auseinandersetzungen um die Prinzipien des Allgemeinen Landrechts Ende des 18. Jahrhunderts als Ausdruck der Krise des Feudalsystems in Preußen, Berlin 1960
= Landrecht und Klassenkampf
von der Heyde, W. G.: Polizei-Strafgewalt in den königlich Preußischen Staaten, Teil I, Magdeburg 1837
= Polizeistrafgewalt
Heyderhoff, Julius: Benzenberg, der Rheinländer und Preuße, 1815–1823. Politische Briefe aus den Anfängen der preußischen Verfassungsfrage, Bonn 1928 (Rhein. Arch. Heft 7)
= Benzenberg
Hinrichs, Carl: Preußen als historisches Problem (Veröff. d. Hist. Komm. zu Berlin, Bd. 10), Berlin 1964
= Preußen als historisches Problem
Hintze, Otto: Gesammelte Abhandlungen, hg. v. Fritz Hartung, 3 Bde., Leipzig 1942, Bd. 1 in 2. Aufl., hg. v. G. Oestreich, Göttingen 1962
= Ges. Abh.

Hintze, Otto: Der Beamtenstand, Darmstadt 1963, 2. Aufl.
= Beamtenstand
Hinze, Kurt: Die Arbeiterfrage zu Beginn des modernen Kapitalismus in Brandenburg-Preußen (Veröff. d. Vereins f. Gesch. d. Mark Brandenburg, Bd. 22), Berlin 1927
= Arbeiterfrage
Hippel, Th. G. von: Beiträge zur Charakteristik Friedrich Wilhelms III., Berlin 1841
= Friedrich Wilhelm III.
Hoffmann, Johann Gottfried: Die Befugnisse zum Gewerbebetriebe. Zur Berichtigung der Urteile über Gewerbefreiheit und Gewerbezwang mit besonderer Rücksicht auf den preußischen Staat, Berlin 1841
= Gewerbebetrieb
Hoffmann, Johann Gottfried: Die Bevölkerung des preußischen Staates, Berlin 1839
= Bevölkerung
Hoffmann, Johann Gottfried: Die Lehre von den Steuern, Berlin 1840
= Steuerlehre
Hoffmann, Johann Gottfried: Sammlung kleiner Schriften staatswirtschaftlichen Inhalts, Berlin 1843
= Sammlung
Hoffmann, Johann Gottfried: Über das Verhältnis der Staatsgewalt zu den staatsrechtlichen Vorstellungen ihrer Untergebenen. Abh. d. Kgl. Ak. d. Wiss., (phil. u. hist.) aus dem Jahre 1840, Berlin 1842
= Staatsgewalt und staatsrechtliche Vorstellungen
Hoffmann, Johann Gottfried: Übersicht der allgemeinen staatswirtschaftlichen Verhältnisse, welche die Verschiedenheit der Bildung und des Besitzstandes unter den Staatsangehörigen erzeugt. Abh. d. Kgl. Ak. d. Wiss. (phil. u hist.) aus dem Jahre 1844, Berlin 1846
= staatswirtschaftliche Verhältnisse
Hoffmann, K. M.: Preußen und die Julimonarchie 1830–1834 (Hist. Studien, Heft 288), Berlin 1936
= Preußen und die Julimonarchie
Huber, E. R.: Deutsche Verfassungsgeschichte seit 1789, Bd. 1, Stuttgart 1957, Bd. 2, Stuttgart 1960
= Verfassungsgeschichte
Huber, E. R.: Dokumente zur deutschen Verfassungsgeschichte, Bd. 1 (1803–1850), Stuttgart 1961
= Dokumente
Hübner, Hans: Die Bewegung der ostelbischen Landarbeiter in der Revolution von 1848/49. Diss. Halle 1958
= Landarbeiter
Hüffer, Johann Hermann: Lebenserinnerungen, Briefe und Aktenstücke, hg. v. Wilhelm Steffens, Münster (Westfalen) 1952
= Lebenserinnerungen
Humboldt, Wilhelm von: Über Einrichtung landständischer Verfassungen in den Preußischen Staaten, hg. v. Arndt Schreiber, Heidelberg 1949
= landständische Verfassungen
Humboldt, Wilhelm und *Caroline:* Briefe, hg. v. Anna von Sydow, 7 Bde., Berlin 1906 ff.
= Briefe
Immermann, Karl: Werke, hg. v. Harry Mayne, 5. Bde., Leipzig und Wien 1906
= Werke

Ipsen, Gunther: Die preußische Bauernbefreiung und Landesausbau (Z. f. Agrargesch. und Agrarsoz. Jg. 2/1, 1954)
= Landesausbau
(Jacoby, Johann:) Vier Fragen, beantwortet von einem Ostpreußen, Mannheim 1841
= Vier Fragen
Jacoby, Johann: Heinrich Simon, Berlin 1865
= Simon
Jantke, Carl, und *Hilger, Dietrich:* Die Eigentumslosen, der deutsche Pauperismus und die Emanzipationskrise in Darstellungen und Deutungen der zeitgenössischen Literatur, Freiburg und München 1965
= Die Eigentumslosen
Jordan, Erich: Die Entstehung der konservativen Partei und die preußischen Agrarverhältnisse von 1848, München und Leipzig 1914
= Konservative Partei
Kaehler, Siegfried A.: Wilhelm von Humboldt und der Staat, Göttingen 1963, 2. Aufl.
= Humboldt
Kaehler, Siegfried A.: Studien zur deutschen Geschichte des 19. und 20. Jahrhunderts, hg. v. W. Bussmann, Göttingen 1961
= Studien
Kamptz, Karl Albert von (Hg.): Annalen der Preußischen inneren Staats-Verwaltung, 24 Bde., Berlin 1813–1839
= Ann.
Kamptz, Karl Albert von: Jahrbücher für die Preußische Gesetzgebung, Rechtswissenschaft und Rechtsverwaltung, hg. i. A. des kgl. Justizministeriums, Berlin 1820 ff.
= Jahrbücher
Kann, Peter L.: Adressen rheinischer Städte in der preußischen Verfassungsfrage (1817/18) Diss. Bonn 1920
= Adressenbewegung
Kant, Immanuel: Metaphysik der Sitten, hg. v. Vorländer, Leipzig 1945, 4. Aufl.
= Met. d. Sitt.
Klawitter, Willy: Die politische Entwicklung der schlesischen Provinziallandtage (Z. d. Vereins f. Gesch. Schlesiens, Bd. 59), Berlin 1925
= Schlesische Provinziallandtage
Klein, August: Friedrich Graf zu Solms-Laubach, Preußischer Oberpräsident in Köln (1815–1822), Köln 1936 (Veröff. des Köln. Gesch.-Vereins, Nr. 13)
= Solms-Laubach
Klein, Ernst: Funktion und Bedeutung des preußischen Staatsministeriums (Jb. f. d. Gesch. Mittel- und Ostdeutschlds., Bd. IX/X, Tübingen 1961, 195–261)
= Staatsministerium
Klein, Ernst: Von der Reform zur Restauration, Finanzpolitik und Reformgesetzgebung des preußischen Staatskanzlers Karl August von Hardenberg (Veröff. d. hist. Komm. zu Berlin b. F. Meinecke-Institut der Freien Univ. Berlin, Bd. 16), Berlin 1965
= Von der Reform zur Restauration
Klein, Ernst Ferdinand: Annalen der Gesetzgebung und Rechtsgelehrsamkeit in den Preußischen Staaten, Berlin – Stettin 1788–1809
= Annalen
Klein, Ernst Ferdinand: System des Preußischen Civilrechts, Halle 1801
= Civilrecht

Quellen und Literatur

Kleinheyer, Gerd: Staat und Bürger im Recht (Bonner rechtswiss. Abh., Bd. 47), Bonn 1959
 = Staat und Bürger
K(lewitz), W. von: Einige Worte über die Preußischen Allgemeinen Landrecht ausgesprochenen staatsrechtlichen Grundsätze, Berlin und Stettin 1828
 = staatsrechtliche Grundsätze
Klüber, Johann Ludwig: Öffentliches Recht des Deutschen Bundes und der Bundesstaaten, Frankfurt am Main 1822, 2. Aufl.
 = Öffentl. Recht
Knapp, G. F.: Die Landarbeiter in Knechtschaft und Freiheit, Leipzig 1909, 2. Aufl.
 = Die Landarbeiter
Knapp, G. F.: Die Bauernbefreiung und der Ursprung der Landarbeiter in den älteren Teilen Preußens, hg. v. C. F. Fuchs, 2 Bde., München und Leipzig 1927, 2. Aufl.
 = Bauernbefreiung
Kochendörfer, H. von: Vincke, 2 Teile, Soest 1932/33
 = Vincke
Köllmann, Wolfgang: Sozialgeschichte der Stadt Barmen im 19. Jahrhundert, Tübingen 1960
Köster, Johanna: Der rheinische Frühliberalismus und die soziale Frage, hg. v. Walther P. Fuchs (Historische Studien, Heft 342), Berlin 1938
 = Frühliberalismus
Koppe, K. W.: Die Stimme eines Preußischen Staatsbürgers in den wichtigsten Angelegenheiten dieser Zeit, Köln 1815
 = preußischer Staatsbürger
Koser, Reinhold: Geschichte Friedrich des Großen, 4 Bde., Stuttgart und Berlin 1912, 4. u. 5. Aufl.
 = Friedrich der Große
Krampe, Hans Dieter: Der Staatseinfluß auf den Ruhrkohlenbergbau in der Zeit von 1800 bis 1865 (Schr. z. Rhein.-Westf. Wirtsch.-Gesch., Neue Folge der Veröff. d. Arch. f. Rhein.-Westf. Wirtschaftsgeschichte, Bd. 5), Köln 1961
Krause: Geschichte der Provinzial-Gesetzgebung des Preußischen Staates, Sonderdruck aus den Jahrbüchern f. d. Preuß. Gesetzg., Heft XXXV, Berlin 1821
 = Gesch. d. Prov.-Gesetzgebung
Krüger, Horst: Zur Geschichte der Manufakturen und der Manufakturarbeiter in Preußen. Die mittleren Provinzen in der zweiten Hälfte des 18. Jh's. (Schriftenreihe des Inst. f. allgemeine Gesch. an der Humboldt-Univ. Berlin, Bd. 3), Berlin 1958
 = Manufakturen
Krug, Leopold: Betrachtungen über den National-Reichtum des preußischen Staats, und über den Wohlstand seiner Bewohner. 2 Bde., Berlin 1805
 = Betrachtungen
Krug, Leopold: Geschichte der preußischen Staatsschulden, hg. v. C. J. Bergius, Breslau 1861
 = Staatsschulden
Krug, Leopold: Geschichte der staatswirtschaftlichen Gesetzgebung im preußischen Staate, Bd. 1, Berlin 1808
 = Gesetzgebung
Kuczynski, Jürgen: Die Geschichte der Lage der Arbeiter unter dem Kapitalis-

mus, Teil I: Die Geschichte der Lage der Arbeiter in Deutschland von 1789 bis zur Gegenwart; Bde. 1, 8, 9, 10, 11, Berlin 1960 ff.
= Arbeiterlage

Kuske, Bruno: 100 Jahre Industrie- und Handelskammer für das südöstliche Westfalen zu Arnsberg, o. D.

Laing, Samuel: Betrachtungen eines britischen Reisenden über Preußen im Jahre 1842 (hg. v. Heller: Beamtenstaat 1844)
= Betrachtungen

Lancizolle, C. W. v.: Über Königtum und Landstände in Preußen, Berlin 1846
= Königtum

Der erste Vereinigte Landtag in Berlin 1847, hg. v. Eduard Bleich, 4 Teile, Berlin 1847
= Der erste Vereinigte Landtag

Laubert, Manfred: Die Verwaltung der Provinz Posen 1815–1847, Breslau 1923
= Verwaltung Posen

Lavergne-Perguilhen, Moritz von: Grundzüge der Gesellschaftswissenschaft, 3 Bde., Königsberg 1838/41
= Gesellschaftswissenschaft

Lavergne-Perguilhen, Moritz von: Die Landgemeinde in Preußen, Königsberg 1841
= Die Landgemeinde

Lehmann, Max: Freiherr vom Stein, 3 Bde., Leipzig 1903
= Stein

Lengerke, Alexander von: Amtlicher Bericht über die Versammlung deutscher Land- und Forstwirte zu Potsdam im Sept. 1839, Berlin 1840
= Bericht 1839

Lengerke, Alexander von: Die ländliche Arbeiterfrage. Beantwortet durch die bei dem Kgl. Land.-Oecon.-Coll. aus allen Gegenden der preuß. Mon. eingeg. Berichte landwirtsch. Vereine über die materiellen Zustände der arbeitenden Classen auf dem platten Lande, Berlin 1849
= **Arbeiterfrage**

Lennhoff, Ernst: Das ländliche Gesindewesen in der Kurmark Brandenburg vom 16. bis 19. Jahrhundert (Unters. z. dt. Staats- u. Rechtsgesch., Heft 79), Breslau 1906
= Gesindewesen Brandenburg

Lenz, Max: Geschichte der kgl. Friedrich Wilhelms Universität zu Berlin, 5 Bde., Halle 1910–1918
= Universität Berlin

Lette, Adolf u. von Rönne, Ludwig: Die Landes-Kultur-Gesetzgebung des Preußischen Staates (Die Verfassung und Verwaltung des Preuß. Staates, Teil VII, 3. Abteilung, Bd. 2 in 2 vols.) Berlin 1854
= Landeskulturgesetzgebung

Lewalter, Ernst: Friedrich Wilhelm IV., Das Schicksal eines Geistes, Berlin 1938
= Friedrich Wilhelm IV.

Lill, Rudolf: Die Beilegung der Kölner Wirren 1840–1842 (Studien zur Kölner Kirchengeschichte, Bd. 6), Düsseldorf 1962
= Kölner Wirren

Löher, F., Das System des preußischen Landrechts in deutschrechtlicher und philosophischer Begründung, 1852
= Das System des preuß. Landrechts

Quellen und Literatur

Löning, Edgar: Abhandlungen und Aufsätze, Bd. I Gerichte und Verwaltungsbehörden in Brandenburg-Preußen, Halle 1914
 = Abhandlungen I
Loening, Herrmann: Johann Gottfried Hoffmann und sein Anteil an der staatswirtschaftlichen Gesetzgebung Preußens, Diss. Halle 1914
 = Hoffmann
Loewe, Victor: Schlesische Stimmen zur preußischen Verfassungsfrage 1807 bis 1817 (Z. d. Vereins f. Geschichte Schlesiens, Bd. 60), Breslau 1926
 = Schlesische Stimmen
Lübbe, Hermann: Die politische Theorie der Hegelschen Rechten (Arch. f. Phil. 10/3—4)
 = Die polit. Theorie der Hegelschen Rechten
Lütge, Friedrich: Geschichte der deutschen Agrarverfassung vom frühen Mittelalter bis zum 19. Jahrhundert, Stuttgart 1963
 = Gesch. d. dt. Agrarverf.
Mamroth, Karl: Geschichte der Preußischen Staatsbesteuerung 1806—1816, Leipzig 1890
 = Staatsbesteuerung
Mann, Golo: Friedrich von Gentz, Zürich — Wien 1947
 = Gentz
Mannkopf, A. J. (Hg.): Ergänzungen und Abänderungen der preußischen Gesetzbücher, 10 Bde., Berlin 1835—1847
 = Mannkopf
Markow, Alexis: Das Wachstum der Bevölkerung und die Entwicklung der Aus- und Einwanderungen, Ab- und Zuzüge in Preußen ... (Beitr. z. Gesch. d. Bev. in Dtschld., Bd. 3), Tübingen 1889
 = Bevölkerungswachstum
Martiny, Fritz: Die Adelsfrage in Preußen vor 1806 als politisches und soziales Problem (Beiheft 35 zur Vjschr. f. Soz. u. Wirtsch.-Geschichte), Stuttgart — Berlin 1938
 = Adelsfrage
Marwitz, Luise von der: Vom Leben am preußischen Hofe, 1815—1852, Aufzeichnungen von Caroline von Rochow, geb. v. d. Marwitz und Marie de la Motte-Fouqué, Berlin 1908
 = Vom Leben am Hofe
Marx, Karl: Die Frühschriften, hg. v. S. Landshut, Stuttgart 1953
 = Frühschriften
Mauer, H.: Die preußischen Domänenverpfändungen von 1808 und 1818 in ihrer Einwirkung auf die Domänenverkäufe, FbpG. Bd. XXXII, 1920
 = Domänenverpfändung
Mayer, Georg: Die Freihandelslehre in Deutschland, ein Beitrag zur Gesellschaftslehre des wirtschaftlichen Liberalismus, Jena 1927
 = Freihandelslehre
Mayer, Gustav: Friedrich Engels, 2 Bde., Haag 1934
 = Engels
Meier, E. v.: Die Reform der Verwaltungsorganisation unter Stein und Hardenberg, hg. v. F. Thimme, München und Leipzig 1912, 2. Aufl.
 = Reform
Meinecke, Friedrich: Das Leben des Generalfeldmarschalls Herrmann von Boyen, 2 Bde., Stuttgart 1896/99
 = Boyen

Meitzen, August: Der Boden und die landwirtschaftlichen Verhältnisse des Preußischen Staates, 8 Bde., Berlin 1868—1908
= Boden und Landwirtschaft
Meusel, Friedrich: Friedrich August Ludwig von der Marwitz, 3 Bde., Berlin 1908 bis 1913
= Marwitz
Mieck, Ilja: Das Berliner Fabrikengericht (Jb. f. d. Gesch. Mittel- und Ostdeutschlands, Bd. 7), Tübingen 1958
= Das Berliner Fabrikengericht
Misch, Carl: Varnhagen von Ense in Beruf und Politik, Gotha — Stuttgart 1925
= Varnhagen
Mitteilungen des statistischen Büros in Berlin, hg. v. F. W. C. Dieterici, Berlin 1848 ff.
= Mitteilungen
Müllensiefen, Peter Eberhard: Ein deutsches Bürgerleben vor 100 Jahren, Selbstbiographie, hg. v. F. v. Oppeln-Bronikowski, Berlin 1931
= Bürgerleben
Müsebeck, Ernst: Das Preußische Kultusministerium vor hundert Jahren, Stuttgart und Berlin 1918
= Kultusministerium
Müsebeck, Ernst: Die märkische Ritterschaft und die preußische Verfassungsfrage von 1814 bis 1820 (Deutsche Rundschau Jg. 44), 1918
= märkische Ritterschaft
Nathan, Helene: Preußens Verfassung und Verwaltung im Urteil rheinischer Achtundvierziger (Stud. z. Rhein. Gesch., Heft 3), Bonn 1912
= Preußens Verfassung
Nathusius, Ph. E.: Statistische Übersichten über die Verhältnisse und wichtigsten Abstimmungen beider Kurien und über die künftigen ständischen Ausschüsse ... Berlin 1847
Niebuhr, Berthold G.: Geschichte des Zeitalters der Revolution, Hamburg 1845
= Revolution
Niebuhr, B. G.: Die Briefe Barthold Georg Niebuhrs, 2 Bde., hg. v. Dietrich Gerhard und William Norvin, Berlin 1926/29
= Briefe
Nordmann, Hans: Die ältere preußische Eisenbahngeschichte (Abh. d. Dt. Ak. d. Wiss. zu Berlin, Math.-nat.-wiss. Klasse, Jg. 1948, Nr. 4), Berlin 1950
Nordmann, Hans: Die Frühgeschichte der Eisenbahnen (Abh. d. Dt. Ak. d. Wiss. zu Berlin, Mat.-nat.-wiss. Klasse Jg. 1947, Nr. 4), Berlin 1948
Novalis: Schriften, ed. J. Minor, Jena 1923
Novum Corpus Constitutionum Prussico-Brandenburgensium Praecipue Marchicarum, 13 Bde., hg. v. Christian Otto Mylius, Berlin 1751—1806
= NCC
Paulsen, F.: Geschichte des gelehrten Unterrichts, 2 Bde., Berlin und Leipzig 1919 und 1921, 3. Aufl.
= Unterricht
Perthes, Clemens Theodor: Das deutsche Staatsleben vor der Revolution. Eine Vorarbeit zum deutschen Staatsrecht, Hamburg und Gotha 1845
= Staatsleben
Perthes, Clemens Theodor: Der Staatsdienst in Preußen, ein Beitrag zum deutschen Staatsrechte, Hamburg 1838
= Staatsdienst

Quellen und Literatur

Perthes, Clemens Theodor: Friedrich Perthes' Leben nach dessen schriftlichen und mündlichen Mitteilungen aufgezeichnet, 3 Bde., Gotha 1872, 6. Aufl.
 = Leben
Pertz, G. H.: Das Leben des Ministers Freiherrn vom Stein, 6 Bde., Berlin 1849 ff.
 = Stein
Pertz, G. H.: Denkschriften des Ministers Freiherrn vom Stein über Deutsche Verfassungen, Berlin 1848
 = Denkschriften
Petersdorff, Herman von: Kleist-Retzow, ein Lebensbild, Stuttgart und Berlin 1907
 = Kleist-Retzow
Petersdorff, Herman von: Friedrich von Motz, 2 Bde., Berlin 1913
 = Motz
Poschmann, Adolf: 600 Jahre Rössel, Rössel 1937
 = Rössel
Preradovich, Nikolaus von: Die Führungsschichten in Österreich und Preußen (1804–1918) (Veröff. d. Inst. f. Europ. Gesch. Mainz, Bd. 11), Wiesbaden 1955
 = Die Führungsschichten in Österreich u. Preußen
Preradovich, Nikolaus von: Die politisch-militärischen Führungsschichten in Österreich und Preußen während des 19. Jahrhunderts (in: Führungsschicht und Eliteproblem, Konferenz der Ranke-Gesellschaft, Jahrbuch III), Frankfurt am Main 1957
 = Führungsschichten
Preuss, Hugo: Die Entwicklung des deutschen Städtewesens, 1. Bd., Leipzig 1906
 = Städtewesen
Rachel, Hugo: Das Berliner Wirtschaftsleben im Zeitalter des Frühkapitalismus, Berlin 1931
 = Berliner Wirtschaftsleben
Radowitz, Joseph Maria von: Ausgewählte Schriften, hg. v. Wilhelm Corvinus, 3 Bde., Regensburg o. D.
 = Ausgewählte Schriften
Ranke, Leopold: Aus dem Briefwechsel Friedrich Wilhelm IV. mit Bunsen, Leipzig 1873
 = Aus dem Briefwechsel
Ranke, Leopold: Denkwürdigkeiten des Staatskanzlers Fürsten von Hardenberg, 4 Bde., Leipzig 1877
 = Hardenberg
Ranke, Leopold: Historisch-Politische Zeitschrift, 2 Bde., Hamburg 1832/35
 = Hist.-Polit. Zeitschrift
Ranke, Leopold von: Das Briefwerk, hg. v. W. P. Fuchs, Hamburg 1949
 = Das Briefwerk
Raumer, Friedrich von: Lebenserinnerungen und Briefwechsel, 2 Teile, Leipzig 1861
 = Lebenserinnerungen
Raumer, Kurt von: Die Autobiographie des Freiherrn vom Stein, Münster 1954
 = Autobiographie
Rauer, K. F.: Die ständische Gesetzgebung der preußischen Staaten, 2 Bde., Berlin 1845
 = Rauer
Reden, F. W. von: Die Eisenbahnen in Europa und Amerika, statistisch-geschichtliche Darstellung, Berlin – Posen – Bromberg 1843 ff.
 = Die Eisenbahnen
Reden, F. W. von: Deutschland und das übrige Europa, Handbuch der Boden-,

Bevölkerungs-, Erwerbs- und Verkehrsstatistik; des Staatshaushalts und der Streitmacht in vergleichender Darstellung, 2 Bde., Wiesbaden 1854
= Deutschland

Rehbein, H.: Die Entscheidungen des vormaligen Preußischen Ober-Tribunals auf dem Gebiete des Civilrechts, 4 Bde. u. Reg.-Bd., Berlin 1884—1895
= Entscheidungen Ob.Trib.

Richter, Edmund: Friedrich August Staegemann und das Königliche Verfassungsversprechen vom 22. Mai 1815. Diss. Greifswald, Schweidnitz 1913
= Verfassungsversprechen

Riedel, A. F.: Der Brandenburgisch-Preußische Staatshaushalt in den beiden letzten Jahrhunderten, Berlin 1866
= Staatshaushalt

Ritscher, Wolfgang: Koalitionen und Koalitionsrecht in Deutschland bis zur Reichsgewerbeordnung (Münchener Volkswirtschaftliche Studien 140), Stuttgart und Berlin 1917

Ritter, Gerhard: Stein, eine politische Biographie, Stuttgart 1958, 3. Aufl.
= Stein

Ritter, Joachim: Hegel und die französische Revolution (Arb.-Gemeinschaft f. Forschung des Landes Nordrhein-Westfalen, Heft 63), Köln und Opladen 1957
= Hegel und die franz. Rev.

Ritter, Ulrich Peter: Die Rolle des Staates in den Frühstadien der Industrialisierung. Die preußische Industrieförderung in der ersten Hälfte des 19. Jahrhundert (Volkswirtsch. Schriften, Heft 60), Berlin 1961
= Die Rolle des Staates

Rochow, Th. Heinrich R.: Preußen und Frankreich zur Zeit der Julirevolution, Vertraute Briefe des preußischen Generals von Rochow an den preußischen Generalpostmeister von Nagler, hg. v. E. Kelchner u. K. Mendelssohn-Bartholdy, Leipzig 1871
= Preußen und Frankreich

Roehl, Hugo: Beiträge zur preußischen Handwerkerpolitik vom Allgemeinen Landrecht bis zur Allgemeinen Gewerbeordnung von 1845 (Staat- und socialwiss. Forschungen, hg. v. G. Schmoller, 17. Bd., Heft 4), Leipzig 1900
= Handwerkerpolitik

Röpell, Richard: Zur Geschichte der ersten Einrichtung der heutigen Provinzialstände Schlesiens, in: Publ. d. Schles. Ges. f. vaterl. Kultur, 1847
= Provinzialstände

Röpell, Richard: Zur inneren Geschichte Preußens in den Jahren 1811—12, in: Publ. d. Schles. Ges. f. vaterl. Kultur, 1847
= Preußen 1811—12

Roscher, Wilhelm: Die Ein- und Durchführung des Adam Smithschen Systems in Deutschland (Verhdl. der kgl. sächs. Ges. d. Wiss. Leipzig, Phil.-hist. Klasse), Leipzig 1867
= Smithsches System

Rosenberg, Hans: Bureaucracy, Aristocracy and Autocracy, The Prussian Experience 1660—1815, Harvard University Press 1958
= Bureaucracy

Rosenberg, Hans: Die Demokratisierung der Rittergutsbesitzerklasse, in: Zur Gesch. und Problematik der Demokratie, Festgabe für Hans Herzfeld, Berlin 1958
= Demokratisierung

Rosin, Heinrich: Das Polizeiverordnungsrecht in Preußen, Berlin 1895, 2. Aufl.
 = Polizeiverordnungsrecht
Rothfels, Hans: Theodor von Schön, Friedrich Wilhelm IV. und die Revolution von 1848 (Schriften der Königsberger Gelehrten Gesellschaft, Geist.-wiss. Klasse 13. Jg., Heft 2), Halle a. d. Saale 1937
 = Schön
Rotteck, Carl von: Lehrbuch des Vernunftrechts und der Staatswissenschaften, 4 Bde., Stuttgart 1829 ff.
 = Lehrbuch des Vernunftrechts
Rotteck, Carl von, und *Welcker, Carl:* Staats-Lexikon oder Encyklopädie der Staatswissenschaften, Altona 1834–1847, 1. Aufl., 15 Bde. und 4 Suppl.-Bde.
 = Staatslexikon
Rüfner, Wolfgang: Verwaltungsrechtsschutz in Preußen von 1749 bis 1842 (Bonner rechtswiss. Abh., Bd. 33), Bonn 1962
 = Verwaltungsrechtsschutz
Ruge, Arnold: Preußen und die Reaction, Leipzig 1838
 = Preußen und die Reaction
Rühl, Franz: Briefe Friedrich August von Stägemanns an Karl Engelbert Oelsner aus den Jahren 1818 und 1819 (Bausteine zur Preußischen Geschichte 1. Jg., Heft 3), Berlin 1901
 = Briefe Stägemanns
Rühl, Franz: Briefe und Aktenstücke zur Geschichte Friedrich Wilhelm III., vorzugsweise aus dem Nachlaß von F. A. v. Stägemann, 3 Bde., Leipzig 1899 bis 1902
 = Briefe und Aktenstücke
Rumpf, J. D. G. (Hg.): Landtagsverhandlungen der Provinzialstände der Preußischen Monarchie, Berlin 1828–1848, 22 Bde., Bd. 16 ff. hg. v. J. G. F. Nitschke
 = Rumpf
Saalfeld, Dietrich: Zur Frage des bäuerlichen Landverlustes im Zusammenhang mit den preußischen Agrarreformen (Z. f. Agrargesch. und Agrarsoz. Jg. 11/2.), 1963
 = Landverlust
Saint Abran, Hippolyt de: Das deutsche Zeitungswesen (Dt. Vjschr. 1840, Heft 1)
 = Das deutsche Zeitungswesen
(Scherr, Johannes:) Das enthüllte Preußen, Winterthur 1845
 = Das enthüllte Preußen
Schieder, Theodor: Staat und Gesellschaft im Wandel unserer Zeit, München 1959
 = Staat und Gesellschaft
Schilfert, Gerhard: Sieg und Niederlage des demokratischen Wahlrechts in der deutschen Revolution 1848/49, Berlin 1952
 = Wahlrecht 1848
Schimmelfennig, Friedrich Gustav: Die Preußischen direkten Steuern, Teil I: Die Grundsteuerverfassung, Potsdam 1843, 2. Aufl., Berlin 1859, 3. Aufl.; Teil II: Gesetze und Verordnungen über die preußischen direkten Steuern, ausschließlich der Grundsteuer, Berlin 1859, 4. Aufl.
 = Schimmelfennig
Schleiermacher, Friedrich: Pädagogische Schriften, hg. v. Erich Weniger, 2 Bde., Düsseldorf und München 1957
 = Pädag. Schriften

Schlosser, Johann Georg: Briefe über die Gesetzgebung überhaupt, und den Entwurf des preußischen Gesetzbuchs insbesondere, Frankfurt am Main 1789
 = Briefe über die Gesetzgebung
Schlosser, Johann Georg: Fünfter Brief über den Entwurf des preußischen Gesetzbuches, Frankfurt am Main 1790
 = fünfter Brief
Schmidt, Eberhard: Rechtsentwicklung in Preußen, Berlin 1929, 2. Aufl. (unver. Neudruck WBG 1961)
Schmoller, Gustav: Zur Geschichte der deutschen Kleingewerbe im 19. Jahrhundert, Halle 1870
 = Kleingewerbe
Schmoller, Gustav: Umrisse und Untersuchungen zur Verfassungs-, Verwaltungs- und Wirtschaftsgeschichte, Leipzig 1898
 = Umrisse
Schnabel, Franz: Deutsche Geschichte im Neunzehnten Jahrhundert, 4 Bde., Freiburg 1929–1937
 = Deutsche Geschichte
Schneider, Hans: Der preußische Staatsrat 1817–1918. Ein Beitrag zur Verfassungs- und Rechtsgeschichte Preußens, München 1952
 = Staatsrat
Schön, Theodor von: Aus den Papieren des Ministers und Burggrafen von Marienburg, 6 Bde., Halle 1875–1883
 = Aus den Papieren
Schön, Theodor von: Weitere Beiträge und Nachträge zu den Papieren des Ministers ... von Schön, Berlin 1881
 = Beiträge
Schönbeck, Otto: Der kurmärkische Landtag von 1809, FbpG 20, 1907
 = kurmärkischer Landtag
Schubert, Hans: Die preußische Regierung in Koblenz, ihre Entwicklung und ihr Wirken 1816–1918, Bonn 1925
 = Regierung Koblenz
Schüttpelz, Elfriede: Staat und Kinderfürsorge in Preußen in der ersten Hälfte des 19. Jh's., Berlin 1936
 = Kinderfürsorge
Schulte, F. von: Karl Friedrich Eichhorn, Sein Leben und Wirken, Stuttgart 1884
 = Eichhorn
Schulte, Wilhelm: Volk und Staat, Westfalen im Vormärz und in der Revolution 1848/49, Münster 1954
 = Volk und Staat
Schulz, Wilhelm: Die Bewegung der Produktion, eine geschichtlich-statistische Abhandlung zur Grundlage einer neuen Wissenschaft des Staates und der Gesellschaft, Zürich und Winterthur 1843
 = Die Bewegung der Produktion
Schulze, Berthold: Die Reform der Verwaltungsbezirke in Brandenburg und Pommern 1809–1818 (Einzelschriften der Hist. Komm. für die Provinz Brandenburg und die Reichshauptstadt Berlin, Nr. 3), Berlin 1931
 = Reform der Verwaltungsbezirke
Schwann, Mathieu: Ludolf Camphausen, 3 Bde. (Veröff. d. Arch. f. Rhein.-Westf. Wirtschaftsgeschichte, Bde. III–V), Essen 1915
 = Camphausen
Seehandlung: Die Preußische Staatsbank (Seehandlung) 1772–1922, hg. v. Dom-

Quellen und Literatur

bois, (verf. v. H. Hellwig) Berlin 1922
= Festschrift Seehandlung
Simon, *Heinrich:* Aktenstücke zur neuesten Geschichte der Preußischen Polizei, gleichzeitig zur Grenzberichtigung zwischen Justiz und Polizei, Leipzig 1847, 2. Aufl.
= Aktenstücke
Simon, *W. M.:* The failure of the prussian Reform-Movement, 1807–1819, Ithaka u. New York 1955
= The failure
Srbik, *Heinrich Ritter von:* Metternich, der Staatsmann und Mensch, 2 Bde., Darmstadt 1957, 2. Aufl.
= Metternich
Svarez, *Carl Gottlieb:* Unterricht für das Volk über die Gesetze (1793), hg. v. Erik Wolf, Frankfurt 1948
= Unterricht
Svarez, *Carl Gottlieb:* Vorträge über Staat und Recht, hg. v. Hermann Conrad und Gerd Kleinheyer (Wissenschaftliche Abhandlungen der Forschungsgemeinschaft des Landes Nordrhein-Westfalen, Bd. 10), Köln und Opladen 1960
= Vorträge
Sybel, *Heinrich von:* Die politischen Parteien der Rheinprovinz in ihrem Verhältnis zur preußischen Verfassung geschildert, Düsseldorf 1847
= Die politischen Parteien
Stadelmann, *Rudolf:* Soziale und politische Geschichte der Revolution von 1848, München 1948
= 1848
Steffens, *W.:* Briefwechsel Sacks mit Stein und Gneisenau (Veröff. d. hist. Komm. für Pommern, Bd. V), Stettin 1931
= Briefwechsel Sack
Steffens, *W.:* Hardenberg und die ständische Opposition 1810/11 (Veröff. d. Ver. f. Gesch. der Mark Brandenburg), Leipzig 1907
= Hardenberg
Stein, *Freiherr vom:* Ausgewählte politische Briefe und Denkschriften, hg. v. Botzenhart und Ipsen, Stuttgart 1955
= Auswahl
Stein, *Freiherr vom:* Briefe und amtliche Schriften, hg. v. W. Hubatsch, bisher 6 Bde., Stuttgart 1957 ff.
= Stein
Stein, *Freiherr vom:* Briefwechsel, Denkschriften und Aufzeichnungen, hg. v. Botzenhart, 7 Bde., Berlin 1931 ff.
= Stein (hg. v. Botzenhart)
Stein, *Julius:* Geschichte der Stadt Breslau im neunzehnten Jahrhundert, Breslau 1884
= Breslau
Stein, *Lorenz von:* Zur preußischen Verfassungsfrage (1852), Darmstadt 1962
= Verfassungsfrage
Stein, *Robert:* Die Umwandlung der Agrarverfassung Ostpreußens durch die Reformen des neunzehnten Jahrhunderts, 3 Bde.; Bd. 1 (Schriften des kgl. Instituts für ostd. Wirtsch. a. d. Universität Königsberg, Heft 5), Jena 1918; Bd. 2 u. 3, Königsberg 1933/34
= Agrarverfassung Ostpreußens

Steinschulte, Walter: Die Verfassungsbewegung in Westfalen und am Niederrhein in den Anfängen der preußischen Herrschaft (1814—1816) (Jb. d. Vereins f. Orts- und Heimatkunde in der Grafschaft Mark 46./47. Jg., 2. Teil), 1933
 = Verfassungsbewegung
Stephan, W. I.: Die Entstehung der Provinzialstände in Preußen 1823, Berlin 1914
 = Provinzialstände
Stern, Alfred: Abhandlungen und Aktenstücke zur Geschichte der preußischen Reformzeit, 1807—1815, Leipzig 1885
 = Abhandlungen
Stern, Alfred: Die preußische Verfassungsfrage im Jahre 1817 (Deutsche Zeitschrift für Geschichtswissenschaft 1893, 9/1)
 = Verfassungsfrage
Stern, Alfred: Geschichte Europas seit den Verträgen von 1815 bis zum Frankfurter Frieden von 1871, 10 Bde., Berlin 1894 ff.
 = Geschichte Europas
Stölzel, Adolf: Brandenburg-Preußens Rechtsverwaltung und Rechtsverfassung, Berlin 1888, 2 Bde.
 = Rechtsverwaltung
(*Strahlheim, Carl,* Pseudon. für *Friedrich, J. C.:*) Unsere Zeit oder geschichtliche Übersicht der merkwürdigsten Ereignisse von 1789—1830, 120 Hefte, als „Die Geschichte unserer Zeit" in 30 Bänden und 13 Suppl.-Heften zusammengefaßt; Stuttgart 1826—1830
 = Unsere Zeit
Straube, H. J.: Chr. P. Wilhelm Beuth (Deutsches Museum, Abhandlungen und Berichte 2. Jg., Heft 5), Berlin 1930
 = Beuth
Streckfuß, A.: Die beiden preußischen Städteordnungen, Berlin 1841
 = Städteordnungen
Streckfuß, Karl: Adolph Friedrich Karl Streckfuß (Beiträge zur mittelalterlichen, neueren u. allgemeinen Geschichte, Bd. 16), Jena 1941
Thieme, Hans: Die preußische Kodifikation, Privatrechtsgeschichtliche Studien II (ZRG, Germ. Abt., Bd. 57, 1937)
 = Kodifikation
Thieme, Hans: Die Zeit des späten Naturrechts, eine privatrechtsgeschichtliche Studie (ZRG, Germ. Abt., Bd. 56, 1936)
Tocqueville, Alexis de: L'Ancien Régime et la Révolution, Oeuvr. compl. tom. II, Paris 1952
 = L'Ancien Régime
Treitschke, Heinrich von: Deutsche Geschichte im Neunzehnten Jahrhundert, 5 Bde., Leipzig 1927
 = Deutsche Geschichte
Treitschke, Heinrich von: Politik, hg. v. M. Cornicelius, 2 Bde., Leipzig 1898
 = Politik
Treue, Wilhelm: Adam Smith in Deutschland, zum Problem des „politischen Professors" zwischen 1776 und 1810, in: Deutschland und Europa, Rothfels-Festschrift, Düsseldorf 1951
 = Smith in Deutschland
Treue, Wilhelm: Wirtschaftszustände u. d. Wirtschaftspolitik in Preußen 1815 bis 1825 (Beiheft 31 zur Vjschr. f. Soz.- u. Wirtsch.-Gesch.), Stuttgart — Berlin 1937
 = Wirtschaftszustände

Quellen und Literatur

Tschirch, Otto: Geschichte der öffentlichen Meinung in Preußen vom Baseler Frieden bis zum Zusammenbruch des Staates (1795—1806), 2 Bde., Weimar 1934
= Öffentliche Meinung

Unruh, Hans Victor von: Erinnerungen, hg. v. H. v. Poschinger, Stuttgart, Leipzig, Berlin, Wien 1895
= Erinnerungen

Valentin, Veit: Geschichte der deutschen Revolution 1848—1849, 2 Bde., Berlin 1930
= Revolution

Varnhagen von Ense, K. A.: Tagebücher, 14 Bde., Leipzig 1861 ff.
= Tagebücher

Venedey, J.: Preußen und Preußenthum, Mannheim 1839
= Preußentum

Vincke, L. Frhr. von: Darstellung der innern Verwaltung Großbritanniens, hg. v. B. G. Niebuhr, Berlin 1815
= Innere Verwaltung

Wagener, Hermann: Staats- und Gesellschaftslexikon, 23 Bde., Berlin 1858—1868
= Staatslexikon

Wenckstern, Otto von: Des siebenten Rheinischen Provinzial-Landtages Verhandlungen..., Barmen 1844
= Verhandlungen

Wendt, Heinrich: Die Steinsche Städteordnung in Breslau, 2 Bde., Breslau 1909
= Breslau

Wentzel, A.: Das jetzt bestehende Provinzial-Recht des Herzogthums Schlesien und der Grafschaft Glatz, im Auftrage... von Kamptz, Breslau 1839
= Provinzialrecht

Wieacker, Franz: Privatrechtsgeschichte der Neuzeit, Göttingen 1952
= Privatrecht

Wiedfeldt, Otto: Statistische Studien zur Entwicklungsgeschichte der Berliner Industrie von 1720 bis 1890 (Staats- u. soc. wiss. Forsch. Bd. 16, Heft 2) Leipzig 1898
= Statist. Stud. Berl. Industr.

Wieland, Christoph Martin: Gesammelte Schriften, hg. v. der Preuß. Ak. d. Wiss., Berlin 1909 ff.
= Ges. Schr.

Wigard, Franz (Hg.): Stenographischer Bericht über die Verhandlungen der deutschen constituirenden Nationalversammlung, 9 Bde. Leipzig 1848/49
= Nationalversammlung

Winkler, Theodor: Johann Gottfried Frey und die Entstehung der preußischen Selbstverwaltung, Stuttgart 1957
= Frey

Winter, Georg: Die Reorganisation des Preußischen Staates unter Stein und Hardenberg. Erster Teil: Allgemeine Verwaltungs- und Behördenreform, Bd. 1, Leipzig 1931

Wolff, Wilhelm: Das Elend und der Aufruhr der Weber in Schlesien (Juni 1844) und andere Schriften, Berlin 1952
= Das Elend der Weber

Woltmann, K. L. v.: Geist der neuen Preußischen Staatsorganisation, Leipzig 1810
= Staatsorganisation

Wülffing, F.: Die Stellung der Vertreter des Gouvernements und der Conservativen in Staat und Kirche auf dem Preußischen Landtage, Breslau 1847

= Die Stellung der Vertreter des Gouvernements
Wutke, Konrad: Rechenschaftsbericht des Oberpräsidenten v. Merckel über den Zustand Schlesiens i. J. 1840, mitgeteilt von Konrad Wutke (Z. d. Vereins f. Geschichte Schlesiens, Bd. 60), Breslau 1926
  = Rechenschaftsbericht Merckel
Zedlitz-Neukirch, L. Frhr. von: Der Preußische Staat in allen seinen Beziehungen, Berlin 1835, Bd. 1
  = Der preußische Staat
Zedlitz-Neukirch, L. Frhr. von: Neues preußisches Adelslexikon, Leipzig 1836
  = Adelslexikon
Zeeden, E. W.: Hardenberg und der Gedanke einer Volksvertretung in Preußen 1807—1812 (Historische Studien, Heft 365), Berlin 1940
  = Volksvertretung
Zeitschrift des Vereins für deutsche Statistik, hg. v. Freiherrn von Reden, Jg. 1 u. 2, Berlin 1847/48
  = Z. dt. Statistik
Ziekursch, Johannes: Das Ergebnis der friderizianischen Städteverwaltung und die Städteordnung Steins, am Beispiel der schlesischen Städte dargestellt, Jena 1908
  = Städteordnung
Ziekursch, Johannes: Hundert Jahre schlesischer Agrargeschichte, Breslau 1927, 2. Aufl.
  = Agrargeschichte
Zunkel, Friedrich: Der Rheinisch-Westfälische Unternehmer 1834—1879 (Dortmunder Schriften zur Sozialforschung, Bd. 19), Köln — Opladen 1962
  = Rhein.-Westf. Unternehmer

Anonyma:

Beiträge zur Charakteristik des ersten vereinigten Landtages im preußischen Staate, Leipzig 1847
„Die Provinzialstände und die Reichsstände in Preußen" (Dt. Vjschr. 1842, Heft 2) (gez. XIX).
„Über das Ständewesen in Preußen" (Dt. Vjschr. 1842, Heft 3) (gez. Z)
„Über Provinzialstände" (Dt. Vjschr. 1841, Heft 1.) (gez. M.)

Personenregister

(Die *kursiven* Seitenzahlen verweisen auf die Anmerkungen)

Alberti J. G. W. (Unternehmer) 611
Altenstein, Karl Frh. vom Stein zum 154 ff., 159 f., 164, 166 f., 171, 174, 176, 184 f., 264, 269, 290, 294, 299, 404 ff., 416, 443, 566, 642, 657, *178, 183, 235, 251, 567*
Alvensleben, Albrecht Graf v. 691
Ancillon, Friedrich v. 238, 319, 416, *225, 265, 270, 328, 422*
Arndt, Ernst Moritz 303
Arnim-Boitzenburg, Adolf Heinrich Graf v. 430 f., 481, 580, *224, 361, 424, 544, 613*
Auerswald, Hans Jacob v. 141, 183, 225, 457, 508 f., 663, *206*

Baczko, Ludwig v. 86
Bärensprung, F. W. L. v. 97, 565, *170, 558, 561*
Bauer (Polizeirat) 354
Baumann, Ludwig Adolf 232 f., *235, 247*
Beckerath, Hermann v. 359, 376, 378 f., 431 f.
Beguelin, Heinrich v. 109, *199, 321*
Below, Gustav v. 485
Benda (Reg.-Rat) 569
Benzenberg, Johann Friedrich 191, 303 f., 338, 364
Bergius, Carl Julius 61, 515, 549, 653, 674, *48, 92, 102 f., 110,* 163, 185, 243, 245, 252, 255 f., 289, 374, 522, 527, 535, 551 f., 587, 615
Bernstorff, Albrecht Graf v. *404, 422*
Beuth, Chr. P. W. 249, 251, 443 ff., 542, 601, 612, 623, 627, *611*
Beyme, Karl Friedrich v. 101, 155, 157, 227, 230 f., 264, 282, 290, 298, 459, *299*
Biederlack, Johann Christoph 349
Biedermann, Karl 367, *377 f., 385, 392, 539*
Biron, Graf (von Kurland) 290, *310, 546*
Bismarck, Otto v. 94, 112, 192, 364, 482, 544 ff., 557, 641, *483*
Blücher, G. L. Fürst v. 310, *212*
Bluntschli, Johann Caspar 555
Bocholz-Alme, Graf v. 551
Bock (Abg.) 195
Bode (Kammergerichts-Rat) 658
Bodelschwingh, Ernst v. 275, 578, 580, 629, *613*
Börne, Ludwig 387
Bonaparte, Jérôme 209
Bonin, Gustav von 691
Bornemann, W. 18, 425, 23, 26, 40 f., 47, 49 f., 60 f.
Borsig, August 615, 619
Boyen, Hermann v. 271, 200, 230, 439, 545, 553

Brand, F. (Kriminalrat) 561
Brandt, C. A. v. 370
Bratring, F. W. A. *125*
Brenn, Ludwig Frh. v. 356, 495, 497, 501, 577, 579
Brockmann (Landgerichtsdirektor) 544
Brown (Reg.-Rat) 372
Brüggemann, Karl Heinrich 363, 373, 414, 364
Brust, Friedrich Josef 361, 385
Buchholz, Friedrich 35, 181 f., 222
Bülow, Friedrich v. 293, 664 f.
Bülow, Ludw. Friedr. Victor Hans Graf v. 109, 203, 206, 219, 227, 321, *101, 104, 199, 248, 266*
Bülow-Cummerow, Ernst v. 170, 191, 278, 330, 364, 463, 516, 658, *92, 366, 470, 515*

Calinich, Ernst Adolph Ed. *442*
Camphausen, Ludolf 357, 365, 376, 539, *364 f., 377, 598, 619*
Camphausen, Otto 364, *364 f.*
Carmer, Johann Heinrich Casimir Graf v. 30, 33, 58, 118, 407, 642, 660 f., *73*
Claessen, Heinrich 378
Clausewitz, Carl v. 322, 641, *297*

726

Cockerill, William 348
Cölln, Georg Friedrich v. 155, 399, 514, *181*
Compes, Josef Gerhard 583
Constant, Benjamin 304

Dahlmann, Friedrich Christoph 344
Debschütz (Landrat) 199
Dehling (Abg.) 205
Delbrück, Rudolph v. 586, 623, 667, 669, *115, 254, 437, 544, 597, 626*
Delius, Daniel Heinrich 234 f., 260, *371, 624*
D'Ester, Karl 581
Diebitsch-Sabalkanskij, Iwan Iwanowitsch Graf *420*
Diesterweg, Adolf *442*
Dieterici, Carl Friedr. Wilh. 438, 608, 697 ff., *439 f., 442, 503, 546, 605, 607, 609, 615, 618, 628,*
Ditfurth, Maximilian v. *634*
Dönhoff, Graf 210
Dohna-Schlobitten, F. F. Alexander Burggraf zu 107, 109, 171, 179, 183 f., 204 ff., 264, 312 ff., 326, 449 f., 563, 565 f., 573, 663, *252, 308, 370, 567, 569, 635*
Dohna-Wundlaken, Graf 205
Dronke, Ernst *583*
Droysen, Johann Gustav 162, 180, 401, *164*
Dyhrn, Konrad Graf v. *546*

Eckardstein (Fabrikant) 86
Egell, F. A. J. 443
Ehrhard, Christian Daniel 33, *80*

Eichendorff, Joseph Frh. v. 585, *168*
Eichhorn, J. A. F. 215, 407, 445
Eichhorn, Karl Friedrich *23, 35, 421*
Eilers, Gerd 445
Eiselen, J. F. G. *121*
Elsner W. F. (Abg.) 211
Engels, Friedrich 583
Erdmannsdorff, v. (Reg.-Präs.) 199, 299 f., *308, 371*
Euler, M. J. *23*
Eylert, R. Fr. *403*

Failly, G. de *92, 420*
Farenheid, Friedr. Heinrich Johann v. 86
Feil J. F. (Fabrikant) *611*
Ferdinand III. v. Habsburg 565
Feuerbach, Ludwig 387
Fichte, Johann Gottlieb 108
Finckenstein, K. W. Finck v. 83, 85
Fischbach, F. L. J. 139, 166, *84*
Flottwell, Eduard Heinrich v. 244, 247, 501, 536, 543, 656, 669, *361, 372, 377, 611*
Forckenbeck, Franz v. 411
Forster (Syndikus) 306
Frey, Johann Gottfried 561, 663
Friedrich Wilhelm I. 561
Friedrich II. 23 f., 31, 33, 37, 45, 62, 80, 124, 130, 145, 197, 199, 305, 415, 643, *83, 326, 501*
Friedrich Wilhelm II. 30, 45, 73, *206*
Friedrich Wilhelm III. 63, 113, 139, 271, 288, 361, 667, *219, 240, 248, 287, 322,*

372, 408
Friedrich Wilhelm IV. 18, 110, 278, 356, 360 ff., 381, 412, 414, 418, 422, 427, 522, 546 f., 556, 677, *35, 214, 281, 355, 359, 398, 435, 552, 622*
Friese, Karl Ferdinand 108 f., 158 f., 167, 176, 209, 224, 338, 459, 485, *588*

Gärtner, v. (Reg.-Vizepräs.) 260, *35*
Gans, Eduard 42, 51, 60, 282, 349, 380, 399, 482, 571, *23, 32, 47, 50, 54, 64, 283, 585, 593*
Garve, Christian 29, 78 ff., 87 f., 95, 100, 114, 121 f., *89, 140*
Gebel (Reg.-Dir.) 200, 214, 259, *199, 484*
Geisler, Friedrich W. D. v. *350*
Gentz, Friedrich v. 210, 365, 422, *214, 217*
Gerlach, Ludwig v. 111
Gilgenheim, v. (Landrat) *201*
Gneisenau, August Graf Neidhardt v. 176, 303, 325, 655
Gneist, Rudolf v. 363, *69, 470*
Görres, Joseph 274, 301, 308, 641, *293, 295, 297, 425*
Goethe, Johann Wolfgang v. 19
Goldbeck, Heinrich Julius v. 45, 155
Gräff, H. 18, 273, 436, 574, *256*
Grävell, M. F. W. C. 173, 214, 397, *228, 421*
Grolman, Karl Ludwig Wilh. v. 62, 644, 647 f.

727

Gruner, Justus v. 109, *199*, *212*
Hagemeister, Emanuel Friedrich *304*
Hake, Karl G. A. E. v. *434*
Haller, Karl Ludwig v. 36, *34 f.*
Hansemann, David 348, 354, 361, 376, 380, 386, 527 f., *92*, *394*, *419*, *619*
Hardenberg, Karl August Fürst v. 17, 28, 60, 104, 108 f., 126, 147, 153—164, 167 ff., 171, 173 ff., 177, 180, 183, 185—231, 234, 236, 240, 242, 248, 254, 259—289, 295—318, 323, 326 ff., 330 f., 340, 346, 356, 416, 447 f., 450, 454 ff., 464 f., 480, 485, 489 ff., 493, 510, 518, 525, 541, 560, 562, 568, 570, 586, 588 f., 592, 611, 624 f., 655, 665, *235*, *300*, *321*, *385*, *579*, *590 f.*
Harkort, Friedrich 349, 619, 630, 633, *616*
Harnisch, Wilhelm 445
Hasemann, J. 606
Hasenclever, Josua 613
Hatzfeld, Franz Ludwig Fürst v. 204, 207, 212 f., *193*
Hauer, Georg v. *579*
Haxthausen, A. v. *45*
Haxthausen, Werner v. 51, 410, *35*, *415*, *419*
Hegel, Georg Wilhelm Friedrich 54, 121, 179, 228, 263, 278, 380, 387 f., 392, 399, 402 f., 621, 668, *385*
Heine, Heinrich 387
Heinzen, Karl 360
Heller, Adolph *381*
Hempel, v. (Oberlandesgerichtspräsident) *291*

Henckel von Donnersmarck, Wilh. Ludwig Victor Graf *197*, *199*
Hermann, Joh. Heinr. Gottlieb 62, *106*
Heydebreck, Christian v. 221, 295, *321*
Heydt, August Frh. von der 652, *619*
Hippel, Theodor G. v. 109, 172 f., 175, 203, 219, 234 f., 258, 260 f., 303, 427, 433, 444, *199*, *206*, *240*, *248*, *385*, *420*, *435*, *439*, *456*
Hoffmann, Johann Gottfried 69, 240, 242, 249, 307, 327, 439, 441, 445 f., 451, 499, 508, 527, 529, 532 ff., 538, 589 f., 592, 599, 623 f., 626, 633, 670, 674, *252*, *315*, *321*, *503*, *540*, *562*, *572*, *588*, *607*, *620*, *628*
Hoffmann von Fallersleben, August Heinrich *359*
Hormayr, Joseph Frh. v. *346*
Horn *571*
Horst, von der 691
Hoym, Karl Georg Heinr. Graf v. 137, 644
Hüffer, Johann Hermann 346, 431, 578, *418 f.*, *522*, *575*
Humboldt, Wilhelm v. 187, 219, 223, 230, 237, 253, 262 f., 268 ff., 277 f., 284, 293, 295, 311, 337, 340, 363, 379, 402, 434, 449, 530, 541, 560, 577, *164 f.*, *231*, *264*, *285 ff.*, *364*, *542*, *553*, *568*
Hume, David *217*
Immermann, Karl 63

Ingersleben, Karl Heinr. Ludw. Frh. v. 221, 229, 231, *222*
Itzenplitz, Heinrich Graf v. 290, 293

Jacob (Abg.) *205*
Jacoby, Johann 366 f., 413, *101*, *274*, *398*, *418*
Jahn, F. L. 303
Joseph II. von Habsburg 28, *178*
Jung (Abg.) 652

Kamptz, Karl Albert Christoph Heinr. v. 49, 97, 111, 325, 406, 409 f., 416, 550, *371*
Kant, Immanuel 27 f., 80, 98, 108, 112, 140, 153 f., 166, 370, 522, 621, 668, *67*, *180*, *218*
Kircheisen, Friedrich Leopold v. 108 f., 126, 157, 207
Kirchmann, Julius v. *412*
Klein, Ernst Ferdinand 30, 34, 37, 54, 70 f., 138, 145, 643, *27*, *49*, *164*, *541*
Kleist-Retzow, Hans Hugo v. 453, 546, *482 f.*
Klewitz, Wilhelm Anton v. 36, 167, 221, 224, 268, 290, 292 ff., 299, 307, *34 f.*, *148*, *212*, *220*, *265*, *295*, *298*, *371*
Klüber, Johann Ludwig 273, *237*
Koch, C. F. 18, 112, *409*
Koppe, K. W. 214
Kospoth, F. A. K. Frh. v. *571*
Kottwitz, Hans Ernst Frh. v. *611*
Kotzebue, August v. 324
Kraus, Christian Jakob 141, 166, 370, 522
Krause, Karl Christian

Fr. *38, 43 ff., 50, 107*
Krünitz, Johann Georg *121*
Krug, Leopold 75, 82, 84, 122, 128 ff., 141 f., 327 f., 672 f., 697, *83, 113, 135 ff., 171, 183, 397, 535*
Krupp, Alfred 700
Kunth, Gottlob Johann Christian 178, 445, 511, 608, 622, 628, 699, *562, 611*

Ladenberg, Philipp v. *321*
Laing, Samuel *115, 378, 381, 419 f.*
Lancizolle, Karl Wilhelm v. 52, 110, 448, 498, 514, 516, *34 f., 58, 344, 467, 470, 507, 546, 673*
Lange (Gutsbesitzer) *486*
Lange, v. (Landrat) *470*
Lavergne-Peguilhen, Alexander v. 476, *475*
Lavergne-Peguilhen, Moritz v. 475 f., 551, 653 f., *550, 552*
Lebens (Regierungsrat) 298
Le Coq, Paul Ludwig 461, 570
Leist (Abg.) 205
Lengerke, Alexander v. 506
Lette, Adolf *498, 503*
Leyen, Friedrich Heinrich von der 348
Lezay-Marnésia, Adrien Comte de *220*
Loë, Max Frh. v. *373, 375*
Lorinser, Karl Ignaz 444
Lottum, Karl Friedrich Heinr. Graf v. 271
Ludwig XVI. 33, 416
Lüning, Otto 413
Lüttwitz, Hans Ernst Frh. v. 361, 468, 691
Luther, Martin 144

Maaßen, Karl Georg, (Finanzminister) 527, 667, *434*
Mallet du Pan 217 f.
Marwitz, Friedr. August Ludwig von der 44, 85, 191, 194, 209, 240, 288, 311, 328, 346, 386, 395, 404, 472, 501, 505 f., 550, 653, *50, 74, 185, 189 f., 193, 197, 270*
Marx, Karl 367, 388 ff., *432, 379*
Mauve (Steuerdirektor) *257, 502, 528*
Meding, Werner v. 251, 691, *392*
Meister (Kriminalrat) *642*
Mellin *635*
Merckel, Friedrich Theodor v. 197, 224, 250, 290, 307, 309 f., 385, 460, 514, 533, 570, 576, 623, 625, 666, *451, 482 f., 571*
Merkens, Heinrich 579
Metternich, Clemens L. W. Fürst v. 270, 286, 360, 272
Mevissen, Gustav 275, 332, 376, 378 ff., 580, 583, 620, *102, 224, 363, 387, 619, 630*
Milde, Karl August *619*
Minutoli, Julius Frh. v. *623*
Mohr, L. Robert 351
Moltke, Helmuth Graf v. *355*
Montesquieu, Charles de *643*
Morgenbesser (Oberlandesgerichtspräsident) *318*
Motz, Friedr. Christian Adolf v. 221, 246, 250 f., 259 f., 290, 293, 383, 445, 527, 536, 602, 666 f., *200, 554, 616*

Müffling, Friedr. Ferd. Karl Frh. v. 271, 273
Mühler, Heinrich v. 406, 545, 674, *434*
Müllensiefen, Peter Eberhard 480, *321, 624*
Müller (Abg.) *205*

Nagler, Karl Ferd. Friedr. v. 410, 615
Napoleon I. 14, 102, 153, 155, 159, 167, 170 f., 182, 208, 212, 215, 228, 325, 561
Nathusius, Ph. E. *367 ff., 381*
Niebuhr, Barthold Georg 122, 167, 217 f., 671, *257, 560*
Nordenflycht (Reg.-Präsident) *502, 530*
Novalis (Frh. Friedrich v. Hardenberg) 63, *391*

Oelsner, Karl E. 322, *304, 310*

Pannwitz, Wilhelm v. 311
Perschke *571*
Perthes, Clemens Theodor 62 f., 669, *421*
Perthes, Friedrich Christoph 267, 421, *398, 418, 420, 422*
Pestel, Philipp v. 246 f., 249, 578, 622, 691, *300, 478*
Pinder (Oberbürgermeister) *584*
Pless, Fürst v. *554*
Pope, Alexander 217, *218*
Pückler-Muskau, Hermann Fürst v. 368
Pückler, Graf v. (Reg.-Präsident) 247, 691
Puttkammer, v. (Polizeipräsident) *629*

Quentin (Reg.-Rat) 623

Radowitz, Joseph Maria
 v. 426, 620, *101, 558*
Ranke, Leopold v. 13,
 163, 170, 416, 418,
 421, 427, *164, 187,
 193 f., 214, 281, 283,
 355, 414, 422, 541*
Rappard, v. (Rittergutsbesitzer) *377*
Rau, Karl Heinrich *527*
Rauer, K. F. 341 f., 512,
 517
Raumer, Friedrich v.
 107 ff., 169, 180 f.,
 188, 416 f., 490, 562,
 571, 185, 291, 418
Raveaux, Franz 581
Recke-Volmarstein,
 Adelbert Graf v. d.
 295
Reden, Friedrich Wilhelm Frh. v. *512 f.,
 525, 617 ff.*
Rehdiger, Karl Niklas v.
 173, 293 f., 306, *175,
 194, 310, 385*
Reichenbach, Graf v.
 365, 385, 394
Reimann, D. W. v. *624*
Richelieu, Armand
 Eman. du Plessis,
 Herzog v. *285*
Richter (Reg.-Präsident)
 536, 668 f., *404, 411*
Richthofen, Frh. v. *306*
Ritz, Wilhelm 386
Rochow, Caroline v. *79,
 311*
Rochow, Gustav Adolf
 Rochus v. 48, 111, 311,
 344, 348, 350 ff., 356,
 358, 362 f., 370 f., 386,
 406, 410, 419, 429,
 433, 479 ff., 511, 549,
 575, 578, 594, *168,
 361, 403, 411, 568*
Rochow, Th. Heinrich
 Rich. v. (General)
 420, 607
Rönne, Ludwig M. P. v.
 18, 273, 436
Röpell, Richard *101, 197,
 201, 204, 344, 511*
Rosemann (Abg.) 205
Rother, Christian v. 95,
 224, 249, 269, 271,
 328, 330, 510, 612 ff.,
 621, 623, *167, 214,
 235, 256, 268, 289,
 299, 315, 611, 622*
Rothkirch, Ernst Frh. v.
 310
Rotteck, Carl v. *422*
Rousseau, Jean Jacques
 29
Rüchel, Ernst Wilh.
 Friedr. v. *157*
Ruge, Arnold 406 f., 409,
 417, 420
Rump (Abg.) 205
Ruppenthal, Karl Ferd.
 Fr. 300

Sack, Johann August
 107 ff., 179, 213, 221,
 225, 240, 242, 246,
 451, 541, 563, 566 f.,
 664, *202, 226, 568, 611*
Sack, Wilhelm Fr. 658
Saint-Abran, Hippolyt
 de *417 f.*
Saint-Paul, Wilhelm v.
 416, 424
Salm-Dyck, Joseph
 Fürst v. 361
Sandreczki, Graf v. 197
Saucken-Tarputschen,
 Ernst v. *392*
Savigny, Friedrich Carl
 v. 157, 275, 281,
 425 f., 529, 571, 658,
 23, 384
Schaper, Justus Wilh.
 Eduard v. 431, 578,
 224, 579, 613
Scharnweber, Christian
 Friedrich 196, 198 f.,
 210, 214, 251, 490, *493*
Scheibler, Johann Daniel
 v. 658
Schelling, Friedr. Wilh.
 Josef 399
Scherr, Johannes 360, *92*
Schichau, Ferdinand
 443
Schiebel (Reg.-Rat) 616,
 321, 624, 628
Schiller (Oberlandesgerichtsrat) 658
Schimmelfennig, Friedrich Gustav *525 f., 600,
 602, 697*
Schinkel, Karl Friedrich
 623
Schlabrendorff, Ernst
 Wilhelm v. 242
Schleiermacher, Friedrich
 Ernst Daniel 193, 218,
 400, 657
Schlieben, Graf v. 314
Schlöffel, Friedrich Wilhelm 18, 413, 574
Schlözer, Christian v. 26
Schlosser, Johann Georg
 30, 62, 70 f., *49, 72*
Schmalz, Theodor 338
Schmidt (Landrat) 455
Schnabel (Landrat) 371
Schneider, Fr. (Dr. med.)
 424
Schön, Theodor v. 162,
 167, 172, 182, 206,
 210 f., 220 ff., 231 ff.,
 244, 247, 251 f., 262,
 265, 272, 290, 363, 366,
 369 f., 380 f., 402, 419,
 457 f., 464, 483, 508,
 510, 584, 665 f., *194 f.,
 204 f., 228, 253, 343,
 364 f., 385, 460, 466*
Schönberg (Regierungspräsident) 262
Schröner *635*
Schrötter, Friedr. Leopold Frh. v. (Minister)
 167, 178, 207, 450
Schrötter, Karl Wilhelm
 Frh. v. (Kanzler) 167
Schrötter, v., Regierungschefpräs. (Marienwerder) 691
Schubert, Friedrich Wilhelm *501, 536*
Schuckmann, Kaspar

Friedrich v. 203, 207, 219, 221, 227, 234 f., 291, 307 f., 313, 347, 356, 383, 404, 410, 451, 455, 459, 484, 510, 566, 574, 592, 666, *101, 205, 249, 251, 266, 406, 468, 553, 579*
Schulz, Hermann 337
Schulz, Wilhelm 428 f., 431
Schulze, Johannes 406
Schwerin, Maximilian Graf v. 368, 694
Sethe, Chr. W. H. 658
Siebig (Abg.) *353*
Simon, Heinrich 18, 273, 367, 412 f., 436, 445, *23, 35, 101, 256, 274, 424*
Smith, Adam 14, 158, 168, *322*
Solms-Braunfels, Ferdinand Fürst v. *552*
Solms-Laubach, Friedrich Graf zu 221 f., 225, 248, 299, 664, *294, 625*
Sonnenfels, Joseph Frh. v. *217*
Spiegel, v. (Reg.-Präsident) *613*
Splitgerber, David 86
Svarez, Carl Gottlieb 24—37, 41 ff., 54, 57 ff., 65, 74, 76, 83, 86 f., 95, 97, 106 ff., 112 f., 116 ff., 121, 123, 126, 138, 144, 148 f., 158 f., 181 f., 339, 405, 407, 516, 521, 621, 641 ff., 647 ff., 652 f., 660 f., *66, 71, 75, 145, 397*
Staegemann, Friedr. August v. 167, 182, 214 ff., 225, 233, 310, 322, 324 f., 329, 409, 416, *298, 304 f., 307, 434*
Steffens, W. (Reg.-Rat) 386

Stein, Karl Reichsfrh. vom u. zum 154 f., 157, 163 f., 166 ff., 171 bis 180, 182 f., 193 ff., 209, 219 f., 238, 254, 261, 266 f., 277, 293, 341, 345, 351, 356, 360, 363, 382, 385, 398, 450, 510 f., 530, 541, 560 f., 567, 572 ff., 577, 586, 591, 655, 663 *165, 186, 229, 237, 259, 342, 479*
Stein, F. C. Frh. von 306 f.
Stein, Lorenz v. 558, *59, 89, 422, 547, 631*
Stolberg-Wernigerode, Anton Graf zu 691
Strachwitz, Moritz Karl Wilh. Anton Graf v. 308, *46*
Strahlheim, Carl (Pseudonym f. Friedrich, J. C.) 655, *325*
Streckfuß, A. F. K. 576, *571*
Struensee, Karl Gustav v. 120, 130
Süßmilch, Johann Peter 130
Süvern, Johann Wilhelm 403
Sybel, Heinrich v. 375 f., 482, *374*
Sybel, Heinrich Ph. F. v. 375
Sydow, Hans v. 203, *179*

Thaer, Albrecht 83, 198, 490, 493
Thoma, Reg.-Präsident (Gumbinnen) 483, 509, *530*
Tocqueville, Alexis de 143, *379*
Treutler, C. (Komm.-Rat) *611*
Tschirner *635*

Uhden, Karl Albrecht Alex. v. 675, *546*
Ulmenstein, Heinrich Chr. Frh. v. *585, 593, 571*
Unruh, Hans Victor v. 250 f., 397, *248, 370, 377, 428, 444, 619*

Valdenaire, Viktor 385
Varnhagen von Ense, K. A. 409, 414, 416, 423, 426, *214, 304, 419, 546 f.*
Venedey, Jakob 360, *92, 404*
Vincke, Georg Frh. v. 369, 378, 386, 539, 627 f., 635, 694, *366, 392*
Vincke, Ludwig Frh. v. 156, 164, 168 f., 173, 175, 177 f., 182, 193, 217, 221 ff., 231 ff., 235, 246, 253, 255, 262, 301, 382 f., 410, 479, 544, 575 f., 610, 625, 627, 664 ff., 670, *165, 194, 225, 308, 385, 466, 602*

Waldeck, Franz Benedikt 394
Walesrode, Ludwig Reinhold 583, *417*
Wehnert, Gottlieb Joh. Moritz 571
Weidinger (Bürgermeister v. Reichenbach) 385
Weitling, Wilhelm 656
Wellesley, Richard C. Lord *321*
Wellington, A. Duke of 285
Wentzel, A. 18, 49, 50, *134, 409*
Wied, Fürst zu *552*
Wieland, Christoph Martin 28
Wilckens, Gustav Ferd.

167, 562
Winckler, Franz Frh. v. 554
Winckler, Frh. von (auf Schwedlich) *513*
Wissmann (Reg.-Präsident) *534*
Wittgenstein-Sayn, Wilh. Ludwig Georg Fürst 271, 302, 410, 563, 677

Witzleben v. (Reg.-Präsident) 247
Witzleben, Job v. *303*
Woikowsky (Landrat) 199
Wolff, Christian 54
Wolff, Paul Benedikt v. 86
Wolff, Wilhelm 425
Woltmann, K. L. v. *180*
Wülffing, F. *369, 387*
Wylich, Frh. v. *308*

Yorck von Wartenburg, Hans D. L. Graf 295
Yorck von Wartenburg, Ludwig Graf *546, 556*

Zedlitz *513*
Zerboni di Sposetti, Joseph 216, 225, 289, 293, 296, *230, 234 f., 253, 288, 298*

Sach- und Ortsregister

Kursive Seitenzahlen verweisen auf Anmerkungen.
„Anführungsstriche" verweisen auf Begriffe der Quellensprache.
Das Ortsregister verzeichnet nur mehrfach genannte Städte und Provinzen.

Adel
— als Stand 74, 78-87, 91, 112 ff., 144-47, 183, 189, 194, 291ff., 305-19, 373-76, 486, 510, 620 f., 676 f.
— Adelsschutz 477-82, 516
— als Gutsbesitzer 80-82, 136 f., 168, 183, 375, 477 f., 507-15, 522, 530, 555, 672
— und Verwaltung 80-82, 87, 171, 178 f., 182, 197-201, 244, 433-38, 446-49, 456-66, 555 f., 680-690
vgl. Eherecht, Ehrenschutz, Gutsbesitzer, ständische Vereinigungen, Kreditinstitute
„Administration" 19, 35, 156, 174, 257, 570 s. Verwaltung
„Agitation " 583
Agrarkrisen, Hungersnöte 299, 500, 506 f. 508 f., 511 f., 529, 535, 634
Agrarreformen 47 f., 169, 292, 487- 559
— bis 1806 47 f. 138-42
— Oktoberedikt (1807) 58, 140-42, 160, 198, 200, 206, 487-90, 518, 522
— Regulierungs- und Landeskulturedikt (1811) 161, 201, 409-493, 499
— Gemeinheitsteilungen und Dienstablösungen 141, 492-500, 505, 523
vgl. Domänenreform, Generalkommissionen
„Amt" 34, 407, 483 ff., 549, 406, 413
Antitruckgesetzgebung 610, 627 f., 635
Arbeiter, Fabrik-, Lohn- und Manufakturarbeiter 30, 69, 99, 116, 123, 134, 535 ff., 590, 598 f., 608-10, 622-37, 697-701, 300, 606, 622
vgl. Bergleute, Kinderarbeit, „Klasse", „Proletariat", Unterschichten
Arbeiterschutzgesetz (1839) 622-26
Arbeitslosigkeit 130 f., 299, 538, 619, 625, 629
Arbeitsmarkt 488, 492f., 535
„Aristokratie", „Aristokratismus", „Feudalismus" 100, 144, 190, 297, 457
Armut, Armenfürsorge 129-33, 138, 472-74, 505 f., 536-39, 556 f., 591, 595, 620-34
Auswanderung 59, 119, 537 f., 670, 94
„Autorität" 73, 128, 242, 433, 623, 636, 558

Bauern 44, 94, 136 f., 172, 201, 210 f., 291 f., 323, 490-93, 500-07, 523 f., 530 f., 556, 291 f.
vgl. Agrarreformen, Gutsherren
Bauernunruhen s. Unruhen
Beamte, Beamtentum 14, 172 f., 180, 267, 294 f., 323-25, 342, 377-87, 392-97, 412f., 414, 416-21, 425 f., 433, 498, 572 f., 575, 609, 617, 619-696
— als Staatsstand 36, 90-93, 96, 103, 114-116, 147, 263, 282 f., 342 f., 387-97, 572-575, 676-79
— soziale Zusammensetzung 80, 82, 87, 213, 237, 244-46, 281 f., 325, 339, 370, 372, 433-47, 680-90, 232
— wirtschaftliche Situation 103, 572-74
— Rechtsschutz und Disziplinarrecht 110-13, 407-09, 669
— Selbstverständnis 160, 176, 189, 202, 217 f., 228 f., 237, 242, 254, 258-64, 282, 398-400, 409 f., 437, 668 f.
— in der Kritik 163, 217, 231, 262 f., 282 f., 287, 309, 324 f., 337, 364, 378-384, 388-92, 410, 437, 446, 394
vgl. Verwaltung, eximierte Bürger

„Bedürfnis" 121 f., 128 f., 240, 387 ff., 529, 567, 614, *513*
Begriffswandel, Sprachplanung 53, 155, 189 f., 191, 207, 308 f., *214*
Bergleute, Bergbau 123 f., 553, 608-11, 654
Berlin 119, 130 f., 320, 377, 419, 462, 563, 574, 590, 606, 607
Bevölkerungsvermehrung 132 f., 499 f., 503
Brandenburg 64, 81, 82 f., 130 f., 133, 136, 175, 178, 184, 188-91, 240, 274, 290, 310-12, 451, 463, 470-72, 477, 480, 523, 675,
Breslau 66, 377, 407, 563, 565, 569, 570 f., 574, 584, 607, 654
Bürger, Bürgertum
— „Bürger" 29, 41, 54, 59, 87-89, 114, 146, 200 f., 445, 576, 579, 584 f., 593, 600 ff.
— als Stand 61, 65, 90-100, 110 f., 114, 146, 291, 445, 621
— Eximierte 75, 87, 89-115, 146, 210 f., 224, 244-46, 338, 341 f., 351 f., 392-397, 434-46, 517, 558, 571-75, 589, 637, 676 f., 680-90
— Stadtbürgertum 88, 147, 320, 322, 341 f., 560-86, 589, 607
— bürgerliche Gutsherren 82-86, 91, 94, 172, 347, 510-23, 555, 676 f., 690-96
vgl. Städte, Staatsbürger
— bürgerliche Gesellschaft 25, 29, 31, 34, 52-55, 71 f., 75 ff., 78, 89, 149, 154, 388-93, 488, 506, 559, 587, 26, *36*
„Bürokratie" 259, 381, 389, 667, 671
Burschenschaften 297, 404-07

„Civismus" 571
Code Napoléon 51, 62, 371

Demagogenverfolgungen s. Karlsbader Beschlüsse
Deutsche Nationalversammlung (1848) 392-97, 436 f., 441, 467
Domänen 84, 90, 140 f., 171, 182-85, 189, 329
Dreiklassenwahlrecht 68, 369, 540, 579-81, 585
Duell 99 ff.

Eherecht 63, 74, 105-115,, 146
s. Konnubium
„Ehre" 410, 517, 593, 598
s. Injurienstrafen
Ehrenschutz 97-103
Eigentum 32-34, 39, 41, 135, 144, 168, 191, 210, 338, 489-93, 504
vgl. Entschädigungen
Einwohnergesetz (1842) 61, 132, 631
Eisenbahnbau 330, 584, 616-19, 634-37
„Elite" 196, 261
Emanzipation 27, 64 f., 561, 571, 585, *67*
Entschädigungen 32 f., 47, 49, 92, 95 f., 144, 158, 489-500, 510, 560, 595 f., 603-05
Eximierte s. Bürger

„Fabrikanten 37, 117 f., 579, 584, 608, *300, 321, 598, 606*
vgl. Unternehmer, Arbeiter
„Fabriken" und Manufakturen 117-21, 130, 134, 320, 591, 622, 697-701
Fabrikengerichte 657, 67, *598*
Fabrikenkommissare 623
Fabrik- und Manufakturkommission 119
„Familie" 53 f., 62-70, 82, 632
Fideikommisse s. Rittergüter
„Fortschritt" 160, 274, 361, 364, 377 f., 389, 392, 442, 445, 456, 523, 539, 557, 569, 596, 664, 668
Freihandel 586, *321*
Freizügigkeit 59, 485, 563 f., 578, 630-33

„Geist" 108, 237, 324, 398 f., 401 f., 407, 623
Gendarmerie
s. Kreisverfassung
Gemeinde, Gemeindeverfassung 348-51, 395, 464, 466, 483, 496, 543, 547, 551, 568, 578-82
Generaldirektorium 117, 156
Generalkommissionen 186 f., 222, 251, 257, 291, 313, 319 f., 369, 466, 487, 493-98, 502, 506, 526, 541, 547
Gerichtsstände, persönliche 39, 58, 70 f., 89-93, 138, 546, *104*
„Geschichte" 36, 180, 380, 389, 399

734

„Gesellschaft" 42 ff., 52 ff., 72, 79, 87, 153, 198, 308 f.
Gesellschaftsvertrag 24-30, 145
„Gesellschaftswissenschaft" 475
„Gesetz" 29 f., 33, 48, 76, 156, 521, 523, 557, 570, *41*
Gesetzkommission 157, 174, 209, 272 f., 309, *281*
Gesinde, Gesindeordnung 65, 67, 133, 258, 488, 505, 635, 644-52, *43*
„Gesinnung", Gesinnungskontrolle 403-433, 439, 464, 539, *541, 571*
vgl. Presse, Zensur
Getreidehandelskompanien 87
Gewerbedeputation 623
Gewerbefreiheit 47, 60, 169, 291, 320, 419, 492 f., 506, 533, 560, 586-608, 620 f.
Gewerbeordnung von 1845 596, 606, 636, *502*
Gewerbepolitik 120, 248 f., 258, 354 f., 401, 562 f., 569-637
vgl. Industrieförderung
Gewerbeschulen s. Technisches Erziehungswesen
Gewerbevereine 586, 623 f.
Grundrechte 25 ff. 31
Gütermarkt, Güterhandel 86, 347, 481, 488, 493, 501, 510-512, 515, 519 f., 522, 546, 675, *525*
Gutsherren, Rittergutsbesitzer 464-559
— als Stand bzw. Klasse 357 f., 464-70, 477-481, 487-93, 501, 510, 516-22
— als Unternehmer 86, 486-93, 502, 505, 507-12, 533, 535, 555, 602-04
— Herrschaftsrechte 40, 457, 488 f., 502, 515, 516 f.
— Patrimonialgerichtsbarkeit 86, 92 f., 205, 495, 518, 540-47, 552-54, 674f.
— Polizeigewalt 460, 463, 517, 540 ff., 547-54, 643-55
vgl. Adel, Bauern, Bürger, Rittergüter, Gütermarkt, Kreisverfassung, Kreditsysteme, Landräte

Handelskammern 619
Handelsministerium 355 f.
Handwerker 119, 570-572, 589-609, *79*
„Haus", „Hausstand", Hausbesitz 54, 62-70, 79, 571 f.
Hausherr, Hausvater 29, 62-69, 225, 572, 641, 644, 651 f.
Hegelschulen 24, 143, 388, 426 f.
Heimindustrie 349, 536, 538, 609, 626-628
vgl. Textilindustrie
Historisch-politische Zeitschrift 418, 421 f.

„Ideologie" 44
Immediatkommission 167
Industrie und ihre Förderung 122, 124, 128-30, 328, 330, 443 f., 601, 609-17, 623, 628
vgl. Gewerbepolitik, Seehandlung, Technisches Erziehungswesen, Unternehmer
Injurienstrafen 97-102, 647 ff.
„Intelligenz" 214, 237, 262, 341 f., 352, 355, 363, 380, 393 ff., 399 ff., 409, 539, 574, 580, 623, *399, 418*
„Interesse" 110, 155 ff., 195, 337, 343 f., 349, 539, 549, 569, 599

Juden 59 f., 100, 516, 604, *572*
Justizverwaltung, Juristen 15, 33, 51, 93, 96 f., 155-58, 206 f., 279, 411 ff., 425, 436-39, 490, 493, 544 ff., 641 ff., 674 ff., *67, 573*

„Kapitalisten" 325, 328, 341, 375, 508, 514, 516, 615
Karlsbader Beschlüsse 210, 279, 303 f., 315, 324, 404, 415, *297, 304*
vgl. Presse, Zensur
Kinderarbeit 120, 624 f., *321*
Kirchenkampf 372 f., 400 f., 422
Kirchenverwaltung, Klerus 42, 90, 104, 223 f., 258, 300, 401, 404-07, 573, 636
„Klassen" 75 f., 308, 532 ff., 581, *80*
— „geringe" bzw. „arbeitende K." 33, 97, 121, 134, 489, 490, 506 f., 581, 590, 645, 651, 698, 700
— „Einwohnerk." 89, 121, 135, 158, 204, 212, 289, 365, 701
vgl. „Proletariat", Stand und Klasse

735

Klassensteuern s. Steuern
Köln 372, 401, 433, 463, 581
„Kommunismus", „Sozialismus" 376, 507, 539, 581, 599, 633, 500, 622
Königsberg 561, 564, 565, 583
Konnubium 94, 106, 111 f.
„Kränzchen" s. ständische Vereinigungen
Kontributionen 167-79, 197, 588
Kreditinstitute, Kreditsysteme, Landschaften 86, 171, 182-85, 307, 312, 508, 513, 518, 521
Kreisjustizräte 93
Kreiskassen und -fonds 469-75
Kreisreform, Kreisverfassung 196, 200-09, 219, 448-86, 542 f.
— Gendarmerie, Gendarmerieedikt (1812) 157, 161, 195 f., 202-209, 449-63, 472, 480, 648
vgl. Landräte
Kreisstände, Kreistage 185, 190, 203-11, 382, 430, 448 f., 454, 456 f., 464-77, 484-86, 517
„Krise" 63, 422, 498, 509, 620
Kultusministerium 167, 299, 441-45

Landräte 179, 196, 203, 205, 386, 410, 436, 449-86, 541, 552-55, 577, 680-90
Landschaften s. Kreditinstitute
Landtage s. Provinzialstände, Vereinigter Landtag
Landwehr, Landsturm 58, 200, 309 f., 420, 570 f., 658
Lehrer 90, 104, 404-07, 495, 573
„Liberalismus", „liberal" 44, 107, 191 f., 242, 255, 297, 337, 367, 581, 667

Manufakturen s. Fabriken
Menschenrechte 25, 43, 148, 55
Militärstrafrecht 655 ff.
Militärverfassung 39, 57 f., 76, 82, 94-96, 113, 123-25, 133, 138, 162, 462, 655 f.
vgl. Landwehr, Wehrpflicht
Ministerialverfassung 89, 155-58, 166 f., 219-26, 234-36, 261 f., 277 f.
Ministerrundreise (1817) 289-98
Ministerwechsel (1817) 225-27, 229 f., 298 f. (1840 bis 1848): 637
„Mittelstand "und „Mittelklasse" 115, 172, 190, 240, 263, 328, 428, 565, 591, 595, 599, 701, 190
Mode 121 f., 590
Münster 46, 581

„Nation", „Volk" 156, 159, 174, 193, 195, 206, 210 f., 213 225, 232, 278, 282, 289, 297, 300, 306, 312, 314, 430, 446
„Nationalismus" 188, 378
Nationalrepresentation, interimistische (1812-1815) 172, 175, 180, 192, 194 f., 197, 203-213, 265, 289 f., 314
Nationalversammlung (Berlin 1848) 392 ff., 436 ff., 467, 475, 658
Naturrecht 25 f., 30 f., 41 f., 54
Notabelnversammlung, Landesdeputiertenversammlung (1811) 169 f., 188 f., 192-195, 203

Oberlandesgerichte 50, 91-93, 110, 158, 674 f.
Oberpräsidenten 202, 219-37, 251 f., 262, 276, 382 f., 405, 409, 415, 429-32, 453, 663-71
Obertribunal, Geheimes 411, 494
„Öffentlichkeit", „Publicität" 28 f., 111, 135, 141, 173, 180, 188 f., 193 f., 208 f., 214 f., 224-29, 235, 260 f., 265, 275, 294, 300-06, 321-25, 327, 343, 345, 354, 360, 363, 366, 403, 411 f., 416-23, 426-428, 431-33, 447, 517, 578, 596, 107, 250, 283, 328 f.
Ökonomiekommissare 496-98, 502
Oktoberedikt s. Agrarreformen

Paderborn 46, 528, 537
„Patriotismus" 571, 283
Patrimonialgerichtsbarkeit s. Gutsherren
„Partei" 80, 143 f., 184, 191, 225, 288, 295, 317, 362, 367 f., 410, 414, 422 f., 568, 80
Parteibildung, Parteien 229, 272, 297, 304 f., 310, 316 f., 343, 367 f., 374-78, 397, 410, 413, 478, 486,

576, 577, 581, 583, 620, *584*
Polen 377, 401, 543, 569 f., 649 f.
Polizei 163, 257, 460-63, 641 ff., 653-55
Pommern 47, 82, 140, 170, 179, 183 f., 240, 274, 290-92, 350, 451, 463-65, 480, 512, 675
Posen 46, 93, 220, 350, 377, 401, 451, 477, 512, 520, 542, 543, 577, 582 f.
Presse, Pressepolitik 301-05, 307, 413-24 430-32, *427*
vgl. Öffentlichkeit, Zensur
Preußen (Provinz) 45 f., 50, 79, 81 f., 92, 133 f., 136, 140 f., 166, 171, 179, 183, 188 f., 312-17, 347, 351, 369 f., 377, 451, 474, 477, 479, 511 f., 520, 529, 546
„Proletarier" 376, 414, 485, 506, 539, 599, 608, 620, 630
vgl. Arbeiter, Unterschichten
Provinzialstände, Provinziallandtage 45 ff., 144, 169 f., 173, 186, 188, 194, 209, 222, 224, 238, 240-42, 244, 250, 274, 294, 319, 337-366, 370-74, 376 f., 379, 382-84, 390 f., 394, 458, 465, 471-473, 476, 479-81, 510 f., 515, 524, 548, 555, 572, 582, 596, 597, 691-93
vgl. Vereinigter Landtag (1847)
Provinzialsteuerdirektionen 222, 669
Provinzminister, -verwaltung s. Oberpräsidenten, Regierungen, Kreise

„Reaktion" 368, *304*
„Reform" 41, 255
Regierungen 158, 164, 176-81, 186, 196, 220, 222, 238 f., 246-264, 276, 279 f., 550 f., 576, 663-71, 680-90
— Regierungsräte 196, 250-53, 668
— technische Räte 246-49
— und Kreisverfassung 469-74
Regulierungsedikt s. Agrarreformen
Reichsstände, Reichsständeverfassung s. Nationalrepräsentation, Vereinigter Landtag
„Repräsentation" 174, 179, 187 f., 196 f., 207 f., 213 f., 219, 259 f., 268, 282, 289, 358, 365, 567, 574, 585, *178 f.*, *214*
Revolutionen 32, 36
— französische Revolution (1789) 13 f., 30, 36, 127, 209, 296
— Julirevolution (1830) 419 f., 576 f.
— Revolution (1848) 14, 19, 331, 338, 392, 441 f., 447, 484-486, 500, 559, 614, 618, 620 f., 637, *583 f.*
Rheinprovinz 47, 68, 92, 102, 164, 220, 225, 244, 274, 290, 347, 350 f., 359, 370-74, 377, 432, 451, 465, 478 f., 481, 520, 529, 539, 544, 578-82, 651 f.
Rittergüter

— Verschuldung 83, 86, 508-10, 513 f.
— Matrikel 517-20
— Fideikommisse 81, 520 ff.
— Besteuerung 525-35, 539 f.
— Anzahl 672 f., *82*
vgl. Gutsherren

Sachsen 47, 93, 220, 240, 260, 290, 352, 477, 480, 520, 538 f., 575, 577
Säkularisationsedikt (1810) *104*
Schlesien 45 f., 78 f., 82, 93, 109, 124, 133-37, 170, 178, 183, 197-201, 305-10, 350, 359, 451, 460, 462, 470, 474, 511 f., 520, 525, 529, 538, 564 f., 569, 573, 602 f., 646, 675
Schulwesen 104 f., 223, 258, 440-47, 495, 528
Seehandlung 328, 330, 348, 355, 601, 609, 612-15, 621, *622*
„Sozialismus" s. „Kommunismus"
„Staatsbürger", Staatsbürgertum, „Einwohner", „Mitglieder", „Untertanen" 24, 56-61, 71, 76, 125, 135 ff., 147, 154, 158 f., 181, 191, 194, 270 f., 290, 309, 343, 353, 391, 488 f., 560, 564, 571-74, 579, 591-94, 619, 656, 660-62
Staatshaushalt 315, 330
Staatskanzleramt 167, 276-78, 280
Staatsrat 157, 166, 219, 264-76, 285, 408, 411 f., 577
Staatsrecht 25-41, 51, 625

Staatsschulden 140, 171, 181-83, 298, 312, 315, 325-29, 341, 612, *273*
Städte, Stadtverfassung
— Städteordnung (1808) 43, 68, 147 f., 169, 174, 202, 320, 341, 560-86, 593, *170*
— Revidierte Städteordnung (1831) 68, 147, 169, 175, 574-581, 593, 597
— Schutzverwandte 89, 120, 342, 572, 575, 584, 594
— Bürgerrecht 341, 351 f., 562-64, 571 f., 574-76, 583, 591-94, 598
— Polizeidirektoren 410 f., 455 f., 461, 463, 566, 568, 577
— und Landtage 348
— und Kreisverfassung 455 f., 480 f.
vgl. Bürgertum
Stand, Stände
— Begriff und Theorie 54, 70-76, 90 f., 111, 153, 184, 205, 292, 308-10, 317 f., 338-357, 388-92, 555
— Ständeordnung, Ständegesellschaft 37 f., 41, 70-77, 83-87, 91-108, 144, 147 f., 156, 158 f., 168, 343, 345 f., 361 f., 367, 395
— itio in partes 345, 359, 378, 466, 468-470
— und Klasse 75, 76, 158, 191, 308, 344, 352, 367, 449, 486-488, 493, 507, 511, 516, 547, 555
— Titel 555 *114 f.*
— Standesherren *552, 555*

— ständische Vereinigungen, Associationen, Kränzchen, Komitees, Ressourcen 178, 182-85, 197-202, 305-19, 456-58, 583 f.
vgl. Kreditinstitute
vgl. Adel, Bürger, Beamte, Gerichtsstände, Provinz- und Kreisstände
Steuern 79, 161, 169, 186 f., 201, 256, 268, 314 f., 450, 474, 485, 525-40, 595
— Steuerbefreiungen 75, 103-05, 183, 525 f., 553 f., *161*
— Grundsteuer 357, 479, 525-32, 537
— Gewerbesteuer 60, 580 ff., 600-04
— Einkommensteuer 171, 184, 533, 539 f.
— Personensteuer 69, 201, 532, 535, 537
— Akzise 200 f.
— Salzsteuer 329, 601
— Mahl- und Schlachtsteuer 197, 533, 535, 539
— Tabak- und Branntweinsteuern 314
— Steuerboten 485, 537
— Steuerjustiz 255-57, 669 f.
— Steuerverbindungen 601 f.,
Strafrecht 39, 64, 96-102, 657
Straßenbau 223, 470, 615
Streiks, Streikverbote 125-28, 599, 629, 634 f.
vgl. Unruhen

Tagelöhner s. Unterschichten
Technisches Erziehungswesen 96, 348, 443-446, 601, 609, 612, 621
Textilindustrie 123, 125 f., 134, 320, 613, 619, 628 f., 699-701

Universitäten 90, 416, 426 f., 440, 443
Unruhen, Aufstände 14, 66, 85, 127 f., 136 f., 140, 200 f., 614, 642-44 654
— Breslau (1817) 463, 542, 570 f.
— Aachen, Berlin, Breslau (1830) 66, 419, 462, 607, 654
— Köln (1846) 372, 433, 463
— Minden (1846) 461 ¹
— Schlesien (1846) 462
— Posen (1846) 542
Unternehmer, Kaufleute 37, 96 f., 117-21, 126-29, 146, 171 f., 199, 320-22, 348-51, 375, 419, 441, 443, 533, 580, 586 f., 599, 600 f., 608-14, 619 f., 623, 626 f., 629, 634-637, 676-79, 697-701
vgl. Fabrikanten, Gutsherren
Unterschichten 65, 125, 146, 341, 532-39, 427-31, 532-39, 563 f., 572, 608 f., 619-37, 644-52, 655
— ländliche Unterschichten, Landarbeiter, Tagelöhner 132-137, 442, 486-92, 499 f., 503-07 556 f.
vgl. Arbeiter, Armut, Gesinde

Vereine 42, 66, 583 f., 596, *55, 512*
Vereinigter Landtag, Generalstände (1847) 264, 269, 275, 278, 330 f., 346, 364-70,

376-81, 384, 387, 392, 395 f., 539, 585, 694-96
— Herrenkurie 364, 522
„Verfassung", „Konstitution" 30 ff., 156, 160, 163-65, 173, 180, 197, 212 f., 228, 234, 259 f., 282, 284, 322, 361 f., 365, 392, 432, 547, 624
Verfassungskommissionen 262 287-89, 303, 319, 337, 346, 472, *304*
Verfassungsplanung, Verfassungsentwürfe, „Nationalrepräsentation", „Reichsständeverfassung" 153-77, 181, 186-92, 197, 205, 211, 215-220, 232, 259-332, 356, 363, 458, 475
vgl. Ministerrundreise
Verfassungsversprechen, Verfassungsbewegung 58, 161, 170, 172 f., 176, 187-89, 205, 211-16, 232, 261 f., 286-88, 294-332, 354, 357, 360-367, 378, 387, 411 f., 457, 459
Verwaltung 14-16, 36, 48, 50 f., 120, 140-142, 145, 155-60, 217 f., 259-65, 276-281, 287 f., 307, 323, 328, 331 f., 337, 343-346, 400 f., 437, 557-559, 586 f., 621
— Aufbau, Organisation 153-67, 173-86, 217-19, 263, 266, 276, 285, 331 f., 383, 397, 663 ff.
— Kollegialprinzip 165, 167, 177, 180, 196, 220, 227, 238 f., 242-253, 260 f., 280 f.
— interne Öffentlichkeit 228, 262, 279 f.
— Verwaltungsgrenzen 240-42
— ständische Teilnahme 168-86, 271
— „Selbstverwaltung" 164, 187, 217, 233, 271, 561, 565-70 *381*
— Administrativjustiz 254-59, 279, 408 f.
— staatlicher Erziehungsanspruch 164, 168, 187, 223, 296, 299, 364, 403 f., 417, 446 f., 453, 566 f., 570, 573, 576, 586 f., 617, 624, 646, 648, *218, 258 f., 668*
— Jahresberichte 663-671
vgl. Beamte, Regierungen, Oberpräsidenten, Kreise, Staatsrat, Städte

„Volk" s. Nation
Volksbildung, Leihbibliotheken, Lesevereine 427-30
vgl. Schulwesen

Wehrpflicht 57 f., 61, 69, 93-96, 123, 300, 309 f., 609
Westfalen 47, 51, 67, 91, 104, 220, 348 f., 351, 352, 359, 360, 464, 478, 479, 520, 528, 538, 544, 577 f.

„Zeit", „Zeitgeist" 30, 40, 49, 153, 160, 258, 268, 286, 309, 322, 324, 362, 415, 515, 596, 618, *180, 214, 287, 297, 321*
Zensur, Zensurgesetze, Zensurgerichtsbarkeit 223, 303 f., 309 f., 325, 403, 413-33, 447, *256*
vgl. Presse, Karlsbader Beschlüsse, Gesinnungskontrolle
Zölle, Zollpolitik 320-322, 401, 586, 597, 621, *616*
Züchtigungsrecht 64, 641-59
Zünfte, Zunftordnung 66, 118 f., 168, 589-599, 604 f.
— Innungen 597-99
vgl. Handwerker

Z88, 10.8.76